河北经济统计年鉴

1992

河　北　省　统　计　局
河北省社会科学院经济研究所　编

中国统计出版社

（京）新登字041号

河北经济统计年鉴
HEBEI JINGJI TONGJI NIANJIAN
1992
河 北 省 统 计 局
河北省社会科学院经济研究所 编
•
中国统计出版社出版
石家庄市统计印刷厂印刷
河北新华二厂印制彩图
•
787×1092毫米 16开本 44.375印张 16彩页 165万字
1992年8月第1版 1992年8月石家庄第1次印刷
印数：1—5,100
ISBN 7—5037—0611—2/C·360
定价：45.00元

《河北经济统计年鉴—1992》
编辑委员会与编辑人员名单

编 者 的 话

一、1991年是开始执行我国国民经济和社会发展第八个五年计划的第一年。这本呈献在读者面前的《河北经济统计年鉴——1992》，记载了1991年河北省国民经济与社会发展的稳步的进行整个历程。经过三年的治理整顿之后，河北省同全国一样，这一年是治理整顿基本结束，国民经济开始进入正常发展的一年，是经济工作开展“质量、品种、效益年”活动的一年，也是各项改革进一步走向深入的一年。我们所编辑的这第八本《河北经济统计年鉴》，正是反映了这一过程。

二、《河北经济统计年鉴——1992》基本上保持了原来总体框架，但对某些部分也进行了修饰与调整。例如，“河北省社会主义建设部分典型选登”专栏，我们没有再刊登各行各业的个别典型，而是集中版面刊登了河北“十强”县（市）。这“十强”县(市)是由省委办公厅和省统计局对全省各县（市）“七五”期间经济发展速度、效益、人均水平和对国家贡献四个方面的9个指标进行测定后，挑选出来的全省综合发展“十强”，并受到了省委、省政府的表彰。这样集中刊登“十强”，更具有普遍性，也更具有典型性。这不仅对河北省140多个县（市），而且对各行各业都有激励与借鉴作用。

三、《河北经济统计年鉴——1992》的统计资料部分，按照中国统计出版社关于地方统计年鉴系列化、规范化的要求，对指标体系进行了统一的规范性调整。这不仅使统计资料更准确地反映中国的国情，更适应社会主义经济发展现代化的需要，也更利于与国际上的及国内的各省（市、区）进行横向的比较，从而使统计科学更好地为经济建设服务，使《河北经济统计年鉴》在内容上出现一个新的面貌。

四、随着经济与社会的发展，读者对《河北经济统计年鉴》的印刷质量也提出了新的要求。编辑工作人员在认真学习了兄弟省（市、区）《年鉴》辑印技术的基础上，从1992年起，也与铅字告别，采用微机排版与胶印，相应地缩小了篇幅而加大了信息量。这样我们力争《河北经济统计年鉴》在印刷与装帧上也将登上一个新的台阶。

五、《河北经济统计年鉴——1991》经过全国联评，又获得了全国地方统计年鉴二等奖。这是我们在中共河北省委和河北省人民政府领导下，艰苦努力的结果，无疑也是对我们的又一次鼓舞与鞭策。《河北经济统计年鉴——1992》在编辑过程中试图对不足之处进行调整与改革，但仍可能有许多不尽人意之处，还殷切盼望各界读者及中国统计出版社、兄弟省（市、区）《年鉴》的编友们不吝指教。

河北经济统计年鉴编辑部

1992年6月

目　　录

Ⅰ 特　　载

Ⅱ 1991 年河北省经济与社会发展概况

Ⅲ 1991 年河北省经济体制改革和对外开放概况

Ⅳ 1991 年河北省辖市、地区经济与社会发展概况

Ⅴ 河北省经济和社会部门（行业）专载

Ⅵ 1991 年河北省主要经济政策、文献、法规选载

Ⅶ 河北省社会主义建设典型（"十强"县（市）专辑）

Ⅷ 国民经济与社会发展统计资料

Ⅸ 大事记

Ⅹ 附录

CONTENTS

Ⅴ. Special Selections from Economic and Social Departments (Sectors) of Hebei Province

Ⅵ. Selections of Main Economic Polices, Documents, Laws and Regulations of Hebei Province

Ⅶ. Modles of Socialist Construction—"Ten Strongest Counties and Cities", Hebei Province

Ⅷ. Statistical Data of National Economic and Social Development

Ⅸ. Chronicle of Events

Ⅹ. Appendix

I 特　　载

政府工作报告

——1992年3月3日在河北省第七届人民代表大会第五次会议上

河北省人民政府省长 程维高

各位代表：

我代表河北省人民政府，向省七届人大五次会议作政府工作报告，请各位代表审议，并请政协各位委员和其他列席人员提出意见。

一、对过去一年工作的回顾

过去的一年，省政府在党中央、国务院和省委的正确领导下，紧紧抓住经济建设这个中心，坚持四项基本原则，坚持改革开放，制定和实施十年规划和“八五”计划，全省经济建设和各项社会事业的发展取得了较好成绩，社会总供给与总需求基本平衡，基本完成了治理整顿的主要任务。全省国民生产总值达到975亿元(现价，下同)，比上年增长7.0%；国民收入798亿元，比上年增长6.1%。基本上实现了省七届人大四次会议确定的各项任务，整个经济形势继续朝着好的方向发展。

——**农业生产获得较好收成，农村经济进一步发展**。农业在遭受多种自然灾害的情况下，由于抗灾夺丰收和“夏歉秋补”措施比较有力，仍获得了丰收。粮食总产达到2268.7万吨，与上年基本持平，是我省历史上第二个高产年；棉花总产63.4万吨，比上年增长11.1%。扭转了多年徘徊下降的局面；油料总产72.9万吨，比上年略有减产。乡镇企业总产值达到728亿元，比上年增长20.3%，尤其是乡村两级集体企业发展步伐加快。

——**工业生产稳步增长，经济效益开始回升**。工业生产虽然也遇到了不少困难，但由于采取了一系列有效措施，深入开展“质量、品种、效益年”活动、着力改善大中型企业生产经营环境、深化企业内部的配套改革，全省工业生产特别是大中型企业的生产经营状况逐步向好的方向转化。全年实现工业总产值1330.3亿元，比上年增长13.5%，其中乡及乡以上工业总产值934.6亿元，增长12.2%，大中型企业产值增长12.4%、在工业生产稳步增长的同时，经济效益也开始回升，地方预算内工业销售收入、实现利税、上交利税分别增长18.6%、11%、14.5%。大部分效益指标的增长幅度高于全国平均水平。

——**固定资产投资有较快增长，重点项目建设完成情况较好**。全社会固定资产投资完成241.1亿元，比上年增长36.0%，其中全民固定资产投资128.2亿元，比上年增长15.6%。当年建成投产5个大中型基建项目、7个单项工程和7个限额以上技改项目。

——**财政收入增加，金融形势较好**。全年财政收入90.7亿元，比上年增长11.7%，完成了年度预算任务，按可比口径，比上年增长7.1%，基本实现了收支平衡。金融形势较好，金融部门在支持生产、建设、流通方面发挥了重要作用，年末银行和其它金融机构存款余额达到939.3亿元，贷款余额978.9亿元，分别比年初增长24.3%和18.8%。

——**市场销售逐步回升，物价比较稳定**。全年社会商品零售总额达到434.4亿元，比上年增长14.1%。随着供求矛盾基本缓解，加上继续严格控制物价上涨，居民的消费心理比较稳定，去年出台的价格改革措施没有引起物价大的波动，全年社会商品零售物价总水平上涨2.8%，控制在国家下达的计划指标之内。

——**对外开放步伐加快，利用外资工作取得显著进步**。在深化外贸体制改革、实行自负盈亏的情况下，全省一般贸易和“三资”企业出口总值完成13.3亿美元，比上年增长6.1%。全省共签订直接利用外资合同464项，超过了历年的总和，合同总金额7.99亿美元，其中外商投资2.75亿美元。间接利用外资、对外工程承包、劳务出口、旅游业等方面也取得了一定进展。

——**科技、教育事业取得较好成绩**。全省获重大科技成果1262项，获国家发明奖2项，国家科技进步奖6项，国家星火科技奖17项。全省重点推广先进科技成果100项，引进开发高新技术产品230项。建立县、乡、村科技推广服务实体5160个，77%的大中型企业建立了技术开发机构，6500多个中小企业和乡镇企业同省内外大专院校和科研单位建立了技术依托关系，科技为经济建设服务的活力明显增强。教育事业稳步发展，德育教育进一步加强，教育质量进一步提高。全省小学毕业生升学率达到80.2%，其中省辖市市区达到98.9%，基本普及了初中教育；职业技术教育的招生人数已占到高中阶段招生总数的48.9%；高等教育在为地方经济服务上也取得新的成绩。各级各类学校的办学条件进一步改善，全省有133个县(区)基本实现了中小学建设“八配套”，省重点扶持的60所县级综合职教中心建设进展顺利，高校新建住宅完成9.6万平方米。

——**计划生育工作进一步加强，人口增长得到控制**。由于各级领导重视，坚持突击活动与基础工作两手抓，计划生育工作取得较大进展，全省人口自然增长率比上年下降3.8个千分点。计划生育的基础建设、基层组织建设进一步加强，计生协组织继续发展。

——**文化、卫生、体育等各项事业进一步发展**。我省文艺工作者在全国性文艺大赛中获得66项奖，其中最高奖22项。在全国优秀电视剧评选中获得三项一等奖，群众性文化活动也较为活跃。农村卫生、预防保健工作进一步加强，三级医疗保健网进一步健全和发展。我省成功地承办了第二届全国城运会，举办了第三届中国吴桥国际杂技节。在去年国内外重大比赛中我省获金牌63枚，破两项亚洲纪录和八项全国纪录，群众性的体育活动也有很大发展。新闻出版、环境保护、外事、侨务、民族、宗教、文物、档案等其他各项事业都有了新的进展。

——**城乡人民收人水平继续提高，居住条件进一步改善**。全省城镇居民人均生活费收入达到1489.3元，比上年增长6.6%；农民人均纯收入达到657.4元，比上年增长5.7%。农民住宅建设完成5034万平方米，城镇居民住房建设完成455万平方米，比上年均有一定增长。

全省各级政府坚持“两手抓”的方针，既牢牢把握以经济建设为中心，又充分发挥其他各项工作对经济建设的支持和促进作用，社会主义精神文明建设的各个方面都进一步加强。主要表现在：

——**社会主义民主和法制建设进一步加强**。各级政府坚持把各项工作置于人民群众的监督之下，自觉地接受人大的法律监督和工作监督，接受政协的民主监督，热情支持人大代表、政协委员对政府工作开展视察、检查，努力提高办理人大代表建议、批评、意见和政协提案的质量。省七届四次人代会、六届四次政协会所提的以及全国人大、政协交办的1459件建议和提案，于去年9月份前已全部办理完毕。省政府围绕改革开放和经济建设，去年草拟和制定了39个地方性法规草案和规章。为了更好地实施《行政诉讼法》，去年加强了政府机关的依法行政的教育，认真开展了执法监督检查。由于广泛深入地开展以“二五”普法为重点的法制教育，增强了国家工作人员和人民群众的法制观念，严格依法办事的自觉性进一步增强。

——**社会治安、经济秩序有了进一步好转**。去年共破获各类刑事案件4.6万件，摧毁犯罪团伙3500多个，抓获犯罪分子4万多名，严厉打击了国内外敌对势力的破坏活动和严重刑事犯罪、经济犯罪活动。由于加强了社会治安的综合治理，有效地维护了全省的政治稳定和社会安定。

——**廉政建设取得新的成效**。通过认真贯彻《监察条例》，各级政府进一步加强了廉政建设和反腐败斗争。各级监察部门集中力量查处一批违法违纪案件，特别狠抓了大案要案的查处。全省共查处4106起违法违纪案件，其中大案要案426起；受各种处分的干部3471名，其中移送司法机关处理的269名。在深入开展政纪检查和专项检查、纠正行业不正之风、清理整顿基层站所、大力推行“两公开一监督”方面，也取得了新的进展。

——**“双拥”工作发展较快**。广大军民“双拥”热情空前高涨，群众性的拥军优属、拥政爱民活动蓬勃发展。优抚安置政策得到较好落实，军民共建精神文明、共创双拥模范城县活动发展较快。全省已有6个地市被国家和省命名为“双拥模范地市”，有67个县市被地市命名为“双拥模范城县”，在推进全省两个文明建设中发挥了重要作用。

各位代表，1991年我省经济工作和各项社会事业取得这样的成绩，是全省各级干部和广大人民群众在党中央、国务院和省委的正确领导下，在省人大、省政协的监督、支持下，团结奋斗、扎实工作的结果。我代表省人民政府，向全省各条战线上所有为取得这些成绩做出努力和贡献的同志们，表示崇高的敬意和诚挚的谢意！

实施“八五”计划的第一年，我们胜利地完成了规定的各项任务，迈出了比较坚实的一步。我们既要看到整个经济形势继续向好的方向发展的一面，进一步增强前进的信心和决心，更要看到我们还面临着许多困难和问题。只有这样，我们才能保持清醒的头脑和旺盛的斗志，继续克服前进道路上的困难，把经济建设和各项工作不断推向前进。

从1991年的经济建设来看，突出问题是：农业的实际增长不快，农民种田的效益下降；大中型企业的活力仍然不足，相当一部分企业效益不高；经济效益回升滞后于生产速度的回升，工业综合经济效益低的状况还没有根本好转；财政紧张，收支平衡难度大，相当一部分县保基本开支都很困难。以上这些问题，既有我们工作上的原因，也是经济生活中一些深层次矛盾的进一步暴露和集中表现。从上述问题中使我们进一步看到，我省在

经济建设上存在四个不适应

(一)农业基础薄弱、综合生产能力低、综合经济效益差,同农业登上新台阶的要求不适应。近几年来,我省农业各方面条件确有不断改善,农业生产确有很大发展。但从总体上看,我省农业抗御自然灾害的能力仍然比较薄弱,综合生产能力还不高。按正常年景,粮食的生产能力大体上只有2250万吨左右,丰歉年之间还有较大的上下波动。按照我省"八五"计划目标,到1995年粮食生产能力必须达到2500万吨。要保证这一目标的实现,今后四年中要增加250万吨的实际生产能力,任务非常艰巨。没有大量的农田水利设施和旱涝保收田的建设,没有健全的服务体系建设,没有强有力的科技推广措施,没有支农工业的相应发展,要想增加250万吨的实际生产能力是根本不可能的。由于农业的增产幅度小,再加上近几年农业生产成本上升,农业综合经济效益不高,乡镇企业给农民增加的收入又有限,农民实际收入增长不快。这不仅直接影响农民的自我积累和对农业的投入,而且使农村购买力下降。去年,社会商品零售总额城市增长了20.1%,农村只增长10.4%,农村购买力增长的滞后,影响和制约着城市工业的增长和整个经济的协调发展。所以,农业综合生产能力不提高,农业综合效益不提高,农业不仅不可能登上新的台阶,而且必然影响农民实现小康,整个国民经济也难以持续、稳定、协调发展。

(二)结构调整缓慢、效益回升不快,同整个经济迅速转入良性循环轨道的要求不适应。去年我省经济增长虽然较快,但是这种增长是由于前年生产下滑幅度大,带有恢复性质的。特别值得引起我们高度重视的是,去年地方预算内工业实现利润绝对额还没有恢复到历史最高水平;产值利税率、销售利税率、资金利税率,仍低于全国平均水平,也低于我省历史最好水平。地方预算内企业亏损仍很严重,亏损面达24%,亏损金额达到7.9亿元,特别是潜亏额继续增长,达到了明亏的一倍以上。造成这种状况的原因是多方面的,有经营机制不健全、企业管理普遍比较薄弱等原因,但突出的是产业结构、产品结构不合理。从产业结构上看,能源、原材料工业是我省的优势,但由于技术含量低、加工深度浅、附加值不高,加上指令性计划价格等原因,又成为制约我省经济发展和提高效益的重要因素。从产品结构看,无论原材料工业还是加工业,都存在着初加工产品多,深加工产品少;低档大路产品多,名优特新高产品少;小批量产品多,有一定经济规模的拳头产品少;成熟期和衰退期产品多,导入期和成长期产品少;平销和滞销产品多,畅销和紧俏产品少。由于科技进步不快,产品结构同社会需求不断提高的矛盾越来越突出。如果我们不下决心、花大力气搞好结构调整,整个经济将难以摆脱低效益运行的状况,整体经济素质也难以提高,财政困难的状况也难以改变。

(三)固定资产投入不足、后续能力弱化,同"八五"期间经济稳定增长的要求不适应。"七五"期间我省固定资产的投资率偏低,全民固定资产投入比全国平均水平少投资近100亿元。去年我省在这方面虽然做了大量工作,完成投资也有较快增长,但是由于续建项目少,开工项目少,去年的投资增幅仍低于全国平均水平。从目前已列入国家和省"八五"计划的151个大中型基建、技改项目看,由于前期准备工作未能及时跟上,能够达到开工条件的还不多,大中型建设项目面临"青黄不接"。加上资金短缺,在建项目计划资金、自筹资金又不能及时到位,不少项目工期拖长,严重影响了投资效果。不仅大中型基建、技改项目投入不足,"青黄不接",中小企业、县办工业、乡镇工业也由于项目工作薄弱,建设资金困难,不能保证必要的投入。如果这种状况不改变,必将严重影响全省产业结构、产品结构调整的进程,严重危及我省今后经济发展后劲,严重制约经济的持续稳定增长。

(四)整体开放程度不高、跨度不大,同我省经济发展需要大力开拓国内外市场、大量引进资金、技术、人才的要求不适应。自前年唐山对外开放会议以后,全省对外开放工作的步伐进一步加快。但是,同经济发展的要求比,同先进省市比,仍然是开放的程度不高、跨度不大,步伐不快。一些地区、部门和单位的领导,对扩大对外开放同发展有计划商品经济的重要关系认识不深,胆子不大,勇气不足,缺乏强烈的开放意识、市场意识和竞争意识;对内对外开放的信息不灵、办法不多,很多可以引进资金、技术、人才的渠道还没有打通;经济技术合作项目签约数量虽然增加很多,但规模比较小,实现率比较低,同结构调整、提高效益结合得也不够紧密;开放的层次不高,真正引进高新技术"嫁接"改造现有企业特别是大中型企业的项目不多,引进后消化、吸收、创新再打入国际市场的更少,引进对国民经济全局有重大影响的大项目尤其缺乏;对外贸易的市场比较狭窄,产品比较单一,换汇成本高,出口增长幅度也低于全国平均水平;外引内联、吸引外商投资、发展同省内外联合不够,对内对外开放的软硬环境亟待改善。实现经济工作的战略转移,加快结构调整、提高效益的步伐,客观上要求我们大量引进信息、技术、资金、人才,大力利用国内外两种资金、两种资源,占领两个市场,学会两套本领。如果不提高整体开放意识,加大开放跨度,加快开放步伐,经济工作战略转移的目标是难以实现的。

总起来讲,经济建设上的"四个不适应",正反映了我们在思想解放、观念更新、改革开放上还存在很大差距。我们一定要敢于正视和深刻认识存在的矛盾和问题,以坚韧不拔的毅力和坚持不懈的努力,通过解放思想、深化改革、扩大开放和扎实有效的工作,促使矛盾的转化和问题的解决。只有这样,才能不断提高全省经济的整体素质,加快经济建设和各项事业发展的步伐。

二、1992年工作的指导思想和主要目标

今年是实施“八五”计划的重要一年，是经济工作实行战略转移的关键一年，是进一步解放思想、深化改革、扩大开放的一年。1992年经济和社会发展总的指导思想是：坚决贯彻党的基本路线，坚持以经济建设为中心，紧紧围绕调整结构、提高效益，加快改革步伐，扩大对外开放，推进科技进步；努力提高农业综合生产能力，夺取农业全面丰收；集中力量搞好国营大中型企业，积极发展城乡集体企业；大力开拓流通渠道，积极发展第三产业，使经济效益明显提高，速度较快增长，后劲不断增强；在搞好经济建设的同时，坚持“两手抓”，切实加强精神文明建设，加快各项社会事业的发展，巩固和发展安定团结的政治局面。

根据上述指导思想，今年全省国民经济和社会发展要实现以下主要目标：

——国民生产总值比去年增长6%，国民收入增长5%，工农业总值增长7%以上。

——农业总产值比去年增长4%，粮食总产达到2300——2325万吨，棉花总产65万吨，油料总产75万吨。

——工业总产值比去年增长8%，产品销售率达到98%以上，亏损企业亏损额减少30%，资金利税率和销售利税率争取比去年分别提高一个百分点，地方预算内工业企业实现利税增长10%以上，全民独立核算工业企业全员劳动生产率提高3%。

——地方全社会固定资产投资规模203.5亿元，比去年增长6.3%。地方全民固定资产投资86.9亿元，增长10.6%，其中，基本建设投资按可比口径增长12.7%，技术改造投资增长11.9%

——财政收入完成96.2亿元，比去年实际完成增长4.4%，实现当年财政收支平衡；创财政收入8000万元县2个，争取4个；5000万元县4个，争取8个；扭补贴县6个，争取8个。

——社会商品零售总额比去年增长10.6%，零售物价总指数上涨幅度控制在6%以内，地方一般贸易和“三资”企业出口完成14亿美元以上，增长幅度不低于全国平均增长水平；引进先进技术200项，“三资”企业签约400家。

——抓好320项重大科技项目的组织实施，取得国内先进水平的科技成果100项，推广先进成熟的科技成果100项。普通高等院校计划招生1.91万人，比去年增长0.8%；中等专业学校招生3.7万人，增长8.2%。

——职工平均工资比去年增长5%左右，农民人均纯收入增长4%以上。

——全年人口自然增长率要下决心控制在13.61‰以内。

三、抓住当前有利时机，加快改革开放的步伐，集中精力把经济建设搞上去

抓好今年的经济建设，首先要统一思想，提高认识，从政治上深刻理解搞好经济建设的重大意义。在当今世界政治局势发生急剧变化的形势下，有中国特色的社会主义能否取得更大的成功，与国际敌对势力和霸权主义抗衡的实力能否有效增强，反“和平演变”的能力能否进一步提高，归根到底，是要把经济搞上去，增强我们的国力。因此，我们应该从解决社会主义初级阶段社会主要矛盾、实现社会主义根本任务的高度，从巩固发展社会主义制度的政治高度，不断深化以经济建设为中心的认识，要集中精力，一心一意、专心致志的想经济，抓经济，上经济，始终扭住经济建设这个中心。

抓好今年的经济建设，关键要贯彻中央最近的一系列重要指示，坚定不移地加快改革开放的步伐，始终把改革开放作为促进经济发展的基本推动力。要从高层次上认识改革的目的和意义。革命是解放生产力，改革也是解放生产力。无论是克服经济生活中的困难，还是解决多年积累起来的深层次矛盾；实现效益、速度、后劲的同步增长，加快经济建设的步伐，都必须依靠改革开放这一基本推动力，舍此别无他途。深化改革，扩大开放，发展经济，最重要、最关键的是，要进一步解放思想，特别是各级领导要进一步解放思想，使我们的思想适应不断变化的新情况、新形势。解放思想的本质和核心，是坚持实事求是。只有坚持实事求是，一切从实际出发，才能保持一种勇于开拓、锐意进取的精神状态，才能善于把中央的精神同本地实际结合起来，创造性地开展工作，才能敢闯敢干，才能敢于突破，才能大胆探索改革开放的新思路、新举措，才能有所作为。因此，我们在改革开放上胆子要更大一些，勇气要更足一些，步伐要更快一些。通过改革开放来突破和解决经济工作的难点和矛盾，使我们的经济建设能够抓住时机更快发展。

抓好今年的经济建设，必须继续坚持“科技兴冀”战略，紧紧依靠科技和教育，十分重视科技进步和提高劳动者素质。在科学技术迅猛发展、竞争激烈的今天，无论工业还是农业，无论是调整结构还是提高效益，起关键作用的是科技进步。要使我们河北的经济全面提高素质，全面提高竞争能力，全面提高经济效益，必须进一步牢固树立科学技术是第一生产力的思想，强化全民科技

意识，切实解决好科技同经济的结合。在各项生产建设中，真正重视科技，大力抓好技术开发、技术引进、技术改造、技术推广、技术培训，使经济建设中的科技含量大大提高，劳动者的素质全面提高。

抓好今年的经济建设，就要坚决地、不失时机地把工作重点转到调整结构、提高效益上来。经济建设特别是工业生产，要紧紧围绕调整结构、提高效益这个重点来展开。通过调整结构、提高效益，着力解决好长期以来困扰我省经济发展的一些深层次矛盾，使经济尽快走上良性循环的轨道。正确处理好调整与发展的关系，坚持在发展中抓调整，在调整中求发展，根据国家产业政策和市场需要，狠抓固定资产投入，开工建设一批新的项目，抓好一批老企业技术改造，使我省经济真正做到在扎扎实实搞好结构调整、提高效益中加快发展，实现效益、速度、后劲的同步增长。

今年经济建设要着力抓好以下十项工作：

(一)切实加强农业的基础地位，夺取农业全面丰收

党的八中全会提出了全面系统地加强农业和农村工作的政策、措施。我们要认真贯彻落实全会精神，始终把农业摆在国民经济的首位，千方百计抓好农业生产，促进农村经济的全面发展。

要不断深化农村改革，认真落实党在农村的各项政策，继续稳定以家庭联产承包为主的责任制，不断完善统分结合的双层经营体制，积极发展社会化服务体系，逐步壮大集体经济实力。对于八中全会《决定》中提出的各项农村经济政策，要在调查研究的基础上，结合我省实际，在今年上半年提出贯彻执行的具体措施和办法，并认真抓好落实。

进一步树立大农业观念，适时、适度地调整农业结构，在坚持抓好种植业的同时，确保农林牧副渔全面发展。种植业要继续坚持以粮棉油生产为重点，在稳定播种面积的基础上，优化区域种植结构，因地制宜地发展间作套种和立体种植，提高单位面积的产量和经济效益，确保今年粮棉油等主要农产品计划的完成。大力发展畜牧业，认真抓好平原畜牧业，积极开发山区坝上畜牧业，坚持食粮型畜禽与食草型畜禽并举，进一步建设好畜产品商品基地。全年肉类总产要达到141—145万吨，禽蛋总产要达到61万吨。继续搞好群众性的植树造林活动，加强森林资源管护，使林业更好地发挥农业和水利的生态屏障作用。今年要完成450万亩造林任务。渔业在发展海淡水养殖的同时，要搞好沿海、外海捕捞，积极向远洋渔业迈进。要通过大力推进农副产品的精、深加工，努力提高农副产品商品转化率。

要保证农业稳步登上新台阶，必须把加强水利建设作为一项重要基础产业来抓。坚持防汛、抗旱两手抓。对大型工程的治理和根治海河遗留尾工，要积极争取列入国家计划；中小型工程要发动地方和群众加快治理。加快桃林口水库建设进度，认真做好移民工作，做好引江、引黄工程的各项前期准备工作，力争早开工，早受益。同时，要充分发挥现有水利设施的作用，适当开发浅层淡水和拦蓄地上水，使全省灌溉面积在原来的5669万亩的基础上，再新增124万亩，改善354万亩。有计划地推广管道输水、防渗渠道、喷灌、滴灌和旱作农业技术。开展小流域治理，控制水土流失，改善农业生态环境。

继续增加农业投入，搞好综合开发。对农业的各项投入，包括农业基建投资、财政支农资金、银行支农信贷及各项农业专项基金，要逐年有所增加，切实管好用好。还要鼓励和引导集体和农民个人增加农业投入。对海河平原农业综合开发、坝上生态工程和利用世行贷款发展农业等重点开发项目，要进一步理顺管理体制，积极筹措配套资金，坚持高起点、高标准、高效益，加快实施进度。今年全省计划改造中低产田356万亩，开垦荒地18.3万亩，并努力提高土地的利用率。

坚持科技兴农，搞好农科教统筹，加强农业科技推广体系建设，是农村实现致富奔小康的根本途径。要继续选择一批成熟的适用增产技术，实行指令性计划，明确责任，严明奖惩，限期推广。同时，要因地制宜地选择一批优良品种和高新技术，认真组织推广。进一步搞好行政、农技、支农部门的协调联动，完善和发展“技、政、物”相结合的承包集团。今年要继续组织大批农技人员深入生产第一线，一方面推广技术，搞好服务，切实帮助农民解决实际问题；另一方面开展广泛的技术培训，积极培养土生土长的农民技术员和掌握农业实用技术的农户。

进一步建立健全多层次、多形式、多渠道的农村社会化服务体系。县级经济技术部门要转变职能，实行政技分开，建设科技、经济服务实体。今年要总结典型，逐步推广，力争二、三年内全部推开。乡村两级要采取自上而下地建设、自下而上地组织的办法，在全省范围内，首先把农业生产急需的排灌体系、种子体系、植保体系、机械化作业体系建设好，在此基础上由单项服务向多项服务、综合服务发展，为农民提供产前、产中和产后的全程综合配套服务。今年要保证有50%的乡村搞好上述四项建设。

进一步强化效益观念，把提高农业综合经济效益作为十分重要的问题来抓。加强科学管理，挖掘潜力，提高资源利用率。要加强土地资源利用、管理、开发，强化土地执法，坚决杜绝乱占乱建。科学使用水、肥、药、电、油等农业生产资料，大力推广合理施肥、节水、节电、节油、秸秆还田等措施，努力降低农产品成本。进一步深化流通体制改革，城乡通开，减少环节，改善农业生产资料供应，降低农业生产资料调拨、运输、销售费用，继续治理“三乱”，严格按国家的规定，向农民分摊提留，切实减轻农民负担。

要按照国务院提出的在“八五”期间稳定解决温饱、稳定脱贫的总目标，切实抓好扶贫救灾工作。要从改善生产条件入手，用足用好各项扶贫政策，管好用好扶贫资金，搞好开发性建设。继续组织和动员发达地区、省、地、县有关部门和社会各界，帮助贫困地区开发资源，发展商品生产和集体经济，加快脱贫致富步伐。对受灾地区，要发动群众开展生产自救。同时，发放好、用好救灾款物，做到专款专用，专物专用。对挪用，侵占救灾款物的单位和个人，一定要严肃处理，决不含糊。

（二）从转换机制入手，下大力量搞好国营大中型企业

今年深化经济体制改革的重点是转换企业经营机制，核心是要下决心把企业推向市场。要按照中央工作会议的精神和国务院作出的改革部署，从转换企业经营机制入手，集中力量搞好国营大中型企业，使企业逐步成为相对独立的自主经营、自负盈亏的经济实体，使它们在建设有中国特色的社会主义经济中更好地发挥骨干和脊梁作用。

为了把企业推向市，今年的企业改革要以“面向市场、挖潜增效”为目标，实现两个转变（转变企业吃国家“大锅饭”，转变职工吃企业“大锅饭”的状况）、搞好三个配套（政府职能转变的配套改革、企业内部的 各项配套改革、社会保险制度等方面的配套改革）的总体思路来深化企业的系统、配套改革，使更多的企业转上自主经营、自负盈亏、自我约束、自我发展的轨道。

要认真贯彻落实《企业法》，使企业在生产经营、原材料采购、产品价格、技术改造、小型建设项目、资金筹集、存量资产流动组合等方面获得更多的自主权。当前特别要落实好企业在人事、用工、分配、机构设置等方面的自主权，任何部门和单位不得以任何名义上收或截留。对党中央、国务院和省委、省政府制定的一系列搞好大中型企业的政策措施，要抓紧到位，一条一条地抓落实。任何部门和单位都不得要求企业设置对口机构，规定人员编制和级别待遇。政府职能部门按照有关规定对企业进行的检查，要简化程序，避免重复，不得影响企业的正常生产经营活动。凡未经地市以上政府及其委托的部门批准的检查、评比，企业有权拒绝。要继续清理“三乱”，切实减轻企业负担。对继续向企业乱收费、乱罚款、乱摊派的，发现一起，就要严格处理一起。

要加强企业的领导班子建设。按照党中央提出的“进一步发挥党组织的政治核心作用，坚持和完善厂长负责制，全心全意依靠工人阶级”的要求，配备好企业的领导班子，特别是配备好党政一把手，努力提高他们的政治、业务素质。对厂长、书记团结合作得好，成绩卓著的要大力进行表彰；对政绩突出的重点企业主要负责人，可适当放宽任职年龄；对素质差、生产经营长期搞不上去、合作不好、争权夺势的，要采取果断措施调整，决不能易地做官。

要从激励和制约两个方面强化企业经营机制的转换。按照“一切经过试点、先立后破”的原则，选择一批领导素质较高、生产经营状况较好、管理基础较强的企业，进行自主经营、放开经营、投入产出总承包和股份制等突破性的改革试点。大多数企业要进一步做好承包的完善工作，完善承包的考核内容，完善工效挂钩办法，使承包基数、承包指标更加合理。要强化制约机制，增强企业的负亏能力，使企业真正做到既负盈又负亏。

要下大力量推进企业内部配套改革，最大限度地焕发企业内在的生机和活力。所有企业都要下决心改革内部人事、用工和分配制度，坚决打破“铁饭碗”、“铁交椅”和“铁工资”。要逐步实行管理干部和专业科技人员聘任制，因事设岗，因需设职，竞争上岗。有计划、有步骤地推进劳动优化组合和全员合同化管理。企业内部分配要充分体现按劳分配的原则，奖优罚劣，拉开档次，增大职工收入中酬效挂钩比重，向苦、累、脏、险、高技术岗位和生产、销售一线职工倾斜，真正把劳动报酬与企业经济效益和职工的劳动贡献挂起钩来。

（三）扎扎实实推进结构调整，努力提高经济效益

调整结构要以国家产业政策为依据，通过抓产品结构调整，推进产业结构、行业结构、企业组织结构和投资结构调整，逐步形成以高新技术为重点、外向度高、结构合理的经济格局。从今年开始，经过“八五”的不断努力，在结构调整上要达到六个目标，即开发一批具有国际、国内先进水平的新产品；形成一批有相当规模的名优拳头产品；建成一批高科技、高质量、高效率、高效益的“四高”企业；组建一批以名优拳头产品为龙头，以国营大中型企业为依托的企业集团；发展一批具有河北特色的优势行业；反映我省经济效益和经济实力的主要指标在全国的位次前移。

为了达到以上目标，今年在实际工作中，要下大力抓好“六个一批”：(1)抓好一批新产品开发和老产品的更新换代。今年要开发省级以上新产品 700 项，其中达到国内先进水平的 340 项，达到国际水平的 60 项。(2)抓好一批中小型企业的技术改造，提高产品加工深度，扩大生产规模。按照高科技、高效益的要求，通过引进国外先进技术，今年改造 50—60 个中小企业，使主要技术装备达到国际八十年代水平。(3)抓好一批大中型基建和限额以上技改项目的投产。对这些影响我省经济全局的重点项目，要集中力量，做到快立项、快开工、快建设、快投产。(4)抓好一批扩大出口创汇、进口替代、“嫁接”改造、发展高新技术和生产基础材料的“三资”企业的签约和建设。今年要签约 400 个，并努力提高签约的实现率。(5)抓好一批外向型企业的创建。今年培植和建设 80—100 个出口基地企业，给予一批企业外贸自营出口权，把一批技术含量高、出口创汇量大的企业推向国际市场。(6)抓好一批扭亏无望企业的关停并转。

提高经济效益，除了抓好调整结构外，要按照“三降低、三提高”（降低产品库存、降低潜亏和亏损、降低三项资金占用；提高资金利税率、提高销售利税率、提高产品销售率)的目标要求,大力抓好"双增双节"。一是要狠抓产品质量。要在所有企业推行全面质量管理。今年全省要有300个以上的大中型企业达到国家推行全面质量管理的八项基本要求。对产品质量不合格的企业,要出示黄牌警告,限期整顿;限期内仍不能改变面貌的,责令其停产整顿。对故意制造伪劣假冒商品的企业,要坚决取缔;造成严重危害的,要追究经营者的法律责任。二是要大力压缩产品库存,提高商品销售率。对1991年底库存产品的超储部分要降低50%,今年的产品销售率要达到98%以上。对商品销售率低、库存积压严重的企业,银行要从紧从严掌握贷款,有关部门要限供电量,限供原材料,必要时要停止发放流动资金、停电、停供原材料,促其关停并转。三是要压缩"三项资金"占用。今年全省预算内工业企业"三项资金"占用超过1990年底的部分要降低50%。对"三项资金"占全部流动资金比重超过1991年水平,并高于行业主管部门确定的合理比例的企业,银行要严格控制或停止向企业贷款。四是大力压缩企业亏损,严禁企业搞虚盈实亏。今年预算内工业企业亏损金额要比去年降低30%以上。从今年起,凡是新搞虚盈实亏的企业,要追回奖金,撤销荣誉,退回工效挂钩工资,除了按财务规定予以处罚外,还要严肃追究企业领导人的责任。对过去发生的虚盈实亏,要认真清理,如实列入决算,根据不同情况,区别对待,由企业分年自行消化。五是所有企业都要扎扎实实把基础管理搞好,从严治厂,做到制度严、执行严、检查严、考核严。通过节能降耗,增收节支,挖掘内部潜力。

(四)合理增加固定资产投资,增强经济发展后劲

无论是基建投入还是技改投入,都要紧紧围绕优化结构、提高经济效益和改善经济的整体素质来进行。在加强基础产业和基础建设的同时,要增大产品深加工、高档次和技术进步项目的投入比重,特别对那些带动性强、技术水平高、外向度大的项目,要实行倾斜政策。针对当前我省大中型项目"青黄不接"实际情况,各级政府都要选派得力干部,加强项目库建设,加快项目的前期准备,抓好项目的建设工作。要用足用好国家大力支持技术改造的政策,争取国家多批准一些重点技术改造项目,多上一些资金投入少、建设周期短、产品销售旺、经济效益好的项目。要扩大视野,面向国内外市场,大中小项目一起上,力争今年固定资产投入增长幅度不低于全国平均水平。为了搞好项目管理,上准每一个项目,各地区、各行业都要加强市场预测、信息指导,搞好科学论证、科学决策,坚决防止和避免盲目决策、重复建设。项目一旦批准以后,要切实抓好项目的内外资金筹措。省、地市的计划、金融、财政部门和企业都要开辟多种筹资、融资渠道,既要多争取筹措国内、省内资金,又要大力利用国外、省外资金。项目一旦开工,就要实行目标责任制,加快施工进度,尽最大努力缩短建设工期,尽快投产、达产,发挥效益。"八五"期间我省确定的151项重点项目能否上去,今年是关键。凡部审或国家计委、国务院还没有通过的项目,要抓紧工作,争取尽早通过;凡已立项的,就要抓紧前期准备工作,争取早日批准开工建设,早日投产、达产。

(五)热情支持、大力发展乡镇企业和城镇集体企业

各级政府都要通过学习党的八中全会精神,进一步认识发展乡镇企业的重大意义。要继续统一思想,提高认识,坚定不移地支持乡镇企业发展。要继续执行发展与提高并重的方针,坚持"四轮驱动",重点发展乡村集体企业和集体工业,积极引导发展农民股份合作企业,继续鼓励户办、联户办企业。对省委、省政府确定的扶持乡镇企业发展的各项政策,要反复抓落实。要按照不断调整结构、提高效益的要求,首先办好现有乡镇企业。要上质量、上品种、上水平,努力提高经济效益,在提高中求得新的发展。对产品滞销、积压的企业,要狠抓新产品开发、老产品更新换代,采取帮、联、并等办法,帮助企业走出困境。在抓好现有企业的同时,要跑市场,抓信息,充分利用当地资源和各种有利条件,积极发展一批新的乡镇企业。要抓住发展乡镇企业的主要矛盾,在选准项目、资金投入、管理、人才等方面,研究改革措施,取得突破性进展。政府各部门、社会各方面都要热情地关心、支持乡镇企业,积极主动地搞好服务。我省沿海、沿城(京津周围、大中城市郊县)、沿线(铁路和公路国道沿线的县乡)具有发展乡镇企业的优越条件,要使乡镇企业的发展首先在这些地方形成局面,影响和带动全省乡镇企业的发展。对没有乡镇企业的"白点"乡、"白点"村,各地都要尽最大的努力,帮助他们尽快起步。

城镇集体企业是社会主义公有制经济的重要组成部分,目前在发展中面临不少困难。发展壮大城镇集体企业,最根本的就是要真正按集体企业的性质和特点来办企业,从政策上进行帮促。要抓住颁布和实施《中华人民共和国城镇集体所有制企业条例》的有利时机,结合我们的省情特点,进一步统一思想,明确目标和任务,认真研究制定政策措施,改善外部环境,转变和完善内部机制,使我省城镇集体企业发展得更快更好。

(六)进一步搞活流通,大力发展第三产业

要坚持生产与流通并重,把搞活流通、开拓市场摆到与抓生产同等重要的位置,真正形成大商业、大流通、大市场的格局,促进社会再生产的良性循环。要从深化流通体制改革入手,建立以公有制为主体、其他经济成份为补充的开放、畅通、灵活、高效、可调控的流通体系。要增强国合商业、供销、物资、粮食等企业的经济实力和经营能力,多购多销,提高市场覆盖率。要积极稳妥地在全省国合商业系统推行重庆市经营、价格、分配、用工"四开放"的经验,增强企业的活力。在发挥国合企业在流通中主渠道作用的同时,充分发挥集体、私营和个体工商户的补充作用。要通过健全和发展多形式、多渠道的流通网络和社会化服务体系,不断扩大流通规模,拓宽农副产品和地方工业产品的销售渠道，确保工农业生产和城乡人民生活需要，确保工农业产品销售畅通。要十分重视开拓和启动农村市场，认真组织好工业品下乡。

在搞活流通中，要大力培育和发展市场体系。既要继续大力发展各类商业、饮食业、服务业和集贸市场，又要按照经济发展的需要，因地制宜、有计划地新建、扩建、改建一批有地方特色的、能带动工农业生产发展的专业市场。要全面规划、合理发展各类批发市场、贸易中心和期货市场，逐步形成批发与零售、大中小型、高中低档合理配置、紧密结合的市场格局。同时，要按照有计划商品经济的要求，综合运用行政的、经济的和法律的手段，切实加强对各类市场的宏观调控和各项专业管理，确保市场良好的经营秩序和市场体系的健康发展。

发展第三产业对于促进整个经济的发展和人民生活质量的改善起着越来越重要的作用。无论是商业、服务、旅游部门，还是金融、保险、交通、通信、咨询、文化、娱乐、卫生等部门，都要从促进经济发展、改善人民物质文化生活的要求，认真研究制定近期和中长期发展规划。在这个基础上，再制定全省发展第三产业的总体规划，关于这个问题，省政府正组织调查研究，准备专门召开会议进行部署。

（七）坚定不移地扩大对外开放，努力提高对外开放的整体效益

我们必须抓住目前国际市场的有利形势和一切机遇，更大胆、更积极地采取有力措施扩大对外开放。要继续深化外贸体制改革，进一步端正经营思想，转换经营机制，努力开拓国际市场，做到市场多元化，产品多样化。要支持具备条件的企业获得自营出口的权力，促使更多的企业直接参与国际市场竞争。进一步密切工贸关系，推行外贸代理制，加快出口基地建设。要合理调整出口商品结构，增加自营出口、“三资”企业和深加工产品出口比重。大力提高出口产品质量和档次，降低换汇成本，大力发展“三来一补”业务，千方百计多出口，多创汇，确保我省今年外贸出口增长幅度不低于全国平均水平。

利用外资工作要紧紧围绕结构调整，加强外资投向的政策引导。合资合作要重点放在国营大中型企业的“嫁接”改造和吸引高新技术以及国际市场上适销对路、有竞争能力和能够替代进口的产品上。要在借得来、用得好、还得起的前提下，多渠道、多形式地积极争取外国政府贷款、政府赠款、世行贷款、亚行贷款、商业信贷、出口信贷、香港中银集团的合作和贷款。各地市、各有关部门都要不断选择新项目，积极开展对外洽谈，每年都要准备一批、谈成一批、实施一批、办成一批。每年谈成项目的实现率当年要达到50%，第二年要实现80%以上。要下大力办好现有“三资”企业和新开办的“三资”企业，加强对外商投资企业的依法管理，认真落实兑现各项政策，既要保障外商获得合法利益，又要防止偷税漏税、高进低出、利润转移等问题的发生。要实行全方位的大开放、大联合、大合作，坚持对外、对内开放两手抓，把外引同内联紧密结合起来。我省商品经济起步较晚的地市县，要从当地的实际出发，把工作重点首先摆在搞好对国内开放上，大力发展同省内外的横向经济技术联合，以内联促外引。充分发挥我省环绕京津的特殊地理优势，继续大力吸引京津和外省市的技术、资金、信息、人才，加快河北经济的发展。

要加快改善投资环境。石家庄到北京高速公路的河北段要争取年内基本建成，石家庄民航机场要确保十月份开工建设。软环境的改善重点抓好健全各项服务机构，简化办事手续，提高工作效率。能快办的一定要快办，凡因官僚主义、主观主义、办事拖拉而误事的，要严肃查处。秦唐沧渤海湾对外经济开放区要率先形成局面，在对外开放的各方面走在全省的前列。

（八）抓好财政、金融工作，充分发挥其对经济建设的服务、支持、监督作用

今年增支减收因素较多，财政支出数额较大，省内除保重点工程建设和重点技改支出外，还要适当增加农业、教育、科技、新产品试制等支出。为确保财政收支平衡，不出赤字，一是，要以搞好国营大中型企业为重点，深入开展促产增收活动，充分发挥财政税收的经济杠杆作用，合理筹措、调度、调节资金，支持生产，扩大财源。二是，强化税收征管。现在企业欠税利较多，特别是零散税收流失严重，一定要严肃税收法纪，把住减免税口子，结合财务、税收大检查，收回欠缴税款，堵塞一切跑、冒、滴、漏。三是，继续开展“双创双扭”活动。各级政府要采取切实有效的措施，确保“双创双扭”目标和任务的完成。四是，完善企业增盈扭亏目标责任制，硬化财务约束机制。对重点生产经营单位，要继续核定下达当年增盈扭亏责任目标，完善奖罚办法，使利税超千万元的企业由去年的61个增加到72个；减少企业亏损2.4亿元。五是，加强财政监督，压缩开支，压缩新增人员，压缩会议开支，压缩新购小汽车，压缩医药费超支。要加强预算外资金管理，对这部分资金使用去向和使用效果要进行正确的引导和有效的监督。要严格财经纪律，坚决反对花钱大手大脚，铺张浪费，严禁乱发奖金、实物和各种补贴，违控购买的非生产用小汽车今年一律由省没收。

金融工作要通过不断深化改革，紧紧围绕调整经济结构、提高效益，进一步调整信贷结构，搞活存量，优化增量，在活化资金、融通资金上下功夫。要重点支持基础产业、优势产业、高新技术产业、新产品开发、重点建设工程和适销对路商品生产。对生产滞销、积压产品的企业，要通过信贷手段促使他们压库控产或实行转产。各家银行要加强资金调度，加速资金周转，提高资金使用效益。要充分发挥地方金融组织、城市信用社和农村信用社的作用，在坚持国家金融总政策的前提下，通过发行企业债券、个人集资等办法，多方融通、筹集资金，弥补建设资金的不足。要继续抓好清理"三角债"、压贷挂钩和压库限产。同时，要落实挂钩技改项目，保证这些项目的技改资金供应及时到位。要继续整顿金融秩序，主动办理托收承付，严格结算纪律。要监督企业认真执行自有流动资金补充的政策，不断补充自有流动资金。要帮助指导企业管好、用好资金，提高资金的使用效益。要大力发展保险事业，做好防灾补损，充分发挥保险对支持经济、稳定社会的功能作用。

（九）坚持不懈地抓好计划生育工作

今年是人口出生高峰的峰顶年份，全省计划生育工作面临的形势仍然十分严峻。我们必须坚决克服麻痹松懈、畏难厌战情绪，下更大的决心，采取更加有力的措施，付出更艰苦的努力，把计划生育工作毫不放松地抓好。要坚定不移地执行现行计划生育政策和各项法律、法规，严禁乱开口子，乱批生育指标。在生育的问题上，必须严格按法定程序办事，严格实行"准生证"制度，真正做到该生的生，不该生的一个也不生。各级干部、共产党员、共青团员要以身作则，做计划生育的模范。要把工作的重点放在农村，放在基层，建设好县、乡、村三级计划生育组织机构和服务网络，真正在基层建设一支思想好、作风正、技术精、懂政策、会管理的计划生育专业队伍。要继续坚持突击活动与经常工作相结合的方针，进一步搞好"三清"，既确保当年完成计划生育控制指标，又通过基础建设，用三年时间，分期分批地把大部分乡村建成无计划外生育的乡村，使计划生育工作逐步转到经常化、科学化、制度化。同时，要积极开展以计划生育系列保险为主要内容的综合治理和配套服务，既有效地控制人口增长，又密切政府同群众、干部同群众的关系，促进社会的安定团结。

（十）积极创造条件，不断改善城乡人民生活

要在发展生产的前提下，在财政承受能力范围内，切实改善人民群众的衣、食、住、行、医等方面的条件，使全省城乡居民实际生活水平继续有所提高。要按照国家、单位、个人共同负担，租、售、建并举和因地制宜、分散决策的原则，加快住房制度的改革。唐山、石家庄两市住房改革，要加快步伐，不断完善；其他省辖市和县级市今年都要相继出台房改方案，并逐步进入实际运转阶段。今年要在进一步搞好城市规划，加快综合开发步伐，强化城市基础设施建设和城市基础管理工作的基础上，突出抓好城市居民的住宅建设，全省城镇居民住房要确保完成480万平方米，争取完成500万平方米。要统筹安排城乡就业，广开就业门路，优化城镇就业，继续搞好劳动力计划体制改革试点，把全省城镇待业率控制在2%以内，要大力推进离退休职工养老保险、待业保险、工伤保险、医疗保险等社会保障制度的改革，更好地发挥保险事业对促进企业经营机制转换、保障社会稳定的重要作用。要认真抓好城乡医疗卫生制度改革，在保证职工就医治疗的同时，要认真解决公费医疗管理混乱问题；要十分重视改变农村特别是经济不发达地区农民缺医少药的状况。要有重点地解决全省城乡一些地方交通拥挤、道路阻塞、环境污染、秩序混乱、城镇面貌脏乱差等问题，加强对污染的治理，努力改善人民群众的生活环境和生活质量。

四、自觉坚持"两手抓"，紧紧围绕经济建设，切实加强精神文明建设

全面贯彻执行党的基本路线，既要紧紧扭住经济建设这个中心不放，使各项工作自觉地服从于、服务于经济建设，又要十分重视发挥我们的政治优势，十分重视精神对物质、上层建筑对经济基础、政治对经济的巨大反作用，认真抓好精神文明建设。如果经济建设搞不上去，社会主义就失去了物质基础，一切社会生活都失去了赖以存在的条件；如果不坚持四项基本原则，不加强精神文明建设，经济工作就可能偏离社会主义方向，也就不可能建成有中国特色的社会主义经济。因此，我们必须自觉坚持"两手抓"的方针，紧紧围绕经济建设这个中心，努力使其他各项工作贴近经济建设，服从、服务于经济建设，扎扎实实地抓好社会主义精神文明建设的各项工作。

社会主义精神文明建设的根本任务，就是适应社会主义现代化建设的需要，提高全体劳动者的科学文化素质和思想道德素质，努力培养有理想、有道德、有文化、有纪律的社会主义新人。切实加强精神文明建设，提高全体劳动者的素质，必将对经济建设发挥巨大的支持、促进和保障作用，使劳动生产率不断提高，使整个社会的面貌发生深刻的变化。

（一）牢固树立依靠科技进步促进经济发展的思想，切实抓好科技教育工作。各级科技部门要紧紧围绕调整结构、提高效益，组织科技力量，加强对重大科学技术的研究攻关。农业要以提高综合生产能力为目标抓好一批高产、优质、节水、抗逆优良品种选育和关键增产新技术的研究，促进传统农业向现代化农业转化。工业要以提高产品技术含量、加工深度和附加值，增强市场竞争能力和创汇能力为主攻方向，抓好重大新产品开发和新技术、新工艺的攻关，拿出一批新的成果，并切实抓好中试、转让、运用，及时转化为现实的生产力。所有科研单位和大专院校都要积极主动地了解经济，贴近经济，为经济建设提供优质服务，为企业和农业解决技术难题。要继续深化改革，理顺管理体制，改革用人、用工、分配制度，逐步建立科技与经济紧密结合和相互促进的运行机制。为了使科技真正成为现实的生产力，进一步解决

好科技同经济的结合，计划经济部门要自觉增强依靠科技进步意识，在安排生产计划、基建计划、技改计划、引进计划、开发计划时，要同时安排科技计划，搞好同科技计划的衔接。所有大中型企业和其他有条件的企业，都要建立自身技术开发机构，实现科研、开发、生产一体化。今年要有90%以上的大中型企业建立起自己的技术开发机构，其他企业也要积极寻找科研单位、大专院校作依托，建立各种联合体，联合进行科技开发、攻关和成果转化。无论工业、农业，对成熟的先进适用技术，要进行指令性推广，加速向生产领域转移。要积极支持和办好石家庄高新技术产业开发区，今年要在发展高新技术项目上有一个大的突破。对科研经费不足的问题，要采取"四个一点"的办法，即计划、财政支持一点，银行贷款支持一点，科研、生产单位联合开发筹措一点，创办科研生产实体创收一点，逐步改善科研条件。

教育工作要认真贯彻党的教育方针，面向经济，为经济建设培养人才。要坚持把德育教育放在各级各类学校工作的首位，把学校的各种教育与育人目标紧密结合起来。继续抓好九年义务教育的实施，在总结去年《义务教育法》执法检查的基础上，要针对存在的问题提出改进的措施和办法。高等教育要继续贯彻坚持方向、控制规模、调整结构、提高质量的方针，深化改革，加强管理，为我省经济建设培养各类合格人才，特别是紧缺人才。要继续推进高等院校与工矿企业联合办学，学校科研要主动服务于生产，服务于工业企业、农业和乡镇企业。职业技术教育今年要全面完成60所综合职校的建设任务，力争今年各类中等职业技术教育招生数达到高中阶段招生总数的50%。继续办好农村教育改革实验区，推进农科教统筹和教育内部"三教统筹"，进一步健全多层次、多形式的实用技术培训网络。要继续采取财政支持、社会集资的办法，努力改善各级各类学校的办学条件。要在全社会进一步形成遵师重教的良好风气。加强中小学师资队伍建设，大力提高教师的政治业务素质。做好毕业生分配工作，积极引导毕业生到县以下基层单位和生产第一线工作。

（二）紧紧结合改革和建设的实践，深入开展社会主义思想教育活动。要坚持和发扬思想政治工作的优良传统，联系改革开放和经济建设的思想实际，有针对性地在广大干部群众中开展内容广泛、形式多样、富有成效的思想政治教育。要在各级干部和广大群众中继续深入进行"一个中心、两个基本点"的基本路线教育，使广大干部群众进一步解放思想，更新观念，更加自觉地坚持以经济建设为中心，坚持四项基本原则，坚持改革开放，集中精力把经济建设搞上去。要联系国际风云变幻的严峻形势，通过学习中国近现代史，对人民群众特别是青少年进行国情教育，进行爱国主义、社会主义思想教育。从去年开始，全省分期分批地在农村开展社会主义思想教育活动。要紧密结合社教，通过讲形势，联系本地发展实际，组织农民群众开展翻番致富奔小康的大讨论，制订"小康工程"的目标和措施，激发建设社会主义新农村的积极性。城市工矿企业要抓好职工的社会主义思想教育，充分发挥工人阶级的主人翁作用，激励他们更好地参与企业的民主管理，自觉地投身到经济建设和企业改革中去。要大力开展艰苦奋斗、勤俭建国、勤俭兴省教育，进行职业道德和社会公德教育。要教育人民群众自觉地移风易俗，反对封建迷信和赌博，打击丑恶现象，净化社会环境，努力在全社会形成健康文明的社会风气。

（三）努力促进社会主义文化卫生体育事业的更快发展。社会主义文化事业必须坚持"双百"、"双为"方针，始终把社会效益作为最高标准。文艺、出版、广播、影视等部门，在精神文明建设中担负着光荣而艰巨的任务。要自觉坚持整顿和繁荣两手抓。全省文化工作者一定要努力提高自身的思想道德素质和业务素质，深入生活，深入实际，弘扬民族优秀文化，努力创作出更多高质量的社会主义精神产品，用马克思列宁主义、毛泽东思想占领思想文化阵地，激励人们投身到轰轰烈烈的社会主义建设和改革开放的伟大事业中去，不断丰富和活跃群众性的文化生活。要继续推进文化管理体制方面的改革，理顺关系。对有突出贡献的人才，要给予积极支持，帮助他们创一流作品，进一步繁荣社会主义文艺事业。

卫生工作要继续贯彻预防为主的方针，加强预防保健工作和对传染病、职业病、地方病等严重危害人民健康的疾病防治；要按照我省农村到2000年人人享有卫生保健规划目标的要求，进一步巩固和完善农村三级医疗预防保健网；继续重视中医工作，促使中、西医协调发展；要深化医疗制度改革，改善医德医风，提高医疗服务质量，更好地满足人民群众日益增长的卫生医疗需求。

要广泛开展群众性的体育活动，创建体育先进县，增强人民体质，提高健康水平。要抓紧七届全运会的筹备工作，办好在保定市召开的我省第八届运动会。

（四）进一步加强社会治安的综合治理，为经济建设和改革开放创造一个良好的社会环境。抓好社会治安，关键要认真贯彻落实中共中央关于加强公安工作的决定，积极开展反渗透、反颠覆、反"和平演变"的斗争，打击各种国内外敌对势力和敌对分子的破坏活动，继续依法从重从快严厉打击各种刑事犯罪活动。对严重危害社会治安的杀人、抢劫、强奸、爆炸、拐卖妇女等恶性犯罪，要快速出击，快侦快破；对犯罪团伙特别是带黑社会性质的团伙，以及危害一方的流氓犯罪分子，要主动出击，坚决打击。要强化专政机关的职能作用，不断提高侦查破案能力，及时发现和消除危及社会政治安定的各种隐患，遏制严重犯罪上升的势头，逐步实现对社会治安的规范化、科学化管理。要坚持专政机关与依靠群众相结合，建立健全各种安全防范机制，动员社会各部门齐抓共管，共同抓好社会治安综合治理的各项措施的落实。国营大中型企业、国家重点建设工程和高科技领域等重要部门和其他单位，都要按照谁主管、谁负责的原则，完善内部各项安全保卫责任制，强化安全防范机制；农村要结合当前的社教活动，制定乡规民约，开展群众性自防自治，加强民间纠纷的调解工作，及时发现和消除各种不安定因素。

（五）**大力加强社会主义民主和社会主义法制建设**。加强和发展社会主义民主和法制，是建设有中国特色的社会主义政治的重要内容。坚持在人民内部充分发扬民主，这是最广泛地动员广大群众投身改革开放和经济建设的重要保证。各级政府要充分认识地方国家权力机关的性质和职权，摆正关系，自觉接受人大及其常委会的法律监督和工作监督，尊重和支持人大、人大常委会和人民代表依法行使职权。要重视和发挥政协、各民主党派、无党派爱国人士和群众团体的政治协商、民主监督作用。要建立和健全民主决策、民主监督的程序和制度，扩大和密切同人民群众的联系。不断健全企业职工代表大会制度和农村村民委员会建设，结合社会主义思想教育，努力提高广大公民的参政意识和参政素质。

社会主义法制建设既是实行社会主义民主的重要组成部分，又是促进经济建设和各项社会事业发展的重要保证。各级政府要不折不扣地认真执行国家制定的基本法律和一系列专门法规。同时，要围绕经济建设和改革开放，把一些成熟的政策措施，按法定程序用法律形式确定下来，逐步建立比较完备的经济和行政法规、规章体系。要不断提高依法行政水平，善于运用法律手段来组织、领导、管理经济活动和各项社会事务。要认真贯彻执行《行政诉讼法》，增强各级机关及其工作人员行政行为接受司法监督的意识，做好行政复议和应诉工作，切实解决一些行政部门有法不依、执法不严、滥施处罚等行为，维护公民和法人的合法权益。各级司法行政机关要充分发挥职能作用，城市要以搞活大中型企业为重点，农村以落实联产承包责任制、科技兴家和发展乡镇企业为重点，努力提供法律服务和法律保障。要继续在全体公民中实施"二五"普法规划，提高全体公民的法制意识和守法观念，特别是各级政府工作人员和执法人员要带头学法、懂法、守法、执法，做守法执法的模范。

（六）**进一步做好双拥工作，深入开展军民、警民共建精神文明活动**。多年来，我省驻军和广大武警官兵继承和发扬人民军队拥政爱民的光荣传统，为我省社会主义物质文明和精神文明建设做出了重大贡献。地方各级政府和全省广大人民群众在拥军优属、支持部队、密切军政军民关系方面，也做出了应有的努力。随着"双拥"工作的深入开展，各级政府一定要更加自觉地做好支持部队建设和拥军优属工作，在全社会形成尊重、爱护、关心、支持人民军队和拥军优属人人有责的良好社会风气。坚持议军制度、军政联席会议制度和互访制度，经常地、主动地征求部队意见，及时帮助解决需要地方上解决的问题，做好经常性的实际工作。要认真做好复退、转业军人的安置工作，切实落实烈军属、伤残军人的各项优抚政策，帮助解决生产、生活中的困难。要在全体公民中深入开展国防教育，增强广大干部群众的国防观念，自觉地履行国防权力和义务。要教育群众，爱护和保护军事设施。进一步抓好民兵和预备役的建设。继续深入扎实地开展军民共建、警民共建精神文明活动，共创双拥模范地、市、县，涌现更多的双拥模范单位，涌现更多的文明单位、文明街道、文明乡镇和文明村。

（七）**进一步做好民族、宗教工作**。各级政府要认真贯彻中央民族工作会议精神，结合我省实际，积极创造条件，加快少数民族自治和聚居地方经济、教育、文化等各项事业的发展。要进一步落实和完善各项优惠政策和扶持措施，切实帮助少数民族解决一些迫切需要解决的问题，加快脱贫致富步伐，不断增强自我发展的能力。要全面贯彻落实《民族区域自治法》和我省实施自治法的若干规定，切实保障民族自治地方的自治权利和散居少数民族的合法权益。大力培养、选拔、使用少数民族干部，努力提高少数民族的科学文化素质，促进全省各民族的团结和共同繁荣。继续认真贯彻党和国家的宗教政策，尊重和保护爱国宗教组织的合法权益和正常宗教活动。同时，要加强对信教群众和宗教界人士的爱国主义、社会主义教育，不断提高他们维护国家和民族利益的自觉性。在加强对宗教事务的依法管理，把宗教活动纳入法律、法规和政策允许的范围，坚决取缔各种非法活动，抵制敌对势力的渗透。

五、切实转变作风，进一步改进政府工作

在新的一年里，摆在我们面前的任务是十分艰巨的，新的形势对政府工作提出了新的更高的要求。为了全面完成1992年的各项任务，各级政府要在党中央、国务院和省委的领导下，进一步解放思想，更新观念，切实转变作风，努力改进政府工作。

第一，切实加强各级政府的思想建设，全心全意为人民服务。我们的各级政府是人民利益的代表者，全心全意为人民服务是人民政府的根本宗旨。只有赢得了广大人民群众对政府的拥护和信赖，才能搞好政府工作。因此，我们想问题、定政策、办事情，都要把人民群众的利益作为根本的出发点和落脚点，把人民群众关心的"热点"，作为政府工作的重点。凡是人民群众反映的重大问题，都要认真研究，采取措施，切实解决。要使人民群众从政府的政策中、工作中、行动中，真正感受到是实实在在地为他们谋利益的。所有政府工作人员特别是各级领导干部，都要增强群众观点，认真坚持群众路线，充分尊重群众的首创精神，使制定的政策、措施真正符合人民的利益。要经常深入基层，倾听群众的呼声，及时了

解群众的愿望和要求，扎扎实实地为基层、为群众办实事，解决人民群众生产、生活中的实际问题，决不要搞那些没有实际意义、劳民伤财的事情。要认真做好人民群众来信来访工作，切实保障人民群众的民主权利。只要我们真心实意地依靠群众，满腔热情地关心群众，清正廉洁，勤政为民，扎扎实实地为群众办实事、谋利益，就能赢得广大人民群众对政府的信赖和支持。

第二，深入开展反腐败斗争，大力推进廉政建设。我们在廉政建设方面虽然采取了不少措施，对一此些消极腐败现象进行了斗争。但是，我们对廉政建设的成绩决不能估计过高，对这方面存在的问题决不能有丝毫麻痹和松懈。当前突出的问题是，对有些大案要案查处还不够及时有力，一些深层次的问题揭露得还不够；一些权钱交易、索贿受贿、以权谋私、假公济私、贪赃枉法、用公款吃喝送礼、乱建私房等腐败行为屡禁不止；有些行业的不正之风仍然相当严重，相当突出。各级政府要继续把反对腐败、加强廉政建设作为自身建设的重要内容来抓。要从巩固社会主义制度、防止“和平演变”的高度，正确认识和处理反腐败斗争、廉政建设与经济建设的关系，把这项十分重要的工作坚持不懈地抓下去，推动和保证经济建设的健康发展。对那些严重以权谋私、贪污受贿、贪赃枉法、对群众敲诈勒索的腐败分子，要严肃查处，特别对那些涉及面广以及集团性贪污受贿、严重以权谋私案件，要组织足够的力量，坚决进行查处，决不姑息养奸，养痈遗患。要认真落实中办[1991]17号文件和省委、省政府的有关规定，坚决刹住用公款吃喝送礼，继续下大力纠正行业不正之风，坚持不懈地治理“三乱”。各级政府的领导成员要率先垂范，首先管好自己，管好家属子女和下属，对腐败行为决不能护短，坚决支持监督检查部门对各种问题的严肃查处。

第三，下决心实行精兵简政，切实转变工作作风，提高工作效率。近几年来，我省各级机关机构臃肿、人员膨胀问题十分突出，不仅加重了财政负担，使发展经济的能力大大减弱，而且降低了工作效率，影响了工作合力，助长了官僚主义。这一问题不认真解决，不仅经济建设和各项事业的发展受到严重影响，官僚主义和形式主义也很难得到有效克服。因此，我们必须下决心精兵简政。各级政府机关坚决停止增设机构、提高机构规格、增加人员编制和领导职数，事业单位也不再铺设新摊子，不再扩大人员编制，切实控制住各级机关及事业单位人员的继续膨胀。在严格控制机构、人员继续膨胀的同时，要积极稳妥地进行机关“消肿”工作。按照省委、省政府提出的各级机关两三年内实现“消肿”计划的要求，省直机关和各地市机关今年要完成50%的“消肿”任务。县级机关要在去年“消肿”的基础上，今年内完成超编人员的精简安置工作。要根据中央编委已经批准我省的机构改革方案，按照转变职能、理顺关系、精兵简政、提高效率的要求，认真搞好省级机构改革，努力建立起精简、协调、高效的省级行政管理体系。同时，要继续认真抓好唐山、柏乡等市县的机构改革试点，探索“小政府、大服务”的路子，为地市县机构改革做好准备。各级政府和各部门都要以改革精神，建立约束机制，简化办事环节和程序，严格工作纪律，加快工作节奏，提高办事效率。凡能快办的一定快办，能早办的早办，决不允许拖拖拉拉、疲疲沓沓。对于政府已经决定的事项，要坚决执行，决不允许硬顶、软拖。部门之间要发扬主动协作精神，切实加强协调联动，坚决克服本位主义和推诿、扯皮等不良现象，决不允许因片面强调本部门的利益和权力，阻碍、影响、延缓全局性工作的进程。

第四，牢固树立实干兴邦、实干兴省的思想，狠抓各项工作的落实。党中央、国务院为推进社会主义事业的顺利发展，制定了一系列正确的路线、方针和政策，省委对今年的全面工作已有明确的部署和要求，当前最重要的是实干。只有实干，把各项工作真正落实了，工作部署才能变成实际行动，正确的决策才能取得实际效果。各级政府和所有政府工作人员都要以对党、对人民高度负责的精神，牢固树立实干兴邦、实干兴省的思想，树立起查实情、讲实话、想实招、办实事，艰苦奋斗、埋头苦干的良好作风，实实在在的抓好各项工作的落实，实实在在地创造工作业绩，使本地区、本部门、本单位的工作面貌，在新的一年里有一个新的变化。一个地区，一个部门是真抓实干，还是在那里空说空话，专说大话，不干实事，搞形式主义，做表面文章，广大干部群众是看得最清楚的，也是可以在实践中检验的。如果一个地区、一个部门、一个单位干了一年，工作平平，没有变化，没有进步，经济建设的各项指标仍然没有上去，不管你说得如何好听，也不能说明你工作有政绩。省政府今年继续对各地市、各部门实行目标管理责任制，进一步完善目标体系和管理办法。主要经济指标和主要社会发展指标，凡是列入目标管理的都要层层分解，真正做到责任明确，严格考核，并公开通报，促使全省上下真正形成比实干、比贡献、比政绩的良好风尚。

各位代表！

我们面临的任务是十分光荣而艰巨的，在前进中也可能出现一些难以预料的困难和问题。但是，我们坚信，在党中央、国务院和省委的领导下，只要我们坚定不移地全面贯彻执行党的基本路线，紧紧依靠和团结全省人民，振奋精神，同心同德，励精图治，埋头苦干，就一定能够胜利完成今年的各项任务，把我省社会主义现代化建设事业不断地推向前进！

关于河北省1991年国民经济和社会发展计划执行情况与1992年国民经济和社会发展计划草案的报告

——1992年3月3日在河北省第七届人民代表大会第五次会议上

河北省计划经济委员会主任 龚焕文

各位代表：

我受省人民政府的委托，向大会作河北省1991年国民经济和社会发展计划执行情况与1992年国民经济和社会发展计划草案的报告，请各位代表审议，并请省政协各位委员和其他列席人员提出意见。

一、1991年计划执行情况

1991年，全省人民在省委、省政府的正确领导下，认真贯彻执行党的十一届三中全会以来的路线、方针和政策，紧紧围绕经济建设这个中心，坚持四项基本原则，坚持改革开放，广泛深入地开展“质量、品种、效益年”活动，使整个经济形势继续朝着好的方向发展。全省国民生产总值达到975亿元(现价，下同)，比上年增长7%，超过计划增长2.5个百分点；国民收入798亿元，增长6.1%，超过计划2.1个百分点。经过三年的持续努力，经济秩序有了明显改善，社会供求差率已缩小到4.1%，供求总量的矛盾已大大缓解，治理整顿的主要任务已基本完成。科学、教育、文化、卫生、体育等社会事业也取得了新成绩。总的讲，“八五”计划的第一年开局不错，整个计划执行情况是好的，省七届人大四次会议批准的计划任务已基本实现。

(一)农业生产获得好收成，乡镇企业发展较快。去年，在遭受多种自然灾害的情况下，全省粮食总产达到2268.7万吨，完成了全年计划，是我省历史上第二个高产年。棉花总产完成63.4万吨，比上年增加6.3万吨。油料总产72.9万吨，超过计划3万吨，比上年略有减少。林、牧、渔业生产完成情况较好，造林面积、肉类总产、水产品产量都完成了全年计划。全省农业总产值完成365.5亿元，比上年增长3%。乡镇企业发展较快，总产值比上年增长20.3%。

(二)工业生产持续增长，经济效益下滑的状况初步得到扭转。全省工业总产值完成1330.3亿元，比上年增长13.5%。其中，乡及乡以上工业增长12.2%，作为社会主义公有制主体的全民工业和大中型企业，增长速度分别达到9.7%和12.4%，基本恢复到了正常运行状态。全省重点考核的82种主要工业产品有51种比上年增长。经济效益开始回升，地方预算内工业企业产品销售收入、实现利税、上缴利税分别增长18.6%、11%和14.5%，全省开展的“质量、品种、效益年”活动取得了初步成效。

(三)固定资产投资结构有所调整，重点建设项目完成情况较好。全省固定资产投资完成241.1亿元，比上年增长36%，其中全民固定资产投资完成128.24亿元，增长15.6%。在全民固定资产投资中，地方项目投资完成78.6亿元，增长23.3%。投资结构有所调整，资金投向进一步趋向合理。地方全民技改投资用于节约能源、降低消耗的增长23%；用于增加产品品种的增长12.7%。年内施工的大中型基建和限上技改项目或单项工程有19项按要求建成。

(四)财政收入增加，金融形势比较稳定。全年财政收入完成90.66亿元，按可比口径，比上年增长7.1%。财政支出91.14亿元，比上年增长4.4%。信贷方面，存款和贷款稳步增加，特别是在去年降低储蓄存款利率的情况下，城乡存款仍稳步增长。年末银行的其它金融机构各项存款余额达939.27亿元，贷款余额978.86亿元，分别比年初增长24.3%和18.8%。

(五)市场繁荣活跃，零售物价平稳。随着生产的发展和消费需求的回升，市场形势进一步好转。商品丰富，供应充裕，市场销售逐步趋于正常。全年社会商品零售总额完成434.4亿元，比上年增长14.1%。开发省外市场取得进展，地产品销售出现了好势头，全省调出省外商品增长31.4%，高于省外调入15.5个百分点，是近年来少有的。由于供求总量矛盾明显缓解，虽然国家调整了平价供应居民的粮油价格，并陆续出台了一些其它调价措施，全年社会商品零售物价上涨幅度仅为2.8%，比国家计划要求低3.1个百分点。

(六)外贸出口增加，利用外资工作取得突破性进展。在取消出口补贴、企业实行自负盈亏的情况下，全省一般贸易和“三资”企业出口完成13.34亿美元，比上年增长6.1%。当年实际利用外资1.38亿美元，比上年增长33.9%。全年共签订利用外资合同464项，合同总金额7.99亿美元，其中外商直接投资2.75亿美元，超过了以往任何一年的签约数额。旅游事业发展较快，全年接待国际旅游人数6.9万人次，比上年增长46%；创汇851万美元，增长50%。

(七)科学、教育等事业取得新成绩,计划生育工作进一步加强。列入省计划的700个科研课题,有95%以上达到了计划进度要求,329个课题通过了鉴定验收,其中21项达到国际先进水平,251项达到国内领先水平。计划重点推广的100项科研成果,大部分得到了推广应用。教育事业稳步发展,地方普通高等院校招生18940人,比上年增长1%;成人高等学校招生13638人,与上年持平;中等专业学校招生34225人,增长11%,都完成或超额完成了全年计划。文学、艺术、新闻、出版、广播、影视、体育、卫生等事业继续发展。成功地举办了第三届中国吴桥国际杂技艺术节和第二届全国城市运动会。农村卫生工作得到加强,约有10%的乡镇卫生院通过多渠道集资对危房进行了改造。计划生育工作成绩突出,全年人口自然增长率为9.84‰,比原定计划目标低4.46个千分点。

(八)在生产发展的基础上,人民生活继续得到改善。据抽样调查,全省城镇居民人均生活费收入1489.3元,比上年增长6.6%;农民人均纯收入657.38元,增长5.7%。城乡居民的居住条件进一步改善,全省农民建房完成5034万平方米,城镇建房完成455万平方米,都比上年有一定增长。

以上情况表明,1991年,全省国民经济克服重重困难,各条战线、各个方面都取得了较大成绩。经济形势的好转,为进一步深化改革,实现经济工作重点转移,促进国民经济的持续、稳定、协调发展创造了有利条件。但是,在计划执行中也还存在着不少矛盾和困难,突出的是:

(一)农业基础薄弱,综合生产能力还比较低。主要是水利设施老化失修,水资源严重不足,科学技术推广工作跟不上,种植业受气候条件影响很大,遇灾减产、靠天吃饭的状况还没有从根本上改变。按照目前的实际综合生产能力,全省粮食生产在丰歉年之间大约有几十亿斤的波动。同时,社会化服务体系建设跟不上,服务功能薄弱,农民买难卖难、某些农产品价格偏低、种田收益下降的问题,仍不同程度地影响着农民的积极性,也在一定程度上制约着农业生产的发展。

(二)工业结构调整进展缓慢,生产的增长基本还是建立在原有结构基础上的。去年,我省的工业生产虽然增长较快,但这种增长是在产业结构、产品结构和企业组织结构没有多大改善的情况下实现的,并没有带来经济效益的同步增长。突出的是产业构成落后,附加值高的高新技术产业十分薄弱。产品结构初级化,与市场需求不相适应的矛盾仍很突出。企业组织结构不合理,企业间的联合、兼并还处在初级阶段。地区产业结构趋同现象比较严重,许多重要产业还没有形成符合社会化大生产要求的经济规模和专业化分工协作。工业结构不合理,是当前经济生活中诸多矛盾的"焦点",是整个国民经济进一步向好的方面发展面临的主要困难。

(三)工业生产的回升与经济效益的改善很不协调,经济效益差的状况没有明显好转。集中反映在相当一部分企业边生产边积压,产成品资金占用过多,企业亏损严重,特别是综合反映企业经济效益的"三率"低下,潜亏问题十分突出。到去年底,全省地方预算内工业企业产成品资金占用仍高达43.57亿元。"三项资金"占全部流动资金的50%以上,大大超过了正常年份的比例。销售利税率和资金利税率仍在低谷中徘徊,大大低于全国平均水平。企业亏损额达7.94亿元,潜亏额达到明亏的1倍以上。

(四)固定资产投人不足,大中型建设项目青黄不接,同经济稳定增长的要求不相适应。去年,我省固定资产投资虽有较快增长,但仍低于全国平均水平。从全民固定资产投资看,全国增长21.9%,我省只增长15.6%,其中,地方项目全国平均增长27.6%,我省只增长23.3%。其原因主要是,在建大中型项目减少,资金又不能及时到位,影响了投资完成进度。去年全省新开工项目1943个,其中大中型项目只有西柏坡电厂、宣钢近北庄铁矿和省彩电中心3个。

(五)一些基本经济关系还没有理顺,宏观调控乏力。一是调控权限过于分散,各种经济杠杆很难做到有效联动。计划对经济、科技和社会发展事业的调控和指导作用弱化。二是一些企业行为短期化,国民收入分配过多地向个人倾斜。甚至严重亏损的企业,也巧立名目,想方设法增加职工福利。三是分配关系不合理,平均主义、"大锅饭"和分配不公问题十分突出,严重影响了人们的工作情绪和生产积极性。这些是近几年来结构调整进展迟缓,经济效益难以提高,财政困难加剧的深层次原因。

1991年计划执行中存在的问题,是前进中的问题,是多年积累下来的。为了有效地解决这些问题和困难,促使这些矛盾朝好的方面转化,省政府在研究安排1992年计划时提出了一系列政策措施,目前正在组织实施。

二、1992年计划安排的指导思想和主要任务

根据中央工作会议和党的十三届八中全会精神,从我省实际情况出发,今年计划安排的指导思想是:全面贯彻党的基本路线,在巩固治理整顿成果的基础上,切实把经济工作重点转到调整结构和提高效益上来,更加大胆地实行改革开放,加强和改善宏观调控,夺取农业丰收,搞好大中型企业,抓好重点项目建设,进一步发展科学教育,大力推进技术进步,艰苦奋斗,勤俭节约,量力而行,尽力而为,促进国民经济和社会事业协调

发展。

根据以上指导思想，按照"八五"计划和十年规划的总体要求，1992年计划安排的主要目标是：

——国民生产总值比上年增长6%，国民收入增长5%。

——农业总产值比上年增长4%。粮食总产2300—2325万吨，棉花总产65万吨，油料总产75万吨，肉类总产141—145万吨。

——工业总产值比上年增长8%。根据市场需求状况和产品结构调整的要求，计划安排的87种主要工业产品中，比上年增长和持平的78种，其中发电量437.5亿千瓦小时，生铁600万吨，钢材320万吨，纯碱39万吨，化肥133万吨，汽车2万辆，电视机32万台，化学纤维3.2万吨，机制纸及纸板89万吨，原盐260万吨，都比上年有不同程度的增长。原油，卷烟等9种产品，由于受资源条件和市场的制约，在计划安排上适当减少了产量。在计划执行中，有些产品将视情况尽可能多增产一些。

——地方全社会固定资产投资203.5亿元，比上年增长6.3%。其中，全民固定资产投资86.9亿元，增长10.6%；集体投资35亿元，增长7.1%；个体投资82亿元，增长2.3%。在全民固定资产投资中，基本建设投资35.5亿元，按可比口径比上年增长12.7%；技术改造投资40.2亿元，增长11.9%。

——财政收入96.2亿元，按可比口径比上年增长4.4%；实现当年收支平衡，不出现新的赤字。

——社会商品零售总额比上年增长10.6%，零售物价总指数上涨幅度控制在6%以内。

——地方一般贸易和"三资"企业出口总值14亿美元以上，增长幅度不低于全国平均水平；实际利用外资金额1.52亿美元，比上年增长10%。"三资"企业签约400家，引进先进技术200项。

——科技攻关项目320项，推广先进成熟的科技成果100项。普通高等院校招生1.91万人，比上年增长0.8%，中等专业学校招生3.7万人，增长8.2%，成人高等学校招生1.42万人，增长4.1%。

——职工平均货币工资比上年增长5%左右，农民人均纯收入增长4%以上。

——全年人口自然增长率控制在13.61‰以内。

为了实现以上目标安排的主要内容和具体任务是：

（一）千方百计夺取农业丰收，促进农村经济全面发展

夺取农业丰收，保持农村经济的稳定增长，关键是贯彻落实好党的十三届八中全会精神，始终把农业摆在国民经济的首要位置来抓。今年在计划安排上，着重抓好以下措施：(1)继续稳定以家庭联产承包为主的责任制，不断完善统分结合的双层经营体制，积极发展社会化服务体系，逐步壮大集体经济实力。重点抓好乡村两级服务组织的建设。(2)因地制宜地调整种植结构，切实保证粮棉油种植面积。计划安排粮食播种面积1.01亿亩，棉花面积1350万亩，油料面积900万亩。非农业建设占用耕地控制在10万亩以内。(3)继续增加农业投入，努力改善农业生产条件。今年全省各种渠道用于农业的资金大约为45亿元，比上年增加4亿元。切实把加强水利设施建设作为一项重要的基础产业来抓。结合以工代赈，进一步加快海河流域的综合治理，加强农业综合开发。计划改造中低产田356万亩，开垦宜农荒地18.3万亩，恢复和改善除涝面积300万亩，新增有效灌溉面积124万亩。(4)加快推广普及各种适用的农业技术。对成熟适用的模式化栽培、夏秋粮一体化、旱作农业、配方施肥、病虫害防治等10类30项增产技术，继续实行指令性推广措施。(5)进一步加强各行各业对农业的支援。主要是围绕解决农民"买难"、"卖难"问题，改善农业生产资料供应，抓好农副产品收购，加强仓储设施建设。(6)大力发展乡镇企业。按照调整结构和提高效益的要求，坚持"发展与提高并重"、"四轮驱动，集体为主"的方针，进一步加强乡镇企业的行业管理和指导，对新上项目坚持高起点、高效益；对现有企业狠抓技术改造、科技进步、人才培养和经营管理，在提高中求发展。今年计划安排乡镇企业总产值比上年增长15%以上，上缴税金增长6%。通过发展乡镇企业来带动农业、支援农业、增加农民收入。同时，积极做好扶贫救灾工作。

（二）扎扎实实地推进工业结构调整，下力量把经济效益搞上去

当前经济生活中的诸多矛盾和困难，大都根源于工业结构不合理和经济效益低下。因此，广泛开展"面向市场、挖潜增效"活动，进一步加快工业结构调整步伐，千方百计提高经济效益，是1992年计划安排的中心任务。从我省的实际出发，今年的结构调整，主要抓好"六个一批"：一是抓好一批产品的更新换代，计划开发省级以上新产品700项，其中达到国内先进水平的340项，达到国际水平的60项。二是抓好一批中小企业的技术改造，通过引进国外先进技术重点改造50－60家，使其主要技术装备达到国际八十年代的水平。三是抓好一批大中型基建和限上技改项目的建设，今年重点抓好计划施工的58项，着力搞好增量调整。四是抓好一批"三资"企业的签约和建设，力争签约400项。五是抓好一批外向型企业的创建，重点培植和建设80－100个出口基地企业。六是抓好一批企业集团的建设和扭亏无望企业的关停并转。在巩固、完善现有集团的基础上，积极组建新的企业群体和集团，大力推进企业间的兼并和联合，对企业关停认真抓好试点。

在提高经济效益方面，除了抓好结构调整和企业改革外，重点是通过抓"三降低"、"三提高"(即降低积压、降低三项资金占用、降低亏损和潜亏，提高资金利税率、提高销售利税率、提高产销率)，促使我省工业主要经济效益指标全面好转。今年计划对去年年底库存产品的超储部分降低50%;三项资金占用超过1990年底增长的部分降低50%;预算内工业企业亏损金额降低30%以上;产品销售率达到98%以上;资金利税率、销售利税率分别比上年提高1个百分点;工业企业实现利税增长10%以上;全民独立核算工业企业全员劳动生产率提高3%。

实现调整结构、提高效益的奋斗目标和主要任务,计划采取以下措施:第一,加强组织领导,制定统一协调的结构调整规划。涉及全省的结构调整工作,由省政府统一部署,省计经委组织实施。要求各地市、各工业部门尽快制定结构调整的具体规划和方案,经省计委综合平衡、报省政府审批后逐步实施。第二,进一步强化行业管理。要求所有工业部门从今年起都要把系统外企业纳入行业管理范围,并根据省政府确定的产品结构调整目录,对现有产品进行分类排队,尽快提出支持、限制、禁止和淘汰产品的名单,做好限制产品的生产许可证的发放工作。第三,加快技术开发和技术改造。主要是抓好一批重点技改项目的建设和投产,培植和开发一批竞争力强、覆盖面大、经济效益好的名优拳头产品。为了加速产品的更新换代,今年列入省优秀新产品生产计划的品种由上年的150种增加到200种。第四,建立产业结构调整基金制度。将省政府规定的每年从地方全民企业预算外资金中集中的3%,作为省和地市两级的产业结构调整基金,分级管理,周转使用。同时,为了推进工业结构的调整,省财政预算内安排2500万元,以贴息形式支持困难较大的企业进行结构调整。另安排750万元作为新技术、新产品开发基金。第五,实行政策倾斜,保证各项调节手段的有效联动。各级计划、财税、金融等部门,都应根据国家的产业政策和省统一规定,制定具体措施,协调行动,形成合力,加速结构调整。第六,切实加强企业管理,向管理要效益。以"双增双节"为重点,进一步强化企业基础管理、生产现场管理、财务核算管理和全面质量管理,不断完善内部经济责任制,挖掘企业内在的生机与活力。切实抓好79个耗能大户、127个耗材大户的节能降耗工作,争取有300个以上大中型企业达到国家推行全面质量管理的八项要求。继续做好企业的增盈扭亏工作。要组织力量对企业潜亏问题进行彻底清查,年终对所有企业进行全面效益审计。对弄虚作假、制造新的虚盈实亏的直接责任者一律从严处理。今年要做到不出现新的潜亏,并把过去的潜亏消化一块。第七,进一步清理"三角债",努力压缩三项资金占用。在抓好国务院统一部署清欠工作的基础上,重点抓好冶金、化工、纺织等企业的流动资金清欠工作。第八,改进和完善工业生产评价考核指标体系。把"三降低、三提高"的目标层层分解,真正落实到每个企业,建立严格的责任制,确保目标的实现。同时,按照国家的要求,从今年起,总产值只作为一般统计指标,考核各地市、各部门和企业工作的好坏,主要以销售收入、工业产销率、工业增加值、成本利税率、资金利税率、全员劳动生产率、综合能耗降低率、流动资金周转速度等指标为依据,以激励地市、部门和企业努力提高经济效益。

(三)合理安排固定资产投资规模,切实加强重点项目建设和前期工作

根据"八五"计划和十年规划确定的目标,今年固定资产投资必须保持一定的规模和速度,这既是调整结构的要求,也是增强经济发展后劲的需要。计划安排,全社会固定资产投资总规模260.59亿元,比上年增长8.1%,力争实际执行结果赶上或超过全国增长水平。从有利于解决我省固定资产投资的现存矛盾出发,按照增强实力、调整结构、突出重点、提高效益的原则,在固定资产投资使用方向上,今年继续加强农业、能源、交通、通讯和短缺原材料等基础产业和基础设施的建设;大力支持对调整结构、增强后劲有重大影响的项目建设,特别是对提高质量、增加品种、节能降耗和技术含量高、带动性强、外向度大的项目给予重点倾斜;优先安排资金投入少、建设工期短、产品销售旺、经济效益好的加工工业项目。同时,适当增加科学、教育和文化、卫生等方面的投资。地方预算内基本建设投资2.54亿元,主要保续建收尾项目,适当增加农业、教育、科技、卫生、文化等方面的投资。

1992年计划安排施工的大中型基建和限上技改项目共58项,其中基建项目37项,技改项目21项。属于续建的项目34项;提前启动项目15项;新开工项目9项,有桃林口水库、滦河电厂、唐钢2号高炉、井陉元北煤矿、峰峰大淑村煤矿、石家庄化肥厂扩建、黄骅盐场二期工程、石太公路、省二院病房楼。另外,要通过加强前期工作,力争再开工京汉广光缆通讯、石家庄飞机场、河北葡萄糖厂,灵寿化肥厂改造等13项。要求当年建成投产或部分投产的项目,有邯郸矿区云驾岭矿井采煤60万吨、潘家口抽水蓄能电站7万千瓦机组、邢台电厂五期20万千瓦机组、石家庄热电厂2.5万千瓦机组、华北制药厂青霉素227吨、石家庄焦化厂炼焦47万吨等11个。

为了保持合理投资规模,调整投资结构,加快重点建设,提高投资效益,主要采取以下措施:第一,千方百计筹措资金。切实抓好国家按项目确定我省用于基建和技改的自筹资金筹措,衔接落实好银行用于固定资产投资的贷款计划,并争取多增加一些;抓紧清理集资办电资金,把该分得的利润、折旧基金收回来,作为省电力建设再投资金;继续组织好发行企业债券工作,今年计划发行各种债券15亿元。同时,组织力量,对分散在千家万户可用于国家建设的资金,尽快摸清底数,研究一些办法,使有限的资金发挥更大的效益。第二,进一步加强重点项目建设。对国家和省确定的102个重点项目,继续实行项目领导负责制和建设全程责任制,建立健全定期调度会制度，及时协调解决施工中的问题，集中力量打歼灭战。第三，下力量抓好项目前期工作。今年重点抓好25个大中型项目。对国家已批复立项，正在可行性研究报告评估、审批阶段的14项工程，争取在今年三季度之前，完成初步设计审批；对国家正在审批立项的11项工程，力争在三季度前，完成可行性研究报告的审批。同时，进一步加强项目库建设，增加项目储备。继续强化各级投资决策责任制，坚决防止不合理的重复建设。

（四）大力增收节支，用好用活信贷规模和资金

1992年全省的财政工作，重点是大力组织增收，调整支出结构，严格控制非生产性支出，确保当年财政收支平衡。今年，各项财政工作都要围绕着这个重点来进行。首先，从促进生产、提高效益着手，继续把组织增收放在突出位置上来抓。一方面，牢固树立先予后取、予取适度的观念，充分发挥财税部门对生产的支持、帮助和促进作用，大力培植和开辟财源。继续抓紧实施“双创双扭”规划。计划创财政收入8000万元县2个，争取4个；5000万元县4个，争取8个；扭转补贴县6个，争取8个。另一方面，进一步强化税收征管，严格依法治税，抓紧清理企业拖欠利税的工作，把该收的钱收上来。同时，继续加强财政监督，严格财经纪律，控制行政性开支，逐步提高生产建设性支出比重。

按照“控制总量、调整结构、适时调节、提高效益”的货币信贷方针，今年的金融工作，重点是用好用活信贷规模和资金，努力提高资金使用效益，千方百计支持和促进产业、产品结构的调整。一是积极发展储蓄事业，增加居民储蓄，支持经济建设。二是进一步盘活资金存量，加速资金周转。把挖潜盘活指标分解落实到企业，抓紧清理“三角债”，特别是抓好流动资金的专项清欠，继续实行“压贷挂钩”的办法，以贷促压，多压多贷。三是积极调整信贷结构，优化资金增量。尽量增加农业贷款，重点用于支持农副产品的收购、种植业的发展和农业科技推广，以及农业社会化服务体系的建设。对国营大中型企业，继续实行信贷倾斜政策，大中型企业占整个工业流动资金贷款的比重，计划比上年提高3—5个百分点。四是抓好对现有贷款规模的灵活调度，拓宽资金来源渠道，多方筹集融通资金。除积极争取国家为我省增加贷款规模外，主要是通过发行债券等各种有价证券，更多地筹集和引导社会资金，最大限度地满足调整结构、提高效益和重点建设的需要。

（五）搞活流通，稳定物价，安排好人民生活

今年我省社会商品可供量将继续大于市场需求，但供求结构性矛盾仍将存在。为了搞活流通，畅通经济循环，一是充分发挥国合商业的主渠道作用。在国合商业内部，积极推行“四放开”，扩大其在价格、经营、用工、分配上的自主权。二是引导集体、个体和私营商业与省内外国营工商企业挂钩，采取经销、代销、联销的方式，积极推销地产品。三是加快市场建设，促使货畅其流。从今年起，计划在全省逐步建立50个粮油初级交易市场，在唐山、邯郸、张家口尽快建成3个区域性粮油批发市场，在石家庄建立省级粮油批发市场。四是合理引导消费，继续开拓农村市场。大力组织工业品下乡，通过采取下伸商业网点、个体代销等多种形式，切实把农民需要的生产、生活用品送到农民手中。

为使人民生活在生产发展的基础上进一步得到改善，继续采取有效措施保持物价的基本稳定。坚持“调、放、管”相结合，加强物价管理。进一步抓好“菜篮子”工程，适当控制肉、蛋、菜价格和服务收费标准，保持城市居民生活的基本稳定。

大力发展第三产业，广开就业门路。继续增加城乡居民收入，改善居住条件。认真做好环境保护工作，加强对工业废气、废水、固体废物的综合治理，进一步提高城乡的环境质量和人民群众的生活质量。

（六）努力增加出口创汇，认真抓好利用外资和技术引进工作

为了促进外贸出口的稳定增长，今年计划主要抓好四个方面：一是继续为有条件的大中型生产企业争取进出口经营权，把那些技术含量高、出口创汇量大的生产企业推向国际市场，直接参与国际竞争。同时，进一步密切工贸关系，推行外贸代理制。二是积极调整出口商品结构，努力增加盈利商品和高附加值产品的出口。大力发展“三来一补”，计划出口总值5800万美元。三是积极开拓多元化的国际市场，进一步拓宽外贸经营渠道。四是进一步加强和改善各级外贸企业的经营管理，转换经营机制，增强自负盈亏的能力，确保出口创汇增长幅度不低于全国平均水平。同时，利用今年是友好观光年的机会，大力发展旅游事业，更多地吸引外国朋友以及台湾、港澳同胞和海外侨胞来河北旅游，以进一步促进和加快我省的对外开放。

要在办好现有“三资”企业的基础上，进一步扩大利用外资规模。首先，继续加强利用外资的计划导向，引导外资投向我省急需发展的基础产业、大中型企业“嫁接”等关键项目及长期依靠进口的原材料和高附加值的出口创汇产品上，大力发展高科技、高创汇、高效益的外向型企业。第二，多渠道、多形式地利用国外资金，积极争取各种形式的外国贷款，尽快改变我省外商投资比例低、外国政府贷款少的状况。第三，狠抓项目落实，提高利用外资的成功率。在切实抓好已签约项目落实的基础上，抓紧筛选一批利用外资项目，组织省有关部门和各地市对外发布，切实做到准备一批、洽谈一批、实施一批、办好一批。继续下力量改善对外开放的软硬环境，加快秦、唐、沧渤海湾对外经济开放区的建设步伐，增强对外商投资的吸引力。坚持把对外开放与对内开放紧密结合起来，以内联促外引，努力开创我省开放的新局面。

（七）大力加强科技、教育同经济的紧密结合，严格控制人口增长

今年科技教育计划的安排，总的是围绕加快实施“科技兴冀”战略，坚持“经、科、教”统筹，努力为建立三者紧密结合、相互促进、协调发展的良性循环机制创造条件。科技工作，继续把重点放在加快“科技兴农”步伐和加速工业技术进步上。农业方面，着重抓好三件事：一是大面积推广普及先进适用的科技成果，努力提高转化率和覆盖率；二是搞好优质、高产、抗逆新品种的选育和更新；三是积极研究采用水、肥、栽培、植保等先进技术，努力提高农业的资源利用率、劳动生产率和产品商品率。工业方面，主要是围绕调整结构和提高效益，大力发展精深加工技术，加速推广节能、高新技术，积极研制开发新产品。为了促进科技同经济的紧密结合，首先，进一步加强科技计划管理，真正把科技计划纳入国民经济和社会发展计划。充分发挥计划部门综合协调的职能，搞好科技计划与生产、基建、技改，引进和利用外资等计划的衔接。第二，抓住经济建设中的主要矛盾开展科技工作，推动技术进步。对已经成熟的、效益高的科技成果，通过强有力的经济和行政手段进行推广。第三，建立健全企业科技开发机构。要求90%以上的大中型企业今年把自己的科技开发机构建立起来。第四，尽可能增加对科技的投入，有重点地支持科研单位、大专院校的建设，进一步改善科研条件。第五，积极发展高新技术及产业，努力提高经济的整体素质。在继续抓好石家庄高新技术产业开发区建设的同时，逐步在唐山、秦皇岛、保定、邯郸、沧州、张家口、承德建立省级高新技术开发区。

教育事业，主要是努力提高师资水平和教育质量，继续搞好大中专院校的专业结构调整，适当扩大经济发展急需的纺织、服装、食品等专业的招生规模，增加定向招生和委托代培的招生数量。合理调整成人高等教育的文理结构，逐步改变文科多、理工少的局面。进一步加强基础教育，抓紧普及九年制义务教育。大力发展各类职业技术教育。今年各类中等职业技术教育招生人数占高中阶段招生总数的比重达到50%。

卫生事业，重点是加强预防保健和农村基层卫生工作，发展农村三级医疗保健网，逐步改善乡镇卫生院医疗条件。城市医疗卫生工作的重点是整顿医疗秩序、提高服务质量。今年计划增加专业卫生人员6000人，新增病床3000张。继续把计划生育工作的重点放在农村，实行由各级主要领导负责的人口控制目标责任制，着重抓好县、乡、村三级计划生育组织机构和服务网络建设，在基础工作上狠下功夫，切实把人口自然增长率控制在计划目标以内。

进一步发展文学艺术、新闻出版、广播影视等文化事业，继续坚持四项基本原则，努力提高精神产品的质量。体育事业，要坚持提高与普及并重，继续大力开展群众性体育活动，进一步加强优秀后备人才的培养，办好第八届全省运动会，努力提高我省的体育运动水平。

三、继续深化经济体制改革，进一步加强和改善宏观调控，努力完成今年的各项计划任务

各位代表。1992年我省国民经济和社会发展计划的任务相当艰巨和繁重。要顺利实现计划确定的各项任务，必须按照中央工作会议和党的十三届八中全会精神，进一步解放思想，利用当前较为宽松的经济环境，不失时机地把经济体制改革推向深入。今年全省经济体制改革的重点是，围绕搞好国营大中型企业，认真贯彻落实《企业法》，加大企业改革力度，着力转换企业经营机制，大力加强和改善宏观调控。

在深化企业改革方面，一是进一步完善企业承包经营责任制，强化企业的自我约束机制。重点是加强对企业承包的全过程管理，强化监督和审计，严格履行承包合同，逐步建立企业既负盈又负亏、工效挂钩既挂涨又挂落的约束机制，特别是要积极探索建立企业的负亏机制。今年在总结张家口市资金分帐制，邯郸、石家庄市提取承包风险基金，石家庄地区试行全员风险抵押等试点经验的基础上，继续完善、扩大试点面，以逐步增强企业的负亏能力。企业承包要由利润承包向资产承包延伸，把国有资产的增殖和管理纳入承包内容，企业不仅要对上缴利润负责，而且要对国有资产保值增殖负责。同时，逐步建立和完善促进企业技术进步和结构调整的激励机制。二是健全企业的领导体制。进一步发挥党组织的政治核心作用，坚持和完善厂长负责制，全心全意依靠工人阶级，努力提高班子的整体素质和凝聚力、号召力。三是积极推进企业内部的配套改革。重点是搞好分配制度、用工制度和干部制度的改革，坚决打破铁交椅、铁工资、铁饭碗，铲除“平均主义”和“大锅饭”。四是建立企业优胜劣汰的机制，积极推进企业间的兼并，联合和企业集团的组建工作，推动生产要素的合理流动。五是抓好企业转换经营机制的试点。今年要突出抓好实行放开经营、投入产出总承包、“一厂两制”、股份制、证券交易市场、完善企业集团、企业关停并转和劳动、人事、分配制度综合配套改革等不同类型的试点工作，不断总结经验，本着胆子再大一点、步子再快一点的精神，及时在面上推广。

按照计划经济与市场调节相结合的要求，进一步加强和改进宏观调控。当前省级宏观调控体系的建立，主要抓好三个层次的工作：一是发挥各行业主管部门的调控作用。不能再用系统管理代替行业管理，切实解决盲目建设、重复建设的问题。二是发挥财政、银行、工商、税务、物价等专业综合部门的调控作用。真正使财政、税收、信贷、价格等成为计划的有机组成部分，并围绕国民经济和社会发展计划的主要目标和任务，运用经济杠杆，调节经济关系，监督协调经济运行。三是发挥计划部

门综合调控的职能作用。计划部门担负着对整个国民经济更高层次上的宏观调控职责。必须认真贯彻落实中央提出的“发挥计划部门进行综合平衡、执行国家产业政策和综合协调经济杠杆作用”的规定，进一步理顺计划、财政、银行以及其他经济部门的相互关系，切实做到合理分工、紧密配合，着力解决多头决策、形不成合力的问题。继续改进生产、建设、流通的计划管理，缩小指令性计划，进一步发挥指导性计划和市场调节的作用。从今年起，省计经委管理的工业产品生产计划由98种减为87种，并减少统一调配的钢材、纯碱等物资的数量。省计经委管理的商业计划品种由28种减为17种。省直接管理的国家一、二类出口商品，由73种减为29种。

同时，进一步深化财政、金融、流通、价格、劳动、工资、住房、社会保障等方面的改革。

各位代表！

当前我省的国民经济已经进入了一个重要的转折时期，经济和社会发展面临着许多新情况、新问题，各方面的困难和矛盾还不少。但是，克服困难、解决矛盾的有利条件也很多。只要我们在省委、省政府的正确领导下，坚持党的基本路线，认真落实党的十一届三中全会以来的方针政策，紧紧扭住经济建设这个中心，进一步解放思想，更加大胆地改革开放，强化实干兴省意识，不失时机地推进经济工作重点的转移，就一定能够全面完成1992年计划，使全省国民经济和各项社会事业更加持续、稳定、协调地向前发展。

关于河北省1991年财政预算执行情况和1992年财政预算草案的报告

——1992年3月3日在河北省第七届人民代表大会第五次会议上

河北省财政厅厅长 韩锡正

各位代表：

我受省人民政府委托，现在向大会提出我省1991年财政预算执行情况和1992年财政预算草案的报告，请各位代表审议，并请省政协各位委员和其他列席会议的同志提出意见。

一、1991年财政预算执行情况

1991年，全省人民在省委、省政府的正确领导下，认真贯彻省七届人大四次会议精神，坚持以经济建设为中心，坚持改革开放，广泛开展“质量、品种、效益年”活动，努力提高经济效益，促进全省社会经济的协调发展，治理整顿的主要任务已基本完成。农村经济进一步发展，农业获得较好收成；工业生产稳步增长，经济效益开始回升；固定资产投资规模扩大，投资结构有所改善；市场销售渐趋活跃，物价比较稳定；城乡人民收入水平继续提高，生活条件进一步改善。在此基础上，经过各级政府和各有关部门的共同努力，全省财政收入超额完成预算任务，财政支出基本上保证了全省经济建设和各项事业的需要，在减收增支因素较多的情况下，经过努力可实现当年收支平衡，预算执行情况是比较好的。

省七届人大四次会议批准的1991年全省财政收入预算为899986万元。执行中，由于中央追加纺织品专项出口补贴、外贸企业出口奖励金以及增加农业税因灾减免指标等因素，年终预算调整为881575万元。对此，已向省人大常委会报告。据统计，1991年全省财政收入为906552万元，完成调整预算的102.8%，比上年增长11.7%，按可比口径计算增长7.1%。主要收入项目的完成情况是：工商税收756770万元，完成预算的100%，比上年增长7.3%；农业税和耕地占用税收入40755万元，完成预算的114.4%，比上年增长11.6%；工业企业收入58814万元，完成预算的98.8%，比上年增长1.7%；商业企业收入净退库4893万元，完成预算的73.4%，比上年下降20.8%；粮食企业亏损退库34057万元，完成预算的99%，比上年下降3.8%；外贸企业亏损按预算补贴18922万元；国家能源交通重点建设基金收入15605万元，完成预算的85.1%，比上年下降2.9%；国家预算调节基金收入20841万元，完成预算的100%，与上年持平；专款收入39280万元，完成预算的115.3%，比上年增长21.2%；其他收入27006万元，完成预算的216.7%，比上年增长8.1%。此外，全省还推销各种国债64802万元。

省七届人大四次会议批准的1991年全省财政支出预算为844827万元。执行中，由于中央追加基建、挖潜、支农和价格补贴等专款，年终预算调整为991020万元。对此，也已向省人大常委会报告。据统计，1991年全省财政支出为911384万元，完成调整预算的92%，比上年增长4.4%。主要支出项目的完成情况是:基本建设支出40751万元,完成预算的88.3%,比上年增长10.8%;企业挖潜改造支出17842万元,完成预算的74%,比上年增长76.1%;科技三项费用支出6858万元,完成预算的79.7%,比上年增长16.9%;支援农村生产支出46912万元,完成预算的74.5%,比上年下降6.9%;农林水气事业费支出32458万元,完成预算的93.9%,比上年增长8.1%;文教卫生事业费支出261089万元,完成预算的98.5%,比上年增长5.2%,其中,教育事业费支出157703万元,增长4.3%;科学事业费支出7120万元,完成预算的90.3%,比上年增长7.4%;行政管理费和公检法支出150940万元,完成预算的97.6%,比上年增长11%;价格补贴支出137974万元,完成预算的94.7%,比上年下降17.8%。

省七届人大四次会议批准的1991年累计预算赤字为21011万元。按照1991年全省财政预算执行情况和国家对我省实行的财政体制初步计算,全省财政赤字超过年初预算2795万元,但可控制在1990年23806万元的水平。

1991年,省级财政收入完成77999万元,占调整预算的100.8%,按可比口径计算,比上年增长2.6%。其中:工商税收57416万元,完成预算的99.3%,比上年增长6%;企业收入31681万元,完成预算的95.5%,按可比口径比上年增长2.4%;电力建设资金收入13000万元,完成预算的100%,与上年持平;其他收入2484万元,完成预算的414%,比上年增长19.4%。

1991年,省级财政支出完成260705万元,占调整预算的87.5%,比上年下降2.5%。其中,基本建设支出35223万元,完成预算的90.7%,比上年增长7.3%;科技三项费用支出1550万元,完成预算的62.6%,比上年下降37%(主要是改变级次,地市列报的支出增加);支援农村生产支出5629万元,完成预算的61.9%,比上年增长54.8%;农林水气事业费支出5497万元,完成预算的77.9%,与上年基本持平;文教卫生事业费支出33534万元,完成预算的95.4%,比上年增长6.5%,其中,教育事业费支出16893万元,增长7.8%;科学事业费支出4376万元,完成预算的87%,比上年增长9.4%;行政管理费和公检法支出12995万元,完成预算的90.6%,比上年增长14.8%。

省级当年财政收入,加地市上解收入、中央专款和专项补助收入、上年结转资金,减上解中央支出和对补贴地区的补助支出后,初步计算,1991年省级财政赤字可以控制在年初预算7934万元以内,比上年减少516万元。

1991年财政预算执行的主要特点是:

1、财政收入超额完成预算,但部分收入项目完成欠佳。1991年,全省财政收入超额2.8%完成了全年预算任务,按可比口径比上年增长7.1%,其增长速度与全省国民经济增长基本同步。但预算内工业企业收入和能源交通重点建设基金,因企业经济效益回升缓慢,实际完成低于预算要求。这表明,在整个财政收入增长中,仍存有不稳定因素。

2、财政支出结构有所调整,但行政经费增长仍居高不下。1991年,全省财政支出完成调整预算的92%,支出进度加快,财政资金使用基本合理,支持了全省经济建设和社会事业的发展。主要支出项目中,在继续支持教育、农业等方面的同时,全省企业挖潜改造、科技三项费用等支出也比上年有较大幅度增长;价格补贴支出因粮油价格改革顺利出台,第一次出现了下降趋势。这些变化,标志着我省财政支出结构已开始向合理方面发展。不容忽视的是,由于机构和行政人员膨胀的状况仍未改变,加之国家机关工作人员调整工资等,1991年,全省行政管理费支出的增长仍高达12.6%,超过了总支出的增长幅度。与此同时,因为国家分配的部分专项资金预算下达较晚,加之一些地方预算资金调度困难,造成支农支出比上年有所下降。这部分结余资金将结转下年继续使用。

3、财政赤字有所控制,但财政困难状况仍未见缓解。近几年,由于我省财政困难,收支矛盾突出,财政赤字不断扩大,赤字县逐年增加。1991年,全省各级预算都安排得比较紧,执行中国家又出台了一些增加支出的项目。但在省委、省政府的正确领导下,经过全省各级各部门的共同努力,全省财政收支可实现当年平衡,以前年度滚存下来的财政赤字未再扩大。尽管如此,全省财政困难的状况仍十分严重。特别是部分市县,减收增支的压力非常突出,工作人员工资不能按时发放的现象仍然存在。缓解这种局面,仍有大量工作要做。

1991年,我省财政工作面临许多困难,收支矛盾尖锐。年初确定预算时,在采取了增收节支的措施后,保证了当年财政收支平衡,由于历史积欠较多,迫不得已仍有滚存赤字21011万元。执行中又出现了一些新的减收增支因素,如我省部分地区受灾、增加工资和补贴、落实搞好国营大中型企业优惠政策等,增加了财政预算平衡的难度。面对这种情况,为实现省七届人大四次会议批准的全年预算,各级政府和有关部门积极开源节流狠抓增收节支,做了大量工作。

(一)制定和落实财政发展规划。1991年,是实施“八五”计划的第一年,为了改善我省财政困难状况,实现财政经济的良性循环,省委、省政府把制定财政规划作为大事来抓。3月份,省委、省政府主持召开了全省财政工作会议,并邀请省顾委、省人大、省政协的领导同志参加,共商“八五”时期我省财政大计,这是建国以来我省财政方面第一次规格高、规模大的重要会议。经过认真调查研究和反复分析论证,制定了《关于加强财政工作,改善财政状况的决定》和开展县级财政“双创双扭”、工业企业扭亏增盈两个实施方案,明确了我省“八五”时期财政工作的指导思想和奋斗目标，提出了发展经济、培植财源、增加收入和保证收支平衡和主要措施。各地按照全省总体规划要求，结合当地实际研究制订了具体的财政计划，使“八五”期间全省财政工作任务进一步具体化。

为把“八五”财政规划落到实处，省政府向各地下达了包括财政收支、控制赤字和县级财政“双创双扭”、工业企业扭亏增盈等内容的有限目标责任书，各级层层落实，一级抓一级。经过各级政府和有关部门和努力，“八五”计划头一年开局较好。丰南县和黄骅市实现了亿元县(市)奋斗目标，结束了我省没有财政收入亿元县的历史，其余规划达标的县(市)也都实现了目标，有4个县按计划、2个县提前扭转了吃补贴的面貌。县级财政实力进一步增强。全省重点抓的66个利税大户和35个亏损大户多数达到了规划要求。地方预算内工业亏损企业比上年减少81户，亏损额下降5.45%。

(二)积极扶持生产，努力培植财源。国营大中型企业是我省经济的骨干力量，也是财政收入的主要来源。为搞好大中型企业，省政府组织财税等有关部门制定政策和措施，并采取“一事一议”、“一厂一策”的办法，解决企业遇到的困难。对一些企业存在的虚盈实亏和财务管理混乱问题，进行了认真调查和分析研究，提出了改进意见，帮助企业转换经营机制。在财政十分困难的情况下，各级财政部门千方百计筹措资金，重点支持了化工、机械、轻工等行业的技术改造，在一定程度上缓解了企业开发新产品的资金困难和流动资金不足问题，促进了企业技术进步。同时，为改善企业外部条件，积极帮助企业清理“三角债”、开展治理“三乱”工作。这些，对于企业发展生产、提高效益，起了很好的推动作用。

(三)克服困难，努力组织财政收入。1991年，全省生产、销售全面增长，但由于经济关系还没有理顺，企业经营管理水平不高，经济效益回升缓慢，加之企业“三角债”问题突出、产品积压较多的影响，给组织财政收入带来了困难。对此，各级政府高度重视，普遍加强了领导。省政府和省财政厅、省税务局先后多次召开不同形式的会议，发出紧急通知进行动员和部署，并加强对预算执行情况的分析和研究，派出工作组分赴重点地市督导组织收入工作。各地各部门认真落实省委、省政府关于财税工作的指示和要求，采取了许多促产增收的措施。在组织收入工作中，各级政府组织财税等有关部门狠抓重点税源和重点税种的征收管理，加强了个体零散税收的征管，并把清理欠税作为组织收入的重要环节来抓，对保证全省预算收入的完成起到了重要作用。

(四)保证重点支出需要，严格控制非生产性支出。各级财政部门在资金非常紧张的情况下，努力保证了人员工资、价格补贴等必不可少的开支需要，并千方百计挤出资金，增加了对农业、教育、科技、扶贫方面的投入，努力压减非生产性支出。在农业投资上，坚持向粮棉油生产倾斜，促进农业基础设施建设，组织实施世行农业项目、海河平原农业综合开发、生态建设和贫困地区开发，支持了农业生产的发展。用于教育方面的支出不断增加，1991年全省预算内用于教育方面的支出达18.85亿元，比上年增长8.9%，促进了基础教育、在职教育、职业教育和技术培训的发展，使各级各类学校的办学条件进一步得到改善。全省科技三项费用和科学事业费支出13978万元，比上年增长11.9%，促进了科技开发及其成果的推广应用。全省用于支援不发达地区的支出3552万元，比上年增长23.2%，加快了老、少、边、穷地区脱贫致富的步伐。在加强支出管理方面，各级采取了一些有效措施，控制非生产性支出的增长。全省大多数地市和半数以上县实行了“编制、经费双包干”办法；对省直会议费在实行“会议票”管理的基础上，又推行了会议费限额控制办法；在全省范围内开展了以小汽车为重点的控购纪律检查，使社会集团购买力增长过猛的势头有所控制；在一些地方试行了以医疗单位管理为主，适当与单位和个人经济利益挂钩的公费医疗管理办法；各地在完善财政补贴办法方面进行了积极探索，取得了一定成效。

(五)强化财政监督，严格财经纪律。去年，各级政府和财税部门在依法理财、严肃财经纪律方面重点抓了五项工作：一是制定颁布了一批有关资金管理、国有资产管理、税收管理、财务管理和会计管理的办法和规定，使财政管理工作更趋法制化、规范化。二是对财政收支决算和专项资金进行了检查。三是认真抓了1991年度的税收、财务、物价大检查工作，截止年底，全省共查出各种违纪金额4.06亿元，应上交财政2.05亿元，已入库1.89亿元，入库率达92%。四是狠抓了治理“三乱”工作，目前全省取消“三乱”项目1667个，每年可减轻社会各方面不合理负担12.2亿元，并注意做好建章建制工作。五是加强了国有资产管理工作。通过这些措施，强化了财政监督职能，严肃了财经纪律，堵塞了漏洞，增加了财政收入。

总之，在过去的一年里我省财政工作在非常困难的情况下取得了一定成绩。但我们也看到，财政预算执行中也存在一些不容忽视的问题。一是企业经济效益低仍是制约财政的一个主要问题。去年虽然做了多方努力，但总的看，经济效益回升的情况仍不够理想。二是财政资金分散，财政职能弱化，财政参与国民收入分配的领域越来越小，财政收入占国民收入的比重下降，而个人收入增长较快，这种趋势目前还在继续发展。三是一些地方和单位过紧日子的思想还没有真正树立起来，花钱大手大脚和损失浪费现象还比较普遍。四是各级财政日子艰难，收支矛盾异常突出，特别是一些县的财政困难日趋加剧，而在财政管理方面工作还不够完善，还不尽适应经济和事业发展的需要。

二、1992年财政预算草案

根据中央工作会议和党的十三届八中全会精神，结合我省财政经济情况，1992年全省财政预算安排的原则是：大力支持改革开放，巩固和发展治理整顿成果，促进国民经济良性循环和适度增长；积极支持搞好国营大中型企业，转换内部机制，强化经营管理，提高经济效益；进一步增加对农业的投入，加强支农资金管理，促进农村经济全面发展；加强税收征收管理，坚持以法治税，严格控制减免，制止收入流失，确保财政收入的稳定增长；继续坚持紧缩方针，调整支出结构，严格支出管理，确保当年收支平衡，努力缩小财政赤字。

现在提请大会审议的1992年全省财政预算草案，财政收入为961985万元，按同口径比上年实际完成增长4.4%。主要收入项目的安排情况是：工商税收807565万元，比上年增长6.7%；农业税和耕地占用税收入41592万元，比上年增长2.1%；工业企业收入55581万元，比上年下降5.5%；商业企业收入—5042万元，比上年增长3%；粮食企业亏损补贴34246万元，与上年基本持平；按国家分配任务，国家能源交通重点建设基金收入安排15450万元，国家预算调节基金收入安排19500万元；教育费附加和电力建设资金等专项收入41383万元，比上年增长5.4%；其他收入安排17904万元，比上年下降33.7%。此外，国家分配我省推销各种债券任务12亿元，已经逐级落实。

1992年，全省财政支出预算为878554万元。其中，当年财力安排的支出为779283万元，比上年预算增长6.8%。当年支出项目的安排情况是：基本建设支出29142万元，比上年增长0.3%；企业挖潜改造支出13424万元，比上年增长27.5%；科技三项费用支出6560万元，比上年增长28.9%；支援农村生产支出41021万元，比上年增长10.7%；农林水气事业费支出32663万元，比上年增长10%；文教卫生事业费支出270971万元，比上年增长10.9%，其中，教育事业费支出170104万元，比上年增长11.2%；科学事业费支出7240万元，比上年增长6.5%；抚恤和社会救济支出25784万元，比上年增长8%；行政管理费和公检法支出135467万元，比上年增长10%；价格补贴支出43024万元，比上年下降31.4%；总预备费15962万元，比上年下降0.9%。

全省当年财政收入加中央结算补助17162万元，上年结转和专项结余等69848万元(初步计算数)，调入资金19249万元；减上解中央支出213496万元(体制上解189210万元，专项上解24286万元)，全省可用资金为854748万元。可用资金与全省财政支出878554万元相抵，赤字为23806万元，与上年持平。

1992年，省级财政收入预算为96102万元，按可比口径比上年实际完成增长2.9%。其中：工商税收63840万元，比上年增长11.2%；工业企业收入16300万元，比上年下降13.9%；商业企业收入91万元，比上年增长2.2%；粮食企业亏损补贴35845万元，与上年持平；电力建设资金收入15000万元，比上年增长15.4%；其他收入1108万元，比上年下降55.4%。

省级财政支出预算为242889万元，其中，用当年财力安排的支出192277万元，比上年预算下降7.6%。当年主要支出项目的安排情况是：基本建设支出28000万元(其中，用能交基金安排4000万元，世行配套资金2000万元)，按可比口径计算，与上年持平；企业挖潜改造支出3500万元，比上年增长16.7%；科技三项费用支出4800万元，比上年增长45.5%；支援农村生产支出18635万元，比上年增长8.8%；支援不发达地区支出2280万元，比上年增长14%；农林水气事业费支出8815万地，比上年增长3.3%；文教卫生事业费支出37583万元，比上年增长5.4%，其中，教育事业费支出20051万元，比上年增长5.5%；科学事业费支出4545万元，比上年增长7.1%；抚恤和社会救济支出2600万元，比上年增长5.1%；行政管理费和公检法支出8829万元，比上年增长9.5%；价格补贴支出16538万元，比上年下降64.1%；总预备费5000万元，与上年持平。

省级当年财政收入加中央结算补助17162万元、上年结转和专项结余42678万元(初步计算数)、地市上解收入307069万元(体制及专项上解176089万元，省辖市"三税"上解130980万元)，调入资金6000万元；减上解中央支出213496万元、对补贴地区的补助支出20560万元，可用资金为234955万元。可用资金与省级财政支出242889万元相抵，赤字为7934万元，与上年持平。

在编制1992年预算草案过程中，我们注意解决了以下几个问题：

(一)积极支持搞好国营大中型企业，促进财政收入稳定增长。中央和省确定的搞好国营大中型企业的措施，既帮助企业改善外部环境，又促使企业转换内部经营机制，有利于企业增强市场竞争能力，提高经济效益。各级财政在财力允许的条件下，使各项政策尽快落实到位，是责无旁贷的。根据我省国民经济计划主要指标，确定今年全省财政收入增长4.4%，既考虑了生产、销售增长，以及经济效益进一步提高等有利因素，也考虑了目前企业面临的诸多困难，以及实施一些经济政策造成的财政暂时减收等因素。总的看，今年财政收入预算的安排与全省国民经济计划是适应的。

(二)保证支农、技改和科技支出的适度增长，兼顾行政事业经费的一般需要。为贯彻党的十三届八中全会精神，促进农业的稳步发展，加快我省水利建设，各级财政除继续保持原有农业投入外，今年又重点增加了桃林口水库等方面的投资。同时，为了促进我省经济结构的调整，加快发展高科技工业，又重点增加了企业技术改造资金和新技术开发资金。对行政事业经费，继续实行紧缩政策，重点是压缩会议费、小汽车购置费和公费医疗支出，保证工资、补贴等个人部分的开支，保证正常办公经费的需要，提高机关工作效率，促进各项事业协调发展。

（三）逐步理顺价格体系，稳定和提高人民生活。长期以来，一些商品价格倒挂，增加了国家财政的负担，不利于商品经济的发展，也不利于稳定人民生活。财政要积极支持价格改革，逐步理顺价格体系，有计划地减少国家财政用于生产、生活资料方面的价格补贴。同时要支持做好工资、补贴和奖金的改革和调整工作，逐步解决分配方面的不合理问题，适当提高人民生活水平。

（四）严格控制财政赤字，确保当年收支平衡。为了支持各方面的改革，促进各项事业的发展，今年财政任务非常繁重。加之一些地方、特别是县级经济发展缓慢，承担全部减收增支因素、确保财政收支平衡是有一定难度的。但考虑到连年赤字对经济的不利影响，省政府要求各级各部门在狠抓收入的同时，还要采取坚决措施，严格控制和节约支出，确保当年收支平衡，赤字在上年基础上不再扩大。

三、解放思想 振奋精神 努力完成1992年财政预算任务

1992年是国民经济经过三年治理整顿后步入稳定发展的重要一年。中央提出要进一步解放思想，加快改革步伐，更好地坚持以经济建设为中心。我们要抓住这一有利时机，齐心协力，真抓实干，使全省国民经济实现效益、速度、后劲的统一，为实现"八五"计划、十年规划奠定基础。圆满完成今年财政预算任务，在政治上和经济上都具有重要意义。因此，我们将坚持以调整结构、提高效益为中心，努力促进全省经济和各项社会事业的发展，继续稳定和改善人民生活，在财政收入继续增加、支出合理增长的前提下，严格控制财政赤字，努力完成全年预算任务。今年，全省财政面临的形势是严峻的。我们要认清形势，以去年九月中央工作会议和党的十三届八中全会精神为指针，继续贯彻落实省委、省政府《关于加强财政工作，改善财政状况的决定》，正视困难和问题，坚定信心，振奋精神，鼓足干劲，扎扎实实地做好各项财政工作。

（一）以搞好国营大中型企业为重点，以提高经济效益为目标，深入开展扭亏增盈、促产增收活动。今年经济工作的重点是调整结构、提高效益，使我省经济尽快步入良性循环的轨道。各级财政、税务部门，要在当地党委、政府领导下密切协作，紧紧围绕这个重点搞好国营大中型企业，抓好财源建设。一是认真贯彻去年九月中央工作会议精神，坚决落实中央和省确定的搞好大中型企业的政策、措施，帮助企业用足用好现有的各项财税优惠政策。二是千方百计筹措资金，支持企业技术改造、开发新产品、采用新技术、增加适销对路产品生产，以增强企业活力。三是继续推广现代化企业管理方法，帮助企业转换经营机制，加强企业财务监督检查。摸清企业潜亏和虚盈实亏情况，本着实事求是的精神妥善处理问题，并通过完善管理制度堵塞漏洞，减轻企业包袱。四是继续狠抓企业扭亏增盈工作。认真总结1991年企业扭亏增盈工作经验，深入企业调查研究，制定切实可行的扭亏增盈计划和措施，努力抓出成效。继续采取"一厂一策"的办法，对发展潜力大又面临特殊困难的大中型企业实施优惠政策。通过以上工作，力争使全省地方预算内工业企业实现利税500万元以上的大户有所增加，亏损额降到最低限度。

（二）继续狠抓"双创双扭"，增强县级财政实力。开展县级财政"双创双扭"活动，是实现我省经济发展战略的一项重要措施。各级要在去年取得成效的基础上，继续努力。通过总结推广"双创双扭"工作的先进经验和好的做法，认真研究解决存在的问题，制定切合实际的具体措施，使创扭县市更快地发展经济，壮大财源基础。今年全省要创财政收入8000万元县2个、5000万元县4个，扭补贴县6个。

（三）强化税收征管、合理组织收入。今年全省财政收入任务艰巨，各级要始终把收入的征收入库工作抓紧抓好。认真执行国家的财税法规，严格控制各项收入减免，杜绝越权减免的现象。税务部门要把紧减免税口子，对限额以上的减免要与财政部门协商确定。要在全省范围内开展一次产品税、增值税和营业税等主要税种政策执行情况的检查。对各种偷漏税、抗税和阻挠税务机关执行公务的行为，坚决予以打击。加强对个体和零散税收的征管，制定全面强化个体税收管理的具体措施，进行经常性的检查清理，使个体税收管理有突破性进展。对承包企业坚决兑现承包合同，保证按计划足额上缴财政收入，对超承包部分，财政要参与分配。切实防止只包盈不包亏的问题。对农业四税和能源交通重点建设基金、预算调节基金，要有针对性地采取措施，做到依法足额征收，保证收入计划的完成。认真抓好国债的发行、转让和兑付工作。努力做好外资管理工作，提高外资使用效益。

（四）坚持收支平衡方针，优化支出结构，从严控制开支。今年，各级的预算安排都要从实际出发，量入为出，努力保证当年收支平衡，不出新的财政赤字。支出安排，除保证人员工资、必需的公用经费和农业、科技、技改、教育等重点投入外，其他各项支出预算大体维持上年水平，并在执行中严格控制，不能突破。各级要优先安排支农资金，尽可能增加对农业的资金投入，重点用于农田水利建设，支持农业综合技术的研究、推广和应用，支持搞好农村社会化服务工作。对技改资金的分配使

用，本着调整结构、提高效益的原则，适当集中，保证重点。对行政事业费支出，各级要认真贯彻中央关于冻结行政事业单位编制的决定，继续推行“编制、经费双包干”的办法；严格执行会议审批制度和开支标准。抓紧研究制定公费医疗管理办法，积极推广好的经验和做法，遏制公费医疗支出的过快增长。继续从严控制社会集团购买力，加强控购政策宣传，完善和强化限额指标管理，严格审批制度，严肃控购纪律，特别是要加强对购买非生产用小汽车的控制，把社会集团购买力增长过快的势头降下来。继续支持事业单位开展有偿服务、组织合法收入，增强其经费自给能力。各级各部门各单位要继续发扬艰苦奋斗的精神，真正过紧日子，坚决制止大手大脚、铺张浪费现象。

（五）进一步深化财税改革，积极参与、支持其他方面的改革。目前，财政收支和管理中的许多矛盾和问题，需要通过深化改革来解决，我们要大胆探索，不失时机地做好这方面工作。继续深入企业调查研究，解决企业承包中的各种问题，不断完善承包办法。做好利税分流和试点工作，总结试点经验，研究存在的问题，不断完善试点办法。进一步深化税收征管改革，搞好新的征管机制下的征管查分离，大力推行纳税人主动申报纳税制度，实行专业化管理模式，并制定一系列相关的配套措施，健全征管机制。继续改革价格补贴办法，减轻财政负担。完善外贸企业自负盈亏体制的财务管理办法，促使外贸企业增加出口，不断提高盈利水平，逐步消化亏损挂帐。加强国有资产管理工作，摸清国有资产家底，完善各种措施，促进国有资产合理流动、优化配置。认真贯彻执行国务院颁发的《国有资产评估管理办法》，努力做好评估管理工作，维护国家权益，促进有计划商品经济的发展。积极支持住房制度、劳动制度、社会保障和价格体系等方面和改革，通过制定完善有关财务制度等措施，做到既推进改革措施的顺利出台，又尽量不增加或少增加财政负担。

（六）健全财政法制，强化财政监督。根据财政改革和加强财税管理的需要，研究制定一些财政、税收、财务、会计法规，努力完善地方性财政法规体系。充分发挥财会部门和财会人员的作用，坚持贯彻执行《会计法》、《国家预算管理条例》和《国务院关于违反财政法规处罚的暂行规定》等有关法规，对越权减免、挖挤国家财政收入、逃避税收、乱挤乱摊成本费用、擅自扩大开支范围、提高开支标准及滥发奖金、补贴和实物等行为，予以坚决抵制和纠正。除按国家统一部署好一年一度的税收、财务、物价大检查外，抓好日常的财税监督，发现问题及时解决。继续整顿和加强预算外资金的管理，进一步完善专户储存办法，合理引导，增加生产投入；对用预算外资金搞自筹基建、购买专控商品和发放奖金、补贴的，严格审批，控制个人支出和非生产性基建的膨胀。进一步加强行政事业性收费和罚款的管理，完善规章制度，严格监督检查。大力加强财政宣传，争取社会各界对财政工作更多的理解和支持。

各位代表！

今年头两个月，全省经济形势呈现出了好势头。我们一定精心安排财政工作，克服困难，齐心协力，努力完成 1992 年财政预算！

Ⅱ 1991年河北省经济与社会发展概况

综 合

【综述】 1991年，通过治理整顿和深化改革，继续扩大对外开放，取得了显著成就。社会供求总量基本平衡，治理整顿的主要目标已经实现，整体经济形势明显好转，国民经济稳定增长。

（一）“八五”计划的良好开端。1991年，是实施十年规划和“八五”计划的第一年。一年来，全省上下克服各种困难，保持了国民经济全面回升的势头，为实现“八五”计划创造了一个良好的开端。主要标志是：

1、治理整顿目标基本实现。1988年第4季度，党中央针对全国出现的经济过热、总量失衡和通货膨胀问题，提出了“治理经济环境、整顿经济秩序”的方针。三年来，河北省坚决贯彻这一方针，结合实际，采取了一系列政策措施，经过治理整顿和深化改革，国民经济恢复了正常运行。一是社会总供给与总需求保持基本平衡。1988年，全省社会总需求和总供给严重失衡，供需差率高达16%，大大超过供需差率±5%的正常范围。从1990年开始由上年的12%缩小到5%以内，1991年需大于供的差率为4.1%。二是通货膨胀得到遏制。1988年和1989年，全省零售物价总指数分别高达118.1和118.4，1990年，在总供需矛盾缓解等因素影响下，零售物价总指数比上年下降0.1%，1991年略有上升，仅上涨2.8%。三是国民经济由治理整顿初期的过热转向稳步增长。1991年，国民生产总值完成960.59亿元，比上年增长9.4%；国民收入完成792.22亿元，比上年增长8.3%。

2、经济形势明显好转。(1)农业生产获得好收成，农村经济持续发展。1991年，全省农业生产克服了干旱等多种自然灾害的影响，又取得好收成。全年粮食总产量2268.7万吨，与上年基本持平，棉花总产量63.4万吨，比上年增长11.1%，均是全省历史上第二个高产年；油料总产量72.9万吨，比上年略有减产；林、牧、渔业生产情况良好，肉、蛋、果、甜菜、水产品等产量均有不同程度的增长。全年农业总产值365.5亿元，比上年增长3%。乡镇企业保持了较快的增长势头。全省农村社会总产值达到985.6亿元，比上年增长11.2%。其中，非农产业产值完成620.1亿元，比上年增长17.2%。

(2)工业生产稳步增长。全年工业总产值完成1331.96亿元，比上年增长13.5%，其中，轻工业产值638.2亿元，增长13.2%；重工业产值692.1亿元，增长13.7%。在全部工业中，乡及乡以上工业完成产值935.6亿元，比上年增长12.2%，其中，全民工业产值完成637亿元，增长9.7%；集体工业产值完成275亿元，增长16.3%。在全省18个地市中，有12个地市的工业产值增长超过10%。全民工业全年完成产值470.7亿元，比上年增长12.4%。与此同时，一些适销对路的产品产量增加，全省重点考核的82种主要工业产品有51种比上年增长。

(3)建设步伐明显加快。全年全社会固定资产投资额完成241.1亿元，比上年增长36%。其中，全民单位固定资产投资完成128.2亿元，比上年增长15.6%；集体单位固定资产投资32.7亿元，增长54.2%；城乡个人投资80.2亿元，增长77.9%。在全民投资中，全民基本建设完成投资73亿元，增长17.6%；全民更新改造完成投资47亿元，增长12.3%。全年新增固定资产107.3亿元，比上年增加12.5亿元。重点建设项目投资完成较好，33个基建大中型项目、27个限额以上更改项目，从二季度开始工程进度逐步加快，当年建成投产基建大中型项目5个，单项工程7个，限额以上的更改项目7个。

(4)商品流通由平转旺。全年社会商品零售总额427.3亿元，比上年增长12.2%。出现三个可喜变化：一是开发省外市场有所进展，地方产品销售出现好势头，调出省外商品增长31.4%，高于省外调入15.5个百分点，是近年来少有的。二是各种经济类型的商业销售全面增长，国合商业主渠道作用进一步增强。全民所有制单位和供销社商品零售额260.6亿元，比上年增长11.6%，其中国合商业零售额219.4亿元，增长12.4%。其他集体、合营、个体商业以及农民对非农业居民零售额分别增长6.5%、59.6%、12.1%和27.8%。三是城市零售市场购销活跃，农村市场逐步回升。全年城市消费品零售额增长16.9%，县及县以下零售额增长7.6%。与此同时，生产资料市场销售旺盛。全年物资系统销售额171.7亿元，比上年增长31.1%。

(5)金融形势相对稳定，较好地发挥了对经济发展的支撑作用。年末银行和其他金融机构各项存款余额达939.3亿元，贷款余额978.9亿元，分别比年初增加183.9亿元和154.9亿元。金融部门在促进生产、流通、支持重点项目建设和盘活资金存量、加速资金周转等方面均发挥了积极作用。

(6)经济效益开始回升。1991年，全省地方预算内工业销售收入比上年增长18.6%，实现利税增长11%，亏损企业减少81个，亏损额减少0.4亿元。全民独立核算工业企业全员劳动生产率增长8.6%。针对经济生活中出现的新问题，所采取的清理“三角债”、“压库限产”、“压贷挂钩”等措施取得一些成绩，定额流动资金周转加快5天，产成品资金占用比年初下降2.9%。一些库存较多、销售不畅的产品的生产得到初步限制，如纱下降1.4%，布下降6.8%，丝织品下降12.8%，卷烟下降1.3%，表下降43.6%。商业经济效益趋向好转。省商业厅和供销社系统销售百元商品开支的费用比上年下降5.2%；销售百元商品实现的利润增长26%；亏损单位的亏损额下降15.1%。全民建筑业劳动生产率增长15.4%，其他行业经济效益下降的趋势也得到遏制。在经济效益回升的同时，财政收入增加，全年财政收入完成90.6亿元，比上年增长11.7%。这标志着全省开展“质量、品种、效益”年活动已取得了初步成效。

(7)居民收入水平有所提高。城镇就业继续扩大，职工工资增加。1991年城镇新安置就业人员32万人，年末全省职工人数达670.3万人，全年职工工资总额为141.8亿元，比上年增长9.6%，职工年平均货币工资2162元，增长7.1%。城乡居民收入增加。据抽样调查，1991年，城镇居民平均每人可用于安排生活的货币收入1489.3元，比上年增长6.6%；农民人均纯收入657.4元，增长5.7%。年末城乡居民储蓄存款余额达641.1亿元，比年初增加136.5亿元，其中城镇406.9亿元，增加90.8亿元；农村234.2亿元，增加45.7亿元。

3、改革开放取得新进展。一是对外开放步伐加快。1991年，省委、省政府充分争取和利用国际国内对河北有利的经济环境，全力开拓市场，先后在厦门、承德和石家庄召开了对外经济技术合作项目发布会和洽谈会，有力地推动了全省外经工作向广度和深度发展，共签订外商直接投资合同443项，合同总金额8.02亿美元，其中外商投资2.83亿美元，超过了以往任何一年的签约数额。全年直接和间接利用外资显著增加。当年实际利用外资1.38亿美元，比上年增长33.9%。在深化外贸体制改革，实行自负盈亏的情况下，全年进出口总额20.1亿美元，其中出口达到17.4亿美元，剔除原油后的一般贸易和“三资”企业出口达13.3亿美元，比上年增长6.1%。对外工程承包、劳务出口等方面也取得了新成果。二是改革逐步向深层次拓展。1991年，在经济环境相对宽松的条件下，物价、外贸、住房等项改革又向前推进了一步。相继出台的原油、成品油、钢材、铁路货运、粮食和食用植物油等调价措施，对解决基础产品价格偏低，促进基础产业发展，减轻财政负担均产生了积极作用，特别是城镇粮油价格改革，未引起市场波动。全省社会零售物价总水平仅上升2.8%，控制在国家下达的5.9%的计划控制指标之内。

(二)前进中的问题和困难。在治理整顿目标基本实现、经济形势明显好转的同时，经济生活中多年积累下来的一些深层次矛盾和问题依然突出。主要是：

1、农业的基础仍然脆弱。一是水利设施年久失修，加之水资源严重不足，农业生产受气候条件影响很大，抵御自然灾害的能力低；二是农业投入增长不快，投资主体多元化的格局没有形成；三是科学技术推广工作跟不上；四是农业社会化服务体系不健全；五是农产品流通不畅，农民种田效益不高，农民实际收入增长不快。由于河北省农业的基础脆弱，综合生产能力较低，制约着农业生产的稳定增长。

2、经济增长和效益回升不协调。从社会再生产各环节看，全省经济保持了一定的发展速度，但经济效益未与之相匹配。以反映物质生产部门经济效益的19项指标计算的综合经济效益值，1991年仅增长3.5%。即一个时期以来，依靠信贷的高投入维持了一定的经济发展速度，但经济效益绝对量仍在历史的低谷水平。一部分工业企业边生产边积压，产成品资金占用和“三角债”问题依然很突出。全省地方预算内工业企业“三项资金”占全部流动资金的比例高达50%，综合体现企业经济效益的产值、销售、资金利税率，仍低于河北省历史最好水平。

3、结构调整进展缓慢。经过三年治理整顿，虽然实现了国民经济总量平衡，但是，河北产业结构高度化水平依然低。从供给结构看：一是农、轻、重结构中，重工业偏重；轻工业又出现下滑迹象，1991年11、12月份，全省乡以上轻工业产值增长均在5%以下，是一年来各月的最低增长水平；农业综合生产能力低且基础仍然脆弱。二是存量结构调整进展慢，生产结构与消费结构不适应。从投资结构看：在固定资产投资方面，左右河北结构调整的大中型建设项目少，出现项目小型化迹象。在分配方面，国民收入分配向个人过多倾斜且分配不公的问题突出。

4、后续发展能力不足。一是大中型建设项目“青黄不接”。1991年，河北新开工的地方大中型基本建设项目只有西柏坡电厂、宣钢的近北庄铁矿和省彩电中心。如果不尽快改变目前状况，将严重影响今后较长一个时期经济稳定发展和“八五”计划与十年规划目标的顺利实现。二是财政可用于生产和建设方面的支出少。由于企业经济效益不好，增支减收因素多，使得财政拮据状况没有明显改善，用于生产和建设方面的支出占财政总支出不足20%。三是科技进步和管理水平低，大中型企业技术开发经费投入呈现出减少态势。

(三)经济走势及调控着力点。

1、经济走势。据定量和系统分析,1992年,河北省国民经济将继续保持稳定增长的势头。社会总需求和总供给将继续保持基本平衡;工业生产将呈中速 增长态势;农业生产预期形势良好,1991年全省冬小麦播种面积为2541.9千公顷(3812.8万亩),比上年增加13.6千公顷(20.4万亩),固定资产投资将保持一定速度增长;市场将进一步趋旺;如无大的价格改革项目出台,全省社会零售物价总水平仍将保持稳定;伴随着工农业生产的发展,经济效益逐步回升,城乡人民生活水平将进一步提高。

2、调控力度值。为促进全省国民经济持续、稳定、协调发展,根据历史统计资料观察和经济走势综合分析,1992年,在宏观调控方面需要把握的10个力度值是:社会总供给与总需求的差率控制在5%以内;国民生产总值增长6%;工业总产值增长8%,其中,乡及乡以上工业产值增长7%,村及村以下工业产值增长10%;农业总产值增长4%,粮、棉、油产量在1991年基础上继续增长;固定资产投资额增长不能低于15%;地方财政收入的增长幅度在5%以上;社会商品零售总额增长10%左右;全社会零售物价总指数控制在105%左右;农民人均纯收入实际增长4%左右;城镇居民生活费收入实际 增长3%以上;科技进步因素在经济增长中所占比重要有所提高。

3、把握着重点。在新的一年里,宏观决策取向是:管好总量、优化结构、提高效益,逐步构成效益、速度、后劲相统一的机制,促进经济尽快进入良性循环轨道。尤应着力把握以下三个重点:

(1)稳住增长速度。适当的增长速度是经济发展的必要前提条件,没有速度就没有发展,没有增长就没有效益。根据河北省历史统计资料观察:工业增长速度在7— 10%之间,综合经济效益才能稳定在一定水平;增长速度在6%以下,综合经济效益很难稳定。为了保持经济有一定的增长速度,一要强化对经济增长力度重要性的认识,全面、准确地把握速度概念,以效益、速度、后劲相统一的思想,全面指导经济工作;二要以市场为导向,合理组织、运筹全年的各项生产工作,保持经济增长临界值稳定在合理区间;三要合理把握压库限产力度,将其负效应降到最低限度。

(2)提高"结构效益"。经济效益除内在的管理效益外,主要有三种类型,一是"速度效益",二是"涨价效益",三是"结构效益"。目前,"速度效益"难保证,"涨价效益"不现实,提高效益的根本出路在于深化改革,提高"结构效益"在经济效益中的比重。为此,一要树立"结构系统"思想,即把调整结构做为一个系统工程,包括产品结构、产业结构、企业结构、行业结构、组织结构及区域结构构成一个结构系统。二要从社会再生产全过程着眼,规划、部署经济结构调整工作,在平衡性调整基础上促进结构的高度化。三要在结构系统中找到不同的突破口,进而推动结构系统创造高效益。

(3)增强发展后劲。增强后劲的重点是保持合理的投资规模和投资结构。即:一要保持适度的建设规模。根据河北省投资规模作用于经济的弹性系数测算,全民投资规模增长不能低于15%;全社会固定资产投资率在25—30%比较适宜。二要进一步加强基建大中型项目的前期准备工作,逐步缓解目前基建大中型项目"青黄不接"状况。三要加强在建的大中型项目的管理工作,维护计划的严肃性,加强调度,及时解决建设中的各类问题。

(河北省统计局综合处

执笔:袁双喜)

【国民收入】

1991年,全省经济形势随着改革的不断深入,走向好转,国民经济开始步入全面回升阶段。国民收入增长加速,经济实力日益增强,国民收入生产与使用的平衡关系趋向好转,其分配比例关系趋向合理。消费基金增长与经济发展不平衡的矛盾逐渐缓解,居民消费水平有所提高,流动资产积累增长过快的势头得到控制,固定资产积累步伐明显加快,为经济发展后劲打下了坚实的基础。但是,在经济运行中由于市场体系不完善,流通体制不适应有计划商品经济发展需要所带来的滞后影响还依然存在,对居民的消费引导及投资引导还没有完全纳入正常轨道。其特点:

(一)社会生产稳步发展,国民经济走向良性循环。1991年全省社会总产值2058.38亿元,比上年增长12.9%,高于1978年以来平均增长8.8%的速度。

1、农业生产稳定发展。1991年全省农业生产在干旱等多种自然灾害的情况下,又夺得丰收。粮食、棉花产量取得了历史上第二个高产年。林、牧、副、渔业等也均有不同程度的增长。全省农业总产值377.64亿元,比上年增长3.6%。

2、工业生产持续增长。1991年全省工业总产值1331.96亿元,比上年增长13.5%。其中,轻工业产值638.2亿元,比上年增长13.2%,重工业产值693.76亿元,比上年增长11.4%。工业生产逐步走上持续增长的发展轨道。

3、建筑业发展较快。1991年全省建筑业产值146.99亿元,增长27.8%。在全部建筑业中,全民所有制投资稳定发展;集体、个人投资也发展较快,其中农村集体与农村个人投资分别比上年增长64.5%和80.1%。重点建设项目建设速度加快,投资环境有所改善。

4、运输邮电业发展保持好势头。运输秩序进一步好转。运输邮电业完成产值80.22亿元,比上年增长

16.6%，基本与全省国民经济发展保持同步。

5、商业、饮食业回升较快。1991年全省商业、饮食业产值121.57亿元，比上年增长25.5%。是全省五大物质生产部门中发展较快的行业。主要原因是全社会商品零售市场稳中见旺，城乡市场异常活跃，外贸由亏转盈，物资供销企业经济效益好转。

（二）国民收入稳定增长，部门结构呈现新变化。

1991年全省国民收入生产额达792.22亿元，比上年净增89.82亿元，增长8.3%。略高于1978年以来平均增长7.9%的速度。其占社会总产值的比重由上年的40.1%下降到38.5%，下降1.6个百分点，影响国民收入少增33.41亿元。国民收入占社会总产值比重下降主要原因是受如下几方面因素影响：

1、农业净产值率由上年的62.3%下降到61.7%，影响农业净产值少增2.60亿元，其主要原因是农业物质性消耗增加，农业生产成本上升速度大于农业生产成果的增长速度。

2、工业净产值率由上年的31.8%下降到30.3%，下降1.5个百分点，影响工业净产值少增19.64亿元，其主要原因是工业原材料涨价。工业原材料涨价高于产品涨价，致使工业物质消耗相对增加。另一方面，由于社会分工协作的发展，工业生产专业化加强，而生产产品的净值却变化甚微，从而使工业净产值相对减少。

3、运输邮电业净产值率由上年的50.5%下降到47.9%，下降2.6个百分点；其下降原因是运输成本提高所致。

4、商业饮食业净产值率由上年62.9%下降到61.9%，下降1个百分点，下降原因是由于上年商业库存积压，1991年为了搞活流动资金，部分商品降价处理，使商业成本上升。

5、建筑业净产值率由上年27.8%上升到28.8%，上升1个百分点，是五大物质生产部门中唯一的净产值增长的行业。建筑业净产值率增长主要受属于净产值要素的非物质性支付费用增长影响。

综上所述，五大物质生产部门净产值率各有升降，影响国民收入增减各异。从国民收入构成看，农业净产值所占比重下降，而其他各业比重均有不同程度的增长。农业所占的比重由上年的31.7%下降到29.4%，工业、建筑业、运输邮电业、商业饮食业所占比重分别由上年的50.8%、4.4%、4.7%、8.4%上升到50.9%、5.4%、4.9%、9.4%。由于农业净产值在五大物质生产部门中的增长速度最慢，其所占国民收入的比重下降，是影响国民收入增长主要因素。

（三）人均国民收入有所增长。1991年全省人均国民收入1276元，比上年增长6.6%，略高于1978年以来平均增长6.1%的速度。全省人均国民收入增长的主要原因是全省人口变动较小，国民经济发展较快。

（四）国民收入使用额增长基本满足国民经济发展的需要，积累与消费增长还需加以引导。

1、积累率上升，固定资产积累增长快，流动资产积累增势有所控制。1991年全省积累总额261.54亿元，比上年增长11.2%。其中，固定资产积累130.97亿元，比上年增长30.7%，流动资产积累130.57亿元，比上年下降3.0%。积累率由上年的34.1%上升到35.2%，为1978年以来积累率最高的一年。一定程度的固定资产积累可以带来数倍于它的国民收入，可以说固定资产积累增长是国民经济增长的重要推动力。固定资产积累增快，为全省经济发展后劲打下了坚实基础。

在积累增长中，生产性积累146.98亿元，比上年净增10.09亿元，增长3.1%。非生产性积累114.56亿元，比上年净增24.21亿元，增长23.9%，非生产性积累增长过快主要是受全省农村私人建房投资增长过大影响。

从积累所有制构成分析，全年积累构成变化特点之一就是城镇集体积累呈下降趋势，而农村集体积累、农村私人建房积累呈快速增长趋势。1991年全省城镇集体积累26.2亿元，比上年减少10.87亿元，主要受全省供销社系统流动资产积累减少的影响，与此相反，农村集体积累64.19亿元，比上年净增6.66亿元，农村私人住房积累41.90亿元，比上年净增25.90亿元。在积累构成中，全民所有制积累所占比重由上年的50.9%下降到49.1%，城镇集体所有制积累由上年16.3%下降到10.0%，农村集体所有制积累由上年的25.3%下降到24.6%，城乡私人住房积累由上年的7.5%上升到16.3%。

2、居民消费水平有较大增长，消费结构还需调整。

1991年全省消费总额482.50亿元，比上年增长6.6%，低于国民收入8.3%的增长速度。其中居民消费额443.68亿元，比上年增长5.9%，社会消费38.82亿元，比上年增长15.2%。社会消费增长快于居民消费的增长，主要是全省行政事业费增长过快所致。

在居民消费中农业居民消费298.70亿元，比上年增长4.2%，非农业居民消费144.98亿元，比上年增长9.7%。非农业居民消费增长速度快于农业居民消费，主要是受城乡居民消费结构影响，农业居民的货币支出不仅用于消费支出，而且还用于私人建房投资，而非农业居民的大部分货币支出是属于消费支出。

从居民消费水平看，1991年全省居民消费水平715元，比上年增长4.4%，低于1978年以来6.3%的增长速度。其中，农业居民消费水平564元，比上年增长3.0%，非农业居民消费水平1585元，比上年增长5.3%。居民消费水平受居民收入的增长影响，1991年全省农民人均纯收入增长低于非农业居民收入增长，从而影响农民消费水平，使城乡消费差距加大，农业居民与非农业居民消费水平的比例由上年的1：2.62上升到1：2.81。要缩小这个差距，一方面要增加农民收入，另一方面要对居民消费结构进行适当调整。

（河北省统计局平衡处

执笔：王全海）

【三次产业】 继三年治理整顿之后，1991 年全省国民经济发展呈现峰回路转、快速上升的好势头。国民生产总值达到 960.59 亿元，比上年增加 123.65 亿元，增长 9.4%，人均国民生产总值 1547 元，比上年人均增加 179 元，增长 7.7%，在内部结构逐渐改善、外部环境相对宽松的条件下，国民经济发展成果喜人，经济实力大大增强。

（一）三次产业全面增长，产业结构趋向正常。1991 年全省生产蓬勃发展，完成投资创历史最高水平，市场商品丰富，人民生活水平进一步提高，科技文教社会事业稳步增长，三次产业结构趋于正常。

1991 年第一产业增加值 236.89 亿元，比上年增加 9 亿元，增长 2.5%。继上年农业特大丰收后，1991 年粮食产量达 2268.7 万吨，林牧副渔业稳定增长，成为历史上第二个农业大丰收年。

第二产业增加值 459.91 亿元，比上年增加 72.39 亿元，增长 10%，扭转了连续两年增长幅度下降的趋势。在"质量、品种、效益"年当中，工业以市场为导向，开发了一批适销对路的新产品，强化销售，促进生产，工业经济效益从连年下降转向缓升，重工业增长快于轻工业，尽管第四季度"限产压库"牵制了工业增长速度，全年工业发展仍然挺健。全社会投资规模的扩大推动了建筑业进展迅猛，经济效益向好的方向转化。

第三产业增加值 262.77 亿元，比上年增加 42.04 亿元，增长 16%，变连续三年增长幅度下降为增幅猛长。其中反映流通领域活动的第一层次增加值为 111.37亿元，比上年增加 24.92 亿元，增长 25.7%，增速最快。1991 年交通运输四大总量指标都增长迅速，铁路、邮电的业务发展和经济效益均有较大提高，真正起到了国民经济先行官的作用。商业增加值增长尤为迅猛，消费品市场稳中见旺，生产资料销售成倍上升，外贸实行自负盈亏后，一举扭转多年亏损局面，减亏 8 亿多元，商业企业经济效益明显好转。为生产和生活服务的第二层次增加值 106.41 亿元，增加 13.37 亿元，增长 11.6%，主要受金融保险业和房地产业长足发展的影响。为提高科学文化水平和居民素质服务的第三层次增加值为 23.90 亿元，增加 2.12 亿元，增长 6.9%；为公共需要服务的第四层次增加值 21.09 亿元，增加1.63 亿元，增长 6%，与行政事业单位普调工资的上年相比这两个层次的增加值呈现稳步增长趋势。

三次产业悬殊不同的发展速度导致产业构成变化显著。第一产业增加值占国内生产总值的比重为 24.7%，比上年下降 2.6 个百分点；第二产业占47.9%，上升 1.6 个百分点，扭转了第二产业增加值构成连续三年下降的趋势；第三产业占 27.4%，上升 1 个百分点，是全省有史以来第三产业增加值比重最高的一年，其中运输邮电业、商业、金融保险业三大支柱产业比重均为提高，金融保险业增加值占国内生产总值的6.5%，连续两年位居第三产业中三大支柱产业之首。1991 年全省三次产业增加值结构趋于正常，正朝着十年规划中确定的产业结构现代化方向迈进。

尽管国民生产总值增长较快，但这是以连续两年经济滑坡疲软的低基数为起点的，三次产业的发展仍有许多亟待解决的问题，一要继续增加农业投资，推广科技成果，提高农业综合生产能力和抗灾能力，再争丰收年；二要抓住当前工业、建筑业经济效益缓升的时机，搞好企业经营机制转换，力创一批高利税轻工新产品和高精尖重工"拳头产品"占领市场，同时稳定扩大投资，清除资金拖欠，以求效益有较快回升；三要大力推动第三产业当中第一、二、三层次的发展，特别要加快科技教育事业的发展，压缩第四层次中的党政机关、社会团体部分，精减机构，精练高效地为经济发展服务。

（二）社会从业人员增长平缓，三次产业从业人员结构处于初级水平。1991 年全省社会从业人员 3075.31 万人，比上年增加 61.6 万人，增长 2%，增速平缓。第一产业从业人员 1857.18 万人，增加 41.03 万人，增长 2.3%，比上年下降 3.9 个百分点；第二产业从业人员 656.89 万人，增加 8.7 万人，增长 1.3%，其中工业从业人员与上年基本持平，建筑业从业人员增加 3.76 万人，上升 3 个百分点，与建筑业生产迅猛发展相呼应；第三产业从业人员 561.24 万人，增加 11.87 万人，增长 2.2%，其中党政机关社会团体从业人员比 5 年前增加 14.55万人，增长30%，科学研究事业人员比 5 年前只增加0.43万人，仅增长15%，应引起有关部门的高度重视。

三次产业从业人员的结构不合理，第一产业从业人员构成占 60.4%，只创造了 24.7%的国内生产总值，第二产业从业人员构成为 21.4%，创造了 47.9%的国内生产总值，第三产业从业人员构成为 18.3%，创造了 27.4%的国内生产总值，大量农业剩余劳动力沉淀在第一产业，使全省从业人员产业构成处于初级水平。当务之急要提高农业劳动效率，加快工业化进程，大力发展第三产业，努力提高第一产业从业人员的科学文化素质，促使其迅速转入第二、三产业，为全省经济腾飞提供有力保证。

（河北省统计局平衡处

执笔：方东娜）

人　口

【人口】 根据中共中央国务院《关于加强计划生育工作，严格控制人口增长的决定》精神，国家统计局决定从1991年开始把人口变动情况抽样调查结果作为考核各省、市、自治区人口目标责任制完成情况的依据。全省各级领导十分重视全省的人口发展形势，对1991年的人口变动抽样调查给予了大力支持，经过各级人普办和全体调查人员的共同努力，调查得以顺利进行，为省委、省政府提供了可靠的人口数据。

按照国家的调查方案，1991年的人口变动情况抽样调查是在上年的调查点上进行的，共调查了36个县（市、区），104个乡（镇、街道），208个村（居委会）和208个调查小区，共调查了1.82万户，7.13万人。调查的初步结果表明，1991年全省人口变动的特点是：

（一）出生率、自然增长率下降幅度大。1991年全省人口出生率为16.61‰、死亡率为6.75‰、自然增长率为9.86‰，分别比上年下降了3.85‰、0.07‰、3.78‰。全省人口出生率下降幅度大的主要原因有两点：一是各级党政领导亲自抓计划生育工作。"四普"结果暴露了过去多年隐瞒的大量出生人口，对各级党政领导震动很大。全省在贯彻中央、国务院的《决定》时，态度坚决，措施得力，成效显著。二是"羊年"不吉利旧习俗的影响，结婚生育人数比上年少。

（二）育龄妇女的胎次率有所变化。调查显示，1991年育龄妇女生育胎次与上年相比，一胎率由47.2%上升到54.3%，上升了7.1个百分点，二胎率由38.4%下降到34.1%，下降了4.3个百分点，多胎率由14.4%下降到11.5%，下降了2.9个百分点，从胎次分布看，一胎率呈上升趋势，二胎及多胎下降幅度较大，说明全省人口控制是有成效的，人们的生育观念正在发生变化，多胎生育逐步得到控制。

（三）人口迁移状况相对微弱。本次调查中共有迁入人口1423人，迁出人口1427人，其中近90%的是本县、市内小范围居住地变动。迁移活动最活跃的是15—19岁、20—24岁、25—29岁三个年龄组的人口，这与这三个年龄组的人口易发生婚姻变化、就学、就业、职业变更等现象有关。从跨省迁移情况看，1991年由外省迁入河北的有177人，其中女性104人，占58.76%，多于男性，这与外省经济条件落后地区的青年妇女来河北省就婚有关。

1991年是"八五"计划的第一年，也是各级党委、政府认真贯彻执行中共中央、国务院《决定》的一年，虽然取得了一定成绩，但人口形势依然严峻，不能掉以轻心，应注意以下问题：

（一）人口自然增长率的下降并不预示全省第三次生育高峰的结束。"八五"期间仍是生育高峰的峰顶，由于早婚早育的妇女比重逐年提高，生育的峰顶要提前1—2年。全省处于生育旺盛期20—29岁的妇女占整个育龄妇女的37.84%，如果不能有效地控制人口增长，必将影响本世纪末全省人口目标的实现，也将影响现代化建设目标的实现。为此，各级领导要把计划生育工作摆到与经济建设同等重要的位置上来，要有紧迫感、责任感，要坚决禁止早婚早育，彻底杜绝多胎生育。

（二）妥善合理安排好劳动力资源。据1991年人口变动情况抽样调查，全省男16—59岁、女16—54岁人口占全省总人口的 比例是58%，这说明全省劳动力资源丰富。但人既是生产者，又是消费者，能否合理安排和使用这些丰富的劳动力资源，将直接关系到国民经济的发展，特别是对那些新进入劳动年龄的人口，能否妥善安排他们就业，将对社会的稳定、经济的协调发展产生一定的制约作用。因此，应继续解放思想，广开就业门路，安排好城镇待业人员就业；农村应大力发展乡镇企业，解决好剩余劳动力的就地转移问题。

（三）更好地解决"老有所养"问题。1991年全省60岁以上老年人口系数为9.65%，应引起各级政府的重视，政府应建立有责有权实体型的老年机构，解决实际问题。尤其是农村老年人的养老要有制度保障，同时解决好老有所养，会更有利于计划生育工作的开展。

（河北省统计局人口处
执笔：阮俊娥）

【计划生育】 1991年全省认真贯彻落实中央座谈会和中共中央、国务院《关于加强计划生育工作严格控制人口增长的决定》（中发[1991]9号文件）精神，狠抓计划生育工作的落实，取得了明显成效。全年共做各种计划生育手术297.21万例。其中上环、结扎217.59万例，补救手术69.28万例。较好地完成了人口计划生育计划。

（一）党政领导亲自抓计划生育工作。1991年，省委、省政府召开了三次常委会和一次政府常务会，专门研究计划生育工作。四月份召开地市委书记、专员、市长会议，认真学习贯彻中央座谈会精神，就抓紧抓好全省计划生育工作提出了严格具体的要求，明确了开创计划生育工作新局面的五条标准。之后，结合计生工作每个阶段的进展情况，省委、省政府、省计划生育领导小组，又适时召开了电话会，现场汇报会以及其他形式的会议，省委、省政府主要领导亲自讲任务，提要求，教方法，推动了全省计生工作的健康发展。为了把中央的指示落实到基层，省委四位书记、一名常委、一名副省长分别抓一个计划生育工作难度大的县作为联系点，直接深入基层，听取汇报，调查研究，帮助基层提高认识，制定措施，改进工作。在省委、省政府领导同志的带动下，各级党委、人大、政府、政协的主要领导同志，也确定了自己联系的计划生育工作后进的县、乡、村，从而大大推动了全省计划生育工作的深入发展。

（二）大造宣传舆论，逐步转变群众的生育观念。1991年全省持续不断地开展了以中央座谈会精神和《决定》为主要内容的宣传活动。省委宣传部和省计生委联合发出了通知，并编写了约2万字的学习《决定》辅导材料，发至基层。同时两次召开新闻单位座谈会，专题研究加强计划生育的舆论宣传工作。仅省会九家新闻单位，就发表计划生育稿件500多篇。各地新闻单位也普遍加大了计划生育宣传的份量。

1991年全省人口与计划生育基础知识教育更加普及深入。全省已有3015个乡、镇、办事处建立了人口业校，占乡、镇、办事处总数的84.5%。普及人口与计划生育基础教育的村已达3.29万个，占村总数的62.6%。全省各级党校、干校以及部分大中学校，普遍增设了人口与计划生育课程。通过广泛宣传教育，广大干部群众执行国策、实行计划生育的自觉性大大提高，生育观念正在发生变化。

（三）计划生育法制建设得到加强。为全面贯彻落实《河北省计划生育条例》，努力推进计划生育法制建设，在全省普遍开展了清理党员、干部违纪超生的问题；清理整顿计划外生育费的征收、管理、使用情况；清理假手术、假证明、假数字的“三清”活动。据统计，全省查出自1980年以来非农业人口中的党员、干部、职工违纪超生的2.44万人，查出“三假”案件2624例，清出违纪资金近4000万元。对这些问题，大部分已按《条例》的有关规定进行了严肃处理。为了加强计划生育依法管理，省人大常委会向全省22万各级人大代表发出了《公开信》。要求他们就地视察计划生育工作。在各级人大代表视察的基础上，省人大和省政府组织了8个检查团，分赴13个地市专门检查计划生育的执法情况，推动了计划生育法制建设的深入发展。目前全省计划生育系统法制机构已基本健全，省计生委设有政策法规处，全省18个地市中有15个地市计生委组建了政策法规科；全省139个县（市）中有124个成立了政策法规股。省、地、县三级基本配齐了计划生育系统法制专职干部。全省有40个县（市）制定下发了《条例》实施办法；80%的乡镇制定了乡规，60%的行政村制定了民约。全省逐步转入依法管理计划生育的轨道。

（四）以农村为重点的基础建设和基层管理工作有了新的发展。全省已有2851个乡、镇配备了专抓计划生育工作的副书记或副乡、镇长，占乡镇总数的80.6%；有4.48万个村配备了专抓计划生育工作的副支书或村委会副主任，占村总数的88.84%。到1991年底，全省计划生育专职干部已达2.86万人，加强了对农村计划生育工作的领导。为落实“三为主”方针，充分发挥基层服务网络的作用，省计生委制定了《河北省计划生育基层管理规范》试行稿，发至乡、镇，进行了规范化管理的试点。同时，有计划地分级分批地对县、乡级计生委主任和专职人员进行了培训。全省县、乡计划生育服务网络已大部分建立。全省共建县级站132个，占应建县站的95%，已建乡站3272个，占应建乡站的98%。房屋、宣传器材、孕检、手术器械配备较齐全。1991年县、乡两级服务站共做各种计划生育手术191万多例，比上年多40多万例。计划生育协会工作有了新发展。到1991年底，全省共建各级各类协会6.57万个，发展会员342万多人，有力地配合了计划生育工作的开展。

1992年正处于第三次人口生育高峰的峰顶。当前人口形势依然十分严峻，计划生育工作任务更为艰巨，各级要保持清醒的头脑，认真落实中央《决定》，要进一步抓紧抓好计划生育工作，确保1992年人口计划的完成。

（河北省计划生育委员会
执笔：阎培功　王栓亭）

农　业

【综述】 1991年是实施十年规划和“八五”计划的第一年。这年全省农村经济保持了持续稳定发展和农村各业兴旺繁荣的局面。

（一）农业生产稳定发展，主要农产品产量持续增产。1991年全省农业生产尽管遇到多种自然灾害，但农林牧副渔各业仍保持了较正常增长水平。据计算，全年农业总产值377.64亿元，比上年增长3.6%，其中种植业增长2.2%，林业增长4.3%，牧业增长6.7%，副业增长1.6%，渔业增长11.4%。

1.种植业生产取得好收成。1991年各地依据“保证重点，兼顾一般、突出骨干”的原则，种植业结构有所调整，粮食播种面积略有减少，棉花、油料等经济作物的播种面积有所增加。在遭受多种自然灾害的情况下，经过农村广大干部群众的努力，抗灾夺丰收，仍取得较好收成。粮食作物在播种面积下降0.43%的情况下，总产量仍达到2268.7万吨，与上年基本持平，是历史上第二个丰收年。棉花生产摆脱连年滑坡的局面，出现新的转机，播种面积为1432.8万亩，比上年增长4.9%；总产量为63.43万吨，比上年增长11.1%。油料总量为72.87万吨，比上年略有减产。干鲜果品产量达202.86万吨，比上年增长12.4%，果品质量也有提高，创汇能力进一步增强。

2.林业生产稳步发展，工程造林成绩喜人。为实现“15年绿化河北大地”这一战略目标，全省重点抓了以三北防护林、首都周围绿化为主的工程造林和平原绿化为重点的植树造林活动，促进了林业生产的稳步发展。全年共完成造林面积418.33万亩(不含果)，比上年增长0.8%，造林成活率达81.3%。在全部造林面积中工程造林达208.47万亩，比上年增加30.82万亩，占造林面积的比重为49.8%，比上年提高7.0个百分点。从所有制看，集体造林面积最多，占造林面积的比重为85.2%，比上年提高1.7个百分点。全省94个平原县中，已有82个县达到了部颁绿化标准，占87.2%，其中当年新增达标县18个，比年初计划确定数增6个。

3.六畜兴旺，主要畜产品产量创历史最高水平。据统计，大牲畜年末存栏达528.86万头，比上年增长0.7%，其中牛存栏213.39万头，比上年增长2.6%。生猪存栏1555.76万头，比上年增长4.1%。养羊业由于受价格、销路和林牧矛盾的影响，存栏继续下滑，年末存栏995.41万只，比上年下降7.4%。与此同时，"模式化饲养"、"塑料大棚养畜养禽"、"肉牛育肥综合技术"在全省范围推广，促进了牧畜育肥速度，出栏率上升。年内肉猪出栏1480.81万头，肉牛出栏55.36万头，肉羊出栏678.43万只，分别比上年增长6.1%，23.0%和5.3%；猪出栏率99.1%，牛出栏率26.6%，羊出栏率63.1%，分别比上年提高4.7个、4.4个和7.4个百分点。畜产品全面增长，全年生产肉类142.85万吨，禽蛋产量60.60万吨，奶类产量16.34万吨，分别比上年增长9.8%、18.2%和14.6%，均创历史最好纪录。

4.渔业生产实现全面丰收。1991年渔业战线继续认真贯彻养殖、捕捞并举，淡养、海养同时抓的方针，加强淡水养殖中低产池塘改造，湖库"三网"养鱼和模式化精养高产技术推广，水产业保持了久盛不衰的发展势头。全年水产品总产量达23.69万吨，比上年增加1.83万吨，增长8.4%，其中海水产品产量达17.05万吨，比上年增长3.4%；淡水产品产量为6.64万吨，比上年增长23.7%。捕捞产量为15.25万吨，养殖产量为8.44万吨，分别比上年增长2.0%和22.3%。科技的推广使一些名、特、优的湖库增殖工作大见成效。为丰富水产品市场、满足城乡居民的多方面需要提供了物质保障。

(二)农业投入增加，生产条件继续改善

1.资金投入增加，综合治理又有新进展。1991年，全省财政支援农业生产资金为4.7亿元，其中支援不发达地区资金3552万元，比上年增长23.2%；农林水气事业费为3.25亿元，比上年增长8.1%。全省年末银行和信用社的农业贷款余额为138.51亿元，比年初增长21.0%。农村居民人均生产投入317.72元，比上年增长31.2%。以农民为主体，多方位筹措资金，不断增加农业投入的格局初步形成。以水利建设为重点的农田基本建设也取得新进展，综合治理效果比较明显。到年末，全省用于水利基建工程投资8319万元，投入小型农田水利建设的劳动积累工3.4亿个，完成水利工程10.4万项，累计完成土石方4.4亿立方米，完成机井配套4.16万眼，修建地下输水管道和防渗沟1376万米。经过大规模的群众性农田水利建设，本年新增灌溉面积244.16万亩，旱涝保收面积新增233.55万亩，新增除涝面积16.61万亩，改良盐碱地面积新增13.17万亩，治理水土流失面积本年新增259.78万亩。

2.物质技术装备水平提高，作业机械化面积扩大。到年末全省农业机械总动力为2849.53万千瓦，比上年增长1.0%。其中：小型农机具倍受农民青睐，增长势头久盛不衰。到1991年底，全省拥有小型拖拉机63.15万台，比上年增加3.76万台，增长6.3%；农用排灌柴油机109.26万台，电动机75.64万台，农用水泵114.40万台，分别比上年增长0.3%、0.4%和2.9%；多功能农用机械也保持增势，全省拥有联合收割机已达2618台，机动脱粒机53.32万台，分别比上年增长61.2%和5.2%。

随着农机拥有量的增加，农业机械化作业水平提高。1991年，全省实际机耕地面积6636.21万亩，比上年增加261.76万亩，占耕地面积的比重为67.6%上升2.8个百分点；机械播种面积3702.68万亩，比上年增加400.20万亩，占播种面积的比重为28.0%上升2.9个百分点；机械收获面积2063.81万亩，比上年增加305.73万亩，占播种面积的比重为15.6%上升2.3个百分点；机械铺膜面积62.88万亩，比上年增加25.27万亩，占播种面积比重为0.5%上升0.2个百分点，均创历史最好水平。

3.农村积累增加，发展后劲有所增强。到年底，全省农村拥有生产性固定资产318.14亿元，比上年增长18.6%。其中生产用房屋及建筑物原值72.62亿元，比上年增长16.5%；役畜及产品畜原值33.82亿元，比上年增长11.3%；农林牧渔业机械原值38.83亿元，比上年增长18.6%；工业机械设备原值75.88亿元，运输工具原值53.38亿元，分别比上年增长21.0%和19.6%。

4.科技投入形势好于往年，科技兴农步伐加快。一是科技服务体系日趋完善。按照"八五"计划提出的"争取用三年时间首先把村级服务组织基本建全起来，并逐步实现规范化"的目标要求，1991年全省开展了乡、村两级农技综合服务组织达标升级活动。到年末，全省已有52.5%的乡和34.8%的村通过了达标验收，其中达到"五有"水平的一级乡站占达标乡站的19.7%。全省具有经济实体的乡农机站1978个，建立农机服务队的村1.55万个，农机协会发展到2万多个，农民耕难、浇难、收难的状况有所缓解。二是植保工作加强，优良品种普及率提高。到1991年底，全省植保服务队已发展到1.76万个，年内防治面积达5049万亩；良繁体系也有新发展，推广面积扩大，1991年全省良种普及率玉米为95.6%、棉花为49.4%、猪为57.3%、鸡为59%、牛为55%、羊为44%，均比上年上升。三是技术集团承包初具规模。全省共组建种植业承包集团782个，参加人员

3万人，承包农作物2323万亩。参加畜牧技术承包服务有2613人，承包畜禽2746.9万头(只)，创社会效益约达1.3亿元。

(三)农村产业结构趋向合理，乡镇企业发展速度加快

1.乡镇企业发展速度加快，经济效益明显提高。全省乡镇企业认真落实"积极扶持、合理规划、正确引导、加强管理"的总方针，产业、行业和产品结构有所优化，乡镇企业步入了健康发展的轨道。到年末，全省乡镇企业已发展到139.64万个，从业人员656.55万人，分别比上年增长2.0%和2.4%，扭转了连续两年发展弱化的势头。全年乡镇企业实现产值723.9亿元，比上年增长22.3%；总收入676.90亿元，纯利润72.91亿元，实交国家税金18.98亿元，分别比上年增长17.8%、7.5%和17.7%，实现了产值、收入、利润和税金的同步增长。

2.农村经济全面发展，产业结构趋向合理。1991年全省农村社会总产值达997.10亿元，比上年增长11.34%，其中农业总产值增长3.6%，非农产值增长17.0%；农业与非农业的构成由上年的41.0%和59.0%调整为37.9%和62.1%。

一年来，全省农村经济取得了显著成绩，但也存在一些问题：农业综合生产能力低，耕地面积仍在减少，水利基础设施老化失修；人口增长过快，农业剩余劳力继续回流；资金短缺，农业投入不足等都制约着农业高产、优质、高效的发展。

(河北省统计局农业处

执笔：张春凤)

【种植业】 1991年全省农业战线坚持以提高效益为中心，继续调整产业结构，不断建立完善服务体系，大力实施科技兴农，使农业生产持续向前发展。全年种植业产值达377.64亿元，比上年增加20.01亿元，增长3.6%。农业生产在遭受多种自然灾害的袭击下，仍取得较好收成，全省粮食总产量2268.7万吨，与上年基本持平，是历史上第二个丰收年。棉花总产量63.4万吨，比1990年增加6.3万吨。油料总产量72.9万吨，比上年略有减产。蔬菜产量1163.3万吨，保障了全省城乡人民生活用菜的需要。

回顾过去的一年，各级农业部门在深化改革、转变职能、健全体系、强化服务、科技兴农等方面做了大量工作，并取得较大进展，主要表现在以下几个方面：

(一)认真组织落实种植计划。实现全年的农业生产持续稳定协调的发展，首要的是组织好农民群众按计划进行作物种植，从而才能保证粮、棉、油主要作物的播种面积。1991年全省在种植计划安排上，做到了保证重点，兼顾一般，根据不同的区域特点，突出骨干作物。在种植计划分配上，改一年计划春季下达为一年计划春、秋两季下达。在秋季种麦前，小麦、棉花面积统一安排；在春耕播种前，全面计划逐级下达。在计划实施中，采取深入调查研究，抓好信息反馈，加强宣传教育和实施必要的行政干预等措施，基本上保证了主要作物种植面积的落实。全省粮食播种面积稳定在1.01亿亩以上，棉花播种面积控制住下滑的趋势达到1432.8万亩，油料面积838.6万亩，除油料面积外，均完成了全年种植计划。

(二)各级齐努力，抗灾夺丰收。1991年是多种自然灾害频繁发生的一年，全省受灾面积6010.3万亩，其中成灾面积4216.3万亩。但由于各级领导的重视，积极组织广大干部群众抗灾救灾，大大降低了各种作物的灾害损失。为抗御连续近两个多月的伏旱，农业部门积极组派工作组深入到受灾的基层单位蹲点包片，推广技术，解决实际问题。在伏旱连秋旱的情况下，全省仍有20多个县玉米亩产增百斤以上，其中新乐、无极、藁城、望都、定州、平泉等六县、市玉米亩产超过千斤。在防治棉铃虫的关键时期，各级植保部门在加强技术指导的同时，组织了大批专业化防治队，开展了虫口夺棉的人民战争。尽管去年的棉铃虫基数比往年大，但危害的损失却比上年减少近亿斤。

(三)建立健全农业服务体系。在认真贯彻国务院《关于加强农业社会化服务体系建设的通知》精神的基础上，把农技服务体系建设做为一项基础和重点工作来抓。按照省政府"抓三分之一"的要求，在抓好县以上服务组织建立健全的同时，开展了乡、村两级农技综合服务组织达标升级活动。到年底全省已有52.5%的乡和34.8%的村通过了达标验收。其中达到"五有"(即有人员组织；有推广设施和手段；有经营服务；有培训场所；有试验示范基地)水平的一级乡站占达标站的19.7%。农机服务体系，重点抓了乡办经济实体，村办农机协会和农机服务队。全省已有62.8%的乡农机站具有经济实体，74%的村建立了农机服务队，农机协会发展到两万多个，农民耕难、浇难、收难的状况有所缓解。植保服务体系，在加强测报网点建设的同时，已发展了1.76万个专业化病虫害防治服务队，专业化防治面积达5049万亩。技术培训体系，重点抓42个县培训学校(中心)和999所乡镇农技校声像培训设施建设，组建551个农技宣讲团，培训规模达9万多人。种子繁供体系，玉米实行"省提、地繁、县制"，棉花实行场、厂、村、区四配套，种、管、收、轧四结合，提纯、繁种、保纯、供种一条龙。"以县为单位供种水平，玉米达到95.6%，棉花达到49.4%。农业信息体系，逐步朝"双向服务，三向拓宽发展"；全省建立1万多个信息联系点，联系户发展到10万多个。这些服务体系的不断建立和健全，已初步形成覆盖全省的农业服务网络。

(四)开展生产竞赛，实施丰收计划。各地以"丰收计划"为龙头，以集团承包为手段，继续广泛地推广普及主要作物的模式化栽培技术，有效地提高了全省科学种田

水平。首先深入开展技术培训，除采取以往各种行之有效的培训措施外，不少地方举办了农技知识电视大奖赛，有的搞了科技展览一条街。沧州地区连续两年搞农技知识大奖赛，使农户的科技普及率有很大提高。二是广泛开展"丰收计划"，全省共完成"丰收计划"项目7个，面积达5695万亩。在小麦丰收计划中，重点抓了大名、宁晋等8个重点县和4个百万亩示范方。在玉米丰收计划中，主要抓了12个重点县，以此来带动全省丰收计划的开展。三是集中力量推广30项农业生产技术。1991年农业部门在有关部门的配合下，大力推广模式化栽培、地膜覆盖、优良品种、旱作农业、吨粮田栽培、高效益农田、棉麦一体化、秸杆还田、配方施肥、病虫害综合防治、种子精选及包衣等30项农业增产技术。全省共组建承包集团782个，参加人员3万人，其中技术干部近万人，承包农作物2323万亩，较好的发挥了农业技术人员的作用。

(五)加强基地管理，发挥增产优势。在加强已建农业商品生产基地管理的同时，重点抓了国家级4个优质棉基地县，1个商品粮基地县续建工作，3个商品粮基地新建和3个商品粮基地巩固完善试点工作。还抓了省级31个粮食基地县新建工作，13个基地县续建工作和3个农业综合示范县建设工作。目前大部分农业商品生产基地已开始发挥作用。在全省粮食产量遭灾比1990年略有减少的情况下，已建成的8个国家级商品粮基地县粮食亩产、总产分别比历史最高的1990年增产18.1％和17.4％。尚在建设中的国家级商品粮基地县望都县，粮食亩产、总产分别比1990年增产28.4％。19个优质棉基地县的棉花面积和产量分别占全省棉花面积和产量的39.1％和41.9％，平均亩产比全省平均亩产水平高3公斤。这些基地县对全省农业丰收发挥了重要的作用。

1991年全省农业生产尽管取得很大成绩，但是同"八五"计划和长远规划的要求相比还不相适应。在农业生产上一些问题还有待于在今后的工作中加以解决。如农业抗御自然灾害的能力薄弱，综合生产能力低，农产品流通不畅，农技投入不足，农民负担过重，种田效益下降，这些都制约着农民的生产积极性和农业的持续稳定发展。

(河北省农业厅

执笔：赵玉平)

【林业】 1991年全省林业工作以提高质量和效益为中心，上规模、上质量、上管理，使林业总体水平有较大提高，进一步呈现稳定发展的好形势。

(一)林果生产主要指标超额完成计划。林果产值为36.6亿元，(按1990年不变价计算)其中林业产值12.2亿元，林果产值比上年增3.2亿元。

造林面积完成478.1万亩(含鲜果面积)，为年计划的106.2％，其中：人工造林完成396.1万亩，是计划的113.1％，比上年增11.6万亩，飞播造林有效面积完成82万亩。在造林面积中：完成工程造林223.2万亩(其中：速生丰产林22.7万亩，经济沟造林21.5万亩，沿海防护林6.8万亩)，为计划的111.6％，比上年增25.7万亩。国营造林完成15.6万亩，四旁(零星)植树完成1.6亿株，完成年计划的123.1％，育苗完成29.4万亩，为年计划的105.1％，比上年增0.6万亩；其中：当年新育面积17.9万亩。干鲜果品产量达202.85万吨，比上年增加22.38万吨，其中：鲜果产量197.07万吨。蚕茧产量164.9万斤，比上年增加26.1万斤。

封山育林、森林抚育、林木良种繁育、林木保护等都取得了较好成绩。

1991年平原绿化达标县完成18个，比计划12个县增加6个，名特贵优果品基地任务完成60.2万亩(其中，31万亩枣粮间作)，为计划的150％。

(二)科技兴林，取得新进展。全省紧紧围绕林业体系基地建设开展技术推广工作，常规技术覆盖面达50％。全省推广304项技术，比上年增加一倍，推广面积达1000万亩，这些项目全面实施后，可获经济效益15亿多元。全省林业科技示范初步形成网络，共建科技示范点170个，示范面积73万亩。抓培训和推行"绿色证书"制度。全省培训技术人员和科技骨干82万人次。到年末，地(市)、县技术推广机构达190个，比上年增加59个。全年完善了180个林业站，在林业部组织的全国林业站检查评比中获第6名。

(三)深入开展平原绿化活动。为了打破平原绿化长期徘徊不前的局面，各级领导重视，在组织发动，筹措资金，规划设计，具体实施等方面做了大量工作。全年各地、市、县仅筹集平原绿化资金就达9366万元，18个达标县共植树9730万株，是开展达标活动以来栽植最多的一年。同时，突出了质量效益观念，把质量效益年活动和绿化达标结合进行，严把质量关，普遍做到了统一规划，统一标准，统一栽植，统一检查，统一验收，下大力量抓管护和达标后的巩固提高，保持和发展了近几年平原绿化的好势头。目前，全省平原绿化达标县累计82个，占平原县数的87％，(在全国排第四位)，达标县数居全国第二位。

(四)依法治林，充分发挥政策的效力。继1990年省政府颁发了《关于动员全社会力量，加快发展林业的决定》以后，1991年省政府又发出了加强对国营林场管理工作文件，另外还起草了有关保护和发展林业的实施办法。

加强林业公安和林政管理，下大力量抓了森林防火和林木病虫害防治工作。实行了森林采伐全额管理，严格执行采伐限额，使全省的森林资源每年都有所增长。

(五)果树生产形势良好。1991年全省干鲜果面积

1319.9万亩，总产量202.85万吨，其中：鲜果产量197.07万吨，果树生产在重点抓好名特贵优基地建设的同时，突击抓了果品质量，进行了综合技术的示范与推广，一、二级商品果率达85%以上。低产果园改造取得了较大成就，起步改造的260万亩低产果园，已有149.8万亩，摘掉了低产帽子进入中、高产行列。全省铺开了果树资源普查这项工作，开展了果园升级达标活动，制定了《八五期间达标规划》等，从而提高了全省的果品质量和产量。

(六)全民义务植树活动成效显著。1991年是开展全民义务植树活动十周年，全省组织发动2942万人参加了各种形式的造林绿化活动，义务植树达1.4亿株，比上年增长3%，人均植树4.3株，据重点抽查植树成活率平均86.7%。1991年造林绿化工作无论是从发动群众的数量和植树总株数，还是从人均植树和植树成活率看，都是开展全民义务植树活动以来最好的一年。

(七)国营林场呈现新面貌。全省122个国营林场，通过深化改革，加强管理，增强了发展活力，生产经营面貌已开始好转了，有的已取得明显成效。组织国营林场调研工作，对平原、山区、沿海、坝上四个不同类型的16个林场进行了调查研究，提出了"八五"期间全省国营林场建设的六项基本目标和五项工作重点，明确了按经济发展类型实行分类指导、分类经营的发展方向。组织了以46个经济困难林场为主的场长研讨班，着重探讨了林场经济困难的原因及摆脱困境的途径。并为进一步维护国营林场权益，省政府批转了《关于进一步加强国营林场管理意见的报告》，收到了很好的效果。

(八)林果生产的新特点。1991年林果生产的几个新特点是：

1.工程造林的比重上升。1991年工程造林占人工造林的56.4%，比上年增长了5个百分点。工程造林带动了项目区范围内的社会造林，使造林质量普遍提高，据对京津周围工程造林检查，当年工程造林面积核实率为97%，平均成活率达到85.7%。

2.平原绿化达标活动促进了农田林网和四旁植树的发展。据调查1991年达标涉及到的地、市林网面积比上年实际完成数增加了2.1倍；四旁植树比上年实际完成数增加了1.5倍。

3.增加投入，促进了林业发展，1991年部省两级对林业的各项投资为8863万元，比1990年的7734万元增加1129万元。

全省林业生产发展方向，应转移到调整结构、提高效益的轨道上来，加强良种繁育和苗木生产，完善国营林场、苗圃的责任制，增强内部竞争机制。力求把全省林业建设提高到一个新水平。

(河北省林业厅
执笔：钟玉坤　梁丽霞)

【畜牧业】 1991年，全省畜牧业生产取得了较好的成果。其特点：一是主要畜产品产量创历史最高水平。肉类总产量达142.85万吨、禽蛋产量60.6万吨、奶类产量16.34万吨，分别比上年增长9.8%、18.2%、14.6%，超额完成年度生产计划，创历史最高水平。二是畜禽饲养水平进一步提高。表现在畜禽出栏增加，出栏率提高。到年底，累计肉猪出栏1480.81万头，肉用牛出栏55.36万头，肉用羊出栏678.43万只，分别比上年增长6.1%、23%、5.3%，家禽出栏6973.69万只，比上年增长32.9%。猪出栏率达到99.1%、牛出栏率26.6%，羊出栏率63.1%，分别比上年增长4.7个、4.4个和7.4个百分点。三是畜牧主产业猪禽增长幅度较大。生猪存栏1555.76万头，其中能繁猪125.31万头，分别比上年增长4.1%和14%；家禽存栏14552.11万只，其中鸡13718.17万只，分别比上年增长13.1%和12.9%。四是受价格和销路的影响，羊、兔存栏呈下降趋势。羊存栏995.41万只，兔存栏829.35万只，分别比上年下降7.4%、8.9%。羊毛产量13745吨，比上年下降8.5%。

总的来看，虽然羊、兔生产有所下降，但整个畜牧业生产的形势很好，畜产品供应充足，市场价格稳定，农户饲养积极性较高，生产发展较快。一年来，畜牧业生产主要抓了以下几方面：

(一)普及良种，提高质量。充分发挥省和各地市家畜禽良种繁育委员会的职能，认真贯彻执行河北省种畜管理暂行规定，普遍开展了种畜鉴定和种禽场验收合格放证工作，有效地控制了劣质或假冒种畜禽上市和营业配种，进一步提高了种畜禽的质量。1991年全省鉴定各类种畜1.61万头，占应鉴定种畜的40%，比1990年提高13个百分点。

积极推广了优良种畜人工授精和冷配技术，省畜牧水产局拿出30万元购买优良种猪250头，种羊150只，优良种鸡5万只，精液3万粒，购液氮罐100个，优惠半价支持了各地、市。从而使鲜精配种、冷冻精液配种技术得到了进一步普及。全省有人工授精站点2371个，其中冷配点1520个，比上年分别增长0.3%和1.3%。到年底，各种家畜禽的良种普及面为：猪57.3%、鸡59%、牛55%、羊44%，分别比上年提高1.3个、9个、3个、2个百分点，比1978年提高30个、40个、20个和15个百分点。

(二)推广科技成果，搞好培训。1991年各地、市、县共举办各种畜禽技术培训班66期，参加人员2473人次，科技开发和推广工作有了较大发展，各种配套综合应用技术普及面越来越宽，"模式化饲养"、"塑料大棚养畜养禽"、"肉牛育肥综合技术"等应用技术在全省范围内推广，饲养水平大大提高。农户养殖积极性提高，全省全年有养猪专业户3.21万个，养鸡专业户4.12万个，分别比上年增加0.84万个和1.95万个，专业户生猪饲养量达121.45万头，鸡饲养量达4450.26万只，分别比上年增长11.2%和79.3%。同时，鼓励各级技术人员进行技术承包和技术指导，传授新技术，开发生产力。全省畜牧系统有2613人参加技术承包和技术指导，其中高级职称人数29人，中级职称377人，承包畜禽2746.9万头(只)，估计创社会效益达1.3亿元。这些技术包括畜禽防疫、畜禽饲养、配种改良、综合技术服务等内容，有力地促进了畜牧业的发展。

(三)防疫灭病，常抓不懈。疫病防治是畜牧业健康发展的保证。1991年全省范围内继续进行畜禽防疫免疫程序的改革，即改春秋两季防疫为全年防疫，有效地控制了疫病的发生。全年疫苗注射布病66.34万头(次)，猪瘟2032.44万头(次)，鸡新城疫1.99亿只(次)，鸡马立克病2072.33万只(次)，羊痘69.08万只(次)，累计检疫各种畜禽1.2亿(头、只)，疫苗注射和检疫数均高于上年。各种畜禽死亡量与上年相比，猪少死亡八万头，牛少死亡4200头，羊少死亡7万只，兔少死亡20万只，按90年不变价粗略计算，减少经济损失1000万元。鸡死亡量虽比上年增加40万只，但饲养量增加了3236万只，所以死亡率还是下降的。各种畜禽死亡率为猪1.02%、大牲畜0.5%、鸡3.9%、羊1.27%，分别比1985年减少9个百分点、2.5个百分点、16个百分点和4个百分点。

(四)开发饲草资源，加快饲料加工业的发展。正象农业是国民经济的基础一样，饲草饲料也是畜牧业的基础产业。1991年，全省新增草场945万亩，现有成活人工种草、改良草场、飞播牧草三项面积之和达921.18万亩，比上年增长21.6%，占草场总面积的13%。青贮氨化也取得显著成果。省地(市)县通过多渠道、多形式筹集资金1690万元，供应柴油9265.7吨、化肥12941.7吨，塑料薄膜136.4吨，共计青贮饲料138.5万吨，秸秆氨化19.5万吨，分别比上年增长30%和120%。到年底，全省已建永久性青贮氨化池3万多个。有6个县青贮饲料达部司标准，有两个县氨化达部司标准。同时，随着饲料工业办公室在省地(市)的相继成立，饲料工业有了新的发展，初步改变了有啥喂啥，单一落后的局面，全省有各种形式的饲料加工厂达1468家，年生产各种饲料141万吨，其中畜牧部门系统内与其他单位或个人联办的饲料加工厂300家，年生产饲料35万吨，比上年增加19万吨。

(五)继续实施"菜篮子工程"，加强畜牧业商品基地建设。到1991年末全省共有各种基地93个，其中商品猪基地43个，商品牛基地27个，肉羊基地5个，奶山羊基地4个，山羊板皮基地4个，细毛羊基地7个，兔基地2个，蜂基地1个。基地建设不仅在先进生产技术推广、投入产出比例、产品质量和商品率等方面起到了示范作用，促进了畜牧业的发展。而且对于稳定市场，提高人民生活水平都具有重要的意义。据统计，43个商品猪基地县存栏猪700.68万头，出栏猪695.73万头，分别比上年增长7.1%和3.7%，27个肉牛基地县存栏牛81.42万头，出栏肉用牛26.08万头，出栏量比上年增加6.31万头。1991年是"菜篮子工程"实施的第三年，该工作在全省畜牧业方面，正是以这些基地为依托，以大中城市为市场，取得了初步成果。随着"菜篮子工程"的进一步建设，这些基地将会发挥更大的作用。

(河北省畜牧水产局

执笔：吕月河)

【渔业】 1991年全省渔业生产在重点调整产业结构的同时，扩大生产规模，降低成本，提高效益，克服了资源衰退、气候反常、海水淡化、污染严重、病害增多等不利因素的影响，继续创渔业生产新纪录。水产品总产量达23.69万吨，比上年增加1.83万吨，增长8.4%比上年提高3.8个百分点，完成年度计划的112%。养殖面积119.94万亩，比上年增加4.73万亩。渔业总产值按现行价计算为11.10亿元，比上年增加1.20亿元，增长11.4%。

(一)淡水养殖中低产池塘改造和鱼塘开发取得新成绩。由12个地、市参加的中低产鱼塘的改造活动，全省累计达6.96万亩，平均每亩比上年增加产量91公斤，增利润210元，全年共产成鱼1.58万吨，超额1倍多完成省政府下达的指令性计划。安新、永年、丰南、宣化等县，分别开展了大规模的养鱼开发热潮。湖库的"三网"养鱼和增殖有了进一步的发展，保定地区在白洋淀示范"双季箱"生产，收到了好的社会效果，全省网箱养鱼面积120亩，比上年增加近30亩，平均每亩产商品鱼7万公斤，最高的达15万公斤以上。围拦养鱼1.10万亩，比上年增加1倍多。对湖库增殖工作大见成效。太湖银鱼、池沼公鱼已在湖库"安家落户"，河蟹、梭鱼放流后也初见成效。尤其是池沼公鱼放流面积扩大到32.0万亩，比上年增加8.00万亩，获商品公鱼1400吨，比上年增加1150吨。新兴产业垂钓业应运而生，少数水库和部分池塘开展了垂钓业。据调查邯郸市有2010亩池塘开始此项业务。平均每亩纯收入780元，比纯养鱼每亩多收入330元。根据调查分析，垂钓业中的饲料费、人工费相对减少，成本降低，收入相对增加。从社会发展角度看，随着旅游业的兴起，将会吸引更多的人开办钓鱼，增加社会效益。

(二)海水养殖产量和效益都有较大提高。养殖对虾生产在水质淡化、污染加重、病害增多等情况下，通过调整生产结构，采取灵活多样的养殖方式，因地、因池、因水分别实行精养、粗养、混养，进行分类指导，强化管理，使全省23.55万亩虾池，产商品虾3.35万吨，比上年增产16%。平均每亩142公斤，总效益达1.7亿元。据调查85%以上的养虾户赚钱。滩涂浅海的贝类养殖初具规模，管养面积24万亩，封闭粗养和围养、精养面积达3000亩,筏式养殖达1200台,全省贝类产量4927吨,比上年增产48%。浅海资源增殖有了突破性进展,在各增殖站虾苗生产过剩的情况下,控制放流虾苗的数量和规格,规定只有越冬虾苗才能放流,共向渤海湾投放虾苗3.7亿尾,超计划1.8亿尾,并放流梭鱼苗1000万尾,真鲷鱼20万尾。同时还开展了牙鲆、魁蚶、文蛤、青蛤等品种的增殖和放流试验。

(三)海洋捕捞生产在困境中继续前进。近几年来气候由原来的冬季冷春季暖,逐渐转为冬季气温回升,春季气温下降。海洋渔业结构发生变化,资源量逐年衰退,沿海地、市采取相应措施,使全省海洋捕捞产量没有造成较大幅度的减产。(1)利用冬季气温回升的有利条件提前出海。秦皇岛海洋渔业公司打破风俗习惯,春节坚持生产,实际出渔率比上年提高。黄骅市部分渔船在春节前就投入底张网生产,冬季市民就吃上了鲜吉头鱼。春节后该市又有十几艘船在溏沽港投入挖魁蚶的生产。(2)继续调整捕捞结构,增强应变能力,延长捕渔期。更新改造渔船1000艘,发展单层大目流网作业400多艘。(3)沿海渔民打出渤海湾意识增强,主动雇船增网,搜集信息。秦皇岛市获悉莱州湾今年海蜇旺发,资源量为历史罕见,先后组织船100多艘,捕捞仅半个月,生产海蜇1000多吨。由于措施得力,使得一些经济价值较高的品种增产。主要品种有:大黄鱼35吨,增产40%;小黄鱼32吨,增产31%;鲳鱼807吨,增产9倍多;海蜇9213吨,增产60%。减产的主要品种有:带鱼891吨,减产18%;对虾仅1474吨,减产47%;贝类减产35%。

(四)群众渔业管理体制改革不断深化。沿海市、县纷纷组建渔民协会,黄骅市渔民协会逐步扩大,不断完善,向着综合经营、综合服务的实体迈进。乐亭县古河乡,为了加强对养虾生产的领导,建立了养虾综合服务站,使生产服务一体化。在以家庭联产承包责任制的基础上,部分渔民自愿组织起来,实行不同规模、不同形式的联合,以提高自我组织和自我服务的能力。丰南县群众自发组建小型渔业公司实行生产性联合,产销结合,后勤服务,海上互助互救。渔船实行折旧,增加积累,扩大再生产,取得较好的效果。

(五)群众发展渔业生产的热潮方兴未艾。近年来国家对渔业生产的投入很少,单靠国家的投资远满足不了渔业生产发展的需要。不断转变渔民的消费意识,使他们认识到扩大再生产的必要性,增加资金投入。全省用于船网技术改造资金达3000万元,虾池改造配套投入8500万元;唐海县清池改造投入资金4000多万元,中低产塘改造和新养鱼基地开发投入资金3000万元;保定地区发展养鱼投入1300万元,其中安新县投入1000万元。丰南县万亩高产鱼塘开发投入资金630万元。永年县引导群众投资开发永年洼建鱼塘667公顷。宣化县群众积极开发洋河滩。滦南、乐亭、海兴县渔民都采取不同形式增加投入开展滩涂,发展贝类养殖。

(河北省畜牧水产局
执笔:王丽庄)

【水利】 1991年,全省水利建设紧紧围绕着省政府确定的国民经济发展目标和农业发展要求,认真实施水利发展规划,坚持抗旱防汛、除害兴利并重,狠抓农田水利建设,强化行业管理,深化改革,圆满地完成了全年的工作任务。

(一)水利建设成绩显著。到1991年底,全省有效灌溉面积当年新增244.16万亩,累计达到5765.42万亩;旱涝保收面积当年新增233.55万亩,累计达到4094.81万亩;除涝面积当年新增16.61万亩,累计达到2354.07万亩;盐碱耕地改良面积当年新增13.17万亩,累计达到1117.62万亩;水土流失治理面积当年新增259.78万亩,累计达到6192.05万亩;机电井,累计达到74.76万眼。其中当年新增配套机电井4.37万眼,累计达到69.68万眼;解决人畜饮水当年新增73.44万人,24.98万头,累计解决人畜饮水1111.51万人,牲畜170.01万头;大中型水库累计达到1173座;万亩以上灌溉累计达到157处(按有效灌溉面积划分);固定机电排灌累计达到3301处,装机42.66万千瓦;水利工程年供水量193.15亿立方米。1991年小水电新增装机容量2500千瓦,全年发电2.25亿千瓦小时,超额15%完成了年生产任务。对解决大型水库移民遗留问题,已改过去的输血型为造血型,全省移民有49.96万人,已达到当地平均生活水平以上的有9.41万人。

(二)水利建设工程。1991年水利基本建设主要安排了大中型水库除险加固和骨干防洪河道;水源条件好,投资少,效益显著,地方积极性高的引蓄水灌溉工程;建设条件好,对改变当地农业生产电力紧张面貌作用较大的小水电工程项目。全年已完成8317万元的投资计划,年底竣工25项,占计划项目58%。年底新增灌溉面积24.21万亩;除涝面积4.01万亩;完成土方2765万立方米;石方129万立方米;混凝土3.82万立方米;竣工房屋面积7046平方米。省重点建设工程桃林口水库正实施三通一平工程和进行水库移民迁建准备工作。

(三)小型农田水利建设。一是各级领导重视,许多地、市、县党政领导班子齐抓共管,带头实干,出工人数,完成工程数量多,工程质量,效益好于往年。全年共使用劳动积累工3.4亿个,比往年多20%。二是因地制宜,重点突出。各地因地制宜安排了重点工程,其特点是搞规模建设。水土保持按流域,一治一条沟,一治一面坡,建设万亩梯田区。在治理荒滩、河滩等工程中出现了不少万亩开发区,还有万亩中低产田改造区,提高了治理效果。三是不少地方利用劳动积累工大规模整治防洪河道,维修防洪堤防,整修清淤骨干排水除涝河道。以去年江淮流域大水为借鉴，把防洪除涝工程列入了重点，到1991年底共完成小型水利工程10.4万项，土石方4.4亿立方米。一年来的水利建设的成就，为全省农业增强了发展后劲。

（四）坚持抗旱防汛两手抓。1991年全省是个偏旱年，全年出现了三次大的旱情：一是春季三月份前后受旱面积5000多万亩；二是在七月下旬到九月底正是汛期，受旱面积3900万亩，三是十月到年底，全省降雨较常年同期减少30%，受旱面积1000多万亩。三次旱情为农作物生长关键时期。由于在全省和石津灌区范围内不同类型区共建立31个测墒控制网点随时预报旱情，及时指导抗旱，同时各级水利部门根据多年的抗旱实践经验，着重抓了抗旱服务组织，利用抗旱资金购置抗旱设备扶持建立县乡级抗旱服务组织，在抗旱中发挥了很好的作用。由于各级领导和水利部门的努力，广泛发动群众，坚持持续抗旱，取得了抗旱斗争的胜利，取得了当年的农业丰收。

1991年汛期，全省虽只有承德、保定、廊坊等地市的局部地方遭受洪涝灾害，但在江淮大水压境的形势影响下，全省上下高度警惕，密切注视雨情、水情，强化防汛指挥调度系统，对重点工程进行抢险演练，并储备了必要的防汛物资。清漳工作突破难点，成效显著，共清除拦河坝491条，滩地高渠13条，树障309处，房屋54间，防汛工程措施进一步加强。并为今后迎战洪水，争取防汛的胜利创造了条件。

（五）积极开展水利综合经营。在改革开放方针的指引下，水利部门开创了一业为主，多种经营的路子。从客观来看，全省水利不仅存在工程老化，年久失修，效益衰减问题，而且存在只讲社会效益，不顾经济效益，工程管理单位，连简单再生产也难以维持，职工待遇差，生活条件艰苦，管理人员外流，队伍不稳定。为了稳定队伍，加强工程管理，从1980年起就在管好用好水利工程的同时开展了“水、农、工、商、游”多种经营。到1991年底全省水利多种经营单位1099个，从事多种经营的有2677人，其中安置子女就业2784人，经营总收入3.38亿元，利润总额达到3215.8万元，这对改善工程管理、稳定职工队伍，发挥越来越大的作用。

（河北省水利厅
执笔：胡德汉　曹智军）

【农业机械化】 1991年，全省各级农机管理部门认真贯彻关于发展和加强农业机械化的方针和政策，以提高农机化综合水平为目标，加强农机管理，强化服务体系建设，拓宽服务领域，提高农机化经济效益和社会效益，促进了全省农机化事业的发展。

（一）农机化发展情况

1、农业机械持续稳步发展。1991年全省农机总动力达2849.53万千瓦，比上年增长了1%。其中：柴油发动机动力1909.32万千瓦，电动机动力783.51万千瓦，分别比上年增长2.3%和下降2.8%；汽油发动机动力达到156.45万千瓦，比上年增长5.1%。各种农用拖拉机达65.92万台，比上年增长5.8%。其中：大中型拖拉机保有量27737台，比上年下降7.7%；小型拖拉机63.15台，比上年增长6.3%。农用载重汽车41250辆，比上年增加1265辆，增长3.2%。农用排灌动力机械达184.90万台、2001.16万千瓦，与上年基本持平。其中：柴油机109万台、910万千瓦。其他如播种机、收获机械、农副产品加工机械等均比上年有不同程度的增长。

2、农田作业机械化水平逐步提高。1991年全省机耕面积达6636.61万亩，比上年增加206.76万亩，增长3.2%，机耕面积占全省耕地面积的67.7%。其中：深耕面积达2754.56万亩，比上年提高6.3%。由于小型机引播种机大量增加，全省机播面积发展到3702.69万亩，比上年增加400万亩，增长12.1%，而且玉米机播面积比上年有较大提高。机收面积达2063.81万亩，比上年提高17.4%；特别是“三夏”农机化水平有较大发展，由于各级政府领导的支持和农民的欢迎，持续几年的“机收热”仍在发展，不仅小型收割机畅销不衰，大型联合收获机械也迅速发展。据统计，全省新增大型联合收割机994台，比上年提高61.2%。完成小麦机械收割面积2022.9万亩，占小麦种植面积的54%，同时玉米贴茬播种机械化也有新的发展。全省新技术推广也有较快发展，机械铺膜面积由1990年的37.61万亩提高到66.88万亩，增长67.2%。机械秸秆还田、精少量播种、化肥深施等机械化新技术项目的作业面积分别比上年增长23.9%、49.1%和52.5%。

3、农机经营效益继续增长。1991年全省农机经营总收入达301502.18万元，比上年增加480万元，增长0.16%。纯收入为139643.78万元，比上年增加831.88万元，增长0.6%。从以上数字看出，农机总收入的增长速度低于纯收入的增长速度。这反映出，随着商品经济的发展，农机化经济效益得到了有效的改观，农机经营形势发生了新的变化。

（二）农机化发展的特点

1、用于农机化的投入继续增加。随着党政部门对农业基础地位的重视，增加了对农机化发展的投入。海河流域平原农业开发将农机化列入重要的工程技术措施，列专项安排资金，用于购置改造中低产田、开垦荒地所需的农业机械。粮食发展专项资金对农机投资比上年增加一倍，重点用于发展农机服务体系建设和新技术推广。省财政拨款40万元用于大中拖的更新改造。

2、大中型农业机械发展较快。由于省、地采取了一些措施，如：补贴购置大中型农业机械，落实和增加更新改造资金、使用粮食发展专项资金等办法，发展大中型农业机械。全省联合收割机比上年增长61.2%，达到了 2618 台；大型秸秆还田机比上年增长 33%，达到了 3368 部。大中型农业机械的增加，有效地促进了农田机械化作业质量的提高，促进了农机新技术的推广。

3、集体服务实力和能力在逐步增强。一是集体型农机服务组织发展较快，经营效益有所增加。全省有经济实体的乡镇农机管理服务站 1978 个，比上年增长 11%。农用柴油经销站 1425 个，增加 257 个。农村农机服务队 15475 个。全省集体经营总收入 3.28 亿元，其中乡镇农机管理服务站 0.84 亿元；集体经营纯收入 1.19 亿元，其中乡镇农机管理服务站 0.24 亿元。二是集体拥有农业机械特别是一些功能较多、深受农民欢迎的大型农业机械有所增加。在农机原值中，集体所有15.22亿元，比上年增长 7%。其中：大中型拖拉机集体所有的 1.05万台，占其总数的 38%，比上年增加 1 个百分点。其他机械如联合收割机、大型秸秆还田机，均以集体增加为主。农机服务组织的发展，集体经济实力的增加，有效地壮大和发展了农村集体经济实力，解决了农业生产急需的农机技术问题。

(三)农机化发展存在的问题与建议

1、农机管理机构不适应农机化发展的需要。全省近几年农业机械迅猛发展，农机总动力和排灌机械动力居全国首列。但目前各级农机管理机耕和人员，难以承担大量的农机工作，不适应农机化发展形势的需要。

2、大中拖保有量仍有下降趋势。自 1984 年以来，全省大中拖保有量每年以 2000 台的数量逐年下降。今年规定四种机型强制报废、不进入统计年报内，现有保有量中，仍有 70%以上的机型超服役 15 年，有的技术状态差、耗能高、效益低，有的长期封存、趴窝。虽然各地采取措施加以更新、购置，但远远跟不上报废速度，因此，大中型拖拉机仍有减少的趋势。建议尽快制定切实可行的拖拉机报废、更新办法和标准，加快更新改造工作。

3、农用柴油供求矛盾突出。1984 年以来，国家每年分配河北省的农用平价柴油 44.43 万吨，而全省柴油动力机械逐步增加，据统计全省实际耗油 94.32 万吨，供需相差一倍多。近几年计划内农用平价柴油指标不能兑现，每年只能保证计划的 80%，严重影响了农业生产用油。

4、农机服务组织实力还比较薄弱。目前全省农机服务体系建设有了一定的发展，但步子还不大，尤其是乡村级服务组织还很不健全，服务手段落后，条件设施差，不能满足农业生产的需求。建议各级政府和农机管理部门采取有力措施，落实各项政策，切实搞好农机服务体系建设。展望全省农机化总的发展前景，形势趋好，根据目前情况和 1992 年工作安排，为增强农业发展后劲，继续提高种植业机械化水平，大力推广农机化新技术，开展全方位、多层次的服务，兴办不同形式的经济实体，在发展中壮大农机化的实力。预示 1992 年全省农机化事业将会有新的发展。

(河北省农业机械管理局
执笔：郑书森)

【乡镇企业】 1991 年，全省乡镇企业全面完成了主要经济计划指标，呈现出持续、稳定、协调、健康发展的大好形势。综观，主要有以下几个方面的变化：

(一)企业个数、职工人数出现回升。在乡镇企业发展较快的 1988 年，企业个数达 140 万个，职工人数 703 万人。1989、1990 连续两年出现了下滑趋势，企业数减少了 4 万个，职工人数减少了 60 万人。1991 年，全省乡镇企业数恢复到 139.6 万个，从业人数达到 656.5 万人。

(二)增长速度明显加快。1991 年全省共完成总产值 723.9 亿元(现价)，比上年增长了 22.3%(按可比口径、以下同)，其中工业产值达 515.8 亿元，比上年增长 25.0%；总收入 676.9 亿元，比上年增长了 17.8%；实交国家税金 18.98 亿元，比上年增长了 17.7%；增长速度分别比上年提高了 10.7 个百分点、13.4 个百分点、5.5 个百分点、13.5 个百分点。实现纯利润 72.9 亿元，比上年增长了 7.5%，扭转了去年下滑的趋势。

(三)省辖市的产值增长速度快于各地区。在全省十个省辖市中，除邢台、邯郸两市外，其余各市的产值增长幅度均超过了全省 22.3%的平均水平。其中保定市后来居上，达到 49.6%，在全省占举足轻重地位的廊坊市、唐山市和石家庄市分别比上年增长了 23.1%、32.9%和 23.6%。而在八个地区中，只有衡水地区比上年增长了 34.2%，超过全省平均水平，保定地区与全省平均水平持平，其余各地区增长速度均低于全省平均水平，其中邯郸地区和张家口地区分别比上年仅增长 10.2%和 10.6%。

(四)乡村两级集体企业的产值增长速度首次超过合作、个体企业。1991 年全省乡村两级集体企业共完成产值 318.9 亿元，比上年增长了 26.8%，比合作、个体企业的 16.4%的增长速度高出 10.4 个百分点。是出现在全省乡镇企业发展史上的好兆头。乡村集体企业所占比重也由上年的 42%上升为 44.1%，提高了 2.1 个百分点，集体经济实力正逐步得到加强。

(五)乡镇企业的地位和作用不断加强。1991 年全省乡镇企业的从业人员已达 656.5 万人，比上年增加 15.3 万人，占全省农村劳动力的 27.1%，转移了大批的农村剩余劳动力；乡镇企业总产值占全省社会总产值的 35.1%，比上年提高了 0.2 个百分点；工业产值占全省工业总产值的 38.8%，比上年提高了 0.9 个百分点；实交国家税金占全省财政收入的 20.9%，比上年提高了 0.9 个百分点。乡村两级集体企业用于支援农业生产的资金达 1.90 亿元，比上年增长 61.3%；用于扩大再生产的资金1.52亿元，比上年增长37.5%；用于农村集体福利事业2.51亿元，比上年增长了31.4%；用于教育事业1.84亿元，比上年增长43.4%。乡镇企业以工补农、以工建农的作用越来越大，乡镇企业是农村的希望之光，一年比一年明显。

（六）出口创汇企业发展保持较高增长势头。1991年全省的出口企业达1.47万个，从业人员28.93万人，出口产品交货额26.33亿元，比上年增长了37.2%，占全省外贸出口总额的27.7%。其中直接出口金额14.45亿元，比上年增长21.3%。全省的出口产品主要集中在工艺美术、轻工、畜产、化工、食品、服装和机械等行业，其出口金额占全部出口产品交货额的84.3%。其中畜产、服装、轻工、化工、工艺美术今年保持了较高的增长速度，分别比上年增长了69.3%、57.9%、46%、43.6%和30.2%。"三资企业"又有了新的突破，现在全省三资企业118个，总投资10924.5万美元，其中外方3840.8万美元。

（七）乡村联营企业又有了进一步的发展。1991年，全省的乡村联营企业在治理整顿中不断壮大，由1990年的2849家增为3157家；企业总产值完成35.58亿元，比上年增长22%；总收入30.21亿元，比上年增长10.9%。其中省、市、区联营的企业由636家增加到697家，总产值达12.29亿元，比上年增长了30.1%。

（八）产业产品结构有所调整。全省乡镇企业的主导行业即工业企业率先进行积极主动地调整。在经过了三年的治理整顿后，工业企业在五大行业中，仍保持了较高的发展水平，产值的增长速度高于其他行业的发展水平，所占比重由1990年的70.1%上升为71.3%，提高了1.2个百分点；农业企业产值6.3亿元，比上年增长21.8%，占0.9%，与上年持平；建筑企业的产值65.1亿元，比上年增长12.7%，所占比重由上年的9.5%下降为9.0%；交通运输企业产值64.8亿元，比上年增长14.3%，所占比重由上年的9.3%下降为9.0%；商业饮食业产值71.8亿元，比上年增长15.7%，所占比重由上年的10.2%下降为9.8%。

（九）轻重工业协调发展。1991年轻工业产值133.7亿元，比上年增长24.7%，占全部乡村工业产值的49.4%，其中以非农产品为原料的轻工业产值79.0亿元，占59.1%；重工业的产值137.0亿元，比上年增长32.9%，占全部乡村工业产值的50.6%，其中加工工业产值85.70亿元，占62.6%。全省乡村工业主要集中在采矿冶金、石油化工、机械电子、建材及食品加工等五大行业，其产值已占全部乡村工业产值的71.2%。1991年采矿冶金、石油化工、食品加工业分别增长了31.0%、37.1%、31.6%，超过乡村工业的平均增长速度。另外，造纸印刷业和缝纫业也分别比上年增长32.8%和34.1%。

（十）固定资产投入创历史最高纪录。1991年全省乡村工业固定资产投资23.8亿元，比上年增长了127.7%，比历史上投入最高的1988年的18.6亿元多5.2亿元。从资金来源的情况看，银行贷款11.66亿元，自有资金8.21亿元，引进资金1.79亿元，分别占总投资额的49.1%、34.5%和7.6%。银行贷款仍是资金投入的主要来源，自有资金所占比重有所增加。1991年新建项目4094个，投资11.98亿元，比上年增长152.8%；扩建项目1810个，投资4.87亿元，比上年增长65.3%；技改项目2402个，投资6.25亿元，比上年增长233.1%；几项投入分别占总投资额的50.4%、20.5%和26.3%。全省的乡镇企业仍以新建发展为主。据调查，1991年固定资产投入的特点是：企业规模大、外向型企业和技术含量高的企业多。如唐山市的新建和技改项目中，投入达到30万元以上的项目439个，百万元以上的项目68个，300万元以上的项目23个，500万元以上的项目14个，千万元以上的项目10个，不但投入规模大而且起点高、技术含量高。如丰南县胥各庄镇中型轧钢厂与北京清华大学等单位合作兴建的空冷贝氏体钢项目，1991年3月份开始动工，总投资2500万元，全部工程竣工投产后，可炼钢12万吨，轧钢15万吨，产贝氏体钢8万吨的生产能力，产值可达2亿元，利税3000多万元。无论是生产工艺还是产品质量或品种上都具有较先进的国际水平。

（十一）职工素质不断提高，企业的管理水平进一步加强。1991年各地紧紧围绕"质量、品种、效益年"活动，扎扎实实开展工作，使企业素质和管理水平又有了一定程度的提高。据统计，在乡村两级集体企业中，每万名职工中有大专及以上文化程度的29人，高中文化程度的2509人，初中文化程度的5114人。初中以上文化程度的职工所占比重由上年74.7%上升为76.5%。职工素质的提高，促进了企业管理水平的进步，1991年乡村企业产品标准覆盖率达到80%以上，万元产值耗煤量由上年的5.4吨下降为3.9吨，下降了27.8%；万元产值的耗电量也由上年的1760度下降为1179度，下降了33%；全员劳动生产率11121元，比上年增长17.9%，其中工业13531元，比上年增长20%。百元固定资产创产值373.3元，比上年增长11.5%；人均上交税金289.1元，比上年增长15.0%；工业品的产销率为88.1%，比上年提高1.3个百分点。1991年又有了3家企业晋升为国家二级企业，部级先进企业13家，省级先进企业36家，省系统级先进企业89家，创国优产品2项，部优产品26项，省优产品87项，省系统优秀产品150项。

（十二）企业规模不断扩大，经济实力不断增强。1991年全省乡镇企业固定资产原值195.6亿元，比上年增长18.8%，其中乡村两级集体企业分别增长24.3%和18.5%。乡村工业企业新增固定资产19.1亿元，乡镇企业自有资金达97.7亿元，比上年增长22%。产值上亿元的县(区)由上年的137个增加到148个,其中最高的石家庄市郊区达21.4亿元;产值上亿元的乡由上年的42个增加到81个,其中最高的霸州市胜芳镇达3.9亿元;产值上千万元的村由上年的272个增加到390个,其中最高的唐山市开平区缸窑乡半壁店村达15613万元;总产值500万元以上的企业已达776个,比上年增加333个,其中1000万元以上的企业265个,比上年增加138个,产值最高的是冀县暖气片厂1.22亿元。

总之,“八五”第一年,全省乡镇企业跨上了一个新的台阶,为今后的发展开了个好头,但仍需解决好以下几个方面的问题:

1、进一步发展和壮大集体经济,目前乡村集体企业的产值只占44.1%,虽比上年提高了2个百分点,但与先进省份比仍有很大的差距,要大力发展集体经济,带动广大农民共同致富。

2、加强对张、承等贫困地区的扶持工作。张、承地区位于北部山区,由于交通不便等原因,经济发展比较落后,1991年张家口地区乡镇企业产值只有15.5亿元,承德地区也只有16.3亿元,分别仅比上年增长10.6%和21.5%,远不及石家庄市郊区的年产值21.4亿元。要积极扶持其充分利用当地资源的优势发展乡镇企业,加快脱贫致富的步伐。

3、加强对企业的管理,提高经济效益。1991年亏损的乡村集体企业虽由上年的2804家减少到1511家,但亏损金额却由上年的8013万元上升为8428万元,增长了5.2%;资金周转率为3.2次,周转天数112天,与上年持平;百元固定资产创利税470元,比上年下降7.8%;造成企业亏损、经济效益差的主要原因是人员素质差。1991年全省乡村企业中,大专以上文化程度的人员只占0.3%,提高职工素质乃是当务之急,今后几年要通过各种渠道千方百计引进招聘技术人才,并加强对现有职工的技术业务培训,尽快改善人员素质差、管理水平低的状况。

4、加强对新上项目的审批工作,克服盲目性,避免重复建设,坚持上高起点、科技含量高及出口创汇的项目。

5、突出加强对重点行业的管理工作。工业是全省乡镇企业的主导行业,其产值占总产值的71.3%。在乡村工业中采矿冶金、石油化工、机械电子、食品加工、建材是支柱行业,其产值占到71.2%。我们要抓住重点,壮大自己的优势行业,形成自己的工业体系,拿出自己的拳头产品,来带动全省乡镇企业的进一步发展与提高。

(河北省乡镇企业局

执笔:戴居庭　鲁新华)

工　业

【综述】　(一)治理整顿到位,市场疲软得到有效遏制,工业生产适度增长。经过三年的治理整顿,全省工业的过热得到抑制,工业内部经济结构得到调整,治理整顿目标基本实现。连续几年疲软的市场开始回升,工业经济摆脱了徘徊态势,走出了低谷。全年共完成工业总产值1331.96亿元,比上年增长13.5%。其中,乡及乡以上工业完成工业总产值935.62亿元,增长12.2%。

产值适度增长的原因:一是治整到位,为工业生产创造了适宜的发展环境。通过治理整顿,商业市场开始活跃,全年社会商品零售额达434亿元,比上年增长14.2%,市场趋于活跃,从而促进了工业生产的增长;二是省委、省政府采取了抓两头促中间的策略,推动了工业生产的发展。在前几年大力发展乡镇工业的基础上,1991年又把搞活大中型企业作为中心工作,充分发挥了大中型企业在技术、装备、人才等方面的优势和骨干作用。全年大中型工业企业完成产值494.21亿元,增长17.2%,比乡及乡以上工业高5个百分点,带动了全省工业的发展;三是全省上下抓住“质量、品种、效益年”的机遇,狠抓产品结构调整,提高产品质量,以优质畅销产品扩大市场,从根本上保证了全省工业的发展。1991年产值增速的回升是以产销衔接为基础的。在产值增长的同时,产品销售协调增长,产销率逐月提高,尤其是四季度限产压库,限长促短,使产销率达到了96.97%。同时,1991年生产发展的稳定性增强,摆脱了忽高忽低畸形发展的局面。从全年进度看,一季度工业总产值增长13.97%、二季度增长12.93%、三季度增长14.71%、四季度在限产压库条件下增长7.8%。

(二)限产压库取得显著效果,质量、品种、效益观念进一步增强。连续几年市场疲软的滞后效应,使得产品库存积压问题愈显突出。从三季度开始,全省上下狠抓了限产压库工作,到年底共压缩库存19.7亿元,超过了国家下达16亿元的计划要求,主要限产的产品产量基本控制在指标范围内。从而减轻了企业负担、增强了资金活力、杜绝了边生产边积压的现象。在限产压库的同时,抓住市场回升的机遇,强化品种、质量、效益意识,支持畅销产品和优质名牌产品的生产,适应市场需求的产品均有较大增长。在重点考核的82种主要工业产品中,51种畅销、平销产品均有不同程度的增长;31种产品均有不同程度下降。其中,汽车、拖拉机内燃机配件、金属切削机床等畅销产品增幅均超过30%。同时,狠抓产品品种的更新换代和产品质量的稳定提高,以此作为提高效益、增强企业活力的突破口，使工业产品质量保持稳定提高。1991年，全省有16项产品获国优称号，其中金奖5项、银奖11项；有626项产品获省优质产品称号；13项产品获省服装万紫千红奖；12项产品获省工艺美术品百花奖。同时，有14家企业获质量管理奖。

（三）大中型工业企业活力增强，在经济回升中发挥了骨干作用。1991年，各级党政领导部门和经济管理部门把搞活大中型企业作为一项中心工作来抓。优化大中型企业外部环境，从政策、资金、物质、电力等方面向大中型企业，尤其是向生产适销对路、效益好的利税大户倾斜。为确实搞活大中型企业，省政府召开了全省大中型企业工作会议，寻求对策，颁布了搞活大中型企业的《三十条》。根据各企业的不同情况，实行一厂一策，实事求是的解决企业自身难以解决的问题。部分大中型企业充分利用政策优势和有利的市场机遇，眼睛向内抓管理、抓技术、抓产品、抓质量，以优质产品占领了市场。一批老亏损户一举扭亏增盈，跨入利税大户行列；原利税大户进一步挖掘潜力，再创新水平。在全年实现利税超千万元的88家（不包括电力工业）利税大户中，有8家企业突破了亿元。

一年来，大中型企业技术装备水平明显提高，活力进一步增强：年末共拥有固定资产原值605.51亿元，比上年增长22.2%；实现工业总产值494.21亿元，增长17.2%；实现利税40.78亿元，增14.3%。以上三项在全部乡以上工业企业中所占的比重分别是73.0%、55.4%和58.3%。大中型企业人均装备程度达3.91万元，比全省平均水平高68.5%；全员劳动生产率3.17万元，比全省平均水平高26.8%；人均创利2630元，也高于全省平均的1957元水平。总之，大中型企业在经济发展中展现了雄厚的实力，骨干作用进一步增强。

（四）工业结构发生明显变化。

1.所有制结构继续向集体和其它经济类型倾斜。全民工业与二者比例由上年的1：0.41：0.02转变为1：0.43：0.04。其它经济类型工业企业由上年116个增至156个，全年完成工业总产值22.59亿元，占全部工业的2.4%，比上年提高1.2个百分点；集体工业充分发挥自身优势，继续保持了高速度增长的势头。年创产值274.89亿元，在全部工业中的比重由上年的28.8%提高到29.38%；全民工业比重虽有下降，但在全部工业中仍占有68.2%的绝对优势，在国民经济中居主导地位。

2.重工业在全部工业中的比重提高。河北省重工业有着雄厚的基础，随着治整到位，重工业产品市场首趋活跃。全年共完成重工业产值537.24亿元，占全部工业的57.42%，比上年提高0.94个百分点。在轻工业中，由于纺织品市场没有明显好转，外贸收购也较困难，加之是限产压库的重点，使占轻工业三分之一强的纺织业产值仅增4.8%。致使轻工业在全部工业中的比重已由43.52%下降为42.58%。同时，轻重工业内部构成也发生了变化。如以农产品为原料的轻工业和重工业中的采掘工业比重均下降。而重工业内的原料工业和制造工业的比重转升。

3.产品结构调整效果明显。一年来，工业企业在进一步改进存量产品结构的同时，加强了在增量上对产品结构的调整。全年共开发新产品1319项。已有1299项投入生产，1153项列为重要新产品。其中，具有国际水平的127项，增长90%；国内首创的164项，增73%；国内先进的539项，增73%。全年共实现新产品产值45.03亿元，比上年增长82%；实现利税6.47亿元，增长44%。其中省级新产品创利税5.26亿元，增长53%；出口创汇项目117个，年创汇0.6亿美元，增长33%；替代进口项目64个，节汇0.51亿美元，增长33%。新产品开发的大幅度增长，对产品结构优化起了推动作用。

（五）工业经济的外向度有所增强。随着对外开放的进一步深入，工业企业的外向度明显提高，吸引外资取得成效："三资"企业由上年的77个增至120个。其固定资产总额达29.58亿元，比上年提高43.7%；完成产值18.99亿元，增长97.4%；全部独立核算企业完成出口产品产值81.42亿元，比上年增长10.87%。其中，全民工业完成54.32亿元，增长4.23%，集体工业完成20.7亿元，增长11.61%，其他经济类型6.71亿元，增长86.35%。"三资"企业完成出口产品产值为5.99亿元，比上年增长89.1%，占总产值的比重达31.5%，起到了外向型经济的导向作用。出口产品产值主要集中在轻工业，占82.95%。大中型工业企业在出口创汇工作中仍起着主导作用。全年共创出口产品产值48.23亿元，占全部出口产品产值的59.23%。出口产品产值超过亿元的行业有：食品工业、纺织业、缝纫业、皮革毛皮及其制品业、工艺美术品制造业、化学工业、医药工业、金属制品业、机械工业等11个行业。

（六）技术装备程度加强，劳动效率提高。1991年末，全部独立核算工业企业拥有固定资产829.57亿元，比上年增长20.33%。其中生产用固定资产684.2亿元，增22.0%。人均固定资产由上年的1.99万元增至2.32万元。按所有制划分，全民工业拥有固定资产682.62亿元，增20.5%，人均3.08万元，提高17.6%；集体企业占用固定资产115.08亿元，增长15.2%，人均8730元；"三资"企业拥有固定资产29.58亿元，人均9.2万元。总之技术装备程度普遍提高，为提高劳动效率提供了物质手段。全部独立核算工业全员劳动生产率达到2.50万元，比上年提高9.2%。其中，全民工业2.77万元，提高7.5%；集体工业1.98万元，提高12.0%；其它经济类型工业4.13万元，增36.6%。

纵观全年，工业经济形势明显好转，但一些深层次的问题尚未解决：一是经济效益回升缓慢。连续两年经济效益下降的局面，今年虽然初步得到控制，并开始出现回升势头，但经济效益仍不理想，资金利税率仅为7.86%，销售收入利税率为8.54%，这与正常水平仍有很大差距，经济效益水平亟待提高；二是结构调整虽然取得一定成绩，但全省工业总体结构仍显落后，产品加工深度不足，附加价值低的问题尚未得到根本解决，适销对路的拳头产品少，尤其是轻工产品竞争力很差，市场占有趋于降低。三是要进一步加快对外开放步伐，以增强全省工业活力。

（河北省统计局工业交通物资处
执笔：李凤科）

【能源资源与使用】

1991年，河北能源的开发、利用得到进一步重视和加强，能源利用效益提高。每万元国民生产总值能耗6.84吨标准煤，比上年减少0.24吨标准煤，相对节约能源227万吨标准煤。全社会节能率3.39%。1991年可供全省使用的能源资源总量为6471.90万吨标煤，比上年增长5.68%。全省消费能源6471.93万吨标煤，全省能源生产增长系数为－0.26，比上年又降低0.07，电力生产增长系数1.35，比上年提高1.12。能源消费弹性总数0.69，比上年提高0.87，电力消费弹性系数1.07，比上年提高0.90。也就是说，河北能源的生产远远落后于消费的需要。

（一）能源资源特点

1. 一次能源生产总量继续下滑。全省一次能源生产自1986年以来，连年下降，1991年生产5199.85万吨标准煤，下降2.13%。其中，原煤产量6142.82万吨，比上年下降1.60%，居全国第五位。原油产量537.73万吨，比上年下降5.75%，居全国第六位。天然气产量2.90亿立方米，比上年下降1.36%；水电6.32亿千瓦小时，比上年下降10.10%。

原煤产量占全省资源总量的67.51%，为河北省的主要资源。然而，自1985年突破6000万吨以来，一直在6500万吨以内徘徊。1991年产量比1985年仅增长2.25%，比山东省的原煤产量仅多88.89万吨。

2. 调入量连年增加。1991年省外调入能源3721.65万吨标准煤，调出2241.12万吨，调入与调出相抵，净调入1480.53万吨标准煤，占当年资源的22.87%。自1988年由纯调出省变为纯调入省以来，四年累计纯调入能源3961万吨标准煤。1991年纯调入量比上年增长31.50%。调入能源主要品种是原煤、原油和焦炭。分别占调入总量的70.50%、7.22%和5.12%。原煤95%是来自山西省，原油主要来自山东省。

3. 库存上升。1991年受煤炭市场疲软的影响，全省能源库存1131.95万吨标准煤，比上年末上升10.91%。上升的主要是原煤、焦炭，分别比上年上升12.44%和18.79%。

（二）能源利用特点

1. 中间消费加大，二次能源实力较强。1991年用于加工转换二次能源的消费量（中间消费）4337.85万吨标准煤，比上年增长5.67%。其中，用于发电1514.32万吨标准煤，增长11.27%，用于供热176.63万吨标准煤，增长25.07%，用于洗精煤1609.68万吨标准煤，下降2.18%，用于炼焦633.78万吨标准煤，增长10.88%，用于炼油403.44，增长4.55%。

加工转换的二次能源产量2923.07万吨标准煤（当量热值计算），比上年增产86.82万吨标准煤。加工转换效率为67.50%。其中，产出电力403.94亿千瓦时，比上年增长11.60%，加工转换效率32.77%，比上年提高0.03个百分点。产出热力4019.90万百万千焦，增长13.86%，加工转换效率77.52%。产出洗精煤1161.65万吨，其他洗煤407.64万吨，分别下降3.83和9.56%。产出焦炭462.27万吨，增长6.63%，产出各种成品油393.59万吨标准煤，增长7.68%。河北的洗精煤、焦炭、火力发电均居全国前列。

2. 终端消费中用作原材料消费增长快于燃料与动力消费的增长。1991年全省终端消费5960.17万吨标准煤，比上年增长5.43%。其中，用作燃料和动力消费5649.17万吨标准煤，比上年增长4.02%，低于用作原材料（311万吨）增长22.84%的幅度。

在终端消费中，加工转换损失量358.38万吨标准煤（不包括发电及供热），比上年增加33.1万吨标准煤，占终端消费的6.01%。

3. 全社会能源消费增长5.68%。1991年全省消费能源6471.93万吨标准煤，比上年增长5.68%。其中，物质生产部门消费5111.91万吨标准煤，占78.99%，非物质生产部门消费87.94万吨标准煤，占1.36%，人民生活消费1272.08万吨，占19.66%。年人均生活用能204.9公斤标准煤，比上年增长3.07%。

工业部门是耗能大户，1991年共消费4406.24万吨标准煤，比上年增长5.65%，占全省消费的68.08%。

（三）能源的利用效益

1. 全社会节能227万吨标准煤。1991年全省国民生产总值比上年增长9.4%，能源消费增长5.95%，据此计算，国民生产总值每增长1%，能源消费增长0.63%。吨能耗实现国民生产总值1461.59元，比上年增加50元，相应多实现国民生产总值32.36亿元；每吨能耗实现国民收入1235元，比上年增加30元，相应多实现国民收入19.42亿元。

2. 全省节约电力4.82亿千瓦小时。1991年全省用电385.68亿千瓦小时，比上年增长8.90%，国民生产总值每增长1%，电力消费增长0.95%，平均每万元国民生产总值消费电力4077千瓦小时，比上年减少51千瓦小时，全省社会节约用电4.82亿千瓦小时，节电率达1.24%。

3. 节油率高于节煤率。1991年全社会节约煤炭

151.35万吨，节煤率1.78%。节约用油18.92万吨，社会节油率达4.44%，高于节煤率2.66个百分点。

4. 工业部门节能522万吨标准煤。1991年全省工业部门能源消费弹性系数0.3072，每万元工业总产值综合能耗4.05吨标准煤，比上年减少0.48吨标准煤，节能率达10.60%，相应节能522.27万吨标准煤。

在工业中，每万元轻工业能耗1.56吨标准煤，比上年减少0.20吨，重工业万元产值能耗6.07吨标准煤，比上年减少0.75吨。

工业部门节约用电31亿千瓦小时。万元轻、重工业产值耗电分别为1071千瓦小时和3938千瓦时，节约用电分别为4.87和27.21亿千瓦时。工业部门能源利用取得了较好的成绩，一是1991年工业生产回升速度加快，并且耗能少的制造业增长快于耗能高的采掘工业。二是加强能源管理，重视技术进步，大力推广和采用节能新技术、新工艺。三是全省广泛开展节能宣传月、宣传周活动，节能意识有所增强。

（四）节能潜力仍然很大。1991年全省县以上工业企业平均万元工业总产值能耗4.30吨标准煤，比全国平均水平高49.31%，比山东省高62.88%，比辽宁省高10.54%，居全国第20位。万元工业总产值煤炭消费、电力消费居全国的25位和18位。

据对全省耗能5千吨以上602家工业企业调查，能源费用占全部成本的比重为20.83%，比上年升高0.43个百分点，吨能耗实现利税100.55元，比上一年减少2.82元。原因一是全省耗能型工业结构所致，高耗能行业，产品比重高；二是高耗能设备性能差，更新换代慢，工艺落后；三是受能源资源丰富传统观念影响，部分企业和单位对节能工作没有引起足够重视等。为此，要进一步强化节能意识，更新观念，大力推进节能技术进步，挖掘节能潜力，争取节能降耗取得更大的成效。

（河北省统计局工业交通物资处
执笔：张新泽）

【煤炭工业】 1991年，全省煤炭系统广大干部职工在煤炭市场仍然不利的情况下，广泛开展“质量、品种、效益年”活动，加强管理、改善经营、理顺关系、狠抓基础、增强后劲，圆满完成了上级下达的各项任务。

（一）原煤生产稳定发展，各项指标完成计划。1991年全省共生产原煤6142.82万吨，完成计划的114.39%。其中河北公司统配矿完成2173.89万吨，完成计划的108.69%，比上年增长0.15%；开滦完成1725.16万吨，完成计划的109.88%，比上年降低3.19%；地方煤矿完成2243.77万吨，完成计划的124.65%，比上年增长0.26%。

精煤产量完成1138.43万吨，完成计划的108.42%。其中河北公司完成583.79万吨，完成计划的114.47%；开滦完成554.63万吨，完成计划的102.71%。

开拓进尺完成6.63万米，完成计划的110.80%，其中河北公司完成41951米，完成计划的119.86%。

统配煤矿百万吨工亡率创历史最好水平，首次降到了1人以下，其中河北公司为0.66人，开滦为0.71人。地方县以上国营煤矿也降到了2.79人。

统配矿采煤机械化程度完成74.75%，掘进机械化程度完成64.87%，分别比上年提高2.16%和12.94%。其中河北公司采掘机械化程度为79.99%、69.46%，分别比上年提高0.81%和15.46%。

回采工作面单产达到18608吨/个、月，比上年增长12.94%，其中河北公司为18601吨/个、月，比上年增长5.20%。

掘进工作面单进为124.41米/个、月，比上年增长5.10%，其中河北公司为122.78米/个、月，比上年提高6.81%。

企业坑木万吨消耗在逐年降低的基础上，再创历史最好水平。1991年全省统配煤矿降到41.15立方米/万吨，比上年降低13.77%，其中河北公司为35.93立方米/万吨，比上年降低18.02%。

商品煤灰分完成22.00%，商品煤含矸完成0.10%；其中河北公司商品煤灰分完成19.36%，比计划降低3.92%，商品煤含矸完成0.04%，比计划降低82.61%，比上年降低20%。

原煤全员效率好于上年，统配煤矿完成1.152吨/工，比上年提高1.41%，其中河北公司完成1.090吨/工，比上年提高1.87%。

（二）加快基本建设步伐，增强企业发展后劲。

1. 努力做好前期准备，对新开工和准备项目建立定期调度汇报和现场办公会议制度，有力地促进了前期准备工作的进行。1991年底，4个开工、准备项目，能力315万吨/年，一个已开工，二个已完成了四通一平，一个已为明年开工做好了一切准备工作。

2. 落实施工进度，抓投产井和收尾项目工程的进度。1991年底，九龙口矿井、汪庄南平峒和薛村矿扩建工程已全部竣工投产，新增生产能力171万吨/年。年产60万吨的云驾岭矿井也超额完成了年初制定的四项建设目标，为1992年顺利投产打下了良好的基础。

3. 蔚县矿区建设取得了实质性进展。完成并通过了“矿区环境影响评价报告书”，外部协作关系已基本建立起来，矿区和崔家寨矿井的设计也已开始进行，并经中煤总公司同意，开始组建冀蔚矿区管委会。

4. 积极筹措资金，加快矿井地质勘探。全年除完成上级下达的地质勘探指标外，又千方百计自筹资金115万元，用于邯郸局北李庄矿井和下花园煤矿宣东二号井的地质勘探，保证了地质勘探工作顺利进行。

（三）提高效率挖潜力，抓质量上品种促效益。

1. 围绕"质量、品种、效益年"活动的开展，省煤炭厅对19项指标进行了分解下达。并围绕抓质量上品种促效益这个中心议题，与邻省煤炭行业进行比较，找差距，明确了奋斗目标。到年底，全省确定、分解的19项指标，有10项实现了奋斗目标，5项好于上年水平。

2. 加强管理，促进了增收节支工作的开展。在发挥洗煤优势、增加洗煤品种和提高煤炭质量方面采取了：一抓新井达产，使近年来新投产的5对矿井达产率上升到47.05%。二抓煤炭销售，河北公司统配矿全年总销售量达到1944.91万吨，完成计划的107.87%，超销141.91万吨。三抓煤炭质量，积极采取销售与工资挂钩等有效措施，有力地促进了煤炭质量的提高。全年原煤灰分完成23.56%，比上年降低2.73%，商品煤灰分、商品煤含矸率也均比计划有大幅度的降低。四抓增收节支，千方百计增加产量、降低消耗和减少各种开支费用，有力地控制了煤炭生产成本的急剧上升趋势。五抓审计、促管理，统配矿各层次的审计活动，共查出违纪资金1902万元，促进增收146万元。

3. 依靠科学技术，大力推广、普及采掘机械化和改革矿井支护收到了较好的效果。峰峰矿务局的12个生产矿井，有7个矿的采煤机械化程度达到了100%，邯郸矿务局的采煤机械化也由1990年的33.53%，1991年提高到47.93%。1991年全省共完成科技成果25项，完成推广项目57项，有25项科技发展项目通过了鉴定，其中3项获能源部科技成果进步奖(一等奖1项，三等奖2项)。

(四)发展多种经营集体经济，走企业自我发展的道路。1991年全省统配煤矿多种经营集体经济有了突破性的进展，全年工业总产值和经营总额完成4.77亿元，占统配矿煤炭生产总产值的33.50%以上，安置待业青年5460人。是近期发展最快的一年。

1. 为了大力发展多种经营集体经济，解决衰老矿区的出路，全省煤炭系统各级领导亲自抓机构建立、人员配备和对多种经营集体经济实行扶植政策。

2. 创出了一批优质产品，形成了一些拳头产品。全省多种经营产品有6项获省优产品，6项获中国统配煤矿总公司优质产品称号。本系统评出28项优质产品。

3. 研制建设了一批技术含量高的产品和项目。邢台矿务局气弹簧生产线已建成投产，年生产能力可达30万支。全年共建成煤气厂、电缆厂等多种经营项目66个，投资3800多万元。

(五)抓安全促生产、抓基础促管理。

1. 安全管理突出了"深、严、细、实"四个字。各级领导切实转变作风，深入生产第一线，敢抓敢管从严治矿，认真贯彻安全管理"十严"的要求，把事故隐患消灭在萌芽时期；并普遍推广班组质量评比、建立安全信息站和义务抓违反安全生产的先进经验。

2. 开展多种形式的安全生产活动，河北公司统配矿组织了四个百日安全生产活动。创出了5个200万吨无工亡事故的好成绩。

全省煤炭工业从总体上来看，工作发展不平衡，个别单位安全被动，基础管理薄弱，一些指标徘徊不前，经济效益不够理想以及一些单位超亏严重等问题还有待于在今后工作中加以认真改进。

(河北省煤炭工业厅
执笔：曹振海)

【电力工业】

1991年全省电力系统坚持"立足电网、服务地方"，进一步强化企业经营管理和行业管理，较好地完成了生产经营目标任务。

全省完成发电量410亿千瓦小时，比上年增长11.7%；售电量324.8亿千瓦小时，比上年增长9.12%；供电标准煤耗率408克/千瓦小时，线路损失率5.56‰，全省装机容量已达724.2万千瓦。

省电力局直属生产企业全员劳动生产率76351元/人年，比上年增长5.3%，施工企业全员劳动生产率25140元/人年，比上年增长27.5%。

全年基本建设投资完成5.21亿元，新增发电能力20万千瓦，220千伏变压器36万千伏安，线路230公里。全年职工住宅竣工面积5.94万平方米。完成科技攻关项目16项，完成技术改造投资1.2亿元。

全年生产企业实现利润1.6亿元，施工企业实现利润1255万元。多种经营收入2.1亿元，实现利润2500万元。为国民经济发展做出了积极的贡献。

(一)以"安全文明生产达标"为龙头，确保电网稳定运行，努力实现满发多供。抓安全生产，从强化各级责任制入手，以夯实安全基础为重点，将"双达标"活动贯穿于电力生产全过程，坚持"超前工作、现场跟踪、全员保障、服务一线"的原则，提高了安全生产水平。

抓设备管理，积极采用新技术、新工艺组织科技攻关，严格检修质量、缩短检修工期，加强运行维护，保证了发供电设备的安全经济运行。直属企业的20万千瓦机组平均等效可用系数达到89.28%，超过了能源部"八五"计划要求达到85%的目标。

抓用电管理，进一步加强计划用电管理，各地区在电力予报、负荷予测及负荷控制方面有新的进展，实行无线电、音频及定量器、定时钟等负荷控制装置，控制负荷已达80万千瓦。

沧州北部地区 黄骅、大季屯、青县4座110千伏变电站经过努力，已正式转入南网供电。

(二)全网一盘棋，打好总体战，基本建设成效显著。1991年全面完成了国家下达的投资计划，邢台电厂五期扩建工程8号20万千瓦机组于12月31日正式投产，比合理工期提前237天。石家庄热电厂七期扩建工程第一台2.5万千瓦供热机组年内实现了并网发电。西柏坡电厂第一期工程2×30万千瓦机组于12月10日正式开工建设，提前一个月完成了当年投资任务。南部电网输变电工程建成投产王衡线、康南线、上罗线双回、邢康线四条220千伏线路和新建、扩建了康庄、罗庄、衡水、柏乡、南宫、王段、来马7座220千伏变电站。还投产了5座微波站。

基建前期工作继续取得进展，衡水电厂项目建议书已上报国家计委待批，集资办电工作首次发行电力建设债券，为今后电网集资办电开辟了新路子。

(三)强化管理，挖掘内部潜力，经济效益和整体素质进一步提高。首先，继续完善了企业内部的各项经济责任制和经营承包制，推行成本目标计划管理，加强宏观调控，严格过程考核。第二，紧紧抓住节能降耗、电费和燃料管理，采取"加强管理，精心核算，完善措施，提高效益"等措施。第三，强化管理基础工作，促进整体素质的提高。已有78.9%和63.2%的直属企业实现基础工作和全面质量管理达标；17个直属企业档案管理达到省级以上标准。衡水电业局、一五〇、邯郸电厂晋升为省级先进企业，马头发电厂晋升为国家二级企业。

(四)行业管理工作迈上了一个新的台阶。南部地区行业管理工作开始出现了新的局面。有19个县(市)实行了农电行业协议管理，地方小火电行业管理协会已经成立；城乡人民生活照明用电有所改善，城乡人民生活用电保证率明显提高，农村电费电价混乱局面得到初步治理，90%以上的乡基本达到合理水平。基本上实现全部平原村和1/3山区无电村通电的目标。

(五)抓管理、促开发，多种经营迈出了新的步伐。在抓管理、促开发、上规模的方针指导下，多种经营取得了新成绩。电力工业系统成立了劳保工作服生产集团，华电开发公司以开发高科技产品为目标，组建了河北电力自动化设备厂。直属企业多种经营职工人数已达6740人，比上年增加了20.3%，劳动生产率30369元/人年，比上年增长45.5%；待业青年安置率达到了90%。集资建房加快了步伐，直属企业全年集资建房共投入资金1500万元，其中职工个人集资500万元。石家庄、邯郸两个电业职工生活小区已初具规模，邯郸电力职工医院已开诊营业。

1991年，电力工业虽然取得了较大成绩，但是，还存在不少困难和问题：一是电力基本建设困难重重，电力发展后劲不足。二是随着电力市场发展及大机组投入，电网调峰任务不断加重，开拓电力负荷市场提高负荷率任务依然很艰巨。

(河北省电力工业局
执笔：李鹏义)

【冶金工业】

1991年全省冶金工业系统深化企业内部改革，完善各种形式的承包经营责任制，调动了冶金战线广大职工的积极性，推动了"质量、品种、效益年"活动的开展，使冶金工业取得了显著成绩。

(一)工业生产持续稳定增长。全省冶金工业在发展中注意发挥冶金企业集团公司的整体优势，并扶持发展地方冶金工业，搞好行业管理，发挥各级部门的积极性。1991年全省冶金工业完成工业总产值108.8亿元，比上年增长8.4%，主要冶金产品全面完成了国家下达的生产计划，钢、生铁、钢材、焦炭、铁矿石等主要冶金产品产量继续位于全国各省区前列，全省铁矿石产量突破了3000万吨，达到3040万吨，比上年增长7.52%，居全国第二位，约占全国总产量的1/6，有力地支援了兄弟省市冶金工业的发展。其它主要产品产量都比上年有不同程度增长，钢完成420.38万吨，比上年增长9.59%；生铁590.03万吨，增长13.2%；钢材327.93万吨，增长12.76%；铁精粉1199.22万吨，增长11.41%。

(二)产品结构不断改善。在主要冶金产品产量全面增长的同时，全省冶金工业注意采用新工艺、新技术，调整产品结构，增加短线产品、深加工产品和高附加值产品在产品总量中所占的比重。1991年优质钢比由上年的5.52%上升到5.60%，净增优质钢2.4万吨；合金钢比由1990年的1.59%上升到2%，增加了0.41个百分点；普通低合金钢比从31.73%上升到34.90%，增加了3.17个百分点，比全国平均水平(16.04%)高一倍以上；优质钢材比由3.59%增加到4.1%，增加了0.52个百分点；材钢比由0.73上升到0.76。产品结构的不断优化为更好地满足国民经济发展的需要，走效益型之路打下了基础。

(三)狠抓产品质量，降低原材料消耗。河北冶金工业积极推进技术进步，提高产品质量，降低原、燃料和动力消耗，促进了企业各项工作的达标升级。

河北省连续铸钢技术的应用和推广在全国名列前茅。采用连续铸钢技术替代传统的钢锭模铸钢，可以节约大量能源，提高产品的利用率。到1991年底全省共建成连铸机11台(套)，总生产能力达171.5万吨，可以生产大、小方坯和短型坯等各种规格的钢坯，并为解放炼钢生产能力创造了条件。1991年全省实产连铸坯152.62万吨，连铸比(连铸坯产量与全部钢产量之比)为36.3%，居全国第二位，高于全国26.53%的平均水平，比上年提高2.17个百分点。

除了在炼钢工序采用连续铸钢技术外，在轧钢工序也采用连续轧制技术。到1991年底，共有5套连轧机建成投产，生产能力约100万吨，这5套连轧机是：承德钢铁总司的小型(材)连轧机，唐山钢铁公司和邯郸钢铁总厂的高速线材连轧机，宣化钢铁公司和衡水钢管厂的带钢半连轧机。

1991年主要原燃料消耗指标均有改善，重点冶金企业主要原材料消耗稳定降低率为75%，炼铁企业坚持"精料"原则，保证原材料质量，规范操作规程，严格考核制度，加强生产管理，使生铁入炉焦比由上年的590公斤/吨降至1991年的583公斤/吨，吨铁节约焦炭7公斤，全省年内共可节焦3.2万吨；其它主要消耗指标电炉钢冶炼电耗、顶吹转炉钢耗钢铁料、电炉钢耗钢铁料、电解铝直流电耗等消耗指标都比上年有不同程度的下降。

河北冶金工业强化产品质量意识，致力提高产品实物质量，提高企业信益。全年钢材合同完成率为89.43%，焦炭合同完成率为85.52%（欠交原因为需方和运输方面责任所致）。1991年优质产品产值率为38.52%，与上年持平，省政府考核的15项主要冶金产品质量稳定提高率达到86.67%，完成了85%的年考核目标。采用国际标准和国际先进标准生产的产品种类和数量越来越多，钢材双标率达到75.90%。全年共有40余项产品分别荣获国家、部和省级优质产品称号，其中，华北铝加工厂的电力电容器铝箔获国优产品称号；邢台冶金机械轧辊厂的低落木球墨无线冷硬铸铁型钢轧辊（>φ550）、张家口地区宁远钢厂的带式输送机电焊钢管及华北铝加工厂的铝合金建筑型材等9项产品获部优产品称号；唐山钢铁公司、邯郸钢铁总厂、秦皇岛市轧钢厂及唐山市半壁店钢铁厂的热轧等边角钢及秦皇岛耐火材料厂的热风炉用粘土砖等32项产品获省优产品称号。

（四）加快项目建设和项目达产工作，增强企业发展后劲。河北冶金工业经过40余年的建设发展，已形成了以黑色金属到有色金属，以采矿、选矿、冶炼、加工到金属制品，具有一定技术装备水平，门类比较齐全的冶金工业体系，成为全省支柱产业部门之一，并在全国居有一席之地。

为保持冶金工业有较强的发展后劲，河北冶金工业主管部门在对企业实行经营承包的同时，限定了企业新增生产发展基金在收入中所占的比例，防止"杀鸡取蛋"的短期行为，鼓励企业扩大生产性投入，积极进行技术改造。1991年用于基本建设和更新改造的投资（不含地、市、县企业）为5.5亿元，其中生产性固定资产投资达5.02亿元，当年新增固定资产3.7亿元。1991年末主要冶金产品生产能力：钢542.7万吨，生铁657.6万吨，钢材442.3万吨，铁矿石3120万吨，选矿处理能力3153.1万吨，烧结矿941.4万吨，机焦455.7万吨。

各冶金企业重视新建成项目的达产工作，使之尽快发挥效益。唐钢和宣钢的两座1260立方米高炉自1989年下半年投产以来产量不断上升，高炉利用系数不断提高。1991年产生铁分别为53.32万吨和56.37万吨，比1990年各增产22.6万吨和11.6万吨；高炉有效容积利用系数也分别达到了1.160吨/立方米·昼夜和1.226吨/立方米·昼夜。唐钢的高速线材轧机产量也由13.18万吨上升到20.25万吨，增加产量53.64%。

1991年全省冶金工业生产取得了很大的成绩，但是应当看到高速度低效益仍是今后着重解决的主要问题。河北冶金工业今后只有在发展中继续优化产品结构，提高产品质量，才能走出一条效益型发展之路，为振兴河北做出贡献。

（河北省冶金企业集团公司

执笔：李建书）

【石油化学工业】

1991年，全省石油化工战线广大职工，认真贯彻十三届七中全会和中央工作会议精神，进一步深化改革，深入开展"质量、品种、效益年"活动，全省石油化学工业取得了较好的成绩。

（一）在市场疲软、资金紧缺的情况下石化工业生产稳步增长。1991年系统内企业完成工业总产值70.51亿元，比上年增长10.7%，其中：基本化工原料、农药、有机化工原料、化工机械等分别增长19.2%、36.1%、13.1%、23.5%。30种主要石油化工产品产量比上年增长的有28种，其中：硫酸、烧碱、纯碱、农药、塑料、轮胎外胎等18种产品产量的增长都在10%以上。特别是支农化工产品产量稳中有升。全年化肥生产130万吨（折100%）比上年增长1%，生产农药1.67万吨，比上年增长36.1%，农用轮胎外胎生产74.88万条，比上年增长34.2%，手推车外胎生产94万条，比上年增长30.5%。1991年全省石油化工系统销售收入比上年增长19.5%，超过工业总产值的增长速度。

（二）化工产品出口持续增长。全系统有纯碱、固体烧碱、钡盐、电石、轻质碳酸钙、农药、染料等70余种化工产品，出口到美国、英国、德国、香港、东南亚等30多个国家和地区。化工出口产品工业总产值4.26亿元，比上年增长20.80%，出口金额为3.01亿元。化工产品出口持续稳步增长不仅为国家创取了外汇，而且对缓解国内市场疲软起到了积极作用。

（三）继续深化全面质量管理工作，逐步走上质量效益型轨道。在贯彻落实国务院关于"质量、品种、效益年"活动中，积极开展了产品创优、评优，群众性的质量管理活动。对全省393个企业的质监机构进行了认证工作，占应认证企业的93.3%；对6170名化验员进行培训考核颁发了合格证。组织技术比武，评出五名省化工系统"最佳操作能手"，十名"优秀操作能手"，十名"操作能手"，晋县化肥厂获化工部质量管理奖。1991年承德石油机械厂生产的CJT－3型抽油机节能拖动装置获国家金牌奖；化工部第一胶片厂生产的BR－100彩色照相胶卷、YZ－21型彩色相纸和石家庄市东华化工厂生产的工业氨基乙酸获国家银牌奖。石家庄化肥厂生产的亚硝酸钠、武强县化工厂生产的靛兰粉，石家庄市橡胶工厂生产的聚合物增强热塑性材料排吸软管等32项产品被评为部优产品；邯郸市滏阳化工厂生产的三氯化磷、石家庄市黄磷厂生产的50%甲胺磷乳油、邢台市河北轮胎厂生产的450—12—8轻卡轮胎，等57项产品被评为省优质产品。1991年全省石油化工产品的优质品率比上年提高了2.6个百分点。

(四)调整产品结构、提高经济效益。1991年，全省石油化工系统继续贯彻“改造化肥、发展化工”的方针，从调整产品结构入手，不断改变化工行业结构。改造化肥，一是改造小化肥，采取肥化并举或一业为主多种经营，开展农化服务。改变小化肥单纯生产碳酸氢铵这种高能耗，低效益的状况。据统计，目前全省已形成矿酸、肥配套一体化的小氮肥厂20个，占全省小氮肥企业的23.5%，生产出20余种化工产品。二是发展高效化肥。现有藁城、遵化、沙河三个小磷铵厂和元氏小尿素厂建成投产，还有一些小氮肥厂生产混配肥和专用肥。中型氮肥企业宣化化肥厂为调整产品结构，提高效益，利用世界银行贷款，采用意大利Snam公司氨气提法具有80年代国际先进水平的尿素工程，工艺设备主要从美国、德国、意大利引进，此项工程已于1991年12月份正式投产，年创利税可达3735万元。“八五”期间，还将再安排改产4套小尿素，石家庄化肥厂、迁安化肥厂扩大尿素生产能力，到1995年，化肥总产量将自给有余，高浓度化肥比重由目前的26.7%提高到55%。

(五)发展化工，大力开发新产品。农药行业主要是发展新剂型，增加新品种。宣化农药厂试制用于水果、蔬菜保鲜的仲丁胺S—81增甜灵和草净津、三乙胺等4项新产品都获得成功，其中仲丁胺获得了国家新产品金龙奖。该厂还与安徽省某科研所联合开发的50%乙草胺乳油除草剂，不但填补了河北省的空白，而且可以替代进口除草剂，该厂已被化工部定为华北定点生产除草剂的专业生产厂家。武强县化工厂研制的新产品巯基乙酸2—乙基已脂是生产聚氯乙烯塑料的热稳定剂，这种原材料过去全部依赖进口，这一产品研制成功，不仅填补了国家空白，一年还可以为国家节省外汇400多万美元。

1991年全省石化系统通过鉴定投产的新产品有133个，投资9952.2万元，年创利税3674.1万元。1991年共有建设项目100余个，建成项目26个，完成基建、技改投资6亿多元。“七五”期间全省新增纯碱61.4万吨，聚丙烯5000吨、氯气3100吨、硫酸1.5万吨。由于新产品开发，主要化工产品项目的建成，为全省化工行业产品结构调整发挥了重要作用。其中：化肥行业产值比重由1985年的42.8%降到1991年的39.9%；精细化学工业产品产值比重由15%上升到20%。

(六)“八五”期间产品结构调整重点。“八五”期间调整产品结构将重点发展农用化工产品、为工业配套的基本化工原料、有机化工原料、精细化工产品和出口创汇产品五大类化工产品。化肥总产量将自给有余，高浓度化肥比重由目前的26.7%，提高到55%以上；农药行业重点发展新剂型，增加新品种，原药与制剂比例由目前的1：1.4调整到1：2.5，逐步满足农业需要；烧碱要在增加产量的同时，提高高浓度烧碱的比重，使其占全部产量的40%以上；硫酸商品酸产量要满足省内需要；有机化工原料、精细化工主要是增加新品种，搞好产品深度加工、增加市场畅销产品的产量。

（河北省石油化学工业厅

执笔：王崇德）

【建材工业】

1991年，全省建材工业以科学技术为先导，以搞好大中型企业为重点，以调整结构为中心，以提高经济效益为目的，实现了建材工业生产稳定、协调的发展。出现了“三增、三减”。即工业总产值比上年增长14.6%，利润总额增长13.4%，全员劳动生产率增长15.4%；亏损总额比上年减少34%，成品资金占用减少6%，万元产值综合能耗减少6%。

(一)调整产品结构，效益显著提高。改革开放以来，大多数建材产品供不应求，致使建材工业盲目发展，加剧了结构的不合理。随之而来的是通货膨胀，市场疲软，效益下降，甚至不少企业陷入倒闭的边缘。事实表明，只有合理的产品结构，才能取得好的经济效益。建材行业工作重点转向狠抓产品结构调整，一是由滞销产品向适销对路产品转化，抓住时机，着眼市场需求，进行适应性调整。如秦皇岛钢化玻璃厂根据市场情况，新增了印刷电路玻璃，防紫外线弯夹层钢化玻璃，并为奥迪高级轿车生产高档汽车玻璃，供不应求，实现利润比上年增加2.2倍；秦皇岛玻璃厂面对日趋冷落的玻璃家俱市场，狠抓了加工玻璃和茶色玻璃，生产、销售均创历史最好水平；二是由初级产品向深加工产品转化，如高档卫生瓷、浮法玻璃、中空玻璃、镀膜玻璃、大型平、弯钢化玻璃、大型玻璃钢管、罐等，这些产品是全省具有实力较强的优势产品，代表了国家的水平；三是由一般产品向高新技术产品转化，注重有较强竞争力的新产品开发，如耀华玻璃厂采用非金属光缆玻璃钢蕊材，质量达到日本同类产品水平，填补了我国空白。1991年，全省建材工业完成新产品项目65个，相当“七五”期间5年开发83项新产品的78.3%，获省优新产品奖24个，比上年增长5倍，获科学进步奖13个，比上年增长1.5倍；四是由内销产品向出口创汇产品转化，着眼国际市场，增加中、高档出口产品，一年来，全省县以上水泥出口68万吨，比上年增长5.7%，平板玻璃出口47万重箱，比上年增长10%，卫生陶瓷、釉面砖、花岗石等建材产品出口也有不同程度增长，创汇达4191万美元。

(二)推行企业技术改造，依靠科技发展生产。企业发展的希望在于用新技术改造老企业和落后的生产设备。在选项工作中遵循四条原则：一是充分利用河北省的优势，如冀东水泥厂二线，耀华玻璃厂高档浮法玻璃，唐山胜利陶瓷集团和邯郸、启新水泥厂新技改项目等，都是发挥了河北省水泥、玻璃、建筑卫生陶瓷的三大优势；二是符合国家产业政策和国家建材局的“八五”计划及“十年发展”基本思路；三是选择在国内外市场有抗衡力的项目；四是新上的项目要高起点、高水平。国家建材局“八五”期间技术进步四条示范线，已有三条线为河北省获得，建成后将把全省乃至全国建材工业的主导产业：水泥、平板玻璃、建筑卫生陶瓷推向国际80年代末的技术水平。一年来，通过技改，建筑卫生陶瓷采用大型压机成型，辊道窑烧成新装备，卫生洁具采用立式浇注成型新技术；浮法玻璃采用戊锡槽水平三相硅碳棒热态撤换技术；砖瓦企业推广正压、提前、自然排潮新技术。以上新技术，年创经济效益3700万元。

（三）提高产品质量，降低能源消耗。1991年，全省建材工业主要产品质量稳定提高率为88.9%，创国家金牌1个，部优产品12个，省优产品35个，在全国质量行业评比中，冀东水泥厂水泥质量获第一名，唐山陶瓷厂卫生瓷质量获第一名，唐山建筑陶瓷厂釉面砖质量获第一名，邯郸水泥厂连续13年水泥出厂合格率保持了100%，首创行业金牌，该厂太行牌525#水泥荣获国家金牌，并连续四年保持了企业标兵称号。

建材工业是第一耗能大户，建材工业能源消耗相当于全省重工业能耗24%，所以，降低能耗具有特别重要的意义。一年来，在水泥、平板玻璃、卫生陶瓷、砖瓦行业推广了节能新技术和利用余热新技术，并重点改造了一批窑炉，取得了明显效果，全省建材行业万元产值综合能耗已降至8.38吨标准煤，比上年降低6%。全省县以上企业共节标准煤10万吨，价值1800万元。

（四）扭亏增盈，成效显著。1991年，全省县以上建材工业亏损面5.6%，比上年减少1.7%，亏损总额比上年减少34%，其中500万元以上利税大户由上年7户增加到10户，共实现利税2.5亿元，比上年提高25%，占全省建材行业实现利税总额55%，如冀东水泥厂实现利税1.09亿元，比上年提高14%，创历史最好水平。企业亏损百万元以上的大户15家，1991年已有8家扭亏为盈，其中秦皇岛市浮法玻璃厂上年亏损926万元，他们认真分析亏损的原因，找出问题，在降耗挖潜上下功夫，过去碎玻璃全部回炉，在抓扭亏增盈中，他们根据用户不同需求，切成小规格玻璃，仅此一项增加收入200多万元，年实现利税513万元，人均创利税6650元。

1991年，制约建材工业发展的因素还很突出，一是企业留利逐年减少，发展后劲不足；二是大中型企业中，老企业多，退休职工多，设备陈旧老化，更新还贷负担重；三是传统产品、初级产品、普通档产品比重较大。因此，调整产品结构，提高经济效益的任务仍很艰巨。

（河北省建筑材料工业局

执笔：吴桂兰）

【机械工业】 1991年全省机械工业系统广大干部职工，进一步推进治理整顿和深化改革，增强大中型企业的活力，调整产品结构，提高企业素质，狠抓技术进步。实现了利税同生产保持稳步协调发展，经济效益有所提高，库存增长势头得到有效控制。

1991年全省机械系统工业总产值完成67.1亿元，比上年增长19%。销售收入实现62.7亿元，比上年增长33.7%。实现利税完成5.1亿元，比上年增长24.4%。亏损企业，由上年的74个减少到1991年的67个，亏损额降低26.4%。

（一）抓好产品结构调整工作。一是研究确定了以提高技术含量，加快机电一体化，推进技术进步，提高企业经济效益为主要内容。二是为增加产品开发步伐，先后三次召开了新产品开发工作会议，完成了产品数据库项目，制定了“八五”规划。三是在“质量、品种、效益年”活动中，完成新产品开发233项（其中部计划22项）。评出优秀新产品84项，其中一等奖13项，二等奖27项，三等奖44项。

（二）加强生产调度工作。一是加强市场分析，深入到企业调查了解情况，对掌握的第一手材料认真进行分析研究，对全年机械行业所面临的形势认识明确，做出预测。二是努力为企业排忧解难。尤起是大中型企业所反映的问题，尽最大努力加以协调解决，基本上做到了及时掌握全省机械工业的生产动态，经营情况，库存、财务和新产品开发情况。三是抓好限产压库工作。针对今年全行业生产增长快，库存过高的状况，及时把限产压库工作做为全年生产调度工作的重点，由于措施得力，工作主动，取得了较好的成效。

（三）重视质量工作。一是在质量意识和管理素质上下功夫，举办各种学习班。取得了明显的成效。1991年创省QM奖1个，省机电厅QM奖8个。涌现出QC小组103个，其中国家级1个，机电部5个，省政府27个，省机电厅70个。二是产品创优取得好成绩。创国优2项，部优21项，省优98项。三是加强了技术监督，对37个小行业，341个企业，375个产品开展了质量大检查。

（四）发挥规划导向作用，抓好技术改造。

1.根据国家确定的“八五”计划思路，完成了全省机械工业十年规划和“八五”计划的编制工作。全省列入“八五”计划的技改，基建，技术引进项目156项，总投资17.9亿元，比“七五”计划增加了两倍，已完成项目前期准备工作的有82项，总投资7.08亿元。

2.利用外资和引进国外技术设备进展较大。全系统共签订合资项目11项，投资2803万美元。其中利用外资777万美元，是全省签订合同最高的一年。签订进口项目2项，成交235万美元。

（五）抓好限产压库工作。1991年，全省机械工业在生产增长的同时，库存也在增加。针对这种情况，省机电厅及时提出了"以销定产，抓销促产，压缩库存，加快资金周转"的措施。及时成立了压库领导小组。根据部下达的压库指标，把压库任务分解到地市局和企业。在地方政府的支持下，基本做到指标到厂，层层任务明确，并坚决按照"增畅、限平、停滞"的原则组织生产。通过调查分析，提出了20种产品进行限产，有效地控制了库存积压再增加。

（六）加强企业管理，提高企业素质。一是探索有效管理方式，提高决策者和管理者素质。全年举办了四期由地市局长、企业厂长和部分企业管理部门的473名负责人参加的高层次学习班。二是企业现代化管理取得新进展。全年申报现代化管理成果340项，评出应用成果78项，其中二等奖18项，三等奖60项。组织实施奖9项，鼓励奖30项。

（七）抓盈亏大户，促进效益的提高。1991年初省机电厅把113个利税百万元以上的企业和34个亏损50万元以上企业作为全行业扭亏增盈重点，建立了盈亏大户台帐，按月统计，按季公布，进行重点调度，不定期地深入地市和企业进行调查研究，了解增盈和扭亏进度以及流动资金存在的问题，从而进行协调和解决问题。各企业大都制定了扭亏增盈责任制和扭亏增盈措施。层层分解指标落到了实处。由于上下一条心，扭亏增盈工作收到了实效。一年来，全行业亏损企业减少17户，亏损额减少26.4%。

(1)努力抓好外向型经济，机电产品出口持续增长。一年来，在改革开放方针指导下，实行全行业开放，逐步把企业推向国际市场，千方百计为企业出口创汇创造条件。全年机电产品出口创汇5520万美元，比上年增长20.4%。组织对外经济技术洽谈会和技术项目发布会，共签订合同28项，总金额达6476万美元，其中利用外资2102万美元，引进技术和设备11项。

（河北省机械电子工业厅
执笔：王德亮）

【电子工业】 1991年全省电子行业发扬"快速反应，开拓奋进"的电子精神，使全省电子工业又跨新台阶。1991年全行业完成工业总产值17.65亿元，比上年增长36.2%；完成销售收入13.21亿元，利税9067万元。

（一）突出重点，切实搞好大中型企业。全省电子行业拥有大中型企业18家，其产值利税占全行业的75%左右，对全省电子工业发展具有举足轻重的地位。由于过硬的拳头产品少，缺乏市场竞争能力，1990年全行业亏损额高达4283万元，1991年初，电视机库存达16万台，显像管库存30万只，超过年产量的1/3，因此，扭转亏损，搞好大中型企业已是当务之急。针对这种情况由省电子局领导亲自挂帅，各业务处室具体负责，对石家庄显像管总厂、石家庄电视机厂、保定无线电材料总厂、正定电子元件总厂实行定点联系、集中解决新产品开发、市场销售、质量管理等问题。采取抓两头带中间的扭亏增盈措施，一方面为企业创造良好的外部环境，积极协调部、省有关部门的关系，落实促销优惠政策和彩电计划。另一方面，引导企业转换经营机制，面向市场、深化改革，搞活销售。石家庄显像管总厂利用产品配套强的优势，降低成本，开辟了华东市场，在销量增加的基础上，采取灵活多样的贸易和金融手段，帮助用户解决困难，达到回收货款的目的。1991年不仅消化掉了上年库存积压，而且使当年生产的220万只玻壳销售一空，76万只显像管仅存3万只，到1991年底亏损企业比上年减少15户，亏损额比上年减少3529万元，全员劳动生产率比上年提高22.1%。

（二）加快利用外资步伐，强化出口贸易工作。在省政府召开的"厦门对外经济技术合作项目发布会"和"承德对外经济技术合作项目发布会"上项目签约、利用外资创历史最好水平，全年新签利用外资项目41项，总投资5690.75万美元，其中合同利用外资1391.07万美元，项目签约超过年计划的4倍，利用外资超过年计划的2.78倍。新签项目数和利用外资额位居全省十大行业第四位。在签约项目中属于国家鼓励发展的高技术项目5项；属于利用原厂设备，技术厂地搞老企业嫁接的项目7项。电子产品出口创汇2157万美元，超过年计划79.6%，比上年增长80%。

（三）坚持不懈上项目，扎扎实实搞技改。为落实"八五"计划，增强企业后劲，千方百计落实项目，得到国家有关部门的支持。全省上报的重点项目：彩色玻壳、D型连接器、气动工具、汽车整流桥组件、超薄玻璃，已全部列入国家"八五"计划。1991年批准技术改造（含引进）项目11个，其中国家项目7个（含结转），总投资1.28亿元，其中国家专项贷款5870万元。省项目4个总投资4590万元，现汇引进项目签约1项，总投资5800万元，落实国家年度计划专项贷款1325万元。技术改造项目已竣工2项，验收"七五"技术改造项目2个：国营第八五〇厂彩管管座技术改造项目、保定市无线电实验厂汽车整流桥组件项目。审查批复为彩壳配套的前期工作项目2个：机修厂房玻壳仓库扩建工程和工模具厂房扩建工程。

（四）开发新产品，加速科技进步。各企业注重新产品开发，加速产品更新换代。电视机方面，环宇公司在完成开发21英寸遥控平面直角彩电基础上，重点抓了环宇电视机厂14英寸立式遥控机，18英寸立式遥控机，21英寸遥控平面直角屏幕显示CB5机芯机型和菲利浦低成本两片机等新品种的开发，并完成行业集中测试，各项技术指标在全国名列前茅；环宇空调器厂的KC－20空调机完成生产定型，KC－18空调机正抓紧开发，进展顺利。全年共创省科技进步奖21项，省优秀新产品奖19项，行业科技进步奖18项。

(五)围绕开展"质量、品种、效益年"活动，不断深化全面质量管理工作。提出了关于河北省电子行业质量工作的九条意见，强化"质量是电子行业的生命"意识，牢固树立以质量求市场、以质量求生存、以质量求发展、以质量求效益的观念，在国家组织的行业评比中，全省9个企业的11种产品参加了评比，其中获一等奖5个，二等奖1个，54C－3RA环宇彩电荣获国家银质奖。27项产品获省以上优质产品称号。产品优质品率18.95％，比上年提高3.75个百分点，产品质量稳定提高率93.75％，比上年提高4.14个百分点。

(六)应用电子技术改造传统产业，不断拓宽电子信息技术服务领域。坚持"抓应用，促发展"，加快电子信息技术推广应用步伐是改造传统工业、发展电子工业投资少，见效快、效益高的一条捷径。1991年紧紧围绕"开拓应用领域，扩大投资规模，提高应用水平"三项基本内容开展工作。在扩大应用领域方面，已逐步从化工、建材、机械、轻工、医药行业扩大到冶金、商业、纺织、交通、电力、电子等行业，目前已基本覆盖全省工业门类；在扩大投资规模方面，1991年的总投资比上年提高了1.2倍；在提高应用水平方面，已从简单的单机、单台的设备改造，发展到整个车间和整个企业的改造，从而使企业的现代化管理系统建设和CAD、CAM的应用发展到一个新的阶段，将全省电子信息技术的应用推上一个新的台阶。

综上所述，1991年全省电子行业在克服困难中取得了较好成绩。但问题和困难仍不少：产成品库存积压依然严重；经济效益没有根本好转；缺乏独具特色的拳头产品。预计1992年机遇与挑战同在，只要克服困难，抓住有利时机，加快发展电子工业步伐，全省电子工业将会持续、稳定、协调、超前发展。

(河北省电子工业局
执笔：王晓红)

【轻工业】

1991年河北省轻工业系统拥有生产企业1932家，其中大、中型企业126家，占企业总数的6.52％；全年完成工业总产值96.85亿元，其中大、中型企业40.81亿元，占42.14％；全年实现利税总额6.04亿元，其中大、中型企业3.34亿元，占全部利税总额的55.33％。1991年轻工业发展的形势是：

(一)生产全面回升，主要产品产量稳定增长。全系统工业总产值比上年增长12.82％。分行业看，20个大行业中除日用化学制品、工艺美术品和竹木草柳制品三个行业比上年略有下降外，其他17个行业均较上年增长，其中增幅最高的达到53.10％；在列入省以上计划重点考核的78种可比产品中，有51种产品产量比上年增加，其中增产15％以上的有自行车、灯泡、甜菜糖、罐头、啤酒、乳品、抽纱工艺品、首饰品、大型及专用衡器等35种。

效益指标好于上年，与产值实现同步增长。全系统独立核算企业实现利税总额比上年增长31.58％，超出同口径工业总产值增幅的17.95个百分点。主要经济效益指标与上年比：资金利税率提高1.17个百分点；销售收入利润率提高1个百分点；定额流动资金周转天数减少9天。

(二)产品质量有所提高，产品结构得到改善。主要产品质量稳定提高率85.7％，比上年提高21.4个百分点；实物质量检测合格率93％，比上年提高2.8个百分点；优质产品产值率28.8％，比上年提高4.04个百分点；开发地、市以上级新产品、新技术、新工艺、新材料476项，其中具有国际先进水平的14项，填补国内空白和具有国内先进水平的175项，新产品产值率达到11％。技术密集型、高附加值产品有了新的发展，生产出了一批能牵动市场、引导消费的换代产品。

(三)大、中型企业进一步搞活。资金利税率、全员劳动生产率、产品销售率、成本利润率、工业净产值率、定额流动资金周转速度等主要经济效益指标，大、中型企业都超出了小型企业，大、中型企业的骨干支柱作用进一步得到发挥。

(四)出口产品的生产和交货继续保持良好的增长势头。全系统出口交货值比上年增长13.23％，与上年比较，出口产品品种由162种增加到184种，地毯、陶瓷、罐头、皮革毛皮及制品仍然是出口换汇的主要产品。

1991年，全省轻工业生产经营形势，与先进省、市、区相比，仍有差距，但就全省轻工基础和条件而言，成绩来之不易。

(一)全省轻工业产品长期以来存在着"中低档产品多，高档优质产品少；劳动密集型产品多，技术密集型产品少；微利产品多，高值高利产品少；成熟、衰退期产品多，成长、导入期产品少"的问题，导致产品销售不旺、市场竞争力低，经济效益不好。为了改变这种被动状况，省轻工厅提出了保一批市场旺销的生活必需品；选一批有市场潜力的高值高利产品生产企业；促一批出口创汇产品；抓一批民族特需产品和日用小商品；压一批滞销积压产品等"五个一批"的产品结构调整指导方向，并积极地落到了实处，抓出了成效。

(二)市场旺，百业兴。轻工业生产发展的困难来自市场，发展的机遇蕴藏于市场，经济效益依赖于市场。为了拓宽市场，省轻工厅围绕产品要新、质量要高、品种要多、价格要低、经营要活、宣传要广、服务要好的经营工作"七要素"，提出销售工作内外销并举、城乡并举、商企并举等措施，全年实现产品销售收入78亿元，比上年增长14.99％，超出工业总产值增幅2.17个百分点；产销比达到80.5％，比上年提高1.43个百分点。

(三)抓投入，见成效。1991年全系统安排基建技改项目420项，实际竣工260项，完成投资6.65亿元，比上年增长33%；吸收外资项目81项，合同金额1.67亿美元，是最近几年吸收外资最多的一年。一年来，竣工投产的项目中，500万元以上的大、中型项目就占31项，这些项目的竣工投产，不仅使全省轻工业形成一支更强大的骨干支柱企业队伍，而且在形成拳头产品和出口产品的生产基地方面作出了贡献。

(四)努力实现效益与产值的同步增长。1991年省厅先后建立了利税大户、亏损大户、大、中型企业生产和财务月调度制度，逐月按户地向有关领导和综合处室提供利税大户、亏损大户和大、中型企业产品销售、生产和库存变化情况，出口交货情况和财务指标变动情况，针对"三户"的生产经营情况，采取厅、处领导与企业直接对话形式予以具体指导。

目前，全省轻工系统面临的困难和不足仍很多，一些较深层次的矛盾尚待解决。一是产品库存过大，资金占用过多；二是经济效益差的情况仍未根本扭转；三是结构调整尚未到位；四是改革开放的程度不高，跨度不大，步伐不快。

(河北省轻工业厅
执笔：陈阳忠)

【盐业】1991年全省盐业系统企业认真贯彻落实中央"调整产品结构，提高经济效益"的方针，深入开展"质量、品种、效益年"活动，牢固树立科技兴盐，向管理要效益的思想，扎扎实实地走内涵扩大再生产的路子，在盐业生产遭受严重自然灾害，"三角债"困扰，流动资金紧张的情况下，各项工作都取得了较好的成绩。

(一)原盐生产在大灾之年取得好成绩。1991年春季气温低，蒸发量小，全年只有1875.3毫米，为常年的85.4%。降水量大，全年平均为606毫米，为常年的110.31%，特别是产盐旺季，阴雨连绵，加之1990年秋季受灾，冬灌结晶池基础差，原料卤严重不足，又给盐业生产增加了难度。面对这些问题，省盐务局及时召开生产会议，采取强有力措施：一是狠抓制卤这个主要环节，深存薄赶快制卤；二是缩短生产周期，加快扒盐进度；三是强化塑苫管理，向塑苫要盐；四是充分发挥气象预报的作用，减少天灾损失；五是搞好大中型企业，充分发挥其龙头骨干作用。由于措施得力，使得原盐生产取得较好成绩：全年产盐228.4万吨，比上年增长了14.37个百分点，创灾年生产最高记录。

(二)加工盐生产稳定，盐化工生产仍未走出低谷。由于粉洗盐生产继续受市场冲击，主要销区消减了用盐计划，所以，全年生产粉洗盐10.24万吨，基本与去年持平。另外由于原盐生产受灾，甩出苦卤量小且浓度低，致使三种主要化工产品除工业溴完成国家计划外，其余两种产品都有不同程度的欠产。

(三)增强竞争意识，强化市场观念，保证市场的有效供给。1991年，海盐区受灾，盐源紧张，市场萎缩，盐的市场竞争异常激烈。鉴于此种情况，省盐务局在运销工作中采取了一系列对策和措施。全年调销283.31万吨，完成国家计划的110.24%，创历史最好水平。

1、开拓新销区，1991年销区增加了江苏省，共销往17个省市，同时仍保持部分原盐出口。

2、市场占有率稳中有升，全年销往本省盐最多，达144.17万吨，占销售总量的50.89%，比上年增加了9个百分点，其次，销往北京、天津分别为24.29、23.19万吨，占销售总量的8.5%、8.19%，比上年分别增加0.1和3.07个百分点。三是山东省市场有较大幅度的增长，达7.71万吨。四是用量较大的传统市场如山西、辽宁、河南省占有率稳定。

3、产品销售结构趋向合理。1991年在销售的283.31万吨中，原盐、粉洗盐、精制盐所占比重分别为95.71%、3.54%、0.75%，逐步趋向合理，而且增加了税大的食盐调运。1991年调运食盐71.47万吨，比上年增加了9.34万吨。

(四)狠抓基建、技改工作，增强盐业发展后劲。1991年，完成基建投资3723万元，完成计划的126.2%，技改项目完成投资1413万元，滩田结构，有了很大改观，基建、技改工作有了较大的发展。

1、积极组织"七五"项目验收扫尾工作。"七五"期间全省共有10个基建、技改项目列入国家计划，总投资是2.84亿元，设计新增生产能力97万吨。经过各级盐业部门多方努力，努力工作，省盐务局及时组织了8个项目的验收，这8个项目新增能力77.2万吨。同时，乐亭盐场10万吨扩建和黄灶盐场10万吨技改工程也基本完工，大清河盐场8万吨精制盐也已通过省级验收，添补了省内空白。

2、狠抓"八五"项目前期准备工作。省盐务局根据国家发展战略，结合全省盐业实际，成立专门机构，经过多方努力，积极争取。大清河盐场50万吨扩建工程国家近期可望立项；南堡盐场19万吨扩建工程省计经委已批准立项；黄骅盐场扩建19.5万吨，滦南二盐场扩建12万吨；黄骅盐场5万吨精制盐技改和5万吨粉洗盐工程已开工建设。"八五"末期，全省盐业生产能力将突破400万吨。

3、大搞盐田技改，增强抗灾保产能力。近两年，盐业生产连续受灾，生产能力得不到充分发挥，省盐务局紧紧抓住这一薄弱环节，利用省里集中的盐业发展基金，积极支持企业盐田技改工作，使得塑苫大面积推广，与之相配套的制、保、排系统大为改观。到1991年底，全省塑苫面积增加到9.28万公亩。

(五)深入开展"双增双节"活动。1991年，全省各盐场进一步开展节能降耗活动，并做到指标逐级分解，层层落实，严格执行节奖超罚制度，极大地调动了广大干部职工的积极性。万元产值能耗由上年1.89吨/万元降到1.33吨/万元;原盐单位成本也由上年的66.8元/吨降到63.72元/吨。

(六)加强质量管理,企业素质进一步提高

1、积极开展质量达标创优活动。1991年,各单位牢固树立"质量第一"的思想,积极开展质量达标升级QC小组活动,制定了生产、运输等主要环节的质量管理措施,加强盐的质量监督,产品质量、工作质量进一步提高。全年盐的优级品率由上年的88.28%提高到96.21%,全行业有8个企业获得全面质量管理达标证书。大清河、黄骅盐场原盐在北京"第二次国际博览会"获银质奖;大清河盐场工业氯化镁,南堡、黄骅盐场溴素被评为省优产品。

2、狠抓企业划型工作。1991年,大清河、黄骅盐场申报大二企业,河北省已经认可并呈报国家划型办,等待国家最终批准。北京军区、中捷盐场和海兴县盐业公司已做好了申报中型企业的准备工作。通过划型,加强了企业基础工作,促进企业素质的提高。

(河北省盐务管理局
执笔:郝兰会)

【纺织工业】

1991年全省纺织工业生产经营形势比1990年更为困难严峻。困绕纺织工业的主要矛盾一是生产能力增长过快,原棉供应不足。棉纺锭全省达到369.64万锭比上年末增长12.01%、布机达到6.09万台,增长1.86%,印染能力达到10.83亿米,增长18.5%。而棉花年度计划供应到厂原棉仅360万担,只为实耗的62.07%。二是生产总量大于市场需求。全国棉纺锭达到3882万锭,市场需要2500万锭产品。这两大矛盾严重制约着纺织工业的正常发展,国际国内纺织市场极度疲软,纺织产品大量积压,企业经济效益下降,亏损面扩大。国家为理顺纺织工业下滑局面,改善供产销关系,纺织工业部采取了"控产、压库、限能、技改"措施,下达指标实行宏观控制。省政府对此也做了一要坚决,二要慎重,三要加强领导的指示。纺织工业总公司根据国家和省政府的部署,围绕控制生产总量,压缩库存、组织"压贷挂钩"、制定技术改造项目、调整产品结构、促进纺织工业向健康的方向转化,付出了艰苦的努力,使纺织工业生产保持了稳定发展:

(一)纺织工业的生产速度保持了增长势头。全年实现纺织工业总产值112.375亿元,比上年增长5.67%。增长速度占全国纺织工业的第6位。

(二)纺织工业的基本建设,技术改造有了长足发展。1991年全省纺织系统完成基本建设投资4.46亿元,完成技术改造投资6.17亿元,均居全国第2位。1991年总计实现固定资产投资10.63亿元,是前所未有的。

(三)纺织产品质量稳定提高,品种增加。1991年是全国"质量、品种、效益年",全省纺织工业企业围绕产品质量稳定提高,品种适销对路和增加深加工附加值,深入细致地开展了"质量、品种、效益年"活动,质量指标稳定提高率达到92.86%,开发新产品207项,其中投产182项,也是近几年品种开发最多的一年。

(四)纺织产品出口,得到全方位发展。在世界经济增长速度放慢、国际纺织市场不景气、外贸体制改革后实行自负盈亏的情况下,工贸双方本着"协商共事、互惠互利、促进出口、有利发展"的原则,工业为外贸让利3000万元,保证了外贸收进,1991年完成出口交货值35.27亿元,比上年增长17.93%,其中河北口岸占62.4%,外口岸占37.6%,全省纺织品出口得到了突破性的全方位,多口岸、多渠道发展。

(五)控产压库、以销促产见成效。国务院下发《关于严格控制企业继续生产积压产品的通知》以后,纺织工业部下达河北压缩产成品资金4.7亿元任务,即在1991年6月末占压产成品资金12.80亿元基础上降至1990年末8.10亿元水平。经过多方协调,工商贸、个体劳协、工商局等部门支持,协同努力推销,1991年末完成压库任务4.73亿元、完成国家控压计划的100.64%。纱产量计划控制在省政府规定180万件指标之内。控产压库工作的开展,使企业经销队伍得到了锻炼,增强了市场观念和产品竞争意识,确立了"以销定产、控制总量"的计划排产原则,同时也促进了企业经营机制的转换。根据国家"压贷挂钩",将压下来的产成品资金用于技术改造和引进的规定。1991年末,国家有关部门下达两批"压贷挂钩"项目33个,总计投资额5.27亿元,其中"压贷挂钩"6867万元,用汇5337万美元。

(六)"三资"企业有较大发展。截止到1991年末,纺织行业拥有"三资"企业47家,其中纺纱11家,18.7万锭;织布5家,布机1278台;针棉织业12家,大园机112台、台车20台;毛巾机24台;服装企业11家;其它印染、纺织、机械等8家。这些企业除配套部分国产设备外,多为引进国际先进设备,具有生产高档纺织产品的能力,为全省出口、创汇作出了贡献。

纺织工业存在的问题是:

(一)纺织工业经济效益下降,亏损面增大。1991年纺织工业经济效益处于最低谷,全省财务口径305个纺织工业企业,完成利税总额2.56亿元,比上年同口径下降53.7%,其中利润实现1959万元,比上年下降93.16%,税金实现2.36亿元,比上年下降11.22%。纺织工业经济效益下降的主要原因:一是纺织产品产大于销,产成品积压,市场饱和。二是纺织产品价格不到位,直接影响税利3.37亿元。三是按国家规定,企业增加提取折旧费、技术开发费、增补流动资金等三项费用,直接增加成本和销售费用影响效益5176万元。四是外贸收进拖欠货物经常在3亿元左右，增加利息3000万元。1991年纺织工业亏损面之大，亏损额之高也是前所末有的。305户财务口径企业，1991年末亏损127户，亏损面达41.6%，比上年同期增亏面14.4%；亏损额2.63亿元，比上年增亏幅度57.3%。

（二）纺织企业流动资金不足，三角债前清后欠，企业经营困难。1991年末纺织工业流动资金占用额54.52亿元，比上年增长23.8%，其中定额流动资金平均占用29.8亿元，比上年增长26.7%。定额流动资金周转天数达135.6天，比上年慢17.87天。产成品、发出商品、应收予付三项资金1991年末占用30.285亿元，比上年增长23.5%。资金紧张、三角债前清后欠主要原因是近几年纺织工业企业发展较快、能力不断扩大，而企业自有资金不足10%，企业经营全靠银行贷款，加之银行紧缩银根，企业为了经营，不得不采取相互拖欠维持。

（三）纺织工业企业潜亏严重，应引起关注。1991年省政府，要求工业企业充分暴露潜亏，甩掉包袱轻装经营。1991年末摸底，仍因种种原因没有暴露的潜亏有2.3亿元左右。

总之，纺织工业在开放搞活，深化改革的大潮中，必须解放思想，转变观念，增加纺织工业技术改造投入，增强市场意识和竞争观念，迅速转换经营机制，进一步对企业放权，努力争取更好的经济效益。

（河北省纺织工业总公司
执笔：周玉辉）

【医药工业】

1991年全省医药工业以市场需求为导向，以科技进步为动力，扎扎实实地开展“质量、品种、效益年”活动，保持了生产的稳步增长。

截止1991年底，全省医药工业企业发展到122家，其中：化学药品67家，中成药32家，医疗器械14家，卫生材料6家，医药包装材料3家。拥有固定资产800万元以上的大中型骨干企业21家。年末职工总数达到5.01万人，工程技术人员有4166人，占全部职工的8.3%。医药工业总产值完成25.85亿元，比上年增长28.1%，24大类化学原料药完成2.03万吨，比上年增长6.7%，其中计划品种完成5302吨，比上年增长8.7%。抗菌素分装完成11.2亿支，针剂完成10.4亿支，片剂完成131.6亿片，大输液完成4039万瓶，胶囊完成14.8亿粒，分别比上年增长10.2%、10.8%、10.2%、32%、和39%，中成药总产量完成8035吨，比上年增长15%。实现利税3.17亿元，比上年增长24.5%。供应出口完成2.09亿元，比上年增长23.7%，化学原料药出口量完成2192吨，比上年增长16.5%。

一年来，医药工业系统主要抓了以下工作：

（一）积极开展“质量、品种、效益年”活动。在活动中，突出抓好产品质量和优化产品结构。年初，向地市企业质量部门下达质量工作任务，为落实产品创优目标，组织了全行业的产品抽样检测。按照《河北省工业企业质量考核奖惩规定》，坚持对一年内抽检二个批号不合格的企业，停业产品报批半年。责令三家产品质量差的企业停产整顿，并按规定扣发了厂长及责任人员的奖金。对41家不符合条件的医疗器械生产企业，予以取缔和限期整改，对110个质次价高的医疗器械产品，予以淘汰和令其停产。对90个末经鉴定的器械产品，进行了重新鉴定。

在产品报批方面，严格把关，制止低水平的重复生产，优化产品结构，今年批准省内新产品38个，审批化学药品（包括制剂）528个，中成药148个，29个企业的38个中西药品、医疗器械产品获得省级以上优质产品称号（其中：国家银质奖1枚，局级优质产品4个）。

（二）继续开展节材（能）降耗工作。四月份，组织了部分工种的技术状元、能手进行技术观摩表演和现场咨询活动。继续开展“百批不染菌”竞赛活动。从抓技术进步和基础管理两方面着手，强化责任制。华北制药厂首创四环素发酵连续102批不染菌的国内最新纪录，冀南、河北东风、承德市药厂制服染菌也取得好成绩。全省近70%的产品染菌率指标好于上年。抗菌素发酵单位亦有新突破，考核产品的13项平均发酵单位中，6项达到全国平均水平，华北制药厂青霉素钾盐平均发酵单位比上年提高11.85%；最高罐批发酵单位创企业历史最好水平。考核产品的20项主耗指标，稳定降低率为50%，节约原材料约4480吨。节能方面，与地市签订了节能责任书，制定了节能考核评比办法。全年省政府考核的11种产品的能源单耗，9种产品居国内同行业最低水平，万元产值综合能耗（折标准煤）由上年的2.27吨，下降到1.94吨，按总产值计算共节标煤8.66万吨。节能节材合计约3400万元。

（三）加强行业管理，狠抓扭亏增盈。1991年，总公司进一步加强生产调度工作，在调度网中强化对21家大中型企业和节能（材）降耗情况的调度，及时掌握经济运行情况，督促帮助企业解决困难。狠抓企业扭亏增盈工作。先后深入到17个地市的30余家企业调查研究，和现场办公。并邀请全国优秀企业家—华北制药厂厂长陈贤丰同志深入亏损大户，分析研究生产技术问题，探讨扭亏措施。省药材公司帮助四个中药亏损企业制定了加强成本管理的措施。并在全行业落实限产压库任务，主要产品限产3154万元，转产2208万元，停产946万元。1991年全行业11家亏损企业中有8家扭亏为盈。

（四）依靠科技进步，调整和优化产品结构。为加快技术改造步伐，重点抓了三个一批：1、抓一批竣工项目的投产，争取早见效益；2、抓一批在建项目，争取早投产；3、抓一批国家已立项的“八五”期间新项目的前期准备，争取早开工实施。全年签订“三资”合同15项，总投资3000万美元，利用外资700万美元。

在调整产品结构方面，坚持开发性调整与适应性调整并重。研制开发新产品，增产适销对路品种。华北制药厂制定了“5122”工程，即：5 个发酵品种的扩试和生产试验；1 个半合成抗生素临床验证报批资料；2 个引进半合成抗生素剂型药理实验；2 个制剂新品种加工。该厂还根据市场需求，压缩注射青霉素盐，扩产工业盐，增加出口，缓解了国内市场供大于求的矛盾。今年全行业共完成新产品开发 95 项，近两年可投产 54 项。

存在的问题：一是宏观调控力度不够。部分企业盲目发展，低水平重复建设；二是产品结构调整缓慢；三是经济效益仍然低下。

（河北省医药总公司
执笔：薛云霞）

城乡建设和环境保护

【固定资产投资】 1991 年，全省建设领域认真贯彻“控制总量、调整结构、突出重点、提高效益”的方针，全社会固定资产投资建设取得显著成就，共完成投资达 240.45 亿元，比上年增长 35.7%，扣除价格因素实际增长 27.1%，创历史最高水平。全社会投资率 24.7%，比上年提高3.3%，比例基本正常。为“八五”计划的实现创造了良好的开端。但调整投资结构，解决深层次的矛盾，加强农村投资的调控等问题有待进一步研究解决。

（一）全社会投资稳步回升

1、全民投资稳定增长。1991 年全民固定资产投资达 127.97 亿元，比上年增长 15.3%，占全社会总投资的 53.2%，保持了主导地位。其中基建完成 72.91 亿元，增长 17.5%；更新改造完成 46.60 亿元，增长 11.4%。

一地方项目投资增速快于中央项目。由于地方各级政府的努力，地方项目完成投资较好。全民地方项目完成投资 78.2 亿元，比上年增长 22.7%；中央项目完成投资 49.77 亿元，增长 5.3%。地方项目投资增速高出中央项目 17.4%。

一地方全民基建投资增速快于更改。地方全民基建完成投资 35.06 亿元， 增长 35.1%；地方全民更改完成投资 35.22 亿元，增长 13.1%。地方全民基建投资增速高出更改投资增速 22%。

商品房建设发展加快。全省商品房完成投资 5.47 亿元，比上年增长 40.9%。其中商品住宅完成投资4.70 亿元，增长 43.5%，是近几年来完成较好的一年。

2、城镇集体和个人投资保持增长势头。城镇集体和个人投资有较大增长。城镇集体完成投资 8.03 亿元，比上年增长 38.5%；城镇和工矿区私人建房完成投资 2.66亿元，增长 25.2%。

3、农村投资大幅度增长。由于上年农村固定资产投资下降，基数较低，加上 1991 年乡镇企业的发展和农民建房热的抬头，1991 年农村投资上升。农村集体完成投资 25.09 亿元，增长 63.2%；农民个人完成投资 76.69 亿元，增长 78.6%。

（二）投资结构有所改善

1、生产性建设与非生产性建设投资比例基本合理。全社会投资用于生产性建设完成投资 141.84 亿元，所占比重为 59.0%；非生产性建设完成投资 98.61 亿元，所占比重为 41%。其中住宅投资 73.60 亿元，占全社会投资比重由上年的 23.9% 上升到 30.6%。其中全民基本建设投资生产性建设与非生产性建设比例为 70.5：29.5，全民更新改造投资生产性建设与非生产性建设比例为 92.4：7.6，比例基本趋于合理。

2、第三产业投资大幅度增长。第三产业投资113.53 亿元，增长 68.5%。而第一产业投资 18.05 亿元，第二产业投资 108.87 亿元，分别增长 15.2%、15.6%。三次产业的投资构成由上年的 9 ：53 ：38 调整为 8：45：47。

3、行业内部结构有所改善。全民城镇集体用于原材料工业的投资 21.87 亿元，比上年增长 12%，占全民城镇集体投资比重与上年基本持平。其中冶金工业所占比重由上年 3.5%上升到 4.4%，化学工业所占比重由上年 6.3%上升到 6.5%。用于能源工业的投资 35.82 亿元，比上年增长 6%，比重由上年 28.9%下降到26.3%。用于交通运输邮电通讯业的投资 12.86 亿元，比上年增长 17.9%，比重由上年的 9.3%提高到9.5%。用于科学教育事业的投资 4.14 亿元，增长 38.4%，比重由上年 2.6%提高到 3%。其中教育事业投资比重由上年2.2%提高到 2.7%。用于商业饮食业物资供销仓储业投资 4.14亿元，增长 98.3%，比重由上年1.8%提高到3%。用于房地产公用居民服务业投资 3.27 亿元，增长 43.4%，比重由上年 2%提高到 2.4%。

4、更新改造内涵投资比重上升。用于内涵投资 22.23亿元，比重由上年的 46.3%上升到 47.7%，用于外延的投资 23.15 亿元，比重由上年的 51.7%下降到 49.7%。用于节约能源、提高产品质量、增加品种的投资14.28亿元，比重达 30.6%。

（三）新增住宅面积创历史最高水平。1991 年，全省住宅竣工面积创历史最高水平，促进了居民住房条件的改善。全社会住宅竣工面积达5470.95万平方米，比上年增长 79.7%。农村住宅竣工4996万平方米，增长 91.8%；城镇住宅竣工 474.95 万平方米，增长 8.0%。全省平均每人新增住宅面积 0.88 平方米，使城镇居民人均居住面积达到 9.5 平方米，农村人均居住面积达17.5平方米。

(四)进一步增强了经济发展后劲。建成投产了一批大中型和限额以上项目。1991年全省施工的大中型基本建设项目完成投资31.06亿元,完成年计划的105.5%。有5个项目全部建成投产和12个单项工程建成投产。全部建成投产项目是:秦皇岛引青济秦西线工程、唐山丰润新区热电厂、中阿化肥有限公司磷铵厂、宣化啤酒厂、机电部第十三研究所。单项投产项目是:峰峰矿务局的九龙口矿井、九龙口洗煤厂、邯郸洗选厂、和薛村矿,冀东石油勘探开发公司,邢台电厂五期扩建工程1个机组,沙岭子电厂1、2号机组,河北送变电工程、秦皇岛市腈纶厂、四〇四山海关综合厂、渤海铝业有限公司、河燕美特种建材工艺总公司等。

限额以上更新改造项目完成投资9.11亿元,增长7.2%。建成投产的有11个项目:保定装饰布公司、张家口市第三毛纺厂中高档毛毯、河间县棉纺厂扩建、衡水地区棉纺厂扩建、乐亭县纺织厂扩建、沧州电厂油改煤工程、张家口市制药厂红霉素车间、石家庄市化工化纤厂、唐山市陶瓷厂卫生瓷改造、唐山陶瓷工业公司一瓷厂、石家庄电信局。

新增加了一批生产能力或效益。全民和城镇集体建成投产的项目新增加的主要生产能力和效益有:铁矿开采40.5万吨、煤炭开采183.4万吨、天然石油开采13.6万吨、发电机组容量64.61万千瓦、输电线路(11万伏及以上)696.61公里、变电设备91.13万千伏安、化肥65.43万吨(折合量)、纯碱2万吨、水泥110.21万吨、棉纺锭11.53万锭、原盐18.5万吨、平板玻璃15万重量箱、酒10.69万吨、饼干6410吨、日用陶瓷5432万件、新建公路316公里、市内电话自动交换机14.86万门、商业饮食业服务网点16.56万平方米、商品蛋鸡场产蛋30万公斤、中小学生席位85380个、医院病床4106张、城市自来水日供水能力221.2万吨、城市煤气日供气能力24.7万立方米、城市液化气储气能力70吨,有效灌溉面积77.18万亩。

(五)宏观投资效果提高 全民和城镇集体建成投产项目3801个,项目建成投产率57%,比上年上升0.4%。全社会新增固定资产219.66亿元,固定资产交付使用率91.4%,比上年上升0.6%。全社会竣工房屋面积6497.01万平方米,房屋面积竣工率86.8%,比上年上升2.6%。

(六)存在问题和建议

1、必须大力加强农业投资。1991年全民基建用于农业的投资比上年下降25.6%,占基建投资的比重由上年的4.5%下降到2.8%。全民基建投资中,工农业投资比例差距呈加大趋势。河北是农业大省,但抗御自然灾害的能力和农业发展后劲仍较弱,为使农业能够稳定发展,从而促进国民经济的稳定发展,必须进一步加强农业方面的投资,特别是水利方面的投资,防备特大洪涝灾害的袭击。

2、加快调整投资结构的步伐。首先要解决调整投资结构难的思想。其次应在整个产业体系中选择有较强的带动作用的行业,或在国民生产总值、财政收入总量上占有一定份额,以及具有市场、技术、资源等综合优势的行业,适当进行投资倾斜。第三讲求投资效果,选择投资效果最好的行业适当多投资,改造提高传统产业,发展新兴产业。

3、建立对农村投资管理和调控的约束机制。"七五"以来,农村集体投资波动幅度为240.5%,农村个人投资波动幅度为100.9%。农村投资起伏波动大,不利于整个社会的生产、流通、消费、分配的综合平衡,也不利于固定资产投资规模的管理和调控。1991年农村投资占全社会投资的42.3%。因此,要逐步建立农村投资管理和调控的约束机制,应把农村集体投资管理特别是乡镇企业的投资管理,纳入国家计划轨道,并且要正确引导农民个人投资方向,现在农民个人投资中72%用在住房建设上,只有16%的投资用在农业建设上。要适当控制农民建住房,鼓励引导农民把投资的重点用在农业上,提高农业的综合生产能力。

(河北省统计局基建处

执笔:刘彩云　孙树檀)

【城市建设】

1991年,全省城市建设全面执行为对外开放、发展经济和改善人民生活服务的方针,加强城市基础设施建设,努力提高城市综合功能,为振兴我省经济,改善投资环境,扩大对外开放,起到了促进作用。

(一)加强法制建设,把城市建设纳入法制轨道。1991年,全省注重加强法制建设工作,制定了有关城市建设方面的地方规章4件,部门规范性文件5件。使城市规划、建设和管理工作逐步纳入法制轨道,受到了法律的保护和监督。当前,建设部门面临城建资金短缺,管理体制不顺,贯彻"人民城市人民建"方针多有异议的困难状况下,省建委通过将这一课题提交每年一届的全省市长城市工作会议讨论,省政府印发了《关于发展城市公用事业的通知》,明确了公用事业逐步做到保本微利。城市基础设施建设资金要在各级基本建设计划投资中划出一定比例等重要政策,对全省城市建设起到明显地推动作用。

(二)强化城市规划编制和管理。1991年,省人大颁发了《河北省城市规划条例》,为河北依法规划、建设和管理城市提供了法律依据。全省上下,积极学习贯彻《条例》,90%以上的市、县实行了建设项目审批制度,保证了规划的实施。为适应投资体制多元化,土地有偿使用和城市综合开发的新形势,加强了城市总体规划的调整、修改和深化工作。年内先后完成了8个市、县的总体规划的完善和修改,并在全省加强了控制性详细规划的推广工作。全省有1/3的市、县界定了城市规划区，为规划管理明确了法定区域。建设用地规划许可证和建设工程规划许可证已普遍实施、选址意见书也逐步纳入基建程序。

（三）加快住宅建设，努力改善人民的居住生活条件。1991年，全省城镇住宅竣工面积为474.9万平方米，其中，全民基建217.1万平方米，全民技改44.4万平方米，商品房99.35万平方米，城镇集体13.55万平方米，城镇工矿区私人建房100.5万平方米。全省城市居民人均居住面积已达到6.9平方米，比上年提高了0.2平方米。省政府为了解决高校中青年教职工的住房困难，印发了《河北省直属高等院校中青年教职工住宅建设试行办法》，实行国家投资，单位自筹，个人集资，多渠道筹措资金建设住宅。全年竣工高校住宅7万平方米，缓解了高校职工住房困难。各地、市积极推行房地产综合开发，如石家庄市开发建设的联盟小区，建筑面积30万平方米，功能齐全，设施配套、生活方便、环境优美。全省各地、市加快了住房制度改革，城镇住房制度改革的主要内容是：提租发补贴，建立公积金、新分房和已住房缴保证金、优惠售房、集资建房、建立住房基金。唐山市在总结三年来房改实践经验的基础上，进一步贯彻国家、单位、个人共同负担的原则、研究制订了深化改革的方法。石家庄市房改方案已经省政府批准于1991年12月出台。并制发了《石家庄市推行住房公积金暂行办法》、《石家庄市公产住房租赁保证金暂行办法》等10个配套文件，石家庄房改进展比较顺利，群众反映良好。截止3月14日全市已缴存住房公积金8万多元，购支持房改债券256万元，建立单位住房基金44万元。保定、邯郸、邢台、沧州、张家口、秦皇岛等市，也在抓紧研究制定、修改和完善本市房改方案、争取早日出台。目前，全省城市仍然有缺房户14.7万户，其中人均居住面积在2平方米以下的有1万户，危房41万平方米急待修建和改造。

（四）加快市政设施建设，改善投资环境。1991年底，全省拥有城市道路长度3452公里，道路面积3550万平方米。路灯盏数84727盏。排水管道长度3067公里，排水管道密度4.4公里/平方公里。桥梁631座。污水年处理量7899万吨。防洪堤长度720公里。绿化覆盖面积16169公顷，园林绿地面积10895公顷，人均公共绿地面积3.4平方米。公园面积1399.5公顷，年游人量2743.7万人次。国家级风景名胜区4个。旅游接待能力增强，住宿床位10.73万张，旅游车辆481辆，游人量719万人次，其中，国外游客达4.5万人次。1991年，用于城市道路投资7623万元，新建城市道路长度50.5公里，道路面积114万平方米。用于排水投资5463万元，新增排水管道68公里。用于桥梁投资4458万元，新建城市永久性桥梁13座。

（五）大力发展公用事业，为城市居民提供良好的生活和工作服务。1991年，全省用于城市给水工程的基本建设投资4714万元，更新改造投资534万元，铺设自来水管道91公里，新增供水能力每日10万吨。到1991年底，全省10个省辖市14个县级市，城市供水综合生产能力701.1万吨，自来水供水管道长度为4305公里，供水总量达15.6亿吨，用水人口达794.9万人。用于城市公共交通设施的基本建设投资1213万元，更新改造投资78万元，新增公共汽车137辆，城市拥有公共交通营运公共汽车1537辆，营运线路长度为4791公里，客运总数达4.2亿人。1991年，用于城市煤气的基本建设投资达11415万元，年供气总量达20740万立方米，其中家庭用量9087万立方米。液化石油汽年供汽总量达89432吨，其中家庭用量86736吨。用气人口达339万人（包括人工煤气，液化石油汽）。气化率56.4%。用于城市集中供热的基本建设投资5475万元，年供热总量：蒸汽446.28亿吨，热水1014.21万百万千焦/年，供热面积1808.2万平方米。本着既要考虑事业发展，又要兼顾市民的承受能力的原则，对供水、燃气、公交、供热等公用事业产品和服务价格做了适当调整，为城市公用事业单位逐步向保本微利的方向过渡迈出了一步。各市政公用事业单位通过加强内部管理，开展优质服务竞赛活动，进一步提高了服务能力和服务质量，受到了社会各界的好评。

（六）抓住主要问题，加快城市建设和改革步伐。全省城市建设、城市公用事业和市政基础设施都处在超负荷的状态下运转。城市用水难、行路难、用气难、排水难、住房难的问题有待进一步缓解。这些问题仍然制约着经济发展和人民生活水平的提高。为此，必须加大城市改革份量，加快城市建设步伐。一是积极推进住房制度改革大力发展房地产业，培育和完善房地产市场。二是按国家和省有关政策规定，积极拓宽资金渠道，为城镇建设筹措资金。三是大力推进市政公用事业的价格改革，坚决实行城市基础设施有偿使用。四是理顺关系，加强城市建设和管理。

（河北省建设委员会
执笔：李新民）

【建筑业】 1991年，全省建筑业坚持“一业为主，多种经营”的战略，不断完善经营管理机制，努力调整职工队伍结构。在建筑业市场不景气的环境下，增强创优和竞争意识，扩大市场，随着投资规模的回升，取得了可喜的成果。

（一）几个主要特点

1、总产值增长18.0%。1991年全社会建安企业（包括全民所有制城镇集体所有制，农村集体所有制，城镇以及农村个体所有制）48263个，完成建筑业总产值157.02亿元，增长18.0%，实际增长（扣除价格因素）13.4%。其中施工产值81.10亿元，增长48.6%，实际增长43.1%；地方全民建安企业完成总产值26.15亿元，增长11.6%，实际增长7.4%，其中施工产值25.33亿元，增长12.9%，实际增长8.6%；城镇集体建安企业完成总产值21.46亿元，增长24.4%，实际增长19.7%，其中施工产值21.01亿元，增长24.6%，实际增长19.9%。

全民和城镇集体建安企业创建筑业增加值25.10亿元，增长7.2%，实际增长3.2%，其中地方全民企业7.12亿元，增长9.1%，实际增长4.9%，城镇集体5.81亿元，增长20.2%，实际增长15.5%。

1991年，全民和城镇集体建安企业竣工产值58.82亿元，增长3.4%，实际下降0.4%。其中地方全民企业竣工产值20.27亿元，增长4.1%，实际增长0.2%，城镇集体企业竣工产值15.82亿元，增长14.1%，实际增长9.8%。

2、人均施工面积34平方米。投资规模的扩大，使得建筑业任务量有所增加，缓解了建筑市场"僧多粥少"的矛盾。全社会建筑业施工面积5619.5万平方米，比上年增长6.9%，人均施工面积34平方米，增长3.0%。其中地方全民企业施工面积822.7万平方米，人均施工面积43平方米，分别增长11.7%、26.5%。城镇集体企业施工面积910.9万平方米，人均施工面积49平方米，分别增长17.5%、4.3%。

3、竣工面积达4538.5万平方米。1991年，全社会竣工面积4538.5万平方米，增长3.5%，人均竣工面积27平方米，与上年基本持平。其中地方全民企业竣工面积395.3万平方米，人均竣工面积21平方米，分别增长2.2%，16.7%；城镇集体企业竣工面积540.2万平方米，增长8.2%，人均竣工面积29平方米，与上年基本持平。

1991年加快了住宅建设，全民和城镇集体企业竣工住宅面积达475.5万平方米，增长3.3%，其中地方全民单位183.7万平方米，增长17.8%，城镇集体企业255.9万平方米，增长2.5%。

4、上缴税金5.46亿元。1991年全社会建筑业上缴税金达5.46亿元，增长68.6%，其中地方全民单位上缴1.29亿元，增长1倍左右；城镇集体企业上缴0.80亿元，增长35.9%；农村建筑业上缴2.15亿元，增长1.1倍；城镇个体建筑业上缴0.18亿元，增长1.4倍。

5、职工人数达166.36万人。1991年全社会建筑业职工平均人数166.36万人，比上年增长4.2%，其中地方全民企业19.25万人，下降10.8%，城镇集体企业18.61万人，增长13.2%。全省全民所有制企业和城镇集体所有制企业中与生产活动无关的其它人员3.75万人，减少4.3%；其中地方全民企业1.09万人，减少74.0%，城镇集体企业0.81万人，减少8.0%。建筑业队伍结构的这种变化，减轻了企业的负担。

6、技术装备水平有所提高。1991年全社会建筑业自有固定资产净值38.19亿元，其中地方全民建筑业8.02亿元，城镇集体建筑业4.27亿元，分别增长7.1%、11.1%、10.6%。全省建筑企业自有机械设备总功率279.93万千瓦，增长7.7%，其中地方全民建安企业增幅较大，为81.60万千瓦，增幅达20.8%。

技术装备率与动力装备率提高。全民和城镇集体建安企业全部职工人均动力装备率为4.8千瓦，比上年提高2.1%。职工人均技术装备2729元，其中地方全民建安企业2325元，城镇集体建安企业1422元，分别增长1.3%、9.2%、2.4%。

7、工程质量明显提高。1991年全省全民和城镇集体建安企业验收鉴定的12361个单位工程中，一次交验合格的11588个，优良的4358个，一次交验合格率达93.7%，优良品率35.3%，增长1.1个百分点。其中创省以上优质工程100个。验收鉴定的房屋竣工面积1077.8万平方米，一次交验合格的940.3万平方米，优良的361.7万平方米，一次交验合格率87.2%，优良品率33.6%，增长1.3个百分点，其中创省以上优质工程面积58.85万平方米。

8、全社会建筑业劳动生产率达9438元。1991年，全社会全员劳动生产率平均为9438元，提高13.3%，扣除价格因素，实际提高9.0%。

9、多种经营收入达5.60亿元。建筑市场疲软，施工任务不足，多数施工企业"吃不饱"，转变经营思想，坚持"一业为主，多种经营"是建安企业在困境中求生存，求发展的一项长期战略。1991年全省全民和城镇集体建安企业多种经营收入5.60亿元，增长4.2倍，占企业总产值的6.2%，其中地方全民建安企业1.82亿元，城镇集体建安企业0.51亿元，分别增长24.7%、44.8%。

（二）问题与建议

1、采取切实有效措施提高建筑业经济效益，尤其是要搞活大中型建安企业。1991年全社会建筑业实现利润总额7.90亿元，其中城镇集体企业0.47亿元，分别增长13.7%、26.1%，但经济效益仍然不佳，其中地方全民建筑业实现利润0.34亿元，呈下滑趋势，下降2.6%。全省554个全民和城镇集体建安企业中，41个亏损，亏损面达7.4%，亏损金额3900万元；其中全民大中型建安企业59个有9个亏损，亏损面达15.3%，亏损金额2412万元，占全部亏损金额的61.8%。

利润率下降。全省全民和城镇集体建筑业产值利润率1.9%，资金利润率2.9%，分别下滑0.4个百分点。全民大中型建安企业的产值利润率与资金利润率也仅有1.7%、2.2%。解决建筑业经济效益下降的关键在于加强企业生产经营管理，加强成本管理，降低消耗。

2、切实解决拖欠工程款问题。1991年，全省全民和城镇集体建安企业累计被建设单位拖欠工程款达11.57亿元，因拖欠工程款而贷款所付利息0.39亿元。其中竣工拖欠7.25亿元，进度拖欠4.32亿元。全民大中型建安企业被拖欠7.22亿元，占全部拖欠款的62.4%，其中竣工拖欠4.26亿元，进度拖欠2.96亿元，因拖欠款而贷款所付利息达0.23亿元，占59.0%。拖欠工程款问题严重影响了企业的资金周转，使企业背上了沉重的包袱。各部门应认真贯彻落实国务院和省政府关于清理"三角债"的规定，切实解决建安企业，特别是大中型建安企业被拖欠工程款问题。

（河北省统计局基建处
执笔：马越）

【地质勘探】 1991年，全省地矿系统在致力于全面完成地质工作计划的同时，大力发展多种经营，进一步调整产业结构和队伍结构，积极开展"质量、成果、效益"年活动，取得了较好的地质成果和社会经济效益。

（一）地质勘查货币总量

全局29个企事业单位，13149名职工，坚持"一业为主、多种经营"，全年地质勘查货币总量再次突破亿元大关，达1.275亿元，比上年增长11.94%。

1991年，预算内地质勘查费、地质市场结算收入、多种经营收入和其他收入四大项，分别为7506万元、3475万元、1614万元和154万元。预算内勘查费上升，地质市场下降3.70%；多种经营和其他收入都下降。

（二）地质找矿

1、主要地质成果：

(1)全面完成探明储量计划。铁矿、水泥灰岩、银矿三种计划内储量分别超额0.9%、129.37%和6.5%。

(2)全年提交初查产地24处，其中矿产15处，水文9处。在矿产产地中：金5处，铁1处，银4处，非金属5处；在水文产地中，地热田2处，饮用矿泉水3处，水源地4处，是历史上提交产地最多一年。全年提交详查产地5处，其中金、银、非金属、地下热水和地下卤水各1处。

(3)全年提交各类地质报告（审定稿）70份，其中列入部计划的10份（均如期完成）。另外汇交各类正式地质报告34份，其中固体矿产8份、区调4份、水文14份、物探1份、化探1份、科研6份。

2、主要面积性基础地质工作：

(1)1：200000区调修测：实测面积2396平方公里，完成计划任务。

(2)1：50000区调，实测面积4102平方公里，其中矿产及填图1758平方公里，超额5.18%和6.55%。

(3)1：200000区域重力调查：实际完成18250平方公里，超额11.28%。

(4)1：200000区域水文普查：实际完成13029平方公里，超额103.58%。

(5)1：100000水文、工程、环境地质勘察：实际完成7420平方公里，超额76.67%。

(6)1：50000水文、工程、环境地质勘察：实际完成1440平方公里，完成计划任务。

(7)1：50000物探：实际完成3264平方公里，超额12.55%。

(8)1：50000化探：实际完成4865平方公里，其中水系沉积物3034平方公里，超额51.7%。

3、地质勘查项目主要比例关系。

全年共开展预算内地质项目270个，完成预算内地质勘查费用5737.64万元，其中：地勘费4155.75万元，占货币总量的76.44%，其中地勘费71.24%，投入岩心钻探工作量61908米，现将几个比例关系分列如下：

(1)部管项目的投入增加：

1991年列入部计划的43个地质项目，完成预算内地质勘查费1935.18万元、机械岩心钻探工作量30318米，分别占整个预算项目投入的33.73%、48.97%，比去年的18%、46.1%上升15.73%和2.87%。

(2)地质矿产勘查（矿产、水文）比非地质矿产勘查（指区调、物化探、科研、资源总量预测等）项目的投入幅度上升：1991年列入矿产、水文勘查的144个项目，投入预算内勘查费用4131.17万元，其中地勘费2561.31万元，占整个项目费用的72%，其中地勘费61.63%，投入岩心钻探61170米，占98.81%，比1990年投入的预算内地质勘查费用3253.01万元，占项目费用的58.45%上升13.55%，投入的岩心钻探工作量基本相同。

1991年列入非地质矿产勘查的126个地质项目，投入预算内地质勘查费用1606.47万元，其中地勘费1594.44万元，占项目费用的28%，其中地勘费38.37%，比1990年投入预算内地质勘查费用2311.85万元，占项目费用的41.55%下降13.55%。

(3)导向矿种投入比重大：在用于固体矿产地质勘查3099.48万元费用中，我省确定的8个导向矿种，其中铜、金、银、铅锌、磷、金刚石六个矿种就投入2999.79万元，占96.78%。

(4)地质勘查工作按工作阶段分，普查项目的投入加强，在1991年项目总费用5737.64万元中，能够按阶段分的总费用5714.86万元，其中用于普查最多，达2637.24万元，占46.14%，其次是用于基础地质1590.25万元，占27.82%，用于详查、勘探的费用较少为987.80万元，占17.28%和499.57万元，占58.74%。基础地质：普查：详查：勘探＝28：46：17：9，符合"保证基础，加强普查，择优详查，对口勘探"的原则。

4、主要实物工作量及技术经济指标

(1)机械岩心钻探：1991年完成预算内机械岩心钻探61908米，其中地勘费完成49496米，为计划的100.60%，在预算内工作量合计中水文工作量11840米，其中地勘费完成10672米，在预算内工作量合计中小口径工作量41664米，其中地勘费完成33115米。

最高开动钻机 61 台，平均开动 19.52 台，平均台年进尺 3186 米，比 1990 年 3543 米下降 357 米，台月效率 433 米，比 1990 年下降 87 米，单位成本 244.82 元，比上年提高 46.08 元，其中材料费 74.66 元，比上年上升 13.84%。

完工钻孔 433 个，其中验收 429 个全部合格，一级孔 404 个占 93.3%，比 1990 年提高 7.63%。

(2)坑探：1991 年完成预算内坑探 19732 米，其中地勘费完成 8937 米，为部计划 6500 米的 137.49%。完成机掘工作量 13355 米，其中地勘费完成 3211 米，为部计划 3000 米的 107.03%，完成手掘工作量 6377 米，其中地勘费完成 5726 米，为部计划的 163.6%。

(3)浅井、槽探：分别完成 1128 米、79555 立方米，其中地勘费完成 923 米、75498 立方米。

(三)地质市场及多种经营

全局在致力于实现地质找矿重大突破的同时，努力开拓地质市场，发展多种经营，全年实现对外增收 5089.30 万元，其中地质市场签定合同 717 份，合同金额 3814.88 万元，收入 3475.01 万元，为计划 2300 万元的 151.09%，净收入－80.38 万元，多种经营收入 1614.23 万元，为计划 1000 万元的 161.42%，净收入－57.39 万元。

1、规模：地质市场从业人员 2106 人，开动钻机 43 台，完成机械岩心钻探 36315 米，为计划的 121.05%。各队在发展中已形成了桩基施工、隧洞施工和施工水井、施工深井为主体的技术施工队伍，建立对外勘察公司 21 个。多种经营从业人员 1137 人，全局全民所有制多种经营单位 82 个。全局稳定转产人员 1893 人，超过了部计划的 1820 人。

2、构成：从地质市场的构成看：

(1)水、工、环勘察施工比重上升，仍为市场的主体。在 1991 年地质市场结算收入中，水、工、环勘察施工 3194.73 万元，占 83.74%，比去年上升 1.55%。

(2)开拓石油勘察新领域：1991 年施工队伍大胆驶进了山东胜利油田，实现结算收入 96.20 万元，为市场收入的 2.77%。

从多种经营收入的构成看：

(1)工业收入比重较大，1991 年多种经营工业收入 736.17 万元，占 45.60%；

(2)饮食服务业也有相当位置，1991 年多种经营收入中饮食服务业 408.53 万元，占 25.30%。这两个行业形成了多种经营的主体。

（河北省地质矿产局

执笔：李毓茹）

【测绘事业】 1991 年，全省测绘工作，继续坚持以经济建设为中心，紧密配合省内各项经济建设，加强行业管理，积极推进测绘工作改革，调动了测绘职工积极性，为省经济建设和社会发展提供了及时、可靠、适用的测绘保障。

(一)基本概况

随着经济建设的发展，全省测绘行业已形成由省测绘局直属的基本测绘队伍，各经济建设部门(含中央驻省)的专业测绘队伍和军队系统的测绘队伍三大部分组成的全省测绘行业。根据全省 20 个部门(系统)292 个测绘单位统计，截止 1991 年底，全省测绘职工总数为 9395 人，比上年减少 2.3%。其中中央所属 2998 人，省、地(市)县属 6397 人。具有中专以上学历的专业技术人员 4360 人，占职工总数 46.4%。测绘技术人员中，高级工程师 263 人，工程师 1214 人，助理工程师及技术员 2883 人。分别占技术人员总数的 6.0%、27.8% 和 66.2%。河北省是全国测绘技术力量比较集中的省份之一。除省测绘局的基本测绘队伍外，全省各部门的专业测绘队伍主要分布在地矿、水利、电力、冶金、建设、煤炭、石油、化工、交通、林业、地震、机械、土地等行业。

全省共有各种测绘仪器 7193 台(件)。其中外业仪器：经纬仪 2727 台，水准仪 2175 台，平板仪 887 台，定位仪 34 台(套)，重力仪 49 台，测距仪 335 台。内业仪器：精密立体测图仪 19 台，解析测图仪 3 台，正射投影仪 3 台，胶印机 58 台及其他各种设备 903 台(件)，是全国仪器设备较齐全，数量较多的省份之一。但多为 50～60 年代陈旧的常规设备，有待用先进的现代仪器更新。以适应各项经济建设对测绘资料较高层次的需要。

(二)加强行业管理，促进测绘事业的发展

全省在已建立地方测绘管理机构，制定地方测绘法规的基础上，1991 年，在测绘行业管理上做了大量实质性工作：1、省测绘局组织了地图资料保密与执法检查，并会同省保密局分别对唐山市、秦皇岛市的公开出版地图和涉外用图进行了安全保密和执法情况检查，对有关问题进行了查处和解决。2、在行业管理中履行了审查、审批和检查的职能。对 28 个专题图进行了出版审查，对限额以上技术设计书进行了审批。对保定市及华北油田等大比例尺测图进行了质量检查。3、为查清全国测绘行业现状，完成了国家测绘局、国家统计局下达的全国测绘行业普查试点任务。4、为进一步加强全省测绘行业管理，12 月份召开了全省测绘工作会议，传达了全国测绘工作会议精神，通过了《河北省测绘事业发展十年规划和“八五”计划》。表彰了全省测绘行业先进工作者，为省测绘工作满 30 年的老职工颁发了荣誉证书，研究部署了全省地籍测绘工作。

(三)测绘生产完成情况

1991 年，全省各测绘单位完成测绘工日工作量 86.4 万工日，完成测绘产值 3201.3 万元，为各项经济建设完成了大量的测绘资料：其中，三角(导线)测量 1912 点，水准测量 4869 公里，测制各种比例尺地形图 7317 幅，10472 平方公里，包括 1：2.5 万比例尺地形图

36 幅,3600 平方公里;1∶5 千至 1∶1 万比例尺地形图 842 幅,5262 平方公里;1∶2 千以上比例尺图 6439 幅,1610 平方公里,编制各种专业地图 3461 幅,地图集 76 册。

省测绘局系统,全年完成测绘工作总量 10.9 万工日,测绘产值 579.0 万元,分别比 1990 年增长 5.8%和 3.4%,全员劳动生产率工日工作量为 164.3 工日/人年,产值为 8213 元/人年,各项经济技术指标均为历史最好水平。拓宽服务领域,搞活测绘市场,创收 270 万元。(毛收入)比 1990 年增加 57 万元,弥补了测绘经费不足。

完成主要实物工作量:1991 年省测绘局系统完成了国家、省基本测绘任务及各经济建设部门测绘任务,主要实物工作量有:1∶1 万比例尺地形图 514 幅,1∶5 千比例尺地形图 38 幅,1∶2 千比例尺地形图 241 幅,1∶1千地籍测图 34 幅,编绘 1∶5 万地形图 12 幅,编制各种专业图、挂图 134 幅,大地测量 31 点,地图印刷 97 幅,3392 色令。

完成的主要测绘项目:由省测绘局、冶金部一公司、省水利厅三个部门 9 个单位施测的国家为解决北方缺水问题,列入国家"八五"计划十年规划内的南水北调工程中线总干渠带状地形图测图任务,全长 460 公里,共完成 1∶5 千地形图 252 幅,600 平方公里;为开发冀东石油资源,省测绘局完成大港油田区 1∶1 万地形图 362 幅,9050 平方公里,其中 1991 年完成 260 幅,6500 平方公里;承德、阳原、石邯等地区 1∶1 万国家基本图 276 幅,6900 平方公里。各专业测绘单位还为地质找矿、冶金建设、交通建设、城镇建设等完成各种比例尺图件 6439 幅;开展了城镇地籍测绘工作,为唐山市唐海县完成 1∶1 千地籍图 34 幅,8.5 平方公里;与省民政厅、省土地管理局联合完成了冀鲁边界勘测任务 276 公里,1∶5万比例尺边界图 6 幅;编绘 1∶5 万比例尺地形图 6 幅以及石家庄正定机场场址的测图任务。并为西藏编制印刷西藏图 96 幅等测绘工作。

河北省测绘资料中心,坚持测绘资料使用方向,为用图单位提供优质服务,1991 年向各部门提供各种比例尺地形图 22000 张,各种挂图、图集(册)29000 张(册),航空遥感象片 9500 张(幅),三角水准成果 1400 点。为准确及时向各部门提供大地资料,建立了全省 2 万余点大地数据库,为今后提供优质服务进行了大量基础工作。

(四)测绘教育与科研

以科研促生产发展,把科研成果转化为生产力,增强测绘生产后劲。河北省测绘局及各部门测绘单位进行了大量工作:自 1990 年省测绘局引进 GPS 全球定位系统新技术,1991 年又成功地用于冀东唐山地区生产,达到了快速、灵活、经济的目的。为今后全省大地控制网改造工作打下了基础。省测绘局航测内业队与省交通厅规划设计院合作开展"航测数模技术在公路路线设计中的应用"研究,首次把航测数字化产品应用于公路设计,能够快速直观反映地形要素,为公路选线、施工提供了方便。省测绘局制图队引进感光撕膜片新技术,提高了成图质量,降低了成本,取得了明显的经济效益。省测绘科学研究所承担的省科研项目"多用途地籍信息系统的研究",已基本完成,待省科委鉴定。科学技术的进步,对测绘事业的发展有重要的推动作用。

测绘教育:全省各专业部门开设的大中专学校如河北地质学院、河北农大、河北交通学校、河北建工学院等都设有测量专业或测绘专业课程,每年培养上百名毕业生,补充到测绘队伍。为培养初级专业技术人才,提高现有测绘人员理论知识、业务能力和技术水平,省测绘局 1985 年开办了河北省测绘职工中专学校,采取了学历教育、岗位培训等多种教育形式,几年来已为各部门培养 300 余名测绘人员,回单位后,已成为技术骨干。

(河北省测绘局
执笔:张盛华)

【环境保护】

1991 年,全省广大环保工作者,经过努力,在环境管理、监测科技、环境宣传和规划计划等各个方面都取得了一定的成绩。

(一)制度措施落实,环境管理加强

1991 年同省长签订目标责任制的 11 个地、市的专员、市长,同本地区的 167 个县、区及工业局、公司签定了环保目标责任状,将 15 项环保指标进行了分解、落实。城市环境综合整治定量考核工作已在各省辖市全面铺开。同时全省城市建设共完成投资 6000 万元,完成城市综合整治项目 600 多项。全省集中供热联片采暖面积已达 6600 多万平方米。建成烟尘控制区 194 个,面积 419 平方公里。环境噪声控制区 55 个,面积105.52平方公里,共整治河流 8 条,整治湖泊 3 个。经过评选,石家庄、唐山、邯郸 3 个市的综合整治项目被评为国家城市环境综合整治优秀项目。年内还进一步完善了排污许可证制度的试点工作,全省 15 个城市、603 个单位办理了排污水申报登记手续。按照限期治理制度,共安排治理项目 339 项,完成 191 项,完成项目投资1874万元,完成率为 56%。在治理老污染源方面全省共安排治理资金 1.9 亿元,比上年增长 3.8%,安排治理项目1231个,当年竣工 1074 个,竣工项目新增设计处理能力废水 50 万吨/日,废气 60 万标立米/时,固体废物196 万吨/年。关于污染集中控制制度,邯郸市在国家环保局的支持下,利用丹麦政府赠款建成了日处理6.6万吨的东污水处理厂(氧化沟工程);石家庄市日处理16万吨的桥西污水处理厂正在紧张施工,争取 1993 年按期竣工。

1991 年,全省完成了乡镇企业污染源调查,共调查乡镇企业 25358 个,其中详查 20598 个,各地、市均已写出调查和评价报告,正在建设县级乡镇污染源调查基础数据库,为乡镇企业环境污染的管理提供了技术保障。

(二)广泛进行环境保护宣传,提高全民环境意识

一是各地市充分利用报纸、电视、广播等多种宣传工具,采取"六.五"环境日集中宣传和经常性宣传相结合的办法,广泛宣传环境保护法规、制度和典型经验。举办了环境保护戏剧小品大奖赛;二是环保部门和新华社河北分社联合拍摄制作了展览图片《我们应该这样保护地球—河北省环境保护成就展》;三是协同国家环保局、中央电视台共同拍摄了环境保护专题片《第二资源》;四是积极参加了中国环境科学学会举办的《人类与环境—中国环境保护成就荟萃》河北部分以及河北分卷的编辑工作。"六.五"世界环境日纪念活动中,省人大岳宗泰副主任及常委4人对邯郸市环保工作进行了视察。邯郸市等8个地、市的市长、专员,23个县的县长发表了电视讲话。全省18个地市在"六.五"期间均设置了环境宣传咨询站,共发放宣传材料50多万份。邯郸市、承德地、市及赞皇县还举办了环保知识大奖赛。

(三)环境科研、环境监测取得了新进展

1991年,全省安排环保科研项目12个,已鉴定7个,获奖成果8个。省环保局于4月召开了河北省第三次监测工作会议,进一步明确了环境监测站的职责和任务。各地还按照国家和省的布置对占全省等标污染负荷65%以上的458个重点工业污染源(其中废水污染源177个,废气污染源281个)进行了监督监测,建立了重点污染源动态档案,开始用微机软盘向国家环保局报送各重点污染源的有关数据。

一年来,全省环保产业有了较快发展。目前,全省已有环保企事业单位135家,产值达4亿元,生产环保产品数十种。

(四)环保计划纳入国民经济和社会发展计划

1991年,全省各地制定了环保"八五"计划与十年规划,并分别纳入各地、各级的国民经济与社会发展"八五"计划,这是首次正式纳入全省计划,并开始分解下达到县(市)执行。

1991年全省环保工作取得了一些成绩,但环境质量状况仍然不容乐观。主要城市的大气环境质量还达不到国家规定的三级标准,特别是大气中总悬浮微粒、降尘、二氧化硫等超标严重;地面水监测结果表明,全省38条河流、15座淀库都受到不同程度的污染,流经城市的多数河流如邢台牛尾河、邯郸滏阳河、保定府河等基本上成了城市的排污沟。因超量开采地下水,造成地下水水位下降,形成大面积地下水沉降漏斗,而且局部地区的地下水也受到污染。城市环境噪声和固体废弃物污染也很严重,环境污染事故和污染纠纷明显增多。全年共发生污染事故195次,其中特大事故5次,重大事故14次,污染事故赔罚款总额近490万元。全省地面水、饮用水源地、近海海域及城市环境噪声功能区划工作进展缓慢,排污许可证制度还未能大面积推行;地方法规和标准建设执行乏力;环保投资效益不高;环境管理机构建设仍是困扰我们的老问题,远远不适应日益深化的环境管理工作的需要。

(河北省环保局
执笔:冯海波 赵兰魁
胡俊明 苗育林)

交通运输和邮电

【综述】 1991年,全省交通运输和邮电事业,坚持治理整顿,深化改革的方针,深入开展"质量、品种、效益"年活动,战胜了全国性的洪涝灾害影响,克服了种种困难,充分发挥了"先行官"的作用,并取得了一定成绩。

运输线路不断增长。1991年各种运输线路(铁路、公路、水运、民航、管道)总长度达6.07万公里,比上年增长8.5%。其中,中央铁路达2825.2公里,增长0.3%;地方铁路774公里,增长11.9%。公路4.75万公里,增长9%。输油输气管道1011.5公里,增长2.1%。内河航道75公里,与上年持平,民航里程8568公里,增长10.5%。

铁路、公路。中央铁路在全省的14条干线已全部采用了自动或半自动闭塞方式,大大提高了运输效率。地方铁路,高碑店至易县间的扩轨延伸工程已完成并投入运营。新增公路3824公里。其中,新增高速及二级公路420公里。全省高级及次高级路面增长13.1%,居全国首位。这些均超额完成了省政府有限目标考核指标。

交通运输工具。1991年民用汽车达39.8万辆,比上年增长12%(私人汽车达8.96万辆,占民用汽车总数的22.5%)。其中,普通载货汽车27.1万辆,增长11.2%,载客汽车10.6万辆,增长15.4%;地方铁路机车46台,增加两台,货车388辆,增长4.9%;机动船943艘,增长22.6%,其中,客船781艘,增长39.7%(有80.8%属于私人船舶),货船122艘,拖船40艘。另外,帆船936艘。有13艘大型货轮从事沿海及远洋运输。

港口。秦皇岛港的码头泊位36个,长度6275.6米。唐山港已建成两个泊位。黄骅港的3000吨泊位正在建设。民用航空已开通11条航线。

运输量。在经历了1988年下半年开始的市场疲软及基建规模的紧缩之后,运输市场已有了回升,无论是客货运输量及周转量均有一定的增长。

全社会(五种运输方式)货运量达5.87亿吨,较上年增长0.9%。其中,交通部门完成货运量4880.5万

吨，增长10%；港口吞吐量为723.6万吨，比上年增长4%；货运周转量完成1619亿吨公里，增长4.7%。在货运周转量中，铁路周转量为1291亿吨公里，比上年增长2.8%，公路248.7亿吨公里，增长15.5%，水运52.6亿吨公里，增长8.4%，管道26.2亿吨公里，增长2%。

客运量为2.67亿人，比上年增长3.9%。其中，铁路客运量为0.49亿人，减少3.7%。公路2.17亿人，增长5.8%；客运周转量386亿人公里，增长7.9%。其中，铁路周转量268亿人公里，增长7.6%，公路117.6亿人公里，增长8.5%。

邮电。邮电事业坚持"协调发展、适度超前"的方针，邮电业务量、经济效益、劳动生产率、邮电建设都有了较大发展和明显的提高。1991年全省邮电业务总量完成7.28亿元，比上年增长30.8%；邮包件816万件，增长2%；汇票607.8万张，增长2.1%；订销报纸期发数567.3万份，增长20%；订销杂志期发数412.1万份，增长26.3%；长途电话6855.8万张，增长59.3%；年末市话达到25.28万户，增长27.5%。农村电话达到4.36万户，增长15.7%。在安装的电话中长途直拨用户达到10.4万户，增长2.1%。直拨用户占市话总户数的41.5%。

邮电行业劳动生产率达到17821元/人，增长26%；资金利税率达到11.88%，增长1.01个百分点。新增长途电路2185条，相当于前3年的1.08倍；新增长途交换设备容量6800路端；市话容量增加11.36万门，相当于前两年的1.05倍；新增邮运汽车110多辆。

【铁路】

（一）中央铁路。河北省在北京铁路局管内拥有国营铁路营业线2825公里，正线延展长度为4642公里，与上年相比，基本持平。拥有铁路干线14条，营业长度为2290公里，全部采用自动或半自动闭塞方式。

客运量：1991年铁路客运量完成4816万人，占北京铁路局客运量的35.4%。省内发送人数超过100万人的客运站有：廊坊站116万人；承德站179万人；张家口站191万人；唐山站232万人；沧州站180万人；秦皇岛站200万人；石家庄站789万人；邯郸站255万人；邢台站119万人；保定站291万人。

货物发送量：全年货物发送量完成1.09亿吨，为年计划的101.3%，占北京铁路局货运量的30.5%，与上年相比，少发送货物116万吨。其中煤运量完成3610万吨，比上年减少132万吨；金属矿石发送1395万吨，比上年减少41万吨；矿建物资完成1786万吨，比上年减少97万吨；钢铁、粮食和其他物资的发送则比上年分别增加50万吨、41万吨和46万吨；焦炭、石油、非金属矿石、水泥、木材、棉花、盐等基本与上年持平。

货物到达量：全年通过铁路运输到达河北省的物资为1.59亿吨，比上年增长7.2%。其中煤到达量为1.0亿吨，比上年增长5.6%；金属矿石到达609万吨，比上年增加114万吨；矿建物资到达1032万吨，比上年增加108万吨；水泥、棉花、盐的到达量与上年基本持平。

换算周转量：1991年完成1557.81亿吨公里，占北京铁路局换算周转量的57.8%，比上年增长3.6%，其中旅客周转量完成268.31亿吨公里，比上年增长7.6%，货物周转量完成1289.5亿公里，比上年增长2.8%。

固定资产投资。1991年省内国营铁路基本建设投资完成6381万元，新增固定资产6943万元。主要完成的工作量是京山压煤改线七道桥～坨子头间改建项目，当年计划投资4400万元，全部完成。更新改造项目331个，新开工项目280个，占84.6%，共完成投资1.70亿，新增固定资产1.65亿元。当年施工房屋面积13.59万平方米，竣工7.59万平方米，在完成的更改投资中，生产性投资为1.39亿元，占81.6%。其中石家庄上行出发场完成1080万元，石家庄编组站股道延长完成1166万元，石家庄车辆段完成800万元，磁县等立交桥完成投资701万元。

（二）地方铁路。1991年地方铁路线774公里，比上年增长11.9%。地方铁路建设步伐加快，高碑店至易县间的扩轨延伸工程已完成并投入运营。黄壁庄电厂专用线按期通车，定州换装线投入使用，坨子头至王滩铁路基本竣工。运输能力不断增加。目前拥有机车46台，货车388辆，客车35辆，机车和货车均比上年有所增长。1991年地方铁路完成货运量626万吨，比上年增长4.9%；货物周转量2.04亿吨公里，增长7.9%；客运量34.1万人，旅客周转量967.2万人公里，分别比上年下降23.9%和18.8%。

【公路】

（一）运输生产形势好转，客货运输量增长。1991年全省公路运输企业确保重要物资运输，并积极承揽零散货源。同时，根据经济发展的需要，加快发展零担运输。到年底，零担运输线路达到262条，总里程8.13万公里，零担运输车辆175辆，分别比上年增长11.5%、16.7%和12.9%。客运方面，全省交通部门不断完善客运服务，重视提高客车正班正点，维护了国营企业信誉，提高了经济和社会效益。全省交通部门公路运输全年完成货运量4329万吨，货物周转量27.60亿吨公里，客运量1.36亿人，旅客周转量76.49亿人公里，分别比上年增长10.9%、1.1%、7.1%和13.8%。

（二）运输能力增加，车辆更新改造步伐加快。1991年底，全省民用汽车保有量为39.82万辆，比上年增长12%。其中，载货汽车28.21万辆，载客汽车10.56万辆，比上年分别增长10.8%和15.4%。全省民用拖拉机等其他机动车辆也都有一定增长。在全省民用车辆中，交通部门营运汽车已达到1.82万辆，其中，载客汽车3945辆，比上年增长11.4%；载货汽车1.42万辆。

与陆运并存的还有民用运输船舶（经船检部门检验

颁证)1917艘,其中,客船781艘,1.78万客位;货船1096艘,净载重20.86万吨;拖船40艘,功率7719千瓦。交通部门货船82艘,净载重量16.63万吨;拖船27艘,功率7549千瓦。

企业车辆更新改造步伐加快。1991年全系统共更新载货汽车1014辆,载客汽车244辆。在车辆更新改造工作中,一是提高客车比重,全年购进客车600多辆,使全系统客货车比例由0.25:1提高到0.28:1。二是提高大吨位货车比重,全系统新购入重型货车数百辆。

(三)交通基础设施建设加快。公路建设。新增公路通车里程3824公里,使总里程达到4.74万公里。其中,高速公路、二级汽车专用路总长已达4008公里,年内新增420公里。全省高级、次高级路面里程为2.92万公里,比上年增长13.1%,居全国各省首位。京深高速公路石家庄至清苑段(117公里)10月开通使用,使石家庄至保定两地走行时间缩短近一半。京张公路北京界至半坡街67公里汽车专用路于12月24日正式通车。沧石线、邢临线、平青大线乐亭至滦县城关段、京大线武邑段等二级汽车专用路,唐通线、廊大线、保新线二级公路等新改建工程已竣工交付使用。1991年竣工验收的公路新改建工程项目中,87%达到优良工程标准。

1991年,全省交通部门积极修建地方道路。全省共投资1.8亿元,完成县乡公路及乡村道路路基工程3032公里,新改建油路1833公里、砂石路992公里,桥梁207座,新增92个通油路的乡镇,通油路乡镇已达81.2%,有63个县市实现了乡乡通油路。

客运站点建设。1991年全省公路客运站建设共安排40个项目,年内建成15个。使全省客运站设施老旧、人多拥挤的矛盾得到缓解。

(四)行业管理进一步深化,运输市场治理整顿已见成效。1991年,全省交通部门全面开展了营业性运输单位经营行为的整顿。为解决营业性运力增长过快问题,缓解运输压力,全省首次实施营业性运力增量调控,成效显著。年末全省营运载货汽车为15.99万辆,71.21万吨位,载客汽车1.49万辆,37.32万客位,其增长幅度在近几年属最低水平,运力增长过快势头开始得到控制。

多数地市出台了货运管理办法,货物运输管理得到强化。96.7%的客运车辆纳入了定班、定点、定线"三定"管理。各级运输管理部门还有计划的增加新客运线路,对国营大中型汽车运输企业在线路经营审批上实行倾斜。到年底,全省客车营运线路已达2457条,其中跨省690条,跨区404条,区内1363条,营运总里程4.94万公里。

通过运输市场治理整顿,共清理出无证经营2700多户,公私混挂车4021辆,超范围经营473户,有效地制止了偷漏税费问题。

【民航、港口和水运】 全省民航事业不断发展。1991年民航里程8568公里,比上年增长10.5%。民用航空已开通11条航线,民用航空飞机航行1000多架次,比上年增长1倍。

港口。唐山港七八号泊位已基本建成,其中八号泊位已于8月底按5000吨级简易通航,1992年两泊位均可达到1.5万吨级通航要求。黄骅港两个3000吨级泊位建设进展顺利。

水运。全省沿海和远洋运输企业在大宗货源减少的情况下,采取一航多挂、多港装载以及扩大杂货货源等措施,使生产保持了稳定发展。1991年从事沿海、远洋运输的大型货轮13艘,净载重量13.96万吨。水运货物周转量52.6亿吨公里,比上年增长8.4%。随着地方港口建设,促进了海洋运输业的发展。由省海运公司、唐山市第一运输公司和唐山港务局联合兴办起陆海港联运公司,简化了运输环节,提高了运输效率和经济效益。沧州海运公司成立,新造两艘千吨级货船即将到货,将为实施水上运力在沿海开放地市合理布局做出努力。

【邮电通信】 1991年,全省邮电部门坚持"协调发展,适度超前"的方针,加强生产经营和管理,加快邮电通信建设,通信能力、邮电业务量、社会经济效益都有了较大幅度增长,各项邮电工作取得了明显的成绩。

(一)邮电业务量持续增长,经济效益明显提高。全年完成邮电业务总量7.28亿元,比上年增长30.94%。邮电业务总量中,中央国营计费业务量达6.48亿元,增长30.91%。邮电新业务持续大幅度增长,一些新业务已由成长型转入成熟型,增长速度开始趋缓。邮政快件完成1213.8万件,增长5.3%,特快专递邮件达到3.1万件,增长221.2%,邮政储蓄年末收储余额增长126.7%,集邮业务增长110.3%,无线寻呼用户增长195.9%,移动电话增长540%。长话、市内电话业务持续稳定增长,成为邮电通信的支柱业务,长途电话总张数(含国际港澳电话)完成6934.3万张,增长60.1%;市内电话达到户数25.28万户,增长27.5%。在市内电话用户中,长途直拨有权用户达10.48万户,增长2.14%,长途直拨有权用户占市内电话总户数的41.5%,其中有1.45万可以直拨国际及港澳地区用户。农村电话用户增长15.7%。随着人民生活水平的提高,电话开始进入普通居民家庭,1991年,全省市内电话用户中已有住宅电话5.07万户,增长130.3%,住宅电话占市话总户数的20%。农村电话用户中,私人付费电话达3137户,增长50.3%,农村中私人付费电话占农村电话总户数的7.2%。

1991年全省邮电通信部门加强企业经营管理,经济效益有明显提高。中央国营邮电业务收入达到5.85亿元,为年计划的121.89%,增长43.9%;劳动生产率完成17821 元/人，增长 26%；资金利税率达到11.88%。邮电工业生产稳定发展、实现产值8105万元，比上年增长40%。

(二)加快通信建设，增强综合通信能力。1991年，全省安排固定资产投资3.15亿元，建设项目134个，各级邮电部门认真贯彻执行“协调发展，适度超前”的方针，集中精力解决通信建设中的关键问题。

1、紧紧依靠地方党委、政府的领导支持，充分发挥社会各方面的积极性、创造邮电发展的良好的外部条件。一年来，省政府把邮电业务总量、增加长途电路、市话增容、劳动生产率、资金利税率五项指标列入有限责任目标进行管理和考核，并先后发出文件，要求各地加强农村电话管理和通信行业管理。较好地解决了通信建设中遇到的各种问题。

2、狠抓重点工程建设，加快重点工程进度。长途工程方面，狠抓了交换和传输能力的增强，把石家庄长途扩容工程，当作增强全省长途通信能力的一项关键工程来抓，努力克服设备到货不及时所造成的被动局面，千方百计加快工程进度，于9月下旬投入运行。加快京石太，京石汉微波扩容改造及其配套工程，使京汉广扩容工程在9月竣工。

3、邮电建设进程加快，促进了通信能力的提高。1991年全省新增长途电路2185条，相当于前三年电路增加数之和的1.08倍；新增长途自动交换设备容量6800路端，增长117.25%；市内电话容量增加11.36万门，比上年增长43.61%；新增农村电话容量9350门；全省土建工程竣工5.42万平方米，改、扩、新建邮电局所75处，石家庄北站、秦皇岛、邯郸邮件处理中心相继投产运行，唐山邮件处理中心完成主体工程；新增和更新邮运汽车110辆。

4、装备水平显著提高，程控新技术加速发展。有12个市(县)新增程控容量10.4万门，累计达到23.4万门，所占比重由40%上升到54%。全省自动化水平由上年的89.6%上升到99.3%。进入全国长途电话自动网的市、县由19个增至78个，自动网疏通的话务量在话务总量中所占比重由39.7%上升到54.6%。开通无线寻呼的市县达到24个。农话新增自动交换机1.80万门，累计达到4.9万门。全省省营农话交换点自动化水平由上年的39.3%上升到45.5%。邮政通信继续向机械化、自动化推进，全省地市以上报刊要数汇总处理全部实现微机操作。

(三)深化企业改革，完善企业内部机制。一是进一步完善了承包经营责任制考核办法，增设了国有资产利润率和国有资产增长率两项指标。二是完善了经济核算制分配办法。三是深化企业领导体制的改革，加强了对各企业领导班子的考察和管理。四是坚持宏观调控和微观搞活相结合，开展了工人技师评聘工作，进一步理顺了工资关系，对实行岗位技能工资制度的有关工作，进行了研究探索，改善了职工保险福利待遇，职工生活和工作条件不断改善。

(四)积极推进技术进步，科研工作取得新成果。1991年全省邮电科研部门积极推进技术进步，科技工作取得了新的进展。共完成科研项目9项，推广新成果8项，其中会计核算计算机管理系统已通过邮电部鉴定验收，并在全国推广。

(河北省统计局工业交通物资处
北京铁路局 河北省交通厅
河北省邮电管理局
执笔：陈宝德 张青 王平 曹文)

商业 粮食 物资

【综述】 1991年，全省市场商品供应丰富，物价基本稳定，销售疲软的局面已经扭转，经济效益有所改善，市场运行趋向正常，购销活动稳中见旺。但是，市场正处在新的转折时期，一些深层次问题有待今后进一步研究解决。

(一)市场的主要变化

1、商品供应丰富，供需矛盾缓解。1991年全省农业生产历经风雹、洪涝、病虫、干旱等自然灾害后喜获丰收，工业生产在治整中保持适度、稳步发展，为市场提供了丰富的商品。粮棉油肉菜禽蛋等农副产品货源充裕，穿用工业品品种多、款式新颖。1991年全省社会商业国内纯购进总值335.64亿元，比上年增长18.8%，高出国内纯销售增幅6.8个百分点，其中农副产品购进增长13.1%，工业品购进增长22.2%。在统计的40种主要商品中，购进量比上年增长的有30种。粮食、棉花、食用植物油分别增长28.3%、13.7%和30.7%，猪肉、鲜蛋分别增长11.3%和9.3%；食糖、卷烟、酒、火柴、肥皂、洗衣粉、缝纫机、自行车、彩电、电冰箱等商品增幅高达30%－1.7倍；化肥、农药、农膜等农资商品增幅在22.1－35.4%之间。1991年省外调入商品87.34亿元，比上年增长11%。

1991年市场供需总量失衡的矛盾明显缓解，主要表现在供不应求的商品减少，供求平衡和供过于求的商品大量增加。据对431种商品供求状况的调查分析，供不应求的仅有6种，占1.39%；供求平衡的157种，占36.43%；供过于求的268种，占62.18%。

2、社会需求均衡、稳步增长，与生产、消费同步发展。1991年全省社会商品零售总额实现434.36亿元，比上年增长14.1%，扣除物价上涨因素，实际增长11%，高于1978至1990年12年间的实际增长率3.8

个百分点，恢复到历史正常增长水平；与全省工业产值、劳动工资总额基本同步发展，表明生产、消费、流通之间的发展比例趋于协调。分期观察，呈稳步发展的势头。一季度增长13.1%，二季度增长14.5%，三季度增长13.7%，四季度增长14.8%。

消费品需求稳中见旺，消费结构出现新变化。1991年全省消费品零售额351.35亿元，比上年增长14.1%。吃的商品销售稳定增长，粮食、食用植物油、猪肉、鲜蛋、酒的销售量增幅在4.3%以上，营养、方便、精美、高档的食品发展迅速。名优特新的大件耐用消费品销售活跃，自行车、彩电、电风扇、电冰箱增幅在8.1－18.9%之间，平面直角大屏幕遥控彩电，大冷冻室冰箱，自行车中的彩车、赛车增势领先；空调器、录像机、高级音响、钢琴、金银首饰，以及室内装饰用品、新型厨房用具等商品开始走俏。穿着商品持续向成衣化发展，棉布、棉花化纤混纺布、化纤布等面料销售下降，款式新颖美观，具有时代感的各种服装备受青睐，全省服装的销售量比上年增长7.8%。

农业生产资料销售增加。1991年由于农民增加生产投入，全省农业生产资料零售额达到83.01亿元，比上年增长14%。主要商品的销售量，化肥、农药分别增长14.7%和3.6%；农田作业机具、农用动力和收割机械十分畅销，小型拖拉机增长15.6%，柴油机、电动机分别增长24.3%和23.8%，小收割机增长96.7%，大联合收割机增长2.2倍。

3、物价基本稳定，居民消费心理平稳。1991年，国家加快物价调整步伐，上调钢材、生铁、原油、煤炭价格以及铁路货运价，放开食糖价格，实行水泥价格并轨，同时大幅度地调高了平价粮油的销价。由于市场货源充裕，供求关系明显改善，市场物价总水平仍然保持了平稳状态，居民消费心理稳定。全年全省零售物价总指数为102.8，比上年上涨2.8%。

4、国合商业主渠道作用有所增强，个体商业进一步发展，市场竞争更加激烈。1991年全省国合商业在资金紧张、经营艰难的困境中，积极探索，勇于开拓，增强竞争意识，强化整体功能，在商品流通领域中的主渠道作用有所增强。全年商品零售额实现221.35亿元，比上年增长13.2%。与此同时，个体商业以其自主经营、自负盈亏、买卖灵活的特点，在市场竞争中进一步发展，全年商品零售额实现65.23亿元，比上年增长18.2%。

5、地方产品收购和开拓省外市场取得进展。1991年全省商业、供销系统为支持我省工业生产的发展，扶持地方产品市场，积极落实省政府有限目标责任制，克服困难，努力增加收购，全年省内工业品纯购进54.1亿元，比上年增长26.7%；占工业品纯购进的比重为47.9%，比上年上升1.7个百分点。1991年全省社会商业调往省外商品52.49亿元，比上年增长31.4%，高出省外调入商品增幅15.5个百分点，表明全省商业部门开拓省外市场取得一定的进展。

6、市场建设迈出新步伐。1991年全省商业、饮食业、服务业机构66.91万个，比上年增长4.4%；从业人员196.19万人，增长4.7%。其中商业机构51.23万个，增长4.1%；人员155.89万人，增长4.7%。饮食业机构8.28万个，增长4.8%；人员24.03万人，增长6.2%。服务业机构7.4万个，增长5.7%；人员16.27万人，增长2.8%。

从所有制看，全民所有制商业、饮食业、服务业机构2.16万个，人员40.6万人，分别比上年增长1.9%和5.7%。集体所有制机构6.05万个，人员50.7万人，分别比上年下降2.6%和1.1%。个体机构58.7万个，人员102.83万人，分别比上年增长5.2%和5.4%。

7、商业经济效益趋向好转。1991年全省国合商业销售百元商品开支的费用7.18元，比上年下降2%；销售百元商品亏损0.27元，比上年减亏77.7%；补贴前全部企业亏损额2.35亿元，减亏66.2%；补贴前商业企业亏损单位的亏损额4.07亿元，减亏3.4%。

(二)存在的主要问题。

1、市场发展的平衡度比较低，农村消费品市场回升缓慢。1991年全省农村消费品零售额178.19亿元，比上年增长8.8%，比城市增幅低11.3个百分点，比上年差距加大4.4个百分点。农村市场回升缓慢的原因，除城乡居民消费结构存在差别，农民购买力分流到城市增多外，根本原因还在于近几年农民收入增长缓慢，城乡居民收入差距进一步扩大。据统计，1991年全省城镇居民人均生活费收入达到1489.3元，农村居民613.8元，城镇比农村高1.4倍。如果以农民生活费收入为1，1985－1991年城乡居民生活费收入之比为1：1.87、1：1.97、1：2.04、1：2.09、1：2.25、1：2.35、1：2.43。1991年城市职工工资现金收入203.6亿元，增长13.7%，而农民出售农副产品现金收入117.5亿元，增长9.7%，相差4个百分点。

2、“三角债”前清后欠，商业结算资金占用居高不下。据省商业厅统计，11月末全省结算资金占用突破21.4亿元，比上年同期增长15.8%，相当于本月销售总额的1.5倍；占全部流动资金的比重高达38%，比上年同期上升2个百分点。国营二级批发企业表现更为突出，11月末全省国营百货系统二级批发企业结算资金占全部流动资金的比重高达48.7%。结算资金持续增加的主要原因：一是国营批发企业在多渠道竞争的情况下，步履维艰，经营困难，推销处理商品比重较大；二是银行强化结算监督措施不到位，无理拒付问题没有真正得到解决；三是企业之间无合同购销业务比重较大，给合理仲裁带来很大困难。

3、产品供给的结构性矛盾比较突出，成为制约市场持续稳步发展的重要因素。从生产领域看，工业企业虽然在调整产品结构方面作了很大努力，但进展比较缓慢。一方面在供给产品中还有相当部分属于质次价高，不适销对路的无效供给；另一方面市场上出现了一些新产品，但商品总体结构并无大的改观，尤其是缺乏象80年代彩电、冰箱、洗衣机等能够左右市场，吸引购买力的新产品。据上半年对千户居民储蓄意向调查，由于买不到满意商品而不得已存入银行的户占10%，被迫储蓄额占这些家庭全部储蓄额的17.8%。

从流通领域看，12月末全省社会商业库存总值162.15亿元，比年初增长10.3%，库存结构虽有改善，但结构性矛盾依然突出，一些商品的库存量偏高或积压。棉布、棉花化纤混纺布、呢绒、绸缎、针织内衣裤的库存量虽然下降，但从可供销售的时间看，可供销售8－10个月；胶鞋增长4.2%，可销售13个月；火柴、缝纫机、手表、彩电、录音机、电风扇、洗衣机、电冰箱增幅在8.3%－1.9倍之间，可供销售4－8个月。据调查，零售企业有问题商品库存占10%左右，许多批发企业少则20－30%，多则50%以上。

根据1991年市场存在的主要问题，要保持1992年市场稳步协调发展，必须做好三个方面的工作：一是切实加快调整产品结构的步伐，用更多的新产品吸引购买力；二是从增加农民收入入手，进一步开拓农村市场；三是改善流通秩序，培育和完善有计划商品经济的市场机制。

（河北省统计局财贸处

执笔：张文阁）

【国营商业】 1991年，全省商业系统坚持改革转变观念，振奋精神，拼搏进取，商业工作取得了可喜成绩。

（一）商业购销和市场供应明显好转。1991年商业系统商品总销售完成133.42亿元，增长6.23%；商品零售额完成61.18亿元，增长12.42%；商品总购进完成117.81亿元，比上年增长9.38%。年初确定的总购进、总销售分别增长6%和零售额增长8%的计划目标，在市场供求总量矛盾缓解、商品货源日益充裕的形势下，商业部门针对消费需求新变化，千方百计调整经营结构，名优特新高商品经营比重明显提高，全省市场呈现一派繁荣景象。在副食品供应上，各级商业部门下力气抓了基地建设和分割肉、猪副产品小包装等达50个品种以上，加工产品同比增长15%；上市熟肉制品品种增长1倍多，产量增长41.07%，国营熟肉制品市场占有率达到40%。城市蔬菜供应基本保持了淡季不淡、旺季不烂、价格稳定、品种较全的良好局面。

（二）商业经济效益明显提高。商业部门认真开展了“质量、品种、效益年”活动，突出了扩销、挖潜、扭亏等重点工作，取得明显效果。全系统主要经济效益指标完成情况明显好于上年，实现利税总额3.53亿元，比上年增长23.5%；上缴利税3.28亿元，比上年增长10%；补贴前实现利润6522万元，比上年增长1.95倍。政策性亏损比上年压缩12.5%，经营性亏损减少12.16%。全年共处理有问题商品2.9亿元，全系统组织开展了“三清一整顿”，清出各种有问题资金4.7亿元，基本澄清了家底，一些地市制定出了补救措施。

（三）商业改革有了新的发展。1991年，商业系统重点抓了以工业品经营集团化，县级商业整体化，农副产品产、供、销一体化为内容的“三化”改革。共建立各类企业集团44个，有858个企业参加了全国性或跨省的专业集团。其中，省公司牵头的有10个，吸收地市批发企业30个；以原二级站或其它大中型批发企业为龙头的34个，吸收县级批发和大中型零售企业1000多个。由省百货公司牵头组织全省百货批发企业，与天津、张家口市的铝制品厂组建联销集团后，7个月销售740多万元，多创利30多万元。企业二轮承包进一步规范完善，有近70%的承包企业实行全程管理，同时探索了其它形式的企业改革。

（四）企业管理不断加强。为全面提高企业经营管理水平，全系统继续推行了规范化管理，有109个单位进行了规范运转试点，530个企业编写了管理规范，99个企业正式投入运转。同时还抓了科学管理和现代化管理方法的学习运用，有900多个企业推行了各种形式现代化管理方法。全省信息工作不断发展，又增置了一批先进设施，开展了中长期经营预测和运用微机参与管理的工作，收到良好效果。全省又有2个企业晋升为国家二级企业，13个企业晋升为省级先进企业，全省共有国家二级企业7个，省级先进企业43个。在精神文明建设中，全系统广泛开展了文明经商、优质服务、创建无假冒商品商店活动，被地市以上部门授予先进称号的单位累计达1330个，其中文明单位343个，无假冒商品单位183个，物价计量和执法政策最佳单位386个，消费者信得过单位209个。

（五）国营商业经营实力日益壮大。各地市狠抓市场网点建设和改造，先后有141家新建商场商店开业，扩建改造了258个网点，共投资1.63亿元，新增加营业面积15.5万平方米。目前，省辖市的闹市区或主要街道，已形成一批以大型综合商场、中型专业门店为主的商业群；不少县（市）也建设了规模较大的综合商场，店容店貌明显改观。1991年全系统新增固定资产1.6亿元，固定资产原值总额19.5亿元。经营实力的增强，为扩大购销、提高效益创造了重要条件，这是流通领域发展壮大公有制经济的重要体现。

（六）商办工业和商业科技发展步伐加快。1991年，全省商办工业技改投资达4000万元，引进国外加工生产设备17台套，开发新产品23个，18项达国内先进水平。出现了一批利税大户和行业领头企业，如石家庄食品四厂几年内可望成为产值超亿元，利税超千万元的企业；石家庄副食一厂在全国酿造业居于领先地位；邱氏鼠药已出口独联体国家，年创利超过200万元；承德商机公司的产品已形成7大系列，几百个规格型号，其中两个品种获得国优金牌和国际博览会金奖，现已成为拥有饭店、商场、施工队、与外商合资办企业的综合性经济实体。商业科技工作也取得一定成效，有14个科研项目列入省部级攻关项目，组织鉴定的11项科研成果中，有8项达到国际或国内先进水平，6项获部、省厅科技进步奖，1项列为省重点推广项目。

(七)饮食服务业拓宽了经营领域。全省饮食服务行业引进名优品种150余种，创新品种120余种，恢复传统菜点90余种；开办了国内旅游、红白喜事配套服务、家庭筵席等业务；新增了照相、理发、浴池、洗染行业的多功能系列化服务项目；开发了室内装修、搬家公司等新行业；扩大了向国外烹饪技术劳务输出；浴池业开始扭转亏损状况。在全国酒店业50强和饮食业50强中，河北省占了9家，全年饮食服务业营业收入8.06亿元，实现利润3542万元，分别比上年增长16.5%和24.2%。

1991年全省商业工作取得了可喜的成绩，但还存在一些问题，如部分企业经营思想和经营作风转变得还很不够，"坐店经商"、"等客上门"的陋习还有；一些分配不公现象还依然存在；个别原二级批发企业亏损严重。

(河北省商业厅

执笔：贾朝勃)

【供销合作事业】

1991年供销社系统以强化服务，开拓市场，加强管理，提高效益为工作重点，较好地发挥了农村商品流通主渠道和支援农业主力军的作用。供销社企业效益、社会效益都得到了提高。

(一)商品流转规模扩大，经营状况好转。1991年全省供销社商品纯购进152亿元，比上年增长13.5%；商品纯销售165亿元，比上年增长14.5%；直接对城乡居民及社会集团零售76亿元，比上年增长6.9%，占全社会零售总额的17.0%。经营状况明显好转：实现利润总额2.3亿元，比上年增长9.5%，费用水平下降0.52个百分点，亏损单位减少85个，扭转了连续两年效益滑坡的被动局面。

(二)搞好收购、解决"卖难"，支持生产。全省供销社充分利用3400个收购点，全年收购农副产品54.2亿元，比上年增长15%，占社会商业农副产品收购总值的比重由上年的43.2%，上升到45.8%，增加2.6个百分点。棉麻类收购36.1亿元，占农副产品收购总值的69%，比上年增长16.8%。供销社认真落实收购政策，执行国家收棉政策，全年收购皮棉54万吨，棉短绒2.2万吨，分别比上年增长14%、1.3%。供销社在政策允许的范围内，积极参与议价粮油经营，收购额逐年扩大，1991年收购额为5.2亿元，比上年增长16.8%。工业产品压库是搞活国营大中型企业的主要障碍。供销社系统采取积极措施配合纺织等工业部门解决压库问题，全年直接从工业生产部门购进商品43.2亿元，比上年增长28.5%，其中省内产品32亿元，超额9.2%完成了省政府下达的有限目标任务。

(三)完善农业社会化服务体系，巩固了供销社在农村市场的阵地。全系统着力于解决家庭经营与社会化服务的断层，在抓好村级综合服务站建设的同时，多种形式的服务活动进一步完善，主要表现在以下五个方面：一是以供销社为依托，联合其他部门建立承包集团，开展技物结合、全程服务，共建立各种形式的联合承包集团626个，承包粮、棉、菜、果726万亩，畜禽143万头(只)；二是围绕骨干产品，以加工和销售为龙头组织产业集团，开展产供销一体化服务，扶持建起牛、羊、家禽、蔬菜、食用菌等商品基地85个，使产供销一体化服务由点到面，初具规模；三是联合同一行业或同一产品的生产者，建立各种类型的专业合作经济组织，开展专业化服务，全省各种专业合作社、专业协会发展到2300多个；四是以预约定购、合同供应为基础，辅之以测土施肥、配方用药等技术措施，开展农资系列化服务，在三级农资服务网的基础上，全系统共投资700多万元，建成庄稼医院401所，把农资服务提高到一个新的水平；五是以基层社为依托，融信息、物资、技术、加工、储运、资金、租赁、维修等功能为一体，开展综合服务，涌现出了一批先进典型，它们正在发挥着越来越大的示范带头作用。

(四)建设市场、管理市场、改善设施，增强了自身竞争能力。供销社做为农村市场的主体，提高自身经营"硬件"的现代化水平，也是发展农村市场的重要部分。第一、目前供销社采取多种形式建立起农副产品批发交易市场156个，其中自办和联办的较大规模的批发市场已达23个。张家口市、石家庄市、沧州市的果品批发市场，以及巨鹿县神堂坡的废旧物资市场已成为供销社和当地商品流通的重要发展因素。第二、改造原有基层网点，建立和完善新型的村级综合服务站。全系统共投入7379万元的资 金和设备，建起村级综合服务站4229个，占全省200户以上村的16.1%。供销社为适应农村购买力逐步向城镇转移的新形势，积极强化城镇工业品经营和设施建设，全省共在城镇建立大中型商场130个，年销售额达25亿元。

为了切实担负起国家委托供销社的农资专营、棉花经营和食盐专卖任务，供销社在抓经营的同时，还积极参与市场管理。已有46个县市供销社主动与工商部门联合建立了行业管理组织。

(五)突出重点抓管理，商工基础得到加强。供销社在不断改善财务、计统、物价、人事等专业管理的同时，重点抓了清商品、清资金、清帐目的"三清"工作，清理收回有问题资金、压缩结算资金，盘活资金2.4亿元。推行保本、保利的“双保”分析成效显著。省社系统“双保”分析企业占企业总数的40%。处理专项挂帐损失807万元，消灭亏损企业78个，减亏2448万元，费用率下降0.58个百分点。以科技为先导，以市场为导向，抓了社办工业的调整管理和技术改造，使之向技术先进型、出口创汇型转变，向深加工、精加工和系列化加工发展。省社系统包括社办工业在内，已有国家二级企业4个，省级先进企业58个，地、市级先进企业123个，有100种社办工业产品获地、市级以上优质产品称号。

（六）外向型经济进一步发展。1991年对外贸易总额10.2亿元，其中出口6.7亿元，比上年增长18.6%。目前供销社系统已有5家合资企业运转换汇。

供销社当前存在的主要问题是：主渠道的进一步发挥受到限制，主要原因一是经济包袱沉重。1991年末省社系统待处理损失7.46亿元，比年初增加1.8亿元，一些企业因经济效益差，难以按规定摊销费用，致使全系统待摊费用额达2.57亿元，比年初增加0.88亿元。另外结算资金占用32.06亿元，占全部流动资金余额的25.3%，“三角债”前清后欠问题突出。二是全省2521个基层社中的多数，仍以五六十年代的设施维持经营，而目前企业经营难、利润少，留利更是微乎其微，因此经营、仓储设施差，难以“蓄水”。三是封锁割据尤存。非国家明令的统专营商品如糖、酒、生猪、议价粮油、烟叶、中药材、废钢铁、农机、柴油、录像机及外贸出口的核桃、板栗、蚕茧等多种商品，供销社在经营上仍受到主管部门程度不同的限制。四是供销社进货、定价、分配、代扣税、上缴利税方式等方面都受到国家的严格管理，竞争起点不平等。五是专营难。农资商品工厂自销多，供货计划难落实，个体及其它部门农资经营屡禁不止。1991年全省农资零售额中除供销社、农机两大系统外，其它渠道零售27.9亿元，占社会农资零售额的33.8%。

【粮食】 1991年的粮食工作，坚持搞活流通、支持生产、服务消费的指导思想，深入开展“质量、品种、效益年”活动，重点抓了粮价改革、大上多种经营、仓库建设和安全储粮四方面工作，取得了收购总量创历史最高水平的成绩。

（一）粮油购销调拨任务完成较好

1、平价粮油，全年粮食收购完成245.09万吨，其中，定购238.42万吨，完成省对地、市分配定购任务的102.8%。粮食“议转平”完成88.53万吨。

粮食销售365.48万吨，占省对地、市安排销售计划的125.3%。其中，非农业销售289.46万吨，农业销售76.02万吨。

食油收购8.91万吨，占省对地、市分配任务的128.9%；食油销售6.26万吨，占省对地、市分配销售计划的81.8%。

粮食调拨和出口。中央安排河北省包干调入粮食15万吨，实际接收调入和进口完成16.5万吨；调出省外和出口完成60.44万吨。

2、议价粮油，全年议购粮食491.58万吨，比上年增加219.1万吨；议销粮食174.52万吨，比上年增加24.53万吨。议购食油12.82万吨，比上年减少0.39万吨；议销食油9.64万吨，比上年减少1.96万吨。在市场经营困难比较多的情况下，议价粮食购销都比上年增加，对支持粮食生产、保护农民种粮积极性，活跃城乡粮食市场起到了国营粮食部门主渠道的作用。

（二）粮油销售提价改革平稳出台

国务院决定1991年5月，提高粮食统销价格，食油实行购销同价。1992年4月，实行粮食购销同价，这是粮油价格改革的重大步骤。全省各级政府高度重视，在价改出台前，各级粮食部门积极组织货源，加强调拨，特别是在群众购粮高潮，城镇粮店普遍延长营业时间，昼夜奋战，粮食供应工作顺利进行，保证了价改的顺利出台。

（三）转变观念，多种经营

面对深化改革给粮食企业带来的新形势、新问题，着重抓了转变思想观念，积极发展多种经营。一是在三四月份省局组织参观团到南方进行学习考察，通过参观学习，转变了观念，增强了粮食企业发展后劲；二是委托广东省粮食学校分4批代培了全省地、市、县、区粮食局长216人，解放了思想，开阔了眼界，坚定了转轨变型的决心和信心；三是在9月召开了全省“发扬玉田精神，开展多种经营经验交流会议”，进一步发动全省粮食干部职工认清形势，转变思想，增强危机感、紧迫感和使命感。并举办了全省粮食系统多种经营成果展览，召开了粮食部门发展多种经营项目新闻发布会，征得了有关部门和新闻单位的大力支持；四是全省粮食系统多种经营会议后，各地层层发动，群策群力，制订规划，联系项目，积极为发展多种经营作准备。据不完全统计，全省粮食系统已初步建议立项的多种经营项目228个。1991年安排科研项目11项，已完成5项。获科研成果14项，其中4项达到国内先进水平，5项为开发新产品。全省粮食系统共评出部省优产品14个，其中部优产品10个，还评出食品省优秀新产品4个。

（四）仓储保管和仓房建设取得新进展

1991年在仓储设施严重不足、库存增加、露天存粮增加的严峻形势下，粮食系统加强了粮油保管工作，通过翻捣晾晒、机械通风、加工整理等措施，处理潮粮110万吨。科学保粮率达到80%，比上年提高1个百分点。确保了库存粮油安全渡汛、渡夏。同时，各级粮食部门大力开展了农村储粮服务工作，据不完全统计，组织服务队帮助农民安全储粮75万吨。

在搞好仓储保管的同时，抓紧了仓房建设。在保证建仓质量的前提下，加快了施工进度。1991年全省安排建仓投资7238万元，已有40%投入使用。

（五）继续开展学玉田粮库活动，精神文明建设取得新的成绩

一年来，学玉田活动向纵深发展，并与加强企业规范化管理相结合，已有41个县市1100个企业改变了脏乱差面貌，有341个库站实现了仓储管理规范化。石家庄市第一配合饲料厂晋升为“国家二级企业”，有11个企业晋升为“省级先进企业”。有24个企业通过省级和省局级全面质量管理达标验收，有9个达到标准化定级企业。审计、监察工作进一步加强，干部职工的职业道德观念和法制纪律观念进一步增强，服务质量有所提高。

（河北省粮食局
执笔：王霭林 陈希昌）

【集市贸易】 1991年，全省各级工商行政管理部门坚持以经济建设为中心，大力加强市场建设，积极培育市场体系，城乡集贸市场出现了良好的发展势头。商品购销兴旺，成交额、成交量同步增长，市场物价基本稳定，取得了较好的经济效益和社会效益。

（一）集贸市场建设再掀新高潮。为适应进一步解放思想，深化改革，转换机制，搞活流通环节的新形势，抓集贸市场建设，已成为人们的共识。1991年全省集贸市场建设掀起了自1984年以来第二个新高潮，当年集贸市场投资额达到2.58亿元，占历年投资额总数的27.8%，为历年投资额最多的年份。全年新建集贸市场284个，其中棚顶市场97个，室内市场77个。为方便和丰富人民的夜间生活，各地、市还因势利导，开办夜市，这种趋势呈继续发展的势头。

集贸市场结构日趋合理。1991年末全省共有集贸市场3288个，其中综合集贸市场2956个，工业品专业市场89个，农副产品专业市场149个，初步形成了一个与城市“菜篮子”工程相配套，以农副产品为依托的市场体系。对疏通城乡商品流通渠道，繁荣经济发挥了重要作用。

（二）集市贸易繁荣活跃，成交额创历史最好水平。1991年全省集贸市场成交额128.49亿元，比上年增长28.3%；占社会商品零售总额的比重为30.1%，比上年上升3.7个百分点。其中城市成交额52.48亿元，增长38.5%；农村成交额76.02亿元，增长22.1%。集市贸易的主要特点是：一是综合集贸市场商品丰富，交易异常活跃，成交额达94.46亿元，比上年增长18.7%。二是工业品市场为搞活国营大中型企业积极发挥作用，成为推销压库产品的重要渠道。工业品类成交额45.86亿元，比上年增长26.1%。三是15大类商品成交额与上年相比均有增长。其中粮食3.85亿元，增长28.4%；肉食禽蛋18.98亿元，增长20.5%；水产品5.77亿元，增长31.6%；蔬菜14亿元，增长37.2%。四是成交额呈逐季增加之势，第四季度成交额37.91亿元，比第三季度增加7.01亿元，增长22.7%。

集贸市场繁荣活跃的主要原因：一是由于全省农业连年丰收，主要农副产品的成交量增长。粮食类成交46.95万吨，增长54.8%；肉禽蛋类35.62万吨，增长11.4%；水产品类13.93万吨，增长5.7%；蔬菜类18.65万吨，增长7.0%；干鲜果类90.65万吨，增长31.4%。二是集贸市场向多层次发展，一些国营、集体企业开始重视和利用集贸市场，参与市场竞争，拓宽了流通渠道，活跃了集贸市场。三是集贸市场的新建、改建、扩建为商品流通提供了良好的条件。

（三）集贸市场物价基本稳定，城市增幅高于农村。1991年城市物价指数为102.81%，农村为100.88%，城市高于农村1.93个百分点。从整个集贸市场主要商品成交价格看，与人民群众生活密切相关的农副产品，如粮食、食用油、蛋类均低于上年水平；肉类、蔬菜类和仔猪价格均高于上年水平，其中猪肉价格城市上升8.93%，农村上升8.13%；仔猪价格上升25.8%。

（四）集市贸易在国民经济中的重要作用日益显著。集市贸易同国营商业和集体商业成“三足鼎立”之势，成为活跃流通、繁荣经济的重要渠道，1991年全省集市贸易成交额占社会商品零售总额的比重为30.1%，比国营商业低3.5个百分点，比集体商业高6个百分点。集贸市场成为城市居民丰富“菜篮子”不可缺少的重要购物场所，1991年全省城市集贸市场主要副食品成交量占城市总销售量的比重分别是：猪肉51.2%，羊肉69.4%，牛肉75.2%，鲜蛋90.6%，鸡鸭鹅88.6%，水产品93.1%，蔬菜81.4%，干鲜果83.5%。集市贸易增加了国家财政收入，1991年全省集贸市场税收额达到2.43亿元，高于上年水平。从改革和发展的角度看，集市贸易势必成为国营企业转换经营机制，大胆参与市场竞争的重要发展方向。

预计1992年全省集市贸易会有更快的发展，主要依据是：我国实行的是计划经济与市场调节相结合的运行机制，国营企业积极进入集贸市场参与竞争，将会进一步扩大市场调节的范围；人们消费水平的提高，消费结构和消费方式的变化，对集贸市场的依赖性越来越大；集贸市场价格总体平稳，将呈现升降交替的变化规律。

（河北省统计局财贸处
河北省工商行政管理局
执笔：许殊 张文阁 傅玉水）

【物资】 1991年，全省物资部门深化改革，广开资源渠道，扩大市场范围，增强了物资企业经营活力，促进了全省物资工作稳步发展。

（一）积极组织资源，保障全省工农业生产建设需要。1991年，全省物资部门组织各种物资资源总额达

135.6亿元，比上年增长22.5%。19种主要物资中有13种增加。其中：煤炭增加246万吨、钢材增加80.7万吨、水泥增加18.5万吨、轮胎增加3.8万套、各种汽车增加1.16万辆。

在全部物资资源中，计划外资源112.8亿元，比上年增长39.2%。占总资源额的比重为83.2%，比上年提高10个百分点。19种主要物资中有15种增加，其中：煤炭比上年增加246万吨、钢材增加93.7万吨、水泥增36万吨、五种有色金属增加0.5万吨、各种汽车增加1.21万辆。

1991年物资部门组织直达和中转供应全省的全部物资总额为124.9亿元，比上年增长17.4%。19种主要物资中有15种增加。其中：煤炭2246万吨，比上年增加186万吨；钢材216.4万吨，比上年增加57.1万吨；木材137万立方米，比上年增加0.6万立方米；水泥209.9万吨，比上年增加17.2万吨；各种有色金属2.2万吨，比上年增加0.2万吨；轮胎26.3万套，比上年增加2.5万套；各种汽车3.04万辆，比上年增加0.47万辆。

在全部物资供应总额中，计划外供应99.8亿元，比上年增长26.7%。占全部供应总额的比重为79.8%，比上年提高6个百分点，19种主要物资中有17种增加。供应的主要物资有：煤炭、钢材、木材、水泥、各种有色金属、纯碱、轮胎、各种汽车。

在全部供应总额中，供应农村17.5亿元，比上年增长25.9%. 占全部物资供应总额的比重为14%，比上年提高了0.9个百分点。

(二)立足本省开拓市场，物资系统购销两旺。1991年全省物资系统购销总额分别为159.7亿元和171.7亿元，均达到历史最高水平，比上年分别增长32.8%和31.1%。在购销总额中，纯购纯销分别为129.5亿元和144.5亿元，分别比上年增长33.7%和31.2%，扭转了连续两年徘徊不前的局面，社会经济效益和物资系统自身经济效益得到同步提高。财务指标显示，全年全省物资系统共实现利润净额1.8亿元，比上年增长12.6%；全年物资系统费用水平为6.33%，比上年下降了1.16个百分点。

从33种主要物资销售量看，有18种比上年增长。其中：煤炭比上年净增214万吨、钢材净增96.8万吨、木材减少4.4万立米、水泥净增22.3万吨、五种有色金属净增0.3万吨、橡胶净增1.6万吨、轮胎净增1.5万套、各种汽车净增1.39万辆。

1991年，全省物资系统按照国家和省产业政策要求，继续对全省大中型生产企业、利税大户及重点建设项目，实行倾斜供应。坚持品种规格上优先，价格上优惠，时间数量上保证。供应方式上主要采用了配套承包供应、“三定一送”供应、让利拆零供应等。一年中，多次参加全国和组织全省物资交易会、展销会，积极为全省组织对路资源，帮助省内企业推销产品。1991年以现货和期货等形式，为省内企业推销产品总额53.2亿元。

在保证省内生产建设需要的同时，积极开拓省外市场，增强了对外辐射能力。1991年全省物资系统销往省外的物资总额为30亿元，比1990年增长61%。销往省外的主要物资有：煤炭143万吨，钢材74万吨，各种汽车1.17万辆，橡胶、木材、水泥销往省外分别为1.1万吨、7.5万立方米、10.7万吨。

(三)价格指数趋势平稳，计划内、外平均水平倒挂。1991年全省物资系统销售综合平均价格水平与上年相比略有上升，上升幅度为1.45%。其中：计划内为9.11%、计划外为0.41%。购进综合平均价格水平比上年上升2.88%。其中：计划内为15.14%、计划外为1.20%。表明综合平均价格水平销售低于购进，购销差率进一步缩小。

从分季度情况看，购销综合平均价格水平逐季上升。购进从第一季度的2.70%，上升到第四季度的3.81%；销售从第一季度的－0.33%，上升到第四季度的3.32%。计划内、外综合平均价格水平呈相反方向。计划内逐季下降，购进由第一季度的19.33%、下降到第四季度的8.72%；销售由第一季度的10.58%，下降到第四季度的5.13%。计划外呈逐季上升趋势，购进由第一季度－0.43%，上升到第四季度的3.10%；销售由第一季度的－1.99%，上升到第四季度的3.03%。

从13种主要物资综合平均价格水平看，9种物资的销售平均水平低于购进平均水平。与上年相比，7种物资销售平均水平下降，其余6种上升，其中：各种汽车上升20.21%，另外五种上升幅度在0.20%至9.30%之间。

(四)年末库存总额比年初略有上升，全年平均库存周转加快。年末，全省物资系统全部物资库存总额为18.4亿元，比年初净增0.47亿元，上升2.6%。如剔除物价影响因素，年末比年初仅上升0.9%。库存增长过快的势头得到了控制。全年平均库存周转9.14次，比上年加快2.19次，每次周转减少了13天。

从主要物资库存量年末比年初变化看，十八种主要物资中上升和下降的各占一半。其中：煤炭年末库存比年初净增98万吨；钢材净增1万吨；各种汽车净增753辆；生铁减少0.4万吨；烧碱减少0.2万吨；纯碱减少0.4万吨；水泥减少3.7万吨；木材减少26.9万立方米，下降49%。

年末库存总额可供销售期仅为42天，比上年减少13天、为历史最低水平。其中：生铁和各种汽车年末库存可供销售期与上年持平；钢材、铝、纯碱、橡胶、水泥、木材减少7天到68天；煤炭、铜、锌、烧碱增加8天到26天。

(河北省物资局
执笔：宋志赓)

外贸 侨务 旅游

【进出口贸易】

1991年，全省对外贸易发展较快，进出口总额增长，结构有明显改善，扭转了连续多年亏损的被动局面。

(一)进口到货和出口成交均有增长。1991年是全省外贸系统转换经营机制，实行自负盈亏的一年。外贸部门完善承包措施，强化经营管理意识，采取灵活方式，推动进出口贸易的开展。1991年进出口总值20.14亿美元，比上年增长3.17%，其中，进口总值2.75亿美元，比上年增长27.9%；出口总值17.39亿美元，增长0.1%，(杂货完成13.33亿美元，比上年增长6.14%)。粮油、服装、丝绸、工艺、五矿、机械设备、农机等大类商品都比上年分别增长8.0%、4.54%、10.56%、13.31%、2.36%、8.15%、19.38%。

(二)出口商品结构明显改善。1991年产业产品结构调整；促进了出口商品结构的改善。从出口初级产品向加工制成品转化，在杂货出口绝对额继续增长的情况下，服装、医药、机械畜产品类商品出口比重分别比上年增长0.33、0.2、0.2、0.44个百分点。粮油、食品两类商品分别下降0.6和0.4个百分点。1991年大宗骨干和名优出口商品增多，在出口16类商品中创汇在5000万美元以上的商品1988年有五大类。1991年达到11类，占杂货出口总值的86.3%，比1988年提高11个百分点。三资企业出口总值6087万美元，比1988年增长2.2倍，每年平均增长47.26%。

(三)出口商品收购形势趋旺。1991年，全省出口商品收购总额81.71亿元，其中，供本省口岸64.16亿元，比上年增长7.65%。16类主要商品收购量中，除工艺品外全部比上年增长。其中增长15%以上的有：粮油类、畜产、轻工、五矿、有色金属和电子6类商品。

(四)进出口贸易经济效益提高。实行新的外贸机制以后，在进出口总值增长，出口商品收购价格上升，国际市场价格波动较大的情况下，及时制定改革配套措施，完善目标经营责任制，对创汇任务、出口商品收购额、利税率、费用水平、流动资金占用等项经济指标进行层层分解，认真考核，并与工资、奖惩挂钩，激发了广大职工的积极性，经营管理水平不断提高，进出口商品流通费用和成本都呈下降趋势。自营出口销售收入9.08亿美元，比上年增长2.5%，出口每美元商品的成本由上年的5.60元，降为5.56元，出口费用水平5.16%，比上年下降0.55个百分点，进口费用水平6.02%，比上年下降0.47个百分点，现汇贸易出口每美元成本由上年的5.91元，降为5.16元。一年来，全省外经系统开展了以提高经济效益、实现自负盈亏为中心的“质量、品种、效益”年活动，在经营管理上加大改革力度，努力调整出口商品结构，压缩商品库存，节约费用开支，经营性亏损大幅度减少，削除历年亏损累计因素，在1990年亏损8.49亿元的条件下，1991年实现利润4383万元，是近年来外贸经济效益最好年份。

【利用外资、引进技术】

1991年全省紧紧抓住机遇，实行多元化开放，利用外资和引进技术取得新进展。一年来各地区、各部门广开对外合作领域，兴办“三资”企业，发展“三来一补”，不仅弥补了建设资金的不足，同时引进一批先进技术，增强出口创汇能力和经济发展后劲，1991年全省新签协议289项，合同金额达1.93亿美元，实际利用外资4437万美元，“三来一补”等项目其他投资金额达1123万美元，综观全省利用外资工作有如下几个特点：

(一)独资企业发展快，合资企业比重大。1991年底，全省独资企业累计32家，当年批准22家，比上年增长3.57倍，协议外资金额1396万美元，增长21.39%。合资企业累计达260家，比上年增长2.14倍，协议外资金额17008万美元增长21.39%。

(二)要求投资的国家和地区不断增加，台商已成为仅次于港商的投资大户。1991年底，累计投资的国家和地区18个。近年来，省委、省政府十分重视对外经济贸易工作，各地区各部门积极改善环境，提供条件吸引外资。1991年新批准台资企业43家，协议资金2495万美元，分别比上年增长1.87倍和69.15%。次于香港的171家，大大超过美国、日本、新加坡的项目，居第二位。

(三)优化投资结构，企业生产技术型比重增大。除在农、林、牧、渔业、工业部门投资之外，外资行业已扩大到运输、邮电业、房地产、公用事业和电子仪表等行业。其中电子仪表发展最快全年新批“三资”企业32家，协议外资金额1570万美元。

(四)“三资”企业经营水平，出口创汇不断提高。截止1991年末，全省已有210家企业投产，销售(营业)收入29.88亿元。当年投产61家，销售收入14.16亿元，出口销售收入6087万美元，分别比上年增长24.5%、82.9%和35.24%；盈利2361万元，扭转了上年亏损局面。

引进技术进一步发展。至1991年底改造配套等，项目累计签约123个，当年签约50个，比上年增长51.5%。计划总投资23.08亿元，当年实际用汇0.84亿美元。

引进技术的行业有工业、交通运输和邮电通讯等。工业签约项目114个，实际用汇0.84亿美元，交通运输邮电业签约9个，实际用汇0.15亿美元。引进技术和设备已投产的项目71个，按设计能力计算，全年新增产值10.1亿元，新增利税2.52亿元，创汇7263万美元，节汇200万美元。

【对外承包工程和劳务合作】

1991年，河北省对外承包工程和劳务合作签约17项，合同金额247.02万美元，完成营业额256.53万美元。河北当年累计与20个国家和地区签订对外承包劳务合作项目，主要有土木工程建筑、室内装饰、上海酒家和民自尔的技术合作，开拓了对外经济技术合作的新路子。

1991年，河北在境外建立“三资”企业18家，其中独资10家，合资8家，实际投资277万美元，为发展经济起到了积极推动作用。此外，对外保险业、涉外税收、无偿捐赠等方面也有较大发展。

（河北省统计局财贸处

执笔：许殊）

【侨务工作】

1991年，各级侨务部门在省委、省政府的领导下，充分发挥侨务工作优势，配合有关部门积极参与全省经济大合唱，在牵线搭桥、为改革开放和经济建设服务等方面做了大量工作，取得显著成效。

（一）、扎实工作，侨务工作井然有序。全省现有归侨、侨眷、港澳同胞眷属20多万人，认真做好他们的工作是各级政府侨办的重要任务。一年来，主要做了以下几项工作：

1、认真学习、深入贯彻《归侨侨眷权益保护法》，努力维护归侨侨眷合法权益。在较系统学习的基础上，采取多种形式向广大归侨、侨眷及有关部门广泛宣传《权益保护法》，并在归侨、侨眷较集居的地、市、县，由主管侨务工作的领导亲自宣讲。通过组织宣传学习活动，收到了很好的效果。

2、积极做好归侨侨眷知识分子工作。采取四项措施：一是定期研究分析归侨、侨眷知识分子工作情况；二是及时总结推广做好归侨、侨眷知识分子工作的先进经验；三是认真帮助归侨、侨眷知识分子排忧解难；四是组织归侨、侨眷知识分子开展一些有意义的活动。激励他们在不同岗位上为加快改革开放、促进经济腾飞贡献聪明才智。

3、继续做好侨务信访和落实政策工作。一年来，各级政府侨办认真贯彻落实党和国家制定的各项侨务政策，热情为归侨侨属办实事，受到普遍称赞。仅省侨办一年就受理侨务信访161件(次)，解答各类问题上千条。根据有关政策规定，经过认真调查核实，对符合条件的106户、312人解决了农转非问题。另外，各级侨务部门还积极与劳动人事部门联系，为50多名城镇归侨、侨眷待业子女解决了劳动就业问题。

4、“三侨”考生录取工作取得明显成绩。1991年，全省应试“三侨”（即归侨青年、归侨子女、华侨子女）考生共139名，其中加10分后达到大专以上初选线的47名考生全部被录取。另外，省侨办还争取到外省院校计划内、外招生指标12名，为一些侨眷高级知识分子子女考生争取进入高校学习创造了机会。

据查，河北省是全国唯一将侨眷高知子女享受照顾10分政策列入省招办有关招生政策文件的省份。这个做法受到省政府领导的充分肯定和省外同行的称赞。

（二）拓宽渠道、国外侨务工作和港澳工作有新进展。1991年全省各级侨办共接待来自20多个国家、地区的华侨、港澳台同胞和外籍华人共1348批、4223人次，比上年增长67.65%。其中属于探亲旅游的1881人次、洽谈贸易的1692人次、经济科技交流的163人次。一年来，全省侨务部门与新加坡、泰国、法国等10多个侨团及香港中旅集团建立了密切联系，而且合作的领域在不断拓宽。为进一步发挥侨务工作优势，吸引更多的华侨、华人和港澳同胞来河北投资、进行经贸合作与交流，8月上旬，省侨办组织“河北省侨务经济引进外联团”赴香港访问。通过开展多层次的联谊活动，不仅扩大了民间联系渠道，而且配合省政府在港举办的对外经济技术合作项目发布会为9月份在省会石家庄召开的洽谈会邀请了部分客户。

为了提高河北在海外的知名度，各地侨务部门加强了对外宣传工作。经过一年多的努力，当代中国侨乡系列片河北集《长城从这里延伸》于4月份拍摄告终，现已发往驻外103个国家和地区的使领馆，并在英、法、美、加、澳、马来西亚、香港开始商业发行，受到海外各界观众的普遍好评。

（三）侨务为经济建设服务工作成绩显著。一年来重点抓了四件事：一是号召全省广大归侨、侨眷积极投身到全省经济大合唱中去。二是在调查研究的基础上制定了“河北省侨务部门‘八五’引进规划”。三是配合全省大型涉外经济活动，积极联络、邀请客商。四是发挥中间媒介作用，做好为侨服务和为经济建设服务工作。仅省洽谈会期间，就为“三胞”牵线洽谈了38个项目。全年通过侨办系统牵线搭桥促成签订中外合资、合作项目合同、意向书20余份，涉及侨、港资金达2600多万美元。

全省对外开放工作会议以来，河北投资办企业的外商越来越多。截止到1991年底，全省共有“三资”企业647家，其中侨、港资企业为588家，占三资企业总数的90.88%。一年来，省侨办为40家侨资企业办理了认证和减免税手续，有力地推动了侨资企业的蓬勃发展。

（河北省人民政府侨务办公室

执笔：丁林枫）

【旅游】

1991年是实施旅游“八五”计划的第一年，也是河北旅游事业结束恢复走向发展的一年。一年来，全省旅游系统，以经济效益为中心，以增加客源和加强行业管理为重点，全面提高服务质量，全省旅游事业得到了长足发展。

一年来，全年共接待海外旅游者 6.89 万人次，比上年增长 44.8%，超额完成年度计划的 28.7%；旅游创汇 851 万美元，比上年增长 44.9%，超额完成年度计划的 21.5%。重点旅游景区接待国内旅游者 2101 万人次，实现社会效益 2.87 亿元，分别比上年增长 36.69%和 27.55%。

(一)开展外联促销大合唱，积极招徕客源。为在全省形成合力搞促销，增加全省国际旅游客源，年初召开了全省外联工作会议，制定了《关于开展全省对外招徕促销大合唱的意见》，提出了"全面吸引，重点促销，联合行动"以及"保证重点，兼顾一般，突出专项"的促销原则。充分发挥省海外旅游总公司的龙头作用，联合各地市二类社共同搞好对外宣传招徕，将"海外招徕，横向联系，北京短线客人"三个方面作为主攻方向，开展了一系列促销活动：1991 河北旅游交易会、中国吴桥国际杂技艺术节、第二次"金三角"联谊促销活动、承德国际有奖旅游知识竞赛、金山岭长城新闻发布会、安国中药节、保定敬老健身节、白洋淀荷花节、沧州武术节等九项活动；先后邀请了美国、日本、澳大利亚、香港等 40 个国家和地区的旅行商及新闻记者实地考察，洽谈业务；利用国内外各新闻媒介对河北旅游进行了大量的宣传报道；推出了 10 多条旅游路线，其中，承德、秦皇岛及"保健游"路线被列为首批国家级旅游线路；加强国外促销工作，组织参加了新加坡、英国国际旅游展销会，派出外联人员到日本、东南亚、法国、意大利、澳大利亚等国开展促销活动。

(二)加强宏观调控，旅游基建项目开发建设稳步发展。截止 1991 年底，"七五"计划 4 个遗留工程，全部竣工并投入使用。1991 年列入国家旅游基建计划的 4 个项目进展顺利。全省新建的 15 个地方自筹项目，投入资金 4500 多万元，多数项目已完工，并取得了较好的经济效益和社会效益。

1991 年，全省投资少、见效快、效益高的山海关老龙头、正定荣国府、临城溶洞三项工程被国家旅游局评为"七五"计划先进工程。山海关—老龙头长城、北戴河海滨、避暑山庄—外八庙 3 处景点被国家旅游局列入"中国旅游胜地 40 佳"。

(三)改善旅游企业经营管理，经济效益明显上升。1991 年全省旅游系统各单位广泛开展"质量、品种、效益"年活动，紧紧围绕提高经济效益这一中心环节，采取一系列措施：

首先统一认识，由单纯投入型转为投入产出型；第二，坚持改革，加强管理，开源节流，充分挖掘企业内部潜力；第三，一业为主，多种经营为企业发展创造宽松的外部环境。全省旅游企业活力普遍增强，经济效益明显提高。旅游系统内的55家主要企业 1991 年营业收入 1.24亿元，利润2627万元，比上年有较大幅度增长。

(四)旅游行业管理初上轨道，服务质量逐步提高。全省各级旅游部门积极贯彻落实国务院文件精神，及时与有关部门联系，取得他们的支持和配合，制定了全省旅游行业管理的第一个地方法规《河北省旅游业管理暂行规定》，并以省政府令的形式发布实施。同时，为全面提高旅游服务的整体素质，制定了《河北省旅游涉外定点管理办法》，以审定全省旅游涉外定点单位。为进一步巩固和提高涉外单位服务质量，开展争先创优活动，评选出一批先进单位、先进集体、先进工作者和"同星级最佳饭店"，全省旅游服务质量有了新的提高。

(五)抓住机遇，因势利导，国内旅游蓬勃发展。河北省国内旅游已成为旅游业的重要一翼，1991 年又有新的发展。1. 国内旅游由点到面发展；2. 旅游开发向科学化发展；3. 自力更生，社会集资办旅游的经验得到进一步推广；4. 宣传招徕有所加强。1991 年 6 月，国家旅游局在石家庄召开了"国内旅游和资源开发座谈会"，对河北正定、野三坡发展国内旅游的做法和经验给予了充分肯定。1991 年 8 月，省旅游局召开了全省国内旅游工作座谈会，对全省几年来国内旅游发展的形势、问题和经验教训做了回顾，研究起草了《关于加强国内旅游工作的若干意见》，进一步明确了全省国内旅游发展的方针、政策、办法，对开发建设、宣传招徕、经营管理等方面都提出了具体要求，为国内旅游更快发展创造了条件。

(六)积极参与全省经济建设大合唱，为全省经济建设牵线搭桥。充分利用国际旅游业涉外面广的优势，河北海外旅游总公司 1991 年为全省牵线搭桥 50 多次，签订合同或达成议向的项目 20 多个，共引进外资 5000 多万美元。承德市借助旅游传递信息，通过旅游渠道引进外资 2336 万美元，利用外资 634 万美元。促进了全省外向型经济的发展。

(河北省旅游局
执笔：霍东华)

财政 税收 金融 保险

【财政】 1991 年，全省财政系统广大干部职工，坚持以经济建设为中心，坚持改革开放，广泛开展"质量、品种、效益"年活动。经过努力实现当年财政收支平衡，预算执行情况较好。

全省财政收入超额完成预算任务。1991 年，全省财政收入为 90.66 亿元，完成调整预算的 102.8%，比上年增长 11.7%。其中，工商税收为 75.68 亿元，完成预算的100%，比上年增长7.3%；农业税和耕地占用税收入4.08亿元，完成预算的114.4%，比上年增长11.6%；工业企业收入为5.88亿元，完成预算的98.8%，比上年增长1.7%；商业企业收入净退库4893万元，完成预算的73.4%，比上年下降20.8%；粮食企业亏损退库3.41亿元，完成预算的99%，比上年下降3.8%；外贸企业亏损按预算补贴1.89亿元；国家能源交通重点建设基金实际收入1.56亿元，完成预算85.1%，比上年下降2.9%；国家预算调节基金收入2.08亿元完成预算的100%，与上年持平；专款收入为3.93亿元，完成预算的115.3%，比上年增长21.2%；其它收入2.70亿元，完成预算的216.7%，比上年增长8.1%。全省推销各种国债6.48亿元，为国家和全省经济建设做出了贡献。

1991年，全省财政支出为91.14亿元，完成调整预算的92%，比上年增长4.4%。其中，基本建设支出为4.08亿元，比上年增长10.8%；企业挖潜改造支出为1.78亿元，比上年增长76.1%；科技三项费用支出6858万元，比上年增长16.9%；支援农村生产支出4.69亿元，比上年下降6.9%；农林水气事业费支出3.25亿元，比上年增长8.1%；文教卫生事业费支出26.11亿元，比上年增长5.2%；科学事业费支出0.71亿元，完成预算的90.3%，比上年增长7.4%；行政管理费和公检法支出15.09亿元，比上年增长11%；价格补贴支出13.80亿元，比上年下降17.8%。

1991年，全省财政工作面临诸多困难，收支矛盾突出。历史积欠较多，新的减收增支因素不断出现。为此，各级政府和有关部门积极开源节流，狠抓增收节支，做了大量工作。

(一)认真编制和狠抓落实财政发展规划。1991年，3月中旬，省委、省政府主持召开了全省财政工作会议，会议制定了《关于加强财政工作，改善财政状况的决定》、《关于县级财政“双创双扭”工作实施方案》、《关于地方预算内工业企业扭亏增盈工作的实施方案》。明确了全省“八五”时期财政工作的指导思想和奋斗目标，提出了发展经济，培植财源，增加收入和保证收支平衡的主要措施。为把“八五”财政规划落到实处，省政府向各地下达了包括财政收支、控制赤字和县级财政“双创双扭”、工业企业扭亏增盈等内容的有限目标责任书。经过各级政府和有关部门的共同努力，1991年黄骅市，丰南县实现了亿元市(县)的奋斗目标，从此结束了全省没有财政收入亿元县的历史。全省重点抓的66个利税大户和35个亏损大户多数达到了规划要求。地方预算内工业亏损企业比上年减少81户，亏损额下降5.45%。

(二)积极支持搞好国营大中型企业，努力培植财源。为了搞好大中型企业，省政府组织财税等有关部门制定政策措施，并采用“一事一议”、“一厂一策”的办法，解决企业遇到的困难。及时制定了增提企业折旧、提取技术开发费等项措施。各级财政部门千方百计的筹措资金，并落实到重点支持的化工、机械、轻工等行业企业的技术改造，补充和缓解了新产品的资金困难和流动资金不足，促进了企业的技术进步，保证了这些企业政策措施迅速到位。

(三)挖掘增收潜力，积极组织财政收入。1991年，省政府、省财政厅、省税务局多次召开不同形式的会议，发出紧急通知进行动员和部署，派工作组赴重点地市督导组织收入工作。各级政府组织财税等有关部门抓重点税源和重点税种的征管工作，加强个体零散税收的征管，促进了全省财政收入的顺利完成。

(四)控制一般开支，保证重点需要。1991年，各级财政部门积极调度资金，保证重点需要。千方百计挤出资金，增加农业、教育、科技、扶贫方面的投入，努力压减非生产性开支。在农业投资上，坚持向粮棉油生产倾斜，促进农业基础设施建设，组织实施世界银行农业项目、海河平源农业综合开发、生态建设和贫困地区开发，支持农业生产的发展。用于教育方面的支出连年增加，1991年，全省预算内用于教育方面的支出达18.85亿元，比上年增长8.9%，促进了基础教育、在职教育、职业教育和技术培训的发展。支持科技事业的发展，促进科技开发和成果的推广应用。1991年，全省科技三项费用和科学事业费支出达1.40亿元，比上年增长11.9%。全省用于支援经济不发达地区支出3552万元，比上年增长23.2%，加快了老、少、边、穷地区脱贫致富的步伐。

(五)进一步加强预算外资金管理，做好综合财政平衡。1991年，全省预算外资金收入达89.8亿元，相当于同期财政预算内收入的99.1%，支出达90.7亿元。预算外资金已成为全省经济建设和社会发展的重要资金来源。引起了各级领导的重视。不断加强对国营企业预算外资金实行“计划管理，政策引导”的管理办法。年初由企业编制收支计划，年终决算考核企业的计划执行情况。并对企业更改、大修、生产发展、税前还贷和减免税等五项专项资金实行“提取上交、专户储存、允许拆借、到期归还、开支审批、财政代管”的办法，解决了企业流动资金不足，控制了非生产性支出，抑制消费基金膨胀和企业短期行为，促使企业增加后劲和活力。对行政事业单位的预算外资金进一步完善“专户储存、计划管理、财政审批、银行监督”的管理办法。到1991年，全省参加财政专户储存的行政事业单位和企业主管部门的户数占应存户数的84%，金额占92%，利用预算外间歇资金近亿元，为企事业单位缓解了流动资金的不足。

(六)进一步强化财政监督，严格财经纪律。一是制定颁布了一批有关资金管理、国有资产管理、税收管理、财务管理、会计管理的办法和规定。二是对财政收支决算和专项资金进行了检查。三是认真抓了1991年度的税收、财务、物价大检查，全省共查出各种违纪金额4.06

亿元，应上交财政2.05亿元，已入库1.89亿元，入库率达92%。四是狠抓了治理“三乱”工作，全省取消“三乱”项目1667个，每年可减轻社会各方面不合理负担12.2亿元。

1991年，全省财政工作仍存在不容忽视的问题。一是预算内工业企业收入和能源交通重点建设基金因企业经济效益回升缓慢，在整个财政收入增长中，仍存在不稳定因素。二是企业经济效益低仍是制约财政的一个主要问题。三是财政资金分散，财政职能弱化。四是财政管理方面还不够完善，不太适应经济和事业发展的需要。五是机构和行政人员膨胀的状况仍未根本改变。

（河北省财政厅

执笔：陈英）

【税收】 1991年，全省各级税务部门坚持以组织收入为中心，努力推进以法治税，大力开展促产增收活动，各项工作都取得新的进展。

（一）较好地完成了税收收入计划。1991年，中央分配河北工商税收计划任务84.19亿元，比上年实际完成增长9.2%。其中地方级收入75.75亿元，占全省财政收入任务的84%。面对严峻的收入形势，从年初开始，各级税务机关就把组织收入工作抓得很紧，层层建立了收入目标责任制。特别是11月份国家税务局召开电话会议后，全省紧急动员抓收入，许多地市局领导分片包干，逐县落实增收措施，逐旬逐日抓进度。在广大干部职工的积极努力下，到年底，全省共组织各项收入111.03亿元，增长7.03%。工商各税完成82.83亿元，比上年增长7.04%。其中，地方级工商税收75.66亿元，比上年增长7.4%；中央级工商税收7.17亿元。国营企业所得税14.17亿元，比上年增长11.2%；能源交通重点建设基金和预算调节基金12.35亿元，比上年下降2%。可喜的是丰南县和黄骅市提前实现了税收收入亿元县的目标（丰南县完成1.02亿元，黄骅市完成1.03亿元），河北税收亿元县实现零的突破。

（二）个体零散税收管理有较大进展，企业欠税得到遏制。为了加强个体税收征管，先后于5月和9月在全省开展了两次个体和私营业户专项税收清理，共检查102万户次（包括无证业户24万户），查补入库偷漏税款1.13亿元，有效地堵塞了税收漏洞。全年完成个体税收9.49亿元，占年计划的106.9%，比上年增长16%。个体税收已占整个税收收入的12.2%。面对全省企业欠税居高不下，严重影响到税收任务完成的情况，各级税务部门会同有关单位狠抓了清理欠税工作。对欠税企业推广了“税款过渡专户”制度，对欠税大户，逐户制订还欠计划，并帮助清理三角债，盘活资金。到年底，清理欠税3亿多元，保证了税款的正常入库。

（三）促产增收成效显著。各级税务部门积极响应省委、省政府提出的“打好工业生产总体战”，“搞好经济建设大合唱”的号召，积极当好配角。3月份专门召开了全省税务促产会议，在全系统组织开展了促产增收竞赛活动。在促产工作中，各级税务部门都把支持搞好大中型企业、乡镇企业作为促产重点，省税务局分别研究制定了支持搞好国营大中型工业企业的12条政策措施和支持乡镇企业发展的意见，各地广泛开展了信息、科技、管理、资金、政策等多种形式的促产服务，收到很好效果。全年为1649户各类企业减免税7.55亿元，占工商税收收入的8%多。其中，对90户国营大中型企业减免税3.2亿元。属于新产品减免1.23亿元，技改减免8441万元，补亏减免8838万元，支持流通领域减免3993万元。同时，还发放促产周转金1亿多元，融通资金2.7亿元，培训财会人员5万人次，提供经济信息和合理化建议4万余条，帮助企业进行技术改造、上新项目，开发新产品7585项，新增产值23.7亿元，增加税收1.82亿元。

（四）征管改革不断深化，征管工作进一步加强。在全面推行征管查分离的基础上实现了两个转变，即：由以征收管理为主向以监督检查为主的转变；由税务人员上门征税，向纳税人主动申报纳税的转变。征纳双方的法律责任、义务和权力进一步明确。目前，全省纳税申报率已达90%以上，其中国营集体企业纳税申报率已达95%以上，申报质量也有较大提高。作为征管改革主要内容的稽查体系渐趋完善，各地建立稽查队18个，分队718个，稽查人员达到5522人，占一线人员的25%。在征管主体改革的同时，配套改革也有了新的进展。会计改革已在部分地市进行了试点，在取得经验的基础上，将逐步推开。

（五）税法宣传更加广泛、深入。按照全国税法宣传教育活动领导小组的部署，省税务局会同省委宣传部、司法厅和省总工会、团省委、省妇联联合组织开展了声势浩大、历时一年的税法宣传教育活动。整个活动大体分为宣传发动普及教育；培训骨干，组织税法考试；举办电视大赛；考核评比四个阶段。这次活动得到了各级政府的高度重视，各级工、青、妇、宣传、司法、新闻和教育等部门给予了全力配合，税法宣传在全社会引起了强烈反响，全省13万企业法人代表、财务人员，49万个体户受到了系统的税法知识教育和办税技能培训，税收工作进一步得到加强。

（六）“三基”建设进一步加强，干部队伍素质不断提高。各级税务部门在大力组织收入的同时，坚持两手抓，突出地抓了以“三基”（基本建设、基础工作、基本技能）为重点的基层建设工作。省税务局制定了《关于加强基层建设的若干规定》，在全省开展税务所达标活动，把基层建设推向了一个新的阶段。同时，各地还加强了思想政治工作，进一步推行公开办税和创建文明税务所活动，有78个单位和34名同志荣获全国或全省先进称号。为加强廉政建设，全系统深入开展了“四职一纠”（职业道德教育、职业理想教育、职业纪律教育、职业技能教育，纠正行业不正之风）竞赛活动，并先后三次进行纪律整顿。全系统有不少县区局和税务所被当地党政领导机关评为文明单位。业务教育和培训工作继续得到加强。河北税务学校教学质量进一步提高，教学设备不断改善，1991 年毕业学生 363 名。职工学历教育也取得较好成绩，参加大专自学考试的 1900 人中有 580 人取得大专文凭，为提高干部队伍业务素质起到了积极作用。

（河北省税务局

执笔：郄录秋）

【金融】 1991 年全省金融部门认真贯彻执行"控制总量、调整结构"的货币信贷政策，大力调整信贷结构，盘活资金存量，强化管理，提高效益，实现了各项金融宏观调控目标，促进了经济在治理整顿和深化改革中的稳步发展。

（一）较好地完成了各项金融宏观调控任务和计划指标。全省整个金融机构各项存款增加 183.9 亿元，增长 24.3%，银行各项存款增加 143.8 亿元，完成年计划的 140%；城乡储蓄存款增加 134.1 亿元，完成年计划的 165.6%；银行各项贷款增加 110.1 亿元，增长 17.4%，除农采贷款因农副产品收购量大、调销缓慢影响比计划多增一些外，其他各项贷款占总行下达计划的 98.7%。城乡信用社贷款增加 38.3 亿元，占计划的 99.2%；银行货币回笼 1.4 亿元，比上年少回笼 5.7 亿元，比计划少投放 23.4 亿元，批准发行企业债券10.4亿元，比上年增长 3 倍多。

（二）金融运行趋势好转。信贷收大于支，借差继续缩小，资金相对宽松，货币仍呈回笼势头。一是各项存款稳步增长。1991 年银行存款增加 143.8 亿元，比上年多增 26.1 亿元，增长 22.2%，创历史最高水平。城乡储蓄增加 134.1 亿元，增长 26.6%。其中城镇储蓄增加90.8亿元，农村储蓄增加 43.3 亿元。二是贷款结构呈"两多两少"状况，即固定资产贷款多增，流动资金少增，内贸贷款多增，外贸贷款少增。银行固定资产贷款增加25.8亿元，增长 33.3%，占全部贷款增量的比重由上年的 11.4%上升到 23.5%；工业流动资金贷款增加29.9亿元，比上年少增 15.4 亿元，比重由上年的42.5%降为 27.2%。内贸贷款增加 38.1 亿元，比上年多增15亿元，占商业贷款增量的比重由上年的 65.1%上升到 96.2%；外贸贷款增加 1.5 亿元，比重由上年的34.9%降为3.8%。三是资金供求相对宽松，分布仍不平衡。全省专业银行信贷收大于支 28 亿元，剔除缴存准备金后的借差比上年减少 10.2 亿元。专业行在人行的备付金存款月均 33.6 亿元，比上年增加 6.3 亿元，备付率在 6%以上。资金在行际间、地区间分布不平衡，特别是中国银行和全省北部张、承两地资金矛盾仍很突出。四是货币收支呈回笼势头。1991 年在上年回笼货币 7.1 亿元的基础上又回笼 1.4 亿元。商品回笼仍占主要比重，银行商品销售收入现金 324.6 亿元，增长 16.7%，储蓄净回笼现金 69 亿元，减少 5.6 个百分点。五是非银行金融机构业务稳定发展。各项存款增加 61.2 亿元，贷款增加52.6亿元，分别多增 12.4 亿元和 12.2 亿元，存、贷款余额相当于银行存、贷款余额的 45.9%和33.3%，已成为金融业务的重要组成部分。

（三）调整结构、优化投向、支持重点资金需要。对大中型企业继续实行信贷倾斜政策，在贷款、发行债券、结算、外汇、利率、信息咨询等多方面给予优惠，对"双保"企业和利税大户等 25 家大中型企业实行信贷计划单列。全年银行对全省大中型企业增加的贷款，占工业贷款增加额的 65%；对农业重点增加了对土地资源开发、种养业和农业科技开发的资金投入，全年对农业贷款增加 24.1 亿元、增长 21.1%。银行全年纯增农副产品收购贷款 22.2 亿元。积极筹措 40 多亿元资金，支持重点建设和技术改造。

（四）组织协调、配合有关部门，努力盘活资金存量。各级银行紧紧依靠党政领导，与有关部门密切配合，搞活资金存量。各地成立了清资挖潜机构，实行有限目标管理。金融系统开展"三好"活动（贷款效益好的项目、资金使用好的企业、贷款管理好的银行），调动银企双方管好、用好资金的积极性。评出好企业 211 户，好项目 176 个，好银行 119 家。据不完全统计，全年共压缩收回逾期贷款 12.9 亿元，消化资金"水份"8.4 亿元，补充自有资金 2.3 亿元，9—12 月压缩产成品资金 14 亿元。为企业解除"三角债"的困扰，全省银行共向 330 个基建技改项目注入清欠资金 8 亿元，占全部注入资金的 81%，清理拖欠 39.4 亿元。

（五）加强金融管理，进一步深化金融改革。对全省 12 家信托投资公司和所属 25 家办事处进行了审核验收和重新登记，并试行派驻员制度；组织了全省结算纪律大检查，各地市设立了结算举报中心、各行、司开展了多形式、多层次的稽核检查，收回逾期和不合规贷款 31 亿元，退回挤占中央银行资金 1.1 亿元；加强了金银市场管理和反假工作，全年收缴各类假币 41 万元，维护了人民币的信誉；金融市场有了较大发展，初步形成网络，全年发行地方企业债券 10.4 亿元，比上年增长 3 倍多，各种有价证券交易额达 2.7 亿元，累计拆出拆入资金 45.3 亿元，调剂外汇成交额 5.4 亿美元，增长 111.2%；全面实行《开户许可证》制度，开始抓"贷款证"试点工作，继续总结和推广"审贷分离"的办法，加强对信贷的约束机制。

（六）加强外汇外债管理，支持外向型经济发展。1991 年全省金融部门积极配合第二步外贸体制改革，在外汇资金的增收节支和提高使用效益上下功夫。对外贸出口实行了收汇核销办法，提高了出口收汇率。进一步加强了外债监测工作，督促、帮助企业偿还外债 1.36 亿美元，维护了对外信誉。

（七）开展清理、整顿工作，加强廉政建设。根据省委、省政府和七总行、司的部署，在金融系统开展了“四查四整顿”为主要内容的教育，增强广大干部拒腐防变的能力，精神面貌，工作作风出现了新气象，涌现了许多勤政廉政、忠于职守、敢于同犯罪分子作斗争的先进人物。全省共查摆出问题 670 个，已有 137 人受到党纪政纪处分。通过边查边纠，建立和完善了规章制度，堵塞了漏洞，规范了工作行为，调整和充实了领导班子。

（中国人民银行河北省分行
执笔：王利辉 魏隆文
刘艳芝 张文红）

【保险】

1991 年，中国人民保险公司河北省分公司系统，在省委、省政府及总公司的正确领导下，认真执行党的方针政策和贯彻“上业务、求质量、抓班子、正党风、创一流”的指导思想，各项工作均取得可喜成绩。

（一）保险业务大幅度增长。全省参加保险的企业 2.77 万个，比上年增长 1 %；参加保险的家庭 830 多万户，比上年增长 69.4%；参加保险的机动车 44 万辆，比上年增长 12.8%；参加人身保险的达 900 多万人（次），比上年增长 28.6%。得到保险保障的财产总额达 1500 多亿元，比上年增长 17.5%，扩大了保险覆盖面。开办的险种达到 127 个，保险服务领域已由城市扩展到农村，由企事业单位扩展到城乡居民个人。一年来，各级公司和广大保险职工以为发展经济服务、为改革配套服务、为 社会和人民生活服务为宗旨，努力开拓 服务领域。如为贯彻计划生育基本国策服务，全省 139 个县（市）和城市市区开办了独生子女和双女结扎户父母、基层计划生育聘用人员养老保险、独生子女保险等计划生育系列保险，全省参加计划生育系列保险的达 64 万人，对促进生育观念转变、推动计划生育工作的深入开展起到积极作用。同时，还根据社会需要，开办了农村干部、乡镇企业职工、义务兵、富裕农民养老保险，为建立农村养老保障制度做出了贡献。为支援农业，实行倾斜政策，制定奖励办法，积极试办种植业和养殖业保险，农险重点试办县由上年的 69 个增加到 99 个，承保农作物和家禽金额达到 86.5 亿元，比上年增长 55%。小麦、棉田的承保面积分别达到播种面积的 88%和 43%。还开办了为科技兴农配套服务的玉米地膜覆盖保险和玉米制种保险，为农业生产服务的小麦风雹灾保险、农用机井及配套设备保险、农用变压器保险，为菜蓝子工程服务的塑料大棚疏菜保险等十多个新险种，深受群众欢迎。

（二）保险职能作用发挥较好。1991 年是灾害事故较多的一年。全省国内财产险共处理赔案 15 万起，支付赔款 4.2 亿元。如邯郸第三棉纺厂、饶阳县印染厂、张家口树脂厂先后发生火灾，分别赔款 208 万、322 万和 240 万元。1991 年夏秋季节，全省多次发生风雹洪涝灾害，农作物受灾严重，共支付赔款 6100 多万元。涉外业务赔款 349.6 万美元，折合人民币 1890 万元。人身险给付意外伤害保险金、养老年金和满期人寿保险金 74 万多人（次），金额达 1.7 亿多元。保险补偿职能的发挥，对于受灾企业及时恢复生产经营、支持经济建设、稳定财政收支、促进对外经济技术交流、安定社会和人民生活等方面发挥了积极作用。积极开展了防灾防损工作，与有关部门配合，进行了防火、防汛、防交通事故的安全宣传检查和竞赛活动。据不完全统计，全省共对1.4万户企业进行了安全防灾检查，整改隐患 3000 多处，做到防患于未然，减少了灾害损失。与华北油田开展的第三届“华油保险杯双季双项交通安全竞赛”活动，使油田交通事故死亡、重伤人数和经济损失，分别比上年同期下降 47.5%、25%、和 30.8%。并建立了防灾周转金，用于企业防灾技术改造。在开展保险先进县活动中，向83个保险先进县拨付防灾费和统保优待费1600多万元，用于建立消防队，购置消防设施，增强了县级防灾能力。运用保险资金投资借款累计 1.9 亿元，购买全省重点建设项目债券 6700 多万元，解决了一些企业资金急需，支援了经济建设。如针对全省技改资金不足的状况，争取总公司新增技改指标 2200 多万元，解决了保定市烟厂、邢台医用塑料厂等一批企业的技改、扩建项目的资金困难。秦皇岛腈纶厂是全省最大的腈纶化纤项目厂之一，保险公司承购该厂建设债券 6500 多万元，解决了这一重点建设项目的资金不足，受到该厂和省重点建设项目办公室，纺织总公司的好评。涿鹿县境内的桑干河原有一座旧桥已不能适应过往车辆的需要，交通经常堵塞，交通事故时有发生。据此，决定建一座新桥，发行建桥债券 600 万元，县保险公司出资购买了580万元，保证了建桥资金，受到地、县领导和当地群众赞誉。县委、县政府将该桥定名为“桑干河保险大桥”。

（三）文明优质服务取得较好成效。全省普遍开展了文明优质服务达标活动。各级公司认真坚持和贯彻“领导为职工服务、机关为基层服务、二级为一线服务，全员为保户服务”的指导思想，进一步规范服务标准、改善服务环境、丰富服务 内容，努力使文明优质服务贯穿到各项工作的全过程。广泛开展了马列主义、毛泽东思想基本理论、基本国情、基本路线和职业道德、企业精神为主要内容的学习教育活动，深入进行了教育、清理、整顿职工队伍的工作，增强了职工廉政意识、法制观念和全心全意为人民服务的自觉性。加强了电脑配置和开发运用工作，提高了工作效率。在乡镇和城市主要街道建立专职代理网点 253 个，专职代理人员 740 多名，为社会各界投保和索赔创造了条件。经组织验收，有 128 个县（市）支公司和城区办事处达到文明优质服务标准。广大保险职工以发展保险事业、为社会为群众服务为已任，急保户所急，想保户所想，帮助企业搭桥借贷、推销产品、引进技术，坚持上门服务。每当灾害事故发生，广大职工以高度的事业心和责任感，及时赶赴灾区，抢险救灾，勘查验损，把一件件赔案处理清，把一笔笔赔款送到保户手中。据不完全统计，1991 年上门送赔款 1000 多人次，金额近 9000 万元。各级公司和广大保险职工文明优质服务、尽力为保户排忧解难的实际行动，赢得了党政领导赞誉和保户信赖。同时，也促进了保险系统精神文明建设，涌现出一批先进单位和个人。据不完全统计，1991 年被当地评为先进党支部 75 个，优秀党员 188 名，文明单位 78 个，先进单位 98 个。在以文明优质服务为中心内容的争先创优劳动竞赛中，邯郸、保定、唐山、石家庄四个中心支公司和 19 个县(市)支公司、城市办事处及 50 名职工被评为 1991 年度全省保险系统先进单位和个人。

（中国人民保险公司河北省分公司

执笔：李成全）

物　价

【零售物价】

1991 年，全省坚持以经济建设为中心，一方面继续实行控价目标责任制稳定物价，另一方面采取加大改革份量等一系列宏观调控措施振兴经济，促进了全省国民经济的健康发展。1991 年全省零售物价总水平比上年上涨 2.8%。

(一)市场物价运行态势

1. 物价总水平基本稳定。1991 年全省全社会零售物价总指数为 102.8，比上年上升 2.8%，低于国家下达 6%计划控制目标，从不同的月份考察：一季度总水平上升 2.0%，二季度上升 2.2%，三季度上升 3.4%，四季度上升 3.7%。呈现逐季上升的态势，但升幅较小且波动不大，只有 1.7 个百分点。

2. 城市物价上涨幅度大于农村，城乡之间差距悬殊。1991 年全省城市全社会零售物价总指数为 107.4，在 9 个省辖市中零售物价总水平升幅有 5 个市超过了下达的 7.5%的计划控制指标；只有 4 个规模较小的城市勉强完成了计划控制指标。而农村零售物价总指数为 101.3，城乡之间涨幅相差 6.1 个百分点。究其原因一是今年的城镇居民定量粮油价格的提高和城镇计划内燃料价格提高的滞后影响对城市零售物价的上涨产生了较大的影响；二是近几年市场粮食价格持续下跌，使农民收入增长缓慢，农民现实购买力弱化决定了农村零售物价不可能有大的上涨。

3. 吃的商品价格上升，穿用商品价格则有升有降。食品类价格上涨 3.7%，影响全省零售物价上涨1.7%，占全省涨幅的 60.7%，成为牵动物价上涨的主要因素。食品类上涨幅度较高的原因是多方面的：首先，二季度粮油销价提高，影响三季度粮油价格分别上涨4.4%和 31.4%，四季度分别上涨 7.7%和 29.2%。其次，与粮油有关的商品也随着涨了价，猪肉价格上涨了8.6%，牛肉上涨 8.4%，羊肉上涨 14.6%，酱油上涨24%，醋上涨 26.9%，糕点上涨 13.3%，奶及奶制品上涨11.2%，对食品类价格水平的上升也起到了“推波助澜”的作用。

衣着类价格上涨 5.3%，日用品类价格上涨 1.8%。穿用商品市场销售和价格变动情况共分三种类型，一是销降价涨，如一些基本生活用品由于成本上升，虽然销售疲软但价格仍呈涨势，棉布销售下降 17.1%，但价格上涨 5.7%；汗衫背心销售下降 5.3%，汗衫，背心价格分别上涨 13%、9.1%；肥皂、洗衣粉销售分别下降 28.1%和 13.9%，但价格却上涨了 12.9%和 8.5%。二是销增价高，如服装放开经营后，销售增长 7.8%，价格也上涨 7.8%。三是销增价降，如一些大件家电价格继续下降，其中电冰箱价格下降 2%，彩电价格下降 8.2%，收录机价格下降 3.2%。而其销售量分别增长 13.7%、18.9%、5%，这主要是市场商品结构和居民消费结构不断变化的影响。

4. 农业生产资料价格是近几年涨幅最低的一年。近几年，各级政府日益重视农业，对支农工业采取优惠政策，使农业生产资料价格涨幅逐年下降：由 1989 年价格上涨 16.7%，1990 年涨幅降到 3.5%，到 1991 年农资价格仅上涨了 1.6%，其中化肥价格只上涨 1.4%，农药价格下降 3.1%。农资价格的稳定促进了销售，其中化肥销售 531.78 万吨，增长 14.7%，农药 2.91 万吨，增长 3.6%，使 1991 年大灾之年农业仍获得大丰收，棉花产量达 63.4 万吨，粮食产量达 2268.7 万吨是自上年大丰收后的第二个丰收年。

(二)价格改革及其评价

1991 年，全省围绕搞活流通，搞活企业，利用宏观经济相对宽松的有利时机，在深化价格改革方面迈出新步伐。

1. 价格调整迈出较大步伐。一是为促进能源、基础原材料和交通运输业的发展，减轻财政负担，遵照中央统一部署，提高了计划内煤炭、石油系列产品、钢铁系列产品、铁路货物运输和城镇居民粮油价格(粮食价格提高 66.7 %，食用油提高 159%)。二是为促进生产，扩大流通对水泥等实行了计划内外价格并轨。还调整了部分西药、中成药、灯泡等价格，同时对超储积压商品实行了削价处理，减轻了企业负担。三是为配合“质量、品种、效益年”，对部分轻工产品实行了优质优价，并扩大了啤酒的季节差价。全年共调整 50 种(类)商品价格，净提价额达 15.6 亿元，减少财政补贴约 3.03 亿元，仅粮油提价就减少财政补贴 1.70 亿元。

2. 价格形成机制和价格管理体制得到改进，企业价格自主权得到了扩大。主要采取的措施：一是按照中央统一部署放开了服装、搪瓷制品、卷烟、食糖价格，实行市场调节，由企业自行定价。二是清理了治理整顿期间所采取的一些临时行政管理措施，取消了对电冰箱、洗衣机、黑白电视机、自行车的提价申报制度和差率控制，扩大了部分国家定价商品的流通差率。三是放宽了物价控制力度，中央规定提价报国务院特批的商品范围由13种类减为5种类，恢复了正常的价格管理权限。

3. 清理整顿乱收费取得了初步成效。全省共取消不合理的收费项目1087个，降低收费标准100多个，年减轻企业和群众不合理负担近3亿元，查处违法案件5.8万起，经济制裁金额8800多万元，乱收费现象明显收敛。

总之，1991年价格改革是比较成功的，既促进了生产的发展，繁荣了市场又大幅度地减少了财政补贴。但也存在一些问题，主要有以下几点：一是市场粮食价格持续下跌，影响了农民种粮积极性。二是由于企业管理水平低，消化涨价能力差，致使成本逐年上升，亏损逐年增加，影响宏观经济效益的提高。三是潜在通货膨胀压力增大，应提高警惕。1991年新增贷款110.1亿元，比上年多增20多亿元，其增幅大大高于国民生产总值增长7%的幅度。另一方面结余购买力继续增加，1991年末居民结余购买力为800亿元左右，比年初增加160亿元，当年结余比重超过15%的正常范围。

（河北省城市社会经济调查队
执笔：康振江）

【农副产品价格】

1991年，是实施十年规划和“八五”计划的第一年。随着治理整顿、经济体制改革的深入和农村商品经济的发展，河北省农业生产在部分地区遭受冰雹、干旱等自然灾害的情况下，仍取得好收成，收购货源充足。但由于主要农副产品市场行情不旺，流通渠道不太畅通，致使全省农副产品收购价格总水平比上年下降了3.6个百分点，农民因此减收4.5亿元。

（一）农副产品收购价格变化的主要特点及变动原因

从总体上看，1991年农副产品收购价格总水平呈稳中有降的态势，其指数为96.4。调查的10大类农副产品收购价格与上年相比的变动情况是5类上升、5类下降。上升的有：禽畜产品类上升8.5%、蚕茧蚕丝类上升6.1%、干鲜果类上升16.5%、干鲜菜及调味品类上升0.7%、药材类上升27.1%；下降的有：粮食类下降10.0%、经济作物类下降3.5%、工业用油漆类下降45.0%、土副产品类下降15.4%、水产品类下降18.6%。在重点调查的99个代表规格品中，上升的有48个，上升面为48.5%；下降的有49个，下降面为49.5%；持平的2个，占2.0%。从单个商品收购的综合平均价来观察，有如下特点：

1. 粮食类收购价格在上年下降6.8%的基础上又下降10个百分点，下降幅度之大是少有的。粮价的持续下跌，主要是由于全省连续几年农业丰收，粮食收购部门陈粮压库，不少地区出现严重胀库现象，仓容明显不足。储粮难，加上流通渠道不畅、外调运力、加工能力以及一些配套设施跟不上等原因所致。

2. 经济作物类收购价格比上年下降4.5%。其中：食用植物油及油料下降3.1%；棉花下降3.6%；烟叶下降0.1%；糖料下降6.7%。主要原因是受棉花价格下降影响。由于上年在棉花收购过程中，出现了抬级抬价现象，标准级327皮棉的收购价格为621.45元/百公斤，超过了国家规定的每百公斤600元的价格，而1991年价格政策执行情况较好，价格稳定。

3. 禽畜产品类收购价格自1989年滑坡后，一直处于低谷状态。1991年随着收购形势的好转，市场供求关系变化的影响，收购价格回升较快，比上年上升8.5%。其中肥猪价格的上升是影响禽畜产品类价格上升的主要因素。因上年全省肥猪购价偏低，挫伤了农民的养猪积极性，导致生猪存栏下降；1991年粮食又获丰收，粮价继续下跌，使得饲料源充足且价廉，养猪收益增加，激发了农民养猪积极性。此外，随着人民生活水平的提高，消费结构的变化，猪肉的零售价格上升8.6%，刺激了养猪业的发展。

4. 干鲜果类和药材类收购价格高涨。供需矛盾突出是这两类购价大幅度上涨的主要因素。流通环节加价多，售价高，也是诱发购价上涨的原因之一。1991年鲜果购价上升24.9%，药材上升27.1%，大大超过了同期零售价格上涨的幅度。

（二）问题与建议

1. 工农业商品交换的综合比价剪刀差又有所扩大。1991年河北省农副产品收购价格下降3.6%，而同一时期国家供给的农村工业品零售价格却上升了2.4%，致使工农业产品剪刀差扩大。以农副产品收购价格指数为100的工农综合比价指数为106.2，即工农业产品剪刀差由上年缩小2.3%变为扩大6.2%。农民出售的农副产品因此少换回工业品约7亿元。

从单项商品比价看，因农副产品收购价格下降，主要农产品交换工业品的数量是减少的。1991年每百公斤小麦可交换食盐114.92公斤、白糖18.28公斤、白细布24.8米、肥皂63.57条、化肥58.59公斤，分别比上年减少13.26公斤、4.61公斤、3.94米、13.56条和16.81公斤；玉米可换食盐85.04公斤、白糖13.52公斤、白细布18.35米、肥皂47.04条、化肥43.35公斤，分别减少19.14公斤、5.08公斤、5.01米、15.72条和17.93公斤。

2. 农产品内部比价出现新的不合理现象，农业生产资料价格继续上涨，种粮成本上升。从近几年特别是1991年的情况看，粮食购价虽经多次调整，但与其它农产品的比价关系仍出现了新的不合理现象。粮油的主要品种与其它农副产品之间的比价差距明显扩大。如棉花与小麦、玉米之比，由1990年的1：9.7和1：11.93，分别扩大为1991年的1：10.02和1：13.55；肥猪与小麦、玉米之比由1990年的1：4.42和1：5.44分别扩为1991年的1：5.23和1：7.07。

另外，生产成本的加大，也使粮农的生产积极性受挫。据调查测算，1991年全省粮食作物除莜麦、高粱、粳稻的购价有所上升外，其余均有不同程度的下降，而与农业生产息息相关的农业生产资料价格却在1990年上涨3.5％的基础上又增长1.6％。其中农膜上升4.8％、化肥上升1.4％、农机用油上升2.4％。致使种粮成本上升，挫伤了农民种粮积极性，于是出现了弃农经商、粮地荒芜，或其它作物挤占粮田的现象。

上述问题应引起高度重视，建议有关部门在适当提高粮食定购价的同时，严格控制农村工业品以及农业生产资料的价格，并进一步加强宏观管理，增强宏观调控能力，保证收购政策的连续性、稳定性，以促进生产、搞好流通。国营部门应充分发挥主渠道作用，积极参与市场调节，平衡供求，及时、准确地提供市场、价格、供求等信息，正确引导生产，避免生产的大起大落，保持农业生产的稳步、协调发展。

（河北省城市社会经济调查队

执笔：盛亚平）

【固定资产投资价格】 河北省采用划类选典调查，首次对1991年固定资产投资价格指数进行了编制。1991年全省固定资产投资价格指数为106.76，比上年上涨6.76个百分点（以1990年为基期，下同）。从其构成看，建筑安装工程价格指数为104.06，比上年上涨4.06个百分点；设备工器具购置价格指数为110.45，比上年上涨10.45个百分点；其他费用价格指数为107.16，比上年上涨7.16个百分点。

（一）建筑安装工程价格总体水平回升

全省建筑安装工程价格指数自1988年达到最高116.8后，1989年开始下降，1990年降至近十年来最低的101.19，1991年又有所回升，价格指数比上年上涨4.06个百分点，其中直接费价格上涨4.54个百分点，其他费用上涨2.65个百分点。这两项价格的上涨，是推动建筑安装工程价格总体水平回升的主要因素。1991年全省建筑安装工程投资品价格的特点是：

1.人工费价格上升最高。全省建筑安装工程中，人工费价格指数为110.39，比上年上涨10.39个百分点。从隶属关系看，地方建筑企业人工费价格指数111.09，比上年上涨11.09个百分点；中央建筑企业人工费价格指数108.69，比上年上涨8.69个百分点。

2.各种建设材料价格稳中有升。全省材料价格指数为102.52，比上年上涨2.52个百分点。但各种材料价格波动小，钢材、木材、水泥三大材料的价格指数为102.44、101.27、101.29，地方材料和其它材料价格指数为102.45、102.91，比上年上涨均在1.27—2.91个百分点之间。

3.中央企业建筑安装工程价格高于全省平均水平。中央企业建筑安装工程价格指数107.71，比全省平均水平高3.65个百分点。地方企业建筑安装工程价格指数102.58，低于全省平均水平1.46个百分点。

4.从各类房屋看，厂房价格最高。全省厂房建筑安装工程价格指数107.32，比上年上涨7.32个百分点，居各类房屋之首。仓库价格指数98.75，比上年下降1.25个百分点。其他几类房屋价格均为上升趋势，上涨幅度在1.85—4.06个百分点之间。

（二）设备工器具投资价格上升幅度高

1991年全省设备、工器具投资价格比上年提高10.45％，上升幅度较高。其中标准设备价格上升10.99％；非标准设备价格上升4.61％。

在标准设备中，电气机械价格指数为114.99，上升14.99％。机械产品价格指数为111.45，上升11.45％；电子及通讯设备价格指数为109.78，上升9.78％；仪器仪表及其他计量器具价格指数为109.74，上升9.74％；交通运输设备价格指数为107.79，上升7.79％；生产用金属制品价格指数为104.33，其价格稳中有升，上升幅度为4.33％。

（三）影响固定资产投资价格上涨的主要因素分析

1.国家和各地市对原材料价格都有所调整。1991年，为逐步理顺基础产品价格偏低的不合理价格体系，国家从政策上对钢材、木材、水泥三大材料的价格予以新的规定，如钢材适当提高计划内产品价格，对计划外产品实行最高限价。取消统配水泥价格双轨制，实行计划内外统一出厂价格等。各地市材料价格也都有所调整，如石家庄市从1991年7月1日开始执行新的调价系数，土建工程中砖混结构上调15％，钢筋混凝土台架上调12％，框架结构上调7％等。

2.人工费依然倒挂。全省施工企业工人实际工资等级高于定额等级，形成较大差距，加之政策性规定粮食提价后粮食补贴每人每月6元计入工资。多数企业人工费亏损，而全省人工费定额仍执行1988年定额，致使人工费价格一直呈上升趋势。

3.施工机械台班费调整。由于近几年机械价格和修理费用上涨幅度大，为使施工企业得到补偿，建设部对《全国统一施工机械台班费用定额》调增。如石家庄市土建机械台班费上调1.08％；安装机械台班费也进行了不同的上调。唐山市土建机械台班费上调1.5％。调整后的台班费用，列入直接费，是直接费上涨的一个因素。

4. 1991年固定资产投资增加对投资用机器设备、工器具的需求，牵动了设备工器具价格的上升。

（河北省统计局基建处
执笔：刘彩云　梁伟丽）

统计 标准 计量

【统计法制建设】 1991年，全省各级统计部门发挥法制为统计工作保驾护航的作用，统计法制建设取得新的进展。1991年10月，被评为全国统计法制工作先进单位。

(一)统计检查力量进一步充实，素质有较大提高。全省各级统计部门积极想办法，充实、组建统计检查机构，配备检查人员。1991年，又有晋县、无极、邢台、定州、宣化、鸡泽、威县、隆尧、石家庄市郊区等县级统计局成立了统计检查机构。截止1991年底，全省18个地市和40多个县(市)、区的统计部门设置了专职检查的机构。

省统计局根据执法检查工作的需要，在省内近300个大中型企业配备了兼职统计检查员并颁发了《统计检查证》。全省专、兼职统计检查员达到1400多名，初步形成了统计检查网络。

为提高执法人员的素质，各级统计部门积极开展对统计检查人员的业务培训工作。1991年4月组织14名专职检查员参加了国家统计检查骨干培训班。随后，省统计局、衡水地区、石家庄市、唐山市、张家口市、石家庄地区相继联合举办了11期培训班，参加人员近400名，由省局统一命题考试，对考试合格者颁发了结业证书。

(二)开展统计执法检查，保证统计数字质量。1991年，省统计局组织了两次全省统计数字质量检查，并和省人大财经委联合进行统计执法重点检查。衡水、保定、邯郸、石家庄、承德地区，邢台、石家庄、保定、唐山、邯郸市联合有关部门组织了一至二次较大规模的执法检查。检查重点突出统计数字的质量、统计法的贯彻执行情况。执法检查普遍得到人大、政府领导的支持。唐山市在检查中坚持五个字：听、看、查、访、交；邯郸市检查做到了五个方面的结合。衡水地区除全面检查外，地、县两级建立起经常性的检查制度，规定每月至少检查3－5个报表单位，1991年深入200多个单位进行了数字质量和统计法的检查。

(三)认真查处违法行为，维护统计法制的尊严。1991年，全省共立案查处统计违法案件138起，全部结案。其中，给予罚款处罚的97起，罚款金额15万元；给予通报批评的33起。邢台市桥西区统计局、涞源县统计局对拒不执行行政处罚决定的4个单位，申请人民法院协助予以强制执行。

曾被列为全国三大案件之一的青龙县粮食局统计员耿艳荣受刁难压制案，于10月结案。10月17日省政府对省粮食局的统计违法行为作出通报批评，11月26日国家监察部与国家统计局转发了省政府的通报决定。

在查处违法案件中，各级统计部门，认真执行《河北省统计检查监督条例》，秉公执法，重证据、重调查，严格办案手续，避免了因行政处罚不当引起的纠纷。

(四)广泛深入进行普法宣传增强法制观念。根据国家和省普法规划的要求，省统计局制定了"河北省统计普法教育规划"，编写了普法宣传材料，成立了河北省统计普法领导小组。现在已有12个地市相继成立了统计普法领导小组；14个地市制定了"二五"统计普法规划。

1991年7月，《河北省统计检查监督条例》颁布实施两周年，各地、市都采取各种形式积极宣传统计法制，使全省各界特别是有关单位的领导、统计人员普遍增强了法制观念。

(五)加强统计报表管理，清理滥发报表现象。1991年初，省统计局制定了《统计报表审批管理试行办法》，省直及部分地市将统计报表管理纳入了法制工作的范畴。一年来，经省统计局审批备案的统计报表375张；21个省直业务主管部门主动依法履行了统计报表的审批，备案手续。

河北省作为国家统计局统计报表清理试点省之一，从5月下旬至8月中旬，开展了统计报表清理工作，共清理出各种报表2578张，其中非法报表966张，占37.4%。对查出的非法报表，省统计局发出查询书限期纠正，并对逾期未补办法定手续的进行了通报，依法予以废止。邯郸、沧州、邢台市统计局及林业厅、省标准计量局也组织了本地、本部门的报表清理工作。

(六)逐步规范化。实现统计法规建章立制，唐山、保定、秦皇岛、石家庄市统计局先后实行执法责任制，将有关的法律、法规"层层分解，分工负责，落实到人"，主管局长亲自抓执法情况，并且列入了年终考核的内容，实行奖惩。

省统计局建立了统计检查工作季报告制度、查处统计违法案件报告制度、统计检查工作评比考核办法，进一步加强和完善，并补充制定了《申请强制执行书》，使统计检查法律文书达到11种。省统计局在迁西县、石家庄市郊区进行了统计检查工作试点，将试点的经验和作法通过《统计执法简讯》向全省推广。各级统计检查机构按照省的要求分别建立了有关的检查工作制度，严格办案程序，运用法律文书，确保执法检查工作依法有序地进行。

1991年8月省统计局清理了1978年至1990年间制定发布的330件统计行政管理规范性文件，并以冀统检(1991)125号文对外公布,明确了继续有效的128件和自行失效、应予废止的202件。在统计行政执法规范化方面迈出重要一步,为今后规范统计法制工作打下坚实的基础。

(河北省统计局法规处
执笔:邓素萍 谭丽霞 舒 群)

【城市统计体制改革】

1991年随着改革的深入,城市统计体制改革又取得新进展。城市统计改革的首要问题是建立健全市、区统计机构。全省自70年代初逐步恢复建立了省辖市统计局,经过不断的充实完善,理顺关系,扩大力量,目前已进入正常运行状态。特别是近几年有计划有步骤地加强城市统计信息网络建设和进行城市统计工作的综合配套改革,城市统计工作的整体面貌发生了深刻变化,工作水平明显提高,较好地发挥了对全市统计工作和国民经济核算的纵向管理和横向协调作用。

在加强市一级统计建设和改革的同时,不失时机地抓了市辖区统计机构建设。通过广泛宣传、上下努力、典型引路等方法,使全省市辖区统计机构建设逐步展开。全省10个省辖市所辖34个区,已有31个建立了统计局,占全部区数的91.2%。尚未建局的沧州市的3个区也在积极努力,创造条件,争取尽早完成组建工作。

城市统计改革的重要内容是进行配套和网络建设。各市、区在建立综合统计机构的同时,普遍注意加强了相应的配套改革和网络建设:

一是建立健全了统计信息网络。市、区统计局组建后,针对过去存在的信息紊乱、渠道不畅、基础工作薄弱等问题,首先抓了网络建设,疏通渠道,理顺关系。在市直和区直单位根据任务大小,建立了综合统计机构或配备了综合统计人员;基层企事业单位设置统计组织或配备了专(兼)职统计人员;在199个街道办事处中,已有137个建立了统计站(科),占办事处总数的68.8%,其中实体型的26个,联合型的111个,参加统计站(科)的人数达506人;在区所辖农村乡镇中,建立了统计站,村建了统计组。现已初步形成了以市统计局为中心,以区统计局为枢纽的纵成线、横成片、呼唤灵通的统计信息网络。其次,认真抓了基础建设,普遍建立了统计台帐,完善了原始记录和原始凭证,基本上做到了帐、物、表相一致。

二是建立完善配套统计规章制度。各市、区统计局为保证工作顺利进行,普遍建立了一系列规章制度,如统计执法检查制度、统计工作考核评比奖惩制、统计工作岗位责任制度、统计台帐制度、统计人员培训制度、统计信息反馈制度等。这些制度的建立和实施,使全省城市统计工作逐步走上规范化、制度化的轨道,并且在人员少、任务重、内部条件和外部环境存在许多困难的情况下,为完成各项繁重的任务起了保障作用。

三是加强了法制建设。各市、区统计局十分重视统计法制建设,认真宣传贯彻执行《统计法》及其《实施细则》和《河北省统计检查监督条例》,并结合本地的实际情况,制定了地方法规性文件。各省辖市统计局普遍建立了统计检查机构,各区统计局配备了专职或兼职检查人员,不少地方还在基层单位聘任了统计检查员。并规定了定期进行统计执法检查制度,有的还建立了月自查自核、季联查制度。对于检查中发现的问题,基本上做到依法进行处理,维护了《统计法》的尊严和统计部门的权威,使统计工作逐步走上法制轨道。

四是计算手段现代化已经起步。经过近几年来上下共同努力,各省辖市统计局均建立了计算站,配备技术人员5人以上,并拥有相当数量的微机,基本上适应统计信息加工处理、存储和反馈的需要。在34个市辖区中,已有27个区统计局配备了微机,有的已达到2台。另外,各市和部分区统计局还配备了印刷设备和交通工具,为工作开展创造了条件。

五是城市统计干部队伍建设取得了很大成绩。随着城市统计事业的发展,城市统计干部队伍得到充实和加强,通过多种形式的培训和实践锻炼,干部的素质有了明显提高。一支政治思想好、掌握现代统计科学、经济科学和现代计算技术具备多方面技能的城市统计干部队伍正在形成。

城市统计改革的目的,在于充分发挥统计的整体功能作用。通过近几年来城市统计改革和建设,促进了城市统计的信息、咨询和监督职能的发挥。全省城市统计工作由过去的"封闭式"向"开放式"转化,城市统计部门充分利用所掌握的大量信息资料,进行分析研究,在为上级统计部门提供统计资料的同时,还通过多形式,多渠道,积极主动地为当地党政领导服务,为社会公众服务。定期或不定期的印发《调查统计资料》、《统计信息》、《经济月报》、《统计公报》等统计资料,有的市还出版统计刊物,并且紧紧围绕党政领导的工作重心和随时需要,进行专题或系统调查研究与分析,提供咨询建议,对辖区内的经济运行状况进行监测和预警,增强了"参与意识",提高了服务水平。市、区统计局普遍做到定期统计分析制度化,关键历史时期分析研究系列化,跟踪党和政府的中心工作分析研究专题化,较好的发挥了城市统计在决策、管理、咨询、监督的整体功能。

城市统计改革和建设仍存有一定差距,如,有的统计网络还不够健全,基层基础建设比较薄弱,企业统计工作规范化标准较低,统计现代化建设比较落后,统计整体功能发挥的还不充分等。

(河北省统计局办公室
执笔:陈 伟)

【统计教育】

1991年,全省统计教育工作,坚持为统计现代化建设和统计体制改革培养新型人才为中心任务。在有关部门的紧密配合和大力支持下，经过全体办学人员的共同努力，在统计教育和统计岗位培训方面，取得新的进展。

(一)统计人员岗位专业知识培训向深层次发展。在1990年统计部门率先进行统计员岗位专业知识培训工作的基础上，今年除继续进行统计员培训外，统计岗位专业知识培训工作又向更深层次发展。

1.助理统计师岗位专业知识培训工作全面展开。为适应统计岗位专业知识培训系列要求，1991年11月助理统计师培训工作全面展开。开设社会经济统计学原理、政治经济学、会计学基础知识、计算机基础知识和专业统计五门课程。

培训方式电视函授为主，辅之办班面授、学员自学和阶段测验等形式。目前，全省数千名学员在各级办学人员的精心组织和安排下，抓紧时间、克服困难，进行全面、系统的学习，准备迎接助理统计师资格考试。

2.持续开展统计员岗位专业知识培训工作。针对基层统计人员业务素质较低，队伍不稳的现状，国家统计局会同有关部门持续开展统计员资格考试，并以此作为初级技术职务的评定依据。基于全省有相当一部分基层统计人员未能通过统计员资格考试和新增基层统计人员符合报考条件人员要求，省局干部培训中心决定继续开展统计员岗位专业知识培训工作，在1990年培训1.74万人的基础上，1991年新招5000人参加二轮培训，满足基层广大统计人员要求。

(二)拓展统计教育领域

1.培养统计师资，缓解教师短缺矛盾。师资力量是制约培养专业人才的关键，为在职业中学普及初级统计知识必须充实补充统计任教老师，1991年受国家统计局干部培训中心和西安统计学院的委托，省统计局干部培训中心和省教委联合从近百所设有统计专业的职业中学应届毕业生中，选拔推荐24名品学兼优的学生，参加西安统计学院师资班的招生考试，共录取6名政治可靠，基础知识扎实，热爱统计事业的学生，经过两年系统培养，将充实到各地职业中学任教，为职业中学教育注入新的活力。

2.加强统计基础教育，提高全民统计意识。随着改革开放的深入，统计在社会和经济发展中地位日趋重要。

为了提高国民的统计意识，普及初级统计知识、强化基础教育势在必行，目前只在中等与高等学校财经类专业开设统计课程，这种状况显然是很不适应统计发展的要求。为此国家统计局同有关门协商在普通中学中进行增设统计课的试点，并选定邢台市和秦皇岛市的青龙县部分中学教学班作为首批试点单位，在原有课程不变的情况下，每学期增加12个课时的初级统计普教内容，从而强化普及统计基础知识，为培养高层次统计专业人才打下好的基础。

3.适应对外开放需要，加强统计在职人员的外语培训。改革和发展使统计工作由封闭型向开放型转变，与国际社会的交流和合作日益广泛，经济联合、信息共享、互相促进，为世界各国所共识，加强对外经济技术交流，了解国际社会动态，已成为实行改革开放方针的重要课题。因此对统计人员掌握外语水平的要求越来越高。为逐步提高统计在职人员的外语能力，国家统计局同西安统计学院、北京外国语学院、北京轻工业学院联合举办英、法、日等语种的统计在职人员培训班。截止到1991年底，全省已有数名中高级统计专业技术人员学成结业，在工作岗位上发挥出更大效能。

(三)统计函授教育迈向新台阶

1.统计自学考试大专班进行第二轮招生。1985年统计大专首届学员至1991年底，全省毕业达3325人，跟踪调查结果证明，这批学员素质较高，受到社会各界的公认。在此基础上，1991年4月开始第二轮招生。经过大力宣传、精心发动和周密组织，全省新招学员2700多人。2600多人参加了10月份全国自考委统一组织的《政治经济学》和《哲学》两门课程的统考。

2.首届本科毕业生走向社会。1989年招收统计本科学员，经过各级办学人员的积极努力、辛勤工作和广大学员的勤奋学习，于1991年10月份在考完《经济法概论》、《中国革命史》、《工业统计学》、《英语》、《外国经济统计》、《国民经济综合平衡统计》、《市场学》、《高等数学》(二)和《数据处理概论》等9门课程后，首批自学考试本科毕业生拿到毕业证，开创统计教育史上新的一页，标志着统计函授教育已跃上一个新台阶。

3.首届统计电视中专学完所开全部课程，可望近期毕业。省统计局与省广播电视大学中专部联合开办的统计电视中专班1600多名学员经过3年的紧张学习，已有1400多名学员通过了省广播电视大学组织的考试，经审查，可望近期毕业。这批学员投入工作将充实基层统计队伍，为统计事业发展和信息源头注入新的活力。

(四)统计电教设备网络化建设取得新进展。为适应电化教育发展需要，遵循以学养学的原则，省统计局培训中心精打细算千方百计节约办学经费，几年来陆续添置一批电教器材下发基层。目前省、地市培训站都配备了数量不等的电视机、录像机、录音机，部分县区也配备了电视机、录音机、录像机或单放机。全省基本形成省、地(市)和县(区)三级电教网络，既保证了教学任务的完成，也为统计教育发展打下了坚实的物质基础。

(河北省统计局培训中心

执笔：康现福)

【计算机应用与软件开发】

1991年，全省统计自动化系统，坚持“以统计工作为基础，以应用开发为重点”的原则，克服种种困难，努力开拓，积极支持统计事业改革，统计系统计算机技术应用与软件开发又登上新的台阶。

(一)圆满完成第四次人口普查数据处理工作，积极筹建人口数据库。

1."四普"数据处理是一项规模空前，十分繁杂的数据处理工作，省统计局计算中心，用系统工程的方法对数据处理工作的全过程进行全面分析，制定了科学、完整的总体方案，使"四普"各项任务按计划圆满完成。

1991年1月开始进行100％数据处理，经过全省432名录入人员近100名技术人员共同努力于1991年5月完成了全省5.51万个调查小区，6108.28万人的100％数据录入工作和地(市)向省上报任务，9月3日经省级处理完成了第一类综合数据上报国家任务。1991年11月5日完成了100％数据的省级汇总制表工作，程序连续运行50个小时。

2.国务院颁发的"第四次全国人口普查办法"中明确规定，这次人口普查的第三项任务是建立人口数据库，在完成"四普"数据处理的同时，河北抓了人口数据库建设的准备工作，并通过国家统计局计算中心购买小型机ORACLE数据库管理软件，为全省18个地(市)统计局计算站订购了HP386微机XENIX操作系统的ORACLE数据库管理软件，参加了国家组织的ORACLE数据库培训工作，为人口数据库建设和人口普查数据资料的进一步开发利用，在技术和物质方面奠定了基础。

(二)改进通讯软件，拓宽应用领域。在建立全省地市级远程数据传输通讯网络的基础上，1991年开始使用中文通讯软件，使通讯传输操作更加直观、简便，传输效率更高，数据保密性进一步加强；同时扩大数据通讯传输的应用范围。劳动工资专业年报开始使用数据通讯传输替代人工报送；基建投资、劳动工资专业的月报定期报表也做好了数据通讯传输的各项准备工作。部分地市准备把数据传输通讯网进一步延深到县级，扩大先进通讯技术范围，提高统计数据的准确性和时效性。

(三)电子轻印刷系统建设迅速发展。随着计算机技术应用水平的不断提高，电子轻印刷技术以其出版周期短，印刷质量高，节约人力物力等优点，越来越受到人们的普遍关注。1991年初，省统计局计算中心着手进行电子轻印刷系统的建设，年初购置LCS－240液晶印字机(B4幅面，带硬字库)，其后购置一台PECAN PL－4B激光印字机(B4幅面，400 dpi)，及其配套的仿真软件和华光排版软件，并完成近800页8K样张《第四次人口普查10％提前抽样数据河北省计算机汇总表》的排版工作；完成了300多页16K样张《河北省国民经济统计年报1990(劳动、工资)》的排版和859页16K版样张物资、能源、工业等专业的排版工作，与此同时，各地市也抓紧进行电子轻印刷系统的筹建工作，衡水地区、邯郸市等已初见成效。

电子轻印刷系统的建设必将改变传统的统计工作模式，形成统计信息的采集、汇总、处理、印刷出版一条龙，以更好地满足社会的需要。

(四)软件开发向深层次发展。继省统计局研究开发出《河北省二级宏观经济动态监测预警系统》之后，全省各地市着手进行对经济预测分析软件的研究开发，邢台地区和张家口地区统计局于1991年相继开发出适合本地情况的经济运行监测预警软件——《宏观经济动态监测与预警系统》，使统计信息准确、快速、灵敏地反应本地区经济运行过程和趋势，为领导决策提供科学的依据，受到领导的好评。

(五)计算机应用更加广泛。为提高全省统计人员的计算机实际操作水平，举办了IMPS计算机应用技术培训班，并进行基建投资和建筑业统计报表处理模式的改革试点，对统计制度改革作了有益的探索。省统计局计算中心与保定地区统计局计算站联合开发了适合省、地、县三级应用的《劳动工资年报处理系统》软件，对基层企业报表制度作了较大幅度的改革，使企业报表由原来的十多张减少为一张，实现了劳动工资数据处理微机化，减轻了基层企业人员的劳动强度，提高了统计数据的准确性。

全省173个区县，已有150个县(区)配备了微机，同时各地(市)统计局计算站，积极举办县级计算机应用培训班，大大推动了县级计算机应用工作，为实现县级统计数据处理的计算机化创造了条件。

(河北省统计局计算中心
执笔：赵卫敏　杨志敏)

【标准计量】 全省标准计量工作面向经济主战场，充分发挥技术监督职能，紧紧围绕提高产品质量，加强监督，强化服务，廉政执法，开创了标准计量工作的新局面。

(一)标准化工作。以提高企业产品质量为重点，增进效益为宗旨，1991年制订地方标准95项。在标准制修订工作中，把制订、实施、监督三项任务有机结合起来，对"被动式太阳能采暖房技术条件"和"热性能试验方法"两项地方标准，由省标准计量局和省新能源办公室联合审定后贯彻执行。食品标签标准组织了两次检查，合格率有明显提高，五种食品标签标准合格率达到70.44％比上年增长20％；产品采用国际标准国外先进标准累计2848项，增长18％；企业标准化达标定级累计验收1006个企业，增长46％。

(二)计量工作。1991年全省完成强检的计量器具204万台件，企业计量定升级，一级5个、二级77个、三级350个、单项验收企业824个，对142个质检机构实施计量认证证、计量传递检定及计量测试任务完成了250万台件，比上年增长了5个百分点；收入1698万元，增长了20个百分点。商贸计量工作认真贯彻《计量法》，全省商业部门出现一批"计量信得过"、"计量先进"

单位及先进集贸市场等,开展这些活动保护了广大消费者的权益,收到良好的经济效益和社会效果。

(三)产品质量监督检验工作。以保质量、上品种、增效益为契机,抓住生产、流通两大领域,主动出击,使质量监督工作进一步向纵深发展。1991年对3.52万个生产企业的产品实施了4.24万个批次监督检验,批次合格率为66%,比上年提高1个百分点。在流通领域对1.65万个商业企业的商品实施了3.34万批次监督检查,查出不合格商品1.30万批次,伪劣商品2403批次,价值241万元。在质量监督工作中注意了正确处理监督与服务的关系。寓服务于监督之中,搞好"管、帮、促"工作。

(四)做好纤维监督检验工作。1991年共检查了80个县300个厂、站籽棉大垛,监督检验棉花14万吨、羊毛公正检验6936吨、进口化纤54吨。同时承担了48批委托检验任务和部分新产品的检验,仿制棉花品级实物标准3800套2.5万盒。

(五)生产许可证工作。以做好第三批查处生产经销无证产品工作为重点,积极贯彻落实国家和省办理许可证通令,对国家已结束的310种发证产品进行了检查,查出无证生产企业188家,补证97家;对经销单位进行无证产品查处,查出无证产品463万台件,销毁无证产品1.2万台件;对34家生产熟肉制品的企业,核发了食品生产许可证。

(六)立足为经济建设、技术监督事业服务搞好科研工作。1991年全省标准计量系统承担科研项目18项,其中国家部级6项,省12项,科研经费累计投入35万元,1990年完成课题5项,其中两项达国际先进水平、一项国内先进水平、一项获新型专利国内先进水平。科研转产收入29万元。

(七)标准计量情报工作。1991年全省标准计量资料总馆藏达81万件,其中标准资料馆藏74万件,占资料总馆藏91%,当年标准资料收集量为4.6万件,提供标准资料4.1万件,承担检索1.2万次,满足了全省对标准计量资料的需求。

(八)加强标准计量法制建设,严格执法监督。截止1991年全省有标准计量执法人员1282名,其中计量执法员699人、质量监督执法员573人、纤维检验执法人员10名;共制定地方性法规、规章和规范性文件40个,为标准计量系统依法实施监督提供了法律依据。1991年受理技术监督行政案件5603件、结案5224件、经法院强行执行99件,罚没金额198万元。

(九)自身基础建设得到加强,健全机构,提高人员素质。全省已建标准计量机构504个,其中各级科研技术机构288个。标准计量职工7415人,职工构成、文化层次都发生了较大的变化。大专及中专以上文化程度的职工分别占全部职工的23%和17%。为了提高全社会标准计量职工的业务素质,1991年全省举办专业培训班512次,参加培训人数1.88万人,系统内短期岗位培训3812人。另外河北省标准计量职工中等专业学校开设5门专业,有脱产在校生226人,经培养走上工作岗位392人,这批人员,为全省标准计量事业增添了工作活力和发展后劲。

广开财源积极创收。1991年标准计量总收入增长23%,其中技术性收入增长24%;技术性收入占经费总收入比重为54%,增收的主要因素是全省标准计量部门加强了产(商)品质量监督、计量强制检定和测试以及标准计量技术服务等项工作,另外有些科研成果转变为产品也增加了经济收入。

在创收的同时,标准计量系统注意了自我积累和自我发展。1991年标准计量系统固定资产总值已达8634万元,其中仪器设备价值4175万元。1991年仪器设备购置费759万元,占总收入13%。全省标准计量系统在开源、创收以及自我发展上虽然做了一些工作,今后还有待继续拓宽领域,进一步提高自我发展能力,同时继续争取各级政府的支持,强化技术监督经费的投入,使标准计量事业的发展速度适应国民经济发展的要求。

(河北省标准计量局

执笔:穆成秀)

科学 教育 卫生 体育 民政

【科学技术】 1991年,全省科技工作坚持改革与发展结合,广泛组织科技力量,推动全省科技进步,在国民经济建设中取得了明显成效。

(一)大力推进科技体制改革,全程科技服务体系向纵深发展。农村科技体制改革,以建设全程科技服务体系为中心,重点放在搞活县级、强化乡级、建立村级、发展民办技术经济服务合作组织,分层次推进。已有1/3的县初步建成了县乡贯通的科技服务体系。全省已从县级行政部门中分离出1.2万多人,组建服务机构2750个;组建乡级技术经济服务实体3300多个;村级已建立科技服务站1.5万多个,还建有以农民为主体的各类技术经济服务合作组织7000多个,参加农户近50万户。农业技术承包集团逐步完善,全省组建了有4万多人参加的承包集团2700个。县、乡、村科技领导和管理体系得到加强,全省已基本配齐科技副县(市)长;2862个乡镇配备了科技副乡镇长,占乡镇总数的85%;建乡镇科委2128个,覆盖面62.3%;50%以上的村配备了科技副村主任,对推动服务体系建设和农村科技进步发挥了重要作用。

科研机构改革取得新进展。全省53个开发类型科研机构事业费已全部核减到位。省级包干类型科研机构推行目标管理已趋规范。研究所通过改革增强了为经济建设服务的动力、活力和实力。开发类型科研机构探索到几种进入或长入经济的途径：一是研究所向科技型企业发展；二是在所内建立技工(农)贸一体化经营实体；三是研究所与生产单位共建股份制企业；四是研究所进入企业。农业科研单位紧紧围绕农业发展，建立了一批试验、示范、推广相结合的科研基地，在促进农业发展中取得了显著成效。重点研究所和实验室的装备得到加强，为30个研究所改善了工作和生活条件。民办科技事业稳步发展，技工贸收入上亿元。

发展厂办科研机构，创建科技先导型企业，推动工业企业技术进步。全省已有404个大中型企业建立了技术开发机构，占1991年初大中型企业数的77.2%。这些开发机构积极进行了新产品、新技术开发，在提高企业经济效益和增强后劲中发挥了重要作用。

技术市场健康发展，交易领域不断扩展。1991年技术合同成交金额2.72亿元，比上年增长38%。合同中技术交易额占总成交额的76%，高于全国平均水平。1991年底，全省共有各类技术贸易机构1423家，从业人员5.1万人，已初步形成了多层次、多门类技术贸易机构的格局。

(二)科技计划突出重点，服务经济、成果、效益显著。1991年，全省各级共安排科学技术研究课题3678个，其中，攻关课题2581个；火炬计划课题31个；星火计划课题1066个。总投资7.7亿元。有3339个课题完成计划进度要求，占课题总数的90%，有857个课题通过了鉴定验收。连同计划外项目全省共取得省内先进水平以上成果1262项，其中31项达到国际80年代先进水平，485项达到国内先进水平。共评选出省级科技进步奖260项，星火科技奖24项。获国家发明奖2项；国家科技进步奖6项，获奖数居全国省市第4位；获国家星火科技奖17项，居全国省市第1位。在全国“七五”星火计划总结表彰大会和成果博览会上，河北省受到表彰的共67个单位和个人，居全国第3位；参展的263个项目全部获奖，金、银奖总数在45个展团中居前列。已鉴定成果和阶段性成果的应用取得了较好的经济效益，工业新增产值13.76亿元，利税2.56亿元，创汇3530万美元，农业新增收入8.28亿元。

省级科技计划安排指令性课题700个，指导性课题454个，有1098个按计划进度要求进行，占课题总数的95%。有329个课题通过了鉴定验收，其中21项成果达到国际先进水平，251项达到国内先进水平。这些成果的应用使工业新增产值7.4亿元，利税1.5亿元，创汇2131万美元，农业新增收入2.8亿元。省政府下达的任务指标已经超额完成：实施重点攻关、火炬计划项目326项，取得国内先进水平以上的科技成果108项；在计划推广的100项重大科技成果和80项星火计划项目中，取得年创利税或降低成本、增加收入在100万元以上的项目56项。

农业方面，重点抓了23项优良品种选育、20项关键增产技术的研究、20个农业综合试区和10个星火综合开发区，全部课题均按计划要求进行，鉴定验收国内先进水平以上的农业科技成果56项。

工业方面，围绕质量、品种、效益年活动，从提高传统工业装备和生产技术水平入手，重点在纺织、轻工、机械、电子、化工、建材等行业安排科技项目280项，包括上年结转项目共取得科技成果373项，其中，达到国际先进水平的27项，国内领先水平的44项。

高新技术方面，全省引进、开发高新技术产品230项。石家庄高新技术产业开发区建设取得了新的进展，火炬大厦已破土动工，开发区制定了十年发展规划和“八五”计划，做好了高新技术企业评审准备工作和征地工作，初步建立了支撑服务体系。1991年，开发区技工贸总收入2.5亿元，利税4000万元，创节汇1500万美元。各地市相继制定高新技术发展规划，保定、秦皇岛、唐山、邯郸市已着手筹建省级高新技术产业开发区。

社会发展方面，以医药卫生、计划生育、环境保护等为主，安排科技项目72项，取得科技成果60项，其中达到国际水平的4项，国内领先水平的22项。

应用基础研究和软科学研究方面，为做好科学研究的纵深配置，安排基础农学、生物技术、新型材料等方面的重点应用基础研究30项，重点软科学研究10项，其中达到国际水平的5项，国内领先水平的15项。

(三)科技成果的推广应用促进了工农业生产发展。全省重点推广了100项重大科技成果，其中指令性推广27项。农业以主要农作物模式化栽培、棉麦一体化栽培、优种及配套栽培技术、生物防治、畜禽优种及科学饲养、水产育苗精养等新技术成果的推广应用为重点，据对指令性计划中19个推广项目的统计，示范推广面积3346万亩，增收6.3亿元。工业在节能降耗、电子技术等方面推广了一批具有80年代初水平的先进适用技术，据对指令性计划推广的8项统计，新增利税3200万元。

(四)山区、海洋经济技术开发工作进展较快。1991年，山区经济技术开发安排项目175项。省农行安排贴息贷款8800万元，省财政贴息400万元，重点投入开发粮、林、果、牧、加工业5个方面。增产粮食3亿公斤，增产干鲜果品400万公斤，新增收入1.54亿元。1991年，取得了一批水平较高的适用技术成果和显著的经济、生态效益，“太行山综合技术开发”被国家科委列为国家级“八五”星火计划重点项目。“八五”期间计划创建的100个科技星火示范企业，年内已有29家通过了验收。结合星火计划的实施，在全省农村培训了技术和管理骨干10.3万人，普及性培训145.9万人次。海洋开发取得进展，管理得到加强。完成了海岛资源综合调查的外业任务。在继续完善对虾配套技术的同时，主攻贝类增养殖及赤潮防治技术，取得了显著的技术经济效益。建立了省、市海洋管理机构，在海洋监视监测、灾害防御、维护权益等方面加强了综合管理。

（五）对外科技交流与合作日趋活跃。1991年经省科委归口审理的出国项目共131项，321人次；派出进修160人，有3名科技人员被国际科技学术组织吸纳为会员，组织执行政府间科技合作项目9项，引进国外专家项目120项次。通过引进解决工农业生产技术难题75项，开发新产品68项，获得农作物品种和种质资源130份，产生直接经济效益3200万元。技术与科技新产品出口创汇达1862万美元，是上年的10倍。省对外科技交流中心组织5批60余家企业（公司）150多种科技新产品到澳大利亚、香港、比利时等国家和地区参加科技展览，成交250多万美元，促成兴办独资企业1家，中外合资企业2家。

（六）增强服务观念，为基层多办实事。1991年，全省共申请专利2010件，已获国家批准的918件，分别比上年增长36%和28.7%；接待各类情报用户1.22万人次；为273家中小企业进行技术会诊，帮助591家企业寻找技术依托，建立了技术合作关系。

（河北省科学技术委员会

执笔：赵 璧）

【教育事业】 1991年，全省教育工作坚持教育为社会主义经济建设服务，加快改革步伐，优化结构，为全省90年代教育的改革和发展奠定了良好的基础。

（一）基础教育

1. 努力提高初等教育质量，全面普及九年义务教育。1991年全省7－12周岁学龄儿童入学率达到98.25%，在校生达724.35万人，比上年增加18.87万人。小学在校生年巩固率达98.10%，小学毕业生升学率达到81.60%，比上年提高1.7个百分点，毕业班学生毕业率为97.5%，基本控制了学生的流失。

2. 调整中学布局，提高办学效益。1991年全省对布局不合理或办学条件差的学校进行了调整，共调减中学82所，使全省初中学校的平均规模达到406人，高中达到501人。全省初中招生72.61万人，比上年多招7.69万人，在校生190.31万人，比上年增加13.94万人；高中招生10.61万人，在校生31.82万人，在校生比上年增加0.58万人。

3. 幼儿教育深入开展，特殊教育发展迅速。通过对农村幼儿教育的改革，形成了具有地方特色的幼儿教育体系，1991年全省在园幼儿达131.47万人，比上年增加6.24万人。其中小学附设学前班幼儿达110.16万人，占全部入园儿童总数的83.79%。特殊教育在各级政府的重视和大力支持下，发展迅速，1991年全省用于特殊教育的投资达361.8万元，比上年增长33.46%，新增特教学校27所，使全省特教学校达到51所，在校生2815人。

4. 加强教师管理，提高师资质量。为加强对中学教师的管理，稳定中小学教师队伍，全省拟定了"加强国办教师管理的规定"和"加强民办教师管理的规定"。并利用卫星电视、教育学院等多种手段培训现有教师。1991年全省中小学共有教职工49.56万人，其中专任教师43.06万人；小学专任教师学历合格率达84.76%，比上年提高5.75%；初中和高中专任教师学历合格率也分别达40.56%和39.1%，分别比上年提高4.5和1.8个百分点。

5. 多方集资，改善办学条件。1991年全省用于改善办学条件的投资6.88亿元，全年新建校舍121.2万平方米，新增图书6.44万册，并购置了大量的教学仪器和文体器材。1991年底，全省共有26个县（市、区）达到了小学阶段义务教育必备办学条件标准，10个县（市、区）达到了九年制义务教育必备办学条件标准，133个县（市、区）实现了"校舍、围墙、课桌凳"等的"八配套"。

（二）职业技术教育

1. 调整中等专业学校结构，提高办学效益。1991年全省撤并了93所县办中等师范学校，新上社会急需的专业，统筹安排短线专业的招生，1991年全省中等专业学校216所，招生3.93万人，毕业3.66万人，在校生10.97万人。2. 理顺管理体制，稳步发展农职业中学。1991年全省职教认真贯彻全国职教工作会议精神，中等职业技术教育的管理体制初步理顺。1991年新增职业中学17所，招生6.07万人，比上年增加0.91万人，在校生达到14.11万人，比上年增长1.44万人。高中阶段招生数中各类职业技术教育占48.93%，在校生占46.91%。3. 农村教改深入发展。12个实验县（市、区）的燎原示范乡已由64个扩大到120个，教改实验县（市）也由12个增加到32个。

（三）普通高等教育

1. 控制规模，优化结构，适应地方现代化建设需要。1991年全省普通高等学校招生2.37万人，比上年下降0.43个百分点，其中作为培养应用型人才重点的专科教育比重已达54.2%，工农林医类专科生的比重已占全部专科招生数的38.06%，比上年增长1.88个百分点。1991全省高校共为地方输送毕业生2.34万人。为适应经济发展的需要，新增调整了经济建设急需的"劳动经济"、"情报学"、"烹饪"等11个专业。对于经济建设确实需要，而全省又不具备培养条件的专业，采取了和外省市对等互培的办法，借助于省外优势，增强全省经济建设的活力。对3所布局不合理、办学条件差的学校在去年停止招生的基础上，促其停办。这样全省高等教育不论在学校布局、科类结构、专业结构、人才层次结构等方面的建设上都能紧紧围绕地方经济建设中心健康发展。

2.加强政治思想教育，优化育人环境。进一步抓好高校教师的政治思想工作，抓好校园环境的治理整顿和大学生管理规定的落实，严格学籍管理，充分调动了学生的学习积极性。为社会输送了大批优秀的毕业生。

3.继续完善、深化招生制度的改革。试行了部分宽口径大专业的招生，加强了招生计划和毕业生分配计划的严肃性，严禁计划外招生，彻底治理了“乱办班”、“滥发文凭”的现象，分配中严格执行面向基层，优生优分，学用一致。

4.紧密配合“科技兴冀”战略的实施，使高校科研人员直接为经济建设服务。1991年，全省高校科研工作加强应用研究与开发研究，抓好科研成果的转化工作，使科学技术尽快转化为生产力，据不完全统计，1991年全省高校共承担科研课题1624项，取得科技成果218项，实现技术转让89项，成交额219.9万元，有12.8%的科研成果达到国际水平。

5.改善教学条件，调动教师的积极性。1991年省属高校住宅建设工作进展顺利，全省有18所省属高校共建住宅26栋1711套，总建筑面积9.59万平方米。住房条件的改善，激发了广大中青年教师的教学积极性和创造性，促使了学校各项工作的顺利开展。

6.教职工队伍素质明显提高。1991年全省高校共有教职工3.46万人，其中专任教师1.32万人，专任教师占教职工总数比重较上年有所增长。具有中高级职称的专任教师占专任教师比重的66.15%，比上年增长了5.68个百分点，具有研究生毕业以上学历的占13.53%，比上年增长1.41个百分点，专任教师素质的提高，保证了高等教育人才的质量。

(四)研究生教育。1991年河北省研究生教育持续稳定发展，加强研究生的培养教育同社会经济建设所需高级人才的密切结合，有8所普通高等学校和4个科研单位招收研究生224人，在校研究生653人，全省高校有博士授予点7个，硕士授予点77个，向社会输送研究生299人。

(五)成人教育。1991年成人高等教育调整工作进展较快。在办学方向和办学目标调整上，压缩学历教育，大力开展岗位培训工作。全省48所成人高校招生1.19万人，在校生3.71万人，分别比上年下降了17.2%和34.75%，非学历教育人数大幅度增长，全年结业总人数为4.66万人次，是当年学历教育毕业生人数的2.9倍。

(河北省教育委员会

执笔：魏锡政　王红卫)

【卫生事业】 1991年，全省卫生事业以加强农村卫生和预防保健为重点，把提高医疗质量做为突出的任务来抓，取得了明显的社会效益和经济效益。

(一)卫生事业稳步发展，防病治病能力显著提高。1991年全省各级各类卫生机构发展到1.06万个，比上年增加61个，增长0.58%。由于社会上多渠道、多层次和多形式办医的发展，各种联合形式举办的医院发展较快，比上年增长10.73%。多种形式办医，在一定程度上缓解了社会医疗需求。

为解决群众“住院难”的问题，全省新增加医院病床3489张，达到12.93万张，增长2.77%。全省平均每千人口拥有医院病床，由上年的2.04张发展到2.05张。全省专业卫生人员达到22.44万人，比上年增长2.32%。全省平均每千人口拥有专业卫生人员，由上年的3.56人发展到3.58人。专业卫生人员的增加，对提高人民健康水平和防病治病起了保障作用。

(二)预防保健工作取得新成绩。1991年全省急性传染病发病率为14.3/万，低于全国平均水平。进一步健全了性病防治网络，强化了疫情报告制度。结核病防治实现了卫生部发现、管理和治疗活动型肺结核5/万的目标。完成了全省肠道内外寄生虫病的流行病学现场调查，并获得了“全国寄生虫流行病学调查集体”奖，受到了卫生部的表彰。

地方病防治广泛开展了灭鼠灭蚤工作，毗邻疫源地区鼠密度进一步得到控制，低于国家规定标准。降氟改水安排一批新项目，完成农村和城镇高氟改水工程209处，受益人口23万人，使全省累计受益人口达到453万人，改水降氟各项指标合格率居全国第二。全年共向碘缺乏病区供碘盐14万吨，有碘率达到99%。治疗地甲病人3.5万人次，治愈2130人，治愈率为6.1%。

儿童计划免疫如期实现了第二个85%的目标。1991年3月，世界卫生组织、联合国儿童基金会对河北计划免疫随机抽取19个县(市、区)3991名儿童进行了现场调查和综合评价，建卡率为97.75%，四苗全程接种率达97.57%，如期实现了第二个85%(以县为单位)的目标，受到外籍专家和卫生部的好评。完成了全省600多万0——4岁儿童第一次扫荡普服脊髓灰质炎疫苗工作，使小儿麻痹发病率较上年下降69%。

食品卫生工作重点抓了各项卫生法规的落实，同时进一步加强了卫生立法工作。1991年颁布实施了《〈河北省计划免疫条例〉实施细则》等法规、规章和《河北省卫生防病监督工作程序》、《河北省卫生防病监督机构管理办法》等规范性文件。

深入开展了各项卫生监督，组织了以饮食摊点、冷饮冷食、中小餐馆、肉食销售和加工为重点的食品卫生大检查，监督监测率达90%以上，食品合格率在80%以上。食物中毒起数、中毒人数和死亡人数分别比上年下降了1.67%、23.97%和54.5%。

妇幼卫生工作进一步完善。1991年全省孕产妇入保37.1万人，入保率达60.1%，儿童入保458万人，入保率达 63.9%。进一步加强了妇女、儿童常见病、多发病的防治，全省共普查妇女 310 万人，对其中 63.3 万例患病妇女进行了治疗，治疗率达 91%。普查 0—7 岁儿童 547 万人，对查出患有佝偻病、缺铁性贫血的儿童均给予了治疗。重点对 1 周岁以下儿童进行了维生素 D 预防性投药，投药率为 88.9%。深入开展了优生优育和计划生育等技术指导工作，全年共做各种节育手术 181 万例。广泛开展了创建卫生城市和卫生县城活动，省爱卫会继续与地市签定了《实现卫生目标管理奖惩协议书》，并进行卫生检查，承德、涿州、衡水市被评为省级卫生城市，新乐、故城、新河、万全、永年五县被命名为省级卫生县城。灭鼠工作连续 5 年"一役达标"，有 13 个地市被全国和省命名为无鼠先进地市。农村改水成绩显著，自来水建设通过了全国考核验收，全省已累计建成自来水厂(站)3.6 万座，饮灌两用机井 3.9 万眼，水压机井 220.3 万个，三项改水受益人口达 4574.51 万人，占农村总人口的 92.9%。

(三)中医工作、医学教育、医学科研、药政管理等有了新进展。1991 年全省中医院发展到 114 个，比上年增长 11.8%。中医建设注重提高医疗技术水平和发展专科，使中医在治疗胃肠、血液和骨髓炎等专科专病方面取得了明显成效。唐山市、安国县、丰润县中医院从医院管理、建设到医疗质量的提高都取得了较好成绩，被国家列为示范中医院。中医人才培养着重进行了老中医药专家学术经验继承工作，落实了带徒计划，召开了拜师大会。继续开办了大专层次的中医自学考试和函授教育，取得了满意效果。全省高、中等医药院校 1991 年共招生大学本科生 1214 人，大学专科生 877 人，各类中专生 4538 人，各类学校招生数与上年相比有所增加。为解决农村基层人才不足问题，招生工作继续实行了"三定"制度。张家口、沧州地区卫生学校率先实行了"合同公证制"招生，在为农村培养"下得去、留得住、用得上"的实用型人才方面受到了法律保护。乡医函授教育不脱产，方式灵活，教材实用，深受农村基层欢迎，第一期学员已经结业，结业率达 91%。

医药卫生科技工作取得了新进展。1991 年共获得省科技进步奖 26 项，其中二等奖 3 项，三等奖 14 项，四等奖 9 项。获得省卫生厅科技进步奖 91 项，其中一等奖 7 项，二等奖 33 项，三等奖 51 项。卫生科技成果的推广，促进了卫生事业的发展。药政工作认真贯彻了《药品管理法》等有关法律、法规，进一步健全了药品监督体系，查处了一批假劣药品案件，提高了药品质量。保证了人民群众用药安全、有效。

(河北省卫生厅
执笔：翟秉立)

【体育事业】

1991 年，全省体育战线认真贯彻党的十三届七中全会精神，成功地举办了全国第二届城市运动会，加强了运动训练工作，使全省体育事业得到了新的发展。

(一)全国城运会圆满成功。全国第二届城运会于 9 月在唐山市举行，来自全国的 89 个单位，51 个体育代表团，2928 名运动员以及工作人员、各界来宾共 1 万多人云集唐山，是我国体育竞赛规模较大的一次盛会。开幕式大型文体表演《城市之光》具有强烈的时代气息和浓郁的地方特色，受到了各界人士的好评。运动会充满"隆重、热烈、节俭、圆满"的气氛，达到了振奋革命精神，推动城市体育发展和促进两个文明建设、锻炼、培养体育后备人才的目的。

1.城运为我增荣誉，我为城运添光彩。唐山市 650 万人民，发挥当年抗震救灾精神，广泛深入开展了"迎城运、做贡献"活动，进行了大规模市容市貌综合整治，120 万盆鲜花在街头盛开，16 个宏伟秀丽的体育场馆拔地而起，为城运会的召开做了充分的准备。全省各界人士为城运会捐款 3500 万元。

2.运动成绩和精神文明双丰收。本届运动会涌现出一批优秀体育人才。有 12 人 12 次超 4 项亚洲纪录；2 人 2 次平 2 项亚洲纪录；5 人 5 次创 4 项全国纪录；14 人 25 次创 15 项全国青少年纪录。有 866 名运动员，141 个运动队，206 名裁判员，11 个代表团获得了"体育道德风尚奖"，石家庄、唐山、保定、秦皇岛四个参赛城市共获得金牌 19 枚、银牌 24 枚、铜牌 21 枚，超 1 项亚洲纪录、创 2 项全国纪录、创 2 项全国青少年纪录，石家庄市、唐山市以及部分运动员分获"体育道德风尚奖"。

(二)技术水平逐年提高。1991 年，全省优秀运动员在国内外重大比赛中，成绩优秀。共获金牌 63 枚、银牌 59 枚、铜牌 60 枚。其中在国内重大比赛中，获金牌 44 枚、银牌 48 枚、铜牌 56 枚。有 1 人 1 队 2 次破 2 项亚洲纪录；3 人超 3 项亚洲纪录；6 人 2 队 8 次破 8 项全国纪录；64 人 16 队破 99 项省纪录(含青少年纪录)。是历年来运动成绩较好的一年。

田径队赵存林以 20″75 的成绩成为我国在亚洲锦标赛中第一个取得男子 200 米冠军的运动员，实现了一次突破。一年来，田径队打破 4 项全国纪录，使全省保持的田径全国最高纪录增加到了 7 项。田径、游泳、柔道等全省优势项目的总成绩都排在全国前三名，保持了优势。全省有 380 名业余体校运动员参加了全国少年儿童比赛，成绩突出，获金牌 57 枚、银牌 39 枚、铜牌 50 枚。

(三)群众体育开展活跃，全民体育意识不断增强。1991 年，全省经常参加体育活动的人达 2210 万，占总人口数的 36.2%。被国家体委首批命名为"全国群众体育先进单位"。学校体育发展较快。1991 年，省、地、县三级传统校已发展到 1964 所，经常参加传统项目活动的人数达 60 万人，向县以上业余体校输送体育后备人才 3153 人，向体育运动学校、优秀运动队输送运动员 45 人。全省学校《国家体育锻炼标准》达标的学生已有 473

万人,达标率为 91.34%。

农村体育稳步发展。1991年,全省在原有的17个全国体育先进县的基础上,又有10个县、区、市被省政府命名为省级体育先进县。49个乡、镇达到了体育先进乡、镇的标准。全省共举办乡、镇级运动会5695次,参赛人数达114万人次。

职工体育有所突破。1991年,全省广大职工普遍开展了以迎城运为主题的群众性体育活动,省产业体联和省大型企业职工体联分别举行了"第十一届运动会"和体育比赛。少数民族、伤残人体育竞赛成绩突出。1991年,省召开了全省少数民族运动会和伤残人选拔赛,分别组队参加了全国第四届少数民族运动会和第二届特殊奥运会,都取得了好成绩。在全国第四届民运会上,获金牌2枚、银牌3枚、铜牌3枚,奖牌总数名列全国第八。

(四)强化业余训练工作,加速后备人才培养。

1.各训练层次训练人数及年龄结构形成适宜的比例。全省体育运动学校8所(含体育中专班)在校学生1489人,其中运动班学生694人,师资班学生795人。省优秀运动队编制1135人;重点业体校38所,在校学生3811人;普通业体校203所,在校学生16366人,以上三个层次之间的训练人数之比为1:4:14。二、三线后备人才按11岁以下、12岁-15岁、16岁-17岁分的年龄段人数比例为25:60:15,形成了层层衔接的后备梯队。

2.体育运动学校有了新发展。1991年,全省经教委批准的正规体育运动学校4所(含体育中专),在校生1084人。1991年,国家体委和省教委对省体校和唐山市体育运动学校进行了检查评估,均符合国家标准。其它2所也都在进一步完善学校各项管理和教学训练设施,提高办学质量,并迎接全国的评估工作。

3.调整落实重点训练项目。为迎战奥运会,1991年,根据国家体委分配给河北省的重点项目,对各地市和直属训练单位的项目进行了调整并突出重点。目前全省重点项目在训人数1.6万人,占在训人数86%以上。

4.为了对运动员进行科学合理训练,省体育科研所研究人员与教练员相结合,坚持运动训练应用研究,直接为训练服务,还先后成立了运动训练研究组、生理生化测试组、和运动训练诊断组,对参加七运会的重点运动员进行生理、生化指标的测试,为优化训练过程提供量化数据。并研究训练方法、改善训练手段。

(五)以体为主,多种经营,场馆建设又有新进展。体育系统以体为主的多种经营取得了显著成绩。1991年,全省体委系统创收1310.65万元,其中城运会奖券756万元,弥补了经费不足,促进了体育事业的发展。1991年,体委系统新建各种体育场地29个。其中体育馆4个、室内外游泳池7个、有固定看台灯光球场2个、各种训练房8个、运动场3个、排球场1个、室内外网球场3个、室内射击场1个,改善了体育运动的物质条件。

(河北省体育运动委员会
执笔:刘小英)

【民政事业】

1991年,全省民政战线紧紧围绕保持社会稳定,服务经济建设这个中心,深化改革,治理整顿,在优抚安置、扶贫开发、救灾救济、社会福利、社会事务等方面进行了卓有成效的工作。

(一)调整抚恤标准,进一步落实优抚政策。1991年,在财政比较紧张的情况下,为解决物价上涨等因素给优抚对象带来生活水平下降问题,中央下达专项资金提高了在乡革命伤残人员抚恤标准。全省在乡革命伤残人员抚恤金人均水平由上年的422元提高到491元,提高16.35%。对住光荣院孤老优抚对象的生活费标准做了调整,年人均由上年的612元提高到715元,提高16.83%。同时,还广泛发动社会力量办好民政事业,据统计,由乡镇统筹优待金1.24亿元,比上年多筹293万元。全省现役义务兵家属优待金额达到户均454元,比上年提高2.25%。年内还接收安置了军队离退休干部和无军籍职工565名,开发使用"军地两用人才"2.73万名。

(二)收养性事业单位稳步发展。1991年底,全省各类收养性事业单位3413个,床位数5.75万张,比上年增长1.39%;收养人数4.03万人,比上年增长4.36%;床位利用率达70%,比上年提高两个百分点。其中:收养孤老、残优抚对象的休、疗养院、光荣院186个,床位8772张,收养人数6259人;收养社会救济对象的福利院、敬老院共3227个,床位4.88万张,收养人数3.40万人。1991年全省集体办敬老院床位数比上年净增649张;收养人数比上年净增1554人;全省乡镇敬老院覆盖面达86.93%。

(三)社会福利生产迅速发展。1991年全省福利企业1373个,比上年增长22.48%;年总产值9.94亿元,增长50.54%;年创利税1.26亿元,增长24.10%;职工4.83万人,增长12.16%;职工中"四残"人员占43.77%,全员劳动生产率达2.06万元。其中:民政部门办的福利企业为394个,比上年增长25.88%;年总产值为3.67亿元,增长36.23%;年创利税3624.8万元,增长30.47%。到1991年底,全省帮助2.79万名"四残"人员解决了就业问题,其中仅城市街道就安置6716名"四残"人员就业。

(四)救灾、扶贫和城乡社会保障不断向纵深发展。1991年全省自然灾害多于往年,局部地区洪涝、冰雹、旱灾严重,全省成灾面积达4216万亩,成灾人口1926万人。为落实省政府"关于搞好救灾工作,保证不出问题"有限目标责任制,全省及时发放救灾款5108万元,重点解决了769.3万重灾民和特重灾民的吃、穿、住的问题。在安排好灾民生活的前提下，深入开展救灾与扶贫、救灾与合作保险、无偿与有偿相结合，动员各界力量，大搞科技扶贫、信息扶贫、资金扶贫，开展国际十年减灾活动，共扶持贫困户 61.44 万户，年内有 30.04 万户农民解决了温饱，占被扶持户的 48.89％。同时为安徽、江苏、河南等部分严重洪涝灾害省份募捐救灾款物 4027.74 万元，粮票 65 万公斤，有力地支援了重灾省份。为提高民政工作的整体效益，保障社会稳定，继续狠抓了农村“四个一”的社会保障网络。即每个乡镇有一个社会保障委员会；一个敬老院和一个社会福利工厂；一个社会保障基金会；优待和五保金实行乡（镇）统一筹集。到年底全省农村共建各种社会保障基金会 5021 个，拥有资金 6053.8 万元；12 个救灾保险试点县的52.07万户农民参加了民政系统试办的救灾合作保险，保费收入 941.19 万元，理赔支出 1024.06 万元，有312个乡镇实现了“四个一”。为解决农民老有所养问题，农村养老保险工作在获鹿县已完成试点，并取得了经验。在城市95％以上的街道办事处广泛开展了社区服务工作。全省城市共建起社区服务机构 8800 个。

（五）民政事业费增长缓慢。1991 年民政事业费支出 2.57 亿元（不含自然灾害救济费），仅比上年增长 0.8％。其中：抚恤事业费支出 1.56 亿元，下降1.85％；离休费支出 2356 万元，增长 4.7％；退休退职费支出 2310万元，增长 6.08％；社会救济福利费支出3655万元，增长 0.63％；其他民政事业费支出 1798 万元，增长 15.07％。从民政事业费增长内容上看，主要是政策性增长和人头费，用于事业发展的资金十分紧张。

（六）行政区划、基层政权建设得到加强。从服务经济建设，促进小区域经济发展出发，1991 年全省新建 2 个县级市，调整了部分乡镇规模。

（七）婚丧管理、地名工作、社团管理成绩显著。1991年，通过深入宣传《婚姻法》，加强法制观念教育，狠抓婚姻登记管理体制改革，年内有 44.68 万对登记结婚，另有 3.37 万对申请结婚者因不符合婚姻法未予登记。1.92万对申请离婚，1 万多对经调解无效准予登记离婚。殡葬改革方面，1991 年全省火葬场火化遗体12.71万具，比上年多火化 1.4 万具，火化率为 40.25％，比上年提高 6.25 个百分点。地名工作加强了规范化建设。全省10个省辖市，13 个县级市和 40 个县政府驻地都开展了地名管理工作，完成街道、小区的命名、更名、设标志工作，并对沿街牌匾中的地名用字进行了规范化检查。社团登记工作积极稳妥地开展起来。到年底，全省民政部门有 13 个地市和 59 个县（县级市、市辖区）建立了社团管理科室。到年底，共有470个全省性社团、1416 个地市性社团、3716 个县级性社团注册发证。

（河北省民政厅

执笔：杜书明）

文化 出版 广播 电视 档案

【文化事业】

1991 年在“抓整顿、促繁荣”的政策指导下，改革开放搞活与加强文化市场管理一起推进，不仅保持了广泛稳定地发展，而且内容与形式又不断创新，宽松和谐的社会文化氛围得到进一步的发展。

（一）艺术创作演出活跃，质量又有新的提高。1991年全省有县级以上专业艺术表演团体 146 个，全年演出剧（节）目场次总计 3.36 万场，观众 3909 万人次，其中到农村演出场次占 85％；平均每剧团年演出 230 场，县级剧团则达到 245 场，继续保持了演出数量丰盈及多为基层群众服务的优良作风。文艺团体积极实施“产品抓拳头，人才抓尖子，发挥地方特色，创造燕赵艺术”的总方针。艺术创作与演出的质量水平也有了提高。不少剧团靠艺术质量赢得了观众，无论在城镇还是在农村都受到群众欢迎。艺术活动中频频受奖也是艺术质量提高的另一重要方面。1991 年全省各艺术门类在全国性艺术活动中获奖 67 项，其中最高奖 23 项。艺术水平争先创优不仅显示了河北省艺术事业实力，而且促进了整个文化工作的开展。获奖剧目如承德话剧团的现代戏《女人》在华北话剧观摩演出中获一等奖，大厂评剧团的《大门里的媳妇》和保定市河北梆子剧团的《落花情》在全国戏曲现代戏观摩演出中获“新剧目奖”，大厂县评剧团多年来创作演出、经营管理好；坚持排演现代戏，受到文化部的表彰。省杂技团的《抖空竹》、沧州杂技团的《双人叠椅倒立》、吴桥杂技学校的《空中技巧》，以其高难技艺和优秀表演，荣获第三届中国吴桥国际杂技艺术节银狮奖。省曲艺团的长篇快板书《河北颂》在河北电台连播，省歌舞剧院的歌舞《大平原》在中央电视台播出，话剧《班禅东行》、京剧《八仙过海》拍成电视艺术片，在中央电视台两套节目中播放。邯郸东冈豫剧团的胡小凤获第八届全国戏剧“梅花奖”，还有许多演员在全国中青年京剧电视大赛和评剧评比赛中获最佳表演奖和优秀青年演员奖。庆祝建党 70 周年，组织了隆重的文艺活动。在“党魂”系列文艺作品征集评奖中，涌现了一批优秀作品。省艺校的大型歌舞晚会《七月花潮》在省电视台播出，省曲艺团等单位的曲艺专场《风流今朝》也深受群众赞扬。

艺术研究工作贴近生活，拟定了一批以研究“燕赵艺术”为重点的选题。中国音协、河北音协与省艺研所联合举办了“全国中青年音乐理论工作者读书会”。省艺研所与省剧协、中国艺研院联合在京召开了承德话剧团“山庄戏剧”创作道路理论研讨会。《大舞台》和《通俗歌曲》刊物为繁荣艺术创作，培养艺术新人以及活跃群众文化生活做出了新的贡献。全省现已有艺术创作、研究专职机构19个。艺术人才的培养教育工作进一步加强。全省有艺术学校8所，在校生数623人。针对艺术人才后备不足情况，还拓宽了培训渠道，通过举办培训班，委托代培、送定向生、进修生、招收学员班等多种形式，加强了专业教育和在职成人教育。

对外文化交流领域扩大，多剧种、多门类艺术团组频繁出访，以河北特有的文化资源为依托，努力开拓国外演展市场，为加强国际间友谊和了解起到了积极作用。全年派出文化团组31个，420人次，出访12个国家及地区，演出场次639场，出访演出场次创最高纪录。

1991年全省剧场、影剧院等艺术表演场所共计103座，座席13万多个，演(映)出场次8.4万场，观众2008万人次。录相放映比重增加，随着文化市场管理的不断加强，录相放映质量得到进一步提高，使艺术表演场所的艺术活动更加多样化。全年演出场次8.7万场，观众1949万人次。

(二)公共图书馆广开图书阅览服务，社会文化设施得到充分利用。1991年末，全省公共图书馆机构已发展到124个，总藏书726万册，其中古籍62万册。年图书借阅408万册次，521万人次(含在馆阅览人次)。公共图书馆面向社会开放，图书资料和科技信息越来越多地吸引着各界人士。不少图书馆尤其县馆，由于馆舍和书量有限，难以满足更多借阅者的需要。尽管如此，图书馆仍尽可能地多开展读者服务活动，1991年全省图书馆为读者服务举办各种活动1330次，参加6万多人次。开设图书服务点605个，发放借书证23万个。

(三)"文化服务年"活动有声有色，群众文化工作得以推动。1991年，全省群众文化工作积极参与经济大合唱，努力为经济建设服务，在普及中得到发展。年初，在全省范围内部署了以宣传"科学技术是第一生产力"为主要内容的"文化服务年"活动。全省19个群艺馆、169个县级文化馆、3200多个文化站，有80%以上开办了培训班和科普讲座，共举办培训班1.3万多期，近30万农村科技骨干得到培训。省文化厅与其他7个省直单位联办了农村少年文化、科技、体育知识竞赛，全省20多万农村少年踊跃参加。全省图书馆系统还开展了以"热爱党、热爱社会主义"为主题的服务宣传周活动。业余文化活动得到推动，3月举办了全省第二届舞蹈比赛，17个代表队、250多名业余和专业选手参加，展现出《丰收鼓舞》等一批优秀节目。与省妇联举办了全省家庭文艺调演；会同省委宣传部对1991年春节文化活动进行了审评，鼓励表彰了做出显著成绩的6个地市。全省庆"7.1"征歌活动，涌现出优秀歌曲近千首，其中40多首获奖。群众艺术还跨出省界、走出国门，受到国内外同行注目。在首届中国沈阳秧歌节暨全国优秀秧歌大赛中，河北省三大民间舞之一的"井陉拉花"荣获最高奖—优胜奖；在文化部举办的业余艺术"群星奖"评选中，全省获奖4个；50余幅辛集农民画在维也纳民俗博物馆展出受到好评；蔚县剪纸参加日本东京举办的《大中国展览》被列为最受欢迎的民间艺术品。

文化市场得以进一步清理净化，有关文化部门制定了8条措施，积极整顿书刊市场，共收缴、封存违禁书刊523种，29万余册。1991年全省文化馆、群艺馆负责指导的基层群众文化单位有乡镇文化站3220个、5043人，农村集镇文化中心444个，文化俱乐部2.1万个，文化户3.3万户，民间职业剧团491个，群众业余演出团(队)3667个，民间艺人7840个。这些基层文化单位或文化成份，为弘扬社会主义正气和丰富民间文化艺术生活，传播科技知识以及推动改革开放等，都起着很大的作用。

(河北省文化厅

执笔：王志敏)

【电影事业】 1991年河北省电影事业紧紧围绕城市影院改造和农村电影市场开发两个发展战略，以发行放映好主旋律影片为龙头，克服电影发行放映工作中各种困难，取得较好社会效益和经济效益。全年共映出电影136万场，观众9.93亿人次，放映收入7951万元，发行收入4046万元。放映收入和发行收入分别比上年增长3.31%和1.10%，均创历史最高水平。

(一)努力开发农村电影市场。省公司为了进一步开拓农村电影市场，1991年搞了大量研究，了解农村电影市场现状，成立业务包片小组，帮助农村发展电影事业。为配合农村社教活动，年初召开了全省农村电影工作会议，会议形成的《关于加强农村电影工作的意见》对农村电影工作具有重要的指导意义。许多县(市)电影公司在开拓农村电影市场方面做出了突出贡献。武安县电影公司电影收入创过百万大关，达到139万元，创全省县级公司收入最高纪录。

(二)狠抓城市电影院的改造。为了提高影院放映质量，改善群众看电影条件，对破旧影院必须进行改造。年初省公司在邯郸市召开全省首次城市影院改造工作经验交流会。会上有邯郸市、保定市等电影公司介绍了城改经验，这些经验坚定了大家对影院改造的决心，促进了全省城改进程。各单位在资金十分困难的情况下，提倡"因陋就简，勤俭节约，自力更生，艰苦奋斗"的口号，省公司为各地市影院改造拨款135万元，又给各地市贷款135万元，使1991年全省先后改造影院32家，其中全面改造的15家，部分改造的17家。目前全省已有立体声影院26家。凡改造过的影院两个效益明显提高。邯郸市的大时代影院、石家庄的河北影院等，改造后的影院放映收入和发行收入都提高20%以上，1991年这两个影院都突破100万大关。

(三)全力做好主旋律影片的发行和宣传工作。做好献礼影片的发行和宣传工作，是全省电影职工的一件大事。为了发行放映好献礼影片，省公司打破常规，采取集中订购拷贝的办法。1991年全省共购入献礼影片20部，仅35毫米拷贝就购进204个。其中《焦裕禄》、《周恩来》等影片的拷贝订购数都超过历史最高数，充分满足了全省城乡的映出要求。

在影片宣传方面，也采取了多种形式，大造声势。如《开天辟地》、《大决战》等影片都举办了声势浩大的首映式，利用电台、电视台、飞机、彩车等大搞宣传，确保影片映出效果。所以，献礼影片均取得了显著的社会效益和经济效益。到年底，仅从九个城市上映《焦裕禄》、《大决战》等7部献礼片的情况看，共映出2090场，吸收观众1440万人，收行收入超千万，创全省重点影片映出最好成绩。

(四)加强财务核算，实行计划管理，积极开展创收节支活动。1991年在费用上升、成本提高的情况下，省公司各项收支都控制在计划预算之内。发行收入、费用支出、拷贝费支出、专项基金等重要经济指标，基本都按计划实施，确保了利润指标和承包指标的兑现，保证了全省电影基本建设资金的实现。为了加强财务管理，省公司对全省电影系统进行了财务大检查，这项工作也收到良好效果。过去拖欠、漏报的片款已陆续交上来。省公司带头严格执行国家各项方针政策和财会法规。1991年经财政厅、税务局、物价局等部门多次检查，一致认为省电影公司财务制度健全、核算规范、管理严密，1991年河北省在全国电影系统会统业务竞赛中成绩突出，双双荣获一等奖。

(五)加强技术教育和培训工作。1991年4月举办了全省技师技术资格考核讲习班，讲授了放映机、扩音机、整流器、电工、银幕和影片等课程，并进行了考试；6月份为进一步提高各地市公司技术管理干部和影院技术干部的建声学和立体声电影方面的知识，促进影院改造，举办了全省第二期影院建声和立体声讲习班；10月份又在唐山市举办锥轴反光镜和整流器专题培训班；12月份举办全省第一期检片技师技术资格考核讲习班，讲授了影片、放映机、整流器、电工等课程。这些培训学习对提高电影技术人员的素质和稳定放映队伍起到了一定作用。

(六)电影器材供应方面，首先转发了广电部、电影局关于《加强电影器材行业经营管理的意见》，贯彻了《河北省电影放映器材管理办法》。各地市结合贯彻这两个文件，都制定了岗位责任制，充实器材人员，加强器材财务管理，使省内器材供应渠道畅通。1991年原计划销售各种电影机部件192.4万元，实际完成330万元，超额71.52%。

(七)加强拷贝管理工作。1991年省电影公司为了保护好影片，给各地市公司做影片保护袋3万个，购片箱500个，并彻底清理和喷刷了省公司地下片库，使地下片库焕然一新。1991年省公司被石家庄市人防办评为先进单位。

(八)调整科室，优化组合，择优选用干部。1991年省公司仍然实行经理负责制。为增强企业活力经领导班子多次研究，对各科室进行了调整。对中层干部和科员的聘用，坚持优化组合、择优选用的原则。经过调整，党总支、经理、职代会及各科室之间团结一致，工作和谐，人员思想稳定，这是1991年完成各项任务的重要条件。

（河北省电影发行放映公司

执笔：杨军　王玉明）

【文物事业】

1991年，河北省文物工作以"加强保护、改善管理、深化改革、充分发挥文物的作用"为指导思想，依靠全省文物工作者的共同努力，文物事业有了新的进展。

(一)考古科研工作成绩显著。曾被评为"七五"期间十大考古发现之一的北戴河秦行宫遗址发掘工作1991年已经完成。它的重要意义已由许多著名专家论证，并已申报国务院公布为全国重点文物保护单位。在磁县后湾漳抢救性发掘了北朝大墓，首次发现了迄今国内仅存的艺术价值极高的最大型北朝壁画。其修复部分已参加了国家举办的首届"中国文物精华展"。主动配合各地的基本建设工程，积极开展考古调查、钻探和发掘工作，在配合定州基建工程中，组织力量进行了大面积的勘探、发掘，首次发现了大型商至周的方国墓群，出土了大批随葬物品，这一发现，为研究我国商代晚期的历史和方国文化提供了极为珍贵的实物资料。并被评为1991年全国十大考古发现之一。在配合邢台基建工程中发掘出土的周代雕有甲骨文的刻辞卜骨，这在河北还是第一次发现。文物部门及时掌握各项基建工程信息，主动上门宣传文物法规，争取有关部门的配合，不但使大批珍贵文物得到了保护，同时也保证了基建工程的顺利进行。

1991年在考察中新发现了迁西西寨原始社会遗址、获鹿西汉常山国王陵等均属河北省考古新发现的成果。

此外，根据科学研究的需要，今年还在燕下都、正定广惠寺、邢窑等遗址以及隆化西阿超墓进行了考古发掘，并首次与美国合作，对阳原旧石器遗址进行了发掘，都取得了一些重要成果。总之，1991年是近10年来河北省考古科研成绩最突出的一年。

(二)以加强保护、科学利用为指导思想，做好古建筑的抢险加固和维修工作，为发展文物旅游事业奠定基础。为了保护好古代建筑，文物部门千方百计的从各方面争取维修经费千万余元，基本(或部分)维修了承德避暑山庄、外八庙、山海关和金山岭长城、清东陵隆恩殿、清西陵喇嘛庙、邯郸响堂石窟、定州开元寺塔、定兴北齐石柱以及满城汉墓等古代建筑数十处。同时，还制定了对清东陵保护、利用和维修的总体规划，已通过论证，并商定由国家和地方共同筹资2000万元(1991年已拨款450万元)进行较大规模维修。全省重点古建筑的维修与开放,已构成河北旅游事业的主题内容,在国内外的声誉越来越大,并已取得可喜的社会效益和经济效益。1991年全省文物单位的参观人数达1288万人次,其中外宾参观人数5万人次。全省文物部门的门票收入一项即达2568万元。其中,门票收入较多的有:山海关门票收入1260万元;承德市避暑山庄、外八庙门票收入643万元;清东陵门票收入305万元;正定文保所门票收入161万元;清西陵门票收入43万元;邯郸黄梁梦门票收入25万元等等。可见河北省文物旅游事业前景广阔,一方面增强了文物事业的自我发展能力,同时也将给全省的经济发展带来可观的效益。

(三)在流散文物的管理方面,各级文物商店(代购点)在购销和管理上发挥了积极作用。1991年全省文物商店筹资近300余万元。收购流散文物3万余件,对外销售文物商品6801件,创外汇200余万元。截止1991年底全省文物商店的库存文物已达24万件。为加强流散文物的管理,1991年9月省文物局会同保定地市文物和有关部门,在雄县开展了打击走私倒卖文物的专项斗争。多次在群众中宣传文物法规,历时两个多月的宣传教育,广大群众提高了对文物法规的理解,现已登记和收购的流散文物已达1400多件,并已依法取缔了"旧货"市场,基本上刹住了倒卖文物的歪风,对限制非法经营文物起到了一定的作用。这一作法得到了国家文物局的支持与肯定。

(四)加强博物馆建设,充分发挥文物的社会主义教育作用。1991年新增加了石家庄市、辛集市、保定市、直隶总督署和山海关长城4个博物馆。

全省现有各类型博物馆、纪念馆26个(省级1个,地市级8个,县市级17个),通过改进固定陈列、举办临时展览,开展多种形式的宣传教育活动,为促进全省两个文明建设发挥了积极作用。如省博物馆今年举办的"党的优秀宣传员傅显忠同志的先进事迹"、"河北共产党人光辉业绩"等15个临时展览,共接待各界观众32万人次。

(五)积极作好文物外展工作,加强对外文化交流。赴新加坡"中国汉代文明展"历时一年半,1991年11月份已圆满结束。通过对外联系,初步确定国家文物交流中心组织的赴台湾的"兵马俑及金缕玉衣展"、赴日本的"玻璃器及金银器文物展"和赴澳大利亚的"中国历史帝王展"等均有河北省的一部分文物珍品参展。另一方面,文物部门正在准备为独立地进行河北省文物外展创造条件。1991年,结合三个地市的文物鉴定工作,对一、二级文物和部分三级文物进行了摄像和照像,同时要求省文研所、省博物馆近期拿出不少于三个外展项目的照片及文字资料,抓紧进行外展的有关基础工作。河北省文物事业单位现拥有文物藏品80多万件,极为丰富的精品珍宝是开展外展的雄厚实力和物质基础,河北省的外展工作大有可为。

(河北省文物局

执笔:谢石华)

【出版事业】 1991年河北省新闻出版事业坚持党的出版工作方针,坚持新闻出版的社会主义方向,认真贯彻中央工作会议精神,坚持改革开放,全省新闻出版事业迅速发展,促进了社会主义物质文明和精神文明建设。

(一)坚持改革开放,加强行业管理,提高两个效益。1991年全省有出版社9家,其中新闻出版局直属6家,有职工438人,编辑人员249人,编辑人员占职工人数的56.8%,另有河北大学出版社,武强年画出版社。音像出版社发展为三个:河北音像出版社、太行音像出版社、教育音像部。

1991年是全省对书刊印刷、图书发行实行统计归口管理的第一年。全省书刊印刷定点企业也有发展,1991年国家定点书刊印刷厂为25个,省级书刊印刷定点厂为76个,定点厂职工人数为1.25万人。全省发行机构6300个,人员1.23万人。

1991年新闻出版局系统实现利润5304万元,比上年增长4.4%,出版物定价总金额2.9亿元,比上年增长20.8%。全省销售图书6.04亿册,销售金额达6.06亿元。

(二)调整出书结构,促进出版事业繁荣。1991年全省出版图书1746种,其中新版图书1062种,与上年相比,本版图书种数增长1.7%,新版图书种数下降7.1%。重版图书为684种,比上年增长19.2%,重版图书所占比重为39.2%,与上年相比所占比重上升了5.8个百分点,图书总印数和总印张分别达到了2.68亿册,9.57亿印张,增长幅度分别为9.9%和11.5%。由于认真贯彻调整出书结构的方针,不断解放思想,拓宽思路,根据形势发展需要,确定选题,压缩品种,确保重点图书的出版,使图书出版质量不断提高。1991年有113种图书在省级以上图书评奖中获奖。其中全国级59种,大区级38种,省级16种,获奖图书总数占新出图书的比重为10.64%。由花山文艺出版社最新推出的宏篇巨著《艾青全集》在北京人民大会堂举行了首发式,《艾青全集》的出版成为研究艾青的最有权威性、最详尽的宝贵资料。河北美术出版社的《七大古都》画册荣获首界中国优秀美术图书银牌奖。河北少年儿童出版社出版的《女革命家丛书》受到国家领导的重视。

(三)报纸、期刊出版情况。1991年全省注册登记公开发行的正式报纸为45种,其中15家是自办发行。1991年全省报纸出版总印数为6.48亿份,平均每期印数为402万份,分别比上年增长22.5%和32%。1991年报纸订数增长幅度大,为86.6%,其中党报增长最多。1991年全省期刊为126种，比上年增长12种，期刊总印数为3397万册，总印张为94709千印张，期刊的总印数、总印张都呈明显上升趋势，分别上升54.4%和55.4%。每期的平均印数为343万册，比上年增长51%。

（四）加强印刷行业管理，提高印刷产品质量。1991年全省书刊印刷国家定点厂25个，省级定点厂76个。全省年书刊排字为17.1亿字，书刊印刷为184.3万令，书刊装订为183.4万令，全年印刷用纸总量为273.4万令。

为了加强印刷行业管理，分别对书刊定点厂的管理人员进行了统计、计价、质量等培训。在扎扎实实开展质量、品种、效益年的活动中，书刊印刷产品质量不断提高。全省书刊印刷产品合格率达到98.37%。其中国家定点厂为98.47%，省级定点厂为97.5%。在1991年举行的各种书刊印制评奖中，河北省都榜上有名，在全国第六次评比中全省102种、854.5印张获优。河北新华印刷一厂印制的《警世通言》、《喻世明言》、《醒世恒言》获全国最佳优质品第一名。河北新华印刷二厂获彩印第十名。在全国中小学课本评比中，河北省荣获全国优质品中小学课本第二名。创历史最好成绩。在华北区评比中，河北省获优质品164种，名列第一名，优质品印张数1324印张，名列第二名。

（五）重视中小学课本的印制，确保课本课前到书率百分之百。1991年全省春秋两季课本共计344种，1.22亿册，总印数比去年同期增长了2.4%。在征订数、型版报送晚，印刷量大、时间紧等多种不利因素下，省出版公司克服困难，优先安排中小学课本的印制，保证纸张等原材料的供应，使1991年春秋两季中小学课本课前到书率继续保持100%。

（六）加强图书发行管理，抓好书刊批发市场整顿工作。在图书市场放开批发渠道后，图书市场活跃，竞争激烈，全省集体书店发展迅速。1991年加强了对集体书店的管理，对集体和个体书店（亭）进行科学、合理的调节与引导，1991年全省有图书发行单位6300个，人员1.2万人，其中新华书店系统6289个，人员1.2万人。全省年销售图书6.04亿册，销售额6.06亿元，销售册数和销售额分别比上年增长了123.8%和125.9%。

在1991年中国共产党建党七十周年之际，由河北人民出版社再版的《毛泽东集》1至4卷共70万册与全省广大读者见面。省新华书店系统仍是图书发行的主渠道。

（七）贯彻一手抓“扫黄”一手抓“繁荣”的方针，持续开展“扫黄”斗争。1991年全省共收缴、封存各类违禁书刊35万余册，收缴各类非法制作的录音带2.54万盒，非法录像带1.16万盘，取缔了问题严重的及无证经营的集体、个体书店，书摊（点）400余个。进一步抓紧“扫黄”中大案要案的查处。由于认真贯彻了“两手抓”的方针，净化了文化市场，繁荣发展了社会主义文化。

（河北省出版局

执笔：杨晓华）

【广播电视】

1991年，河北广播电视事业继续贯彻中央“四级办广播、四级办电视”的建设方针，广播、电视发射台、转播台稳步发展，广播电视节目覆盖率逐步上升，节目制作和播出能力不断提高。

（一）广播事业稳步发展。1991年，全省正式播出的广播电台104座，比上年增加20座，增长23.8%。其中：地市级15座与上年持平，县级88座，比上年增加20座，即：井陉、栾城、迁西、抚宁、卢龙、邯郸县、邢台县、大城、沧县、青县、魏县、曲周、成安、馆陶、行唐、深泽、新河、易县、吴桥、故城等人民广播电台。

随着广播电台的增加，广播节目平均每日播出时间由上年的555小时39分增加到664小时21分，共增加108小时42分。

全省广播节目制作时间为65543小时26分，比上年增加7724小时34分。其中：省台制作3380小时20分，比上年增加511小时55分。

全省制作广播剧10部，比上年增加2部，主要是省台增加2部。全省共有46个广播节目在全国获奖，比上年增加30个，增长1.8倍。其中：省台获奖节目有2个。

1991年末，全省有中波发射台、转播台28座，发射功率34部/353.5千瓦，比上年增加1座，即：沽源中波转播台，增发射功率1部10千瓦。

调频发射台、转播台100座发射功率123部/107.3千瓦，比上年增加发射台20座，增加发射功率24部/2.34千瓦。全省广播节目混合覆盖率为73.5%，比上年增长0.4个百分点。主要是增加沽源转播台覆盖人口24.6万人。

（二）电视事业经过整顿得到不断发展。1991年，省厅对全省电视台进行了整顿，到年末正式播出的电视台达到45座，比上年增加6座，增长15.4%。其中：地市台增加邢台市、张家口市、沧州市3座，县台增加青县、新乐、涞源3座。全省电视台平均每周播出时间为1256小时16分，比上年增加140小时19分。全省电视节目制作5492小时13分，比上年增加1351小时34分。其中：省台制作633小时38分，比上年增加114小时零9分。全省制作电视剧33部/111集，比上年增加3部/28集。其中：7部电视剧在全国获奖，省影视中心制作的《少年毛泽东》分别获第十一届全国优秀电视剧儿童连续剧一等奖和第二届全国电影制片厂优秀电视剧儿童连续剧一等奖。《李小娥分家》获第二届全国电影制片厂优秀电视剧单本剧一等奖。电视节目在全国获奖的有46个，比上年增加28个，增长1.5倍。其中：省台获奖的有26个，比上年增加15个，增长1.4倍。

1991年末,全省电视发射台、转播台达到674座,比上年增加55座,发射功率772部/172.939千瓦,比上年增加64部/5.431千瓦。其中:一千瓦以上(含1千瓦)台为27座,而发射功率达到49部/150.67千瓦,比上年增加1.98千瓦。主要是丰南电视发射台由原来的1千瓦扩为3千瓦,增加功率2千瓦,唐海电视发射台增加1部/0.03千瓦,迁安电视转播台撤掉1部/0.05千瓦,共增发射功率1.98千瓦。一千瓦以下的台达到647座,比上年增加55座,发射功率达到723部/22.269千瓦,比上年增加64部/3.451千瓦。

随着中央、省转播台的增加,电视节目覆盖率也相应扩大。全省电视节目混合覆盖率1991年底达到85.5%,比上年增长2.4个百分点,增加覆盖人口147.8万人。

1991底全省拥有卫星电视地面站791座,比上年增加251座,增长46.5%。其中:系统内有212座,比上年增加22座,增长11.6%。由于地面站的增加,大大改善了全省电视节目接收效果,扩大了中央电视节目的人口覆盖率。

(三)广播电视职工队伍不断扩大。1991年末,全省广播电视系统职工总数达到1.72万人,比上年增加432人。其中:固定职工和合同制职工1.20万人,比上年增长2%。全省已评定职称的人达到5973人,占全省广播电视系统固定职工的65.2%。

(四)广播电视事业经费拨款减少,固定资产投资增加。1991年,全省事业费拨款为7409.52万元,比上年减少110.96万元。其中:省级为1172.8万元,比上年增加13.8万元;地市级为2578.55万元,比上年减少193.2万元,县级为2885.17万元,比上年减少21.45万元,乡镇级为773万元,比上年增加89.89万元。主要是地市级减少最多。

1991年,全省固定资产国家拨款为2353.25万元,比上年增加1170.23万元。其中:省计委拨款为1277万元,比上年增加932万元,地市县拨款为1011.25万元,比上年增加173.23万元。

(五)省重点项目河北电视中心工程正式开工。列入省"八五"期间重点工程项目的省电视中心工程,在省委、省政府和省计经委、建委等省直及石家庄有关部门的关怀和支持下,1991年完成了征地和"三通一平",于12月20日举行了开工奠基典礼。省委、市委、政府主要领导参加了典礼,并作了重要讲话。电视中心工程概算为7500万元,征地138亩,建筑面积近2.9万平方米,建成后,省电视台的节目制作能力将由现在的0.8小时增加到5小时。节目套数由现在1套增加到2套(不包括教育),播出时间由现在每天4小时增加到16小时。

(河北省广播电视厅

执笔:王来兴　杨增书)

【档案事业】

1991年,全省各级档案部门认真搞好思想政治建设,大力加强档案教育与科研工作,深入开展"抓法治、上等级、增效益"活动,积极为经济建设和各项工作服务,取得了新的成绩。

(一)档案行政管理机构比较稳定,馆网结构趋于合理。河北省是国家机构改革的试点省份。省档案局汲取档案行政机构大起大落几经反复造成严重损失的沉痛教训,加强《档案法》的宣传,积极争取省领导和各有关部门的支持,在国务院批准的河北省机构改革方案中保留了河北省档案局的机构设置及原规格。省档案局还对地、市机构改革中档案行政管理机构的稳定给予了帮助和指导。现在全省192个档案行政管理机构中,包括省级1个,地、市级18个,县区级173个。共有专职人员1189人,比上年增加114人。

随着档案行政管理机构的稳定,全省的档案馆网建设也日趋合理。全省现有国家综合档案馆192个,省级部门档案馆5个,省级专门档案馆1个,市级专门档案馆9个,大型工业企业档案馆2个。以上209个各级各类档案馆共有专职工作人员1394人,比上年增长了3%。

(二)上等升级工作成绩显著。上等升级活动是档案工作改革的一项具体措施,随着上等升级工作的深入开展,不仅全面提高了全省档案工作的管理素质、工作质量、综合水平和服务能力,而且扩大了社会影响,给档案工作注入新的活力。

1991年,全省档案局、馆、室升级分别为3个(省三级)、15个(省三级)、1471个(其中省一级24个,省二级414个,省三级1033个),三项合计1489个;企业档案工作升级数为567个,其中国家一级3个,国家二级41个,省级522个。

上等升级活动促进了档案部门的业务建设和基础设施建设。仅就78个省直机关和103个大型企业档案室统计,专职工作人员已达1556人,兼职人员4768人,室藏档案611个全宗227万卷,资料38.4万卷,编制案卷目录5034册,全引目录3826册,并制作专题目录卡片76.8万张,重要文件目录卡片3.8万张。档案室的设备配置情况也有所改善,已配备电子计算机84台,复印机189台,空调机96台,去湿机66台。

(三)档案教育、科研工作初见成效。1991年全省各级档案部门在职岗位培训和专业自学考试三头并进的办法,大力加强档案的专业教育工作。省档案局与省人事厅联合下发了《关于开展全省档案人员岗位培训工作的意见》,将岗位培训工作列入议事日程,还组织力量编写适合河北省档案工作发展需要的新的培训教材,着手开展正规化的在职培训教育。各地、市、县也围绕主要工作举办不同形式的业务培训班271期。省档案局主办、河北大学承办的河北省第一期档案专业证书班有52人取得了专业证书。

全省各级档案局、各级各类档案馆的专职人员2583人中，档案专业程度达到大学本科的70人，大专225人，中专50人，职业高中4人，受过在职培训教育的达837人。

档案科研工作已经起步。石家庄市、沧州市等新成立了档案学会。保定市的“档案库房围护结构与温湿度定量关系”，保定地区“托裱档案浆糊的配置方法研究”，张家口地区“防尘气袋研究”，沧州市文件信息中心试点、档案工作全面质量管理，邯郸市电子计算机管理档案等科学研究项目已经着手进行。省档案馆有2个编研成果、5篇论文获中国档案学会及省档案学会优秀成果奖。

（四）积极开发档案信息资源，为经济建设和各项工作服务。截止1991年底，各级国家综合档案馆馆藏档案344.5万卷，资料144万册，编制案卷目录2.73万册，全引目录6382本。向社会开放档案6933个全宗共32万卷。

1991年，各级国家综合档案馆共接待利用者24万人次，为其在编史修志、工作查考、学术研究、经济建设及其他方面提供了55.2万卷档案和9.9万册资料，并为其复制资料35万页。

馆内编研工作普遍注意了科学性、实用性，全年公开出版的档案资料32种，内部出版229种，共计11亿字。各地、市、各部门普遍加强了对档案利用效益的登记和统计工作。据不完全统计，1991年全省档案部门为各方面服务取得经济效益近5亿元。

在大力开发档案信息为两个文明建设服务的同时，各级档案部门也加强了对档案的安全保管和破损档案的抢救工作。1991年各级国家综合档案馆共抢救国家重点档案2607卷，累计达1.13万卷。国家综合档案馆馆内设备情况也有所改善，已拥有复印机82台，空调机47台，去湿机88台，电子计算机10台，缩微摄影机9台。档案安全保管水平和档案管理现代化水平均有提高。

1991年各级国家综合档案馆新建6个，扩建1个，改建1个，总竣工面积为1.08万平方米，其中库房面积为4718平方米。

（五）档案干部队伍不断成长壮大，文化素质和专业水平不断提高。1991年全省档案行政管理部门及各级各类档案馆共有专职工作人员2583人，比上年增长6%。老、中、青的比例为1:2.3:1.2，以中青年占大多数。具有档案干部专业技术职务的已达1376人，其中研究馆员3人，副研究馆员17人，馆员349人，助理馆员775人，管理员242人，受聘干部占干部总人数的53.2%。

1991年全省开展了一次大规模的评先表彰活动，共评选出31名河北省档案系统劳动模范（包括1名全国档案系统劳动模范），169名河北省档案系统先进工作者，100个河北省档案系统先进集体。

（河北省档案局

执笔：尚宏雁）

人民生活

【劳动工资】 1991年，全省劳动工资工作紧紧围绕经济建设这个中心，取得长足发展。

（一）就业安置成效显著。1991年全省共安置城镇新就业人员38万人，其中安置待业人员14万人，安置率达66%，城镇就业队伍由上年的666.8万人发展到692.6万人，增长3.87%。年末尚有待业人员6万人，待业率为0.87%，大大低于省政府确定的城镇待业率2%的控制目标。

（二）就业结构进一步调整。1991年，全省继续贯彻执行发展集体、扶持个体、各种经济成份并存的就业方针，就业结构进一步调整。全民职工占全部就业总人数的74.01%，比上年下降0.55个百分点；城镇集体职工占22.45%，下降0.29个百分点；其他所有制职工占0.82%，上升0.23个百分点；城镇个体和私营企业从业人员占2.72%，上升0.61个百分点。重全民、轻集体、个体的就业格局有所改变。

在全省692.6万名城镇从业人员中，第一产业人员由上年的21.4万人增加到21.5万人，占全部从业人员的比重由上年的3.21%下降到3.11%；第二产业由上年的357.4万人增加到370.9万人，比重由53.60%下降为53.55%；第三产业由上年的288.0万人增加到300.2万人，比重由43.19%上升为43.34%。在各产业内部的就业结构也有明显调整：第二产业中的能源、原材料等基础工业的职工比上年增加3.8万人，增长2.76%，快于全部工业职工总数0.69个百分点；第三产业中的卫生、教育和科研事业人员增加2.6万人，增长3.68%，快于全部职工0.46个百分点。

1991年全省共有10.24万名复转军人和大中专技工学校毕业生步入生产和工作岗位，同时，有一大批老同志办理了离退休手续，使职工队伍整体素质进一步年轻化、专业化。其中进入全民单位9.79万人，占统分人员的比重较上年下降0.61%，进入集体单位0.39万人，比重上升0.43%，进入其他单位0.06万人，比重上升0.18%，所有制间的统分结构趋向合理。在全民单位中，进入企业的统分人员所占比重较上年上升3.52%，事业下降2.43%，机关下降1.09%，以往统分人员过多进入机关、事业的状况有所改观。

(三)继续推进用工制度改革。1991年底,全省合同制职工队伍已发展到110.7万人,比上年增加14万人,增长14.52%,比全部职工的增长快8.41个百分点。占全部职工的比重,由上年的14.81%提高到16.43%,提高1.62个百分点。其中全民单位使用的合同制职工比上年增加10.9万人,比上年提高1.65个百分点。合同制职工在各行业中最多的是工业,为63.8万人,比上年增加7.2万人,占工业全部职工的20.57%,比上年提高1.94个百分点。

在推行合同制用工制度的同时,全省又在部分企业进行了全员劳动合同制试点工作,年末已签订劳动合同的有5家企业、2000余人。

(四)配套措施进一步建立、健全和发展。目前,全省已在15个县实行了集体企业待业保险制度试点工作,聘用企事业单位待业保险金收缴兼职专管员4000多人,从而为待业人员提供了基本的生活保障。

全省养老保险社会统筹已由地市级统筹过渡到全省统筹,并且取得了突破性进展。到年末,参加社会统筹的单位达3.2万个,比上年增加1800个,占应参加统筹的93.8%;参加社会统筹的在职职工337.9万人,比上年增加18.1万人,占应参加统筹的89.3%,比上年提高2.5%;参加社会统筹的非在职职工49.5万人,比上年增加4.1万人,占应参加的89.2%,比上年提高3.4%。

(五)工资总额实现平缓增长。1991年全省职工工资总额达到142.24亿元,比上年增加12.91亿元,增长9.98%,但比上年增幅回落2.76个百分点。其原因一是企业内部分配机制进一步健全,工效挂钩措施逐步完善,既促进了企业整体效益的提高,也控制了工资总额的发放。二是企业自我约束意识增强,奖励基金使用留有余地。

1991年工资增长的几个特点:

1.全民工资增长低于集体工资增长的幅度。1991年,全民单位工资总额达116.38亿元,比上年增发9.97亿元,增长幅度由1990年的13.48%回落到1991年的9.37%;而城镇集体单位工资总额达24.66亿元,比上年增发2.48亿元,增长幅度由1990年的8.72%上升到1991年的11.18%,使全民工资增长比集体单位工资增长低1.81个百分点。

2.各行业工资增幅较上年普遍减缓。在国民经济十二大行业中,除建筑业工资总额增长较上年增幅上升外,其他行业的工资增幅均是下降的。其中,增幅下降较多的是:地质普查与勘探业增长13.58%,比上年增幅下降3.75个百分点;机关团体增长12.24%,比上年增幅下降7.4个百分点。

3.各种津贴和补贴增长慢于工资总额的增幅。在全部工资总额中,各种津贴和补贴总额达24.56亿元,比1990年增长8.24%,高于1990年增长幅度2.66个百分点,但低于同年工资总额增长1.74个百分点,这一变化在近年是首次出现,也是近年增幅较低的一年。

4.工资增长与国民经济主要总量指标的增幅差距缩小。全省工资总额比1990年增长9.98%,低于工业总产值(增长12.2%)2.2个百分点,地方预算内工业实现利税(增长11%)1个百分点,社会商品零售总额(增长14.3%)4.3个百分点。工资增幅虽高于国民生产总值和国民收入的增长,但增幅差距却分别比上年缩小了5个百分点和4.4个百分点。

(六)职工工资水平有所提高。1991年,全省职工人均工资2156元,较上年增加137元,增长6.79%,但比上年增幅回落4.08个百分点。扣除职工生活费指数上升因素后,职工实际工资水平为2023元,比上年增加4元,增长0.2%。在各类职工内部的表现一是全民职工增资额减少,集体、其他单位职工增资额提高。全民职工人均工资2314元,增资额由上年的226元减少到148元,增幅下降4.82个百分点;集体职工人均工资1629元,增资额由上年的101元提高到107元,增幅基本持平;其他单位职工人均工资2210元,增资额由上年的132元提高到208元,增幅上升3.33个百分点。二是企业、事业、机关单位中,人均工资水平以企业单位2183元最高,事业单位2055元最低,机关2078元居中。企业比机关高5.1个百分点;企业比事业高6.2个百分点。

(七)职工福利费用持续增长。1991年全省各单位用于在职和非在职职工的福利费用总额达35.5亿元,比上年增长26.8%,略低于1990年增长27.4%的速度。其中:在职职工福利费用总额26.7亿元,增长20.1%,占工资总额的比重由上年的17.2%上升到18.8%;非在职职工福利费用总额8.8亿元,增长52.7%,占退离休费的比重由上年的50.5%上升到72.6%。全部在职和非在职职工人均福利费用为476元比上年增长22.4%。其中直接用于个人的福利费水平为225元,比上年增长20.3%。

(八)存在的问题

1.农村计划外用工继续增加。年末,全民单位计划外用工达46.0万人,比上年增长3.93%,高出全民职工0.83个百分点。其中农村计划外用工多达29.4万人,比上年增长4.68%,高出全民职工1.58个百分点,给城镇就业安置带来压力。

2.机关、团体人员增势不减。全省党政机关和社会团体人员继上年增加2.5万人的基础上,全年又增加3.4万人,比上年增长6.57%,高出城镇就业总人数2.7个百分点,是导致地方行政管理费增长13.8%的一个重要原因。

3.企业富余人员对用工制度改革阻力增大。目前的用工制度改革赋于企业以招工录用自主权,一方面企业招用了一部分急需的人员相继上岗工作,另一方面企业又背着一部分隐性富余人员。这一体制上的矛盾不从根本上解决，劳动人事用工制度改革便不能顺利进行。

4. 由于全省职工实际工资水平仅比上年增长0.2%，基本处于持平状态，致使工资增加少、赡养人口多的职工家庭实际生活水平有所下降。

5. 全省职工工资总额增长9.98%的幅度比全国12.63%的增幅低2.65个百分点，人均工资水平增长6.79%的幅度也比全国平均增幅低2.56个百分点。致使全省人均工资水平在全国省、市、区中的位次，由上年的20位退居22位，后退2个位次。

（河北省统计局

执笔：贾宝群）

【城镇居民生活】

1991年随着全省国民经济恢复正常运行，城镇居民收入水平逐步提高，生活消费经过两年多的调整，也基本恢复常态，长期被人们忽视的对生产的先导潜能正在显露。

（一）居民收支现状及特点。

1. 城镇居民收入持续稳定增长，与国民经济发展呈现基本同步、略为滞后的态势。据对全省1640户城镇居民家庭生活抽样调查：1991年人均实际收入达1644.24元，比上年增长7.6%，其中可用于安排本期生活消费的收入为1489.32元，增长6.6%。其运行态势是：

(1)实际收入增速逐季加快。1991年全省城镇居民家庭人均实际收入增速与国民经济发展有相同的特点，即逐季加快。与上年相比，人均实际收入一季上升15.6%，二季上升2.1%，三季上升5.7%，四季上升7.2%。一季增幅较高主要是受上年四月以来调资的翘尾因素影响。

(2)与宏观经济发展指标对比，城镇居民实际收入增势由1984—1987年的超前型、1988—1990年的同步型转为同步发展中略显滞后。1991年城镇居民人均实际收入的增幅与国民经济综合发展指标相比约滞后5—7个百分点。情况表明通过治理整顿，城镇居民收入水平已基本纳入整个国民经济协调发展的轨道。

(3)非工资性收入增幅明显高于工资性收入增幅。从城镇居民实际收入的两大构成看，1991年人均工资性收入为1167.60元，比上年增长6.3%；人均非工资性收入为476.64元，增长11.0%，高于工资性收入增幅4.7个百分点。推动城镇居民非工资性收入增长的主要原因是个体劳动者收入、财产性收入及离退休金收入等有较快增长所致。

(4)整体收入水平提高，高收入户日益增多。按人均月生活费收入高低分组，1991年150元以上的户占25.1%，比上年上升7.3个百分点；130—150元的户占17.1%，上升1.7个百分点；90—130元的户占41.1%，下降4.2个百分点；90元以下的户占16.7%，下降4.9个百分点。可以看出，以130元为分界点，低于此标准的收入户在缩减，高于此标准的收入户在上升。

2. 整体消费意识萌发，生活消费步入常态。(1)从整体看，生活消费支出由平转旺，但回升迟缓。调查资料表明，1991年人均生活费支出1336.08元，比上年增长4.5%，比生活费收入的增幅慢2.1个百分点。分季看，由1、3月份的负增长，4—9月的低增长(二季增3%、三季增1.1%)转为四季度的显增长(增5.5%)。整个生活消费趋向好转，但与全国平均水平相比表现出增速慢、回升迟的特点。

(2)从生活消费的内部构成看，城镇居民生活消费投向位移，继续进行自我结构调整，寻求整体消费质量水平的平衡性。其变动态势是：

吃的稳定增长。1991年人均食品支出685.92元，比上年增长4.9%，占生活消费总支出的比重略有回升。

穿着全面提高，并成为今年一大消费热点。1991年人均穿着支出213.60元，比上年增长17.9%，增幅居吃、穿、用、烧及非商品消费五大投向的第二位，超出平均生活消费增幅13.4个百分点，所占生活消费总支出的比重由上年的14.2%上升为16%。

用品淡中有俏，投向位移。1991年人均用品支出248.40元，比上年缩减15.5%，其中机电消费品减支额占用品消费总降低额的91%。但用品消费领域却出现三大热区：即金银珠宝饰品消费热、室内装饰热及新一代大件文娱消费品购买热。与上年相比，人均购买金银饰品增长81.3%，室内装饰品增长36.7%，高级音响、中高档乐器和录相机的购买量分别增长了2倍、13倍和13.2倍。

劳务消费增长突出，家务劳动社会化和电气化程度日益提高。1991年人均支出161.52元，比上年增长27.9%，其增幅居各类消费之首。分细项看，增幅高达1倍的有文娱费、医疗保健费；增幅在50%～100%的有保育费和煤气费。

居住条件进一步改善。1991年末全省城镇居民人均居住面积达9.49平方米，比1990年增长3.4%，房屋设施进一步完善和提高。

(3)由偏重生活消费、物质消费向物质与劳务消费全面发展格局转移。1991年人均实际支出比上年增长7.6%，其中生活费支出增长4.5%，非生活消费支出增长73.9%。这表明居民消费领域较前期有所扩展和转移。一些在改革开放前所没有的新型消费项目，如个人贷款利息支出、个人所得税及保险支出、购买商品住宅支出等均有着不同程度的发展。

3. 居民消费由国家半供给制向自我消化制转移。经过治理整顿，伴随着国家各项改革措施的逐步推行，在居民的生活消费观中已悄悄渗入了改革意识，驱动居民消费行为既重视近期，更考虑长远。主要表现为：(1)

1991 年居民实际收入消费率属节流型。1991 年人均实际收入消费率为 93%,保持了上年水平,比 1983 年以来多数年份的消费率低 1 个百分点,意味着现期消费的节制,为下期及远期消费准备资金。(2)借贷支出大于收入,当前明显表现为储蓄存入大于提取的特征。据抽样调查,1991 年人均储蓄存提顺差达 66.72 元,占同期边际收入的 57.3%,表明边际收入继续向存储投向倾斜。(3)从居民金融资产储量看,经过 1985 年和 1988 年的两次消费高潮,当前多数居民仍未具备向更高更新消费层次开拓的能力。据对千户城镇居民金融资产存量和消费意向调查资料推算,1991 年末全省城镇居民户均拥有金融资产 4530 元,以储蓄存款(占 70%)、有价证券(占 23%)及手存现金(占 7%)三种形式存在。而由于房改、自费上学、养老保险等政策导向,吸引近半数金融资产为其备用,另有 50%的存量用作提高或翻新现期的生活水平。同时由于收入差距的拉开,当前城镇居民对新型消费品购买的排浪冲击力已明显减弱,但也预示着下一个消费高潮缓慢到来。(4)支持参预住房制度改革。到 1991 年末 20%的城镇居民拥有私房,其中 1/5 的户是 1991 年新增户。

(二)值得研究解决的问题。从以上分析看出,全省城镇居民生活消费态势趋向良好,但也存在几个问题:

1. 居民收入的增长与国民经济发展尚不够协调。1991 年全省城镇居民家庭货币收入虽比上年有所增长,但如扣除物价上涨因素后人均收入仅增长 1%,其中可安排日常生活的生活费收入基本持平,与全省国民经济综合发展指标相比约滞后 5—7 个百分点;与全国平均增幅相比低 6—8 个百分点。这对居民实际生活消费支出不旺有一定影响。

2. 产品结构调整步伐落后于居民新的消费需求。据 1991 年上半年的千户居民储蓄意向调查,由于买不到满意的商品而不得不存入银行的户占 10%,其被迫储蓄额占这些家庭全部储蓄额的 17.8%。

3. 混合型消费模式出现,消费领域出现误区。随着经济的发展,城镇居民的消费模式逐步向开放型的市场化消费模式转化。在此过程中,出现了诸如近于封闭式的节约型、以节衣缩食追求大件耐用消费品的攀比型等某些不合理的"混合型"消费模式。

4. 非货币化消费现象使消费需求的时间差被人为地缩小。因此,进行收入分配体制改革的一个重点,要放在缩减和弱化城镇居民的非货币化分配与消费上。加快对医疗、住房、社会保险等方面的改革步伐,把暗补转为明补,进一步加强廉政建设、法制建设及税务管理监督,促进居民消费需求时间差的合理拉开,已成为推动国民经济持续、协调、稳定发展的必需。

(河北省城市社会经济调查队
执笔:何玉霞　张炳彦)

【农民生活】 1991 年,全省农业生产在多灾的情况下,仍然取得了好收成,实现了农民纯收入、生活消费和生产投入的全面增长。

(一)农民人均纯收入稳步增长。1991 年,农民人均纯收入达 657.38 元,比上年增加 35.71 元,增长 5.7%,扣除商品性支出价格上涨因素,农民实际收入水平在 1989年下滑 4.7%和 1990 年微增 0.5%的情况下,实际增长 4.6%。从农民纯收入的增长来看,主要有以下几个明显特点:

1. 农村集体经济继续向好的势头发展,农民从中得到的收入明显增长。1991 年,全省农民人均从集体经济中得到的收入为 69.46 元,比上年的 55.49 元增长 25.2%。其中,人均从集体统一核算单位得到的收入为 18.10元,增长 30.9%;从乡村企业中得到的收入为 29.59元,增长 3.4%,其二者收入占整个集体经济收入的68.7%。

2. 第三产业发展迅速,家庭经营收入结构发生变化。1991 年全省农业生产虽然遭受了多种自然灾害,但是,农民在决不放松农业生产的同时,积极采取补救措施,大力发展家庭多种经营生产,尤以第三产业发展迅速,使农民家庭经营收入得到了稳步增长。1991 年,人均从家庭经营中得到的纯收入为 523.53 元,比上年增长 3.3%。其中,第一产业人均收入为 380.02 元,增长 1.1%;第二产业受大环境的影响,发展不大景气,其人均收入为 16.86 元,下降 6.1 %;第三产业人均收入为 126.65 元,增长 14.2%。从各产业占家庭经营纯收入的比重来看,第一产业由上年的 74.1%下降为 72.6%;第二产业由上年的 4.0%下降为 3.2%,而第三产业却由上年的 21.9%上升到 24.2%。

3. 农民商品生产意识进一步增强,货币收入所占比重不断提高。1991 年,农民人均货币收入(不包括借贷性收入)占农民总收入的比重,由上年的 68.3%上升为 75.4%。其中,人均出售种植业产品的货币收入由上年的 45.4%上升为 54.5%;人均出售牧业产品的货币收入由上年的 82.1%上升为 89.1%;出售其他产品的货币收入所占比重也均有不同程度的提高。

4. 农村高收入户继续增多,低收入户明显减少。由于农民纯收入的增加,1991 年农民不同收入层次的结构发生了新的变化。从全省抽样调查的 4200 农户看,1991 年,人均纯收入 500 元以下的为 1516 户,所占总体比重由上年的 40.6%下降为 36.1%;500—1000 元的为 2045 户,由上年的 46.7%上升为 48.7%;1000—1500 元的为 488 户,由上年的 10.1%上升为 11.6%;1500—2000 元的为 110 户,由上年的 1.8%上升为 2.6%,2000 元以上的为 41 户,由上年的 0.8%上升为 1.0%。农村内部高、低收入户在结构上的这一新的变化,说明 1991 年内,又有一大批贫困户脱贫,进而步入温饱、宽裕生活行列。

（二）农民生活消费水平全面提高。1991年，全省农民人均用于生活消费支出558.23元，比上年增长14.9%，扣除商品性支出价格上涨因素，实际增长13.6%。其中，农民人均用于生活消费品支出为515.93元，增长12.9%；用于文化、生活服务的消费支出为42.30元，增长46.6%。农民消费水平的全面提高，主要表现在以下几个方面：

1.食品消费质量提高。1991年，人均食品消费支出为267.64元，比上年增长7.6%。其中，主食消费支出为115.88元，下降2.2%，占食品消费支出的比重由上年的44.7%降为43.3%；副食消费支出为98.18元，增长14.3%，占食品消费支出的比重却由上年的34.5%上升为36.7%。

2.衣着消费档次提高。1991年，农民人均衣着消费达58.39元，比上年增加11.80元，增长25.3%。其中，人均消费棉布1.52米，增长8.6%；化纤、呢绒、绸缎消费2.05米，增长14.5%，比棉布高5.9个百分点。各种面料的成衣、毛线及毛织品等均有大幅度增长。

3.农民建房标准越来越高。目前，农村建房有三大特点：一是建房面积大，二是房屋造价高，三是房屋结构式样新。1991年，农民平均每间新建房屋面积达16.8平方米，比上年增加1.2平方米；平均每间房屋造价高达1980.3元，比上年增加332.1元；平均每百户新建楼房面积24.9平方米，比上年增加15.1平方米。

4.中高档耐用物品拥有量不断增多。由于农民消费观念的更新，城市现代化的生活方式不断渗透到农民家庭，一些中、高档耐用物品越来越多的进入农民家庭。1991年，平均每一农民用品支出达82.30元，比上年增加17.64元，增长27.3%。平均每百户农民家庭拥有电风扇64台，比上年增加26台；洗衣机27台，增加8台；电视机78台，增加18台；其中彩电9台，增加3台；收录机21台，增加3台；电冰箱、摩托车、照相机、录相机等高档用品的购买量也趋增加。

（三）农民生产投入大量增加。1991年，全省农民人均用于生产的总投资为317.72元，比上年增加75.52元，增长31.2%。其中人均用于家庭经营生产的直接费用为279.52元，比上年增加60.40元，增长27.6%；人均用于购置生产性固定资产的投资额为38.20元，增加15.12元，增长65.5%。这是近几年来未曾出现过的可喜变化。从农民生产实际投入状况看，有以下两个特点：

1.各产业生产投入全面增长，促进产业结构发生变化。1991年，农民在家庭生产经营投资中，人均用于第一产业生产投资为249.67元，比上年增加41.78元，增长20.1%，占家庭经营费用的比重由上年的94.9%下降为89.3%。其中，用于种植业的生产投入为161.59元，增加16.56元，增长11.4%；用于牧业生产的投入为82.58元，比上年增加29.77元，增长56.4%。用于第二产业的生产投入为6.39元，比上年增加2.03元，增长46.6%，所占比重由上年的2.0%上升为2.3%。用于第三产业的生产投资为23.46元，比上年增加16.59元，增长2.4倍，所占比重由上年的3.1%上升为8.4%。

2.购置生产性固定资产投入大量增加，家庭经济实力增强。1991年，全省农民人均购置生产性固定资产投资为38.20元，比上年的23.08元增加15.12元，增长65.5%。其中，购置大中型铁木农具和农林牧渔业机械投资为1.38元和12.87元，分别比上年增长1.3倍和11.0%。从购买数量上来看，平均每百户农民购买大中型拖拉机0.08台，比上年增加0.01台；购买小型和手扶拖拉机1.58台，增加0.6台；购买机动脱粒机1.11台，增加0.44台；购买抽水机0.18台，增加0.10台；购买水泵1.25台，增加0.9台；购买其它生产性固定资产也呈大幅度增长之势。

（四）存在的几个问题。

1.农产品价格偏低，农民种田效益下降。1991年，农产品收购价格指数比上年下降3.6个百分点，而生产资料价格指数却增加1.6个百分点。价格体系上的逆向发展，减少了农民种田收益，挫伤了农民种田积极性。

2.仓储不足，流通不畅，资金短缺，限制了国家对农产品的大量收购，影响了农民收入的如期实现，这不仅影响了农民的生产、生活，而且也影响国家对国计民生的安排及经济的发展。

3.农民负担加重。随着农民收入逐年增加，农民的负担也在加重。1991年全省农民上交集体承包任务和交纳税款在上年增长22.7%的基础上又增长15.9%，占纯收入的比重也由上年的5.3%上升为5.8%。

4.农村建房仍需压缩。1991年全省农民人均住房支出增长14.2%，比人均农民纯收入增长速度快8.5个百分点，这种状况势必影响农民的生产投入。

（河北省农村社会经济调查队

执笔：马米珍）

劳动 人事

【劳动】 1991年，全省劳动工作紧紧围绕搞好国营大中型企业这个中心，深化劳动、工资、社会保险制度改革，努力为全省经济建设和社会发展服务，取得了较好成绩。

（一）加强劳动就业目标管理，保持了全省就业局势的稳定。1991年全省共安置了14万城镇待业人员就业，年末城镇尚有待业人员6万人，待业率为0.87%，比上年减少0.27个百分点，比省政府确定的待业率目标低1.13个百分点，就业难点县由12个减少到2个，保持了全省就业局势的稳定。为了做好劳动就业工作，各级劳动部门，充分发挥就业管理、指导、协调、服务的职能作用。广开就业渠道，有计划、多形式、多层次安置就业。采取有力措施缓解难点县的就业压力。通过进一步发展劳务市场，实现双向选择就业的已达80%。提高了待业保险金的收缴率，全民单位职工待业保险金收缴率达95%。据统计，劳服企业已达5512个，从业人员25.5万人，生产经营总额33亿元，实现利税3.06亿元，分别比上年增长15%和9%。

(二)加强企业劳动管理，劳动计划体制和劳动制度改革进一步深化。为加强企业劳动管理，各地建立健全了"双定"工作机构，进行了业务培训；开展了核定企业编制定员和二三线人员"双定"试点工作；实行竞争上岗、择优上岗，并保持经常化、动态化。同时，还积极开展了关、停、并、转企业职工的安置工作。为解决劳动计划与生产建设脱节的问题，加强各级调控能力，扩大企业用工自主权，在总结石家庄市和任丘、辛集、新乐县(市)劳动计划体制改革试点经验的基础上，经劳动部和省政府批准又在邯郸、邢台、保定、唐山、秦皇岛五市实行了全民企业职工人数增长同经济增长挂钩的办法，由指令性计划改为弹性计划，收到了较好的效果。在深化劳动制度改革方面，一是狠抓完善劳动合同制。各地认真贯彻实施国家和省的有关规定，简化了招工手续，完善了合同内容。二是扩大了劳动合同制的实施范围。目前，全省全民所有制单位合同制工人已达86.6万人，占全民单位职工总数的16.9%。三是推行全员劳动合同制工作有了新进展。全省确定了43家企业进行试点。加强了劳动争议的调解和仲裁工作。1991年共受理争议案件420起，处理412起，结案率98%。

(三)贯彻按劳分配原则，企业工资制度改革继续稳步进行。1991年的企业工资工作，主要在以下三个方面取得新的进展。一是继续努力做好企业工效挂钩工作。省和各地市分别审批了企业工效挂钩方案，并对五年来企业工效挂钩工作进行了调查和总结。二是认真抓了企业内部工资分配工作。加强了对企业内部分配的管理和指导。根据劳动部《关于进一步搞好全民所有制企业内部工资分配的意见》，制定下发了河北省的具体贯彻意见，适当调整了企业部分行政领导干部和各类专业技术人员的最低职务工资标准。三是认真进行岗位技能工资制试点工作。按照劳动部的部署，全省确定了第一批35户企业、15万名职工进行岗位技能工资制试点，目前已基本完成岗位劳动测评工作。

(四)加快社会保险制度改革步伐，全省养老保险制度改革取得突破性进展。《国务院关于企业职工养老保险制度改革的决定》和《河北省国营企业职工离退休养老保险金社会统筹规定(试行)》发布后，紧紧围绕两个文件的贯彻落实做了大量工作。一是制定了相应的《实施办法》和《实施细则》以及其他配套制度、办法；二是进一步巩固和完善了以地、市、县为单位的统筹，较好地解决了部分中央企业参加统筹的问题，使全省1.6万多个国营企业、210万在职职工和38万离退休人员纳入了当地统筹。三是加强了劳动合同制养老保险基金的收缴和管理工作，固定职工和劳动合同制工人养老保险金收缴率分别达到90%和95%。四是扩大了社会保险的覆盖面。全省开展集体企业退休费社会统筹的市、县已达140个，比上年增加了15个。外资企业中方职工已全部实行了养老保险。临时工养老保险工作已全面铺开。医疗保险制度改革有了新的发展，有11个市、县、区实行了在职职工大病医疗统筹，27个县(市)实行了离退休职工医疗费统筹。

(五)加强职业培训工作，工人队伍素质逐步提高。1991年，城镇待业青年参加就业训练结业的有10万多人，占新就业人员的80%。培训在职工人116万人。评聘技师试点工作进展顺利，完成了3万余名首批技师的评聘工作。加强了技工学校、就业训练中心和省职业技术师范学院建设，从严治校，从严执教，教学质量进一步提高，各项管理工作明显加强。职业培训的师资队伍建设、教材编写和教研工作也取得了新的成绩，在全国高、中级技工培训、考核教材的编写和教学改革方面，多次受到劳动部主管部门的表彰。

(六)强化劳动安全工作，全省安全生产形势继续好转。一年来，劳动部门认真贯彻执行"安全第一、预防为主"的方针，认真推行安全生产目标管理，全省安全生产形势进一步好转。据统计，1991年全民企业因工死亡188人(千人死亡率为0.049)，重伤246人(千人重伤率为0.064)，分别比上年下降11.3%和17.7%；县以上集体企业因工死亡36人，与上年持平，重伤29人，比上年下降17.1%；全省县以下企业因工死亡125人、重伤8人，分别比上年下降19.9%和63.6%。矿山企业三人以上重特大事故与去年相比，死亡人数下降19%，重伤下降20%，杜绝了10人以上特大恶性事故。在劳动安全工作中，一是加强了对职业危害严重和重大伤亡事故多发行业和地区的重点监察；二是加强了县级安全监察工作；三是加强了在用压力容器、锅炉房的整顿治理和管理工作。

(河北省劳动厅

执笔：张义平　李源河)

【人事】 1991年全省各级人事部门通过积极努力使机构、工资制度、人事制度、职称改革等项工作稳步向前发展，使人事工作服从、服务于经济建设，取得了一定成绩。

(一)人事工作面向经济建设主战场。1991年全省各级人事部门进一步明确为经济建设服务的指导思想，拓宽服务领域，按照经济发展总体规化，以经济实体为依托，以引导人才流向、优化结构为重点，把人事工作融入经济建设之中，各级人事部门结合实际，面向经济建设七个战场:农业、大中型企业、小型全民企业和集体企业、乡镇企业、重点建设项目、高新技术产业和经济开发区、"三资"企业,并制定了相应的政策措施。

在具体工作方面,一是积极为经济建设调配、引进急需人才。对全省大中型企业进行了调查,全省大中型企业急需1.2万名专业技术人员,涉及120个专业,分布17个地市和3个省直部门,向全国进行了公开招聘和引进。二是鼓励计划内自费生到经济建设第一线工作。凡到乡镇企业、县办集体企业和城市街道办企业工作的,均可录用为干部。为1990、1991届国家承认学历的大专毕业生3220人落实了工作岗位,录用优秀厂长、经理和拔尖科技人员、五大毕业生共5936人为干部。调整用非所学、照顾家庭困难、解决夫妻分居1200人。三是直接支援基层企业人才。省人才中心在调查研究的基础上,针对急需短缺人才的基层单位、调剂和配备了专业技术人员并与180所大专院校、科研单位进行了技术挂钩,建立836项人才技术协作关系。四是会同有关部门切实加强有限目标管理。将有限目标横向分解到省直34个部门,纵向分解到18个地市,将省直135项、地市684项分目标,分部门、分地市辑印成册。狠抓了有限目标责任制的运行控制。五是开展了全省涉外经济干部培训。根据省涉外干部培训领导小组的意见,制定了全省培训规划,各级都成立了工作机构,制定了培训方案。六是发挥科技干部作用,为经济建设服务。全省初步建立了县、乡、村科技领导管理体制。已选派科技副县(市)长149名,现在任的120名,配备科技副县(市)长的县(市)已达到132个;配备科技副乡(镇)长2968名,占89%;配备科技副村长3.53万名,占70%。初步形成了县、乡、村科技领导管理体制,并为农村经济发展做出了贡献。

(二)人事工作宏观调控作用进一步加强。1991年是全省实施人事计划的第一年,即对干部增长、机关事业单位职工人数增长实行了计划管理。1、编制下达了全省年度增干计划。2、编制下达机关事业单位职工人数和工资总额计划。3、分解下达了省直机关事业单位职工人数和工资总额计划。4、实行了工资基金管理,有效地保证了计划的实施。加强了乡镇聘用人员的宏观管理工作。1991年,会同有关部门对271个乡镇进行了调查研究。乡镇部分干部实行选聘合同制,解决了乡镇干部来源不足的问题,稳定了乡镇干部队伍。加强了行政奖励工作的管理。据不完全统计,1991年共奖励表彰15.97万人,会同有关部门惩处1903人。向国家有关主管部门推荐先进集体163个,先进个人332名。其中享受省部级劳模待遇的46名。省表彰的先进集体307个,先进个人1.17万名。行政职务和非领导职务评定实现正常管理。1991年共分六批审批了省直96个单位的实施方案,并制发了《河北省直属党政群机关设置非领导职务系列试行方案》和《地市县党政群机关设置非领导职务系列实施方案》。完善工资管理制度,实现有效宏观控制。在全省机关事业单位统一建立工作人员工资档案管理卡片制度。

(三)科技干部管理工作迈出扎实步伐。在建立健全县、乡、村科技领导管理体制的基础上,采取有效措施,为科技人员提供服务,改善其工作、科研和生活条件。对1971年底以前参加工作,现聘任为中级职称,家属在农村的人员进行了重点调查研究,拟定了1991年解决7.91万人的"农转非"的政策措施。在出国留学工作中,组织了两期EPT考试,进行了美日语强化学习班,向国家申请留学回国人员科技活动经费7万元人民币,2.5万美元外汇额度,共资助7名留学人员。为了充分发挥专家作用,促进知识更新,狠抓了专家的继续教育工作,举办培训班34期,对"七五"期间全省继续教育情况进行调查分析,在此基础上制定了"八五"继续教育规划。对专家的政治、生活、工作待遇进行了深入调查,研究草拟了优惠待遇。全省26个专业技术职务系列共评聘各类技术职务6.82万人,其中高级职务3137人,中级职务1.85万人,初级职务4.66万人。并加强了聘任职务后的管理工作,制定了年度考核工作暂行办法。

(四)圆满完成了军队转业干部的安置、培训和接待任务。1991年全省接收安置军队转业干部2369名,其中师职11名,团职494名,营职753名,连排职407名,技术干部704名,接受安排随迁随调家属656名。主要采取指令性分配与推荐选用、考试考核相结合的办法,尽量做到对转业干部分配合理,使用得当,人尽其才,各得其所。转业干部全部得到妥善安置。

(五)干部教育工作取得较好成绩。1991年在全省开展了政府系统行为规范全员培训,参训人员达20余万人,通过培训,提高了干部政治素质,加强了廉政建设,完善了机关管理制度,转变了工作作风。

(六)自身建设带动了各项人事工作的开展。1991年初,按照省委、省政府的部署,人事厅开展了广泛深入的思想作风教育整顿,下半年又开展了全员行为规范学习教育,广大干部的思想觉悟、纪律观念、工作效率得到进一步提高和加强,行政行为进一步规范化,工作热情高涨,推动了各项人事工作的开展。在人事制度改革和各项业务工作中,各级人事部门大胆探索,踏实工作,积累了一些经验,一是只有加大改革力度,才能促进各项人事工作的开展。二是加强行政管理科学研究和政策研究,才能做好深层次人事工作。

(河北省人事厅

执笔:马云　朱仲达)

经济技术协作

【综述】 1991年河北省经济技术协作紧紧围绕治理整顿和深化改革，广泛开展了横向联合与协作。全年共与外省市区签订经济技术联合协作协议3342项；引进省外资金10.97亿元、科技成果1462项、各类人材7000多人次；完成物资协作总金额26.5亿元；组建企业联合体216个、科研生产联合体148个；在巩固提高原有企业集团的同时，新组建企业集团10个，以华北制药厂和耀华玻璃厂为主的两集团已经国务院批准实行国家计划单列。

1991年经协工作的主要特点：一是进一步密切了省际间的经济技术协作关系，拓宽了协作渠道。在加强与京津沪密切联系的同时，与福建、江苏、浙江、新疆等省区的协作关系均有不同程度的发展。省领导访问考察了福建省并签订了长期稳定合作协议。各地市的主要负责同志也多次访问考察与本地市经济发展有联系的省市区，相继与新疆石河子市、北京市海淀区等50多个地市县区建立了友好关系，并在北京、天津、上海、沈阳、厦门等市建立了办事处10多个。通过出访建交，广开了协作渠道，为横向经济联合向深度和广度发展创造了条件。二是较大项目的合作有新突破。围绕产业、产品结构调整，引进50万元以上的重点项目183个，引进资金7.03亿元，占引资总数的64%。这批资金的引进，加快了一批计划内基建技改项目的建设速度，使之尽快投产见效。经过精心准备，于10月份成功地举办了第三届中国吴桥国际杂技艺术节经济技术协作洽谈会，签订了66项引资合同、协议，引进资金百万元以上的有35项，金额合计2.10亿元，其中环宇公司与深圳石化公司、涉县冶金矿山公司与苏州资源开发公司等8个项目的合作，引资额均在千万元以上。三是联合引进和消化吸收新技术、系列开发新产品的效果显著。各地市普遍重视科研与生产的结合，与科研单位、大专院校的联系越来越密切。邢台、石家庄、张家口、邯郸等市多次邀请清华大学、天津大学等单位进行实地考察。邢台市借纪念郭守敬诞辰700周年之机，邀请了500多所科研院校的专家学者深入到企业，解决了许多生产技术难题。在推进企业科技进步工作中，各地市采取了技术转让、技术入股和建立科研生产联合体等有效方法，提高了合作的成功率。引进了大孔树脂、碳化硅陶瓷、天然植物畜禽饲料复合添加剂等离子切割机、无线寻呼电话、一传二电视等一批效益好、有发展前途的项目，有的已批量生产。全省引进开发的1400多项技术成果，年创利税在50万元以上的有153项，开发新产品和填补省内空白产品的占40%。引进这些技术成果，为提高产品质量、增加品种、降低消耗发挥了作用，为企业发展增添了后劲。四是物资协作正在向多渠道、大宗化、基地化发展。为缓解河北省工农业生产原材料紧缺和部分产品积压的双重矛盾，各地市加强了与兄弟省市区的信息交流，与山西、贵州、浙江、福建等地建立了稳定的协作关系，就煤炭、石油、烟叶、化工原材料、农药、建材、钢材等物资广泛开展协作与协销。以订货会、展销会、交流会等多种形式开辟产品销售市场，物资协出额14.4亿元，比上年增加了近30%，在一定程度上减轻了一些企业产品滞销的压力。五是基础工作更加扎实。为开好杂技节洽谈会，经协部门积极开展调查研究，会同有关部门筛选了一批有吸引力的项目，编辑成册，争取了洽谈工作的主动。

（河北省经济技术协作办公室
综合处）

【技术协作】 1991年全省经协工作重视与科研单位、大专院校紧密结合，共引进技术1462项，组建科研生产联合体148个。

科技成果的引进给企业带来明显的经济效益。据对年创利税在50万元以上的153个重点引进技术项目的调查，这些项目完成后，可年增产值10.6亿元，利税2.5亿元。

依托科技部门，促进产品结构调整，提高了企业的竞争力。东光县第一化工厂与中国国际科促会康新技术研究所联合开发的治灭棉铃虫的第三代新型专用农药，解决了全国广大棉区多年来困扰棉农的重大难题，深受棉农欢迎，对棉虫的防治工作产生了深远的影响。承德县东方饮料厂自天津耐可特联合有限公司引进中国果茶生产技术和设备，利用当地盛产红果的资源优势，开发出红果茶新产品，建年产300吨的红果茶生产线，为承德地区红果资源的综合利用，开辟了新的途径。

（河北省经济技术协作办公室
技术处）

【物资协作】 1991年河北省的物资协作工作有计划、有目的地协进省内紧缺物资，协销本省滞销压库产品，有效地调整了省内生产余缺。据不完全统计：全省完成协作物资总金额26.5亿元。其中协进物资金额12.1亿元；协出物资金额14.4亿元；在协作物资中，生产资料完成22.4亿元，生活资料完成4.1亿元。全年协进的主要物资有：煤炭324万吨、木材14.8万立方米、焦炭7.88万吨、钢材8.4万吨、有色金属5330吨、纯碱9194吨、橡胶3878吨、汽车1799辆、尿素2.45万吨、白糖1.7万吨、大米7045吨、柴油4.6万吨；全省协出的主要物资有：煤炭81.3万吨、生铁7.56万吨、水泥11.74万吨、焦炭14.3万吨、钢材4.55万吨、玻璃230万标准重量箱、碳氨7.28万吨。

1991年的物资协作工作主要有以下几个特点：一是在市场疲软的情况下把工作重点放在积极推销大中型企业和重点企业的优势产品上，全年组织参加了10多次较大的物资协作活动，主要有：宁波全国物资协作会、福建省名优特新产品展销会、天津全国物资交易会、哈尔滨物资协作会、东北区物资协作会、华北区物资协作会、吴桥国际杂技节经济技术洽谈会等，推销本省优势压库产品金额达10.5亿元，占全年协出物资总金额的72.9%，减轻了一些企业产品积压的压力，支持了生产。二是注重深入基层做好社会调查，加强信息联络。全年共接待外省市来访十多次，去13个地市进行调研。为部分大中型企业、利税大户协进烟叶、棉花等一些特别紧俏的原材料，缓解了生产上的压力。在干旱严重的情况下及时协进了大量的柴油、汽油，支援了农业生产。三是紧紧围绕京、津、沪，开展多种形式的物资交流活动。充分发挥环京津协作区，环渤海协作区等协作网络的作用，广泛开展跨地区、跨部门的物资、资金、技术、人材四位一体的综合补偿协作。通过这种全方位、多层次、多渠道的物资协作，加速了河北省的经济建设，取得了明显效果。四是各地、市利用自己的优势，以"节"会友，拓宽协作渠道。"杂技节"、"葡萄节"、"红果节"、"苹果节"、"鸭梨节"等等，既宣传了本地的优势产品，扩大了影响和覆盖率，又结交了大量的新朋友，发展了新老合作关系，给众多企业带来了较好的经济效益，促销了省内许多优势产品。五是注重开发协作资源，突破临时性的物资串换的老形式，转向建立长期稳定的物资生产基地。目前全省已在外省建立了一批长期稳定的供应基地，如以山西太原、阳泉、长治、晋城、大同等地为重点的煤炭供应基地，以齐鲁、大庆、锦西、中原为重点的燃油、化工原材料基地，还有烟叶基地，棉花基地等等，都在不断发展完善。

（河北省经济技术协作办公室
物资协作处）

【引进省外资金】 1991年，全省共引进外省市资金10.97亿元，其中引进资金在50万元以上的联合项目183项，引进资金7.03亿元，分别比1990年提高45%和142%。

1.集中精力，重点弥补河北省计划内大中型基建、技改项目的资金缺口，紧紧围绕省地市重点建设项目开展工作，引进资金在千万元以上的有18项，加快了这些项目的建设速度。栾城县化工制药公司从中国核工业总公司矿冶局引进资金1200万元，共同兴建河北葡萄糖厂，对栾城医药基地建设起了积极作用。涉县炼钢厂从苏州资源开发公司引进技改资金1000万元，弥补了该厂实现15万吨炼钢能力的资金缺口。唐山市开平化工厂为形成1万吨烧碱生产能力从北京市协作公司引进技改资金1500万元，项目投产后，年可新增产值5892万元，利税1450万元，创汇108万美元。

2.发挥地区优势，以京津和中央各部委为重点，开创河北省引资工作的新局面。一年来，全省通过在京津地区搞项目发布会、洽谈会，进一步加强了河北同这些地区和部门的友好合作关系，谈成了一批合作项目。据统计，在1991年引进的7.03亿元资金(50万元以上项目)中，京津和中央各部委就占近85%，其中京津地区占41%。

3.广开门路，多形式、多渠道吸引省外资金。1991年除巩固好原有的渠道如中银信托投资公司和北京市经协公司等单位外，还积极通过同大企业、民间团体建立稳定的业务联系、建立友好地市引进资金。如省经协办同东方租赁公司建立业务联系、为涿鹿高压汽瓶厂引进资金300万元，迁安杨店子炼铁厂分别从济南钢铁公司和鞍山钢铁公司引进资金800万元和1500万元；昌黎县从北京华侨经济技术开发会引进资金120万元开发黄金海岸旅游区；邯郸地区通过与苏州建立友好地市为磁县申家庄煤矿和涉县炼钢厂分别引进资金700万和1000万元。在引资形式上，除了资金拆借融通、合资、合作联营等形式，重点进行产品补偿贸易和整体项目(工厂)的引进。如唐山市齿轮厂从天津引进资金7000万元，每年供天津"夏利"车变速箱齿轮3.6万套；廊坊市整体引进解放军3532工厂，投资额达4200万元。1991年河北省还举办了第三届中国吴桥国际杂技艺术节经济技术协作洽谈会，会上成交合作项目99项，引资金额3.24亿元。

（河北省经济技术协作办公室
联合处）

【第三届中国吴桥国际杂技艺术节经济技术协作洽谈会】 第三届中国吴桥国际杂技艺术节经济技术协作洽谈会于1991年10月14日至19日在省会石家庄召开。应邀到会的外省市、自治区的代表186人，原化工部部长秦仲达，轻工部副部长杨玉山，商业部副部长解方和原副部长王文波等出席了洽谈会。省内各地市、省直有关部门代表560多人，石家庄、邯郸、保定、邢台等地市还组织了一大批会外代表，与会人数达2000多人。

洽谈会重点进行省际间的经济技术合作和商品物资交流，是一次杂技搭台，经济唱戏，以艺为媒，以艺会友，文贸结合的横向经济联合盛会。会间，共签订技术合作合同、协议1342项；签订经济合作项目合同、协议99项，引进省外资金3.24亿元；物资协作合同总额4.88亿元，其中协进2.22亿元，协出2.66亿元；商品购销总额6521万元，其中销售额3939万元、购进额2582万元，各项指标均超额完成原定计划。

洽谈会的主要特点是：

1.会内会外相结合。石家庄、邯郸、保定、邢台等地市组织了近千家企业的厂长、经理作为会外代表直接参于洽谈，一些企业还安排客户到企业考察。除大会统一组织的项目发布会外，科委、商业物资系统还单独举行发布会，使客户具有更强的选择性。沧州地区、邢台市还分别安排了武术节和纪念郭守敬诞辰700周年经济技术洽谈活动，有力地配合了洽谈会，扩大了洽谈成果。

2.内联外引相结合。在重点进行内联项目洽谈的同时，积极与外商洽谈。唐山市、石家庄市长安区、邯郸市、邯郸地区曲周县、涉县，以及石家庄地区元氏县等与外商洽谈都取得了新成果。

3.经济与技术洽谈相结合。洽谈会的科技交流引人注目，在已签订的合同、协议中，技术引进、技术合作以及引进新产品等项目占了一定比重。秦皇岛市与大专院校和科研单位签约建立科研开发机构7个，有的项目虽小，但科技含量高，前景广阔。

4.即期签约成交与发展长期合作相结合。各地市与客户共签订经济技术合作意向书101项，为今后的合作打下了基础。

5.巩固老关系与开辟新渠道相结合。到会的省外客人中，有不少是通过这次洽谈会建立的新关系。石家庄郊区供销社举办了有25个省会郊区供销社主任参加的联谊会，巩固和发展了新老关系。

6.协进、购进急需商品物资与推销地方产品、库存积压商品相结合。石家庄市推销纯碱1万吨、草酸200吨。其它地市也推销了一大批积压较严重的钢材、水泥、烧碱、煤炭、低档针棉织品等。

（河北省经济技术协作办公室
综合处）

【冀闽两省建立长期稳定经济技术合作关系】 1991年5月5日至10日，以中共河北省委副书记、省长程维高为团长，省委副书记李炳良为副团长的河北省经济技术协作代表团，对福建省进行了考察访问。代表团在厦门举办了"河北省与台湾同胞经济技术合作项目发布会"，考察了厦门、石狮、泉州、福清和福州市的经济技术开发区、合资企业、内联企业（中外）和商品市场，听取了当地领导和企业的情况介绍。中共福建省委副书记、省长贾庆林，省委常委、常务副省长陈明义等会见了河北省代表团。两省领导分别介绍了本省改革开放、经济建设、利用外资和联合协作的情况，有关厅局进行了对口洽谈。双方就进一步发展冀闽两省合作问题进行了友好、广泛、深入的协商，取得了一致意见。程维高省长、贾庆林省长代表两省人民政府签订了《关于建立长期稳定经济技术合作关系的协议书》。主要内容是：

1.本着"优势互补、互利互惠、形式多样、共同发展"的原则，拓宽联合协作领域，密切合作关系。

2.把河北粮棉、矿产资源和纺织、钢铁、医药、建材、采掘机械优势与福建"山、海、侨、特、台"及食品、电子、塑料等优势结合起来，双方共同组织一些较大项目的合作与开发。

3.利用福建的特殊政策和灵活措施，联合发展与港澳台同胞的合作，引进资金、技术，创办独资、合资和中中外企业，发展高新技术和高附加值产品，相互开展代理进出口业务。

4.双方鼓励和支持科研单位、大专院校和企业开展联合，进行科技攻关、科技成果转让和信息交流，组建科研生产联合体，共同开发新技术、新工艺、新材料、新产品。发挥各自高校、科研单位和企业的优势。挖掘潜力，为对方培训短线和缺门专业人才。

5.在物资和商品方面，两省同意在完成国家计划调拨任务和本省生产、生活需要的前提下，优先进行协作串换。在棉花等轻纺原材料方面，河北每年给福建一定数量的支持。根据需要，双方共同组织物资、商品展销交易会。

6.河北省在福州、厦门建立办事处。两省横向经济联合协作的协调和指导，由两省经济技术协作办公室负责。

7.福建省政府领导同志接受河北省邀请，拟在适当时候访冀。

（河北省经济技术协作办公室
综合处）

Ⅲ 1991年河北省经济体制改革和对外开放概况

河北省1991年经济体制改革概述

1991年的经济体制改革工作，在省委、省政府领导下，突出了搞活企业特别是国营大中型企业这个重点，与之衔接配套，继续深化了流通体制、宏观经济管理体制等方面改革，推动了全省经济继续向好的方向发展。

(一)企业体制改革方面：坚持完善和发展承包经营责任制，着力转换企业特别是国营大中型企业经营机制。

在1990年组织企业新一轮承包工作中，在总结上轮承包经验的基础上，改个人承包为领导班子集体或职工集体承包；取消了经营者超收分成和企业超收全留办法；强化了资产增值等积累指标和风险金制度等约束指标，全省实行承包经营的10866家县(区)属及其以上工商企业，有10054家签订新一轮承包合同。1991年又做了如下工作：

1.完成组织新一轮企业承包扫尾和上轮承包兑现工作。在上年基础上又有812户县(区)属及其以上工商企业签订了新一轮承包合同，至此组织企业新一轮承包的工作全部完成。继而在严格审计、核实企业承包经营成果的基础上，以承包经营契约为基本依据，同时考虑到上轮承包合同不够完备、市场变化较大等因素，比较合理地兑现了上轮承包合同。

2.着手实施新一轮企业承包全程管理。企业承包全程管理是在总结了上轮承包正反经验之后提出的坚持、完善和发展承包制的重要措施。各地市根据冀政办(1991)4号文件精神，狠抓了落实工作。一是明确了本级政府所属的体改委(办)为方案组织实施机构；二是制订了管理制度和操作程序；三是陆续建立起企业的承包档案；四是开始了对发、承包双方履约行为的监督、检查、仲裁工作。全年查、纠、调、处履约不力问题300多个，处理合同条款变更和经营者变动问题近百个。

3.继续深化承包企业内部配套改革。在全省县(区)属及其以上工业企业中，实行技能工资制的企业21个，实行劳效挂钩单项措施的8000个。

4.抓了大中型企业改革政策的落实工作。一是把党中央、国务院、省委、省政府、全国人大和省人大1984年10月至1991年6月出台的企业改革政策辑印成书，发到企业和有关部门，为支持企业搞活提供政策依据。二是对有关企业政策的具体落实情况进行了广泛调查。三是对企业政策法规出台不到位、到位难实行、实行后又收回的情况进行了督促落实。

5.对产业政策要求高，而自身又困难比较多的大中型企业，实行一厂一策，区别对待。

6.着力清理企业外部环境。一是继续清理"老三乱"。全省取消乱收费、乱罚款、乱摊派项目231个，减少企业支出约26000万元；二是抓紧清理"新三乱"。全省取消 乱检查、乱评比、乱干预项目79个。三是集中清理了公路三乱。全省干线公路撤销路卡路障550处。

7.抓了一批在外部环境大致相同但经营状况差异很大的大中型企业典型。召开了全省大中型企业厂长(经理)和地市主要领导、省直各部门负责同志参加的大中型企业工作会议，表彰了21个先进企业，向2个后进企业亮了"黄牌"。

8.进行了企业改革突破性试点。搞了6类64户工业企业突破性改革试点。按试点类型分，放开经营试点13家，投入产出总承包试点13家，比照中外合资企业管理方式或"一厂两制"试点9家，劳人分配套改革试点12家，发展完善企业集团试点9家，关停并转试点8家。另外在流通领域和地市属骨干企业中也确定了一批各种类型试点。20家试点企业签订试点协议书。

(二)农村体制改革方面：在完善农业家庭联产承包责任制的基础上，发展双层经营体制和社会化服务体系，积极壮大集体经济。

1.农业承包合同管理逐渐步入规范化。目前全省已有94000多个队(组)的农户实行了土地承包经营。近几年以农业承包合同履行不力为主要内容的问题日益增多，直接涉及稳定和完善农业家庭承包制的大问题。为此，各地陆续加强了农业承包合同管理机构和管理制度的建设。1991年这种建设的步伐明显加快。到年底，全省累计有126个县(区)的2626个乡(镇)建立了农业承包合同管理机构，其中78个县(区)的1578个乡(镇)的管理机构开展了合同仲裁和调处工作。

2.土地承包方式逐渐向集中化规模化演进。解决承包地块零散问题日益成为农村发展机械化的客观要求。为此，在广大农民自愿的前提下，实行土地适度集中化、规模化经营，成为农业家庭联产承包制的发展趋向。1991年土地适度集中化规模化经营有较快发展。到年底，全省60%的实行土地家庭承包经营的村(队)调整了地块；"双田制"、"三田制"面积已达全省耕地面积的1/3。

3.双层经营体制迅速发展。在坚持、完善和发展家庭联产承包责任制的同时，生产经营联合组织迅速发展起来。到1991年底，各种比较固定的联合组织已发展到16万多个，其中，农业生产经营联合组织29042个；工业生产经营联合组织45779个；建筑业生产经营联合组织15816个；饮食服务业经营联合组织31435个；其他行业的联合组织7570个。联合生产经营不够固定，年联合时间在三个月左右的各种生产经营联合组织87000多个。

4.集体经济逐渐壮大。1982年至1984年普遍实行家庭承包责任制时，由于没有经验和认识不足，不少地方把不该分的集体财产分包到户，削弱了集体经济；1985年以后集体经济陆续恢复；1991年集体经济发展速度明显加快，到年底全省有48734个村初步恢复和建立了集体经济合作社，占总村数的96.6%。

5.社会化服务体系初具规模。1985年以来，各地充分利用原有的服务组织和服务手段，积极发展创办新的服务组织，对农村经济发展进行多层次、多形式、多样化服务。到目前全省各类服务组织已发展到32万多个，其中农民自办的8006个，村办的35000个，乡(镇)办的20106个，县(区)办的2595个。

6.乡镇企业在农村改革中捷足先登。河北省乡镇企业发展起步较晚，1985年以后才步入规模化发展阶段。为把乡镇企业搞上去，1991年省委、省政府采取了几个大的步骤。一是年初组织有关部门到北京、山东、江苏进行考察，学习他们的做法和经验；二是召开省长办公会、省委常委会，调整了工作方针和发展重点，召开了发展乡镇企业广播电视大会，在全省上下进行了一次大动员；三是进一步确定发展乡镇企业"四轮驱动"的原则，重点发展乡村集体企业，积极引导发展农民股份、合作企业，继续鼓励户办联户办企业。强调了"两个为主"：即发展乡镇企业以乡村集体企业为主，发展乡村集体企业以工业企业为主。到年底，全省乡镇企业已发展到135万家，完成总产值710亿元，比上年同期增长22%，实现利润和上交税金分别比上年同期增长15%和17%。

(三)流通体制改革方面：价格改革和外贸体制改革取得突破性进展，市场体系、国合商业和物资企业的经营机制继续完善。

1991年针对1989年下半年以来出现的市场疲软给工、商企业带来的生产滑坡、效益下降、产成品积压巨增、超储资金占用过多等一系列连续性问题，省政府制定了搞活批发、搞活销售的两个政策性文件，组织了全省商品物资交易大会和名优特新高产品展评会，这些对于理顺社会再生产诸方面关系产生了积极作用。并在以下几个重要方面取得预期效果。

1.价格改革取得巨大成功。一是提高了部分长期不合理的工业基础产品价格和重要服务价格。上半年相继提高了钢铁系列产品、水泥、原油、平价粮油、铁路货运等价格全年净提价金额约12.8亿元；二是调整了46种(类)商品比价关系，全年净调价金额14.68亿元；三是新放开一批商品价格。这些对于理顺各方面基本经济关系，建立和完善符合价值规律的价格形成机制和调节机制，使企业走向市场，创造了基本条件。

2.外贸体制改革取得重大突破。从1991年起，全省外贸企业全部实行自负盈亏，有力调动了外经外贸战线广大干部职工多出口、多创汇的积极性。起初预想这项改革措施出台，有可能在短期内影响创汇收入，由于准备充分，辅助措施比较配套，使这项改革有力地推动了外贸工作的大踏步迈进。全年全省完成外贸商品收购额为64.15亿元，同比增长7.7%，完成进出口总值20.13亿元，其中出口总值17.38亿元，分别同比增长3.2%和0.1%。为缓解国内市场疲软对工业生产的阻滞发挥了很重要的作用。

3.市场体系继续完善发育。新建和扩建集贸市场372个，其中，新建11个，至此全省集贸市场已发展到3209个，比年初增长5.49%。以普及推广"三定配送"经验为主要内容的生产资料市场建设取得新成绩，全省已有19个钢材交易市场实行了这种办法。其中石家庄市的配送企业已发展到245户，零库存配送企业发展到19户，并库配送企业发展到11户，木材加工配送企业发展到19户。资金市场发展较快。全省11个地市开办了证券转让业务，已建立2家证券公司，5家证券交易所，371家证券代理网点，全年共发行各种债券50亿元。技术市场和房地产市场和设备调剂市场也有新发展。

4.完善了国合商业企业的经营方式。以组织国营商业企业新一轮承包、租赁为契机，完善了指标体系，强化了商业企业资产增值、流动资金利税率和社会效益指标。全省788个上轮承包期满的大中型商业企业，有769个签订了新一轮承包合同；在2600个上轮承包、租凭期满的小型商业企业中，有2366个转入新一轮承包、租赁。供销社改革突出了社会化服务功能的发挥。围绕农业生产的需要，已建立以大宗骨干商品"一条龙"供给、收购的服务组织300多个，农用生产资料服务中心130多个，服务站10000多个，初步形成比较健全的三级服务网。另外建立各种类型的专业合作组织2300多个，一体化经营组织20多个，技物结合的农业生产承包服务集团860多个，联合承包服务组织626个。

（四）宏观经济管理体制改革方面：根据计划经济与市场调节相结合的原则，进行了计划、投资、财税、金融、分配等方面的配套改革。

建立计划经济与市场调节相结合的经济体制和运行机制，是经济体制改革的目标任务，需要不断探索、逐步完成。1991年在以下几个方面又有新的进展：

1. 适度下放投资权限，为企业自主经营创造条件。1991年河北省根据有关规定和实际，把500万元以下的技改投资权下放给企业。

2. 深化社会保险制度改革。为新老企业平等竞争创造条件。一是经过比较充分地酝酿准备，全省国营企业职工离退休费用已确定于1992年元月1日起实行全省统筹；二是在全省90%的县（市）实行了集体企业职工离退休费用县（市）统筹；三是在全省70多万劳动合同制工人中实行了养老保险制度，累计收缴养老保险金已达5亿多元。

3. 住房制度改革取得实质性进展。国务院国发（1991）30号文件下发后，各地市城镇住房制度改革步伐普遍加快。石家庄市在省委、省政府指导下，已制订出具体实施方案，并已经市人大审议通过，将于1992年3月1日进入实转。主要内容，一是实行住房公积金；二是新分住房缴纳住房保证金，已分住房购买支持房改债券；三是提高房租并适当发给一些补贴；四是优惠出售公有住房；五是国家、单位、职工集资建房。邯郸市、邢台市、沧州市、张家口地区都拿出了总体方案，思路和内容与石家庄市方案大体相同。廊坊市和沧州地区实行"小步提租，不补贴"办法，即每平方米使用面积租金提高到0.3－0.35元，政府和单位不给职工发放住房补贴金。

4. 改革财税制度，增强省级宏观调控能力。全省财政系统扎扎实实开展了"双创双扭"活动，"十强"之首的丰南县，提前59天实现创"亿元县"的奋斗目标；经过多方面协调，投资方向调节税顺利开征；辛集市"税利分流"试点工作取得初步进展；税收征、管、查三分离试验有新的进展；为实行复式预算做好准备。

5. 金融管理体制改革取得明显成绩。一是实行了资产负债比例管理。工商行和建行选择了部分二级行和中心支行进行了试点，采取按本年度新增存款扣除准备金、备付金、上交分行资金后的一定比例，掌握发放贷款的办法；二是实行银行内部单项承包。省工商行搞了储蓄、对公存款、案件、信贷四个方面的单项承包；三是实行目标管理责任制，中行张家口分行的做法和经验在全国金融系统得到推广；四是推广了工商行石家庄车站办事处实行"贷前审查，贷中调节，贷后检查"的"审贷分离"经验，减少了技术性差错，制止了放贷中的不正之风；五是推广了工商行邯钢办事处银企双向承包经验，把贷出资金使用管理纳入二轮承包之中；六是积极开办房改金融业务，省建行系统的10个中心支行和76个县支行承担了当地政府委托的房改金融业务，工商行搞了4000多万元规模的住房信贷；七是进一步完善了金融市场体系，全省人行系统除邯郸分行外，都建立了融资部和证券部，建行系统建立了90个证券交易所。

（五）对外开放工作有新进展。

1991年，河北省相继在厦门、承德召开了对外经济技术项目发布会，在石家庄召开了对外经济技术洽谈会，签订利用外资合同443项，总金额8.02亿美元。

（六）改革促进了稳定和发展。

通过深化改革，逐步消除了经济生活中的一些不利于稳定的因素和阻滞国民经济良性运行的障碍，使全省经济持续向好的方向发展。

1. 工业生产较快回升，经济效益逐渐好转。全省地方预算内工业企业完成总产值375.06亿元，同比增长11%；销售收入、销售税金、实现利税增幅，不仅高于总产值增幅，而且同比增长11%－18.6%。

2. 投资持续增加，地方项目增长快。全民固定资产投资完成120.01亿元，同比增长15.5%，其中地方项目完成34.95亿元，同比增长34.7%。

3. 农村市场迅速回升，城乡市场物价保持平稳。全省社会商品零售额实现427.33亿元，同比增长12.2%。农业生产资料零售额实现82.48亿元，同比增长13.3%，农村消费品零售额实现16.32亿元，同比增长18.9%。全省物价上升指数在3个百分点以下。

4. 财政收入继续增长。全省地方财政收入90.64亿元，比上年增长11.7%。

综观河北省1991年经济体制改革，取得了很大成绩，这主要是各级党委、政府和全省干部群众解放思想，更新观念，把改革开放作为经济工作和各项事业的基本推动力，从本省实际出发，深化改革的结果。但就面临的改革任务而言，还是十分艰巨的。当前经济生活中的一些矛盾和问题，迫切需要通过深化改革去解决。一是生产增长与效益仍然低下的矛盾；二是财政拮据、信贷大幅度增加与企业资金紧缺的矛盾；三是需求总量回升较快与结构调整进展缓慢的矛盾；四是宏观管理调控度差与企业经营机制转换不快的矛盾；五是发展经济与稳定社会的矛盾。这些都是经济生活中的深层次矛盾，解决问题的唯一出路就是进一步深化改革。

（河北省体改委综合处

执笔：张秋亮）

河北省农村基本确立统分结合的双层经营新体制

党的十一届三中全会以来,河北省农村普遍推行以家庭联产承包责任制为主要内容的农村经济体制改革,打破了原有的政社合一、"三级所有、队为基础"的高度集中统一的管理模式,实行政社分设和以家庭承包经营为基础的统分结合的双层经营体制,使集体优越性和个人积极性同时得到发挥,从而结束了农业生产长期停滞不前的局面,促进了农业从自给半自给经济向商品经济转化、从传统农业向现代农业的转化。

(一)河北省农村经济体制改革大体经历的三个阶段。第一,1978 年至 1981 年底在人民公社制度内实行多种形式的生产责任制阶段。当时,为解决生产队集中劳动存在的"大呼隆"、效率低等问题,开始时推行了定额包工、小段分工、联产到组等形式的生产责任制。后来又推行了统一经营、联产到劳,统一经营、包干到户,专业承包、联产计酬等。到 1981 年底,全省 98.2% 的基本核算单位实行了各种形式的责任制。第二,1982 年至 1984 年为全面改革人民公社制度,普遍实行包干到户阶段。统一经营联产到劳和统一经营包干到户,在调动农民积极性发展农业生产上虽然发挥了很大的作用,但它仍未完全突破人民公社"三级所有、队为基础"的旧体制,依然是政社不分、统的过多,不利于生产的发展。因此,从 1982 年开始,全省在全国大气候的影响下,进一步放宽政策,给农民更多的经营自主权,普遍推行了"大包干"。第三,自 1985 年以后为完善双层经营体制阶段。在实行"大包干"过程中,由于干部群众思想准备不足,对家庭联产承包责任制的实质认识存有片面性,致使不该分的分了,很多地方削弱了集体经济的实力。针对这种情况,近年来,全省农村经济体制改革的重点转移到稳定和完善以家庭联产承包责任制为基础的统分结合的双层经营体制上来,下大力量发展和壮大集体经济。

(二)完善双层经营体制的重要措施。1. 实行政社分设。全省逐步建立了乡党委、乡政府和乡经济合作组织。村逐步成立了村党支部、村委会和村经济合作社。目前,全省有 48734 个村建立了经济合作社组织,占总村数的 96.6%。2. 普遍实行以家庭联产承包经营为主的责任制。现已实行以家庭经营为单位的队(组)9.4 万个,以专业队(组)、联户为承包单位的 6700 个,统一经营统一分配的 442 个。在社区性合作组织内部实行各种农业承包经营责任制不同形式的同时,在本社区合作经济组织内逐步发展了农户与农户之间、农户与单位之间的农村专业合作与联合。3. 完善土地承包制。随着农村经济的发展,土地承包制如何适应双层经营体制的完善已成为深化农村经济改革的主要内容之一。为此,各地着重抓了土地承包合同管理机构和各项管理 制度的建设。到目前全省已有 126 个县(区)、2626 个乡(镇)建立了合同管理机构,有 78 个县(区)1578 个乡(镇)开展了合同仲裁和调处工作;有 60%的村承包地块零散问题得到了解决,实行"两田制"或"三田制"的耕地达总耕地面积的 1/3 以上。4. 建立生产经营联合组织。为了共同的利益和目的,根据自愿互利的原则,以自己的劳动、技术或生产资料联合起来进行生产、经营、咨询、服务的合作或联合组织共计有 160216 个,其中农业 29042 个,工业 45779 个,建筑业 15816 个,运输业 30574 个,商业饮食业 31435 个,其它 7570 个。在生产、流通领域进行直接生产经营活动,并有自己的组织机构和管理分配方法,每年生产经营时间在 3 个月以上的合作组织共有 87477 个。其中耕作 24977 个,灌溉 28950 个,植保 7339 个,畜禽防疫 7859 个,购销 11099 个,其它 7253 个。5. 建立乡(镇)农经站。全省从 1984 年开始,为适应农村双层经营体制的需要,对农村财务管理推行了村有资金乡(镇)代管和村有帐目乡(镇)代管两种新型管理模式。村有乡(镇)代管即村合作经济组织的集体资金和会计核算业务在不改变所有权、使用权和收益分配权的前提下,由乡(镇)经管站代管的一种财务管理形式。乡(镇)经管会由各村经联社主任、会计和各村农民代表组成理事会,设主任、总会计和出纳。具体管理办法是既管理帐目又管资金,按村分设总分类帐和现金帐,明确规定村级审批权限。目前,全省实行这种财务管理的有 1872 个乡(镇)。6. 逐步建立合作基金会。乡(镇)合作基金会是管理和融通集体积累资金的合作性服务组织。合作基金会由社员代表大会选举产生合作基金会董事会,董事会聘请经理、会计和出纳,实行董事会领导下的经理负责制,各村建立分会。目前全省有 1242 个乡(镇)设立了乡(镇)合作基金会。7. 建立专业协会。有组织、有章程、有名称,以提供生产技术进行技术、经营咨询和指导为主的专业协会服务组织共计有 24684 个。

(三)农村社会化服务体系建设。1985 年以来,各地充分利用原有的服务组织和服务手段,积极发展新的服务组织,坚持多层次、多形式、多样化。到目前全省各类服务组织已发展到 32 万个,一个以社区性合作经济组织服务为基础,以县直职能部门和经济技术部门服务为主导,以农民自愿组成的各类服务为补充的上下配套的农村社会化服务体系正在形成。目前,全省有 46487 个村建立了服务组织,其中 20%的村农民在生产经营中的难题得到解决,40%的村能够提供四项以上的服务。第一,农民自办服务组织。各地由农民自办、联办的服务组织,以及各种专业技术协会、研究会已达 8006 个,涉及到种植、养殖、加工和贮运等专业。第二,村级服务组织。一般是按照服务的需要,设置经营管理、农机农技、水电、购销等服务组。解决农民急需的机耕、机播、浇地、打轧等农田作业最基础的服务。科技服务解决新技术、新品种推广应用、植保防疫、科技指导等服务,全省已有 3.5 万个村建立了农业技术服务组。流通服务解决化肥、农药、良种、饲料等生产资料供应以及产品加工储运、销售等服务。第三,乡(镇)级服务组织。乡(镇)是整个农村社会化服务体系的重要层次,主要解决一村一庄办不了的服务项目,如大型农田水利设施的建设,引进繁育良种等,目前全省共建乡(镇)级服务组织 20106 个。第四,县级服务组织。县直职能部门和经济技术部门的服务,既体现了对农业的支持,又是国家对农业进行指导和调控的重要手段。既有技术优势,又有物资供应、调配权,是社会化服务体系的主导层。目前,全省县级各种服务组织已发展到 2595 个。其主要形式有以下几种:一是专业合作社。以县直某一经济技术部门为依托,联合从事此项专业生产的农户组成合作社。如蔬菜生产合作社、果品生产合作社。合作社服务的内容包括提供市场信息、供应生产资料、解决产前产中产后服务。二是承包集团。从 1985 年以来,农业部门从搞技术承包,逐步发展到技术推广、物资供应和生产服务的三结合承包集团。全省已有承包集团 2612 个。三是双向承包。县、乡、村、户层层明确任务目标,签定承包合同,上对下层承包农业生产资料供应和技术,下对上层承包各种作物种植面积、产量、定购任务及指标的完成。

(河北省体改委农村经济体制处
执笔:刘善义、张有柱)

国营大中型企业活力增强

1991 年河北省遵照党中央、国务院的一系列指示精神,把搞活国营大中型企业,提高经济效益,作为深化改革、促进全省经济持续发展的重点工作来抓。1991 年 6 月中旬,在进行大量调查研究和充分准备的基础上,省委、省政府组织召开了全省大中型企业工作会议。各地市、省直部门的负责人和全省大中型企业的厂长(经理)700 多人参加了这次改革开放以来规模最大的会议。省委、省人大、省政府的领导同志出席了会议并作了重要讲话,对于全省大中型企业进一步深化改革、转换经营机制、提高经济效益起到了推动作用。9 月中央工作会议和十三届八中全会以后,省委、省政府及时召开省委常委(扩大)会议、省委四届全委扩大会议和专员市长会议,认真学习贯彻中央工作会议和八中全会精神,从解决思想认识问题入手,把各级领导对大中型企业地位和作用的认识统一到中央会议精神上来,增强搞活国营大中型企业的紧迫感、责任感和自觉性。一年来,围绕搞好国营大中型企业、提高经济效益,全省上下共同努力,作了大量具体工作,取得了较好的效果。

(一)认真贯彻《企业法》,落实企业自主权。《企业法》是我国全民所有制工业企业的基本法。1991 年,河北省把贯彻落实《企业法》作为搞好国营大中型企业的一项重要内容,按照《企业法》的要求理顺政府与企业的关系,在保障国家依法行使企业财产所有权的同时,逐步落实企业的生产经营自主权。省委、省政府明确规定,"对国家、省明文规定赋予企业的各项自主权要坚决贯彻落实。对上收或截留、应放未放的权利,要立即放下去。"同时要求各地市、各部门对各自下发的文件、规定进行全面清理,凡与党中央、全国人大、国务院和省委、省人大、省政府有关文件精神相违背的予以废止。为进一步推动深入贯彻《企业法》,从 1991 年 8 月至 11 月,省委、省人大、省政府联合组织了《企业法》执行情况检查。经过组织准备、宣传发动、企业自查、地市联查、省团抽查、汇报总结等几个阶段,历时 3 个多月,全面了解了《企业法》的贯彻执行情况。在此基础上,省人大常委会作出了进一步贯彻实施《企业法》的决议,省人大、省政府联合召开了《企业法》大检查总结电话会议,安排部署了进一步贯彻《企业法》工作,推动了《企业法》的全面贯彻实施。

(二)优化企业外部环境,为搞活企业创造条件。一是围绕搞活大中型企业,积极提供政策保证。一方面组织力量对 1984 年以来中央、国务院和省里出台的一系列搞活企业的政策措施进行了认真梳理,并根据企业的需要,将有关政策辑印成册,下发到企业和有关部门,对企业和部门更好地了解政策,运用政策起到了良好的作用;另一方面根据新情况,研究制订新的搞好企业的政策。国务院关于进一步增强国营大中型企业活力的通知(11 条)下发后,结合河北省情况、省委、省政府制订了《关于进一步增强大中型企业活力的若干政策规定》(30 条)。中央工作会议以后,省委、省政府领导从 9 月份开始,先后用近 3 个月的时间调查研究,听取了 12 个厅局的汇报,主持制订了《关于坚持完善承包制,促进国营大中型企业经营机制转换的决定》、《关于全省工业经济结构调整的意见》、《关于提高我省工业经济效益的意见》等七个文件,为进一步搞活企业,提供了政策保证。二是在继续对国营大中型骨干企业实行"双保"的基础上,抓住影响经济正常运转的"三角债"问题作为突破口，组织力量进行认真清理。通过全省上下的共同努力取得明显成效。1——11月份，全省共向330个基建技改项目注入清欠资金9.88亿元，占拖欠贷款的89.4%。全省清欠资金平均周转2.71次，累计清理债款21.89亿元，全省净增加资金来源4.36亿元，缓解了一大批企业和项目的资金困难。与此同时，坚持"压"、"促"两手抓，积极做好"压售挂钩"、"压库控产"，千方百计压缩库存，区别不同情况，抓好限产工作。三是继续治理"三乱"，切实减轻企业负担。为贯彻落实中共中央、国务院《关于坚决制止乱收费、乱罚款和各种摊派的决定》，成立了全省治理"三乱"领导小组，健全了办事机构，采取有力措施，坚决取缔了一批"三乱项目"，在全省发文取缔的"三乱"项目1637个中，省级发文取缔"三乱"项目243项，降低收费标准18项，每年可以减轻社会负担2.6亿元。

（三）从坚持完善承包制入手，转换企业经营机制。经营机制决定着企业的生机与活力，机制不转换，企业既缺乏自主经营、面向市场、追求结构调整、技术进步的内在动力，又没有自负盈亏、追求效益最大化的外在压力。因此，河北省在积极为企业创造外部环境同时，下大力量加快企业经营机制转换的步伐，以适应有计划的商品经济运行机制的要求。一是坚持和完善企业承包经营责任制，进一步处理好国家、企业、职工三者关系，从激励和制约两个方面强化承包的政策机制，实现承包促调整、促效益、促发展。一方面，加强了对承包的全过程管理，通过对承包合同实施情况和承包企业运行情况的动态管理，不断规范承、发包方的行为，及时发现和解决承包运行中的问题、最大限度地发挥承包制对调动职工生产积极性、推进企业技术进步、提高经济效益的积极作用。另一方面，根据承包制实施中的问题和经济发展的新要求，对承包制进行不断的完善。通过完善承包考核指标体系，健全和完善企业工资总额同经济效益挂钩办法，制订解决企业虚盈实亏、潜亏的政策措施等，逐步建立起促进企业技术进步、结构调整的激励机制和既负盈又负亏的约束机制。同时，从本省的实际出发，选择了一批符合产业政策、对全局有举足轻重影响、具有较大发展潜力、有较好的管理基础、班子得力的重点企业，实行投入产出总承包，鼓励企业从投入产出总算的角度多创多留，以"包死"促"搞活"。二是进行了企业改革突破性试点，探索转换企业经营机制的新路子。从9月份开始，省体改委在进行了大量调查研究的基础上，在全省确定了6类64户工业企业进行转换机制试点，其中放开经营试点13家，投入产出承包试点13家，比照中外合资企业管理方式和"一厂两制"试点9家，劳动、人事、分配制度综合配套改革试点12家，发展完善企业集团试点9家，进行关停并转和实施《破产法》试点8家。另外在流通领域和地市属骨干企业中也确定了一批各种类型试点。在转换企业经营机制试点工作中，着眼于依靠企业自身力量，推进企业内部配套改革，特别是在打破"一大"（大锅饭）、"三铁"（铁交椅、铁工资、铁饭碗）上下功夫，改革企业用人用工制度和内部分配制度，充分焕发企业内在的生机与活力。截止到1991年底，在列入省级改革试点的64户工业企业中，已有20户试点企业签订了试点协议书并开始运行。

（四）狠抓企业增盈扭亏，努力提高经济效益。为了促进企业的生产经营，强化管理，提高经济效益，实现增盈扭亏的目标，河北采取重点抓两头的办法，即盈利大户和亏损大户。为此，省分片召开了利税超千万元和亏损超200万元的工业企业扭亏增盈会议，制定了利税大户继续增盈上台阶和亏损大户限期扭亏的规划，并明确了责任制。同时确定了省直12个厅局（总公司）的36名领导同志分工负责55个利税大户的增盈和60个亏损大户的扭亏工作。在此基础上，全省大中型企业逐户制定了三年扭亏增盈奋斗目标及保证措施；对一些企业存在的潜亏问题，省委、省政府领导十分重视，明确有关部门组织对企业潜亏、虚盈实亏问题进行一次彻底清查，逐户核实，摸清底数，对1990年以前的潜亏，凡属当年的问题，要按有关规定一律列入1991年决算，同时强化审计监督和对企业财务的约束。为进一步贯彻落实好国务院《关于进一步增强国营大中型企业活力的通知》（十一条）和省委、省政府《关于进一步增强大中型企业活力的若干政策规定》（三十条），省政府三位省长带领省直有关部门，分三路深入全省60家大中型企业现场办公，检查督促有关政策措施的落实，逐个企业研究1991年——1993年以至"八五"期间增盈扭亏奋斗目标和措施，并帮助企业解决一些具体困难。通过会议发动，现场办公，典型引路，政策激励等多种措施，引导大中型企业立足自身，面向市场，转变经营机制，挖潜增效取得了比较好的效果。1991年，全省大中型工业企业完成工业总产值490.9亿元，比上年增长17.2%；销售收入473.15亿元，比上年增长27.87%；实现利税40.78亿元，比上年增长14.29%，全省的工业生产呈现出稳步增长的态势。

（河北省体改委生产处

执笔：荀志谦、刘双云）

流通体制改革迈出新步伐

1991年是河北省执行十年规划和"八五"计划纲要的第一年。全省国民经济已经摆脱一度出现的工业生产速度下落、市场疲软的局面，市场秩序明显好转，消费需求回升加快，零售物价基本平稳，市场恢复正常运行状态。这些都为加快流通体制的改革创造了良好的前提条件。省委、省政府及时抓住这一有利时机，提出了深化流 通体制改革的一系列重大政策和措施，并取得了实质性进展。

（一）外贸体制改革取得突破性进展。第一，按照"国务院关于进一步改革和完善对外贸易体制若干问题决议"关于改革外贸经营机制，取消出口补贴，逐步建立"统一政策，平等竞争，自主经营，自负盈亏，工贸结合，推行代理制，联合统一对外"的管理体制和运行机制的要求，结合本省实际，改革了外贸管理体制。一是继续坚持完善承包经营责任制，在新一轮承包中，实行了"条块保证、多轨承包、包到企业"的承包措施，调动了企业多出口、多创汇的积极性。二是改革了商品收购计划管理体制和条条管理为主的财务管理体制，扩大了企业的自主权，调动了地、市外贸管理部门的积极性。三是地、市经贸委（局）实行了企业化管理，并赋予县的行政管理职能。这些改革措施，有力地促进了外向型经济的发 展，外贸进出口增加。全年出口完成17.39亿美元，占年度计划的111.37%（占国家调整后计划的102.76%），其中杂货出口完成13.34亿美元，比上年增长6.14%。全省进口完成5.68亿美元，比上年增长35.8%。第二，进一步开拓了国际市场，拓宽了销售渠道。港澳、日本、东南亚等传统市场得到巩固。同周边国家的贸易比上年有所增长，对第三世界国家市场的开拓有了新的进展。在19个国家和地区，驻外机构发展到41个，先后邀请了35个国家来省洽谈业务，来访1775人次，春、秋交易会成交额和成交价格均好于以往任何一年。

（二）粮食购销体制进一步发展完善。一是继续坚持和完善了"三包一制"的经营形式。二是按照"稳购、压销、调价、包干"的原则，在搞好粮食购销的同时，进一步压缩平价粮销售。全年粮食定购完成22.25亿公斤，超额完成了中央对河北省下达的定购任务；粮食"议转平"完成7.05亿公斤，占计划的87.2%，食油定购完成6850万公斤，占计划的99.1%；完成2.5亿公斤粮食专储任务。同时，及时安排了城乡供应和灾区的统销，安定了群众生活。三是成功地进行了粮油销价改革，打破了长期以来平价粮油价格偏低，25年来未动的局面。由于宣传及时，精心组织，群众支持，实现了粮油价改方案的平稳过渡和顺利出台，缓解了粮油价格倒挂矛盾，减轻了财政负担。四是进一步建立建全了国家和省两级粮食储备制度，缓解了农民"卖粮难"问题，增强了宏观调控能力和抵御自然灾害的实力。1991年全省安排建仓5.12亿公斤，投资7238万元，已有40%新建仓库投入使用。另外，商业部和省计经委下达基建仓库5750万公斤，投资3707万元，到11月底已完成69%。同时，各级粮食部门大力开展农村储粮服务工作，据不完全统计，帮助农民安全储粮7.5亿公斤，向农户出售储粮药品2万多公斤。

（三）国合商业改革取得新进展。1.国营商业改革不断深入。一是继续坚持和完善承包经营责任制，认真组织了企业新一轮承包的衔接工作，加强了对承包企业的全过程管理。1991年，全省1061个大中型商业企业，有788个承包到期，其中769个企业已签订新一轮承包合同，占97.6%。4337个小型商业企业，实行承包、租赁经营的3727个，到期的2600个，有2366个转入新一轮承包、租赁，占91%。二是对小型商业、饮食业、服务业继续坚持了"转、改、租"的改革方向。与此同时，适度发展了集体、个体和私营商业。到1991年底，全省共有个体商业76万多户，从业人员达165万多人。三是积极推行了工业品经营集团化、副食品产销一体化、县级商业整体化为内容的"三化"改革。共建立各类企业集团44个，有858个企业参加了全国性或跨省的专业集团。初步形成了两个层次的集团群体：吸收30个二级站建立了全省性跨地区的铝制品、化妆品、食品、鞋帽、五交化等9个经营联销集团；以二级站为龙头，吸收三级站和1000多个大中型零售企业组建了33个区域性的购销集团。四是按照"小政府、大服务"的方向，改革了现行的县级商业行政管理体制，选择涿州、沙河两县级市进行了县级整体化改革试点。组建了县级商业总公司，一个头对财政承包，适度调整行业和企业结构，提高了国营企业组织化程度。五是探索了多种形式的企业改革，邢台盛兴商场由职工承包柜台的成功经验，创出了一条在国营商业企业深化改革、转换经营机制的又一种新形式。石家庄百货站实行"一站两制"，在鞋帽组抽出部分人员进入集贸市场参与竞争，引入个体经营机制，取得了较好的经济效益。沧洲市新华旅馆调整经营结构，利用现有设施改造成"大楼批发市场"，企业实现扭亏为盈。一些企业还进行了劳动用工和分配制度等项改革，企业活力增强。此外，在邯郸、保定、唐山、秦皇岛等4个市，成立了社会商业管理机构，对部分社会商业实行了统一管理。2.供销社改革，在完善农村社会化服务体系中又有新的发展。在深化为农业服务中，在突出抓好村级综合服务站建设的同时，进一步发展完善了多种形式的服务活动，初步形成了七个层次的服务系列。(1)以供销社为依托，联合其他部门建立承包集团，开展技物结合、全程服务，全省共建立各种形式的联合承包集团626个，承包粮、棉、菜、果725.5万亩，畜禽143万头(只)；(2)围绕骨干产品，以加工和销售为龙头组织产业集团，开展产供销一体化服务，扶持建起牛、羊、家禽、蔬菜、食用菌等商品基地85个，使产供销一体化服务由点到面，初具规模；(3)联合同一行业或同一产品的生产者，建立各种类型的专业合作经济组织，开展专业化服务，全省各种专业合作社，专业协会发展到2300多个；(4)以预约定购、合同供应为基础，辅之以测土施肥、配方用药等技术措施，开展农资系列化服务，在三级农资服务网的基础上，全系统共投资700多万元，建成庄稼医院401所，把农资服务提高到了一个新的水平；(5)建立多形式农副产品交易市场156个，开展农副产品的销售服务，缓解了农民"卖难"问题；(6)以基层社为依托，融信息、物资、技术、加工、储运、资金、租赁、维修等功能为一体，开展综合服务，涌现出了一批白地、周村式的先进典型，发挥了典型示范作用；(7)改造了原有的基层网点，建立和完善了新型的村级综合服务站，全省共投入资金7379万元，建立起村级综合服务站4229个，占全省200户以上村的16.1%。七个层次的农业社会化服务体系，对促进全省农业的发展起到了重要作用。此外，还在11个县(市)进行了"全县一社"的改革试点工作，探索了供销社实行"联购分销"和"分购联销"，发挥群体经营优势的新途径。3.借鉴重庆经验，在部分国合商业企业进行了"四放开"，转换企业经营机制的改革试点工作。围绕"两分、四自"企业改革的基本方向和目标，按照"政府放权，企业管严，放而有度，活而有序"的原则，结合本省实际情况，选择了69个国合商业企业(其中国营商业企业45个，国营粮食企业4个，供销社商业企业20个)，进行了经营、价格、分配、用工"四放开"改革试点。先行试点企业，已取得了明显经济效益。唐山市的4个试点企业从10月份投入试点运行后，仅一个季度就实现销售额3772万元，比上年同期增长10.2%，实现利润92.5万元，增长24.09%。其中试点运行较早的新华道菜市场，四季度实现利润14.7万元，同比增长2.26倍。全省首批"四放开"改革试点企业1991年底全部确定了试点方案，多数企业投入试点运行，拟在取得经验的基础上，逐步扩大试点范围。

(四)物资体制改革有了新的发展。物资体制改革，进一步探索了计划经济与市场调节相结合的有效形式，强化服务功能，提高流通效率。一是按照国家、省产业政策要求，对全省548个大中型生产企业和97个利税大户，以及重点生产建设项目，实行倾斜供应，品种规格上优先，价格上优惠，时间数量上保证。二是较普遍地采取了承包配套供应，以"三定一送"为内容的配套供应和让利拆零供应，收到较好的社会效果。仅石家庄市机电公司与部分大中型生产企业实行"并库配送"，到1991年10月底配送机电产品305种，金额达360万元。三是积极开拓省外市场和国际市场，1991年通过集资补偿、联合开发、批量订货、物资协作等形式，全省物资系统计划外物资购进总额达到125.3亿元，比上年同期增长48.5%，占总购进额的比重由上年的79%上升到87.7%。跨省经营75亿元，比上年同期增长55%，其中销往省外物资25亿元，比上年增长40%，有的物资企业还利用河北港口、资源优势组织水泥出口，挤进了国际市场。

(五)各类市场建设不断加快，市场体系已具雏形。1.多种形式的商品交易市场蓬勃兴起。按照河北省人民政府办公厅转发省工商行政管理局关于加快全省城乡集贸市场建设报告的通知要求，1991年全省出现了继1984年以来的第二次市场建设高潮。通过新建、改建和扩建，全省投入集贸市场建设资金2.57亿元，开工新建集贸市场365个，其中已建成268个，到年底全省集贸市场总数达到3288个，农副产品批发市场127个，工业小商品市场89个，各类专业市场332个。全省城乡集贸市场成交额达128.5亿元，比上年增长28.32%，占社会商品零售总额的29%。初步形成了以较大市场为龙头，一般市场为衔接点，大中小相结合，集中与分散相结合，专业与综合相结合，沟通城乡、辐射全国的批发市场体系。涌现出一批在全国有影响的祁州药市、蠡县皮革、白沟小商品等大市场，石家庄市新华集贸中心、南三条小商品批发市场被列入全国10大市场之列，被誉为集贸市场明珠。2.生产资料市场有了新的发展。到1991年底，全省组建较规范的钢材市场19个，生产资料经营网点2700个。多种经济成分并存的生产资料经营网络初具规模。为了加强对生产资料的管理，省政府颁发了《关于加强物资流通和生产资料市场管理办法的通知》，成立了以叶连松副省长任组长，由省物资局、省体改委、省工商局、省物价局、省税务局负责同志参加的河北省生产资料市场领导小组和生产资料市场管理办公室，制定了《河北省重要生产资料经营许可证实施暂行办法》，全省有14个地市也建立了生产资料市场领导小组和生产资料市场管理办公室，加强了对重要生产资料的经营管理。3.金融证券市场有所发展。1991年全省发行了国库券、国家投资债券、金融债券、地方企业债券、企业内部债券、短期融资券、企业内部股票、其它等8种有价证券。当年发行总额为22.4亿元，其中可直接用于地方经济的有价证券发行额为15.5亿元，占总额的69.1%。全省各级各类证券交易机构已发展到411个，其中自营交易机构34个，代理交易网点377个，初步形成交易网络。到1991年底，全省开办4种有价证券交易转让计4.5亿元，其中国债和中央企业债占89.5%，地方企业债占10.5%。全省11个地(市)、建立起有形同业拆借市场。1991年末，有形、无形同业拆借市场共拆出拆入资金45.3亿元。外汇调剂市场已建立12个机构。1991年，进入市场的外汇3.37亿美元，比上年增长97%，居全国第18位。4.科技、信息服务市场不断扩大。伴随着科技体制的改革，全省技术市场从萌芽状态逐步发展壮大，呈现出一派兴旺景象。技术市场交易形式，已由单项转让发展到成套技术转让，技术承包等，发展了一批技术信息咨询服务机构、专利实施机构和各种联合会等组织。到1991年底，全省共有从事技术交易的机构1423个，从业人员501人。

（六）进一步改善企业外部环境，启动市场，搞活商品流通。一是按照国务院关于打破地区间市场封锁，进一步搞活商品流通的通知精神，全省上下对妨碍商品正常流通的检查站（所、卡、岗）进行了认真的清理整顿。二是按照价值规律和供求关系的要求，调整了46种（类）商品比价关系，放开一批商品价格。为企业走向市场创造了条件。三是省政府制定了《国营商业、物资、供销社批发企业搞活经营的暂行规定》，为国合商业物资批发企业摆脱困境，搞活经营，提高效益，提供了政策保证。四是省政府在吸取1990年举办商品物资交易大会成功经验的基础上，于1991年8月24日至27日采取了由政府搭台、企业唱戏的方式，又一次举办了全省商品物资交易大会。并制定了鼓励购销、促进成交的11条优惠政策。参加这次商品物资交易大会的有32个代表团，带有可供货源193.05亿元，参展商品2649个大类，累计59311个品种。据统计，商品物资成交总额70亿元，其中，现货成交32.1亿元，取得了可喜的交易成果。这次交易大会不仅密切了工商关系，拓宽了流通渠道，扩大了省内产品的辐射力，提高了市场占有率，而且还进一步解放了思想，振作了精神，提高全省商品经济意识，促进了商品流通和经济建设。1991年，全省流通领域，由于采取了多种改革措施，调动了各方面的积极性，促进了商品流通，扩大了产品销售，提高了经济效益和社会效益，全年实现社会商品零售总额39.04亿元，比上年增长12.2%，保障了市场的繁荣与稳定。

（鲁泽、郭文才）

河北省宏观调控体制和分配体制改革取得新进展

1991年是实施"八五"计划的第一年。在这一年里，全省按照计划经济与市场调节相结合的原则，根据国家的统一部署，结合河北的实际情况，配合搞好大中型企业这个中心环节，积极推进间接调控和管理，深化分配制度改革，在金融财税、物价、劳动工资、社会保障等改革上都取得了新的进展，促进了全省经济的健康发展。

（一）金融体制改革取得新进展。为适应经济发展和宏观经济管理体制改革的总体需要，金融体制改革有了以下进展：

1. 继续改革现行金融管理体制。一是实行资产负债比例管理。工商银行和建设银行分别选择了一些二级分行或中心支行进行试点，采取按本年新增存款扣除准备金、备付金和上交分行资金后可用资金的一定比例掌握贷款的发放。二是实行了内部单项承包。工商银行搞了储蓄、对公存款、案件、信贷等四个方面的单项承包。三是推广了工商银行石家庄车站办事处实行"审贷分离"的试点经验，实行贷前审查、贷中调节、贷后检查，减少技术差错和贷款上的不正之风。四是实行"当年贷款当年收"的信贷政策。在不突破信贷总规模的前提下，调动了基层行吸收存款的积极性，增强了基层行的活力，加速了资金周转，提高了资金的使用效益。五是继续完善把资金管理纳入企业二轮承包的做法。推广了工商银行邯钢办事处实行银企资金双向承包、双向负责的办法。六是进一步推广了中国银行实行的目标管理责任制。中行张家口分行的经验还在全国金融系统进行了推广。

2. 积极开办房改金融业务。各地的工商银行和建设银行多数都设立了房地产信贷部，开展住房信贷业务，筹集、融通住房建设资金。工商银行发放了4000万元的住房贷款。建设银行系统有10个中心支行和76个县支行承担了当地政府委托的房改金融业务。人民银行起草了《河北省房地产信贷部管理暂行规定》。

3. 继续拓宽金融市场。全省金融市场初步形成网络，全年地方企业债券发行10.4亿元，比上年增长3倍多；各种有价证券交易额达2.7亿元，累计拆出拆入资金45.3亿元，调剂外汇成交额54亿美元，比上年增长111.2%。

4. 开拓信贷支农的新途径。一是增加兴农贷款的科技含量。为减少贷款的风险性，银行与科技部门合作，请科技、经济专家对贷款项目进行论证，使贷款回收率进一步提高。二是改进农副产品收购贷款规模的办法。将原来按指标管理办法改为多渠道供应资金，多渠道拆借，旺季先贷后批、边贷边批等办法。同时，各基层行和信用社携手联动，保证计划内农产品收购，放开计划外收购。

5. 探索中央银行对专业银行实行归口管理的有效途径。重点是总结推广人民银行河间县支行加强归口管理，建立金融党委、金融工会、金融团委的做法。

6. 加强了金融管理。根据总行批准河北省金融性公司撤并简方案，对全省几家信托投资公司，25家信托投资公司办事处进行了审合验收和重新登记，对金融性公司实行派驻员制度；组织了全省结算纪律大检查，各地市设立了结算举报中心，建立了社会监督制度；各行、司开展了多形式、多层次的稽核检查，收回逾期和不合格贷款31亿元，退回挤占中央银行资金1.1亿元，加强了金银市场管理和反假工作，全年收缴各类假币41万元，维护了人民币信誉。

7. 积极总结石家庄保险公司试行贷款保险的做法，努力减少贷款的风险性。

(二)进一步深化财税体制改革。河北省财税体制改革紧紧围绕增收节支和搞好大中型企业，取得了以下进展。

1. 制定财政发展规划。经过调查研究，出台了《关于加强财政工作，改善财政状况的决定》。各地也按照全省总体规划和要求，研究制定了本地的财政规划，使全省财政工作任务进一步具体化。

2. 实行有限目标管理，抓好落实。为把“八五”财政规划落到实处，省向各地下达了包括财政收支、控制赤字和县级财政“双创双扭”、工业企业扭亏增盈等内容的有限目标责任书，各地狠抓了落实，取得了较好的效果。丰南县和黄骅市提前实现了亿元县奋斗目标，其余要求达标的县(市)绝大多数也实现了目标。全省重点抓的66个利税大户和35个亏损大户多数可达到规划要求。

3. 探索有效的管理方式，加强税收征管。在唐山、藁城、邯郸三市进行“专业化管理”的试点工作；在基层征管机构设立上进行改革，在沧州地区试行了建立经济区税务分局、几个乡镇建立中心税务所的办法。

4. 加强财政监督。一是对一些市县和乡镇财政收支决算以及专项资金使用情况进行了检查，查出各种违纪资金4517万元；二是狠抓了治理“三乱”工作，全省已取消了“三乱”项目1677个，每年可减轻社会负担12.2亿元；三是在全省六个系统的行政事业单位开展了国有资产清查和建账建制工作，对省直工交系统企业和秦皇岛市企业的国有资产产权进行了登记试点，初步开展了国有资产所有权界定和资产评估工作。

5. 积极进行“税利分流”试点，辛集市的试点情况进展较为顺利。

(三)物价改革迈出新步伐。

按照“既要稳定物价，又要振兴经济”的指导思想和中央的统一部署，省物价改革的主要进展有以下五个方面：

1. 积极稳妥地推进了几次价改措施。按照国家的统一安排，相继出台了提高铁路货物运价、成品油、煤炭、钢铁系列产品价格等价改措施，特别是出台了提高粮油销价这一重大价改措施，收到了预期效果。

2. 抓住市场比较稳定的有利时机，积极配合“质量、品种，效益”年活动，把促进经济结构和产品结构调整作为价格改革的着眼点，适当加大了改革份量，适时解决了一大批价格矛盾。全年共调整50种(类)商品价格，净提价额15.6亿元；放开了服装、搪瓷制品、卷烟等商品价格，对理顺经济关系，提高经济效益发挥了积极作用。

3. 省和各地市还放开了部分价权，完善了部分产品作价办法，取消和扩大了一些差价率，收到了较好的成效。

4. 进一步清理整顿乱收费现象。取消了不合理收费项目1087个，降低收费标准100多个，减轻企业和群众不合理负担近3亿元。在全省范围内进行了互查和重点抽查，省里统一组织了检查团。同时，全省还对房地产价格现状做了大量地调查研究，为下一步加强管理打下了良好的基础。

5. 加强物价监督。共查处违法案件近5万起，经济制裁金额6000多万元。同时，全面推行了综合电价，建立健全农村电价管理制度。

(四)劳动工资制度改革有新进展。

1. 进一步推行劳动合同制。国营企业新招工人全部实行了劳动合同制，并扩展到技工学校毕业生和集体所有制企业新招工人中。全省劳动合同制职工已近100万人，其中，全民单位劳动合同制职工86.5万人。同时，进一步改进招工办法，简化招工手续，完善劳动合同管理办法，使这项制度逐步趋于完善。

2. 在优化劳动组合，合理配置劳动力方面重点抓了劳动定额定员工作，指导企业采用先进合理的定额定员标准，普遍开展了核定企业编制定员和二三线岗位定额定员工作。

3. 全员劳动合同制试点工作开始起步。确定了元氏县，藁城市和46家企业为首批试点单位。元氏县的首批5家试点企业已经与全体职工签订了劳动合同，进入了实施运行阶段。

4. 进一步改革企业内部分配制度。根据企业经营机制转换的要求，从推行和完善工效挂钩入手，开始建立企业工资总量调控和工资正常增长机制，全省国营企业挂钩覆盖面已达到90%以上，多数集体企业也实施了挂钩。石家庄、唐山、邯郸、保定、张家口等五市和涿鹿县等五县以及省冶金公司等三个省属部门还实行了市(县)、部门总挂钩。

(五)进一步建立健全了社会保障制度。

根据国家的统一部署和河北省的实际需要，全省社会保障制度改革取得了以下进展：

1. 积极推进养老保险制度改革。一是全面推行国营企业和职工离退休费用社会统筹，统筹的范围不断扩大。全省12065个国营企业中已有11777个参加了统筹，参加的在职职工203万名，离退休职工36.4万名，分别占应参加统筹人数的92.5%和90.7%，并颁布了省政府《第61号令》，确定从1992年1月1日起实行全省统筹。二是集体企业职工退休费用社会统筹工作发展较快。劳动部门已在125个市县的集体企业开展了统筹，参加统筹的企业6021个，在职职工51.1万名，离退休职工10.7万名，均占应参加统筹人数的68%。省保险公司系统在20多个市县开展了统筹，参加统筹的在职职工6.24万人。三是建立了劳动合同制工人退休养老保险制度。全省有66.2万名国营企业的劳动合同制工人实行了养老保险，累计收缴养老保险金5.4亿元。同时，对6.7万名集体企业劳动合同制工人也实行了养老保险，收缴了养老保险基金。

2. 进行了劳保医疗改革和离退休职工医药社会统筹试点。大城、藁城、沙河、固安、三河等市县相继实行了在职职工大病医药费统筹。全省总结推广了石家庄地区对离退休职工的医疗费进行社会统筹、统支、统管的经验。全省已有26个市县实行了离退休职工医疗费统筹。

3. 进一步推进待业保险制度改革。全省已有1.8万个企事业单位，315万名职工参加了待业保险统筹。

4. 加快了住房制度改革步伐。把城镇住房制度改革作为深化经济体制改革的工作重点来抓，特别是国务院国发〔1991〕30号文件下发以后，全省住房制度改革步伐普遍加快。石家庄市在省委、省政府的指导下，城市住房制度改革的总体方案已经出台。方案的主要内容：一是实行住房公积金；二是新分住房缴纳住房保证金，已租住房购买支持房改债券；三是提高房租并适当发给一些补贴；四是继续优惠出售公有住房；五是实行集资建房，其中职工集资部分不低于单方工程造价的1/4。其它地市的房改工作，如邯郸市、邢台市、沧州市、廊坊市、张家口地区等，也拿出了总体方案或确定了基本思路。

（董卫军、刘玉明、王俊红）

河北省经济体制改革理论研究的新进展

1991年河北省经济理论界在经济体制改革理论研究方面进行了多方面的探索，取得了丰硕的成果，对推进河北省经济体制改革的实践发挥了重要的指导作用。尤其是对建立计划与市场相结合的运行机制、生产要素流动与产权制度改革以及转换企业经营机制三个方面的研究，取得了比较突出的成绩。

（一）关于计划与市场相结合的运行机制问题。

1. 计划与市场相结合的几个理论认识。

河北省经济理论界对计划与市场相结合问题的几个理论观点基本上达成共识：其一，计划与市场相结合的实质就是要处理好社会主义特有的有计划按比例规律同商品经济的一般规律，主要是价值规律之间的关系，做到整个国民经济有计划按比例发展，或者说持续、稳定、协调地发展。其二，要科学界定计划与市场的涵义。计划不是主观的、不符合价值规律的计划，也不是纯粹的指令性计划，而是要尊重价值规律，更多地向政策性计划发展；市场也不是盲目的、单纯的自由市场概念。其三，计划与市场的结合在形式上表现为一种通过外部的板块同内部的有机渗透相结合的复合机制。计划与市场结合得好，才能既提高企业的微观效益，又提高社会的宏观效益。

2. 从河北的实际出发，建立计划与市场相结合的运行机制。

有的同志指出，建立计划与市场相结合的运行机制，要从河北的实际出发。一要建立一套比较强有力的中观经济调控体系，由地方统筹安排重要的政策和投资审批权。通过规划、产业政策、经济杠杆和一定的物质手段，进行中观调控、平衡。二要在微观上进行企业"三项制度"改革，转变机制，发育各类市场，发挥市场机制的调节功能。三是河北省作为一个整体，经济发展水平很不平衡，所以，河北建立计划与市场相结合的新的运行机制应带有梯度性。

3. 从直接管理为主转向间接管理为主。

要发展社会主义有计划的商品经济，政府对整个国民经济须由过去的以直接管理为主逐步转变为以间接管理为主，发挥价值规律的作用。这也是河北省理论界比较一致的看法。以间接管理为主，就是要搞综合管理，包括总量控制、社会购买力的计划平衡、总供给与总需求的平衡、资源配置的平衡，以及经济结构、产业结构、固定资产投资等方面的总量平衡。从直接管理转为以间接管理为主，关键在于怎样转法。这种转变要有一定的条件，诸如：政企要分开，企业真正做到自主经营、自负盈亏，成为市场的主体。市场要发育，特别是要素流动要充分；国家宏观调控体系要建立，整个国民经济宏观调控手段要健全；还要加强法制和必要的行政管理，防止出现自由无序的现象；此外，还要转变政府的职能等等。以间接管理为主，并不是整个国家不要计划安排、预测指导，而是要通过市场预测、预报，进行组织协调。

（二）关于生产要素流动与产权制度改革问题。

1. 生产要素流动与优化组合的现实意义。

河北省经济理论界对这一问题的研究提出了要素流动的三大好处：一是有利于挖掘企业内部潜力，提高经济效益；二是有利于促进经济体制改革的深化；三是有利于调整经济结构，促进国民经济持续、稳定、协调地发展。生产要素的流动是提高企业经济效益的基本途径之一，是国家宏观整体生产要素流动的微观表现形式和主要方面，特别是在依靠内涵发展生产上，更具有十分重要的意义。从挖掘企业内部潜力上看，生产要素的流动集中表现在对闲置生产要素的调节上。首先，它可以把企业闲置的生产要素转移出去，实现新的组合，开辟新的生产门路，把潜在的生产力变为现实的生产力。其次，通过优化企业经营管理、科学技术等生产要素，直接作用于生产力，促进生产向深度、广度发展。从而达到依靠挖掘潜力，节约活劳动和物化劳动及自然资源，创造更多的社会财富，以实现社会主义生产的目的。

现在，改革正处在新旧体制转换时期，生产要素特别是存量要素在流动组合中，不可避免地遇到产权、隶属关系及财政上缴渠道等旧的经济管理体制以及一些原有政策的限制。冲破这种阻碍和限制，需要深化经济体制改革，在改革中实现生产要素的优化组合。如：企业兼并、联营联合、组建企业集团、企业租赁、参股经营、企业承包企业、企业拍卖，等等，都是生产要素流动，提高经济效益的有效形式。运用这些形式的本身，就是改革的内容。因此，在一定意义上说，生产要素的流动与深化改革是有机联系的，不可分割的，推进生产要素流动与优化组合，同深化改革是相辅相成、互为促进的。

2. 改革产权制度，促进产权市场化。

目前传统的"国家所有制"存在的很多弊端还没有从根本上得到解决：一是政府管理部门用行政办法管理企业，政企不分；二是产权归属不清，产权虚置，职工积极性不高等。因此，一些同志提出必须改革产权制度，明确产权关系，建立企业法人产权制度，确认各级政府的终极所有权，实现从资产管理层次化到产权配置层次化的转变；真正实行企业法人产权制度，企业以法人资格对资产自负盈亏；建立国有资产管理机构和经营体系，对国有资产进行价值形态的管理，使之保值和增殖。

有的同志还提出，马恩认为社会主义社会和共产主义社会生产资料所有制的基本形式是社会所有制。在马恩的著作里，社会所有制同集体所有制，联合劳动者的个人所有制的含义是同一的。根据这一思想，今后要有计划地逐步改革国有制，使其成为真正的社会所有制。目前除一部分有关国计民生的重要企业仍实行国有制外，其他企业可采取股份制的形式，通过职工向企业投资，或企业之间互相参股等形式组建股份公司，国家不再直接经营管理企业，而是通过持股形式来控制企业，企业拥有独立的生产经营自主权。

关于现行国有企业的产权制度如何适应有计划的商品经济，有的同志提出，按照有计划商品经济的要求，产权也应市场化。国营企业为什么不及其他企业，原因之一就是存量资产没有走向市场。这样，就出现了一方面资金奇缺，另一方面大量固定资产长期闲置的现象。如果允许国有企业的固定资产交易、转让或出租，使凝固的资产"流动"起来，国家财产只是变换了形式，数量上一分一厘不少，而且还可以避免因闲置造成的浪费。

(三)关于转换企业经营机制问题。

1. 国营大中型企业缺乏活力的原因。

有的同志认为，改革思路上的偏差是国营大中型企业不活的主要原因。以增量改革推进的思路造成了以"三资"企业、乡镇企业为主的增量部分搞得很活，而以全民企业为主的存量部分却变化不大，处于困境；以行政放权方式推进改革的思路则由于法制不配套，放权让利流于形式，更多的靠政策的变化来推进改革，造成了企业自主权的不确定性。传统体制的弊端是企业搞不活的根本原因。由于国家对企业放权与中央对地方放权同步进行，使企业承包与地方承包结合在一起，加固了国营企业作为政府附属物的地位，造成了企业在行政、市场双重判断前提下的功能紊乱状况。还有的同志认为国营大中型企业搞不活的一个很大的原因是产权不明晰，企业没有一个明确的资产所有者的代表，因而缺乏独立自主地参与市场、开拓市场的激励机制。但也有的同志认为国营大中型企业搞不活，不能笼统地讲是产权不明造成的。

2. 立足国营企业，进一步深化改革。

多数同志认为，要搞好搞活国营企业，应以国营企业为立足点，要设身处地地从国营企业的角度来设计和确定搞活所必不可少的要求和操作程序。最近国营企业的改革在理论上和实践上都有所进展。深化国营企业的改革，设想在河北可以采取以下几种形式：(1)放开经营，转换机制，比照"三资"企业对国营企业给予优惠政策；(2)在税利分流的基础上，进行劳动、工资和社会保障制度的配套改革；(3)利用外资，将国营大中型企业的整厂或一个车间进行资产"嫁接"，吸收外资、引进技术。也可搞"一厂两制"；(4)通过产品技术力量较强的企业兼并一批效益不好、濒临破产的企业，搞"死"一部分，同时也使另一部分更加强大；(5)扩大股份制试点，以法人持股和职工内部持股为重点，选择一批列入省内基建和技术改造计划而资金尚有缺口的大项目或大企业，先行试点。

3. 转换机制，政企分开，给企业以真正的自主权。

企业改革的关键在于转换机制。在如何转换上存在着两种不同的思路：一是两权分离，完善承包制，减少行政干预，使企业转换机制，自主经营，自负盈亏；另一思路认为转换机制应在产权上做文章，主要是把终极所有权和法人所有权分开来。这两种思路，都要求企业具有一定的优化生产要素和生产成果的自主权，摆脱各种行政干预，根据市场要求独立自主地制定自己的经营决策、发展战略、营销方式、用人制度和内部分配等重大措施。为此，有的同志提出必须下决心撤掉多年来在产品经济体制下与发展有计划商品经济不相适应的有关主管部门，同时要建立和转化为完善社会主义计划经济与市场调节相结合的新型的综合管理部门和监督部门，包括资产、金融、价格、市场等方面的管理机构，真正做到政企职责分开。否则，企业就无法实现自主经营。

4.以市场需求为导向，转变企业组织结构。

有的同志提出，要搞活企业，取得效益，企业组织结构须以市场需求为导向，以下几项本质性转变至关重要：

第一，从消极市场导向转向积极市场导向。必须强调“以销定产”，改变以产定销的消极市场观。

第二，从展销经营转向推售经营。现在已从过去“有啥卖啥”的“坐商”变为展销定货的“行商”，但要走向按市场需求量组织生产的推销战略，还得进行艰苦有效的改革。

第三，从粗放经营走向集约经营。只有技术集约化，才能把科研成果迅速转化为生产力，避免低水平重复，不断推出适合市场需要的新产品和高附加值产品。

第四，从刚性企业转向弹性企业。为适应有计划商品经济的发展，企业必须具有很强的弹性应变能力。有一套能够抵御市场波动性的机制。

第五，从保险型转向风险型。要加速发展外向型经济，企业要敢于到国际市场上去开辟新的战场，敢冒经营风险。企业的经营机制和考核方式要转向风险型。

第六，从外型变化转向结构变化。建立与市场结构相适应的企业组织结构，是搞活大中型企业的基础。结构的强化，将进一步提高生产力水平。

5.企业转换机制需要政府转变职能与社会更新观念同步进行。

增强国营大中型企业活力的政策和措施，已经出台不少。现在的问题是落实难。主要难在三点上：第一难在要调整现存的、几十年大家都习以为常的利益格局上。要改革原有的人事制度、劳动工资制度、公费医疗和住房制度，涉及千百万人的切身利益甚至生活习惯，不可避免的会发生碰撞。可是，为了达到提高企业整体素质，根本改变国营企业活力不足和高投入、低产出的劣势，促进社会生产力的发展，壮大国家的综合国力，实现经济发展的第二步战略目标，非改不可。这就要求部分人牺牲一些眼前的局部利益，要求改变一些旧的观念和习惯。第二难在政府的业务越分越细，部门林立、机构重叠，政出多门，对企业的干预过多，使企业无所适从，难以招架。因此，深化企业改革的各项措施在落实中，常常遇到来自政府部门本位利益与行业不正之风方面的阻力，出现卡壳、拖延、曲解变形等情况，不能贯彻到底。第三难在观念形态方面存在的障碍或阻力。

总之，深化企业改革，转换企业经营机制，与政府转变职能，干部群众更新观念，是相辅相成的关系，必须同步进行。

（阎荣城）

Ⅳ 1991年河北省辖市、地区经济与社会发展概况

石家庄市

1991年,国民经济全面回升,为"八五"计划创造了一个良好开端。

一、治理整顿目标基本实现

1991年,全市经济运行已趋向正常。一是长期困扰经济发展的电力,原材料等矛盾明显缓解。全年发电量达42.55亿千瓦小时,比1988年增长98.6%,全年实际供电量41.61亿千瓦小时,比1988年增长19.7%。为工业生产和人民生活用电提供了保证。二是总供需矛盾明显缓解,物价平稳。1991年,全社会零售物价总水平比上年上涨7.8%,增长幅度保持在各方面均能承受的范围内。三是国民经济稳步增长。国民生产总值84.38亿元,比上年增长8.6%,国民收入68.96亿元,增长13.9%,工农业总产值208.43亿元,增长17.0%。

二、经济形势明显好转

(一)农业生产再获丰收,农村经济稳步发展。1991年,粮食总产量达90.95万吨,平均亩产649公斤,分别比上年增长2.2%和3%。总产、单产再创历史最好水平。棉花产量5298吨,增长28.9%,油料总产量2.04万吨,增长5.9%。肉、蛋、果、水产品等产量均有不同程度的增长。全市农村社会总产值73.47亿元,农村经济总收入66.91亿元,分别比上年增长18.8%和20.0%。农业总产值16.0亿元,比上年增长6.8%。

(二)工业生产保持了较强的增长势头。全部工业总产值192.42亿元,比上年增长17.0%。其中,乡及乡以上工业总产值155.06亿元,增长14.9%。增长速度在10个省辖市中由上年的最末位上升到第3位。乡以上工业生产的主要特点,一是工业生产增长速度加快;二是各种经济类型企业竞相发展。全民工业比上年增长12.1%,集体工业增长15.3%,其他经济类型工业增长123.9%。三是重工业增长快于轻工业。重工业产值比上年增长17.2%,轻工业增长13.0%。四是大中型企业发挥了骨干作用。全市132家大中型工业企业完成产值121.31亿元,比上年增长19.3%。五是产品质量不断提高,新产品开发取得新进展。全市重点考核的40种产品,有27种增产。优质产品产值率42.4%,比上年上升6个百分点。独立核算工业产品质量稳定提高率达95.2%,比上年上升4.6个百分点。开发新产品170项。其中,达到国际水平的32项,填补国内空白的17项,达到国内先进水平的15项。新产品实现产值9.7亿元。

(三)固定资产投资回升,城市建设步伐加快。1991年,全社会固定资产投资完成19.47亿元,比上年增长8.4%。其中,全民单位固定资产投资增长11.4%。城镇集体单位固定资产增长5.3%。在全民投资中,基本建设投资增长9.8%,更新改造投资增长5.9%。全民投资新增固定资产14.23亿元。全市房屋竣工面积146万平方米,其中,住宅竣工面积83.2万平方米。

1991年,城市基础设施建设成绩显著。全省目前最大的环保工程——桥西污水处理厂已进入全面施工阶段;引进了万门程控交换机、移动电话、长途程控3840线等工程均已正式投入使用;热电厂扩建工程1号机组已并网发电;市内新建立交桥4座;垃圾转运站20座。

(四)零售市场稳中见旺。全年社会商业纯购进总值39.55亿元,比上年增长27.7%,纯销售总值40.40亿元,增长23.8%。社会商品零售总额完成43.28亿元,比上年增长16.9%。其中,对居民消费品零售额增长13.7%,对社会集团消费品零售额增长46.1%。对农民的农业生产资料零售额增长11.2%。

城乡集贸市场繁荣兴旺。集贸市场由上年的87个增加到130个,商品成交额达19.33亿元,比上年增长41.9%。新华集贸中心和南三条小商品批发市场跻身于全国十大集贸市场行列,以年商品成交额8亿元和7亿元的规模分列第4位和第7位。

(五)财政收支平衡,金融相对稳定。全年地方财政收入完成12.05亿元,比上年增长9.2%,地方财政支出5.60亿元,增长12.6%。年末银行各项存款余额104.28亿元,比上年增长23.0%,贷款金额81.15亿元,增长17.4%。银行现金收入116.63亿元,银行现金支出94.50亿元,收支相抵,净回笼货币22.6亿元,比上年增长45.6%。

(六)城乡居民收入稳步增长,生活继续改善。1991年,职工年平均货币工资2374元,比上年增长6.7%。据抽样调查,城市居民年人均生活费收入1668.37元,比上年增长12.1%,年人均生活费支出1499.66元,增长8.4%。农村居民人均纯收入818元,比上年增长

5.7%，年人均生活费支出628元，增长12.4%。

城乡居民储蓄存款大幅度增加。年末，全市城乡居民储蓄存款余额达69.25亿元，比上年增长27.6%。其中，城镇居民储蓄存款52.04亿元，增长29.3%，农村居民储蓄存款17.21亿元，增长22.6%。

三、改革开放取得新进展

1991年，有14家工业企业实行了转换经营机制试点。高新技术产业开发区被国务院批准为27个重点开发区之一。批准进区的企业达174家，企业注册资金额达1.56亿元。开发区企业技工贸总收入2.5亿元，实现利税4000万元，全年利用外资新签协议合同37个，协议合同利用外资金额1559万美元。实际利用外资344万美元。全市已开业"三资"企业83家，出口创汇2310万美元，比上年增长59.6%。继海南、黑河、深圳之后，去年又在北京、上海、天津、厦门、珠海5个城市开设了对外经贸窗口。全年外贸收购总值17.3亿元，比上年增长9.9%。

四、经济发展中的问题

一是经济效益依然低下。地方预算内工业实现利税比上年下降1.8%。产值利税率、销售利税率和资金利税率分别比上年降低0.2个、1.4个和2.3个百分点。二是固定资产投资回升迟缓，经济发展后劲弱化。三是结构调整进展缓慢。

（石家庄市统计局
执笔：李素芹 白锡明）

唐山市

1991年是唐山市国民经济获得新发展的一年。全年国民生产总值达141.85亿元，比上年增长11.1%，国民收入达114.87亿元，比上年增长11.9%。

一、农村经济全面增长

1991年，农村经济全面增长，农村社会总产值149.53亿元，比上年增长26.5%；农业总产值达66.30亿元，创历史最高水平，比上年增长7.2%。

粮、棉、油等主要农产品全面丰收。全年粮食产量达282.33万吨，为历史最高年份，比上年增产3.7%；近三年平均每年增加9.26万吨，棉花产量突破"七五"时期徘徊不前局面，总产达1.74万吨，比上年增长19.18%；油料产量获历史上第二个高产年，达16.55万吨，比上年增长8.8%。

林、牧、副、渔业齐发展，其产值分别比上年增长12.0%、9.0%、3.0%和13.5%。主要农产品都有所增加，特别是渔业生产保持稳定发展，水产养殖业已成为唐山南部沿海农村经济的重要支柱。全年水产品产量达10.61万吨，比上年增长8.8%，水产养殖面积由1988年的2.91万公顷发展到3.36万公顷。

二、工业生产稳步增长，经济效益好于上年

1991年全部工业总产值完成195.25亿元，居全省首位，比上年增长17.1%。近三年来，平均每年增长12.5%。

工业企业经济效益好于上年。1991年全民独立核算全员劳动生产率达到24854元，比上年增长8.0%。全部工业企业实现利税13.58亿元，比上年增长47.1%；资金利税率为7.6%，比上年增长16.9%，资金周转天数比上年加快8天。地方预算内全民工业企业产品销售收入33.0亿元，比上年增长19.9%；实现利税2.87亿元，比上年增长13.1%。到1991年底亏损企业比上年减少20个，亏损额下降17.4%。

产品质量提高，新产品开发取得新进展。1991年全市获部优产品奖12项，省优产品奖89项。

三、固定资产投资需求增加

1991年全社会固定资产投资完成35.19亿元，其中全民和城镇集体完成23.19亿元。

更新改造步伐继续加快，全年更新改造措施投资完成8.17亿元，比上年增长7.4%。到年底全部建成投产项目249个，建成投产率达58.6%。

重点建设项目得到保证，年内施工的有冀东油田、潘家口蓄能电站、唐山港、唐山碱厂、开滦矿务局、机车车辆工厂、新区热电厂等7个大中型及重点项目，完成投资7.86亿元，占全部固定资产投资额的33.9%。

四、城市建设成绩显著

1991年唐山城市建设以迎全国城运会和创卫生城为契机，大力开展城市建设和配套完善。全年用于自来水、煤气、供热、桥梁、道路等项工程建设投资1.01亿元，年内新建永久性桥梁两座，道路面积9.3万平方米，污水处理能力达到3.3万吨/日，新增园林绿地覆盖面积197公顷，建成区绿化覆盖率达18%，并且完成了7100户煤气扩供工程，其中年内点火2339户。

五、市场销售转旺，物价平稳

1991年全社会商业商品零售总额67.74亿元，比上年增长18.0%，扭转了上年下降的局面。市场商品货源充裕，市场销售逐渐由疲软趋向基本正常。社会商品零售总额1988年比1987年增长38.1%，1989年比上年增长速度回落了28.8个百分点，1990年比1989年又下降0.9%，1991年比上年增长18.0%，基本进入正常发展。

1991年市委、市政府制定了控制物价有效措施，使粮油价格改革顺利出台，市场物价基本平稳。全年全社会生活费用价格指数比上年上升8.2%，其中消费品价格指数上升7.9%。治理整顿以来，唐山市场物价经历了由上涨——回落——平稳的过程，1988年全社会零售物价指数比上年上升15.2%，1990年比上年物价上升水平回落了13.8个百分点，1991年又趋于回升，比上年上升7.9%，零售物价指数三年平均增长8.0%，实现了治理整顿时期控制物价上涨的目标。

六、对外经济迅速发展

外贸出口商品收购总值已连续三年保持较高的发展势头，1991年外贸出口商品收购总值完成13.50亿元，比上年增长30.9%，比1988年增长89.1%，平均每年增长23.7%。丰南、滦南、迁安、唐海四县实现外贸出口商品收购总值超亿元县。全市出口商品达250多种，远销美国、日本、英国、东欧、东南亚等100多个国家和地区。

到1991年底，实际利用外资项目72个，比1988年增加65个，实际利用外资额4615万美元，比1988年增加4206万美元。现已投产的利用外资项目达36个，已投产的三资企业和利用世界银行贷款进行的海河平原开发项目显示了较好的发展前景，并取得了较高的经济效益。

七、财政收入增加，金融形势相对稳定

1991年全市大力组织财政收入，严格控制财政支出，地方预算内财政收入完成12.98亿元，比上年增长12.1%，比1988年增长64.3%，平均每年增长18.0%。

金融系统积极筹措资金，各项存贷款增加。年末银行各项存款余额为99.35亿元，比年初增加18.21亿元，各项贷款余额为92.07亿元，比年初增加14.16亿元。随着经济的发展和需求的回升，银行货币投放规模扩大，货币纯投放3.05亿元，比上年多投放3.46亿元。

八、居民收入增加，生活水平继续改善

1991年全市职工工资总额为24.65亿元，比上年增长11.2%，职工平均工资2383元，比上年增长8.0%。

1991年城市居民人均年生活费收入1717元，比上年提高9.1%；农民人均纯收入848元，比上年增长4.2%。

城乡居民储蓄超正常增长，到1991年底达84.56亿元，比年初增加16.83亿元，是1988年的2.5倍。

（唐山市统计局
执笔：齐宝存　张士玲）

秦皇岛市

1991年，全市继续深化改革，扩大对外开放，国民经济呈现出稳步发展的局面。全年国民生产总值达56.4亿元，比上年增长16.3%；国民收入44.3亿元，增长15.5%；社会总产值99.6亿元，增长18.9%，其中工农业总产值66.1亿元，增长18.3%。但是当前经济生活仍然存在不少深层次矛盾，主要表现在：农业综合生产能力低，抵御自然灾害的能力仍然薄弱；工业结构调整力度不够，效益仍不够理想；对外开放程度尚待提高。

一、农业生产再获全面丰收

全年农村社会总产值达39.63亿元，其中农业总产值达19.87亿元，比上年增长8.8%。

主要农产品获得好收成。一年中，战胜了风雹、病虫、伏旱等各种自然灾害，粮食总产再创历史最高水平，棉花、油料、果、菜、肉、蛋等农副产品也超过上年水平。粮食总产量达93.70万吨，比上年增长1.0%；棉花总产量达469吨，增长6.8%；油料总产量达3.07万吨，增长11.9%；蔬菜总产量达58.84万吨，增长9.8%；肉类总产量达7.89万吨，增长17.5%；禽蛋产量达1.89万吨，增长7.7%。

渔业生产保持稳定，全年水产品产量达2.29万吨，比上年增长0.8%，其中海水产品产量2.17万吨，下降0.4%；淡水产品产量0.12万吨，增长28.9%。水产养殖面积6.11万亩，养殖总产量0.26万吨。

农业生产条件得到进一步改善，年末共拥有农业机械总动力96.97万千瓦，比上年增长3.3%；拥有小型拖拉机2.37万台，增长4.9%；机动脱粒机1.18万台，增长1.3%。农田水利建设取得突破性进展，当年新增配套井1121眼；拥有排灌动力机械4.15万台；农田有效灌溉面积162.87万亩。

二、工业生产形势喜人

全年工业总产值达46.25亿元，其中乡及乡以上工业总产值达39.45亿元，比上年增长20.9%，增长速度位居全省十个省辖市之首。工业企业经济效益开始回升，独立核算工业企业完成销售收入36.07亿元，比上年增长27.1%；实现利税3.27亿元，增长47.1%；资金利税率达7.99%；销售收入利税率9.06%；定额流动资金周转天数为134天，比上年缩短了21天。亏损企业由去年的186家降至161家，亏损额8040万元，比上年下降18.3%。

大中型工业企业生产开始出现转机。全年大中型工业企业完成产值19.93亿元，比上年增长17.0%；完成销售收入19.07亿元，增长26.2%；实现利税1.86亿元，增长46.9%。

产品结构得到调整，全年共增加新产品63种，新品种400种。在列入国家重点考核的135种工业产品中，78种产品产量较上年有不同程度增长，其中平板玻璃、水泥、原煤、铝型材及啤酒等能源、原材料和人民生活必需品大幅度增长。

三、固定资产投资速度加快，经济后劲增强

全年固定资产投资总额达14.29亿元，比上年增长12.1%，其中全民基建投资11.69亿元，增长13.1%；全民技改投资2.19亿元，增长0.7%。从投资结构和投资方向上看，生产性投资达12.07亿元，增长11.4%；

非生产性投资达 2.22 亿元，增长 15.9%，其中住宅投资达 0.61 亿元，增长 23.0%。

重点建设加快。“引青济秦”工程胜利竣工并开始发挥效益，为缓解水源短缺，满足工业和生活用水起了重要作用。秦皇岛港丙丁码头业已建成，热电厂、晴纶厂、煤气工程、柳村水厂等一些项目在抓紧建设中。

四、市场繁荣，物价平稳

全年社会商品零售总额达 21.80 亿元，比上年增长 17.9%，其中，消费品零售额达 18.90 亿元，增长 17.6%；售给居民消费品零售额 17.27 亿元，增长 18.4%，社会集团消费 1.63 亿元，增长 9.9%；农业生产资料零售额 2.90 亿元，增长 19.6%。城乡集市贸易繁荣活跃，全年集市贸易成交额达 6.61 亿元，比上年增长11.8%。

市场物价基本平稳。由于商品货源充裕，城乡居民消费心理稳定，在粮油调价等措施出台后并未引起市场大的波动。1991 年全市生活费用价格指数为 107.5，消费品零售物价指数为 107.3，其中食品类价格指数为 109.7，衣着类为 108.0，日用品类为 102.3。

五、外经、外贸和旅游业取得新成绩

利用外资工作取得较大突破，全年利用外资新签协议合同 34 个，比上年增加 19 个；协议外资金额 2001 万美元；实际利用外资金额 731 万美元。截止 1991 年底，全市在册外资企业达 91 家。

对外贸易继续发展，充分发挥了秦皇岛口岸作用，全年外贸出口商品供货值达 4.5 亿元，其中本市外贸收购总额完成 2.37 亿元，比上年增长 2.6%。自营出口创汇 1027 万美元，比上年增长 89.5%。

有效地利用避暑胜地优势，旅游资源开发加快，旅游设施进一步完善，旅游业发展迅速，全年共接待国际游客 1.33 万人，比上年增长 26.5%，旅游外汇收入 1783万元外汇人民币，增长 71.1%。

六、财政收入回升，金融形式良好

全年地方财政收入完成 4.52 亿元（不含开发区），比上年增长 11.1%；财政支出 3.21 亿元（不含开发区），比上年增长 9.7%。

金融部门继续贯彻“控制总量，调整结构，强化管理，适时调节，提高效益”的货币信贷方针，取得较好效益，全年银行各项存款余额达 50.29 亿元，比年初增长 30.0%，各项贷款余额达 47.16 亿元，比年初增长 20.4%。全年回笼货币 1.56 亿元。

七、社会事业蓬勃发展

1991 年全市科技工作共取得科技成果 125 项，其中达到国际先进水平 3 项，国内先进水平 38 项，共获直接经济效益 6299.33 万元。

文化事业日益兴旺，1991 年末，全市有电影放映单位 569 个，电影观众达 2651 万人次，放映总收入达 357.2 万元。全市共有群众艺术馆，文化馆 8 个，集体文化站 150 个。公共图书馆 5 个，藏书 46.2 万册。

教育事业继续发展，年末共有高等院校 5 所，在校生 3763 人；中等专业学校 17 所，在校生 7303 人；普通中学 242 所，在校生 10.4 万人；农职业中学 10 所，在校生 5307 人；小学 1586 所，在校生 26.1 万人。

医疗卫生条件继续改善，年末已有医疗卫生机构 602 个，其中医院 128 个；医疗床位达 1.85 万张，其中医院病床 5796 张；专业卫生技术人员 9870 人，其中医生 4301 人。

体育事业取得新成绩，首次参加了第二届全运会，并取得好成绩。年末全市共有等级运动员 108 人，等级裁判员 16 人。各系统共举办运动会 233 次，参加运动员达 13.4 万人。

八、人民生活水平进一步提高

城镇职工队伍不断壮大，职工工资水平有所提高。年底共有职工 34.69 万人，比上年增长 3.7%；工资总额达 8.27 亿元，比上年增长 11.9%；平均工资达 2401 元，比上年增长 8.6%。

城乡居民收入稳步增长，据抽样调查，1991 年城市住户人均年生活费收入 1731.8 元，比上年增长 3.8%，人均年生活费支出 1470.9 元，比上年下降 3.7%。农民人均纯收入 812 元，增长 7.3%。

城乡居民储蓄存款大幅度上升，1991 年末城乡储蓄存款余额达 36.25 亿元，比年初增长 28.0%，其中城镇居民储蓄存款余额达 24.81 亿元，增长 29.9%；农村居民储蓄存款余额 11.44 亿元，增长 24.0%。年末城乡居民人均储蓄存款达 1462 元，增长 26.4%。城乡居民的居住条件有所改善，据抽样调查，1991 年末城市居民人均居住面积达 8.67 平方米，农民人均居住面积达 18.4 平方米。

（秦皇岛市统计局
执笔：沈肖楠）

邯郸市

一年来，全市人民紧紧围绕经济建设这个中心，积极推进改革开放，国民经济步入持续、稳定协调发展轨道。全年完成国民生产总值 57.2 亿元，比上年增长 3.1%；国民收入 39.0 亿元，增长 2.4%；社会总产值 140.9亿元，增长 5.8%。

一、深化改革，企业活力明显增强

进一步深化完善了企业承包经营责任制。一是对全市县区属以上进入二轮承包的 431 家企业实行了新一轮承包；二是承包经营逐步规范化，制定了《邯郸市关于对企业承包实施全过程管理的暂行规定》。同时将 7 家对口行政性公司(局)实行了承包经营责任制,还对市属事业单位区别情况分别实行了承包责任制、经济责任制和目标责任制,促进了事业单位承包工作的开展。

1991年,搞好国营大中型企业,把握了两个环节:一是以强化企业市场开发机制和产品开发机制在生产经营中的主导地位和作用为突破口,来增强企业在市场运行中的生存能力和竞争能力;二是深化内部改革,理顺内部关系,练好内功。全年大中型工业企业产值68.70亿元,占全市工业总产值的62%,比上年增长5.6%,高于小型企业增长2.8%的幅度。

二、工业稳步增长,效益下滑得到遏制

1991年,全市工业战线深入开展"质量、品种、效益年"活动,以市场需求为导向,以科技进步为动力,积极进行产品结构的调整,努力开发适销对路的新产品。促进了工业生产的稳定增长。全年工业总产值109.84亿元,比上年增长6.2%,其中,乡及乡以上工业总产值91.60亿元,增长4.9%。在乡及乡以上工业总产值中;全民所有制工业产值74.39亿元,增长3.6%;集体所有制15.05亿元,增长6.2%。轻重工业分别增长3.0%和5.8%。

在50种主要产品产量中,有27种比上年增长。产品质量稳定提高,市重点考核的150种主要产品,质量稳定提高率为91.7%,比上年提高8.4个百分点;能源消耗降低,万元产值综合能耗6.1吨标准煤,比上年降低4.1%;开发新产品有145种。

1991年,全民独立核算工业企业全员劳动生产率达23681元,比上年提高3.1%。地方预算内工业企业实现销售收入29.10亿元,比上年提高13.6%,实现利税1.28亿元,下降34.7%,"限产压库、压贷挂钩"已见成效,定额流动资金周转天数118天,比上年加快了9天。到年末,亏损企业31户,较上年减少1户。

三、农村经济发展,乡镇企业生产加快

1991年,农村经济得到进一步发展。全市农村社会总产值35.47亿元,比上年增长17.9%,其中:农村工业、建筑业、运输业、商业饮食业等非农业产值比上年增长23.5%,占农村社会总产值的比重由上年79.9%上升到83.7%。

1991年,由于受灾严重,粮食、棉花、油料产量均比上年有不同程度下降。农业总产值5.78亿元,比上年下降7.7%,其中,种植业、林业、副业产值均比上年下降,畜牧业、渔业产值比上年增长。

畜牧业发展迅速。全年肉类总产1.38万吨,增长33.2%;禽蛋产量1.54万吨,增长42.0%,奶产量0.75万吨,增长16.2%,猪、羊年末存栏分别比上年增长11.4%和1.8%。

农业投入增加,生产条件得到改善。年末拥有机械总动力74.12万千瓦,其中,农用排灌机械达13.4万千瓦。全年农村用电量2.92亿千瓦小时,比上年增长4.7%。农用化肥施用量(折纯)2.32万吨,比上年增长2.9%。全年用于农田水利建设的资金达2500万元,完成各种水利工程3202项,扩大灌溉面积2760公顷,新建防渗渠道51万米。年末拥有机电井6351眼,比上年增长6.4%。

乡镇企业继续发展。全年实现总收入29.18亿元,比上年增长15.0%;总产值29.25亿元,增长15.6%;其中,工业总产值22.8亿元,增长16.2%;实现利润3.5亿元,增长8.5%。

四、固定资产投资结构改善,基础设施加强

1991年,全市完成固定资产投资13.38亿元,比上年增长3.5%。其中,全民基建投资4.49亿元,下降1.2%;全民更改投资7.29亿元,增长4.0%。生产性建设投资10.23亿元,增长0.8%,非生产性投资3.15亿元,增长20.3%,生产性与非生产性投资比为3.2:1。

全年建成投产全民基本建设项目188个,新增固定资产7.34亿元;全民更改项目170个,新增固定资产5.43亿元。重点安排的38个重点项目进展良好,要求当年建成投产的25个重点工程项目均按计划完成。

城市建设取得新进展。年内道桥建设共铺设路面16.7万平方米,建桥2座,南环路、义峰公路建成通车。市区集中供热扩大面积45万平方米,市内新建和改造上水管网8000米,解决了部分地区水压不足的问题,住宅建设竣工46万平方米,年末绿地面积达877.6万平方米。

五、市场繁荣,物价稳定,人民生活进一步提高

1991年,社会商品零售总额24.62亿元,比上年增长8.3%,其中消费品零售额22.05亿元,增长8.4%;农业生产资料零售额2.57亿元,增长7.6%。国营商业商品零售额11.55亿元,比上年增长10.8%;城乡集贸市场成交额达4.38亿元,比上年增长19.5%。

1991年,市场物价基本平稳。全年零售物价总水平比上年上涨8.1%,其中:食品类上升10.2%;衣着类上涨6.6%;日用品类上涨3.6%;文化娱乐用品类下降3.4%;书报杂志类上涨3.1%。服务性项目价格上涨15.1%。

人民生活继续改善。全市年末职工人数64.73万人,比上年增加9932人;职工工资总额16.08亿元,增长9.8%,年人均工资2496元,增长6.9%。城市居民人均生活费收入1525元,比上年增长7.3%;生活费支出1380元,增长5.6%,其中:食品支出762元,增长9.7%;衣着类支出235元,日用品类支出135元。年末每百户城市居民家庭拥有彩电86台,电冰箱71台,洗衣机92台,照相机29架等均比上年有所增长。1991年,农民人均纯收入649元,比上年增长4.7%。

城市居民住房条件有所改善。城市居民人均居住面积由上年7.67平方米增加到7.83平方米。年末城乡居民储蓄存款余额达36.6亿元,比年初增加7.29亿元,增长 24.9%，其中城镇居民存款 27.1 亿元，增加5.54 亿元；乡村居民存款 9.5 亿元，增加 1.75 亿元。

六、科技、教育、文化事业蓬勃发展

全年取得新科研成果 80 项，其中：达到国际先进水平 8 项，国内先进水平 25 项，省内先进水平 23 项。教育事业全年投入资金 1030 万元，其中集资 580 万元，新建、改扩建中小学 12 所，解决了 4000 余名小学入学难问题。教育质量明显提高。全市小学阶段升学率达 94.4%，初中阶段毕业率达 91.8%，适龄儿童入学率 99.4%。拥有各类电影放影单位 434 个，比上年增加14 个；艺术表演团体 5 个；公共图书馆 2 座；藏书 38.2 万册；广播人口覆盖率为 92%；电视人口覆盖率达到 88%。

（邯郸市统计局
执笔：梁玉凤）

邢台市

1991 年，全市人民紧紧围绕经济建设这个中心，进一步深化改革，扩大开放，整个国民经济继续向好的方向稳定发展。社会总产值完成 52.27 亿元，比上年增长 7.2%，其中工农业总产值完成 43.36 亿元，增长7.1%；国民生产总值完成 20.03 亿元，增长 7.9%；国民收入完成 15.2 亿元，增长 1.5%。

一、工业生产稳步增长，经济效益开始回升

1991 年，全市采取了一系列措施，认真地开展了清理"三角债"，压库限产，消除潜亏等工作，使工业生产继续向好的方向转化。全年乡以上工业企业完成工业总产值 40.36 亿元，比上年增长 7.62%，其中市区工业完成产值 37.67 亿元，增长 7.5%；邢台县完成产值 3.29 亿元，增长 9.7%。

重点考核的 40 种主要工业产品中，比上年增长的有 21 种，占 52.5%。产品质量稳步提高，全年创省级以上优质产品 46 项。其中，国优 2 项，部优 12 项，省优 32 项。市制革厂的绵羊服装革和市木器厂的全包沙发分别荣获国家金牌和银牌。

工业企业经济效益开始回升，企业亏损得到控制。1991 年全民独立核算工业全员劳动生产率 29781 元，比上年增长 2.7%。市属预算内工业企业，如扣除处理潜亏因素，实现利税仍比上年有所增长；产成品资金期未占用额，由年初的 1.80 亿元下降到年末的 1.60 亿元，下降 11%；定额流动资金周转天数由上年的 135 天，缩短为 130 天。

二、农业生产条件改善，农村经济稳定发展

1991 年对农业增加投入，增强了抗灾能力，在遭受风雹、病虫害和伏旱等大面积多种自然灾害的情况下，仍然获得较好收成。全年农业总产值完成 3.0 亿元，比上年增长 2.8%。粮食总产量 16.23 万吨，比上年下降 7.8%；棉花总产量 4208 吨，增长 0.9%；油料总产量 4029 吨，增长 2.0%；肉类总产量完成 6438 吨，增长 3.6%；水产品产量 172 吨，增长 18.6%。年内新增和改善灌溉面积 4.7 万亩，有效灌溉面积已达 41.99 万亩，占全部耕地面积的 64.7%。农业技术装备水平有所提高，年末农业机械总动力达 26.61 万千瓦，比上年增长 1.8%；拥有机电井 6537 眼，增长 2.4%；全年农村用电量达1.12亿千瓦小时，增长 5.4%。

三、固定资产投资增长，经济发展后劲增强

1991 年，全社会固定资产投资完成 5.39 亿元，比上年增长 1%。其中：全民基建投资完成 2.76 亿元，比上年增长 22.1%；全民技措投资完成 1.79 亿元，比上年下降 32.4%。涉外项目取得重大进展，已有 21 个涉外项目签约，总投资 2.2 亿元。

年内新增生产能力主要有：20 万千瓦发电机组一组；冶金锻件 1.14 万吨；轮胎内外胎 19 万套；小拖拉机 8000 台；载重汽车 500 辆；啤酒 6600 吨等，这些项目的投产为经济发展注入了新的活力。

四、城乡市场繁荣，物价基本稳定

全年社会商业国内纯购进总值完成 5.97 亿元，比上年增长 18%，纯销售总值完成 8.64 亿元，增长 24.6%。全年社会商品零售总额完成 10.67 亿元，比上年增长 18.5%其中，居民消费品零售额完成 8.26 亿元，增长 14.4%。全市集市贸易成交额完成 1.56 亿元，比上年增长 7.3%。

由于加强了市场物价监督管理，保证了出台调价措施的顺利实施，确保了人民群众生活必需品价格的基本稳定。1991 年，全市零售物价总指数为 107.4，低于省政府规定的控价目标。

五、对外开放步伐加快，对外贸易成绩显著

全市各级干部进一步增强开放意识，积极参加对外经济贸易恰谈活动，签定了一批涉外项目。此外，还举办了第二届人才、技术项目交流恰谈会，邀请了 180 个大专院校和科研单位的 600 多名专家、学者和技术人员参加，签定经济技术项目合同 36 项，意向书 390 个。对外贸易工作努力适应外贸体制改革的需要全方位开拓国际市场，全年完成外贸出口收购总值 2.02 亿元，比上年增长 21.3%。

六、财政收支平衡，金融形势看好

全年地方财政收入完成 1.93 亿元，比上年增长 14.4%；地方财政支出完成 1.25 亿元，比上年增长 7.1%。

金融系统坚持为经济服务支持大中型企业、优势产品的发展。年末全市银行各项存款余额达 20.24 亿元，比年初增长 23%；各项贷款余额为 24.14 亿元，比年初增长26.1%;全年银行现金收入完成25.36亿元,比上年增长22.6%;现金支出21.67亿元,增长18.6%;收支相抵,实现货币回笼3.69亿元。

七、城乡居民收入增加,人民生活不断改善

年末全市职工人数达25.05万人,全年工资总额为5.67亿元,比上年增长10.2%;平均工资2329元,增长7.1%。据抽样调查,城市居民人均月生活费收入为122.36元,比上年增长4.8%;人均月生活费支出为107.87元,比上年下降1.7%。城市居民家庭拥有的高档耐用消费品又有新变化;电冰箱每百户平均由上年的60台,上升到62台;彩电由83台;上升到85台;照像机由15架猛增到28架,中高档乐器由5件增加到10件,城市居民的家庭生活正逐步向小康水平迈进。

农村居民生活水平进一步提高,全年农民人均纯收入为512元,比上年增长5.8%。

(邢台市统计局
执笔:胡光磊)

保定市

1991年,保定市国民经济基本正常运转,完成社会总产值78.71亿元,比上年增长13.1%,国民生产总值38.34亿元,增长12.5%,国民收入28.74亿元,增长12%,工农业总产值68.5亿元,增长13.95%,财政收入5.09亿元,增长10.9%,社会商品零售总额19.68亿元,增长16.0%,物价基本稳定,各项综合指标基本实现总量平衡,协调发展的要求。

一、工业生产增长,效益回升

1991年,全市工业生产稳定增长,经济效益有所回升。全年完成工业总产值(含村及村以下)58.77亿元,比上年增长14.8%,乡及乡以上完成工业产值50.46亿元,比上年增长12%,其中:轻工业产值28.50亿元,增长9.1%,重工业产值21.96亿元,增长16%;全民工业产值42.19亿元,增长9.4%,集体工业产值7.16亿元,增长14.3%。大中型企业发展加快,全年大中型企业完成产值34.38亿元,比上年增长19.6%,产品销售收入31.18亿元,增长26.4%,实现利税5.05亿元,增长14.8%,亏损企业减少3户,亏损额下降20.8%。产品质量有所提高。1991年,全市预算内工业产品质量稳定提高率达100%,比上年上升9.64个百分点;工业产品优质品率达37.76%,比上年上升5.73个百分点;列入省、市新产品计划开发项目231项,已通过鉴定的126项,其中:国家级4项,省级92项,市级30项。经济效益有所好转。市预算内工业企业完成产值20.81亿元,比上年增长5.4%,产品销售收入19.48亿元,比上年增长10.5%,高于产值增长5.1个百分点,定额流动资金周转天数比上年加快4天,产成品资金占用比上年下降2.7%,可比产品成本上升2.03%,实现利税2.53亿元,比上年增长18.6%。产品销售收入利税率和资金利税率为12.78%和17.06%,分别比上年增加0.87个百分点和0.45个百分点。全民工业企业劳动生产率35700元,比上年增长6.3%。节能工作成效明显,县及县以上工业企业每生产万元产值综合耗能2.06吨,比上年减少0.18吨,下降8%。

二、农村经济全面发展

1991年,全市农村社会总产值24.31亿元,比上年增长27.8%,其中:农业总产值9.79亿元,增长9.1%。农、林、牧、副、渔全面发展。种植业产值6.11亿元,比上年增长7.7%;林业产值0.11亿元,增长7.2%;牧业产值1.92亿元,增长12.2%;副业产值1.57亿元,增长11%;渔业产值171万元,增长8.9%。牧、副业比重继续上升,农业内部结构得到改善。主要农产品均有较大增长。粮食产量达到60.2万吨,比上年增长9.8%;棉花产量6205吨,增长9.3%;油料总产量达到1.76万吨,增长15.5%;水果产量2.4万吨,增长2.5%;蔬菜产量39.34万吨,增长4.5%;肉类产量2.45万吨,增长3.5%。1991年乡镇企业产值13.90亿元,比上年增长42.2%,其中:工业产值10.01亿元,增长42.8%。总收入11.81亿元,增长30.9%,实现利润1.62亿元,增长24.2%,创税4292万元,增长11.9%。乡镇企业产值已占农村社会总产值57.2%,占全市社会总产值的17.7%。

三、固定资产投资增加,重点工程进展较好

1991年,固定资产投资完成6.89亿元,比上年增长26.6%,其中:全民投资完成5.75亿元,增长21.8%,集体投资完成0.22亿元,增长23.5%。全市共有投资项目264个,比上年增加30个,已建成投产或交付使用的126个,比上年增长26%,全年新增固定资产5.18亿元,比上年增长38.8%,房屋竣工面积43.76万平方米,比上年增长11.1%,其中:住宅竣工16.23万平方米,与上年持平。建筑业成绩显著。全市县以上全民集体建筑安装施工企业完成产值3.12亿元,比上年增长14.3%,全员劳动生产率11427元/人,增长8.9%,创优良工程150个。

四、市场繁荣活跃,物价得到控制

1991年,社会商品国内纯购进15.37亿元,比上年增长30.45%,社会商品国内纯销售16.02亿元,增长10.48%。全年社会商品零售总额19.68亿元,增长16%,其中:消费品零售额17.27亿元,增长15.51%,农业生产资料零售额2.41亿元,增长19.66%,城乡集市贸易成交活跃,全年成交额5.02亿元,增长66.98%。外贸市场迅速扩大。全年完成外贸出口产品产值6.56亿元,比上年增长19%,其中:外贸局系统出口产品收购总额达 3.99 亿元,增长 12.35%。物价水平得到控制。全年职工生活费用价格总指数上升 7.9%,零售物价指数上升 8.2%,其中:鲜菜上升 18.7%,肉禽蛋上升 5.6%,衣着类上升 2.3%,日用品类上升4.1%,服务性项目价格指数上升 5.3%。

五、财政收入稳定增长,信贷规模继续扩大

1991 年,财政收入 5.09 亿元,比上年增长 10.9%,财政支出 2.46 亿元,增长 4.9%。信贷平衡有所改善,货币回笼大幅度增长。1991 年,银行年末各项存款余额 33.06 亿元,比上年增长 28.2%,银行各项贷款余额 33.94 亿元,比年初增加 3.51 亿元,增长 11.55%,其中:固定资产投资贷款 6.83 亿元,增长 6.63%。全年银行现金收入 43.18 亿元,增长 27.35%,银行现金支出 40.55 亿元,增长 24.34%,收支相抵货币净回笼 2.63 亿元,比上年多回笼 1.34 亿元。城乡居民储蓄存款 24.32亿元,比上年增长 28.39%,其中:城镇居民储蓄存款增长 29.22%,农村居民储蓄存款增长 25.59%。

六、城乡居民收入增加

全市年末职工人数 32.07 万人,比上年增长1.7%,职工工资总额 6.59 亿元,增长 8.4%,平均工资 2108 元,增长 6%,城市居民人均生活费收入 1681 元,增长 9.21%,全市农民人均纯收入 700 元,增长9.72%。

(保定市统计局

执笔:张福全 李艳萍)

张家口市

1991 年,全市政治、社会安定,经济建设已经开始步入正常发展的轨道,实施全市"八五"计划第一年开局较好。社会总产值完成 77.41 亿元,比上年增长8.97%;国民生产总值完成 30.41 亿元,增长6.00%;国民收入为 25.88 亿元,增长 5.00%。

一、经济实绩

工交生产呈现增长。全市完成工业总产值 59.72 亿元,比上年增长 9.63%;工业产品销售收入 52.32 亿元,增长 14.95%;实现利税总额 7.71 亿元,增长 9.99%;地方财政收入完成 6.82 亿元,增长 8.21%。全年完成公路货运量 1334 万吨,比上年增长 23.92%;铁路货运量 799 万吨,增长 1.22%;邮电业务总量完成 2785 万元,增长 29.41%。

农村经济得到发展。农村社会总产值完成 9.7 亿元,比上年增长 10.35%;粮食总产量为 13.5 万吨,下降 41.05%;蔬菜总产量为 27.7 万吨,超年计划的 10.80%;肉、蛋、奶、果比上年均有增长。全市乡镇企业完成总产值 6.43 亿元,比上年增长 23.60%;总收入为 5.91亿元,增长 20.50%;利税总额 0.86 亿元,增长 18.00%。

对外开放又有新的进展。全年新批办中外合资企业 6 个,吸引外资 400 多万美元,外方当年实际投资了 78.14万美元。签约中外合资建设项目 10 个、现汇引进项目 7 个,合同总金额 2000 多万美元。全年完成出口商品收购总值 1.82 亿元,比上年增长 7.16%;出口商品品种为 95 种,其中当年开发了 39 种出口新品种,占出口产品总数的 32%。

城乡市场繁荣。全年社会商品零售总额 19.99 亿元,比上年增长 14.92%;社会商品纯购进总值 22.32 亿元,增长 19.27%,国内纯销售总值 16.96 亿元,增长 17.21%;城乡集市贸易成交额 3.79 亿元,增长 30.46%。

科教文卫继续发展。一年中,全市共取得科技成果 45 项,其中达到国内先进水平的有 23 项、省内先进水平的有 19 项,成果应用率为 80%以上。有 8 项星火科技项目和 5 项专利技术获国家级奖励,有 7 项成果获省级奖励。教育、文化、卫生、体育等事业全面发展。一批中小学教学楼、实验楼工程相继竣工,办学条件得到改善;成功地举办了张家口市第三届文化艺术节和第七届体育运动会;农村三级医疗防保网建设,卫生服务体系得到进一步健全和完善;全年人口自然增长率为 6.67‰。

二、主要举措

1991 年,深入开展"质量、品种、效益年"活动。在调整结构,提高经济效益方面下功夫,取得明显实效。工业企业产品质量稳定提高率达到 88.30%,比上年提高 3.9个百分点;优质产品产值率达到 35.11%,提高 3.01 个百分点。全年共开发 88 项新产品,比上年增加 7 项,其中 10 项达到国际先进水平,13 项属国内首创,46 项达到国内先进水平;创省以上优质产品 50 项,其中,新创 26 项。全市区县属独立核算工业企业的万元产值综合能耗比上年下降 5.92%;预算内工业企业主要产品原材料消耗稳定降低率比上年提高 2.5 个百分点;单位工业产品能耗稳定率比上年提高 19.46 个百分点。

加强对经济工作协调指导,改善宏观调控。1991 年,全市先后召开较大规模的经济形势分析会 3 次,针对经济运行中存在的矛盾,及时进行研究解决。并实行重点扶持,用足、用好有关搞好大中型企业的各项政策,制订出一批搞好大中型企业的具体政策和择优扶持的措施,主要有《张家口市关于进一步搞活大中企业的若干措施》、《张家口市关于进一步推销工业企业积压产品的补充措施》和《张家口市新产品开发新技术推广管理办法》等 6 个文件,对推动和促进全市大中型企业生产和经营活动的外部环境明显改善。全市 51 户大中型企业完成工业总产值 42.27 亿元,比上年增长 14.61%;完成销售收入 41.28 亿元,增长 20.88%;实现利税

7.59亿元,增长14.39%。充分体现了搞好全市大中型企业的实际效果。

务实稳妥进行改革新探索。企业改革,本着"放水养鱼,培植财源"的原则,根据企业技改完成情况,对承包基数适当进行了调整,并突出效益和发展指标的内容,在企业内部建立健全了比较科学合理的指标体系和风险机制。制订并实施了《张家口市企业承包经营全过程管理办法》,对企业承包运行各环节施以动态管理,克服以包代管的现象,提高新一轮承包的质量。按照"一厂一策",因地制宜、区别对待的原则,对8个企业实行关停并转,促进了生产要素的合理流动。农村体制改革,以家庭联产承包为主的责任制进一步稳定和完善,全市有26个乡、346个村建立了合作经济组织。流通体制改革,重点是新组建木材、煤炭两个生产资料市场和地产品工业品市场,在5家商业企业中进行了"经营、作价、用工、分配"四放开的改革试点,进一步增强了企业活力。

扎扎实实为群众办实事。市七届人大四次会议审议通过的《政府工作报告》提出的10个方面实事,已全部落实。继续坚持了市长联系点制度,把政府工作置于群众监督之下,按照"协调、高效、求实、奋进"的指导思想,从转变机关作风入手,狠抓各项工作和政策措施的落实。开展深入基层、调研服务活动,抽调200多名干部组成25个工作组,分别深入到困难大、问题多的企业、乡村,采取包片蹲点,进行技术咨询、并实施现场办公,有效为基层和群众排忧解难;帮助解决一批实际问题。1991年,政府系统工作人员普遍接受了公务员行为规范培训,对提高工作效率,促进廉政建设,产生了积极效应。

三、困难和问题

一是产品结构调整进展缓慢,经济效益仍不理想,同整个经济迅速转入良性循环轨道的要求不相适应;二是农业基础仍很脆弱,综合生产能力不高,同"八五"计划提出的农业登上新台阶的要求不相适应;三是固定资产投资势头不足,新立重点项目少,同进一步增强经济发展后劲的要求不相适应;四是对外经济开放发展缓慢,同扩大开放促进经济发展的要求不相适应;五是科教与经济结合的问题解决的不够好,同实施"科技兴张"发展战略的要求不相适应;六是财政比较困难,结构性矛盾很突出,同加快社会各项事业发展的要求不相适应。

(张家口市统计局

执笔:晏子强　全大琳)

承德市

1991年承德市整个国民经济和社会各项事业取得了较快发展,实现了首战告捷。

一、国民经济持续发展,供给能力进一步增强

1991年全市实现社会总产值39.9亿元,比上年增长10.0%;国民收入13.8亿元,增长8.3%;国民生产总值16.4亿元,增长9%。

全市工业以搞好大中型企业为重点,从转换经营机制入手,积极调整结构,努力提高企业经济效益,全年工业生产实现稳定、协调发展,全部工业实现产值27.96亿元,比上年增长11.7%,其中乡及乡以上工业企业产值26.7亿元,增长11.6%。经济效益回升,地方预算内工业企业实现销售收入7.5亿元,比上年增长27.9%,实现利税总额4731万元,增长1.3倍,产值利税率、资金利税率、销售利税率指标较上年有不同程度的提高。工业企业主要产品产量如钢、钢材、拖挂车、磁性元件等都有较大幅度增长。

农业生产虽遭受风、雹、旱等自然灾害,但仍有一定发展。全年实现农业总产值3.95亿元,比上年增长2.6%;粮食总产量17.48万吨;油料产量1093吨,较上年增长14%;肉类总产量2.13万吨,增长6%;禽蛋和奶产量分别达到7637吨和1047吨,比上年分别增长6.6%和2.5%,干鲜果品产量2.55万吨,蔬菜产量为18.84万吨,农业生产的发展为繁荣市场,方便人民生活稳定经济起到重要作用。

二、社会需求增长,为经济发展注人活力

固定资产投资有较大幅度增长,经济发展后劲增强。1991年全市全民单位和城镇集体单位共完成固定资产投资3.98亿元,其中全民单位3.6亿元,较上年增长43.6%。主要特点是:生产性投资增长幅度较大,全年全民单位生产性投资2.7亿元比上年增长46.4%;投资增加特别是技改投资的大幅度增长,为经济加快发展增添了后劲。

居民收入增加。1991年全市职工工资总额4.32亿元,比上年增长10.5%。城市人均生活费收入达1493.7元比上年增长7%;农民人均纯收入522元,增长3.6%。居民储蓄存款有较大幅度增长,全年城乡居民储蓄存款余额9.3亿元,比上年增长27.6%,居民储蓄存款的增加在筹措资金支持经济建设中起到重要作用。

消费需求保持一定幅度增长。1991年全市社会商品零售总额达8.71亿元,比上年增长11.1%,其中消费品零售额8.19亿元,增长12.1%。集市贸易活跃全年实现成交额1.33亿元,比上年增长18.4%。

三、对外开放取得新进展

旅游事业发展较快。1991年全市接待国外游客2.25万人次，比上年增长97.7%。国内游客114.7万人次，增长9.5%，旅游总收入达7393.3万元，比上年增长36.8%，其中外汇收入664.7万元，增长1.2倍。旅游业管理加强、旅游环境不断改善，为加快发展旅游业创造了良好条件。

利用外资取得较大成绩。全年利用外资达666万美元，相当于"七五"期间利用外资总额的3倍多，目前已发展外资企业21家，其中有13家是在当年批准签约的，此项工作的顺利进行为今后开展外经工作加快对外开放步伐积累了宝贵经验。

1991年对外贸易创历史最好水平，全年完成外贸收购总额3.3亿元，比上年增长38.3%。

四、"质量、品种、效益年"活动收到实效

全面开展"质量、品种、效益年"活动已取得一定成绩。全年开发适销的新产品143种，在重点考核的47种产品中有31种产品产量较上年有不同程度的增长；全年质量稳定提高率为95%，比上年提高10个百分点。全年限制压缩98种产品的生产，处理积压一年以上的工业产品8463万元，产成品积压有所缓解。资金周转天数比上年加快21天，工业企业经济效益较上年有大幅度提高，地方预算内工业企业产值利税率、资金利税率、销售利税率分别比上年提高2.07、2.05、1.8个百分点；产品消耗稳定降低率为70%；亏损企业个数减少，亏损企业亏损额有较大幅度下降。

五、财政工作取得较好成绩

全年财政收入1.81亿元，比上年增长9.6%，其中工商税收1.61亿元，增长5.8%；财政支出1.35亿元，比上年增长11.2%，实现了收支平衡，略有节余。

六、城市建设步伐加快

旧城改造及新区开发取得进展。1991年全市房屋竣工面积28.14万平方米，其中住宅面积14万平方米。有1900余户居民喜迁新居。

市政设施建设不断发展。拓宽和改造了南营子大街、赵家沟、小老虎沟和溥仁寺路；完成下营坊碧峰门等10处街巷道路的治理；增建、翻建、维修了50个公厕；完成部分供水管网的调整；供热一期工程全面完工，供热面积由上年的50多万平方米扩大到110万平方米。

城市公用事业又有新发展。1991年末供水管道总长度达178.41公里，全年供水总量由上年的4856万吨，增加到1.78亿吨，年末实有公共汽车营运车辆48辆；客运总数达1822.3万人次，年末实有道路铺装面积89.7万平方米，建成区绿化覆盖面积635公顷，城市清洁卫生工作人员达810人。

七、科技、教育、文化、卫生事业稳步发展

1991年全市新组建科技机构10个，年末总数发展到87个、人员达317人，全年安排科研计划106项，已有42项通过鉴定。科技成果推广工作加强全市安排科技成果推广21项已收到明显的经济效益，在推广的16项农业科技成果中累计创经济效益4000多万元。农村科技服务组织得到发展，全市组织农业技术承包集团13个、承包技术22项、承包种植面积27万亩、创经济效益3000万元。

教育事业不断发展。全市小学毕业升学率达96.02%，高考录取率29.7%，适龄儿童入学率99.5%。办学条件进一步改善，全市投资1142万元，兴建了五中、七中、实验小学、十二中教学楼，增加了校容量。

文化事业日益繁荣。市评剧团在省率先推出的反映付显忠事迹的现代评剧《忠魂组歌》受到好评，市歌舞团演出的《清宫宴乐舞》在全国首届民族文化博览会上获"最佳表演奖"1991年末全市拥有文化馆(站)41个、电影放映单位160个、放映2.45万场，观众达1100万人次，群众文化生活更加活跃。

卫生事业继续发展、医疗条件进一步改善。1991年末全市卫生机构301个、床位3904张；卫生技术人员5261人，其中医师2403人。卫生系统在防病治病方面取得较大成绩，农村医疗条件得到改善，承德县被列入全省初级卫生保健试点县。

（承德市统计局
执笔：刘长龙）

廊坊市

1991年全市人民坚持在改革中求发展、上水平，实现了国民经济和各项事业的全面发展。社会总产值134.85亿元，比上年增长15.0%；国民收入53.97亿元，增长9.2%；国民生产总值64.4亿元，增长10.1%。

一、农村经济稳步发展，粮食再创历史最高水平

农村社会总产值达109.84亿元，比上年增长17.1%。其中农业总产值26.57亿元，增长12.7%，工业产值增长17.9%，建筑业产值增长23.7%，运输业产值增长21.9%，商、饮、服务业产值增长18.0%。二、三产业产值占农村社会总产值比重达72.2%。农业基础进一步加强，生产条件得以改善。农业生产紧紧围绕"1153"工程，扩大投入，加强农业基础建设，改善了农业生产条件。全年财政直接用于农业生产的投资0.43亿元，比上年增加3.9%。银行、农村信用社年末农业贷款余额7.32亿元，比上年同期增长1.2亿元。目前，全市农业基础建设已初具规模，基本形成了有一定防洪、除涝、抗旱能力的向高产进军的方田林网系统。(一)防洪除涝形成了综合治理的水利工程系统。多年来的建设，已治理主要行洪河道10条，兴建扬水站235座，开挖骨干渠道1184条，控制除涝面积653万亩，灌溉面积179万亩。（二）引水灌溉已初步形成四个灌区。即：1.小清河灌区，15年共引水近20亿立方米；2.洵河灌区，改善和扩大地上水灌溉面积30万亩；3.潮白河灌区，在雨季大厂，香河仍可引水蓄水3000多立方米；4.大清河灌区，受益面积70多万亩，蓄水能力达6000多万立方米。（三）机井和防渗管道建设已成规模，机井保有量达到5.78万眼。其中深井6658眼，防渗管道达到540万米，控制面积121万亩。其中地下硬塑管道350万米，控制面积68万亩。农田基本建设的发展，促进了农业的丰收。1991年，农业生产在遭受自然灾害的情况下，仍然喜获丰收。粮食总产量达152万吨，比上年增长9.9%，再创历史最高水平。棉花总产量2.31万吨，增长9.7%，油料增长4.9%，当年造林面积6万亩，肉类总产量8.3万吨。

二、工业生产持续增长，经济效益开始回升

全市工业企业认真落实“搞活企业，狠抓技改投入，推进技术进步，强化企业管理”措施，大力组织“3531”工程的实施，使工业生产进入正常增长阶段。全市工业总产值完成87.38亿元，比上年增长12.9%。其中乡及乡以上工业总产值31.48亿元，增长16.2%，全民所有制工业产值增长19.1%，集体所有制工业产值增长14.0%；轻工业产值增长16.8%，重工业产值增长15.7%。全市重点考核的50种产品，其中有27种增长。棉纱、水泥、混配合饲料等原材料及支农产品均有不同程度的增加。1991年荣获河北省优质产品25项，开发新产品105种。其中，达到国际水平10项，国内首创9项，国内先进水平50项，高新技术产品占总完成项目的64.5%。新创产值2.14亿元，实现利税0.33亿元。积极开展“质量、品种、效益年”活动，取得明显成果，经济效益开始回升。全市乡及乡以上独立核算工业企业产品销售收入比上年增长23.3%，利润总额增长35.8%，上缴利税增长1.4%，定额流动资金周转天数减少4天，亏损企业户数减少38户，亏损额下降38.5%。

三、乡镇企业蓬勃发展

乡镇企业按照“高科技，外向型”发展战略，从扩大投入，加速科技进步和强化企业管理入手，对乡村两级集体企业进行了重点扶持，从而带动了全部乡镇企业的蓬勃发展。全市乡镇企业已发展到13.8万个，从业人员61.9万人，企业总收入96.45亿元，实现利润13.76亿元，上缴税金1.94亿元。1991年乡镇企业发展的特点是：（一）摆脱了前两年的困境，增长速度加快。总收入比上年增长19.6%，利润总额增长19.9%，税金增长7.6%。（二）投入明显增加。全年共投入3.7亿元，为乡镇企业发展注入了新的生机和活力。（三）集体企业增长迅速。乡村两级集体企业总收入比上年增长17.1%，实现利润增长27.7%，上交国家税金增长12.4%。扭转了近十年来发展速度低于联户、个体企业的局面。（四）重点企业骨干作用明显。1991年，县乡两级共确定1200个重点企业。围绕这些企业，各级都积极采取倾斜措施，大力扶持发展。73个市管大户企业总收入比上年增长36%，实现利税增长47%。（五）外向型乡镇企业发展势头良好。全年外贸出口交货额3.69亿元，比上年增长52.7%。三资企业总数已达18个，吸引外资1461万美元。

四、固定资产投资增大，后劲加强

全年共完成投资总额5.23亿元，比上年增长75.7%。其中自筹资金1.78亿元，占总投资34.0%，全民基建投资1.77亿元，增长89.6%；全民技措投资1.84亿元，增长59.9%；集体投资0.94亿元，增长2.73倍。投资结构也有所调整。地方全民基建投资额中，生产性投资增长1.77倍。投资效果比较明显。全民基建投资新增固定资产1.58亿元，固定资产交付使用率96.3%，项目投产率62.0%，房屋竣工率53.0%。全年共进行技术改造项目154项，有119项竣工投产，形成新增产值5.9亿元，利税1.3亿元的效益能力。市区新建，翻建道路11条，新增绿化面积20.23万平方米，开发商品住宅21.7万平方米。中心公园，第二水场等重点项目建设加快。市区给排水，供热，供气能力提高。有六个县完成了市话改制增容工程。

五、财政收入增加，金融形势稳定

财政收入完成4.09亿元，比上年增长10.2%。财政支出3.68亿元，增长5.5%。实现了当年收支平衡略有结余。年末金融机构各项存款余额49.4亿元，比年初增加9.3亿元。各项贷款余额46.1亿元，比年初增加7.7亿元。城乡储蓄存款余额36.7亿元，比年初增加8.6亿元。

六、市场繁荣，物价平稳，人民生活水平提高

全年社会商品零售总额22.4亿元，比上年增长15.2%，其中居民消费品零售额增长14.4%，社会集团消费品零售额增长6.3%，农业生产资料零售额增长20.1%。城乡集市贸易成交额8.90亿元，增长14.5%。全年出口商品交货总值完成9.8亿元，其中外贸系统收购值5.1亿元，比上年增长10.8%。1991年国家提高了城镇居民定量粮油统销价格，由于措施得力，城乡物价总水平变动不大，零售物价上涨幅度为2.5%。市区零售物价总水平上涨8.1%。全年职工平均工资1921元，比上年增加105元。农民人均纯收入819元，增加58元。

七、科技、教育事业取得新成绩，人口增长得到控制

1991年共取得科研成果38项，其中34项达到省以上先进水平，直接创经济效益0.86亿元；推广科技成果28项，其中，农业指令性科技成果10项，取得经济效益2亿多元。小学、高中、市属中专招生计划基本完成。交通、邮电、文化、卫生、体育、广播电视等各项事业继续发展。计划生育工作成效显著，人口自然增长率8.45‰，比计划目标低2.4个千分点。年末全市总人口343.3万人。

（廊坊市统计局
执笔：马琳）

沧州市

1991年，全市经济逐步朝着好的方向发展：工业生产稳步增长，农业获得全面丰收，商业市场日趋活跃，固定资产投资加快，城市建设又有新的进展，物价走势平稳，人民生活进一步得到改善，各项社会事业取得新成绩。但是，经济中的深层矛盾仍未解决，工业经济效益低下，财政仍然困难。

全年社会总产值达52.71亿元，比上年增长13.1%；国民生产总值20.21亿元，增长8.6%；国民收入17.49亿元，增长7.3%。

一、工业速度恢复正常，经济效益仍不理想

工业生产克服重重困难，结束了长达一年多的低速运行，开始步入了正常增长的轨道。全年完成工业总产值33.8亿元，比上年增长14.8%，其中乡及乡以上工业产值25.6亿元，增长13.9%；村及村以下工业产值8.1亿元，增长18%。在乡及乡以上工业中：全民工业完成产值15.7亿元，增长8.3%；集体工业完成产值9.5亿元，增长21.4%；其他工业完成产值0.44亿元，增长76.3%。轻工业产值8.18亿元，增长17.2%；重工业产值17.47亿元，增长12.3%。

开展“质量、品种、效益年”活动取得新成效。年内开发新产品102项，其中2个产品获“部优”，22个产品获“省优”，26个产品获“市优”。企业管理水平不断提高，沧州化肥厂晋升为国家一级企业，另有4个企业晋升为省级先进企业。企业规模有所扩大，年内有2个企业跨入中型企业的行列，全市大中型企业达到了21家。

虽然工业生产速度恢复正常，但由于结构调整缓慢，经营机制不活，企业活力不足，经济效益低下的状况仍未扭转。全部独立核算工业企业实现利税比上年下降10%，其中利润比上年下降15.4%，资金利税率比上年下降3.3%，销售利税率比上年下降2.8%，净产值率比上年下降1.8%。

二、农业获得全面丰收，乡镇企业健康发展

加强农业得到各级领导的重视，农业贷款增加，农业生产资料供应好于往年，水浇地面积扩大，责任田重新调整，同时，自然气候适时，这些都为农业全面丰收奠定了基础。全年粮食总产量达到47.51万吨，比历史最高年份的1990年增长15%，粮食播种面积300.5万亩，亩产158公斤，分别比1990年增长5%和10%。农、林、牧、副、渔五业兴旺，全部农业总产值达7.10亿元，比上年增长14.9%，其中：种植业产值5.57亿元，增长16.4%；林业产值1292万元；牧业产值1.13亿元，增长13.6%；副业产值2568万元，增长0.4%；渔业产值113万元，增长54%。

乡镇企业在调整中健康发展，农村经济持续增长。全年农村社会总产值达21.1亿元，比上年增长21.4%，其中农村工业产值10.4亿元，增长23.1%；农村运输业产值0.9亿元，增长14.2%；农村建筑业产值1.3亿元，增长9.9%；农村商业、饮食业产值1.4亿元，增长18.9%。农村集体经济不断壮大。乡办和村办企业总产值分别比上年增长34.8%和18.6%，乡镇企业全年实现利润1.6亿元，交纳税金0.55亿元，分别比上年增长18.2%和18.7%。全市农村经济总收入达到18.3亿元，比上年增长18.3%，农村经济纯收入达7.6亿元，增长15.5%。

三、固定资产投资规模扩大，城市建设取得重大进展

全年固定资产投资大幅度增长，创历史上最高纪录。全部建设项目达130个，比上年增加30个。全年完成固定资产投资额3.73亿元，比上年增长107.5%，其中：生产性投资2.85亿元，增长111.5%，非生产性投资0.88亿元，增长120.9%。在完成投资总额中，全民更新改造投资2.16亿元，增长136.6%，为经济发展和增强企业后劲提供了物质基础。

市政重点建设速度快，质量好。沧州武术院、电业局文体中心相继建成，供销大楼、清池宾馆等几幢商业大厦拔地而起，三里庄立交桥顺利通车。年内完成了养鸡场路、北大街北段路面翻修及排水工程，解放西路工程、朝阳路南段道路扩建等工程，解放西路工程被评为省优工程。同时为改善城市环境、建成运东、运西两座垃圾粪便处理厂和12座水冲式公厕。

四、商业市场稳中见旺，对外经济取得进展

全年社会商品零售总额11.05亿元，比上年增长13.9%，其中：对居民的零售额8.65亿元，增长17.9%；对社会集团的零售额0.76亿元，增长23.3%；对农民的农业生产资料零售额1.64亿元，下降5.7%。

外贸部门积极扶植出口创汇企业，千方百计组织货源，增加出口创汇能力，全年外贸收购额1.55亿元，比上年增长16.9%，创历史最高纪录，其中工业品收购额1.03亿元，增长14.4%；农产品收购额0.51亿元，增长22.1%。

五、物价基本稳定，人民生活水平继续提高

消费品价格基本稳定。尽管1991年粮、油价格上调，由于农业连续丰收，供求关系改善，群众消费心理稳定，物价涨幅实现了原订控制目标。全年职工生活费用价格指数为106.9，其中消费品价格指数为106.5。

随着经济形势的好转，城乡居民收入继续提高。

1991年末，全市职工年末人数达17.97万人，比上年增长5%，全部职工工资总额达3.44亿元，增长10.9%，职工年平均工资1964元，增长6.4%。群众生活得到进一步改善，据抽样调查：居民人均生活费收入1631元，比上年增长14.3%，农民人均纯收入601元，增长9.7%，居民储蓄大幅度增长，年末城乡居民储蓄余额17.87亿元，比上年增长29.3%，其中：城镇储蓄11.9亿元，增长28.8%；农村储蓄5.96亿元，增长30.2%。

（沧州市统计局
执笔：王绍玲 倪金梅）

邯郸地区

1991年，全区人民坚持以经济建设为中心，"一手抓农业开发，一手抓对外开放"，扎扎实实地开展"质量、品种、效益年"活动，有力地推动了全区国民经济和社会事业的发展，社会供求基本平衡，治理整顿成效显著，目标基本实现，整体经济形势明显好转。全区国民生产总值达53.8亿元，比上年增长5.8%；国民收入43.8亿元，增长3.4%；工农业总产值89.8亿元，增长7.2%。

——农业生产获得较好收成，农村经济持续发展。1991年，农业生产在遭受旱、雹、虫严重自然灾害的情况下，仍取得较好收成。全区农村社会总产值达85.2亿元，比上年增长9.4%，其中农业总产值达38.9亿元，增长6%。粮食总产量达212.05万吨，比上年减4.6%。其中夏粮124.9万吨，秋粮87.2万吨；棉花总产量达12.9万吨，比上年减少2.6%；油料总产量达2.88万吨，比上年减少9.1%。在受灾之年，林牧副渔有不同程度发展较快，造林面积18.48万亩，比上年增3.65万亩，干鲜果产量达14.4万吨，大牲畜存栏33.53万头，猪存栏91.43万头，羊存栏102.24万只，肉类总产量达7.3万吨，比上年增长10.6%，家禽存栏增长30%，奶类产量1926吨，比上年增长70.4%。水产品产量4684吨，比上年增长21.9%。

——工业生产持续增长，经济效益逐步回升。1991年，工业战线广泛开展"质量、品种、效益年"活动。工业持续稳定发展，全年完成工业总产值50.89亿元，比上年增长10.4%，其中乡镇以上工业完成产值28.7亿元，增长8.3%，村及村以下工业完成22.2亿元，增长13.1%。在乡镇以上工业中，全民工业产值增长快于集体工业，重工业产值增长快于轻工业。重点考核的40种产品中22种比上年增长。经济效益逐步回升，预算内工业产值利税率，资金利税率，销售利税率均提高2个百分点，实现利税比上年增长76.5%，全民工业全员劳动生产率提高14.7%。

——固定资产投资规模增大，结构进一步改善。全年完成固定资产投资额达2.56亿元，比上年增长37.6%，其中全民基建技措完成投资1.82亿元，增长59.2%。在总投资中用于生产性投资完成1.95亿元，比上年增长40.6%。全区施工项目251个，房屋竣工面积27.6万平方米，竣工率66.3%，本年新增固定资产1.65亿元，为扩大再生产打下了良好基础。

——城乡市场繁荣，物价趋于平稳。1991年，社会商品零售总额达22.2亿元，比上年增长13.9%，其中消费品零售额增长13.6%，农业生产资料零售额增长14.5%。农业生产资料消费比生活资料消费高0.6个百分点，扭转了以往生活消费大于农业生产资料消费的常规，显然农民对农业投入比重加大。从经济类型分析看，个体商业发展仍快于全民和集体，全民商业零售额增长15.8%，集体增长15.2%，个体增长17.2%。

外贸出口商品收购额完成2.41元，比上年增长33.8%。

全年物价平稳，市场零售物价水平为102.0生活费用价格指数102.0消费品价格指数102.3，生产资料价格指数为102.2。

——财政收入增长，金融形势稳定。全区财政收入完成2.88亿元，比上年增长9.5%，其中工商税收完成1.93亿元，增长10.4%。财政支出3.7亿元，比上年增长9.1%。

金融形势相对稳定，存贷款同步增长。年末银行各项存款额达20.9亿元，比年初增长22.9%，银行各项贷款余额达34.5亿元，比年初增长16.9%，城乡居民储蓄存款达24.8亿元，比年初增长24.4%。

——交通运输，邮电事业进一步发展。1991年，全区公路客运量2833万人，客运周转量8.53亿人公里。公路货运量134万吨，货运周转量1451万吨公里。地方铁路完成客运量20.1万人次，周转量629万人公里。货运量19.3万吨，周转量1748.3万吨公里。邮电通讯事业又有新的发展，全区完成邮电业务总量2146万元，比上年增长21.0%。

——科技教育，文化，卫生和体育事业有新发展。1991年，全区鉴定验收科技成果69项，其中34项达到国内先进水平。围绕"1751"工程建设高标准科技示范村429个，示范推广工作取得显著成效。全区共发展联合项目215项，引进新技术、新产品120项，引进人材1301人次。

教育事业又有新发展。职业教育，成人教育和扫盲工作，继续保持了在全省的先进位置。基础教育质量明显提高，改善办学条件又上新台阶，各类学校达4688所，在校学生88.3万人，比上年增长5.6%，义务制教育得到发展，入学巩固率加快回升。

卫生医疗条件有了新的改善，全区集资1761.9万元，建成卫生院278个，其中184个已投入使用，年末乡镇以上卫生医疗机构达794个,卫生技术人员1.10万人,病床9074张,均比上年增加。

年末文化事业机构48个,各类电影放映单位1537个。

——城乡居民收入增加,生活进一步改善。年末职工人数27.3万人,比上年增加0.5万人,职工工资额达4.4亿元,增长6.1%。职工平均工资1594元,增长4.1%全区农民人均纯收入比上年增长5.3%。据农村住户调查,全年人均消费品支出422元,比上年增长3.4%。人均手存现金200元,户均存粮,人均消费粮、油、肉等都比往年有所增长。大件耐用消费品继续增加,每百户农民拥有电扇72台,收录机19台,新家具266件,自行车156辆。

——人口增长得到控制,计划生育成效明显。全区年末总人口551.3万人,人口出生率,自然增长率分别为17.18‰和11.9‰,都有明显下降。

尚存在的突出问题是:农业生产设施抗灾能力弱;工业生产结构调整,改革步子不大;经济效益回升缓慢;乡镇企业经济基础差,财政拮据状况尚未根本好转。

(邯郸地区统计局

执笔:杜彩影　潘一峰)

邢台地区

1991年,全区人民坚持以经济建设为中心,经过努力,经济发展取得了显著成绩。全年,国民生产总值达55.45亿元,比上年增长6.7%;国民收入达47.13亿元,增长6.3%;工农业总产值95.62亿元,增长8.3%。

一、农村经济持续发展

1991年,全区进一步强化农业的基础地位,增加农业投入;积极组织农业科学技术的推广应用,农业生产克服了春寒、秋旱以及风、雹、病虫等自然灾害的影响,取得了较好收成。农业总产值达34.9亿元,比上年增长4.5%;粮食总产量达189.73万吨,虽比上年减少5.0%,但仍为历史上的第二个高产年;棉花总产量12.67万吨,油料总产量4.52万吨,分别比上年增长8.7%和2.5%。林、牧、渔业生产持续、稳定增长,当年造林面积达20.75万亩,比上年增加9.59万亩;大牲畜年末存栏49.19万头,猪年末存栏82.61万头,羊年末存栏55.57万头,分别比上年增长2.4%、0.3%和0.3%;肉类总产量7.5万吨、禽蛋总产量5.89万吨、水产品总产量922吨,分别比上年增长9.5%、28.2%和14.3%。全年农村社会总产值达78.64亿元,比上年增长11.0%。其中,非农业总产值51.25亿元,增长16.9%。乡镇企业保持较快的增长势头,乡镇企业总产值达53.02亿元,比上年增长15.8%,占农村社会总产值的比重,由上年的58.7%上升为60.8%。

二、工业生产稳步增长

1991年,全区完成工业总产值58.28亿元,比上年增长14.0%。其中,乡及乡以上工业总产值28.36亿元,村及村以下工业总产值29.93亿元,分别比上年增长10.0%和18.0%。在乡及乡以上工业总产值中,轻工业产值17.92亿元、重工业产值10.78亿元,分别比上年增长9.4%和11.1%;全民工业产值13.36亿元、集体工业产值15.2亿元、其他经济类型工业产值0.14亿元,分别增长11.9%、8.4%和9.9%。在“质量、品种、效益年”活动中,工业企业经营管理和技术进步取得新成绩。全区开发出地区级以上新产品56项,比上年增加30项,其中达到国内先进水平的33项;有39种产品获省以上优质产品称号,其中11种产品获部优;全区产品质量稳定提高率达到87.36%。工业经济效益指标全面回升,全民所有制独立核算工业企业全员劳动生产率达18733元,比上年增长15.9%。全民所有制预算内工业企业实现利税7804万元,比上年增长21.6%;资金利税率为11.34%、销售利税率为10.85%,分别比上年提高1.87个和0.52个百分点;产成品资金占用比上年末下降19.6%;资金周转天数加快18天;可比产成品成本和万元产值能耗均比上年有所下降。

三、固定资产投资步伐加快

1991年,全社会固定资产投资完成11.55亿元,比上年增长44.4%。其中,全民所有制单位投资2.42亿元,增长60.3%;农村集体所有制单位投资2.15亿元,增长31.9%;城镇个人投资0.61亿元,增长15.1%;农村个人投资6.13亿元,增长45.6%。在全民单位固定资产投资中,基本建设投资0.76亿元,增长99.8%。其中,生产性投资0.39亿元,非生产性投资0.37亿元,分别增长56.0%和185.7%。更新改造投资1.29亿元,增长71.7%。全年建成投产基本建设项目73个,更新改造项目63个,新增固定资产0.64亿元,比上年增长1.5倍,固定资产交付使用率达99.0%,比上年增加39.2个百分点。全社会房屋竣工面积455.13万平方米,比上年增长18.4%,其中住宅竣工面积421.78万平方米,比上年增长17.4%。全社会新增固定资产9.32亿元,比上年增长20.6%。

四、商品流通由平转旺

1991年,由于商品货源充裕,全区城乡零售市场呈现出活跃兴旺的景象。全年社会商品零售总额达20.04亿元,比上年增长16.1%。国合商业国内纯购进19.31亿元,纯销售16.57亿元,分别比上年增长9.6%和0.8%;年末库存总值11.15亿元,比上年末下降5.5%。市场运行呈现三个特点:一是消费品零售额增长较快。全年居民和社会集团消费品零售额13.29亿元,比上年增长18%;二是农村市场回升。县市以下的零售额6.28

亿元,比上年增长20.8%;三是集市贸易活跃。成交额5.14亿元,比上年增长18.1%。

五、财政增收,金融平稳

1991年,全区地方预算内财政收入2.60亿元,比上年增长9.6%,其中,工商税收1.83亿元,增长9.4%。财政支出3.73亿元,比上年增长8.2%,其中,工业挖革改支出1283万元、行政事业费支出3.17亿元,分别比上年增长38.7%和8.9%。年末银行各项存款余额26.4亿元,比上年增长22.9%,其中,城镇储蓄17.89亿元,增长27.9%。各项贷款余额35.74亿元,比上年增长17.8%。全年银行现金收入50.77亿元,现金支出59.22亿元,分别比上年增长17.7%和24.2%。收支相抵,净投放货币8.45亿元。对支持经济建设发挥了重要作用。

六、居民收入水平有所提高

1991年,城镇就业继续扩大,职工工资增加。全区新安置就业人员2710人,年末职工人数达27.86万人。全年职工工资总额达4.72亿元,比上年增长5.6%,平均工资1765元,增长3.7%。其中,全民职工1868元,集体职工1499元,分别比上年增长1.9%和9.3%。农民收入增加,生活水平进一步改善。全区农村总收入达63.05亿元,比上年增长7.8%;农村居民人均纯收入533元,比上年增长4.7%。据农经住户调查:在农村居民支出中,人均生活消费支出459元,比上年增长9.1%,其中文化服务支出10.5%,比上年增长75.0%。年末农村百户家庭拥有自行车166辆、缝纫机88架、收录机17台、电视机66台、电风扇68台、洗衣机16台,均比上年有不同程度的增加。

(邢台地区统计局

执笔:霍景振　陈子房)

石家庄地区

1991年,全区人民继续坚持以经济建设为中心,积极开展"质量、品种、效益年"活动,全区经济形势明显好转,1991年全区国民生产总值实现81.5亿元,比上年增长6.6%,国民收入实现73.3亿元,增长4.0%,社会总产值176.7亿元,增长10.1%。

一、农业生产持续增长

1991年,石家庄地区继续强化农业的基础地位,努力增加投入,改善农业生产条件,注重发展和壮大集体经济,农业生产服务体系得到进一步完善。全年实现农业总产值54.6亿元,比上年增长3.84%。其中种植业增长2.5%,畜牧业增长7.7%,渔业增长14.1%。粮食总产达29.6万吨,与上年基本持平。棉花总产量达4.71万吨,比上年增产33.5%。肉、蛋、奶都有较大幅度的增产。猪肉总产达17.5万吨,增长5.7%;牛肉总产1.5万吨,增长20.2%;禽蛋8.9万吨,增长11.8%;鲜奶1.6万吨,增长7.7%;水产品产量达3863吨,增长12.8%。

乡镇企业在克服重重困难,逐步走上健康发展的轨道,全年乡镇企业总产值86.6亿元,比上年增长39.7%,实现利润8.6亿元,比上年增20.8%,上交税金1.30亿元。

1991年,全区农村社会总产值达134.8亿元,比上年增长11.6%,其中非农产业产值达到80.1亿元,比上年增长14.1%。

二、工业效益好转,"质量、品种、效益年"活动取得成效

工业生产随着调控措施的逐步到位,步伐加快,效益开始回升。全区县以上独立核算工业企业实现销售收入24.53亿元,比上年增长21.2%;实现利税2.64亿元,比上年增长18.4%;定额流动资金周转天数比上年加快3天。全民独立核算工业企业全员劳动生产率为26524元,比上年增长21.2%。

"质量、品种、效益年"活动取得成效。全年开发新产品70项,其中国内首创13项,达到国内先进水平的42项。全年有41种产品荣获省优质产品称号。

随着启动经济和搞好大中型企业政策到位,大中型工业企业的生产经营状况逐月好转,全年完成工业总产值9.98亿元,比上年增长23.2%。

三、投资增长,建筑业出现转机

全民所有制单位固定资产投资完成4.31亿元,比上年增长8.9%,其中生产性建设投资比上年增4.7%。注重贯彻内涵扩大再生产的方针,全年完成更新改造投资1.88亿元,比上年增长25.4%。

全区1991年新增固定资产4.29亿元。已投产的全民工业技改项目,年可新增工业总产值2.50亿元,实现利税0.58亿元,创外汇264万美元。

建筑业出现转机。建筑业全年完成总值1.32亿元,比上年增长13.2%,扭转了1990年的下降局面。建筑业全员劳动生产率11148元,比上年提高5.2%。

四、外经、外贸经济活跃

全区外经工作积极贯彻对外开放方针,工作取得了新的进展。年内批准项目建议书48项;对外正式签定利用外资、引进合同33项。全年利用外资1829.9万美元,比上年增长4.25倍。外商独资企业填补了空白,中外合资、合作项目等也都有了新的进展。

外贸体制的改革促进了外贸事业的发展,对外贸易日益活跃。全区外贸出口商品收购总值达4.25亿元,比上年增长29.1%。其中粮油食品类增长43.8%;纺织品类增长32%;服装类增长62.8%;土产类增长70.1%,五金矿产类增长19.5%。

五、科技、教育、文化、卫生、体育事业欣欣向荣

全区科技工作取得重大进展。年内全区通过地区级以上鉴定的科研成果 82 项，比上年增长 24.2%，其中在国内领先和达到国内先进水平的 53 项，省内领先和达到省内先进水平的 22 项，国内首创和填补空白的 5 项。

教育事业稳定发展。普通教育得到巩固和提高，职业教育迅速发展，成人教育和幼儿教育也都有了新的进步。到 1991 年末，职业中学增加到 25 所，在校生达1.04 万人，分别增长 31.6%和 76.9%。有 2240 人从各类职业中学毕业。

文化事业蓬勃发展。全年创作新剧目 8 个，其中新编大型历史剧《一代风流》获省"文艺振兴奖"一等奖。《皇粮出京》剧本获省戏剧家协会颁发的"戏剧家协会奖"。

卫生事业发展，医疗条件改善。农村医疗网点和人员都有增加，缺医少药的状况得以较大改观。

体育事业成绩显著。全区获省以上奖牌 113 块。其中金牌 41 块，银牌 35 块，全区共举办各类群众运动会 738 次，参赛人数达 22.69 万人。

六、人民生活水平提高，社会福利事业长足发展

1991 年，全区城乡居民生活水平又有新的提高。农民人均纯收入为 650 元，比上年增长 7.8%。农民人均耐用消费品数量也都有了不同程度的增加。城镇职工年平均工资为 1668 元，比上年增长 8.2%。

社会福利事业长足发展。全区各类敬老院 367 所，床位 3175 张，收养 2104 人。全区有 268 个乡镇建立了各种形式的社会福利场所，使孤、老、残等在生活、就业各方面得到妥善解决。

（石家庄地区统计局
执笔：韩慧军）

保定地区

1991 年保定地区国民经济运行取得了明显成效，实现了"八五"计划的开门红。整个国民经济稳定增长，综合经济实力进一步增强。全年实现社会总产值159.97 亿元，国民收入 66.18 亿元，国民生产总值 78.87 亿元，分别比上年增长 9.0%、7.0%和 7.1%。

一、农业基础地位得到加强

1991 年，全区各级领导普遍增强了农业意识，在继续稳定和完善联产承包责任制的基础上，狠抓农业开发和农田基本建设，加强社会化服务体系的建设，增加农业投入，改善农业生产条件，使农业生产在遭受比较严重自然灾害的情况下获得丰收。1991 年农村社会总产值达到 122.56 亿元，比上年增加 11.58 亿元，其中农业总产值创历史最好水平，达到 56.85 亿元，比上年增长 3.6%。粮食生产夏粮减产，秋粮增产，总产量达 323.7 万吨，比上年增长 4.9%。棉花生产总产量仅为 4.45 万吨，比上年下降 4.1%。油料生产发展平稳，总产量达 10.51 万吨，比上年增长 0.6%。当年造林面积 54.66 万亩，年末实有林地面积 505.92 万亩。畜牧业生产保持了良好的发展势头，肉、禽、蛋等主要畜产品产量均比上年有不同程度的增长，其中肉类总产量 20.98 万吨，比上年增长 7.3%。渔业生产也有新发展，1991 年水产品总产量达到 1.53 万吨，比上年增长 33.8%；水产养殖面积发展到 10.61 万亩，比上年增长 42%。农业生产条件进一步改善。1991 年末，农业机械总动力达369.59万千瓦，比上年增长 2.6%；农村用电量达 5.62 亿千瓦小时，增长 7.8%；农用排灌机械达 25.99 万台，增长 2.1%；新增配套机电井 5578 眼，有效灌溉面积达 841.47万亩，比上年增加 4.98 万亩；全年新增小型拖拉机5740台，从而为夺取农业丰收提供了保证。

二、工业生产发展较快

1991 年全区完成工业总产值 77.01 亿元，比上年增长 17.3%，其中乡及乡以上工业完成 35.72 亿元，增长 13.1%，村及村以下工业完成 41.29 亿元，增长 17.5%。在乡及乡以上工业总产值中，全民工业完成 22.18亿元，增长 15.6%；集体工业完成 12.88 亿元，增长7.7%；各种合营工业完成 0.66 亿元，增长 42.6%。分轻重工业看，轻工业完成 48.21 亿元，比上年增长 17.9%；重工业完成 28.8 亿元，比上年增长 11.4%。在24种主要工业产品产量中，比上年增长的有 9 种，其中，印染布、机制纸及纸板、水泥、机床、汽车及改装汽车增长幅度较大。

三、固定资产投资增长较快，投资结构趋于合理

1991 年全民施工项目个数 357 个，比上年增加 45 个，其中地方项目 287 个，比上年增加 36 个。全年共完成固定资产投资 9.17 亿元，比上年增长 53.9%，其中地方完成 3.34 亿元，增长 36%。在全民固定资产投资中，基本建设完成投资 7.96 亿元，比上年增长 53.9%，其中，生产性投资完成 6.16 亿元，增长 55.2%；非生产性投资完成 1.8 亿元，增长 49.6%。投资增长幅度较大的行业有：地质普查和勘探业增长 61.2%，交通运输和邮电通讯业增长 54.7%，教育、文化艺术和广播电视事业增长 111.2%。全年房屋竣工面积为 42.38 万平方米，比上年增长 6.2%，竣工率为 52%。全民更新改造投资完成 1.02 亿元，比上年增长 52.4%，其中地方完成 0.79 亿元，比上年增长 23.3%。全年新增固定资产7.79 亿元，比上年增长 25%；地方新增固定资产2.41亿元。

四、市场趋于正常，对外贸易发展平稳

全年社会商品零售总额完成 38.72 亿元，比上年增长 9.8%，其中消费品零售额完成 29.28 亿元，增长

9.6%，农业生产资料零售额完成9.44亿元，增长10.8%。尽管国家出台了城镇居民粮油调价等一些大的调价措施，但由于政策适时，市场商品丰裕，对人民生活和市场影响不大，零售物价总指数、生活费用价格指数分别为102.9和103.5，圆满完成省下达的控价目标。对外贸易发展平稳，全年完成出口商品收购总值4.38亿元，比上年增长0.5%，收购量较大的有粮油食品、纺织品、服装、化工类产品、五金矿产、畜产品和工艺美术品等。

五、科技、教育、文化、卫生和体育事业全面发展

科技队伍日益壮大，科技成就显著。1991年新评技术职称7281人，其中高中级职称1960人。全年共获得科技成果62项，其中具有国内先进水平的33项，省内先进水平的29项，当年新增效益2.94亿元，科技在国民经济和社会发展中的作用不断增强。教育事业稳步发展，1991年全区拥有各类中等专业学校41所，招收新生0.48万人，在校生1.44万人，当年输送毕业生0.59万人；普通中学在校生达25.88万人，小学在校生106.24万人，学龄儿童入学率达99%；在园幼儿有18.74万人。师资力量、教师待遇、教学条件均有了不同程度的提高和改善。文化、广播电视事业又有新的发展。全区拥有艺术表演团体21个，文化馆、站、室已基本形成网络。全区拥有广播电台18座，县以上电视转播台15座，电视台5座，电视覆盖率达100%，收视率也有了很大提高。医疗卫生条件进一步改善。1991年全区拥有卫生机构844个，病床总床位1.10万张，拥有卫生技术人员1.34万，其中中西医师0.48万人。全区共有卫生防疫站21所，妇幼保健院所20个，妇幼保健工作开展较快，就医难、看病难的局面也大为改观。体育事业蓬勃发展。当年向上输送体育人才80人，全年举办运动会614次，参加人数达11.25万人，达到《国家体育锻炼标准》的有27.55万人；在河北省举办的运动会上获奖牌95枚，其中金牌32枚。

六、人民生活水平进一步提高

据抽样调查，1991年农民人均纯收入为647元，比上年增长4.9%，农民人均年生活费支出547元，比上年增长9.2%。农村储蓄存款余额达27.54亿元，比年初增长24.8%。职工年平均工资达1869元，比上年增长6.1%，城镇居民人均生活费用支出1033元，比上年增长7.5%，城镇储蓄存款余额达30.32亿元，比年初增长27.1%。

（保定地区统计局

执笔：李砚学）

张家口地区

1991年，全区集中精力抓经济建设，努力克服经济工作中的困难，国民经济"总体攻坚"取得明显成效。工业生产回升，市场商品丰富，物价稳定。城乡居民储蓄增长，人民生活水平提高。科技、文教、体育、卫生事业取提新成绩。全区社会总产值55.2亿元，国民生产总值27.6亿元，国民收入23.9亿元，分别比上年增长0.8%、8.7%和6.9%。国民经济运行中存在的主要问题是粮油减产较多，企业经济效益不佳，农村流通市场相对不畅，财政收支矛盾较突出。

一、农业生产取得新成绩

1991年农业因遭受严重旱灾，粮油欠收，但除种植业外，畜牧业、林业、渔业仍保持了不同程度的增长。全区农村经济总收入达到27.86亿元，比上年增长4.7%，农村社会总产值31.60亿元，其中农业总产值16.24亿元，农村工业总产值8.30亿元，农村建筑、运输、商饮业产值7.06亿元，分别占农村社会总产值比重为51.3%、26.3%和21.4%。在农业总产值中，种植业产值8.30亿元，比上年下降31.5%，林业产值1.03亿元，增长2.7%，牧业产值5.87亿元，增长9.1%，副业产值0.94亿元，下降3.1%，渔业产值983万元，增长37.5%。农业商品率为61.2%。农业生产条件有所改善，1991年农业机械总动力达68.9万千瓦，比上年增长2.8%，农村用电量1.60亿千瓦小时，增长1.3%。全区已建成水库118座，新增机电井668眼，新增水浇地10.4万亩，治理水土流失面积1524.7万亩，年末旱涝保收田138.65万亩，平均亩施化肥量增加0.3公斤。

畜牧业生产取得了新的进展。主要畜产品产量超历史最高水平。鲜肉总产量达8.88万吨，比最高年份增长18.05%，蛋产量2.80万吨，比上年增长11.5%，奶产量1.15万吨，增长9.59%。水产品产量再创新纪录，全年产量达2262吨，比历史最高产量的1990年增长9%。全区共育肥牛1.07万头，羊14.68万只，牛羊育肥是最多的一年。

二、工业生产稳步增长

1991年全区工业战线积极开展"质量、品种、效益年"活动，努力调整产品结构，挖掘企业内部潜力，走内涵扩大再生产之路，工业生产速度回升，工业总产值完成26.25亿元，比上年增长2.1%，其中乡以上工业19.88亿元，增长6.02%。全民工业增长5.59%，集体工业增长7.49%；轻工业增长12.69%，重工业增长0.26%。工业生产主要特点：一是全民集体同步增长；二是轻工业发展快于重工业，轻工业产品及人民生活消费品增长较快。三是产品销售有所好转。预算内企业百元产值销售率为99.4%,比上年增加18.7个百分点。四是资金周转速度加快,全年资金周转速度为170天,加快25天。但企业利润下降仍是当前工业生产经营中的主要问题。

三、固定资产投资规模明显回升

1991年全区固定资产投资规模达到历史最高水平,全民集体单位固定资产投资完成3.90亿元,比上年增长50.3%。在全民单位基建投资中,用于生产性投资1.40亿元,增长19.1%,非生产性投资0.51亿元,增长24%。农轻重的投资比重由上年的5.7∶16∶78.3,调整为9.5∶12.7∶77.8。全民建成投产的基本建设项目96个,新增固定资产1.32亿元,建成投产的更新改造项目32个,新增固定资产1.04亿元。宣化化肥厂尿素改造工程试车运转良好,为全区填补了尿素生产的空白。

四、市场活跃对外贸易取得好成绩

1991年全区社会商业商品零售总额16.6亿元,比上年增长7.5%。在社会商品零售总额中消费品零售额14.3亿元,增长6.7%,农业生产资料零售额2.3亿元,增长12.8%。全区市场物价保持基本稳定,居民零售物价总指数为102.1,其中:城镇职工零售物价总指数为104.2,农民零售物价总指数为101.4。

全区对外贸易在实行自负盈亏经营体制改革中取得好成绩。全区收购出口商品总值达1.66亿元,比上年增长44.3%,完成年计划130.7%,其中粮油食品类完成收购总值7339万元,增长19.8%。

五、人民生活有所改善

1991年人民生活水平有所提高。全区职工工资总额4.58亿元,比上年增长7.2%,职工人均年工资达1889元,增长5.4%。农民人均纯收入361元,增长15.7%。据城镇居民住户抽样调查,全年城镇居民人均实际收入1279元,生活费收入1145元,比上年分别增长6.7%和5.1%。城乡居民储蓄存款达16.13亿元,比上年增长32.05%,其中农民储蓄存款6.80亿元,增长30.8%。

城乡就业工作成绩显著。全区全民和集体职工达到24.12万人,比上年增加2992人。全民单位中劳动合同制职工达到4.21万人,增加5256人。城乡个体劳动者达到6.21万人。当年安排城镇待业人员5376人,比上年多安置1263人,就业率为67.11%,上升11.56个百分点。

六、财政收支矛盾突出

1991年全区财政总收入2.09亿元,支出3.38亿元,收支差距加大。支出增长较快的是用于个人部分的支出1.84亿元,比去年增长6.2%,占总支出的54.3%;公检法支出1769万元,增长6.9%;行政管理费支出6188.2万元,增长3.9%;工交商部门事业费支出638.4万元,增长5.3%。

减收因素主要是工业企业经济效益下降,利润减少,亏损增加,影响财政收入。1991年全区127户预算内工业企业,实现利润997万元,比去年下降65.5%,亏损企业31户,亏损额达3719万元,比去年增高72.1%。

(张家口市统计局

执笔:*藏希萍*)

承德地区

1991年,承德地区各族人民坚持“一个中心、两个基本点”,强化发展意识,发挥经济优势,深化改革,实现了“八五”计划的开门红,国民经济运行基本正常,取得明显成效。全年国民生产总值24.2亿元;国民收入20.0亿元;实现社会总产值43.6亿元,比上年分别增长9.0%、8.9%、8.9%。

一、农村基础建设加强,综合生产能力提高

1991年,广大农村继续稳定家庭联产承包责任制,调整产业结构,实施“二十六项常规技术的推广”,多渠道增加农业投入,壮大集体经济实力,农村经济全面增长。全区实现农村社会总产值32.8亿元,比上年增加5.92亿元,占全区社会总产值的比重已由1988年的68.7%提高到74.5%。

——深入开展农田水利基本建设。全区坚持抓联合、上规模;抓科技、上质量;抓管理、上效益;突出了规模开发、综合治理,全区施工农建项目5600多个,其中万亩以上工程46处,小流域综合治理工程587.5平方公里。抗御自然灾害能力增强,因而在大灾之年获得较好收成,和受灾程度相当的1986年比,粮食仍增产59.6%,达82.9万吨。

——扎实开展农业“26推”。在总结历年农业技术推广经验基础上,采取“靠科技攻单产,增加投入上总产”的对策,层层落实“26推”项目和计划,发展“两高一优”(高产、高效、优质)农业,使全区农业科技覆盖面由去年的51%提高到60%。

——以项目为依托,增强贫困乡村造血机能。全区利用省“张承扶贫”会议机遇落实扶贫项目109个,落实资金1.18亿元;在秦、唐、廊、承四市对承德地区的对口扶贫中,落实合作项目28项。全区90%以上的扶贫资金投放到特困乡村,集中连片使用,培植项目建设,使1.6万个农户稳定脱贫。

——农村社会化服务体系得到加强。全区规划“八五”期间建立和完善17个一条龙式服务体系,目前这些体系已具雏型。农科教统筹工作有新进展,全区被列为全国农科教统筹试点地区。有64个乡镇被列为农科教统筹试点乡镇;集体经济实力逐步壮大,60%以上的村集体资财得到清理,50%以上的村集体年纯收入超过5000元。

二、工业和乡镇企业发展较快

1991年,全区工业总产值比上年增长12.6%,其中乡及乡以上增长12.1%;乡及乡以上独立核算工业企业净产值率30%,产销率97.4%,资金利税率7.7%,销售利税率7.9%。乡镇企业实现产值增长21.5%,总收入增长17.4%。

——构筑工业"四梁八柱"思想,抓好增量存量调整。"四梁八柱"即培植冶金、化工、建材、轻工四大支柱产业,发展钢铁、硼、精细化工、硫、黄金、饮料、畜产品、仪器八大产品系列。全区坚持在困境中增投入上项目,开展多形式横向联合,年内引进项目155个,引进计划外资金8425.78万元。大项目有地区钢铁水泥总厂150立米高炉、兴隆的万吨尿素改造、兴隆果茶系列产品等,投资千万元以上的储备项目增加到14个。一年新上外资项目8个,投资499万元;乡镇企业新上项目128个,总投资5000万元。

——协调联动,突出重点,加速工业经济效益好转。一是培育了一批利税大户,对48个50万元以上、19个百万元以上利税大户进行了重点扶持;二是增产一批适销对路的骨干产品;三是扭转一批亏损企业,重点抓了36个预算内亏损企业的扭亏增盈。亏损企业减少6户,亏损额下降21.4%。四是处理一批积压产品。预算内工业企业产成品资金占用比上年下降20.4%,五是开发一批新产品。全年开发投产新产品68种;六是抓30家能源和原材料消耗大户,县以上工业企业万元产值能耗由6.5吨下降到5.7吨。

三、社会需求增加,经济环境出现转机

——全区固定资产投资规模比上年增加,投资效益较好。全社会固定资产投资3.93亿元。全民和城镇集体单位固定资产投资比上年增长13.5%,施工项目280个,建成投产率60.4%,新增固定资产8277万元,交付使用率52.4%。

——金融部门筹集了大量建设资金,支持了地方经济发展。年末银行各项存款余额11.47亿元,比年初增长24.1%。在搞活信贷资金存量的同时,优化增量投向,协助企业清理挖潜,压缩三项资金占用,清理三角债,保证了重点企业所需的资金。年末银行各项贷款余额17.09亿元,比年初增长18.8%。货币投入1.40亿元。

——更新观念,强化商品意识。全年社会商品零售额14亿元,比上年增长16.1%。集贸市场发展到168个,集市贸易成交额3.97亿元。

——开源节流并重。全年地方财政收入1.63亿元,比上年增长4.5%,其中工商税收1.1亿元;地方财政支出2.83亿元,增长1.6%。

——交通运输、邮电事业迅速发展。1991年全区公路货运量807万吨,比上年增长7.6%;货运周转量2.83亿吨公里。民用汽车拥有1.08万辆,比上年增长13.7%。邮电部门完成邮电业务总量1791.25万元,比上年增长1.3倍,农话交换机容量、市话话机、长途报话电路分别比上年增长3.2%、29.5%和6.8%。

四、以科技、人才开发为重点,促进经济稳定发展

——科技和经济有机结合,注重科技生产力的作用。组织3183名科技人员实施"星火计划",有95%以上的乡镇配备了专职科技副乡镇长、村长。乡村两级科技服务组织发展到1000多个;全年培训农民64万人次,绿色证书培训6400多人,培养各类经济建设急需人才1.3万人。

——教育事业不断的发展。全区有职业初、高级中学各15所,在校生分别为3708人、4595人,比上年增长6.6%和32%。基础教育的教学条件进一步改善,全区标准化校舍达94%,标准化校园90%。小学入学率99.1%,巩固率98.5%,毕业率98.7%。教师学历达标率64.4%。

(承德地区统计局
执笔:任树怀)

沧州地区

1991年,全区人民认真落实治理整顿的各项措施,积极开展"质量、品种、效益年"活动。使国民经济和各项社会事业在稳定中得到发展,全年社会总产值110.5亿元,比上年增长15.3%,国民生产总值51.8亿元,增长12.8%,国民收入44.1亿元,增长9.8%。

一、工业生产持续增长

随着各种启动经济措施的到位,工业生产环境逐步改善,促进了生产持续增长。1991年全部工业总产值60.90亿元(不含油田)比上年增长14.8%,其中乡及乡以上产值31.73亿元,比上年增长14.6%,全民工业总产值13.29亿元,增长11.9%,集体工业总产值18.39亿元,增长16.5%;乡及乡以上重工业总产值13.37亿元,比上年增长20.5%,轻工业产值18.36亿元,增长10.6%。

重点考核的35种产品中完成或超额完成年度计划的17种,占48.6%。全年开发新产品89种,其中获省优产品38种,出口创汇产品9种,新增出口创汇额324万美元,比上年增长63.6%,企业产品质量提高,物耗下降,全年可比产品质量稳定提高率为89%,可比产品物质消耗降低率为75%,可比产品能源消耗降低率为66.7%,均达到或超过了计划目标。

工业经济效益逐步好转。全年预算内工业企业总产值比上年增长15.4%，产品销售收入增长22.5%，实现利税增长27.6%，产成品资金占用下降22.5%，定额流动资金周转天数由上年的164天减少到150天，可比产品成本降低1.4%，企业亏损面下降21.4%，亏损额下降33.6%，产值利税率为10.6%，销售利税率为9.8%，资金利税率为11.3%，分别比上年上升1个、0.4个和1.7个百分点。

二、粮棉油喜获丰收，农村经济全面发展

1991年，各级领导继续把农业放在突出位置，采取倾斜政策，并实施一系列科技兴农措施，使得粮棉油均获丰收，而且粮食总产、单产，双创历史最好水平。粮食总产量176.6万吨，比上年增长10.2%，棉花10万吨，比上年增长44.3%，油料4.05万吨，增长12.3%，农业机械总动力299.4万千瓦，比上年增长1.9%，全年农村用电量4.80亿千瓦小时，增长7.6%，化肥施用量(折纯)13.9万吨，增长19.8%。

乡镇企业发展步伐加快。全区乡镇企业总产值51.60亿元，比上年增长18.7%，全年实现利润总额7.60亿元，比上年增长17.4%。

三、固定资产投资增加，结构进一步调整

1991年，全社会固定资产投资完成3.96亿元，比上年增长19.6%，其中全民基建投资完成1.76亿元，增长39%，全民技措投资1.37亿元，增长22.6%，集体所有制单位投资0.61亿元，减少12.7%，全年建成投产的基本建设项目155个，新增固定资产1.20亿元；建成投产的技措项目83个，新增固定资产1.15亿元。

投资结构改善。在全民基建投资中用于基础产业的投资增长加快，其中用于农林牧渔水利业的投资1443万元，比上年增长46.5%，在全部投资中、用于生产性投资3.04亿元，比上年增长17.9%，用于生产性投资比重由上年的77.9%上升为78.6%，用于住宅建设投资3612万元，增长18.2%。

四、城乡市场繁荣，物价稳定，外贸成绩显著

全年社会商品购进总值18.18亿元，比上年增长12.1%。社会商品零售总额23.74亿元，增长7.8%，其中，消费品零售额17.46亿元，增长7%，在消费品零售额中，对居民的消费品零售额16.12亿元，增长5.5%，对社会集团的消费品零售额1.34亿元，增长29.4%，全年零售物价总指数为101.7，比上年仅上涨1.7%，是改革开放以来物价涨幅最低的年份之一。

外贸体制的改革，促进了沧州地区外贸事业的发展，全区外贸出口商品收购总值持续增长。全年外贸出口商品收购总值4.21亿元，比上年增长9.3%。

五、财政、金融形势良好

全年财政收入4.38亿元，比上年增长4.9%，其中工商税收3.66亿元，增长3%；全年财政支出4.33亿元，比上年减少0.7%。

金融工作对支持经济发展做出了新贡献，全区年末银行各项存款余额48.9亿元，比上年增加5.7亿元；银行各项贷款余额达41亿元，比上年增加1.9亿元，其中，用于农业贷款增长19.3%；用于固定资产贷款增长37.2%，用于流动资金贷款增长22.2%，全年银行现金收入58.2亿元，比上年增长20.5%，现金支出68.4亿元，增长22.6%，收支相抵净投放货币10.2亿元，比上年多投放2.7亿元。

六、城乡居民收入增加，生活明显改善

据抽样调查，1991年城镇居民人均可用于生活费的货币收入1287元，比上年增长7.3%，农民人均纯收入596元，比上年增长13.8%。

1991年末，全区职工人数26.1万人，职工工资总额4.29亿元，比上年增长7.8%；年均工资1696元，增长3.2%。年末城乡居民储蓄存款余额48.7亿元，比年初增长27%，其中城镇居民储蓄29.9亿元，增长28.7%，农村居民储蓄18.8亿元，增长24.4%。

城乡居民消费水平进一步提高，据抽样调查，居民人均消费支出1262元，比上年增长12.1%，农村居民人均消费支出481元，比上年增长2.6%。

(沧州地区统计局
执笔：韩树明)

衡水地区

1991年，全区人民紧紧围绕经济建设这个中心，克服困难，经济建设和社会发展取得可喜成绩，三个宏观经济发展目标已基本实现。一是国民生产总值达到51.6亿元，比1980年翻了两番。二是经过自1989年以来的治理整顿，通货膨胀势头已被有效遏制，物价平稳。三是四项宏观经济指标全面均衡发展，国民生产总值51.6亿元，比上年增长11.2%；国民收入44.3亿元，增长12.2%；社会总产值113.1亿元，增长15.4%；工农业总产值98.9亿元，增长16.0%。

一、农村经济全面发展

1991年，全区进一步加强农业的基础地位，大力增加对农业的资金、物资和技术投入，农村经济又登上一个新台阶。全年农村社会总产值达82.2亿元，比上年增长19.7%。农业总产值31.8亿元，增长6.9%。

(一)主要农产品全面丰收。粮食总产量达175.6万吨，增长5.7%；棉花总产量11.5万吨，增长9.0%；油料总产量4.2万吨，增长9.1%。

(二)林、牧、渔业再登新台阶。全年造林面积3.1万亩，增长3倍；肉类总产量7.7万吨，增长6.7%；水产品产量3647吨，增长13.2%。

（三）农业现代化步伐加快。农业机械化、电气化、化学化、水利化步伐都在加快，农业生产条件进一步改善。年末全区拥有农业机械总动力262万千瓦，增长2.2%。

二、工业生产持续稳定协调发展

（一）工业生产步伐加快。全部工业总产值完成67.1亿元，比上年增长21.0%。乡以上工业完成产值39.6亿元，增长16.0%。

（二）产业结构调整初见成效，适销对路产品增加。重工业加速增长、轻工业稳步上升。基础产业发展较快，瓶颈产业得到加强。技改力度加大，高起点、高效益的技改项目逐渐增多，全年新开发并通过鉴定的新产品48项，达到国内先进水平的30项，国际先进水平的3项。

（三）增加企业投入。全年全民工业固定资产投资1.7亿元，比上年增长1.1倍。

（四）经济效益回升，实现利税增加。通过开展"质量、品种、效益年"活动，企业产品质量提高，预算内工业企业销售收入实现8.6亿元，增长8.7%；实现利税0.8亿元，增长3.9%。

（五）加快企业科技进步，工人劳动生产率增加。全民工业全员劳动生产率达24000元，增长2.7%。

（六）预算内工业企业亏损面和亏损额减少。年末预算内工业亏损企业减少5户，亏损额减少715万元。

（七）万元工业产值耗能减少。县级县以上工业企业每生产万元产值综合能源消耗，比上年减少2%。

三、乡镇企业继续发展

（一）涌现出一批骨干企业。到年底，乡镇企业发展到8.2万个，比上年增加1600个，从业人数增加1.2万人。涌现出一批象冀县暖气片厂、枣强马屯水暖厂、唐林电线厂、深县大堤管件厂等一批起点高规模大的骨干企业。

（二）发展快，规模大。全年乡镇企业总产值完成53.6亿元，增长34.2%。产值在百万元以上的企业已达404个，增长28.3%。

（三）经济结构趋向合理。乡办企业比重发展最快，实现总产值17.6亿元，增长52.4%。

（四）贡献大，效益提高。全年乡镇企业总收入实现49.9亿元，增长34.1%。实现利润7.1亿元，增长28.6%。上缴税金1.2亿元，增长20.9%。

四、投资规模扩大，新增效益高

全年全民固定资产投资完成2.2亿元，增长1倍；新增固定资产2.7亿元，增长1.4倍。一是基本建设完成投资1.1亿元，增长65.3%。二是更新改造投资迅猛增长，全年完成投资1.1亿元，增长1.64倍。三是投资生产能力增加，企业后劲增强。全年共建成投产的基建项目55个，完成技术改造项目23个。新增主要产品生产能力，涤纶线2000吨，白酒220吨，输电线路64公里，变电设备9万千伏安，新建厂房1.5万平方米，增加农田水力灌溉面积6万亩。四是投资结构有所改善。更新改造措施投资速度快于基建投资，所占比重由上年的39.7%增加到51.8%。生产性投资比重增加，由上年的72.9%增加到82.5%。

五、运输邮电能力增强

（一）交通运力增强。拥有各种营运车辆6470辆，油面路长度2048公里。衡德公路的开通为加强全区和外省的联系，缓解了运力不足。

（二）运输事业稳步发展。全年全民公路运输部门旅客周转量4.3亿人公里，货物周转量4046万吨公里。

（三）邮电通讯事业日趋发达。全年完成邮电业务总量3781万元，增长31.7%。

六、市场繁荣物价平稳

（一）商业购销两旺。全年商品购进总值累计22.7亿元，增长16.7%。商品纯销售总值22.7亿元，增长10.2%。

（二）市场繁荣兴旺。全年社会商品零售总额22.2亿元，增长19.2%。城乡集市贸易成交额3.1亿元，增长28.4%。

（三）物价涨势平稳。社会商品零售物价上涨幅度连续两年保持在相当低的水平，零售物价指数为102.0。

七、财政收入稳步增长

由于各级政府在提高经济效益和加强财源建设上狠下功夫，在减收增支因素较多的情况下，收入仍保持了继续稳步增长。全年完成收入2.78亿元，增长9.4%。

八、金融工作支持经济发展作用明显

1991年末，银行各项存款余额达34.97亿元，比年初增长25.6%。贷款余额36.94亿元，增长23.3%。

（一）企业资金持续紧张状况初步缓解。年末流动资金贷款达31.57亿元，增长22.4%；企业存款余额4.91亿元，增长8.7%。

（二）"三角债"清理工作有所进展。全区全年共清理工商企业"三角债"达7500万元。

九、科教文化卫生体育事业蓬勃发展

科技工作取得新突破，全区共取得科研成果67项，其中达到国际先进水平的4项。

教育事业取得新进展。全区共有普通中学339所，在校学生14.7万人，毕业生4.0万人。小学4604所，在校学生46.6万人，毕业生6.1万人。

文化事业继续发展，丰富了人民群众的精神文明文化生活。全区共有新华书店12个，影剧院29个。

卫生医疗条件进一步改善。全区共有卫生机构533个，病床5227张，卫生技术人员7912人。各种传染病、慢性病的防治工作取得新进展，卫生监督监测工作有所加强，医疗服务质量进一步提高。

体育事业蓬勃发展。全区共有少年儿童业余体校13所，向省以上运动队、体育运动学校输送人才11人。在省以上体育运动会累计获金牌12块。全年全区共举办各种运动会460次，在举办的全区第五届运动会上，参加的运动员达1054人，打破13项地区最高记录。

十、居民收入增加，生活水平稳步提高

据抽样调查，城镇居民人均年收入达1274元，比上年增长12.0%。农民人均纯收入630元，增长9.0%。城镇居民人均生活费支出1072元，增长14.5%。农民人均生活费支出530元，增长7.7%。城乡居民储蓄大幅度增长。年末城乡居民储蓄余额达40.92亿元，比年初增长28.1%，人均储蓄达1066元。

（衡水地区统计局

执笔：王春辉）

V 河北省经济和社会部门(行业)专载

河北省对外经贸工作取得全面进展的一年

河北省对外经济贸易委员会主任 吴凤鸣

1991年是外贸体制发生重大转折、外贸企业普遍实行自负盈亏体制的一年，也是外经工作面临转机的一年。全省经贸系统广大干部职工在省委、省政府的领导和有关部门的大力支持下，认真贯彻执行党的基本路线，坚持以经济建设为中心，坚持改革开放，团结奋斗，努力开拓，各项工作都取得了较大进展。

(一)1991年，全省外贸出口打破连续两年徘徊的局面，突破了13亿美元大关；进口也有较大幅度的增长。

1990年底，国务院做出了《关于进一步改革和完善对外贸易体制若干问题的决定》，在人民币汇率下调的基础上，从1991年1月1日起，所有外贸企业均实行自负盈亏的新体制。这是外贸经营机制的重大转换。国家虽然下调了人民币汇率，但外贸企业的经营环境并不宽松。适销货源不足，换汇成本低的商品尤为紧缺。库存商品中有不少是过去高价收购来的，多出口就多亏，不出口则问题更大。资金紧缺的矛盾虽比上年有所缓解，但仍满足不了需要。占全省出口近1/3的纺织品由于上年底提价过猛，致使换汇成本大幅度上升，维持出口困难很大，一旦出口规模降下来，其缺口是难以用其它商品弥补的。对原苏联、东欧国家的贸易方式由协定贸易改为现汇贸易，这些国家外汇短缺，进口急剧减少，对它们的出口面临着大幅度下降的危险。前三年的外贸承包中因国内物价大幅度上涨而人民币汇率未相应下调，遗留下较大数额的超亏挂帐包袱，每年单是这部分挂帐就需支付利息几千万元。外贸同内贸不同，它面对国际、国内两个市场、两种货币，在如此险峻的外部环境下，企业能自负盈亏吗？一些同志忧心忡忡，心中无数。还有一些同志断言，实施自负盈亏的体制，必然导致出口规模的收缩，坚持这项改革，要准备付出外贸出口下降的代价。

河北省的地方产品出口已连续两年在12.5亿美元左右徘徊，在实施自负盈亏新体制的第一年，全省出口额会不会继续徘徊甚至下降，这个问题十分尖锐地摆在全省广大经贸干部职工面前。面对险峻的外部环境，经贸系统首先抓了思想观念的转变，通过多种形式，组织广大外贸干部职工认真学习国务院《决定》的精神，引导大家用辩证的观点客观地全面地分析这次外贸体制改革的必然性和有利条件，并联系实际回顾1988年以来服装、轻工、工艺三个行业自负盈亏试点的实践过程，从而坚定改革的信心，尽快转变观念，以适应自负盈亏新体制的要求。与此同时，还根据国务院关于外贸体制改革的总体要求，结合本省实际，制定了《关于进一步改革和完善我省外贸体制的实施办法》，经省政府批准后下发实施。经贸委围绕这一《办法》制定了相关的配套改革措施。如，为了增强各级经贸行政部门的宏观调控能力，制定了外贸出口综合运筹调剂资金和出口风险基金的提取办法；为了调动地、市政府支持出口的积极性，制定了对地市奖励外汇额度的实施办法，等等。省经贸委还多次派出工作组，到18个地市调查新体制运行中出现的新情况、新问题，及时研究解决。经贸委领导还多次带领有关处室的负责人到困难较大的进出口公司现场办公，帮助它们解决问题。为了把具备条件的国营大中型生产企业直接推向国际市场，年内还为邢台冶金轧辊厂、宣化工程机械厂等六家生产企业申请获得了进出口经营权。经过一年的运转，外贸企业的自负盈亏机制已初显威力。全省外贸出口非但没有下降，还保持了月月增长的好势头。全年外贸出口商品收购值完成81.7亿元，其中供本省口岸64.2亿元，占计划的106.93%，比上年增长10.62%。出口货运量达到302万吨，其中海运283万吨，陆运19万吨。总计出口173881万美元，占国家年初下达计划的111.37%(占国家调整计划的102.76%)，比上年略有增长，在全国的位次由第9升为第8。其中地方产品出口打破连续两年徘徊的局面，达到133345万美元，比上年增长6.14%，超额完成了省政府下达的13亿美元的出口任务。

在努力扩大出口的同时，利用留成外汇积极进口省内需要的物资。全年进口到货27474万美元，比上年增长27.84%。

(二)1991年，全省利用外资出现突破性进展，对外工程承包和劳务合作也取得新的成绩。

河北省是沿海省份之一，与内地省区相比，扩大对外开放有许多有利条件。改革开放以来的前几年中，河北省利用外资的步子迈得不大。1989年“六·四事件”之后，西方国家对中国实行经济制裁，严重影响到外资的引进。由于中国政局稳定，经济发展，社会安定，加之我们的外交努力，西方一些国家陆续解除了对中国的制裁，利用外资出现了转机。1991年，河北把扩大外资引进作为经贸工作的一个重点来抓。在省政府的直接领导下，经贸委先后参与组织了在福建厦门举办的“河北省1991年与台湾同胞经济技术合作项目发布会”，在承德举办的“河北省对外经济技术合作项目发布会”，在石家庄举办的“对外经济技术洽谈会”，发布对外合作项目，寻求境外合作伙伴，大力争取外商投资。努力拓宽引进外资的渠道，除采取走出去、请进来的形式扩大同外商的接触外，还充分利用驻外机构、劳务承包以及亲朋、学友等各种关系，广泛开展官方的、民间的对外交往，宣传本省的投资环境和优惠政策，吸引外商投资。为了适应扩大对外开放的要求，更多地引进境外资金，还在唐山专门召开了全省利用外资工作会议，总结近几年的情况，交流先进经验，制定了改进外资项目审批办法、提高办事效率的措施。加强本省有关部门的协作，加快引进项目的审批，并努力争取国家有关部委的支持，尽可能多地利用外国政府贷款。办好现有外商投资企业，对于吸收境外资金有着积极的示范作用。经贸委经常派人深入外商投资企业现场办公，搞好服务，大力帮助它们加强经营管理，提高经济效益，努力扩大出口，改善外汇收支状况。年内首次召开了全省“三资”企业出口计划会议，同企业代表一起研究解决出口中的实际问题。全年“三资”企业出口6087万美元，比上年增长35.54%。在各有关部门的通力协作下，利用外资取得显著成效。省政府要求全年合同利用外资额1.6亿美元，新建“三资”企业50家。实际审批外商投资项目291个(其中外商投资企业289家)，合同总金额48831万美元，比上年增长143%，其中合同外资金额19272万美元，实际利用5656万美元，比上年增加27%。利用外国政府贷款合同金额4514万美元，比上年增长6.2%。

1991年还充分利用河北省劳动力资源丰富的优势，大力组织劳务出口，广泛承揽国外工程。全年共签订对外承包劳务合同总金额13447万美元，为上年的11.4倍；当年营业额达到256.53万美元。

(三)1991年，全省出口商品基地建设取得新进展，出口商品质量有所提高。

出口货源基地建设，是对外贸易的一项基本建设，没有可靠的货源基地，很难实现出口商品的均衡、及时供应，质量也难以保证。河北省自1975年开口岸以来，一直十分重视出口商品基地建设，每年都投入一定的资金，用于出口基地和专厂、专车间以及出口生产项目的引进和技术改造。1991年在资金比较紧张的情况下，共计筹措人民币5800万元，用于142个出口生产项目的建设与技术改造，投资额比上年增长21.04%。其中经贸系统利用自有资金投资2536万元，扶持生产和技改项目104个；通过投标形式利用国家出口生产贷款1960万元；还积极筛选项目向经贸部申报，争取到技改贷款1000多万元。另外，还通过工贸联营的形式兴办出口生产企业6个，双方投资总额1165万元。为了支持出口商品生产，全年共进口化肥5万吨，钢材1.2万吨，有色金属2570吨，化纤2700吨，投放到出口生产企业和农民手中。上述资金和物资的投入，不仅增加了当年的出口货源，还为今后扩大出口积蓄了后劲。1991年已开发出新商品11个，全年出口1000万美元以上的大宗骨干商品已达到16个。

加强外贸自属生产企业的建设，是稳定出口货源、确保出口质量的一项重要措施。1991年投入1534万元对外贸自属生产加工企业的51个项目进行技术改造。还专门召开了全省经贸系统自属生产企业管理工作会议，交流经验，制定措施，抓管理，上质量，创优质，争名牌。年内又有19种产品获得经贸部优质产品称号。

国际市场的竞争，说到底是质量的竞争，无论外贸出口，还是对外援助和工程承包，都有个“质量”问题，既有商品质量的竞争，又有工作和服务质量的竞争，在一定意义上说，质量是对外经贸企业的生命。1991年，经贸工作把提高出口商品和对外承包工程的质量作为“质量、品种、效益”年活动的一项重要内容来抓。首先教育广大干部职工牢固树立“质量第一”的观念，在对外经贸业务中坚定不移地走“以质取胜”的道路，靠提高质量去打开市场，靠提高质量去增加出口收汇，靠提高质量去开拓对外劳务市场。在实际工作中，积极帮助出口生产企业引进技术设备，瞄准国际先进水准进行技术改造，提高出口商品的质量和档次。同时建立健全了严格的质量管理制度，工、贸、检(商检)三方通力合作，共把质量关，做到不合标准的产品不出厂、不收购、不外运。经过共同努力，1991年全省出口商品质量有了提高，年内没有发生因质量问题引起的索赔事件。对外履约率也比上年提高了4.21%。

(四)1991年，全省对海外市场的开拓迈出了新的步伐。

河北省自1975年开口岸以来，经过十多年的开拓，已同120多个国家和地区建立了贸易关系。但是市场分布很不平衡，河北省产品的销售对象集中在少数发达国家和地区，其中对港澳、日本、欧共体和美国的出口占2/3以上；对发展中国家的出口仅占百分之十几，其中对非洲、中南美洲及澳、新地区的出口仅占百分之三左右。这种市场格局对河北非常不利，在国际形势发生重大变化的情况下尤其如此。为此，经贸工作在1991年认真实施市场多元化战略，全方位地开拓国际市场。港、澳、日本、东南亚是河北省商品的传统市场，对此采取措施，努力实现稳定发展。对于美国、加拿大和欧共体市场，一方面稳定原有贸易渠道，一方面寻找新的客户，在努力巩固的同时尽力拓展。原苏联和东欧国家同河北有着长期的协定贸易关系，随着这些国家政局的变化，从1991年起，双方的贸易方式改为现汇交易。由于对方现汇紧缺，河北省一些商品的竞争力相对较差，双方的贸易面临着大幅度下降的危险。为防止西方国家趁机挤占市场，经贸委专门召开了“河北省对苏东国家贸易工作座谈会”，认真分析形势，研讨对策，制定了拓展苏东贸易的六条措施，以积极的态度和灵活的形式巩固、扩大同它们的贸易。同时还专门召开了全省出口工作会议，研究多元化开拓国际市场的问题，特别强调了对发展中国家市场的开拓，尤其是增加对周边国家及澳新、非洲和拉丁美洲的出口。这项工作年内已初见成效，对东盟国家及澳新、非洲的出口比重都有所增加，其中对东盟国家的出口增加了2.03个百分点。

在贯彻市场多元化战略的同时，还加强了日常的推销工作。年内共派出外销员621批、2023人次出国推销，总计销售47835万美元，同时邀请35个国家和地区的外商1775人次来省洽谈生意。适应扩大推销的需要，加强了海外推销网点的建设。到1991年底，全省驻外贸易机构已发展到41个，分布在19个国家和地区，常驻人员达104人。

（五）1991年，全省经贸系统的企业管理明显加强，经济效益有了提高。

长期以来，外贸系统一直实行中央财政统负盈亏的体制，从而助长了企业和职工的“大锅饭”思想，工作中重出口、轻效益，企业管理工作薄弱。1988年至1990年的三年间虽然实行地方承包、超亏自负的体制，但毕竟保留着国家财政对出口的补贴，对大家的触动不深，有的同志甚至幻想补贴承包期满重新恢复国家统负盈亏的办法。外贸企业自负盈亏体制的实行，断绝了企业对国家财政的依赖关系，外贸企业能不能在经营中获得效益及效益多少，成为它们在竞争中能否生存和发展的关键所在。为此，就引导和教育企业领导和广大干部职工不怨天，不尤人，坚持眼睛向内，走“向管理要效益”的道路。一季度，围绕开展“质量、品种、效益”年活动，专门召开了经贸系统企业管理及先进表彰大会，总结交流企业管理方面的经验，研究部署加强内部管理的工作。在实际工作中着重抓了以下几点：一是进一步优化出口商品结构，降低换汇成本。各公司从实际出发，压缩或控制高亏商品出口，增加低亏和盈利商品出口，尤其注重开发换汇成本低的新商品出口。为此在全省范围内开展了为期一个月的出口商品大调查，摸清了全省各类商品的出口现状，明确了新商品的开发方向，并制定了鼓励开发新商品的实施办法。二是加强基础管理，挖掘内部潜力。在企业中全面开展了基础管理达标活动，健全了各项规章制度，强化和完善了从货源收购、经营费用、仓储运输、合同履约、外销价格、出口结汇等各个业务环节的管理。外贸自属生产加工企业的经营管理历来是个薄弱环节，年内专门召开会议进行研究，并制定了《暂行管理办法》，实施后收到明显效果。全年减亏500万元，减亏幅度为62.5%，内有20个企业扭亏为盈。为了加速资金周转，各外贸企业还开展了积压商品的清理工作，总计处理积压商品2.4亿元。三是结合企业升级，加强检查考核工作。年内对已评为国家二级企业和省级先进企业的单位普遍进行了复查，在管理方面有发展的予以表扬，保持原来水平的给以肯定并促其继续前进，存在不足或某些方面有倒退的则严肃指出，限期赶上。对申请升级的企业则经常派人给予指导，缺什么补什么，促其尽快达标。对于问题较多、管理较差的企业，各级经贸行政部门都重点给以帮助，努力解决存在的问题。四是注意用好用活各项政策。外贸企业实行自负盈亏的体制后，国家和省政府制定了一系列新的政策和措施，以便企业综合运筹，弥补出口亏损。首先组织各进出口公司的经理和机关处长进行集中学习，深刻理解并提高执行政策的水平。企业留成外汇和出口退税是企业运筹补亏的两个重要手段，各进出口公司普遍建立了出口退税岗位责任制，即时准确地向税务部门申报退税，同时加强了留成外汇的调剂工作，以便尽快地弥补亏损。同时还积极鼓励外贸企业利用留成外汇开展进口业务，走进出结合、以进补出的路子。地、市、县外贸企业还运用省政府给予的政策，在保证向省口岸供货的前提下，积极探索了向外口岸供货和开展内销业务的问题。企业管理和运筹水平的提高，促进了经济效益的好转。全省外贸系统统算，1991年盈亏相抵后还有盈利，费用水平、资金周转等项经济指标均好于前三年。

（六）1991年，全省经贸系统的精神文明建设取得丰硕成果。

从国家补贴出口，到企业自负盈亏，外贸经营机制的这一重大转变不能不引起某些思想反映和波动。经贸企业属于涉外经济单位，1991年国际形势发生了一系列重大变化，特别是作为第一个社会主义国家的苏联的解体，不能不对广大干部职工产生一定的影响。面对国内国际形势的巨大变化，各级经贸部门和各企业、各单位普遍加强了思想政治工作。年初，针对部分干部职工在自负盈亏后出现的畏难情绪，开展多种形式的思想工作，及时引导大家正确分析形势，统一思想认识，坚定改革的信心，鼓起克服困难的勇气。苏联、东欧局势发生重大变化后，又普遍开展了对广大干部职工的形势教育，同他们一起探讨苏、东变化的主客观原因，分析中国同它们的根本区别，坚定大家的社会主义信念，在对外交往中自觉坚持社会主义立场，维护中国的社会主义形象和信誉。思想政治工作的加强，有力地稳定了广大干部职工的情绪，激发了他们爱祖国、爱社会主义的热情。

加强广大干部职工的业务培训，提高他们的业务素质，是搞好经贸工作的重要保证。以全国外销员统考为动力，组织广大职工特别是涉外业务人员开展业务学习和竞赛活动。先后举办外销员统考辅导班9期，培训学员960名。还同河北电视台联合举办了全省经贸知识大奖赛，参加者达1500多人。业务学习竞赛活动提高了干部职工的业务水平，在全国外销员统考中，河北取得团体第二名的好成绩。

经贸系统广大干部职工处在商品经济第一线，加强廉政建设尤为重要。经贸委十分注意加强廉政教育，经常组织干部职工学习有关的政纪、法规，从思想上筑起反腐保廉的防线。加强制度建设是防腐防变的重要保证，针对经贸系统的实际，制定了《河北省经贸系统各类人员职业道德规范》，全系统3万多名干部职工人手一册，经常组织学习，用以对照检查和规范每个人的行为。为了防患于未然，还选择近几年来委直单位发生的具有代表性的典型案例20起，举办了惩治腐败展览，以图文并茂配以解说的形式对广大干部职工进行形象直观的教育。总计参观者达7000多人次，收到了良好的效果。

加强计划生育工作 严格控制人口增长

河北省自70年代初全面开展计划生育工作以来，经历了一个艰难曲折的过程。纵观20年的实践，有成功的经验，也有失败的教训，有成绩显著令人鼓舞的年代，也有艰苦爬坡奋力进取的时期，呈现出一条波浪式前进的道路。

(一)计划生育事业的发展。

1.计划生育工作的发展概况。由于“文化大革命”中生育处于无政府状态，人口失去控制，给社会带来巨大的压力。1966年～1971年6年中全省共出生688.89万人，平均每年出生114.82万人，年平均出生率26.38‰，年平均自然增长率20‰。为了解决盲目生育状况，1972年以来，在毛泽东、周恩来等中央领导同志的直接领导下，全面提倡和推行计划生育工作。河北省率先响应，首先在乐亭县召开了全省计划生育工作现场会，总结推广了乐亭经验，紧接着解决了计划生育工作的领导问题和机构设置。全省成立了计划生育领导小组，各地、市、县恢复和建立健全了计划生育委员会，公社设立了办事机构，大队配备了计划生育工作人员，基本实现了层层有领导，工作有人抓的局面。至此，计划生育工作在全省兴起了热潮。1973年省计划生育领导小组制定了《关于计划生育若干问题的意见》，明确提出提倡晚婚、每对夫妇生育两个孩子间隔四年左右的生育政策。围绕落实这一政策，坚持贯彻了中央提出的“书记挂帅，全党动手，宣传教育，典型引路，加强科研，提高技术，措施落实，群众运动，持之以恒”的36字方针，使计划生育工作步入了正常开展的轨道。1978年党的十一届三中全会以后，进一步把控制人口问题作为加速四个现代化建设的重要条件，明确提出了实行计划生育为我国的基本国策，进一步完善了各项生育政策，更有力的推动了这项工作的开展。从1971年到1979年的9年间，人口出生率有了大幅度下降，由1971年的25.06‰降到1979年的16.07‰，下降近9个千分点，自然增长率由1971年的18.57‰下降到1979年的9.71‰，下降8.7个千分点；在已婚有生育条件的妇女中，采取各种节育措施人数由1973年的363.8万人增加到1979年的511.7万人，综合节育率也由75.99%上升到84.44%。

80年代是计划生育工作向纵深发展的时期，这一时期工作起伏较大。在70年代后期，全国五届人大二次会议提出“要制定切实可行的办法，奖励只生一个孩子的夫妇”以后，河北省从1979年下半年开始，开展了一对夫妇只生一个孩子的宣传工作。1980年《中共中央关于控制我国人口增长问题致全体共产党员、共青团员的公开信》发表，全省进行了广泛深入地宣传，其核心内容是普遍提倡一对夫妇只生育一个孩子，确有实际困难者可以生育两个，无论任何情况都不能生第三个。按照《公开信》的要求精神，省政府下发了《关于计划生育工作若干问题的补充规定》，明确规定了照顾生育二胎的条件。80年代初期，由于生育政策的转变，新婚姻法的颁布，对全省计划生育工作产生了一定影响，造成1981年出生率出现较大幅度的回升。由1980年的15.66‰上升到23.99‰，自然增长率也由1980年的9.20‰上升到17.94‰。面对这一形势，省委省政府采取了相应措施，除要求各级党委、政府要有一名领导抓计划生育工作、建立干部岗位责任制和与育龄妇女签订“双包合同”外，大力开展和推行终止妊娠的补救措施和长效节育手术，取得了显著效果。1982年全省做人工流产64万例，1983年做结扎手术273万例，上环109万例，有效地控制了计划外生育。自1982年至1985年出生率持续下降，由1982年的19.35‰下降到1985年的17.04‰。从1986年开始，由于受第三次生育高峰的影响，人口出生率再次出现回升，至1989年的4年间，年出生率都在20‰以上，特别是1987年，出生率高达22.5‰。面对严峻的人口形势，省委省政府遵照1988年3月31日中央政治局常委会讨论计划生育工作时提出的“统一思想，稳定政策，抓紧工作”的方针，以整顿生育环境，治理生育秩序，强化基础工作，扭转被动局面为重点进行了部署，要求在全省范围内开展以“查早婚早育、查计划外出生、查计划外怀孕、查节育措施落实、查兑现超生罚款、查婚育问题上弄虚作假等不正之风”为内容的“六查”活动。经过一年的艰苦努力，共查出1980年10月以来超生人口284万人；按政策规定补征超生罚款3.33亿元；查出早婚23万对，其中早育有6万多人，征收罚款6310多万元；查出婚育问题上的不正之风1.64万件，处理1.49万件；做各种节育手术21.06万例，基本上摸清了底数，了解并掌握了人口生育现状，纠正了婚育领域内放任自流的不良倾向。

1989年3月14日，经河北省第七届人民代表大会常务委员会第六次会议通过，《河北省计划生育条例》正式公布施行，标志着河北省计划生育工作走上了依法治理的轨道。这对全面贯彻党的计划生育方针、政策，有效地控制人口过快增长，促进社会主义现代化建设有着非常重要的意义。同年3月，在召开的全省计划生育工作会议上，省政府与各地行署、市政府签订了《人口目标管理责任书》，第一次把计划生育指标纳入考核地市领导同志政绩的一项重要内容，明确提出各地、市肩负着控制人口增长的重任。4月12日，省政府下发了《关于签订人口目标管理责任书有关事项的通知》的54号文件，进一步把责任书的主要内容、考核办法和奖惩办法具体化，明确了职责，增强了责任感，从而加强了计划生育工作的领导，为人口计划的完成提供了保证。

90年代初期是计划生育工作的鼎盛时期，在艰难爬坡的过程中出现了良好转机。1990年提出两项任务，一是抓补救、上长效、保计划，二是清理党员、干部、职工计划生育违纪问题，都取得了明显效果。1990年共做各种手术234万例，其中结扎55万例，上环98万例，补救70万例，出生率为20.46‰，比上年下降1.35个千分点，自然增长率为13.64‰，比上年下降3.05个千分点，而且这两率分别比全国平均水平低0.6和0.75个千分点。表明各级政府和计划生育部门付出了巨大努力，取得了显著成绩；省监察厅通报了查处违反计划生育政策案件的情况：全省共查出违反计划生育政策的干部、职工11.40万名，其中县级干部7人，科级520人，一般干部2.41万人，职工8.94万人，有8711人受到党纪政纪处分。

1990年全国进行了第四次人口普查，截止到7月1日零时河北省总人口已达6108万人，同第三次人口普查相比，8年共增加808万人，增长15.24%，平均每年增加101万人，年平均增长率为1.79%。全省1989年7月1日至1990年6月30日，出生人口119.3万，出生率为19.66‰，死亡34.9万，死亡率5.76‰，自然增长率为13.9‰。普查提供的翔实资料，进一步说明了人口控制的严峻形势，增加了计划生育工作的责任感和紧迫感。1991年初，中央召开了计划生育工作座谈会，之后下发了中发〔1991〕9号文件《关于加强计划生育工作严格控制人口增长的决定》，进一步明确各级党委和政府务必把计划生育工作摆到与经济建设同等重要的位置上来，党政第一把手必须亲自抓，并且要负总责。同时指出，必须坚定不移地贯彻落实现行政策，不能动摇，不能松动，不能改变，以保持政策的稳定性和连续性。按照中央的指示精神，省委省政府决定，由省委四位书记邢崇智、程维高、吕传赞、李炳良和常委韩立成、副省长顾二熊各深入抓一个后进县，促其尽快改变面貌。事实证明，领导包县是一个好办法，经年终考核6县的工作有了很大进步，基本扭转了落后被动局面。在省领导包县的同时，各地、市、县的主要领导也普遍包乡包村，缩小了后进面，促进了整体工作水平的提高。1991年全省出生率为16.59‰，自然增长率为9.84‰，比上年分别下降3.87和3.8个千分点，比计划分别低3.21和4.46个千分点，较好地完成了人口计划，也是“七五”以来实现人口计划最好的一年。

2.机构设置逐步完善，计划生育队伍不断壮大。省计划生育委员会是管理全省计划生育工作的政府职能机构，下设一室一委六处：办公室、机关党委、人事处、规划统计处、宣传教育处、科学技术处、行政财务处、政策法规处。各地、市、县均建有计划生育委员会，并设立了与省计划生育委员会各处室基本相应的科、股(组)；乡、镇设立计划生育办公室(或委员会)，成立工作站，由分管统计、技术、宣传的人员组成；村级设立以支部书记、村委会副主任、或妇女主任为领导的专职干部，主抓全村的计划生育工作。

省计划生育委员会下设7个直属事业单位：省计划生育宣传教育分中心、干部培训中心、计算中心、药具管理站、河北人口报社、计划生育科学研究所和北戴河计划生育服务中心。

计划生育工作的民间机构为河北省计划生育协会。

随着计划生育事业的不断发展，计划生育队伍在逐步壮大。1991年全省从事计划生育工作的干部、职工已达2.86万人，其中男性1.30万人，占干部职工总数的45.45%，女性1.56万人，占54.55%，女性多于男性。计划生育队伍的平均年龄为33.2岁。男性为34.7岁，女性为32.9岁，男性略高于女性。按照不同文化程度分布：研究生4人，大学320人，大专1584人，合计为1908人，占6.68%；中专4237人，高中10670人，合计为14907人，52.16%；初中11066人，占38.72%；小学679人，占2.38%；文盲21人，占0.07%。平均受教育年限为10.8年。

全省计划生育队伍中的职务分布：地级1人，副地级6人，县级42人，副县级93人，科级485人，副科级2308人，科员4825人。其他20821人。副科级职务以上人员占10.27%，表现出计划生育系统各层次具有较强的领导力量。在计划生育队伍中国家正式干部7456人，占26.1%，聘用干部5116人，占17.9%，正式工人2332人，占8.2%，合同工、临时工及其他13677人，占47.8%，其中干部人员较少，比重偏低，有待今后进一步充实和提高，以适应计划生育事业的发展。

（二）计划生育工作效果。

河北省计划生育工作开展20年来，取得了巨大的经济和社会效益，促进了社会主义物质文明和精神文明的发展。

1.促进了生育观念的转变。几千年来旧中国的封建礼教，在人们思想上形成了根深蒂固的观念习俗，这种观念和习俗反映到生育上就导致了盲目生育。在私有制基础上产生的生育观，认为儿女是私有财产，生儿育女是家庭私事，尽管在社会主义社会，这种观念依然普遍存在。计划生育的广泛开展，人口理论的普及，算帐对比教育的深入，冲击了这种私有观念，使广大群众把生儿育女同社会需要和国家民族利益联系起来，按照个人利益服从国家利益、眼前利益服从长远利益的原则来安排自己的生育计划，这无疑是一个重大变革。这种变革是随着计划生育工作的开展、步步深入，经历一个较长的历史过程才逐步形成的，并且随着生育政策的不断完善，更加深了群众对计划生育的理解和认识。据调查，在农村部分富裕户生育观念发生了变化，他们都是在生一个或两个之间做选择，而自愿只生一个的在逐渐增加，他们已经意识到少生孩子有利于发家致富，有钱可以用来发展生产，改善生活。随着生产的发展，致富的农民开始认识到文化和科学技术的重要，深感自己知识不足，重视了对孩子的培养教育，增加了智力投资。通过算帐对比，得出了孩子多，生活难以改善，孩子少，容易培养成有技术的人才的结论。富裕农民思想的变化影响了广大决心致富的群众，生育意愿普遍由"多生"转变为"少生"，形成了生育观念的转变。

生育观念的转变，改变了人口迅猛增长的趋势。这突出反映在妇女生育水平发生的变化，60年代基本上是处于自然生育状态，妇女的总和生育率为5.15；70年代为3.37，下降了1.78；80年代为2.56，比60年代降低2.59，比70年代降低0.81。妇女生育水平的降低标志着计划生育工作取得的成果。

2.计划生育的经济效益。自开展计划生育工作以来，以1970年的生育水平为基准，到1990年共计少出生2374万人，这一庞大的数字占1990年末全省总人口的38.5%，是全省四个最大地区邯郸、邢台、石家庄、保定人口的总和。如果按照1987年人均年消费量粮食233公斤，食用植物油5.4公斤，布2米，猪肉8公斤计算，可节约粮食475.28亿公斤，全省人口可食用三年多；节约食用植物油10.61亿公斤；节省布4.08亿米；节约猪肉19.45亿公斤。按1988年全国平均培育一个孩子从1岁到16周岁需用1.25万元的水平计算，可节约培育费1593.67亿元。

（三）人口形势依然严峻，计划生育工作仍需加强。

全省计划生育工作自开展以来虽然取得了巨大成绩，人口的过快增长在某种程度上得到了有效控制，但是，由于人口基数大，农业人口比重高，各地工作发展不平衡，使得当前人口过快增长的形势依然十分严峻。

1992年是第三次人口出生高峰的峰顶年，15～49岁育龄妇女达到1659万人，比上年净增19.5万人，特别是20～29岁生育旺盛期妇女，预计将增至609万，比上年净增4.1万人。同时，由于受"羊年生孩子不吉利"的封建思想影响，使得在1991年生育的妇女中有一部分推迟到1992年生育，进一步加剧了人口形势的严峻程度。由于各地计划生育工作基础不同，整体工作水平差距较大，党政领导对人口意识和人均观念认识程度高低不一，使一些地方出现了只注意抓经济而忽视抓人口的问题，不能始终如一地把控制人口摆到与发展经济同等重要的地位，自觉地坚持两种生产一起抓。取得成绩，盲目乐观，遇到困难，畏难厌战，对控制人口的艰巨性和长期性缺乏足够的认识。计划生育的主要工作在基层，从全省来看，多数地方基层工作和基础建设起步较晚，管理水平还比较低，工作制度还不尽完善，计划生育人员的素质还不高，已婚育龄妇女的避孕节育措施不够落实，早婚早育现象时有发生。流动人口的管理问题正在探索，落实齐抓共管、综合制理的任务还相当艰巨，这一系列的问题冲击着人口计划的实现，困扰着计划生育系统的干部职工。面对严峻的形势，只有坚决按照中央的指示精神，继续坚持党政主要领导同志亲自抓、负总责，继续实行责任制，层层签订目标责任书，实行一票否决权，继续加强综合治理，继续坚持突击与经常相结合的方针，下更大的决心，用更大的力量，通过坚持不懈的努力，切实抓紧抓好计划生育工作，以期从根本上实现河北省人口增长过快的有效控制。

（河北省计划生育委员会
规划统计处 闫培功）

发展中的河北汽车集团

河北的汽车工业起步于70年代初,经过20年的发展,具备了一定的物质、技术基础,但由于历史的原因,存在着布点分散、产品重复、批量小、质量差的突出问题。为尽快改变"散、乱"局面,使全省汽车工业形成合力,省政府决定,中汽总公司下放河北省的8个重点企业不再层层下放,于1989年2月成立了省汽车工业集团公司。集团为经济实体,副厅局级单位,在省内实行计划单列。下属8个生产厂,2个直属单位。河北汽车工业从此走上集团化发展的道路。

集团一成立,就把治散治乱做为重要任务来抓,首先从调整产品结构入手,统一发展规划,统一开发新产品,逐步形成专业化联合协作的生产体系。所属企业得到较快发展,1990年跻身全国汽车行业主要企业的行列。到1991年,集团经过两年的建设,已具备了一定的实力。这一年,集团大力开展"质量、品种、效益年"活动,取得令人注目的长足进展。

(一)经济效益成倍增长,各项经济指标均创历史最高水平。1991年,完成工业总产值5.2亿元,比上年增长87%;生产汽车、改装车1.5万辆,比上年增长1.3倍;实现利税5716万元,其中利润3927万元,分别比上年增长2倍、2.01倍。汽车产量、销售收入、实现利税分别是集团成立前历史最高水平的1988年的1.05倍、1.62倍、1.50倍。

(二)产品结构调整、科技开发取得显著成效。在中国汽车工业总公司的帮助下,与中国汽车技术研究中心合作,联合开发出6450、6400、6600三个轻型旅行车新产品,在全国处于领先地位。到1991年底,以6450、6400两种轻型车为主导产品的专业化联合协作的生产体系初具规模,年生产能力已达两万辆以上。产品结构趋向合理,并使河北在轻型车方面具备了一定的优势,在全国有了一定的位置。

(三)技术改造取得重大进展。三年累计投入技术改造资金1.1亿元,相当于集团成立前1971年到1988年18年投资的总和,使冲压、焊装、喷漆、总装等基本上实现了流水线作业,特别是唐山齿轮厂的变速器项目,达到了国际80年代末水平,在国内处于领先地位。

(四)产品质量稳步提高。集团成立后,不断强化质量管理,75%的企业通过了全面质量管理达标验收,1991年,两个产品创部优,五个产品创省优称号。

1990年,人民日报曾发表《中国汽车工业要走集团化道路》的评论员文章,指出"发展我国汽车工业的必由之路,是走行业集团化的道路"。河北省汽车集团通过三年的实践,已打下了一个较好的基础,获得较快发展。同时依据"高起点、大批量、专业化、优质量"方针,制订的"八五"发展规化、基建、技改项目已分别得到省政府、中汽总公司、国家计委的批准,这将使汽车集团"八五"期间得到更快发展,带动全省的汽车工业跃上一个新的台阶。

Ⅵ　1991年河北省主要经济政策、文献、法规选载

关于进一步改革和完善外贸体制的实施办法

（1991年1月3日河北省人民政府印发）

为了继续贯彻执行治理整顿和改革开放的方针，努力扩大出口，多创外汇，促进我省经济的进一步发展，根据《国务院关于进一步改革和完善对外贸易体制若干问题的决定》精神，在总结第一轮外贸承包经验教训的基础上，进一步改革和完善外贸体制。其原则和重点是：取消国家对外贸出口的财政补贴，从建立自负盈亏机制入手，使外贸逐步走上统一政策，平等竞争，自主经营，自负盈亏，工贸结合，推行代理制，联合统一对外的轨道；逐步理顺外贸管理体制和经营体制，完善承包措施，在提高出口商品质量和经济效益的前提下，持续、稳定、协调地发展对外贸易。具体实施办法如下：

一、理顺外贸管理体制，加强外贸宏观管理

（一）充分发挥各级经贸部门的管理职能。省经贸委是省政府主管我省对外经济贸易的职能部门，负责党和国家有关对外经济贸易方针、政策、法令、法规的贯彻执行；结合我省实际制定具体的政策措施和实施办法；并负责对全省对外经济贸易工作统一协调、管理。其他非授权部门不得擅自颁发全省性的对外经济贸易政策、规定。各地颁发地方性对外经济贸易的政策规定，必须遵从国家和省统一的政策规定，不得各行其是。地、市经贸委（局）是同级政府主管当地对外经济贸易的职能部门，负责归口管理当地的对外经济贸易工作。其职能要根据同级政府和省经贸委的授权，按照河北省人民政府〔1989〕6号文件中的有关条款确定。县级外贸的机构设置、工作职能和条块管理关系，仍按河北省人民政府办公厅冀政办〔1990〕18号文件中的有关规定执行。

（二）继续做好清理整顿工作。经过清理整顿后的各级各类外贸公司（包括有出口经营权的出口生产企业），要严格按照核定的经营范围经营。按照国家有关规定，"八五"期间一般不再批准成立专门从事流通领域经营的外贸公司，但出口量较大、产品技术比较复杂的大中型国营生产企业和紧密型生产企业集团，仍可申请进出口经营权（由省经贸委报经贸部审批）。要继续鼓励和扶持外商投资企业发展出口。对外商投资企业生产的实行计划、配额和许可证管理的出口商品，要根据批准的生产规模和实际生产能力，安排出口计划和配额。出口生产企业与外商兴办合资、合作企业，要发挥扩大出口创汇的作用，合资、合作前的出口供货任务要保证完成，以保持一般贸易出口的货源稳定。要加强对出口商品的质量管理，建立健全出口商品产地证的签发制度。商检部门要会同各有关生产主管部门，加快建立和实行对出口商品的质量许可验证制度。对出口商品的掺假作伪行为，一经发现要严肃处理。

（三）加强对出口商品的计划管理。对第一、二类商品的出口实行指令性计划列名管理，对第三类商品的出口实行出口总额计划管理（其中少数价格和市场敏感的实行计划列名管理）。出口计划由省经贸委对省各外贸、工贸专业进出口公司和省、市综合性外贸公司，具有进出口经营权的生产企业和开发区的外贸公司全额下达。对出口商品的收购实行外贸收购总值计划与列名商品收购计划管理相结合的管理办法，外贸收购总值、分地市外贸收购值和分类外贸收购值计划，由省计经委和经贸委对各地区行署、市政府、省直各有关部门和各地市经贸委（局）分别下达。其中对省确定的73种列名商品，各地、各有关部门要保证完成。各级计委、经贸、物价、工商行政管理等部门要把这部分商品的生产、供货、收购、价格和市场管住、管好。对其他未列名商品的收购与供货，由省、地（市）外贸企业与生产、供货企业协商落实。对主要出口商品生产所需原材料（棉花、钢材、生铁），由省计经委实行计划单列，与本省外贸收购挂钩。

（四）加强对出口商品经营的管理。根据国家确定的出口商品分类目录和改善出口商品经营管理的规定，一、二类出口商品由省各外贸、工贸专业进出口公司按照国家和省安排的计划经营，其他各类外贸公司均不得

经营一类出口商品，省、市综合性外贸公司经营二类出口商品要严格掌握，由省经贸委报经贸部审批；具有进出口经营权的生产企业，可经营本企业生产的出口商品(一类商品除外)，但不准跨范围经营；三类出口商品由经过批准有进出口经营权的各级各类外贸公司按专业分工和核定的经营范围，有管理、有秩序地搞好经营。

二、理顺外贸经营体制，增强出口创汇能力

(一)密切省、地(市)、县外贸企业的内在联系，理顺上下经营分工。各级外贸企业要发挥整体功能，联合统一对外。在经营分工上，省各专业外贸公司要不断扩大对外推销，开发国际市场；地市外贸公司要积极组织货源，搞好上下衔接；县外贸公司要落实收购任务，保证货源供应。各级外贸公司都要扶持发展出口商品生产。在业务活动中，经营渠道不要打乱，地(市)、县外贸公司要接受省对口专业公司的指导和协调；省各专业进出口公司要通过地(市)、县外贸公司组织当地货源，并按规定及时结算和付给手续费。

(二)搞活省各外贸专业进出口公司驻秦机构的服务和经营，充分发挥驻秦机构的作用。省各外贸专业进出口公司的驻秦机构，要由单一的出口服务型向多功能综合型转变，具有进出口经营条件的，由省公司根据本行业的经营特点、货源分布和出运流向，确定一定比例的出口计划，由驻秦机构承包经营，自负盈亏(其中一类商品不得下放，二类商品由省公司统一成交，驻秦机构负责交货、结汇，三类商品由驻秦机构自主经营)。各驻秦机构在转变职能的同时，要加强对国际市场的调查研究，拓宽服务领域，为当地生产部门和企业利用外资、引进国外先进技术设备和兴办外商投资企业牵线搭桥，促进和扩大秦皇岛市的对外开放工作。

(三)鼓励各外贸、工贸专业进出口公司在自主经营、自负盈亏和联合统一对外的基础上组建行业性集团公司，实行专业化经营。通过发展集团的方式，推进工贸、农贸、商贸和技贸的结合。集团公司可通过相应的组织系统，运用计划管理、经营分工、扶持生产、鼓励出口和代理出口等项措施和手段，协调管理好本行业出口商品的生产、研制、收购、价格和市场等。纺织行业可先行一步探索，取得经验后逐步推广。具有进出口经营权的大中型生产企业，也要积极向集团化方向发展，以利增强出口创汇能力。

三、改革外汇分成办法，搞活外汇调剂

根据国家新的外汇分成办法，对各外贸出口经营企业的出口商品收汇实行全额分成。外汇额度分成比例是：(一)机电产品和特定科技产品(目录另定)出口收汇有偿上缴中央30%(出口经营企业20%，出口供货企业10%)。(二)一般商品出口收汇上缴中央50%，其中有偿上缴30%(出口经营企业20%，出口供货企业10%)。限额补偿上缴省政府10%；留成40%。(三)来料加工工缴费收汇上缴中央10%，留成90%。政府间记帐协定贸易的出口，不实行现汇分成。外贸企业的留成外汇，主要用于调剂补亏和自营进口。地区行署、市政府、省直部门及其他单位有偿用汇，要实行计划管理。具体办法由省计经委商省经贸委、外汇管理局制定。

外汇调剂中心要进一步简化手续，提高效率，把外汇调剂工作搞活。允许外汇调剂双方在调剂市场上直接见面。外贸企业在完成上缴中央外汇计划进度和保证地方计划用汇后，其余的外汇额度允许跨省调剂。

四、完善外贸承包措施，确保出口计划落实

为确保完成国家核定给我省的年度出口收汇和上缴外汇任务，本着“条块保证、多轨承包、包到企业”的原则，省政府逐年向各地(市)、省各有关部门、各出口经营企业核定各项指标，并实行承包责任制。省经贸委按国家计划下达给各外贸出口经营企业的出口计划、出口收汇和上缴外汇指标，均为指令性任务，必须保证完成。省政府根据地方经济建设需要确定的出口计划，各外贸出口经营企业要努力完成。对企业未完成上缴中央和省政府外汇额度的部分，由省经贸委会同省外汇管理局从其留成外汇额度中扣缴补足；省计经委和省经贸委下达给各地(市)、省各有关部门的外贸收购总值计划、外贸分类收购值计划、计划列名商品和主要出口商品生产原材料供应计划，由各地、市和省各有关部门作为指令性任务分解下达到出口生产企业和供货单位，按时、按质、按量确保完成，并作为企业完成承包任务、评优、升级的考核依据。

省内生产企业完成本口岸交货计划后，除按国家规定兑现给出口奖励金外，机电产品按交货值的8‰、其他产品按6‰提取奖励金。完不成交货任务，扣减相应的出口奖励金。此外，由省经贸委按当年现汇贸易出口净收汇额计算，筹措2%的外汇额度，用于鼓励完成各项外贸承包指标的地行署、市人民政府。具体兑现办法由省经贸委制定。

各级外贸企业要进一步完善内部承包措施，加强经济核算，改善经营管理，努力降低出口成本和各项费用水平，提高经济效益，不准亏损挂帐。各级经贸主管部门要根据不同企业的情况，把企业的人均出口额、收购额、盈亏额、费用水平、资金周转和自有资金增加额等项指标纳入承包范围。在自负盈亏的基础上，进出口企业的奖金和出口额挂钩；在完成盈亏指标的前提下，地(市)、县贸易和生产(加工)企业的奖金与完成供本省出口货源的收购额和产值、产量挂钩；其他指标作为企业评优、升级的重要考核依据。

五、理顺外贸系统的财务管理体制

省、地(市)、县外经贸企业分别实行独立核算、自负盈亏、条块结合、分级管理的财务体制。在财务关系上，中央直属贸易和非贸易企业的隶属关系不变；具有进出口经营权的市综合性外贸公司与当地财政挂钩，其财务承包指标如何核定、考核，由当地政府决定；省级外经、外贸和工贸企业均隶属省经贸委，并与省财政挂钩，其财务承包指标由省经贸委核定、考核。其他地(市)、县外贸企业和自属生产(加工)企业(粮油食品行业除外)，从1991年1月1日起，在财务上与省各外贸专业进出口公司脱钩，与地、市经贸委(局)挂钩。各地、市经贸委(局)的财务承包指标和利润分成比例，由省经贸委核定下达，地、市经贸委(局)全额承包后分别核定落实到各企业，并负责考核；地(市)、县粮油食品行业的外贸企业和自属生产(加工)企业，在财务上仍与省公司挂钩，分级核算。其财务承包指标，由省粮油、食品进出口公司商地、市经贸委(局)核定，共同考核、管理。地(市)、县外贸企业和外贸自属生产(加工)企业继续实行全额利润留成的办法。地、市经贸委(局)负责本地市财务上的宏观调控和运筹，要在包死基数的前提下确保完成上缴任务。

包装、外运、仓储、基地等中央直属的地市企业，财务承包指标由对口省公司商地市经贸委(局)核定后下达，共同监督执行。地、市经贸委(局)和省经贸委分别提取一定比例的经营费(具体办法由省经贸另行制定)。

六、采取其他配套措施，促进外贸体制改革

(一)为了适应外贸体制改革的需要，增强地、市经贸委(局)的业务协调能力，从1991年起，地、市经贸委(局)挂"对外经济贸易委员会(对外经济贸易局)"和"对外经济贸易公司"两块牌子，实行企业化管理，但不从事经营。同时，对地市经贸委(局)的领导干部实行职数管理，一般不得超过一正两副。经贸委(局)主任(局长)由当地组织人事部门考察，征得省经贸委同意，依照规定的程序任免。

(二)加强省、地(市)经贸主管部门的调控运筹能力。省、地(市)经贸主管部门可根据外贸企业实际情况采取适当的调控措施，对外贸行业之间的经营实行综合运筹，建立外贸出口综合运筹调剂资金和风险基金。出口综合运筹调剂资金由省各进出口公司按出口经营额的1%提取，省经贸委集中掌握，用于解决企业非经营性因素造成的困难；风险基金由地、市经贸委(局)从所属外贸企业的调拨经营额中提取3‰，用于解决地(市)、县外贸企业的经营风险。

(三)大力开展"三来一补"和进料加工复出口等灵活贸易，搞好进出结合。为了鼓励"三来一补"和进料加工复出口业务的开展，目前在关税、保税仓库、海关监管等方面行之有效的政策措施要进一步贯彻实施并逐步完善；在做好进口管理工作的同时，要把进口经营搞活。根据国家政策和省政府的有关规定，省专业和综合性外贸进出口公司可归口组织进口生产建设和市场适销物资在国内市场经营销售，超范围和专营商品的进口销售，要向原登记机关专项报批。工商行政管理、海关、物价和税务等部门要给予支持。易货贸易进口的商品，不受进口商品分类目录和经营分工的限制。

(四)搞活地(市)、县外贸企业的经营。在确保完成我省外贸收购计划的前提下，允许地(市)、县外贸企业将我省出口有余和暂不具备出口条件的商品向外口岸推销；同时要广开货源渠道，积极从省外组织适销货源。另外，地(市)、县外贸企业可以在各自的经营范围内，开展内销业务。提倡和鼓励外贸企业与工业、农业、科研等部门发展不同形式的联合和开办自属企业，以发挥企业的综合优势，提高产品质量，增强企业自我积累、自我发展、自我完善的能力。

(五)继续执行扶持、鼓励出口的各项优惠政策。要认真执行出口退税政策，保证按章退税。对出口商品的收购资金，银行要实行优惠贷款利率，保证资金供应。对外贸企业和出口生产供货企业的出口奖励以及其他扶持、鼓励出口的优惠政策和措施，也要继续执行。

七、切实加强对外经外贸工作的领导

外经外贸工作涉及面广，政策性强，这次体制改革迈出的步子又比较大，各级政府必须切实加强领导，各有关部门要通力协作。省经贸委要会同省计经委、财政厅、外汇管理局、中国银行等部门，及时分析改革工作的进展情况，认真研究解决改革过程中遇到的重大问题。各地、市和省各有关部门都要从全局出发，充分认识发展外贸出口对促进我省经济建设的重大意义，要站在全省经济建设"大合唱"的角度，研究支持外贸出口和完善外贸体制改革具体措施。要做好干部和群众的思想政治工作，统一认识，统一步调，保证改革措施的顺利实施。各地、市和省各有关部门都要确定一名领导同志主抓外贸出口工作，负责协调各方面的关系，及时解决改革中出现的问题，采取切实措施，落实和协调好本地、市和本部门、本行业的承包任务。外贸部门要加强行业管理，不断深化企业的内部改革，采取各种措施，提高外贸队伍的素质和经营能力。要在提高出口商品质量和经济效益的前提下，广开市场，扩大出口，多方消化挂帐亏损。要以国际市场需求为导向，积极引导生产、服务生产，为我省的经济发展和对外开放做出贡献。

八、本实施办法自1991年1月1日起执行。过去文件与本办法有抵触的，以本办法为准。各有关部门要根据本实施办法抓紧制定各项配套措施。

附件(略)

河北省人民政府关于进一步加快住宅建设解决城镇居民住房困难问题的通知

（1991年1月6日发出）

党的十一届三中全会以来，我省住宅建设发展较快，城镇居民的住房条件有了较大改善。但是，由于城镇人口增长过快，住房困难的问题还没有得到根本解决。为了改变我省城镇住房紧张状况，提高人民的居住水平，特作如下通知：

一、加强对住宅建设工作的领导。要把加快解决城镇住房问题列入各级政府的重要议事日程，作为改进领导作风，密切联系群众，为人民办实事的一项重要内容，特别要把解决无房户、拥挤户的住房问题放在首位。各城镇都要结合地方的实际情况，对人均居住面积2平方米以下的特困户制定相应的"解困"计划和政策，采取有力的行政、经济措施，监督、检查与督促"解困"计划的执行，力争两三年内解决特困户的住房问题。

二、调动国家、地方、企业、个人四方面的积极性，利用多种途径、多种形式解决建房资金，扩大住宅建设，增加房源。

（一）各级计划、财政部门每年都要安排一定数额的住宅建设补助专项资金，用于扩大住宅建设。

（二）地、市、县财政自筹的专项资金，可下达指令性建房计划，主要用于解决行政机关、无力建房小单位、政策亏损性企业职工，中小学教师和无业居民中的低收入居住特困户的住房问题。

（三）各级政府应在开发公司上缴的售房收入中安排一定数额的资金建设商品住宅，优惠出售给居住特困户或居住特困户较多的单位；有计划地兴建一批能满足基本生活需要、用地省、造价低，并在居住水平提高时易于改造的中小套型住宅，出售或出租给居住特困户；继续清理长期"空闲"的公有住房，统筹安排，分配给居住特困户。

（四）鼓励城镇个人购买商品住宅，个人建住宅走集资统建的路子，提倡以住宅合作社的形式集资建房。各城镇可采取政府扶持、单位帮助、个人集资、合作建房、民主管理、自我服务的办法组建住宅合作社，解决困难户的住房问题。要鼓励住房困难户积极投股入社，参加集资建房。

（五）企业单位应建立住宅发展专项基金，资金来源渠道为：企业自管住房的折旧费和大修理基金结余，原有房租补贴资金，自管住房的租金收入结余；出售自管住房收入留归企业部分；从企业职工福利基金、奖励基金结余中划出一部分。如资金仍不足或住房紧张的单位，也可从生产发展基金的结余中划出一部分，但最多不得超过15%。

（六）新建住房实行新房新制度。新房出售给职工，由所在单位按当地政府统一制定的售房办法给予适当优惠，购房后不再发住房补贴。购房面积超过国家规定部分，按市场价出售。

新房出租应执行区别旧住房的新租金，至少要包括维修和管理费两项因素，也可以实行收租赁保证金的办法，以息补租。

（七）旧城区改造的资金来源，应以企事业单位自筹为主，发动受益群众出钱资助改造建设，把住宅建设与被拆迁户及被拆迁户所在单位的利益挂起钩来。按原住房面积安置住房的，可执行新房新租金标准。凡增扩住房的，应由所在单位和被拆迁户按适当比例共同分担增扩面积的建房费用。

三、加快城镇住房制度改革。各地都要加强调查研究，制定切合实际的、积极稳妥的改革办法。要抓紧调整低房租，近期要调整到维修费、管理费两项因素计租水平，宜小步渐进，多提少补或少提不补，逐步到位。

四、住宅建设和商品住宅建设都要纳入计划管理，地、市要根据资金、材料、施工力量等实际情况提报建房计划，一般按要求规模审批。商品房销售计划由地、市掌握。要加强商品住宅的价格管理，省物价局要尽快会同计划、建设、审计、建行等部门制定我省商品住宅的作价办法和管理规章，改变目前商品住宅市场混乱的状况。为了防止乱拉资金，用于职工住宅建设和购买商品房的资金必须经财政部门审查同意，并按规定存入建设银行开立的自筹基建专户，由财政部门和建设银行监督使用。

五、为解决居住特困户住宅提供优惠条件。对地方统筹安排的"解困"住宅，开发公司以优惠价格出售给特困户的住宅及以住宅合作社形式建设的住房，各地、市可根据住房制度改革和财税有关政策规定，区别情况，给予适当优惠。对居住特困户优先优惠出售商品住宅或优先租赁公用住宅，特困户申请集资建房予以优先审批。统一安排解决特困户住房的市政公用配套设施。对低收入者（低收入标准由各地、市根据具体情况合理确定）中的居住特困户，按新房新办法交纳调整后的新租金有实际困难的，可按住房制度改革的有关政策规定处理。

六、要严格控制城镇住宅建设标准，认真纠正建房突破标准的不正之风。各地、各部门不得以任何借口或变通办法，突破国务院国发〔1983〕193号文件规定的住宅建设标准。凡突破标准的，计划部门不得下达投资计划，设计单位不得接受设计，规划管理部门不批准规划和核发建筑许可证。住宅建设的面积标准，“八五”期间乃至今后一段时间内，仍以中小型户为主，平均每套建筑面积控制在50平方米以内。各规划设计单位要在国家规定标准之内，创造更加合理的小区布局规划和住宅单体设计。

七、放宽政策，加快旧城区的改造步伐。住宅建设要坚持新居住小区建设与旧城区改造相结合，以旧城改造为重点；开发公司开发与单位建设、合作社建房相结合；危房改造与住房制度改革相结合的原则。动员社会各界力量参与、支持旧城改造，形成“人民城市人民建，住宅建设大家办”的强大声势，以保证旧城改造顺利实现。

单位建设住宅一般应安排在市区改造旧房建设，根据区域特点、建筑状况及取暖设施情况，适当扩大建筑密度。拟定改造的市区内停止审批个人建房。旧城改造中用于安置原拆迁面积的部分，免交公建配套费、市政配套费、水资源费、电集资费、电贴费、人防费；老单位院内插建住宅亦可酌情减缓上述费用。旧城改造区内的私房户，须服从改造计划。凡要房屋产权者，可组建住宅合作社，享受优惠政策，实行合作建房，或以优惠价购买商品住房。

河北省人民政府关于设立全民所有制公司审批权限和登记管理的通知

（1991年1月25日发出）

根据《国务院关于设立全民所有制公司审批权限的通知》（国发〔1990〕69号文）规定，现对我省设立全民所有制公司的审批权限和登记管理问题通知如下：

一、各级对外经济贸易专业公司和各级金融性公司，分别由省对外经济贸易委员会和中国人民银行河北省分行进行初审后，报请对外经济贸易部和中国人民银行批准。

二、科技性专业公司，由省科学技术委员会负责审批。跨地区、跨行业的联营公司和集团，由省经济技术协作办公室负责审批。省直部门设立的公司，由省工商行政管理局负责审批。

三、大型综合性公司和对国民经济发展有重大影响的全省性公司、集团，由省计划经济委员会和省工商行政管理局审查后报省人民政府批准。

四、各地、市设立的全民所有制公司，分别由各地区行署、市人民政府审批，并办理登记管理。各县（市、区）设立的全民所有制公司，由各县（市、区）人民政府审批，并报地区行署、市人民政府备案。

五、除个别确有特殊需要，并经省人民政府批准以外，公司一律不得具（兼）有政府行政管理职能。

省政府和各有关部门过去的有关规定，凡与本通知不一致的，以本通知为准。

河北省人民政府关于鼓励丝绸企业发展桑蚕丝原料基地的通知

（1991年2月21日发出）

为了充分利用我省丰富的自然资源，推动我省桑蚕事业发展，扩大丝绸市场，增加出口创汇，现就我省丝绸企业办茧丝原料基地的若干问题作如下通知：

一、丝绸工业企业与地方政府共同兴建桑蚕茧生产基地是发展茧丝生产、缓解我省工业原料严重不足的重要途径，也是缩短流通环节，增加丝绸原料供给的重要措施。目前，全省各地出现了丝绸工业企业与地方共筹资金，共同兴办桑蚕生产基地的可喜势态，各级政府和有关部门应给予积极鼓励和支持，帮助丝绸工业企业和农业一道发展桑蚕生产。对基地建设中出现的矛盾和问题，要加强协调，保护投资双方的合法权益。

二、坚持谁投资、谁受益，共担风险的原则，合理解决基地的权属、产品、利益分配等问题。鼓励省内外丝绸企业、外贸部门与地方联合投资搞桑蚕生产基地，鼓励按国家规定使用国外资金开发桑蚕生产基地。投资单位与接受投资的当地政府通过充分协商，签订基地建设合同，共同信守。合同有效期应在15年以上，在有效期内受法律保护，采取何种形式收购、拨交，结算办法等，由投资双方磋商决定。为了维护正常的蚕茧收购秩序，丝绸生产企业不得到原料基地以外的地方收购蚕茧。鲜、干茧的收购要执行国家规定的价格，按质论价，严禁压级压价，也不得变相抬价或高价吸引其他地方的蚕茧资源。

三、保护农民参加桑蚕茧基地建设的积极性。农民参与桑蚕茧生产建设，应按谁种谁有的原则，归农民个人所有；集体开发的桑园，由集体经营或专业户承包经营，承包期应与投资双方鉴定的合同有效期相适应，以利于稳定蚕茧质量和产量。基地生产的干茧必须全部用于我省丝绸工业生产，首先保证出口需要，严禁倒买、倒卖。为了增强对茧丝市场变化的应变能力，丝绸企业和地方应在基地开始收益时起，按售茧金额的1%提取风险基金，专门用于在市场变化时保护农民利益。

四、依靠科学技术发展基地桑蚕茧生产。桑蚕生产一定要重视科技投入，依靠科学技术提高基地产出率，改良桑蚕品种，提高蚕茧质量。投资双方要会同有关专业技术部门组织好桑蚕科技推广服务网络，做好产前、产中、产后服务。各基地都应建立桑蚕技术推广站与技术服务队，组织已经改行的桑蚕技术干部归队。桑蚕技术人员愿意承包经营的应给以支持。

河北省邮电通信管理条例

（1991年3月2日河北省第七届人民代表大会常务委员会第十九次会议通过）

第一章　总则

第一条　为促进邮电通信事业的发展，提高邮电通信服务质量，保障邮电通信畅通，根据《中华人民共和国宪法》、《中华人民共和国邮政法》和《中华人民共和国邮政法实施细则》及有关法律、法规的规定，结合本省实际情况，制定本条例。

第二条　本条例适用于本省区域内邮电通信的建设和管理。

第三条　省邮电管理局是本省邮电通信管理部门。省辖市（地区）、县（市）、自治县邮电局是全民所有制的经营邮电业务的公用企业，经省邮电管理局授权，管理本辖区内邮电通信工作。

第四条　本条例由各级邮电管理部门负责组织实施。各级人民政府应当加强对邮电通信工作的领导，监督、检查本条例的实施。

第五条　公用电信网的市内电话、长途电话、电报、无线电移动通信、无线电寻呼、数据传输、图文传真，电话号簿和邮政编码簿的编印发行，信函、明信片或其他具有信件性质的物品的寄递业务，由邮电企业专营。国家另有规定的除外。省邮电管理局对本省专用通信网实行行业管理。邮电企业应当加强报刊发行工作，扩大报刊发行业务。

第六条　邮电部门应当为社会提供迅速、准确、安全、方便的服务，保障用户使用邮电通信的合法权益。

第七条　通信自由和通信秘密受法律保护。除因国家安全或追查刑事犯罪需要，由县以上公安机关、国家安全机关或检察机关依照法律规定的程序对通信进行检查外，任何组织和个人不得以任何理由侵犯他人的通信自由和通信秘密。

第八条　邮电通信设施是国家财产，保护邮电通信设施是公民的义务。任何单位和个人都有权制止或检举破坏邮电通信设施的行为。

第二章　邮电通信的规划和建设

第九条　发展邮电通信事业应当坚持统筹规划、条块结合、分层负责、联合建设的原则。加强农村特别是贫困地区的邮电通信建设。城乡邮电通信建设规划是城乡建设总体规划的组成部分，各级人民政府应当把邮电通信设施的建设纳入国民经济和社会发展规划及年度建设计划，并组织实施。建设资金的筹集，按照国家有关规定或有关各方签定的合同、协议办理。

第十条 城市旧区改造和新区开发，有关部门应当根据邮电网点设置标准和邮电通信建设规划，统筹安排邮电通信设施的建设用地。较大车站、机场、港口和宾馆应当在方便旅客的地方提供办理邮电业务的场所。

第十一条 新建楼房应当根据邮电部门制定的标准，设计电话管线及信报箱(间)。所需费用纳入建设项目总投资。已有的住宅楼在地面层未设收发室或信报箱(间)的，由楼房产权单位负责补设。

第十二条 城乡规划、建设部门在规划和新建、扩建或改建道路、桥梁、隧道、涵洞等工程时，应当按照邮电通信规划统筹安排通信管线位置。邮电部门新建、扩建或改建邮电通信线路，必须向城乡规划、建设和公安部门办理申请手续，有关部门应当及时审批并给予支持。

第十三条 邮电部门需要在桥梁、隧道、涵洞等建筑物上附设通信线路时，在不影响原有建筑物使用和确保安全的情况下，有关部门应当给予支持，并就有关事宜签订协议。

第十四条 除国家另有规定或经省邮电管理局批准的以外，在邮电部门已建或按照规划拟建的通信路由上，其他部门不应当再建设长途通信线路。各部门长途通信所需电路由公用通信网提供，公用通信网不能满足需要的，可以同邮电部门本着互利互惠的原则联合建设。

第十五条 邮电部门应当将设置的通信枢纽、微波站的有关技术资料报城乡规划、建设部门备案。城乡规划、建设部门在制定城乡总体规划和审批建设项目时，应当确保无线通信的畅通。

第十六条 邮电和电力部门应当严格按照国家颁布的技术规范建设通信线路与高压输电线路。新建线路与原有线路不可避免并行或交叉穿越时，新建单位应当征得原有线路使用部门同意，并符合有关净空控制范围的规定。

第十七条 经批准建设的邮电通信设施，因施工需要拆迁或改造地面建筑物、构筑物，拆除地下设施以及铲除农林作物，邮电部门按照国家有关规定，在办理用地手续的同时，对地面附着物给予一次性经济补偿。

第十八条 无线电管理部门核定的公众无线电频谱，必须保证邮电部门公用无线电通信网使用。

第三章 邮电通信及其设施的保护

第十九条 邮电部门应当加强对邮电通信设施的维护和管理。因重大自然灾害或其他外力使邮电通信设施遭受严重破坏时，当地人民政府应当立即组织力量，协助邮电部门修复，保障邮电通信的畅通。

第二十条 在国家邮电部门一级、二级无线通信干线通道净空控制范围内不得新建、扩建或改建影响通信畅通的建筑物、构筑物。必须建设的，应当征得邮电部门同意。因建设需要，必须拆迁邮电通信设施时，建设单位应当与邮电部门协商，在保证邮电通信正常进行的情况下易地重建，所需费用按照国家有关规定或双方签定的协议办理。

第二十一条 在邮电通信设施附近新建、扩建或改建生产腐蚀性产品和排放腐蚀性废液、废渣的企业及具有干扰性的电气设施时，必须保障邮电通信设施的安全，并征得邮电部门同意。需要邮电部门采取技术安全措施的，由建设单位承担所需费用。

第二十二条 铁路、公路、水运、航空和海关等部门应当为邮电通信提供必要条件，保证邮电通信的安全畅通。

第二十三条 车站、机场、港口应当安排方便邮件装卸、转运的作业场所和出入通道，允许邮政工作人员和邮电专用车辆提前进入工作现场。

第二十四条 禁止在邮电营业局、所门前摆摊设点、堆积杂物等妨碍邮电通信的行为。

第二十五条 邮电工作人员和邮电专用车辆执行任务通过渡口、桥梁、隧道和检查站时，有关方面应当优先放行。执行任务的邮电专用车辆，凭公安机关或交通部门核发的通行证，可不受禁行路线、禁停地段的限制。

邮电工作人员或邮电专用车辆在执行任务途中发生交通违章，有关方面在作出勘验记录后放行，待其完成任务后再行处理。发生重大交通事故的，按照有关规定处理。

第二十六条 邮电部门应当将本部门的重要用电户向当地供电部门备案。供电部门应当优先安排邮电部门重要用电户用电。

邮电通信专用车辆，邮电营业局、所自备电源，一级、二级通信干线的发电机组用油，由所在市(地区)纳入计划，优先供应。

第二十七条 严禁任何单位和个人损毁、破坏邮电通信设施。严禁利用技术手段危害邮电通信安全。

第二十八条 废品收购单位或个体收购点凭出售单位证明，收购废旧通信电缆、电线和其它线路器材。不得收购无证明和个人出售的通信电缆、电线和其它线路器材。

第四章 邮电通信的经营和服务

第二十九条 各专用通信网只限于内部使用，未经省邮电管理局批准，不得对外经营公众通信业务。在公用通信网覆盖范围以外的地区，专用通信网可以经省邮电管理局批准，临时经营部分公众通信业务，但必须到当地工商行政管理部门办理登记注册手续并依法纳税。

第三十条 非邮电部门的通信设施进入公用通信网，必须符合国家规定的技术标准，并经省邮电管理局批准。

第三十一条 市内电话用户在电话机上加装副机、附件和复用设备，必须报经邮电部门批准。

第三十二条 邮电部门根据国家规定的设置标准，在方便群众的地段设置传呼公用电话、公用电话亭、报刊门市部、报刊亭、邮亭、邮筒、邮政信箱等设施。邮电部门根据需要可以委托其他单位或个人代办邮电业务。

第三十三条 邮电部门应当制定严密的规章制度，并监督所属邮电营业局、所严格执行。邮电营业局、所应当向社会公告营业时间和经办业务。邮筒、邮政信箱应当标明开启时间。邮电营业局、所需要调整营业时间、暂停营业或减少办理部分邮电业务，邮筒、邮政信箱需要改变开启时间的，必须经县以上邮电部门批准。

第三十四条 邮电工作人员应当遵守职业道德，坚持文明服务，禁止下列行为：

(一)拖延、拒绝办理邮电业务；

(二)收取规定以外的资费或收受用户馈赠；

(三)刁难用户或勒索款物；

(四)利用工作之便谋取私利；

(五)毁弃、私拆、隐匿、盗窃邮件及报刊；

(六)挪用、冒领、贪污用户款项；

(七)其他违反邮电法律、法规的行为。

第三十五条 邮电部门应当设置用户监督信箱，公布监督电话号码，受理群众来信来访，制定受理用户申告制度，接受社会对邮电通信服务质量的监督。

第五章 法律责任

第三十六条 由于邮电部门的原因而造成邮件丢失、损毁和汇款误兑的，依照国家有关规定，由当地邮电营业局、所承担赔偿责任；造成电报稽延、错误、失效的，按照规定退回所收资费。

第三十七条 违反本条例规定造成邮电通信设施损坏或通信阻断的，有关责任单位、个人承担修复费用或赔偿因通信阻断所造成的经济损失。

修复费用和赔偿费按照国家有关规定收取。

第三十八条 违反本条例第五条规定，擅自经营信函、明信片或其他具有信件性质的物品寄递业务的，由工商行政管理部门依照《中华人民共和国邮政法》的规定处理。

第三十九条 违反本条例第二十四条规定的，由公安、工商行政管理等部门依照有关规定处理。

第四十条 违反本条例第二十八条规定的，由公安部门依照有关规定处理。

第四十一条 违反本条例第二十九条规定的，由县以上工商行政管理部门责令其停止对外营业，没收非法所得，并处以营业额百分之二十以下罚款。

第四十二条 违反本条例第三十一条规定的，由县以上邮电部门责令其拆除，并根据使用期限追缴费用。使用期不满一年的，追缴一年的月租费；使用期一年以上的，依照年进制计算追缴其月租费。

第四十三条 有下列行为之一的，由公安部门依照《中华人民共和国治安管理处罚条例》的规定处理；构成犯罪的由司法机关依法追究刑事责任：

(一)盗窃邮件或邮电通信器材的；

(二)隐匿、毁弃他人邮件、电报或私自开拆他人邮件的；

(三)扰乱邮电营业部门秩序，致使邮电通信工作不能正常进行的；

(四)破坏邮电通信设施的。

第四十四条 当事人对行政处罚决定不服的，依照《中华人民共和国行政诉讼法》的规定，可以先向作出处罚决定部门的上一级主管部门申请复议，对复议决定不服的，再向人民法院起诉；也可以直接向人民法院起诉。在法定期限内不申请复议、不起诉又不履行行政处罚决定的，由作出处罚决定的部门申请人民法院强制执行。

第四十五条 邮电工作人员违反本条例第三十四条规定之一，情节轻微的，由邮电部门给予行政处分，追回赃款赃物，可以并处罚款；情节严重的，由县以上公安部门依照《中华人民共和国治安管理处罚条例》的规定处理；构成犯罪的由司法机关依法追究刑事责任。

第六章 附则

第四十六条 本条例所称县以上均含县。

邮电通信设施系指：邮电营业局、所，邮件转运站，报刊门市部、报刊亭、邮筒、邮政信箱，邮电专用车辆，公用电话亭，机房及设备、线路、电路、天线和其他附属设施。

公用通信网系指邮电系统建设或租用的、向全社会提供服务的通信设施；专用通信网系指非邮电系统自己建设或租用的、为本系统内部提供服务的通信设施。

第四十七条 本条例自 1991 年 5 月 1 日起施行。

河北省高速公路管理办法(试行)

(1991年3月4日发布)

第一章 总则

第一条 为加强高速公路管理,根据《中华人民共和国道路交通管理条例》、《中华人民共和国公路管理条例》及有关法规规定,结合本省实际,按照“集中、统一、高效、特管”的原则,制定本办法。

第二条 本办法适用于省内高速公路和全封闭、全立交的汽车专用路(以下通称高速公路)。

第三条 河北省高速公路管理局负责管理全省高速公路。沿线各级人民政府及有关部门应协助高速公路管理机构做好各项管理工作。

河北省高速公路管理局归口省交通厅管理,交通安全管理服从省公安厅领导。

第二章 交通管理

第四条 禁止一切行人、非机动车、拖拉机、轻便摩托车、电瓶车、教练车以及设计最大时速小于70公里的机动车在高速公路上通行。

禁止学习驾驶员和实习驾驶员驾驶机动车在高速公路上通行。

禁止在高速公路上试车和路考。

第五条 在高速公路上通行的机动车,必须符合国家规定的机动车运行安全技术条件,配备警告标志。小型客车前排座位应装置并系安全带。

第六条 在高速公路上通行的机动车,除因气候和道路原因外,最低时速不得低于60公里,最高时速不得超过高速公路区段的限速规定。

高速公路各区段的行车时速,由省高速公路管理局具体规定。

第七条 机动车在行车道上同方向行驶,必须按下列规定保持行车间距:

(一)时速70公里以下,行车间距不得少于50米;

(二)时速70公里以上(含70公里),行车间距不得少于100米。

机动车在雨天、雪天、雾天、夜间或冰雪路面上通行时,行车间距应比上述规定增加一倍。

第八条 半幅高速公路中心线的两侧依次排列为行车道和硬路肩。

机动车在高速公路上通行时,必须各行其道,不准掉头、倒车、逆行、熄火滑行、随意停车。

第九条 客运机动车载人,不得超过固定座位数量。货运机动车除驾驶室外,不准载人。

第十条 机动车在行驶中发生故障需停车时,应驶离行车道,停在右侧硬路肩上或紧急停车带内,并在车后设置警告标志,夜间应开启示宽灯和尾灯。

第十一条 机动车发生交通肇事或因故障不能行驶时,应开启车上危险信号灯,在车后方50米外设置警告标志并立即报告高速公路交通警察机构。驾驶员和乘车人应撤至右侧硬路肩上,不准在行车道上停留和拦截其他车辆。

第十二条 高速公路上发生交通事故按有关法规、规章规定处理。有关部门和人员应积极协助事故处理部门立即赶赴现场,组织抢救伤员,处理交通事故,排除障碍,疏导交通。

第十三条 行人和违禁车辆进入高速公路发生交通肇事的,一切责任由违章人员或其所在单位承担。损毁高速公路及其设施或给另一方造成损失的,应按有关规定赔偿经济损失。

第三章 公路养护

第十四条 高速公路管理机构应加强对高速公路及其设施的养护和维修,保持高速公路及其设施经常完好。

高速公路及其设施遭受损毁时,应及时组织力量限期修复,一般不得中断交通。

第十五条 在高速公路上进行道路养护、维修和其他作业时,必须在作业地点设置安全标志或安全防护设施,作业人员必须穿着安全标志服,养护、维修道路的车辆、机械必须安装黄色示警灯。

第十六条 因遇自然灾害高速公路交通严重受阻时,高速公路管理机构应采取紧急措施恢复交通。当地人民政府应动员高速公路附近机关、企业、事业单位和城乡居民协助高速公路管理机构清除路障或修复高速公路,保证高速公路安全畅通。

第四章 路政管理

第十七条 高速公路及其用地、设施受国家法律保护。不准任何单位和个人发生下列行为：

(一)侵占高速公路及其用地；

(二)擅自拆除、迁移、损毁高速公路设施；

(三)在高速公路上设置路障和从事其他危及行车安全的活动。

第十八条 在高速公路两侧修建永久性构造物或设施，其建筑设施边缘与高速公路边沟外缘的最小间距为：全幅高速公路两侧各为30米；半幅高速公路在预留加宽的一侧为45米，另一侧为30米。

第十九条 除高速公路管理机构外，任何单位和个人不得在高速公路用地内和立交桥上设置标志牌、广告牌。

第二十条 凡占用、利用高速公路及其用地和设施，修建跨越高速公路的桥梁、管线等设施或必须在高速公路上临时作业的，应事先征得高速公路管理机构的同意。

第五章 收费管理

第二十一条 在高速公路上通行的机动车，必须按省人民政府的规定交纳通行费。

第二十二条 车辆通行费由省高速公路管理局设立的收费站负责计收，其他任何单位和个人无权计收。

第二十三条 收取的车辆通行费必须专款专用，任何单位和个人不准截留、挪用、平调。

第六章 罚则

第二十四条 对违反本办法规定的行为，由依法享有管辖权的机构按照国家和本省有关法规、规章规定给予处罚。

第二十五条 高速公路管理人员滥用职权、徇私舞弊、玩忽职守的，由其主管部门给予行政处分。构成犯罪的，由司法机关依法追究刑事责任。

第七章 附则

第二十六条 本办法下列用语的含义是：

"高速公路用地"是指高速公路及其两侧国家依法征用的土地。

"高速公路设施"是指高速公路的排水设备、防护构造物、界碑、测桩、安全设施、通讯设施、检测及监控设施、养护设施、服务设施、花草林木、专用房屋等。

第二十七条 本办法在公路养护、路政管理和收费中的具体问题由河北省交通厅负责解释，在交通安全管理中的具体问题由河北省公安厅负责解释。

第二十八条 本办法自发布之日起施行。

河北省人民政府
关于实施"质量、品种、效益年"活动
六项奖惩措施的通知

(1991年3月9日发出)

为了使"质量、品种、效益年"活动在全省既轰轰烈烈又扎扎实实地开展，省政府制订了六项奖惩措施。现通知如下：

一、各地、市要立即组织力量对现有企业的产品进行一次质量普查。省计经委、标准计量局于上半年组织力量对重点产品进行抽查。对产品质量不合格的企业要限期整改，在整改期间停发厂长和有关责任人员的奖金；六个月以内对其进行复查，产品质量仍不合格，造成严重经济损失或浪费的，有关部门要停止供电，停止供应资金和原材料，责令其停产整顿。

二、除因常年生产、季节性销售或因国家政策允许的方向性产品外，凡产品积压超过合理库存一倍以上的企业，要停发厂级领导班子成员的奖金；产品积压超过合理库存两倍以上的企业，要令其限产或限期转产，在限产和限期转产期间，干部职工只发基本工资，不准发放奖金。

三、对确属管理不善、产品质量低劣、浪费严重，造成经营性亏损的企业，要限期扭亏或减亏。不能按期扭亏、减亏的企业，要勒令其停产整顿，停产整顿期间，全厂干部职工减发工资。

四、年底要对所有企业进行全面效益审计。对弄虚做假、虚盈实亏的企业，厂级领导要退回已发的奖金和浮动工资；企业不得参加评比先进，已获得先进企业称号的，要取消其荣誉称号。

五、对故意制造伪劣假冒商品的企业，要认真查处，坚决取缔，没收其全部非法所得，并根据情节轻重给予

经济处罚；造成严重危害的，要追究企业经营者的法律责任。

六、今年年底，省政府对各地市、各行业在开展“质量、品种、效益年”活动中成绩显著的前三名要给予表彰奖励；对完不成省政府下达的责任目标的后两名要进行严肃批评。

开展“质量、品种、效益年”活动六项奖惩措施的具体执行办法由省计经委、标准计量局拟订下达。请各地各部门认真组织实施，切实抓出成效。

河北省人民政府关于加强公路管理的通知

（1991年3月9日发出）

改革开放以来，我省公路交通事业有了很大发展，为国民经济建设和改善人民生活提供了方便条件，对促进城乡经济繁荣起到了重要作用。但是，目前公路上的路阻路障、违章建筑，以及损坏公路设施和侵犯路产路权等现象日益增多，尤其是公路“街道化”问题突出，据对几条重要国家干线公路的调查，“街道化”路段已占省内管辖里程的20—30%。这些“街道化”路段造成交通拥挤、事故增多，加剧了公路交通的紧张局面。为了加强路政管理工作，确保公路完好畅通，提高公路的服务水平和社会效益，特作如下通知：

一、各级政府要加强对路政管理工作的领导，立即开展一次以干线公路为重点的清除路阻路障和违章建筑，保障公路完好畅通的活动。各级政府主管工交的领导同志要亲自负责，组织交通、公安、城建、工商行政管理、土地管理等有关部门成立专门班子，联合行动，依法进行综合治理。在执行任务时要统一思想、统一指挥、统一行动，各司其职，密切协作。其具体要求是：

1、坚决制止违章建筑继续发展。按《中华人民共和国公路管理条例》规定，公路两侧边沟（坡脚护坡道、坡顶截水沟）外缘到建筑物的最小间距为：国道20米、省道15米、县道10米、乡道5米。高速公路两侧的建筑红线按《河北省高速公路管理办法（试行）》的规定执行。在建筑红线以内任何单位或个人不准再新建、重建或改建违章建筑。对违反规定的，要坚决责令其停工或迁出。对不听劝阻或不服从管理的，要依法处理。

2、对原有的违章建筑，各地都要做出规划，逐步拆除或迁出。目前确有实际困难的“街道化”路段，可暂时迁到公路路界或公路用地以外，并做到门前“三包”（包修排水设施保证畅通、包门前保卫生证无污水无垃圾、包门前无摊点无路阻路障）。

3、不准在公路上及公路两侧摆摊设点和进行集市贸易。各地政府要从长远利益和全局利益出发，统筹规划集市贸易场所，采取坚决措施，把现有公路上的贸易集市迁离公路50米以外。暂时迁离确有困难的，要尽快选定集贸市场场址，限期迁离。

4、严禁在公路及公路用地范围内堆放物料、打场晒粮、倾倒垃圾、挖沟引水、构筑设施。

二、城建和土地管理部门在进行城镇规划、建设和批准用地时，应与交通部门密切配合，在公路建筑红线以内不得批准任何永久性建筑和建筑用地（包括农村宅基地）。

三、进一步深入宣传《中华人民共和国公路管理条例》及其《实施细则》和有关法规，教育群众充分认识清除路阻路障的重要意义，提高法制观念，自觉爱路护路。

四、加强对公路、公路设施和路产路权的保护，对损坏公路及公路设施、侵犯路产路权的案件，各有关部门要依法及时进行查处，个别重大案件要公开处理，以教育群众，确保公路完好畅通。

河北省鼓励台湾同胞投资的若干规定

（1991年3月23日发布）

第一条 为了鼓励台湾同胞来我省投资兴办企业和进行经济技术合作，根据国家有关法律、法规的规定，结合我省实际情况，制定本规定。

第二条 台胞在我省投资兴办的生产性企业，凡经营期在十年以上的，经企业申请，税务部门批准，从获利年度起第一年至第二年免征所得税，第三年至第五年减半征收所得税。对从事农业、林业、牧业的企业和在贫困地区开办的企业，免税、减税期满后，经企业申请，税务部门批准，在以后的十年内可继续按应纳税额减征15％至30％的所得税。

第三条 鼓励台胞投资兴办产品出口型和技术先进型企业，对现有企业进行技术改造，或向能源、交通、港口、原材料工业和农业，以及边远、贫困地区投资。台胞兴办的上述企业或投资项目，经营期在十年以上的，第一年至第五年免征地方所得税，第六年至第十年减半征收地方所得税。

第四条 台胞兴办的企业，开办初期纳税有困难的，经企业申请，税务部门批准，可减免工商统一税。

第五条 台胞投资者从企业分得的利润，如用于再投资，期限在五年以上的，经税务部门核准，可退还再投资部分已纳所得税的40％；投资到产品出口型和先进技术型企业，可全部退税。

第六条 台胞投资的企业，在建厂期间和投产后五年内，免征土地使用费。在免税期间，免征房产税和车船使用牌照税。

第七条 对台胞投资兴办的生产型企业，优先提供生产经营所需的水、电、运输条件和通讯设施。

第八条 台胞的投资和获得的利润、利息，准予转让和继承。

第九条 台胞投资企业的产品，属于国内替代进口的，经批准，可在国内市场销售，并可以外币计价结算。

第十条 台胞在我省投资，可以独资，可以与国营、集体企业合资、合作，也可以同具有企业法人地位的私营企业合资、合作，或进行来料加工装配和补偿贸易，还可以购买小型国营企业产权、股权，以及承包经营小型国营和集体企业。

第十一条 台胞在本省城镇进行土地开发、利用和经营，由政府土地管理部门统一提供土地，地价从优。土地使用权在使用年限内可有偿转让、出租、抵押、交换、赠与。鼓励台胞到秦、唐、沧沿海经济开放区从事开发经营成片土地，政府为成片开发经营者提供各项服务和便利。

第十二条 台胞投资企业在其投资总额内进口本企业所需的机器设备、生产用车辆和办公设备，台胞个人在企业工作期间运进自用的、合理数量的生活用品和交通工具，免交进口关税、工商统一税，免领进口许可证，海关凭批准的文件（经批准的合资经营企业或合作经营企业合同及批件、台湾投资者拥有全部资本企业的批准文件）或上述物品的进口合同验收。

台胞投资企业进口用于生产出口产品的原材料、燃料等，免交进口关税、工商统一税，免领进口许可证，由海关进行监督管理，凭批准的文件或进出口合同验放。

第十三条 台胞投资者或其聘请的台方或外方管理人员和技术人员，因工作需要长期居住的，经批准，可在企业所在地购买或建筑合理的自用住房。

第十四条 台胞投资者可申请办理多次出入境证件和长期居留手续。对要求定居的投资台胞，经批准可酌情安排，定居后复要求返回台湾或移居国外者，按来去自由原则办理。

第十五条 台胞投资者可委托其大陆亲友为代理人，并允许安排适当数量亲友在企业所在地落户和享受商品粮供应。直接投资在50万美元以上的，可安排一人；100万美元以上的，可安排二人；200万美元以上的，可安排三至五人。投资到边远、贫困地区的，可按上述投资额八折安排。

第十六条 台胞投资兴办的企业，除适用于本规定外，同时参照国家及省有关涉外经济法律、法规和规定，享受相应的外商投资企业待遇。

第十七条 政府依法保护台胞投资企业和台胞个人的合法权益。投资台胞除按国家规定依法纳税和交纳有关费用外，任何单位和个人不得以任何借口向企业或台胞摊派、勒索，对乱摊派和弄权勒索的单位和个人，一经查明，将依法从严惩处。

第十八条 各级台湾事务办公室负责台胞投资的联络、接待、咨询服务。省政府台湾事务办公室负责台胞投资企业的资格审核工作。

第十九条 本规定授权河北省人民政府对外开放办公室负责解释。

第二十条 本规定自发布之日起施行。过去本省发布的有关规定与本规定有抵触的，均以本规定为准。

关于清理整顿国营煤矿井田内各种小煤矿意见的报告

（1991年3月27日河北省人民政府批转）

近年来，我省乡镇集体及个体煤矿发展较快，目前全省已有集体和个体煤矿1700多个，年产煤约1200万吨，这对缓解我省煤炭供应紧张状况，促进经济发展起到了积极作用。但是，一些小煤矿特别是个体煤矿在发展中存在着许多严重问题。有的小煤矿不依法履行审批手续，任意布点，争抢资源；有的非法进入国营煤矿井田范围，严重超层越界，破坏国营煤矿的采掘部署，甚至开采各种保护性煤柱；有的设备简陋，不具备起码的安全生产条件；有的予以封闭后又私自竖起井架，继续生产。去年下半年以来，小煤矿连续发生了几起重大事故。去年8月7日，邯郸县康庄乡东高河村个体联办五号煤矿透水，使邯郸矿务局陶一矿全井淹没，造成经济损失1342.88万元。同年10月26日，沙河市显德汪村三矿出水，死亡11人。磁县黄沙村一个体煤矿因不具备安全生产条件，县政府下令停产，并拉倒井架。今年1月1日，经营者又私自竖起井架恢复生产，1月5日发生了瓦斯爆炸，死亡六人，伤一人。上述问题应引起各地、各有关部门的高度重视，要认真贯彻落实《中华人民共和国矿产资源法》及《河北省地方煤矿管理条例》，采取坚决果断的措施，立即对国营煤矿井田范围内的各类小煤矿依法进行清理整顿。为此，特提出如下意见：

一、这次清理整顿国营煤矿井田范围内小煤矿的工作由有关地区行署、市政府统一部署，组织实施，由主管专员、市长负责，成立专门班子，切实加强领导。由司法、公安、计经委（经委）、工商行政管理、劳动、安全、矿管、煤炭等部门抽调人员，组成整顿工作组，分赴各国营矿井田内小煤矿进行清理整顿。工作组可吸收国营矿参加。

二、清理整顿小煤矿的工作要严格遵循“保护国营、扶持乡镇、限制村办、改造和取缔个体”的办矿方针，坚决保护国营煤矿的主体地位和合法权益。整顿的目的是制止非法开采行为，提高小煤矿的安全生产条件，要改善国营煤矿安全生产的外部环境。对各国营矿井田内的小煤矿要逐一检查、鉴定，区分情况，分别处理：

1.对不履行审批手续，无证开采，任意布点，破坏资源的各类小煤矿，要坚决取缔，毁闭矿井。

2.对开采各种保护煤柱，威胁大矿安全的小煤矿，一律关闭，毁闭矿井。

3.对有采矿许可证，但超层越界开采的，责令其退回原批准的层、界内开采，并给予处罚；如原划定范围内已无资源，则收回采矿许可证及营业执照，毁闭矿井。

4.对不具备安全生产条件的有证小煤矿，要限期停产整顿，经检查符合条件后方准恢复生产。对整顿后仍达不到安全生产要求的，要吊销采矿许可证和营业执照。

5.对虽依法履行审批手续，按批准界限持证开采，但因影响国营矿山正常生产和安全而需要关闭的乡镇办煤矿，可另行划给部分资源，经矿山企业主管部门批准后易地开采，并给予一定的搬迁补偿。

6.对有证的个体及个体联办小煤矿，要本着改造和取缔的方针，对形成一定生产能力（年产原煤一万吨以上）的要促进联合，改造成为乡镇集体矿；对无能力、无资源、威胁国营矿安全的要坚决取缔。

三、此次清理整顿工作务求做到全面彻底。检查、鉴定要严格掌握标准，应该停产整顿的要立即发布停产令，该吊销许可证和营业执照的要立即予以吊销。应关闭的矿井，由整顿工作组决定并监督，由国营矿负责实施，采取爆破或其它方法，当场毁闭矿井，使其无法再行开采。整顿结果要写成报告，由工作组成员签署，作为上级验收及今后监督开采的依据。

四、在清理整顿国营矿井田内各种小煤矿的过程中，对无理阻挠检查、鉴定，拒不执行停产整顿或关闭命令的，要采取强制措施，情节严重的要予以治安处罚，直至追究行事责任。因非法采矿给国营矿山造成损失的，要追究经营者的经济责任；损失严重的，还要依法追究经营者的法律责任；属当地政府和主管部门制止不力或默许、纵容的，要同时追究当地政府和主管部门的领导责任。

五、清理整顿工作结束后，国营矿要参照矿管部门批准的各小煤矿的开采范围及该次整顿报告，制订出国营矿井田内小煤矿的分布图，除重点标明整顿后各小煤矿的合法采掘范围外，还要标明各保护煤柱位置。此图一式两份，经矿管部门鉴定认可后，正本交地市矿管部门，副本留国营矿保管。今后，矿管部门新批准开办的小煤矿及新划定的采掘区域，都要通知国营矿。

六、建立责任制。国营矿山负有指导和监督本矿井田内小煤矿依法开采的责任，依据矿管部门认可的井田内小煤矿分布图，经常予以检查。检查工作由矿山矿管处负责，本矿有政府矿管部门聘任的兼职督察员的，以督察员为主组成检查组，如发现有非法开采、越界开采者，要立即予以制止，并报告当地政府矿管部门。对严重越界开采，损害国营矿资源，危及国营矿安全，经制止仍不停止开采的，国营矿山要及时诉诸法院，求得法律保护。

地、市、县矿管部门是管理小煤矿合法开采的主管部门。各矿管部门要经常检查各国营矿井田内小煤矿的合法开采情况，做到心中有数。如发现非法开采者，要立即采取措施，依法处理。矿管部门要严格按照《中华人民共和国矿山管理法》的规定办事，排除来自各方面的干扰；遇有重大问题，要及时向政府主管领导同志报告。各级政府及矿管部门要切实负起责任，采取严厉措施，坚决制止非法开采。今后，不管什么地方，凡属非法采矿，给国家造成严重损失的，除依法追究肇事者的法律、经济责任外，还要追究当地政府和主管部门领导的行政、经济责任，触犯刑律的，要依法追究刑事责任。

七、凡新办集体煤矿，要严格履行审批手续。在国营矿井田范围内的，要征得该矿及矿务局（或地市煤炭局、公司）书面同意，报省煤炭厅审查批准，由省地矿局核发采矿许可证。今后，各地不得再审批个体小煤矿。

国营煤矿井田内各种小煤矿的清理整顿工作要在今年上半年内完成，由各地市统一组织检查验收。对国营煤矿井田以外小煤矿的整顿，由有关地市参照上述原则分批组织实施。

以上报告如无不妥，请批转各地各有关部门执行。

河北省计经委　河北省地矿局　河北省煤炭厅

1991.3.27

河北省1991年经济体制改革工作安排意见

（1991年5月15日河北省人民政府印发）

1991年是“八五”计划第一年，是继续治理整顿和深化改革的关键一年。根据党的十三届七中全会精神和经济形势发展的需要，我省经济体制改革，要在保持现有各项重大改革的政策、措施稳定性和连续性的基础上，着力增强和提高企业，特别是全民所有制大中型企业的整体素质和竞争能力，完善和深化各项配套改革，促进全省经济的协调发展和经济效益的提高。总体安排和基本要求是：坚持“三个围绕”（围绕调整经济结构、提高经济素质；围绕“质量、品种、效益年”；围绕打好工业生产“总体战”和经济建设“大合唱”）；狠抓“一个重点”（坚持以深化企业改革，特别是集中力量搞活国营大中型企业为重点）；做到“四个结合”（计划与市场结合；改革与发展结合；企业内部改革与技术改造结合；积极稳妥地出台新的改革措施与充分发挥已有改革措施的潜能结合）；抓好“两个配套”（围绕搞活国营大中型企业这个重点，搞好流通体制和宏观管理的配套改革，特别是下力量搞好住房制度、社会保险制度方面的配套改革）；实现“两个促进”（促进结构调整；促进效益提高），为全省经济持续、稳定、协调发展提供体制上、机制上和政策上的保证。

一、以搞活企业特别是国营大中型企业为重点，继续深化企业改革。

要深化企业改革，坚定不移地坚持“两分四自”（即政企分开、所有权与经营权适当分离，自主经营、自负盈亏、自我约束、自我发展）的改革方向和目标，进一步落实企业经营自主权，在改善企业经营机制上下功夫，强化企业的经营意识和市场观念，使企业在国家计划和产业政策指导下，面向市场，真正成为相对独立的社会主义的商品生产者和经营者。

（一）坚持和完善承包经营责任制，抓好企业承包的全过程管理。我省绝大多数企业已续签和新签了新一轮承包合同，要按照《承包条例》和国务院有关文件的规定，进一步完善企业承包制。一是要认真组织好上一轮承包期终的审计、兑现和总结工作。要在经过充分审计的基础上，实事求是地兑现承包合同。要认真做好上一轮承包的总结工作，肯定成绩，表彰先进，特别是表扬那些在困难中开拓前进、取得显著经济效益的企业和勇于改革创新、对国家有突出贡献的经营者。二是抓好新一轮承包指标的分解落实。对宜于分解的经济指标，要层层分解落实到车间、科室、班组和个人；对不宜于分解的，也要落实经济责任制。做到生产经营有目标，检查考核有依据，形成以承包促管理，上管理保承包的内部责任体系。三是切实加强对企业承包的全过程管理。通过具体组织承包合同的实施，规范发包方和承包方的行为，及时发现和纠正承包过程中可能出现的偏差和违约行为，堵漏建制，防止损失，最大限度地发挥承包制的积极作用。要按冀政办〔1991〕4号文件的要求，主要抓好企业承包合同的实施，对承包企业的监督、检查和纠纷处理，承包企业的年终、期终考核与兑现，对承包资料实行档案化管理，总结、推广新经验等企业承包全程管理的重要环节和工作。

(二)下大力抓好企业内部配套改革。要继续坚持和完善厂长负责制，深化企业内部改革。要认真落实《企业法》规定的企业生产、经营自主权，支持厂长(经理)大胆管理企业，尤其要保障厂长(经理)依法行使生产经营的指挥权、相应的用人用工权和收益分配权。企业内部要建立健全各种形式的经营责任制，强化企业管理。在抓好七项基础管理工作的同时，把专业管理搞扎实，要建立以节能降耗为重点的经营责任制，使企业的经营管理水平不断提高。要继续推进企业内部人事、劳动制度改革。根据企业生产经营的实际需要，精简机构，减少层次，压缩非生产人员，充实和加强生产第一线。要进一步建立健全企业内部约束机制。坚持以抓好审计(主要是经营成果)和内部分配为重点，完善企业内部各项制度。要推行经济公开制度，提高分配透明度；对企业留利，要按规定提取生产发展基金，提倡企业建立工资和奖励储备基金，以丰补歉；继续完善工效挂钩办法，企业要根据自己的特点，按照按劳分配的原则，实行多种分配形式，并进行以岗位技能工资制为主要形式的内部分配制度的试点。推行全员风险抵押，逐步建立企业负亏机制。要加强企业的民主管理和审计监督，防止和克服短期行为。要全心全意依靠工人阶级办好企业，保障职工的民主权利，增强职工主人翁责任感，把广大职工的积极性、主动性、创造性及时引导到参与企业重大决策，深入开展"双增双节"和群众性的发明创造活动中来。

(三)逐步建立促进企业技术进步的激励机制。一是鼓励企业用足、用活、用好国家现有政策，增强企业自我改造、自我发展的能力。二是鼓励企业与大专院校、科研单位联合，建立科技、科企联合体，提高企业实用性技术研究的能力。三是尽快落实省政府关于开征新技术、新产品开发推广基金的要求，建立并用好新产品开发基金。四是扶优限劣，实行政策倾斜。对技术改造任务重的老企业和生产优质产品、高技术产品的企业，可适当提高固定资产折旧率。同时，选择少数企业进行对固定资产价值进行重估，按重置价值提取折旧的试点。五是在企业中普遍推行科技效益和管理效益项目承包，并作为考核企业经营者实绩的指标，促使企业不断提高技术水平、管理水平和经济效益。六是要按照国家合理奖励发明创造条例的规定，逐步提高技术革新发明创造奖在企业奖金中的比重，激励广大干部、职工和科技人员把聪明才智用在发明创造和提高经济效益上。

(四)促进横向经济联合，推动生产要素合理流动，调整经济结构，发展企业集团。要积极组建和发展壮大以优势企业为核心，以名优特新高拳头产品为龙头的企业联合体和企业集团。对具有一定规模和功能的联合体，要为其创造条件，促使其向企业集团发展；对现有的企业集团，要实行重点培育，促其"完善提高，发育成型"，并有选择地实行计划单列和下放外贸经营权。组建企业集团要坚持"利益分享，风险共担"的原则，防止利用行政手段上收企业，或行政性公司翻牌为企业集团的做法。要通过壮大集团核心，发展紧密层，强化联结纽带的方法，有计划、有步骤地积极探索组建以人财物产供销"六统一"的企业集团或由集团公司"一个头"对财政承包和对银行借款的路子，统一发展规划，统一新产品和新技术开发。要继续推进企业兼并。对部分资不抵债、产品销路不畅、无法继续经营的企业，可采取必要的手段鼓励优势企业兼并劣势企业，并建立和完善企业产权交易市场。在当前市场疲软和资金较为紧张的情况下，可采取资产无偿划转(指隶属于同一级财政管理的全民所有制企业之间)、出资购买、承担债权债务、吸收股份或控股等形式进行企业兼并。还可以把企业兼并与企业承包、企业租赁结合起来，从实际出发，因厂制宜，宜先承包、租赁的先承包、租赁，待条件成熟后再行兼并。

(五)进一步搞活城镇集体企业。通过清产核资，明确集体企业产权归属，使其按照集体所有的性质经营。对实行承包的集体所有制企业要不断完善承包经营责任制。要在维护集体企业所有制性质不变的前提下，本着自愿互利的原则，积极发展横向经济联合，以实现资源的优化配置和规模效益。根据集体经济的性质和特点，积极试行职工入股、收益共享、风险共担的股份经营。逐步建立和完善真正符合集体企业特点的企业经营机制。

(六)为搞活企业创造良好的外部环境。以进一步落实企业自主经营权和治"乱"为重点，加快经济管理部门和经济综合部门的职能转变，增强为企业服务意识，齐心合力为企业排忧解难。要制定切实可行的政策，坚决清理困扰企业发展的"四乱"(乱干予、乱收费、乱罚款、乱摊派)，避免不必要的重复检查。对大中型企业特别是国家和省确定的必保企业，要综合运用经济杠杆，在资金、信贷、税收、价格和能源、原材料供应等方面实行"配套倾斜"，为企业的生产发展和技术进步提供必要的条件。要本着既有利于国家财政增收，又有利于调动企业积极性的原则，在个别县级市进行税利分流、税后还贷、税后承包的试点，并稳步进行以公有制为主体的股份制试点工作。

二、深化流通体制改革，进一步繁荣城乡经济。

流通领域在巩固和发展治理整顿成果的同时，要继续坚持"三多一少"的改革方向，发挥国合商业的主渠道作用，搞活流通，发挥流通在促进生产、引导消费上的桥梁和纽带作用。

(一)充分发挥国合商业主渠道作用。一是下大力搞活国合批发企业，进一步清理整顿流通领域过多过乱的批发环节，疏通流通渠道，理顺批发体制，强化对重要商品和物资的计划管理，建立健全商品储备制度，确保国合商业掌握足以稳定市场的货源。二是对国合批发企业经营的重点商品、物资特别是地产品，要在资金、利率、税收、作价办法和进销差率等方面实行倾斜政策。三是积极探索新的批发形式。大力推进流通领域的横向经济联合，逐步建立一批跨地区跨行业的大型批发商业和物资集团。四是进一步搞活国合大中型零售企业。充分发挥国合商业点多面广及资金、场地、信息、信誉等优势，发展厂商联营、商商联营、农商联营、试销代销、“引厂进店”、“以大带小”等多种经营形式，扩大经营品种，拓宽服务领域。五是打破市场封锁，拆除壁垒，全方位通开市场。大力组织工业品下乡，积极扩大地区之间、城乡之间的商品物资交流。六是继续坚持国营小型商业和饮食、服务业改、转、租的改革方向。继续发展集体、个体和私营商业，发挥其对社会主义商业的补充作用。

（二）继续深化和完善副食品产销体制改革。要继续动员和组织各方面的力量，下大力气抓好农副产品基地、基金和基础设施，实施“菜篮子工程”，积极探索发展适度规模经营的新路子，搞好省内和省外副食品生产基地之间的产销协作，建立稳定的产销关系。要推广石家庄、唐山和承德等地的经验，发展多种形式的产销一体化组织。

（三）培育和完善市场体系。一是进一步在发展和完善消费品市场的同时，建立和发展包括资金、技术、劳务、信息和房地产在内的生产要素市场，促进生产要素的合理流动。二是积极开拓省外市场和国际市场，逐步形成全方位开放、纵横交错、内外延伸的市场体系。三是进一步整顿和活跃集贸市场、农副产品和小商品批发市场。四是建立由工商行政管理、行业协会、同业公会、消费者协会组织的市场监督管理体系。五是加强市场组织建设，完善市场管理规则，规范交易行为，逐步实现交易的公开化、票据化、法制化。

（四）积极改革农产品流通体制。要千方百计扩大农产品的收购和销售，疏通农产品流通渠道；在完善以供销社为主体的支农服务体系的同时，鼓励农村集体和个人进入流通领域。有计划、有重点地改革农副产品经营管理体制，试行农产品、林产品和土特产品的产、供、销一条龙管理，改变多头管理、互相争利的现象，保护农产品的正常购销活动。

（五）积极稳妥地进行粮食和物资体制改革。要按照“稳购压销、坚持包干、价格微调”的原则，稳定国家粮食定购任务，压缩平价粮销售，继续实行粮食购销调拨包干，适当提高粮食收购价格，改进平价粮经营方式。建立健全粮食储备制度，并有计划地发展粮食批发市场和期货市场。要学习借鉴外省市改革粮食经营体制的经验，逐步理顺和规范粮食系统内部购、销、调、存、加工各个环节的经济关系，增强粮食企业活力，减轻财政负担。

要按照国务院关于深化物资体制改革的要求，进一步改革物资管理体制，适当缩小指令性物资分配调拨计划，有重点地扩大企业的产品自销权。发展和完善计划指导下的以钢材市场为重点的生产资料市场，改革产需结合方式，稳定供销关系，继续推广石家庄市以“三定一送”为主要内容的物资配送制经验，增强物资企业的社会化服务功能，提高流通效率。建立健全物资市场法规，逐步建立起高效、畅通、可调控的物资流通体系。

三、推进宏观调控体制改革，促进经济持续稳定协调发展。

（一）改革财政税收体制，增强省级调控能力。一是稳定现行财政包干体制，充分调动各级当家理财的积极性，开源节流，确保财政收入的稳定增长。二是适当集中财力，兴办一些关系我省经济全局利益的事情。三是为实行复式预算作好准备，强化财政预算约束。在继续加强对各部门预算外资金严格管理的同时，进行对行政事业单位预算内外资金统一计划、统一核算的试点工作。四是抓好“双创双扭”（创亿元、5000万元县，扭补贴、赤字县）工作，对成绩突出的县（市）在资金政策上给予适当倾斜。五是通过逐步理顺农副产品价格，改革公共事业体制等途径，解决财政补贴负担过重的问题。六是进一步改革税收体制。开征固定资产投资方向调节税。全面推行征、管、查分离的税收征管办法，依靠群众建立协税护税网。强化税收征管工作，建立发货票注税制度。推广唐山市对个体工商户试行有奖发票的管理办法，减少偷税漏税，强化税收管理。

（二）改革金融体制，正确发挥金融部门调控经济的职能。要进一步强化中央银行的宏观管理职能，加强中央银行对各专业银行的领导和管理。采取多种形式充分发挥银行的融资功能，逐步扩大票据融资的比重，缩小信用放贷的比重。积极推行抵押、担保贷款。在清理“三角债”的同时，推行商业信用票据化。今年要把发展和完善金融市场作为金融体制改革的一个重要任务，鼓励资金融通，提高资金使用效益。要不断扩大银行储蓄范围，开展住房储蓄、预购商品储蓄、证券交易等试点工作。进一步深化农村信用社体制改革，坚持农村信用社的群众性、民主性和灵活性，为农村商品经济的发展提供服务。

（三）继续改革计划体制和投资体制，增强计划决策和管理的科学性、有效性。一是按照发展有计划商品经济的要求，改进计划管理的形式和方法，提高制定计划的科学性，根据财政、信贷资金供应的可能安排计划。二是充分发挥产业政策、财政政策、金融政策在计划管理中的作用，保证各项计划和政策的配套、到位。三是按照“性质不变、渠道不乱、政府统管、各记其功”的原则，适当集中投资决策权。对于固定资产投资的审批办法，要把按投资额或生产能力划分档次改变为按产业政策的要求，实行分行业、分层次规定权限，强化产业政策的导向作用。四是进一步推行建设项目招标投标制度，发挥市场竞争机制的作用。

(四)稳步推进价格改革。要根据国家统一部署,利用当前的有利时机,在稳定市场的前提下,逐步理顺部分工业品和农产品、原料和加工品之间的比价关系,适当调整公用事业收费标准。对国务院、省政府曾明令放开、地方和部门又重新管起来的商品价格,要进行清理,区别不同情况,有的要重新放开,有的需要改进管理办法;逐步整顿生产资料双轨价格,具备"并轨"条件的,要取消"双轨价格"。同时,要为企业在价格信息、价格咨询等方面提供服务。

(五)继续深化劳动用工制度改革。要进一步完善现行劳动合同制,有针对性地简化招工手续,灵活确定合同期限,加强合同管理;城镇县(区)以上的集体企业,也要积极实行劳动合同制;利用企业新一轮承包刚刚开始的机会,加强企业劳动基础管理工作;继续完善和发展劳务市场,健全职业介绍机构,广开就业门路,拓宽就业渠道,充分发挥城镇集体经济和其他经济成份在安排就业方面的作用;继续办好劳动服务公司,大力开展职业培训,统筹城乡劳动力管理,积极引导和适度控制农村劳动力的转移,促进国民经济发展和社会的安定。

四、加快住房制度改革步伐。

基本思路是:(一)合理调整公房租金。在调整公房租金的同时本着国家、集体和个人三者合理负担的原则,给职工个人适当发放住房补贴。(二)鼓励职工购买公有住房。新房售价按标准价计算,旧房售价按重置价折扣计算。对购买公有住房者给予适当优惠。(三)对新建住房和腾空再分配的旧房,实行售租并举,先售后租。(四)充分调动国家、集体和个人三方面的积极性,采取多种形式,实行集资建房。集资建房可以由政府出面,也可以由一个系统或单位进行组织,或者是几个系统及单位联合起来进行组织。对个人自建房要加强监督管理,控制建房面积和占地。(五)逐步建立起住房储蓄、保险和住房保证金制度,实现建房资金的良性循环。各地要加强领导,研究政策,总结经验,注意从当地实际情况出发,不搞"一个模式",并充分发扬民主、听取社会各界和广大居民群众的意见,确保这项改革顺利进行。

五、积极推进社会保险制度改革。

一是改革社会保险的筹资机制,争取今年实现国营企业离退休费用的省级社会统筹和城镇集体企业以县(市)为单位的社会统筹。二是扩大养老保险覆盖面,在城镇逐步建立包括所有职工在内的养老保险制度,在富裕的农村,逐步建立个人交纳为主、集体交纳为辅的养老保险制度。三是完善城市职工行待业保险制度。四是适当扩大离退休费用社会统筹的项目,继续推广石家庄地区离退休职工医疗费统筹的经验。

六、积极扩大对外开放,大力发展外向型经济。

今年应按照省委、省政府的部署,进一步加快对外开放的步伐。

(一)扩大内联。通过多渠道、多种形式发展同国内经济发达地区及周边省市、重点科研单位、大专院校和国家骨干企业的联合,加强同京津的联合与合作,提高省内工业水平。同时,加强秦唐沧开放区与内陆地区的经济联合,把沿海和内陆的局部优势变成整体优势。

(二)搞好技术引进。重点引进那些急需的适用的先进技术和关键设备,重视和加强对引进技术的消化、吸收,实现引进——消化——创新——扩大出口——增加引进的良性循环。

(三)扩大对外开放。一是办好现有"三资"企业,并积极改善投资的软、硬环境,以增强我省吸引外资的能力。二是继续按照"借得来,用得好,还得起"的原则,积极争取更多地利用外国政府贷款和国际金融组织贷款。三是加快秦、唐、沧渤海湾经济开放区的建设。在开放区逐步建立起适应对外开放需要的经济运行机制的框架,使其更好地发挥对外开放"窗口"和基地作用。

(四)改革外贸体制,扩大出口创汇。按照国务院《关于进一步改革和完善外贸承包制若干问题的决定》的精神,继续稳定和发展外贸承包制,逐步向着"统一政策、平等竞争、自负盈亏、工贸结合、推行代理制、联合统一对外"方向发展。在坚持扩大出口和讲求经济效益并重的前提下,改革外汇分成办法,加强出口收汇管理;改善出口商品计划、配额和许可证管理;加强外贸企业财务管理;继续执行扶持、鼓励出口的各项优惠政策,调动各方面出口创汇的积极性。

七、进一步深化农村改革。

深化农村改革的重点是在继续稳定和完善家庭联产承包责任制的基础上,健全和完善统分结合的双层经营体制,积极发展社会化服务体系,逐步壮大集体经济实力,促进农村商品经济的发展。

(一)稳定和完善家庭联产承包制。对部分农村中农户地块过于零散的,要在做好耐心细致思想工作的基础上,积极稳妥地予以调整,并因地制宜地推行"两田制"或"三田制",发展农业适度规模经营。

(二)进一步抓好农村社会化服务。要着力抓好以科技为先导,产前、产中、产后服务体系的建立和服务功能的健全。在全省推广玉田县建立合作经济组织的经验,逐步形成以县直职能部门为依托,以乡村合作经济组织为主体,以民间各种服务组织为补充的上下贯通、纵横交错、协调一致的社会化服务体系,为广大农民解决好耕、播、浇、治、收、销等环节中一家一户解决不了的困难,进一步挖掘农村的巨大潜能。

(三)抓好乡镇企业的改革。要按照"积极扶持、合理规划、正确引导、加强管理"的方针,坚持"四个轮子一齐转,重点抓好乡村办",拓宽兴办集体企业的路子,积极引进项目、资金、人才和技术,优化产业结构和产品结构,提高乡镇企业的经营管理水平、经济效益和出口创汇能力,促使乡镇企业健康发展。

（四）深化县级综合改革。要借鉴山东等省的经验，把县级综合改革做为“桥头堡”来攻。积极开展对县级综合改革的理论研讨，抓好县（市）综合改革试点，探索城乡经济一体化、农工商、产供销一体化的路子，理顺县级经济管理体制，落实县级市计划单列，减少补贴县财政补贴，加快县级经济发展步伐。

八、进一步加强对改革工作的领导和综合协调。

各地市、各部门应切实加强对经济体制改革工作的领导。要用党的十三届七中全会和全国人大七届四次会议精神进一步统一各级干部的思想，坚定走强国之路的决心和信心，要确立用改革的精神和改革途径解决经济生活中深层次矛盾的思想，扎扎实实地把改革推向前进。根据国办发〔1991〕4号文件精神，要加强对重大改革措施的综合协调工作。省体改委负责拟定全省经济体制改革总体规划和方案，统筹、协调和指导全省城乡经济体制改革工作，组织重要改革措施的试点和推广。各部门拟定本部门的全省性改革方案及重大的改革政策措施，应先送省体改委征求意见，经协调后再报省政府审批。属于重大改革试点方案，由省体改委和有关部门或有关地、市提出，共同拟定，报省政府批准后再行实施。要逐步建立起对重大改革政策进行综合协调的制度。各地要适应改革新形势，进一步健全加强体改机构的建设，机构不健全的予以健全，没有进入政府序列的进入政府序列，力量不足的充实力量。各级政府要为体改部门开展工作，创造必要的条件，并不断加强体改部门自身的思想、组织和作风建设，充分发挥体改部门对各级党委、政府决策的参谋、助手作用。

河北省人民政府关于发展城市公用事业的通知

（1991年6月4日发出）

党的十一届三中全会以来，我省城市公用事业发展较快，对全省城市经济和社会发展起到了重要的促进作用。但仍不适应城市经济和社会发展的需要，生产生活用水紧缺，乘车拥挤、用气难仍然是城市人民极为关注的热点问题。为了推动全省城市公用事业的进一步发展，特作如下通知：

一、充分认识城市公用事业的地位和作用。城市公用事业是城市赖以生存和发展的基本条件，与群众生活息息相关，同经济建设相辅相承，是党和政府密切联系人民群众的纽带，对稳定经济、稳定政治、稳定社会起着重要的作用。各级政府要充分认识城市公用事业在城市工作中的地位和作用，切实重视城市公用事业的发展，根据财力、物力的实际可能，本着量力而行的原则，积极把群众要求迫切，经过努力能办到的各项公用事业办好。

二、城市公用事业要与经济建设协调发展。城市公用事业是城市基础设施的重要组成部分，是保证城市经济发展和人民生活不可缺少的物质基础，在安排城市经济建设项目时，也要相应地安排城市公用设施建设，使公用设施与经济建设同步发展。对城市公用设施建设项目，要视同交通、能源等基础设施建设一样，根据城市发展要求，优先列入年度计划和经济发展建设规划。今后省和各地市在编制经济建设计划时，要把城市基础设施建设单列“户头”，划出一定比例的投资和材料予以保证。对在城市范围内新建、改建和重大技术改造工程所需的公用设施配套投资和材料，要列入相应的建设项目计划及其总概算，保证经济建设和城市公用设施建设协调进行。

三、理顺城市公用事业价格。长期以来，城市公用事业价格和价值严重背离，造成了企业亏损，加重了政府财政负担，严重地制约着城市公用事业的发展。供水、燃气、公交、供热等公用事业产品和服务价格应逐步建立在成本和合理利润率的基础上，使公用事业有自我发展能力。第一步，民用自来水、煤气、液化气和公共汽车学生月票的价格，要与厂矿企业、商业、宾馆、饭店等经营性工商企业用水、用气和公共汽车零票、职工月票价格相区别，民用、公用都逐步提价，民用相对少提，公用适当多提，两种价格综合计算，近期逐步达到保本微利。第二步，经营性工商企业用水、用气等价格按经济法则制定。进行价格调整时，要选择时机并按价格管理规定报物价部门批准。

四、搞好社会服务。城市公用事业的主管部门和企业，要充分认识公用事业担负的社会责任和重要作用，努力为稳定经济、稳定社会做出贡献。公用事业战线广大干部职工，要认真执行行业道德规范，大力开展优质服务，纠正行业不正之风，向社会提供良好服务，把创先进、树新风活动提高到一个新水平，使公用事业真正成为城市精神文明的窗口。同时，要继续深化企业内部改革，不断完善经营承包责任制，改革分配制度，充分调动职工的积极性，开展多种经营，增收节支，增强企业自我发展的活力。

五、制订扶持发展城市公用事业的政策。城市公用设施服务具有广泛的社会性，并以社会效益为主。考虑到历史原因和群众的承受能力，除对公用事业继续实行财政补贴外，还要给予政策扶持。供水企业是城市经济建设中重点发展的产业，要按照国家产业政策给予倾斜，适当增加对供水事业的投入。居民生活用自来水的用电量免征“电力建设资金”。经省有关部门批准，供水企业可以实行以水养水，免交利润，其盈利专用于供水设施的建设与维护；交纳营业税有困难的，也可向税务部门申报减免营业税。需要增加城市自来水供应量的单位，要把相应的供水工程建设投资交给城市供水部门，建设统一的供水系统，纳入城市供水计划。城市公共交通，继续由地方财政实行按公里补贴，补贴后企业留利水平应不低于一般工业企业。纳税有困难的，可由企业申请，经税务部门批准，减免营业税。对公共汽车用油，各市可在地方包干使用的指标内，按实际营运里程和油耗指标平价供应，或由市财政补贴所用议价油差价。

为安定我省城市居民生活，有关部门要积极研究制订控制我省液化石油气源外流的措施。

六、切实加强对城市公用事业的领导。各级政府要高度重视城市公用事业，切实加强领导；有关部门要在政策、资金上给予支持，帮助公用事业单位解决实际困难。各城市要继续贯彻执行“人民城市人民建”的方针，积极发展城市公用事业。经同级计委、财政部门会审，由当地人民政府报上一级人民政府批准，可以采取自愿、受益、适度、资金定向使用的原则，多方筹集资金。要组织企事业单位、机关、团体和部队、院校参加义务劳动，增强群众建设城市的自觉性和主人翁责任感。城市公用事业涉及方方面面，城建、工商行政管理、公安、计划、税务、财政、物价、交通等有关部门，要密切配合，协同动作，共同把城市公用事业办好。

关于开展“质量、品种、效益年”活动意见的报告

（1991年1月23日河北省人民政府批转）

省人民政府：

近几年来，我省工业生产在提高质量、开发品种、提高效益方面取得了较好成绩，但产品质量低、结构不合理、经济效益差的问题仍然相当严重。特别是去年以来，由于市场疲软、资金短缺，企业产品质量、品种、效益等方面原来被需求过旺所掩盖的问题明显暴露出来。因此，提高质量，开发品种，提高效益，是促使工业持续稳定协调发展的一个重要战略。国务院决定开展“质量、品种、效益年”活动，为我们提供了一个良好的机遇。现就开展这项活动的实施意见报告如下：

开展“质量、品种、效益年”活动总的指导思想是：以提高经济效益为中心，以市场需求为导向，以科技进步为动力，以调整结构、提高质量、开发品种为重点，深化改革鼓干劲，强化管理上水平，双增双节增效益，以人为本抓落实，力争我省主要经济和效益指标赶上全国平均水平，或在全国的位次有所上升。在实施过程中，作到“四个坚持”：(一)坚持把经济工作的重心转移到质量、品种和效益上来，切实把提高质量、开发品种、提高效益放到各项经济工作的首位；(二)坚持把科技进步和管理进步放到突出位置，依靠科技和管理上质量、上品种、上效益；(三)坚持把深化改革、增强企业的动力和活力作为提高质量、开发品种、提高效益的根本性措施来抓；(四)坚持以人为本，领导带头、发动群众、依靠群众，各方联动，相互配合，搞“大合唱”，打“总体战”。

一九九一年要达到的主要目标是：全省工业产值，比上年增长6%。地方预算内工业企业实现利税与产值同步增长，产值利税率、销售利税率、资金利税率分别比上年增长2—3个百分点，产品质量稳定提高率达到85—87%，优质产品产值率保持在35%以上，主要能源、原材料消耗降低3%，亏损企业经营性亏损额减少50—60%，定额流动资金周转加快10—20天。全民所有制工业全员劳动生产率提高3%。全省创国家优质产品保12项、争15项，部优产品100项，省优产品600项，开发地市级以上新产品1000项，其中达到国际国内先进水平的400项。晋升国家一级企业2个，国家二级企业35个，评定省级先进企业120个。

到“八五”末，全省有50%的主要工业产品按国际标准或国外先进标准组织生产，地方预算内工业优质产品产值率达到38%以上；“八五”期间研制开发2500项国内先进水平以上、市场前景广阔、经济效益好的新产品；全省主要工业产品中畅销产品占到70%以上；工业品出口创汇额达到全省出口创汇总额的78%以上；万元产值综合能耗每年降低3%。全省工业产值利税率、资金利税率、销售利税率、劳动生产率、流动资金周转

天数、人均利税、万元产值综合能耗等主要经济效益指标居全国的位次在现有基础上前进 1～2 位。

为保证实现上述主要目标，采取以下五项措施：

第一，提高全省人民的质量、品种和效益意识

提高全省人民特别是各级领导干部的质量、品种和效益意识，增强广大干部群众开展"质量、品种、效益年"活动的自觉性，是搞好这场活动的前提。各级各部门要认真学习、全面理解、正确把握国务院关于开展"质量、品种、效益年"活动的文件，领会精神实质，并贯彻落实到实际工作中去。同时要层层发动，广泛宣传。充分利用报纸、电台、电视台发表评论和典型报道，领导发表电视讲话和撰写文章等，造成强大的声势，做到家喻户晓，尽人皆知。

通过学习和宣传，使全省人民加深三个认识：一是社会主义的根本任务是发展生产力，生产力的发展不仅仅是数量的增加和速度的增长，更重要的是质量和效益的提高；开展这项活动不仅仅是经济问题，而且是政治问题。二是在我省人均资源少，财政拮据、资金短缺的条件下，要实现到本世纪末翻两番的战略目标，仅靠资源和资金的大量投入是不现实的，提高质量、开发品种、提高效益，是根据国情进行"四化"建设的迫切需要。三是河北经济与全国平均水平比较还有差距，与先进省市比差距更大，其集中表现就是产品质量、品种和效益落后。我们必须有一种强烈的责任感和危机感，正视差距，抓住机遇，加倍努力，急起直追。从而使全省人民真正把开展"质量、品种、效益年"活动提高到贯彻执行党的基本路线的高度和经济发展战略的高度来认识。

通过学习和宣传，使全省人民牢固树立三种观念：一是质量第一的观念，认识到产品高质量是通向国内外市场的通行证。二是以质量求生存，以开发产品求发展的观念，认识到产品质量的好坏和品种是否适销对路，关系到企业的兴衰成败。三是经济建设以提高效益为中心的观念，认识到一切经济活动必须围绕提高经济效益来进行。

在提高认识的基础上，各地市、各有关部门和企业都要对各自产品质量、品种和效益的现状作出全面分析，肯定成绩，找出差距，制订切实可行的奋斗目标和措施，并狠抓落实。要层层建立责任制，把质量、品种、效益的各项指标分解落实到地、市、县、企业、车间、班组和个人，并与干部职工的经济利益挂起钩来，广泛发动群众，依靠群众，特别要把工业系统的科技人员、管理人员发动起来，搞"大合唱"，打"总体战"，真正做到全民动员，人人动手，使"质量、品种、效益年"活动扎扎实实、轰轰烈烈地开展起来。

第二，切实抓好企业管理

1. 加强思想政治工作，发扬 50 年代的节约精神，发扬大庆"三老四严"和吉化"严细实快"的作风，坚持从严治厂，从严管理，争达九十年代的管理水平。所有企业都要建立和完善各种规章制度，从产品设计、原材料、零配件、元器件进厂，到投料、制造、出成品，直至售后服务，都要有一套规章制度。要严格执行劳动纪律、工艺纪律和岗位责任制，搞好现场管理，建立文明的生产环境和良好的生产秩序。逐步做到制度全、标准高、考核严。要常抓不懈，重在落实，贵在坚持。

2. 坚持不懈地强化企业管理的基础工作。要从标准、计量、定额、信息、规章制度、基础教育和班组建设抓起，深入开展管理基础工作达标活动，建立和推行岗位手册，在此基础上，狠抓质量、核算、原材料消耗、能耗、设备和安全等专业管理，有条件的企业要结合实际推行目标管理、价值工程、ABC 管理法、量本利、微机应用等现代化管理方法和手段。1991 年全省预算内工业企业管理基础工作达标率累计达到 70%，推行岗位手册的企业要达到 70%。

3. 认真组织培训，提高企业人员素质。1991 年企业领导干部岗位职务培训率要累计达到 75%以上；企业班组长以上的管理基础工作培训面要累计达到 70%以上。对工程技术经济专业技术职务资格培训，1991 年全面展开，五年内达标。省行业主管部门每年组织 1—2 次全省性的技术练兵选拔赛活动。

4. 大力推行全面质量管理，建立健全质量保证体系。从原材料进厂到成品入库都要有严格的质量管理和检验制度，做到预防和把关相结合，使制造过程稳定受控，严格控制和降低工序不良品损失，提高产品一次投入产出合格率。加强标准、计量、测试等方面基础工作，积极采用国际标准和国外先进标准，积极开展创优活动。认真贯彻"五不准"，执行"质量否决权"，严禁不合格产品出厂。扎扎实实地开展 QC 小组活动，全省 TQC 的基础教育面要达到 85%以上。大中型企业全面质量管理全部达标，小型企业在"八五"前三年也要力争达标，1991 年全省达标企业达到 300 个。

5. 以节能降耗为重点，推行目标成本管理。要认真推行全国确定的 48 项节能节材技术改造措施，抓住重点耗能耗材大户，猛攻耗能"五虎"（煤、电、油、水、气），狠抓五种主要原材料（钢材、粮食、矿石、棉花、木材）的节约。按照国家和部颁标准，对主要产品制订先进合理的消耗定额和最高限额，建立定期考核制度，完善降耗保证体系。各地市都要认真抓好能源、原材料节约奖励政策的落实，用足用好节能技术进步优惠政策，激发企业和职工节能降耗的积极性。要加强企业用工管理，降低活劳动消耗，千方百计把产品成本降下来。

6. 要采取措施提高企业的核算水平，继续大力推行"厂内银行"。企业要认真搞好清仓利库，积极处理库存积压产品，减少产成品资金占用，加速资金周转。要严格执行财经纪律，堵塞"跑、冒、滴、漏"，节约各项开支。企业自有资金要严格按照国家规定提取和使用，确保按比例提取生产发展基金，严禁滥发奖金、实物和津贴，扭转

企业收入过分向个人渗流的现象。

7.进一步搞好企业升级,促进各项专业管理同步提高。各地市、各行业都要制定企业升级规划,建立责任制,层层抓落实。各企业要对照先进标准,找出本企业差距,制定分步上等级的目标和措施,狠抓落实。

8.抓好重点企业、重点产品的增产增收。对大中型企业和能源原材料产品、人民生活日用品、支农产品、出口创汇产品、市场适销产品的生产,要加强调度,优先安排生产所需的能源、原材料、资金、运输等条件,确保生产顺利进行。特别对全省年实现利税500万元、千万元以上的大户,要实行责任制,因厂制宜,重点扶持,促其利税跨上新的台阶。要注意培养新的利税大户,争取全省每年都涌现一批实现利税超千万元的冒尖户。各地、市、县确定的利税大户,要实行分级负责责任制。

9.狠抓扭亏工作。要采取"预防为主,扭防并举,把脉问诊,对症下药"的方针,突出抓"三户"(即处于盈亏边缘的危险户,新出现亏损的冒头户,长期亏损的钉子户)。要完善和落实扭亏工作责任制,对亏损大户实行地市领导负责制,组织各方面专家,深入企业分析亏损症结,有针对性地采取措施,确保完成全年扭亏任务。

10.充分发挥职工参加民主管理的作用,强化职工的主人翁意识。所有企业都要广泛发动群众,针对生产、技术和经营中的薄弱环节,找差距,查漏洞,组织技术攻关,开展合理化建议和小改小革活动,促使广大职工想主人事、说主人话、干主人活、尽主人责,形成一种人人厉行节约的好风气。

第三,抓好科技进步和产业、产品结构的调整

1.向科技进步要质量、要品种、要效益。各地、各行业和企业都要把科技进步放到突出位置上,积极开展技术改造、技术引进和消化吸收、科技攻关、新产品开发、新技术推广等工作,不失时机地采用新设备、新技术、新工艺、新材料。选择一批成熟的科研成果和先进适用技术,纳入行业主管部门的指令性计划,强行推广。要采取多渠道、多形式筹措资金,尽可能多地增加技术进步的投入。

2.突出重点,把技术进步与结构调整结合起来。要自上而下层层制订和完善"八五"技术进步滚动计划,突出抓重点行业、骨干企业、拳头产品和关键技术,明确主攻方向和目标。提高技术进步的起点,把技术进步的各项投入重点用在提高质量、开发品种、降低消耗和提高效益上,用在软件技术的开发和应用上,尽量避免低水平的扩大生产能力。要继续坚持以产品为龙头,以工艺为基础,以提高经济效益为中心,把产品开发、技术改造、技术引进、新技术推广和产品创优结合起来,"一条龙"地组织技术进步。抓紧300家企业的技术改造,重点实施"566、844"计划(5个行业、60个企业、60个技改项目,开发80项新产品、形成40项拳头优势产品、推广40项先进适用技术),特别要加快微电子技术改造传统工业的步伐,迅速形成产品优势。

3.所有企业都要在搞好市场调查和走访用户的基础上,对主要产品的质量水平和所处的位置进行分类排队,明确产品处于导入期、成长期、成熟期或衰落期的位置,分别制定升级换代规划,不断淘汰落后产品,开发新产品,做到生产一代,储备一代,研制一代,构思一代。要以市场为导向,重点搞好"六个开发":即开发市场短缺产品,开发名优拳头产品,开发高附加值和出口创汇、替代进口产品,开发不同档次的产品,开发与大企业、名优产品生产厂家配套的产品,开发高性能多用途产品,以增强产品的竞争能力,扩大市场占有率。

4.要逐步建立健全工业企业的科技开发体系。要求所有大中型企业都要建立科研机构,增加产品开发力量,建立健全厂长领导下的总工程师技术负责制,使他们有职、有权、有责。小型企业也要积极创造条件自办或联办科技开发机构。科研单位要面向生产企业,生产企业要依靠科研单位,以行政和经济的手段,促进企业与大专院校、科研单位的结合,组建多种形式的科研生产联合体。对重点项目,要采取公开招标的办法,吸引各方科技力量联合攻关,加速科技开发和科技成果转化为生产力的进程。完善和开拓技术市场,开展企业诊断和技术咨询,为企业技术改造和科技成果产业化、引进技术国产化服务。

5.加强对技术进步工作的宏观管理和指导。开展技术改造、技术引进、新产品开发等工作,要切实加强前期工作,搞好市场预测,实行科学决策,避免"一窝蜂"上,"一刀切"下。要加强和改善对技改、引进项目的审批管理,确保符合国家产业政策,有利于提高质量、开发品种和提高效益。加强对在建技改项目的管理,进一步完善全程责任制,狠抓施工进度,确保按时竣工投产和达产,提高投资效益。

第四,深化改革,完善企业自我激励和约束机制

1.要进一步稳定和完善承包经营责任制。在承包指标体系中要突出质量、品种、效益指标。建立完善技术进步考核指标体系和企业管理考核指标体系,并纳入承包经营内容。

2.深入进行企业内部改革。要认真贯彻《企业法》,坚持和完善厂长负责制,正确处理企业党政工三者关系,多方配合,形成合力。积极推行企业内部各种形式的经济责任制,把质量、品种、效益指标层层分解,落实到车间、班组和个人。深化企业分配制度改革,鼓励企业探索实行适合本企业特点的分配形式,把工资、奖金真正用在激励职工提高质量、开发品种和提高效益上,进一步打破平均主义"大锅饭"。深化劳动制度改革,推行劳动优化组合,提高劳动效率,并逐步建立相应的社会保障制度。

3.以名优拳头产品为龙头,以重点骨干企业为依托,组建跨地区、跨行业、跨所有制的企业集团。对大型

企业集团实行计划单列，实现人财物、产供销一体化，真正发挥集团优势。要积极采取企业兼并、企业承包企业、企业间的横向联合及设备拍卖、调剂等方式，促进企业存量资产合理流动，提高现有设备的利用率。1991年计划组建企业集团10～15个，企业联合体500个。

4.深化流通体制改革。研究质量、品种和效益问题，不仅要研究如何把产品生产出来，而且要研究如何销售出去，满足用户需要，如何把资金收回来，投入到下一个生产循环中。所以要充分发挥国合商业主渠道和“蓄水池”作用，坚持国家、集体、个人一起上，把流通搞活。加强工商协作，适当增加产销挂钩的计划性，对大宗重要商品建立稳定的购销关系。发展工商联营，通过展销会、订货会、交易会等形式，大力推销地方工业产品，处理库存积压产品，拓展市场。商业部门要充分发挥自身优势，积极向工业企业提供市场信息和建议，促使企业按照市场需要提高产品质量，开发新产品。要进一步加强工业自身经销力量，推行和完善“五定一包”等行之有效的购销承包责任制，调动购销人员的积极性。

第五，狠抓各项有关政策的制定、完善和贯彻落实

1.认真贯彻执行国家产业政策和省政府确定的全省产业、产品结构调整方案，对产品质量高、适销对路和经济效益好的企业，要从生产条件及技改投资的安排上重点支持。对质量差、消耗高、产品滞销、效益差的企业，要限产或停产。特别要下决心对市场无需求、产品长期滞销积压的企业，实行关停并转。

2.省、地市的有关部门要根据产业政策，制订推动企业技术进步的倾斜政策，明确扶持和限制的重点，在技术改造、引进项目的安排上实行有保有压，防止盲目重复建设。要改变现行按生产能力和投资限额划分项目审批权限的办法，实行按产业政策，分行业、分产品确定项目审批权限。实行开征投资方向调节税，同时取消建筑税，并实行投资许可证制度。

3.为调动各地市、各部门的积极性，在原企业管理指标考核的基础上，建立全省主要质量、品种、效益指标考核评比制度，实行月考核，季通报，年评比。通过考核评比，对在“质量、品种、效益年”活动中涌现出来的先进地市、部门、企业和个人，年终给予表彰奖励。各地市要建立简便、准确、便于监督检查的考核办法。

4.要抓好激励企业、职工积极性的有关政策的落实：

凡获省以上优质产品奖、科技进步奖的产品，可以实行优质优价；对在企业升级中获省以上先进企业或科技进步先进企业称号的企业，获省以上质量管理奖和省以上优质产品奖的企业，获省以上优秀新产品奖和科技进步奖的企业，从技术改造、技术引进和能源、资金、原材料等各方面优先安排。

对列入国家级新产品试制计划的新产品，可减免1～3年产品税或增值税；列入省级计划的，减免1～2年产品税或增值税。

凡获得国家级优质产品和国家级优秀新产品金银牌的企业，分别奖给1.5和1万元奖金，奖励贡献突出的有关人员；获部、省级优质产品和优秀新产品奖的，由各地市制定具体奖励办法，对有关人员给予奖励。

获省以上质量管理奖、科技进步奖和省级以上先进企业称号的企业，对企业有关人员进行一次性奖励，免征奖金税，具体办法由地市自订。

在健全组织、完善计量、制定先进合理定额的前提下，大中型企业和省以上管理先进企业要全部推行能源、原材料节约奖，具备条件的小型企业也要推行，奖金由主管部门审核，报同级经委(计经委)批准。

在实现利税千万元以上的大户中开展经济效益考核评比活动，对在评比中名列前30名的企业，对现任厂级干部30%浮动一级工资。连续二年转为固定工资。

5.认真落实关于建立企业技术进步基金的政策。按照国家规定，允许企业按销售收入的1%提取技术开发费。对应提不提的企业，由主管部门强制提取，由地市统一集中使用。省每年从预算外资金中集中3%，建立新产品开发和新技术推广基金，省财政厅、税务局、计经委要按省政府要求抓紧落实。

6.继续实行放活科技人员的政策，鼓励科技人员到生产第一线进行技术承包、技术服务，领办、创办技术经济实体，认真兑现按国家规定应得的报酬。吸引省外大批人才，积极开展国际科技合作与交流，引进国外智力。

7.财政、税收、金融、物价、工商行政管理等综合经济调控部门和监督检查部门以及各行业主管部门，在“质量、品种、效益年”活动中要分别制定相应的政策和措施，狠抓落实。

在开展“质量、品种、效益年”活动中，各级领导、各有关部门都要认真转变工作作风，满腔热情地为基层服务，千方百计为企业排忧解难，为企业创造一个良好的外部环境。对企业既要严格要求，严格监督，又要积极支持，主动帮助，急企业之所急，想企业之所想，带领全省人民打好质量、品种、效益的总体战。

以上报告如无不妥，请批转各地各部门执行。

河北省计划经济委员会

1991年1月7日

河北省城市规划条例

（1991年6月8日河北省第七届
人民代表大会常务委员会第二十一次会议通过）

第一章 总 则

第一条 为科学地制定城市规划并保障其顺利实施，实现城市的经济和社会发展目标，根据《中华人民共和国城市规划法》和有关法律、法规，结合本省实际情况，制定本条例。

第二条 凡在本省区域内制定和实施城市规划以及在城市规划区进行建设，必须遵守本条例。

第三条 本条例所称城市，是指国家按行政建制设立的市、镇。

第四条 城市总体规划应当与国家和本省的国土规划、区域规划、江河流域规划和土地利用总体规划相协调。

第五条 城市规划的制定和实施，必须符合省情、市情，适应经济文化发展水平；贯彻执行严格控制大城市规模、合理发展中等城市和小城市的方针，促进生产力和人口的合理布局；坚持有利生产、方便生活、繁荣经济、促进科学技术文化教育事业发展的原则；正确处理城市建设与经济建设、城市建设与环境建设、近期建设与远景发展的关系。

第六条 城市规划的编制应当依据国民经济和社会发展规划以及当地的自然环境、资源条件、历史情况、现状特点，统筹兼顾，综合部署。

城市规划确定的城市基础设施和城市综合开发建设项目，应当按照国家基本建设程序，由省、市、县分级纳入国民经济和社会发展计划及地方固定资产投资计划，分步实施。

第七条 城市规划实行统一管理。省人民政府城市规划行政主管部门主管全省的城市规划工作。市、县人民政府城市规划行政主管部门主管本行政区域内的城市规划工作。城市规划行政主管部门的主要职责是：贯彻执行有关城市规划的法律、法规、规章和方针、政策；负责城市规划和编制的实施管理；负责组织和审查建设项目的选址；查处城市规划违法案件。

第八条 任何单位和个人都有遵守城市规划的义务，并有对违反城市规划的行为进行检举和控告的权利。

第二章 城市规划的编制与审批

第九条 城市规划的编制，必须进行调查研究和科学论证，坚持确立城市中心地位、发挥城市综合功能、布局科学合理的原则。

第十条 城市规划区由城市人民政府在本行政区域内界定。城市规划区界定图及其附件，纳入城市总体规划文件。

第十一条 城市总体规划应当包括：城市的性质、发展目标和发展规模，城市主要建设标准和定额指标，城市建设用地布局、功能分区和各项建设的总体部署，城市综合交通体系和河湖、绿地系统，各项专业规划，近期建设规划。

设市城市和县级人民政府所在地镇的总体规划，应当包括市或者县的行政区域的城镇体系规划。

城市详细规划应当包括：规划地段各项建设的具体用地范围，建筑密度和高度、建筑色调和容积率等控制指标，总平面布置，工程管线综合规划和竖向规划。

大城市、中等城市可以在总体规划的基础上编制分区规划。

第十二条 编制城市规划必须具备勘察、测量和其他必要的基础资料，进行技术经济论证。

城市规划的编制工作，必须由具有相应资格的城市规划设计单位承担。

第十三条 城市规划必须坚持合理用地、节约用地的原则。城市规划采用的建设用地指标，应当在国家规定的幅度内严格控制。

第十四条 编制城市总体规划前，应当先行编制规划纲要。规划纲要由城市总体规划审批机关或者其委托的城市规划行政主管部门审批。由国务院审批总体规划的城市，按国家有关规定办理。

城市总体规划编制完成后，由上一级城市规划行政主管部门组织审查。

第十五条 各有关部门单独编制的各类专业规划，必须经城市规划行政主管部门审查其是否符合城市总体规划。各项专业规划经批准后纳入城市总体规划。

第十六条 编制城市规划必须符合城市环境质量标准，确定保护和改善环境的目标和任务，注意保护和改善城市生态环境，防止污染和其他公害。

第十七条 编制城市规划必须注意保护文物。城市规划行政主管部门应当会同文化行政管理部门商定本行政区域内各级文物保护单位的保护措施，纳入规划。

第十八条 编制城市规划应当符合城市防火、防爆、抗震、防洪、防泥石流、排水、排污和治安管理、交通管理、人民防空建设等要求。

第十九条 城市规划实行分级审批：

（一）省会城市和城市人口在100万以上的城市及国务院指定的其他城市的总体规划，由省人民政府审查同意后，报国务院审批。

（二）前项规定以外的设市城市和县级人民政府所在地镇的总体规划，报省人民政府审批，其中市管辖的县级人民政府所在地镇的总体规划，报市人民政府审批。

（三）前两项规定以外的其他建制镇的总体规划，报县级人民政府审批。

设市城市人民政府和县人民政府在向上级人民政府报请审批城市总体规划前，须经同级人民代表大会或者其常务委员会审查同意。

设市城市分区规划和城市详细规划由城市人民政府审批。

第二十条 已经批准的城市总体规划，在实施中需要进行局部调整的，经上一级人民政府城市规划行政主管部门确认后，由城市人民政府审批，报同级人民代表大会常务委员会和原批准机关备案。

变更城市性质，增加城市人口，扩大用地规模，改变城市经济和城市建设用地的发展方向，以及城市功能分区和总体布局的重大变更，必须经同级人民代表大会或者其常务委员会审查同意后，报原批准机关审批。

第二十一条 大城市和中等城市的铁路客站、港口、码头及海岸线利用工程，大型的广场和公共绿地，市级文化、体育、商业中心，大专院校，象征城市的雕塑、纪念碑，以及国家和省级文物保护单位等项目的新建、改建详细规划设计方案，经省城市规划行政主管部门进行技术审查后，报城市人民政府审批。

第三章 城市规划的实施

第二十二条 城市规划区内的土地利用和各项建设必须符合城市规划，服从规划管理。

城市人民政府根据城市规划实施的需要作出的调整用地决定，任何单位和个人都必须执行。

第二十三条 编报设计任务书的建设工程项目，必须按下列规定办理选址意见书：建设项目可行性研究阶段，应当有城市规划行政主管部门参加；建设单位持项目建议书和批准文件，向城市规划行政主管部门提出选址申请；城市规划行政主管部门根据城市规划和建设项目的性质、规模，发出项目选址建议书，作为项目可行性研究的必要依据；可行性研究报告完成后，由城市规划行政主管部门进行审查，并核发选址意见书。报请批准的设计任务书，必须附有城市规划行政主管部门的选址意见书。

第二十四条 任何单位和个人在城市规划区内进行建设，必须持经过批准的建设工程设计任务书或者其他计划文件及技术资料，到建设项目所在城市的城市规划行政主管部门登记，填写建设用地规划申请书。经城市规划行政主管部门核定用地位置和界限，提供规划设计条件，审查初步设计方案，核发建设用地规划许可证。建设单位或者个人在取得建设用地规划许可证后，方可向县级以上人民政府土地管理部门办理申请用地手续。

第二十五条 使用城市规划区内的土地进行临时建设，必须经城市规划行政主管部门核定用地位置、用地界限、使用期限和建设内容，并取得临时建设用地规划许可证。在批准临时使用的土地上严禁建设永久性建筑物、构筑物及其他设施。临时用地使用期满后，必须及时拆除临时建筑物，清理场地，恢复原貌。临时建设和临时用地的具体管理办法，由省人民政府制定。

第二十六条 任何单位和个人不得擅自改变城市用地的使用性质，不得擅自占用道路、广场、绿地、地震监测设施、永久性测量标志、高压供电走廊、邮电通信线路等设施用地、文化体育场地、水利工程和人防工程安全范围区、风景名胜区、文物古迹保护区以及其他国家禁止占用的土地或者压占地下管线进行建设。

第二十七条 在城市规划区内开发矿产资源，进行挖取砂石、土方和回填坑塘、河渠等改变地貌的活动，必须服从规划管理，经城市规划行政主管部门同意后，方可报有关业务主管部门批准。进行上述活动不得破坏城市环境和城市基础设施。

第二十八条 在城市规划区内新建、扩建、改建建筑物、构筑物、道路、管线和其他工程设施，必须向城市规划行政主管部门提交建设工程规划申请书，由城市规划行政主管部门提出工程项目规划设计要求，审查建设项目设计方案及施工图，确认符合城市规划要求后，核发建设工程规划许可证。建设单位或者个人在取得建设工程规划许可证及其他有关批准文件后，方可申请办理开工手续。

第二十九条 建设工程开工前及基础工程和隐蔽工程完成后，应当经城市规划行政主管部门放线、验线。

第三十条 城市新建居住区、住宅小区，应当按照国家规定的公共建筑定额指标规划设计，配套建设。市政公用设施应当与住宅建筑同步规划、同步设计、同步建设。

第三十一条 设市城市和县人民政府所在地镇的国家机关、社会团体和企业事业单位在城市规划区内新建办公用房和住宅，必须建多层建筑。大城市、中等城市应当逐步发展高层建筑。新建房屋的间距应当符合各种技术规范的要求。

第三十二条 城市规划区内农村的单位和个人，需要占用集体所有的土地或者国有土地新建乡镇企业和公共建筑、公用设施以及住房的，应当按照城市规划要求，统一规划设计，办理建设用地规划许可证后，向土地管理部门办理申请用地手续，再办理建设工程规划许可证。

第三十三条 城市居住区及城市主导风向的上风向和水源保护区内，严禁建设污染环境、危害人体健康的建设项目。

前款规定的区域内已建的超标准排放废气、废水、废渣、粉尘、有害气体、放射性物质以及产生影响人体健康的噪声、振动、强电磁场等污染源的单位，依照有关环境保护的法律、法规处理。

第三十四条 沿城市道路新建或者改建建筑物、构筑物，必须符合道路规划红线及城市规划行政主管部门提出的后退红线的要求。

在规划道路的红线范围内，禁止兴建永久性建筑物、构筑物和其他设施。

第三十五条 城市规划区内各类建筑物、构筑物的位置和高度，必须符合国家有关技术规范所规定的空间环境要求。

第三十六条 市、县人民政府城市规划行政主管部门办理规划管理审批手续，收取规划管理费，用于城市规划管理工作。规划管理费的收取及使用办法，由省人民政府制定。

第三十七条 城市新区的综合开发，必须兼顾经济效益、社会效益和环境效益，根据城市总体规划的要求，提前编制开发区详细规划，经城市人民政府批准后实施。

编制城市综合开发计划，应当有计划、城市规划、土地管理、环境保护、房管、人防等有关部门参加。

综合开发区内的房屋建筑、基础设施建设的规划控制原则，由城市规划行政主管部门按照国家有关技术规范确定。

第三十八条 城市综合开发区和经济技术开发区建设，必须办理建设用地规划和建设工程规划审批手续。

第三十九条 城市人民政府应当制定鼓励旧区改造的具体规定，对按照城市规划就地改造的建设项目予以优惠。

第四十条 城市旧区内设施简陋、交通阻塞、污染严重的危房棚户区，应当优先改造，综合整治。

第四十一条 城市人民政府确定重建、改建的街区或地段，需要拆迁房屋及其附属物的，依照国务院颁发的《城市房屋拆迁管理条例》办理。

第四十二条 城市新区开发和旧区改造，必须保护文物古迹、风景名胜、古树名木。

国家级和省级历史文化名城保护区内，禁止新建、扩建、改建违背城市规划的建筑物、构筑物及其他设施。已经建成的，应当由城市人民政府作出具体计划，逐步拆除。

第四十三条 城市规划行政主管部门有权检查城市规划区内建设工程执行城市规划的情况，被检查者和有关部门及其工作人员必须予以协助，如实提供情况和资料，不得以任何理由干涉、拒绝或者阻碍。检查者有责任为被检查者保守技术秘密和业务秘密。

第四十四条 城市规划行政主管部门可以参加城市规划区内重要建设工程的竣工验收。城市规划区内的建设工程，建设单位应当在竣工验收后六个月内向城市规划行政主管部门报送有关竣工资料。

第四十五条 城市人民政府应当定期检查城市总体规划的实施情况，并向同级人民代表大会或者其常务委员会和原批准机关报告。

第四章 法律责任

第四十六条 在城市规划区内，未取得建设用地规划许可证或者临时建设用地规划许可证占用土地的，占用的土地由县级以上人民政府责令退回。

第四十七条 在城市规划区内，未取得建设工程规划许可证或者违反建设工程规划许可证的规定进行建设，严重影响城市规划的，由县级以上人民政府城市规划行政主管部门责令停止建设，限期拆除或者没收违法建筑物、构筑物和其他设施；影响城市规划，尚可采取改正措施的，由县级以上人民政府城市规划行政主管部门责令限期改正，并处以相当于其土建工程费用总额百分之十以下的罚款。

第四十八条 对未取得建设工程规划许可证或者违反建设工程规划许可证的规定进行建设的单位的有关领导人和直接责任人员，由其所在单位或者上级主管机关给予行政处分。

第四十九条 阻碍城市规划行政主管部门及其派出的人员依法执行公务，对违反治安管理的，由公安机关依照《中华人民共和国治安管理处罚条例》予以处罚；触犯刑律的由司法机关依法追究刑事责任。

第五十条 当事人对行政处罚决定不服的，可以在接到处罚通知之日起十五日内，向作出处罚决定的机关的上一级机关申请复议，对复议决定不服的，可以在接到复议决定之日起十五日内，向人民法院起诉。当事人也可以在接到处罚通知之日起十五日内，直接向人民法院起诉。当事人逾期不申请复议、也不向人民法院起诉又不履行处罚决定的，由作出处罚决定的机关申请人民法院强制执行。

第五十一条 城市规划行政主管部门的工作人员必须依法行使职权。对玩忽职守、滥用职权、徇私舞弊的，由其所在单位或者上级主管机关给予行政处分；触犯刑律的由司法机关依法追究刑事责任。

第五章 附则

第五十二条 未设镇建制的工矿区的居民点、休养区、疗养区，风景旅游区和工业开发区，由所在市、县依照《中华人民共和国城市规划法》和本条例进行规划和管理。

第五十三条 省人民政府可以根据本条例制定实施办法。

第五十四条 本条例自1991年7月1日起施行。1982年4月16日公布的《河北省城市规划条例（试行）》同时废止。

河北省国营企业职工离退休养老保险金社会统筹规定（试行）

（1991年6月16日发布）

第一条 为了解决企业之间、地区之间离退休费用负担畸轻畸重的弊端，增强企业活力，促进生产发展，保障离退休职工生活，根据《中华人民共和国宪法》和国家有关社会保险政策，特制定本规定（试行）。

第二条 建立全省离退休养老保险基金制度，对国营企业的离退休养老保险金实行全省统筹。

第三条 国营企业职工离退休养老保险金实行全省统筹的具体业务工作由各级劳动部门所属的社会保险机构经办和管理。

第四条 凡属我省和我省辖区内的国营企业（包括未经国务院批准实行系统统筹的中央企业单位和实行机关、事业单位工资制度的企业，如银行、保险公司等）以及实行企业化管理的事业单位，都应参加全省离退休养老保险金统筹。

第五条 参加统筹的职工包括：统筹单位的固定职工和1971年底以前参加工作的计划内临时工、国营企业集体混岗工。

第六条 国家和省规定的离休、退休、退职人员的离休费、退休费、退职生活费、护理费、生活补贴、交通费补贴、丧葬抚恤救济费、洗理卫生费和其它补贴（冬季取暖补贴、山区补贴、高寒补贴），均纳入养老保险金统筹。医疗费暂不纳入统筹，仍由原单位按规定支付；有条件的可以实行以市、县为单位的统筹。

第七条 养老保险基金的筹集，应按照“以支定筹，略有积累”的原则，企业按统筹职工工资总额加离退休费用总额之和的16%缴纳。当养老保险基金发生收不抵支时，经省人民政府批准，可适当调整缴纳额度。

工资总额的构成，以国家统计局的规定为准。

企业缴纳的养老保险金在上缴所得税前提取，营业外项下列支；事业单位在事业费中列支。逾期不缴的，按日加收5‰的滞纳金。滞纳金并入养老保险基金。

第八条 企业应缴纳的养老保险金，由社会保险机构委托银行按月从应筹单位账户划转，免签收缴协议书。

收缴的养老保险金转入所在地、市、县社会保险机构在银行开设的“养老保险基金”专户。

养老保险基金存入银行的款项按照城乡居民个人储蓄存款利率计息，利息并入养老保险基金。

第九条 有条件的地区、省辖市、县（市）社会保险机构，可按月直接发放或委托银行代发离退休金；由企业发放离退休金的地区、省辖市、县（市）社会保险机构，根据各企业实际应支付的离退休费用，按月向企业拨付并结算。

第十条 在全省离退休养老保险金统筹开始时，各地区、省辖市、县（市）应从原结余的养老保险基金中向省预缴一个月的养老保险金，作为周转金使用，其余留地区、省辖市、县（市）作为调剂金使用。没有结余的地区、省辖市、县（市）从企业筹集一个月的周转金上缴省。

第十一条 实行全省离退休养老保险金统筹后，由于缴纳养老保险金而影响地区、省辖市、县（市）经济利益增减变化幅度过大的，可以适当调整。调整办法是：养老保险金缴纳额度与原来负担相比，超过3%的部分，第一年减缴50%，第二年减缴30%。

第十二条 省对各地区、省辖市养老保险金的结算，实行“统一核算，统一调剂，余额上缴，差额拨补”的办法，收付金额一年核定一次，每月后十五日内通过银行结交划拨清。地区、省辖市对所属各县（市）结算方式由各地区、省辖市自定。

第十三条 为了应付特殊情况，省社会保险机构每月从养老保险基金中提取5%的积累金，作为后备基金由省统一调剂使用。

第十四条 各级社会保险机构的管理经费，省、地区、省辖市（地市不含所属县、市）和县（市）按月从统筹的离退休养老保险基金中分别提取1%；县（市）不敷使用时先由所在地区、省辖市自行调剂，然后再由省统一调剂解决。

第十五条 养老保险基金和各级社会保险机构的管理经费，免征税和附加费。

第十六条 养老保险基金和各级社会保险机构管理费的收支，应严格执行国家规定的预决算制度和财务管理制度，并接受工会、财政、审计、银行等部门的监督。社会保险机构的会计核算制度和统计报表制度由省劳动厅会同省财政厅和省统计局制定。

第十七条 各级社会保险机构有权稽核企业有关账目报表，督促企业按规定足额缴纳养老保险金，企业应如实提供情况，积极配合。对弄虚做假、少缴和冒领的，除补缴和追回款项外，并追究责任者的行政责任。

第十八条 加强对养老保险基金的管理，专款专用。对挪用养老保险基金的，按《国务院关于违反财政法规处罚的暂行规定》予以处理，直至追究刑事责任。

第十九条 凡参加统筹的单位发生关、停、并、转时，离退休、退职职工应转由兼并企业管理或由企业主管部门负责划分管理。

第二十条 各级政府和退休费用统筹管理委员会应加强对统筹工作的领导，建立健全各项管理制度，做好人员培训工作，保持社会保险工作人员的相对稳定。

第二十一条 本规定授权河北省劳动厅负责解释并组织实施。

省劳动厅可制定实施细则；各地区、省辖市可根据本规定制定实施办法。

第二十二条 本规定自1992年1月1日起施行。

中共河北省委 河北省人民政府 关于进一步增强大中型企业活力的若干政策规定（试行）

（1991年6月22日）

党的十二届三中全会以来，我省大中型企业认真贯彻落实国家、省有关搞活企业的法律、法规和方针政策，通过简政放权、减税让利、推行承包、实施兼并、发展横向经济联合、组建企业集团等改革措施，各方面都发生了深刻的变化，为发展全省国民经济，增加财政收入和改善人民生活做出了重大贡献。增强企业活力，特别是大中型企业的活力，既是经济体制改革的中心环节，也是实现我省经济和社会发展战略目标的关键所在。搞好、搞活大中型企业，对整个国民经济发展、社会主义制度的巩固都具有重大意义。由于经济和社会生活中多年来积累的一些深层次矛盾和近几年出现的一些新情况的影响，我省大中型企业仍面临着许多困难和问题。要进一步增强大中型企业活力，全省上下必须认真贯彻党中央和国务院有关搞活企业的政策、规定，把《国务院关于进一步增强国营大中型企业活力的通知》（国发〔1991〕25号）落到实处。为此，特作如下规定。

一、坚决贯彻执行《企业法》，进一步落实厂长（经理）负责制和企业经营自主权。

1、坚决贯彻执行《企业法》，使赋予企业的自主经营权真正落到实处。对上收或截留、应放未放的权利，要立即放下去。对国家、省明文规定赋予企业的各项自主权要坚决贯彻落实。各地市、各部门要对各自下发的文件、规定进行全面清理，凡与党中央、全国人大、国务院和省委、省人大、省政府有关文件精神相违背的，应予废止。省委、省人大、省政府共同组织有关部门对《企业法》的贯彻落实情况进行一次认真检查。贯彻执行《企业法》的日常督促、检查工作，由各级经委（计经委）负责。今后，省政府各部门自行制定有关对工业生产发展和经济效益有重大影响的文件，须经省计经委、体改委会签或与之协商。

2、加强企业领导班子建设。要按照革命化、年轻化、知识化、专业化的方针和德才兼备的原则配好企业党政领导班子，特别要注意选配好厂长（经理）和党委书记，逐步理顺企业领导体制，有条件的企业也可以实行厂长、书记一人兼，但须配备好专职副书记和其他专职党务工作者。企业党委成员的构成要适应企业工作的特点，可以吸收企业具备条件的副厂长、总工程师参加。厂长要自觉接受党组织和职代会的监督，充分发挥职代会在民主管理中的作用。党组织、职代会和工会要积极支持厂长独立负责地处理经营管理、生产指挥和技术开发中的问题。

3、各地市、各部门要对所属大中型企业的领导班子进行考察，对工作成绩突出、企业生产经营状况好的，要总结经验，予以表彰；对属于领导班子不力、经营管理不善造成效益下降或出现亏损的企业，要及时予以充实、加强；对不称职的要坚决调整。

4、企业承包经营责任制是"八五"期间搞活国营企业的主要经营形式，要认真坚持和完善。切实搞好承包的"全过程管理"，并根据新的情况不断改进，充分发挥承包制的效能。

5、酌情减少部分企业的指令性计划任务，扩大其产品自销权。企业只执行国家和省计经委下达的指令性计划。对企业生产指令性计划产品所需的能源、原材料，计划、经济主管部门要保证供应。如不能按计划供应由企业计划外高价采购的，计划部门应调减指令性计划任务，调减部分的产品仍可列国家计划，实行"保量不保价"。

6、继续实行企业工资总额与经济效益或其他经济技术指标挂钩的办法。要坚持按劳分配的原则，在不突破工资总额的前提下，企业有权自主决定采取适合本企业特点的工资奖金分配形式和办法。厂长（经理）按规定继续行使对有特殊贡献职工3%的晋级权，按干部和工人所占比例，经职代会讨论同意后，企业有权自行确定。厂级干部晋级要按干部管理权限审批。

7、凡列入国家、省级、地市开发计划和荣获"振兴河北经济奖"的新产品（国家另有规定的除外），其试销价格由企业自定。对需要延长试销期的，经价权部门批准，可适当延长。对优质产品（国家另有规定的除外）实行优质加价，在规定幅度内加价，由企业自定。成本偏高的产品，按管理权限分别经国家、省、地市价权部门批准，可适当扩大加价幅度。根据市场情况，省适时适当下放部分产品价格管理权。对政策规定放开价格的产品，一律由企业自定价格。

8、企业有权按照生产经营特点和实际需要决定内部机构的设置和人员配备，除国家法律、法规和省委、省政府有明确规定外，任何部门不得自行下达文件，强调上下对口，或以检查、评比、达标、升级等形式，强求企业设置对应的机构。

9、企业有权依照国务院和省政府有关规定录用、辞退、开除职工。要面向社会公开招收工人，实行全面考核、择优录取。有条件的企业可以推行干部聘任制、竞争选拔和实行全员劳动合同制的试点。企业有权根据实际情况和职工表现，在优化劳动组合的基础上实行上岗、试岗和厂内待业等制度。为安置富余人员，可以组织轮训，另找生产门路。开办的第三产业项目，凡实行独立核算、纳税有困难的，经税务部门批准，可给予减免税照顾。

10、每年选择一批生产出口产品的企业，经批准给予外贸自主权。其条件是：产品质量好，技术密集程度和附加值较高；在国际市场上有销路，有竞争能力；经济效益好，能够自负盈亏；有与出口相适应的对外经贸人员，并具备其它必要的条件；能够提供售后服务等。

11、生产出口产品的企业，在同等条件下优先保证本省外贸出口。在本省外贸部门不收购、出口有余或价格明显低于其他口岸的情况下，允许企业到其他口岸出口。对计划内出口产品，在外贸部门如不能按时收购，企业有权自行销售。企业生产计划内出口产品，因省外贸收购价格低于内销而减少的收入，可视同实现利润；按规定减免的税金，视同上缴税金；实行工效挂钩的，可按核定的比例计提工资。

二、推动企业技术进步，增强发展后劲。

12、省、地、市都要建立企业技术进步基金，用于支持重点技术改造和新产品开发项目，有偿周转使用，专款专用，按期还款付息。企业开发新产品，银行要在资金上积极给予支持。

13、大中型企业按规定从销售收入中提取的1%的技术开发费，要专项用于技术开发。对承担新产品开发任务较重、经济效益较好又有消化能力的企业，经同级财政、经委（计经委）批准，可以增提0.5～1个百分点。对按规定应提不提的企业，由企业主管部门强制提取，地市统一集中使用。

14、对列入国家级新产品试生产计划的产品，除按国家规定不能享受减免 税的产品外，经过批准，自批量投产开始减免1～3年产品税或增值税；列入省级计划的，免征1～2年产品税或增值税。

15、对批量生产、获国家级优质产品和优秀新产品金银牌奖的企业，由省政府分别奖给1.5万元和1万元奖金，奖励贡献突出的有关人员。对获省、部优秀新产品和经济效益好、社会贡献大的产品，也要给予奖励。奖金经同级财政、经委（计经委）批准，可从企业技术开发费中列支。

16、中央、地方和企业多渠道增补企业自有流动资金。大中型企业自有流动资金不足30%的，在保证完成上缴任务的前提下，经省财政厅和计经委批准，每年从销售收入中提取1%，用于补充企业流动资金，专款专用，单独列帐，计入成本，不得挤占。所有企业每年都要从生产发展基金中拿出15%用于补充流动资金。企业因产品提价而使库存产品和物资增值的部分，要按有关规定补充流动资金。

17、筹集和用活技术改造资金。对技术改造贷款，要用好收回再贷、多收多贷的政策，实行以收定贷，以贷促收，收贷挂钩，加速周转的办法，力争多安排一些项目。对国家和省重点支持、技改任务重的企业，各级、各有关部门在项目审批和资金供应上要给予支持，对企业因技术改造造成纳税有困难的，经批准可以减免产品税或增值税。

18、对于符合国家产业政策，产品在国际、国内市场上销路好，技术改造和新产品开发任务重的企业，在有消化能力的条件下，经同级财政和经委(计经委)批准，生产线上使用的机器设备折旧率在原基础上提高一个百分点，逐步达到10%。对于国家批准我省加速折旧的25个地方企业按规定增提的折旧基金，在国家规定的额度内免交能源交通建设基金和预算调节基金。

19、下放技术改造管理权限。符合国家产业政策，用自筹资金进行的500万元以下技术改造项目，企业可自行决定，报省计经委备案。

20、对符合产业政策、税大利小、困难较大的企业，采取特殊政策，实行一厂一策，给予支持。

21、对产品符合国家产业政策、销售遇到暂时困难但有发展前景的企业(包括有扭亏措施的亏损企业)，银行要适当给予贷款支持。对压缩回收的逾期贷款不加息。对生产短线产品，因设备不配套、工艺技术落后而发生亏损的企业，财政部门可视财力可能，按承包合同一次或者分次将核定的亏损补贴提前拨(或借)给企业，帮助企业经过技术改造，实现扭亏为盈。

三、积极稳妥地发展企业集团。

22、以大中型企业为龙头，在自愿互利的基础上，稳步发展企业集团。以龙头企业的管理机构为主组织集团公司的管理机构。组建企业集团严禁搞形式，不要增加新的管理层次，不许上收企业自主权。集团主管部门在计划、投资、物资供应方面优先给予安排。可选择对全省经济发展有重大影响的企业集团在省计划中实行单列。参加集团公司的科研单位，其事业性质、经费渠道及原有优惠政策不变。

四、搞活企业经销工作。

23、用好、用足、用活已有的搞活企业经销的政策、措施和办法。对省政府过去制定的搞活企业经销的文件要继续贯彻执行。坚持、完善"五定一包"等多种形式的购销承包责任制，进一步调动购销人员的积极性。企业推销1990年底以前积压滞销的产品，购销包干费用提取比例和数额可根据情况适当调整，并报企业主管部门审批。经批准提取的购销包干费用分别在材料采购成本、销售费用中列支。

24、坚持灵活多样的销售方法，发挥商业、供销、物资部门主渠道和"蓄水池"作用。为支持本省工业发展，缓解运输紧张状况，各商业批发、零售企业和物资企业，在质量、价格相同的条件下，要优先购买本省产品。基建、技改项目所需设备、材料在同质同价的条件下，也应优先选用本省生产的设备、材料。

五、切实减轻企业负担，改善企业经营环境。

25、严格控制多头、重复、过滥的检查。除党中央、全国人大、国务院和省委、省人大、省政府规定的检查外，对其他的检查实行计划管理，建立审批制度，按性质和内容分别报告省委、省政府办公厅或地市委、行署、市政府办公室审批。所有检查均实行许可证制度。对没有许可证的各类检查，企业有权拒绝。有关部门依法律、法规进行了检查并有书面结论的，上级部门可进行抽查。上级部门已进行了检查且在有效期内，下级部门不再进行相同内容的重复检查。

26、坚决压缩、合并对企业的各类评比、达标、升级、创优验收和各种培训。省计经委会同有关部门制订具体办法。各级对企业正、副厂长(经理)进行培训，除国家和省另有规定者外，须经同级经委(计经委)批准，否则企业可以拒绝。

27、认真落实中发〔1990〕16号和冀发〔1990〕28号文件，坚决制止向企业乱收费、乱罚款、乱摊派。各机关、事业单位及社会团体的各种收费、集资和罚款，须报省清理"三乱"办公室审批，核发收费许可证，统一使用财政部门印制的收据。未经批准的，企业有权拒绝、举报和起诉。对继续乱收费、乱罚款和乱摊派的，要追究其所在单位主要负责人的责任，情况严重的要给予党纪、政纪处分。

六、加强领导，打好搞活大中型企业总体战。

28、各级党委、政府要牢固树立以经济建设为中心的思想，把搞活大中型企业列入重要议事日程，加强领导，切实抓紧抓好。各级各部门要千方百计为增强大中型企业的活力创造条件，多体谅企业的困难，关心企业、支持企业、保护企业。各级经济管理部门要实事求是地指导经济工作，贯彻上级的路线、方针、政策要力求全面正确理解，从实际出发。对过去一些搞活大中型企业的做法和改革措施，经过实践检验，有利于生产力发展的要大胆坚持。

29、要加强企业党组织的建设，充分发挥企业党组织的战斗堡垒作用，发挥党员的先锋模范作用，坚持两个文明建设一起抓，切实加强思想政治工作，保证党的方针、政策在企业的贯彻执行。要加强企业民主管理，保护职工参加民主管理的权利，全心全意依靠工人阶级办好企业。

30、要抓好企业内部三支队伍。要抓好班子队伍，培养造就一批政治思想和业务素质过硬、适应有计划商品经济需要的企业带头人；抓好科技队伍，增强技术和开发能力；抓好职工队伍，强化主人翁意识。要大力培育和弘扬企业精神，增强企业的凝聚力和向心力。

本规定自公布之日起执行。过去省委、省政府以及各部门颁发的有关搞活企业的政策规定要继续贯彻执行，与本规定不一致的，按本规定执行。

河北省农村和外埠劳动力进城务工管理办法

（1991年9月11日发布）

第一条 为了加强对进入本省城镇务工的农村和外埠（外省、市、自治区）劳动力的管理，合理开发利用城乡劳动力资源，根据国家有关规定，结合本省实际情况，制定本办法。

第二条 本办法适用于进入本省城镇务工（含经商、从事各种服务性工作，下同）的农村和外埠劳动力。

凡在本省境内的一切国家机关、团体、部队、企事业单位、外商投资企业和个人（以下通称用工单位），招用农村和外埠劳动力进入城镇务工，都必须遵守本办法。

第三条 各级人民政府的劳动行政部门是管理进入城镇的农村和外埠劳动力的主管部门。

第四条 本省城镇允许使用农村和外埠劳动力的行业、工种、范围，以本地城镇社会劳动力不能满足用工需要为原则，经县以上劳动行政部门批准，方可使用农村和外埠劳动力。

第五条 农村和外埠劳动力进入城镇务工，须持乡、镇以上人民政府或县以上劳动行政部门的介绍信和本人的居民身份证，到用工单位所在地县以上劳动行政部门登记，领取《务工许可证》。

《务工许可证》的使用期限为一年，期满后到发证机构进行审核或换证（农村户口的合同制工人除外）。

本办法实施前已在城镇务工的农村和外埠劳动力，应按规定补办《务工许可证》手续。

第六条 农村和外埠劳动力凭《务工许可证》和有关证件到用工单位所在地的公安机关办理暂住人口手续。

凡未领取《务工许可证》的，公安机关不予办理暂住人口手续。

第七条 农村和外埠劳动力进入城镇办工业、商业、修理业等，须持《务工许可证》到用工单位所在地工商行政管理、税务部门办理登记审批手续。

凡未领取《务工许可证》的，工商行政管理部门不予办理营业执照。

第八条 农村和外埠成建制的建筑施工（含房屋修缮）、装卸搬运等劳务承包专业队，须持原地《企业法人营业执照》副本或《营业执照》副本到工程所在地行业主管部门进行资格审查，办理注册登记手续；由劳动行政部门发放《务工许可证（成建制）》。凭《务工许可证（成建制）》到用工单位所在地工商行政管理部门和税务部门办理营业和纳税等手续。

第九条 农村和外埠劳动力进入城镇全民所有制和集体所有制单位，用工单位应在劳动计划指导下将用工人数、工种、工资标准及所需工资总额报当地劳动行政部门，经核准后办理工资基金管理手续，由开户银行监督支付。

凡未经劳动行政部门批准使用的农村和外埠劳动力，开户银行拒付工资奖金。

第十条 用工单位使用农村和外埠劳动力，必须按照国家有关规定与被招用者签订劳动合同。劳动合同须报所在地的劳动行政部门审查备案。

第十一条 用工单位对所使用的农村和外埠劳动力，必须进行政治思想和安全技术知识教育，先培训后上岗，按规定发放劳动防护用品，采取必要的安全措施，防止发生事故。

第十二条 用工单位不准使用无《务工许可证》或无效《务工许可证》的农村和外埠劳动力务工。任何人不得伪造、涂改和转让《务工许可证》。

第十三条 农村和外埠劳动力，凡符合进城务工条件，劳动行政部门的工作人员应及时发放《务工许可证》等有关手续，不得故意拖延。违者，视情节轻重给予批评教育直至行政处分。

第十四条 劳动行政部门的劳务监察人员必须秉公执法，不得在工作中滥用职权、徇私舞弊、索贿受贿。违者，给予行政处分；构成犯罪的，由司法机关依法追究刑事责任。

第十五条 本办法执行中的具体问题，由省劳动厅负责解释。

第十六条 本办法自发布之日起施行。

河北省农业四税征收管理暂行规定

（1991年9月11日发布）

第一章 总则

第一条 为了进一步加强农业税、农林特产税、耕地占用税、契税(以下简称农业四税)的征收管理,根据国家有关法规和政策,制定本规定。

第二条 有纳税义务的单位和个人(以下简称纳税人),有代征、代扣、代缴税款义务的单位和个人(以下简称代征人),都必须按照有关税收规定履行纳税义务或代征、代扣、代缴税款义务。

第三条 农业四税征收管理工作由各级财政机关负责(以下简称征收机关)。农林特产税、契税、农业税的征收,可由县(市)人民政府结合当地情况,本着有利征收和简化手续、防止偷漏税的原则,确定有关单位和个人代征、代扣、代缴。

第二章 征收管理

第四条 征收机关应及时全面地掌握纳税人的计税依据和资料,有关部门或单位有义务向征收机关提供纳税人的计税依据和资料,并支持和协助征收机关做好农业四税的征收管理工作。

第五条 征收机关可在乡村建立协助征税的群众组织,负责宣传农税征管政策,及时反映情况,协助征收税款。

第六条 建立健全农业四税征收管理制度,加强日常征收管理。

(一)加强农业税计税土地面积、常年产量、税率、依率计征税额,以及纳税单位或个人等基础数据和情况的管理:县级征收机关应掌握乡、村的基础数据和情况;乡级征收机关应掌握纳税单位和个人的基础数据。各级征收机关应建立基础数据、情况档案,做到数字增减有依据,情况变动有手续,准确无差错。

(二)县、乡征收机关应当按期核查农林特产税税源、计税面积、实际产量和收入等基本情况。在地、市征收机关统一制定的基本计税价格的基础上,确定本县计税价格,并按省统一规定的征收办法,结合本地情况,因地制宜地组织征收。占用农业税计税土地种养农林特产时,按有关规定缴纳农林特产税。纳税人原负担的农业税由征收机关予以扣除,扣除的农业税额由征收的农林特产税抵补。

(三)耕地占用税按《中华人民共和国耕地占用税暂行条例》和《河北省耕地占用税实施办法》征收。申请占地单位办理占地手续时,必须按照规定缴纳耕地占用税。

(四)契税纳税人在办理房产契证时应及时缴税。凡未按规定到征收机关缴纳契税的,土地管理部门不发宅基证,房产部门不发房产证,公证部门不予公证。由业务主管部门代征的,税款应按规定解缴财政机关。

第三章 纳税申报

第七条 农林特产税、耕地占用税、契税实行申报纳税制度。纳税人必须按照有关规定进行纳税申报,并及时向征收机关提供有关纳税资料。

(一)农林特产税纳税人在取得农林特产品实物前,十五日内向当地征收机关办理纳税申报。征收机关应及时进行纳税鉴定,并按规定核定税额。

(二)耕地占用税纳税人在申请占地时,应提前申报并预缴税款;自批准占用耕地之日起三十日内向当地征收机关办理正式纳税手续。

(三)契税纳税人在契约成立后三十日内向当地征收机关申报纳税。

第八条 纳税人因有特殊情况不能按期办理纳税申报时,须事先向征收机关报告。征收机关可酌情准予延期,同时核定纳税额。纳税人接到延期纳税通知后,应按征收机关确定的数额预缴部分税款,待申报纳税后结算。

第九条 纳税人超过申报期限未向征收机关申报纳税的,征收机关有权确定其应纳税款,并限期缴纳。逾期不缴纳的,按日加收税款5‰的滞纳金。

纳税申报和税款缴纳期限的最后一日如遇公休、假日,可以顺延。

第十条 新垦荒山、荒坡、荒地、滩涂水面,自有农业或农林特产收入之年起,应及时向当地征收机关申报农业税或农林特产税免税事宜。征收机关审核后上报县人民政府确定免税期限。免税期满后,三十日内向征收机关办理纳税申报。

第四章 税款征收

第十一条 农业四税实行就地征收的方式，纳税人应依法向当地征收机关缴税。

第十二条 农业四税的具体征收方式，可由各县(市)人民政府结合当地实际情况自行确定，一般采取下列征收方式：

(一)农业税征收可驻粮站征收、到村和到户征收或委托有关部门代征。

(二)农林特产税实行产地据实征收、评产征收、查帐征收、设站查验征收，也可委托收购部门代征、代扣等。

(三)耕地占用税由纳税人到征收机关缴纳税款，也可由征收机关到户征收。

(四)契税征收可到户征收、查验征收和委托有关部门代征。

征收机关有权对纳税人的货物和应税财产进行查验、登记。

第十三条 代征人须按农业四税有关规定办理代征、代扣、代缴税款手续。征收机关应当按照规定付给代征人手续费。

第十四条 纳税人的主管部门和当地行政组织、村民(居民)委员会有配合、协助征收机关依法征收税款的义务。

第十五条 已征收的税款应按规定及时缴入国库。纳税人超过应纳税额多缴税款的，可以从超缴之日起，一年内向原征收机关提出退款申请。原征收机关接到退款申请后，应及时报经县级征收机关批准，退还超收款项。对逾期申请者，征收机关不予受理。

第五章 税款减免

第十六条 农业四税的减免，必须按规定执行，任何单位和个人无权擅自扩大减免税范围。减免政策界限不清的可逐级向上请示，上级征收机关应在接到请示后三十日内予以答复。

第十七条 纳税人要求减免税，应向当地征收机关提出书面申请，由当地征收机关按照管理权限逐级向上级征收机关请示，在未经批准之前，纳税人必须按规定缴纳税款。

第十八条 农业生产遇到自然灾害需要减免农业税或农林特产税的，下级征收机关可逐级向上请示。上级征收机关应根据情况尽早下达减免指标，做到先减免后征收。确因客观原因已经征收的，减免指标下达后可办理退库手续，把减免的税款如数退还给纳税人。任何单位和个人不得截留挪用减免税款。减免税款有结余时，按超收处理，并如数缴入国库。

第六章 纳税检查

第十九条 农业四税的税务检查按照《中华人民共和国税收征收管理暂行条例》的有关规定执行。工商行政管理、公安、交通、铁路、民航、邮电、金融等部门应当积极配合，协助做好纳税检查工作。

第二十条 纳税人和代征人应该认真接受征收机关的监督检查，如实反映情况，提供有关资料，不得隐瞒、阻挠、刁难，更不得使用非法手段抗拒检查。

农业四税征管人员进行检查时，应当出示省财政部门统一印发的农税检查证。

第二十一条 纳税人依法纳税后，征收机关应当开具完税证明单。纳税人出售或外运农林特产品时，征收机关有权对其进行检查，发现没有完税证明单或证物不符的，可按规定予以处罚。

第二十二条 对违反税收法规的行为，任何单位和个人都有权检举、揭发。征收机关应当为检举者保密，并按照规定给予适当奖励。对群众检举、揭发的问题，有关征收机关应该认真及时查处。

第七章 票证管理

第二十三条 各级征收机关应建立健全农业四税征收票证管理制度，加强票证和有关纳税资料的管理。

第二十四条 各种征收票证由省财政部门统一印制或统一制定格式、统一编号后委托地、市征收机关印制，其他任何单位和个人不得自行印制和使用不规范的征收票证。

第二十五条 征收机关与征收、代征、代扣人员办理税款结算时，应办理有关票证交销手续。各级征收机关对交销的票证应该认真审核，发现问题及时处理。乡级征收机关按月向县级征收机关填报《票证交销报告》，县级征收机关定期向上级征收机关汇报票证使用情况。

第八章 违章处理

第二十六条 征收机关处理违章案件时，均应立案，查清事实，按规定权限依法处理，并将处理结果书面通知当事人。其具体权限如下：

(一)纳税人违反税法偷税、欠税时，由乡级征收机关处理。

(二)纳税人违反税法偷税、抗税时，由乡级征收机关提出意见报经县级征收机关批准后处理。

(三)纳税人拖欠税款、滞纳金、罚款，经催缴或采取其它行政措施无效时，由县以上(含县)征收机关提请人民法院强制执行。

(四)纳税人违反税收法规构成犯罪的，由县以上(含县)征收机关提请司法机关追究刑事责任。

第二十七条 纳税人和代征、代扣、代缴的单位及个人有下列违章行为之一的，除责令限期纠正外，征收机关可酌情处以五千元以下的罚款。

(一)未按照本规定办理纳税申报的；

(二)未按照本规定提供纳税依据和资料的；

(三)未按照本规定履行代征、代扣、代缴义务的；

(四)未按照本规定管理、使用征收票证的；

(五)拒绝接受征收机关监督检查的。

第二十八条 对有漏税、欠税、偷税、抗税行为的，按照下列规定处理：

(一)对漏税者，征收机关除责令其限期照章补缴所漏税款外，并从漏税之日起按日加收所漏税款5‰的滞纳金。

(二)对欠税者，征收机关除令其限期照章补缴所欠税款外，并从滞纳之日起按日加收所欠税款5‰滞纳金。

(三)对偷税者，征收机关除令其限期照章补缴所偷税款外，并处以所偷税款五倍以下罚款；对直接责任人和指使、授意、怂恿偷税行为者，可处以一千元以下的罚款。

(四)对抗税者，征收机关除令其限期照章补缴税款和处以所抗税款五倍以下罚款外，并可根据纳税人的具体情况加罚五万元以下的罚款；对直接责任人和唆使、包庇、支持抗税行为者，可处以一千元以下罚款。

第二十九条 偷税、抗税案件，可先由征收机关按管理权限进行查处。情节严重、已构成犯罪的，征收机关应将全案材料移送当地检察院，追究直接责任人员的刑事责任。

第三十条 纳税人或其它当事人同征收机关在纳税或者违章处理问题上发生争议时，必须首先按照征收机关的决定缴纳税款、滞纳金、罚款，然后在十日内向上级征收机关申请复议，上级征收机关应当在接到申诉人的申请之日起三十日内作出复议决定。申诉人对复议决定不服的，可以在接到复议决定书之日起十五日内向人民法院起诉。

第三十一条 农业四税征收机关和征收、代征、代扣人员应模范遵守和执行国家有关税收法规和政策，严格以法征税、廉洁奉公，对违反规定乱征、乱收、乱罚或随意减免者，有关部门应按规定予以严肃处理。

第九章 附则

第三十二条 各省辖市人民政府、地区行政公署可根据本规定制定实施办法。

第三十三条 本规定由省财政厅负责解释。

第三十四条 本规定自发布之日起施行。

河北省人民政府关于加强村镇建设工作的通知

(1991年11月5日发出)

党的十一届三中全会以来，随着农村经济的繁荣，我省村镇建设有了很大进展，镇容村貌发生了很大变化。但也存在着一些值得注意的问题，主要是有的地方对村镇建设重视不够，乡镇还没有专门管理人员；有的地方不按规划进行建设，缺乏技术指导，建房布局不合理，建房质量不高，浪费耕地严重；有的地方盲目追求门面装饰高标准，造成不必要的浪费。这些问题与改革开放和建设社会主义新农村的要求很不适应。为了加强对村镇建设工作的领导，使我省村镇建设健康发展，特作如下通知。

一、切实加强对村镇建设工作的领导。搞好村镇建设，改善居住条件，优化生活环境，建设适合我国国情的社会主义新农村，对于缩小工农差别、城乡差别，具有十分重要的意义。各级政府必须高度重视，把村镇建设作为一项重要工作，列入议事日程。各县(市)都要成立村镇建设委员会，由县(市)长担任主任委员，有关部门领导任委员；村镇建设委员会对县城、建制镇和乡村建设中的规划编制和实施，各类建筑和公用设施建设，以及镇容村貌管理等工作实行统一协调，制定政策和措施；日常工作由建委(建设局)负责。乡(镇)政府要按照规定，配齐专管人员，把村镇的规划、建设、管理工作列入乡镇长的目标责任制。各有关部门要切实负起责任，对村镇建设的有关事宜给予密切配合，共同建设好具有中国特色的社会主义新村镇。

二、抓好村镇规划的调整完善工作。村镇建设必须遵循先规划后建设的原则。规划尚未编制和已经到期的要尽快按照国发〔1991〕15号文件要求，搞好编制和调整完善。各级政府对此要高度重视，在人力、物力上予以支持。要组织城市规划设计部门和大专院校建筑系师生提供技术服务，以解决当前村镇建设人才缺乏问题。规划一经政府批准，各项建设必须按规划实施。

三、逐步强化集镇的中心作用。集镇是一定地域内的经济、文化和政治中心，在建设方面具有示范作用。要针对全省农村经济发展不平衡的实际情况，首先抓好秦、唐、沧对外开放地区和经济发展较快地区集镇的规划建设。其他地方，每县至少要抓好一二个样板镇的建设。要按规划的要求，统一组织建设工业小区。镇内水、电、路、通讯、绿化、卫生等基础设施及公共建筑要配套齐全，提高集镇建设整体水平，为乡镇企业的发展创造条件，推动农村商品经济和外向型经济的发展。争取到本世纪末全省有20%的集镇达到城镇基础设施配套，商业、文化、福利设施基本齐全的要求。

四、广开财源，管好用好村镇建设资金。各县(市)要抓紧扶持建立乡(镇)财政，使其成为经济上相对独立的一级政府。按照国家税法规定，在市区、县城或镇以外地区收取的城市维护建设税，是乡镇市政公用设施维护建设的专项资金，要确保这项资金真正用于乡镇市政公用设施的维护和建设。省、地、市建设主管部门和财政、审计部门要加强对这项资金使用情况的监督，定期进行检查。

本着严格控制大城市，积极发展中、小城市的原则，各省辖市要从本市城市维护建设税和公用事业附加中提出1—3%的资金，由当地掌握，用于建制镇、重点集镇的市政公用设施建设。省、地、市政府每年应视财力情况安排一部分资金用于扶助贫困地区乡镇的市政公用设施建设。有条件的乡(镇)要从财税分成或税后企业上缴的利润分成中拿出一部分资金用于村镇市政公用设施及文化卫生设施建设。在集镇征收的集贸市场管理费，要保证大部分用于市场设施建设。乡镇内过境国道和省道，由交通部门负责修建和养护；乡村道路应本着“自修自养”的原则，由当地政府组织群众修建和养护。农业税附加是留给地方政府用于有关农村公益事业的专项资金，按规定主要用于农村道路桥梁的修造和维护、乡村中小学的修建补助等开支。各地要按规定收好用好这项资金。

提倡民办村镇公益事业。较大的基础设施如道路、供排水可按照自愿、受益、合理负担的原则，组织企业、事业单位和个人(专业户、个体户、私营企业)进行建设，建设项目和金额必须按国家规定报上一级人民政府批准后执行。鼓励集镇内的单位职工，包括个体工商业者、居民参加义务劳动，自己动手建设家园。

五、进一步强化村镇建设管理。(一)认真治理村镇建设环境，整顿村镇建设秩序。建设行政主管部门对乡、镇建筑队伍要按规定进行资质审查，没有资质证书和执照的队伍不得承揽设计和施工任务。乡镇建筑队伍承担建筑劳务或承包工程，要按规定程序经建设行政主管部门和劳动部门批准。(二)加强对村镇各类建设的开工管理和质量管理，严格履行建设开工审批程序。在建设管理中，乡镇政府要将管理、经营、服务逐步融为一体，更好地为群众服务。(三)搞好村镇容貌和环境的综合整治，开展文明村镇竞赛活动，通过竞赛，推动村镇规划、建设、管理，提高市政公用设施水平和环境质量。(四)进一步加强村镇建设的建章立制工作，各级政府要依据有关法规和《河北省乡村规划和建设管理办法》等，结合当地实际情况，制定有关村镇建设管理的具体办法，逐步使村镇建设管理有章可循。(五)通过多层次、多渠道搞好人员培训，提高村镇建设管理队伍的政治素质和业务水平。村镇建设管理人员要通过岗位培训，取得岗位合格证书后才能上岗工作。省建委和人事部门要用二至五年时间，分期分批对分管村镇建设的副县长，建制镇的镇长、副镇长进行一次轮训，地市建设行政主管部门要会同人事部门搞好乡长、副乡长和建设助理员的培训。要激励村镇建设技术、管理人员在村镇建设中多做贡献，并按建设部和国家科协联合颁发的《村镇建设技术人员职称评定和晋升试行通则》和国家人事部人职发〔1991〕2号通知的规定，在省职称改革领导小组的统一部署下，搞好村镇建设专业技术职称的评定工作，逐步建立一支与村镇建设事业相适应的村镇建设专业队伍。

河北省人民政府关于暂停对企业进行各种评优升级评比达标检查验收活动并对此进行清理整顿的通知

(1991年11月9日发出)

近几年来，对企业的各种评优、升级、评比、达标、检查、验收活动越来越多，严重干扰了企业正常的生产经营活动，增加了企业负担，助长了不正之风的蔓延，已到非解决不可的时候了。为了维护企业的合法权益，专心致至地抓好生产经营，根据中央和国务院指示精神，要采取坚决果断措施，暂停对企业进行的各种评优、升级、评比、达标、检查、验收活动，并对此进行清理整顿。现将有关问题通知如下：

一、暂停各级政府、各部门对企业进行的各种评优、升级、评比、达标、检查、验收活动，在今明两年对此进行清理整顿。国务院规定的每年一次税收、财务、物价大检查照常进行；财政、税务、物价、审计等国家职能部门正常范围之内的监督和检查，依法进行；质量监督抽查要继续加强。对于省政府和各地市原决定开展的企业评优、升级、评比、达标、检查、验收活动，按以下原则处理：(一)目前，对企业的评优、升级、评比、达标、检查、验收工作已经结束，正由主管部门审核待批的，要抓紧时间在今年十一月中旬以前完成扫尾工作。审定结果不再开会公布，也不公开宣传报道。(二)对企业评优、升级、评比、达标、检查、验收工作正在进行的，应立即停止。有关材料由主管部门妥善保存，待清理整顿结束后另行处理。(三)尚未开展的一律不再进行。(四)已授予企业的各种荣誉称号，今年有效期满的，不再进行复查，作延期处理，没有发现什么影响称号的重大问题者称号继续有效。(五)凡违反上述规定的，一经发现，省政府将通报批评。

二、清理整顿对企业各种评优、升级、评比、达标、检查、验收，应按照如下原则和办法进行：(一)各地区行署、市政府，省政府各部门及各社会团体要对本地、本系统开展的各种对企业的评优、升级、评比、达标、检查、验收活动进行一次认真的清理整顿。对于那种增加企业负担、助长不正之风而实际效果很差的，要坚决自行撤销；如认为确属必要的，要于明年三月底前报省计经委，由省计经委提出保留、合并或撤销的意见，制定实施办法，报经省政府批准后实行(整顿期间不审批)。(二)对那些随意、重复、多头、交叉进行的评优、升级、评比、达标、检查、验收活动，该并的要并，该停的要停，坚决压下来。(三)清理整顿后，凡保留的对企业进行的评优、升级、评比、达标、检查、验收项目，省地市县各部门对企业进行检查时，要由同级政府经委审查批准；同时实施"评比检查许可证"制度，实施办法另行通知。(四)对经过清理整顿而被批准进行的评优、升级、评 比、达标、检查、验收项目，各地市、各有关部门都要制订包括内容、范围、标准、方法、时间及有关政策规定在内的实施细则。(五)清理整顿后仍保留的评优、升级、评比、达标、检查、验收活动，在进行时必须改进方法，转变作风，尽量缩小规模，缩短时间，简化内容，不准收费，不得借机接受宴请和赠品，真正为企业服务，不给企业增加负担。(六)各事业单位、新闻单位以及各种协会、学会、研究会等社会团体和民间组织，除省政府授权外，今后不得对企业进行各种评优、升级、评比、达标、检查、验收活动。

三、各企业有权依照《中华人民共和国企业法》拒绝和揭发违反上述规定的各种评优、升级、评比、达标、检查、验收活动。以前各级政府各部门与本通知不符的所有规定，自本通知下发之日起废止。

河北省农民股份合作企业试行办法

(1991年11月16日发布)

第一章 总则

第一条 为鼓励和引导农民股份合作企业健康发展，保护其合法权益，加强规范管理，进一步繁荣农村经济，根据宪法和国家的有关规定，结合本省实际情况制定本办法。

第二条 本办法所称农民股份合作企业(以下简称"企业")，是指农村部分农民及不同所有制形式的经济组织，按照协议或章程，以资金、实物、技术等作为股份，自愿联合从事以生产为主的经营活动，接受国家计划指导，实行集体企业管理制度和民主管理，以按劳分配为主，又有一定比例的股金分红，有公共积累，公共积累属集体所有，能独立承担民事责任，经依法批准建立的经济组织。

第三条 企业是社会主义劳动群众集体所有制经济的一种形式，是乡镇企业的重要组成部分和发展农村经济的重要力量。

第四条 企业的主要任务是：发展农村社会主义商品经济，安排农村剩余劳动力，支援农业生产，增加农民和国家财政收入，发展出口创汇生产，为大工业配套和服务，促进社会生产力的发展，满足人民日益增长的物质和文化生活的需要。

第五条 企业在国家法律允许的范围内，可以兴办工业、交通运输业、建筑业、商业、饮食服务业以及其他开发性事业。

第六条 各级人民政府应加强对企业的引导和管理。乡镇企业管理部门是企业主管部门，负责对企业进行指导、管理、监督、协调和服务。各行业部门应在资金、人才、原材料、信息、技术和标准等方面积极为企业提供帮助，促其健康发展。

第二章 企业股份

第七条 企业股份资产属举办该企业的全体成员集体所有，由股东大会(股东代表大会)选举产生的董事会代表全体股东行使企业财产的所有权。

第八条 股份是投资入股者在企业财产所占的份额，股东以其所入股的资金享受权益，并承担有限责任。股份可以等额也可以不等额。以实物、技术入股的，必须按协议将实物、技术折成资金或股份，不得入空股。

提倡多种形式入股，多种经济成份参股。

第九条 企业必须加强股份管理，以记名股份证书作为股权凭证发给股东。入股者一般不得退股，个别因特殊情况要求退股的，经股东大会(股东代表大会)或董事会批准可以退还原入股的资金，也可用企业的公共积累购买。

股权可依法继承、转让、馈赠，但须向股东大会(股东代表大会)或董事会申请，经批准后，方可办理过户手续。股份证书不得在社会上买卖。

第三章 企业开办程序

第十条 开办企业须持有村民委员会证明，经乡级人民政府审核后，报县级乡镇企业主管部门审批(包括审批企业章程)。根据法律、法规规定建立的特殊行业的企业，应先经行业主管部门审查同意。在有关审批文件、证件齐备后，向企业所在地工商行政管理部门办理登记，领取《营业执照》后方可营业。

第十一条 企业领取营业执照后，应在三十日内向当地税务机关办理税务登记手续，接受税务机关的管理监督。

第四章 企业机构

第十二条 企业实行股东大会(股东代表大会)制度。股东大会(股东代表大会)是企业的最高权力机构，可选举产生董事会作为常设机构。

董事会向股东大会(股东代表大会)负责，决定企业生产经营中的重大问题。

第十三条 企业的厂长(经理)由董事会在董事中选举或对外招标聘任。厂长(经理)对企业董事会负责，是企业的法定代表人。

第十四条 企业应健全各项规章制度，明确股东大会(股东代表大会)、董事会、厂长(经理)等各自的权利、义务和责任，做到有章可循。

第五章 企业的权利、义务和责任

第十五条 企业实行独立核算，自主经营，自负盈亏。依法享有自行确定企业的组织管理机构、经营方式、生产计划、产品销售、资金使用、计酬形式、收益分配和职工招聘或辞退等权利。

第十六条 企业招聘职工应根据国家有关劳动法规，双方签订书面劳务合同，明确双方的权利和义务，包括期限、报酬和劳保福利待遇等。

有条件的企业应逐步建立职工退休劳动保险制度。严禁招用童工和雇用在校学生。

第十七条 企业享受国家和省制定的有关扶持乡村集体企业的优惠政策。

第十八条 企业应健全财会制度，加强财务管理。

企业各项专用基金、经营费用和补农基金，按乡村集体企业的标准提取和列支。

第十九条 企业应按农业部、财政部规定，及时、足额向企业主管部门交纳管理费。

第二十条 企业应注意自身积累。根据生产发展需要，可以扩股或增股，也可以向银行(信用社)申请贷款。

第二十一条 企业的合法权益受国家法律保护，任何单位和个人不得以任何方式或借口，平调、侵占和无偿使用企业的资金、设备、产品和劳力。企业按有关法律、法规、规章规定交纳费用后，有权抵制和拒付其他各种摊派。

第二十二条 企业必须遵守国家法律、法规和政策，维护社会经济秩序和消费者的利益，开展合法生产经营活动。违者，由有关行政主管机关依法给予处罚。触犯刑律的，由司法机关依法追究刑事责任。

第六章 企业分配方式

第二十三条 企业实行按劳分配和按股分红相结合，以按劳分配为主的分配方式。

经营者的报酬和企业经营效益挂钩，具体数额和付酬办法按照集体所有制企业有关规定，由董事会决定。个人收入超过国家规定征税标准的，应依法交纳个人收入调节税。

第二十四条 企业税后利润分配，应有50%以上用于扩大再生产，作为企业的公共积累，其余25%用于股金分红，25%用于集体福利基金和用于职工奖励基金等。企业的公共积累属乡村集体所有。

企业通过享受优惠政策减免的税金应按照批准的

用途使用，作为集体股份积累部分，不得挪作它用，不得作为红利分掉。

第七章 企业分立、合并和终止

第二十五条 企业分立、合并应经股东大会（股东代表大会）讨论，并有一半以上的股东同意方可进行。企业终止时，必须保护其财产，依法清理债权债务。对股东只退还原入股的资金。公共积累和剩余财产属乡村集体所有，可以用于发展新企业，可以作为股份对外入股等，但不得分给个人。

企业破产，应按照民事诉讼法的规定组成清产组织进行清偿，以企业财产承担有限责任。

第二十六条 企业改变名称、合并、分立、迁移、歇业、终止或其他变更事项，须向原批准和发证机关申请办理手续。

第八章 附则

第二十七条 本办法发布前建立的企业，应按照本办法修订其原有章程。按开办审批程序报批，办理登记注册。

第二十八条 个体工商户、个人合伙和私营企业，凡自愿按照本办法兴办企业的，应予鼓励和支持。

第二十九条 河北省乡镇企业局可根据本办法，制定实施细则。

第三十条 本办法由河北省乡镇企业局负责解释，并监督执行。

第三十一条 本办法自公布之日起施行。

河北省旅游业管理暂行规定

（1991 年 11 月 27 日发布）

第一条 为加强旅游业的管理，保护旅游者的合法权益，提高服务质量，促进旅游业的健康发展，根据国家有关规定，结合本省实际，制定本规定。

第二条 凡本省境内的旅游企、事业单位，包括旅游院校和科研单位，各类旅行社，旅游涉外饭店、餐馆，旅游车船公司（队），对外开放的风景区、游览点，旅游商品经销店，派驻国外的旅游办事经营机构以及其它经营涉外旅游业务的单位，均适用本规定。

第三条 河北省旅游局是省旅游行政管理部门，按照国家的方针政策和法规，负责全省旅游行业管理。

地、市、县旅游行政管理部门分级管理辖区内的旅游业。

城建、交通、铁路、民航、轻工、文化（文物）、宗教、商业、卫生、工商行政管理、物价、税务、外汇管理、公安等有关部门，依照法定职责，支持配合旅游行政管理部门实行行业管理。旅游行政管理部门应与有关部门搞好协调。

第四条 在全省境内具有旅游开发价值的地方，各级政府都应把旅游业作为一项产业，纳入国民经济和社会发展计划。

旅游资源的开发利用必须统一规划，充分论证，实现经济效益、社会效益、环境效益协调增长。

旅游经营单位应按照隶属关系和行业归口关系，建立双重计划统计和考核管理制度。

第五条 各级各类旅游企业的人、财、物，由企业归属部门负责领导和管理，旅游经营活动接受旅游行政管理部门的领导、管理和协调，参加当地的行业评比检查活动。

第六条 开办经营旅行社，必须执行国务院发布的《旅行社管理暂行条例》和国家有关规定。

开办经营旅游涉外饭店、商店、餐馆、车船公司（队），经主管部门审核同意后，由同级旅游行政管理部门进行资格审查，获得批准后，由工商行政管理部门按有关规定登记注册。

禁止非旅游经营单位经营旅游业务。对擅自经营涉外旅游业务者，由工商行政管理部门按照《中华人民共和国企业法人登记管理条例》给予处罚。

第七条 旅游涉外饭店星级，须根据《中华人民共和国评定旅游涉外饭店星级的规定和标准》，由旅游行政管理部门按照规定的权限进行评定和审批。

第八条 旅游涉外商店、餐馆、不具备一星级标准的饭店、对外开放的游览点，分批实行定点管理。定点标准由省旅游局会同有关部门制定，定点标志由省旅游局统一制定，地、市旅游行政管理部门负责审批和颁发证书。

定点单位由批准机关每年复查一次，经复查不符合标准者限期改进，限期内达不到标准的，取消定点资格。

第九条 导游人员资格统考和导游证书的颁发，由旅游行政管理部门按照国家旅游局关于《导游人员管理暂行规定》办理。

第十条 导游人员带领团队到所住饭店、宾馆以外的定点商店购物，须尊重旅游者的意愿。违者引起旅游者投诉的，由旅行社视情节轻重给予批评教育直至行政处分。

第十一条 凡已实行定点管理的地方，导游人员不得带领旅游团队到非定点单位集体购物、就餐。违者，专职导游人员吊销导游证一年，实习导游人员延长转正时间，兼职导游人员取消导游资格。

第十二条 定点旅游涉外商店不准向个体工商户出租柜台。向国外游客销售商品的个体工商户，须固定摊点，亮照经营，严禁强行兜售商品。违者由旅游行政管理部门会同工商行政管理部门依法惩处。

第十三条 涉外旅游价格由物价、旅游部门会同有关部门共同制定。旅游涉外单位必须严格执行物价管理规定，不得擅自提价和盲目削价，违者由物价部门按照国家规定给予处罚。

第十四条 严禁在旅游业务中私自收授回扣、索要小费。违者，按照国家旅游局关于《严禁在旅游业务中私自收授回扣和收取小费的规定》从严处罚。

严禁在旅游业务中套取外汇，扰乱外汇市场。违者，由旅游行政管理部门会同外汇管理部门按照国家规定从严处罚。

第十五条 对非法阻挠旅游行程、敲诈旅游者和旅游企业的单位和个人，当地旅游部门应分别不同情况，直接进行处理或会同公安、工商行政管理等有关部门依法予以查处。对处理不服的，必须首先保证旅游者的行程顺利，然后再提出申诉。

第十六条 各旅游企事业单位应加强外联工作的计划性，合理安排乘机、乘车计划，并事先提报给有关交通部门。民航、铁路、交通部门应与旅游部门密切配合，为海外旅游者提供方便。

第十七条 旅行社接待的海外旅游者在华旅游期间必须执行旅游意外保险制度，按照国家有关旅行社旅客旅游意外保险的规定，妥善解决海外旅游者在华旅游期间因意外事故引起的经济赔偿事宜。

第十八条 保护旅游者的合法权益不受侵犯，有关部门需对旅游者进行检查、质询时，应征求旅行社或饭店的意见。

第十九条 旅游行政管理部门应加强自身建设，杜绝和防止一切不正之风，强化管理职能和服务意识。

旅游行政工作人员应严格依法办事，不得滥用职权，以权谋私。违者，视情节轻重，给予批评教育直至追究行政刑事责任。

第二十条 本规定自发布之日起施行。

河北省关于加强外商投资企业和外国企业税收管理的暂行规定

（1991年11月18日发布）

第一条 为加强对外商投资企业和外国企业的税收管理，保护中外投资者的合法权益，根据国家有关法律、法规，制定本规定。

第二条 凡在本省设立的外商投资企业和外国企业，必须遵守本规定。

第三条 当地税务机关应加强对外商投资企业的投资作价、产品购销、提供劳务、借贷资金、技术转让、租赁财产等各项经济业务活动的监督，并依法征税。

第四条 税务机关应加强同经贸、工商行政管理、财政、商检、银行、外汇管理和国有资产管理等有关部门的联系，各有关部门应积极配合税务机关做好外商投资企业和外国企业的税收管理工作。

第五条 中外投资者以实物、场地使用权、无形资产等形式作价投资时，应在投资后三个月内向当地税务机关提供以下证明材料：

（一）中方投资者以实物、场地使用权作价投资的，需提供国有资产管理部门或其他主管部门出具的资产评估确认证书及国有资产转移凭证。

（二）外方投资者以实物作价投资的，需提供制造厂商开具的原始发票和商检部门出具的涉外财产鉴定证明。

（三）中外投资者以无形资产作价投资的，应提供作价证明材料。

第六条 外商投资企业从国外购进机器设备、原材料等，需向当地税务机关提供制造厂商开具的原始发票和当地商检部门出具的鉴定证明。

第七条 中外投资者资产作价或外商投资企业从国外购进的机器设备、原材料等明显超过当时国际市场价格的，当地税务机关在计征所得税时，有权会同有关部门对其所得数额进行调整。财政部门可根据调整情况要求企业对资产进行调帐，并对中外双方利润分配的比例进行调整。

第八条 中外投资者应按合同规定期限和出资额出资。对无正当理由不出资或出资不足的，当地税务机关可暂不上报特案减免税。

第九条 外商投资企业和外国企业与其在资金、购销、经营和管理等方面有直接或间接关联的公司、个人的业务往来，应向当地税务机关出具有关凭证，以证明其业务往来作价是公平的。

对下列不按市场公平价格和营业常规进行的业务活动，当地税务机关有权根据实际情况调整征税：

（一）相互购销产品、提供原材料或其他资产，其价格显失公平的；

（二）相互借贷资金，其利率明显高于金融市场一般同类贷款利率的；

（三）转让技术或租赁财产，其作价超过转让金额或出租给第三者的；

（四）相互提供劳务按成本或低于成本价收费的。

第十条 外商投资企业结余的外汇收入，凡按调剂价卖出的，税务机关可按所属年度重新调整所得额，并重新确定获利年度。

第十一条 外商投资企业或外国企业向境外支付股息、利息、租金、特许权使用费和其它所得，有关开户银行或外汇管理部门应凭税务机关的完税证或免税证明放行。

第十二条 中外投资者、外商投资企业和外国企业违反本规定第五条、第六条、第九条的规定，不向税务机关提供有关资料、凭证的，由税务机关责令限期提供，并可处以五千元以下罚款。逾期仍不提供的，税务机关可处以一万元以下的罚款。

第十三条 华侨、港澳台同胞在本省投资兴办的企业，参照本规定执行。

第十四条 本规定由河北省税务局负责解释。

第十五条 本规定自发布之日起施行。

河北省扶植高新技术及其产业发展的若干政策规定

（1991年12月23日河北省人民政府印发）

为扶植我省高新技术产业开发区的建设，推动高新技术及其产业的发展，对于经省科委认定的省级高新技术产业开发区（以下简称开发区）和区外高新技术企业及高新技术产品实行如下扶植政策和规定：

一、税收和物价。

（一）开发区内的高新技术企业的税收按税法规定依率计征。从企业被认定之日起，上缴所得税超过15%的部分，由开发区财政返还；其出口产品的产值达到当年总产值70%以上的，上缴所得税超过10%的部分由开发区财政返还。开发区内新办的高新技术企业，经企业申请，开发区批准，从投产年度起，二年内上缴的所得税款由开发区财政返还给企业。区外高新技术企业，生产高新技术产品的非高新技术企业，纳税确有困难者，经税务部门批准，可给予减免税照顾。

（二）高新技术企业进行技术转让、技术咨询、技术服务、技术培训，年净收入在30万元以下的，可暂免征收所得税；超过30万元的部分，按适用税率征收所得税。

（三）凡属于“火炬计划”开发范围的高新技术产品，符合新产品减免税条件而减免的产品税、增值税税款，专项用于技术开发。

（四）开发区的内资企业，一律按照国家现行规定缴纳奖金税。下列单项奖金征收的奖金税，可由开发区财政返还：（一）从其留用的技术转让、技术咨询、技术服务、技术培训净收入中提取的奖金，不超过15%的部分；（二）高新技术产品出口企业，按国家规定从出口奖励金中发放给职工的奖金；（三）符合国家规定的其它免税单项奖。上述（一）、（二）两项合并计算全年人均免税奖金额不足2.5个月标准工资的，按2.5个月标准工资扣除计税；超出2.5个月标准工资的，按实际免税奖金扣除计税。

（五）区内高新技术企业新建技术开发和生产经营用房及配套设施，按国家产业政策确定免征投资方向调节税；二年内所缴纳的城镇土地使用税、房产税，可由开发区财政返还企业，经财政部门批准，免征耕地占用税。经当地政府批准，减免城建配套费、人防设施费、商业网点费。

（六）高新技术企业开发的属于国家控制价格的新产品，除特定品种须报物价部门定价外，在规定的试销期内，企业可自行制定试销价格，并报物价部门和业务主管部门备案。经营不属于国家控制价格的高新技术产品，企业可以自行定价。

二、资金和信贷。

(一)要为高新技术及其产业的发展筹集资金。地方技改经费和贷款、省级科技三项经费、地方生产性基本建设投资,分别按20%、20%、3%掌握,按原立项程序审批,用于发展高新技术及其产业。金融部门要积极筹措发展高新技术的资金;高新技术企业所需流动资金,银行要给予优先支持。

(二)建立高新技术发展周转金。省财政每年安排一定数额的资金(从一九九二年起,连续5年省财政每年安排200万元),由财政厅和科委共同管理,专项用于高新技术发展。主要工业城市也要在财政预算中安排专款,用于发展高新技术及其产业。高新技术企业从销售总额中提取2%(含原按规定提取1%的技术开发费),用于技术开发。

(三)鼓励创办股份制高新技术企业,提倡全民、集体所有制单位和个人参股。股份制高新技术企业按集体所有制企业管理。开发区集体经济性质的高新技术企业,可将税后留利的50%以上作为生产发展基金,其余作为福利基金和奖励基金。

(四)在不减少上交省财政前提下,当地人民政府可视不同情况,对开发区的财政收入可采取包死基数、递增包干、比例分成等办法,一定五年不变,新增部分用于支持重点项目建设。

(五)为扶植开发区外有发展前途但资金短缺的高新技术企业,当地财政部门可从其上缴所得税款中返还20%给企业,用于发展高新技术。

(六)银行优先安排开发区内建设开发总公司和高新技术企业所需的基本建设、技术改造贷款资金;对有困难的企业,在有担保的前提下,可将其自有资金占总投资的比例减少到10%。银行可给开发区内具备条件的高新技术企业安排发行一定额度的长期债券,向社会筹集资金,支持高新技术产业的开发。银行和有关部门可在开发区建立风险投资基金,用于风险较大的高新技术产品开发。开发区要创办咨询投资公司,承办咨询服务和经济担保。

(七)鼓励高新技术企业采取多种方式吸收社会游资,吸引境外投资,争取外国银行、外国政府贷款。对引进境外资金的中介者,根据引进资金利率高低、时间长短,按会计师事务所出具的验资报告所确认的到帐资金的0.2—0.5%,一次性给予奖励,由使用资金的高新技术企业支付。

三、进出口和国际合作交流。

(一)根据国家有关规定,经经贸部批准,可在开发区内设立技术进出口公司,对出口业务开展较好的开发区高新技术企业可授予外贸经营权,并可在国外设立分支机构,以推动高新技术产品进入国际市场。

(二)开发区高新技术企业的商务、技术人员出国,实行一年内多次出国一次审批。任务批件一年有效,一年内属同类任务再次出国者,由该企业负责批准。省财政厅切块下达用汇指标。

(三)开发区高新技术企业所创外汇,扣除上缴国家部分,从创汇年度起3年内全部留给企业,从第4年起按政府20%、企业80%分成。

(四)开发区高新技术企业所需外汇,外汇主管部门应予以支持。

四、基建和基础设施。

(一)开发区高新技术企业的生产经营性基本建设项目,按照统一规划安排建设,优先纳入当地固定资产投资规模,优先安排施工。

(二)经当地政府批准,开发区高新技术企业可以免购国家重点建设债券。开发区高新技术企业照章缴纳国家能源交通基金,在所在市完成上交任务的前提下,区内高新技术企业以开发区被批准前一年缴纳的国家能源交通基金为基数,超基数部分只承担应上交中央部分,应交省的部分返还给开发区,用于开发区建设。

(三)开发区所在地政府对开发区的供电、供水、排水、供热、电信、交通等基础设施给予优先保证。

五、劳动人事管理。

(一)劳动、人事、教育、计划部门对高新技术企业所需的专业技术人员、职工、大中专毕业生和研究生,要优先予以安排。

(二)建立健全开发区高新技术企业内部竞争机制,实行职工劳动合同制、干部聘任制。企业工资总额在国家计划和政策指导下,参照国家对外商投资企业的有关规定,由开发区管理委员会视企业经济效益进行核定,职工收入由企业自主确定。开发区高新技术企业招聘、解聘、辞退,可参照国家对外商投资企业的有关规定执行。

(三)鼓励党政机关、科研机构、大专院校、事业单位和大中型企业的科技人员到开发区高新技术企业工作。到开发区高新技术企业工作的专业技术人员可实行档案工资、档案职务,延缓退休年龄,评聘专业技术职务。经单位同意,科研机构、高等院校和企业的科技人员可到开发区高新技术企业业余兼职服务。

(四)鼓励高等院校、科研单位实行人才分流,到开发区创建校办、所办高新技术企业,保留其原有的优惠待遇。

(五)开发区高新技术企业专业技术职务的岗位设置、结构比例可适当高于一般企业。

(六)开发区高新技术企业流动人员的人事、劳动管理,由当地人事、劳动部门及所属的人才交流服务中心、职业介绍机构或劳务市场负责。

河北省高新技术企业认定条件和办法实施细则

（1991年12月23日河北省人民政府印发）

为实施国务院、省人民政府批准的扶植高新技术产业开发区及高新技术产业的有关政策规定，依据国家高新技术产业开发区高新技术企业认定条件和办法，制定如下实施细则，请全省高新技术企业，包括国家和省级高新技术产业开发区内的高新技术企业执行。

一、河北省科学技术委员会（以下简称省科委）是省人民政府高新技术企业认定工作的主管机关，负责本细则的实施。地、市科委，国家、省级高新技术产业开发区办公室（以下简称开发区办公室）在地区行署、市人民政府和省科委指导监督下，分别办理本地、市和开发区内高新技术企业的审批事宜。

二、高新技术范围如下：（一）微电子科学和电子信息技术；（二）空间科学和航空航天技术；（三）光电子科学和光机电一体化技术；（四）生命科学和生物工程技术；（五）材料科学和新材料技术；（六）能源科学和新能源、高效节能技术；（七）生态科学和环境保护技术；（八）地球科学和海洋工程技术；（九）基本物质科学和辐射技术；（十）医药科学和生物医学工程；（十一）其它在传统产业基础上应用的新工艺、新技术。

三、高新技术企业是知识密集、技术密集的经济实体。高新技术企业必须同时具备下列各项条件：

（一）从事本细则第四条规定范围内一种或多种高新技术及其产品的研究、开发、生产和经营业务。单纯的商业经营除外。

（二）实行独立核算、自主经营、自负盈亏。

（三）企业的负责人是熟悉本企业产品研究、开发、生产和经营的科技人员，并且是本企业的专职人员。

（四）具有大专以上学历的科技人员占企业职工总数的30%以上；从事高新技术产品研究、开发的科技人员应占企业职工总数的10%以上。

从事高新技术产品生产或服务的劳动密集型高新技术企业，具有大专以上学历的科技人员占企业职工总数的20%以上。

（五）有十万元以上资金，并有与其业务规模相适应的经营场所和设施。

（六）用于高新技术及其产品研究、开发的经费应占本企业每年总收入的3%以上。

（七）高新技术企业的技术性收入与高新技术产品的产值的总和应占本企业每年收入的50%。

技术性收入是指由高新技术企业进行的技术咨询、技术转让、技术入股、技术服务、技术培训、技术工程设计和承包、技术出口、引进技术消化吸收以及中试产品的收入。高新技术企业的总收入，一般由技术性收入、高新技术产品产值、一般技术产品产值和技术性相关贸易组成。

（八）有明确的企业章程和严格的技术、财务管理制度。

（九）企业的经营期在十年以上。

四、高新技术企业认定程序如下：

（一）由企业填报高新技术企业申报书及有关附件；

（二）地、市科委和开发区办公室进行初审，并组织论证和现场考查，提出认定意见；

（三）由省科委批准并颁发高新技术企业证书。

五、地、市科委和开发区办公室，应定期按高新技术企业须具备的条件对高新技术企业进行考核。不符合上述条件的高新技术企业，不得享受高新技术企业的各项政策规定。

六、列为高新技术产品的期限一般为五年以内，技术周期较长的高新技术产品经批准可延长至七年。

七、高新技术企业变更经营范围、合并、分立、转业、迁移或歇业的，须经地、市科委和开发区办公室审批，并向工商行政管理、税务等部门办理相应的登记手续。

八、按国家规定全部核减行政事业费，实行经济自立的全民所有制科研单位，符合本细则第五条规定条件的，经地、市科委和开发区办公室核定，省科委批准，可转成高新技术企业。

河北省省级高新技术产业开发区认定标准

（1991年12月23日河北省人民政府印发）

为按照“坚持标准，竞争发展，暂行规划，分步实施”的原则，促进高新技术产业开发区的健康发展，特制定如下开发区认定标准：

一、开发区所在城市政府有发展高新技术及其产业的强烈政治责任感，在资金、政策等方面为开发区的软硬环境建设给予有效支持。已兴办的市级开发区，有一个富于改革创新精神的管理班子和较完善的配套政策、务实高效的办事制度。

二、开发区所在城市，有一定数量的大专院校、科研院所，或同外地大专院校、科研单位形成紧密联合的技术依托，具有开发高新技术产品的能力，能形成一定的技术优势。

三、开发区所在城市，有一定数量的大中型企业，已经或正在形成一批高新技术企业，开发出一批高新技术产品。有一定数量的适应外向型经济的高新技术人才队伍。

四、开发区所在城市的传统工业有一定基础，具有发展高新技术的综合配套能力。经过五至十年的努力，能建成具有自己特色的高新技术产业。

五、开发区所在城市、交通、通信迅捷便利，有吸引内资、外资的优化环境和支撑服务体系。

六、申请建立的省级高新技术产业开发区，应有五年发展计划，有明确的区域范围。区内有十个以上经省认定的高新技术企业，开发出十个以上国内外市场前景广阔的高新技术产品，并形成一定规模产值和效益。

河北省人民政府
关于加速高新技术发展的决定

（1991年12月23日）

为进一步实施“科技兴冀”战略，使我省经济建设真正转上依靠科技进步的轨道，保证第二步战略目标的实现，并为实现第三步战略目标奠定基础，现就加速我省高新技术及其产业发展问题作如下决定：

一、增强发展高新技术及其产业的紧迫感和使命感。

当今世界新科技革命的蓬勃发展，导致国民经济各部门产品和技术更新步伐大为加快，经济发展对科学技术的依赖程度大大增加，科学技术已经成为生产力中最活跃的因素和最主要的推动力量，成为国际间综合国力竞争的关键。从国内看，当前各省市竞相发展高新技术，占领科技制高点和高新技术产品市场，争取经济发展的主动权。如果我们不抓紧采用高新技术改造传统产业，尽快改变由于工农业生产科技水平低、管理落后带来的高消耗、低效益、高投入、低产出的状况，就会处于被动地位。加速发展高新技术，是提高综合省力，振兴河北的重大战略措施，是我们刻不容缓的任务。对此，全省人民特别是各级领导必须有清醒的足够的认识，增强危机感、紧迫感，自觉地承担起时代赋予我们的发展高新技术、促进经济发展的历史使命。

二、发展高新技术的指导思想和“八五”期间的奋斗目标。

我省发展高新技术总的指导思想是：以提高经济效益为中心，以改革开放为动力，以研究开发高新技术及其产品和运用高新技术成果改造传统产业为主体，实行重点突破，滚动发展，积极扎实地推进高新技术成果的商品化、产业化和国际化。

为贯彻这一指导思想，在实际工作中要把握以下原则：（一）把发展高新技术作为发展科技的先导，放到重要的战略地位，提高发展我省科学技术的起点，力争实现一定程度的“跳跃式”发展。（二）坚持面向经济建设主战场，实行高新技术的研究开发与其成果的商品化、产业化并重；抓高新技术成果的商品化、产业化同运用高新技术成果改造传统产业并重；发展高新技术同发展传统技术与高新技术结合的复合技术并重。通过发展高新技术及其产业，带动传统产业的技术改造、产品更新换代和产业结构调整，促进工农业整体技术素质的提高。（三）积极扎实，注重实效。以提高经济效益为中心，从研究开发高新技术及其产品和运用高新技术成果改造传统产业这个主体入手，实行有限目标管理，突出重点，项目起步，滚动发展，尽快发挥投资效益，促进经济发展。（四）坚持发展高新技术与深化经济体制、科技体制改革相结合，不断完善科技政策，为高新技术发展创造良好的环境条件，建立科研、开发、引进、创新、推广应用相互促进的充满活力的高效率的新体制，促进科研单位、高等院校和企业联合兴办高新技术企业。（五）增强对外开放意识，在充分发挥自己力量的基础上，大力引进国内外先进技术和人才，走联合开发、共同发展的道路。积极开拓国际市场，增强出口创汇能力，促进科技、生产、经营的国际化。大力促进引进技术的消化、吸收、创新，提高应用效益。根据国内外高新技术发展趋势，根据我省技术、人才的优势和基础条件，要以发展计算机技术、现代通信技术、生物工程技术、新型材料为重点领域，适当发展高效节能技术、核应用技术和海洋技术。

“八五”期间我省高新技术发展的总体目标是：(一)引进、开发高新技术产品500个，其中70%以上形成规模生产，30%以上具有出口创汇能力。五年内，开发出市场覆盖面大，附加值高的战略产品5——10个。(二)创办高新技术企业250家，组建一定规模的高新技术企业集团5个，培养懂技术、会经营、善管理的外向型管理人才1000人。(三)结合技术改造，大范围重点推广50项高新技术成果，使传统工业上档次、上水平，使农业良种选育、生物农药和植物生长调节等技术的应用有新突破。(四)高新技术研究开发能力明显增强，每年取得具有国内先进水平以上的成果80项。(五)高新技术产品和企业产值在工农业总产值中所占比重达到全国平均水平以上。

三、“八五”期间的重点任务。

(一)按五个层次布局，加快高新技术开发区建设

1、重点办好国家级石家庄高新技术产业开发区。“八五”规划面积3.8平方公里，以发展现代通信为优先领域，积极发展微电子技术、核技术应用和机电一体化产品。到“八五”末，基本形成科研、开发、推广、引进消化相互促进，技工贸结合的运行机制，通信、微电子、核技术应用向产业化迈进，初具规模，开发区总产值达13亿元，创利税3.5亿元，出口创汇1亿美元以上。充分发挥辐射和扩散作用，成为我省发展高新技术及其产业的基地。

2、按照“坚持标准，竞争发展，先行规划，分步实施”的原则，建设二三个省级高新技术开发区，并力争进入国家序列。

3、把各工业城市特别是京广、京山铁路沿线的中心城市，作为发展高新技术及其产业的重点区域，具备条件的可筹建市级开发区。

4、以京广、京山沿线中心城市的各级开发区为中心，建设连接高新技术企业及有关县的火炬带。

5、在科技、教育、乡镇企业综合发展实验县内，引进高新技术，发展高新技术企业；以基础较好的实验县为中心，创建2——3个县连片发展的火炬园区。

各开发区要按照自愿互利的原则，研究制定相应的政策措施，吸引所在地区和周围县进区创办高新技术产业。

(二)用高新技术改造传统产业，促进生产技术和管理现代化

工业方面，以电子信息技术为突破口，以机械、化工、建材、电力、能源、医药、纺织、轻工等行业为重点，选定一批技术成熟、经济效益好的高新技术成果，列入全省重点科技成果推广计划和技术改造计划，组织向传统产业扩散，特别要选择一批大中型企业，进行重点“嫁接”改造，促进支柱产业节能降耗、提高产品质量、提高劳动生产率，在新的技术水平上，获得更大的发展。

农业方面，以生物技术和适宜的电子信息技术为重点，组织好高新技术成果的推广应用，尤其要大力推广细胞工程等技术在动植物速繁中的应用以及生物农药、生物菌肥、植物生长调节剂、农业专家系统等成果，加速传统农业的技术改造。

在采用高新技术成果改造传统产业的同时，要大力推广其它先进适用的科技成果，提高工农业生产的技术水平，培植发展高新技术的基础和土壤。

(三)大力开发高新技术产品，精心培育高新技术企业

省和各地、市都要把实现高新技术成果产品化、商品化的火炬计划，作为科技发展计划的重要组成部分，逐步增加课题比重和投资重点，努力开发高新技术产品。“八五”期间，省级安排100项具有国内先进水平、经济效益显著、产业化前景广阔的重点高新技术产品的开发。对战略产品的开发，要打破部门界限，组织优势力量，进行联合开发。

要采取多种形式培育高新技术企业。对已建立的高新技术企业在政策、资金等方面大力扶植，使之尽快形成规模；鼓励大中型企业、军工企业利用其技术和设备优势，开发生产高新技术产品，发展高新技术产业；引导、支持科研院所、高等院校利用其高新技术成果，采取自办、联办等形式，创建高新技术企业；组织省内外科研单位、高等院校以联办、领办、兼并、承包等方式改造亏损与低效益企业，办成高新技术企业；鼓励有条件的小型企业和乡镇企业，充分发挥其灵活的运行机制，与大中型企业和科研单位结合，“嫁接”、生产高新技术产品，发展高新技术产业；引导支持科技人员，创办民办科技实业，研究、开发、生产、经营高新技术产品，逐步发展成为高新技术企业。

(四)加强高新技术的科技攻关，不断提供新的科技成果

按照我省发展高新技术及其产业的需要，围绕重点领域和主攻方向，在省“八五”期间重点科技攻关计划中，安排13大项68个子项目，组织优势力量，进行应用研究和基础研究，为改造传统产业和发展高新技术产业提供成果，增强发展后劲。

四、制定配套政策，扶植高新技术的发展。

各级各有关部门要进一步解放思想、更新观念，本着“先予后取”、“放水养鱼”的精神，积极主动地为发展高新技术及其产业创造良好的政策环境和支撑条件。要学习政策，吃透政策精神，用足、用好国家和省已有的政策。

为扶植高新技术开发区、高新技术企业及高新技术产品的发展，省政府将进一步制定扶植政策，并在实践中逐步完善。要调整投资结构，从技改经费、科技三项费用、基本建设投资、流动资金贷款中集中部分资金发展高新技术；省财政每年安排一定数额的资金，建立高新技术发展周转金；适当提高高新技术企业技术开发基金

的提取比例;从高新技术企业上缴款项中返还一定数额,支持企业发展高新技术;积极吸引外资,利用社会游资,形成多元化的资金投入机制。要为高新技术企业开展进出口业务提供方便,对其出口高新技术产品以及为生产出口产品而进口仪器、设备、原材料和零部件,简化手续,适当优惠。对于开发区高新技术企业及火炬计划所需的配套外汇,外汇主管部门要给予支持。要为开发区和高新技术企业创造吸纳人才、充分发挥科技人员积极性的良好条件。

五、深化改革,建立有利于高新技术发展的灵活运行机制。

要根据建立社会主义有计划商品经济新体制和计划经济与市场调节相结合运行机制的总要求,围绕大力促进高新技术商品化、产业化、国际化的目标,积极进取,努力探索,大胆进行经济体制、科技体制等方面的改革。在高新技术企业中,进行股份制试点,推动企业改组、联合、兼并,发展具有相当规模和竞争力的企业集团。进一步发挥市场机制的作用,促进科技、经济活动的良性循环,逐步建立宏观调控体系和制度。实行"自愿组合、自筹资金、自主经营、自负盈亏、自我约束、自我发展"的运行机制,使企业充满活力。设立风险投资,支持科技成果转化,解决贷款担保困难。改革人事管理和分配制度,促进人才合理流动,建立健全企业内部竞争机制,实行干部能上能下、职工能进能出、工资能升能降。同时,要进行社会保险和住房制度改革。

各级领导和有关部门要积极支持和保护高新技术企业的改革,对改革中出现的失误,要帮助企业总结经验教训,加以引导。

六、扩大对外开放,加强同省外国外的合作交流。

在充分发挥本省科技力量作用的同时,要敞开大门,广泛吸引京津等外省市的人才和技术。省直有关部门和各地市、各企业,要积极与省外高级院校、科研单位建立人才、技术、信息联系和多种形式的合作关系,进一步扩大同国务院各部委和驻我省部队科技单位的联合与协作。要充分发挥我省地处沿海的有利条件,大力开拓国际合作与交流的途径,为高新技术及其产业发展创造条件。鼓励科研机构、高等院校和企业与国外进行合作研究开发,优先安排他们参加国际学术会议、出国考察进修和从事科研工作。把引进高新技术及人才作为智力引进工作的重点,有计划地聘请有真才实学的国外专家来我省从事科研、开发、教学、培训、管理等工作。高新技术国际科技合作交流所需资金和外汇,由省科委编报计划,省政府专项审批。

面向国际市场,进一步开辟高新技术产业对外贸易渠道。我省现有的对外贸易机构和驻国外机构,要把发展高新技术产品贸易作为一项重要任务来抓。各开发区可建立高新技术进出口贸易公司,并逐步在国外建立中介服务性质的公司或代办处,负责高新技术及部分产品的进出口业务。充分利用国外友好城市、群众团体等渠道,重视发挥各级侨联、科协等群众团体和情报、信息机构的作用,逐步形成渠道畅通、反馈灵敏的高新技术贸易信息网络。

积极吸引外商和港澳台同胞,来我省创办独资或合资的高新技术企业。鼓励和支持有条件的企事业单位到国外合作办厂,办公司,创办研究、设计、咨询、信息服务等机构。

七、加强领导,同力协作。

各级政府特别是中心城市的政府,要把促进高新技术及其产业的发展,列入重要议事日程,主要负责同志要亲自抓规划、抓协调、进行部署,研究解决实际问题。为加强全省发展高新技术及其产业的组织协调工作,省政府高新技术领导小组,确定由省长任组长,主管科技的副省长任常务副组长,省政府办公厅、科委、计经委、经贸委、财政厅、人事厅、劳动厅、税务局、人民银行等有关部门的主要负责同志为副组长或成员。领导小组的办事机构设在省科委。各中心城市可根据自己的情况,建立相应的协调领导机构。

省科委要充分发挥对全省高新技术发展的综合管理职能,组织协调有关部门,编制发展高新技术及其产业的规划、计划及实施方案,研究制定促进高新技术发展的政策措施;做好高新技术开发区、高新技术企业和高新技术产品的认定和复检工作;组织协调有关部门和地市共同抓好开发区的建设和高新技术发展计划的实施,并做好督促、检查、指导和服务工作。计划部门和企业主管部门在制订计划时,要把发展高新技术及其产业和运用高新技术改造传统产业作为重点。财政、金融、人事、劳动、工商行政管理、税务、海关、外事等部门都要为发展高新技术及其产业献计献策,提供条件。科协、工会、共青团、妇联等群众团体都要利用各自的优势,为发展高新技术及其产业做好工作。报社、电台、电视台要做好宣传舆论工作。省政府将把发展高新技术及其产业的任务目标纳入对各地市和省直有关部门的有限目标责任制考核内容,省人事厅、计经委、科委要尽快制订具体考核办法。

对国家级石家庄高新技术产业开发区,实行省市双重领导,以市为主。建立由市长任主任、主管科技工作的副市长和省科委副主任为副主任的开发区管委会。管委会下设开发区管理办公室,负责日常管理工作。

省级和市级高新技术开发区,由所在市领导和管理。各地市和省直有关部门,要尽快研究提出贯彻本《决定》的意见,抓紧组织实施,把发展高新技术及其产业的工作,扎扎实实地推向前进。

河北省人民政府关于加速科研单位高等院校科技成果转化的通知

（1991年12月23日发出）

在科技体制和教育体制改革的推动下，我省科研单位和高等院校为经济建设服务的活力显著增强，取得了一大批先进适用的科技成果。为加速这些成果向生产的转化，更好地实施"科技兴冀"战略，促进全省经济和社会发展，特作如下通知：

一、各科研单位和高等院校要高度重视科技成果的转化工作，进一步树立科技工作为经济建设服务的思想，研究开发、引进创新、推广应用并重。要建立健全开发、推广、服务机构，充实足够的技术和经营力量。科研单位和高等院校要把科技成果的转化作为所长和校（院）长目标责任制或科研单位承包经营责任制的重要内容，认真进行考核。高等院校要增设一名熟悉科技工作、懂经济、会经营的专职院校级领导，负责科技成果推广应用工作。其人选首先立足本单位、本系统，也可从大中企业、工农业主管部门选聘。

二、大力发展科研与生产的横向联合。各科研单位、高等院校，要本着"形成合力；唱好大戏"的精神，发挥群体优势，以大批先进适用的科技成果，促进我省经济、社会的发展。科技、教育要向生产靠拢，同生产联合。科研单位可按学科专业联合起来，逐步形成行业或专业的研究开发中心，同企业协同攻关，解决生产中的关键技术问题和重大新产品开发，使成果就地转化。各高等院校的相同专业要联合起来，主动与行业主管部门建立广泛联系，积极承担重大研究开发和成果推广等工作。各科研单位和高等学校都要根据自身特点，选择一两个企业或企业集团，通过技术入股、联合开发、承包领办等形式，建立长期紧密的合作关系。科研单位、高等院校可以和企业共建技术开发部，吸收企业人员参加领导工作，本着互利互惠的原则，企业为技术开发提供必要的资金和中试条件。科研单位、高等院校要有组织、有计划地深入到县，特别是科技教育乡镇企业综合发展实验县，为乡镇企业进行技术咨询、技术服务。农业科研单位和高等院校，要结合农业试区开发、星火计划实施、农业技术承包和农林牧副渔商品基地建设等，建立综合运用科技成果示范基地，同县、乡、村广泛发展多种形式的技术经济联合与协作。

三、积极创办科技型企业。各科研单位、高等院校要集中力量，发挥单位整体优势，积极创造条件，面向国内外市场，自办或联办不同所有制形式的技工（农）贸和推广一体化的科技经济实体，把技术、人才、资金和市场紧密结合起来，积极开发和引进消化新技术、新产品，开发、生产高新技术产品，参与国内外竞争，促进外向型经济发展和高新技术产业的形成。外事、外经部门要广开对外渠道，支持高等院校和科研单位的新技术、新产品出口。也可以技术带劳务，在国外创办科技实业或生产企业。科研单位、高等院校要进一步对外开放，积极主动地利用出口展销、国内洽谈等多种形式，进入国际市场，扩大技术出口。

四、加强实验室和中试基地建设。"八五"期间，省科委要对全省科研机构（含高等院校的科研机构、厂办科研机构、民办科技机构）的试验手段和科研力量进行统筹规划，逐步达到合理布局，集中力量，突出重点，发挥优势。要有计划地对科研单位和高等院校进行重点武装，搞好实验室和中试基地建设，使之逐步与研究开发和成果转化的要求相适应。实验室和中试基地布局，要同重点行业、重点领域科学技术的发展紧密结合，形成各具特色，具有国内先进科技水平和自我发展能力的重要基础设施。建设所需的资金和物资，列入省财政和基本建设年度计划，金融部门给以贷款支持。

五、进一步促进技术贸易活动的开展。科研单位、高等院校要普遍建立技术贸易机构，在广泛开展技术转让、技术咨询、技术服务的基础上，进一步扩大技术贸易领域。开设科技金融、人才、智力流动和科技信息服务窗口，兴办和发展科技咨询事业。要经常进行所厂、校厂互访，积极参加各种形式的科技经济贸易交流会，沟通供求信息。要活跃专利工作，保护知识产权，把专利工作与科研、技术开发、新产品试制等紧密结合起来，提高研究开发的起点和档次，加速专利向生产的转化。

六、实行有利于科技成果转化的优惠政策。对科研单位、高等院校长期从事科技成果推广的人员，在评聘专业技术职务时，重在考核推广工作实绩，放宽对科研、教学工作量和外语的要求，有的可折算教学工作量。要逐步建设一支庞大的推广队伍，并研究制订相应的技术职务政策。对科研单位、高等院校科技成果转化所需资金、金融部门要在贷款上给予优惠。对科研单位、高等院校与企业的联合开发项目，有关部门要优先列入计划，并在资金、物资上给予支持；对其所获利润，实行先分后税。对科研单位、大专院校创办的科技型企业给予减免税照顾；其中试产品和批量生产的新产品，按规定享受减免税待遇；出口创汇收入大部用作单位科技发展基金。大专院校的科技开发创收，必须按规定比例上交学校用于教育发展，视为勤工俭学，享受相应优惠政策。

七、加强对高等院校科技成果转化工作的组织领导。省教委成立领导小组，在省科技成果推广领导小组领导下，搞好高等院校科技成果转化工作的组织协调和督导工作。

河北省人民政府关于加强科技成果推广工作的决定

（1991年12月23日）

多年来，战斗在我省工业、农业及各行各业第一线的广大科技推广工作者，为推动科技在经济建设中的应用做出了重要贡献。但是，从总体上看，科技同生产脱节的问题仍相当严重，我省每年取得一千多项重要科技成果，其中相当一部分不能得到大范围、大面积地推广应用。现在，国际国内正经历着一场新科技革命，我们必须抓住这个历史性机会，制定正确的政策和措施，迅速地大规模地推广应用科技成果，靠科技进步缩小与先进省市的差距，使我省经济发展出现一个崭新的局面，保证完成“八五”计划和十年规划中提出的艰巨任务。为此，特作如下决定：

一、要把科技成果推广纳入国民经济和社会发展计划。

科技成果推广是推动经济、社会发展的重要动力，必须把科技成果推广纳入各级国民经济和社会发展计划。省科委在省科技成果推广领导小组领导下组织编制全省重点科技成果推广的指令性和指导性计划，由省计经委纳入年度国民经济和社会发展计划。省直有关部门要结合行业技术改造和生产发展制定本行业的推广计划。地、市、县也要制定本地区的推广计划，由各级计委（计经委）纳入经济与社会发展计划。

各地各部门在编制科技成果推广计划时要统筹安排，把成果推广与科技攻关、技术开发、技术改造、技术引进、军转民、技术出口等紧密衔接，相互促进、相互提高。

二、科技成果推广的主要任务。

“八五”期间，科技成果推广要以改造传统产业为重点，积极推广先进适用技术和高新技术成果，大幅度提高生产力水平，取得较大经济效益。

根据国家和我省的产业政策、技术政策，全省每年组织推广应用100项以上重点科技成果。在农业方面，重点推广粮、棉、油、蔬菜、畜禽、水产、林果等优良品种，推广高产、低耗的栽培耕作技术和科学饲养技术，推广植物保护和畜禽水产疫病防治技术，推进科技兴农，使传统农业向现代农业转化。在工业方面，以纺织、轻工、机械、电子、冶金、化工、建材建筑、医药、能源等九个主要行业为重点，积极推广应用先进适用的工艺、技术和装备，推广节能、节材、节水和原材料综合利用技术，提高产品的技术含量和生产技术水平，降低物质消耗和成本。在社会发展方面，重点推广应用计划生育、卫生、环境保护等方面的新技术成果。

采用高新技术是推进科技进步的先导，是加速我省经济发展的重要战略措施，必须下最大决心在运用高新技术成果改造传统产业方面迈出较大步伐。在近三年内重点推广电子信息、机电一体化、生物工程、高效节能等34项高新技术成果，促进生产技术和管理现代化。

要完成上述任务，必须建立健全科技成果推广体系。重点是加强各级推广机构的建设，完善已建立的各种行之有效的推广服务机构，逐步形成省、地、市、县、乡、村和行业的多层次成果推广网络，充分发挥其在科技成果推广工作中组织传递、示范、培训、服务和宣传的作用。

三、广泛组织科技力量到生产第一线。

搞好科技成果推广工作，关键是多渠道、多形式、多层次地组织起一支强有力的科技成果推广大军。要大力动员和组织科研单位、大专院校、行政部门、企事业单位等方面的科技工作者深入到生产第一线，实行领导、技术人员和群众三结合，国家、集体、民办一起上，把科技成果广泛应用于生产实践。要努力倡导和形成关心、支持推广工作的社会风气，提高推广人员的社会地位，激励他们艰苦奋斗，团结协作和为人民、办事业鞠躬尽瘁、扎扎实实工作的奉献精神。同时，要重视他们的脱产进修和短期培训，使其不断更新知识，提高政治、业务水平，培养造就一大批既热心科技推广事业，又懂技术、懂经济的科技推广队伍。各级各部门领导要注意保证科技人员从事推广工作的时间，不抽调他们搞与专业无关的行政事务，并为他们创造良好的工作和生活条件，调动他们的积极性。

要加强大中型企业的技术开发和推广工作，支持科研、教学、生产单位共担风险，联合建立研究、开发、推广“一条龙”的推广中心或推广示范基地。科研院所和高等院校是推广科技成果的主要技术依托单位，除抽出一定数量的科技人员加强成果推广工作外，还要努力创办一批具有一定规模的成果推广经济实体，形成推广示范基地和成果扩散的辐射源。成果推广经济实体可实行推广、经营、服务“一条龙”,开展与推广有关的多种经营,并享受税收优惠政策。科研单位、大专院校、企事业单位要组建多种专业、多种形式的服务队,到生产第一线从事推广工作。要充分发挥厂办科研机构、基层科协、职工技协在企业科技成果推广中的重要作用。要大力发展农村社会化科技推广服务体系,积极支持以农民和农民技术员、科技人员为骨干的各种技术经济服务合作组织、专业协会和研究会,逐步形成大规模推广农业科技成果的群体力量。

四、努力为科技成果推广工作创造良好的环境和条件。

各级政府和有关部门要充分发挥行政职能,加强宏观指导,制定鼓励政策,增加人、财、物的投入,为科技成果推广工作创造良好的环境和条件。

资金投入是成果推广工作的重要保证。要多方筹措、建立、充实科技推广基金。各级财政、金融部门要积极支持对科技成果重点推广计划的投入。用于科技成果推广的贷款要逐年增加,各级财政每年要安排一定数量的资金,重点支持农业和社会公益性项目推广的,并随经济的发展而增长。各级技术改造经费投入的重点,要放在采用先进适用的科技成果上。对于农业推广项目的经费,要首先用于省指令性推广计划的项目。

要认真落实已制定的有关科技成果推广的政策,同时,实行下列支持政策:

(1)科技成果推广应用费用可先冲抵技术开发费,不足部分由管理费列支。

(2)企业实施国家重点科技成果推广计划和省指令性推广计划的项目所增加的效益,在不调整承包上交基数的基础上免征所得税一年。免征税额用于归还专项借款和科技成果的推广投入,在下轮承包中不作为调整承包基数的因素。

(3)对专职从事科技成果推广的技术人员,在评定技术职务时,可免试外语。科研单位、大专院校的一些专业评聘技术职务,要把科技与生产结合作为考核业绩的重要内容。

(4)在科技成果推广工作中,要实行有偿技术服务和贡献与收入挂钩,严格执行技术转让、技术服务、技术承包合同。推广人员从事技术推广工作所获得的收入,免交个人所得税。

(5)对在第一线从事推广工作的技术人员,主管部门和所属单位在住房、工资晋级等方面,相同条件下要优先安排,对其子女上学、就业方面的困难要给予解决。

要认真执行奖励制度。对在科技成果推广工作中做出突出贡献的单位和个人,包括从事推广组织工作的人员,给予表彰奖励。对企业中参与推广工作的人员的奖励,要执行《合理化建议和技术改进奖励条例》,保证兑现奖金。企业可从采用科技成果新增效益中提取一定数额,重奖推广科技成果的有功人员。在科技进步奖中单设科技成果推广奖,其所占科技进步奖的比例要高于15%,并增加受奖人员名额。

五、发挥城乡技术市场的作用。

要积极探索和创造在科技成果推广工作中把计划管理和市场调节结合起来的形式和途径,促进科技和经济的进一步结合。科技成果推广工作要两条腿走路,一方面要强化政府的行政指挥职能,另一方面要建立灵活的市场机制。各级政府必须重视发挥技术市场的作用,自觉地运用价值规律,在推广计划的指导下,大力推动技术转让、技术承包和全程服务,使科技开发服务单位具有自我积累、自我发展的能力。

要做好信息服务工作。科技情报、专利部门要筛选印发先进适用的科技成果和专利技术,及时地向生产单位传播。技术市场管理部门要定期或不定期地召开技术交易会和信息发布会,向社会广泛传送信息,满足经济和社会各个方面对技术的需求。在技术交易中要认真执行技术合同法和专利法,保护各方的合法权益。

六、加强领导和管理。

各级政府必须把科技成果推广工作作为实施“科技兴冀”战略的重要组成部分,列入重要议事日程,切实加强领导。各级领导特别是做经济工作的领导,要研究和掌握推广工作的规律。对经济建设有重大作用和具有重大社会效益、生态效益的科技成果,必须强化行政手段,有组织有计划地进行推广。要协调好计划、科技、经济、教育、财政、金融、税务、物资、商业、外贸等各有关部门,落实有关政策和推广资金,逐步建立起有利于成果推广的运行机制。要完善成果推广的法规,使推广工作有法可依。要发挥工会、共青团、妇联、科协、民主党派以及中介服务机构、民办科技机构等在推广工作中的积极作用。报刊、广播、电视等要加强对成果推广的宣传和引导。

各级科委要发挥综合管理职能作用,加强推广政策研究,督促检查推广计划的执行情况,组织评奖活动。推广工作实行条块结合,省直各行业主管部门和各地市,分别负责实施各自的推广计划。省指令性推广计划纳入省政府下达给各地市、各部门的考核任务指标,实行目标管理责任制,由省成果推广领导小组办公室设在省科委进行考核验收。

Ⅶ 河北省社会主义建设典型（“十强”县（市）专辑）

丰南县

【自然地理】 丰南县位于河北省东部，地处东经 117°51′～118°26′，北纬 39°12′～39°39′。南临渤海，海岸线长 23.5 公里，北靠唐山市区和丰润县，东邻滦南、唐海县，西连汉沽农场、天津市宁河县。县人民政府驻地胥各庄距唐山 9 公里。境内地势平坦，东北略高，西南低洼，海拔 1.5～25 米之间，属河北平原东北部滨海冲积海平原区。东部为滦河冲积扇缘，西部为蓟运河冲积扇缘，南部滨海为河流冲积和海相沉积地，表面为一层较厚的新生界第四系沉积物所覆盖，基底为奥陶系灰岩。

丰南县属北温带亚湿润大陆性季风气候。年平均气温 10.5℃，1 月平均气温 －6℃，极端低温 －24.8℃；7 月平均气温 25.1℃，极端高温 38.6℃。年月均气温 0℃ 以上的持续时间由 3 月 7 日～11 月 18 日，间隔 257 天。年平均降水量 677.6 毫米，极端最大年降水量 1140 毫米（1949 年），极端最小年降水量 385.2 毫米（1972 年）。

境内河流属海河、滦河流域间的直接入海河流，水系有陡河、沙河两大天然河道及煤河、津唐运河、小戟门河、西排干等人工河道。全县河流总长 289 公里，河网密度 0.184 公里/平方公里，径流总量 12134 万立方米。

土壤分 4 个土类（褐土、潮土、沼泽土、盐土）10 个亚类。土壤耕层养份平均含量有机质为 1.26%，含氮 0.087%，碱解氮 42.3ppm，速效磷 7.76ppm，速效钾 293ppm。

【主要资源】 境内有可利用土地 140 万亩，其中耕地 75.8 万亩，人均耕地 1.50 亩。非耕地中，有 18 万亩盐碱荒地，4 万亩沿海滩涂，15 万亩草泊可供开发。矿产主要有煤、石油、天然气、地热水、泥炭、耐火粘土、牡蛎壳。煤储量达 6.3 亿吨，分布于开平向斜的南端，面积约 300 平方公里，煤层厚度多达 3～5 层，三层可开采，煤层为石炭二迭系，煤质优良，以肥煤为主，为工业用煤。开滦钱家营矿 1975 年建井开采，设计年产 400 万吨。石油，主要分布在境内西河村至涧河口一带。天然气主要分布在县城附近王家河村周围。

已查明的植物资源有芦苇、蒲草、红蓼菜、蛇床子、益母、车前等 200 多种；动物有狐、野兔、黄鼬、田鼠、家鼠、蝙蝠、雁、野鸭、黄鹰、老鹰、鹞、猫头鹰、乌鸦、燕子、麻雀、蛇、青蛙、蟾蜍等近百种；海洋生物 30 多种，淡水鱼类 20 多种，以对虾、梭子蟹、毛蚶、鲈鱼、银鲳、中华绒螯蟹、鲤鱼最为著名。

【政区概况】 丰南县辖 12 个镇，10 个乡，493 个村，5 个居民委员会，全县总面积 1568 平方公里。总人口 503149 人，其中非农业人口 56654 人。主要民族汉族 496740 人，占总人口的 98.4%，满族 6430 人，壮族 994 人，回族 470 人，蒙古族 85 人，人口密度 322 人/平方公里。全县在业人口 285503 人，其中各类专业技术人员 12353 人，机关企事业单位干部职工 8031 人，商业 6983 人，服务业 5552 人，农林牧渔劳动者 217324 人，生产、运输职工 33475 人，其他人员 1785 人。文化结构，大学本科以上文化程度 348 人，大专 1556 人，中专 4441 人，高中 25147 人，初中 115052 人，小学 218663 人，文盲半文盲 78644 人。

【经济发展概况】 丰南县原有经济基础比较薄弱。党的十一届三中全会以后，特别是 1988 年被国务院批准为对外开放县以来，全县上下真正树立了以经济建设为中心的思想，干部群众团结一致，齐心协力加快经济建设步伐，即使在治理整顿期间，仍坚持从本县实际出发，坚定不移地贯彻了“投入不断档，发展不停步”的指导思想，赢得了经济建设的迅速发展。从 1988～1991 年 4 年间，全县共投入经济发展资金 8 亿元，大搞农业开发，大上工业企业，大力兴建基础设施，其中引资 3 亿元，合作基金会提供 2 亿元，银行贷款 1 亿元，争取银行规模外资金 1 亿元，争取海河平原开发资金 5000 万元，群众集资 5000 万元，保证了全县经济稳定增长。1990 年，全县完成工农业总产值 21.62 亿元，比 1985 年增长144.7%，平均年递增 22.38%；国民收入 9.52 亿元，比1985年增长 140%，平均年递增 18.8%；国民生产总值10.8 亿元，比 1988 年增长 55.2%，平均年递增9.19%；农民人均年纯收入 874 元，比 1985 年增长61.8%，平均年递增 10.1%，被省评为“七五”期间综合经济发展水平“十强县(市)”之首。丰南县在全面完成“七五”期间各项发展目标的基础上，经过深入研究论证，确定了“八五”期间经济社会发展的战略指导思想：继续全面贯彻党的基本路线，抓住一个中心(经济建设)，突出两个重点(改革、开放)，狠抓三个环节(资金、人才、技术)，实施四兴战略(开放兴县、开发兴县、工业兴县、科技兴县)，搞好五项建设(组织建设、廉政建设、民主法制建设、城镇和新农村建设、精神文明建设)，推动丰南经济和社会全面发展。提出了到“八五”末提前实现社会生产总值翻两番，人民生活水平达到小康标准的奋斗目标：1995 年，工农业总产值达到 45 亿元，国民生产总值达到 22 亿元，人均国民生产总值达到 4160 元。为保证奋斗目标的实现，确定了经济和社会发展十大战略重点：一是加快对外开放和配套改革；二是抓好县城开发区和部分乡镇星火技术密集区建设；三是培养引进人才；四是完善城市功能，加快小城镇和新农村建设；五是进一步发展壮大集体经济；六是继续搞好农业综合开发；七是提高绿化水平；八是走贸工农、技工贸一体化的路子；九是兴办规模企业；十是建设培育市场。按照上述思想、目标和战略重点，1991 年，丰南县进一步强化了对经济工作的组织领导与调控指挥，使之走上了良性循环的发展轨道，实现了速度、效益、财政收入、发展后劲同步增长，为实现整个“八五”计划奠定了良好基础。全年完成工农业总产值28.13亿元，完成年计划的 110.4%，比 1990 年增长30.1%；完成财政收入 10925.5 万元(其中盐税 4600 万元，县地方财政收入 6325.5 万元)，超过市下达计划的 8.6%，比 1990 年增长 19.2%，成为全省第一个财税收入亿元县；农村人均纯收入达到 908 元，比 1990 年增长 3.9%。

【农业】 丰南县由于地理环境优越，气候适宜，水利资源充足，土质条件较好，农业生产比较发达。1987 年以前，一直以小麦、玉米为骨干作物。1988 年被列入海河平原开发区后，及时制定了“东治沙、西治洼、中部大搞园田化、南部沿海滩涂搞开发”的发展农业生产的新方案，制定了“统一规划、分级施工、多方集资、逐年实施”以及“工程规模化、开发规范化、施工机械化、经营企业化、产出高效益”的四化一高等具体指导方针。1988～1991 年 4 年间，全县累计投入资金 2.2 亿元，投入劳动积累工 1560 万个，在西南部开发草荒、碱荒和改造中低产田、新开稻田 21 万亩，不仅使水稻一跃成为全县三大粮食骨干作物之一，而且使全县粮食总产连续 4 年刷新历史纪录。1990 年，丰南县被国务院授予粮食生产先进单位称号。1991 年，粮食平均亩产 553.8 公斤，总产 29.6 万吨，比“六五”末的 1985 年分别增长 49.2%和 63.5%，比 1990 年分别增长 4.2%和 5.1%。全县人均占有粮食 550 公斤，超过全国、全省、全市平均水平。在西部洼地，建成高标准深渠河网化台田 6 万亩，全部种植棉花，亩效益相当于开发前的 6.8 倍，使全县棉花播种面积达到 11.4 万亩，亩产 63.7 公斤，总产 7095.2 吨，分别比 1990 年增长 9.3%和 13.8%。在东部沙地，通过大上地下灌溉设施，发展果粮、果油间作立体种植 7 万亩，亩收入提高 3～5 倍。1991 年全县果品总产达到 3544 吨，花生总产达到 8581.9 吨，分别比上年增长7.9%和19.4%。在南部沿海滩涂地区，对原有的 1.8 万亩养虾池进行了改造，提高了精养水平，使人工养殖对虾总量由开发初期不足 400 吨猛增到 3104 吨。在低洼水淀开发淡水养鱼池 1.5 万亩，1991 年，淡水养鱼总产达到 5619 吨，比上年增长 33.8%。在中部水土条件较好的地区，建设吨粮田 3.34 万亩，亩产千斤粮、效益创千元的“双千田”10 万亩，采用地膜覆盖、暖棚温室技术种植瓜菜 3.2 万亩，亩效益达到 1600 多元。在全县所有宜林地带，大搞植树造林，1991 年全县造林 49892 亩，植树 1092 万株，使森林覆盖率达到 12.77%，跨入了全国平原绿化先进县行列。全县各地大力推广养猪技术，使以养猪为重点的畜牧业得到长足发展，1991 年猪只出栏 19 万头，比上年增长 16.6%，肉蛋奶总产27400吨，比上年增长 6.2%。通过大搞以资源开发为主的广度开发和以科技投入为主的深度开发，全县农业综合生产能力和经济效益显著提高，内部结构得到优化。1991 年，全县完成农业总产值 8.43 亿元，比 1990 年增长 11.8%，其中，林、牧、副、渔产值在农业总产值中的比重达到 54.1%，比 1990 年提高了 1.6 个百分点。

【乡镇企业】 进入“七五”以后，丰南县始终把发展乡镇企业作为振兴全县经济的突破口狠抓不放，认真坚持了“一手抓发展，一手抓效益”的指导方针，并且根据不同的发展阶段认真贯彻了“三为主”“四转变”的工作思路：“三为主”，一是以工业企业为主。从 1986～1991 年，全县累计投入 5.05 亿元资金，新建乡镇工业企业 1000 多个，改造提高工业企业 400 多个，使过去基础薄弱的乡镇工业异军突起。1991 年，乡镇工业完成产值 11.73 亿元，占乡镇企业总产值的 86.7%；二是以集体企业为主。在坚持“乡镇办、村办、联合体、个体企业四轮驱动”的基础上，把发展乡镇村办集体企业摆在了首要位置，并从资金投入、减免税收、物资供应等方面给予倾斜支持，使其不断发展壮大。1991 年，乡镇村办集体企业完成产值 9.96 亿元，占全部乡镇企业总产值的 73.2%；三是以规模企业为主。对新建企业坚持按高标准设计厂房并一步到位，以国内国际先进水平为目标购置全新设备，以效益合理为原则争取较大生产规模等项要求严格把关，同时制定了促进发展规模企业的激励政策。到 1991 年底，规模企业迅速增加，年产值100万元以上的乡镇企业达到215个，其中，产值500万元以上的35个，1000万元以上的13个。这215个企业，1991年完成产值8.66亿元，占全部乡镇企业产值的62%。规模企业的发展，不仅对保持全局增长起到了重要的支柱作用，而且以它们为龙头，带动了机械、冶金、食品、化工、建材陶瓷、纺织服装、造纸等骨干行业向集团化方向发展。比如，胥各庄中型钢厂，具有年轧钢12万吨，炼钢11万吨能力，不仅能生产普通型材，而且能生产轻轨和具有国际先进水平的空冷贝氏体钢。以这个企业为龙头，1991年初，丰南县组建了冶金工业公司，对全县乡镇冶金企业进行了有效地协调、指导、服务和调控管理，使冶金行业具备了企业集团的雏形，整体能力明显提高。1991年，这个行业完成产值3.53亿元，实现利税3260万元，分别比1990年增长43.6%和25.8%。“四转变”就是由自发性发展向按照国家产业政策有计划地发展转变；由单纯靠投入向投入和效益并重的方向转变；由低水平的重复建设向高起点、高新技术转变；由单一产品和多年一贯制向名优特新系列产品转变。为实现上述转变，丰南县不断强化对乡镇企业的管理，使部分企业跨入了省、市先进企业行列；大力开展技术改造，创出了20种部、省优质(秀)产品，开发了21个高新技术项目，增加了13种高新技术产品，并有8种产品填补了国内空白；狠抓了人才的引进和培养，以优惠条件引进了150多名外地专业技术人员为乡镇企业服务。与此同时，通过乡镇办技校、厂办技校，有3万名乡镇企业职工得到培训。目前，全县乡镇企业中已有工程师、技师以上人才41名，助工、助理技师224名，技术员389名，为乡镇企业的健康发展提供了强大的智能基础。经过不断发展，全县现有乡镇企业10195个，从业人员6.6万人，占全县农村劳力总数的30.7%；1991年完成产值13.60亿元，占县属工农业总产值的60.3%；入库税金3993.4万元，占县地方财政收入的53.6%；支付工人工资9908万元，占农村居民纯收入总额的25.7%；同时，实现利润1.38亿元，提供支农资金595万元，真正成了全县经济的重要支柱、财政收入的重要来源和农民致富的必由之路。

【工业】 丰南县工业历史悠久，早在南北朝的北魏时代，境内就有相当规模的制盐业。1882年，境内胥各庄铁路修车厂制造出我国第一台“龙”号蒸气机车，开创国内近代工业的先河。但在旧中国漫长的岁月里，丰南工业发展缓慢，到1949年全县工业产值仅为73.8万元。新中国成立后，丰南工业有了较快发展，1975年工业产值3770万元(1970年不变价)，但1976年大地震又遭到毁灭性破坏。党的十一届三中全会以后，特别是从开始实施“七五”计划的1986年起，丰南县把发展工业摆在首要位置，使之真正进入了大发展的新时期，逐步形成了以冶金、食品、机械、建材、纺织服装、化工、造纸、采盐、鬃毛加工等9大骨干行业为支柱，以乡镇工业为主体，轻重工业比例大体相当的地方工业体系。到目前，县属工业企业2794个，职工人数53076名，固定资产原值5.41亿元。1990年完成产值10.30亿元(1990年不变价)，占县属工农业总产值的57.74%，实现利税1.17亿元。与“六五”末的1985年相比(按不变价)，产值、利税分别增长176.9%和72.6%。在此基础上，1991年工业生产又上新台阶，全年完成产值14.13亿元，实现利税1.54亿元，分别比上年增长37.1%和31%。按1991年底统计分析，全县轻重工业的比例为1:1.66，9个骨干行业所占地位是：冶金行业，拥有34个企业，初步形成了轧炼配套的生产格局，现具有年炼钢12万吨(其中具有国际先进水平的清华大学专利产品——空冷贝氏体钢8万吨)、炼铁4万吨、炼焦10万吨、轧制各种型号钢材25万吨，生产板坯11万吨、冷轧带钢5000吨生产能力，1991年行业产值3.53亿元，占全县工业产值的25%。食品行业，拥有658个企业，主要生产啤酒、白酒、饲料、冷冻水产品等18种产品，1991年行业产值2.61亿元，占全县工业产值的18.5%。机械行业，拥有476个企业，以承揽大工业扩散的机械、铸造加工业务为主，同时生产陶瓷机械、造纸机械、农业排灌机械、各种电器开关、电装阀门等45种定型产品，1991年行业年产值2.31亿元，占全县工业产值的16.4%。建材行业，拥有210个企业，具有年产机砖3亿块、水泥40万吨、水泥预制件2万平方米、耐酸砖5500吨、卫生瓷50万件、釉面砖20万平方米、保温材料1100吨、建筑瓦10万吨的能力，1991年行业产值1.28亿元，占全县工业产值的9.1%。纺织服装行业，拥有269个企业，初步形成了布、衣、鞋、袜、线、丝、网系列配套的生产格局，1991年行业产值1.24亿元，占全县工业产值的8.8%。化工行业，拥有422个企业，主要生产碳酸氢铵、电石、溴化靛蓝等40多种产品，1991年行业产值1.10亿元，占全县工业产值的7.8%。造纸行业，拥有31个企业，具有年产黄板纸、瓦楞纸、白光纸等纸张5.5万吨的生产能力，1991年行业产值5651.8万元，占全县工业产值的4%。采盐行业，拥有3个企业，年产原盐能力12万吨，1991年行业产值1415万元，占全县工业产值的1%。鬃毛加工业，拥有55个企业，年加工鬃毛1万标箱，出口英、美、日等40多个国家和地区，1991年行业产值1420万元，占全县工业产值的1%。

【基础设施】 为适应经济发展和对外开放的需要，丰南县大力加强了基础设施建设。

1、办电。利用钱营煤矿在本县境内的有利条件，从1988年开始，通过全县人民集资、由外地引资和争取上级专项资金的支持，投资6700万元，于1991年2月建成了装机容量2.5万千瓦的钱营煤矸石发电厂，到

1992年3月底已发电4500万度。与此同时，投资500万元，新建2座变电站，改造两座变电站，供电能力得到加强。

2、强化通讯。从1988～1991年，累计投入通讯设施建设资金1232.5万元。利用这些资金，于1988年在县城安装了2000门自动电话纵横交换机，实现了县城电话自动化。1989年安装了360路微波程控设备。1990年和1991年完成了全县8个农村支局的农话自动化改造，实现了县城、农村电话双向直拨，成为全省第一个农话自动化试点县。

3、修路。丰南县铁路和干线公路条件优越。县城胥各庄曾是1881年全国第1条标准轨距铁路(唐山——胥各庄铁路)的终点站，现有京哈铁路横贯本县，汉南铁路直达沿海乡镇。京哈铁路境内里程27公里，设有胥各庄、唐坊、东田庄三个车站。干线公路有国道山广公路、省道唐山至唐海公路，过境里程分别为26.8公里和29.2公里，而且有唐山至南堡、唐山至乐亭等7条县级公路从境内通过。但在1988年以前，乡村公路状况十分落后，大部分乡村只通土路，晴通雨阻、凹凸不平，严重地制约经济的发展。为改变这种状况，从1988～1991年，由县财政投资374.3万元，发动全县各界和广大群众集资1900多万元，共计投资2274.3万元，新建乡级油路10条，全长71.2公里，成为全省第一个乡乡通油路的县。同时，新铺设石渣路632.5公里，使437个村实现了晴雨通车，占总村数的88%，进而形成了干线公路地方公路交织成网，铁路、公路四通八达的新的交通格局。

4、建港。为打开海上通道，从1988年开始，丰南县进行了投资总额5500万元的3个千吨级泊位，年吞吐量40万吨的涧河港口筹建工作。到1991年底，完成了水下勘察和项目初设，该项目已正式列入交通部"八五"计划。

5、完善城市功能。近几年来，丰南县投资60万元治理了县城煤河，初步完成了煤河公园左岸工程；投资300万元兴建水厂；新建了县宾馆、胥各庄宾馆、供销大楼、中医院等一批配套服务设施以及长2832米、宽40米、有照明、排水、铁路立交桥完善配套的高标准市政公路，有力地促进了县城的发展与繁荣。

【外经外贸】

从1988年起，丰南县按照"打好基础，改善环境，扎实工作，积极推进"的工作思路，全面实施开放兴县战略，外经外贸事业有了较快发展。

1、不断增强各级干部的开放意识，建立有利于外向型经济发展的外部环境。在大张旗鼓地宣传和贯彻党中央、国务院关于对外开放指导方针的同时，立足于使全县干部进一步破除封闭状态，树立开放意识；破除僵化思想，树立改革意识；破除小农经济思想，树立商品经济意识，有计划地组织300多名县直有关部门、乡镇、村的领导干部和骨干企业负责人到深圳、珠海、海口等经济特区和广东、山东、辽宁等经济发达地区参观学习，并陆续派出15名县级领导和经济管理干部赴日本、新加坡、意大利、香港等国家和地区进行考察和洽谈项目，从而开阔了眼界，解放了思想，增强了对外开放的紧迫感和责任感。在此基础上，选拔素质较高的干部，进行经济谈判技术专题培训，并加紧建设投资1000万元的综合职校，培养对外开放和经济发展所需各种人才。狠抓国家、省、市有关政策的落实，并从本县实际出发制定了鼓励外商投资、吸引外来人才等项优惠政策，初步形成了政策随着项目走的机制；建立了外向型项目审批、论证一条龙的服务机制；在北京、海口、大连和泉州等城市设立了对外办事处，为发展外向型经济提供各种服务；在县城附近设立了占地1930亩的经济技术开发小区，并加紧进行投资1000万元的"三通一平"建设，吸引外商前来兴办"独资、合资"企业。

2、加快步伐，发展"三资"企业。随着环境的改善，丰南县适时地把对外开放的重点转移到加速发展"三资"企业上来。县乡两级层层组织力量，搜集信息、寻找项目、联系洽谈，"三资"企业在1990年开始起步，1991年取得较大进展。到目前，全县正式签约的"三资"项目16个，合同利用外资额709万美元。其中，有5家三资企业投入生产，3家正在紧张施工，6家具备了领取执照的条件。

3、兴办龙头企业，带动创汇基地建设。根据"开放兴县"战略的需要，丰南县不仅注意充分发挥县对外经济贸易委员会对全县外经外贸规划、指导的作用，而且在1990、1991年两年间陆续投资4000多万元，建成了22个加工、储藏、销售出口产品的实体企业，以此为龙头，带动全县形成了对虾、肉鸡、肉牛、生猪、果品、蔬菜、红小豆、花生、芦笋、玉米笋等10个出口创汇生产基地。与此同时，努力扩大工业品出口，使生产出口工业品的企业达到112个，其中，大新庄玛钢厂、尖字沽染料厂年出口创汇额在100万美元以上。目前，全县主要出口产品有鬃毛、水泥熟料、万能角钢、卫生陶瓷、铁画、玛钢管件、服装、袜子、冷冻对虾、红小豆、肉鸡、肉牛、花生、芦笋、玉米笋、蔬菜等61种，1991年出口商品收购值首次突破亿元大关，达1.35亿元，比1990年增长42%。

【财政收入】

"七五"以来，随着经济的蓬勃发展，丰南县财税收入保持了稳定增长。从1986～1990年5年间，全县财政收入年均递增12.3%。1990年达到9165.7万元。在此基础上，1991年又上新台阶，一举突破亿元大关，达到1.09亿元。

丰南县在大力组织财政收入的过程中，主要抓了两个方面：一是牢固树立从经济到税收的指导思想，贯彻"欲取先予"的方针，运用信息、政策、资金等手段，支持企业发展生产，休养生息培植财源，使一大批企业跨入了利税大户行列，增加了企业的后劲，为财税收入的持续增长提供了可靠的源泉。二是发挥财税部门的职能作用，强化税收征管。税务部门根据经济发展的客观要求，大胆探索试行征、管、查“两级三分离”的税收体制，提高了税收征管水平，堵塞了漏洞，实现了增收。

【体制改革】 近几年来，围绕全县经济发展，按照“改革县级，搞好服务；完善乡级，健全职能；加强村级，夯实基础；建设小组，弥补断层；竞赛入户，推动小康”的整体思路，积极稳妥地进行了县级综合配套改革。

1、改革县级，搞好服务。按照“精简、统一、效能、趋向综合”的原则，调整机构，理顺关系，兴办实体，强化县直部门的服务职能。工业系统，打破所有制界限，撤销乡镇企业局和二轻局、计经委，组建工业管理委员会，对乡镇企业、县办集体及国营企业统一管理，下设纺织服装、能源建材、机械电子、化工、轻工、冶金6个行业公司，每个公司以县办企业和骨干乡镇企业为龙头，形成了行业管理的格局。同时，将电力、通讯划归工管委统一领导，进一步加强了工业生产的综合协调能力。农业系统，撤销农林局、农机局、畜牧局和水产局，建立农村经济委员会，集中原来各局的行政管理职能，下设农业技术服务中心、畜牧中心、农机公司、水产公司、林业技术总站和蔬菜服务中心，并将土地管理、气象部门从属于农委领导，形成了管理大农业的格局。国合商业、物资企业，撤销了物资局、商业局、县供销合作社，组建了县物资总公司、国营商业总公司和供销合作总社。外经外贸部门，将对外经济委员会、外贸公司和对内经济协作办公室合并，组建对外经济贸易委员会，负责全县对外贸易和国内横向经济联合工作。同时，积极鼓励县直经济技术部门兴办经济实体，增强服务能力。县委、县政府专门下发了《关于鼓励县直部门兴办经济实体的若干规定》，仅1991年，全县有27个县直部门投资1972万元，新筹建起信息咨询、农副产品加工和储运、畜禽和海淡水养殖等34个经营服务项目。

2、完善乡级，健全职能。一是撤乡扩镇，先后将8个小乡并入邻近实力较强的5个重镇，发挥中心镇的幅射带动作用，使经济区域内的优势得到统一利用。二是简政放权，理顺工作关系。将农林、农机、水利、财政、司法、文教、乡镇企业、土地管理、广播电视、计划生育等10个县直部门驻乡机构的人、财、物三权下放给乡镇；将乡镇供销社、法律事务所、工商所等人权归乡镇，业务管理由县对口部门负责；对税务所、信用社、卫生院、兽医院、公安派出所等，由县主管部门领导，乡镇有人事建议和工作协调、监督权；对邮电支局、电力所、道班、法庭等，实行党的关系属地管理。通过调整机构和放权，乡镇具有了统管本辖区经济、社会发展的职能和权利，对乡镇区域经济的发展起到了促进作用。三是实行规范化管理，完善内部工作机制。各乡镇一般设综合、工业、农业、财贸、精神文明、政法和计划生育等7个办公室，由主管党政副职兼任负责人。同时，定岗定编，目标分解，建起了考核奖惩制度，各项工作转向规范化、科学化。

3、加强村级，夯实基础。在努力加强村党支部建设的同时，健全村委会、村合作社和共青团、妇联会，以及民调、治保会、妇女禁赌协会、道德评议会、红白理事会等各类群团、群众自治组织，使村级组织系列化。与此同时，通过健全教育管理制度，实行村级工作规范化管理，造就了一支强有力的村级干部队伍。

4、建设小组，弥补断层。在村以下创建“两组一区”新型管理体制，每个行政村按30～50户的规模，划分为若干区域，每个区域的农户组成一个村民小组，村民小组内建立党小组。村民小组为党员服务区，党小组长兼任村民小组组长和党员服务区区长。全县493个村中，组建起2866个“两组一区”，延伸了村级组织的工作手臂。

5、竞赛入户，推动小康。在先行试点的基础上，广泛开展了“四户一家”，即：争创尊老爱幼光荣户、移风易俗先进户、遵纪守法模范户、勤劳致富带头户，以及文明之家活动。到1991年底，全县评出尊老爱幼光荣户9420户，移风易俗先进户8400户，遵纪守法模范户7500户，勤劳致富带头户1150户，给1015户挂上了“文明之家”牌匾，有力地推动了全县物质文明和精神文明建设。

【科技、文化、教育】 1、科技。1977年正式建立县科学技术委员会。1990年全县有科研团体74个，2449人，科技人员6382人，其中有高级专业技术职称的70人，中级专业技术职能的886人。1978年以来，获国家部级科技成果奖9项，其中《河口机船拖淤机械研究》获全国科学大会科技成果3等奖，《天幼豚防治粘虫技术研究》获国家农牧渔业部科技进步2等奖。获省厅级科技成果奖20项。“七五”期间，有69项科研成果得到应用，转化为直接经济效益1290.98万元。

2、文化艺术。县文化馆建于1949年，现有总建筑面积2179平方米，设游乐厅、展览厅、排练厅、舞厅、书画院、活动室和讲座室等。乡(镇)文化站25个，村青年民兵之家254个，文化专业户64个。县图书馆建筑面积1650平方米，藏书7.2万册。1989年被命名为“河北省文明图书馆”。新华书店建筑面积1742平方米，固定资产总值51.3万元。1990年，图书发行量391.6万册，销售额231.6万元。全县影剧院8座(其中县城两座，建筑面积3382.6平方米)拥有座位8000个，每万人拥有座位159.8个，电影放映单位108个，年放映9000场次。县有百花影剧团，乡镇有皮影队、花会队、曲艺队、业余剧团等，共211个文艺团体，演职员达2541人。

3、教育。1990年全县儿童入学率99.1%，年巩固率98.7%，毕业率90%，普及率98%，超过国务院颁布的普及初等教育标准。1990年全县各级各类学校367所，教职工5446人，在校学生80621人。其中，小学304所，教职工 2840 人，在校学生 59399 人；中学 36 所，教职工 1974 人，在校学生 19232 人；唐山广播电视大学丰南分校 1 所，教职工 16 人，在校学生 147 人；丰南师范学校、农民中专、中央农业广播电视学校丰南分校等中等专业学校各 1 所，教职工 70 人，在校学生 777 人；有卫生学校、水产学校、农技高中、综合职校各 1 所，教职工 196 人，在校学生 995 人。社会力量办学 10 所，年培训 1800 人。1986 年丰南县被国家教委确定为农民教育联系点，1983 年以来，连续 7 年被河北省命名为成人教育先进县。

【卫生体育】 全县现有各级医疗卫生机构 36 个，床位 565 张，平均每万人拥有病床 11.3 张。医务人员 1071 人，其中，副主任医师 7 人，主治医师 66 人，医护师(士)446 人。有医院、中医院、截瘫疗养院、妇幼保健站和卫生防疫站。县医院有 8 个分院，乡镇卫生院 24 个，村卫生室 298 个，形成县、区、乡、村 4 级医疗卫生网络，方便了全县人民就医。

丰南县是河北省体育先进县。县体育场占地面积 2400 平方米，有大型灯光球场，看台 3800 个座位。1974 年曾作为国家级篮球赛的赛区之一。1955 年组建的“火星”篮球队，多次参加河北省级比赛，获得 7 次冠军。现“火星”篮球队男女队员 22 人，1990 年参加河北省第 2 届农民运动会篮球比赛，男队获第 1 名，女队获第 2 名。丰南县素有田径传统，1988 年少年队参加河北省县级少年田径对抗赛，获团体总分第 1 名。“七五”期间，向上级输送体育专业人才 114 人。1987 年刘艳宾在全国少年田径达标赛中，获 4 项全能冠军。1989 年佟贵艳在全国自行车比赛中破全国纪录，获得第 3 名。

【重点企业】 唐山市开关厂：为稻地镇办集体企业，1984 年 3 月建成投产。现有职工 237 名，是国家机电部、能源部验收合格的定点生产高、低压开关设备的专业厂。1990 年以来，先后被河北省政府命名为省级先进企业，被河北省机电厅命名为“飞龙企业”，并连续 4 年被唐山市人民政府命名为“重合同、守信用”企业。该厂设备先进，工艺精良、技术力量雄厚，测试手段完备，高低压开关设备表面采用环氧树脂末静电喷涂新工艺，附着力强，耐腐蚀。该厂生产的 GG——1A(F)高压柜和 PGL1/2 型低压柜分别获得河北省优质产品称号和部级优质产品称号，KYN1——10 型金属铠装移开式手车柜填补了省内空白，上述产品均是发电厂、变电站和工矿企业的理想设备。该厂十分重视职工的技术培训，实行送出去学习与厂内培训相结合，专业培训与基础知识学习相结合，培训考核与职工晋级调资相结合，职工全员培训率达到 100%。有 55%的职工达到 4 级工水平，25%的职工达到 6 级工水平，10 %的职工达到 8 级工水平，有 26 名职工取得了助理工程师、助理经济师和专业技术员职称。1991 年，该厂完成产值 804 万元，实现利税 135 万元，获利润 90 万元，居省内同行业厂家之首。

丰南县盐场：为县办全民企业，始建于 1958 年，该场总面积 12.36 万公亩，现有有效生产面积 10.4 万公亩，结晶面积 7000 公亩，原盐生产设计能力 8 万吨，固定资产 1015 万元，干部、职工 450 名。该厂坚持以盐为主、盐化并举，走内涵挖潜、技术改造之路，近几年来，先后上塑苫 3000 公亩，红砖护坡 5000 公亩，改造高位池 4800 公亩，新挖卤井 10 个，围海挡 6000 米，新建年生产能力 90 吨的溴素车间一个。在生产中实行吨盐工资含量包干，场、组、班层层对口承包，使原盐产量逐年上升。1991 年产盐 48410 吨，公亩单产达到 6.92 吨。全年完成产值 780 万元，利税 500 万元，所产原盐全部为优级品，超过国家优质盐标准。1990 年该场晋升为市级先进企业，1991 年晋升为省级先进企业。

丰南县物资总公司：是全县最大的国营物资企业。现有干部、职工 470 人，固定资产 2419 万元，下设燃料、金属、机电、木材、建材、化轻、金属回收、交易中心、汽贸中心、物资总站等 10 个专业公司和汽车队、装卸队各 1 个。为适应物资流通领域由独家向多家经营、由单轨制向多轨制转变的新形势，从 1990 年以来，大胆改革企业经营机制，实现由“政企合一”向企业实体转变，实行一级法人，三级管理，不断拓宽经营渠道，扩大发展横向联合，销售、利润大幅度增长。1991 年，公司完成销售收入 1.61 亿元，实现利润 471.3 万元，分别列为全省 140 个县(市)物资企业的第 5 位和第 1 位。从 1991 年起，这个公司又开始了总投资 8120 万元的物资一条街的建设，加速向物、工、商企业集团迈进。

丰南县铸钢厂：是黄各庄镇黄二村集体企业。现有职工 200 名，固定资产 150 万元，流动资金 360 万元，拥有 4 套 250 公斤中频电炉，产品品种 50 多种。1986 年 6 月建厂以来，这厂狠抓产品质量和新产品开发，走出了一条高产高效的路子，成为省内同行业中的佼佼者。1991 年，全厂产品一级品率平均为 98%，出厂产品一级品率保持在 100%，产品远销 14 个省、市。同时，通过与大专院校、科研单位和大厂矿开展技术协作，陆续开发了 40 铬钼、中合金钢、低合金钢等 20 多种在铸钢行业具有领先水平的新产品，在市场上供不应求。1991 年，该厂完成产值 800 万元，实现利润 135 万元。该厂是河北省乡镇企业系统先进企业和唐山市一级企业。

丰南县服装厂：属县办集体企业。1952 年建成投产，现有职工 2395 人，是河北省唯一的总后军需产品定点生产厂家和三军仪仗队、驻外使馆武官、军界出访人员特体服装和高级将领衬衣的主要生产厂家，使用日本、西德进口的先进设备，有年产衬衣 70 万件的生产能力。该厂质量监督保障体系健全，配有 34 名专职和兼职质检员，实施质量管理“三、四、五”工程，即，进厂原料、附件、样板三确认，原料、附件、衬布、吸水四试验和裁剪、缝制、锁定、熨定、包装五交待。该厂生产的“卡秋莎”衬衣在省行业评比中，连续3年荣获第一，并被河北省消费者协会评为“信得过”产品。1991年，该厂完成产值851万元，实现利润46.3万元，居唐山市同行业之首。

丰南县玛钢厂：是大新庄镇于1989年7月建成的镇办企业。该厂在生产中实行厂长、技术副厂长、总检员、车间和班组检验员5层宝塔型质量控制，按正品计酬，奖优罚劣，保证了所产玛钢管件质量过硬，深受国外客商的好评，远销南朝鲜、香港、台湾、印尼以及欧美、中东等十几个国家和地区，常年保持了以销促产的发展势头。为适应国外客商对产品品种的需求，扩大出口，1991年，该厂又进行了技术改造，产品品种由100种增加到134种，年生产能力由800吨增加到1500吨，全厂完成产值543万元，实现利税37.4万元，出口创汇100万美元，被唐山市政府命名为市一级企业和出口创汇先进单位。

丰南县钱营煤矸石发电厂：属县办全民所有制企业，位于开滦矿务局钱家营矿北侧，为坑口电厂。1989年3月始建，1991年2月并网发电，装机容量为2.5万千瓦，年发电量1.5亿千瓦小时，是目前全国最大的煤矸石发电厂。该厂现有职工562人，固定资产7000万元，设有输煤、锅炉、除尘、汽机、电气5个车间。1991年8月，该厂实现满负荷运行，到年底，发电7629万千瓦小时，供电6666万千瓦小时，完成产值1233万元，实现利润120万元。

丰南县色织厂：属县办集体企业，1954年建厂。现有职工1164人，固定资产657万元，年生产能力为冲服呢310万米，鱼网65亿扣。该厂建有完整的质量监督保证体系，所产“海潮牌”506冲服呢为纺织部和河北省优质产品。1991年该厂生产冲服呢320万米，完成产值1410万元，实现利润80.24万元，被评为市级先进企业和纺织部、省工交系统、省纺织系统三级文明生产、安全生产先进单位。

丰南县化肥厂：为县办全民企业，始建于1975年10月。1976年震后复建，现有职工462名，固定资产1620万元。产品有农用碳酸氢铵、液氨、工业硫磺、ZY型改性 漆粉环氧防腐涂料。其主要产品农用碳酸氢铵质量达到国家一级品标准。1991年经过一、二网络节能技术改造，合成氨生产能力由建厂初期的3000吨达到2万吨，年产“飞田牌”碳酸氢铵6万吨，液氨5000吨。产品除满足本县需要外还销往外埠。1989年以来，该厂先后荣获“计量二级企业”、“标准化省级先进企业”、“市级节能先进企业”、“重合同、守信用企业”等称号。1991年，该厂完成工业产值1614万元，实现利税57万元。

丰南县唐丰中型钢厂：为胥各庄镇办企业，1984年12月筹建，1986年6月投产，厂区占地100余亩，固定资产2500万元，职工1139人。1991年初，引进了清华大学获得国家专利，具有国际先进水平的科研成果，开发空冷贝氏体钢，完成了中型钢厂向贝钢总厂的转化，形成了年炼钢12万吨、轧钢15万吨的生产能力。目前，该厂拥有小型轧钢、中型轧钢、炼钢等3个主要生产车间。主要设备有650×3轧钢机一列，300×5小型轧钢机一列，60吨液压万能试验机一台，10吨电弧炉二座，以及相应的计量、化验等设备。主要产品有：20、25锰硅钢，18——25螺纹钢，2.5——4号角钢，8——20×240板坯，60×60方坯和最新投产的空冷贝氏体钢。1991年生产钢材154000吨，完成产值1.38亿元，实现利税1500万元。1989年获市一级企业称号。

唐山陶瓷厂黄各庄分厂：为黄各庄镇办企业，是唐山陶瓷厂的联营厂。1983年正式投产。厂区占地110亩，建筑面积2万平方米，职工680名，固定资产1000万元，有68.3米、59.5米的隔烟隧道窑2座、69.6米、76.2米明烟隧道窑2座、115立方米倒烟窑4座。年产卫生瓷37万件，耐酸砖800吨，为中型陶瓷企业。卫生瓷冠“唐陶”牌商标，是国家金牌产品，在1991年全国乡镇企业卫生瓷质量评比中获得第一名，同时荣获国家建材局颁发的A级产品证书。产品除畅销国内20多个省、市、自治区外，还远销新加坡、南朝鲜、香港等国家和地区。1991年完成产值1183万元，实现利润201万元。产品质量、经济效益等项指标在全省同行业中均居前列，被晋升为省级先进企业。

大佟庄陶瓷机械厂：为大佟庄乡办集体企业。1970年建厂，现有职工157名，固定资产320万元，是生产陶瓷机械的专业厂家。主要产品有TC2Z系列卫生瓷立式浇注机、步进式回车机、链板干燥机、隧道窑车等20多个品种，畅销全国15个省、市、自治区。该厂引进中国建筑西北设计院专利技术，开发生产的TC2Z卫生瓷立浇机，填补了省内空白，被列为河北省科技进步新产品，并荣获“河北省乡镇企业科技进步一等奖”。1991年，全厂完成产值405万元，创利税103万元，取得了良好的经济效益和社会效益，成为“河北省科技星火示范企业”、“唐山市一级企业”以及“重合同、守信用企业”。

北京双合盛五星啤酒厂唐山联营厂：是侉子庄镇办企业。1986年11月建成投产，现有职工750人，固定资产4004万元。该厂采用北京双合盛五星啤酒厂工艺，生产11°、12°啤酒，年产能力5万吨。1991年，生产啤酒35684吨，完成产值4282万元，实现利润204.2万元，上缴税金300万元。该厂为河北省乡镇企业系统先进企业，生产的11°五星啤酒为省优质产品。

唐山启新水泥厂丰南联营厂：是胥各庄镇办集体企业，1987年4月建成投产。现有职工580人，固定资产1800万元，拥有515米×40米立筒预热器转窑2座及与之配套的原料磨、风扫煤磨、水泥磨、烘干机等设备，采用水泥名牌厂家——唐山启新水泥厂的生产工艺和管理手段。主要生产425#矿渣硅酸盐水泥和525#普通硅酸盐水泥及熟料，产品使用“马牌”商标，畅销国内，并出口南朝鲜及东南亚各国。1991年，该厂生产水泥5万吨，熟料5.3万吨，完成产值925万元，实现利税141万元。该厂为唐山市乡镇一级企业。

（王景明 张立军 杜兴义 张彦俊 陈俊峰）

辛集市

辛集自古就以集市贸易繁荣、皮毛各业兴盛著称于世，有“河北一集”美誉。新中国成立后，特别是党的十一届三中全会以来，全市政治、社会稳定，农业连年丰收，工业规模不断扩大，城乡贸易更加活跃，城建交通日益发展，市容市貌焕然一新。1988年列为国家对外开放城市。1990年被评为“全国(县级市)十佳卫生城”。

【自然地理】 辛集市地处华北平原腹地，省会石家庄市东65公里处。北与深泽、安平两县接壤，东与深县为邻，南与冀县、宁晋搭界，西与晋州市毗连。全市东西最大距离38公里，南北最大距离55.6公里，总面积951平方公里。辛集市前身为束鹿县。始建于西汉，唐代即以束鹿为县名。1986年3月，国务院批准撤县改市。全市辖5个街道办事处、6个镇、20个乡，341个村民委员会，42个居民委员会。现有人口59万，其中非农业人口5.9万；有回、满、壮、蒙古等11个少数民族，共1173人，其余均为汉族。人口密度为619人/平方公里。

辛集市海拔25～37米，由西北向东南倾斜，坡降1/2500，地势平坦。属南温带亚湿润气候区。年平均气温12.5℃，1月平均气温－3.7℃。极端最低气温－24℃(1966年2月22日)；7月平均气温26.6℃，极端最高气温40.6℃(1988年6月)。无霜期170天左右。平均年降水量488毫米，最大降雨量812.3毫米(1977年)，最小降雨量210.1毫米(1965年)。全市境内无自然河道，主要渠道有石津灌渠、三干渠、军齐分干和邵村排干、束鹿排干、天平沟(分属子牙河水系)。土壤以潮土为主，分为风沙土、潮土、盐土3个土类。农业用土壤耕层多是轻壤质潮土，占农业用地的70%以上。在耕层土壤中，轻壤质占65.8%，沙壤质占13%，中壤质占9%，盐化土占8.2%。矿产资源主要是石油和天然气。现已查明石油储量约830万吨，天然气储量约3.7亿立方米，主要分布在河庄、一间房、范庄、南智邱4个乡镇。旱涝出现机率各50%，大旱、大涝年各10年一遇。暴雨在6～8月份出现次数最多，年平均1.4次，最多年出现4次。

【经济发展】 建国初期，辛集市的经济主要以农业为主，工业基本是空白。1950年工农业总产值6726万元，其中农业产值6144万元，工业产值582万元，上缴税利443.5万元。经过28年的努力，到1978年，全市工农业总产值3.05亿元，其中工业产值1.72亿元；农业总产值1.33亿元。外贸出口收购额2246万元。向国家提供商品粮4650万公斤，上缴利税2730.4万元。1978年以后，辛集市的经济发生了巨大变化。农业打破小农意识的束缚，逐步形成了农工商一条龙、贸工农一体化的大农业格局。工业在原来化工、机械、皮毛、纺织业的基础上发展了制药、能源、食品等产业，基本形成了门类齐全的工业体系。1991年国民生产总值达12.08亿元，社会总产值28.18亿元，工农业总产值25.61亿元，比1978年增长4.6倍；年均递增14.1%。农业产值完成7.88亿元，比1978年增长1.7倍；工业产值完成17.72亿元，比1978年增长6.7倍，超过农业产值2.25倍。1991年向国家提供商品粮9268.5万公斤，比1978年增加99.3%；财政上解3612.9万元，增长1.3倍。外贸出口收购额1.01亿元。

【农业】 辛集市耕地面积106万亩，占总面积的74%，农业人口人均耕地2.03亩，总人口人均耕地1.75亩。盛产小麦、玉米、谷子、甘薯等粮食作物和棉花、花生、芝麻、蔬菜、瓜类等经济作物。棉花种植历史悠久，种植面积多年保持在30万亩左右，1991年皮棉产量达到1740万公斤，比1978年增长2.1倍。小麦是主要农作物之一，种植面积57万亩，总产18794万公斤，比1978年增长30%。玉米种植面积34万亩，总产达1.28亿公斤，比1978年增长1.1倍。蔬菜种植面积不断扩大，品种不断增加。1991年蔬菜种植面积发展到6.63万亩，总产33万余吨，较1978年分别增长1.2和7.2倍。市郊和军齐乡形成两大蔬菜集中产区，品种以白菜、韭菜、西红柿、葱、蒜等为主，特别是军齐乡的韭菜，旺季日成交量达10～15万公斤，远销沈阳、天津、哈尔滨、山西、山东，成为辛集市种植业一大特产。全市共有各类农业技术员336名，其中高级职称7名，中级职称74名，初级职称197名，乡镇技术员58名。以市农技中心为龙头，以乡农业技术站、村农业技术服务小组为辅的农业技术推广网络比较健全，农业先进技术推广普及率达80%。全市拥有大中型拖拉机802台，小型拖拉机9152台，柴油机32414台，联合收割机500台，小型割晒机1848台，秸杆切碎机672台，播种机2958台，其他配套农机具2万多台件。农机总动力达到52.5万千瓦，农机总值1.47亿元。全市机耕机播面积104.4

万亩和105.5万亩，分别占总耕地面积的98.8%和99.5%。小麦机收面积57万亩，占播种面积的100%。全市机井拥有量1.24万眼，铺设防渗管道11万米，建起5套喷灌装置，农田有效灌溉面积占耕地面积的90%以上。1991年农业总产值达7.88亿元，比1978年增长1.8倍；其中种植业4.92亿元，占62.4%。1986年被定为国家优质棉基地县、小麦生产基地县、瘦肉型猪基地县；被省定为优质棉出口基地县。1991年农村人均收入720元，比1978年增加621元。

林果业：辛集市有林业用地面积18.2万亩，占总面积的12.6%；有林地面积17.8万亩，占林业用地的98%。辛集市林业均为人工林，经济林16.7万亩，防护林5.87万亩，活立木总蓄积量为22.7万立方米，人均蓄积量0.39立方米。林地覆盖率12.8%，主要树种有梨、苹果、桃、杏、枣、葡萄、枸杞、杨、泡桐、槐、柳、榆、椿树等。林果资源丰富，1991年果品产量达8118.6万公斤，比1978年翻了两番。辛集鸭梨已有1300年的栽培历史，是“天津鸭梨”、“河北鸭梨”的主要产地。辛集鸭梨皮薄、肉脆、形正、色鲜、味甜、多汁、香气馥郁。辛集潭家洼产的鸭梨最为驰名，其个中等卵园形、色金黄、皮特薄、酥脆味甜，待梨发汗后撕开梨把能一掰两半。1978年以来在全国果品鉴定会上连续被评为第1名，1990年被确定为第十一届亚运会指定食品。1991年梨树面积达53218亩，产量达5451.5万公斤，分别是1978年的1.9倍和3.3倍。“深州蜜桃”主要产于辛集市旧城镇一带，已有3千多年的栽培历史，皮薄形美、色鲜味甜、个大肉丰。1991年桃的种植面积7567亩，产量达545.9万公斤，分别是1978年的1.97倍和4.4倍。辛集枸杞遐迩闻名，有40年的种植历史。其粒大、肉厚、籽少、色红、味甜，是名贵的滋补药品。苹果种植面积、产量、品种在近几年也有了迅猛发展，种植面积达21274亩，产量达1689.5万公斤。杏、枣、葡萄也有一定产量。1991年果品平均单产912公斤，比1978年的447公斤翻了一番多。林果业总产值达1.03亿元，比1978年增长2.4倍。

畜牧业：1991年全市畜牧业产值1.8亿元，比1978年增长9倍；畜牧业产值占农业总产值的比重与1978年相比提高19个百分点；农业人口人均畜牧业产值比1978年增长10倍。仅畜牧业一项就为每个农户平均增加收入488元。畜产品产量有较大增长。1991年，全市肉类、蛋类和奶类总产分别为16351吨、16957吨和750吨，均比1978年增长3倍以上，销往北京、天津、石家庄等地。辛集市饲草、饲料资源丰富。饲草主要以玉米秸、小麦秸、花生秧、山药蔓、谷草、杂粮秸秆、田间杂草、树叶为主，年产量为5亿公斤。饲料资源主要是玉米、棉籽饼、花生饼、黄豆饼、菜籽饼以及各种糠麸、渣滓等粮食加工副产品，年产量约2亿公斤。辛集市畜、禽生产以人工饲养为主。历史上辛集市的农民素有饲养畜禽的习惯，形成了以鸡、猪为主体，其次是骡、马、驴、牛、羊、兔及鸭鹅等畜牧业的生产结构。1991年，全市积极调整产品结构，大力发展草食动物，草食品种的比重上升到21%。羊存栏达12万只，奶牛发展到600头，猪存栏17.3万头，禽存栏310万只。一批外向型品种，如肉牛、肉兔、肉鸽、肉鸡等从无到有，1991年仅肉牛出口就达1000多头。畜牧业系统已创办市级服务实体20个，形成了良种繁育、饲料供应、防疫灭病、技术服务和加工流通等5大体系，提供产前、产中、产后全过程系列服务。全市拥有乡村集体养殖场、联合体和各类养殖重点户2030个，形成了30个养殖专业村。

【乡镇企业】 辛集市乡镇企业共有15446家，其中工业企业7691家。1991年，全市乡镇企业总产值完成15.15亿元，比1986年增长2.26倍；总收入完成13.07亿元；利润总额完成1.53亿元；工业产值完成12.43亿元，比1986年增长1.98倍。到1991年底，全市乡镇企业从业人数达83851人；乡镇工业产值占全市工农业总产值的比重达到48.5%，比1986年提高20个百分点；向国家交纳税金2472万元，比1986年增加793万元。1991年全市乡村两级工业企业通过扩建、新建、技改等措施，新增固定资产3684万元，固定资产原值达2.26亿元。年产值50万元以上的企业321个，500万元以上企业15个，1000万元以上企业7个，并有4个产值2000万元以上的企业。有3个企业利税总额突破200万元。乡村两级工业企业全员劳动生产率23225元，人均利税1532元，资金利税率13.5%，百元固定资产实现产值323元。1991年，乡村两级工业企业完成产值7.31亿元，占乡镇工业四级产值的比重达58.8%。河北民用机械总厂是国家二级企业、农业部先进企业。主要产品有犀牛牌轧面机、绞肉机、起飞牌系列钢镐及电烤箱等。其中轧面机1986年获省优，1987年获部优，1988年获全国乡镇企业第1届出口创汇“金龙奖”。绞肉机在1985年获部优称号。该厂拥有职工1050人，固定资产251万元，1991年创产值2400万元，实现利税250万元。赵马磨球厂系省级先进企业，主导产品低合金铸铁磨球、60钼铁分别荣获部、省优质产品称号，新产品空冷贝氏体钢球是国家科委重点推广新产品。南智邱玛钢厂生产的脚手架扣件、水暖件、家用铁煎盘等名优新产品均有较强的竞争力，产品畅销全国各地。

【农村社会化服务】 辛集市344个村都建立了经济合作社，并全部达到“四有三落实”(有章程、有帐目、有公章、有办公地点；组织机构落实、领导成员落实、服务活动落实)，共有管理人员1773名。村经济合作社一般设立了农机、农技、水电、生产资料供应、农经管理等服务组，围绕农民的生产经营，提供耕、播、浇、收、打、植保、农技等服务。72%的村实现了耕播、浇水、植保、收打、生产资料供应等农业生产主要环节的“五统一”，其中40%的村实现了统一种植计划、统一技术措施、统一机械作业、统一供应生产资料、统一农副产品加工销售等高层次全程系列化服务。全市31个乡镇办事处建立了经联社，下设农机、农技、电管、农经、企办室、畜牧、农资供应等服务组织，重点搞好较大批量的生产资料供应、虫情测报、疫病防治、技术引进、人才培训、信息交流、大宗农产品销售、跨村的农田水利建设、集体资金“村有乡管”等服务工作。市直农口及有关经济技术部门共建立服务组织94个，其中经济实体68个，共有服务人员2810名。服务组织、经济实体与乡、村服务组织连接，形成了农业技术推广、农机作业、畜牧生产、农田水利、果品生产购销、生产资料6大系列，上下贯通的服务体系。全市建立了民办技术协会、研究会和专业生产联合会101个、会员7439人，进行区域性、经常性的生产交流和技术交流。

【市办工业】 辛集市市办工业共有企业58家，职工2.1万名，涉及机械、化工、皮毛、纺织、建材、轻工、制药、食品等7个经济门类，隶属3个行业公司管理，其中全民预算内企业10家，全民预算外企业15家。大型企业1家，中型企业6家，国家二级企业2家，省级先进企业9家，出口创汇企业12家。1991年，拥有固定资产原值2.35亿元，净值1.17亿元，完成工业总产值5.29亿元，实现利润1723万元。基本形成了一个初具规模的工业体系。从1978年～1991年底完成技术改造、引进项目126项，总投入2.24亿元，投入产出率为144.7%，投资利税率为34.25%。1991年，新建、扩建项目23项，总投资5500万元，现已有12个项目竣工投产，预计1992年新增产值2200万元，利税380万元。到1991年底，共创优质产品26项，其中国优1项，部优15项，省优10项。开发新产品项目9项，其中1项达到国际先进水平，2项为国内首创，4项达到国内先进水平，1项填补省内空白。

辛集橡胶厂是河北省最大的胶带生产厂，年产量居全国第4位，是省级先进企业。年生产能力为普通V带900万AM，平带60万平方米，力车外胎13万套，400—12、500—12轮胎分别为14万套和5万套，摩托车胎7万套。其中金鹿牌V带、传动带、摩托车轮胎均被评为省优产品。

市石油化工厂为铁道部、中国统配煤矿总公司专用油定点生产厂，省级先进企业。生产乳化油、白油、液压油、润滑油、润滑脂、石油添加剂6大系列63个品种，年产量7000多吨。金梅牌MDT乳化油、M—10乳化油、白玉牌A级白油为省优产品。

辛集汽缸盖厂是国家中型企业、国内内燃机汽缸盖最大的专业生产厂家、国家二级企业，其机加工流水线具有国内先进水平。主要产品有X195、S195、东75、东28、4115、4146、S1100、CC195缸盖，年产量32万只。

市防水建材总厂为国家中型一类企业，省级先进企业，主导产品200#、350#石油沥青油毡、350#油毡原纸为省、部优质产品，油毡年生产能力为100万卷，原纸年生产能力100万吨，生产能力居全国同行业前10名，产品畅销全国，出口国外。

市服装公司以生产外贸服装为主，是河北省外贸服装加工重点企业，年加工能力200万件。主导产品牛仔系列服装、男夹克衫、玉朵牌女毛料西裤为省部优质产品。该公司1988年与香港合资兴办了“集大服装有限公司”。

市塑料化工厂生产的薄壁管材、农膜、地膜质量在省内同行业中名列前茅。

【城市建设】 建国前，辛集市只有10条土公路，年货运量5万吨。改革开放后，特别是建市以来，城市建设有了较快发展。自1986年以来，先后投资2亿多元，用于城市生产、生活和基础设施建设。市区路面全部硬化；建起了智（邱）宁（晋）、束赵（县）、天（宫营）王（口）等53条地方公路，与国道歧（口）银（川）线沧石公路及安（国）辛、辛新（河）等干线连接，形成以市区为中心，乡镇村相贯连的公路交通网络，基本实现了村村通公路。全市通车里程396公里，拥有客货汽车2320辆，全社会公路客运量230万人次，年客运周转量1.35亿人公里，货运周转量8537.5万吨公里。石德铁路复线上建起了3座铁路公路立交桥。在市内设有辛集站、束新站、良马工业站。1991年每天到货和通过货运列车59对，到发客运列车11对，年客运周转量36.6万人公里，货运周转量61万吨公里。市区建有较大型水场，日供水量达到1.4万吨，基本上满足城市生产、生活需要，并整修了主要街道的排水管道，排水能力大大提高。1986～1991年，用于住宅建设的投资4870万元，建起了康乐、康泰、朝阳、城东4个居民生活区，建筑面积11.4万平方米。辛集市邮电局下设支局、所12个，拥有职工240人，邮电服务人口4.8万人/处。12个邮电所均已开办邮政、长话、电报等业务。乡村邮路已增至851公里，全市实现信报投递到户。现已建成旧城、南智邱两个自动电话支局，并已并入市话大网。市区8000门程控电话已开通使用，可直拨国际电话和全国30个省、市、自治区及500多个市县。全市农村电话机数达2499部，普及率为每百人0.5部。全市已有两条电传电路和9条话传电路。年邮电业务总量184万元。市内拥有广播电台、电视台各一个。广播电台覆盖半径300公里，自办节目，以中波播出。电视台覆盖半径40公里，每天播放近10小时。城市绿化、美化、净化，也取得了长足发展。1991年，继续保持了“文明城”和全国县级“十佳卫生城”称号，在全省城市容貌检查中获“新容杯”奖。

【商品流通】 改革开放以来，全市商品流通渠道进一步疏通，市场繁荣，购销两旺。目前，全市已拥有万人以上流动人口的集市43个，大型农副产品专业市场17个，个体工商户8600多户，形成了以市区国营大型商场为中心，城乡集贸市场为补充的商业流通网络。市区建有大型综合市场1座。粮食批发市场、蔬菜市场、皮毛市场、果品市场、烟花市场已开始建设。1991年全市集市贸易成交额1.03亿元，比1978年增长2.98倍。以国合商业系统为龙头，积极转变经营作风，广泛开展代购代销、联购联销、流动服务、送货上门、全员销售等活动，千方百计地扩大购销，有效地发挥了主渠道作用。1991年，国合商业销售完成2.14亿元，占全社会商品零售总额的50%。1991年，全社会商品零售物价指数控制在104%，比上级要求降低1.7个百分点。

【对外开放】 辛集市1974年设立外贸部门以来，加强了对外经济交流工作，拓宽了往来范围。到1991年底，全市有10个行业直接或间接从事出口产品生产，出口产品分为粮油食品、纺织品、服装、土产品、畜产品、轻工业品、工业品、机械品等10大类，主要有钡盐、锂鱼钳、烟花、钼铁、手绣、猪革皮、山羊板皮、蘑菇、棉布、椒干、鲜梨、花生米、棉花等90多个品种，销往欧美、东南亚、日本和港澳等几十个国家和地区。1991年出口商品收购额10147万元，比1978年增长4.5倍。辛集市1988年列为国家对外开放城市后，制定了一系列吸引外资的优惠政策，抓住每年有200多名外国朋友及港澳台胞前来观光旅游的机会，积极地进行经济洽谈和贸易合作。几年来，辛集市利用现汇引进国外先进设备500多台（套），以补偿贸易方式引进设备598台（件），引进外资1000多万美元，建立了3个中外合资企业。还有7个合资项目已正式签约，有的项目已开工建设，利用外资约2000万美元。集大服装有限公司是辛集市服装公司和香港大进国际贸易有限公司合资兴办的，总投资150万美元。主要产品为全棉梭织服装，全部出口。于1989年11月建成投产，当年创汇91.5万美元。到1991年底，累计创汇6932万美元。

【财政金融】 辛集市是河北省经济计划单列市，财政体制为“上解递增包干”。1991年，财政收入完成7731万元，比1978年增长1.8倍。其中工商各税5867.5万元，企业收入995.8万元，分别比1978年增长2.3倍和25.6%。在努力增加收入的同时，打紧安排支出，按照一要吃饭、二要建设的原则，在保证全市必要的行政支出的基础上，有计划地向工农业生产和科教文卫等方面增加投入，支持了工农业生产和文教卫生事业的发展。辛集市的金融机构由中国人民银行辛集市支行、工商银行辛集市支行、中国农业银行辛集市支行、中国人民建设银行辛集市支行和中国银行辛集市支行组成的银行体系及市保险公司、信用合作社、邮政储蓄等非银行金融机构构成。其中银行营业所、分理处23个，农村及城市信用社36个，储蓄所232个。1991年，金融部门坚持为生产和建设服务的方针，努力发挥职能作用，积极采取保压措施，优化贷款结构，用好存量贷款，并通过增设网点、增加储蓄种类、优质服务等方式，大力吸收储蓄存款。1991年末，城乡居民储蓄余额达10.23亿元，人均存款1720元，贷款余额6.85亿元。全年银行投放现金9724万元，回笼4938万元，净投放4786万元。保险事业进一步拓宽了服务领域，全年完成保险金额13.60亿元，保费收入1252.8万元，已决赔款763.3万元。

【体制改革】 辛集市于1986年开始体制改革，主要是兴办经济实体，精简行政人员。制定了《财政管理体制改革的暂行规定》，明确提出，允许各部门各单位在不影响正常工作的前提下，自行精简人员；允许被精简的人员与机关脱钩办经济实体，市财政保一年工资。目前，兴办经济实体107个，其中服务性实体68个，福利性实体29个，其他生产经营实体10个。1991年从业人员4300多名，固定资产1851.7万元，创产值8680万元，实现利税640万元。市畜牧局先后建立了孵化厂、饲料厂、“深县猪”选育中心、兽药厂、肉联厂、牧工商公司等20个直接为畜牧业服务的实体企业。1987年以来，为农民提供良种鸡120多万只，良种猪4500多头，全市畜禽优种推广率90%以上；销售兽药312种，销售额1450多万元，家畜家禽防疫密度达到98%以上；提供混合饲料3500吨，油饼450吨，蛋白860吨；年销售肉牛1200头，鲜蛋1100吨，各种皮毛22万张。市林业局先后创办了林产品公司、林果公司、果菜服务公司、纸箱厂等5个实体企业。1991年向果农提供化肥200多吨，果树专用农药120吨，果品箱60万个，销售果品600多万公斤，实现利税30万元。市民政局先后建成福利生产企业29个，从业人员637人，其中残疾人360人，共创产值5100万元，已累计向民政部门提供生产基金和福利基金34万元。农业、农机、水利及物资、供销等部门兴办了植保公司、农产品供销公司、物资供产站、农机修理厂等服务性实体。这些实体吸收了317名行政技术干部，每年节约财政支出50多万元。

【经济技术协作】 建市以来，坚持“服务京津，挂靠三北（东北、西北、华北），面向全国，走向世界”的战略方针，积极发展横向联合，并于1988年制定了《关于促进横向经济联合的若干暂行规定》，进一步推动了横向经济联合的深入发展，取得了可喜的成绩。据统计，从1986～1991年，辛集市已同23个省、市、自治区的250个县市建立了协作关系，引进各类技术项目1332个，引进技术人才2515人次，引进资金2.6亿元，物资协作总值3.7亿元。有155家企业与外地大中型企业实行了经济技术联合，累计增加利税5000万元。与200多个科研单位、大专院校建立了长期稳定的协作关系，完成220个课题的研究，开发新产品154种，有14种填补了国家空白，20项填补了省内空白。

【文化艺术】 辛集市是全国著名的文化之乡。曾出现了赵望云、公木、方纪等一大批文化名人。民间绘画已有几百年历史，素有“诗洋画海金束鹿”之说。国画、农民画作品在国内外颇有名气，1986 年被列为国家选送出口作品基地，并被文化部命名为“中国现代民间绘画画乡”。近年来，共有 400 多幅农民画被选送赴法国、墨西哥、意大利等国驻华使馆参加展出，深受外国朋友欢迎。现建有书画院两个。有专业歌舞团两个，演职人员 30 名。有影剧院 7 个，每万人拥有 288 个座位。全市有 100 个电影放映队，每年放映 9000 场次。市文化馆设有排练厅、舞厅、展室、综合活动室等设施，1990 年被文化部命名为“先进文化馆”。乡镇文化站 31 个。市图书馆建于 1949 年，藏书近百万册。31 个乡镇、301 个村、82 个农家建起了图书室，总藏书 164.19 万册。村级有 347 个俱乐部。有文物保护所 1 个，收藏文物 116 件，市级文物保护单位 6 处，古碑刻 15 处，古墓葬 6 处。皮毛博物馆已于 1991 年建成开放。全市文化设施总占地面积 31 万平方米，建筑面积 12.6 万平方米。遍及全市的文化户有 1300 多户。有民间艺术研究会、现代民间绘画研究会、文联、文化户协会、群众文化协会等组织。各乡镇办事处有 35 支文艺演出队、33 个业余剧团、16 个杂技武术队、110 多个民间艺术团体和 18 个文学社团。这些文化设施和文艺组织，形成了以“市为指导、乡为枢纽、村为基础、户为补充”的 4 级文化网。1991 年，辛集市被文化部、人事部命名为“全国文化先进地区”。

【教育科技】 现有各类学校 396 所，其中小学 336 所，初中 36 所，高中 7 所，职业中学 3 所，技工学校 1 所，体育、农业广播学校、党校、农机培训学校等中专 4 所，私人办校 19 所，其他社会办学 5 所。在校学生 82863 人，其中小学 60482 人、初中 18040 人、高中 3957 人、职中 384 人，教育普及率达 96%。教职工人数 3944 人，有中小学教师 3780 人，其中小学教师 1836 人、初中教师 1429 人、高中教师 521 人。全市中小学占地 2620 亩，建筑面积 24.2 万平方米，标准化校舍率达 94%，1990 年经省政府验收达到了九年制义务教育的必备办学条件。辛集市在教育上全面贯彻党的教育方针，坚持德、智、体、美、劳全面发展，教育质量稳定提高。全市小学入学率 99%，毕业合格率 99%；初中入学率 94%，毕业生合格率 91%。自恢复高考以来，每年为各级大中专院校输送新生 700 多人。全国重点中学“河北辛集中学”和省级重点中学“辛集市第一中学”历年升学率都在 90%以上，在全国和全省名列前茅。1990 年，中国人民友好协会组织中国儿童画赴欧展览，有 3 名学生作品入展。全市少年儿童有 300 多篇文学作品刊登在各级报纸上。民族教育不断发展。在新城镇建有新城民族（回族）学校，计 12 个班，23 名教师，581 名学生。成人教育成绩显著。16 ～40 岁脱盲率 100%。

科技事业有了新的突破。各类科研机构达到 68 个，其中厂办科研机构 8 个。科技人员达到 9176 人，其中高级职称的 128 人，中级职称的 1859 人，初级职称的 7189 人。各乡镇办事处中，获得专业技术职称的 968 人，其中中高级职称的 64 人。全市有各种科技协会、学会、研究会 101 个，成员 7439 人。1986 年以来，全市共安排科研项目 105 项，其中国家项目两项，省级 60 项，地区级 28 项，共取得科研成果 72 项，其中两项达国际先进水平，11 项为国内首创，30 项达到国内先进水平，68 项获省、地科技进步奖。

【卫生体育】 全市有市级医院 4 所，中心卫生院 7 所，乡镇卫生院 25 所，有 178 个村成立了村卫生所，有 4 个乡实行了以乡为单位的集资医疗。其中有 5 所专科医院（精神病院、肛肠医院、血管病院、痔瘘医院、骨科医院）。全市有大型 X 光机、B 型超声诊断仪等万元以上大型医疗设备 72 台（件）。全系统共有卫生技术人员 2366 名，每万人拥有 27.3 名卫生技术人员。每万人拥有床位 16 张。1991 年，全市人口出生率由 1964 年的 25.4‰下降到 14‰；人口自然增长率由 1964 年的 15.7‰下降到 8.4‰。妇幼保健、卫生防疫工作在河北省名列前茅。全国结核病控制项目和中美合作预防神经管畸形科研项目进展顺利。1991 年被省卫生厅命名为“妇幼工作先进市”；初级卫生保健工作经地市级检验基本达标。

辛集市群众性体育活动开展广泛，赛场竞技水平不断提高。全市有游泳馆 1 座，面积 540 平方米；有田径场 47 个，其中标准田径场 1 个；有足球场 1 个；有篮球场 120 个，其中 31 个为灯光球场；有乒乓球活动室 382 个；羽毛球场 190 个。有篮球、乒乓球、游泳业余体校各 1 所，正式定编运动员 119 人，专职教练员 12 人。1978 ～1991 年，共向省、地体育队、体育院校输送运动员 180 人。1983 年，市乒乓球队获河北省重点业余体校比赛男、女冠军；1986 年，市乒乓球队代表地区参加河北省第七届运动会，获女子团体冠军和男子团体亚军、男子单打冠军。1988 年，市乒乓球队代表地区参加河北省第一届农民运动会，荣获女子篮球冠军，乒乓球男子团体第 3 名，女子团体第 4 名。1986 年，市队员周志凯在全国少年田径对抗赛中连续 4 次打破全国少年标枪纪录，并代表中国队参加中日田径对抗赛，荣获第 1 名。市女子篮球队，在 1982～1989 年的河北省篮球比赛中荣获“八连冠”称号。1989 年，辛集 3 名队员参加组队，代表中国中学生参加该年 5 月在法国奥尔良市举行的第七届世界中学生篮球锦标赛，夺得第 3 名。1991 年，获省地辖市第 2 届青少年运动会金牌总数第一，在全国少年女篮决赛中获第 3 名。全市争创“全国体育先进市”，经省级达标验收合格。

【人民生活】

1991年辛集市农民人均纯收入720元，农民人均生活费支出646元。职工工资总额7170.1万元，职工年平均工资1742元。城镇居民人均收入1407元，人均生活费支出1297元。全市每百户居民拥有自行车224辆，缝纫机85架，电视机94台，收录机60台，电风扇136台，洗衣机74台，摩托车21辆，电冰箱48台。

【重点行业和市场】

化工行业：化工行业是辛集市工业的龙头行业。现有化工工业企业264家，其中市办工业企业7家，乡镇企业257家，现有职工9700多人，其中专业技术人员600多人。1991年创产值38357万元，占全市工业总产值的21.6%；出口交货额3000多万元。1947年建厂的河北辛集化工厂，固定资产6483万元，现有职工2624人，其中专业技术人员330人。主要产品有碳酸钡、硝酸钡、硫化钠、硫酸钠和硫磺，均为部优、国优产品。钡盐产品的产量和出口量居全国之首。该厂是国家大型二类企业、国家二级企业，是石家庄地区唯一获得河北省科技兴冀省长特别奖的企业。1991年，该厂实现产值1.088亿元，创利税1902.8万元。1967年创建的市磷肥厂，是省级先进企业。固定资产700万元，主要产品有：普钙、玉米、小麦、果树多种复混肥和硫酸。其中普通过磷酸钙为省优。乡镇企业中以辛集市第三化工厂、第八化工厂为典型。1977年建成的第三化工厂，现有职工550人，专业技术人员60人，固定资产820万元。生产50%硫悬浮剂、晶体石硫合剂、硫酸锌、硫磺粉、锌铁混合肥等3大系列十几种定型产品。其中50%硫悬浮剂、晶体石硫合剂为国家“七五”科技攻关项目，年产量分别为6000吨和1200吨。该厂为商业部、化工部定点生产厂，连续3年被评为“地区级明星企业”。第八化工厂1988年建成投产。现有职工800人，专业技术人员37名，固定资产2300万元。主要产品有碳酸钡、硝酸钡、硫磺。钡盐年产2.5万吨，是我国乡镇企业中最大的钡盐生产厂家。

皮毛：早在明清之际，辛集市就是全国著名的皮毛集散地。目前，全市有皮毛制革厂家70个，联户、个体摊点2348个，形成了以市皮毛制革厂为龙头，兴华、城北、城南、城西4个皮毛生产基地，主要产品有裘皮、革皮、革制品、东马挽具、皮毡毛制品5大类、250个品种、1100多个规格。辛集皮毛具有手感好、无臭味、不虫蛀的特点，畅销国内外20多个国家、地区，年产值2.38亿元。市皮毛制革厂是河北省皮毛行业中的骨干企业，拥有从西德、意大利、法国等国家引进的先进专用设备和工艺技术，具有制革、毛皮、制件综合生产能力，牛皮修面革、黄牛软正鞋面革、山羊鞋面革、猪皮软鞋面等产品均处省内先进水平，远销港、日、欧美等地。市兴华皮毛制革公司下设皮革厂、服装厂、皮毛厂，生产服装革、鞋面革、手套革、帽顶革等品种及各式裘皮服装、皮夹克，产品质地优良，做工精细。

烟花：辛集烟花始于唐宋，盛于明清。据清乾隆年间县志记载：“东南唯王口一村，擅炮竹之利”，在京都享有盛誉。解放后，辛集市被河北省人民政府命名为“花炮之乡”。改革开放以来，辛集市充分发挥烟花生产这一传统优势，生产规模不断扩大，现有烟花生产企业56家，季节性生产厂点3500多家。年产量近百万箱，产值超过1亿元。生产吐珠、喷花、地面礼花、旋转升空、大礼花弹、小礼花弹、鞭炮等16大类近千个品种，其中优质产品208种，地方名牌28种，省优秀35个，省部优质产品5个，产品畅销全国，外销20多个国家和地区。辛集市的烟花生产以王口镇为最，是国家外经部出口烟花的生产基地，有“南有浏阳，北有王口”之称。现有10家炮厂。1965年建厂的王口镇烟花老厂，现有职工500多人，其中专业技术人员100多人，生产13大类100多个定型产品，其中吉星牌闪光雷获部优，吉星牌闪光鞭炮、彩色闪光雷获省优。1991年完成产值500多万元，创利税50多万元，被命名为“地区级明星企业”。1978年建成投产的王口烟花总厂，现有职工600多人，专业技术人员100多人，生产吐珠、喷花、礼花、礼花弹、综合类等12类100多个品种，其中青松牌产品获3个省优秀产品称号。1991年完成产值1100万元，创利税100万元。

“河北一集”市场：座落在辛集市区中心，是一个由城乡、国营、集体企业和农村联合体、个体工商业者集资700万元，由市统一设计、统一施工的大型楼群结构市场，这个市场总占地70亩，建筑面积3.6万平方米，于1985年4月1日奠基动工，同年11月竣工交付使用。市场主楼雄伟壮观，中间6层，加上钟楼高达40米；两侧依次分为5层、4层、3层楼群相对。整个主楼采取中西结合建筑形式，中间的大门钟楼用马赛克装饰，楼上设有直经3.5米的大钟；两侧是拱券式古城门，大门上边建有两座对称的古代城门楼。主楼中门上方有已故全国政协副主席、全国工商联主席胡子昂手书“河北一集市场”，东侧门起名“旭门”，西侧门起名“霞门”，象旭日东升、霞光万道、欣欣向荣，三块字匾均为汉白玉烫金雕刻而成。市场内有营业楼21栋，3条东西街、9条南北街横竖交叉。有8条南北街中间设玻璃钢燕式顶棚，供行商摆摊使用。街中心建有假山喷泉。该市场可容纳350户坐商、1000户行商。经营范围有皮毛烟花、五金交电、日用百货、针纺织品、文体用品、图书刊物、工艺美术、土特产品、食品饮食、烟酒副食、果品蔬菜、修理服务、小手工业等20多种行业，上市品种达5000多种。还设有业务洽谈室、商品展销室等交易场所和电视录像厅、音乐厅等文化娱乐场所。为搞好综合服务，还设立银行营业所、邮电所、电管所、卫生所、公安派出所、税务所、工商所、寄存处等机构。日人流量3万多人次。1991年，市场交易额3300多万元。

（李彦峰 张 向）

获鹿县

【自然概况】

地理位置：获鹿县位于河北省中南部偏西，太行山东麓。县境南端起于北纬37°53′，北至北纬38°17′，西端起于东经114°10′，东至东经114°31′。版图呈南北狭长，两端较宽，中间略窄状。县城座落在北纬38°05′，东经114°18′处，居县境中部。石太铁路，石太公路从城南穿过，京获公路与石太公路在县城交汇。

县城东部与石家庄市邻，西与井陉县交界，南与元氏县相连，北隔滹沱河与灵寿县相望，东北部与正定县接壤，东南与栾城县搭界，西北与平山县毗连。

自然环境：在南北狭长的版图上，有三种地形：西部、中部为低山丘陵地带，东部为滹沱河冲积扇山麓平原。山地由于岩性不同，地貌各异，沟谷及缓坡地带，植被茂密，农、林、牧业各具优势。山峰及陡坡地带，岩石裸露，因风化剥蚀，流水切割形成各种姿态，兀峰怪石、洞穴颇具自然之美，全县最高点在西南部与井陉县交界处的五峰山顺天岭，海拔907米。源泉渠两岸海拔高度下降到200米以下，地块面积比山区增大，台、岗、沟壑起伏绵延，坡度较山区有所缓和，坡积、冲积物覆盖比山区加厚，土层亦有所加厚，其下(向东狭长带)为山麓平原，海拔100米以下，赤家镇东南及高迁乡全境为全县最低处，海拔62.5米。获鹿县平原区处山麓平原顶部，地表大体平坦，局部也有高岗和小丘。这一区域土质肥沃，是县内粮棉高产区。

获鹿县矿藏丰富，尤其是非金属矿储量大，易开采。主要资源有石灰石、石英石、大理石、滑石、沸石和石棉等。

获鹿县地处北纬38°线两侧，属暖温带半湿润大陆性气候，四季分明，气温受地形影响明显，县西部山脉多呈南北走向，阻挡了西来气流，冷空气"东进"则沿山坡下沉，形成摩擦现象，温度骤然上升，即为"焚风效应"，致使获鹿县年均气温高于邻近县市，故有"热获鹿"，"冷寿阳"之说。"热获鹿"全境温度并不平衡，分三个温区，即高温区，年平均气温13.7℃；中温区，年平均气温13℃；低温区，年平均气温12.8℃。

政区人口：全县总面积603.09平方公里，辖5镇16乡，208个行政村。

1990年，全县人口为33.71万人，绝大多数是汉族。据人口普查资料显示，县内有22个少数民族，其中居住20人以上的有回、满、白、蒙古、壮族等。

【经济发展】

"七五"以来，全县人民紧紧瞄准小康目标，以城市为依托，根据自己的特点制定切实可行的发展规划，到1990年，全县工农业总产值完成11.69亿元，比1985年增长211.1%，其中工业总产值10.21亿元，比1985年增长275.6%，农业总产值1.48亿元，比1985年增长42.4%。国民生产总值6.09亿元，比1985年增长143.1%；农民人均收入884元比1985年增长33.3%。粮食总产量18.41万吨，比1985年增长29%。社会商品零售总额2.10亿元，比1985年增长33%。乡镇企业总产值11.04亿元，比1985年增长33.6%。

"八五"之初，全县坚持以经济建设为中心，狠抓翻身工程，实现了经济更上一层楼的目标。1991年，工农业总产值完成了18.60亿元，比上年增长30.1%；国民生产总值68.25亿元，比上年增长12.0%，农民人均纯收入931元，比上年增长5.3%，粮食总产量18.5万吨，比上年增长0.5%。社会商品零售总额2.44亿元，比上年增长16.3%。

【农业】

深入贯彻了"依靠政策，依靠科学，依靠投入"的方针，不断巩固农业的基础地位。1990年县、乡、村三级用于农业的投资达2490余万元，大搞了农业基本建设，加强了农田基本建设，提高了机械化程度，年末农机总动力达到了28.8万千瓦，农用载重汽车1092辆，大中型拖拉机563台，小型拖拉机7538台，收割机168台。由于战略措施有力，农业各项指标均比以前有明显增长。1991年，继续以发展粮食生产为中心，加强农业基础建设，实施科学兴农战略，提高了粮棉产量。全县设置了30万亩粮棉保护区，集中人、财、物、技，加强保护区的粮棉生产，完善了政技物结合的农业集团承包。科技人员深入农村进行技术服务，在全县推广了配方施肥，小麦半精量播种等六项新技术，收到了较好的效果。1991年全县农业总产值达到3.23亿元，比上年增长5.9%。粮棉生产在遭受风雹、干旱等多种自然灾害情况下，通过组织抗灾，以秋补夏，仍然获得较好收成，粮食总产量达18.5万多吨，比上年略有增长，棉花总产量达到1280吨，比上年增长52.4%。二是调整了农业结构：以瓜果菜、肉蛋奶为主，积极发展经济作物和副食品生产。1991年新发展优质果树2010亩，改造中低产果园3000多亩，瓜果基地建设规模扩大到4.88万亩，全县形成了四个特色的生产区，以李村、大河乡为主的保护地蔬菜生产区；以李村、大河、秦庄等乡镇为主的西瓜生产区；以秦庄乡为主的水生蔬菜生产区；以韩庄乡为主的越冬蔬菜生产区。畜牧生产围绕巩固、提高作文章，1990年全县肉类总产量1.32万吨，比上年增长11.5%。进行了农业综合开发，充分挖掘生产潜力，1991年共开发、恢复荒滩地、废弃地3200亩，绿化荒山5154亩，建成了六条经济沟。多层次多渠道增加农业投入，基本落实了增加农业投资、农业贷款和劳动积累工三个"五百万"。全县用于农业的资金投入达2950万元，比上年增长20%。全面加强农业社会化服务体系建设有新进展，产前、产中服务逐步强化，产后服务开始起步。农业机械化水平继续提高，新增大拖48台，大型联合收割机44台，秸秆还田机43台。

农田水利基本建设：农田水利基本建设坚持自力更生为主，依靠群众，建管并举，以增效节流为重点，平原区重点开展新打更新机井垄沟改修和机井标准化建设。在山丘区重点搞好渠道改修配套、水土保持、小水库加固除淤和旱庄饮水，做到山、水、林、田、路综合治理。1991年新建喷溉区4处，灌溉面积达1300亩。新建扬水站3座，维修扬水站121座，新开渠道61条23公里。渠道清淤67条65公里。治理水土流失面积5平方公里。各种建筑488处。水土保持以重点小流域治理为主。重点是韩庄乡，全年共完成面积5平方公里，挖鱼鳞坑5.8万个，栽树3.4万棵，酸枣接大枣2.8万棵。1991年开工的各类水利工程有960项，完成825项，占开工数的85.9%。增加灌溉面积5300亩，恢复改善灌溉面积11.7万亩，增加蓄水量2000万立方米，改造低产田3300亩，水利工程基本建设全年累计完成土石方996万立方米，投入劳动力积累工343万个，全年水利总投资2502万元。全县在开展"农田水利基本建设年"活动中，重点发展了节水型灌溉工程，全县的固定或半固定机压喷灌总面积为1495亩。其中栈道果园喷灌165亩，上寨大田作物喷灌100亩，寺家庄村大田作物喷灌570亩，南铜冶村大田作物喷灌660亩。全县发展喷灌投资49.8万元，新增灌溉面积5300亩，改善灌溉面积4万多亩，获"河北省农田水利建设先进县"称号。

根据1991年3月全省农村工作会议精神，县人民政府和省农林科学院协商决定，从1991年起采取"院包县"的形式，进一步实施科技兴农，一包三年。发展城郊型商品经济、提高科技意识、科技素质，提高农业生产的技术水平，在实施过程中，和秦庄农业综合试验区的工作紧密配合，成果向全县辐射。

获鹿秦庄农业综合试验区，是省科委下达的太行山麓富水区农业持续发展及副食品商品化生产综合研究项目，由省农林科学院、县科委、秦庄乡共同承担的"八五"重点科技攻关项目。该项研究以资源的优化配置与合理利用为中心，从多方面多层次研究农业持续发展和副食品商品化生产问题，为太行山麓富水区服务城市型农业的发展提供科学依据、配套技术和实践典型。其内容是种养加工产品生产技术的研究，观光农业的开发建设研究，农业发展战略和优化决策的研究。下设八个专题，如节能温室蔬菜、水生蔬菜和名优特新蔬菜，开发暑期热杂果引种示范及优质高产栽培；棉田早熟高效种植方式及其综合技术研究；河漫滩地水稻高产和高效综合利用；主要畜禽高效规模养殖；藕和莲籽深加工技术研究；城郊型田园式观光农业综合开发研究；太行山麓富水区农业战略发展研究；秦庄乡乡级规模农业生态经济系统优化研究等内容。其技术路线是：针对制约农业发展的自然和技术等关键问题，组织多学科、多专业、多层次联合攻关，研究解决的途径和方法，通过单项技术的组装配套，增强农业生态经济系统的整体功能。提高农民的科技素质和优化经营管理，使试区经济得到持续稳定发展。科技兴农加快了先进实用农业技术推广应用的步伐。

【林牧业】

林业：林业生产坚持以提高经济效益为中心，不断扩大杂果基地，进行果树综合管理，提高果品产量和质量，以经济沟建设、旅游区景点绿化为重点带动全县荒山绿化，增加山林覆盖率，进一步落实完善各项林业政策，调动广大农民植树种果，绿化荒山的积极性，充分挖掘现有资源的潜力，使其发挥更大经济效益和社会效益。1991年全县完成四旁植树57.6万株，是计划的115%；人工造林5154亩，是年计划的128.9%；育苗面积达1213亩，其中新育770亩，分别是计划的121.3%和128%；酸枣接大枣24万株，是计划的120%；完成幼林抚育2.1万亩，是计划的105%；封山育林面积19.6万亩，其中新封3.2万亩；完成中低产果园改造3000亩，平均亩增21.5%，全县果品达到6800吨，比上年增加9.12%，林果业总产值2460万元。

经济沟建设。1990年获鹿县被林业厅确定为经济建设重点县，当年规划设计经济沟14条，涉及7个乡镇，14个村庄，总面积为1.95万亩，其中造林面积1.22万亩，占总面积的63%。规划配套工程有扬水站2个，蓄水池5个，道路7.2公里，渠道8400米。1991年完成造林8810亩，其中防护林3629亩，用材林469亩，经济林4712亩，完成配套工程的扬水站2个，蓄水池5个，道路8公里，渠道8500米。1991年又完成了10条沟的规划设计，整地5300亩，其中挖水平沟1.95万米，打果坑6.75万个，完成造林1810亩。经济沟成了全县山区建设的突破口。

育苗基地建设。为解决苗木短缺，品种规格不对路的问题，县政府投资5万元，对育苗积极性高的乡村进行重点扶持，建立良种育苗基地，林牧局调入毛白杨小苗5万株，其他苗木6万株，为育苗乡村提供服务。大河村育苗35亩，标准高，质量好；故城村林场育各种苗木50多亩，育苗数量大，出苗率齐，管理细致。全县建成了以县苗圃为龙头，大河、故城、郑庄、申后、山尹村等乡镇为骨干的育苗体系，苗木基地面积为200余亩。各乡镇对育苗都较往年有所重视，全县育苗有了较大发展，面积达1213亩，其中新育770亩，基本满足县内需要。

畜牧业。畜产品产量大幅度增长，1991年全县肉类总产量1.47万吨，禽蛋总产量6327吨，鲜奶总产量2515吨，分别比1990年增长11.5%、17.6%、4.4%。畜牧业产值实现9810万元。全县畜牧专业户901户，比上年增加17个；养鸡专业户145个，比上年增加26个。专业户养猪4.65万头，养蛋鸡14.88万只，出栏肉鸡13.75万只，分别比上年增长13.5%、20.9%和22.6%，专业户的畜产品收入达2570万元。北故邑肉鸡场，新城乡鸡场，山尹村猪场等一批集体规模化养殖场相继建成投产。县改良站巴布考克父母代种鸡场和牧工商发展公司艾维茵父母代种鸡场相继建成并投产。其中县改良站种鸡存栏5000套，牧工商发展公司种鸡场种鸡存栏3000套，当年向社会提供种蛋75万枚，商品代肉鸡雏30万只，有效地缓解了优种鸡的供需矛盾。全县青贮玉米秸杆5808万公斤，在石家庄市评比中连续4年被评为青贮工作先进单位，又成为华北地区青贮先进达标县之一。

瘦肉型猪基地建设。1986年，获鹿被确定为石家庄市商品瘦肉型猪基地县，县家畜改良站建良种猪繁育场。种公猪存栏6头，母猪存栏35头，年向社会提供种猪400多头。全县养猪专业户413个，比1990年增加17个，一批集体规模化养猪场建成投产，进行了免疫程序改革，改春秋两季季节性防疫为常年防疫，保证了免疫效果。全县猪的防疫密度达96.5%，免疫密度达90.1%，推广模式化养猪25万头，取得显著经济效益和社会效益。林牧局开展系列化服务，为养猪专业户提供资金50万元，混合饲料1.6万吨，保证了养猪业的健康发展。1991年全县猪存栏14.9万头，出栏16.3万头，分别比1990年增长5.06%和8.7%。

肉牛基地建设。1988年获鹿被确定为农牧渔业部肉牛育肥基地县，坚持自繁自养与外购相结合的路子，强化了肉牛基地建设。1991年，母牛存栏1862头，占牛存栏总数的21%。黄牛改良工作明显加快，全县改良配种母牛1396头，良种牛覆盖面积达75%，扩建县外贸肉牛育肥场和新建中落凌果园养牛两个肉牛育肥场，其中县外贸肉牛育肥场存栏300头，中落凌果园养牛存栏60头。全县青贮玉米秸杆5808万公斤，保证了养牛业的需要。1991年全县牛存栏8911头，出栏2409头，分别比上年增加2%和2.6%。

【乡镇企业】

获鹿县的乡镇企业，1990年已发展到2848家，总产值8.74亿元，占全县工农业产值的74.8%。上交税金3683万元，成为县国民经济的重要支柱。按行业分类：有工业、建筑、运输、商业服务、农牧五行业。工业企业的主要产品有：(建材类)石渣、石灰、理石末、大理石、青白水泥、机制砖；(轻化工类)机制纸，塑料制品、服装、啤酒、植物油、淀粉、面粉、家具、磷肥、硫酸、皮毛制品等；(机电类)建筑工具、造纸机械、铁制小农具、深井泵、制砖机等。

1991年，乡镇企业开展了“质量、品种效益年”活动，以提高经济效益为中心，以提高产品质量和增加品种为主要内容，坚持内涵外延并举，新老企业一起抓，促进企业上水平，质量晋等级，品种增花样，效益跨上新台阶。至年底，全县乡镇企业发展到1.03万个，拥有固定资产4.38亿元，从业人员6.7万人，占农村劳动力总数的44.9%，乡镇企业总产值15.48亿元，比1990年增长36.3%，占全县农村社总产值的86.4%。完成总收入12.92亿元，比上年增长32.5%。实现利润1.36亿元，比上年增长28.5%。上缴国家税金3683万元，占全县税收总额的79%。

乡镇企业的发展，靠的是科学，靠的是适销对路。全县乡镇企业有三种以上产品创部优。孟同村维酶素厂生产的醋蛋液获全国科技星火项目，获鹿镇兴华白水泥厂被评为省级先进企业。

【工业】

九十年代初，县内工业遇到了原材料短缺、资金不足、电力不足、市场疲软等一系列困难，为解决矛盾，加强生产调度和协调，县成立了工业 生产协调领导小组，下设生产，技改、资金、承包、经销、企业管理六个专业协调组。加强了企业管理，对老产品实行技术改造，提高质量，降低消耗。同时狠抓新产品开发，对重点企业和利税大户施行倾斜政策。啤酒厂、第一水泥厂、电石厂等企业、老产品质量普遍有所改进和提高，经济效益明显增长。企业和科研部门紧密结合，全年开发了石灰氮、特种水泥、新型脱色剂、多级水泵等30多种新产品。1991年，工业生产在管理体制上实行了改革，撤消了原工业局，建立了冶金机械电子公司(局)、建筑工业材料公司(局)、轻纺工业公司(局)、化学医药工业公司(局)、开始形成行业管理模式，工业生产逐渐走向城乡一体化。四个公司成立伊始，面对的就是市场疲软，为扭转被动局面，各公司争树自己的“行业形象”，实行强化管理，内部挖潜，灵活机动，共度难关。对企业分类指导，逐厂开展咨询，狠抓创新、创优。获鹿县水泥厂应用高铬钒钛铸铁衬板球生产的425号R型白色硅酸盐水泥新工艺，于1991年11月21日通过国家建材局和省科委等部门组织的技术鉴定，该工艺和产品双双填补了国内空白，比传统工艺提高产量50%，提高细度4%，凝结时间缩短，抗压强度每平方厘米提高50公斤。县水泵厂由原来农用水泵占主要成份，积极向多功能转化，1991年该厂与河北省机械科学研究院联合研制的100FH型多功能自由流杂质泵，当年通过技术鉴定。

1991年，全县共开发市级以上新产品10种，其中8项填补了河北省空白，有5种产品获省以上优质产品称号。其中方宝工具厂的防爆工具、县水泥厂的白水泥、光华机械厂钛铁粉3项产品创省优；县第二水泥厂的425#水泥，第一造纸机厂的造纸机烘缸等产品创部优。为发展适销对路产品，县政府重点抓了水泵厂机电车间、第二水泥厂节能技术和铁路专用线，啤酒厂的糖化楼配套，防爆工具厂扩建等10项技术改造项目。全县技改和新上项目总投资额4800余万元，工业产品结构高科技、外向型产品增加。全县三资企业已有5家，新近签约准备新上的三资企业有6家。

1991年全县完成工业总产值15.36亿元，比上年增长42.2%，工业企业利润1520万元，比上年增长29.7%。年创利税100万元以上的企业14家，其中300万元以上的3家，200万元以上的3家。这些企业是获鹿县啤酒厂、获鹿县第二水泥厂、获鹿县轧钢厂、兴华白水泥厂、霍寨酒精厂、获鹿县水泥厂、南铜冶精铸厂、寺家庄焊接材料厂、寺家庄乙炔气厂、兴华白水泥构件厂、获鹿电石厂、获鹿西苑水泥厂、永壁南张庄鞋厂等。

【交通】 获鹿县交通方便，铁路公路纵横交错，布局合理，石太铁路横穿县境中部，过境长度11.2公里。有南新城、获鹿、头泉三个车站。京广铁路纵越县东南部。过境长度6.5公里，有平南火车站。"国铁"各站年运输量总和近70万吨，货源引吸区为获鹿、平山、井陉、栾城等县及石家庄市郊区。平南、获鹿、头泉等客运发送旅客7万人次。大(郭村)宋(家峪)(又称大峪)地方铁路，由县境中部新城乡入境，斜插西北，过获鹿建材工业区至于家庄出境入平山县。该路全长27.3公里，沿线专用线29.58公里。干线总长的89%和所有的专用线都在获鹿县境内。有5个车站，县建材工业区各厂矿，县西北部的沧州、衡水地区建材产品和原材料进出主要依靠这条铁路，年运输能力170万吨。

县内公路四通八达，"七五"期间路面升级，立体交叉有较大发展。横贯县境中部的石太公路，日通车量1.2～1.5万辆次，该路在县城西南与石太铁路交叉，经常发生堵车现象，有时"车队"长达10数公里，堵塞几个小时，为改变这一状况，县政府与有关部门决定在公路交叉处建大型立交桥。该项工程于1988年7月破土动工，1989年10月建成通车。立交桥为箱函式、三孔。中孔(径)12米，两侧孔径各5.5米。净高(限)快车道5米，慢车道3.5米。这一桥涵的建成，彻底杜绝了堵车现象。

随着经济的发展，公路里程需相应增加，1990年新增公路里程29.2公里，改建维修了京获公路南段、黄壁庄段、京获支线李村段及县南山尹公路等，新增地方公路20余公里。其中有大河乡公路、南故邑旅游公路、综合技校路、寺家路、南寨西山公园路。这一年对县城交通干线及主要街道进行了改造，完成了路面硬化与配套工程。

县城街道虽经多年改造，许多地方仍不能适应经济发展的需要。县城南大门——向阳大街公铁立交桥，建于1973年，原有2孔5米涵洞，近年的交通量早已超过其设计能力。县政府于1990年提出改造方案，经过各方准备，于1991年4月破土动工，同年8月12日建成通车。即在原来建筑的东西两侧各增加1孔4.5米慢车道，拆除原孔中的人行道，实行快慢分流，人车各行其道。

与向阳大街公铁立交桥相隔百余米的人民大桥，原桥路面狭窄，是进城的一道关卡。1991年，县政府将该桥进行了加宽改建，分快车、慢车、人行三条路，改变了以往过桥拥挤状况。

在注意县城交通状况改善的同时，交通部门在全县公路的新建和维修上做了大量工作。1991年，全县新建改建公路19条，总里程43.5公里，完成大、中修公路3条，总长12公里。新建公路有高迁运转公路，系专用公路工程，长3.32公里，投资38万元。青龙山旅游公路，长3.67公里，投资30.6万元。梁庄乡公路，长10.2公里，投资9.5万元，该路的建成结束了这个乡无柏油公路的历史，实现了全县21个乡镇都有柏油路。在新建公路中，多数达到了优良工程标准。大修的公路有双同路油面大修等工程。

获鹿县在交通管理上贯彻"修养并举"的方针。县交通局公路站是负责公路养护的专门机构，站下设有申后、铜冶、山尹村、高迁、李村、黄壁庄、故城、牛山、鲍庄、贾村10个道班。1991年度，除完成了高(迁)南(佐)、宜(安)沙(白沙)、获山公路等大修工程外，全年还完成了挖补2.29万平方米，养护桥涵8座，维修水毁路基738平方米，修复油路面419平方米，修复塌方4处，计103平方米。公路绿化——植行道树6000棵，保证了公路畅通和环境幽美。1991年，全县公路里程达到了350公里，其中国道2段17.2公里，省道59.4公里，县道7段61公里。

【邮电】 获鹿县邮电事业有较大发展，1985年，县城安装开通了1000门自动电话交换机。同年底，大河、李村、铜冶、永壁各支局开通了与县局自动拨号。1990年1月，铜冶镇支局安装了400门纵横式电话交换机，同年与县局并网。

1991年全年邮电业务收入完成341万元，比上年增长17.9%。其中：邮政专业完成89.58万元，比上年增长33.96%；电信专业完成103.03万元，比上年增长27.64%，电话专业完成45.86万元，比上年增长28.20%。

邮电服务。1991年，全县有邮政服务网点11处，主要经营函件、包件、汇兑、报刊发行、储畜等业务。由于人们物质生活状况的改变，邮政函、包、汇等传统业务受到很大冲击，1991年上述三种业务量比1990年下降9.67%。

投递业务。全县有汽车邮路3条，共长196公里。投递线23条，全长750公里，其中县城4条，全长65公里。据邮电部规定和本县现有的通信能力，县城和铜冶、李村、大河、黄壁庄等邮电支局所在地的邮件实行直投到户。农村投递除乡镇企业和较大的村办企业外，一般每个行政村设两个投递点，由信报员代投到户。

电报业务。在巩固发展原有业务的基础上，1991年新增了请柬电报，逐步完善了礼仪电报种类。县邮电局至铜冶支局新开了一条传真电路，促进了农村电报的发展。

随着社会对电话需求的日益增多，县城1985年安装的1000门电话机，于1991年8月底全部装满，总机超负荷运转，造成了机关、厂矿企业装电话难，用户打电话难的局面。为改变这种情况，经县委、县政府和上级邮电部门共同研究决定，将获鹿县市话增容改制6000门程控电话，其中县城4000门，铜冶、李村各1000门。主机引进日本富士通公司(株式会社)生产的F——150程控交换机。为使传输设备符合程控交换机并入全国自动网的要求，县城至石家庄的传输采用8芯光缆，县城至铜冶、李村的传输采用6芯光缆。至1991年底，已完成了县城至铜冶、县城至李村的光缆铺设。其它项目亦在紧张施工中。该项工程总投资需1200万元，根据县政府制定的投资方案，县行贷款650万元，县政府投资100万元，用户集资300万元，不足部分由邮电部门自筹解决。到1991年底，全部资金基本到位。

为使农村电话逐步适应经济发展的需要，改变农村电话的落后状况，1991年元月，安装开通了黄壁庄支局的64门小程控交换机，使黄壁庄镇实现了村村通电话的目标。7月，架设了永壁至铜冶的100对电缆，使永壁的全部用户直接纳入铜冶自动交换机与县城并网。改变了永壁乡电话通信的落后现状，而且为改装程控电话作好准备。

【商业外贸】 获鹿县地处冀晋交通要冲，历史上曾是太行山东麓大型物资集散地，近代因交通工具进步，邻近城市崛起，商业贸易受到影响，市场范围缩小。商品经济大潮兴起后，获鹿县商业再次蓬勃兴旺起来，1978年后，县城太平河两岸集贸市场逐年扩大，门类不断增加。每年两次物资交流大会，成交额均在245万元以上。1990年全县社会商品零售额2.10亿元，其中商业零售额1.36亿元，与1989年相比，零售总额下降8%，主要原因有1989年一度发生抢购风，库存、积压商品销售量较大。1990年，国营商业和供销社主要消费品销售量，粮食较上年下降29.7%；食油下降4.1%；电视机下降32.2%；洗衣机下降27.4%；录音机下降40.1%；电冰箱下降9.7%。这一年集市贸易成交额6008万元，较上年增长18%。商品销售增长的有生猪肉，增长16.7%；电风扇增长66.18%；自行车增长29.8%。

1990年物资部门购进总值6902万元，比上年下降25.8%；销售总值6939万元，比上年下降25.3%。尤以水泥销售下降显著为60.7%。销售增长的有煤炭、钢材、木材、平板玻璃，它们增长的比例分别是26.5%、10.4%、10.6%、19.5%。

为扭转被动局面，克服市场疲软，以国营商业、供销社为主渠道，开拓市场，搞活流通。1991年，全县社会商品零售总额2.44亿元，比1989年增长6.9%，比1990年增长16.3%。在繁荣市场，开拓经营中，国营商业充分发挥优势，实行了联购联销，主要开展与石家庄市的纺织站、百货站、五金站及其他大中城市的商业经营单位联购联销；与邻县和外地有关对口单位开展联购分购，与地方工业企业进行横向联合，广交朋友，搞活市场。县商业局系统先开辟了四川、青岛、江苏、辛集、南宫等23个购销基地。县供销社系统紧紧咬住农村市场，开展优质服务。直接深入生产厂家，严把化肥、农药、农机、各种农用物资质量关，取得良好信誉，实现购销两旺。国营商业和县办工业是商业经营的重要组成部分，供销系统的商办工业在原有基础上有新的发展。供销社获鹿县制鞋厂，1991年向罗马尼亚出口布鞋1.3万双，创外汇收入9万元。商业局商办工业，有5个新项目，五金公司与郑家庄合办的城南搪瓷厂的浴盆，不仅国内畅销，而且出口东欧和前苏联。钛材工艺设备厂开发的钛精滤器，填补了河北省空白。

县政府为促进流通，加快了流通设施的建设，增加了新的市场网点，在县城、大集镇、传统物资集散地和重要交通干线开辟新的市场。1991年建成使用的市场有方台、寺家庄、中落凌等专业批发市场；还有粮油中心、商业综合商场等6座商业大楼投入使用，建筑面积达8200平方米。

商业职工在经营活动中，针对不同情况，采取不同方式，为占领市场，开展了多种服务，农忙时节走村串户，送货到田间地头，全年销售金额达73万元；赶集摆摊售货，金额达230万元；运用展销会，选货会等形式在当地和外地联销，成交额890万元。

商业是物资交流的媒介，是地方工农业发展的重要帮手。县商业系统对地方工农业，实行了产中扶持，产后帮销，将获鹿县产的各种罐头、丝绸被面、食油等产品，分别销往承德、张家口及福建、山西等地，1991年为县内356个工业企业推销产品达1240种，销售金额1650万元。为地方工业企业采购原材料700余种，金额670万元。在支持农村商品生产方面，食品公司在大河建立了生猪生产基地，并发展了15个养猪专业户，当年向省会提供生猪1000余头。帮助韩庄、王庄、小李庄三个村建立蔬菜生产基地，1991年向省会提供春菠菜30余万公斤，为当地农民增收10万多元。

对外贸易收购总值逐年增加，1990年收购总值2004万元，比上年增长31.7%，出口商品结构由以农副产品为主转化为以工业品为主。1991年，外贸职工拓宽经营区域，跨出县界、省界，与山东、山西、河南等地20余家经营单位，建立了固定的贸易关系，全年增加收购值800多万元。为保证货物出口时机，抓住国际市场行情，外贸职工寻求口岸推销。在保证河北口岸供货前提下，1991年，新开辟了福建、深圳、厦门、南京、海口等口岸和10余家外贸公司。经过这些港口，获鹿县商品销往日本、朝鲜、澳大利亚、香港等国家和地区。

1991年，出口商品15种，其中工业品10种，农副产品5种，完成收购总值2578万元，超计划28.9%，实现利润74万元，创外汇536.4万美元。出口的主要工业品有纺织品，药品、化工类制品和服装。

【文化教育】

文化：获鹿县的群众文化空前活跃，群众文化社团相继成立，到1991年全县发展到93人，培训各类文艺人才200多人，创作文艺作品160多件。不少优秀作品在省市比赛中获奖，在各级电台电视台播出。农历正月十五为获鹿县民间艺术节，传统的“花会”在县城演出。地方戏“丝弦”一直为人民所喜爱，县丝弦剧团是全国仅有的四个专业丝弦剧团之一，1991年5月县领导到剧团现场办公，当场拍扳，解决剧团多年难以解决的住房、车辆等具体困难，招收新学员40名。省文化厅对获鹿的“以文补文、多业助文”予于肯定，1991年11月8日在获鹿召开了“补文工作现场会”。获鹿县的文物古迹有史前文化金河原始公社遗址，有战国石邑故城遗址，韩信破赵之战出奇兵的土门关，杜庄出土的历代古币，龙泉寺石幢等多处多种。1991年8月在海山岭东发现的西汉古墓出土文物78件，其中7件为国家一级文物，4件文物选送故宫参加“第二届中国文物精华展”。

教育：县教委落实国家教委关于把教育工作重点转移到提高教育质量和加强德育工作上来的指示精神，深入教育改革，优化教育环境、强化学校管理，使9年义务教育和农村教育综合改革取得了较大进展。

全县有幼儿园168所，409个幼儿班，有小学174所，1278个教育班，在校学生4.15万名。有中学28所，其中初中25所，高中3所；教育班341个，其中初中292个，高中49个；在校生15040名，其中初中12383名，高中2657名。专业学校2所，毕业生370名。初中入学率98%，巩固率97.7%，毕业率97.5%，普及率100%。小学入学率98.33%，巩固率99%，毕业率96.3%，普及率100%。在校生体育锻炼达标率94%，近视新发病率小学低于3%，中学低于1.5%。

全县中小学认真贯彻落实党中央、国务院以及国家教委颁发的关于加强中小学教职工思想政治工作和学生的德育工作的一系列法规、文件，普遍地重视了思想政治工作，采取了多种措施，做了大量工作，涌现了市级学雷锋先进个人26名，市级先进集体72个，在校生违纪率低于1%。县教委对义务教育法的落实情况进行了全面检查，制定了《获鹿县中小学学校规范化管理暂行规定》，使学校管理工作初步步入规范化制度化管理轨道。推进教学改革，使教学实验更加深化。小学语文、数学，中学物理、数学的教学实验都取得了可喜进展。在全县教学中开展“义务教育必备办学条件达标”工作，因地制宜，典型开路，大河乡克服种种困难，率先“达标”。全年征收农村教育附加费441.2万元，为实现“达标”筹措了资金。坚持购买与自制相结合的原则，解决教学设备问题，仅此一项就投资109.2万元，其中购买仪器7800件，自制仪器18366件。1991年11月经教委检查验收，确认全县初中、小学均达到了省义务教育必备办学条件一类标准。

成人教育：县教委充实健全了成人教育专职队伍，改善了办学条件，落实了经费，实行了规范化管理。全县专兼职教师分别达到42名和345名，共有专用教室23个，课桌凳7744套，图书资料61236册，配备录像机、放像机、电视机等电教设备的乡技校21所，大河、寺家庄乡技校还配备了土壤分析仪和微机。落实办校经费11.11万元，全县21所乡(镇)技校，已有3所达省颁发示范性学校标准，15所达一类标准，3所达二类标准，198所村业校基本达到了市成人教育要求的标准。多渠道办学，培训人才，推广实用技术：会同财政局举办工业会计、商业会计、行政事业预算三个培训班，对全县500名财政管理人员进行了两个月的系统岗位培训，493名学员领取了结业证书，考试及格率为98.6%。会同商业局举办会计、珠算班，74名学员领取了结业证书。会同建材公司举办碎石机革新技术培训班四期，培训100余人。抓两后生培训，培养经济建设的后备军，2968名应届初中毕业生，811名应届高中毕业生领取了县教委统一印制的“绿色证书”。10月，县教委在省教委召开的在乡两后生培训会议上介绍了经验。

【经济协作】

按照县国民经济和社会发展十年规划，经济协作办公室以“联合、服务、协调”为己任，进行技术开发、物资协作以及协调服务，发展和深化横向经济联合。到1991年底，全县已同遍及全国的150个厂矿企业、科研单位、大专院校建立了经济协作关系，县内横向经济联合体175个，实现工业总产值2.36亿元，利税1756万元。

搞好经济协作，需努力改善本地投资环境，根据获鹿的实际情况，县制定了发展外向型联合的计划和优惠政策，通过参加各类洽谈会和利用华侨及港、澳、台同胞回来探亲之机，请他们参观考察、吸引外商、港商、台商来获鹿县投资。1991年前已建成了大力可乐等合资企业2个，1991年当年达成的18项意向合作项目，已有8项报批立项，投资总额835.3万美元；有6项草签了合同、章程。同时帮助县鞋厂和中山湖制鞋厂向东欧出口男布鞋和童鞋17.6万双，成交贸易额15万美元。经济协作还在物资调剂上进行有效的工作，根据本县余缺，与外界联系，1991年“协进协出”了7种物资，调进各种油料4300吨，稀金属材料13.5吨，化工原料110吨，调出建筑材料380吨，直接协作金额1100余万元，实现利税10万余元。

引进资金。在开展横向经济联合中，首要的是资金问题。一个时期以来，获鹿县缺口资金较大，存贷差额为2亿多元。针对此问题，县政府采取了多种渠道，多种方式，利用一切可以利用的条件，引进资金，新建了交通银行获鹿办事处和中国银行获鹿办事处两家金融机构，融资网络和投资渠道得到扩展，争取和融通规模外资金5000余万元，为企业清理“三角债”6500多万元。在开展横向经济联合中，把引进资金作为联合的一项重要内容，充分利用获鹿县的优惠政策及地理资源优势，吸引大中城市和外商前来投资办厂，1991年吸引了国内6家企业和一家台湾厂家来获。秦庄乡与河北机电学院联营的铸造厂，学院投资25万元；矿泉水公司与台湾莲富有限公司合资的矿泉水项目，台方投资24万美元。

引进人才。“七五”期间，县政府以优厚条件，从北京及其他大城市、大企业聘用多位有专长的技术人员，为全县建设出了大力，一位高级工程师一直担任县政府经济顾问，直到年事高迈，行动不便才停止工作。对引进人才，县政府一直给予高度重视，到1991年，还有16名经济顾问在县政府和部分企业担负工作。这些顾问都有较强的事业心，在技术上和管理上有较高水平。

经济信息。信息是发展经济一大要素。几年来，全县各级各部门乃至各阶层，都十分重视信息工作。工业、商业、服务业等，广伸“触角”，利用定货会、交易会、协作会等多种渠道，报刊、电台、信件等多种媒体，搜集各方面经济情报，有关部门经过研究、筛选向全县发布或专项传递，每年有200条至300条信息被各单位选用，建成投产的或收到相当效益的在20～40项之间。1991年5月，国家专利局p技术开发公司来获鹿县举办专利技术项目发布会，一次就发布200余项专利项目，全县有100家企业与58项专利项目达成了合作意向，有40项基本落实。

【体制改革】

1991年，工业改革迈出了较大步伐，首先改变了管理体制，工业生产由切块管理改为行业管理，撤消了工业局、乡镇企业局，成立了冶金、机电、建筑材料、轻纺和化学医药四个公司，城乡工业企业归口管理。工业以外的乡镇企业由县计划经济委员会新增的乡镇企业科管理。四个工业公司为企业化经营的事业单位，对县政府负责，实行经营负责制。第二，对企业承包实行了全过程管理，着力抓了10个环节，即：承包合同的签订和公证；承包合同的实施；承包合同的修订和终止；经营者的更换；承包期内的政策协调；企业承包的监督检查；纠纷处理；年度兑现和期中考核；典型经验的推广和资料的管理。第三，健全了激励机制，具体内容是制定了工业企业星级管理办法。为了鼓励好企业上等级、上规模、上效益，按照企业销售收入、利税、自有资金和管理水平，对企业设立了五个星级。企业达到不同的星级对厂长和企业给予不同奖励。星级越高奖励越重。奖励办法有：授予荣誉称号、批给“农转非”指标、转干、奖金、晋级等。

1991年兑现“星级”的有：

达到三星级的企业是县第二水泥厂，奖该企业“获鹿县农转非”指标3个，授予厂长李喜顺“三星级厂长”称号。达到二星级的企业有县轧钢厂、县啤酒厂、兴华白水泥厂、高迁东街钛铁粉厂、东营东街焊接材料厂。奖给这些企业“获鹿县农转非”指标各二个，授予各厂厂长“二星级厂长”称号。

在制定星级办法的同时，对一般企业也做出了相应的管理办法，制定了一系列政策，鼓励发展外向型经济，引进资金、技术、人才、项目，发展横向联合，发展乡镇企业。凡上述工作中有功人员均按贡献大小给予奖励。

1991年兑现的有15个村党支部书记，村委主任，给予“获鹿县农转非、转干”奖励。给予县人民银行、县保险公司等6个单位奖金4135元～2万元的奖励。

农村改革实行了乡镇经济“台阶目标”管理，台阶指标为：人均工农业总产值、人均财政收入、粮食平均亩产、农民人均收入、乡镇集体工业企业产值利税率、乡镇集体工业企业资金利税率、乡镇企业固定资产投资。

“上台阶”前四名的乡（镇），授予“上台阶优胜乡镇”称号，授予乡（镇）党委书记、乡（镇）长“模范工作者”称号。上台阶优胜乡镇第一名的，乡镇党委书记、乡镇长上浮一级工资，给该乡镇一个农转非指标。1991年兑现的有：永壁乡（第一名）、山尹村乡、宜安镇、高迁乡。

【自然奇观】

获鹿县山地风光奇特，山体形态各异，睡美人又称卧佛、仰佛最为引人注目。抱犊峰北坡连绵起伏的山体向北延伸2公里，远远望去酷似一巨大美人安睡，“眉”、“眼”、“鼻”、“口”轮廓清晰，上半身“乳房”突出、“身材”匀称、比例恰当，睡姿二目微闭，面带笑容，犹如正在甜蜜梦中。这一奇观在获鹿县东面大部地区都可看到，石家庄郊区不少地方亦可观看“美人”风采。获鹿不仅山奇，树则更奇。白鹿泉畔一农民家中，一棵椿树（樗）自然变成方形，该树高近10米，从地面向上自然变方，每边长28厘米。据树主人介绍，该树40余年，从未用外力使其变方。县城南5里郑家庄韩庆禄院内，也有一株自然变方的椿树，韩家这株椿树从村外沟边移来，幼树并无异常，主人亦不知从何时起变方的。郑家庄方椿比白鹿泉方椿树龄略短，树高也略小于白鹿泉方椿，但变方程度比白鹿泉那棵更深，四个平面更明显，每边长20厘米。

树木自然变方属自然界重大变异，世界其他地方尚不多见。获鹿的两棵方树已引起了有关部门重视。

除上述奇观外，南寨山中有一眼冷泉，高温酷暑水温不升，严冬季节亦不结冰，伸手试温奇凉透体，在火上加温久煮不沸，令人叫绝。

【重点企业】 获鹿县啤酒厂：又称“北京双合盛五星啤酒厂石家庄联营厂”，厂址在获鹿县县城东部海山大街。全厂有职工500人，其中工程技术人员30人，厂区占地面积5.5万平方米，年生产能力2000吨。获鹿县啤酒厂主要生产10°、11°、12°、特制11°四个品种“五星牌”啤酒。该厂产品采用北京双合盛独特酿造工艺，选用优质澳大利亚麦芽和甘肃祁连山地区优质酒花，配以经过电渗析处理的、含有锶、钙、镁、铁等12种对人体有益的微量元素的白鹿泉水酿制，成品完全符合五星牌质量标准。自1988年6月投产以来，产品一直供不应求，成为县内利税大户。为满足市场需求，该厂正在进行技术改造，完成后将形成年产5000吨生产能力。

东营东街焊接材料厂：位于获鹿县寺家庄镇东营东街。该厂建于1972年，因重视产品质量，生产形势一年好于一年，至1991年底，拥有职工430人，有固定资产400万元。焊接材料厂主要产品有：还原钛铁矿粉、还原铁粉、FC颜料、氧化铁棕、氨基磺酸等。几种产品年产量近万吨，产值1800万元，创税利200万元。该厂生产的还原钛铁粉自1986年，连续多年被评为省优、部优产品。1989年，该厂晋升为国家二级计量单位，1990年、1991年被命名为省级先进企业和省级基础管理达标企业。

（吴顺元 韩庆志）

三河县

三河县在改革开放政策指引下，经济建设进一步走向繁荣。1990年，全县综合经济指标位居全省第4，进入全省十强县行列。1991年，完成社会总产值20.60亿元，比上年增长16.4%，国民收入完成7.89亿元，比上年增长17.9%，国民生产总值完成9.24亿元，比上年增长16.8%，工农业总产值完成16.88亿元，比上年增长14.9%。

【自然地理】 地理位置：三河县位于河北省中偏东北部，地处北京、天津、唐山、秦皇岛四个大中城市的中心地带，是唐山、秦皇岛及东北三省进入首都的必经之地。县境东西横距44公里，南北纵距30公里，总面积643平方公里。其中耕地面积58.2万亩，人均耕地面积1.23亩。

地貌：三河县地处河北平原北端，燕山山前冲积平原区。地势北高南低，海拔7～30米。北部燕山余脉伸入，有小面积的低山丘陵。南部为平原（占总面积的72.4%），兼有洼地（占总面积的15.8%）。主要山峰有大岭后山，位于县城东北15.6公里处，海拔521米，为境内最高山。此外，还有孤山、灵山、栲栳山、鹰嘴山等山峰。

气候：三河县地处北温带亚湿润气候区，属大陆性季风气候，四季分明。冬季寒冷干燥，夏季炎热多雨，年平均气温11.2℃，1月份平均气温－5.6℃，极端最低气温－25.8℃（1966年2月22日）；7月份平均气温25.8℃，极端最高气温40.2℃（1972年7月16日）。年日平均气温0℃以上的持续时间为263天，无霜期年平均185天，年平均植物生长期为234天。年平均降水量为650.9毫米，其中66%集中在7、8月份。年极端最大降水量为934.8毫米（1987年），最小降水量为267.7毫米（1981年）。日极端最大降水量为160.3毫米（1984年8月10日）。

水文：三河县地处山前区，地下水储量大，水位高，年最大开采量可达1.6亿立方米，地表河流共10余条，交错成网，河流总长度132.9公里，河网密度0.0207公里/平方公里，年径流总量0.71亿立方米。主要河流有潮白河，由潮河、白河在北京市密云县城南汇合而成，自北京市顺义县流入三河县境内，全长458公里，境内流程20.2公里，年平均流量29.7立方米/秒；泃河，源于兴隆县青灰岭，经北京市平谷城西，南流与错河汇合后流入三河县境，境内流程51.2公里，年平均流量11.9立方米/秒；鲍邱河，是三河县境中部呈南北走向的季节性河流，源于北京市顺义县李遂镇，三河境内流程52.8公里。

矿产：三河县境内矿藏丰富，种类繁多，储量很大，颇具开发价值。煤炭，分布在县境西北部地区，煤层时代为石炭第二迭纪，煤质为肥煤至无烟煤，埋藏在100～200米深的第四系之下，储量2亿吨；白云石，分布在县境东北部山区，储量4亿吨，多为特级品（mgo＞22%），质量和储量均居全国之首，是烧制白陶和建筑材料的上乘原料；大理石，分布县境西北部山区，储量达10亿吨，有墨玉、晚霞、雪花灰等品种，质优色艳；石灰石，储量极富，可烧制白灰、水泥，多为一级品；硅酸盐水泥矿石，储量2700万吨；硬铁钒土，储量超过7亿吨，品质优良，是制作紫砂陶瓷的理想原料。

【人口】 人口：到1991年底，全县拥有人口39.1万人，其中农业人口24.3万人，非农业人口14.8万人。

计划生育：三河县计划生育工作认真贯彻党中央、

国务院和省委、省政府有关人口的政策文件，以“抓补救、保规划、抓长效、长水平”为指导思想，各级领导亲自挂帅、具体部署，坚持“两种生产一起抓”，把计划生育工作列入各级党委、政府的重要议事日程，加大宣传力度，坚持突击与经常性工作相结合，以突击为主，以突击带动经常，因地制宜地夯实基础，取得了显著成绩。1991年，在全县育龄妇女数量明显增加的情况下，全县共召开大型专项计划生育工作会议17次，开展突击活动5次，“有一个做一个就是任务，经得起检查就是标准”，有力地控制了人口增长。全年共出生人口4658人，人口出生率为12‰，比上年下降2.6个千分点，其中，多胎出生41人，比上年降低0.26个千分点；年内死亡人口1952人，死亡率为5‰，人口自然增长率下降了2个千分点，为7‰。计划生育率达到87.06%，比上年提高0.2个百分点。手术任务完成顺利。1991年，全年共做各种节育手术21740例，比1990年多做5382例，完成廊坊市下达给全县任务的118.3%。其中，上环9906例，比上年多做2782例；结扎7490例，比上年多做3996例；补救4344例，补救一项直接降低了全县当年人口出生率8个千分点。在5次突击活动中，共做手术19400例，其中上环8200例，结扎6800例，补救4120例，分别占全年各项手术的82.78%、90.79%和94.84%。全县计划生育基础工作得到加强，做到组织、人员和设施的落实。全县配齐了专职计划生育副乡镇长，全县共23名。县计划生育委员会设有技术站、宣传站和药剂站，乡镇设计划生育办公室和手术室，计划生育专业人员270人，专业技术人员79人，配备探环仪、孕检仪、小型B超机80多台(件)，做到了上环、人流手术不出乡，结扎手术不出系统，大月份引产不出县。县乡两级共建人口学校和分校24所，村级活动室70多个，对全县育龄妇女实行了合同管理、帐卡档案管理和挂牌管理；计生协会发展较快，现有三级协会组织419个，并配备了会长、副会长和秘书长。会员队伍日益壮大，使计划生育工作逐步走上了规范化、法制化的轨道。1991年，省里联合检查结果三河县在廊坊市名列第2，并被市委、市政府命名为“计划生育工作先进县”。

【农业】 三河县是传统的农业县，主要农作物有小麦、玉米、高粱、谷子、大豆、红小豆、绿小豆等20多个品种。近年来，主动接受京津等大城市的经济辐射，努力发展城郊型经济，着力壮大瓜菜、水产、畜牧、林业4大支柱，推行规模经营，提高农业生产的经济效益，促进了全县种养经济的发展。1991年，全县粮食总产量达到2.35亿公斤，淡水养殖面积达到1.26万亩，淡水产品产量达到1325吨，分别比上年增长1.6%和3%。畜禽存栏达到400万头(只)；肉类总产量达27922吨，蔬菜总产达到20.9万吨。按1990年价统计，1991年全县农业总产值达到5亿元，其中种植业总产值2.34亿元，比上年增长14.5%；林业产值537万元，增长5.9%；畜牧业产值1.65亿元，增长14.1%；渔业产值569万元，增长6.4%。并已有50余种农副产品畅销全国，出口日本、香港等国家和地区。

“围山转”工程。三河县境内东北部山区为重要的果品产地，从1991年开始，县委、县政府决定建设“围山转”工程，动员全县干部、职工义务植树，计划将果树面积由原来的4万亩提高到10万亩，到“八五”期间，果品产量由原来的4000万公斤增加到1亿公斤。目前，在东北部山区已经栽植了“红星”、“红富士”等优质果树23.8万株，成活率为98%。

【工业】 目前，全市已拥有各级各类企业15435个，其中国家二级企业1家，省级企业7家，市级企业11家，从业人员达84549人，1991年实现工业总产值12.44亿元，利润16205万元。形成了以建材、机械、化工、食品、服装、纺织、电子、运输、工艺美术等14个门类为主体框架的工业结构，400余种名优特新高产品构成了强大的竞争优势，跻身于国际国内市场，其中4种产品在国际上获奖，13种产品荣获国家级优质产品奖，67种产品获省、部级优质产品称号。

县办工业：几年来，县办工业企业在深入改革和扩大开放过程中，不断拓宽经营范围，调整内部结构，内引外联，挖掘潜力，提高产品质量，增强了竞争能力。1991年，全县县办工业完成总产值1.52亿元，比上年增长11%，实现利润857万元，比上年增长1.1倍，实现了利润增长高于产值增长。而且已经拥有三资企业8家，共投入人民币8800多万元，引进外资170多万美元，部分企业已经成为全县支柱型企业。

乡镇工业：异军突起的乡镇工业在三河的经济结构中，发挥着重要的支柱作用，形成了“四轮驱动，经济繁荣”的独特格局，成为全县经济发展的生力军。从1979年起步，1984年迅速崛起，到1991年底，已经发展到拥有四级企业15855个，从业人员78615人的强大阵容，其中从业人员占全县劳动力总数的52.4%。1991年实现总产值10.53亿元，比上年增长15.7%，利润15066万元，比上年增长26%。乡镇工业的产值、利润分别占全县工业总数的85%和90%。

【城镇建设】 三河县近邻首都，几年来，努力发展城郊型经济，大力加强市政工程和基础设施建设，搞好城镇建设总体规划，提高城镇的总体机能。到1991年末，全县已拥有专业集贸市场街25条，城镇主要街道40条，共计72公里。1991年，三河县用于基本建设的投资4650万元，其中生产性建设投资1717万元，施工面积89222平方米；非生产性建设投资2889万元，兴建住宅面积37120平方米；投资324万元，修建城内公路3.9公里，铺设柏油路面2.1万平方米；建设居民供水站一座(包括机井5眼，水塔6座)；铺设了上下水管道19165米；绿化街道和园林5.5公里。目前，城镇主要街道及环城公路已经基本建成，均为柏油、水泥路面，路旁有路灯照明，花木繁盛。县城自来水日产量提高到6000吨，日排放污水量达5050吨，上水管道和排水管道总长14公里。1991年开始兴建的县中医院大楼，将于1992年投入使用。

【交通运输】 三河县交通便利。大(同)秦(皇岛)铁路纵穿南北，北(京)秦(皇岛)电气化铁路横贯东西，是连接北京、唐山、秦皇岛及东北三省的重要交通枢纽，境内设有客货站3座，年客运周转量达51515人公里，年货运周转量达到277284吨公里。县内公路交织成网，四通八达。102国道(北)京哈(尔滨)公路穿腹而过，日交通量在2500辆次以上；县道有三(河)香(河)、三(河)平(谷)等9条，年客运周转量为2041万人公里，年货运周转量为1.99亿吨公里，1991年完成货运量达483.1万吨。县境内共有公路259.6公里，其中干线29.7公里，县乡公路229.9公里，实现了乡乡通柏油路，村村通砂石路。

【财贸】 三河县财政收入持续增长，1991年完成财政收入5601.6万元，比上年增加17.6%，其中工商税收达5000万元，增长14.7%。财政支出3989.4万元，比上年增长15.4%。金融体系健全，全县拥有各级各类金融机构101个，到1991年底，各项存款余额5.3亿元，各项贷款余额6.1亿元，全年银行现金收入5.3亿元，比上年增长23%，现金支出达6.99亿元，比上年增长28.9%，收支相抵净投入货币1.7亿元，比上年多投放0.6亿元。

商品流通：1991年，全县商业部门采取多种形式，组织购销，开拓市场，增加花色品种和名、优、特、新产品的供应，商品销售持续增长。全系统有企业、公司51家，从业人员3113人。全年社会商品零售总额完成22128万元，比上年增长9.9%，其中，消费品零售额完成16908万元，农业生产资料零售额完成5220万元。在社会商品零售总额中，国合商业占63%。全县15个集贸市场交错分布，现有零售网点9404个，从业人员26554人，全年集市贸易成交额达1.22亿元，比上年增长10.5%。外贸出口兴旺，全县拥有出口创汇企业86家，1991年全年完成外贸收购总值达4083万元，比上年增长30.6%，收购品种达31个。

【教育】 三河县于1984年普及初等教育以后，先后被评为“全国基础教育先进县”、“河北省改善办学条件先进县”、“全省勤工俭学先进单位”、“全国勤工俭学先进集体”，并被确定为“全国农村教育综合改革实验县”。1991年，经省政府验收，全县普及九年制义务教育达到必备办学条件。全县拥有各级各类学校396所，其中乡镇农民技术学校23所，农业中专、农业广播学校、中等师范学校、教师进修学校、职业高中各1所，普通高中2所，初中27所，小学338所。1991年，成人教育共培训2.1万人次，文盲率降到3%以下。普通高中在校学生人数1983人，教职工282人；初中在校生人数12085人，教职工1380人，小学在校学生人数为38973人，教职工1940人；中小学“四率”(入学率、巩固率、毕业率、普及率)均在99%以上。

教育体制改革以后，社会办学、社会助教积极性日渐高涨。到1991年底，社会助教、集资累计达到1152.8万元，其中，集资900万元兴建的县职教中心主体工程已经建成。

勤工俭学在三河县教育事业中占有重要位置。现已初步形成建材、化工、电子、印刷、服装、机加工等门类较为齐全的校办工业格局，到1991年末，已累计创收3284.3万元，相当于同期国拨经费的60%，1991年实现产值1270万元，利润867.1万元，已连续五年位居全省第一。

【医疗卫生】 全县医疗卫生系统以县级医院和县医院分院为主体，乡镇卫生院为中心、村街集体办卫生所及个体诊疗所为补充，三级网络健全。其中，县医院、县中医院、县妇幼保健站、县防疫站各1座，县医院分院6座；乡镇卫生院23所，村街卫生所和个体诊所400多个。1991年，全县共有医务人员1080名，其中具有中、高级职称的154名，拥有病床593张，平均每万人拥有病床15.1张，医务人员27.6名。各级医疗单位服务范围不断扩大，医疗水平日益提高，先后购置了20台X光机、27台心电图机和25台小型B超机，开办专科门诊诊室20个，目前，科室总数达到100余个。

【文化艺术】 到1991年底，全县文化系统有工作人员214人，文艺团体有文化馆、县评剧团、青年艺术团和创作者协会等，拥有专业人员180多人，其中，有全国舞协会员1人，音协会员4人，美术协会、书法协会会员8人，各类业余文艺人员550多人。三河县评剧团主要活动在京、津、唐地区，平均每年演出300余场次。在表演传统剧目的同时，注重现代剧目的创作和演出。自编自演的现代舞剧《死心眼插足记》，获全国评剧调演2等奖。县青年艺术团由经培训的青年农民组成，该团紧密地配合全县中心工作，深入田间、厂矿，1991年，为全县人民演出150余场，受到各届人士的好评。县文化馆利用专业人才进行了文化普及工作，已先后开办书法、绘画和舞蹈等各类培训班21期，培训人数达4860人次。文艺创作繁荣。县文化部门先后创办的《词作家》和《燕潮文学》，发展会员2500人，遍及全国，年发行量达5万期(张)，1990年创办的《苍生文学》(季刊)，著名作家浩然任主编，面向全国发行，泥土气息浓厚，部分作品被省级、国家级刊物转载。1991年底，全县获省级以上奖励的作品共计41篇。

全县拥有影剧院2座，席座位2695个；电影放映队32个，年放映6650多场；县级图书馆1处，乡镇、村街、厂矿、机关、学校图书室876个，藏书达300多万册；文物管理所收藏文物共398件，其中有国家一级文物彩绘折腹盆和彩绘陶工件；乡镇文化站23个，主要活动项目有群众文化辅导、美术、书画、摄影、文艺创作等。

"以副补文"成绩斐然。为克服文化部门经费不足，补充文化活动费用，繁荣文化事业，到1991年底，文化系统创办了京艺汽车配件厂、宏达冲压件厂、纸箱厂、印刷装订厂等6家经济实体。1991年实现总产值1107万元，利税126万元，其中用于补充文化经费不足累计达64万元；改善了办公条件，修建了办公楼及其他建筑面积2205平方米，并且大力发展外向型经济，累计创外汇56万美元，成为全县文化事业的重要经费来源，有力地推动了全县文化事业的发展。

【人民生活】 城乡居民收入持续增长，生活条件进一步得到改善。1991年全县农民人均纯收入914元，比上年增加72元，增长8.6%。职工工资不断增加，1991年，县属全部职工人均工资收入1900元，比上年增长6.6%，工资总额2445.9万元。1991年末，城乡居民储蓄余额达4.14亿元，增加9456万元，比上年增长29.8%，人均储蓄余额1058元，比上年增长29%。农村人均住房面积20.7平方米，耐用高档消费物品拥有量连续增加，1991年末，每百户农民拥有自行车250辆，电视机102台，其中彩电12台，洗衣机24.3台，电冰箱8台。人民生活水平稳步提高，精神面貌健康发展。

【社会保障】 三河县保险事业蓬勃发展，保险业务不断扩大，先后开办了企业财产、家庭人身、机动车辆、农业和计划生育系列保险等37个险种，到1991年底，累计保险财产总值完成9.19亿元，实收保险费764.6万元，累计赔付现金313.9万元。五保养老工作发展迅速。全县拥有敬老院、光荣院24个，服务管理人员79人，集中供养老人86名，由村级五保供养老人438名，吃、穿、住、行由县、乡、村三级统筹解决，年人均生活水平1000元，高于全县年人均收入。福利基金经费达40万元。县残疾人联合会工作成绩突出。到1991年末，全县已创办各类福利企业26家，年创产值1300万元，利税130万元，安置残疾人就业326名。三河县扶贫开发卓有成效。通过介绍进厂做工、开发种养业潜力和创办家庭副业等形式，1991年，有175个贫困户创收62万元，摆脱了贫困面貌。优抚工作进展顺利。1991年实际优抚人数3250人，优抚金额达133.5万元，既使优抚对象充分发挥自己的专长，又为地方经济建设作出贡献。

【体制改革】 三河县经济体制改革委员会于1990年5月组建，下设商改、工改、综合3个行政组，工作人员6名。1991年以来，县体改委认真贯彻上级精神，借鉴外地先进经验，针对本县实际，审时度势，把握时机，适时稳妥地组织了第2轮企业承包，使全县45家工商企业顺利纳入新一轮承包工程。同时，加深改革力度，完善承包体系，积极推行企业承包全程管理措施的落实，加速了企业内部全方位配套改革的进程，极大地推动了企业的发展，充分发挥改革部门的职能作用和调控机制。三河县围绕企业转换经营体制，制定具体方案，指导搞好试点工作，推广县供销大楼的"四放开"经验，研讨了劳动人事制度和劳动就业保险制度的深入改革，为全县的经济发展起着推动的作用。

【重点企业和开发区】 三河燕美特种建材工业总公司：中外技术合作项目，属县办高科技、外向型三资企业。1991年投入试运转，占地300余亩，铁路、公路运输便利，铁路专线直达厂内，有3.5万千伏变电站两座，具备了现代化工业生产的全部条件，固定资产达7000万元。其下属有4个经济实体：(1)与美国太平洋企业有限公司合作的"燕美白水泥有限公司"，年产优质白水泥5.7万吨，创产值可达3135万元，(其中50%外销)；利润可达1210万元；(2)与国家建材局合资的"中亚燕美彩色水泥联营公司"，以白水泥为主料，生产5个系列、30多种颜色的水泥产品，年产达1万吨，可创产值1000万元，利润255万元；(3)"特种水泥制品公司"，以生产超薄型、异型、各色混凝土砌块和建筑装饰磨石板为主，产值400万元，利润100万元；(4)"新型建材公司"，采用最新技术制造取代砖瓦灰石钢木结构的换代产品，年产值320万元，利润96万元；其他公司，如"通用建材机械设备公司""土木建筑安装工程联合公司""燕美新技术开发公司"等，从研究、培训、检测、试验、修理、储运、中转等不同侧面，构成功能齐备，技术力量雄厚的经济实体，现已成为三河县经济建设的重要组成部分。

三河县燕潮铭酒厂：位于燕郊镇，为县办全民企业，有职工381人，固定资产867万元，1991年销售白酒2905吨，所产"燕潮铭"牌浓香型白酒，有37°、39°、43°、53°、58°五个系列。燕潮铭白酒，以红粮为原料，多微共酵，精工酿制而成，在第三、四、五届全国评酒会上，连续被评为国家优质酒，先后荣获首届全国食品博览会金奖、振兴河北经济奖，并成为国宴用酒。三河县燕潮铭酒厂1989年被评为省级先进企业。

三河县五金机电工业公司：位于泃阳镇，为县办集体企业，1990年被命名为"国家二级企业"。该公司有职工565名，固定资产824.3万元，1991年实现产值1853万元，利润532.7万元。主要产品有干洗机、自行车锁、电磁离合器、压力指示仪等。其中，"洁神"牌干洗机，1989年获轻工部优秀新产品"金龙腾飞奖"和"技术进步奖"。同年，被全国服装机械检测中心认定为A级产品，销售量居全国同类产品之首。"天字"牌自行车锁，1987年被评为省优产品称号，1991年销售157万把。电磁离合器，1987年被评为省优产品，部分产品随主机出口20多个国家和地区。

三河县链条总厂：在皇庄镇，为镇办集体企业，是冶金部配件服务中心的成员厂家。有职工 249 人，固定资产 640 万元。主要生产大型冶金机械链条，其中，与北京钢铁学院联合研制的高强度链条，使用寿命比传统链条提高 3～4 倍，先后获冶金工业部科技进步 3 等奖，全国冶金工业产品博览会 2 等奖，全国第 5 届科技发明银牌奖，及河北省优质产品称号。1991 年，生产链条 1100 吨，实现产值 612 万元，利税 149.6 万元。

三河县高楼油脂厂：在高楼镇，为镇办集体企业，现有职工 220 人，固定资产 1040 万元，1991 年实现产值 2611 万元，利润 306 万元。1989 年先后被命名为市一级企业和省二级企业。主要产品有六脱大豆油、普通食用大豆油、豆粕、肥皂等。其中，六脱大豆油做到了脱色、脱胶、脱水、脱臭、脱腊、脱酸，产品质量超出国家 GB1535～85 大豆油一级标准；普通食用大豆油符合国家 GB2716～85 标准。1990 年，六脱大豆油及普通食用大豆油均被农牧渔业部命名为部优产品；1991 年，投资 1000 万元兴建的大型面粉加工厂，并已投入生产。

三河县商城股份有限公司：在新集镇刁庄村。是一个以村办企业为主体的企业集团，共有乐器、木器、电器、铸造和仿古工艺等 7 个厂家，职工 800 多名，固定资产 600 万元。产品有 57 种，90% 销往欧美、日本、澳大利亚等 20 多个国家和地区。其中，"海燕"牌高级 4/4 小提琴荣获省优产品称号；高压跌落式熔断器 1987 年获国家专利权，并列为国家电力工业"七五"期间更新换代产品，1988 年获农业部科技成果 2 等奖和河北省优质产品奖，1989 年再获国家重大新产品科研项目奖；四弦琴、1/32 小提琴、小吉它、铸铁哑铃、欧式家具等 7 种产品被定为优质出口免检产品。1991 年，该公司实现产值 2383 万元，利润 376 万元，创汇过百万美元，被市委、市政府授予利税大户称号。

燕郊开发区：燕郊开发区位于县境西部，距县城 23.3 公里处，辖区面积 48 平方公里，占全县总面积的 7%。开发区地处燕山南麓，潮白河冲积平原，西距北京天安门 30 公里，是北京人口的截留地和集散地，开发区位扼京东大门，地理位置优越，为河北省重点开放镇。

镇区内交通发达便利。(北)京秦(皇岛)电气化铁路横跨镇中，(北)京哈(尔滨)公路穿镇而过，设有火车客货站和汽车站各 1 座，通往北京的公共汽车和通勤列车往来频繁。

镇内风景秀丽，环境优雅，绿树成荫，街道整洁，呈棋盘状分布，总长度 16.2 公里，有园林绿地 18.2 公顷，覆盖率为 11%，连续 4 年被评为廊坊市卫生绿化先进镇。

设施先进。服务、商业、金融、邮电、通讯设施齐全，有县医院分院、文化馆、影剧院、高级宾馆、邮电分局各 1 处，11 万伏变电站两座，4000 门自动电话转换机已投入使用，120 路数字微波通讯系统已经并入全国通讯网络和国际线路；自来水日生产能力 6200 吨，供水管道 5 公里，污水日排放量 4000 吨，排水管道 7.8 公里。

科教事业兴旺发达。镇区内驻有北京交通管理干部学院、北京煤炭管理干部学院、国家地震局地震技术专科学校、北京有色金属管理干部学院等 4 所大专院校，以及能源部华北电力设计院、地矿部地质技术经济研究院、中国核工业总公司二三、二四建设公司等 31 个中央和河北省直属科研、企事业单位。并拥有中小学、幼儿园近百所。

工业企业已形成规模。产品以电子、化工、建材、机械加工、服装、工艺美术、塑料制品、铸造为主。1991 年，全镇完成工农业总产值 1.03 亿元，其中工业总产值 7079 万元。为发挥燕郊开发区的"龙头"和"窗口"作用，三河县制定一系列政策，广泛吸引和利用资金，出租和转让土地，兴办"三来一补"和"两头在外"企业。到 1991 年末，已有香港祥好有限公司、中达实业有限公司等海内外企业来此开店办厂，并已向祥好有限公司转让土地 10.73 公顷。燕郊将成为以高新技术产品为主体的新型工业开发区。

河湾开发：三河县委、县政府决定投资 3500 万元，利用三年时间综合开发县城北沟河湾 2500 亩沙荒地，其中已建成"京东第一集"，集商贸、服务、旅游于一体，年交易额可达亿元，税收 1000 万元，形成联系京津、辐射东北三省的交通枢纽和商品集散地，是三河经济再度腾飞的依托。

（崔浩泉 刘瑞新）

迁安县

党的十一届三中全会以来，特别是 1985 年以来，迁安县的经济面貌发生了根本变化，人民群众生活水平迅速提高。1990 年全县社会总产值达到 16.58 亿元，是 1985 年 4.30 亿元的 3.9 倍；全县工农业总产值达到 8.22 亿元（1980 年不变价），是 1985 年 2.90 亿元的 2.8 倍；国民生产总值达到 8.32 亿元；农民人均纯收入达到 792 元，比 1985 年增长 95%。1991 年迁安县被评为河北省经济十强县之一。

【自然概况】 迁安县地处河北省唐山市东北部，燕山南麓长城脚下，位于东经 118°25′33″至 119°55′23″，北纬 39°50′34″至 40°15′08″之间，东西横距 38.96 公里，南北纵距 45.36 公里，总面积 1229 平方公里。东邻卢龙县，南与滦县相连，西与迁西县毗邻，北以长城为界与青龙满族自治县接壤。位于县境中部的迁安镇是全县政治、经济、文化中心。

地理位置决定了迁安的暖温带半湿润大陆性季风性气候特征，四季分明，年平均无霜期 168 天，年平均气温 10.11℃，年日照时数为 2675.3 小时，年平均降水量为 689.3 毫米。

迁安县的自然资源较为丰富。在全县 184.35 万亩总面积中，有耕地 77.3 万亩，占 41.9%；园地 8.98 万亩，占 4.9%；林地 25.88 万亩占 14%；居民点、矿点 21.58 万亩，占 11.7%；交通占地 3.93 万亩，占 2.1%；水域 15.39 万亩，占 8.4%；尚待利用的 31.26 万亩，占 17%。县内已探明的矿藏有 20 多种，其中金属矿有铁、铜、镍、金；非金属矿有长石、石英、燧石、大理石、石灰石和膨润土等。以铁储量为最，达 25 亿多吨，素有“铁迁安”之称；其次是优质石灰石，全县储量达 12 亿吨。境内共有滦河、青龙河、西沙河等大小河流 16 条。全县水资源总量 20.17 亿立方米，可开发利用的水资源1.57亿立方米，水利资源理论储量为 4801 千瓦。

迁安县历史悠久。古为幽州地，商归孤竹国，战国时为燕国辖。辽时称安喜县，金大定七年(公元 1167 年)改安喜为迁安县，因大部居民迁自定州安喜县而得名。迁安县现辖 8 镇、27 乡，530 个行政村。1991 年末总人口为 62.18 万人，人口密度每平方公里 506 人，汉族占总人口的 98%以上，此外还有回、满、蒙古、朝鲜等 7 个民族。

【经济发展概况】

迁安县是个老山区，解放后，经济一直处于落后状态，就是到了农村全面改革的 1982 年，全县工农业总产值也只有 2.2 亿元，农民人均纯收入还不足 100 元。迁安经济的发展是从 1984 年开始的。县委、县政府一班人带领全县人民，为改变面貌，从县情县力出发，狠抓了几着，有效地促进了迁安经济的发展。首先，以铁矿开发建设“黑色工厂”为龙头，大打资源开发之仗。第二，以沙滩沙荒开发建设“绿色工厂”为龙头，搞好生态农业建设。第三，以农副产品加工为主要内容，大办“家庭工厂”。通过兴办“三个工厂”，使迁安县的诸优势得到了互补互促，资源、劳力等生产力要素实现了合理配置，不仅创造了大量的物质财富，而且还为全国的山区开发提供了可资借鉴的经验。第四，抓住县属工业的产品优势，坚持大投入、大改造，实现大发展。“七五”期间，迁安县坚持投入不断档，发展不停步的原则，累计投入发展资金 3.64 亿元，是建国后 35 年投入总和的 10 倍，共完成较大基建技改项目 151 项，其中投资千万元以上的项目 10 个。工业产值在工农业总产值中的比重由“六五”期末的 43%，上升到“七五”末的 74.6%。第五，坚持科教立县，用先进科学技术治穷致富。通过以上措施的落实，迁安经济迅速发展起来。“七五”期间，全县工业总产值年递增 29.34%；农业总产值年递增 6.66%；财政收入年递增 19.7%。

【农业】

1990 年，全县有耕地 5.07 万公顷，粮食总产量 15.99 万吨，人均占有粮食 259.16 公斤。主要农作物有玉米、甘薯、小麦、大豆、水稻、谷子、花生等。其中，甘薯每年栽培 9388 公顷，产鲜甘薯 2464.35 万公斤，用甘薯加工粉条 493 万公斤。玉米每年种植 1.47 万公顷，年产玉米 7477.9 万公斤。花生历年产 3000 万公斤左右，迁安县是河北省第二大花生产区。1990 年全县农业总产值完成 2.25 亿元(1980 年不变价)，比 1985 年增长 77%。

林业：1990 年，全县林地面积 2.9 万公顷，森林覆盖率达到了 17.1%。木材年采伐量 1700 多立方米，蓄积量 42.81 万立方米。全县有果园 0.9 万公项，主要果品有：板栗、核桃、大枣、苹果、梨、桃、杏、山楂、柿等，果品总产量达 1984.2 万公斤。1990 年完成林业产值 1941 万元(1990 年不变价)，1991 年完成林业产值 2411 万元，比上年增长 24.2%。

畜牧业：迁安县自然条件较好，饲料资源充裕。主要畜禽品种有猪、羊、鸡、兔、牛、马、骡、驴。近几年，逐步建立健全了良种繁育、饲料加工、技术推广、疫病防治、生产加工等 5 大体系，并逐步推行了新品种、新饲料、新的饲养方法、新圈舍的“四新”养猪法。为促进畜牧业的发展，还兴办了毛纺厂、皮革厂、羽绒服厂、生物化学制药厂等 9 家畜产品加工企业。迁安畜牧业已形成了“养殖——加工——养殖”的良性循环。1991 年全县畜禽总数已发展到 160 万头只。1991 年完成畜牧业总产值 1.62亿元，比上年增长4.6%。

【生态农业】

迁安县历史上曾是“清溪潺潺”的绿色世界。后来，由于忽视生态环境保护，搞“以粮为纲”、退林还田，加之国家大面积征地开矿，绿地面积锐减。到 1984 年，林木覆盖率只有 12.5%，生态环境严重恶化，全县每年有 15 万亩的农作物因各种灾害减产 2 至 3 成。1984 年全县粮食总产只有 13.45 万吨，花生总产仅 3200 万公斤，果品产量也只有 725 万公斤。

为发展生态农业，全县坚持“山水林田路统一规划，农林牧副渔全面安排，工商种养加协调发展，林果桑油草综合实施”的发展战略，以大办“绿色工厂”为突破口，以建设生态农业县为目标的开发纲要诞生了。通过制定规划、划分不同类型区域重点实施、总结和推广生态农业模式、分级负责强化治理、完善政策增加投入等措施的落实，迁安生态农业建设取得了显著成绩。几年来，全县共投资 1.31 亿元，投入劳动积累工 1200 多万个，动土石方 1500 万立方米，初步形成了“七大生物工程”体系。即：人口枢纽控制工程、林网防护工程、农田建设工程、畜牧经济工程、新能源综合利用工程。建成五条各长100公里的生物防护带，新开发围山转水平沟、建设果园8.2万亩，开发石灰岩荒山1.3万亩。恢复桑行1700亩，建设吨粮田3万亩，建设高效农田18.5万亩，推广管道节水灌溉2.5万亩，发展养猪重点户3125户，建高标准生态猪场2个，建沼气池160口，推广太阳灶79个，太阳能热水器920平方米。在沙地沙荒上种上了近18万亩旱涝保收的桑果粮油。依靠"围山转"果园，39个村告别了贫困，其中6个村仅靠果品收入人均就超千元。110个从没有种过麦子的沙地村种上了麦子。依靠全县广大干部群众的共同努力，以较优异的成绩迎来了1991年5月全国生态农业(林业)县建设经验交流会在迁安召开。

【乡镇企业】 1991年，全县乡镇企业总数已达到15993个，从业人数8.65万人，占农村劳力总数的36.3%。乡镇企业总收入、乡镇企业总产值均突破8亿元。占全县社会总产值的比重由上年的36%上升到48%。并已形成了冶金、建筑、建材、造纸、食品、服装、化工、轻纺等几大骨干行业。迁安县乡镇企业实现了速度与效益同步增长。1991年全县乡镇企业比上年增加800个，完成工业产值6.47亿元，实现利润1.21亿元，税金2946万元，分别比上年增长37.5%、38.2%和86.1%，全员劳动生产率达到11434元，比上年提高2663元。乡村两级集体企业更加发展壮大。乡村企业总收入占四级企业总收入的比重已达61.69%，利润占39.75%，税金占82.32%。

【工业】 全县初步形成了能源、冶金、建材、造纸、纺织、机械、化工、医药、服装、食品、皮革等门类较为齐全的工业体系。固定资产投资达到3.96亿元，拥有较大工业企业230个，其中有油井水泥厂、华丰造纸厂、第一造纸厂、唐山宏源毛纺织厂、地毯厂等5个中型企业，固定资产在千万元以上的企业13个，县办出口创汇企业有12家，其中玛钢厂、服装厂、地毯厂为出口产品专业企业。主要工业产品年产量可达到：铁精粉150万吨、水泥及水泥塾料39万吨、机制纸3.5万吨、床单160万条、服装40万件、玛钢管件2500吨、毛毯40万条、精纺毛线500吨、地毯8万平方米。52克凸版纸、黄鹂牌毛毯等14种产品荣获省部优质产品称号，有8种产品被评为1990年河北省首届名优产品，新开发的镀锌钢带填补了省内空白，产品替代进口。有玛钢管件、服装、地毯等26种产品打入了国际市场。1990年全县完成工业总产值8.27亿元(1990年不变价)，1991年完成工业总产值10.44亿元，比上年增长19.7%。

【铁矿开发】 迁安县以丰富的铁矿资源闻名全国，素有"铁迁安"之称。我国著名的钢铁企业首都钢铁公司和唐山钢铁公司的矿山基地就在迁安。全县除首钢、唐钢占有的资源以外，还有储量约7亿吨，分布在全县20个乡镇。

自1984年以来，全县地方铁矿业得到了迅速发展。到1990年底，建成铁选厂37座，形成年处理原矿407.5万吨，产铁精粉150万吨的生产能力，从业人员1.2万人，成为全国地方铁矿生产规模最大的县。"七五"期间，全县累计生产铁精粉445万吨，全行业累计创产值3.08亿元，实现利税5623万元。采矿业的发展，带动了全县的炼铁、烧结、建材、运输、铸造、机械加工等配套和服务行业的发展，累计创社会效益达2亿多元。到1991年底，全县铁选厂已发展到47座，全年生产铁精粉155.68万吨，比上年增长21.21%，年创利2323.4万元。全县有10座铁矿利润超100万元，有2个乡镇靠开发铁矿人均收入超千元。

为了加强管理，1984年组建了迁安县冶金矿山公司。公司除负责矿山管理及审批、设计外，还对外负责与交通运输部门联系车皮、船只，与钢铁厂家统一签订销售合同、统一上站发运、统一结算、统一产品质量；对内则负责各矿的协调平衡，提供产前、产中、产后的各项服务。并先后组建了地质、设计、运输等服务机构。完善配套的社会化服务，解决了各矿办不了、办不好、办了不合算的事情，使各矿能够集中精力搞好生产。另外，通过这种有效的管理和控制手段，成功地体现了国家对小矿山的计划指导，避免了滥采滥挖、产品质量不合格等问题，确保了地方铁矿业的健康发展。

【交通邮电】 迁安县公路四通八达，境内干线公路3条，长94.1公里；县乡级公路9条，长136.3公里。全县通车总里程599公里，其中沥青路196.7公里，水泥路5.2公里。1990年有各种汽车2746辆，拖拉机6990台。货运周转量10558万吨公里，客运周转量3605.3万人公里。铁路运输较为发达。京秦铁路横穿全境37公里，通坨铁路过境7公里，卑水铁路长35公里，大秦铁路经过境内长31公里。设有马柳、迁安、包官营、马铺营、沙河驿、迁安北站等六个车站。全县有大小桥梁94座，总长6169.9米。其中主要桥梁有倪村滦河大桥、张官营滦河大桥。

1990年，全县有邮电局(万人/所)44个，职工226人，平均服务人口1.40(万人/所)。交换机总容量6373门，其中市话3330门，市话普及率3.03(门/百人)，农话3040门。有2000门纵横——921程控电话交换机和长途自动电话设备，可随时同国内、国外各地联系。电报业务量6.5万份，报刊累计发行3.6万份。邮电业务总额291.9万元。

【商业】 迁安县商业网点分布全县，经营商品品种齐全。1990年，全县有商业网点4986个，从业人员11552人。其中，国营商业网点99个，从业人员1860人；集体商业网点530个，从业人员3972人。1990年完成社会商品零售总额27356万元，1991 年完成社会商品零售总额 32624 万元，比上年增长 19.3%。1990 年完成集市贸易成交额 11700 万元，1991 年完成 13245 万元，比上年增长 13%。

【对外贸易】 迁安县外贸出口资源品种繁多，可供出口的产品达 40 多种。仅由县外贸公司经营出口的商品就有粮食、食油、土畜产、丝绸、针织、服装、五矿、机械、化工、轻工、工艺等 13 个大类 30 多个品种。这些出口商品绝大部分在国际市场上享有盛名。有被誉为“东方珍珠”的板栗、有质地优良的花生产品、有驰名中外的“唐山红”红小豆、有做工精细的地毯等等。迁安出口商品远销美国、英国、日本、德国、俄罗斯、香港等 20 多个国家和地区。为了适应国际市场需要，迁安县加强了出口商品基地建设，先后建立了水果、蚕桑、板栗、花生、生猪、肉牛、轻工、五矿等出口产品基地。1991 年，全县外贸收购总值完成 18546 万元，比上年增长 2.21 倍，位居全省各县之首，其中，农副产品类完成 3053 万元，比上年增长 104.62%；工业品类完成 15380 万元，比上年增长 9.01 倍。

【财政金融】 迁安县 1953 年建立县级财政机构，当时财政收入 41.9万元，支出 104.6 万元。1986 年建立乡级财政所41个。1990 年财政收入完成5317万元，是 1985 年的2.45倍，是全唐山市唯一财政留成翻番的县。1991 年财政收入完成5843. 4万元，比上年增长9.9%。其中企业收入 108.2万元，各项税收 5100 万元。财政支出完成 5250.8万元，比上年增长9.31%。

1991 年全县金融机构有中国人民银行迁安县支行、中国工商银行迁安县支行、中国农业银行迁安县支行、中国建设银行迁安县支行、中国银行迁安县支行、中国人民保险公司迁安县支公司。各类金融业务网点 770 个。1991 年底，全县银行存款余额达到 55101 万元，贷款余额 45321 万元，分别比上年增长 43.63%和 22.95%。城乡居民储蓄余额达到 53093 万元，比上年增长30.99%。

【社会保障】 迁安县保险业务始于 1981 年 7 月。1984 年 10 月成立中国人民保险公司迁安县支公司，并在县工商银行、农业银行、及各办事处、营业所、信用社设保险处 31 个，来办理理赔业务。1990 年承保财产总额 109.53 亿元，年收入 748 万元，赔付 317.9 万元，综合赔付率 42.5%。

1989 年 7 月，赵店子镇首办福利基金会。1990 年，全县有 23 个乡镇建立了福利基金会。筹集资金 25 万元，用于优抚、救灾、救济和保障残疾人生活等。

1990 年，全县 35 个乡镇建有敬老院，有房屋 594 间。设施较为齐全，有电视机、洗衣机、收录机、电风扇等。有入院供养的老人 412 名。未入院的“五保”（保吃、穿、住、医、葬）老人享受同等待遇。国家民政部门每年拨款 5.5 万元，用于房屋修缮、添置设备和生活补助等。西马兰庄、红石崖、桑园等村实行了农村养老金制度，规定：男 60 岁以上、女 55 岁以上的老人，每月发 30 元以上养老金。1990 年，全县有福利厂 22 个，其中县办 2 个，乡镇办 3 个，厂矿办 3 个，村办 10 个。共有职工 741 人，安排残疾人 394 人，占职工总数的 52%。总产值可达 120 万元。

【城乡建设和人民生活】 迁安县共有 4 个建制镇。县城所在地迁安镇占地 2.94 平方公里，人口 3.87万人。1978 年到 1991 年建职工住宅楼 5.2 万平方米，相当于改革前 30 年总和的 10 倍。在市政设施、园林绿化、美化等方面都出现新貌。自 1987 年以来已连续五年被省评为“文明县城”，1989 年被国家建设部命名为“全国城镇规划先进县”。乡村住宅建设飞速发展，一座座新农村拔地而起，低矮旧房已一扫而去，楼房已在部分乡村安家落户。农村的交通、邮电等设施都有较大改观。

1990 年，全县农民人均纯收入达到 792 元，农村人均住房 18.4 平方米，职工人均工资由 1978 年的 558 元增加到 1991 年的 1926 元，增长 2.5 倍。

【教育科技】 1982 年成立中央广播电视大学迁安工作站。先后设党政、中文、数学、英语、工业、企业管理、文秘、金融等专业。到 1990 年，共培养大专毕业生 230 人。高等教育自学考试始于 1984 年，到 1990 年，全县有 119 人获得大专毕业证书。

1990 年，全县有中学 67 所。其中完全中学 2 所，高级中学 7 所，职业高中 1 所，初级中学 57 所。在校生 24361 名，教职员工 2143 名。1978 年至 1990 年，向国家高等院校输送新生 2343 名，为本县培养高中毕业生 8 万名。1990 年迁安县职业技术高级中学被国家教委评为“全国职业技术教育先进单位”、“全国科技兴农先进学校”。

1990 年，全县有小学 472 所，在校生 66915 名，教职员工 2370 名。学龄儿童入学率为 99.9%，小学毕业生升入初中入学率为 95.3%，小学教育普及率为 100%。全县有学前班 340 个，在班人数 10136 名，教师 345 名。有幼儿园 2 所，入园儿童 400 名，幼教人员 30 名。

1990 年，全县有各类专业技术职称的科技人员 6186 人，其中高级职称 54 人，中级职称 1027 人，初级职称 5105 人 。全县有各种科技学会 20 个，会员 800 人。1978 年后，科技项目获省级奖 6 次。其中“迁安——A 型”节柴灶获 1986 年农牧渔业部二等奖；“桃畸呆病病源及防治研究”获 1989 年省级三等奖，“安梨高产栽培技术 ”获 1988 年河北省“星火奖”。

【文化艺术】 迁安县民国初期就盛行莲花落。县内早期的班子有金鸽子班、北孙班、门海班、陈凤荣班和郑云福班。评剧创始人成兆才曾主北孙班，开创并发展了我国的评剧艺术。1990年，有县评剧团1个，演员40人；村办业余评剧团3个，演职员83人。其他文艺团体有：皮影社4个，演职员45人；歌舞团1个，演职员16人；曲艺队2个，演员7人。

全县有影剧院4座，城乡放映队92个，电影放映机120台，城乡年放映11900场次。有县文化馆1个，工作人员18人，乡镇文化站41个，工作人员44名。县图书馆1个，藏书2万册。文物管理所1个，收藏文物5135件（其中珍贵文物50件），全县有文学、楹联、美术、书法、摄影、音乐等艺术骨干200多人，各类社科协会、学会17个。在市级以上报刊上发表小说、诗歌、散文、剧本、对联、曲艺、民间文学等作品360多篇。获各种奖励60多人次。有33人被市级以上协会吸收为会员。

迁安县境内有长45公里、城楼160座明长城；新石器时代的安新庄遗址；旧石器时代的倪村遗址；明代嘉靖年间修建的风格独特、新颖别致的建昌营清真寺；马官营的高25米、近2000年龄的银杏树及迁安革命烈士纪念碑等。

【广播电视】

1986年7月1日，成立"迁安人民广播电台"。现主要设备有TPF—Ⅱ型50W调频发射机2台、635型收录机4台、602型录音机4台。除转播中央、省、市台节目外，还自办《迁安新闻》、《迁安各地》、《学科学》、《文化生活》等节目。有乡级广播站41个，广播喇叭1780只，广播线路608.8杆公里。

1985年2月建立迁安县电视台，是河北省第一家县级电视台。现主要设备有摄像机6部、便携式录像机6部、编辑机3套、编辑录像机6部、特技机1套、调音台1套。开设的频道有DS—6频道，发射机功率300W，覆盖半径20公里；DS—34频道，发射功率1000W，覆盖半径20公里；DS—2频道，发射功率50W，覆盖半径15公里；DS—12频道，发射功率50W，覆盖半径15公里。发射天线高120米。自办节目主要有《迁安新闻》、《为您服务》、《人物述林》、《广告与信息》等。1985年至1990年，获全国好新闻奖2篇，省级好新闻奖25篇。

【卫生体育】

1990年，有县人民医院、县中医院、防疫站、妇幼保健站、药检所、干部疗养所各1所。区级医院7所，乡级卫生院41所。市、县属企业医院4所。县属单位医务室55个。有床位603张，平均万人拥有9.63张。医务人员837人，其中中医师63人，西医师269人，护士师82人，中药师7人，西药师14人，检验师17人，平均万人拥有医务人员14.3人。主要医疗器械有：B型超声波机3台，大型X光机11台，纤维胃镜1台，脑电图机2台。

1990年全县有灯光球场5个，篮球场587个，300米以上跑道操场6个。近年来向河北省体工二队输送专业运动员14名。其中王小辉在1984年全国十省市中学生田径分区赛中获1500米跑第一名。全县参加群众体育活动的有165万人次。主要项目有田径、篮球、乒乓球、排球、棋类等。

【主要城镇】

迁安镇：位于县境中部，为县人民政府所在地，1965年建镇。镇区面积2.94平方公里，人口38719人。主要街道13条，长12.46公里。其中水泥路面8.842公里，沥青路面1.982公里。自来水公司一处，地下供水管道26.8公里，日供水量5000吨。地下污水排放管道16.85公里。有变电站2所，月用电量45.36万千瓦小时。邮电局一所，国内直拨电话49部，市内电话139部。园林绿化面14.09公顷。住房面积20.79万平方米，人均9.6平方米。

建昌营镇：集市贸易历史悠久，有"市东第一大镇"之称。位于县城东北18公里处，1984年建镇。镇区面积3.1平方公里，人口27235人。有街道6条，冷（口）大（青河）、三（屯营）抚（宁）公路通过镇区。有变电站1座，邮电支局1所。清真寺1所，为明代建筑。

马兰庄镇：位于县城西北14公里处，1984年建镇。镇区面积0.6平方公里，人口16585人，街道3条。为北（屯）马（兰庄）公路终点，交通便利。镇区全部供自来水。有邮电支局1所，变电站1座，医院1所，学校2所。

沙河驿镇：位于县城西南19.2公里处，1984年建镇。镇区面积0.81平方公里，总人口25180人。主街道1条，长1公里，为沥青路面。（北）京沈（阳）南线公路、卑（家店）水（厂）铁路经过镇区，交通便利。有变电站1座，邮电支局1所，卫生院2所，学校3所。镇区居民全部供自来水。

【名优特新产品】

冷轧热镀锌带钢：热镀锌带钢（俗称"白铁"）是迁安县大五里乡与冶金部钢铁研究总院联合兴建的唐山市冷轧热镀锌带钢厂生产的产品。这个厂拥有现代化的生产设备和检测手段。采用了国际上领先的"改良森吉米尔法"生产新工艺，生产出的冷轧镀锌带钢，具有良好的耐大气腐蚀性能。1990年，通过了省级鉴定，完全可以替代进口产品。该厂的产品主要有0.3－1.2×400以内冷轧镀锌带钢、0.3×1.2×20－60镀锌电缆带钢。

历史悠久的华丰造纸：迁安县华丰造纸厂建于1904年，解放战争时期曾担负我"边币"和"冀东日报"用纸的使命。解放后，经多次技术改造和设备更新，产品质量不断提高。1983年，成功地为中国商务印书馆出版《永乐大典》提供印刷用纸。该厂的产品主要有：52克平板、卷筒凸板印刷纸、胶印书刊纸、书写纸、有光纸。年生产能力为1.5万吨。经省有关部门测试，该厂的产品，其白度、尘埃度、裂断长等主要物理指标，均达到或超过部颁标准。1988年，该厂生产的52克凸板印刷纸被评为省优质产品，1990年，这个厂荣获振兴河北经济奖。

享誉国内外的“石凤牌”床单：“石凤牌”床单是由地处迁安城东1公里处的唐山市渤海床单厂生产的。该厂设备先进，技术力量雄厚。他们生产的“石凤牌”全棉3×6尺、4×6尺、6×8尺小提花、彩格、彩条、全染印花床单及床罩、枕套等系列产品，图案新颖、色彩鲜艳、美观大方、质地优良、价格低廉、经久耐用。其中全色拔染印花和彩条印花两个品种，荣获省优质产品称号。

倍受外商青睐的“孔雀”地毯：迁安县地毯总厂生产的“孔雀牌”地毯，以其质量高、品种多倍受外商青睐，这个厂1991年出口创汇350多万美元。该厂生产传统地毯、东方地毯、胶背地毯、地毯纱四大系列。新开发的防虫蛀地毯填补了省内空白。天然色地毯荣获唐山市科技进步奖、河北省新产品荣誉奖。20支地毯纱，在省行业评比中荣获第二名。京剧脸谱艺术挂毯荣获轻工部二等奖。

质地上乘的“黄鹂牌”毛毯、“宏源牌”绒线：迁安城东1公里处的唐山市宏源毛纺织厂出产的“黄鹂牌”纯毛防蛀毛毯（羊毛水纹毛毯）、晴纶提花毛毯、人造毛毯，图案新颖、朴实高雅、立体感强，透气性、保暖性好，经久耐用，多次在全省产品质量评比中获奖。“黄鹂牌”人造毛毯，1986年获省优质产品称号，1991年获部优产品称号；晴纶提花毛毯1990年获唐山市优质产品称号；纯毛防蛀毛毯1990年获振兴河北经济奖。“宏源牌”各种绒线，质量也属上乘，1991年，270275纯毛中粗绒线，获省优质产品称号。

迁安书画纸：迁安书画纸享誉中外，素有“北迁南宣”之称。迁安书画纸由桑皮纸演进而成，据史书记载应始于明代。迁安书画纸纤维纯正、质地绵韧，洁白细腻，结构均匀，拉力强，吸水性能好，不腐不蛀，搓折无损，宜书宜画，永不变色，是书法绘画的珍品。胡耀邦、方毅、张爱萍都曾为迁安书画纸题词，著名书画家吴作人、溥杰、黄胄、舒同、黄永玉等也在迁安书画纸上挥毫泼墨，留下了珍贵的墨迹。近年来，迁安书画纸有了很大发展。现有书画纸厂20多家，品种已由一种发展到生、熟、色三大类，20多个品种，60多种规格。产量由原来的年产20吨增加到200多吨。迁安书画纸厂生产的“令支牌”书画纸为省优部优产品，内销全国28个省市自治区，外销日本、香港、新加坡、欧美等十几个国家和地区。1991年新研制的双纤维本色书画纸可历经千年而不朽。

“干、白、净”的迁安粉条：以“干、白、净”著称的迁安粉条，色泽透明，质地柔韧，口感舒适。有宽粉、细粉、粉丝等10多个品种。粉条加工在迁安县有100年以上历史。目前，全县拥有粉条加工摊点6000多个，常年性粉房1500多个，从业人员近2万人。年产粉条7000多万公斤，销售网点达200多个。

丰富的迁安果品：迁安果品主要有苹果、桃、梨、板栗、葡萄等。果树面积达0.9万公顷，年产量近2000万公斤。其中苹果817万公斤，桃658万公斤，梨257万公斤，板栗126万公斤，葡萄50多万公斤。

苹果是迁安的主要果品，品种有国光、金冠、红富士、玉林等。通过对老树的改造和幼树的科学管理，到1995年苹果年产量可达2000万公斤。

桃是迁安水果的后起之秀，庆丰、义保、燕红等早、中、晚熟品种互相搭配，从晚春六月到早秋九月都有桃果上市。

安梨是迁安特产，贮藏可至来年5月，含有多种氨基酸和维生素，有降火生津、润肺止咳、清心开胃等医疗作用。

迁安板栗，有“京东板栗”、“燕山板栗”之称，日本称为“天津甘栗”。它香、甜、糯齐备，外形玲珑，色泽鲜艳，营养丰富，在国际市场上享有“东方珍珠”的美誉。全县板栗产量可达1000多吨。

“小关葡萄”，以甜度大、耐贮存而著称，曾闻名京、津地区。近年来，迁安已发展“小关葡萄”500多亩，年亩产量可达5000多公斤。

【重点企业】

五一煤矿：县办集体企业，1970年建矿。现有职工650人，固定资产原值324万元。该矿已实现半机械化采煤，年生产能力可达15万吨。1990年生产原煤9万吨，实现产值405万元，利税227万元。

迁安县沪援化肥厂：县办全民企业，1977年建厂。厂区占地面积10.13万平方米，建筑面积2万平方米，职工780人，固定资产原值1406万元。现有年产合成氨1.7万吨、碳酸氢铵6.9万吨生产线和年产2000吨的碳酸镁、氧化镁生产线。1990年完成产值1103万元，实现利税250万元。

服装厂：县办集体企业，是1956年建厂的重点出口创汇企业。现有职工522人，固定资产原值256.5万元，厂区占地面积5460平方米，建筑面积4300平方米，年生产服装能力30万件，处理羽绒原毛200吨。1990年生产服装22.9万件，羽绒4吨，实现产值522万元，出口值477万元。

棉毯厂：县办集体企业。现有职工178人，固定资产原值80.1万元，年生产棉毯能力25万条。该厂生产的棉毯物美价廉，畅销国内外。国内主要销往河北、辽宁、湖北、北京等省市，国外主要销往泰国、安哥拉、斐济、美国、澳大利亚、香港等国家和地区。

第一造纸厂：县办集体企业。1951年建厂，现有职工830人，中专以上技术人员30名，全厂占地面积36万平方米，建筑面积3.5万平方米，年产机制纸1.2万吨，产值1500万元，利税200万元以上，固定资产原值1039万元。

建材厂：县办国营企业，1975年建成。全厂占地面积41万平方米，建筑面积6000平方米，现有职工500名，固定资产原值720万元，年产建筑石渣45万吨，利润连续三年突破百万元，产品销往京津唐等地。

唐山油井水泥厂：1985年与石油部物资供应局联合共建的县办国营中型企业。总体设计为两条生产线，第一条生产线已建成投产。全厂占地面积18.55万平方米，建筑面积3.1万平方米，现有职工1040名，固定资产原值5140万元。年生产能力为13.7万吨，其中油井水泥7万吨，425＃、525＃普通水泥6.7万吨。创产值2400万元，利税670万元。

第一水泥厂：县办国营企业，1971年建成投产。占地面积6.8万平方米，建筑面积1800平方米。现有职工490名，固定资产736万元，年生产普通水泥能力8万吨，325＃矿渣硅酸盐水泥被评为省优产品，首批获得生产许可证书。产品销往京、津、唐、沧及东北三省。

机械厂：县办国营企业，建于1958年，是迁安县铸造及机械加工能力较强的企业。全厂占地面积39660平方米，建筑面积10579平方米，职工352人。固定资产原值250万元，主要产品水泵铸件远销美国、日本等国家。1990年实现产值270万元，利税10万元。

通用机械厂：县办集体企业，1956年建厂。占地面积6600平方米，厂房2285平方米。固定资产原值40万元，职工139人，主要产品有钢丝卡头、玛钢管件、脚手架扣件等。1990年实现产值114万元，产品畅销东北三省及唐山、秦皇岛等地。

花生机械厂：县办集体企业，1956年建厂。是河北省花生机械定点厂家。该厂除能生产花生播种、摘果、搓米机等配套机械外，还可生产草绳机、草袋机等产品。厂区占地面积1万平方米，建筑面积2661平方米，固定资产原值42万元，现有职工65人，其中5级以上技术工人54人。

第四机械厂：县办集体企业，1954年建厂。是迁安县历史较长的农用机械生产厂。该厂技术力量雄厚，产品质量可靠，在机械行业中信誉较高。现有职工198人，固定资产原值115万元，轻便三轮车、粉碎机等产品销往河北、东北、内蒙古等地，深受用户欢迎。

建筑机械厂：县办集体企业，1956年建厂。该厂技术力量雄厚，机加工能力较强，固定资产原值114万元，各种机械设备30台套。主要产品有矿山分级机、卷扬机、各种型号搅拌机和打夯机、淋灰机等，产品质优价廉，畅销十几个省市。

玛钢厂：迁安县与河北省外贸合营企业，1977年建成投产。全厂占地面积22301平方米，厂房面积3386平方米，固定资产213万元，职工423人。主要设备50台套，年生产玛钢管件能力1500吨，产值达到600万元。玛钢管件是外贸部门免验产品，出口东南亚、欧美、港澳等国家和地区。

钢球厂：县办国营企业，1974年建厂。1985年建一座13立方米炼铁高炉，1988年又建一条年产5万吨烧结矿生产线。该厂现能生产钢球、生铁、烧结矿三种产品。有职工437人，固定资原值316万元，1990年实现利润100多万元。

西峡口铁矿：乡办矿山企业，是我县大型矿山之一，1985年建成投产。现有职工526人，固定资产原值2000万元，铁矿采选设备30台套，原矿处理能力20万吨。该矿矿石储量2802万吨，可采年限20年。该矿自投产以来铁精粉品位一直保持在66%以上。1990年铁精粉产量7.7万吨，产值510万元，利税55万元。

热镀锌钢带厂：县乡联办企业。该厂是1988年引进冶金部钢铁研究总院科技成果兴办的，1990年6月建成投产。年生产250mm～400mm冷轧镀锌钢带5000吨。产品通过省级鉴定，质量达到国家标准。现厂区占地19500平方米，建筑面积6334平方米，职工140人，技术人员5人，固定资产963万元。

唐山市玉米淀粉厂：乡办集体企业，1988年建成投产。全厂占地面积5400平方米，建筑面积2800平方米，固定资产原值120万元，现有职工108人。年产玉米淀粉3000吨及玉米油、玉米饼、玉米蛋白粉等产品，年产值可达300万元，利税70万元。

植物油厂：县办国营企业，1986年建成投产，是唐山市花生油加工的重点厂。全厂占地面积16675平方米，建筑面积2500平方米，固定资产原值226万元，现有职工270人。有200型榨油机4台，30吨浸出设备等。生产的主要产品是国际二级花生油，年生产能力为6000吨，1990年完成产值696万元，实现利润73万元。

贯头山酒厂：县办国营企业，历史悠久。全厂占地面积19980平方米，建筑面积6660平方米，有职工110人，固定资产原值100万元，年生产白酒能力1000吨。该厂生产的“贯头山老白干”在京东享有盛誉，1989年试生产的“迁安特酿”系列白酒，深受广大用户欢迎。

酶制剂厂：县办国营企业，建于1958年。前身是石李桥酒厂，1985年转产a——淀粉酶，企业更名为酶制剂厂。占地面积15143平方米，建筑面积6800平方米，现有职工257名，固定资产原值223万元。年生产能力400吨。产品已通过省级鉴定达到部颁标准。

生化药厂：县办国营企业，1988年建厂。投资665万元，厂区占地面积2.1万平方米，建筑面积4950平方米，有职工220名，拥有80年代先进的原料、冷剂、水针剂、胶囊及配套辅助设施。1990年原料、冷剂试车投产。生产的主要产品有人工牛黄、细胞色素丙、叶绿素铜钠、肌肝片、多种钙片等。

龙山制药厂：县办集体企业，1988年建厂。占地面积30亩，建筑面积4500平方米。一期工程总投资380万元。拥有先进的中药提取及中西药制剂设备和先进的化验检测仪器。主要产品有维霉素、强力消炎胶囊、天麻杜仲胶囊、元胡止痛片、脑灵素片、宁心宝等20多种产品，1990年创产值120万元。

渤海床单厂：县办集体企业，建于1971年。全厂占地面积2.38万平方米，建筑面积8490平方米，职工724人，固定资产原值2086万元。年生产各种规格床单160万条，创产值741万元，利税107万元。

唐山市宏源毛纺织厂：县办集体企业，1970年建厂。现有职工950人，固定资产原值2163万元，拥有粗纺纱锭960枚，精纺纱锭720枚，中长纤维汽输纺60锭。年生产精纺绒线500吨，毛毯40万条，产值200万元。

地毯厂：县办集体企业，1973年建厂。是唐山地毯企业集团的龙头企业和河北口岸地毯出口基地。下设地毯加工中心分厂5个，82个农村点，分布6个县。现有职工2000人（不含分厂），总厂占地面积77004平方米，建筑面积27950平方米，固定资产原值1153万元。

华丰造纸厂：始建于1904年，是县办国营企业。为我国北方最早的机械造纸厂家。占地面积20万平方米，建筑面积3.02万平方米，现有职工755人，固定资产原值1672万元，拥有纸机7台，年生产能力达2.05万吨。

【“八五”期间主要基建技改项目】

迁安县为了充分发挥资源和产品优势，促进经济更快发展，今后将继续坚持改革开放实施科技兴县的发展战略，努力改善投资环境，积极引进消化吸收国内外先进技术、设备和管理经验，建设好出口商品基地，以加快外向型经济建设，促进全县经济持续、稳定、协调发展。为此，“八五”期间，迁安县初步安排建设项目108项，总投资84635万元，其中工业项目97个，投资70072万元；农业项目11个，投资14563万元。

新建一座热电厂：该项目已经河北省批准立项，经国家能源投资公司中标。拟建规模装机容量1.8万千瓦，年发电1.08亿千瓦小时，年供热量52.2百万大卡的热电厂，项目计划投资9600万元，五年收回全部投资。

唐山弘益油漆有限公司：县二建公司与台湾省日固唐山烤漆涂料有限公司合资兴建“唐山弘益油漆有限公司”，生产经营金属烤漆、汽车喷漆等特种漆料，该产品可填补国内烤漆品种的空白。该项目计划总投资188.2万美元，目前，土建工程已完成。

渤海床单厂床单大整理生产线：为提高产品档次，扩大生产能力，增加出口创汇，1989年床单厂改建一条床单大整理生产线，项目总投资2689万元，已完成投资1000万元。项目投产后，年产丝光床单300万条，创产值3000万元，利税720万元，创汇292万美元。

唐山市宏源毛纺织厂基建技改项目：(1)精梳精纺二期工程。该项目已通过论证并批准立项，计划投资3000万元，项目投产后，增加精纺绒线3600吨，创产值6000万元，利税1200万元。三年可收回投资。(2)羊毛衫生产线。项目投资600万元，项目投产后，生产羊毛衫18万件，创产值1200万元，利税240万元。(3)电子大提花毛毯生产线。项目投资1200万元，项目投产后，年生产毛毯20万条，创产值2400万元，实现利税744万元，两年可收回全部投资。

服装厂羽绒服装生产线：为提高产品质量，增加产量，服装厂计划扩建一条自动化羽绒服装生产线，已批准立项，项目投资500万元，项目投产后可增加羽绒服装32万件，增加产值1100万元，出口创汇300万美元，实现利税210万元。

地毯厂新上机梁项目：地毯厂准备新上机梁2000架，投资260万元，项目投产后，年生产150道东方地毯2.6万平方米，80道东方胶背地毯4万平方米，实现产值2600万元，利税350万元。

华丰造纸厂技改项目：计划投资943万元改造两台1092纸机为1760长网纸机；投资123万元上白水回收项目；计划投资1342万元，上制浆喷放系统。以上三个项目，总投资2373万元，项目完成后，年产量可增加7000吨，效益增加250万元以上，节约地下水30%。

第一造纸厂红麻全杆制浆造纸生产线：为了充分利用本地红麻资源，第一造纸厂正在建设红麻全杆制浆造纸生产线，这个技术改造项目已被列入国家“八五”期间重点项目之一。项目总投资2968万元，项目投产后，可生产胶版纸书写纸等高档纸8000吨，增加产值1080万元，增加利税1036万元。

唐山油井水泥厂第二条生产线：根据设计将投资4500万元建设第二条水泥生产线。项目建成后，可使水泥产量翻番，新增产值2400万元，利润588万元。

柘榴子石采选矿：迁安县柘榴子石矿已探明储量800万吨，矿石品位35—40%，易采易造。计划建一座年处理柘榴子石5万吨的采选矿，总投资350万元。该矿建成后，可年产柘榴子石粉2万吨，创产值800万元，获利税100万元。

玛钢厂扩大生产规模项目：该厂为了提高产量，增加出口，计划投资500万元，以扩大生产规模。扩建后新增生产能力1500吨，产值600万元，利税150万元，外汇总额可达200万美元。

钢球厂氧化球团竖炉生产线：为使迁安县冶金工业向采、造、烧、炼、轧一条龙生产方向发展，该厂计划投资2002万元，建设氧化球团竖炉生产线，年产氧化球团矿20万吨，产值1880万元，利税600万元。

炼铁厂：为发挥迁安县铁矿资源的优势，杨店子镇投资2100万元，正在兴建123立方米高炉炼铁厂，该项目建成后，年产生铁7万吨，产值1540万元，销售收入5250万元，利税523万元。

红庙子炼铁厂：红庙子村计划投资2100万元，上128立方米高炉一座，项目建成后，年产生铁7万吨，产值1540万元，创利税523万元。

热镀锌钢带厂第二条生产线：该厂计划扩建250—520mm冷轧钢带第二生产线，项目总投资2984万元。项目投产后，年产热镀锌钢带和镀锌铝合金带2～2.5万吨，年产值6600万元，利税945万元。

新建热轧带钢厂：迁安县冶金矿山公司拟建(700mm)热轧带钢厂，总投资3000万元，年产热轧钢7万吨，年产值1.26亿元，利税1260万元。

新建中型钢铁联合企业：为了搞好铁精粉的深加工，计划新建中型钢铁联合企业，总投资2亿元。项目建成后，年产生铁24万吨，钢20万吨。年产值2.73亿元，实现利税8599万元。

新建果品原汁加工厂：计划投资1000万元建一座果品原汁加工厂，项目完工后，可增加产值3600万元，利税300万元。

龙山制药厂二期工程：龙山制药厂二期工程已列入迁安县"八五"期间重点项目，计划投资2000万元，项目投产后，可年增产值4650万元，利税800万元。

肉牛生产及加工项目：迁安是半山区县，发展肉牛有得天独厚的条件，1990年全县牛存栏1.5万头，出栏5100头，外贸出口1000头，发展潜力很大。为此全县计划投资550万元，主要建设4个项目，即县种公牛站及10个冷配点；饲草饲料加工厂；肉牛屠宰加工厂；10个肉牛生产专业乡(镇)。该项目完成后，到1993年全县肉牛饲养量达1万头，出口1550头。

瘦肉型猪生产及加工项目：1986年迁安县被批准为国家农牧渔业部属商品瘦肉型猪生产基地后，已投资110万元，建成了猪只改良、防疫灭病、配合饲料生产和产后服务体系，1990年生猪存栏32万头，出栏31万头。全县计划再投资1900万元，主要建设4个项目，即母体猪繁育体系；饲料加工厂；集约化养猪示范厂；年产万吨分割肉的肉联厂、冷冻厂。1993年该项目完成后，全县生猪出栏34万头，出口商品瘦肉猪10万头，出口分割肉2310吨。

养鹅生产及加工项目：计划投资210万元，主要建设3个项目，即种鹅养殖孵化场；完善羽绒产品生产线；扶持养鹅专业户。该项目建成后，1993年全县养鹅达到35万只，产鹅绒10.5吨，羽绒及其制品可创汇10万美元。

花生出口基地项目：计划投资1260万元，主要建设5个项目，即水利建设，发展滴、喷、管灌8万亩，机井配套16万亩；改良土壤，治理沙地；推广花生生产新技术及新品种；建设花生播种、摘果、脱粒等农机事业；建花生加工、贮藏等设施。这些项目建成后，年可增产花生2000万公斤。增加产值2800万元，到1993年花生总产达3.36万吨，出口量可达5700吨。

果品生产项目：计划投资960万元，主要建设4个项目，即新建3万亩高标准密植果园；改造中低产果园；完善新老果园的水电路配套工程；新建技术、防病服务体系。项目完成后，全县水果面积达到12万亩，高产果园占85%以上，建成后6年，果品产量可望达到10万吨，新增产值6600万元。

蚕桑生产项目：计划投资50万元，主要建设3个项目，即新植桑2万亩；扩大桑蚕饲养量，增添、改革蚕具；建立健全蚕桑生产产前、产中、产后服务体系。这些项目完成后，条桑面积达到4.2万亩，产桑条2000万公斤，养蚕2万张，产茧75万公斤，增产值1200万元。到1993年蚕茧出口量达到13万吨，创汇16万美元。

板栗出口基地项目：计划投资1600万元，建设"京东板栗"出口基地。在现有1.9万亩的基础上，新增种植面积6.1万亩；改造1.3万亩老果园，建成高产示范园；建立技术服务推广网络。项目完成后，全县板栗栽植面积达到8万亩，10年后产量突破500万公斤，增加产值1100万元，可换汇112万美元。

(周晓英)

任丘市

【概况】 任丘市位于河北省中部，北距首都北京153公里，东距天津市135公里，西南距省会石家庄159公里。任丘历史悠久。据史籍记载，汉平帝元始二年(公元2年)，巡海史中郎将任丘在此地筑城，后以其名为地名。北齐置任丘县，隋初并入高阳，唐复置任丘县，以后历代沿用。1986年3月5日，经国务院批准，由县改建为市。全市现有20个乡、5个镇、3个街道办事处，356个自然村、413个行政村；总人口63.5万人，其中非农业人口11万人。全市南北纵距41公里，东西横距42.5公里，总面积1034平方公里，耕地面积93.4万亩。市区面积77平方公里，其中建城区18平方公里，总建筑面积600.7万平方米。

任丘市地形为海河中下游内陆冲积平原，自西南向东北缓斜，最高海拔11米，最低海拔4.5米。属于东部季风区暖温带半湿润大陆性气候。年平均气温12.1℃左右，平均年温差31.3℃。全年无霜期186天，年平均日照2711.2小时，年平均降水量557.4毫米，累年平均蒸发量为2172.3毫米。土壤以潮土为主，土质沙粘适中，保水保肥能力较强，适宜小麦、玉米、谷子、高粱、棉花、花生、芝麻等多种农作物生长，盛产鸭梨、苹果、桃、李、枣等果品。市境内河流属大清河水系南支，有古洋河、小白河、长河、任文干渠等大小排渠河渠131条，总长度732公里。“华北明珠”白洋淀，位于市区西北部，总面积366.6平方公里，市境内面积64.8平方公里。全淀最大溶水位11.9米，最大溶水量15.6亿立方米。正常年份可利用量为2.7亿立方米，灌溉面积可达60多万亩。水产品资源鱼类有16科54种，盛产芦苇、菱角、莲藕等。1986年，任丘市被省列为商品粮生产基地，1988年被国家列为黄淮海平原农业开发区。矿产资源主要有石油和天然气。华北油田管理局机关设在市区。

新中国成立以来，任丘经济的发展大体可分为三个阶段。从建国初期到1978年为平缓发展阶段。这一时期，任丘经济以农业为主，生产力水平低下，商品经济落后，基本处于自然经济状态，人民生活水平较低。到1978年，社会总产值只有1.81亿元，工农业总产值1.56亿元，农村人均纯收入只有74元。从党的十一届三中全会以后到1985年，为任丘经济发展准备阶段。这一时期，特别是“六五”期间，任丘市认真贯彻执行党的十一届三中全会精神，把工作重点转移到以经济建设为中心的轨道上来，在全市推行了家庭联产承包责任制，进行了以简政放权，搞活企业为主要内容的经济体制改革，有力地推动了生产力的发展、全市经济出现了稳定发展的势头。到1985年底，社会总产值达到4.74亿元，比1978年增长161.7%，平均年递增14.7%，工农业总产值达到3.68亿元，比1978年增长136.7%，平均年递增13.1%。农村人均纯收入达到440元，比1978年增加366元，增加4.9倍。1986年以来（“七五”时期），任丘经济进入起步阶段。几年来，任丘市坚持“一个中心，两个基本点”的基本路线，适应建市需要，确定了“以城带乡，以乡促城，城乡互补，协调发展”的战略思想，对经济建设的战略重点进行了调整，由发展农业经济为主逐步转移到以发展城市经济为主的轨道上来。大力发展工业，加强城市基础设施建设，增强城市辐射力和吸引力；深化农村改革，积极调整产业结构，全市经济出现了持续、协调发展的大好局面。到1990年，全市社会总产值达到11.5亿元（1980年不变价，下同），比1985年增长1.7倍，平均年递增19.3%；国民生产总值达到5.1亿元，比1985年增长1.1倍，年均递增16%；国民收入达到4.7亿元，比1985年增长1.1倍，年均递增14.8%；工农业总产值达到10.2亿元，比1985年增长1.8倍，年均递增22%，财政收入完成6954万元，比1985年增长1.2倍，年均增长765万元。

【农业】 1978年以前，任丘的农业生产比较落后，粮食产量低而不稳。林、牧、副、渔各业在大农业中所占比重很低。十一届三中全会以后，任丘市在普遍推行家庭联产承包责任制的同时，逐年加大农业投入，引进和推广先进适用技术，加强社会化、系列化服务。从1982年开始，采取“从基层抓起、自下而上地组建、自上而下地完善”的办法，先后在农村建立建全了四个层次的科技推广网络。目前，全市已组建行业技术开发推广中心11个，专业技术服务站20个，乡建立了28个农业技术综合服务公司，村建立了农业技术服务站，并陆续发展起一万个农业科技示范户。村村有浇地、耕作服务队，进行产前、产中、产后全程服务。并组建了小麦、机械维修等承包集团，使全市农业生产一年上一个新台阶。到1990年，农业总产值达到3.91亿元。粮食产量在1985年创历史最高水平的基础上，又连续5年持续增长，1990年总产达到23.8万吨，比1985年增长49.8%，夏粮生产连续两年受到国务院表彰。林、牧、副、渔各业也迅速发展，在农业中的比重逐年提高，四业总产值达到1049.7万元，其中林业生产发展更为迅速，林地面积达7133.3公顷，林木覆盖率13.2%，被林业部命名为全国平原绿化先进单位。

任丘市以改良站的养禽技术服务集团为龙头，发挥兽医站、渔政、工商服务站、畜牧站的骨干作用和指导协调作用，从雏鸡供应、疫病防治、推广使用全阶配合饲料等方面提供一系列的产前、产中服务。并通过建立技术人员业务联系点帮助农民解决生产问题，促进了畜牧业的发展。到1990年，从事畜牧生产的专业户已发展到320个，大牲畜存栏3.01万头，比1978年增加0.61万头，提高了25.56%；生猪存栏10.89万头，增加2.94万头，提高了36.94%；羊存栏6.74万只，增加3.26万只，提高了93.62%；肉类总产1万吨，蛋类总产4100吨，牧业产值达到2700万元。

白洋淀蓄水以来，任丘市水产养殖业得到了迅速发展。到1990年，养殖面积达到4078亩，总产量2055吨，其中淡水养殖产量1262吨，海水捕捞产量793吨，产值850万元。比1978年增加1556.7吨，提高了312.4%，养殖专业户发展到27个。1989年，应用新技术在白洋淀试验网箱养鱼一亩，产量达到0.55万公斤，利润5万元。1990年发展到2.7亩，亩产达到4.45万公斤，每亩获益4万元。

【乡镇企业】 1985年以来，任丘市乡镇企业产值平均每年以1亿多元的速度增长，上交税金占全市地方税收总额的69.9%，是全市经济的一大支柱。到1990年乡镇企业已达12931

家，从业人员 67203 人，占全市总劳动力的 32%，产值达到 8.28 亿元，比 1978 年增长了 10 倍多，其中，年产值 500 万元以上的企业 2 个，100 万元以上的企业 18 个，50 万元以上的企业 64 个，30 万元以上的企业 86 个，初步形成了塑料加工、建筑建材、机械电器、玻璃制品和毛纺五大骨干行业，生产 1000 多种产品。外向型企业 102 家，标准件、砂轮片、五金工具、地毯、机绣、工艺品等 16 个产品打入了国际市场，行销美国、日本、赞比亚等十几个国家和地区，年出口额为 1950 万元。

【工业】 任丘市工业基础薄弱。建国初期，仅有少数几家手工业作坊，只能从事车马辕具、轧花、榨油、印刷等简单生产。改革十年来，特别是任丘建市以来，市委、市政府把发展工业作为振兴任丘经济的一个突出重点来抓，市办工业得到了迅速发展，先后投资 1 亿多元，兴建了棉纺厂、针织厂、造纸厂等一批骨干企业，并与香港常志投资有限公司合作，建成了第一家合资企业——任捷色织有限公司。同时，先后完成了丝绒厂织机改造、更新，引进烤花机、溶解乙炔、野营移动房、系列减速机等一大批技改项目，使老企业焕发了青春。目前，市办工业已初步形成以轻纺工业为主导，以化工、机电、建材、食品四大工业为骨干的新的行业结构。1990 年，市办工业 企业已达 173 家，完成年产值 7.83 亿元，比 1985 年增长 48.7%。主要产品有棉纱、交织绒、金丝绒、线绨被面、切纸机、晶体管、冷轧辊、野营移动房、卷帘门窗、脱粒机、碳酸氢铵、过磷酸钙等 40 余种。其中金丝绒、120 口交织绒、减速机、晶体管等产品获省优质产品称号。

【城市建设】 1986 年建市以来，任丘市始终把城市建设作为一项重要工作来抓，并按照把小城市建设成为区域性经济、文化技术中心的要求，聘请外地专家，制定了 50 年城市发展规划。4 年累计投资 3.5 亿元(含华北油田)基本形成了南北方向的会战道、燕山道、京开道和东西方向的建设路、北环路、裕华路等主体框架的城市格局。到 1990 年，市建筑面积已由 1985 年的 350 万平方米增 加到 650 万平方米；总供水量由 220 万立方米增加到 310 万立方米，供水管道总长度达到 172 万米；市 区道路总长度由 44 公里增加到 76 公里，道路总面积由 22 万平方米增加到 38 万平方米，人均道路面积由 1.4 平方米增加到 2.1 平方米，清扫面积由 3.5 万平方米，增加到 6.5 万平方米；公共绿化面积由 17 万平方米增加到 23 万平方米。先后兴建了燕春楼饭庄、隆盛商业大厦、人行办公楼、防保楼等二十多座大型建筑。兴建了第一住宅小区 24 栋住宅楼，解决 800 户居民的住房问题，同时第二住宅小区“明珠新村”也已破土动工。通讯事业迅速发展，开通了 5000 门程控电话，改变了多年来打电话难的状况。在搞好基础建设的同时，按照洁、齐、美的要求，市政府还有效地开展了市区综合治理工作，市容、市貌有了很大改观。

【交通运输】 建市前，任丘市公路建设较为落后，除城区几条主要干线外，各乡镇基本上不通公路。近几年来，随着城乡经济的发展，交通运输发展较快。到 1990 年，公路通车里程达到 594.5 公里，其中油面公路 86 条，总长 441.6 公里，实现了乡乡通公路。有 198 个村油面公路进了街，占自然村总数的 48%，初步形成了以穿越市区的京大(北京——大名)、津保(天津——保定)公路为轴心的四通八达的交通网。市内公路桥梁共 148 座，总长 4494 米，国家计划修建的京九(北京——九龙)铁路经过任丘，并设 2 级站。任丘市有国营和私人汽车车站各一座，民用汽车 991 辆，其中载货汽车 801 辆，个体载客车 190 辆，年客运量 172 万人次，货运量 85.2 万吨。

【商业】 任丘市利用靠近京津、地处华北油田腹地、位于旅游胜地“华北明珠”白洋淀边的有利条件，采取内外联营、工商联营、农商联营等多种形式，积极开拓市场。到 1990 年全市商业网点发展到 6279 个，从业人员 23882 人，全市社会商品零售总额达到 3.18 亿元，是 1978 年的 3 倍。近几年，市区又相继建起了隆盛商业大厦，经贸大楼、新华供销大楼等大型商场。工业小商品市场和蔬菜、水果批发市场年成交额均在 1000 万元以上。

【旅游业】 白洋淀历史上曾以“白洋月夜”、“长堤烟柳”、“枣林晚渡”、“十里荷香”、“金沙落照”、“水月桃花”等 景观著称于世。1990 年 6 月，任丘市成立了旅游局，1991 年 6 月，投资 140 多万元，与北京空军合资兴建了旅游飞机场，正式运行 3 个月，载客 22900 人，收入 45.8 万元。到 1990 年，共有各种个体旅游船只 770 余条，年收入 552 万元，接待游客 40 多万人 。目前，白洋淀集观光旅游、体育健身、民俗风情、社会教育、科普知识、购物交易六大功能于一体，是得天独厚的旅游胜地。

【文教卫生】 任丘市现有影剧院 25 座，电视台、电视差转台各 1 座，广播电台 1 座，文化馆 2 座，艺术团体 4 个，游泳场 1 个。市级刊物一份，并有 5 人 12 次在国内外文学艺术大会上获奖。

1986 年以来，任丘市在注重巩固提高普通教育的同时，大力发展职业教育，成人教育，走集资办学的路子。全市用于改善办学条件的投资达 5392 万元。目前共有中小学、技工学校、中等专业学校和职工高等院校 512 所、标准校舍达到 98.5%，其中有花园式学校 164 所，在校学生总数 12.3 万人。专职教师 7948 人，小学入学率达 98%，巩固率达 99%，毕业率达 100%，普及率达 97%，并有 96.3 %的中小学实现了“十配套”。九年制义务教育工作顺利通过验收，被国家教委命名为全国基础教育先进县，并确定为全国教育改革试验区。

到1990年,全市共有医疗卫生单位133个,病床1954张,卫生技术人员3168名,各种医疗设备配套齐全,并把建立村办卫生所做为完善三级医疗网的一件大事来抓,全市共建起村办卫生所400多个,基本上形成了以石油总医院,市人民医院为中心的医疗网,具有较强的防病治病能力。

【人民生活】 1990年,全市职工工资总额达到3989.6万元,人均工资1689元,分别比1985年增长1.8倍和88.2%。农村人均纯收入达到802元,比1985年增加362元,城乡居民储蓄余额到72416万元,比1985年增加8.5倍。近几年来,全市有85%的农民盖起了新房,城乡居民高档耐用消费品拥有量增加较快。

【体制改革】 几年来,任丘市始终把搞活企业作为经济体制改革的中心环节来抓,在简政放权的基础上,于1989年在30家市办工业企业普遍推行了承包经营责任制。随后,紧紧围绕完善企业经营机制,全面推行了企业工资总额与经济效益挂钩浮动,企业风险抵押承包,厂长任期目标责任制,税金有奖发票,优化劳动组合,二级模拟法人运转等改革措施,并进行了企业资金分帐和企业放开经营试点工作。同时,狠抓了企业内部经营机制改革,认真贯彻"三个条例",确立了厂长在企业的中心地位,初步理顺了党、政、工三者之间的关系;改革了企业分配制度,实行了计件工资、定额工资、效益提成工资等多种联绩联酬的分配形式和办法;建立和完善了企业自我约束机制,从企业经营决策、议事规则、民主监督等方面建立健全了有关制度,规范了企业行为,提高了企业自主经营、自我积累和自我发展的能力,增强了企业活力。到1990年底,首轮承包企业承包期满,30家经营企业实现利润完成了合同指标。

【重点企业】 燕春楼饭庄:1980年开业,当时只有12名职工,营业面积不足百平方米,固定资产700元,当年实现利润2.5万元。1990年,燕春楼饭庄下设5个餐厅,三个旅社,一个海味店,有干部职工103人,固定资产400万元。发展成为集饮食、服务、加工于一身的综合经营的企业实体。燕春楼饭庄连续10年被省、地、市及供销系统评为先进企业,文明单位,1989年被商业部命名为"全国商业先进企业"。饭店经理张克勤同志1985年被全国总工会授予"五一"劳动奖章,1985年、1989年两次被评为全国劳动模范,并多次受省、地、市表彰。

职教中心:任丘市职业技术教育中心,是在原职业技术学校的基础上,于1991年扩建而成,下设职业技术学校、技工学校、农业广播学校和卫生学校四所分校,占地面积100亩,建筑面积3758平方米。有教学楼、学生宿舍楼各1座,计划再建综合办公楼、实验楼、教职工宿舍楼各1座。总设计建筑面积20000平方米,总投资1000多万元。现职教中心设有微机室、电教室、标本室、理化实验室、图书阅览室、钳工和电气焊实习车间。并开办了客车厂、服装厂、汽车修理厂、氧化锌厂、养鸡场和养猪场,有学农实习基地20亩,年实现利润50多万元。职教中心设31个教学班,有教职工225人,在校生1520人。开设农、林、畜牧、养殖、服装加工、汽车驾驶与维修、钳工、装璜美工、营业员、农村财会、乡镇企业管理、医士、妇幼保健等17个专业。职教中心坚持面向农村、面向企业,为经济建设服务的方针,走教学、科研、生产、经营、服务相结合的办学道路,本着实用、高效的原则,在全市范围内实行定向招生。在学制安排上,既办长班,又办短班,以长求稳,以短求活,长短并举,互相补充。几年来,培养各类初、中级技术人才3784人。

任丘市丝绒厂:该厂是河北省唯一生产绒类的厂家,系地方国营中二型企业。建于1958年,现有干部职工1200人。初、中级技术人员60人,占地面积82000平方米,厂房面积12187平方米。固定资产一千多万元,主要设备有织机254台,辅助设备100台(套),年生产能力200万米。主要产品有120D交织绒、300D交织绒、36寸绒、金丝绒、彩丽绒、人丝立绒、新华呢、美丽绸、褥面、纬包边双色被面、星光纺、衬衣绸、雪花绒、利亚绒等14种产品。其中,120D交织绒分别于1984年和1989年两次获省优质产品称号;300D交织绒、金丝绒分别于1986年和1987年获省优质产品称号。

任丘市棉纺厂:该厂建于1987年,市属国营企业,占地面积73755平方米,建筑面积35873平方米,固定资产5506万元,干部职工1760人,其中专业技术人员52人,3万锭棉纱生产能力。清、梳,并粗细,落筒等主要生产设备均为国内名牌产品,并引进了瑞士精梳机、西德自动落筒机,设备先进、生产布局合理,可生产97.2#至5.8#棉纱。

任丘市农机修造厂:该厂为市办国营企业,建于1957年,占地面积40000平方米,建筑面积12000平方米,固定资产300万元,有职工573人,各类专业技术人员51人,年产值1000万元,利税150万元。主要产品及生产能力:野营房400栋,卷帘门5000平方米,脱粒机3000台,金属结构防盗门窗5000平方米。其中KGF型钢结构野营移动房1989年被评为省优质产品,NDJ——95型行星齿轮减速机1987年评为省优质产品,1990年评为农业部优质产品。

任丘市第一造纸厂:该厂建于1988年,系地方国营企业,现有干部职工586人,各类专业技术人员25人,占地面积270000平方米,建筑面积57314平方米,固定资产3400万元,主要产品为52g凸版纸,年生产能力8000吨,产品质量达部颁标准。

河北任捷色织有限公司:该公司系中外合资企业,建于1989年,总投资794.4万元,注册资本588.5万元。中方为任丘市棉纺厂，占投资额的71%，外方系香港常志投资有限公司，占投资额的29%，占地面积4200平方米，建筑面积4800平方米，有固定资产1077万元，职工170人。主要设备有：进口“IC———906——71”箭杆织机68台，整经机、浆染联合机、接经机、预缩机、烧毛机、烘干机、卷布机、码布机等配套设备28台套，形成了从纱整经、浆染、织布到整理加工的成龙配套生产线。主要产品：靛兰坚固呢(牛仔布)，年生产能力240万米，产值2000万元，创汇157万美元。

任丘市针织厂：该厂建于1988年，占地面积44924平方米，建筑面积19661平方米，固定资产2800万元，职工830名，其中专业技术人员37名。主要设备有：西德大园机，台湾面园机17台，台湾箭杆织机，高速浆纱整经机，国产台车，毛巾织机，高温高压，常温常压染整生产线等设备325台套。主要产品：纯棉、涤棉、人棉针织坯布、内外衣、床单、运动衣服装面料。年产针织坯布1500吨，巾被1000吨，漂染5000吨，是集针织、机织、漂染、成衣制做于一体的市属全民所有制企业。

任丘市机械厂：该厂是建于1958年的地方国营企业，现有职工420人，各类专业技术人员39人，占地面积55281平方米，建筑面积31645平方米，固定资产186万元，年产值380万元，利税50万元。该厂主要生产：对开切纸机、全开切纸机、磨刀机、烫金机等印刷机械、多功能汽车保修机和零件清洗机。其中主导产品对开切纸机已有20多年的生产历史，产品畅销不衰。

任丘市轧辊厂：该厂系市属集体企业，是生产各类轧辊的专业厂家，地区级先进企业。现有职工225人，占地面积8000平方米，建筑面积5000平方米，固定资产380万元。主要产品有：钢管辊、水煤管辊、冷带工作辊、冷带支撑辊、人力车圈辊等，年生产能力1000吨。

任丘市华联无线电厂：该厂是全民所有制企业，现有干部职工150人，各类专业技术人员30人，工厂占地面积6600平方米，其中建筑面积2400平方米，有无线电整机生产作业线100米，固定资产130万元，主要产品有：JZW系列电台专用电源，该产品已通过省级新产品鉴定，并获省优秀新产品奖，各种通信天线(频率150MHZ——900MHZ高增、中增、全面、定向、吸盘、手机拉杆天线等)，短波/超短波通信转接器。工厂下设通信器材公司，经营各种电台、通信电缆及其它通信器材，承接无线移动通信组网工程。

任丘市七0五厂：该厂系地方国营企业，建于1970年，现有干部职工128人，其中初高级技术人员33人。企业占地面积为8000平方米，建筑面积2432平方米，固定资产156万元。主要设备有：扩散炉、压焊台、封帽机、各种半导体器件测试设备和620平方米超净化生产车间。主要产品有3CG、3CA、3CK、3CD、3CX系列晶体三极管，年生产能力100万支，其中：$3CK_{10}$、$3CGH_2$、$3CG_{100}$晶体管是河北省优质产品，$3CK_{10}$是机械电子工业部优质产品，被广泛应用于国防、科研和民用等高尖端技术中，1990年该厂被评为省级先进企业。

(张红星 刘亚光)

涿州市

涿州地处京畿，历史悠久，距今已有2300余年历史，自古以来，人杰地灵，名豪辈出，商旅辐辏，货物云集。汉昭烈帝刘备、宋太祖赵匡胤、汉桓侯张飞等均出于此。涿州自然资源雄厚，古为督亢膏腴之地，清乾隆曾誉为“天下第一州”。建国后，各项事业蓬勃发展，经济建设突飞猛进。1986年，经国务院批准撤县建市，并列为全国甲级开放城市。

【概况】 地理位置：位于河北省中部，东经115°44′～116°15′、北纬39°21′～39°22′。西接涞水，南连新城，东临固安，北与北京市大兴、房山县毗邻。

政区划分：全市辖18个乡、3个镇、3个办事处、10个居民委员会、410个村民委员会。

人口面积：全市总人口52.29万人，其中非农业人口9.18万人，城区人口13.8万人，有24个少数民族计7468人。总面积742平方公里，其中耕地4.83万公顷，占总面积的62.2%，人口密度每平方公里705人。

自然资源：土地资源雄厚，土壤氮、速效磷含量均高于全省平均水平；水源丰富，水质良好，人均有水量474.3立方米，多年平均产水量2.48亿立方米，均居全省前列。

1991年，全市完成社会总产值16.89亿元，国民生产总值7.10亿元，国民收入5.89亿元，工农业总产值14.72亿元。其中农业总产值3.59亿元，粮食总产20.67万吨，棉花总产945吨，油料总产5786吨。工业总产值11.13亿元，乡镇企业总产值10.5亿元。实现社会商品零售总额3.87亿元，外贸收购总值完成9748万元。全年固定资产投资6391万元。财政收入5832万元，其中工商税收5085万元。引进外资1700万美元。农村人均纯收入823元。计划生育四率全部达标。全市有70多个部门和单位受到上级有关部门的表彰，涌现出9个部级、26个省级、40个地级先进单位，连续六年荣获保定地区目标管理责任制综合评比一等奖。

【农业】城郊型农业初具规模。全市粮食作物总面积95万亩,棉花2.5万亩,经济作物5.5万亩;粮食单产218公斤,总产20.67万吨,人均产量397.9公斤。瘦肉型猪基地、千亩鱼塘、肉鸡生产、粮食型、蔬菜等五大基地收效显著,年产肉类1.81万吨、蛋类3561吨、鱼770吨、蔬菜8.1万吨;现有冷库12座,建筑面积5150平方米,总容量1421吨,全市每年向京、津等大中城市输送肉类、禽蛋、蔬菜约1万吨,收入1900万元,牧、副、渔产值占农业总产值的42.3%,农村经济总收入达到10.8亿元。

农技服务:乡乡都有农技服务站,一级的5个,达标的5个,村级服务站138个,均通过省、地验收;专业化防治面积76万亩,小麦良种繁育面积0.55万亩,农业技术受训人员5.95万人,推广高效增产技术193万亩。

吨粮田建设:现有吨粮乡3个,开发吨粮田1.3万亩,小麦单产322.8公斤,玉米单产580公斤,比普通田增产252.8公斤/年亩,增收86.5元,通过省级专家组的验收。自1986年以来,农业基点调查工作连年被省、地评为先进单位,1990年被国家农业部评为农业基点调查工作先进单位。

畜牧业:1991年末,猪存栏19.1万头,是全国瘦肉型猪基地县之一,大牲畜存栏2.45万头,现有奶牛专业户9个,年产奶32.8万公斤。家禽饲养量为135万只,林屯乡与泰国"正大集团"联合建成50万只鸡的肉鸡生产基地;1991年国家利用世界银行贷款31万美元,在涿州兴建畜牧兽医技术服务中心。

林业:林业用地1.40万公顷,有林地1.16万公顷,林木覆盖率16.10%,其中经济林5193公顷,四旁植树面积3097公顷,荣获"全国平原绿化先进市"称号。1990年造林面积1126公顷,林业总蓄积量1.58万立方米,年产各种干鲜果品1500万公斤,林业总产值698万元,在全省有绿化工程任务的52个县(市)中名列第八。

农机:农机局下设农机公司、农机化推广站、农机化服务站各一个,干部职工131人;有乡镇农机化服务站18个,村农机队45个,农机合营组织142个,农机协会246个,代耕、代运、植保、运输等专业性服务组织46个;有拖拉机8363台、农机具7407件、收割机615台、脱粒机2987台、排灌机械1.8万余台、农用汽车190部;1991年完成机耕79.23万亩、机播42万亩、机收24.9万亩、秸杆还田2.16万亩,小麦半精量播种6.55万亩;培训各类农机人员1万余人次,检审拖拉机5446台,审验驾驶员5600人,农机公司完成营业额1460万元,利润10.1万元;改装及新购半精量播种机194台,推广小麦手动插秧机15台、深耕犁3台、联合收割机13台、小托深松器60台。1990年有4个乡被评为"全省先进农机站",市农机监理站荣获"全省先进农机监理站";1991年林屯乡获"全省先进农机站"、塔上乡获"全国先进农机站"、市农机局获全省铁牛杯竞赛三等奖。

【乡镇企业】现有乡镇企业13175家,其中年产值百元以上的50家、千元以上的5家,被评为省级先进的1家、地级先进的4家。永乐牌胶粘带和西河260道纯毛东方毯获部优,铝锅、和面机、面条机、一次性输液器获省优,高精度清洗机、网带式除尘器等7种产品达到国际先进水平,点焊机、四辊离心机等20多种产品达到国内先进水平。1991年乡镇企业总产值10.5亿元,实现利润1.36亿元,上缴税金2202万元,占全市工商税收的43%,乡村集体企业固定资产积累2.39亿元。

【工业】全市现有乡及乡以上工业企业154个,其中全民企业25个,集体企业127个,中外合资企业2个;1991年工业总产值完成10.97亿元,占全市工农业总产值的73.9%,其中全民工业总产值4.27亿元,集体工业总产值2.38亿元,村及村以下工业总产值4.16亿元,其它经济类型工业总产值1610万元。在工业总产值中,轻工业4.94亿元,重工业6.03亿元,轻重工业比为1:1.22。工业发展采取了"栽桐引凤、以凤带龙、引进外资、富裕涿州"的发展战略,制定了"联厂、联部、联校、联所、联能人,引进人才、引进技术、引进资金"的"五联三引"政策,形成了以城郊型工业为主要特征,以有色金属加工业、机械制造业、化学工业、塑料制品业、建材业、地毯业为主导行业的工业体系,工业产品种类近300个大类,名、优、特、新产品中获国际奖励的1种,获国家奖励的3种,获省、部级奖励的14种。

【交通邮电】交通:京广铁路纵贯南北,全长26公里,境内有永乐、涿州、松林店3个火车站,辖区有铁路货场1座,占地17.5公顷。由涿州站引出专用线一条,机车回转线2条,货运线4条,共长5025米,年吞吐量150万吨。1990年完成货运量38万吨,发送旅客85万人次。油路建设始于1965年,国道107线纵贯全市,全长26.6公里,是全国主要交通线路之一。京深高速公路也将于1992年底通车。有市道3条、乡道13条,总长204.8公里,有大、中桥梁5座,立交桥3座,古桥3座,总长1980米,形成城、乡、村贯通、分布密集的公路网。1991年底道路完好率达到82%。1991年完成货运量3.95万吨和货运周转量387万吨公里,全年审验营运车辆1826台,汽车、摩托车维修厂家78个,机车维修率和实保率分别达到100%、85%,均超过省、地运管部门规定的标准。107线涿州段以优异的成绩,通过了国家交通部组织的公路绿化、美化、标准化比赛评比的检查,为河北省争得了荣誉。

邮电:全市有邮电局、所10个,代办所2个,邮路总长108公里,农村投递邮路总长1283公里,电话交换机总容量12560门,有电话机6553部,普及率为每百人

1.31部，超出全省平均水平。电话杆路总长160公里，明线323公里，电缆出局线对7200对，拥有长途共电式交换机8席，立接台6席，载波机6部，中英文电报终端机3部，三类传真机3部。于1990年在全省率先引进并开通了加拿大DMS100/200程控6000门，长途300线长市合一交换设备。现长途业务线路已达58条，长途自动电路31条、无线电话52户、无线寻呼196户。1991年完成邮电业务总量674.1万元，长途电话业务总量865.6张，市内电话用户已达2506户，长途有权用户711户，程控市化服务6091项，完成中央国营邮电业务收入464.9万元，实现利润51.3万元。

【流通】

商业：1991年全市商业、服务业网点发展到5.40万个，从业人员1.11万人，社会商品零售总额3.51亿元，实现利润177.8万元，各项主要经济指标均名列全区同行业前列。与15个省市160个厂家建立了联销、代销业务关系，签订300多个购销合同，商品总价值3000多万元，率先在全区建立“标准价商店和无伪劣品商店”，连续三年获地区联赛双文明杯，被省命名为执行物价政策、法规先进单位，市人民商场连续7年综合经济效益居全区榜首，评为省、地、市先进单位。

供销：现有8个公司、2个厂、22个基层供销社、2300余名干部职工，1991年纯购进5622万元，实现利润76.8万元，收购皮棉103万公斤，利用6、7、8三个月，进行了“百日竞赛”活动，完成商品销售额4277万元，比上年同期增销1100万元，等于增加1个月的销售额，费用率下降0.9%，实现利润29.7万元。受到地区供销社的表彰，并在涿州召开全区现场会。涿州供销社被评为“保定地区综合效益先进单位”及“1991年度地区先进单位”。

外贸：1990年对外贸易收购总值为9365万元，共有36个出口商品生产厂家，主要出口商品有地毯、挂毯、服装、玉器、餐巾、手工毛衣等30多个品种。其中地、挂毯最多，年出口额6000多万元，产品畅销美国、日本、法国、香港等30多个国家和地区，出口商品生产在500万元以上的厂家有西河地毯总厂、工艺金丝挂毯厂、南关挂毯厂、东兴实业公司、新华毛织厂、联营织毯厂等。

市场：涿州市集市建设为适应改革开放的形势，由传统型向现代型、封闭型向开放型、综合型向专业型发展。现有集贸市场39个，其中综合集贸市场36个，专业市场3个；万人以上市场12个，5千人～1万人市场9个，5千人以下市场8个；形成沙发、建筑材料、农副产品批发、桃园、华夏、孙庄、码头等七大市场，每天客流量均在2～4万人之间，年成交额均在1000万元以上。其中1991年兴建的桃园市场占地2.80万平方米，是涿州市第一座封闭式集贸市场，共有摊位1160多个，有服装、百货、干鲜蔬菜、冷饮小吃、五交化产品等10大类500余种商品，年成交额1861万元。1991年举办传统庙会10个，客流量100万人次，投放市场总值1.50亿元，成交额1100万元。1991年全市市场成交额6437万元，占社会商品零售总额的16.67%。

【财政金融】

财政税收：1991年财政收入完成5832万元，其中工商税收2202万元，农业四税357.7万元，企业收入121万元，其它收入268.7万元，年财政收入名列全区榜首。

金融：截止1991年底，全市共有金融机构484个，其中司级7个，城镇办事处8个，城市信用社4个，农村信用社24个，储蓄所55个，储蓄代办机构366个，工作人员726人。全市各项存款余额为7.68亿元，其中储蓄余额4.56亿元，市工商行两个储蓄所被省评为“文明储蓄所”，市农行获省农业金融系统“五小建设先进单位”；市信用社被为“省实现合辖无旧货先进单位”；市建行储蓄专柜被命名为“国家建行先进集体”。

【人民生活】

收入：1991年，全市职工工资总额为8125.9万元，比1990年增长6.2%，其中全民所有制单位增长5.2%，集体所有制单位增长13.8%，职工年平均工资1922元。剔除不可比因素增长6.8%，其中全民所有制单位平均工资2050元，集体所有制单位平均工资1520元。农民人均纯收入823元，其中人均纯收入300～600元的农户数占总户数的21.4%，600～800元的占28%，800～1000元的占27.1%，1000～2000元的21.4%，2000元以上的占1.4%。

消费：1991年，全市城乡居民消费心理日趋成熟，从食品、衣着、日用品和非商品四大消费投向看，与1990年相比具有增长不同步的特点，食品类增长2%，衣着类增长2.4%，日用品增长4.2%，非商品消费增长3.4%；人均住房面积城市居民为11.3平方米；农民为19.3平方米；从新建房屋结构看，一是宽敞明亮，二是造价逐年提高，三是结构改善，全部为砖木结构和钢筋混凝土结构。

耐用消费品拥有量增加。1991年末，城区每百户居民拥有自行车222辆，缝纫机58架，电风扇106台，洗衣机70台，电冰箱50台，收录机70台；农民每百户拥有自行车239辆，缝纫机89架，电风扇71台，洗衣机57台，收录机36台，彩电36台，黑白电视机70台。

储蓄：1991年末，全市城乡居民储蓄存款余额为45574万元，其中城镇、乡村储蓄余额分别比1990年增长34.2%、25.5%，居民人均储蓄达871.5元，比1990年增长25.3%。

【社会保障】

保险：1980年恢复保险业务，1982年6月成立中国人民保险公司涿州支公司，共建立3个专职、10个兼职保险代办处，保险业务有产险和人险两大类，共开办32个保险险种。1991年各类保险总金额15亿元，总保费收入1480万元，全年共处理各种赔案3203件，支付赔款380

万元,给付550万元,综合赔付率45%,曾4次被评为省保险系统先进单位、二次被省评为文明优质服务单位、省防灾防损先进单位。

殡改:殡管所是1970年建成使用的,1989年又建成一座高标准殡管所,总投资150万元,占地7.4亩,连续三年被省政府评为花园式单位。1991年火化率达到96%,1989、1990年被省政府民政厅授予"殡改工作先进单位"称号,1991年10月民政部副部长范保俊专程视察了该殡管所,并给予高度评价。

双拥:市、乡、村都建立了双拥服务网络,确定乡镇干部包片、村干部包优抚对象、服务到户的责任制。近两年来,为优抚对象优先提供化肥750吨,柴油23吨,全市有三分之一的村,优抚对象免费浇、打、耕、种,大部分乡、镇免征2～3人的公粮。全市复退军人中,担任村干部的420人,安置率达100%,1988年涿州出席全省军民共建精神文明经验交流会,涿州市被省政府命名为"拥军优属先进单位",涿州连续五年被保定地区命名为精神文明先进市,1991年被命名为"双拥模范城"。

1991年涿州狠抓争先创优工作,经保定地区民政局检查验收命名了14个民政工作全优乡镇,本市被省政府民政厅命名为"民政工作先进市"。

【文化卫生体育】

文化艺术:现有河北梆子剧团1个,业余剧团17个,有评剧、京剧、老调、横歧调等6个剧种。有影剧院3座,农村放映队31个,农村文化站24个,村俱乐部及青年民兵之家350多个,图书馆413个,藏书63万册,文物保管所1个,藏品96件。民间花会36道,文化专业户841个。1986年恢复了泯灭48年之久的"通会灯市"。1990年与省群众艺术馆、地区文化局联合举办了全省"涿州杯"业余歌手大选赛,并举办了音乐讲座,来自全国19个省市的48名歌手参加了比赛。举办了涿州首届文物展览,共展出新石器时代晚期至明清时期的大批出土陶器、石器、铜器、铁器瓦当、瓷器等。1991年河北梆子剧团在全省8个县和北京市郊区县演出417场。市文化馆曲艺作者杨善元创作的《双开锁》、《借花》、《张勇接线》等作品获北京军区政治部作品奖,《雪杈救车》获解放军战士作品奖;物探局书法篆刻作者金文和于1988年获"爱国杯"海内外大展三等奖;历克创作的电视剧《硅化木》被拍摄后由中央电视台播放并被评为首届"乌金奖"。范阳影院1991年荣获河北省县(市)级影院评比第二名,经理刘钟被授予"河北省十佳电影院经理"称号,并授予全国十佳影院经理提名奖。

广播电视:有广播电台、电视新闻中心各1个,23个乡镇广播室,扩大机540部,广播线路120余公里。地面卫星接收站7座,音像制品销售点45个,广播电台发射塔程式为三频共塔式,除转播中央、省、地新闻节目外,自办栏目14个。1991年电视新闻中心开始工作,除转播中央、省、地新闻外,试办了涿州新闻、广告信息等电视节目。距城区20公里的码头镇建有中央电视台涿州外景基地,占地2886亩,目前唐城已峻工,全部建成后可溶中国5000年文明史于一体,将成为亚洲最大的影视拍摄中心及旅游基地。

医疗卫生:全市现有医疗机构50个,床位956张,卫生技术人员1261名,平均每万人拥有床位19.1张,拥有医生36.2名。自1978年以来,一直被保定地区评为"防疫先进单位",地方病防治工作经中央、省、地三级验收,确定为"基本控制和消灭地方病市"。全市推广了公费医疗制度,得到了中央、省、地的肯定,向阳乡卫生院被授予"全国卫生先进单位"。

体育:全市有体育协会11个,会员2500人,市级体育场1个,可容观众8000人,内有田径场、足球场、篮球场、健身房等。全市共有田径运动场34个,篮球场186个,足球场6个,排球场15个,训练房2个,游泳池5个,棋类室30个,门球场8个。有等级裁判员156个,其中国家级1人,一级9人。1990年承办了保定地区第四届运动员的四个项目比赛和开、闭幕式,1991年承办了河北省地辖市第二届青少年运动会,获团体总分第一名,金牌总数第二名,被省体委命名为最佳赛区;1991年向大中专体校(接)输送队员17名,其中2人入选国家队,2人达到健将级标准。

【计划生育】

市设有计划生育领导小组,由市委副书记、两名副市长主抓,17个有关部门领导为成员。乡、村级建立了计划生育委员会,由乡村主要领导担任正、副主任,下设计划生育办公室,设置了专职主任。全市从上到下,建立健全了计划生育三级网络,并有计划生育专职干部150余人,市、乡、村建立了计划生育协会1997个,理事2879人,会员3200余人,市计生委还成立了法规股、乡成立了法制科。1991年,全市有已婚育龄妇女9.23万人,计划生育率为92.16%、人口出生率为9.43‰,死亡率4.98‰,自然增长率为4.45‰,育龄妇女综合节育率为95.33%。

全市有22个乡、镇、办事处建立了计划生育宣传展室,部分经济条件好的村也建立了展室,并利用广播、电视、演出、标语、录像等多种形式宣传计划生育政策,印制《河北省计划生育条例》小册子7万余份,达到每户1册,在中小学增设《人口知识课》,部分乡镇成立了育龄妇女学校,创办了计划生育一条街,1990年被省命名为"计划生育宣传站",1991年被国家计生委、中央宣传部命名为"全国计划生育宣传工作先进单位"。

实行计划生育养老保险制度。1991年全市投保42万元,为950户、1500人办理了计划生育养老保险,投保对象主要是独生子女户、二女结扎户,采取完全公助定额分等投保法、自筹公助定额分等投保法、以公助带自筹、自筹限少不限多投保法三种,解决了农民"老无所养、养儿防老"等传统观念,受到地委、行署的表彰,并决定在全区推广，经验也在省及中央内参上刊登。

开展计划生育突击月活动。1991 年共搞了 4 次突击月活动，其中五、六月份实行了“全党抓、全民总动员”，声势规模空前，共补救普查了 88476 名育龄妇女，人流 1678 例、引产 1103 例、上环 4124 例、结扎 1199 例；七、八月份突击以“长效”为主，补齐了上次的死角；十二月份突击主要是要求全市各级各部门将 1991 年计划生育工作来个“回头看”，彻底自查，实现人流、引产、上环、结扎四项手术一遍清。

【教育科技】 教育：全市共有学校 399 所，其中职业中学 2 所，中学 31 所，学生总数为 9.65 万人，教职工 4274 名，入学率小学为 99.5%、初中 96.9%，毕业率小学为 99.8%，初中为 95%。另有石油物探大学、空军第六飞行学院、河北电大涿州工作站等 3 所高校，其中涿州电大工作站自办站至 1990 年，经省电大统一考试有 1120 人获大专毕业证书。中等专业学校 5 所：即石油物探学校（全国范围招生）、河北涿州师范学校（全区招生）、涿州劳动技术学校、市教师进修学校、中央农业广播学校涿州分校。1988 年被省命名为“职成教改革先进单位”。1990 年、1991 年连续两年高考上线人数突破 300 名大关，且全区文理科“状元”皆出自涿州，1991 年市教委及一中被地教委命名为“提高教育教学质量立功单位”；1991 年成为全省首批小学必备办学条件达标的五市县之一。1991 年 4 月全市有 3.2 万名中小学生参加了“党在我心中”读书教育活动，有 4 名同学受到国家级奖励，市教委获全区唯一优秀组织奖。清凉寺办事处作为全省唯一的“燎原计划”示范乡，载入《中国教育年签》，并被评为“全国先进成人教育综合学校”。1990 年 4 月，省实施“燎原计划”第二次会议在涿州召开，市教委及清凉寺办事处介绍了经验；7 月联合国教科文组织高级官员波拉夫妇来涿州考察教育，给予高度评价。市第一职中的高油玉米项目获国家外贸部科技进步三等奖；1991 年，俄罗斯代表团来涿参观烹任学校；市属两所幼儿园分别被命名为“示范园、一类园”；1991 年 6 月，省教委在涿州召开幼儿教育现场经验交流会；1991 年 4 月，创办了第一所聋哑儿童学校，入学儿童 25 名，随班就读 15 名，入学率为 78%。

科技：现有专业服务组织 16 个，24 个乡、镇、办事处都建立了科委，成立了技术服务站，405 个村建立了科技服务组，农民专业研究会 63 个，技术协会 76 个。全民企事业单位获得技术职称的共 5720 人，其中高级 100 人，中级 1036 人，初级 2594 人，获农民或乡镇工业技术职称人员达 694 人。1990、1991 年共获各级科技成果奖 18 项，其中国家级 2 项、省级 3 项、部级 1 项、地区级 12 项。在河北省第五届六届技术交易会上获金奖 1 项、银奖 3 项、铜奖 1 项、优秀奖 1 项。在全国第三届新产品、新技术展销会上获 1 项银奖，首届全国星火科技成果博览会上获 2 项银奖，连续两年被评为全省科技管理先进集体。

【城市建设】 城区面积 16.7 平方公里，拥有范阳路、桃园路、鼓楼大街等 20 条主要街道，总长 60 公里。大型立交桥 3 座、公园 2 个，新建商业楼 36 座，影院、浴池、体育场、游泳池、图书馆等公共设施 20 余座。鼓楼大街沿街店铺 600 余家，均系仿古建筑、雕梁画柱、古色古香，誉为仿古一条街。范阳路、桃园路两测高楼近百座，鳞次栉比，建筑风格各异，是一座既呈古代风貌，又具现代气息的新型城市，对于外向型经济具有较强的吸引力。1990 年市政设施管理评比中，获全省 24 个参赛城市的第一名，并被评为河北省唯一的优级城市，列为全国小城市开发控制性详细规划工作试点城市。

市政设施：自 1986 年建市以来，结合旧城改造，有计划地进行了拆迁、扩建，已累计投资 3809.6 万元，修筑市区道路面积 49 万平方米，铺设地下管道 35.8 公里，管线 18.68 公里，服务面积 10.5 平方公里；修建自来水塔 5 座、日供水量 3.75 吨，建大型桥涵 2 座。1991 年又投资 1042.6 万元，新扩建道路 14.15 万平方米，修筑给排水管网 8468 延长米，铺砌人行道地面 7.9 万平方米，临街建筑外表装修 11.65 万平方米，并完成了范阳路 10 平方公里经济开发区一期工程“三通一平”。

绿化美化：市区共有树木 26.6 万株，绿地 117.1 公顷，城市绿化覆盖率 17.2%，建有华阳、通会两个公园。涌现出花园式单位 35 个，绿化美化先进单位 29 个，1991 年荣获“河北省造林绿化先进单位”，城市卫生连续 4 年被评为“河北省卫生红旗城市”。

【经济协作】 截止 1991 年底，全市共有横向联合企业 1200 余家，产值占全市工业总产值的 40%。外向型企业 32 家，出口创汇产品 37 种。1991 年为外贸出口组织货源总值 9798 万元，占保定地区的三分之一，为国家赚取外汇 2700 万美元。全市引进资金 1.03 亿元，其中引进外资 1700 万美元，建立三资企业 18 家。在 1991 年 9 月河北省对外经济技术贸易洽谈会上，一次签订 8 个中外合资项目，外资项目数、利用外资额、总投资额均名列全省各市县第二位、全地区榜首。随着改革开放的不断深入，力度不断加大，目前已与全国 21 个省、市、自治区，138 个地、市、县，48 所大专院校，290 个部所建立了科研与协作关系，引进各类技术人才 1.5 万余人，并在北京、天津、海口、大连、深圳建立了五个办事处，在全国各地设立了 183 个通迅网点，在市区东部筹建了占地 12.28 平方公里的经济技术开发区，主要引进知识密集型、技术密集型、劳动密集型的企事业单位，人口规模为 12.3 万人，目前起步区建设已经完成。

【经济体制改革】 工业：1990 年 9 月～11 月，完成了全市工商企业二轮承包工作，纳入二轮承包的共有104个，其中续签承包合同企业83个，新签21个。改革了企业内部分配制度，市造纸厂1991年实行了“百元利润工资含量法”，根据各车间的实际情况经严格测算对每个车间进行定人、定产、定成本、定百元利润工资含量，在企业内部实行计价运转，各车间单独核算，上下工序、车间与厂部之间的往来一律商品化，互相制约、互相监督，从而既保证了质量、降低了消耗，又增强了企业的经济效益，受到了省、地有关部门的充分肯定。

商业：实行了总公司领导下的流通体制整体化改革，市工商局成立了“商业总公司”，一套机构，两块牌子，在经营管理上层层实行承包、层层保，统放结合，即由总公司对下属公司实行统一领导、规模经营，统一对市财政承包，管理上统到公司、批发及较大的商场，真正放开搞活零售门店。

供销：进行了“经营、价格、用工、分配”四放开改革试点，按照有计划商品经济的要求，把企业推向市场，引导企业深化内部改革，使企业逐步成为自负盈亏、自主经营、自我约束、自我发展的商品经营者。

1991年被评为“全省经济体制改革先进市”。

【旅游】

涿州历史悠久，名流辈出，黄帝战蚩尤于涿鹿之野即乃此地。汉昭烈帝刘备、宋太祖赵匡胤、汉桓侯张飞、北魏地理学家郦道元、初唐四杰之一卢照邻、苦吟诗人贾岛、散曲家卢挚、抗元英雄张士杰及现代著名剧作家薛恩厚、著名诗人冯至、作家张天民、花鸟画家王柳汀等皆出于此。

名胜古迹遍布全市，被河北省列为四大旅游区之一，已被国务院批准为甲级开放城市。1990年接待港、澳、台同胞和华侨旅游186批、550人次，收入（外汇券）5万余元。

刘备故里、祠庙及风雨竹碑：刘备故里在涿州城南偏东7.5公里的大树楼桑村；祠庙是刘备、张飞、关羽结拜兄弟的“三义宫”，始建于唐乾宁4年（公元898年），金、元、明皆有不同程度修复，共有塑像97尊。东南跨院内影壁上压面嵌石刻一方，上雕关羽手笔“风雨竹”——“不谢东君意，丹青独立名，莫嫌孤叶淡，经久不凋零”。经“文革”大部分被拆除，山门、石碑犹存。

药王庙及清行宫：位于城南关，始建于明崇祯年间，相传清乾隆下江南时曾在此居住。药王庙的后殿即大放光明殿现已修复，辟为文物展厅，待行宫修复后拟建一文化公园。

金门闸：位于涿州东北里渠乡北蔡村3.5公里处，是永定河上的水闸，始建于清乾隆3年（公元1738年），有乾隆、道光、同治、宣统年间修闸碑记，现在闸已废、但闸的规模仍清晰可辨。

张飞故里：在城南5公里的忠义店，有张飞当年卖肉时镇肉的古井，井旁立有“汉桓侯故里”的石碑，现古井已修复，相传张飞用过的饮马槽尚存。

云居、智度寺塔：位于城北，分别建于辽太平11年（1031年）、辽大安8年（1092年），平面为八角形，云居寺塔高43米，智度寺塔高50米，均为空心楼阁式砖塔。智度寺塔保存完好，云居寺塔因晋奉大战时遭炮轰一角，1976年地震将塔顶震掉。

华阳公园：位于城北角古城墙外，是传说中古华阳台遗址。华阳台是燕王接待荆轲的地方，占地10公顷。1989年5月1日开园，园内有古华阳碑林遗迹、人工湖、莲花池、儿童乐园、假山瀑布等景点。

【土特产品】

涿州米：又称涿州御米、贡米，自唐代以来均被历代王朝做为贡米，现有1300余年历史。主要品种有“京丰、越富”两种，其米色泽晶莹透明，煮熟后颗粒长而不断，米汤清亮。产于地下水资源丰富的百尺竿乡“稻地八村”。

草编加工：以稻草为原料，编织草绳、草帘、草垫、草篓等产品，远销京、津、张家口等地。最初由百尺竿一带逐步发展到边各庄等5个乡、30个村，现已进入千家万户，从业人员达3万余人，草编收入1990年达到100多万元。

金丝小枣：栽培历史由来已久，现仍有生长200多年的老枣树，主要产地是东义和庄乡长安城村。该枣果实不大，但皮薄鲜红光亮美观，肉质细密清脆、口味甜绵。开启拉出黄色金亮细丝，故名“金丝小枣”，干枣不易变质，适合较长时间贮存。

金丝挂毯：涿州工艺金丝挂毯厂生产，色彩富丽典雅，古朴大方，织工精巧细腻，工艺独具一格。图案品种有“龙凤呈祥、海市蜃楼、九龙、八仙”等500多种、3000多个规格。产品1974年荣获天津口岸颁发的“免检证书”；300道金丝挂毯两次蝉联全国百花、金杯奖；首创的400道超薄丝毯，夺得国家“珍品奖”，被誉为“稀世珍宝”，远销日本、墨西哥、英国、美国等20多个国家。

玉雕：涿州玉雕至今已有八百年的历史，主要在东关村、国家务村、前铺村生产。选料精细，做工考究、造型优美、色彩鲜明、品种繁多。大致分为件活、零碎活两种，著名件活作品有“二龙戏珠、千层球、狮子”等；零碎活有“戒指、手镯”等，产品畅销20多个国家和地区。

【重点企业】

东方企业集团是科研、生产、供销紧密结合产、供、销成龙配套，在国际市场竞争中具有一定实力的毛毯生产基地。拥有加工点3306个，分布全国10几个省、市，机梁1万余架，织毯工4万余名，被誉为“没有厂界的万人工厂”；年产地毯40万平方尺，产值3700万元，创汇近千万美元。自1980年以来，已累计生产地毯260万平方尺，为国家创汇4196万美元，纳税950万元，其综合加工能力为全国之最。

商业机械厂是1986年商业机械厂与机械食品装备设计研究所组成的科研、生产相结合的联合体，开发了QT—500型肉鸡屠宰加工成套设备，是我国目前配套最齐全的肉类加工设备，1988年通过省(部)级鉴定并获得机电部1989年度科技进步二等奖。后又与河北省商检局共同研制了TJ—1000型肉兔加工设备，1991年通过国家进出口商品检验局的鉴定，此项设备采用侧臂挂吊钩新工艺，有效地防止了加工过程中链条运转造成滴油、滴锈水、掉渣等污染胴体现象。

节能设备厂是全省唯一生产高科技产品——板式换热器的厂家。于1987年筹建，目前拥有职工75人，固定资产150万元，1990年创利税108万元，连续三年被地区评为“明星企业、文明单位”，产品1990年荣获河北省科技进步三等奖。现有BR02、BR03、BR05三种型号的板式换热器，分别于1988、1990年通过省科委的技术鉴定，广泛用于石油、化工、机械、电子、船舶等工业及民用生活领域，产品替代进口，畅销全国24个省、市、自治区，并远销苏联、美国等地。

清洗机厂是1986年创办的集体企业。目前有职工105名，固定资产200万元，先后开发了风机、橡胶化工机械、起重设备及系列化纤机械，产品畅销全国18个省市的200余个厂家，并远销尼泊尔、泰国。1987年底与天津拖拉机厂、天津内燃机厂的科技人员组成联合开发集团，试制出国际先进的用于汽车发动机生产线的常温、常压、定点、定位的自动清洗机。1991年3月在日本检测，清洁度超过日本标准，填补了国内空白。在天津第四届发明展览会上获得“优秀发明奖”，在全国17个省、市专利技术产品展览会上获“金羊奖”。

造纸厂是具有30多年建厂历史的国营企业，占地8万多平方米，固定资产450万元，年产纸3500吨，所产纸张属出口免检产品。“桃园牌”40克招贴纸连续10年创省优；60克书写纸在1989年省内同行业评比中获第一名，1990年获省政府颁发的“振兴河北经济奖”，产品畅销国内10几个省、市、自治区，并远销巴基斯坦、新加坡等国家。

起重机械厂始建于1971年，现有职工399人，固定资产220万元。以生产起重运输机械为主，是机电部生产电动单梁起重机的定点专业厂，1985年至今连续被评为省优质产品。1988年开始研制生产电动双梁式起重机，1991年生产销售40台，被评为地区先进企业。

金丝挂毯厂是我国出口特种工艺品——鼓车牌高档艺术挂毯的专业厂家，采用2D—3100系列微型计算机进行挂毯图案设计。1986以来，产品出厂合格率始终保持100%，其中300道挂毯在全国两届工艺美术品百花奖评比中连续获“金杯奖”；具有八十年代最新水平的400道高精超薄丝绒挂毯，1985年被评为国家级珍品，并荣获第五届全国工艺美术珍品“金杯奖”；1990年120道以上产品又评为第一名，获“金杯奖”，远销美国、日本、英国、法国、德国等20多个国家和地区。

服装厂现有职工500余人，建筑面积4459平方米，各种生产专用设备380台，固定资产260万元，年生产风衣20万件、茄克衫30万件，承办各类中、高档服装的剪裁和制作，1973年开始生产外贸出口服装，远销日本、美国、西德等20多个国家，1988年取得省商检局颁发的质量许可证，连续四年被地区评为“重合同守信用”单位。

北方塑胶有限公司是1990年7月兴办的，中方为市塑料厂及省二轻工业供销公司，外方为香港柏高企业公司，总投资84万元，合资生产经营纤维增强软质PVC管材，年产204吨，是引进、消化、吸收国外先进技术的换代产品，在国内处于领先地位。

华夏胶粘带有限公司是原华夏胶粘带厂与香港南地有限公司、中粮食品进出口公司、中纺辅料有限公司合资兴办的企业，生产国内先进水平的“永乐牌POPP压敏胶粘带、PVC绝缘胶粘带”。1986年被省科委命名为“河北省科技星火示范企业”，产品畅销全国各地。1991年完成产值3100万元，利税400万元。

【驻涿中地直单位】 现有20个，其中7个事业单位、13个企业单位。石油物探局的计算机中心，是亚洲最大的计算机中心，设备、技术均为当代一流水平；华北铝加工厂建成了目前在亚洲生产能力最大、装机水平最高、工艺技术最优、产品质量最佳的铝箔生产线，以及国内第一条高档铝门窗生产线，具有年产3万吨的能力；铁道部十八局三处是全民所有制铁路综合性一级施工企业，该处专业力量雄厚，拥有高层建筑高级装修等一套先进技术，其中部分机械设备具有世界先进水平。

(解哲伦 张立军)

藁城市

藁城市历史悠久，建市(县)距今已有两千余年。市内有肥子国故址、商代遗址、蔺相如九门城址等众多古代遗迹。自然环境和条件优越，交通通讯便利。经济文化发达，人文荟萃。农业基础雄厚，盛产小麦、玉米、棉花、鸭梨，是国家小麦、省粮食生产基地和河北鸭梨的主要产地。工业门类齐全，以化工、轻工、机电、建材为支柱行业。“藁城宫面”及“鸭梨”享誉海内外。1990年被国务院批准为对外开放市。

【自然概况】 地理位置：藁城市位于河北省中南部，在东径114°46′～115°10′，北纬 37°46′～38°14′之间。地处太行山东麓，冀中平原南部，滹沱河、石津灌渠贯穿全境。北邻新乐县，南接赵县，东与晋县毗邻，西与正定县接壤，东北隔滹沱河与无极县相望，西南与栾城县相连。市人民政府驻地廉州镇，西距省会石家庄市 31 公里。

地貌：藁城市地处太行山山前平原和冀中平原连接区，全境地势平坦，概为平原，西北稍高，东南微下，唯中部滹沱河流域略低，平均坡降 1/1500，海拔在 39～65 米。

气候：属南温带亚温润季风性气候区。四季分明，春季日暖花开，万物复苏；夏季雨热同期，植物生长茂盛；秋季天高气爽；冬季冰封雪飘，一派北国风光。年平均气温 12.5℃。最冷月(1 月份)平均气温－3.5℃，最暖月(7 月份)平均气温 26.4℃，极端最低气温－21.2℃(1978 年 12 月 23 日)，极端最高气温 43.2℃(1961 年 6 月 12 日)。全年无霜期平均 189 天，最长无霜期为 208 天，最短无霜期为 165 天。历史最早霜期 10 月 9 日，平均初霜日在 10 月 22 日，终霜日平均在 4 月 14 日。植物平均生长期小麦 205 天，玉米 105 天。全年平均日照为 2710 小时，年总辐射为 130.5 千卡/平方厘米。年平均降雨量为 498 毫米，主要集中于七、八两个月，历史最高降雨量为 1007 毫米(1963 年)，最低降雨量为 233 毫米(1965 年)。

水文：藁城市地处海河流域子牙河和大清河水系，主要河流有滹沱河和木刀沟。河网密度为 0.4 平方公里/平方公里，经流总量为 4100 平方米/秒。滹沱河境内流程 28 公里，平均河宽为 4000 米，西部最宽处 6000 米。设计行洪流量为 3300 立方米/秒，1963 年最大行洪能力达 7000 立方米/秒，上游有岗南和黄壁庄水库拦蓄河水，河道常年干涸。木刀沟境内流程 13.4 公里，设计行洪能力 800 立方米/秒，现已断流多年。

土壤：土壤母质为第四世纪河流洪积冲积黄土，属暖温带夏绿林褐土地带。共分褐土、潮土两类，相间分布，均已耕垦熟化，土层深厚，土壤质地较好。轻壤质占 83.1%，中壤质占 0.7%，河壤质占 16.2%。农用土壤耕层多为轻壤土，土体构型为上松下紧的"蒙金土"型，有托肥托水作用，适合各种农作物的生长。

自然资源：北部地表有丰富的天然沙层，厚 3 米有余，面积约 8 万平方米，颗粒大小适中，质优色白，是现代建筑不可缺少的材料。野生动物有野兔、黄鼬、大雁、燕子、猫头鹰、灰喜鹊、布谷鸟、黄鹂、青蛙、蟾蜍、螳螂、赤眼蜂、蜻蜓、蝎子、土元等，野生植物有芦草、菅草、狼尾草、羊草、马齿苋、苜蓿、生地、地丁、车前子、苍耳子、毛白根等。

自然灾害：主要有旱涝、风雹、低温连阴雨、干热风等。据近 60 年的资料统计，有 34 年出现不同程度的旱涝灾害。受灾年份占 57%。冰雹多发生在 5～8 份，以 6 月份最多，一般都是从西北向东南移动。低温连阴雨多出现在春、夏、秋三季，分棉播期低温连阴雨、麦收期连阴雨(烂场雨)、秋季低温连阴雨三种类型，分别出现在 4 月 10～30 日、6 月 10 日～30 日、8 月 20 日～9 月 30 日，频率分别为 30.4%、35%和 52%。干热风是指在小麦灌浆期(5 月下旬至 6 月上旬)出现的高温、低温并伴有一定风力的天气现象，轻干热风年年有，重者三、四年一遇。大风天气一年四季均有出现，其中 3～6 月份最多，特点是次数多、风力大并有时伴有沙暴。

政区沿革：藁城古为冀州之域。春秋时，为肥子国地(都城肥在今市区南部)。战国初为中山国地，后为赵地。秦代为钜鹿、恒山二郡分辖。西汉初，置肥县，治所在今市区南部。高祖 5 年(公元前 113 年)置九门县，治所在今九门村。元鼎四年(公元前 202 年)，始置藁城县，治所在今丘头村。北齐，藁城县改名为高城县；省九门县入真定县，省曲阳县(治所在今晋县鼓城)入高城县，属钜鹿郡(治鼓城)。隋代开皇 6 年(公元 586 年)析真定县复置九门县，析高城县置昔阳县(今晋县治)；隋开皇 10 年(公元 590 年)置廉州，治所在今市内，高城县属廉州；隋开皇 18 年(公元 598 年)高城县复名藁城县。后复置九门县。大业 3 年(公元 607 年)藁城县治由丘头迁廉州旧治，即今市区。唐武德 4 年(公元 621 年)，省柏肆、宜安、新丰三县入藁城；天祐 2 年(公元 905 年)，因避朱温父名城之讳，藁城县改名藁平县。五代十国、后梁开平 6 年(公元 912 年)，藁平县复名藁城县。宋代开宝 6 年(公元 973 年)，九门县省入藁城县。元初，"槀"字改为"藁"，遂称藁城县。太宗 6 年(1234 年)，升为永安州。次年又降为县，属真定府。明属真定府。清更名为正定府，仍属之。民国初年袭清制。二年后，先后属范阳观察使和保定道辖。1928 年属河北省，1937 年属河北省第十二督察区。1937 年 10 月 13 日被日军侵占。国民党县政府逃散。1938 年 4 月，西白露村组建了藁城县抗日政府，属晋冀鲁豫边区冀南区。1939 年 10 月后，先后成立了多个民主联合县，属晋察冀边区冀中区。到 1946 年复置藁城县，1949 年属河北省石家庄专区。1958 年 11 月藁城、无极、栾城三县合并为藁城县。1960 年原栾城部分划出，1962 年 11 月，原无极部分划出，藁城县再复旧建制，隶属石家庄专区(1970 年改地区)。1989 年 7 月 27 日经国务院批准，藁城撤县建市，隶属不变。

全市辖 8 镇 20 乡，240 个村委会，2598 个村民小组。

人口面积：现有人口 693551 人，其中非农业人口 30189 人。民族构成：汉族 686130 人，占总人口的 98.93%，余为回、白、壮、满等 23 个少数民族共 7421 人，占总人口的 1.07%。性别构成：男性 352912 人，占 50.9%，女性 340639 人，占 49.1%。职业构成：干部 6987人，职工 30692 人，农民 664212 人。教育程度：初中以上文化程度 203852 人，其中高中以上 38443 人，中专以上 3887 人，大专以上 1863 人。全市总面积 836 平方公里，东西最大距离 26 公里，南北最大距离 51 公里。有耕地 5.6 万公顷(83.3 万亩)，人均耕地 1.2 亩。人口密度 829.61 人/平方公里。

【农业】 藁城市自然条件和地理环境优越，气候适宜，土质优良肥沃，灌溉便利，农业生产基础和条件十分优越。盛产小麦、玉米、棉花、谷子、大豆、花生、红薯等各类粮棉经济作物和西红柿、大白菜、青椒、茄子、大蒜、大葱、蒜台、芹菜、土豆、白萝卜、胡萝卜以及西瓜、甜瓜、鸭梨、雪梨、苹果、葡萄等各类蔬菜瓜果。全市农业物质技术装备优良。1991 年，农业机械总动力达 65 万千瓦，有大小拖拉机 7045 台，播种机 3500 台，稻麦收割机 2900 台，脱粒机 27050 台，主要农作物的耕、播、收、脱基本上实现了机械化作业。农用水利基础设施完备，拥有农田机井 15400 眼，农用水泵 15000 台，并铺设有防渗垄沟和地下输水管道，平均每 60 亩耕地一眼井，保浇面积达 100%。技术培训、推广和服务组织健全。市内有农民中专和农业技术中学。建有以市农业科学技术推广研究中心为龙头，乡镇农业技术服务站为主体，村推广组为阵地和科技示范户为"前哨"的四级科技推广和良种繁育推广体系。10 年来，粮食总产每年以 5%以上的速度递增，1991 年，农业总产值 8.32 亿元，粮食总产 5.1 亿公斤，耕地亩单产 839 公斤，人均产量 771.5 公斤，农民人均收入 817 元。藁城是国家小麦生产基地市和河北省粮食生产基地市，曾被周总理誉为"粮食生产状元县"。1991 年向国家提供商品粮 1.2395 亿公斤。畜牧业与种植业互相促进，发展迅速。1991 年，全市大牲畜存栏 7.67 万头，生猪存栏 39 万头、出栏 41 万头，鸡、兔、羊等家禽存栏 451 万只，肉蛋奶总产量 54593 吨。藁城是河北省商品猪生产基地。林业生产用材林和果品同步发展。1991 年，全市用材林面积达 12092 亩，四旁植树 557.81 万株，果园面积 72025 亩，干鲜果品总产量 5000 万公斤。市内有果品贮藏冷藏库 409 栋，贮藏能力达到 7000 多万公斤。是全国最大的果品贮藏基地和购销专业市场之一。

【工业】 藁城市工业初具规模。1991 年，全省拥有各类工业企业 10201 个，其中市办国营集体企业 42 个，乡村办集体企业 540 个，联合体、个体 9619 个。工业企业固定资产原值 8.57 亿元，其中市办工业 2.56 亿元，乡村企业 6.01 亿元。工业总产值 13 亿元，其中市及市以上工业 3.30 亿元，乡镇企业 9.7 亿元。全市有 7 个中型企业，7 个部优产品，8 个省优产品，2 个国家二级企业，3 个省级先进企业，工业企业从业人数 110703 人，其中市办工业 13725 人，乡镇企业 97478 人。初步形成了化工、轻工、机械电子、建材、食品、医药 6 个优势行业。

化工：以碳铵、磷酸一铵、聚丙烯、三聚氰铵和各种塑料制品为主体的化学工业，拥有 54 家村以上化工企业，生产品种达 93 个，产值 1.34 亿元，居全省各县市之首。市化肥厂为国家二级企业，是我国北方小氮肥行业生产规模最大的厂家，其产品"古廉牌"农用碳铵，1989 年获化工部优质产品称号。市磷铵厂是国家计委、化工部、财政部批准投资建设的国家小化肥改造试点项目，年产 3 万吨颗粒状磷酸一铵，是目前河北省最大的磷肥生产厂家。其产品性能、价格均优于美国二铵，是适合我国农业生产条件的新一代高效复合肥。聚丙烯厂以石家庄炼油厂精丙烯为原料，采用液相本体法生产工艺生产 8 个牌号的聚丙烯，其中造粒生产线是 1990 年从德国引进的具有 80 年代先进水平的设备。化工行业的活性碳、金属镁、工业硅、偶联剂、氧化铬氯、电解铝等为出口创汇产品，产品销往美国、日本、新加坡等 10 多个国家和地区。投资 1000 万元的年产 1000 吨的三聚氰铵项目于 1991 年底建成投产，新增产值 1000 万元。

轻纺：以棉浆、造纸、服装、纺织等企业为代表的轻纺工业有 345 个村以上企业，固定资产 8650 万元，年产值 1.05 亿元，产品品种达 67 个。河北吉藁联合化纤浆厂是藁城与吉林化纤厂合资建设并经营的全民所有制企业，是由原国家经委批准，轻工部在全国同时布点建设的八大万吨棉浆工程之一，产品有 6000 吨化纤浆粕、3000 吨造纸浆粕、3000 吨高档卫生纸，质量达到国内先进水平，产品畅销全国各大化纤企业。与唐山化纤厂配套的二期扩建工程可望于近期竣工投产，总产量可达 2.4 万吨。市服装厂是河北省最早生产出口服装并被认定为出口服装定点厂的厂家之一，企业拥有日本、香港、法国等先进的专用设备 258 台套，产品已被列为免检序列，远销日本、美国、德国、法国、中东地区及香港等 10 多个国家和地区，内销服装多次获省服装行业"金针奖"、时装设计大赛奖等荣誉，1989 年晋升为省级先进企业。市第一、第二造纸厂生产有凸版纸、新闻纸、工业纸、书写纸、果品箱、糕点盒等 20 多个品种，其"腾飞牌" 32 克有光纸为省优质产品。市二纸厂生产的"招贴纸"销往马来西亚、香港等国家和地区。市鞋厂生产各种型号的注塑布鞋、皮鞋、旅游鞋、凉鞋等 6 个大系列，其中地毯鞋已打入国际市场，与美国太平洋涛公司合资兴建的邮差鞋生产线，年产量为 36 万双，产品全部返销美国。部优产品电镀转椅，省优产品浓香系列白酒以及纸箱、家俱、矿网、棉纱、包装布等均为轻纺工业拳头产品。

建材：建材行业有 141 个村以上生产厂家，固定资产 8200 万元，年产值 1.17 亿元，主要产品有高强度石棉水泥管、各种陶制釉面砖、平板玻璃、各种卫生洁具、装饰板、宝丽板、水泥等 28 个品种。其中高强度石棉水泥管全套引进美国设备和技术，是目前我国北方最大的侨资引进项目，产品可替代钢管、铸铁管，是国家空白产品，国家计委已列入十大非金属材料加工产品之一。石家庄地区建筑陶瓷厂是丘头镇南乐乡村办企业，年生产各种釉面砖 40 万平方米，产品获部优称号，销往全国 19 个省市自治区，并出口前苏联、朝鲜、香港、东南亚和中非等17个国家和地区，产品供不应求。市人造板厂是全省最大的纤维板生产厂家，产品有硬质纤维板、中密度纤维板、装饰板、宝丽板及出口童椅、安乐椅等，其“湿法生产棉杆中密度纤维板”属国家科委工业化试验项目，为国内首创。高科技产品氮化硅陶瓷也已于1991年底投入试生产，是国内仅有的4个生产厂家之一，填补了省内生产空白。

机电：机械电子行业有38个村以上生产厂家，主要产品有农业机械、化工机械、炊事机械、水暖工具和日用电器5大系列。市收割机厂是我国小型稻麦收割机最大的生产厂家，国家二级企业，年产小型稻麦收割机25000台，产品获部优称号，销往20多个省市自治区，并出口美国、前苏联、保加利亚、巴基斯坦等国家和地区，多次参加国际博览会、展销会。收割机厂开发的中型联合稻麦收割机和玉米联合收割机，填补了国内空白，现已投入批量生产。市化工机械厂生产低压容器、碳化板水箱、汽水混合加热器等，是石家庄地区唯一取得二类压力容器制造许可证的厂家。商业机械厂生产切肉机、绞肉机、电孵化箱等系统饮食机械。其中切肉机获部优产品称号。不锈钢餐具、遥控天线、扬声器、节能开关、鼓风机和钢窗、管绞板、木螺丝、铸件、刀具等也均为机电行业拳头产品，其中管绞板、木螺丝、铸件和不锈钢餐具为出口创汇产品。

食品、医药：食品、医药行业有149个村以上企业，年产值1.95亿元。主要产品有66种。市内有3个万吨宫面厂，产品获部优称号，销往全国各大城市和日本、香港、美国等10多个国家和地区。市长安果脯厂为乡镇集体企业，其产品“金钟”牌果脯为农牧渔业部优质产品，产品销往北京、上海、天津、河南、山东等12个省市。市肉联厂拥有3条自动化屠宰加工生产线，年加工生产生猪4.5万头，白条鸡25万只。石家庄第二制药厂为市乡联办企业，生产各类片剂、胶囊、针剂、液体等多种药品，新产品PSS(藻酸双脂纳)也已投放市场，畅销省内各地。贾市庄兽药厂为乡镇集体企业，地区明星企业，其产品有痢菌净、静松灵、青链霉素等12个品种，其中痢菌净、静松灵为地区优质产品。市食品厂生产各类糕点、饮料、酱油、食用醋等日用食品。食品厂发明的“酶法制醋”新工艺填补了我国食醋生产的一项空白，获省科技成果奖，现已推广到全国17个省市自治区。玉米淀粉、口服与注射葡萄糖、明胶、土霉素钙等也是食品医药行业的拳头产品，其中食用明胶已打入国际市场。

【交通运输】

全市交通便利、四通八达。石(石家庄)～德(德州)复线铁路和国道岐(口)银(川)公路段在市区拦腰穿过。正在建设中的京(北京)深(深圳)高速公路在藁城市与石家庄市交界处通过。市内有藁城、良村、贾村3个火车站。市内有1条国道、1条省道和8条县级公路、5条专用公路。其中石沧、正深两大干线横贯东西，藁范、藁赵、新藁等三大公路纵穿南北，形成了布局合理疏密适中的公路交通网。1991年，公路总里程达441.68公里，28个乡镇和85%的村庄通了沥青或水泥路，平均公路密度达0.5公里/平方公里。全市有各类汽车2400余辆，大小拖拉机7045辆，1991年完成货运量177.76万吨，货运周转量19021.78万吨公里，客运流量26万人次，客运周转量1106万人公里。

【邮政通信】

全市有22个邮电局(所)，其中有1个邮电总局，6个邮电支局和15个代办所。平均服务人口3.1万人/处。农村电话交换机总容量1744门，有19台人工交换机，11台自动交换机，10部载波机，6套特高频收发信机，20部中英文打字机，47条长途电话线路，电话杆路总长度427公里，明线路总长度972对公里。长途对端设备容量JDDOI8来/8去，载波44路，省二级干线石家庄至唐山数字微波通信经过市区。市内电话机1829部，普及率4部/千人。全市邮政轻型业务，商业信函3.3万件，邮政快件6.1万件。还成立了集邮协会。报刊流转额100万元，报刊累计发行667万份，邮政储蓄余额1866万元，1991年业务总量300万元。1991年9月从加拿大引进的3000门数字程控交换机顺利开通，进入全国长途电话自动网，实现了全市与国内国际电话直拨。同时开通的还有无线寻呼业务。1992年底各乡(镇)村也将并入市话大网，实现农村电话自动化。

【商业外贸】

全市有商业网点6183个，从业人员14403人。其中市区内有商业网点1177个，全市8个建制镇、10个集市贸易区和43个集贸市场，形成了星罗棋布的市场网络。1991年，全市社会商品零售总额3.08亿元，城乡集市贸易成交额1.51亿元。对外贸易额4164万元。出口创汇企业22家，出口产品种类43个，主要有粮油食品、土产畜产品、轻纺产品、机械化工产品等。有鸭梨出口基地6个、肉鸡生产出口基地3个、家兔生产基地4个、肉牛生产出口基地2个、宫面出口基地3个。

【旅游】

藁城历史悠久，古遗址众多，有肥子国遗址、商代遗址、蔺相如所筑九门城遗址、赵国大将李牧点将台、梅花惨案遗址等。

台西商代遗址：位于市西郊10公里的台西村东北处。遗址以三个高土台为中心，面积10万平方米。出土有青铜器、金器、玉器、骨角器、蚌器、陶器以及卜用甲骨等3100多件文物。其中白陶器、釉陶器、漆器、丝麻织物、药用植物种仁、“砭廉”和刻划在陶器上的文字等为珍贵的文化遗产，为研究商代政治、经济、文化和社会生活提供了重要材料。1982年被列为河北省重点文物保护单位，现已对外开放。

九门城址：位于市西北13公里的九门村。战国时，惠王28年(公元前271年)由蔺相如所筑。西汉高帝5年(公元前202年)，置九门县，两晋时一直为九门县治所。隋义宁元年(公元617年)置九门郡,唐武德元年(公元618年)改九门郡为观州。九门城址为河北省重点文物保护单位。

梅花惨案遗址:位于市区南部17公里的梅花镇。1937年10月12日,侵华日军5000余名,对梅花镇进行了四天三夜的血腥大屠杀,杀死2447人,杀绝46户,烧毁房屋600余间,制造了骇人听闻的"梅花惨案"。现有"梅花惨案纪念馆",属河北省重点文物保护单位。

【财政金融】 1991年全市财政收入5008.3万元,财政支出4442.8万元,实现了收支平衡并略有节余,全市人均财政收入85.61元。全市有金融机构67个,其中有人民银行、工商银行、农业银行、建设银行、中国银行、城市信用社和保险公司各1个,有10个营业所、21个储蓄所、30个信用社。1991年存款余额8亿元,其中:城乡储蓄余额6.72亿元,人均储蓄969元,贷款余额8.32亿元。

【文化艺术】 全市共有影剧院7座,座位9500个,每万人拥有座位140个,有电影队170个,年放映8900场次。市区有拥有1650个座位的人民礼堂、1283个座位的电影院和发行图书112万余册的新华书店、藏书39600册的图书馆及工人俱乐部、农民文化宫等设施。有评剧团一个,演职员61人。农村文化站28个,其中有10个拥有文化宫和影剧院。116个村有铜管乐队,128个村有民间花会组织。藁城市民间艺术有26种,其中"武术战鼓"舞姿剽悍,气势壮烈,1959年进京参加建国10周年庆典,1989年应邀参加国际吴桥杂技节开幕式。耿村是迄今为止已发现的我国民间故事蕴藏最多的村庄,现已挖掘整理出2856篇,出版了5卷,共1120篇,310万字,村内有国家民间文学协会承认的农民故事家31个,其中5人已出版个人故事集。1989年在耿村召开国家级民间文学研讨会,1990年召开国际民间文学研讨会,1991年召开了中外专家参加的耿村故事家座谈会。

【教育】 藁城是"燎原计划"示范市和全国农村教育综合改革实验市。现有各级各类学校284所,其中农业职业中学2所、中等师范学校1所、技工学校2所,幼儿园1所。全市共有教育职工4807人,在校学生89408人。1991年,全市小学适龄儿童入学率、普及率、巩固率均达99%以上,初中学生普及率、巩固率和毕业率达96%以上。1986年以来全市教育投入已达8400余万元,新建改建校舍24万平方米,95%以上的普通中小学实现了标准化,1989年,通过省政府组织的"普及九年义务教育必备办学条件"检查验收,两所农业职业中学已通过了省级验收,晋升为全省示范性职业技术中学。1991年,全市青壮年脱盲率达99.4%,社会力量办学25所,开设专业20余种。

【科技】 藁城市有农业技术推广中心、农业机械化研究所、水利科学研究所3个专业科研机构。全市共有科技人员6429人,其中高级职称91人,中级职称1271人,初级职称3383人,技术员1684人。有科普协会15个,成员853人。农业专业技术协会研究会130个,成员5906人。近年来,取得科研成果192项,其中国家级成果36项、省级成果32项。1988年"产地小型简易冷库建设及储藏保鲜技术的研究"成果,获国家星火科技奖,推广效益3200万元。1983年农科所培育的冀麦1号、2号成果,获农牧渔业部科技进步一等奖。当年向全国推广2400亩,创经济效益4.32亿元。

【医疗卫生】 市内有人民医院、妇幼保健院、防疫站、中西医结合医院和计划生育服务站,乡村有7个中心卫生院和28个乡镇卫生院,集体办医诊所140个,开放病床842张。市内有卫生学校1所。全市初步形成了以市医院为中心,市乡村相结合的教学、医疗、防疫、保健网络。全市卫生系统有医务人员17866人,每万人拥有医务人员26.74人、拥有病床12.38张。各医疗单位均配有X光机、心电图机、洗胃机、B超和常规生化检验设备。市医院及妇幼医院还装备有大型X光机、脑电图、中风预报仪、胃镜及口腔治疗机等设施。1990年全市人口出生率为14.59‰,自然增长率10‰,计划生育率94.37%。

【广播电视】 市有电视台1座,发射功率1千瓦,覆盖半径30公里,广播电台1座,频率101.3兆赫,发射功率50千瓦。乡镇广播站28个,乡村广播线路605杆公里。市内有卫星地面接收站两座。全市有电视接收机96346台,其中彩电11173台。广播电台、电视台自办节目有新闻、专题、服务、文艺等。

【体育】 全市有跑道运动场47个,篮球场195个,其中灯光球场12个。排球场35个,羽毛球场22个,射击场1个,游泳场2个,综合体育馆1座。有等级裁判员33人,其中一级裁判3人,二级裁判30人。有等级运动员53人,其中运动健将1人,一级运动员15人。等级教练员4人,其中国家级教练1人,二级教练3人。市内重点体育项目有田径、柔道、摔跤等。有两所传统项目学校和体育班,1991年向上级输送运动员和大中专学生138人。近10年来,全市荣获省地以上比赛前3名的单项、团体成绩为金牌265枚、银牌242枚、铜牌321枚。其中参加国家级比赛获金牌4枚、银牌4枚、铜牌1枚。

【福利事业】 1987年市政府制定了《藁城市农村五保供养办法》。市内有光荣院1所,供养25位老人,有工作人员5人。光荣院有食堂、彩电、暖气、电风扇、沙发等生活娱乐设施。各乡镇均有中心敬老院,全市敬老院总数为76所,供养五保老人737人,入院率55.6%。其余未入院的全部签订供养合同,由专人负责供养。市民政局和28个乡镇均建有福利基金会，基金经费总额240万元。全市有福利工厂25个，年产值1021万元，市内有劳动能力的2960个残疾人全部就业，就业率100%。

【主要城镇】 廉州镇：位于藁城市中部，是市政府所在地，辖有35个村委会。面积86平方公里，人口64547人。耕地72944亩，农业生产主要环节基本实现了机械化。1991年粮食总产达4609万公斤，耕地亩产947公斤。全镇有5068个乡镇企业，其中镇办14个，村办110个。1991年社会总收入8.16亿元，工农总产值2.46亿元，人均收入1037元，镇区有百货、蔬菜、牲畜、食品、服装、五金6个专业市场，有3条商业大街，1座大型贸易大楼。每逢农历一、四、六、九为集日。镇内有42所中小学，1所农业技术中学。镇区有农民文化宫、图书馆。镇区内大小街道和35个村全部为沥青或水泥路面。自来水入户率100%。

南董镇：位于藁城市西北12公里处，南距石德铁路和沧石公路7公里，西距石家庄市30公里，正无、藁果两条公路在镇区交汇，是藁城北部最重要的交通枢纽。镇区面积3.5平方公里，人口3264人。镇区5条主要街道全部实现硬面化。有卫生院1所，1800个座位的影剧院1座。有邮电支局、3.5万伏变电站各1个。镇区内有水塔7座，平均日供水量为300吨，自来水入户率100%。南董镇是藁城市北部最大的集市贸易中心，每逢农历三、八为集日，年成交额超千万元，1991年工农业总产值5982万元，全镇60%的农田为高标准的"吨粮田"。工业主要有化工、食品、服装、家具、搪瓷、铸造等，其中粉沫冶金厂的铁粉为省优产品，畅销全国10多个省市。

梅花镇：位于藁城市南部17公里，在藁城、赵县、栾城3县市交界处。镇区面积10.39万平方米。镇区内有银行大楼、服务大楼、医院大楼、居民小区等公共生活服务设施。有5条油面主干街道、4座桥涵。主干输水管道总长8000米，日供水量80吨，地下排水管道2500米。有变压器6台套，大型发电机组两套，自来水普及率达99.5%。园林绿化1990年实现初级达标。镇区有33家乡镇企业，主要产品有皮毛、针织、面粉、塑料制品、预制构件，氧化铬铝等。其中面粉和针织已形成群体优势，氧化铬铝已打入国际市场。藁城至赵县、梅花至张名甫两条公路在镇区交叉通过，优越的地理位置和交通条件，使梅花成为周围地区商品聚散地，形成了布匹、粮油、农机、牲畜4大专业市场。其中农机市场有8省市14县的国营集体单位和个人常年在此进行贸易。

岗上镇：位于藁城市西部15公里处，镇区南部为石德铁路和沧石公路，西靠良村火车站，北邻滹沱河。镇区主干道路和各村全部铺设了油面公路。交通十分便利。镇区内有邮电支局、中小学、幼儿园和剧院。是"燎原计划示范镇"，镇区有良好的供电、供水条件，生产、生活用水全部实现自来水化。镇区有37个工业企业，主要产品有甘氨酸、塑料丝、转椅、内外墙涂料、石腊、童鞋、食品等，其中炼铁、制腊、童鞋、化工、运输已形成5大优势行业。岗上镇是河北省对外开放镇，近年来接待过日本、朝鲜、美国、加拿大、瑞典、丹麦等10多个国家和地区的友好访问代表团。

【土特产品】 藁城宫面：始于明代，成名于明末清初。清光绪年间进贡于皇宫，被列为宫庭御膳佳品，因此得"宫面"之名。清末及民国初年曾出口高丽并获孙中山总统府"国光"银牌嘉奖。1986年获部优奖，1987年获中国首届食品博览会金质奖，1991年获国家旅游局优质产品奖，并被定为国家级旅游食品。现有20多个食品品种，出口日本、香港等10多个国家和地区。在日本被誉为"三轮素面"。

宫灯：清初为皇宫制作宫灯的有江南、江北各一家，藁城市屯头村就是江北传统手工艺制作宫灯的独家。所制宫灯富丽华贵、古朴大方，别具一格。现有制作艺人2000多人，年产各类宫灯30余种、4万多架，销往全国12个省市。

藁城鸭梨：鸭梨种植已有2000多年历史，《洛阳花木》载，鸭梨因进奉宫廷，被称为"真定鸭梨"。市境内有10万余亩钾素丰富的3条河道沙地，钾素能够促进水果内糖的积累，因而具有得天独厚的生长条件，所产鸭梨质佳色丽、味美，被国家外贸部列为生产出口鸭梨的重要基地。

釉面砖、陶瓷壁画：藁城市南乐乡建筑陶瓷厂生产的平面、立体釉面砖，有各类颜色10多个规格，20多个花色品种；同时还生产各种陶瓷壁画，有万里长城、徐悲鸿骏马图、唐代大画师齐墨的《八十七种神仙卷》等各种风景山水、人物画，为现代建筑高级装饰品，产品为部优，畅销全国并出口东南亚等地。

（聂彦超 杨印海）

黄骅市

【自然地理】 黄骅地处渤海湾西岸，华北平原的东端。北倚天津，西接沧州，南部和西部与海兴县、孟村回族自治县毗邻，东南海域与山东省海域相连。市境南北纵距55公里，东西横距46公里，总面积1544.7平方公里，海岸线长度55公里，拥有耕地75.7万亩。山（海关）广（州）公路纵贯中部;岐(口)太(原)公路先纵后横沟通城乡,向西延伸。京沪铁路支线——沧(州)港(黄骅港)准轨地方铁路横贯全境。市人民政府驻地黄骅镇,西距省会石家庄市252公里,北距天津市72公里。

黄骅有悠久的历史。早在7千年前,人类就在这块土地上劳动生息,创造了古代灿烂文化。夏禹时代为兖州之地。春秋战国时期为齐、燕两国所属。秦始皇统一6国后置柳县,两千多年间历代在境内建置颇繁。汉置章武、高城,隋设鲁城,唐领乾符,宋为清池、盐山分辖,后代因袭。沿至民国24年置新海设治局,后为新海县、新青县。民国34年为纪念在抗日战争中牺牲于县内的黄骅烈士而易名为黄骅县。1989年7月,经国务院批准黄骅撤县设市。

黄骅的地形构架形成于中生代,大地构造属新华夏系北东向断裂结构的黄骅坳陷区。黄骅地处冀东滨海平原,属黄淮海地区。平原地形自西南向东北微微倾斜,地面坡度为6/10000。西南最高海拔7.4米,东北最低海拔1米。地貌分区主要为平原地貌和海岸地貌。

黄骅属暖温带半湿润季风气候区,四季分明,因受海洋的影响与同纬度的内陆地区相比较,冬季偏暖,夏季偏凉。年降水量平均为627毫米,由于各季雨水分配不均,经常出现春旱、秋涝等自然灾害。土壤分潮土、盐土、沼泽土3类,其中潮土面积191.9万亩,占土地总面积的87%,土质盐碱,不利于农作物的生长。

黄骅境内河道属海河流域南运河水系,总长度543.3公里,总流量2147.3立方米/秒。共有22条河道,在沿海一带汇集成9处入海。

黄骅的自然资源较为丰富。境内有土地218.1万亩,用于耕种的为75.7万亩,仅占土地面积的35%,尚有大量的荒洼有待开发种植。沿海一带近10万亩滩涂需进一步开发利用。临海的地域优势具有发展盐业、渔业得天独厚的条件。

境内植物种类有206种,其中人工培植143种。用材林有白榆、刺槐、国槐、臭椿、柽柳等,经济林有苹果树、梨树、桃树、枣树等。水产品资源丰富,可分6大类20个品种,其中海产品有鱼、虾、蟹、贝4大类54个品种,渤海对虾、三疣梭子蟹为海味之最,饮誉国内外。矿产资源主要有石油、天然气等,贮量丰富,是大港油田主要矿区之一。

【经济发展】 黄骅是传统的农业市(县),以种植旱作粮食作物为主。历史上由于农业生产条件恶劣,土质盐碱,土壤瘠薄,旱、涝、碱、蝗频频为害,加之自然资源未能得到合理的开发利用,经济状况十分落后。自党的十一届三中全会以来,实行改革开放政策,经济建设进入了一个新的历史时期,逐步由一个贫困地区发展成为全省富足的县(市)之一。1990年,被评为全省经济十强县(市)之一。1991年,黄骅市在“不断强化农业的基础地位,以工业、乡镇企业为重点”的经济建设方针指导下,国民经济又得到了很大的发展。全市完成工农业总产值11.60亿元,是年度计划的105.2%,比上年增长11.7%;实现财政收入10087.8万元,是年度计划的100.3%,比上年增长12.3%,成为全省首批亿元县(市);完成社会总产值14.45亿元,比上年增长10.7%;完成国民生产总值7.50亿元,比上年增长9.5%;国民收入6.59亿元,比上年增长8.9%。

【农业】 全市农业生产认真贯彻了“三依靠、四提高、六抓紧”的方针,进一步兴修农田水利,治理盐碱地,改造低产田,推广农业新技术、新品种,农、林、牧各业得到了全面发展。

1991年,农业生产战胜了旱、涝、虫、风等自然灾害,取得了大丰收,粮食总产达到了历史最高水平。全年完成农业总产值4.22亿元,是年计划的109.3%,比上年增长12.2%。粮食总产1.54亿公斤,是年计划的114.4%,比上年增长12.3%。在发展粮食作物的同时,经济作物也扩大了种植面积,并获得了较好的收成。全市种棉面积扩大到5.48万亩,比上年增加3.5万亩,棉花产量达到282.5万公斤,比上年增长86.6%;油料产量720万公斤,比上年增长3%。这一年,黄骅荣获农田水利建设全国先进市。

林业生产取得突破性的发展,黄骅被列为国家沿海防护林建设市。全年完成四旁植树106.3万株,比上年增长41.8%;栽种果树1.91万亩,比上年增长近7倍;新增枣粮间作面积7.21万亩,比上年增长5倍;干鲜果品总产量694.8万公斤,比上年增长22.5%;全市林业总产值125万元。

畜牧业保持了稳定发展的势头。年末大牲畜存栏4.6万头,比上年增长1.8%,其中牛存栏1.5万头,比上年增长3%;猪只饲养呈上升趋势,全年饲养量1.42万头,比上年增长5%;羊只全年饲养量15.8万只;猪、牛、羊肉产量164万公斤;牧业产值1955万元。

【盐业、渔业】 有悠久生产历史的黄骅盐业,1991年遇到了阴雨连绵的不利因素,广大盐业工人积极工作,采用结晶池塑苫等新工艺,克服困难。1991年完成原盐3万吨,实现盐税收入620万元。总投资额为2250万元,设计规模为年产10万吨原盐的黄灶盐场,经过一年多的艰苦创建,已完成主体工程,1992年将投入生产。为发展盐业生产,在全市资金比较紧张的情况下,仍投入36万元用于盐业生产的技术改造项目。

黄骅是河北省渔业生产基地之一。全市积极贯彻“捕养并举”方针,抓紧实施“四个战略转移”,1991年获得了捕捞、养殖双丰收。捕捞总量5507.6万公斤,总收入1.37亿元,分别比上年增长1.5%、12.5%。以对虾为主的海水养殖,取得显著效益。全年对虾精养面积达到2.5万亩,总产394.7万公斤,比上年增长40.7%,

总收入和总利润比历史最高水平的1988年均增长9.9%。为进一步发展和扩大渔业生产规模，新建成廖家洼、徐家洼2个渔码头。全市的育苗、饵料加工、水产品加工和冷藏等基础设施及条件也得到了改善和提高，渔业的体制改革正在试验中前进。1991年，黄骅被评为全国渔业先进市。

【工业、乡镇企业】

全市工业已初步形成以市属工业为龙头，乡村集体企业为主体，联营、个体企业为两翼，百舸争流的地方工业体系。1991年，全市有机械、电器、化工、建材、纺织、服装、食品、塑料等12大骨干行业。拥有中央、省、地属全民所有制工业企业4个，市属工业企业25个，乡镇办工业企业145个，村办工业企业645个，联户、个体工业企业1301个，从业职工5.13万人。在“以项目开发促经济发展”和“坚定不移上项目，坚持不懈抓管理，千方百计增效益”的方针指导下，发挥当地优势，开发新产品。1991年，全市工业、乡镇工业企业总投资达1.07亿元，新建、技改项目191个(其中市属工业13个)。当年完成174个。在“质量、品种、效益年”活动中，全市企业管理、产品质量、产品结构、经济效益都得到了提高和改善，完成工业总产值7.37亿元，比上年增长15.9%。市属工业完成产值1.36亿元；实现销售收入、利润、税金分别比上年增长37.8%、8.4%、50%。乡镇企业完成总产值8.46亿元，比上年增长19.5%；实现销售收入、利润、税金分别比上年增长19%、18.4%、4.4%。

全市的企业升级和产品创优取得较好成绩。2个企业晋升为国家二级企业；省先进企业8个；地区级企业15个。6种产品创部优，22种被评为省、地新产品。有110个乡镇企业年产值达100万元以上；19个乡镇工业产值超千万元。

【城市和基础建设】

1991年，城市和基础建设取得了突破性的进展。全市在“统一规划、统一设计、分步实施”方针的指导下，努力把黄骅建设成为一个新型的滨海开放城市。全年完成渤海路拓宽取直、康宁街北段扩建、迎宾路扩建、东环路取直等旧城区改造工程；新城区完成了3条主要街道的边道、路基完善和排水工程；规划中的新华路“步行商业一条街”建设方案已开始逐步实施，一批临街商业设施正在兴起；市人民公园已奠基兴建；市区内的卫生条件得到进一步改善，新建和改造了一批高标准公厕，增设了垃圾箱、垃圾池、果皮箱。一年间，全市兴建楼房38栋，建筑面积近6万平方米。

公路建设得到了发展。新铺柏油路面38.6公里；完成15.1公里的路基工程；沧港二级汽车专用公路沧黄段野外完成测量等前期工作已经完成；新建成的黄骅汽车站已开通启用。全市公路已初步形成国道、省道和市乡道全部油面化的交通网络。

全市通讯条件又有新的提高，增加对沧州长途直拨业务线路30条；完成市话电缆管道2公里，出局电缆增加800对；完成3200门程控自动交换的配套设施，市话装机年末达到1084户；480路微波通讯工程正在建设中，1992年即可开通启用；实现了市话升位和全市电话自动交换联网；开通了全市21个乡镇的传真业务。1991年完成邮电业务总量422万元。

全市电力事业得到了发展。1991年完成黄骅至道安35千伏变电站输电线路改造工程；完成黄灶盐场35千伏变电站及10千伏变电站配套工程；完成黄骅至南排河110千伏输电工程及变电土建主体工程。以上工程的完成增加供电能力4635千瓦，保障了工农业生产的发展。全市年用电总量达9385万度，比上年增长10%。

【商业】

全市商业随着“多渠道、少环节、开放型”的流通体制的逐步形成，在度过市场疲软的困境后，城乡市场又重新出现繁荣。1991年，全市拥有商业机构4341个，从业人员1.04万人，城乡集贸市场27个。社会商品零售总额为2.72亿元，比上年增长14.3%；全社会零售物价总水平为102.4%，比上年增长2.4个百分点。

【对外开放】

黄骅座落在秦唐沧开放区内，是经国务院批准的开放城市之一。在“思想要解放，态度要科学，韧性要持久，项目要抓紧”的对外开放工作方针指导下，积极解放思想，努力改善投资环境，使对外经济技术合作和利用外资工作取得显著的成绩。

1991年，全市共签订利用外资项目8项，投资总额1565万美元，其中利用外资346万美元。与外商签订意向项目6个，总投资达3000万美元。

对外贸易稳步增长。全市出口创汇企业已发展到113家，出口产品达57种。1991年，完成出口商品总值达1.45亿元，比上年增长19.3%。

【财政、金融、保险业】

1991年，全市上上下下，把创建财政收入亿元市，做为经济工作的头等大事来抓，继续培植财源，强化税收征管，大力组织财政收入。在主要税源～原盐生产不景气和继续为企业减免税金870万元的情况下，胜利实现财政收入10087.8万元，成为全省首批亿元市(县)。在国家、省、地财政比较困难的情况下，全市除消化调资等10多项增资因素外，仍实现了收支平衡，略有节余。

金融事业蓬勃发展。在支持生产、建设、流通等方面，特别是上项目，促经济发展中，发挥了很重要作用。金融部门克服了货币投放量大，储蓄利率下调等不利因素，年末实现银行、信用社存款余额9.69亿元，贷款余额10.22亿元。

全市的保险事业得到了迅猛发展。1991年，中国人民保险公司黄骅市支公司，共开设30个保险种类，比上年增加13个;承保财产总值达2.5亿元,比上年增加1亿元;保险费收入1079万元,比上年增加747万元;投保企业发展到397家,比上年增加255家;人身保险发展到3.6万人,比上年增加1.2万人;赔款额达到800万元,赔付率达74.08%。

【人民生活】 1991年,全市人民生活水平又有了明显提高,城镇居民人均收入1391元,比上年增加80元;农村人均收入1011元,比上年增加120元,其中渔业乡镇人均收入2503元,比上年增加410元,农业乡镇人均收入754元,比上年增加60元。城乡居民年末储蓄余额6.96亿元,比上年增长23.3%,人均达到1930元。新建职工住宅12550平米,解决了140户职工的住房问题。全市又有6个村实现了自来水入户,自来水入户村总数已达326个,占全市行政村总数的98.5%,被评为普及农村自来水入户全国先进市。市内新区打深机井1眼,解决了新区全天供水问题。全年安排待业青年308名就业。发放救灾救济款25万元及部分粮食,使城乡烈军属、残废军人、五保户、困难户、受灾户在生产、生活方面得到较好的扶持和安置。

【文化、教育、科技】 随着经济建设的发展,全市文化事业日益繁荣。1991年,全市有电视台、广播电台、文化馆、工人文化宫、影院、剧院、博物馆、图书馆、新华书店、河北梆子剧团各1处,另有22个乡镇文化站,40个乡村电影放映队。为配合社教工作,全年共组建文艺宣传队71个,编写文艺节目326个,演出215场。全市有30余件绘画作品参加省以上单位举办的画展。风景画"塔尔寺印象"入选中国美协和美国联办的"现代中国水彩画大展"。文艺创作活跃,群众性的文艺社团和刊物有《渤海潮》、《红荆》、《无花果》,入会会员200多人。全年推出小小说22篇,短篇小说8篇,中篇小说3篇,长篇小说1篇,诗歌25首,剧本1部,戏剧小品3个,歌曲5首。市博物馆被评为1991年河北省文博系统先进集体。

全市的教育工作得到重视,教学条件继续得到改善。1991年,全市共有普通中学25所,在校生1.15万人;农职中学1所,在校生424人;小学292所,在校生4.19万人;成人高中2所,在校生78人;成人技术培训学校51所,在校生7034人;成人初等学校93所,在校生8829人。普通学校教育拥有专职教师2416人。教学质量明显提高。全市小学适龄儿童入学率达99.8%,巩固率达99.7%,普及率达99%。中学生在校巩固率达97.7%,毕业率达95%。全市有386名学生被大中专院校录取。通过集资办学、捐资兴学,全市中小学校舍全部实现砖瓦化。新建教学楼,宿舍楼5栋,建筑面积5万平方米,添置教学仪器452套件。1991年,全市共有各类科研机构和团体近50个,拥有各类专业技术人员4000多名。全市承担的国家、省部级科研项目16个,当年通过验收鉴定的7项,其中7项达到国内先进水平,获国家科技进步三等奖1项;省科技进步奖5项,地区科技进步奖9项。

【人口、计划生育】 1991年,全市总户数为9.24万户,年末总人口36.14万人,比上年增加3536人。由于计划生育工作进一步加强,人口增长得到控制。一年中,认真贯彻《河北省计划生育条例》,坚持突击活动、基础工作两手抓,重点抓好基础工作,共实施结扎手术9125例,上环8359例,全市人口自然增长率控制在14‰以下,计划生育率达到83.17%。

【体制改革】 全市农村经济体制改革,在继续稳定以家庭联产承包为主的责任制基础上,进一步完善统分结合的双层经营体制,积极发展社会化服务体系。全市农村正在建立或健全合同制度、财务管理制度、集体积累制度、合作基金制度、审计制度等。在建立社会化服务体系上,正在推广农、科、教、统筹,站(农机站)、社(供销社)、校(农技业校)结合的服务体系。部分经济实力较强的村已建成三组一校(机电服务组、技术指导组、供销服务组、农民技术业校),实现了耕播、排灌、植保、收打、优种、技术、物资供应和产品销售等八统一服务。

企业经济体制的改革,结合"质量、品种、效益年"活动,在全市承包企业中实行了"全程管理"。主要内容为检查承包合同;加强承包企业的日常管理;落实承包企业年度考核制度。由于实施了"全程管理",企业取得了明显的经济效益。市属17家承包工业企业完成产值9062万元,是年计划的131.4%,比上年增长30%;实现利润623.1万元,是年计划的103.1%,比上年增长40%。市属26家承包流通企业,完成销售收入1.43亿元,是年计划的126.1%,比上年增长30.5%;实现利润319.4万元,占年计划的122.8%,比上年增长1.2倍。

在乡镇企业中签定第二轮承包合同。全市591家乡镇企业中,见利分红的105家,超基数分成的291家,实行两包干的160家,实行大包干的35家。有40家企业实行了全员风险抵押,共交抵押金65万元。

全市在完善企业内部经营机制上,采取了划小核算单位、改革分配制度、用工制度的办法,积极推进社会保险制度的改革。全市有67家企业,8866名固定工参加了退休费用社会统筹;172家企业的3499名合同制(含合同工)工人全部参加了养老保险。国营企业中的300名临时工和乡镇企业中的185名干部职工参加了养老保险。1991年,全市交纳离退休养老保险金365万元。

(杨庆礼)

正　定　县

【概况】 正定县地处冀中平原，县城正定镇距省会石家庄市北15公里，历史上曾与北京、保定并称为“北方三雄镇”。正定历史悠久，早在战国初期，中山国在此设东桓邑，秦统一中国后改东桓邑为东桓县，汉高祖十年，改东桓县为真定县。公元982年设真定府，雍正元年改真定府为正定府。1913年废府存县至今。1400余年来，正定一直是郡、府、县所在地和北方政治、经济文化中心之一。

正定县境北部宽阔，南部狭长，地势自西向东缓缓倾斜，属太行山洪水冲积平原。南部有滹沱河，中部有周汉河，北有木道沟擦境，滹沱河、老磁河自西向东横贯全境。全县总面积585平方公里，其中耕地面积52.6万亩，林地面积3.5万亩。属暖温带半湿润大陆性季风气侯，年平均气温12.7℃，年降水量497.9毫米。1991年总人口54.5万人，其中农业人口50.5万人。现辖4个镇、21个乡、224个行政村(街)，5个居民委员会。

改革开放以来，正定县经济建设进入了一个迅猛发展的时期。工农业总产值翻了一番，内外贸易成倍增长，群众生活水平大大提高。1991年全县坚持以经济建设为中心，以提高经济效益为重点，以增强经济发展后劲为基础，以改善经济环境为保证，狠抓争创一流上台阶。据计算全年国民生产总值达8.20亿元(1990年不变价，下同)，比上年增长18.1%，社会总产值22.42亿元，增长20.6%，国民收入7.15亿元，增长18.2%，工农业总产值完成17.7亿元，比上年增长16.7%。在参加石家庄市经济建设夺杯竞赛活动中，一举夺得工业“效益杯”、农业“丰收杯”、财贸“如意杯”，还夺得省“新貌杯”竞赛第一名，获得国家级“科技星火管理先进单位”、省级“双拥模范县”、“造林绿化先进县”、“体育先进县”称号，并被省政府批准为“经科教”、“科教企”、“燎原计划”、“科技兴县”等示范县。据统计全县140多项工作受到省市表彰。

【农业】 正定县地势平坦，土地肥沃，气候适中，地下水资源丰富，宜农、宜林、宜牧。农业是传统优势，70年代粮食产量曾以北方第一个“跨长江”(亩产400公斤)过“千斤县”而闻名全国，1988年后又相继被国家、省定为粮食、花生、蔬菜、瘦肉型猪、奶牛基地县。1991年，全县以调整农业内部结构为重点，在稳定粮棉油生产的基础上，发展高效农业、基地农业、创汇农业和开发农业，农业生产和农村经济又登上一个新台阶。

1、农业生产获得好收成

1991年，全年农业总产值完成5.73亿元(1990年不变价，下同)比上年增长12.3%，其中种植业产值增长8%，林业增长13%，牧业增长20.5%，渔业增长48%。

(1)种植业生产实现全面丰收。1991年稳定政策、增加投入、科技兴农、精心组织和强化服务，在低温、风雹、病虫害频繁发生的情况下，农业生产取得好收成。粮食总产量达30.1万公斤，比上年增长10.1%，亩产388公斤，比历史最高水平的1989年高37公斤，总产、亩产均创历史最高纪录；棉花总产2618吨，比上年增长11.6%，并首次完成市下达的2600吨的交售任务；油料总产1.47万吨，比上年增长9.5%，亩产219公斤，创历史最高水平；蔬菜产量22.25万公斤，比上年增长5.9%。

(2)林业生产取得好成绩。1991年，林业生产贯彻“美化城镇吸引投资，根治风沙富裕农民”的方针，在财力紧张的情况下，抽出80万元资金用于绿化建设。年末实有林地面积达3.47万亩，比上年增长24.8%，其中当年新造林2600亩，四旁植树441万株，育苗580亩，分别比上年增长1.6%、13.3%，幼林、成林、抚育面积1.9万亩，比上年增长1.1倍，林木采伐量1.18万立方米，增长8.7%，被评为“省绿化建林先进县”。

(3)畜牧业迈出较大发展步伐。全县认真贯彻扶持养殖业政策，加强副食品基地建设，畜产品产量持续增长。1991年大牲畜存栏1.5万头，羊存栏1.6万头，生猪存栏30.1万头，比上年增长2.0%，全县肉类总产量2.56万吨，比上年增长8.7%，其中猪、牛、羊、肉分别增长5.2%、10.9%、6.7%，禽肉增长一倍。禽蛋产量达1.24万吨，增长67%，牛奶产量6191吨，增长32.2%。

(4)渔业生产发展较快。全县养渔水面840亩，水产品产量177.5吨，比上年增长54.3%。

2、农村经济全面增长

近几年来，正定县由单一农业型向着农工互促的方向转变。一个以农业为基础，以乡镇企业为主导的经济结构在全县形成，促进了农村经济的全面增长。1991年全县农村农业、工业、建筑业、运输业及商饮业五业并举，现价农村社会总产值达15.7亿元，比上年增长12.8%。其中农业产值5.88亿元，增长10.1%，非农业产值增长14.5%。农业综合生产能力较低，突出表现，一是耕地面积仍在减少，1991年比上年又减少420亩，人均耕地已由1949年的2.15亩下降到1991年的0.95亩；二是农业抗御自然灾害的能力仍较薄弱。

3、农业内部环境好于往年

正定县坚持建设基地农业使农业内部环境得到改

善，基础设施得到巩固与加强。1991年全县建成吨粮田面积10.2万亩、高效农田6万亩，日光浴、塑料大棚种植面积6000亩，新开发河滩地2.18万亩，改造中低产田1.34万亩，修建地下输水管道5.4万米，新打机井350眼，上述几项均比上年有不同程度增长。农业机械化水平明显提高。全县农业机械总动力达49.9万千瓦，比上年增长6.2%。其中农用排灌动力机械314台，增长3.6%，拖拉机7564台，增长6%，机引农具1015部，增长16.9%；对农业投入增加，粮田亩施用氮肥、磷肥和粗肥分别为154公斤、87公斤和5方，比上年分别增加29公斤、8公斤和0.5方。

4、结构调整取得新进展

一是进行种植业结构调整。在不放松粮食生产的同时，积极发展蔬菜、花生、杂果、瓜类等高效益经济作物，成为国家商品粮基地，省蔬菜、花生、杂果生产基地，高效益农作物所占比重逐年上升。高效益农作物与粮食作物的种植面积比例由1990年的11:89调整为1991年的17.8:82.2。二是调整农业内部各业结构。几年来，全县林牧渔业特别是畜牧业生产发展成效显著，所占比重上升。1990年与1991年相比各业产值的比重是，农业下降了2.1%，牧业上升了2.4%，渔业上升了0.03%，林业基本持平。三是调整了农村产业结构。在现价农村社会总产值中，第一产业（农业）产值所占比重下降，第二（工业、建筑业）三（商饮服务业）产业所占比重上升。各业比重由1990年的38.3:52.0:10.4，1991年调整为37.4:52.2:10.4。

【乡镇企业】

1991年，乡镇企业按照“积极扶持，合理规划，正确引导，加强管理，发展与提高并重，四轮驱动，集体为主”的方针，深入开展“质量、品种、效益”年活动和夺杯竞赛活动，取得了较好成绩。

1、乡镇企业保持良好的发展势头

正定县乡镇企业从1984年以来，异军突起，蓬勃发展，走出了一条具有正定特色的发展道路。1991年，由于坚持硬件投入与软件投入相结合，有步骤地发展乡镇企业，又保持了良好的发展势头。各类企业个数达1.5万个，比上年增长7.1%；从业人员8.7万人，增长2.7%，已占农村劳动力的32.1%；完成现价社会总产值10.9亿元，比上年增长16.9%，占现价农村社会总产值的69.3%，三分天下有其二；实现总收入9.96亿元，比上年增长27.3%，实现利润和税金1.02亿元、1687万元，分别比上年增长17.1%和8.8%。已成为全县经济的重要支柱和财政收入的重要来源。

2、企业经济实力进一步增强

1991年全县乡镇企业固定资产原值达2.09亿元，比上年增长5.4%。其中乡村两级为1.3亿元，增长8.9%。乡镇企业自有资金1.44亿元，比上年增长10.8%。产值50万元以上的乡镇企业59个。其中50～100万元的19个，101～300万元的30个，301～500万元的2个，501万元以上的8个，而且高产值的企业个数都在增长，华北蓄电池厂、东华化工厂、工贸包装材料厂、常山塑料制品厂都在1000万元以上，分别为2610万元、2504万元、1500万元、1031万元和1010万元。乡镇企业经济实力的增强，有力地带动了农民致富。

3、乡镇工业在全县乡镇企业中占主导地位

全县乡镇工业6244个，产值7.55亿元，分别占乡镇企业总数的40.5%和66.7%。乡镇工业产值占全县工业总产值的62.8%，比上年提高0.9个百分点。乡镇工业形成了建材、化工、轻纺、机械、木器加工、建筑等六大支柱产业。在乡镇工业中发挥着“龙头”作用。

4、企业素质、效益不断提高

1991年，乡镇企业由于重视了“外招内培”，使大专、高中、初中毕业生在乡村企业中分别达到44人、7378人和14815人，在职工中所占比重由1990年的73.3%上升到1991年的77.7%，提高了4.4个百分点；工程技术人员和聘用人员达905人，比上年增长76.1%，其中有13名同志被评为省市县优秀农民企业家。全年完成固定资产投资2908万元，引进新技术12项，开发新产品41种；40%的乡村集体工业完善了标准、计量、定额、信息、基础教育、班组建设、规章制度等七项管理基础工作。乡村企业的标准覆盖率由“六五”末的50%提高到85%，全年有7种产品获市优、2种产品获省优、4种产品获部优，12种产品填补了国内、省内空白，两个企业被评为市级明星企业。东华化工厂、华北蓄电池厂被评为乡镇企业系统的先进企业。华北蓄电池厂晋升为国家二级企业，东华化工厂生产的氨基乙酸标准定为全国同行业产品标准，属国内首创，实现了正定县乡镇企业创国优零的突破。在石家庄市工业企业1991年百万元利税户排序中，正定县的6个乡镇企业榜上有名。

【工业】

1991年，正定县工业按照“以经济效益为中心，以科技为先导，以调整结构、提高效益为重点，全力增加投入，完善投资环境，扩大对外开放，开拓销售市场，实现工业生产新突破”的思路，扎扎实实开展“质量、品种、效益年”活动，工业生产呈现出较好的发展势头。

1、工业生产稳步增长

1991年全县工业着力解决效益低，制约生产正常运行的突出矛盾和深层次问题。相继出台一些搞活骨干企业的优惠政策，对企业实行“扶、压、帮”综合措施，工业生产获得稳步增长。工业总产值完成12.01亿元，比上年增长18.9%。其中乡及乡以上工业完成6.20亿元，增长18%；乡以下完成产值5.82亿元，增长19.9%。按隶属关系分析，省市属企业和乡镇工业增长速度较快，分别增长24.5%和22.9%；县属企业一改上年负增长的态势，较上年也增长10.8%，产值达2477

万元。从考核的八个系统看，有六个系统比上年都有不同程度地增长，其中县联社系统、外贸系统、粮食系统增长速度在20～65%之间；商业局、农牧局两系统由于"压贷挂钩"、限产压库等原因，分别比上年下降19.6%、0.1%。从考核的60个企业看，有33个企业的产值程度不同地增长，共增加产值1.13亿元，另27个企业程度不同地减少，共减产值3016万元。在全部乡以上独立核算工业企业中，集体工业的增长速度(23.8%)快于全民工业(21.4%)；轻工业(41.4%)大大快于重工业(12.9%)；小型企业(13.9%)大大快于大型企业(9.8%)和中型企业(－27.4%)。

2、工业体系初步形成

改革开放以来，正定工业生产规模有了较快发展，到1991年，全县乡及乡以上工业企业已达170个，不仅有中小型企业，而且出现了大型企业。职工队伍扩大到1.92万人，比上年增长7.5%。生产力要素的投入具有一定规模，固定资产原值和定额流动资金达5.52亿元，比上年增长28.3%；工业生产成果也达到一定规模，全部工业总产值达12.01亿元，增长18.9%，在工农业总产值中所占比重由1980年的27.3%猛升到1991年的67.7%；利税总额达2568万元，比上年增长78.1%。工业定型产品达1700多种，比上年增长6.4%。县办工业突破原来的"农"字型"五小"企业发展，形成了以机械、电子、化工、轻纺、食品、建材为主体的工业体系。

3、结构调整初见成效

1991年，把"从本县实际出发，适应市场需求，不失时机地调整结构"作为发展工业生产的重点工作，并取得了初步成效。

(1)从所有制看：在保证全民所有制占主导地位的前提下，大力发展集体工业。在全部乡及乡以上独立核算工业企业中，1991年同1990年相比，全民企业产值所占比重由61.7%下降为56.6%，虽下降了5.1个百分点，但仍占据主导地位；集体企业由38.3%上升为43.3%，得到较快发展。"三资"企业、"联营"企业最近几年陆续出现，在全县形成以公有制为主体，多种所有制结构并存的新格局。

(2)从轻重工业看：正定县充分利用本地资源，大力发展轻工业，使轻工业产值所占比重由1990年的33%上升到1991年的37.6%，上升了4.3个百分点；重工业由67%下降为62.4%，但仍占优势，说明正定县工业属重型工业。

(3)从产品结构看：全县已有定型产品1700种，为减少产品积压和资金占用，以市场为导向，调整产品结构，大力开发新产品，增强企业的竞争能力和发展后劲。据不完全统计，年内开发的新产品有22项通过鉴定，其中12项达国际水平，9项产品填补了国内空白。对滞销产品实行了限产压库，压贷挂钩，使产成品资金占用由上年的13294万元减少为10492万元，减少了2802万元。一般化的产品，通过开展产品创优活动，促使其上质量，以质量求生存、求发展。仅经委系统考核的21项主要产品质量指标，有18项处于稳定或明显提高，产品质量稳定提高率达86%，省优以上产品产值达11730万元，比上年增长52.5%。

4、经济效益明显回升

1991年认真开展"质量、品种、效益年"活动，坚决把经济建设转移到提高经济效益上来，针对效益低下的老大难问题，强化管理，帮助企业清理"三角债"，设立工业企业生产发展基金和扭亏周转金。经济效益明显回升。1991年实现利税总额7905万元，比上年增长36.5%，高于产值增长速度18.9%的17.6个百分点。其中，利润总额5201万元，增长90.4%，全部乡以上独立核算工业企业实现利税2560万元，增长77.5%；产值利税率、资金利税率、销售利税率为5.16%、4.65%和6.10%，分别比上年提高2.1、1.3和2.16个百分点；平均每一职工实现工业净产值4513元，比上年增长10.8%；由于对困难大的企业实行现场办公，"一厂一策"、"一事一议"地帮助解决实际问题，工业经济效益明显回升，在石家庄市夺得了"效益杯"。

【城镇建设】 1991年，城镇建设按照"将正定建设成为省会大公园"的总体要求，本着"人民城镇人民建，建好城镇为人民"的原则，重点实施"水电路话"相配套，使城镇环境进一步改善，城镇载体综合功能和综合服务能力进一步提高。

1、城镇面貌有了较大改观

县城正定镇，中共十一届三中全会以前只有一些小型建设，各条街道很窄，土路面4.7万米，油路面只占35.6%。改革十年来新开辟了旅游路、梅山路全长1800米，新拓宽了解放街、常山路、中山路、常胜街等，街道全长3200米，铺设西门里、大众街、元件厂至招待所三条水泥路面2600米，新铺设车站东街、燕赵街等油路面全长3500米。特别是1991年，投资137万元拓宽了常山路中段，新修了正无路慢车道，开通了府西街北口，硬化了镇州街路面，完成了横跨京广、107线的铁路、公路立交桥建设，修补了2条乡级公路，投资200万元的国家乒乓球训练基地交付使用，投资20多万元绿化美化了旅游路、常山路。城镇面貌焕然一新，在全省21个市辖县"新貌杯"竞赛中名列第一，被市命名为"市级文明县城"。

2、城镇住宅建设有了长足发展

党的十一届三中全会以前，县城居民的居住条件很差，大部分是解放前修建的土坯房，只有西南街、常胜街两栋低标准住宅楼房，全城人均住房面积不足6平方米。近10年，各级领导重视解决职工住房难问题，采取了公建民助和集联群建的方式，加快住房建设步伐。十年中共建起住宅楼20余栋，总建筑面积达45518平方米，安排住户 618 户，同时翻修旧房 1000 余户，2500 间，使人均居住面积提高到 8 平方米。但是随着人口的不断增长和人民生活水平的不断提高，住房难问题仍是群众最关心的热点问题。1991 年，全县把城市住宅建设列入重要工作议程，作为任期目标的重要内容。年内 2 万平方米 10 栋住宅楼陆续投入使用，家属宿舍、集体宿舍峻工面积达 10296 平方米，比上年增长 10.7%；私人自营房峻工面积 6700 平方米，使“住房难”问题得到缓解。

3、供排水条件得到改善

1978 年以前，只是在常胜街北口打井一眼，日供水 1440 吨，铺设管道 2.2 公里，仅供一些主要街道用水。1978 年以来的十余年中，相继在解放街、太平街打机井两眼，日产水量达 768 立方米，在整个城内形成了供水网络。管道总长 11.9 公里，水管进户数 8700 余户、机关单位 240 余个。

在排水方面，最近两年已建成从大十字街到人民银行、电影院至县政府等 5 条盖板雨污合流方沟，全长 6234 米。自 1988 年开始修建雨水污水分流系统，至今共铺设雨水管道 1.8 万米(管径为 500mm)、污水管道长 1.5 万米，修建盖板方沟 2.1 万米，建排污站 3 座，日排污量 3700 吨左右，明水沟一道长 1800 米，排洪渠一条长 2000 米。

【交通邮电】

正定的交通历来比较发达，曾是“星使往来、车马络绎、兵兴变起、命将出师、将为重镇”。1991 年，在“广修道路服务经济建设，国家、集体、个人一齐上”的方针指引下，正定县的交通运输较上年又有新发展。

1. 交通网络初具规模。1978 年以前，全县有国道和省道 4 条，长 54.7 公里，县级地方路一条，10.8 公里，乡村路三条，22 公里，这些路仅分布在 5 个乡镇。全县油路通车里程 87.5 公里，绝大部分乡村处于交通闭塞状态。中共十一届三中全会以后，正定县立足长远、着眼全盘，制定方案，突出重点，大打以公路建设为中心，以路带运的公路运输翻身仗，在首先保证干线公路养护的基础上，狠抓了县乡村地方道路建设，有力地加快了公路建设的步伐。到 1991 年已经迅速形成以铁路、公路、客运相结合的运输网络。京广铁路、京广公路、京深高速公路等全国南北交通大动脉从县城东西两侧穿过，石德铁路和正深、沧石等国家三级公路从正定东西穿过，县级公路四通八达，纵横成网，乡乡相连，石家庄正定民航机场已破土动工，为进一步推进正定全方位现代化建设创造了条件。到 1991 年底，全县实有公路达 36 条，油路通车里程 91.4 公里；县乡地方公路 33 条，通车里程 128 公里。公路密度每平方公里 0.38 公里。

2. 运输工具、运输量有了长足发展。建国初期，由于公路通车水平的限制，客货运输量比较低。随着公路建设的发展，客货运输量和周转量也逐步增大。1955 年全县仅有机动车 25 辆，货运量 35.6 万吨。1984 年机动车增加到 3817 辆，货运量 1885 万吨。1991 年又有了长足发展。全县民运汽车达 3888 辆，比上年增长 11.1%，运输拖拉机 2569 台，增长 6.7%。由于认真贯彻“全民办运输，全民、集体、个人一齐上”的方针，私人拥有汽车 1215 辆，拖拉机 7564 台，分别比上年增长 9.2% 和 6%。全年货运量 62 万吨，货运周转量 2600 万吨公里；分别比上年增长 21.8% 和 11.7%。在全县基本实现了人便于行、货畅其流的局面。

1991 年县邮电部门贯彻邮电部“一要稳定，二要发展”的要求，认真开展“质量、品种、效益”年活动，在通信生产、通信建设、经营等方面取得良好成绩。

1. 通信业务继续发展。1991 年，通信部门狠抓基础，强化管理，制定了“抓基础，上等级，强化目标责任制管理”工作方针，对邮政储蓄、长权放号及报刊发行等拳头业务制定了相应的倾斜政策和奖罚办法；对农市话欠费、长途直拨漏记费和邮储代办等问题，先后制定了“农话欠费管理办法”、“邮储办费手续制度”，以及利用走下去、请上来多次进行稽核检查等一系列措施，使通信业务得到继续发展。全年邮电业务总量完成 3723 万元，比上年增长 24.3 %，完成长途电话业务量 33 万张，办理电报 6.9 万件，分别比上年增长 3% 和 53.7%，函件 289 万件，增长 13.9%，长途有权用户年底达 250 万户，增加 1.7 倍，邮政储蓄余额 2439.6 万元，增长 84.5%。

2. 通讯网络建设得到新发展。为了提高通讯能力和自动化水平，1991 年新上 5000 门程控市话交换机增容改制工程。当年完成了立项和与外商签约工作，网络改造，设计施工正在进行，整个工程将于 1992 年国庆节前完工。年内农话专业完成了三里屯、新安镇、南村、兆通、诸福屯等 5 个乡镇的电话交换点磁石改自动工程，共架设线路 42 公里，同时完成了县局至曲阳桥支局 12.5 波长公里中继电缆的架设任务，新增加固定资产 42.2 万元，还完成了新城铺邮电所的改造任务。到年底，邮电单程长度达 39 公里，农村投递路线单程长 1212 公里，市话话机总数 2114 部，农话话机总数 845 门，农话年末达到 546 户，均比上年有明显增长。

【商业】

1991 年，商业系统广大干部职工深入开展“如意杯”竞赛活动，争创一流服务，争创一流工作水平，取得显著成效，在全县初步形成多成份、多渠道、多形式、少环节的流通格局。

1、市场购销两旺

十年前，正定县商业基本上是独立经营，无竞争对手，走的是一条闭关自守的经营老路。通过改革流通体制，开辟了经营新途径，实现了五个方面的转变，即变从商业二级站进货为直接从厂家进货；变过去的内地销售为跨地区的销售；变坐等成交为送货上门；变一业为主为多种经营；变过去的经营型为经营生产服务型。从而较好地适应了市场竞争的需要，出现了购销两旺的局面。

(1)商品购进大幅度增长。1991年，全县商业部门通力合作，使市场商品种类繁多，货源充裕，琳琅满目，供需矛盾大为缓解。全年完成商业纯购进33849万元，比上年增长42.7%，其中，农村产品购进11697万元，增长26.8%，工业品购进21643万元，增长64.3%。主要农副产品购进量，粮食14.47万吨，增长8.7%，棉花2824吨，增长1.8倍，鲜蛋307吨，增长1.13倍，其它农副产品程度不同地有所增长。

(2)商品销售明显增长。国内纯销售总值38152万元，比上年增长32.3%，全县社会商品零售总额30439万元，增长7.6%。在社会商品零售总额中，居民生活消费平稳增长达3.5%，在八大类商品中，日用品、文化娱乐用品等六类程度不同地增长，彩电、冰箱等名优特新大件耐用消费品受青睐。社会集团消费增长39%，占消费品零售总额的比重由上年的3.3%上升到4.4%。由于中央及各级领导重视发展农业，增加财政信贷投入，农资需求稳步增长，全年农业生产资料零售额10167万元，比上年增长14.7%，柴油机、农膜等农资商品销售量增长幅度在17～50%之间。城市市场出现转机，城市销售额完成727万元，增长7.7%。

(3)集市贸易活跃。市场上各类物品齐全，数量增加，应有尽有。全年集市贸易成交额完成5223万元，比上年增长26.9%。各类副食品成交量显著增长，肉类、禽蛋类增长38%，水产品增长一倍以上，干鲜果增长49.2%，蔬菜增长10.9%。

2、市场建设取得新进展

近几年来，正定县商业系统投资500多万元，用于改善经营设施和经营条件，先后建起了食品加工车间、300吨冷库、咖啡厅、百纺展销楼和华阳商场，企业固定资产总值增加到750多万元。到1991年，全县商业、饮食业、服务业机构4653个，比上年增长9.6%，从业人员1143人，增长5.8%。其中：商业机构3544个，增长9%，人员9275人，增长6.8%；饮食服务业机构1109个，人员2156人，分别增长11.6%、0.7%。从所有制看，全民所有制商业、饮食业、服务业机构101个，人员2729人，分别比上年减少1个、下降4.3%；集体所有制机构322个，比上年增长3.9%，人员2582人，比上年下降2.6%；个体机构42302个、人员6120人，分别比上年增长12.7%、15.4%。

在企业内部进一步理顺了分配关系。到目前为止，全系统逐步建立健全了几种分配形式：基数承包超利分成、除本分成、计件工资、销售含奖、利润含奖、销售含奖与工资挂钩、利润含奖与工资挂钩、百元运输含奖含差旅费等，由于分配制度的初步理顺，给企业注入了活力，调动了干部职工的积极性。

3、商业经济效益稳定提高

改革以来，商业系统经济指标每年以10%的速度递增。1991年经济效益又提高一步。国合商业补贴前实现利税211万元，补贴后610万元，分别比上年增长28.7%、14.2%。全部企业交纳税金总额582万元，增长19.3%。人均销售额达14.6万元，增长22.7%。流通费用率下降，销售百元商品费用由上年的6.6%下降为5.9%。资金利用率提高，流动奖金周转次数由上年的3.87次增加到3.96次，周转天数由上年的94天加快到92天。亏损额为104万元，比上年下降32.5%，亏损面由上年的15.1%下降到14.1%。

【旅游业】 是正定近几年来蓬勃兴起的无烟工业。“以游兴县”已成为经济发展的战略重点。1991年认真抓好现有景点的管理，继续走集资办旅游的路子，坚持新奇制胜，实现由单一的观光型、接待型向主动参与县城外向型经济文化的转移，旅游业又迈出一大步。

1、名胜古迹，资源丰富

悠久的历史给正定留下了瑰伟灿烂的文化艺术和风格独特的名胜古迹。素有“三山不见，九桥不流”、“九楼四塔八大寺”、“二十四座金牌楼”之称，享有“古建筑宝库”的美誉。有隆兴寺、广惠寺与华塔等全国重点文物保护单位四处，有开元寺和钟楼、文庙大成殿、风动碑、澄灵塔等省级重点文物保护单位七处，为正定发展旅游业提供了得天独厚的条件。驰名中外的“隆兴寺”始建于隋开皇6年，占地5万多平方米，规模之浩大，气势之宏伟、保存之完好，在国内外享有盛誉。可惜的是这众多的名胜古迹，在“十年动乱”和“左”倾路线的束缚下，几乎全都被看成“四旧”，使旅游业处于停滞状态。改革开放以来，各级领导十分重视旅游业的发展，才使众多的名胜古迹大放异彩。

2、新建旅游景点相继开放

为尽快把正定建成省会大公园，正定县坚持“人无我有，人有我新，人新我奇，以奇制胜”的十六字方针，采取“无利保本保息，有利按股分红”的优惠办法，挖掘各方面的资金潜力，大力加强新旅游景点的开发建设。1986年以来，先后投资5000万元，相继建成了“荣国府”、“宁荣街”、“旅游飞机场”、“西游记一宫”、“西游记二宫”、“封神演义宫”、“游乐场”、“中日观光果园”。1991年“电影探秘宫”又落成开放。“电影探秘宫”占地面积362亩，总建筑面积4.06万平方米，总投资1280万元。此宫分9个大厅19个场景，游客可以从中揭示电影特技镜头的拍摄手法与合成过程，同时能参与和体验部分特技的拍摄，集知识性、科学性和娱乐性为一体，是旅游与电影艺术成功结合的典范，实为全国首创。众多新旅游景点与古建筑群珠联璧合，交相生辉，为影视拍摄提供了重要的基地，《红楼梦》、《雪山飞狐》、《密杀令》等20余部影视片相继在正定县拍摄。

3、旅游配套设施建设逐步完善

在不断建设新旅游景点的同时，正定县还强化了旅游景点和配套设施建设。一是抓了旅游区的规划建设，以荣国府为中心建起了旅游区，使旅游景点相对集中，便于旅客观赏。二是修路修场，修起了旅游路15公里，开通了军分区至"隆兴寺"的环形路，建起了占地15亩的停车场。三是抓了旅游景观的完善配套，增加新内容。与省射击学院联营搞了一个射击馆，兴建了供儿童游乐的碰碰车和空中转椅，在"荣国府"内增添了泥塑《红楼梦》人物43尊及100多副剧照，栽植了林木、花草、盆景等，绿化美化面积达1500平方米。在西游记二宫对"落伽崖潮音洞"，增加了光控声的先进技术，使观音菩萨能向游客讲话祝福，趣味无穷，很有吸引力。为了给游客提供方便服务，制定了鼓励群众服务的优惠政策，规定凡在旅游区经营建门市部者，不管是国营，集体和个体，都为之提供方便。

4、旅游经济效益可观

丰富的旅游资源，加上交通发达，位置优越，不仅吸引了大批游客，而且也带来可观的经济效益。1991年共接待游客384万人次，其中外宾2427人，总收入和门票收入1267万元和225万元，分别比上年增长20.3%、21%，实现利税498万元，比上年增长13.5%。五年来共接待游客1644万人次，总收入3717万元；县城各类服务网点1500多个，其中仅照像就有50多个，就业人员3500多人，第三产业收入6000万元，利税600多万元。

【财政、金融】 1991年，财税部门坚持促产增收，积极开辟财源，强化财政监督，努力为发展经济服务，取得了明显成效。

1.财政收入稳步增长。全年财政收入完成4187万元，超计划2.1%，比上年增长10%。其中：工商税收3271万元，增长12%，企业收入222万元，比上年下降7.1%；全县25个乡镇完成2042万元，增长4%。完成最多的正定镇、廿里铺乡、兆通乡，分别达到332万元、311万元和192万元。在保证全县资金正常供应的情况下，弥补了连续六年的财政赤字，摘掉了"赤字县"帽子。

2.财政支出得到控制。全年财政支出3810万元，比上年增长5.1%。其中：工交及城市维护费、文教、科研、卫生及行政管理和公检法分别比上年增长21.1%、10.9%和7.0%；而支援农业及农村事业费、抚恤及社会福利和价格补贴，分别比上年下降9.0%、13.7%和13.4%。全年实现收支基本平衡，并略有节余。

3.增收节支措施得力

正定县财政收入稳步增长，主要是县财税部门积极采取措施，作了大量细致的工作。

(1)发挥职能作用，支持经济发展。1991年，财税部门为促进经济发展，年内制定了39条支持企业发展，为企业服务的优惠政策。其中鼓励企业开发新产品11条，支持企业扭亏减亏8条，鼓励搞活市场流通8条，发展旅游企业8条，对骨干企业和利税大户实行倾斜政策，以及对乡镇实行"定额上解、递增包干、超收全留、歉收自补"等。积极筹措融通资金，年内通过各种渠道向上级财政部门争取融通资金1869万元，支持县乡企业88户，可增产值2605万元，增加利税389万元。

(2)严肃财经纪律，全方位开展促产增收。财税部门利用各种形式大力开展税法宣传教育，提高了全社会税收意识和依法纳税的自觉性，使国营、集体企业征期入库率达98%，联合体、个体户征期入库率达到95%以上。对校办、知青、福利企业进行了清理，开展了易漏难征零散税收的检查，堵塞了漏洞，征收零散税达626万元。加强了对农业四税的征管工作，严格源头控制，据实征收。针对乡镇财政收入不平衡的情况，采取抓"两头"的作法，对超收乡镇及时返还超收留成资金，解除乡镇怕多收不多留的顾虑；对短收乡镇帮助查找原因，提合理化建议，并给予必要支持。全年财政收入100万元的乡镇达到4个。

(3)加强预算管理，严格控制支出。财政困难已经成为经济建设中的一个突出矛盾，为此采取了以下措施。一是严格执行"经费编制双包干的办法。按计划和进度拨款；二是加强会议费支出管理，控制会议规模，严格掌握就餐标准，精简与会议无关的人员；三是加强控购管理，配备了专职控购人员，确定控购商店，并进行了控购纪律大检查，全年共查出违控金额1.6万元。

(4)发挥监督职能，严肃财经纪律。在财政监督过程中，坚持"以教育为主、以预防为主、以自查为主，不定期抽查"的综合治理方针。年内举办财政法规培训班五期，培训280个财会人员；实行罚没财务许可证制度，统一管理全县行政性收费票证，全年共清理入库罚没收入78万元；提高了自查自纠质量，税收、财务、物价大检查自查金额达138万元。

金融部门认真执行"控制总量、调整结构、保证重点、压缩一般、适时调节、提高效益"的货币信贷政策，促进了全县金融工作的较快发展。

1.贷款投放额大幅度增长。1991年全县金融机构共发放贷款余额4.1亿元，比上年增长58.3%。其中：工业贷款1.29亿元，增长32.9%，农副产品收购贷款2339万元，增长36.9%，固定资产贷款3214万元，增长82.1%，商业贷款1.92亿元，增长91.6%。

2.存款余额持续大幅度增长。全县金融机构1991年各项存款余额45540万元，比上年增长24.4%，创历史最好水平。其中：企业和机关团体存款7120万元、1849万元，分别增长25.4%、34.7%，城镇及农村存款25777万元、10643万元，分别增长23.1%、33.3%。

3.货币收大于支。1991年县银行现金收入95911万元，增长15.4%，现金支出84490万元，增长20.5%，收支相抵，净回笼货币11421万元。

4. 积极服务经济建设和人民生活。金融工作发展较快的主要原因是金融部门积极为经济建设和人民生活服务。

（1）广泛融通资金，保证经济发展需要。1991年县金融机构为保证经济发展所需资金，贯彻和体现了“适时调节，把握力度，调整投向，保证重点”的方针，在国家调低利率的情况下，使贷款余额比上年呈较快增长的势头，增加了信贷的来源，有力支持了经济建设。各专业行还积极解决短期资金不足问题，累计拆出、入资金达4200万元，解决了专业行的燃眉之急。

（2）深入挖掘资金潜力，搞活资金存量。年内，金融机构提出了“搞活资金存量，支持经济发展”的意见，由县政府批转执行。认真开展清理三角债工作，成立了清资挖潜小组，年内清理三角债1600万元；三项资金占用较年初减少690万元；消化资金“水份”累计达430万元，累计收回逾期贷款8100万元，从而大大提高了资金使用率。

（3）全方位开展检查、稽核，为经济发展创造良好环境。1991年，结合教育、清理、整顿工作的开展，组织对现金、利率、统计及结算纪律等业务进行多次检查，督促各项政策措施的落实，纠正了工作中存在的主要问题。尤其是通过对结算制度的检查、改进，使同期票据结算由原来的2～3天缩短到1～2天，加快了资金周转；通过稽核，收回专业银行少交财政性存款200万元。收回少交存款准备金133万元，收回不合格贷款120万元。

（4）切实调整贷款投向，支持搞活重点企业。为解决县办工业生产发展缓慢的问题，金融部门的同志们转变作风，深入国营、集体、乡镇一些重点企业，开展调查研究工作，会同企业进行经济效益分析，帮助找原因、出主意，并按照国家有关规定，在资金方面为企业提供了方便，有力地支持了重点企业的发展。

【经济技术协作】 近几年来，正定县积极贯彻“用扩大开放带动深化改革，以深化改革促进改革开放”的方针，念好人才、教育、科技“三本经”，从而为发展经济注入常盛不衰的生命和活力。一些村街靠启用一两个能人搞活了全村经济，一些企业引进了几个能人带起了一批能人，许多单位靠启用和引进人才夺回了当初因竞争失利丢掉的市场，这一系列生动成功的实例，促使正定县在1991年进一步解放思想，更新观念，发动各行各业多渠道、多层次地实行横向经济技术协作，内联外引，广交朋友，引进技术人才，引进资金项目，为振兴正定经济服务。

1、积极引进，扩大对外开放。正定县冲破石家庄市和附近城市的小领域，扩大视野，积极参与国内外的联合竞争，“七五”时期，引进项目151个，资金3400多万元，技术131项，人才320名。1991年又与外商积极协作，新建“和亚电器有限公司”、“冀兴有限公司”、“华实有限公司”等八个合资企业和3个合作项目，投入资金1608万美元。其中县属项目9个，投资957万美元，超过了历年的总和；还有六个项目已达成合作意向；并且与中苏边境贸易公司建立起协作关系，使更多的产品得以打入国际市场。

2、联合办厂，借水行舟。由正定县出地皮和部分资金，外方出设备、资金、技术，以长补短，双方互惠，共同发展。1985年至1991年，建设投资3000万元以上的联办企业6个，50万元以上的城乡联办乡镇企业75个，并有5户优势企业兼并了正定县的6个劣势企业，促进了经济要素的优化组合。县电子元件厂借水行舟，激流勇进，以60%的股份与实力雄厚的香港新友贸易公司在深圳创办了“泰迪电子有限公司”，年生产能力为100万只精密电感件，单班生产平均回归变压器5万只，使该厂向外向型与高科技型企业转化迈出了重要一步。

3、接受城市辐射，实现城乡互补。近5年，正定县承接上海、天津、济南、温州等城市大工业零部件加工和接受城市资金、技术、管理扶持的乡镇企业发展到450个，约占全县乡镇企业总数的一半。全县581个乡镇企业先后与全国25个省市的大中型企业、45所大专院校科研单位建立了协作关系，争取转让技术成果59项，获得优惠转让设备450台。常山机器厂、油泵厂等50个企业在新项目和产品销售等方面都找到了自己的协作伙伴。

4、与经济发达和开发程度较高的县区建立友好县。近两年，正定县先后与福州市郊区、宁河县、无锡县、章丘县结成友好县区和友好关系。双方本着平等互利、共同发展的原则，广泛开展交流与合作，互为对方提供条件，既有政治经济上的交流，又开展科技教育方面的合作；既进行党政机关之间的联系，又密切企业之间的交往，促进了双方改革和经济建设的进程。

5、互通有无，拓宽物协渠道。在某些商品市场疲软的情况下，正定县把协进紧缺材料与协销本地优势产品结合起来，加强了对长线产品的推销。1991年利用农副产品协进了急需的部分能源和工业原料。其中柴油1.3万吨，液化气30吨，化工原料粗萘200吨，生铁200吨，尿素800吨，大米30万公斤，不同程度地缓解了企业生产中的困难。正定县销出去的触摸灯、荞麦面、色织布、太空棉、服装、小食品等产品都非常受欢迎。

【人民生活】 1991年，正定县各级领导把“关心群众疾苦，不断改善和提高人民生活”作为工作基本出发点，针对涉及群众切身利益的“热点”、“难点”、“敏感点”，大力提倡为人民办实事，办好事，办长远的事，办眼前的事，办兴利的事，办除弊的事，从而在改善和提高人民生活上取得了显著成绩。

1、城镇就业队伍进一步壮大。1991年县政府和劳动部门千方百计做好就业安置工作，全年安置3233人就业，其中安置城镇待业人员121人。年末全县职工人数33760人，比上年增长4.4%。随着合同制的不断完善和发展，合同制的优越性逐步显示，合同制职工队伍持续发展壮大，年内全民单位合同制职工 4914 人，比上年增长 14.5%，临时工 2727 人，增长 14.1%，计划外用工 661 人，增长 13%。

2、工资总额持续增长，职工生活进一步改善。1991 年，按政策给机关事业单位职工提高了奖金标准，并给企业部分职工调了工资，使全民、集体单位职工工资总额达 6166 万元，比上年增长 8.9%，其中，全民单位 4105 万元，增长 5.1%；辅助工资有了明显增长，全民单位各种津贴共计发放 777 万元，比上年增长 15.2%，奖金和计件超额工资 708 万元，增长 4.7%，津贴的增长速度比奖金的增长速度快 11.1 个百分点。到 1991 年底全民单位职工人均工资达到 1899 元，比 1985 年增长 1.1 倍。

3、农民生活进一步提高。由于农村经济的全面增长，农民生活相应得到提高。1991 年农民人均纯收入达 785 元，比上年增长 5.9%，是 1983 年的 2.2 倍，反映农民贫富程度的恩格尔系数由 1990 年的 58.2%，下降为 1991 年的 52%。据对百户农民家庭调查，年内新建房屋 23 间，人均住房面积由上年 20.1 平方米上升到 21.2 平方米，拥有自行车 211 辆，缝纫机 97 架，手表 181 块，电风扇 125 台，洗衣机 21 台，黑白、彩电 103 台、电冰箱 2 个、大型家俱 312 件。这些较上年都有不同程度增长，说明农民生活在不断提高。

4、城乡居民储蓄大幅度增长。由于城乡居民收入逐年增加，手头更加宽裕，银行储蓄存款余额大幅度增长。1991 年城镇农村储蓄存款余额达 36420 万元，比上年增加 7631 万元，增长 26.5%，其中农村存款 10643 万元，增长 33.3%，人均达 197 元；城镇存款 25777 万元，增 长 23.9%。

5、福利社会化程度提高。1991 年底，全县办敬老院 35 个，入院老人 150 人，分别比上年增长 20.7%、35.1%；办社会福利工厂 18 个，年产值达 2440 万元，实现利税 180 万元。年内成立了“正定县残疾人联合会”，对全县 2432 名残疾人员进行了登记造册，颁发了残疾证书，安置残疾人员 800 余人，比上年增加 1.2 倍。离退休费用由企业直接负担转向统筹后由社会负担，保障了离退休职工的生活。

6、保险业覆盖面明显扩大。1991 年保险部门紧紧围绕“抓思想，促稳定，上业务，实现保险先进县”的总体目标，在困境中开拓新局面，在经济大合唱中不当配角当主角，全年共开办险种 40 个，其中新开办了农村干部养老金保险、计划生育系列保险和产品质量信誉保险 11 个险种。各类险承保总额达 12.93 亿元，比上年增长 63.2%。全县有 192 户企业参加了企业财产保险，10.3 万户家庭参加了家庭财产保险，有 42988 人参加了人身保险。保险公司支付赔款 462 万元，其中支付人身保险赔款 217 万元。“创建保险先进县”活动，已经省保险公司验收合格。

【科学、教育、文化】

1991 年，全县贯彻“科技兴县”的发展战略，坚持“经济建设必须依靠科技进步，科技工作必须面向经济建设”的方针，大力推进科技进步，科技事业得到蓬勃发展。

1.科技队伍不断壮大。1978 年前，正定县科技力量贫乏，专业技术人员寥寥无几。改革开放以来队伍逐年扩大，到 1984 年，全县共有科技人员 980 名，其中工业线 353 名、农业线 272 名、卫生线 357 名。1991 年科技队伍又得到明显扩大。全县科技人员达 7130 人，比上年增长 87.7%。其中中级以上技术职称 1320 人，增长 34.7%；科技人员占全县人口的比重由 1983 年的 0.23%上升到 1.4%。农村各类服务人员占农村劳动力的比重由上年的 0.38%上升到 0.53%。

2.农村科技体制改革已见成效。为了使科技更好地为发展农村经济服务，近几年来全县相继进行了四项改革：一是建立了县乡村三级服务组织，县成立了“农村技术开发中心”，乡成立了“农村技术服务公司”，村成立了“农村技术服务队”。全县农村各类技术服务组织 350 个，人员 1450 人，固定资产 1300 万元，流动资金 650 万元。二是建立了科技示范户网络、科技示范村和示范乡。全县科技示范户 1.6 万个，养猪、养鸡、奶牛、瓜果等专业生产科技示范村 42 个、科技示范乡 4 个。三是加强科技协作，发展横向联合。全县各单位先后与省内外 47 所大专院校、55 个科研单位和 198 个大型厂建立科技协作关系。四是鼓励闲散科技人员创办民间科技组织。全县成立养殖业和种植协会 10 个，发展会员 1.8 万人，兴办各类技术学校 75 所，培训农民 10 万人次，全员培训率 83%。

3.科技成果丰硕，推广应用效果显著。全县通过“纵向跟踪、横向扩大、提高推广、系列开发”的管理办法，1991 年共承担省市计划内科技项目 23 个，全年鉴定 28 项科研成果。其中 2 项达国际先进水平，4 项国内领先水平，15项国内先进水平，获得经济效益3500万元；获市级科技进步奖14项，取得经济效益8000万元。为大力推进科技进步，年内设立了“县长特别奖”、“科技成果推广奖”、“科技进步奖”，共有163 名同志获得奖励，县科委获“全国星火管理先进集体奖”。

正定是座文化古城，教育事业起步较早。建国后，教育事业迅速发展，学校规模逐年扩大。1991 年，全县教育事业坚持社会主义办学方向，强化思想政治教育，全面贯彻党的教育方针，努力提高教育质量，教育事业保持了持续、稳定、协调发展。

1.初等教育质量稳定提高。1991 年，通过深入贯彻《义务教育法》、《河北省普及义务教育条例》，实行分级办学、分级管理，狠抓小学阶段必备办学条件达标，使全县 211 所小学在校学生达 5.9 万人，比上年增长

12.7%，适龄儿童入学率达98%以上，在校学生巩固率99%，小学毕业率81.2%，比上年提高5.1个百分点。幼儿教育进一步发展，在园幼儿1.8万人，比上年增长20.6%，城市入托难有所缓解。

2.调整初中布局，扩大高中规模。全县普通中学32所。根据"方便就学、提高效益"的原则，对农村初中布局作适当调整。1991年，全县普通初中招生7406人，比上年增长10.2%，毕业5469人，在校学生18777人，增长19.7%。高中规模扩大，教育质量提高。全年高中招生1797人，增长31.5%，毕业2050人，增长40.8%，在校学生3801人。全年考入各类大中专院校的学生达423人，比上年增加72人，增长20.5%。

3.职业技术教育稳步发展。通过实行教育与经济相结合，以"农科教"统筹为特征的"燎原计划"，成人技术学校得到较快发展。在全县初步形成县乡村三级职教网络。全县成人技术学校由上年的46所猛增到446所，在校学生4.4万人，招生4.3万人，年内毕业7.02万人，比上年增长35.3%。职业中学2所，在校学生1135人，比上年增长17.6%，本年招生和毕业结业为570人、318人，分别增长1.1倍和22.8%，为提高正定县劳动力的素质起了重要作用。

4.中小学改善办学条件成效显著。1991年在狠抓必备办学条件达标工作中，全县用了很大力量用于改善办学条件。县投资280万元重点改造了12所学校；筹资965万元，新建、改造、修补校舍6.7万平方米。其中新建校舍4.6万平方米，维修危陋校舍3.3万平方米，购置仪器8万件，县职业学校教学楼、解放街小学教学楼、正定县中学教学楼、三中女生宿舍楼、回民小学教学楼相继建成投入使用。全县244所中小学校经市教委验收，全部达到义务教育必备办学条件标准。

1991年，广大文艺工作者贯彻党的文艺路线，不断解放思想，大力弘扬民族优秀文化，坚持文化艺术为人民服务，各项文化事业都迈出新步伐。

1.艺术事业取得新发展。1991年，全县有《河北梆子》专业剧团1个，群众业余剧团50个。各剧团坚持提高艺术质量，多演出，勤服务，创好成绩。全年共演出565场，观众达59万人次，分别比上年增长10.2%、8.4%。专业剧团演出的《陆文龙》、《哪吒闹海》等剧目深受观众欢迎。

2.文化事业振兴发展。县委、县政府多次强调加强群众文化工作的重要性，并提出了具体意见，为发展文艺事业创造了有利条件。

文化艺术事业蓬勃发展。1991年，全县有文化馆1个，乡镇文化站25个，文化宫156个，全年举办文化展览8次，举办培训班2次，组织文艺活动41次。全县有电影放映队59个，年放映电影5036场，观众达450万人次，分别比上年增长18.6%、8.4%。年内还先后举办了"七一"歌咏大赛、国庆文艺晚会、民间花会、社教文艺节目汇演、中华大家唱(卡拉ok)曲库演唱比赛、家庭文艺晚会等十几次较大规模的文艺汇演、比赛活动，涌现出一批文化活动先进单位和先进个人，获得省、市级优秀及一、二、三等奖十几项。

加强和完善各类文化设施。1991年全县有图书馆和农村看书室141个，总藏书7万册，年看书借阅3万人次。各图书馆室还经常组织人员深入机关、厂矿、乡村送书上门，开展咨询和信息服务。档案馆、新华书店、工人俱乐部、文保所、广播电台等文化设施，在精神文明建设中也发挥了重要作用。

一手抓整顿，一手抓繁荣。1991年为强化文化市场管理，净化社会环境，先后印发了"关于使用书刊批发经营购销通知单的暂行办法"和"关于年画、年历、挂历经营的管理办法"，使经营者、管理者有法可依，有章可循，对文化市场管理者和经营者进行了两次业务培训和答卷业务考核；会同有关部门分片包干、集中分散地进行定期检查，从而净化了文化市场。

(李文斌 曹梦林)

Ⅷ 国民经济和社会发展统计资料

统计图

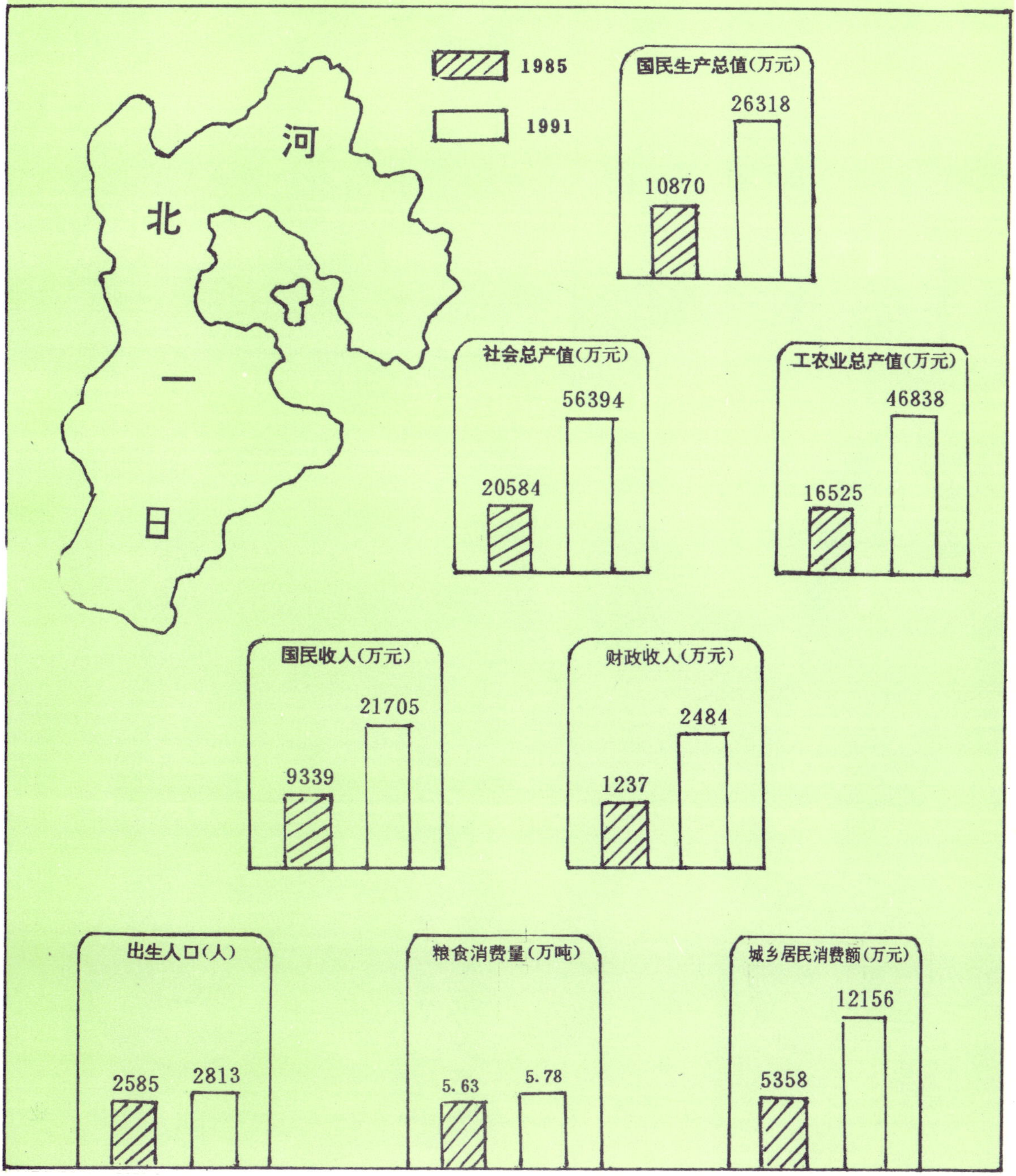

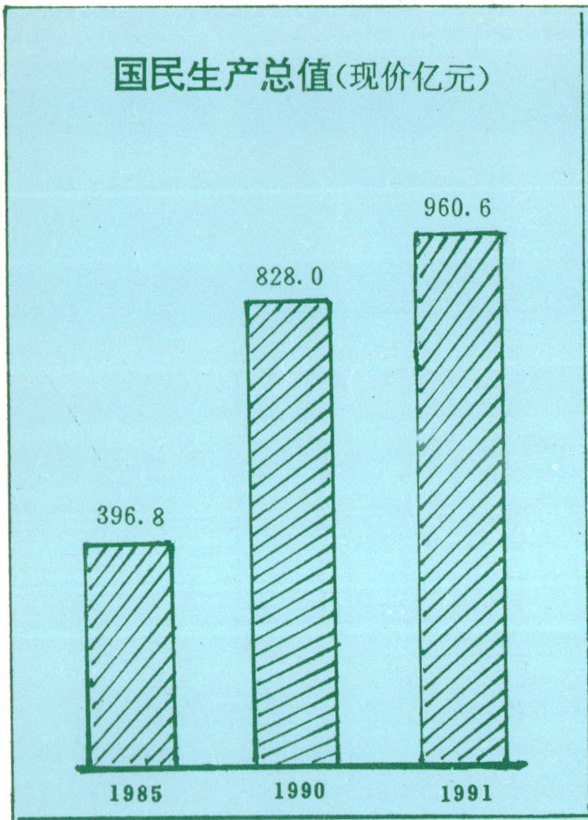
国民生产总值(现价亿元)
960.6
828.0
396.8
1985
1990
1991

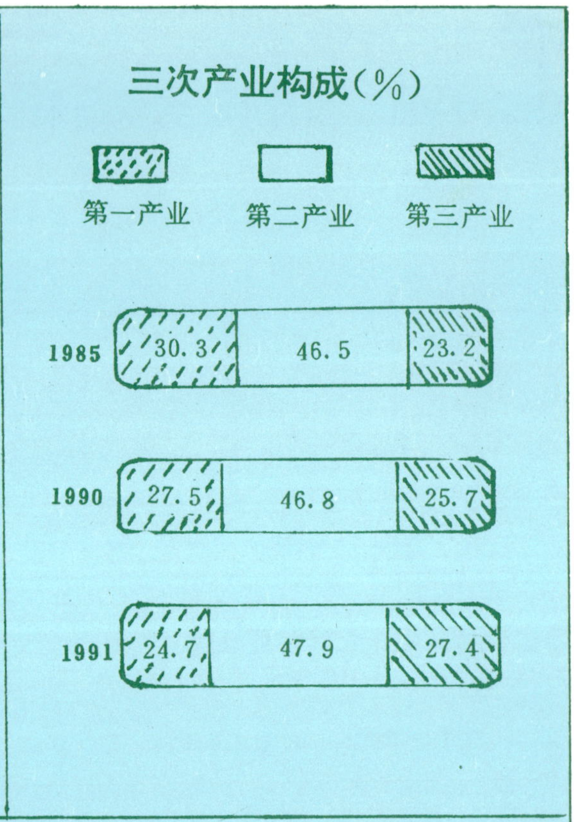
三次产业构成(%)
第一产业
第二产业
第三产业
1985
30.3
46.5
23.2
1990
27.5
46.8
25.7
1991
24.7
47.9
27.4

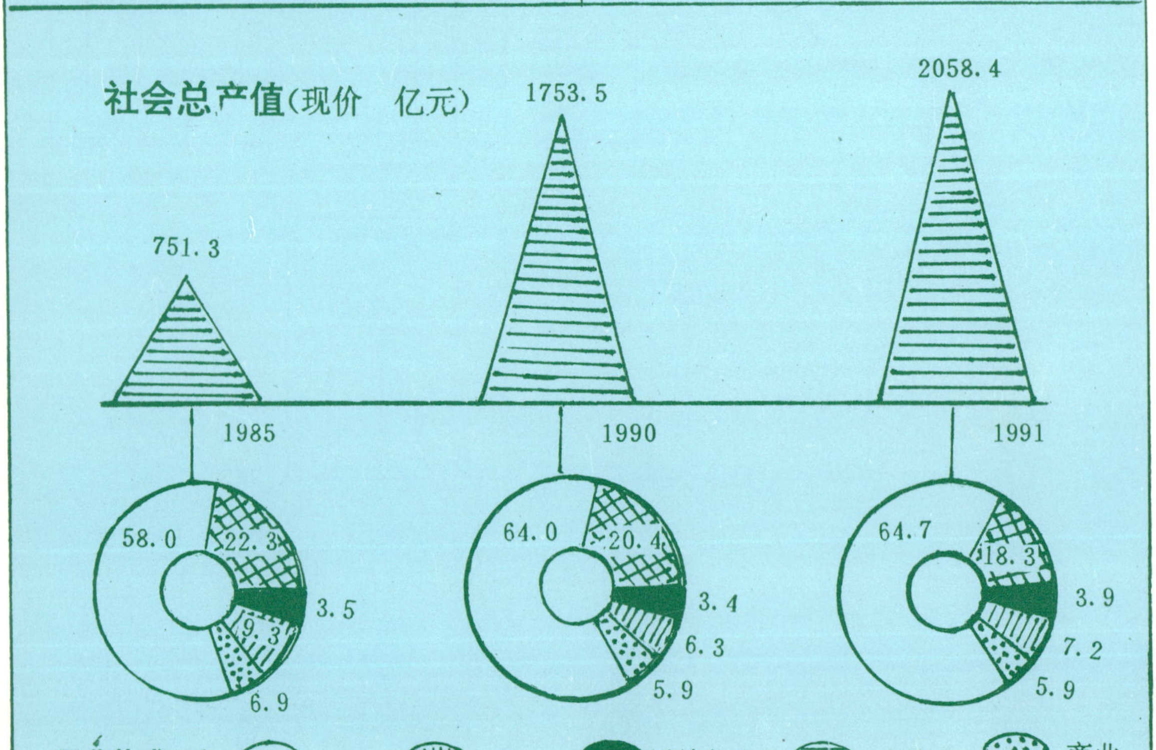
社会总产值(现价 亿元)
751.3
1753.5
2058.4
1985
1990
1991
58.0
22.3
3.5
9.3
6.9
64.0
20.4
3.4
6.3
5.9
64.7
18.3
3.9
7.2
5.9
五业构成(%)
工业
农业
运输邮电业
建筑业
商业

国民收入（现价亿元）

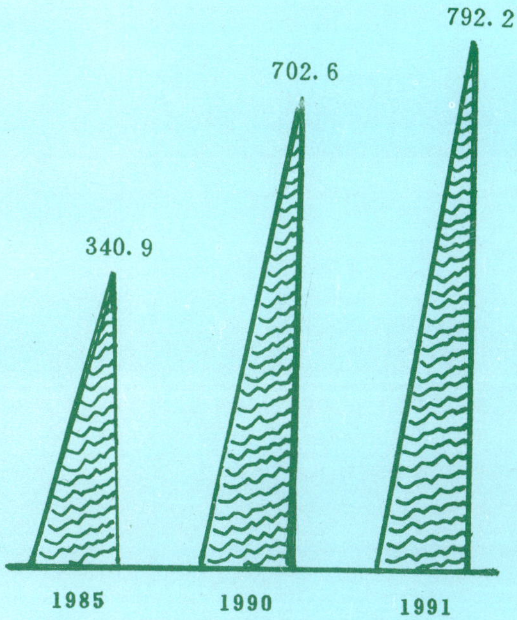

消费和积累比例（%）

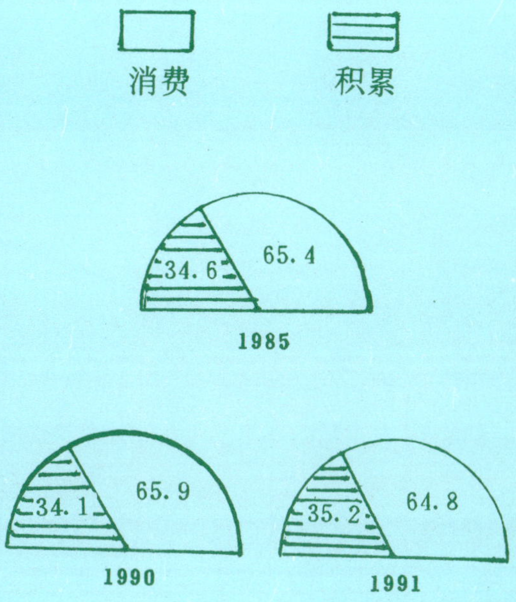

社会总产值、国民生产总值、国民收入指数

（以 1985 年为 100）

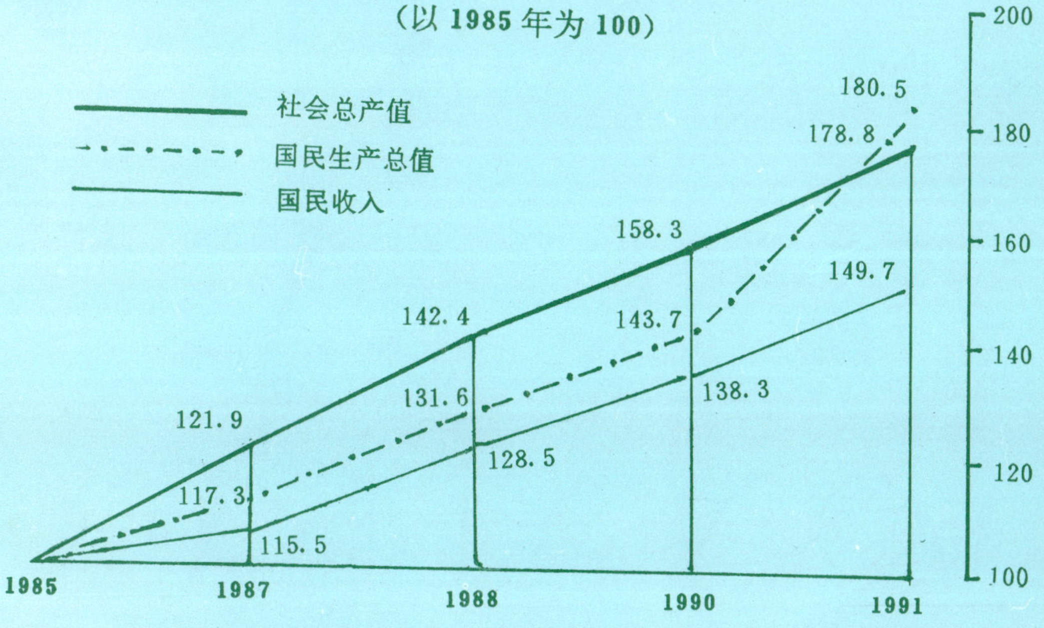

工农业总产值(现价 亿元)

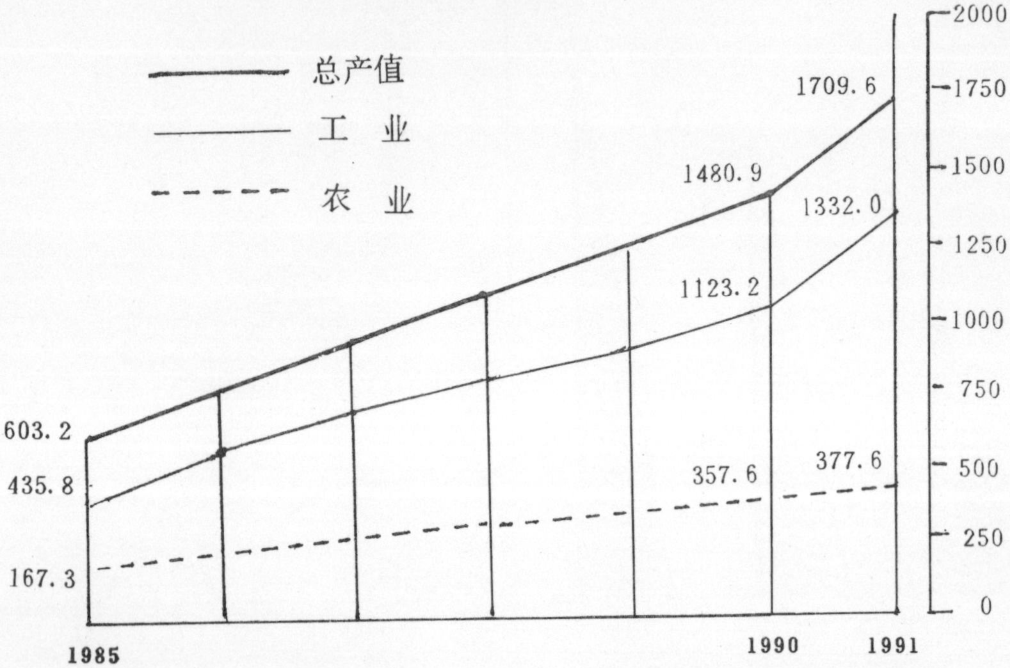

工业总产值构成(%)

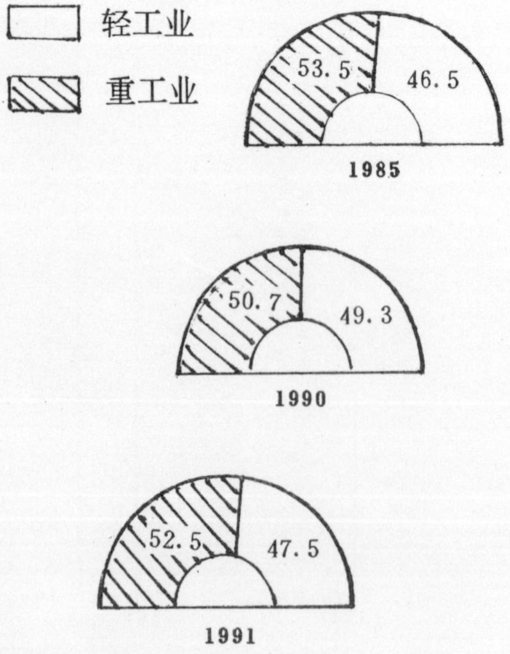

农业总产值构成(%)

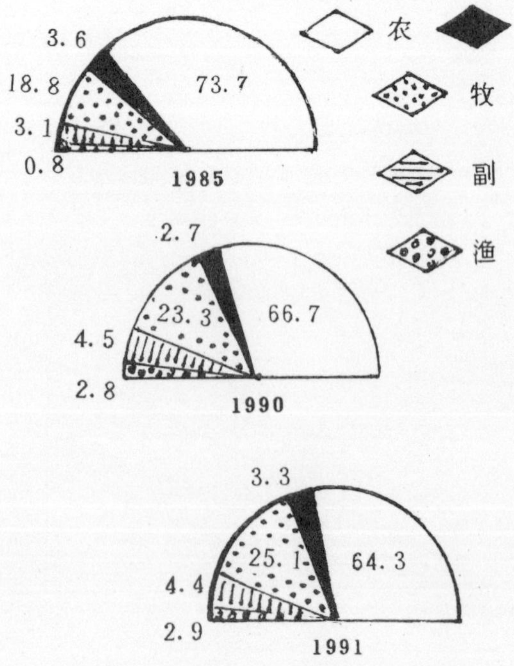

全省总人口和自然增长率

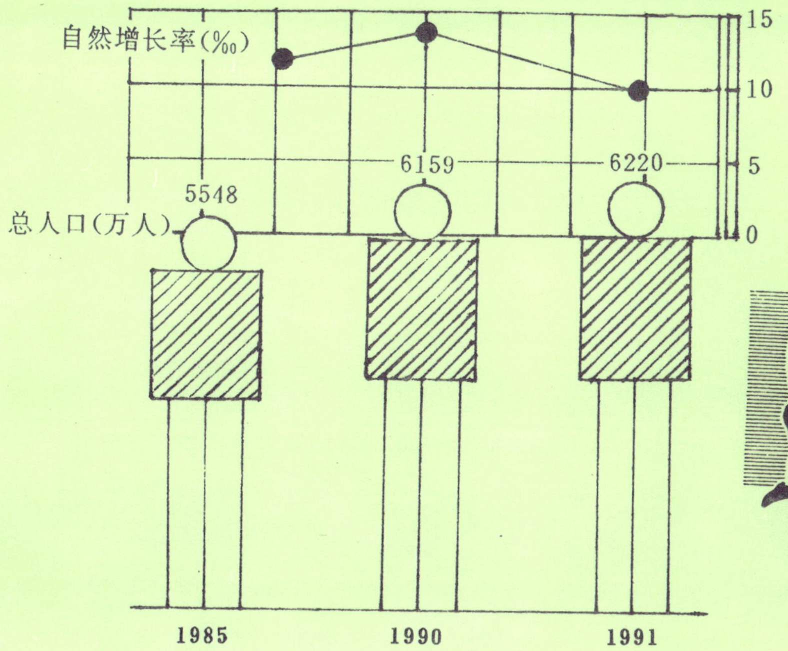

社会劳动者人数及构成

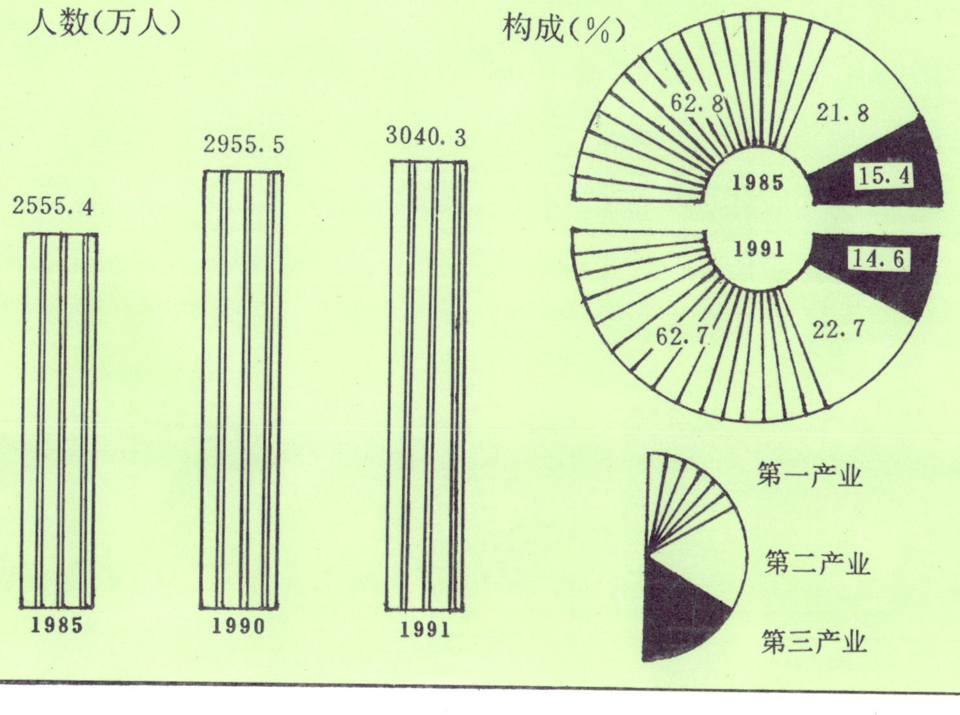

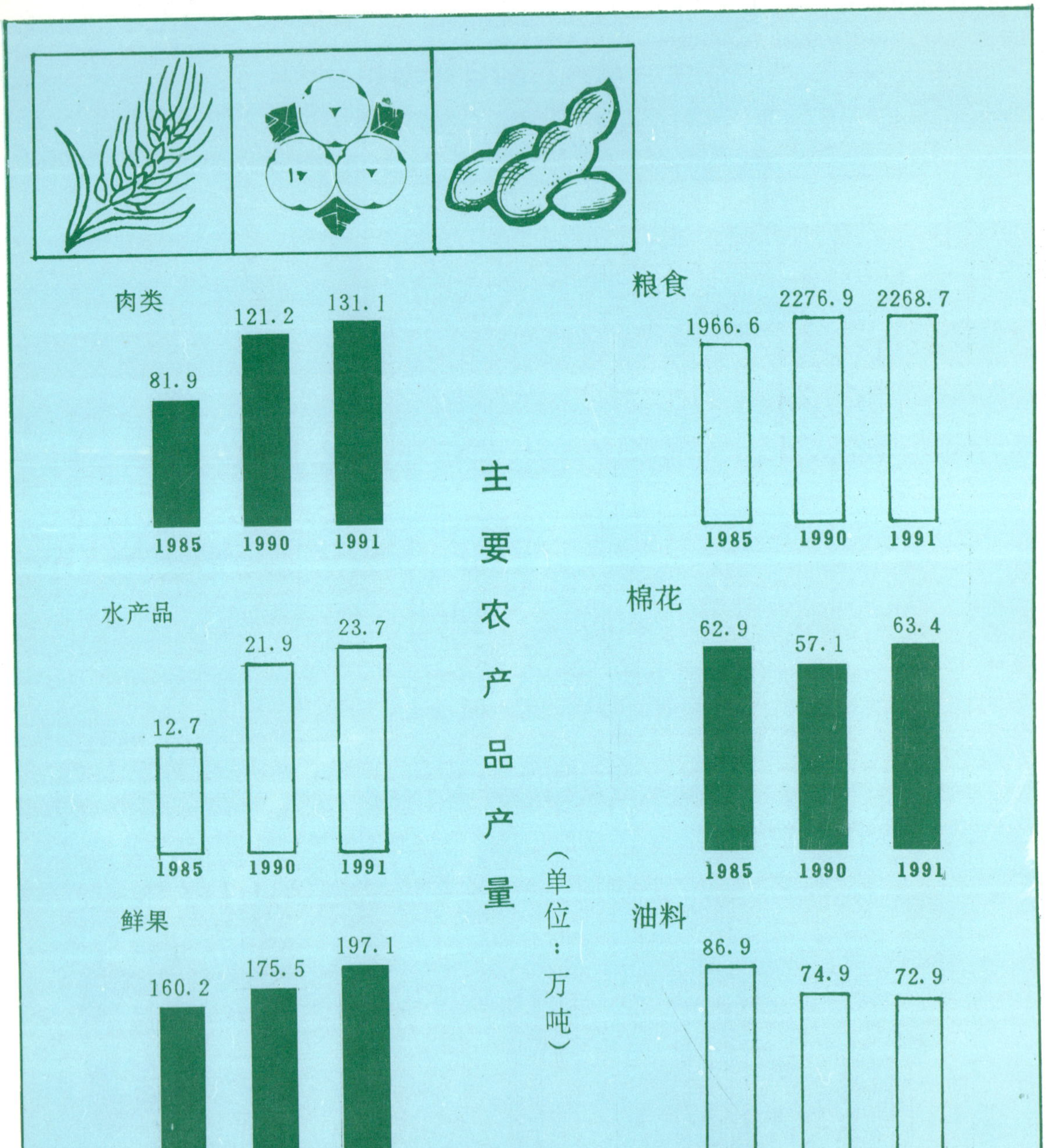
主要农产品产量
（单位：万吨）
肉类
81.9
121.2
131.1
1985
1990
1991
水产品
12.7
21.9
23.7
1985
1990
1991
鲜果
160.2
175.5
197.1
1985
1990
1991
粮食
1966.6
2276.9
2268.7
1985
1990
1991
棉花
62.9
57.1
63.4
1985
1990
1991
油料
86.9
74.9
72.9
1985
1990
1991

主要工业产品产量

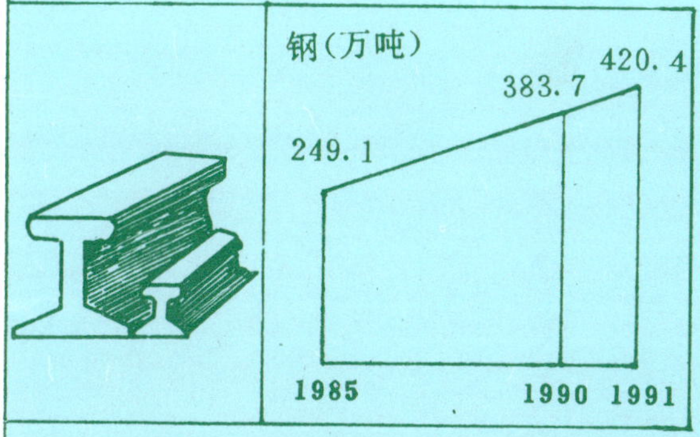
钢(万吨)
249.1
383.7
420.4
1985
1990
1991

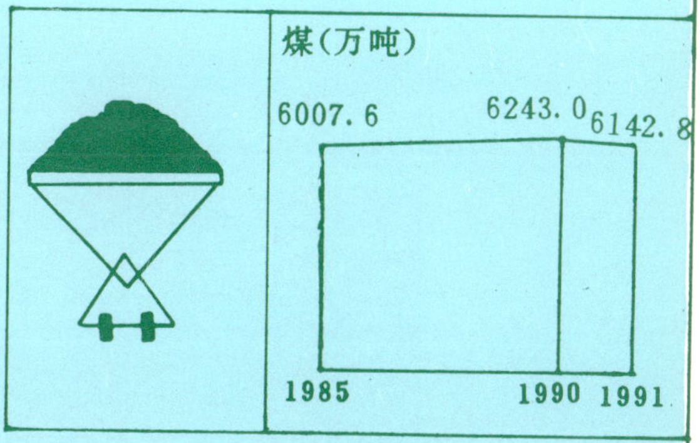
煤(万吨)
6007.6
6243.0
6142.8
1985
1990
1991

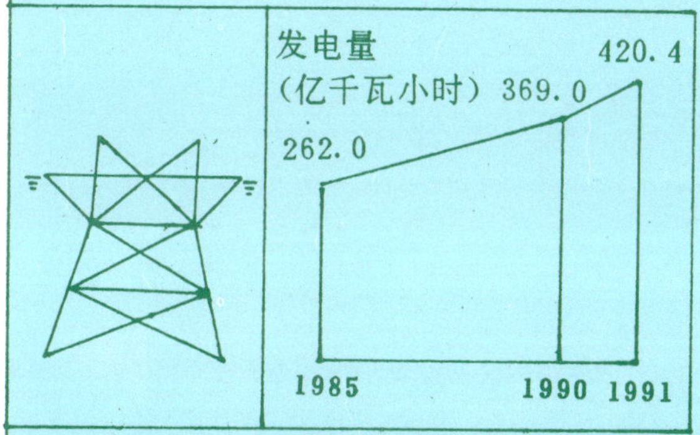
发电量
(亿千瓦小时)
262.0
369.0
420.4
1985
1990
1991

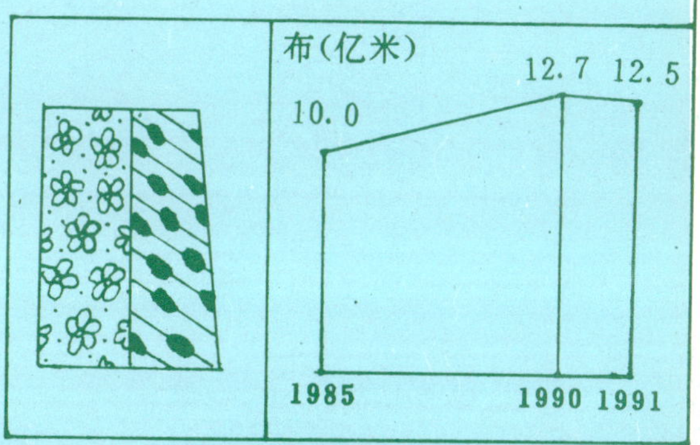
布(亿米)
10.0
12.7
12.5
1985
1990
1991

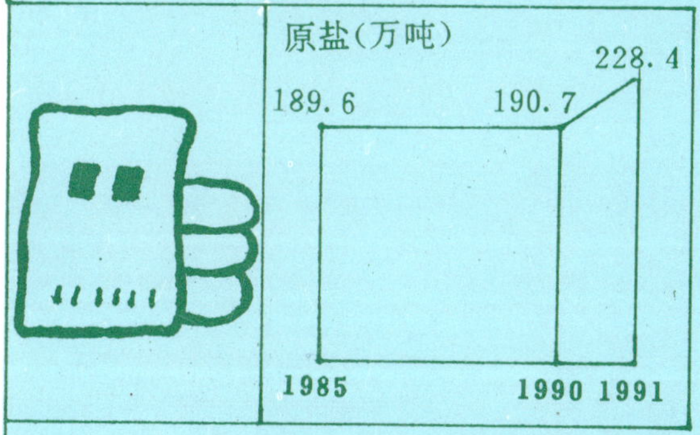
原盐(万吨)
189.6
190.7
228.4
1985
1990
1991

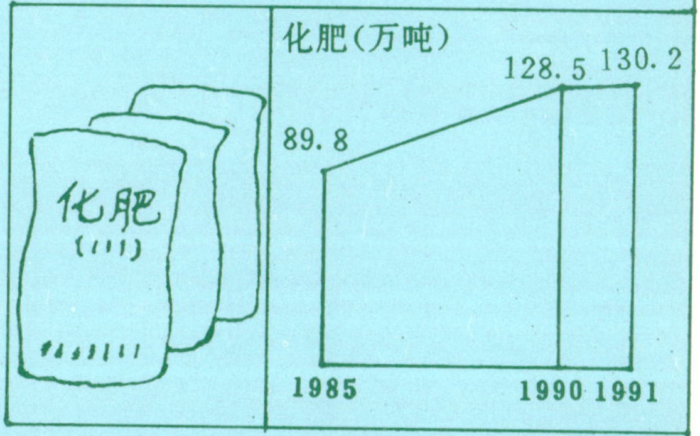
化肥(万吨)
89.8
128.5
130.2
1985
1990
1991
化肥

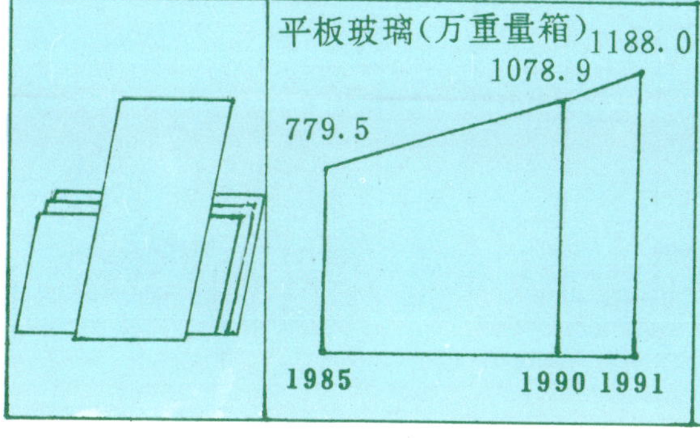
平板玻璃(万重量箱)
779.5
1078.9
1188.0
1985
1990
1991

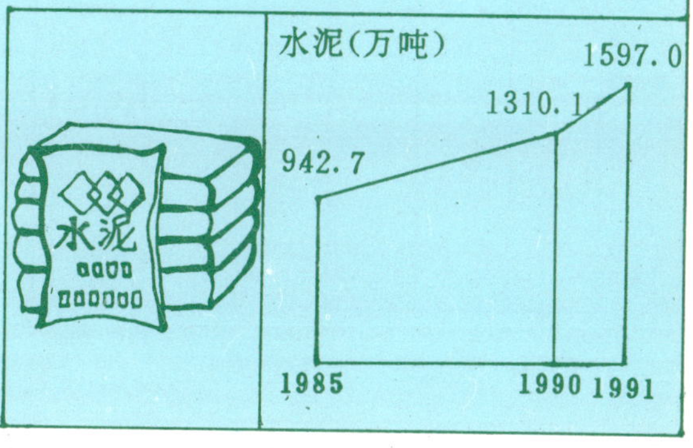
水泥(万吨)
942.7
1310.1
1597.0
1985
1990
1991
水泥

能源生产与消费总量(万吨标准煤)

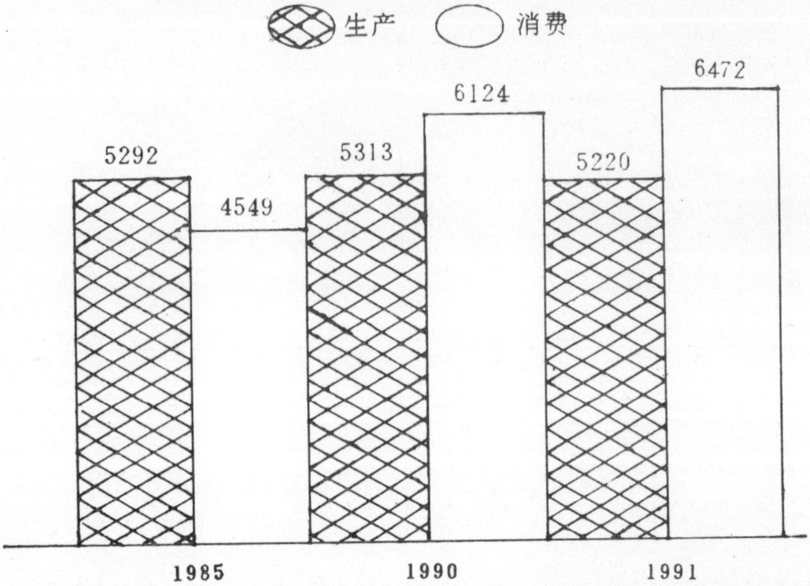

客运量和旅客周转量指数
（以 1985 年为 100）

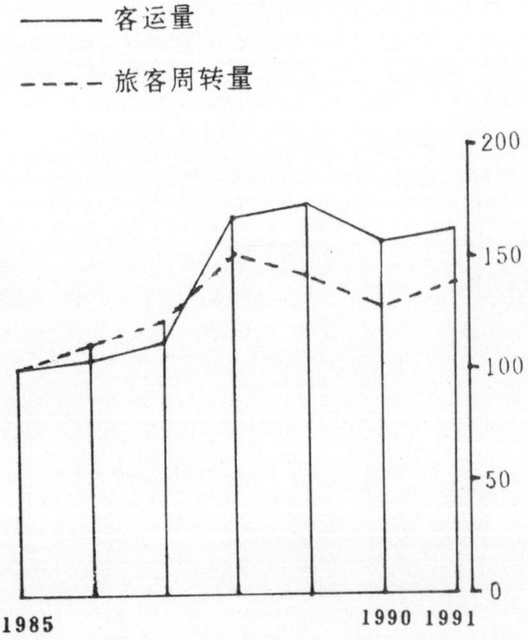

货运量和货物周转量指数
（以 1985 年为 100）

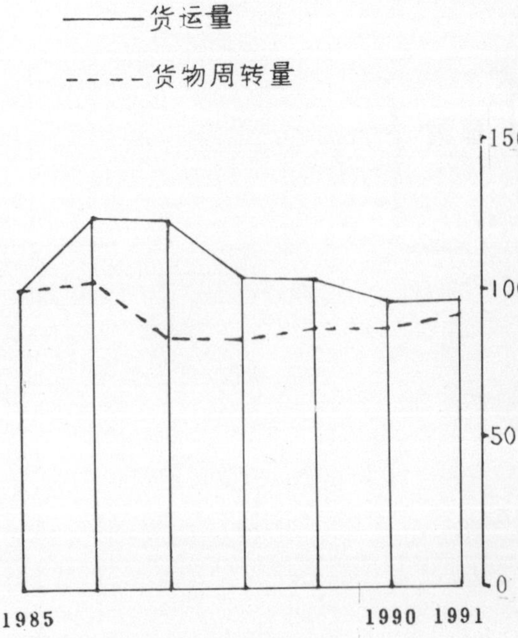

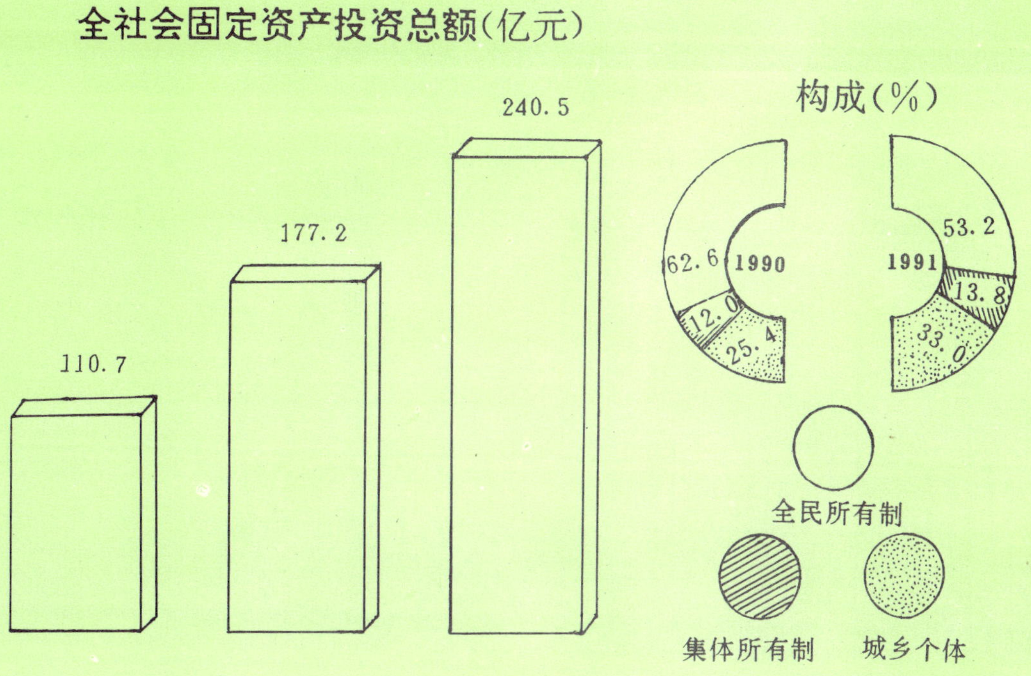
全社会固定资产投资总额(亿元)
110.7
177.2
240.5
构成(%)
62.6
12.0
25.4
1990
53.2
13.8
33.0
1991
全民所有制
集体所有制
城乡个体

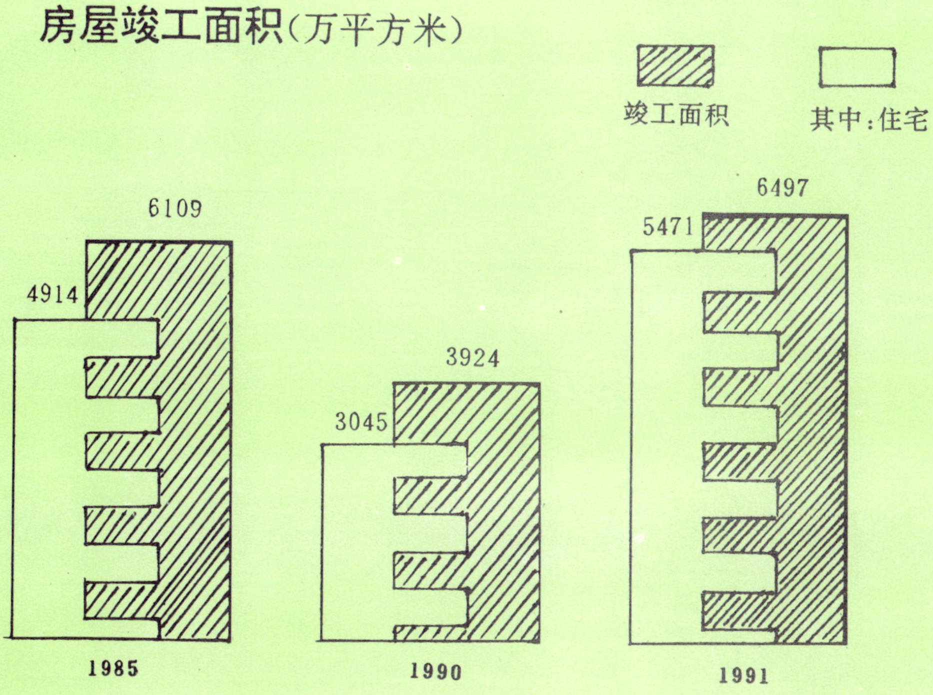
房屋竣工面积(万平方米)
竣工面积
其中:住宅
6109
4914
1985
3924
3045
1990
6497
5471
1991

社会商品零售总额(亿元)

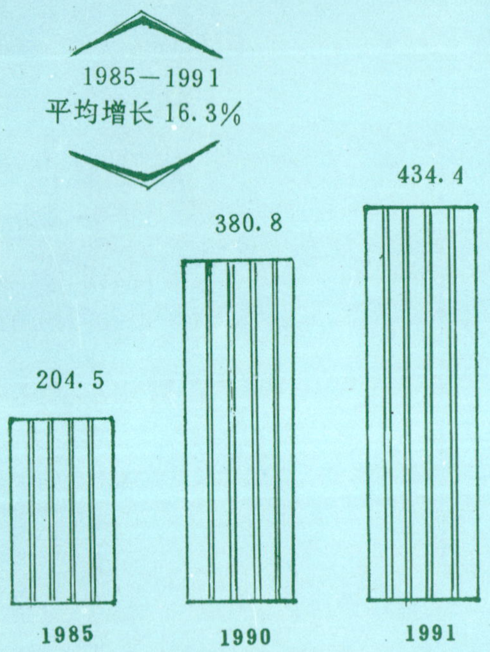

消费品零售额构成(%)

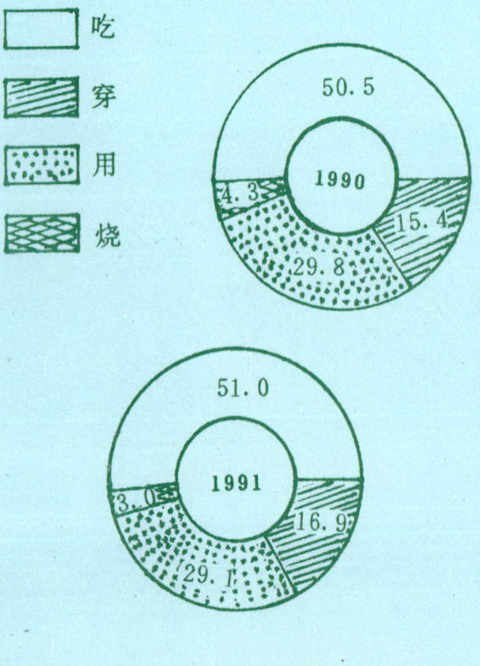

主要消费品零售量

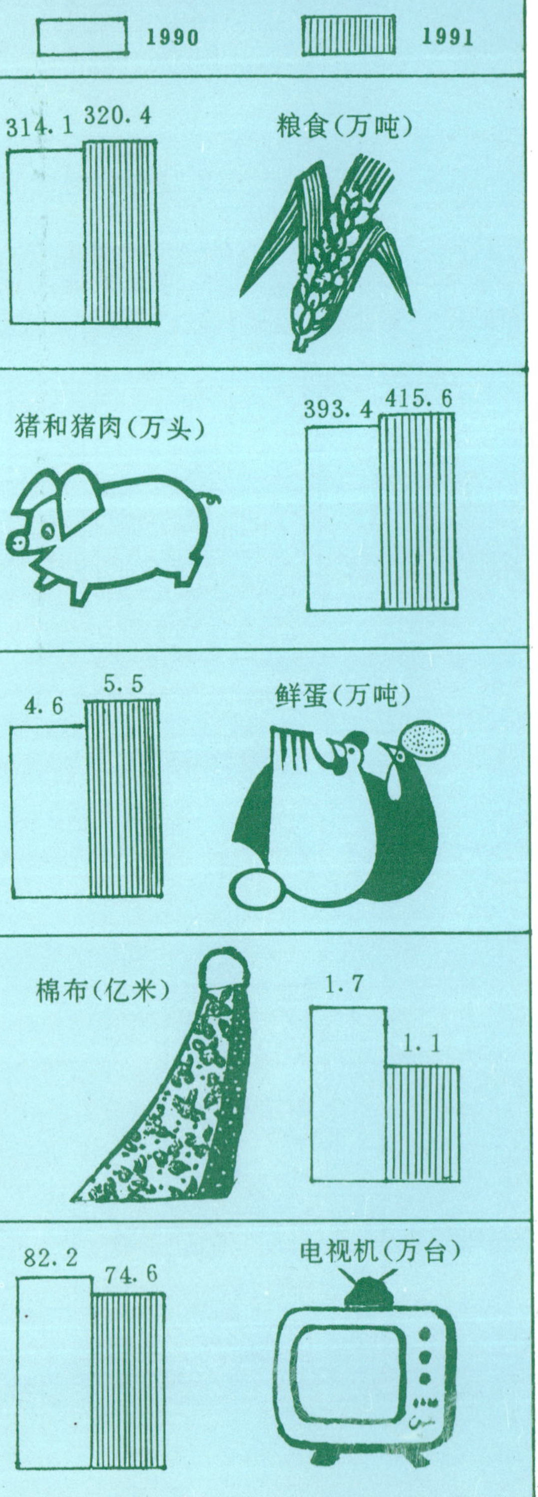

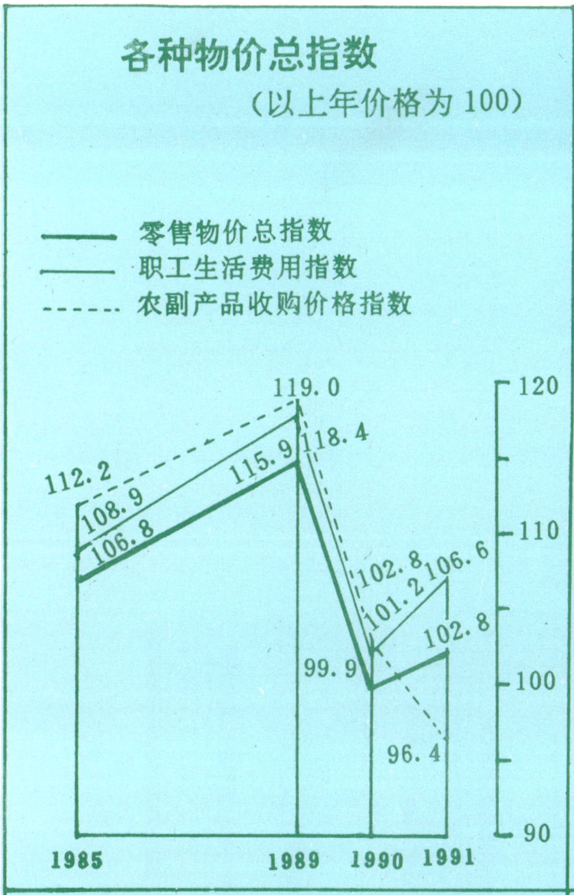

各种物价总指数
(以上年价格为 100)
零售物价总指数
职工生活费用指数
农副产品收购价格指数
112.2
108.9
106.8
119.0
115.9
118.4
102.8
101.2
106.6
102.8
99.9
96.4
120
110
100
90
1985
1989
1990
1991

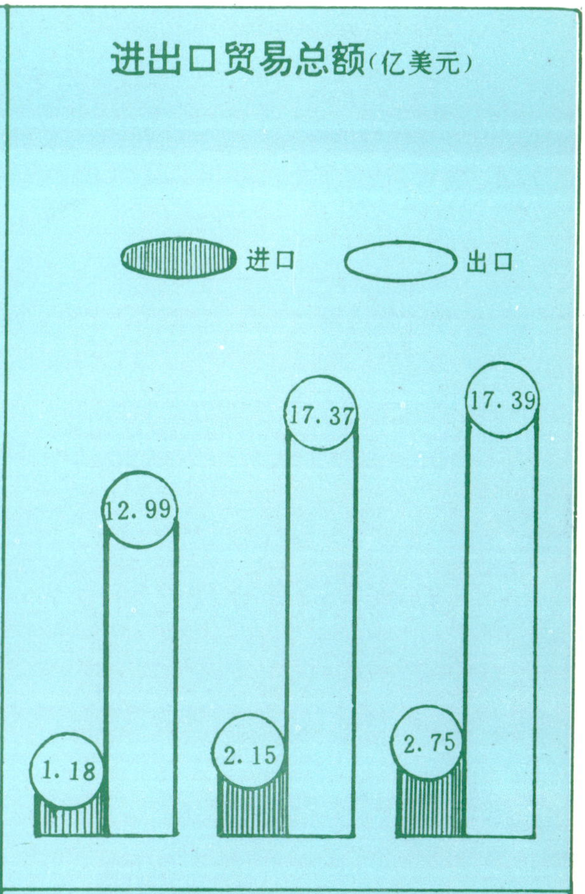

进出口贸易总额(亿美元)
进口
出口
1.18
12.99
2.15
17.37
2.75
17.39

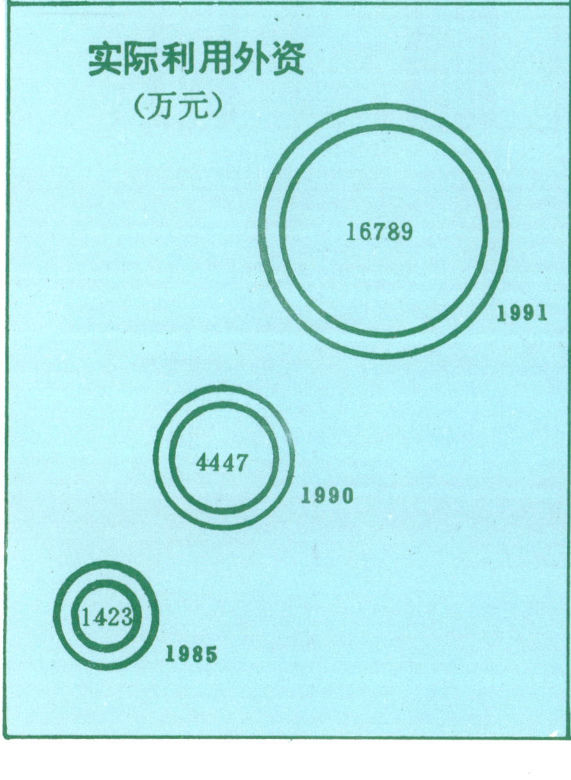

实际利用外资
(万元)
16789
1991
4447
1990
1423
1985

接待旅游人数(亿人)
3.01
4.76
6.89
1985
1990
1991

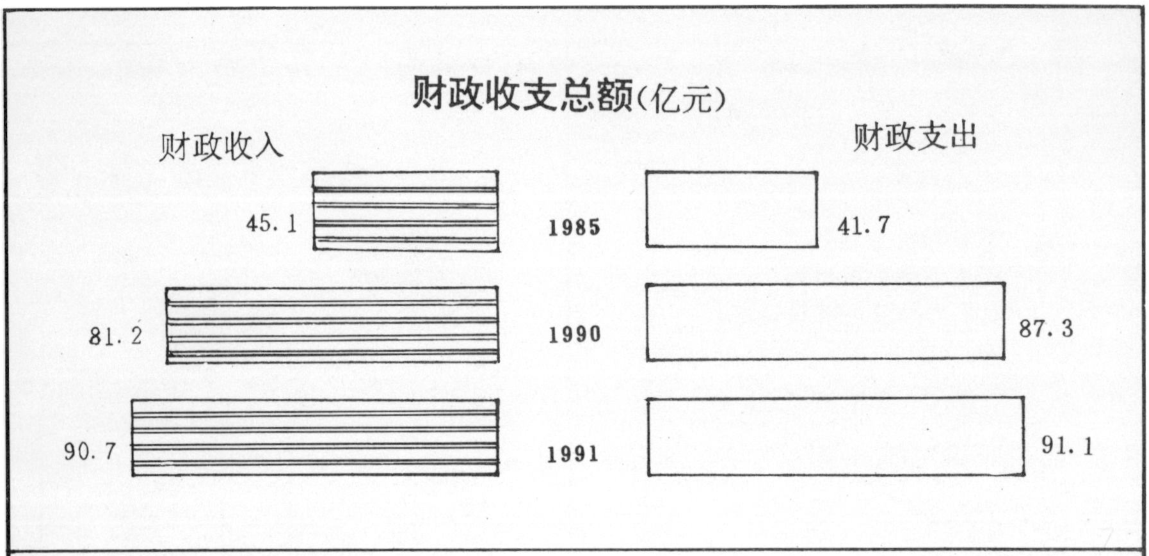
财政收支总额(亿元)
财政收入
财政支出
45.1
1985
41.7
81.2
1990
87.3
90.7
1991
91.1

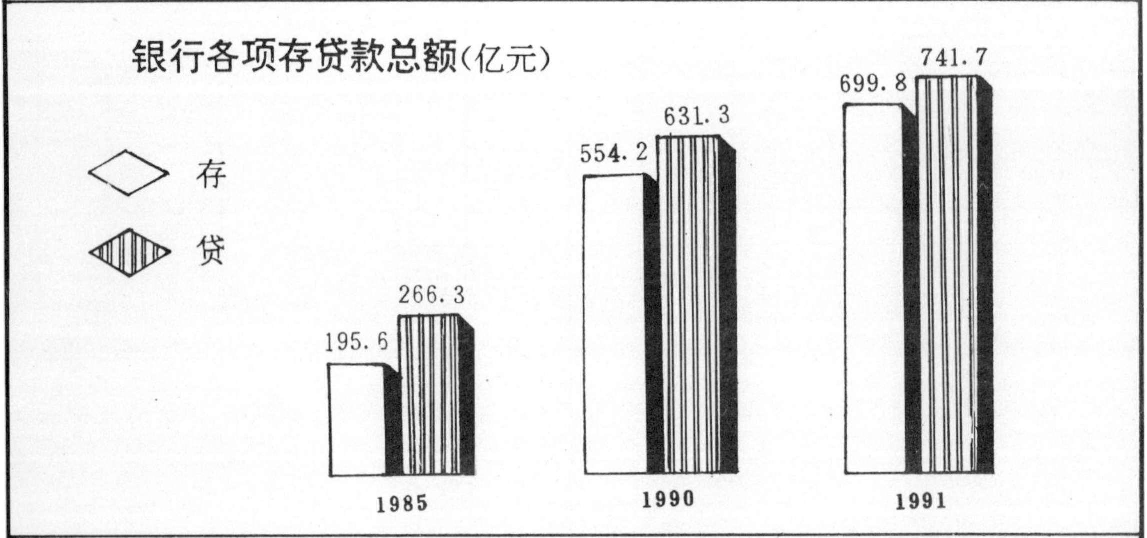
银行各项存贷款总额(亿元)
存
贷
195.6
266.3
554.2
631.3
699.8
741.7
1985
1990
1991

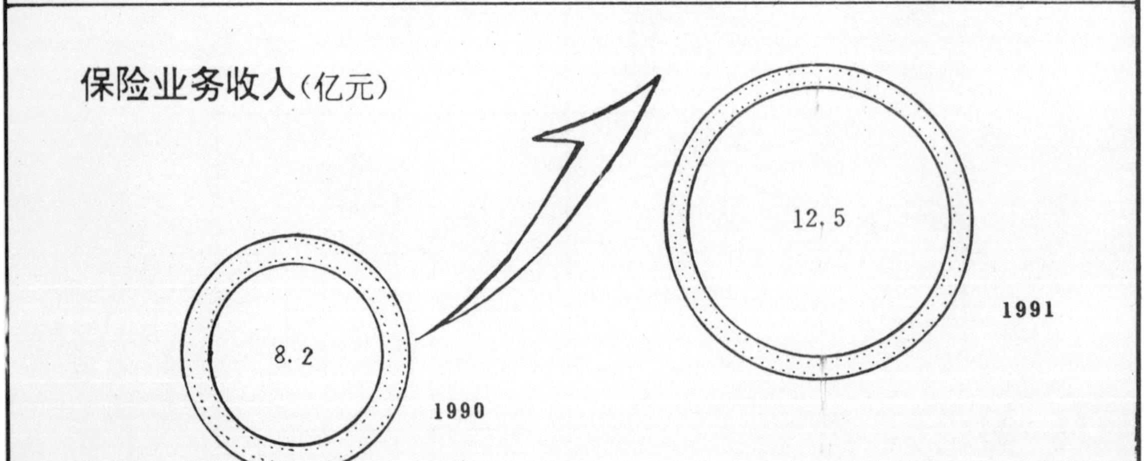
保险业务收入(亿元)
8.2
1990
12.5
1991

城镇居民人均生活费收支（元）

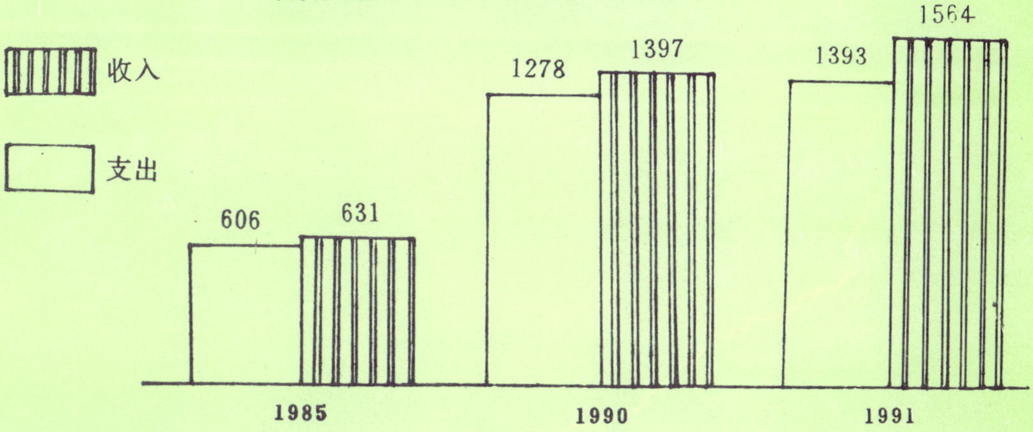

农民家庭人均纯收入及生活费支出（元）

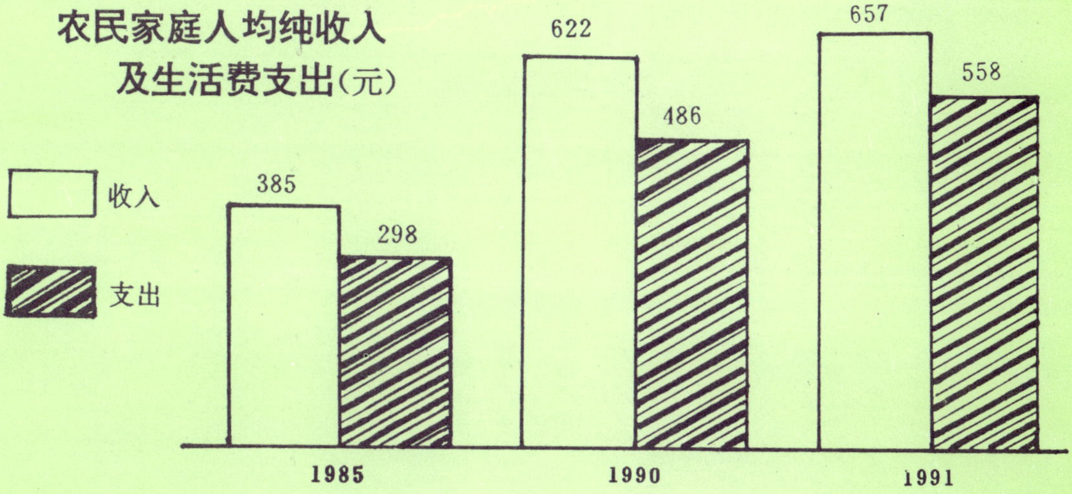

城乡居民人均居住面积（平方米）

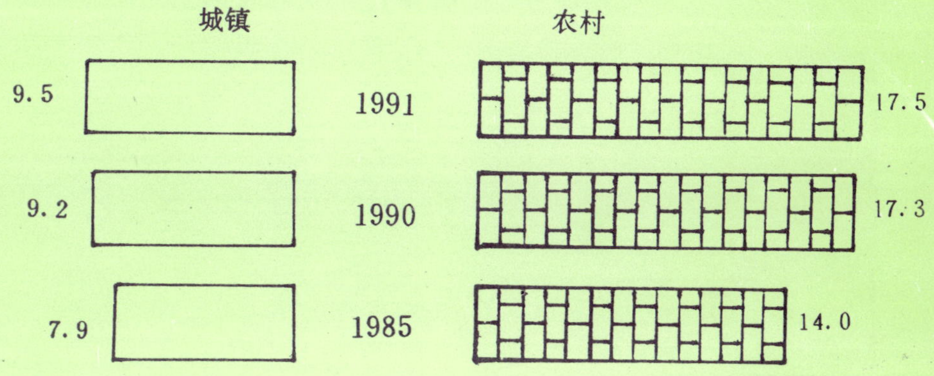

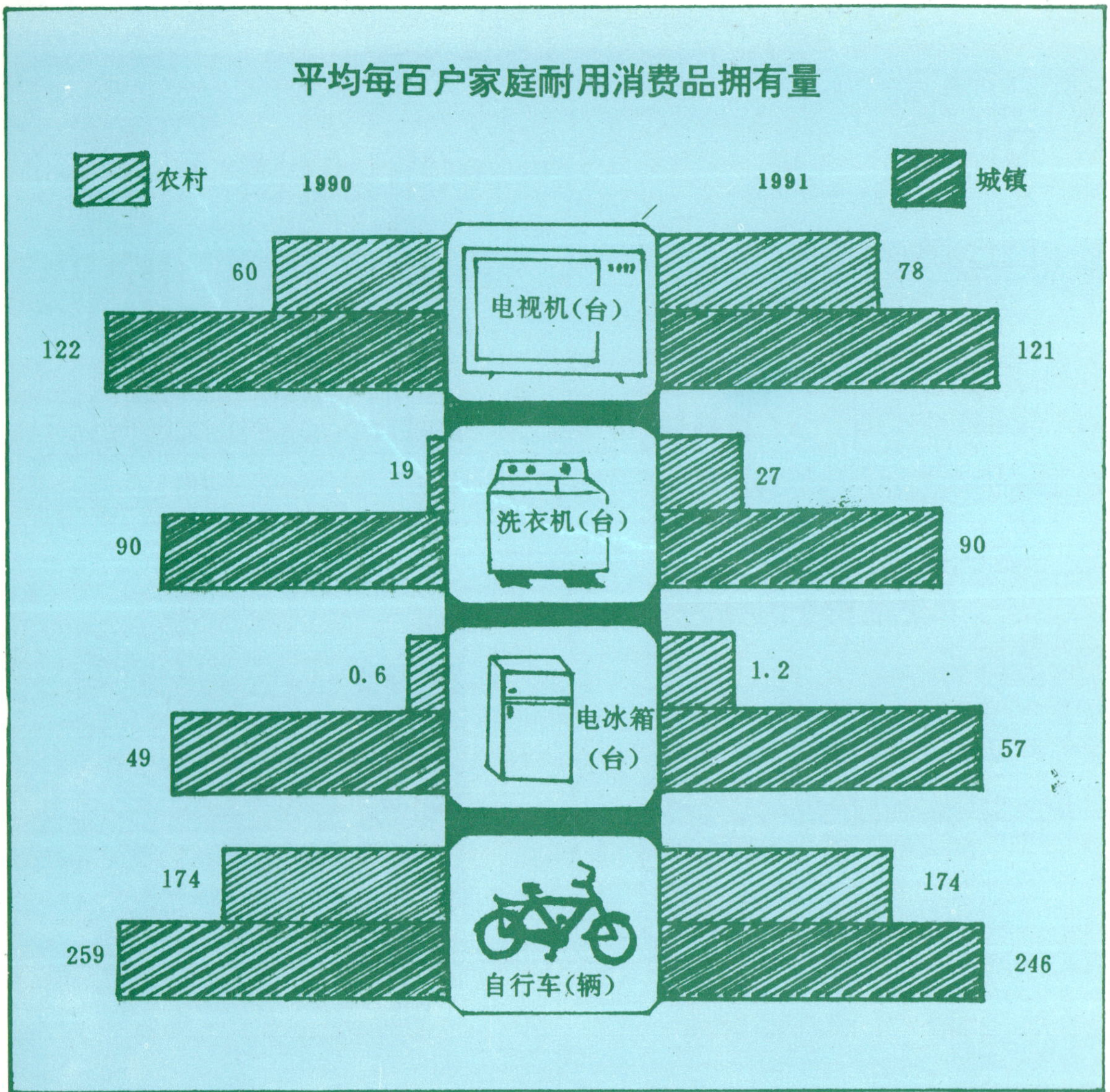
平均每百户家庭耐用消费品拥有量
农村
1990
1991
城镇
60
78
电视机(台)
122
121
19
27
洗衣机(台)
90
90
0.6
1.2
电冰箱
(台)
49
57
174
174
259
246
自行车(辆)

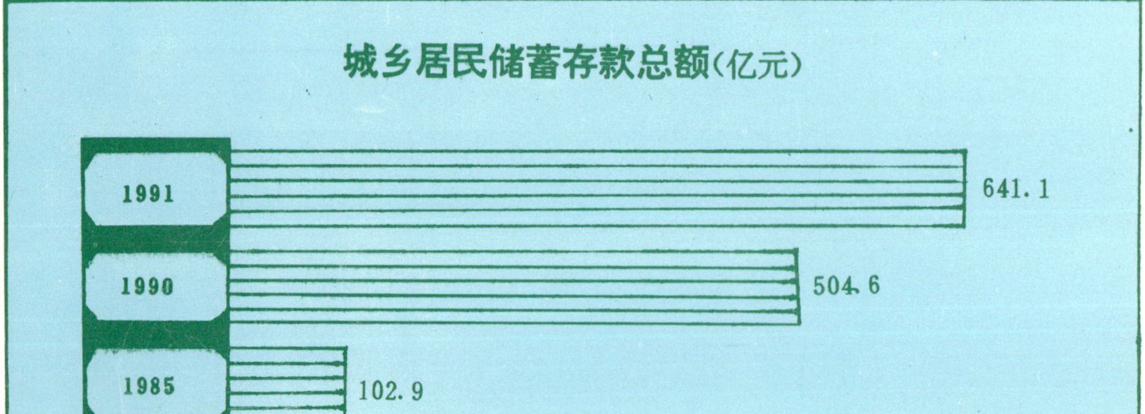
城乡居民储蓄存款总额(亿元)
1991
641.1
1990
504.6
1985
102.9

各级学校在校学生数

（万人）

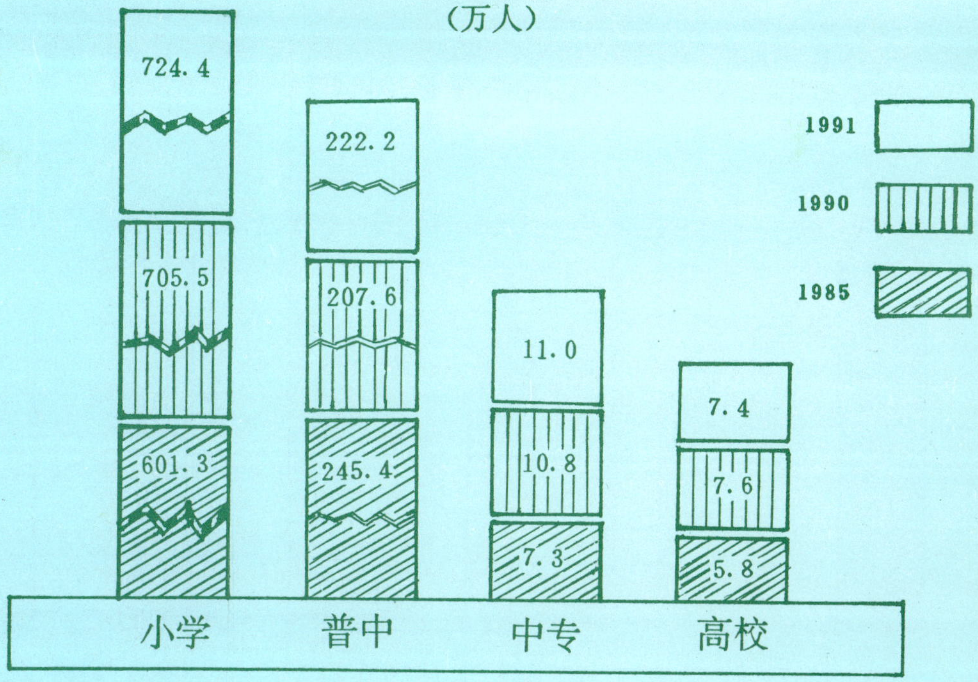

全民自然科技人员（万人）

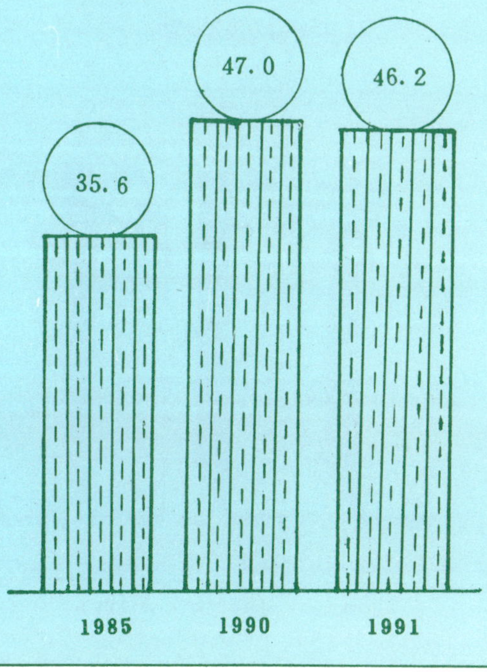

科技成果（项）

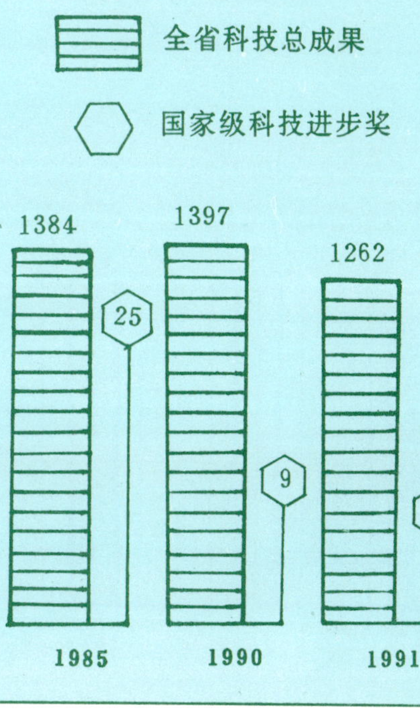

出版事业

图书（万册）

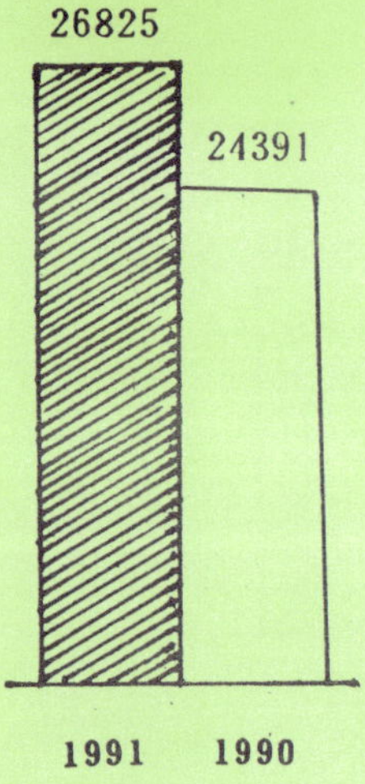

杂志（万册）

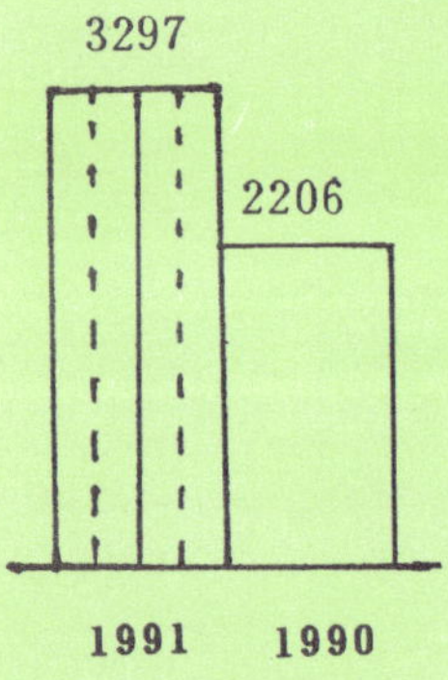

报纸（万份）

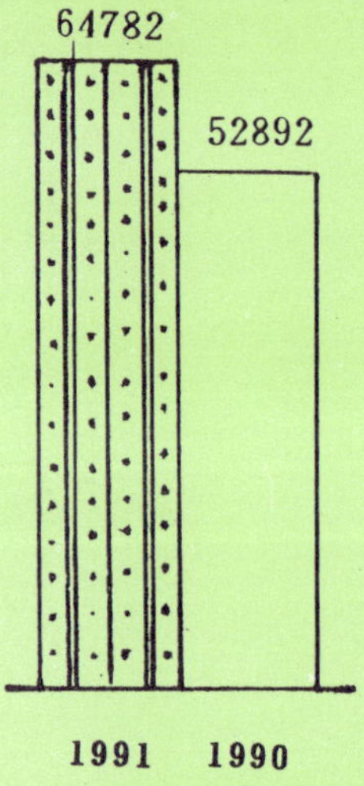

卫生事业

卫生技术人员

（万人）

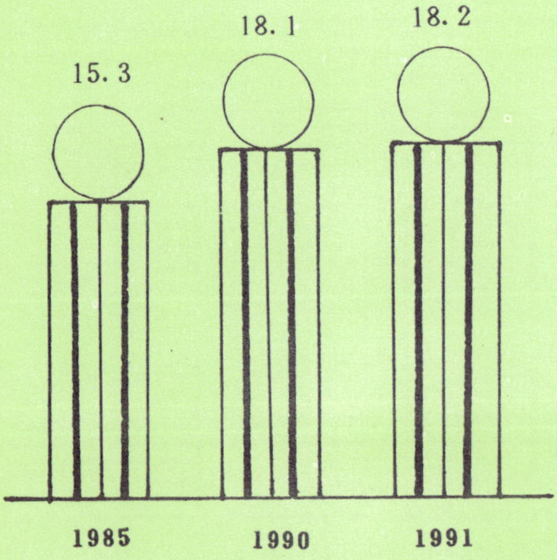

卫生机构床位数

（万张）

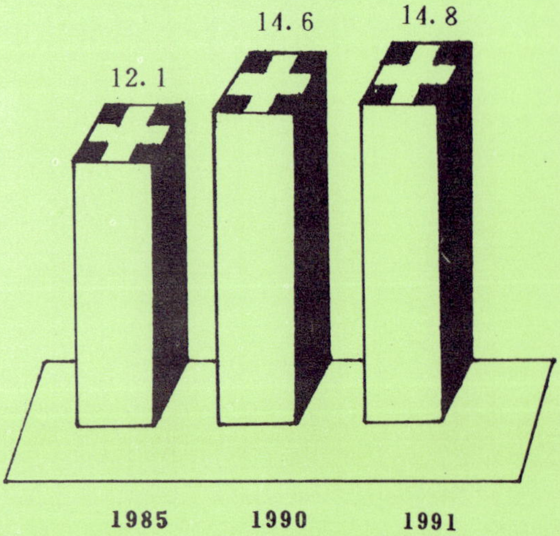

综　　合

全省行政区划

(1991年)　　　　单位:个

市、地名称	市数	#县级市	县数	#自治县	市辖区数	街道办事处	区公所	镇数	乡数	#民族乡	居民委员会	村民委员会	农林牧场
总　　计	**25**	**15**	**124**	**6**	**33**	**200**	**37**	**676**	**2 659**	**74**	**4 420**	**50 486**	**17**
石家庄市	1	—	4	—	5	34	1	29	69	—	754	1 062	—
唐山市	1	—	10	—	5	27	—	82	216	5	999	5 592	2
秦皇岛市	1	—	4	1	3	—	9	30	107	—	359	2 311	—
邯郸市	2	1	1	—	4	24	7	27	54	—	482	966	—
邢台市	1	—	1	—	2	9	—	6	33	—	234	701	—
保定市	1	—	2	—	3	16	—	11	61	—	255	666	—
张家口市	1	—	1	—	4	22	—	4	36	—	474	515	—
承德市	1	—	1	—	3	7	—	17	22	2	175	527	—
廊坊市	2	1	7	1	1	6	—	45	109	2	138	3 229	—
沧州市	1	—	2	—	3	11	—	10	45	5	106	970	1
邯郸地区	—	—	13	—	—	—	—	60	240	2	20	4 418	—
邢台地区	2	2	14	—	—	9	—	58	247	—	38	4 497	1
石家庄地区	3	3	10	—	—	5	—	62	224	3	55	3 425	—
保定地区	3	3	17	—	—	6	9	64	412	4	66	5 559	—
张家口地区	—	—	12	—	—	—	1	46	221	2	74	4 019	4
承德地区	—	—	7	3	—	—	10	41	152	43	66	2 240	2
沧州地区	4	4	8	1	—	8	—	53	193	6	70	4 795	7
衡水地区	1	1	10	—	—	3	—	31	218	—	55	4 994	—

全省地表形态的分布

(1991年)　　　　单位:平方公里

地表形态	总面积	占总面积(%)
全省地表总面积	**187 693**	**100.00**
山地	70 194	37.40
坝上高原	24 343	12.97
丘陵	9 068	4.83
平原	57 223	30.49
盆地	22 709	12.10
湖泊洼淀	4 156	2.21

自然状况和资源

（1991年）

项　　目	单位	数　量	项　　目	单位	数　量
一、自然状况			5.矿产资源(保有储量)		
地表总面积	平方公里	187 693	煤炭	亿吨	154.2
经纬度			铁矿石	亿吨	65.5
东经	度	113°27′—119°50′	油页岩	万吨	6 787
北纬	度	36°03′—42°40′	溶剂用灰岩	万吨	83 982
二、自然资源			硫铁矿	万吨	4 741
1.土地资源			磷矿	万吨	60 102
耕地面积	万亩	9 824.6	含钾砂页岩	万吨	80 796
#水田面积	万亩	222.2	磷镁矿	万吨	1 449
2.林木资源			石膏	万吨	94 216
林地面积	万亩	5 316.4	膨润土	万吨	14 921
森林覆盖率	%	15.0	沸石	万吨	10 706
林木畜积量	万立方米	6 595	三、人力资源		
3.草场资源			1.人口		
草场面积	万亩	7 109.6	年底人口总数	万人	6 220
#可利用面积	万亩	6 169.4	#男	万人	3 167
4.水文、水利资源			非农业人口	万人	904
水资源总量	亿立方米	236.0	市镇总人口	万人	2 889
地表水量	亿立方米	151.6	人口密度	人/平方公里	331
地下水量	亿立方米	108.7	2.劳动力		
水利资源蕴藏量	万千瓦	200.0	劳动力资源总数	万人	3 810
#可开发量	万千瓦	151.8	#社会劳动者	万人	3 040
淡水养殖面积	万亩	82.7	第一产业	万人	1 905
海水养殖面积	万亩	37.3	第二产业	万人	690
大陆海岸线长度	公里	487	第三产业	万人	445

各部门基层单位数

(1991年底)　　单位:个、户、所

项　　目	单位数	项　　目	单位数
一、农业基层单位		幼儿园	2 725
乡政府	2 674	盲、聋、哑学校	40
镇政府	675	**八、全民独立自然科学研究开发机构**	**137**
村民委员会	50 668	中央	18
乡村户数	13 399 345	地方	119
国营农牧场(农垦系统)	30	**九、文化事业机构**	**4 032**
二、工业企业单位(乡及乡以上)	**21 708**	#艺术事业	309
轻工业	11 089	图书馆事业	124
重工业	10 619	文物事业	178
三、交通运输单位(独立核算单位)		**十、电影事业机构**	**9 179**
铁路	1	#电影制片厂	1
公路	444	电影院	233
水运	4	影剧院	64
四、邮电局所		**十一、出版发行事业机构**	188
五、建筑施工企业	**48 263**	#出版社	6
全民所有制	244	书　店	177
城镇集体所有制	310	**十二、广播、电视事业机构**	**299**
农村建筑队	43 639	#广播电台	104
城镇个体	4 070	电视台	45
六、零售商业、饮食业、服务业	**646 175**	县(区)广播站	150
零售商业	489 344	**十三、卫生事业机构**	**10 647**
饮食业	82 798	医院	3 630
服务业	74 033	疗养院、所	72
七、各级各类学校	**56 766**	卫生防疫站	211
高等学校	50	妇幼保健所、站	175
中等专业学校	216	**十四、社会福利事业机构(收养性)**	**3 413**
普通中学情况	5 321	民政部门办	211
小学情况	48 414	社会办	3 202

国民经济主要指标

指　　标	单位	1978年	1985年	1990年	1991年
一、人口					
年底总人口数	万人	5 057	5 548	6 159	6 220
#男	万人	2 595	2 852	3 147	3 167
非农业人口	万人	553	757	885	904
二、年底社会劳动者人数	**万人**	**2 109.39**	**2 555.43**	**2 955.50**	**3 040.30**
#职工人数	万人	445.10	555.15	652.71	673.75
三、社会总产值	**亿元**	**362.23**	**751.30**	**1 753.48**	**2 058.38**
#工农业总产值	亿元	295.11	603.15	1 480.86	1 709.59
四、国民收入	**亿元**	**158.18**	**340.87**	**702.59**	**792.22**
五、国民生产总值	**亿元**	**183.06**	**396.75**	**827.99**	**960.59**
六、农业生产					
1.农业总产值	亿元	75.86	167.33	357.63	377.64
2.主要农产品产量					
粮　食	万吨	1 687.94	1 966.60	2 276.90	2 268.70
棉　花	万吨	11.71	62.86	57.08	63.40
油　料	万吨	24.50	86.92	74.89	72.90
甜　菜	万吨	8.31	19.89	12.30	23.00
水　果	万吨	79.50	160.20	175.47	197.09
猪、牛、羊肉	万吨	41.70	81.88	121.21	131.13
水产品	吨	139 017	127 495	218 553	236 885
七、工业生产					
1.工业总产值	亿元	219.25	435.82	1 123.23	1 331.96
2.主要工业产品产量					
纱	万吨	19.13	23.30	33.55	34.04
布	亿米	8.21	9.97	12.69	12.52
化学纤维	万吨	1.05	1.82	2.59	2.93
机制纸及纸板	万吨	23.14	46.73	88.75	101.69
糖	吨	5 883	13 129	5 496	7 734
卷　烟	万箱	42.72	67.74	118.53	117.00
自行车	万辆	14.42	99.27	43.94	68.05
缝纫机	架	51 525	3 218	3 407	4 651
手　表	万只		74.00	67.50	38.2
电视机	万台	1.48	28.99	17.78	25.75
#彩电	万台		4.86	7.62	10.45
录放音机	万台		0.53	5.33	4.54
原　煤	万吨	5 742.21	6 007.59	6 242.97	6 142.82
原　油	万吨	1 723.00	1 031.71	570.52	537.73
发电量	亿千瓦小时	168.69	261.97	368.97	410.66
钢	万吨	145.49	249.13	383.69	420.38
成品钢材	万吨	94.19	191.50	281.27	318.48
生　铁	万吨	222.52	284.29	521.25	590.03
水　泥	万吨	463.50	942.72	1 310.13	1 596.97
平板玻璃	万重量箱	330.96	779.50	1 078.95	1 188.04
全部木材	万立方米	16.02	21.73	29.84	50.23

注：本表价值指标均按当年价格计算，村及村以下办工业产值包括在工业总产值中。

国民经济主要指标(续一)

指　　标	单　位	1 978 年	1 985 年	1 990 年	1 991 年
农用化肥(折纯量)	万 吨	80.11	89.75	128.51	130.24
小拖拉机	万 台	3.34	6.50	12.85	14.99
金属切削机床	台	6 837	2 117	1 699	2 549
3.全民独立核算工业企业	元/人.年	9 956	12 560	15 291	27 734
全员劳动生产率				25 802	
4.全民独立核算工业企业					
主要财务指标					
年未固定资产原值	亿 元	142.02	274.58	567.66	682.62
资金总额	亿 元	150.47	247.65	572.72	690.97
年底固定资产净值	亿 元	106.27	181.45	400.71	492.64
定额流动资金年平均余额	亿 元	44.20	66.20	172.01	198.33
利润和税金总额	亿 元	35.04	46.92	42.61	47.11
八、运输邮电					
1.物资周转量	亿吨公里	620.43	1 163.43	1 546.47	1 619.00
铁　路	亿吨公里	580.02	967.05	1 256.80	1 291.4
公　路	亿吨公里	31.48	168.03	215.43	248.7
水　运	亿吨公里	8.93	28.35	48.53	44.7
管　道	亿吨公里	—	—	25.72	26.25
2.旅客周转量	亿人公里	127.14	278.39	358.09	386.2
铁　路	亿人公里	101.82	226.84	249.44	268.4
公　路	亿人公里	25.29	51.55	108.44	107.7
水　运	亿人公里	0.03	—	0.21	—
3.港口货物吞吐量	万 吨	2 218.6	4 419.4	6 960.1	7 236.3
4.邮电业务总量	万 元	5 904	12 618	27 877	72 837
函　件	万 件	15 417	21 693	23 716	22 570
报刊期发数	万 份	446	1 353	799	979.4
九、固定资产投资					
1.全社会固定资产投资	亿 元		110.66	177.21	240.45
生产性建设	亿 元		67.49	120.08	141.84
非生产性建设	亿 元		43.17	57.13	98.61
#住　宅	亿 元		27.61	42.40	73.60
2.全民所有制单位固定资产投资	亿 元	36.69	62.64	110.98	127.97
#基本建设投资	亿 元	27.48	34.57	62.08	72.91
基本建设新增固定资产	亿 元	18.20	31.83	53.35	62.11
固定资产交付使用率	%	66.20	92.10	85.90	85.2
全民地方建筑业全员劳动生产率	元/人.年	4 329	7 198	10 394	13 160
(按施工产值算)					
3.集体所有制单位固定资产投资	亿 元		17.71	21.18	33.13
城　镇	亿 元	0.36	4.00	5.80	8.03
农　村	亿 元		13.71	15.38	25.10
4.城乡个人投资	亿 元		30.31	45.05	79.35
城　镇	亿 元		0.51	2.12	2.66
农　村	亿 元		29.80	42.93	76.69

注：1.货物周转量、旅客周转量中不包括空中运输数，1985 年及以后货物周转量包括公路运输中社会车辆完成数各包括私营运输完成数量。

2.全民所有制独立核算工业企业全员劳动生产率，按 1980 年不变价格计算，括号内的是按 1990 年不变价格计算的。

3.邮电业务总量，1978 年按 1970 年不变价格计算，其余按 1980 年不变价格计算，括号内的数是 1990 年不变价格计算的。

国民经济主要指标（续二）

指　　标	单　位	1978年	1985年	1990年	1991年
十、国内商业					
1.社会商品零售总额	亿 元	83.68	204.45	380.83	434.36
#社会商品零售额	亿 元	83.14	194.45	354.55	401.4
2.主要商品零售量					
粮　　食	万 吨	236.10	489.70	314.10	320.4
食用植物油	万 吨	3.00	17.10	18.90	19.2
猪　　肉	万 头	330.50	363.20	393.40	415.6
食　　糖	万 吨	10.90	27.00	14.90	15.0
棉　　布	亿 米	3.80	3.80	1.70	1.1
缝 纫 机	万 架	28.00	51.95	30.30	23.4
自 行 车	万 辆	57.50	120.90	132.60	125.1
手　　表	万 只	48.60	212.60	162.10	125.4
收 音 机	万 台	112.60	88.50	58.10	49.6
录 音 机	万 台		25.40	37.40	36.4
电 视 机	万 台		57.60	82.20	74.6
洗 衣 机	万 台		39.10	34.90	30.6
电 冰 箱	万 台		3.20	16.00	16.4
十一、对外贸易					
进出口总额	亿美元	2.98	14.16	19.52	20.14
出 口 额	亿美元	2.76	12.98	17.37	17.39
进 口 额	亿美元	0.22	1.18	2.15	2.75
十二、财　政					
财政收入	亿 元	45.10	45.15	81.15	90.66
财政支出	亿 元	32.44	41.66	87.28	91.14
十三、物价指数					
农副产品收购价格总指数	%	133.20	240.00	377.80	364.2
零售物价总指数	%	98.40	122.00	195.20	200.7
职工生活费用价格总指数	%	96.70	125.80	200.10	213.3
十四、职工工资					
全部职工工资总额	亿 元	25.65	58.04	129.32	142.24
全部职工年平均货币工资	元	592	1 075	2 019	2 156
十五、教育文化					
高等学校所数	所	27	46	50	50
高等学校在校学生数	万 人	2.90	5.82	7.60	7.43
中等专业学校在校学生数	万 人	4.49	7.31	10.76	10.97
普通中学在校学生数	万 人	384.95	245.39	207.61	222.13
小学在校学生数	万 人	746.32	601.30	705.48	724.35
报纸出版数量	万 份	15 121	44 679	52 892	64 782
杂志出版数量	万 册	900	1 871	2 206	3 397
图书出版数量	万 册	18 364	23 877	24 391	26 825
十六、卫生					
卫生机构病床数	万 人	8.90	12.09	14.60	14.81
专业卫生技术人员	万 人	10.70	15.32	18.05	18.35
# 医生	万 人	5.46	7.17	8.73	8.68

注：职工工资，1985年以后各年包括肉类等价格补贴。

国民经济主要指标发展速度

指　　标	1991年为各年%			平均每年增长%		
	1978年	1985年	1990年	1953—1991年	1979—1991年	1986—1991年
一、人口	**123.0**	**112.1**	**101.0**	**1.7**	**1.6**	**1.9**
二、社会劳动者	**144.2**	**119.1**	**102.9**	**—**	**2.9**	**2.9**
#职工人数	151.4	121.4	103.2	6.4	3.2	3.3
三、社会总产值	**311.5**	**178.8**	**112.9**	**8.2**	**9.1**	**10.2**
#工农业总产值	311.9	184.1	110.9	8.2	9.1	10.7
四、国民收入	**268.7**	**149.8**	**108.3**	**6.2**	**7.9**	**7.0**
五、国民生产总值	**279.4**	**157.2**	**109.4**		**8.2**	**7.8**
六、农业生产						
1.农业总产值	201.8	124.8	103.6	3.4	5.6	3.8
2.主要农产品产量						
粮　食	134.4	115.4	99.6	2.8	2.3	2.4
棉　花	541.4	100.9	111.0	2.1	13.9	0.1
油　料	297.6	83.9	97.3	2.2	8.7	−2.9
甜　菜	276.8	115.6	187.0	16.5	8.1	2.5
鲜　果	247.9	123.0	112.3	4.5	7.2	3.5
猪、牛、羊肉	465.4	160.1	108.2	—	12.6	8.2
水产品	170.4	185.8	108.4	3.2	4.2	10.9
七、工业生产						
1.工业总产值	359.0	207.8	113.5	11.2	10.3	13.0
2.主要工业产品产量						
纱	177.9	146.1	101.5	8.9	4.5	6.5
布	152.5	125.6	98.7	4.9	3.3	3.9
化学纤维	279.0	161.0	113.1	—	8.2	8.3
机制纸及纸板	439.5	217.6	114.6	15.3	12.1	13.8
糖	130.9	58.6	140.1	—	2.1	9.1
卷　烟	273.9	172.7	98.7	7.7	8.1	9.5
自行车	471.9	68.6	154.9	—	12.7	−6.1
缝纫机	9.1	146.4	138.2	—	−16.8	6.6
手　表	—	51.6	56.6	—	—	−10.4
电视机	1 739.9	88.8	144.8	—	24.5	99.1
#彩电	—	215.0	137.1	—	—	13.6
录放音机	—	856.6	85.2	—	—	43.0
原　煤	107.0	102.2	98.4	4.8	0.5	0.4
原　油	31.2	52.1	94.2	—	−8.6	−10.3
发电量	243.4	156.8	111.3	12.5	7.1	7.8
钢	288.9	168.7	109.6	11.2	8.5	9.1
成品钢材	405.0	166.3	113.2	12.0	9.8	8.8
生　铁	265.2	207.5	113.2	13.3	7.8	12.9
水　泥	344.5	169.4	121.9	10.5	10.0	9.2
平板玻璃	359.0	152.4	110.1	7.4	10.3	7.3
木　材	313.5	366.1	168.3	—	9.2	15.0
农用化肥	162.6	145.1	101.3	—	3.8	6.4
小拖拉机	448.8	230.6	116.7	—	12.2	14.9
金属切削机床	37.3	120.4	150.0	10.8	−7.3	3.1
3.全民独立核算工业企业全员劳动生产率	164.4	130.2	107.5	4.7	3.9	4.6

注：本表价值指标增长速度按可比价格计算，村及村以下办工业产值包括在工业总产值中。

国民经济主要指标发展速度(续一)

指　　标	1991年为各年%			平均每年增长%		
	1978年	1985年	1990年	1953—1991年	1979—1991年	1986—1991年
八、运输邮电						
1.货物周转量	260.9	139.1	104.7	17.3	10.0	5.7
2.旅客周转量	303.8	138.7	107.8	14.8	8.9	5.6
3.港口货物吞吐量	326.2	163.7	104.0	9.9	9.5	8.6
4.邮电业务总量	618.1	289.2	130.9	—	15.0	19.4
九、固定资产投资						
全民单位固定资产投资总额	348.8	204.3	115.3	12.1	10.1	12.6
#基本建设投资总额	265.3	210.9	117.4	10.6	7.8	13.2
全民建筑业全员劳动生产率	304.0	182.8	126.6	—	8.9	10.6
十、国内商业						
社会商品零售总额	519.1	212.5	14.1	8.7	13.5	13.4
#社会商品零售额	482.8	206.4	13.2	8.6	12.9	12.8
主要商品零售量						
粮　食	135.7	65.4	102.0	1.7	2.4	−6.8
食用植物油	640.0	112.3	101.6	3.7	15.3	1.9
猪　肉	125.7	114.4	105.6	6.1	1.8	2.3
食　糖	137.6	55.6	100.7	6.1	2.5	−9.3
棉　布	28.9	28.9	64.7	−1.4	−9.1	−18.7
缝纫机	83.6	45.1	77.2	6.4	−1.4	−12.4
自行车	217.6	103.5	94.3	11.0	6.2	0.6
手　表	258.0	59.0	77.4	—	7.6	−8.4
收音机	44.0	56.3	85.4	—	−6.1	−9.1
电视机	—	129.5	90.8	—	—	4.4
洗衣机	—	78.3	87.7	—	—	−4.0
电冰箱	—	512.5	102.5	—	—	31.3
十一、对外贸易						
进出口总额	675.8	142.2	103.2	—	15.8	6.0
出口额	630.1	134.0	100.1	—	15.2	5.0
进口额	1 250.0	233.1	127.9	—	21.4	15.1
十二、财　政						
财政收入	201.0	200.8	111.7	8.0	5.5	12.3
财政支出	280.9	218.8	104.4	10.5	8.3	13.9
十三、物价指数						
零售物价总指数	202.4	163.7	102.8	1.8	5.6	8.6
职工生活费用价格总指数	220.6	169.7	106.6	2.0	6.3	9.2
十四、职工工资						
全部职工平均工资	364.2	200.6	106.8	4.2	10.5	12.3
十五、教育						
高等学校在校学生数	256.2	127.7	97.8	9.6	7.5	4.2
中等专业学校在校学生数	244.3	150.1	102.0	2.1	7.1	7.0
普通中学在校学生数	57.7	90.5	107.0	8.9	−4.1	−1.6
小学在校学生数	97.1	120.5	102.7	1.7	−0.2	3.2
十六、卫生						
卫生机构床位数	166.4	122.5	101.4	7.8	4.0	3.4
专业卫生技术人员	171.5	119.8	101.7	3.5	4.2	3.1
#医生	159.0	121.1	99.4	—	3.6	3.2

国民经济主要比例关系

（按当年价格计算）　　　　单位：%

指　　　标	1978年	1985年	1990年	1991年
一、工农业总产值中农轻重比例				
农　业	25.7	27.7	24.2	22.1
轻工业	33.1	33.6	36.8	37.0
重工业	41.2	38.7	39.0	40.9
二、工业总产值中轻重工业比例				
轻工业	44.5	46.5	48.5	47.5
重工业	55.5	53.5	51.5	52.5
三、农业总产值中农林牧副渔比例				
农作物种植业	—	73.8	66.7	64.3
林　业	—	3.7	2.7	3.3
牧　业	—	18.6	23.3	25.1
副　业	—	3.1	4.5	4.4
渔　业	—	0.8	2.8	2.9
四、国民收入使用额中积累消费比例				
积　累	34.9	34.6	34.1	35.2
消　费	65.1	65.4	65.9	64.8
五、基建投资中生产性非生产性比例				
生产性投资	83.5	52.9	77.3	70.5
非生产性投资	16.5	47.1	22.7	29.5
#住宅投资	8.2	20.0	9.3	12.2
六、全民基建投资中农轻重比例				
农　业	14.4	4.4	4.5	2.8
轻工业	3.4	3.6	9.0	9.1
重工业	57.5	39.1	54.9	48.4
七、基建投资中能源交通投资比例				
能源工业	33.2	25.4	24.7	26.9
运输邮电业	10.4	10.0	5.7	6.7
八、财政收入占国民收入比例	**24.3**	**13.2**	**11.6**	**11.4**
九、基建拨款占财政支出的比例	**33.8**	**15.8**	**4.2**	**4.5**
十、文教卫生事业费占财政支出比例	**14.7**	**29.4**	**28.4**	**28.6**

注：1.本表工业、农业产值比例均按新口径计算，即村及村以下办工业产值包括在工业总产值中。

2.第六、七项是按国民经济行业划分的，第五、六项是全民所有制单位基建投资。

全省每天主要社会经济活动

(1991年)

项　　目	单位	数　　量	项　　目	单位	数　　量
一、每天创造的财富			粮　　食	万吨	5.78
国民生产总值	万元	26 317.50	食用植物油	吨	1 073
社会总产值	万元	56 394	肥　　猪	吨	2 191
#工农业总产值	万元	46 838.10	糖	吨	889
工业总产值	万元	36 491.80	棉　　布	万米	129
农业总产值	万元	10 346.30	自行车零售量	辆	3 427
国民收入	万元	21 705	缝纫机零售量	架	641
财政收入	万元	2 483.80	手表零售量	只	3 436
粮　　食	万吨	6.22	电视机零售量	台	2 044
棉　　花	吨	1 736.99	#彩　　电	台	918
油　　料	吨	1 997.26	电冰箱零售量	台	449
干鲜果	吨	5 557.86	家用洗衣机零售量	台	839
水产品	吨	649.04	电风扇零售量	台	3 844
猪、牛、羊肉	吨	3 592.60	**三、每天其他经济活动**		
原　　煤	万吨	16.83	各种运输工具客运人数	万人	73.27
发电量	亿千瓦小时	1.23	社会商品零售总额	万元	11 90
原　　油	万吨	1.47	全社会固定资产投资额	万元	6 587
钢	吨	11 517.26	城镇住宅竣工面积	万平方米	1.30
成品钢材	吨	8 725.48	外贸出口总值	万美元	476.40
生　　铁	吨	16 165.21	外贸进口总值	万美元	75.30
水　　泥	万吨	4.38	城镇居民人均生活费收入	元	4.08
平板玻璃	万重量箱	3.25	农民人均纯收入	元	1.80
纱	吨	932.60	出版图书	万册	73.49
布	万米	343.01	出版报纸	万份	177.48
化学纤维	吨	80.27	出版杂志	万册	9.31
机制纸及纸板	吨	2 786.03	邮寄函件	万件	61.84
糖	吨	21.10	交通事故	起	29.50
卷　　烟	箱	3 205.48	交通事故死亡人数	人	6.57
电视机	台	705.48	交通事故损失	万元	5.28
#彩电	台	286.30	**四、全省每天人口变动与婚姻**		
录放音机	台	124.38	出　　生	人	2 813
二、每天消费量			死　　亡	人	1 145
城乡居民消费额	万元	12 155.60	结　　婚	对	1 224
平均每人消费额	元	1.96	离　　婚	对	27

注：1. 本表价值指标均按当年价格计算，村及村以下办工业产值包括在工业总产值中。

2. 城镇住宅竣工面积，包括城镇及工矿区个人住宅竣工面积。

国民生产总值和指数

(1978—1991年)

	1978年	1979年	1980年	1981年	1982年	1983年	1984年
国民生产总值(万元)	**1 730 618**	**2 032 166**	**2 192 391**	**2 225 361**	**2 514 481**	**2 832 118**	**3 322 258**
国内生产总值	**1 830 618**	**2 032 166**	**2 192 391**	**2 225 361**	**2 514 481**	**2 832 118**	**3 322 258**
第一产业	521 987	611 149	680 924	710 337	855 850	1 021 035	1 114 597
农业	521 987	611 149	680 924	710 337	855 850	1 021 035	1 114 597
第二产业	923 762	1 017 570	1 058 810	1 031 458	1 078 313	1 148 880	1 458 433
工业	831 856	896 851	940 804	923 376	953 359	1 019 508	1 298 319
建筑业	91 406	120 719	118 006	108 082	124 954	129 372	160 114
第三产业	384 869	403 447	452 657	483 566	580 318	662 203	749 228
运输、邮电通讯业	99 899	108 596	107 129	108 663	125 084	137 062	149 714
商业饮食物资供销仓储业	92 305	83 606	98 486	108 584	120 271	151 780	179 526
金融、保险业	30 831	33 065	41 872	38 361	76 073	90 095	108 986
综合技术和生产服务业	23 231	24 931	27 035	29 239	30 642	32 696	35 852
居民服务业	18 964	20 266	22 309	28 188	30 732	33 498	42 684
公用事业	4 679	5 251	6 406	7 069	9 179	8 713	10 082
房地产业	34 947	40 280	48 045	40 058	51 507	57 195	59 054
卫生、体育、社会福利事业	8 378	9 711	11 589	13 374	15 586	17 820	20 452
文化、教育、广播电视事业	21 242	24 957	31 396	34 883	40 844	45 440	49 115
科学、研究事业	1 601	1 898	2 324	2 532	2 861	3 498	3 802
机关、社会团体	17 592	19 686	24 866	27 495	32 418	39 286	44 841
其他	31 200	31 200	31 200	45 120	45 120	45 120	45 120
指数(以上年为100)(%)							
国民生产总值		106.72	103.20	101.02	111.84	111.50	114.36
第一产业		104.21	97.37	105.43	119.70	118.88	107.84
第二产业		107.82	102.44	96.59	103.35	105.39	122.61
第三产业		104.35	112.20	105.08	118.89	112.27	109.83

	1985年	1986年	1987年	1988年	1989年	1990年	1991年
国民生产总值(万元)	**3 967 520**	**4 366 546**	**5 219 806**	**6 602 314**	**7 673 200**	**8 369 400**	**9 605 900**
国内生产总值	**3 967 520**	**4 366 546**	**5 219 243**	**6 601 595**	**7 672 600**	**8 361 400**	**9 595 700**
第一产业	1 203 392	1 234 503	1 376 605	1 623 076	1 963 500	2 278 900	2 368 900
农业	1 203 392	1 234 503	1 376 605	1 623 076	1 963 500	2 278 900	2 368 900
第二产业	1 842 564	2 072 851	2 559 766	3 233 981	3 749 200	3 875 200	4 599 100
工业	1 642 646	1 854 861	2 314 343	2 892 215	3 387 900	3 542 600	4 171 700
建筑业	199 918	217 990	245 423	341 766	361 300	332 600	427 400
第三产业	921 564	1 059 191	1 282 872	1 744 538	1 959 900	2 207 300	2 627 700
运输、邮电通讯业	169 077	193 210	240 301	275 677	323 300	433 500	551 800
商业饮食物资供销仓储业	222 241	257 446	290 603	439 763	442 100	431 000	561 900
金融、保险业	138 914	170 199	222 149	351 055	432 500	533 900	622 500
综合技术和生产服务业	48 023	39 231	50 390	59 435	65 100	81 600	101 500
居民服务业	43 348	51 729	80 062	152 159	172 000	125 800	117 500
公用事业	12 668	14 683	18 699	22 835	28 200	25 100	26 500
房地产业	88 445	103 268	120 571	131 715	145 400	164 100	196 100
卫生、体育、社会福利事业	24 008	30 554	38 121	40 554	50 200	57 600	67 600
文化、教育、广播电视事业	69 189	76 088	89 737	112 324	118 100	150 800	163 400
科学、研究事业	4 216	5 648	6 132	7 445	8 300	9 300	8 000
机关、社会团体	59 295	73 322	81 107	93 351	115 900	132 900	148 900
其他	46 140	43 814	45 000	58 275	58 800	61 700	62 000
指数(以上年为100)(%)							
国民生产总值	112.51	105.05	116.62	112.22	116.22	107.90	109.4
第一产业	102.12	97.27	101.49	100.97	120.97	116.06	102.5
第二产业	118.00	107.81	114.89	116.81	115.93	103.36	110.0
第三产业	117.42	109.84	117.08	114.84	112.35	108.42	116.0

注：本表按当年价格计算

历年社会总产值

单位:亿元

年份	社会总产值	农业	工业	建筑业	运输邮电业	商业
1949	31.80	20.31	6.59	0.16	1.22	3.52
1952	56.60	29.70	16.56	2.25	2.25	5.84
1953	61.26	29.07	18.17	3.36	2.70	7.96
1954	67.39	30.44	22.04	3.24	3.09	8.58
1955	72.75	34.39	22.96	3.40	3.21	8.79
1956	74.18	30.77	24.48	5.77	3.60	9.56
1957	75.72	30.77	25.86	5.23	4.19	9.67
1958	98.21	33.15	39.63	8.95	6.30	10.18
1959	125.65	31.99	63.84	10.41	8.45	10.96
1960	134.02	28.50	74.73	10.99	9.15	10.65
1961	92.54	31.28	42.09	3.99	5.31	9.87
1962	81.14	31.26	33.42	3.33	4.86	8.27
1963	77.41	26.22	33.49	4.36	5.17	8.17
1964	92.61	34.14	39.10	5.41	5.64	8.32
1965	118.50	45.49	49.38	6.34	7.37	9.92
1966	131.91	49.07	55.21	7.41	8.38	11.84
1967	128.52	48.93	53.76	7.03	7.07	11.73
1968	134.43	49.06	60.52	6.66	6.82	11.37
1969	159.54	53.63	73.64	11.21	8.14	12.92
1970	186.07	59.69	89.52	13.08	9.62	14.16
1971	197.30	57.86	98.64	15.70	10.52	14.58
1972	195.15	51.40	100.91	16.31	11.18	15.35
1973	217.26	59.67	111.79	16.91	11.83	17.06
1974	238.07	65.24	124.92	18.98	11.67	17.26
1975	270.12	72.73	146.61	22.06	12.15	16.57
1976	274.41	65.83	157.34	21.84	11.77	17.63
1977	314.72	67.19	185.13	28.08	14.95	19.37
1978	362.33	75.86	219.25	30.36	16.03	20.83
1979	398.94	91.10	228.34	39.87	17.84	21.79
1980	417.25	97.79	238.62	38.78	17.67	24.39
1981	419.33	100.23	236.77	38.41	17.25	26.67
1982	461.16	118.58	249.53	43.56	19.94	29.55
1983	518.82	139.22	276.68	45.42	22.02	35.48
1984	608.00	153.07	334.26	54.26	23.74	42.67
1985	751.30	167.33	435.82	69.82	26.11	52.22
1986	847.73	174.39	506.19	79.78	29.05	58.32
1987	1 032.20	200.66	640.85	88.08	35.13	67.48
1988	1 354.93	256.90	841.12	121.16	41.60	94.15
1989	1 596.99	306.99	1 026.09	117.42	46.97	99.52
1990	1 749.45	357.63	1 123.23	109.92	64.61	94.06
1991	2 058.38	377.64	1 331.96	146.99	80.22	121.57

注：本表按当年价格计算，村及村以下办工业产值包括在工业产值中。

历年社会总产值指数

（以1952年为100）

年份	社会总产值	农业	工业	建筑业	运输邮电业	商业
1949	55.3	65.2	40.6	7.1	54.2	60.3
1952	100.0	100.0	100.0	100.0	100.0	100.0
1953	105.0	91.1	110.7	154.5	125.6	130.1
1954	115.6	93.6	136.5	152.8	145.8	137.1
1955	125.9	106.1	144.6	163.4	154.0	140.7
1956	130.7	93.8	163.6	249.5	177.0	153.0
1957	144.4	111.3	175.7	265.9	217.1	151.3
1958	186.7	116.4	270.9	452.9	330.2	159.2
1959	236.4	110.3	434.0	493.5	441.5	171.4
1960	251.1	93.1	511.6	509.5	481.2	165.7
1961	156.1	80.7	274.7	182.5	278.7	135.0
1962	135.4	82.0	210.5	157.8	251.7	131.9
1963	131.0	69.6	212.0	210.1	267.8	140.7
1964	158.8	92.2	252.2	258.5	292.2	142.2
1965	203.5	114.7	329.6	318.3	381.9	142.2
1966	233.1	122.8	388.9	376.4	434.3	170.6
1967	225.9	122.4	383.2	357.2	370.7	171.3
1968	235.9	118.8	440.4	338.6	489.6	165.6
1969	291.7	128.2	554.7	569.9	430.3	190.2
1970	353.8	142.7	704.6	665.1	511.3	212.2
1971	374.6	150.8	787.8	785.3	559.1	218.4
1972	370.0	131.6	810.6	806.0	594.6	229.9
1973	411.8	151.6	902.8	818.7	629.1	255.5
1974	451.9	165.8	1 105.3	898.1	620.6	285.5
1975	516.5	170.9	1 207.4	1 023.9	646.2	273.4
1976	526.7	161.3	1 265.1	998.0	633.2	308.9
1977	603.0	148.8	1 500.4	1 263.7	795.5	298.5
1978	688.6	181.6	1 755.1	1 345.6	852.7	319.9
1979	736.9	194.1	1 784.3	1 725.7	949.6	391.0
1980	748.4	182.1	1 832.6	1 643.1	940.6	432.5
1981	750.6	189.0	1 827.1	1 579.0	918.0	468.4
1982	811.4	222.1	1 922.1	1 601.1	999.7	510.6
1983	907.2	260.3	2 123.9	1 596.3	1 053.7	622.9
1984	1 047.8	284.0	2 531.7	1 792.7	1 118.0	741.8
1985	1 199.7	293.4	3 033.0	2 065.2	1 220.8	844.2
1986	1 292.1	289.0	3 388.2	2 154.0	1 355.6	896.5
1987	1 462.7	302.0	3 994.7	2 147.5	1 621.3	957.5
1988	1 708.9	325.6	4 774.1	2 529.1	1 835.8	1 127.1
1989	1 802.4	335.6	5 193.7	2 134.3	1 943.2	1 108.9
1990	1 899.7	353.7	5 546.9	1 831.2	1 937.4	1 233.1
1991	2 144.8	366.4	6 284.6	2 340.3	2 259.0	1 547.5

注：本表按可比价格计算，村及村以下办工业产值包括在工业产值中，指数减100为增减速度。

历年社会总产值指数

(以上年为100)

年份	社会总产值	农业	工业	建筑业	运输邮电业	商业
1949	100.0	100.0	100.0	100.0	100.0	100.0
1952	128.2	119.7	138.2	236.7	146.0	128.3
1953	105.0	91.1	110.7	154.5	125.6	130.1
1954	110.1	103.1	123.3	98.9	116.1	105.4
1955	108.9	113.0	105.9	106.9	105.6	102.7
1956	103.8	88.4	113.2	152.7	114.9	108.7
1957	110.5	118.6	107.4	106.6	122.7	98.9
1958	129.2	104.6	154.2	170.3	152.0	105.2
1959	126.6	94.8	160.2	109.0	133.7	107.6
1960	106.2	84.4	117.9	103.2	109.0	96.7
1961	62.2	86.7	53.7	35.8	57.9	81.5
1962	86.7	101.5	76.6	86.5	90.3	97.7
1963	96.8	84.9	100.7	133.1	106.4	106.7
1964	121.2	132.5	119.0	123.0	109.1	101.1
1965	128.1	124.3	130.7	123.2	130.7	100.0
1966	114.5	107.1	118.0	118.2	113.7	120.0
1967	96.9	99.6	98.5	94.9	85.4	100.4
1968	104.4	97.1	114.9	94.8	132.1	96.7
1969	123.7	108.0	126.0	168.3	87.9	114.8
1970	121.3	111.3	127.0	116.7	118.8	111.6
1971	105.9	105.7	111.8	118.1	109.4	102.9
1972	98.8	87.3	102.9	102.6	106.3	105.3
1973	111.3	115.2	111.4	101.6	105.8	111.1
1974	109.8	109.3	112.5	109.7	98.6	101.2
1975	114.3	103.1	118.9	114.0	104.1	105.8
1976	102.0	94.4	104.8	97.5	98.0	113.0
1977	114.5	92.2	118.6	126.6	125.6	96.6
1978	114.2	122.1	117.0	106.5	107.2	107.2
1979	107.0	106.9	101.7	128.3	111.4	122.2
1980	101.6	93.8	102.7	95.2	99.1	110.6
1981	100.3	103.8	99.7	96.1	97.6	108.3
1982	108.1	117.5	105.2	101.4	108.9	109.0
1983	111.8	117.2	110.5	99.7	105.4	122.0
1984	115.5	109.1	119.2	112.3	106.1	119.1
1985	114.5	103.3	119.8	115.2	109.2	113.8
1986	107.7	98.5	111.7	104.3	109.4	106.2
1987	113.2	104.5	117.9	99.7	119.6	106.8
1988	111.8	107.8	119.5	117.8	113.2	117.7
1989	105.5	103.1	108.8	84.4	105.9	98.4
1990	105.4	105.4	106.8	85.8	99.7	111.2
1991	112.9	103.6	113.3	127.8	116.6	125.5

注：本表按可比价格计算，村及村以下办工业产值包括在工业总产值中，指数减100为增减速度。

历年工农业总产值

单位:亿元

年份	工农业总产值	农业总产值	工业总产值	#村及村以下工业	在工业总产值中 轻工业	重工业
1949	26.90	20.31	6.59	0.43	4.82	1.77
1952	46.26	29.70	16.56	0.91	11.74	4.82
1953	47.24	29.07	18.17	0.97	12.52	5.65
1954	52.48	30.44	22.04	1.09	15.27	6.77
1955	57.35	34.39	22.96	1.04	16.03	6.93
1956	55.25	30.77	24.48	1.18	16.57	7.91
1957	55.63	30.77	25.86	1.11	17.72	8.14
1958	72.78	33.15	39.63	1.09	23.49	16.14
1959	95.83	31.99	63.84	1.35	37.46	26.38
1960	103.23	28.50	74.73	1.33	41.68	33.05
1961	73.37	31.28	42.09	1.18	23.16	18.93
1962	64.68	31.26	33.42	1.31	21.04	12.38
1963	59.71	26.22	33.49	1.45	21.74	11.75
1964	73.24	34.14	39.10	1.40	26.44	12.66
1965	94.87	45.49	49.38	1.81	31.49	17.89
1966	104.28	49.07	55.21	2.10	34.25	20.96
1967	102.69	48.93	53.76	2.21	34.81	18.95
1968	109.58	49.06	60.52	2.34	39.46	21.06
1969	127.27	53.63	73.64	2.72	47.19	26.45
1970	149.21	59.69	89.52	2.96	56.58	32.94
1971	156.50	57.86	98.64	4.19	50.53	48.11
1972	152.31	51.40	100.91	3.77	48.53	52.38
1973	171.46	59.67	111.79	3.99	53.89	57.90
1974	190.16	65.24	124.92	4.28	60.14	64.78
1975	219.34	72.73	146.61	7.46	71.83	74.78
1976	223.17	65.83	157.34	9.55	74.07	83.27
1977	252.32	67.19	185.13	15.95	86.62	98.51
1978	295.11	75.86	219.25	23.04	97.64	121.61
1979	319.44	91.10	228.34	21.67	99.42	128.92
1980	336.41	97.79	238.62	20.27	110.50	128.12
1981	337.00	100.23	236.77	21.57	118.84	117.93
1982	368.11	118.58	249.53	21.81	122.80	126.73
1983	415.90	139.22	276.68	25.79	133.46	143.22
1984	487.33	153.07	334.26	41.67	159.66	174.60
1985	603.15	167.33	435.82	77.24	202.68	233.14
1986	680.58	174.39	506.19	110.48	238.96	267.23
1987	841.51	200.66	640.85	160.39	301.85	339.00
1988	1 098.02	256.90	841.12	231.71	408.39	432.73
1989	1 333.08	306.99	1 026.09	282.46	495.27	530.82
1990	1 480.86	357.63	1 123.23	320.80	554.24	577.99
1991	1 709.60	377.64	1 331.96	386.55	633.01	698.95

注:本表按当年价格计算。

历年工农业总产值指数

（以1952年为100）

年份	工农业总产值	农业总产值	工业总产值	在工业总产值中	
				轻工业	重工业
1949	56.6	65.2	40.6	41.8	37.3
1952	100	100	100	100	100
1953	97.9	91.1	110.7	107.9	118.3
1954	108.7	93.9	136.5	133.6	144.3
1955	119.4	106.1	144.6	140.6	155.3
1956	118.0	93.8	163.6	148.3	204.5
1957	113.6	111.3	175.7	160.1	217.5
1958	169.9	116.4	270.9	217.9	413.0
1959	222.6	110.3	434.0	346.2	669.3
1960	238.4	93.1	511.6	390.9	835.3
1961	148.0	80.7	274.7	206.8	465.5
1962	126.6	82.0	210.5	179.5	293.5
1963	119.0	69.6	212.0	185.1	284.0
1964	147.6	92.2	252.2	228.4	316.0
1965	189.1	114.7	329.6	286.0	446.3
1966	215.0	122.8	388.9	322.9	565.5
1967	212.6	122.4	383.2	331.1	523.0
1968	230.3	118.8	440.4	378.7	605.5
1969	276.2	128.2	554.7	466.8	790.3
1970	337.3	142.7	704.6	576.0	1 049.3
1971	371.9	150.8	787.8	550.6	1 423.5
1972	361.5	131.6	810.6	530.0	1 561.7
1973	407.0	151.6	902.8	591.1	1 738.5
1974	453.4	165.8	1 105.3	663.7	1 958.5
1975	515.5	170.9	1 207.4	789.4	1 328.7
1976	524.3	161.3	1 265.1	821.0	2 454.6
1977	585.7	148.8	1 500.4	970.9	2 920.9
1978	689.9	181.6	1 755.1	1 067.1	3 602.0
1979	709.9	194.1	1 784.3	1 067.2	3 709.7
1980	713.5	182.1	1 832.6	1 186.3	3 566.5
1981	717.7	189.0	1 827.1	1 289.9	3 266.7
1982	780.9	222.1	1 922.1	1 347.8	3 462.9
1983	879.3	260.3	2 123.9	1 486.7	3 832.8
1984	1 019.1	284.0	2 531.7	1 792.9	4 515.0
1985	1 168.9	293.4	3 033.0	2 117.4	5 481.2
1986	1 263.5	289.0	3 388.2	2 373.3	6 100.9
1987	1 448.0	302.0	3 994.7	2 798.1	7 193.0
1988	1 691.3	325.6	4 774.1	3 376.2	8 514.4
1989	1 819.8	335.6	5 193.7	3 653.1	9 313.6
1990	1 939.1	353.7	5 546.9	3 984.7	9 743.1
1991	2 150.4	366.4	6 284.6	4 454.9	11 185.1

注：本表按可比价格计算，村及村以下办工业产值包括在工业产值中。

历年工农业总产值指数

（以上年为100）

年份	工农业总产值	农业总产值	工业总产值	在工业总产值中	
				轻工业	重工业
1949	100.0	100.0	100.0	100.0	100.0
1952	125.5	119.7	138.2	126.1	186.0
1953	97.9	91.1	110.7	107.9	118.3
1954	111.0	103.1	123.3	123.8	122.0
1955	100.9	113.0	105.9	105.2	107.6
1956	98.8	88.4	113.2	105.5	131.7
1957	113.2	118.6	107.4	107.9	106.4
1958	127.2	104.6	154.2	136.1	189.9
1959	131.0	94.8	160.2	153.9	162.0
1960	107.1	84.4	117.9	112.9	124.8
1961	62.1	86.7	53.7	52.9	54.7
1962	85.5	101.5	76.6	86.8	64.3
1963	94.0	84.9	100.7	103.1	96.8
1964	124.1	132.5	119.0	123.4	111.3
1965	128.1	124.3	130.7	125.2	141.2
1966	113.7	107.1	118.0	112.9	126.7
1967	99.0	99.6	98.5	102.5	92.5
1968	108.2	97.1	114.9	114.4	115.8
1969	119.9	108.0	126.0	123.3	130.5
1970	122.3	111.3	127.0	123.4	132.8
1971	110.1	105.7	111.8	95.6	135.7
1972	97.2	87.3	102.9	96.4	109.7
1973	112.6	115.2	111.4	111.4	111.3
1974	111.4	109.3	112.5	112.3	112.7
1975	113.7	103.4	118.9	118.9	118.9
1976	101.7	94.4	104.8	104.0	105.5
1977	111.7	92.2	118.6	118.3	118.9
1978	117.8	122.1	117.0	109.9	123.3
1979	102.9	106.9	101.7	100.0	103.0
1980	100.5	93.8	102.7	111.2	96.1
1981	100.6	103.8	99.7	108.7	91.6
1982	108.8	117.5	105.2	104.5	106.0
1983	112.6	117.2	110.5	110.3	110.7
1984	115.9	109.1	119.2	120.6	117.8
1985	114.7	103.3	119.8	118.1	121.4
1986	108.1	98.5	111.7	112.1	111.3
1987	114.6	104.5	117.9	117.9	117.9
1988	116.8	107.8	119.5	120.7	118.4
1989	107.6	103.8	108.8	108.2	109.4
1990	106.6	105.4	106.8	109.1	104.6
1991	108.9	103.6	113.3	111.8	114.8

按：本表按可比价格计算，村及村以下办工业产值包括在工业产值中。

历年国民收入

单位:亿元

年份	国民收入总额	农业	工业	建筑业	运输邮电业	商业
1949	21.22	15.36	2.22	0.06	0.77	2.81
1952	35.83	22.79	6.15	0.74	1.64	4.51
1953	37.58	21.81	6.58	1.02	1.93	6.25
1954	40.10	23.11	7.30	1.06	2.13	6.50
1955	43.54	25.75	8.02	1.07	2.19	6.51
1956	44.10	23.09	9.36	1.87	2.48	7.30
1957	46.28	24.32	9.97	1.75	2.85	7.39
1958	56.29	25.86	15.21	2.87	4.31	8.04
1959	65.67	25.10	22.99	3.29	5.70	8.59
1960	64.99	21.88	25.76	3.08	6.06	8.21
1961	48.56	22.72	13.90	1.12	3.43	7.39
1962	43.12	22.73	11.00	0.93	3.01	5.45
1963	39.67	18.85	11.37	1.27	3.24	4.94
1964	50.16	25.43	14.15	1.76	3.54	5.28
1965	64.35	34.48	16.51	1.99	4.63	6.72
1966	71.01	36.70	18.16	2.37	5.42	8.36
1967	69.12	36.67	17.20	2.21	4.38	8.66
1968	70.29	37.00	19.03	2.07	4.20	7.99
1969	81.56	40.31	23.63	3.25	5.04	9.33
1970	92.26	42.35	29.76	3.92	5.98	10.25
1971	95.22	40.20	33.47	4.66	6.57	10.32
1972	91.15	35.17	33.82	4.73	7.01	10.42
1973	99.62	39.51	36.69	4.99	7.43	11.00
1974	105.56	41.80	40.35	5.70	7.18	10.53
1975	115.20	46.42	45.85	6.51	7.52	8.90
1976	115.47	41.86	51.06	6.33	7.04	9.18
1977	132.66	43.61	62.91	8.14	8.22	9.78
1978	158.18	50.63	78.05	9.41	8.42	11.67
1979	175.24	59.11	84.70	12.36	8.88	10.19
1980	188.36	65.22	90.56	11.86	8.76	11.96
1981	189.47	69.12	87.09	11.05	8.94	13.27
1982	211.35	83.44	89.57	12.78	10.81	14.75
1983	238.61	99.71	95.11	13.23	11.97	18.59
1984	282.01	108.76	122.35	16.38	12.41	22.11
1985	340.87	117.50	161.28	20.29	14.24	27.56
1986	375.70	120.30	185.77	22.41	15.48	31.74
1987	448.43	135.01	230.55	24.64	19.02	39.21
1988	567.16	164.84	288.29	34.56	22.23	57.24
1989	649.70	194.96	336.74	35.20	23.53	59.27
1990	702.40	222.96	357.04	30.54	32.66	59.20
1991	792.22	232.83	403.92	42.35	38.46	74.66

注:本表按当年价格计算,村及村以下办工业包括在工业产值中。

历 年 国 民 收 入 指 数

(以 1952 年为 100)

年 份	国民收入总额	农 业	工 业	建筑业	运输邮电业	商 业
1949	59.2	67.4	36.1	8.1	46.9	62.3
1952	100.0	100.0	100.0	100.0	100.0	100.0
1953	99.4	88.4	105.4	141.5	121.8	132.9
1954	106.4	91.8	124.8	153.7	137.9	135.3
1955	116.7	102.8	141.6	152.7	141.5	135.4
1956	120.5	91.4	180.8	251.4	167.5	150.2
1957	128.4	102.6	177.4	266.0	195.8	149.0
1958	154.7	105.6	272.0	437.8	301.5	163.1
1959	177.1	100.3	409.1	451.9	396.5	173.1
1960	173.0	82.2	461.9	412.1	421.5	164.4
1961	110.6	66.5	237.9	155.4	241.1	128.4
1962	99.0	67.8	181.3	126.6	223.5	117.0
1963	93.1	57.0	189.6	174.6	240.9	121.3
1964	117.6	77.6	234.9	244.6	263.3	126.3
1965	148.4	98.6	291.7	288.7	345.2	129.1
1966	167.6	104.4	335.2	344.1	403.2	155.0
1967	161.4	104.4	321.1	320.1	331.9	161.3
1968	161.2	101.8	363.2	299.8	371.9	149.0
1969	195.2	110.1	468.2	471.6	304.6	176.0
1970	228.6	113.2	615.7	555.1	364.9	194.6
1971	234.1	105.0	695.7	654.6	401.0	196.0
1972	224.3	90.9	705.4	677.2	427.5	198.0
1973	244.7	101.5	772.4	691.5	453.5	209.0
1974	258.9	107.3	849.6	775.1	438.1	200.0
1975	287.1	118.5	978.7	868.9	459.1	169.0
1976	288.8	105.6	1 094.2	834.2	429.8	197.1
1977	328.4	110.5	1 353.8	1 058.6	502.4	167.9
1978	386.1	123.9	1 672.9	1 202.5	514.4	198.6
1979	411.2	125.3	1 790.0	1 546.4	542.7	222.4
1980	427.3	127.2	1 917.1	1 353.1	535.1	260.5
1981	432.4	132.9	1 840.4	1 227.2	546.9	286.3
1982	473.9	158.8	1 897.5	1 358.5	623.4	312.9
1983	530.3	187.4	2 013.2	1 344.9	656.5	401.2
1984	611.5	209.6	2 472.3	1 488.8	673.5	472.2
1985	692.8	274.3	3 016.2	1 767.2	765.8	545.3
1986	726.1	207.9	3 335.9	1 818.4	822.5	568.7
1987	800.2	211.9	3 843.0	1 772.9	993.6	652.3
1988	890.4	217.6	4 385.2	1 984.6	1 111.4	803.5
1989	921.1	221.8	4 677.7	1 721.2	1 174.4	774.2
1990	957.9	230.9	4 906.9	1 476.8	1 076.7	892.6
1991	1 037.4	236.9	5 304.4	1 847.5	1 185.4	1 093.4

注:本表按可比价格计算,村及村以下办工业产值包括在工业产值中,指数减 100 为增减速度。

历年国民收入指数

(以上年为100)

年份	国民收入总额	农业	工业	建筑业	运输邮电业	商业
1949	100.0	100.0	100.0	100.0	100.0	100.0
1952	128.6	123.5	150.1	128.0	143.7	126.3
1953	99.4	88.4	105.4	141.5	121.8	132.9
1954	107.0	103.8	118.4	108.6	113.2	101.8
1955	109.7	112.0	113.5	99.4	102.6	100.1
1956	103.3	88.9	127.7	164.6	118.4	110.9
1957	106.5	112.2	98.1	105.8	116.9	99.2
1958	120.5	102.9	153.3	164.2	154.0	109.5
1959	114.5	95.0	150.4	103.2	131.5	106.1
1960	97.7	82.0	112.9	91.2	106.3	95.0
1961	63.9	80.9	51.5	37.7	57.2	78.1
1962	89.5	101.9	76.2	81.5	92.7	91.1
1963	94.1	84.1	104.6	137.9	107.8	103.7
1964	126.3	136.2	123.9	140.1	109.3	104.1
1965	126.2	127.0	124.2	118.0	131.1	102.2
1966	112.9	105.9	114.9	119.2	116.8	120.1
1967	96.3	100.0	95.8	93.0	82.3	104.0
1968	99.9	97.5	113.1	93.7	95.8	92.4
1969	121.1	108.2	128.9	157.3	119.8	118.1
1970	117.1	102.8	131.5	117.7	119.8	110.6
1971	102.4	92.8	113.0	116.3	109.9	100.7
1972	95.8	86.6	101.4	104.9	106.6	101.0
1973	109.1	111.7	109.5	102.1	106.1	105.6
1974	105.8	105.7	110.0	112.1	96.6	95.7
1975	110.9	110.4	115.2	112.1	104.8	84.5
1976	100.6	89.1	111.8	96.0	93.6	116.6
1977	113.7	104.6	124.0	126.9	116.9	85.2
1978	117.6	112.1	123.3	113.6	102.4	118.3
1979	106.5	101.1	107.0	128.6	105.5	112.0
1980	103.9	101.5	107.1	87.5	98.6	117.1
1981	101.2	104.5	96.0	90.7	102.2	109.9
1982	109.6	119.5	103.1	110.7	114.0	109.3
1983	111.9	118.0	106.1	99.0	105.3	128.2
1984	115.3	112.0	122.8	110.7	102.6	117.7
1985	113.3	102.1	122.0	118.7	113.7	115.5
1986	104.8	97.0	110.6	102.9	107.4	104.3
1987	110.2	101.9	115.2	97.5	120.8	114.7
1988	111.3	102.7	114.1	111.9	111.9	123.2
1989	103.5	101.9	106.7	86.7	105.7	96.4
1990	104.0	104.1	104.9	85.8	91.7	115.3
1991	108.3	102.6	108.1	125.1	110.1	122.5

注：本表按可比价格计算，村及村以下办工业产值包括在工业产值中，指数减100为增减速度。

历年国民收入使用、消费和积累及其比例

年份	国民收入使用额（亿元）	消费额（亿元）	积累额（亿元）	消费率（%）	积累率（%）
1952	31.59	25.91	5.68	82.0	18.0
1953	35.13	29.67	5.46	84.5	15.5
1954	38.36	31.37	6.99	81.8	18.2
1955	42.25	33.25	9.00	78.7	21.3
1956	44.81	35.40	9.41	79.0	21.0
1957	49.26	37.47	11.79	76.1	23.9
1958	65.88	41.68	24.20	63.3	36.7
1959	68.41	43.14	25.27	63.1	36.9
1960	71.92	43.98	27.94	61.2	38.8
1961	57.16	43.08	14.08	75.4	24.6
1962	36.91	41.40	—4.49	112.1	—12.1
1963	49.50	42.12	7.38	85.1	14.9
1964	52.72	43.67	9.05	82.8	17.2
1965	58.43	46.42	12.01	79.4	20.6
1966	58.35	49.40	8.95	84.7	15.3
1967	64.49	51.24	13.25	79.5	20.5
1968	65.99	52.07	13.92	78.9	21.1
1969	72.99	55.99	17.00	76.7	23.3
1970	83.23	60.07	23.16	72.2	27.8
1971	91.78	63.15	28.63	68.8	31.2
1972	88.38	61.70	26.68	69.8	30.2
1973	95.33	67.50	27.83	70.8	29.2
1974	102.86	70.84	32.02	68.9	31.1
1975	112.16	73.41	38.75	65.5	34.5
1976	111.04	74.87	36.17	67.4	32.6
1977	118.62	77.29	41.33	65.2	34.8
1978	134.82	87.78	47.04	65.1	34.9
1979	148.74	98.27	50.47	66.1	33.9
1980	154.64	107.91	46.73	69.8	30.2
1981	158.49	121.04	37.45	76.4	23.6
1982	184.91	130.04	54.87	70.3	29.7
1983	213.07	147.12	65.95	69.0	31.0
1984	257.38	174.25	83.13	67.7	32.3
1985	328.32	214.57	113.75	65.4	34.6
1986	363.04	245.02	118.02	67.5	32.5
1987	425.48	297.26	128.22	69.9	30.1
1988	543.96	368.23	175.73	67.7	32.3
1989	615.94	401.72	214.22	65.2	34.8
1990	665.85	438.61	227.24	65.9	34.1
1991	744.04	482.50	261.54	64.8	35.2

注：本表按当年价格计算．国民收入使用额不等于国民收入总额，是由于流出流入差额和计算误差的影响。

历年人均国民收入和百元积累增加的国民收入

年份	人均国民收入（元）	积累额（亿元）	# 生产性	百元积累增加的国民收入（元）	# 生产性
1949	69				
1952	111	5.68	2.90	125.2	245.2
1953	114	5.46	2.65	32.2	66.4
1954	118	6.99	3.50	35.9	71.7
1955	125	9.00	4.68	38.2	73.5
1956	124	9.41	6.45	6.0	8.7
1957	128	11.99	7.12	18.2	30.6
1958	152	24.20	18.90	41.4	53.0
1959	174	25.27	21.05	37.1	44.6
1960	172	27.94	24.98	−2.3	−2.7
1961	128	14.08	11.19	−116.6	−146.8
1962	112	−4.49	2.00	121.2	−272.0
1963	101	7.38	4.80	−46.6	71.9
1964	126	9.05	5.29	115.9	198.3
1965	159	12.01	8.27	118.2	171.6
1966	172	8.95	5.97	74.4	111.6
1967	164	13.35	10.36	14.2	−18.2
1968	163	13.92	10.65	8.4	11.0
1969	227	17.00	12.48	66.3	90.3
1970	205	23.16	16.33	46.2	65.5
1971	207	28.63	20.96	10.3	14.1
1972	195	26.68	20.12	−15.2	−20.2
1973	209	27.83	20.18	30.4	42.0
1974	218	32.02	23.69	18.6	25.1
1975	236	38.75	28.02	24.9	34.4
1976	234	36.17	27.89	0.7	1.0
1977	267	41.33	29.72	41.6	57.8
1978	315	47.04	34.12	54.3	74.8
1979	345	50.47	28.09	23.8	60.7
1980	367	46.73	25.49	28.1	51.5
1981	364	37.45	15.50	3.0	7.2
1982	398	54.87	32.69	39.9	66.9
1983	443	65.95	34.61	41.3	78.8
1984	517	83.13	60.64	52.2	71.6
1985	618	113.75	80.44	51.7	73.2
1986	672	118.02	74.32	29.5	46.9
1987	791	128.22	86.18	56.7	84.4
1988	986	175.73	123.68	67.6	96.0
1989	1 113	214.22	144.10	38.5	57.3
1990	1 148	227.24	136.89	23.3	38.64
1991	1 276	261.54	146.98	34.3	61.1

注：本表按当年价格计算。

社会劳动生产率

(1985—1991年)　　单位:元/人.年

年份	社会劳动者人均社会总产值	社会劳动者人均国民收入	社会劳动生产率		工业社会劳动生产率		农业社会劳动生产率	
			按社会总产值计算	按国民收入计算	按工业总产值计算	按工业净产值计算	按农业总产值计算	按农业净产值计算
绝对数								
1985	2 953	1 340	3 158	1 433	11 617	4 299	994	698
1986	3 272	1 450	3 511	1 556	11 385	4 178	1 088	751
1987	3 857	1 676	4 152	1 804	13 286	4 780	1 247	839
1988	4 897	2 050	5 274	2 208	16 337	5 599	1 569	1 007
1989	5 637	2 293	6 059	2 465	19 553	6 417	1 806	1 147
1990	6 033	2 417	6 478	2 596	21 438	6 815	2 009	1 253
1991	6 866	2 643	7 373	2 838	25 158	7 629	2 027	1 250
比上年增长%								
1985	12.99	11.77	13.50	12.29	—3.06	—1.24	10.41	9.06
1986	5.79	2.95	6.09	3.23	—5.74	—6.68	3.48	1.92
1987	9.56	6.71	9.93	7.02	8.69	6.24	4.12	1.41
1988	12.99	7.59	13.08	7.70	11.96	6.90	5.94	0.93
1989	3.01	1.07	2.81	0.83	6.72	4.65	—0.67	—1.77
1990	2.73	1.35	2.63	1.24	7.00	5.10	0.68	—0.61
1991	12.50	5.04	12.20	5.01	13.40	6.98	3.40	—1.98
比1985年增长%								
1986	5.79	2.95	6.09	3.23	—5.74	—6.68	3.48	1.92
1987	15.90	9.90	16.60	10.50	2.50	—1.0	7.70	3.40
1988	31.00	18.20	31.90	19.00	14.70	6.00	14.1	4.30
1989	34.90	19.50	35.60	20.00	22.40	10.9	13.4	2.50
1990	38.60	21.10	39.20	21.50	31.00	16.6	14.1	1.80
1991	55.90	27.20	60.60	27.60	48.60	24.7	18.0	—0.20

注:本表绝对数按当年价格计算,增长速度按可比价格计算。

国民经济综合经济效益指标

指标	单位	1978年	1985年	1990年	1991年
国民收入占社会总产值比重	%	43.66	45.37	40.15	38.49
每一社会劳动者创造的国民收入	元	742.00	1 340.00	2 416.00	2 643.00
百元积累新增国民收入	元	54.30	51.70	23.30	34.30
百元生产性积累新增国民收入	元	24.80	73.20	38.60	61.10
社会总产值物耗率	%	56.34	54.63	59.85	61.51
工业	%	64.40	62.99	68.21	69.67
农业	%	33.26	29.78	37.66	38.35
建筑业	%	69.01	70.94	72.22	71.19
运输邮电业	%	47.47	45.46	49.45	52.06
商业饮食业	%	43.98	47.22	37.06	38.59
国民收入物耗率	%	129.10	120.40	149.10	159.80
工业	%	180.90	170.20	214.60	229.80
农业	%	49.80	50.00	60.40	62.20
建筑业	%	222.60	244.10	259.90	247.10
运输邮电业	%	90.40	83.30	97.80	108.60
商业饮食业	%	78.50	89.50	58.90	62.80
每人平均消费额	元	160.00	354.00	664.00	715.00
农民	元	133.00	308.00	539.00	564.00
非农业居民	元	390.00	650.00	1 411.00	1 585.00

国民经济主要指标年平均每人水平

指　　标	单　位	1978 年	1985 年	1990 年	1991 年
一、社会总产值	元	**721.00**	**1 362.00**	**2 913.00**	**3 326.00**
#工农业总产值	元	587.00	1 093.00	2 460.00	2 762.00
二、国民收入	元	**315.00**	**618.00**	**1 167.00**	**1 280.00**
三、国民生产总值	元	**364.00**	**719.00**	**1 375.00**	**1 552.00**
四、主要农产品产量					
粮　　食	公斤	336.00	356.00	378.00	367.00
棉　　花	公斤	2.33	11.39	9.48	10.24
油　　料	公斤	4.87	15.75	12.44	11.78
鲜　　果	公斤	15.81	29.02	29.15	31.84
猪、牛、羊肉	公斤	8.29	14.84	20.13	21.19
水 产 品	公斤	2.76	2.31	3.63	3.83
蔬　　菜	公斤	4.38	6.68	192.19	187.94
五、主要工业产品产量					
纱	公斤	3.80	4.22	5.57	5.50
布	公斤	16.33	18.07	21.08	20.23
原　　煤	公斤	1 142.00	1 089.00	1 037.00	992.00
原　　油	公斤	343.00	187.00	95.00	87.00
发 电 量	千瓦小时	336.00	477.00	613.00	663.00
钢	公斤	28.94	45.15	63.74	67.92
成品钢材	公斤	18.73	34.71	46.72	51.45
生　　铁	公斤	44.26	51.53	86.59	95.33
水　　泥	公斤	91.19	170.86	217.63	258.01
平板玻璃	重量箱	0.07	0.14	0.18	0.19
六、全省地方预算内财政收入	元	**89.70**	**81.83**	**134.80**	**146.47**
七、商　　业					
主要商品零售量					
粮　　食	公斤	46.96	88.75	52.18	51.77
食用植物油	公斤	0.60	3.10	3.14	3.10
鲜　　蛋	公斤	0.28	0.53	0.76	0.89
水 产 品	公斤	0.80	0.69	1.43	1.41
食　　糖	公斤	2.17	4.89	2.48	2.42
布	米	7.56	6.89	2.82	1.78
呢　　绒	米		0.21	0.13	0.12
服　　装	件		0.49	0.59	0.57
八、人民生活					
职工平均生活	元	592	1 075	2 019	2 156
#全民所有制单位	元	608	1 128	2 166	2 314
集体所有制单位	元	512	901	1 522	1 629
城镇居民家庭生活费收入	元	276	631	1 397	1 489
城镇居民家庭生活费支出	元	275	606	1 278	1 336
农民家庭纯收入	元	114	385	622	657
农民家庭生活消费支出	元	95	298	486	558
城乡居民储蓄存款净增额	元	2	42	233	221

历年货币流通量同相关指标的比较

（以货币流通量为 1）

年份	国民收入	农业、轻工业总产值	社会商品零售总额	国内商业商品库存	社会农副产品收购总额
1953	14.13	15.64	7.67	2.02	
1954	13.23	15.09	7.33	2.91	
1955	13.27	15.37	7.30	4.18	
1956	12.02	12.90	7.70	2.97	
1957	13.11	13.74	7.60	4.74	
1958	17.06	17.16	9.58	5.16	
1959	16.67	17.63	8.95	4.94	
1960	12.36	13.34	7.19	3.28	
1961	6.22	6.97	4.18	2.23	
1962	5.02	6.09	3.61	2.26	
1963	5.68	6.87	4.40	2.75	
1964	8.96	10.82	6.08	3.62	
1965	13.05	15.61	6.50	4.31	
1966	14.01	16.43	6.68	4.16	
1967	12.87	15.59	6.12	3.93	
1968	12.10	15.24	5.49	3.89	
1969	12.59	15.56	5.75	3.85	
1970	13.03	16.42	5.97	3.99	
1971	12.21	13.90	5.76	4.08	
1972	10.49	11.50	5.89	3.71	
1973	10.68	12.17	5.81	4.00	
1974	10.74	12.75	6.00	4.15	
1975	10.93	13.72	6.34	3.99	
1976	9.66	11.71	6.02	3.41	
1977	10.17	11.79	6.02	3.70	
1978	11.67	12.80	6.18	4.03	1.56
1979	11.32	12.31	6.04	3.56	1.84
1980	9.82	10.86	5.42	3.15	1.96
1981	8.38	9.69	4.95	2.87	1.74
1982	8.47	9.67	4.85	2.80	1.94
1983	7.93	9.07	4.59	2.47	2.32
1984	6.78	7.52	4.18	1.70	2.14
1985	6.11	6.64	3.67	1.23	1.57
1986	5.46	6.02	3.35	1.24	1.74
1987	5.38	6.03	3.25	1.03	1.18
1988	4.89	5.74	3.06	0.84	1.13
1989	4.55	5.62	2.63	0.96	1.01
1990	4.60	5.91	2.56	0.99	1.02
1991	4.91	6.27	2.69	1.01	1.05

注：本表按当年价格计算。

人　口、劳 动 力 和 工　资

历年全省总人口及人口自然变动

年　份	总人口（万人）	# 男	# 非农业人口	出生率（‰）	死亡率（‰）	自然增长率（‰）
1949	3 086	1 564	207	27.3	12.7	14.6
1952	3 272	1 653	258	29.2	12.1	17.1
1953	3 343	1 688	271	29.5	11.5	18.0
1954	3 443	1 743	298	32.6	12.1	20.5
1955	3 529	1 789	308	32.3	11.6	20.7
1956	3 589	1 821	323	29.3	11.3	18.0
1957	3 670	1 865	363	29.6	11.3	18.3
1958	3 732	1 898	433	24.5	10.9	13.5
1959	3 791	1 933	490	23.1	12.3	10.8
1960	3 779	1 923	481	20.5	15.8	4.7
1961	3 795	1 922	406	15.1	13.6	1.5
1962	3 884	1 961	338	28.7	9.1	19.6
1963	3 956	2 018	345	38.6	11.2	27.4
1964	3 997	2 044	357	33.6	10.9	22.7
1965	4 087	2 084	367	32.9	8.7	24.2
1966	4 183	2 133	368	29.2	8.7	20.2
1967	4 254	2 170	375	25.7	7.2	18.6
1968	4 347	2 217	373	26.9	6.5	20.3
1969	4 445	2 267	371	24.7	6.5	18.2
1970	4 550	2 320	381	26.7	6.5	20.2
1971	4 640	2 367	401	25.1	6.5	18.6
1972	4 728	2 416	446	25.3	7.2	18.1
1973	4 804	2 456	468	21.9	6.6	15.3
1974	4 862	2 487	476	18.2	6.8	11.4
1975	4 913	2 515	495	17.8	7.2	10.5
1976	4 943	2 535	505	18.4	11.4	7.0
1977	4 998	2 563	525	19.6	6.8	15.3
1978	5 057	2 595	553	20.9	6.5	11.4
1979	5 105	2 620	589	20.0	6.4	10.5
1980	5 168	2 651	614	20.5	6.5	14.0
1981	5 256	2 692	637	24.0	6.1	17.9
1982	5 356	2 742	668	19.4	5.9	13.4
1983	5 420	2 777	692	17.9	6.6	11.3
1984	5 487	2 815	728	16.7	5.4	11.3
1985	5 548	2 852	757	17.1	5.3	11.3
1986	5 627	2 893	784	20.4	6.1	14.3
1987	5 710	2 936	812	22.5	6.0	16.5
1988	5 795	2 978	840	20.4	5.5	14.9
1989	5 881	3 021	871	20.2	5.4	14.8
1990	6 159	3 147	885	20.5	6.8	13.7
1991	6 220	3 167	904	16.6	6.7	9.8

注：1986－1991年人口数，是根据人口变动抽样调查数据推算的，其他年度为省公安厅处报数；人口"三率"1973－1980年是根据第三次人口普查资料计算的，1984年以后是根据人口变动抽样调查资料计算的，其他年度为省公安厅年报数。

各市地人口数

(1991年)　　单位:万人

市地名称	总人口	按农业非农业分		按城乡分	
		农业人口	非农业人口	市镇总人口	乡村总人口
全省总计	**6 219.85**	**5 315.83**	**904.02**	**2 889.21**	**3 330.64**
石家庄市	286.50	167.75	118.75	191.04	95.46
唐山市	662.77	516.13	146.64	352.00	310.77
秦皇岛市	249.19	119.47	49.72	126.98	122.21
邯郸市	212.79	123.17	89.62	182.76	30.03
邢台市	84.66	52.32	32.34	42.73	41.93
保定市	168.99	115.49	53.50	83.61	85.38
张家口市	101.20	44.51	56.69	73.83	27.37
承德市	84.66	56.53	28.13	60.55	24.11
廊坊市	343.32	306.28	37.04	196.26	147.06
沧州市	133.29	103.62	29.67	64.85	68.44
邯郸地区	551.32	525.87	25.45	150.75	400.57
邢台地区	523.06	492.73	30.33	196.09	326.97
石家庄地区	522.09	493.38	28.71	246.93	275.16
保定地区	812.27	755.99	56.28	326.38	485.89
张家口地区	323.49	296.56	26.93	92.98	230.51
承德地区	254.21	234.48	19.73	101.26	152.95
沧州地区	480.89	439.38	41.51	302.76	178.13
衡水地区	388.47	355.49	32.98	97.45	291.02

注:全省总计数字中,总人口是省统计局抽样调查推算,非农业人口、市镇总人口数字系省公安厅年报数字;农业人口、乡村总人口系总人口数扣除非农业人口、市镇人口后的数字各地市数是省公安厅年报数字。

各市市区(含郊区)人口数

(1991年)　　单位:万人

市名称	市区人口数	按性别分		按农业非农业分	
		男	女	农业人口	非农业人口
总计	**1 551.68**	**799.17**	**752.51**	**920.50**	**631.18**
省辖市合计	**760.59**	**398.54**	**362.05**	**213.51**	**547.08**
石家庄市	133.65	69.58	64.07	25.49	108.16
唐山市	152.49	78.54	73.95	46.45	106.04
秦皇岛市	51.41	26.34	25.07	13.78	37.63
邯郸市	113.41	62.15	51.26	18.53	94.88
邢台市	41.07	22.42	18.65	10.07	31.00
保定市	63.33	33.23	30.10	14.48	48.85
张家口市	72.30	37.37	34.93	17.00	55.30
承德市	37.48	19.50	17.98	12.43	25.05
廊坊市	60.00	30.97	29.03	44.66	15.34
沧州市	35.45	18.44	17.01	10.62	24.83
省辖县(市)合计	**64.12**	**32.67**	**31.45**	**60.21**	**3.91**
武安市	64.12	32.67	31.45	60.21	3.91
地辖市合计	**726.97**	**367.96**	**359.01**	**646.78**	**80.19**
霸州市	49.38	24.94	24.44	45.35	4.03
南宫市	43.83	21.92	21.91	41.10	2.73
沙河市	42.33	21.43	20.90	35.61	6.72
辛集市	59.45	30.07	29.38	53.46	5.99
晋州市	48.27	24.19	24.08	46.06	2.21
藁城市	69.36	35.29	34.07	66.36	3.00
涿州市	52.29	26.80	25.49	43.11	9.18
定州市	104.26	52.22	52.04	96.84	7.42
安国市	36.63	18.68	17.95	34.04	2.59
任丘市	70.09	35.56	34.53	58.09	12.00
泊头市	50.43	25.54	24.89	43.05	7.38
黄骅市	43.28	21.96	21.32	38.35	4.93
河间市	71.94	36.26	35.68	68.58	3.36
衡水市	33.70	17.29	16.41	22.84	10.86

全省劳动力资源总数

(1985—1991年)　　单位:万人

年　份	劳动力资源总数	# 社会劳动者人数	劳动力资源利用率(%)	劳动力资源占总人口数的(%)
1985	3 428.51	2 555.43	74.5	61.8
1986	3 519.25	2 626.41	74.6	62.5
1987	3 569.80	2 725.75	76.4	62.5
1988	3 616.04	2 808.33	77.7	62.4
1989	3 679.70	2 857.92	77.7	62.5
1990	3 777.20	2 955.50	78.2	61.8
1991	3 809.98	3 040.30	79.8	61.25

分行业社会劳动者人数

(1978—1991年)　　单位:万人

年　份	合计	农、林、牧渔、水利业	工　业	地质普查和勘探业	建筑业	交通运输邮电通讯业	商业、公共饮食业、物资供销和仓储业
1978	2 109.39	1 621.61	251.10	8.04	41.72	28.35	51.49
1979	2 141.50	1 614.32	268.79	8.40	47.10	30.28	56.23
1980	2 182.80	1 637.42	272.85	8.54	48.16	30.59	63.50
1981	2 264.23	1 699.67	274.63	9.03	50.63	30.90	75.17
1982	2 346.57	1 741.50	282.72	8.94	62.96	36.49	84.68
1983	2 489.26	1 835.05	283.20	9.26	68.54	43.57	112.09
1984	2 533.57	1 762.57	324.40	9.92	101.57	59.52	125.71
1985	2 555.43	1 603.36	426.12	10.35	131.37	64.62	159.40
1986	2 626.41	1 602.21	463.13	10.50	144.29	70.11	164.88
1987	2 725.75	1 615.62	501.56	10.60	151.67	74.50	184.40
1988	2 808.33	1 659.62	528.15	11.01	162.18	81.39	178.66
1989	2 857.92	1 739.11	521.39	10.48	152.95	81.40	166.53
1990	2 955.47	1 820.51	526.49	10.28	153.65	84.74	167.10
1991	3 040.30	1 905.27	532.35	10.23	157.69	86.15	149.41

年　份	房地产管理公用事业居民服务和咨询服务业	卫生、体育和社会福利事业	教育、文化艺术和广播电视事业	科学研究、和综合技术服务事业	金融保险业	国家机关、政党机关和社会团体	其他
1978	8.62	12.23	57.95	2.52	3.40	22.36	—
1979	11.73	13.23	59.78	2.73	4.33	24.58	—
1980	13.24	13.64	60.51	2.87	4.96	26.52	—
1981	16.08	14.06	57.54	2.97	5.25	28.30	—
1982	15.90	13.40	58.32	3.52	5.53	32.88	—
1983	18.89	16.31	55.14	4.28	5.73	37.20	—
1984	22.91	18.67	55.35	4.13	6.20	42.62	—
1985	24.12	20.76	58.51	4.32	8.00	44.50	—
1986	26.63	21.84	60.97	4.68	9.09	48.08	—
1987	33.35	22.44	63.76	4.88	10.40	52.57	—
1988	27.34	23.39	64.94	5.04	11.70	54.91	—
1989	20.52	23.97	66.42	4.85	12.75	57.55	—
1990	21.41	24.65	67.86	5.08	13.76	59.94	—
1991	21.44	25.66	69.70	5.29	14.58	62.53	—

按经济类型分的各行业社会劳动者人数

(1991年)　　　　单位:万人

行　　业	合　计	全民所有制职工	城镇集体所有制职　工	其他所有制职工	城镇个体劳动者和私营企业从业人员	乡　村劳动者
全省总计	**3 040.30**	**512.60**	**155.50**	**5.65**	**18.86**	**2 347.69**
1.农、林、牧、渔、水利业	1 905.27	20.75	0.76	0.01	—	1 883.76
2.工业	532.35	224.18	80.67	5.47	4.25	217.78
3.地质普查和勘探业	10.23	10.22	0.01	—	—	—
4.建筑业	157.69	35.91	19.76	0.01	0.63	101.37
5.交通运输、邮电通讯业	86.15	29.20	7.49	—	1.17	48.29
6.商业、饮食业、物资供销和仓储业	149.41	46.29	37.50	0.05	10.44	55.14
7.房地产、公用、居民服务和咨询业	21.44	12.02	2.90	0.11	1.99	4.43
8.卫生、体育和社会福利业	25.66	15.20	1.11	—	0.24	9.11
9.教育、文化艺术和广播电视事业	69.70	52.66	0.78	—	0.12	16.14
10.科学研究和综合技术服务业	5.29	4.21	0.08	—	0.02	0.98
11.金融、保险业	14.58	8.08	3.19	—	—	3.31
12.国家政党机关和社会团体	62.53	53.87	1.28	—	—	7.38

社会劳动者人数

(1978—1991年)　　　　单位:万人

	社会劳动者人数	按经济类型分					按三次产业分		
		全民所有制职工	城镇集体所有制职工	其他所有制单位职工	城镇个体劳动者和私营企业从业人员	乡村劳动者	第一产业	第二产业	第三产业
1978	2 109.39	369.83	75.27	—	0.07	1 664.22	1 621.61	292.83	194.95
1979	2 141.50	387.48	79.87	—	0.14	1 674.01	1 614.32	315.89	211.29
1980	2 182.80	394.27	82.56	—	1.34	1 704.63	1 637.42	321.01	224.37
1981	2 264.23	408.98	87.76	—	2.55	1 764.94	1 699.67	325.26	239.30
1982	2 346.57	421.81	91.12	—	3.05	1 830.59	1 741.50	345.68	259.39
1983	2 489.26	414.97	92.20	—	4.53	1 977.56	1 835.05	351.74	302.47
1984	2 533.57	405.00	125.34	0.65	8.24	1 994.34	1 762.57	425.77	345.23
1985	2 555.43	424.26	130.16	0.73	10.54	1 989.74	1 603.36	557.49	394.58
1986	2 626.41	445.04	135.23	0.95	10.90	2 034.29	1 602.21	607.42	416.78
1987	2 725.75	465.65	143.07	1.07	13.07	2 102.89	1 615.62	653.23	456.90
1988	2 808.33	482.29	146.98	2.05	20.15	2 516.86	1 659.62	690.33	458.38
1989	2 857.92	488.27	147.47	3.21	14.05	2 204.92	1 739.11	674.31	444.50
1990	2 955.47	497.19	151.61	3.91	14.10	2 288.66	1 820.50	680.20	454.80
1991	3 040.30	512.60	155.50	5.65	18.86	2 347.69	1 905.27	690.04	444.99

历年全省职工年末人数

单位:万人

年份	职工总数	# 全民所有制	# 集体所有制	# 女职工人数	# 全民所有制	# 集体所有制
1949	32.76	31.62	1.14			
1952	60.39	57.85	2.54		6.68	
1953	67.39	64.98	2.41			
1954	85.78	72.64	13.15			
1955	95.28	77.53	17.75			
1956	122.13	94.42	27.71			
1957	135.13	104.47	30.66		14.45	
1958	266.75	195.80	30.95			
1959	224.91	194.22	30.69			
1960	236.85	211.81	25.04		33.27	
1961	198.34	177.50	20.84		32.51	
1962	149.50	132.88	16.62		24.78	
1963	149.71	129.48	20.23		21.89	
1964	154.55	135.30	19.25		23.89	
1965	161.64	139.95	21.69		26.86	
1966	167.34	145.61	21.73		27.89	
1967	169.48	147.47	22.01			
1968	180.47	155.03	25.44			
1969	195.64	166.48	29.16			
1970	219.48	185.82	33.66	53.83	41.11	12.72
1971	256.35	217.41	38.94	64.73	49.93	14.80
1972	277.09	233.66	43.43	71.78	55.27	16.51
1973	283.56	238.35	45.21	73.72	56.31	17.41
1974	309.26	257.67	51.59	78.14	58.18	19.96
1975	344.99	289.52	55.47	85.54	63.36	22.18
1976	378.27	316.48	61.79	96.16	72.06	24.10
1977	414.04	350.26	63.78	112.46	87.55	24.91
1978	445.10	369.83	75.27	122.55	94.78	27.77
1979	467.35	387.48	79.87	137.89	104.40	33.49
1980	476.83	394.27	82.56	146.84	109.95	36.89
1981	496.74	408.98	87.76	155.52	116.35	39.17
1982	512.93	421.81	91.12	162.39	121.78	40.61
1983	507.17	414.97	92.20	163.04	121.77	41.27
1984	530.99	405.00	125.34	169.88	117.66	51.83
1985	555.15	424.26	130.16	177.64	123.99	53.32
1986	581.22	445.04	135.23	187.70	131.99	55.28
1987	609.79	465.65	143.07	199.39	140.36	58.54
1988	631.33	482.29	146.98	208.70	147.93	59.76
1989	638.95	488.27	147.47	216.00	152.76	61.57
1990	652.71	497.19	151.61	223.90	158.33	63.61
1991	673.75	512.60	155.50	231.10	164.24	64.20

注:全省职工人数,指全民、集体和各种其他所有制单位人数(下同)。

分行业职工人数

单位:万人

行业	1978年	1985年	1990年	1991年
全省总计	**445.10**	**555.15**	**652.71**	**673.75**
1.农、林、牧、渔、水利业	23.95	20.70	21.38	21.51
2.工业	217.05	256.81	304.03	310.32
3.地质普查和勘探业	8.04	10.35	10.28	10.23
4.建筑业	37.74	49.91	51.41	55.69
5.交通运输、邮电通讯业	27.87	32.90	35.61	36.69
6.商业、饮食业、物资供销和仓储业	51.39	67.39	81.64	83.83
7.房地产、公用、居民服务和咨询业	8.52	11.83	14.59	15.02
8.卫生、体育和社会福利业	10.25	12.85	15.42	16.31
9.教育、文化艺术和广播电视事业	32.56	42.92	51.80	53.44
10.科学研究和综合技术服务业	2.52	3.69	4.20	4.29
11.金融、保险业	3.40	6.70	10.61	11.27
12.国家政党机关和社会团体	21.80	39.10	51.74	55.15

各市地职工人数

(1991年)

单位:万人

市、地名称	全部职工				其中女职工			
	合计	全民所有制单位	城镇集体所有制单位	其他所有制单位	合计	全民所有制职工	城镇集体所有制职工	其他所有制职工
全省总计	**673.75**	**512.60**	**155.50**	**5.65**	**231.10**	**164.24**	**64.20**	**2.66**
石家庄市	84.51	66.78	16.40	1.33	31.69	23.54	7.45	0.70
唐山市	105.68	79.41	25.35	0.92	36.87	24.24	12.11	0.52
秦皇岛市	34.68	27.01	7.06	0.61	12.25	9.08	2.94	0.23
邯郸市	64.73	53.25	11.09	0.39	20.67	15.15	5.29	0.23
邢台市	25.06	20.33	4.72	0.01	8.68	6.37	2.31	—
保定市	32.07	24.09	7.59	0.39	12.70	8.87	3.62	0.21
张家口市	37.02	26.87	10.03	0.12	14.60	9.68	4.85	0.07
承德市	20.26	16.30	3.83	0.13	7.55	5.73	1.76	0.06
廊坊市	26.18	19.49	6.65	0.04	8.92	6.62	2.28	0.02
沧州市	17.97	12.49	5.41	0.07	6.94	4.24	2.68	0.02
邯郸地区	23.83	16.70	6.62	0.51	6.71	4.61	2.02	0.08
邢台地区	27.86	20.00	7.64	0.22	8.00	5.48	2.39	0.13
石家庄地区	28.27	20.05	8.05	0.17	9.27	6.35	2.84	0.08
保定地区	44.71	32.05	12.37	0.29	13.85	10.01	3.71	0.13
张家口地区	21.25	16.13	4.83	0.29	6.31	4.45	1.76	0.10
承德地区	15.29	11.96	3.27	0.06	4.52	3.30	1.18	0.04
沧州地区	36.86	29.23	7.56	0.07	12.17	9.55	2.58	0.04
衡水地区	24.03	16.97	7.03	0.03	8.10	5.67	2.43	—
在津单位	0.70	0.70	—	—	0.16	0.16	—	—
其他单位	2.79	2.79	—	—	1.14	1.14	—	—

分行业合同制职工人数

(1991年)

单位：万人

	合同制职工总人数	# 全民单位合同制职工人数	# 城镇集体单位合同制职工人数	合同制职工人数占全部职工人数的(%)
全省总计	**110.69**	**88.34**	**20.64**	**16.43**
1. 农、林、牧、渔、水利业	1.98	1.82	0.16	9.21
2. 工业	63.83	54.22	7.97	20.57
3. 地质普查和勘探业	0.75	0.74	0.01	7.33
4. 建筑业	7.60	5.91	1.69	13.65
5. 交通运输、邮电通讯业	6.37	5.80	0.57	17.36
6. 商业、饮食业、物资供销和仓储业	17.13	9.12	7.99	20.43
7. 房地产、公用、居民服务和咨询业	2.40	2.26	0.09	15.98
8. 卫生、体育和社会福利业	1.69	1.48	0.21	10.36
9. 教育、文化艺术和广播电视事业	1.66	1.54	0.12	3.11
10. 科学研究和综合技术服务业	0.28	0.28	—	6.53
11. 金融、保险业	2.43	0.76	1.67	21.56
12. 国家政党机关和社会团体	4.57	4.41	0.16	8.29

离休、退休、退职职工人数

单位：万人

	1978年	1985年	1990年	1991年
全省总计	**12.0**	**50.4**	**84.6**	**91.9**
全民所有制单位	10.0	38.7	67.2	72.7
单位支付	7.2	37.2	65.5	70.9
民政部门支付	2.8	1.5	1.7	1.8
城镇集体所有制单位	2.0	11.7	17.1	18.9
其他所有制单位	—	…	0.3	0.3
离退休、退职职工与在职职工人数之比(以离退休职工为1)				
全省总计	**37.1**	**11.0**	**7.7**	**7.3**
全民所有制单位	37.0	11.0	7.4	7.1
城镇集体所有制单位	37.6	11.1	8.9	8.2
其他所有制单位	—	73.0	13.4	18.8

历年全省职工工资总额

单位:万元

年份	合计	# 全民所有制单位	# 城镇集体所有制单位
1949	9 357	9 086	271
1952	24 245	23 393	852
1953	29 495	28 650	845
1954	39 304	34 434	4 870
1955	45 062	38 346	6 716
1956	62 156	50 760	11 396
1957	75 864	61 966	13 898
1958	91 674	79 107	12 567
1959	113 901	101 386	12 515
1960	125 659	115 252	10 407
1961	116 171	106 604	9 567
1962	97 735	89 214	8 521
1963	91 499	81 748	9 751
1964	96 997	87 487	9 510
1965	99 235	88 722	10 513
1966	100 207	89 948	10 259
1967	101 751	91 321	10 430
1968	103 444	91 905	11 539
1969	108 232	95 462	12 770
1970	118 670	103 934	14 736
1971	134 911	116 803	18 108
1972	154 936	134 102	20 834
1973	161 814	139 972	21 842
1974	172 023	147 454	24 569
1975	189 208	163 144	26 064
1976	203 504	175 339	28 165
1977	224 196	193 605	30 591
1978	256 463	219 056	37 407
1979	286 612	246 364	40 248
1980	340 513	292 414	48 099
1981	361 345	309 392	51 953
1982	388 608	331 108	57 500
1983	402 598	342 413	60 185
1984	476 302	383 238	92 547
1985	580 442	466 525	113 244
1986	716 788	579 844	135 878
1987	825 146	667 635	156 254
1988	1 035 447	841 302	190 789
1989	1 147 097	937 626	204 030
1990	1 293 229	1 064 042	221 831
1991	1 422 357	1 163 790	246 622

历年职工平均工资及指数

年份	平均货币工资(元) 全部职工	全民所有制	集体所有制	其他所有制	实际工资指数(以上年为100) 全部职工	全民所有制	集体所有制	其他所有制
1952	435	438	364					
1953	468	472	375		107.6	107.8	103.0	
1954	484	500	391		99.8	102.3	100.6	
1955	490	513	392		100.5	101.9	99.6	
1956	543	574	439		110.8	111.9	112.0	
1957	566	598	457		103.0	102.9	102.9	
1958	514	536	410		91.9	101.2	90.8	
1959	520	538	411		101.0	100.2	100.0	
1960	540	554	423		99.4	98.5	98.5	
1961	536	549	420		93.9	93.6	93.9	
1962	577	593	453		107.5	107.9	107.7	
1963	612	632	483		119.4	120.0	120.1	
1964	635	654	500		110.3	110.0	110.0	
1965	627	647	495		102.3	102.5	102.6	
1966	611	631	482		97.4	97.4	97.3	
1967	609	629	481		99.4	99.4	99.5	
1968	587	608	465		96.3	96.6	96.6	
1969	573	594	454		97.7	97.8	97.7	
1970	568	590	451		99.4	99.6	99.6	
1971	554	567	479		97.2	95.8	105.9	
1972	571	587	489		103.0	103.4	102.0	
1973	568	581	494		99.3	98.8	100.8	
1974	567	581	491		99.8	100.0	99.4	
1975	564	579	484		99.5	99.7	98.6	
1976	554	571	467		98.0	98.4	96.3	
1977	560	573	489		100.6	99.9	104.2	
1978	592	608	512		105.5	105.9	104.5	
1979	632	655	517		105.0	105.9	99.3	
1980	726	753	592		107.2	107.2	106.8	
1981	744	771	617		99.3	99.2	101.0	
1982	773	800	648		103.0	102.8	104.1	
1983	796	824	668		101.0	101.0	101.1	
1984	918	965	765	817	111.9	113.6	111.1	
1985	1 075	1 128	901	949	107.5	107.3	108.2	106.7
1986	1 268	1 338	1 035	1 180	111.3	111.9	108.4	117.3
1987	1 394	1 471	1 139	1 308	101.6	101.6	101.7	102.4
1988	1 688	1 788	1 351	1 910	102.4	102.7	100.3	123.4
1989	1 821	1 940	1 421	1 870	93.1	93.6	90.8	84.5
1990	2 019	2 166	1 522	2 002	109.6	110.3	105.8	105.8
1991	2 156	2 314	1 629	2 210	100.2	100.2	100.4	103.6

分行业职工工资总额

单位:万元

项　　目	1978 年	1985 年	1990 年	1991 年
全 省 总 计	**256 463**	**580 442**	**129 3229**	**1 422 357**
1.农、林、牧、渔、水利业	11 357	17 137	33 583	35 824
2.工业	128 474	267 918	612 014	671 740
3.地质普查和勘探业	5 762	15 389	31 131	35 358
4.建筑业	23 912	65 341	116 132	135 428
5.交通运输、邮电通讯业	18 690	39 617	85 110	93 502
6.商业、饮食业、物资供销和仓储业	26 471	59 091	129 854	138 087
7.房地产、公用、居民服务和咨询业	4 308	11 245	26 071	28 459
8.卫生、体育和社会福利业	5 254	12 353	30 931	34 300
9.教育、文化艺术和广播电视事业	16 210	43 841	102 135	108 986
10.科学研究和综合技术服务业	1 534	4 075	8 906	9 475
11.金融、保险业	1 709	6 546	19 096	20 898
12.国家政党机关和社会团体	12 782	37 889	98 266	110 298

各市地职工工资总额及平均工资

(1991 年)

市、地名称	职工工资总额(万元)	全民所有制单位	集体所有制单位	其他所有制单位	职工平均工资(元)	全民所有制单位	集体所有制单位	其他所有制单位
全省合计	**1 422 357.0**	**1 163 790.1**	**246 621.9**	**11 945.0**	**2 156**	**2 314**	**1 629**	**2 210**
石家庄市	195 519.8	162 106.2	30 242.3	3 171.3	2 374	2 501	1 867	2 386
唐山市	246 491.1	201 929.3	42 615.7	1 946.1	2 383	2 581	1 754	2 189
秦皇岛市	82 652.4	67 332.4	13 750.4	1 569.6	2 402	2 497	1 984	3 003
邯郸市	160 828.8	141 477.9	18 334.4	1 016.5	2 496	2 676	1 642	2 617
邢台市	56 763.5	49 267.9	7 478.8	16.8	2 329	2 495	1 620	2 338
保定市	65 868.7	53 778.0	11 248.7	842.0	2 086	2 264	1 510	2 309
张家口市	81 503.4	63 027.0	18 263.3	213.1	2 225	2 381	1 819	1 763
承德市	43 211.0	36 903.3	6 029.8	277.9	2 151	2 289	1 572	2 115
廊坊市	49 955.6	39 141.1	10 696.3	118.2	1 923	2 029	1 562	1 464
沧州市	34 387.4	25 990.6	8 311.6	85.2	1 964	2 143	1 609	3 330
邯郸地区	38 034.8	29 170.0	7 957.2	907.6	1 662	1 798	1 288	1 874
邢台地区	47 220.5	36 514.7	10 474.0	231.8	1 765	1 868	1 499	1 087
石家庄地区	44 846.1	54 501.3	10 115.8	229.0	1 667	1 793	1 349	1 498
保定地区	82 632.9	63 490.3	18 561.7	580.9	1 869	2 001	1 523	2 050
张家口地区	38 799.8	31 034.6	7 232.0	533.2	1 862	1 974	1 497	1 823
承德地区	26 905.6	22 221.2	4 614.9	69.5	2 214	1 901	1 458	1 805
沧州地区	79 377.3	68 060.8	11 224.9	91.6	1 731	2 394	1 524	1 411
衡水地区	40 431.4	30 916.6	9 470.1	44.7	—	1 857	1 419	1 643
在津单位	2 045.2	2 045.2	—	—	2 941	2 941	—	—
其他单位	4 881.7	4 881.7	—	—	1 855	1 855	—	—

城镇新就业人员安置情况

单位:万人

	1978年	1985年	1990年	1991年
全省合计	**22.40**	**32.70**	**28.90**	**38.30**
一、新就业人员的主要来源				
1.从城镇招收(含上山下乡知青)	10.80	10.10	11.20	9.00
2.吸收农村劳动力	6.20	12.00	5.00	12.30
3.统一分配复、退、转业军人	2.80	2.00	2.00	2.30
4.统一分配大、中专、技校毕业生	0.80	4.60	7.30	8.00
5.其他	1.80	4.00	3.40	6.70
二、新就业人员安置去向				
1.在全民单位就业	12.00	20.40	17.00	20.30
2.在集体单位就业	10.40	9.90	11.40	12.40
3.在其他所有制单位就业	—	0.10	0.50	0.80
4.从事个体和私营劳动就业	—	2.30	—	4.80

城镇待业人员及待业率情况

	1978年	1985年	1990年	1991年
一、年末待业人员实有数(万人)	32.10	3.60	7.67	6.05
#待业青年	—	2.70	6.70	5.14
#女青年	—	1.80	4.32	3.44
二、年末待业率(%)	6.73	0.63	1.14	0.87

农 村 经 济

全省农村基层组织和劳动力

项　　　目	单位	1991 年	1990 年
一、农村乡镇情况			
1. 乡政府	个	2 674	2 705.0
＃民族乡	个	74	90.0
2. 镇政府	个	675	662.0
3. 村民委员会	个	50 668	50 658.0
二、乡村户数、人口、劳动力			
乡村总户数	万户	1 339.9	1 325.5
乡村人口数	万人	5 262.3	5 211.6
乡村劳动力人数	万人	2 417.2	2 360.5
＃男劳动力	万人	1 327.4	1 311.8
按行业分：			
农林牧副渔业	万人	1 841.3	1 780.4
工业	万人	217.8	220.7
建筑业	万人	101.4	102.1
运输、邮电业	万人	48.3	48.1
商业、饮食业、物资供销、仓储业	万人	55.1	53.6
房地产管理、公用事业、居民服务和咨询服务业	万人	4.4	5.1
卫生、体育和社会福利业	万人	9.1	9.0
教育、文化艺术和广播电视业	万人	16.1	16.0
科学研究和综合技术服务业	万人	1.0	0.9
金融、保险业	万人	3.3	3.1
乡经济组织(乡务)管理	万人	117.4	8.2
其他	万人	112.0	113.4

注：乡村人口数是指户口在乡村的常住人口.本指标包括建制镇人口，故本表数字大于人口篇的乡村总人口。

全省耕地面积和增减情况

项　　　目	单位	1991 年	1990 年
一、年末实有耕地面积	**万亩**	**9 824.58**	**9 834.05**
＃全民所有制面积	万亩	150.35	138.42
占年末耕地面积比重	%	1.53	1.40
1. 水田	万亩	222.21	210.59
2. 旱地	万亩	9 602.37	9 623.46
＃水浇地	万亩	5 536.99	5 427.15
占耕地面积比重	%	56.36	55.19
二、当年增加的耕地面积	**万亩**	**1.61**	**6.46**
＃新开荒地面积	万亩	1.38	0.78
占增加耕地面积比重	%	85.71	12.07
三、当年减少的耕地面积	**万亩**	**11.08**	**13.09**
＃国家基建占地	万亩	4.69	4.86
占减少耕地面积比重	%	42.33	37.13
乡村基建占地	万亩	0.71	0.70
占减少耕地面积比重	%	6.41	5.35

历年全省耕地面积

单位:万亩

年份	年末实有耕地面积	旱地	#水浇地	水田	水田、水浇地占耕地面积%
1949	10 898.69	10 889.69	1 144.82	9.00	10.6
1952	11 424.62	11 390.13	1 409.78	34.49	12.6
1953	11 467.84	11 437.74	1 466.75	30.10	13.1
1954	11 465.15	11 430.41	1 501.23	34.74	13.4
1955	11 389.62	11 352.13	1 509.06	37.49	13.6
1956	11 394.16	11 323.93	1 960.18	70.23	17.8
1957	11 318.96	11 221.51	2 268.89	97.45	20.9
1958	10 897.60	10 647.50	2 857.07	250.10	28.5
1959	10 657.28	10 478.45	3 001.34	178.83	29.8
1960	10 507.45	10 343.90	2 764.57	163.55	27.9
1961	10 427.45	10 317.73	2 168.20	109.72	21.8
1962	10 430.75	10 322.89	1 928.12	107.86	19.5
1963	10 423.38	10 327.36	1 927.87	96.02	19.4
1964	10 488.30	10 380.60	1 975.42	107.70	19.9
1965	10 475.56	10 347.47	2 503.30	128.09	25.1
1966	10 437.18	10 349.43	3 353.46	87.75	33.0
1967	10 403.42	10 315.03	3 272.50	88.39	32.3
1968	10 356.55	10 269.77	3 459.80	86.78	34.2
1969	10 323.64	10 231.48	3 603.84	92.16	35.8
1970	10 274.33	10 134.61	3 877.76	139.72	39.1
1971	10 188.67	10 057.78	4 062.70	130.89	41.2
1972	10 087.31	9 966.49	4 200.39	120.82	42.8
1973	10 114.71	10 008.16	4 560.66	106.55	46.1
1974	10 099.30	9 992.70	4 864.00	106.60	49.2
1975	10 077.92	9 967.48	5 219.40	110.44	52.9
1976	10 040.44	9 915.65	5 340.73	124.79	54.4
1977	10 029.29	9 906.68	5 320.69	122.61	54.3
1978	10 012.51	9 856.34	5 334.09	156.17	54.8
1979	9 988.60	9 795.58	5 313.20	193.02	55.1
1980	9 972.02	9 773.93	5 235.28	198.09	54.5
1981	9 967.51	9 768.31	5 122.73	199.20	53.4
1982	9 961.71	9 752.23	5 132.25	209.48	53.6
1983	9 955.08	9 731.31	5 141.07	223.77	53.9
1984	9 943.00	9 745.96	5 180.23	197.04	54.1
1985	9 905.11	9 707.54	5 161.47	197.57	54.1
1986	9 888.03	9 694.86	5 137.95	193.17	53.9
1987	9 864.77	9 667.77	5 211.49	197.00	54.8
1988	9 851.16	9 653.08	5 245.69	198.08	55.3
1989	9 840.68	9 634.72	5 317.77	205.96	56.1
1990	9 834.05	9 623.46	5 427.15	210.59	57.3
1991	9 824.58	9 602.37	5 536.99	222.21	58.6

农村社会总产值及构成

年份	农村社会产值	农业	工业	建筑业	运输业	商业饮食业
绝对数(亿元)						
1978	130.84	75.86	35.56	11.48	3.60	4.34
1980	151.48	97.79	33.42	11.55	3.24	5.48
1983	212.40	139.22	41.50	17.71	3.19	10.78
1984	254.97	153.07	63.34	20.25	4.18	14.13
1985	321.03	167.33	103.06	28.92	5.12	16.60
1986	378.31	174.39	145.32	34.03	5.47	19.10
1987	476.99	200.66	203.67	39.04	12.78	20.84
1988	645.43	256.90	294.01	50.81	16.24	27.47
1989	764.61	306.99	358.20	51.89	20.03	27.50
1990	873.00	357.63	405.39	57.85	22.98	29.15
1991	997.10	377.64	496.12	64.74	25.73	32.87
构成(以农村社会总产值为100)						
1978	100	58.00	27.20	8.80	2.70	3.30
1980	100	64.60	22.10	7.60	2.10	3.60
1983	100	65.60	19.50	8.30	1.50	5.10
1984	100	60.00	24.90	7.90	1.60	5.60
1985	100	52.10	32.10	9.00	1.60	5.20
1986	100	46.10	38.40	9.00	1.40	5.10
1987	100	42.00	42.70	8.20	2.70	4.40
1988	100	39.80	45.50	7.90	2.50	4.30
1989	100	40.10	46.90	6.80	2.60	3.60
1990	100	41.00	46.50	6.60	2.60	3.30
1991	100	37.90	49.70	6.50	2.60	3.30

注:本表按当年价格计算。

农业总产值、物质消耗、净产值及构成

(1991年)

项目	金额(亿元)	构成%	项目	金额(亿元)	构成%
一、农业总产值	**377.64**	**100**	牧业物质消耗	36.50	25.20
种植业产值	242.91	64.32	副业物质消耗	5.58	4.04
林业产值	12.38	3.28	渔业物质消耗	5.57	3.97
牧业产值	94.79	25.10	**三、农业净产值**	**232.82**	**100**
副业产值	16.46	4.36	种植业净产值	150.13	64.48
渔业产值	11.10	2.94	林业净产值	8.44	3.62
二、农业物质消耗	**144.82**	**100**	牧业净产值	58.29	25.04
种植业物质消耗	92.78	64.07	副业净产值	10.61	4.56
林业物质消耗	3.94	2.72	渔业净产值	5.35	2.30

注:本表按当年价格计算。

农业总产值及构成

(1980—1991年)

年份	农业总产值	种植业	林业	牧业	副业	渔业
绝对数(亿元)						
1980	97.79	74.72	3.10	13.96	5.18	0.83
1981	100.23	77.64	2.62	16.16	3.20	0.61
1982	118.58	92.40	3.72	17.82	3.89	0.75
1983	139.22	113.00	4.05	16.89	4.56	0.72
1984	153.07	121.67	5.07	20.56	4.83	0.94
1985	167.33	123.42	6.15	31.15	5.24	1.37
1986	174.39	125.25	5.82	33.28	7.18	2.86
1987	200.66	137.80	6.83	43.63	8.11	4.29
1988	256.90	161.93	7.85	69.82	10.04	7.26
1989	306.99	193.43	8.75	79.83	17.43	7.55
1990	357.63	238.60	9.58	83.28	16.27	9.90
1991	377.64	242.91	12.38	94.79	16.46	11.10
构成(以农业社会总产值为100)						
1980	100	76.40	3.20	14.30	5.30	0.80
1981	100	77.50	2.60	16.10	3.20	0.60
1982	100	77.90	3.10	15.00	3.30	0.70
1983	100	81.20	2.90	12.10	3.30	0.50
1984	100	79.50	3.30	13.40	3.20	0.60
1985	100	73.80	3.70	18.60	3.10	0.80
1986	100	71.80	3.30	19.10	4.10	1.70
1987	100	68.70	3.40	21.80	4.00	2.10
1988	100	63.00	3.10	27.20	3.90	2.80
1989	100	63.00	2.90	26.00	5.70	2.40
1990	100	66.70	2.70	23.30	4.50	2.80
1991	100	64.30	3.30	25.10	4.40	2.90

注:本表按当年价格计算。

主要年份农业总产值指数

(以上年为100)

年份	农业总产值	种植业	林业	牧业	副业	渔业
1952	119.7	123.7	124.8	108.8	110.3	112.6
1957	118.6	122.6	101.0	103.3	94.1	91.7
1962	101.5	100.8	81.5	116.0	102.4	86.5
1965	124.3	125.7	116.4	119.6	124.0	75.9
1970	111.3	112.3	100.8	121.4	93.0	147.6
1975	103.1	98.8	118.9	116.6	139.4	127.7
1978	122.1	128.4	113.1	97.0	93.8	101.5
1980	93.8	93.5	96.2	104.3	75.3	100.9
1985	103.3	98.2	104.6	131.1	108.2	126.2
1990	105.4	107.2	107.3	107.1	78.1	143.7
1991	103.6	102.2	104.3	106.7	101.6	111.4

注:本表按可比价格计算。

历年全省主要农作物总播种面积

单位:万亩

年份	总播种面积	#粮食作物播种作物	#夏收	#经济作物播种面积	#棉花	#油料
1949		10 864.3	2 432.3	1 461.0	938.1	484.0
1952	13 607.1	11 128.2	2 451.2	2 062.7	1 467.1	523.3
1953	13 652.7	11 469.3	2 506.1	1 851.3	1 350.2	455.3
1954	14 308.6	11 734.0	3 225.7	2 218.7	1 616.7	548.4
1955	14 003.6	11 323.3	3 058.8	2 270.0	1 645.3	565.6
1956	14 408.8	11 446.0	3 107.0	2 425.6	1 720.7	647.2
1957	14 561.8	11 974.8	3 712.3	2 009.4	1 403.7	537.9
1958	13 727.2	11 046.0	3 133.8	2 002.8	1 437.1	513.3
1959	13 329.7	10 601.3	3 333.3	2 022.4	1 437.1	571.9
1960	12 941.5	10 179.6	3 223.7	1 946.0	1 382.5	486.1
1961	13 144.4	10 529.8	3 088.4	1 579.4	1 156.1	371.1
1962	12 705.5	10 628.3	2 693.7	1 361.9	1 001.7	313.1
1963	12 703.0	10 457.1	2 622.5	1 649.6	1 239.8	353.2
1964	13 405.7	11 303.5	3 542.4	1 578.2	1 097.6	477.3
1965	12 922.7	10 823.2	2 968.0	1 573.2	1 074.7	430.9
1966		11 333.4	3 002.8	1 250.0	781.0	419.7
1967		11 243.6	3 174.2	1 352.3	837.3	456.7
1968		11 038.7	3 033.4	1 379.8	892.0	431.9
1969		11 245.9	3 214.4	1 378.6	889.9	438.7
1970		11 506.1	3 417.6	1 329.9	871.2	409.9
1971	13 368.1	11 495.3	3 546.1	1 339.9	858.0	412.7
1972	13 183.8	11 260.5	3 518.3	1 339.9	848.2	410.2
1973	13 612.4	11 665.5	3 820.2	1 345.9	820.4	422.3
1974	14 120.1	12 092.2	4 347.4	1 388.7	861.7	422.5
1975	14 172.2	12 081.2	4 432.3	1 445.6	873.5	450.4
1976	14 217.4	12 112.9	4 563.5	1 417.5	855.3	436.4
1977	13 981.2	11 916.6	4 338.4	1 365.5	823.0	404.4
1978	14 056.3	11 924.1	4 468.7	1 438.7	864.9	450.3
1979	13 864.8	11 643.7	4 372.9	1 517.9	836.1	575.6
1980	13 520.9	11 230.8	4 055.7	1 610.8	823.1	691.5
1981	13 249.4	10 965.7	3 829.6	1 613.2	795.7	742.1
1982	12 902.5	10 390.4	3 408.5	1 855.6	1 048.2	734.6
1983	13 010.8	10 354.8	3 547.7	2 030.4	1 239.1	706.3
1984	13 062.0	9 983.9	3 578.0	2 439.6	1 570.3	781.5
1985	12 971.7	9 739.1	3 551.2	2 516.3	1 275.4	1 124.7
1986	13 159.3	10 241.0	3 759.3	2 135.4	1 061.2	983.0
1987	13 035.2	10 031.8	3 547.0	2 245.2	1 237.3	940.4
1988	13 180.3	9 988.5	3 650.3	2 395.7	1 392.6	926.5
1989	13 147.4	10 140.7	3 691.5	2 240.9	1 317.2	845.8
1990	13 180.1	10 241.7	3 772.5	2 253.2	1 366.4	815.3
1991	13 222.2	10 197.0	3 802.5	2 346.8	1 432.8	838.6

全省主要农作物分品种播种面积和产量

作物名称	播种面积(万亩)		总产量(万吨)		每亩产量(公斤)	
	1991年	1990年	1991年	1990年	1991年	1990年
农作物总播种面积	**13 222.2**	**13 180.1**				
一、粮食	**10 197.0**	**10 241.7**	**2 268.7**	**2 276.9**	**222.0**	**222.3**
#夏收粮食	3 802.5	3 772.5	903.8	929.8	238.0	246.5
1. 稻谷	225.5	221.6	89.1	91.6	395.0	413.4
2. 小麦	3 792.0	3 762.5	900.4	927.7	237.4	246.6
3. 薯类	635.8	650.5	130.6	138.6	205.0	213.1
#马铃薯	167.3	167.5	14.1	25.5	84.0	152.0
4. 玉米	3 083.5	3 061.2	906.1	829.2	294	270.9
5. 高粱	212.8	250.4	40.8	47.8	192	191.0
6. 谷子	764.2	823.5	93.7	113.0	123	137.2
7. 大豆	646.0	605.2	56.6	53.5	88	88.4
二、经济作物	**2 346.8**	**2 253.2**				
1. 棉花	1 432.8	1 366.4	63.4	57.1	44	42.0
2. 油料	838.6	815.3	72.9	74.9	87	92.0
#花生	448.2	444.4	60.2	57.8	134	130.0
油菜籽	49.1	41.5	1.7	2.3	34	56.0
芝麻	86.4	89.6	2.9	2.7	34	31.0
胡麻籽	151.4	141.7	2.8	4.7	19	33.0
葵花籽	98.7	92.3	5.1	7.0	51	76.0
3. 麻类	12.8	13.6	2.0	2.0	155	149.0
#黄红麻	10.6	10.8	1.9	1.8	174	168.0
大麻	1.4	1.4	0.1	0.1	57	53.0
4. 糖料	19.1	11.6	23.0	12.3	1 201	1 068.0
#甜菜	19.1	11.6	23.0	12.3	1 201	1 068.0
5. 烟叶	22.4	18.2	2.6	2.2	118	121.0
#烤烟	14.3	10.8	1.5	1.2	105	107.0
三、其它农作物	**678.5**	**685.2**				
1. 蔬菜	432.8	432.7	1 163.3	1 157.0	2 688	2 674.0
2. 瓜类(果用瓜)	75.7	67.8	129.2	110.6	1 707	1 632.0
3. 青饲料	71.8	86.2	—	—	—	

历年全省主要农产品产量

年份	粮食总产量（万吨）	夏收	#小麦	秋收	#稻谷	#玉米	#大豆	#薯类
1949	469.5	90.2	86.4	379.3	3.1	86.1	30.7	47.5
1952	772.2	119.3	115.5	652.9	9.7	134.7	39.2	95.8
1953	685.7	104.6	99.9	581.1	10.2	121.2	40.9	96.7
1954	678.2	165.1	160.1	513.1	11.6	121.9	49.9	68.1
1955	770.6	155.1	149.9	615.5	15.8	170.0	49.6	85.5
1956	681.8	184.3	178.4	497.5	19.0	178.8	42.9	81.6
1957	819.1	167.0	161.7	652.1	22.5	207.8	70.7	106.5
1958	837.6	150.2	138.2	687.4	22.1	180.2	40.9	247.9
1959	739.7	176.5	169.8	563.2	18.7	147.5	43.6	147.3
1960	622.8	158.1	150.0	464.7	14.4	133.8	31.5	150.8
1961	592.4	86.6	82.0	505.8	10.9	131.8	36.4	147.3
1962	662.8	109.6	104.2	553.2	10.5	140.4	33.8	153.4
1963	551.8	128.2	119.4	423.6	14.7	107.6	31.1	100.5
1964	747.4	161.5	152.8	585.9	21.8	167.4	43.7	141.8
1965	964.5	206.0	192.0	758.5	27.1	250.7	34.5	159.1
1966	1 094.7	187.2	170.6	907.5	15.5	326.7	44.8	204.6
1967	1 062.9	196.9	182.0	866.0	20.3	299.0	47.5	187.7
1968	977.5	148.9	137.2	828.6	22.0	283.1	32.7	175.8
1969	1 106.2	247.9	222.5	858.3	22.6	273.6	41.0	185.3
1970	1 272.5	256.5	228.0	1 016.0	36.4	368.1	53.1	210.7
1971	1 281.2	255.9	215.6	1 025.3	42.1	402.5	49.3	201.5
1972	1 154.5	321.2	285.3	833.3	23.3	341.4	22.4	161.9
1973	1 388.2	324.3	290.4	1 063.9	23.3	572.3	41.4	213.7
1974	1 588.6	420.2	396.0	1 148.4	31.0	444.0	28.5	199.6
1975	1 543.4	487.4	460.0	1 056.0	36.7	421.1	27.5	199.2
1976	1 479.9	490.6	465.1	989.3	28.6	444.6	28.5	160.5
1977	1 312.1	423.7	402.6	388.4	37.0	396.8	26.8	149.8
1978	1 687.9	655.2	631.4	1 032.7	54.3	516.6	32.3	163.8
1979	1 779.7	649.6	633.9	1 130.1	63.2	627.8	36.1	129.4
1980	1 522.5	387.9	378.8	1 134.6	83.1	663.2	29.7	125.2
1981	1 575.0	424.4	417.5	1 097.3	70.8	647.7	30.7	109.4
1982	1 751.8	453.5	447.6	1 298.3	76.1	724.8	30.1	132.5
1983	1 899.9	699.4	694.7	1 200.5	82.3	690.4	25.0	133.5
1984	1 870.0	718.9	716.1	1 146.3	74.9	634.6	27.7	136.3
1985	1 966.6	748.2	744.3	1 218.4	78.0	678.9	38.5	144.5
1986	1 965.5	830.5	826.8	1 135.0	75.6	686.2	41.2	125.1
1987	1 920.0	727.4	723.5	1 192.6	77.1	716.2	45.9	136.2
1988	2 022.5	796.0	792.2	1 226.5	81.1	735.1	46.8	140.2
1989	2 068.6	857.9	855.5	1 210.7	89.5	773.3	44.3	125.6
1990	2 276.9	929.8	927.7	1 347.1	91.6	829.2	53.5	138.6
1991	2 268.7	903.8	900.4	1 364.9	89.1	906.1	56.6	130.6

历年全省主要农产品产量(续)

年份	棉花总产量(万吨)	油料总产量(万吨)	#芝麻	#花生	青麻(吨)	大麻(吨)	烟叶(吨)	#烤烟
1949	10.82	26.36	1.37	23.25	4 510	1 910	2 455	125
1952	28.14	30.99	2.00	25.87	14 630	5 915	9 040	1 990
1953	21.42	26.61	1.92	22.46	4 620	6 610	2 835	250
1954	24.84	36.72	1.07	31.24	4 345	5 740	2 430	435
1955	32.31	40.20	1.63	35.28	13 315	5 600	4 040	710
1956	20.72	39.78	0.90	34.17	4 940	5 105	2 580	405
1957	30.05	29.47	1.46	24.34	12 835	5 205	3 845	545
1958	29.57	32.15	1.33	27.06	5 020	3 770	2 340	635
1959	26.94	29.08	2.34	23.49	5 435	2 925	2 775	320
1960	19.32	11.47	1.21	8.24	4 365	2 410	1 975	355
1961	11.56	11.43	0.94	8.57	2 760	1 625	1 765	190
1962	13.02	8.42	1.75	5.22	2 185	1 300	2 310	225
1963	9.55	11.60	1.82	7.68	3 690	1 540	2 150	310
1964	16.30	18.25	1.81	11.77	4 335	2 415	3 110	390
1965	26.07	17.85	1.95	10.66	10 100	2 485	2 385	535
1966	15.07	25.61	1.80	18.32	6 830	2 460	3 400	745
1967	16.77	24.79	2.29	16.36	10 405	2 780	4 340	690
1968	21.66	23.52	2.68	15.02	8 695	2 675	4 250	650
1969	20.05	19.53	3.18	9.43	5 075	2 495	3 940	765
1970	25.28	24.18	2.56	14.89	5 570	2 935	3 975	990
1971	24.21	24.56	2.15	16.60	4 855	2 585	3 815	1 200
1972	14.59	18.71	1.49	12.49	3 640	2 215	3 980	825
1973	18.97	20.60	1.83	12.63	4 140	4 885	5 900	955
1974	21.19	23.01	1.79	14.32	4 035	4 755	4 670	975
1975	18.30	24.05	2.33	15.29	3 260	5 170	6 715	2 515
1976	10.97	18.84	1.23	10.76	24 115	4 325	9 855	4 590
1977	9.85	15.46	0.97	8.20	1 919	4 939	10 595	5 495
1978	11.71	24.50	1.26	17.37	2 425	4 840	10 940	6 385
1979	11.56	32.13	1.74	23.08	2 255	4 880	7 075	1 900
1980	24.72	45.14	3.23	35.77	2 535	5 315	5 900	1 540
1981	22.17	46.44	2.83	35.13	2 185	3 210	8 435	1 955
1982	38.58	53.79	3.64	38.73	1 880	2 220	17 505	5 675
1983	74.08	47.83	3.10	35.97	1 750	1 860	14 190	3 140
1984	105.00	59.86	4.91	39.90	1 395	1 715	11 420	3 400
1985	62.86	86.92	5.14	58.01	3 530	3 045	20 135	5 440
1986	51.15	61.75	4.51	47.57	2 545	2 779	17 651	3 713
1987	62.62	68.87	4.54	53.38	1 266	2 239	15 843	2 969
1988	57.68	65.34	2.15	46.00	688	1 304	18 556	7 489
1989	53.60	55.99	2.54	48.39	531	920	22 775	13 286
1990	57.08	74.89	2.74	57.81	565	750	22 090	11 596
1991	63.43	72.87	2.91	60.18	547	780	26 373	15 039

历年全省粮食、棉花、油料平均亩产

单位:公斤

年份	粮食耕地亩产	粮食播种亩产	棉花亩产	油料亩产	# 花生亩产
1949	53.2	43.2	11.6	54.5	66.7
1952	86.2	69.4	19.2	59.2	75.0
1953	74.6	59.8	15.9	58.5	81.2
1954	76.4	57.8	15.4	67.0	87.2
1955	89.2	68.1	19.7	71.1	96.6
1956	79.8	59.6	12.1	61.5	81.2
1957	94.0	68.4	21.4	54.8	73.6
1958	101.7	75.9	20.6	62.8	86.3
1959	93.6	69.8	19.5	50.9	75.8
1960	81.6	61.2	13.9	23.6	37.4
1961	75.6	56.3	10.0	30.8	45.3
1962	80.4	62.4	13.0	26.9	43.2
1963	67.5	52.8	7.7	32.9	53.9
1964	90.1	66.2	14.9	42.7	54.4
1965	117.2	89.1	24.3	41.5	49.9
1966	128.1	96.6	19.3	61.1	87.2
1967	126.1	94.6	20.1	54.3	67.7
1968	118.5	88.6	24.3	54.5	67.2
1969	132.8	98.4	22.6	44.5	45.9
1970	152.8	110.6	29.0	59.0	80.4
1971	156.7	111.5	28.2	59.5	83.6
1972	144.8	102.6	17.2	45.6	62.0
1973	173.0	119.0	23.1	48.8	68.8
1974	199.0	129.7	24.6	54.5	73.4
1975	191.9	127.8	21.0	53.4	74.0
1976	191.0	122.0	13.0	42.5	53.0
1977	169.0	110.0	12.0	38.5	47.5
1978	220.0	141.5	13.5	54.5	87.0
1979	236.5	153.0	14.0	56.0	78.5
1980	205.5	135.5	30.0	65.5	100.5
1981	214.0	143.5	28.0	62.5	89.5
1982	244.5	168.5	37.0	73.5	96.0
1983	271.0	183.5	60.5	67.5	96.5
1984	278.5	187.5	67.0	77.0	111.0
1985	303.5	202.0	49.5	77.5	116.5
1986	291.0	191.9	48.2	62.8	93.2
1987	285.0	191.4	51.0	73.0	115.0
1988	302.7	202.5	41.0	70.5	101.8
1989	305.0	204.0	40.7	66.2	106.7
1990	345.0	222.3	42.0	92.0	130.0
1991	334.0	222.0	44.0	87.0	134.0

历年全省平均每人主要农产品产量

（按平均人口计算）

年份	粮食（公斤）	棉花（公斤）	油料（公斤）	水果（公斤）	生猪存栏（公斤）	猪牛羊肉（公斤）	水产品（公斤）
1949	152.14	3.51	8.54	7.39	0.11	—	1.63
1952	238.44	8.69	9.57	10.84	0.16	—	2.13
1953	207.32	6.48	8.05	10.62	0.13	—	2.40
1954	199.89	7.32	10.82	4.81	0.12	—	3.15
1955	221.08	9.27	11.53	6.67	0.09	—	3.04
1956	191.58	5.82	11.18	6.26	0.12	—	3.06
1957	225.70	8.28	8.12	6.23	0.19	—	2.65
1958	226.30	7.99	8.69	8.74	0.19	—	2.65
1959	196.64	7.16	7.73	10.22	0.17	—	2.87
1960	164.54	5.10	3.03	7.69	0.11	—	2.84
1961	156.43	3.05	3.02	6.44	0.10	—	1.25
1962	172.64	3.39	2.19	8.31	0.14	—	1.22
1963	140.76	2.44	2.96	6.72	0.15	—	1.68
1964	187.96	4.10	4.59	5.92	0.17	—	1.85
1965	238.63	6.45	4.42	8.20	0.19	—	1.59
1966	264.74	3.64	6.19	12.65	0.22	—	1.24
1967	251.93	3.98	5.88	11.44	0.23	—	1.55
1968	227.29	5.04	5.47	10.68	0.19	—	1.34
1969	251.66	4.56	4.44	12.63	0.15	—	1.16
1970	282.97	5.62	5.38	11.65	0.21	—	1.60
1971	278.83	5.27	5.34	11.94	0.29	—	1.59
1972	246.49	3.11	4.00	12.47	0.27	—	1.80
1973	291.27	3.98	4.32	14.36	0.23	—	1.83
1974	324.56	4.39	4.76	13.27	0.27	—	2.15
1975	315.78	3.74	4.92	13.20	0.33	—	2.68
1976	300.28	2.23	3.82	12.96	0.33	—	2.62
1977	263.95	1.98	3.11	10.82	0.27	—	2.83
1978	335.72	2.32	4.87	15.81	0.25	8.29	2.76
1979	350.27	2.27	6.32	15.62	0.27	11.49	1.87
1980	296.42	4.81	8.79	15.60	0.25	13.45	1.90
1981	302.19	4.25	8.91	19.11	0.23	—	1.53
1982	330.15	7.27	10.14	18.55	0.23	—	1.86
1983	352.59	13.75	8.88	22.87	0.22	9.58	1.70
1984	342.87	18.48	10.98	24.71	0.22	11.77	1.90
1985	356.43	11.39	15.75	29.03	0.26	14.84	2.31
1986	352.10	9.16	11.06	30.43	0.25	16.45	2.78
1987	339.01	11.06	12.16	35.35	0.24	16.82	3.17
1988	351.59	10.03	11.36	34.80	0.25	18.87	3.59
1989	354.33	9.18	9.59	31.75	0.25	19.19	3.58
1990	378.23	9.48	12.44	29.15	0.25	20.13	3.64
1991	366.55	10.25	11.77	31.84	0.25	21.19	3.83

主要农业机械和农产品加工机械拥有量

（年底数）

	单　位	1978年	1985年	1990年	1991年
农业机械总动力	**万千瓦**	**1 083.9**	**1 995.1**	**2 822.2**	**2 849.5**
大中型拖拉机	万台	2.8	3.7	3.0	2.8
小型拖拉机	万台	9.1	29.0	59.4	63.2
大中型拖拉机机引农具	万部		5.3	4.1	4.0
小型拖拉机机引农具	万部		18.3	56.0	64.4
排灌用动力机械	万台	89.1	133.5	184.3	184.9
#电动机	万台	40.2	62.3	75.30	75.6
柴油机	万台	48.6	71.1	109.0	109.3
家用水泵	万台	63.9	87.0	111.1	114.4
喷灌机械	万套	0.1	1.2	1.1	1.1
农产品加工机械					
磨面机、碾米机	万部	19.9	17.5	17.2	16.3
轧面机	万台	2.9	2.5	2.0	2.0
榨油机	万台	1.7	2.3	2.2	2.1
运输机械					
农用载重汽车	万辆	0.3	3.3	4.0	4.1

农业机械、用电、化肥、水利情况

项　　目	单　位	1991年	1990年
一、农业机械化情况			
1.当年实际机械耕地面积	万亩	6 636.21	6 374.45
2.当年机械播种面积	万亩	3 702.68	3 302.48
3.当年机械收割面积	万亩	2 063.81	1 758.08
二、农业电气化情况			
1.农村用电量	亿千瓦小时	65.47	58.81
2.乡、村及村以下办水电站	个	180	169.00
3.乡、村及村以下办水电站发电能力	万千瓦	2.2	0.90
三、农用化肥施用量			
实物量	万吨	686.30	648.54
折纯量	万吨	160.72	145.21
平均每亩耕地施用化肥（实物）	公斤	69.79	65.95
（折纯）	公斤	16.34	14.77
四、农药施用量	**万吨**	**4.68**	**4.04**
平均每亩耕地施农药	公斤	0.48	0.41
五、农田水利情况			
1.有效灌溉面积	万亩	5 759.20	5 637.74
2.年末实有机井数量	万眼	74.84	73.55

林业及干鲜果品生产

	单 位	1991年	1990年	1991年为1990%
林业生产				
当年造林面积	万亩	418.33	415.02	100.80
#用材林	万亩	196.54	149.68	131.31
经济林	万亩	43.58	39.28	110.95
防护林	万亩	157.92	181.35	87.08
当年迹地更新面积	万亩	26.79	26.59	100.75
年末封山育林面积	万亩	1 606.30	1 722.31	93.26
当年零星(四旁)植树	万株	16 099	13 009.00	123.75
林木采伐量	万立方米			
#国营	万立方米			
村及村以下合作组织及农民	万立方米	61.97	57.31	108.13
年末实有林地面积	万亩	5 316.43	5 153.16	103.17
森林采伐面积	万亩	7.63	8.41	90.73
干鲜果品生产				
干鲜果品产量	吨	2 028 619	1 804 751.00	112.40
干果	吨	57 765	50 042.00	115.43
#核桃	吨	12 446	12 254.00	101.57
板栗	吨	31 330	26 565.00	117.94
鲜果	吨	1 970 854	1 754 709.00	112.32
#苹果	吨	530 998	467 647.00	113.55
梨	吨	813 950	763 038.00	106.67
花椒产量	吨	3 222	3 687.00	87.39

主要年份全省大牲畜头数

单位:万头

年 份	大牲畜年末数	#役畜	牛	马	驴	骡	骆驼(头)
1952	369.92	308.30	189.15	12.19	148.91	19.64	371
1957	346.55	280.87	174.66	18.12	136.57	17.17	243
1962	258.13	194.45	142.40	19.48	83.10	13.13	182
1965	300.65	216.71	171.71	24.37	90.32	14.24	72
1975	380.70	283.41	166.08	70.91	98.44	44.93	3 392
1978	354.70	270.43	134.60	79.81	83.07	56.95	2 633
1980	341.05	252.91	120.71	78.02	78.26	63.88	1 739
1985	446.50	341.94	155.10	71.95	142.57	76.88	
1990	525.22	396.40	207.90	56.95	176.71	83.66	
1991	528.86	392.43	213.38	54.98	176.58	83.92	

主要年份全省肉类总产量、牛奶产量及猪、羊头数

年份	猪牛羊肉产量（万吨）	年末出栏肉猪（万头）	生猪存栏（万头）	羊存栏（万只）	#山羊	#绵羊	牛奶产量（万吨）
1952			502.9	306.1	155.6	150.5	
1957			704.4	463.4	263.3	200.1	
1962			524.4	799.7	529.2	270.5	
1965			772.9	573.6	331.1	242.5	
1975		584.3	1 622.8	659.0	382.9	276.1	1.40
1978	41.7	570.5	1 245.7	600.7	346.1	254.6	1.82
1980	69.1	716.9	1 293.4	814.9	461.4	353.5	2.65
1985	81.9	1 018.5	1 421.4	721.1	372.8	348.3	7.32
1990	121.2	1 395.5	1 494.2	1 074.5	562.6	511.9	11.18
1991	131.1	1 480.8	1 555.8	995.4	517.9	477.5	13.21

主要年份全省水产品产量

单位：吨

年份	水产品总产量	海水产品	#鱼	#虾蟹	淡水产品	#鱼	#虾蟹
1952	68 915	53 463	9 988	30 428	15 452	14 928	88
1957	96 142	68 534	19 763	37 583	27 608	26 882	82
1962	47 030	32 568	20 632	11 025	14 462	14 014	280
1965	64 290	45 586	28 688	13 531	18 704	18 192	219
1975	131 128	121 457	35 029	52 722	9 671	9 146	459
1978	139 017	128 045	43 988	63 856	10 974	10 232	214
1980	97 610	86 479	41 902	38 144	11 131	9 811	643
1985	127 495	104 529	58 578	39 276	22 966	21 464	1 489
1990	218 553	164 880	61 762	71 295	53 673	50 912	2 722
1991	236 885	170 474	49 575	76 677	66 411	63 058	3 267

全省受灾情况

项目	单位	1991年	1990年	项目	单位	1991年	1990年
一、受灾面积	**万亩**	**6 010.26**	**4 642.94**	**二、成灾人口**	**万人**	**1 925.81**	**1 181.98**
#成灾	万亩	4 216.26	2 675.83	1.特重灾民	万人	221.88	88.13
1.旱灾	万亩	3 031.23	326.48	2.重灾民	万人	547.42	249.69
#成灾	万亩	2 301.01	106.21	3.轻灾民	万人	1 156.51	844.16
2.水灾	万亩	345.17	366.10	**三、得到国家救济：户数**	**万户**	**85.75**	**41.18**
#成灾	万亩	258.39	264.36	人口	万人	375.57	456.69
3.风雹灾	万亩	1 569.63	2 275.39	**四、因灾缺粮**			
#成灾	万亩	1 122.43	1 305.55	村数	个	16 121	8 212.00
4.霜灾	万亩	19.85	41.56	人口	万人	823.66	374.47
#成灾	万亩	6.68	5.09	**五、因灾损失**			
5.病虫灾	万亩	966.05	1 506.76	1.减产粮食	万吨	291.21	155.64
#成灾	万亩	493.51	910.84	2.减产棉花	万吨	15.49	11.85
6.其它灾	万亩	78.33	126.65	3.减产油料	万吨	13.98	6.00
#成灾	万亩	34.24	83.78	4.死亡人口	人	94	80

农村乡镇企业基本情况

项　　目	1991年	1990年	1991年比1990年+%
一、乡镇企业单位数(万个)	**139.6**	**137.0**	**2.0**
1.按隶属关系分			
乡(镇)办	1.9	1.9	
村办	5.1	5.1	
联办	15.3	15.6	—1.9
个体办	117.3	114.4	2.5
2.按部门分			
农业企业	0.9	0.9	—
工业企业	55.0	54.6	0.7
交通运输企业	32.6	31.1	4.8
建筑企业	4.5	4.6	—2.2
其他企业	46.6	45.8	1.7
二、乡镇企业人数	**656.5**	**641.2**	**2.4**
1.按隶属关系分			
乡(镇)办	97.2	94.0	3.4
村办	134.4	131.9	1.9
联办	124.9	127.6	—2.1
个体办	300.0	287.7	4.3
2.按部门分			
农业企业	11.6	10.8	7.4
工业企业	386.4	375.7	2.8
交通运输企业	55.1	53.6	2.8
建筑企业	95.8	95.2	0.6
其他企业	107.6	105.9	1.6
三、总收入(亿元)	**676.9**	**574.5**	**17.8**
1.按隶属关系分			
乡(镇)办	124.6	98.4	26.6
村办	157.9	129.1	22.3
联办	137.7	121.5	13.3
个体办	256.7	225.5	13.8
2.按部门分			
农业企业	6.2	5.0	24.0
工业企业	454.2	367.5	23.6
交通运输企业	63.7	55.6	14.6
建筑企业	51.1	43.4	17.7
其他企业	101.7	103.0	—1.3
四、乡镇企业主要财务指标(亿元)			
1.总收入	676.9	574.5	17.8
2.各项费用支出	568.2	481.1	18.1
3.国家税金	19.0	16.1	18.0
4.纯利润	72.9	67.9	7.4
5.工资总额	95.9	91.2	5.2
6.年末固定资产原值	195.6	164.7	18.8
五、乡镇企业主要产品产量			
发电量(万千瓦小时)	5 865	6 640	—11.7
原煤(万吨)	1 366	1 429	—4.4
铁矿石(万吨)	1 708	1 699	0.5
磷肥(万吨)	10.0	13.0	—23.0
铁制农具(万件)	2 374	1912	24.2
木制农具(万件)	517.0	592.0	—12.7
水泥(万吨)	404.0	300.0	34.7
砖(亿快)	526.1	381.8	37.8
石灰(万吨)	1 267.7	1 114	13.8
机制纸及纸板(万吨)	73.8	58.1	27.0
原盐(万吨)	9.5	18.3	—48.1
糖(吨)	35 542	5 961	496.2
食用植物油(万吨)	19.3	72.7	—73.5

注:本表为乡镇企业的四级资料。

各市地乡镇企业基本情况

(1991 年)

	乡镇企业单位数(个)		乡镇企业人数(人)		总收入(万元)	
	乡办企业	村办企业	乡办企业	村办企业	乡办企业	村办企业
全省总计	**18 561**	**51 299**	**972 035**	**1 344 163**	**1 245 964**	**1 579 515**
石家庄市	708	3 549	39 788	139 771	71 478	251 730
唐山市	2 701	6 977	173 851	164 669	278 695	208 383
秦皇岛市	910	2 785	53 113	54 603	65 076	45 402
邯郸市	525	2 145	30 983	87 067	45 470	115 638
邢台市	172	667	6 704	16 244	7 064	12 505
保定市	232	1 122	16 828	40 637	19 717	44 141
张家口市	277	1 028	13 210	19 236	12 924	20 036
承德市	230	604	19 565	16 500	16 207	12 907
廊坊市	1 499	4 063	81 335	136 681	127 827	235 509
沧州市	390	1 096	24 958	40 216	28 591	44 714
邯郸地区	1 271	3 110	63 215	83 640	53 211	70 3[illegible]
邢台地区	1 464	3 763	57 865	90 108	55 256	6[illegible] 419
石家庄地区	1 561	4 572	63 187	115 357	101 766	141 047
保定地区	1 651	3 864	104 517	102 805	81 [illegible]	89 284
张家口地区	1 233	4 182	45 073	56 787	26 018	27 463
承德地区	767	2 424	34 903	32 6[illegible]	32 042	20 972
沧州地区	1 440	3 219	66 462	[illegible] 405	85 122	76 382
衡水地区	1 530	2 129	76 47[illegible]	60 812	137 862	96 627

注:本表为乡、村两级资料.

各市地乡镇企业主要财务指标

(1991 年)

单位:万元

	总收入	各项费用支出	实交国家税金	纯利润	工资总额	本年银行贷款总额	固定资产原值	固定资产净值	年末占用流动资金
全省总计	**2 825 479**	**2 406 123**	**101 337**	**260 289**	**339 461**	**572 767**	**1 251 264**	**965 905**	**1 002 194**
石家庄市	323 208	288 394	9 528	17 400	31 640	55 710	145 397	111 784	99 181
唐山市	487 078	414 234	23 205	36 343	49 473	114 654	221 149	178 517	203 920
秦皇岛市	110 478	93 868	6 700	6 653	16 626	28 665	58 608	46 334	49 355
邯郸市	161 108	140 393	5 534	11 952	21 269	20 092	74 157	57 302	40 918
邢台市	19 569	16 715	697	1 689	2 428	3 992	12 778	10 674	7 062
保定市	63 858	53 389	2 383	5 288	10 404	13 060	41 252	34 752	21 624
张家口市	32 960	29 656	1 069	2 044	4 739	6 109	14 314	9 839	11 156
承德市	29 114	24 903	1 584	1 838	5 715	6 757	10 989	8 145	11 900
廊坊市	363 336	306 890	10 959	36 901	40 833	53 021	124 948	94 025	112 715
沧州市	73 305	59 735	3 218	6 788	10 641	18 681	37 158	21 582	34 254
邯郸地区	123 567	104 007	3 396	16 160	18 616	21 517	65 600	54 257	23 295
邢台地区	121 675	100 233	2 590	18 057	18 415	12 964	47 484	34 717	22 041
石家庄地区	242 813	208 126	5 662	23 662	20 833	54 535	93 668	69 437	89 221
保定地区	170 922	141 949	5 209	23 101	28 979	22 533	78 635	62 182	54 279
张家口地区	53 481	45 735	2 360	4 256	11 432	12 105	27 992	21 783	20 496
承德地区	53 014	44 899	2 491	5 168	8 383	12 376	25 811	18 090	19 404
沧州地区	161 504	132 563	7 559	16 127	20 364	68 202	89 064	64 846	88 578
衡水地区	234 489	200 434	7 193	26 862	18 671	47 794	82 260	67 639	92 798

注:本表为乡、村两级资料.

农垦系统国营农牧场基本情况

指　　标	单　位	1991年	1990年	1991年为1990年%
一、农场数	**个**	**30**	**31**	**96.8**
二、农场人口及职工				
总人口	人	378 298	375 622	100.7
职工人数	人	141 830	142 408	99.6
三、土地总面积	**万亩**	**524.5**	**524.5**	**—**
1.耕地总面积	万亩	141.9	141.9	—
2.草原面积	万亩	140.4	143.4	97.9
#已利用面积	万亩	135.0	138.0	97.8
3.林地面积	万亩	38.5	32.8	117.4
4.水面面积	万亩	63.2	64.1	98.6
#养殖面积	万亩	12.3	12.8	96.1
5.果园面积	万亩	2.9	2.8	103.6
四、农作物总播种面积	**万亩**	**147.1**	**143.0**	**102.9**
1.粮食	万亩	119.8	122.7	97.6
#小麦	万亩	34.8	33.8	103.0
稻谷	万亩	42.1	38.8	108.5
2.经济作物	万亩	20.4	14.5	140.7
#棉花	万亩	4.8	2.9	165.5
油料	万亩	15.4	11.3	136.3
五、主要农产品产量				
1.粮食	吨	324 604	337 415	96.2
#小麦	吨	46 800	43 068	108.7
稻谷	吨	194 767	195 999	99.4
2.经济作物				
#棉花	吨	1 672	1 292	129.4
油料	吨	5 840	5 281	110.6
3.鲜果	吨	8 119.4	8 959	90.6
六、林业生产情况				
当年造林面积	百亩	282.5	276.4	102.2
#全民所有单位经营	百亩	266.3	5 265.1	100.4
年末实有造林面积	百亩	2 416	1 887	128.0
林木采伐量	立方米	1 681	2 218	75.8
七、畜牧业、渔业生产				
1.年末大牲畜存栏	头	29 695	32 940	90.1
2.年末猪存栏	头	38 444	31 224	123.1
3.年末羊存栏	只	79 112	94 004	84.2
#山羊	只	8 388	8 933	93.9
4.畜产品产量				
肉类总产量	吨	4 427	3 429	129.1
牛奶产量	吨	28 449	24 956	114.0
禽蛋产量	吨	5 300	4 023	131.7
5.水产品产量	吨	17 653	15 689	112.5
#养殖	吨	14 472	14 454	100.1

工业、能源、运输和邮电

历年全部工业总产值及构成

年份	工业总产值（亿元）	#村及村以下工业	轻工业	重工业	占全部工业总产值% 轻工业	重工业
1949	6.59	0.43	4.82	1.77	73.1	26.9
1952	16.56	0.91	11.74	4.82	70.9	29.1
1953	18.17	0.97	12.52	5.65	68.9	31.1
1954	22.04	1.09	15.27	6.77	69.3	30.7
1955	22.96	1.04	16.03	6.93	69.8	30.2
1956	24.48	1.18	16.57	7.91	67.7	32.3
1957	25.86	1.11	17.72	8.14	68.5	31.5
1958	39.63	1.09	23.49	16.14	59.3	40.7
1959	63.84	1.35	37.46	26.38	58.7	41.3
1960	74.73	1.33	41.68	33.05	55.8	44.2
1961	42.09	1.18	23.16	18.93	55.0	45.0
1962	33.42	1.31	21.04	12.38	63.0	37.0
1963	33.49	1.45	21.74	11.75	64.9	35.1
1964	39.10	1.40	26.44	12.66	67.6	32.4
1965	49.38	1.81	31.49	17.89	63.8	36.2
1966	55.21	2.10	34.25	20.96	62.0	38.0
1967	53.76	2.21	34.81	18.95	64.8	35.2
1968	60.52	2.34	39.46	21.06	65.2	34.8
1969	73.64	2.72	47.19	26.45	64.1	35.9
1970	89.52	2.96	56.58	32.94	63.2	36.8
1971	98.64	4.19	50.53	48.11	51.2	48.8
1972	100.91	3.77	48.53	52.38	48.1	51.9
1973	111.79	3.99	53.89	57.90	48.2	51.8
1974	124.92	4.28	60.14	64.78	48.1	51.9
1975	146.61	7.46	71.83	74.78	49.0	51.0
1976	157.34	9.55	74.07	83.27	47.1	52.9
1977	185.13	15.95	86.62	98.51	46.8	53.2
1978	219.25	23.04	97.64	121.61	44.5	55.5
1979	228.34	21.67	99.42	128.92	43.5	56.5
1980	238.62	20.27	110.50	128.12	46.3	53.7
1981	236.77	21.57	118.84	117.93	50.2	49.8
1982	249.53	21.81	122.80	126.73	49.2	50.8
1983	276.68	25.79	133.46	143.22	48.2	51.8
1984	334.26	41.67	159.66	174.60	47.8	52.2
1985	435.82	77.24	202.68	233.14	46.5	53.5
1986	506.20	110.48	236.83	269.37	46.8	53.2
1987	640.85	160.39	301.85	339.00	47.1	52.9
1988	841.12	231.71	408.39	432.73	48.6	51.4
1989	1 026.09	282.45	495.27	530.82	48.3	51.7
1990	1 123.23	320.80	572.08	551.15	50.9	49.1
1991	1 331.96	386.55	633.01	698.95	47.5	52.5

注：本表按当年价格计算.

全部工业总产值

单位:亿元

项　　目	1985年	1990年	1991年	1991年比1990年增长(%)
全部工业总产值	**435.82**	**1 123.23**	**1 331.96**	**13.55**
一、乡及乡以上工业总产值	**356.71**	**793.08**	**935.62**	**12.21**
(一)按核算形式分				
1.独立核算工业	341.20	754.96	892.38	12.60
2.非独立核算工业	15.51	38.12	43.24	4.39
(二)按所有制分				
1.全民所有制	255.83	554.96	638.14	9.46
2.集体所有制	99.60	228.41	274.89	15.66
3.其它经济类型	1.28	9.71	22.59	89.41
(三)按轻重工业分				
1.轻工业	156.72	345.16	398.38	10.97
2.重工业	199.99	447.92	537.24	13.23
(四)按生产规模分				
1.大型企业	91.97	247.24	321.17	19.45
2.中型企业	71.98	147.83	173.04	13.46
3.小型企业	192.76	398.01	441.41	7.14
二、城镇合营和个体工业	**1.88**	**9.35**	**9.79**	**0.36**
城镇合作经营	1.88	3.60	3.21	—15.19
城镇个体	—	5.75	6.58	8.92
三、村及村以下工业	**77.23**	**320.80**	**386.55**	**17.28**
农村合作经营	23.72	91.01	103.01	10.16
农村个体	16.72	108.81	132.00	18.09
农村村办工业	36.76	120.98	151.54	21.92

注:(1)本表按当年价格计算。

(2)本表分组相加尾数可能不等,其原因是计算单位由万元改亿元之故。

乡及乡以上工业企业单位数和工业总产值

项　　目	1991年企业个数(个)	工业总产值(亿元)			1991年比1990年增长(%)
		1985年	1990年	1991年	
总　　计	**21 708**	**356.71**	**793.08**	**935.62**	**12.21**
一、按经济类型分					
1.全民所有制工业	4 828	255.83	554.96	638.14	9.46
2.集体所有制工业	16 724	99.60	228.40	274.89	15.67
#乡办工业	10 522	23.96	84.59	108.55	24.68
3.全民与集体合营工业	30	1.09	1.23	2.85	80.58
4.全民与私人合营工业	49	0.01	4.51	9.11	87.87
5.集体与私人合营工业	35		0.85	2.50	248.84
6.中外合营工业	35	0.16	2.84	7.82	55.23
7.其他(含华侨港澳工商业者)	7		0.28	0.31	15.38
二、按轻重工业分					
1.轻工业	11 089	156.72	345.16	398.38	10.97
(1)以农产品为原料	7 991	120.14	263.25	300.50	8.23
(2)以非农产品为原料	3 098	36.58	81.91	97.88	19.59
2.重工业	10 619	199.99	447.92	537.24	13.23
(1)采掘工业	1 153	37.08	57.12	64.94	1.07
(2)原料工业	1 761	71.15	191.07	234.79	13.35
(3)加工工业	7 705	91.76	199.73	237.51	16.77
三、按生产规模分					
1.大型企业	183	91.97	247.24	321.17	19.45
2.中型企业	508	71.98	147.83	173.04	13.47
3.小型企业	21 017	192.76	398.01	441.41	7.14
四、按工业行业分					
#煤炭采选业	339	16.80	28.51	29.81	－1.63
石油和天然气开采业	2	14.06	15.00	18.66	0.04
黑色金属矿采选业	297	3.89	8.60	10.95	10.39
有色金属矿采选业	108	1.16	2.65	3.24	10.99
建筑材料及其他非金属矿采选业	405	1.07	2.36	2.26	－3.61
采盐业	51	1.93	2.44	3.18	27.41
木材及竹材采运业	20	0.10	0.22	0.19	－1.50
自来水生产和供应业	58	0.56	1.23	1.59	2.76
食品制造业	2 332	22.09	43.68	48.32	6.17
#粮食加工业	800	9.42	11.59	13.67	8.83
饮料制造业	303	4.47	13.72	16.41	20.16
烟草加工业	4	4.18	13.99	15.13	7.55
饲料工业	296	1.04	4.30	5.92	32.50

注:工业总产值按当年价格计算,增长速度按1990年不变价格计算,总计中不含城镇个体和合营工业。

乡及乡以上工业企业单位数和工业总产值(续)

项　　目	1991年企业个数(个)	工业总产值(亿元)			1991年比1990年增长(%)
		1985年	1990年	1991年	
纺织业	1 679	61.98	120.75	138.37	4.79
＃棉纺织业	596	30.02	73.78	83.31	4.02
毛纺织业	137	2.37	5.30	6.00	14.68
丝绢纺织业	49	1.11	2.42	2.54	1.25
缝纫业	761	8.56	17.01	19.82	12.67
皮革、毛皮及其制品业	371	3.59	6.60	7.43	11.09
木材加工及竹、藤、棕、草制品业	219	1.06	1.85	2.02	6.88
家具制造业	427	2.23	3.91	4.05	3.65
造纸及纸制品业	681	6.63	18.71	21.83	16.55
印刷业	553	2.91	7.64	9.95	16.90
文教体育用品制造业	128	0.37	1.11	1.37	25.31
工艺美术品制造业	694	3.29	8.88	8.89	4.72
电力、蒸气、热水生产和供应业	203	21.15	43.18	53.47	12.21
石油加工业	102	5.88	16.08	21.01	8.97
炼焦、煤气及煤制品业	125	1.90	4.91	5.77	12.66
化学工业	1 227	21.08	64.79	73.01	14.67
＃基本化学原料制造业	335	3.55	15.10	16.98	18.51
有机化学产品制造业	467	3.62	12.55	15.64	22.38
日用化学产品制造业	133	2.82	6.84	7.45	6.54
医药工业	156	7.05	17.94	22.22	26.67
化学纤维工业	20	1.94	6.27	7.22	19.84
橡胶制品业	270	4.55	11.54	12.55	9.82
塑料制品业	702	4.20	11.61	14.80	21.38
建筑材料及其他非金属矿物制品业	3 043	25.35	55.23	66.19	16.21
＃水泥制造业	278	6.72	16.70	21.17	18.99
黑色金属冶炼及压延加工业	273	27.38	78.57	97.85	12.23
有色金属冶炼及压延加工业	65	1.68	7.43	7.64	7.36
金属制品业	1 520	10.35	23.86	27.49	13.99
＃日用金属制品业	227	1.51	3.79	4.04	7.07
机械工业	2 438	37.86	72.37	85.31	16.17
＃工业专用设备制造业	336	9.16	19.38	21.51	7.51
日用机械制造业	62	2.23	2.36	3.30	35.53
交通运输设备制造业	603	11.23	21.44	30.94	33.54
电气机械及器材制造业	674	7.56	21.05	24.29	17.21
＃日用电器制造业	46	0.16	0.51	1.02	78.93
电子及通信设备制造业	141	2.55	7.86	9.68	23.25
＃日用电子器具制造业	13	1.21	2.14	2.64	33.81
仪器仪表及其他计量器具制造业	124	1.29	2.30	2.91	24.26

按各种分组的全部独立核算工业企业总产值及净产值

(1991年)

项　　目	企　业 单位数 (个)	工　业 总产值 (亿元)	各种分组产值 占总计的比重 (%)	按分配法 计算的净 产值(亿元)	净产值率 (%)
总　　计	**19 204**	**892.38**	**100.00**	**223.51**	**25.05**
一、按轻重工业分					
1.轻工业	9 526	373.06	41.81	89.11	23.89
2.重工业	9 678	519.32	58.19	134.40	25.88
二、按生产规模分					
1.大型企业	183	321.17	35.99	83.64	26.04
2.中型企业	508	173.04	19.39	42.79	24.73
3.小型企业	18 513	398.17	44.62	97.08	24.38
三、按工业行业分					
#煤炭采选业	320	29.62	3.32	7.89	26.64
石油和天然气开采业	2	18.66	2.09	2.34	12.54
黑色金属矿采选业	284	10.70	1.20	3.03	28.32
有色金属矿采选业	105	3.22	0.36	1.10	34.16
建筑材料及其他非金属矿采选业	382	2.18	0.24	0.83	38.07
采盐业	40	2.94	0.33	1.85	62.93
木材及竹材采运业	2	0.01	…	…	…
自来水生产和供应业	40	1.52	0.17	0.36	23.68
食品制造业	1 876	41.03	4.60	6.68	16.28
#粮食加工业	724	12.12	1.39	1.27	10.48
饮料制造业	259	15.20	1.70	5.43	35.72
烟草加工业	3	15.12	1.69	8.51	56.28
饲料工业	247	5.17	0.58	0.84	16.25
纺织业	1 474	130.27	14.60	22.88	17.56
#棉纺织业	549	82.03	9.19	15.25	18.59
毛纺织业	120	5.76	0.65	1.56	27.08
丝绢纺织业	43	2.48	0.28	0.66	26.61
缝纫业	653	18.57	2.08	4.30	23.16
皮革、毛皮及其制品业	342	7.22	0.81	1.73	23.96
木材加工及竹、藤、棕、草制品业	176	1.53	0.17	0.38	24.84
家具制造业	373	3.47	0.39	0.94	27.09

注:本表价值指标是按当年价格计算。

按各种分组的全部独立核算工业企业总产值及净产值(续)

(1991年)

项　目	企业单位数(个)	工业总产值(亿元)	各种分组产值占总计的比重(%)	按分配法计算的净产值(亿元)	净产值率(%)
造纸及纸制品业	603	20.62	2.31	4.95	24.01
印刷业	445	9.11	1.02	2.41	26.45
文教体育用品制造业	111	1.28	0.14	0.34	26.56
工艺美术品制造业	643	8.42	0.94	2.45	29.10
电力、蒸气、热水生产和供应业	184	52.73	5.91	19.06	36.15
石油加工业	78	20.13	2.26	3.66	18.18
炼焦、煤气及煤制品业	70	5.11	0.57	0.93	18.20
化学工业	1 129	71.48	8.01	16.43	22.99
#基本化学原料制造业	310	16.60	1.86	3.74	22.53
有机化学产品制造业	423	14.96	1.68	3.97	26.54
日用化学产品制造业	118	7.35	0.82	2.25	30.61
医药工业	144	22.16	2.48	6.13	27.66
化学纤维工业	17	6.74	0.76	2.42	35.91
橡胶制品业	247	12.28	1.38	3.12	25.41
塑料制品业	617	14.31	1.60	3.19	22.29
建筑材料及其他非金属矿物制品业	2 824	62.39	6.99	21.62	34.65
#水泥制造业	270	20.68	2.32	7.05	34.09
黑色金属冶炼及压延加工业	260	97.27	10.90	19.72	20.27
有色金属冶炼及压延加工业	64	7.64	0.86	1.35	17.67
金属制品业	1 382	25.36	2.84	6.55	25.83
#日用金属制品业	209	3.85	0.43	1.08	28.05
机械工业	2 245	80.37	9.01	21.72	27.03
#工业专用设备制造业	319	19.22	2.15	5.57	28.98
日用机械制造业	57	3.10	0.35	0.38	12.26
交通运输设备制造业	513	29.04	3.25	7.42	25.55
电气机械及器材制造业	589	23.62	2.65	7.14	30.23
#日用电器制造业	40	0.97	0.11	0.36	37.11
电子及通信设备制造业	127	9.51	1.07	2.17	22.82
#日用电子器具制造业	13	2.64	0.30	0.28	10.61
仪器仪表及其他计量器具制造业	114	2.87	0.32	1.00	34.84

历年主要工业产品产量

年份	化学纤维（吨）	纱（吨）	布（亿米）	印染布（亿米）	毛线（吨）	呢绒（万米）	丝织品（万米）	机制纸及纸板（万吨）	缝纫机（架）	自行车（万辆）
1949	—	4 746	0.42	0.08	—	—	—	0.05	—	—
1950	—	7 200	0.50	0.27	—	—	—	0.18	—	—
1951	—	7 433	0.63	0.46	—	—	—	0.29	—	—
1952	—	12 376	1.94	0.68	—	—	4.10	0.39	—	—
1953	—	19 020	1.98	0.78	—	—	2.60	0.41	—	—
1954	—	26 328	2.52	0.73	—	—	9.80	0.70	—	—
1955	—	26 758	2.30	0.62	—	—	9.00	1.18	—	—
1956	—	43 897	3.20	0.66	—	—	23.50	1.24	—	—
1957	—	46 315	3.12	0.57	—	—	34.60	1.64	—	—
1958		81 329	4.01	0.75	—	—	73.40	2.16	—	—
1959	411	133 412	5.64	1.12	—	—	90.20	2.93	—	—
1960	2 725	91 269	4.13	1.07	—	—	75.80	4.30	—	—
1961	1 544	61 449	2.80	0.78	—	—	66.40	2.51	—	—
1962	3 680	36 017	1.39	0.61	—	—	154.00	2.35	—	—
1963	4 859	45 832	2.01	1.06	—	—	197.73	3.11	—	—
1964	5 375	70 547	2.98	1.35	—	—	212.78	3.66	—	—
1965	5 745	116 290	4.94	1.68	39	—	239.00	4.62	—	—
1966	6 049	135 704	5.78	1.81	38	20.00	297.00	5.90	—	—
1967	4 594	129 668	5.98	1.94	37	108.00	301.00	6.73	—	—
1968	2 602	161 459	7.05	2.94	79	63.00	259.00	6.51	—	—
1969	3 347	186 515	7.75	4.12	174	60.00	339.00	8.00		0.10
1970	6 845	195 398	7.92	4.55	241	205.00	436.00	10.01	38	2.00
1971	8 747	172 312	7.15	3.85	269	183.00	492.00	11.04	11	2.10
1972	8 844	163 053	6.80	3.06	328	58.00	420.30	11.20	34	2.71
1973	6 673	170 969	7.21	3.43	344	116.32	497.35	14.17	300	5.00
1974	3 875	174 927	7.27	4.07	474	149.00	447.60	15.94	405	8.23
1975	4 921	188 288	7.78	5.00	785	192.00	478.90	18.42	49 61	10.00
1976	1396	185673	7.67	4.86	851	182.00	322.45	17.52	81 05	9.02
1977	3973	190795	8.06	5.13	910	139.00	461.23	19.34	24 719	11.27
1978	10519	191314	8.21	4.53	1287	116.83	749.22	23.14	51 525	14.42
1979	9252	195100	8.51	4.51	1300	146.62	979.41	25.60	83 344	17.31
1980	9901	205300	9.00	4.87	1595	169.95	1372.00	26.61	133 274	33.43
1981	12485	215056	9.62	5.06	1526	189.00	1389.00	27.75	191894	64.51
1982	13258	227318	10.91	4.73	1594	207.98	1360.83	29.80	180607	107.38
1983	14302	222518	10.70	3.99	1761	265.97	1151.84	34.65	73304	111.63
1984	14708	217524	9.87	3.31	1999	300.71	2140.18	40.26	2600	100.72
1985	18238	232993	9.97	4.08	3267	408.71	3212.67	46.73	3218	99.27
1986	17280	253618	10.82	4.47	3614	478.76	3186.24	56.14	3000	97.13
1987	18647	275939	11.85	4.72	7288	484.69	3347.52	69.27	2512	104.64
1988	18673	312996	12.73	5.02	9056	543.76	3919.42	78.74	4043	81.41
1989	20554	335657	13.44	5.04	6738	624.45	4128.9	79.58	3900	51.29
1990	25911	335522	12.69	4.93	7081	696.81	4081.36	88.75	3400	43.94
1991	29332	340359	12.52	4.94	6404	778.07	3889.83	101.69	4651	68.05

历年主要工业产品产量(续一)

年份	手表(万只)	电视机(部)	原盐(万吨)	饮料酒(万吨)	卷烟(万箱)	糖(吨)	合成洗涤剂(吨)	肥皂(吨)	化学药品(吨)	日用陶瓷(万件)
1949	—	—	1.70	0.68	1.57	—	—	—	—	3
1950	—	—	2.52	1.28	3.27	—	—	—	—	33
1951	—	—	5.03	2.31	5.12	—	—	—	—	58
1952	—	—	4.91	2.38	6.40	—	—	2 028	—	9 241
1953	—	—	3.57	3.19	7.98	—	—	2 780	—	9 595
1954	—	—	6.96	2.58	8.92	—	—	3 335	—	10 227
1955	—	—	93.27	2.24	8.23	—	—	3 721	—	13 720
1956	—	—	64.73	1.76	9.09	—	—	5 795	—	11 183
1957	—	—	31.18	2.03	11.61	—	—	6 139	—	11 757
1958	—	—	43.61	3.00	13.24	—	—	5 679	—	8 617
1959	—	—	43.11	5.09	17.43	—	—	15 515	212.94	10 435
1960	—	—	91.45	3.36	9.61	—	—	13 858	279.53	11 282
1961	—	—	64.47	1.67	3.61	—	—	9 542	251.35	11 861
1962	—	—	50.64	1.74	5.58	—	—	6 060	283.64	11 814
1963	—	—	36.81	1.62	4.68	—	—	6 199	316.60	11 558
1964	—	—	3.07	1.56	10.91	—	—	6 380	355.50	13 122
1965	—	—	37.08	1.22	18.06	—	—	9 578	500.00	14 360
1966	—	—	30.00	1.52	21.93	—	—	8 842	731.00	15 753
1967	—	—	40.00	1.46	21.80	—	—	10 848	845.00	14 119
1968	—	—	40.00	1.94	25.40	—	—	12 813	988.00	14 524
1969	—	—	21.00	2.54	33.70	—	91	17 574	1 203.00	18 896
1970	—	56	132.79	2.56	37.03	50	1 808	15 847	1 384.00	22 707
1971	—	620	122.80	3.06	22.77	1 017	2 561	15 636	1 486.00	20 938
1972	—	1 370	207.00	3.83	24.37	2 049	4 857	16 227	1 570.50	21 414
1973	—	2 765	127.13	4.11	30.97	2 802	6 761	17 889	1 630.72	22 459
1974	—	2 634	171.23	6.21	36.54	3 551	7 333	19 453	1 675.20	24 406
1975	—	4 430	200.00	6.18	41.43	3 721	7 995	22 843	2 086.90	27 035
1976	—	2 146	183.10	5.83	38.83	5 403	7 722	18 567	2103.04	24 422
1977	—	2 980	159.60	6.74	47.17	5 871	8 707	14 987	2 329.25	22 204
1978	—	14 774	243.42	6.84	42.72	5 883	9 032	16 489	2 635.39	28 481
1979	—	35 509	127.96	7.78	47.72	6 749	9 988	20 680	2 380.84	27 000
1980	—	41 088	259.49	8.91	52.36	6 625	9 768	23 398	2 351.34	31 666
1981	35	122 086	248.66	14.32	53.16	11 363	14 370	24 101	2 470.56	33 315
1982	51	124 388	235.30	14.83	61.63	10 319	14 529	16 663	2 546.27	33 756
1983	56	123 627	198.94	18.33	59.32	8 854	17 292	18 813	2 732.81	31 366
1984	65	220 700	234.73	22.61	74.92	9 700	20 597	26 177	2 952.62	33 370
1985	74	289 900	189.62	27.67	67.74	13 129	23 597	31 633	11 866.41	30 712
1986	83	231 100	229.67	35.52	78.28	6 806	27 632	37 742	12 140.41	36 211
1987	76	367 300	122.73	46.67	89.06	5 528	31 214	39 309	15 183.58	40 933
1988	49	473 300	254.00	65.27	98.92	5 909	32 971	36 789	16 650.99	46 225
1989	75	400 100	330.71	68.68	112.86	5 773	34 502	28 473	15 708.00	48 968
1990	68	177 800	190.68	73.16	118.53	5 496	37 672	33 748	18 982.12	50 314
1991	38	257 500	228.40	84.70	117.00	7 734	38 125	28 708	20 265.48	53 342

历年主要工业产品产量(续二)

年份	原煤（万吨）	原油（万吨）	发电量（亿千瓦小时）	生铁（万吨）	钢（万吨）	成品钢材（万吨）	铝（吨）	水泥（万吨）	平板玻璃（万重量箱）	硫酸（吨）
1949	495	—	2.60	—	0.37	0.26	—	10.20	36.09	—
1950	671	—	2.94	—	1.39	1.04	—	19.77	35.10	—
1951	908	—	3.55	0.50	3.68	2.29	—	29.90	66.37	—
1952	997	—	4.22	4.52	6.61	3.80	—	31.98	74.72	—
1953	937	—	4.85	6.24	9.29	5.63	—	44.08	77.26	—
1954	1 157	—	5.79	9.62	15.41	7.10	—	45.53	92.38	—
1955	1 277	—	6.55	10.13	21.28	8.87	—	44.22	107.70	—
1956	1 358	—	8.74	12.06	24.78	10.23	—	57.77	88.71	—
1957	1 520	—	9.76	12.85	24.77	11.44	—	60.65	220.49	—
1958	2 527	—	16.15	53.25	36.91	11.80	—	67.44	243.86	9
1959	3 608	—	23.35	173.89	42.35	26.92	140	89.26	252.35	717
1960	4 144	—	35.10	236.07	69.81	38.67	1 702	107.61	220	2 864
1961	2 964	—	29.36	74.65	19	13.96	1 315	29.84	118.14	2 319
1962	251—	—	25.19	21.34	13.15	8.79	622	26.59	112.32	426
1963	2 323	—	26.39	16.94	14.44	9.25	80	45.01	212.54	—
1964	2 339	—	29.26	26.85	20.53	12.13	4	64.44	239.66	417
1965	2 492	—	35.91	38.46	29.25	16.67	45	82.20	208.81	5 869
1966	2 541	—	43.22	49	41.44	21.15	48	96.60	223.68	8 924
1967	2 318	—	42.95	45.24	46.65	20.37	949	75.09	164.41	5 805
1968	282—	—	49.56	49.60	49.17	20.46	885	83.46	178.25	2 958
1969	3 082	—	55.92	78.18	48.35	24.86	1 584	121.84	224.92	5 052
1970	3 566	—	65.41	102.40	62.53	32.05	2 920	187.16	224.49	23 822
1971	3 874	—	74.48	113.66	80.25	39.29	2 990	228.12	233.20	76 844
1972	3 995	—	80.95	126.86	88.51	44.84	2 917	255.07	238.29	128 595
1973	4 254	—	87.33	126.53	101.77	48.01	2 689	255.62	245.28	195 767
1974	4 629	—	97.23	144.15	97.87	55.55	1 484	317.14	254.27	258 609
1975	5 108	—	112.95	178.24	111.16	67.94	2 962	363.82	235.96	310 706
1976	4 374	597.30	113.28	179.03	67.38	53.34	5 350	379.07	227.04	302 768
1977	4 517	1 229.80	122.68	177.65	94.10	63.07	5 102	399.65	309.47	338 975
1978	5 742	1 723	168.69	222.52	145.49	94.19	6 257	463.50	330.96	343 310
1979	5 841	1 733	190.51	234.84	167.58	103.09	9 408	515.37	366.42	276 000
1980	5 353	1 602.70	196.36	251.57	190.39	123.89	10 423	549.82	353.15	333 351
1981	5 235	1 221.70	199.32	216.36	182.87	122.17	10 270	522.41	380.75	365 345
1982	5 351	1 130.58	204.60	219.73	185.90	139.50	9 242	587.40	394.06	449 519
1983	5 555	1 055.34	218.30	243.48	214.63	158.79	10 178	644.73	473.43	536 477
1984	5 629	1 021.10	241.14	259.73	230.76	175.17	11 666	776.80	610.29	448 600
1985	6 008	1 031.71	261.97	284.29	249.13	191.50	11 587	942.72	779.50	145 235
1986	6 284	1 000.97	202.44	329.74	269.52	216.18	12 249	1 106.27	809.26	275 268
1987	6 381	795.39	312.59	368.92	286.84	239.37	12 662	1 229.79	858.79	490 466
1988	6 434	630.52	346.34	399.35	308.74	248.16	16 817	1 426.97	977.85	631 900
1989	6 324	577.96	365.58	433.45	351.17	269.89	19 096	1 402.20	1 109.81	616 100
1990	6 243	570.52	368.97	521.25	383.69	281.27	22 175	1 310.13	1 078.95	569 000
1991	6 143	537.73	410.66	590.03	420.38	318.48	16 526	1 596.97	1 188.04	658 700

注：平板玻璃 1985 年前的重量箱数字是国家建材局提供的。

历年主要工业产品产量(续三)

年份	纯碱(吨)	烧碱(吨)	合成氨(万吨)	农用化肥(折100%)(万吨)	化学农药(吨)	金属切削机床(台)	汽车(辆)	拖拉机(台)	小型拖拉机(台)	变压器(万千伏安)
1949	—	384	—	—	—	—	—	—	—	—
1950	—	960	—	—	—	4	—	—	—	—
1951	—	1 530	—	—	—	35	—	—	—	—
1952	—	2 635	—	—	—	47	—	—	—	0.02
1953	—	4 005	—	—	—	23	—	—	—	0.01
1954	—	4 995	—	—	—	125	—	—	—	—
1955	—	4 904	—	—	—	46	—	—	—	—
1956	89	5 911	—	0.03	—	17	—	—	—	—
1957	83	16 247	—	0.04	—	75	—	—	—	0.21
1958	98	2 477	—	0.02	—	5 694	—	22	—	5.96
1959	274	1 290	—	0.03	974	1 699	—	—	2	29.44
1960	836	1 296	—	0.46	68	2 650	—	44	9	32.50
1961	263	704	—	0.14	184	1 967	—	—	—	13.21
1962	59	56	—	0.03	10	63	—	—	—	17.14
1963	—	—	—	0.06	17	1	—	—	—	23.15
1964	—	—	0.16	0.20	18	—	—	—	—	33.39
1965	—	244	4.33	3.38	17	164	—	—	—	50.05
1966	—	1 144	8.97	6.44	751	530	—	—	2	114.30
1967	—	1 618	8.77	6.02	1 390	293	—	—	2	182.84
1968	—	2 782	11.94	8.07	1 165	729	—	—	22	126.90
1969	2	4 988	13.62	9.01	1 208	2 161	20	—	59	171.25
1970	665	11 179	18.77	12.20	2 656	4 856	614	—	1 876	405.71
1971	1 480	15 694	18.14	13.68	3 932	6 238	638	16	2 990	449.10
1972	1 830	19 416	21.48	17.91	4 100	6 159	755	9	2 949	443.18
1973	821	25 200	25.96	26.43	6 675	6 782	904	17	4 131	399.70
1974	745	28 852	29.68	33.10	6 200	5 817	1 223	17	5 021	487.90
1975	2 787	34 483	41.03	39.71	7 300	6 315	1 972	35	22 981	436.93
1976	3 600	31 947	43.29	39.15	5 074	5 726	1 956	360	27 169	188.22
1977	4 557	35 712	74.75	62.41	7 762	7 407	2 499	890	26 601	303.08
1978	4 598	41 503	107.97	80.11	13 534	6 837	2 425	1 265	33 368	545.22
1979	5 151	44 600	118.33	90.40	13 200	4 484	3 173	874	14 378	624.95
1980	7 000	46 385	127.08	100.48	11 105	3 468	3 329	2 212	5 842	602.71
1981	3 040	42 907	123.43	98.53	7 606	1 196	524	2 600	8 637	342.06
1982	5 557	53 826	124.65	99.67	8 543	1 531	919	1 550	20 415	495.75
1983	4 931	59 581	124.27	100.88	10 247	1 564	1 855	637	36 734	488.92
1984	7 600	61 700	145.54	110.43	10 800	1 800	4 291	396	56 785	548.85
1985	9 684	62 648	132.23	89.75	8 554	2 117	8 283	559	64 951	610.05
1986	8 790	72 570	129.93	97.50	10 033	2 287	2 097	50	64 049	726.10
1987	21 026	84 279	157.18	126.41	6 301	2 741	2 627	—	75 762	875.34
1988	26 499	90 791	168.06	136.58	7 350	3 521	5 293	—	99 572	1 047.13
1989	36 269	108 732	171.77	135.31	9 573	2 904	5 098	—	113 236	1 099.83
1990	266 090	123 278	165.10	128.51	13 650	1 699	8 494	—	128 498	967.75
1991	362 385	141 301	164.84	130.24	18 400	2 549	16 795	—	149 893	961.11

注:金属切削机床,1958,1961年数字中,有简易机床;1957年烧碱数字中,含有汉沽天津化工厂的产量.

主要工业产品产量

产品名称	单位	1985年	1990年	1991年
化学纤维	万吨	1.82	2.59	2.93
#合成纤维	万吨	0.85	1.62	1.87
纱	万吨	23.30	33.55	34.04
布	万米	99 692	126 938.31	125 207.47
针棉织品折用纱线	吨	28 899	45 266.60	46 269.2
呢绒	万米	408.71	696.81	778.07
毛线	吨	3 267	7 081.36	6 404
黄红青麻麻袋	万条	1 336.08	1 042.05	1 054.17
丝织品	万米	3 212.67	4 081.36	3 889.83
机制纸及纸板	万吨	46.73	88.75	101.69
皮革(折合牛皮)	万张	164.35	211.74	182.76
皮鞋	万双	659.58	743.77	687.4
胶鞋	万双	2 131.90	5 204.75	6 691.4
日用陶瓷	万件	30 711.78	50 314.07	53 341.77
塑料制品	万吨	8.85	11.33	12.97
日用精铝制品	吨	1 938	2 043	2 292
各种家具	万件	523.05	627.89	522.23
缝纫机	万架	0.32	0.34	0.47
自行车	万辆	99.27	43.94	68.05
手表	万只	74.00	67.51	38.23
灯泡	万只	711.86	6 104.94	8 016
家用洗衣机	台	550	—	—
电风扇	万台	2.47	3.07	3.97
录音机	万台	0.53	5.33	4.54
收音机	万台	28.12	22.48	11.29
电视机(包括工业用)	万台	28.99	17.78	25.75
#彩电	万台	4.86	7.62	10.45
干电池(折合手电池)	万只	16 997.24	26 603.80	24 301.95
原盐	万吨	189.62	190.68	228.40
食用植物油	万吨	26.65	22.91	21.92
糖	吨	13 129	5 496	7 734
饮料酒(混合量)	吨	276 721	731 606.6	847 039
#白酒	吨	98 900	202 482.8	194 531
啤酒	吨	132 888	500 356.8	622 109
罐头	吨	72 610	87 822	99 425
卷烟	万箱	67.74	118.53	117
钢	万吨	249.13	383.69	420.38
生铁	万吨	284.29	521.25	590.03
铁合金	万吨	2.93	5.06	4.15
成品钢材	万吨	191.50	281.27	318.48
铜	吨	1 907	2 290	2 327
铝	吨	11 587	22 175	16 526
发电量	亿千瓦小时	261.97	368.97	410.66
#水电	亿千瓦小时	1.80	7.03	6.32

主 要 工 业 产 品 产 量(续)

产 品 名 称	单 位	1985 年	1990 年	1991 年
原煤	万吨	6 007.59	6 242.97	6 142.82
洗精煤	万吨	1 231.72	1 190.40	1 154.48
原油	万吨	1 031.71	570.52	537.73
天然气	万立方米	20 657	29 434	28 962
铁矿石(原矿量)	万吨	1 409.52	2 826.98	3 039.60
焦炭(折标)	万吨	284.89	417.10	462.27
硫酸	万吨	14.52	56.90	65.87
烧碱(氢氧化钠)	吨	62 648	123 278	141 300.9
纯碱(无水碳酸钠)	吨	9 684	266 090	362 385
合成氨	万吨	132.23	165.10	164.84
农用化肥(折纯量)	万吨	89.75	128.51	130.24
化学农药(原药)	吨	8 554	13 649.90	18 399.6
纯苯	吨	8 998	11 949	12 648.57
电石(碳化钙)	吨	143 247	127 657	116 753
塑料	吨	23 557	51 148	65 442
油漆	吨	34 483	41 802	46 647.9
合成橡胶	吨	287	576	874
轮胎外胎	万条	64.37	78.54	96.07
电影胶片(折 35 毫米)	万米	9 867	7 490.80	8 978
合成洗涤剂	吨	23 597	37 672	38 125
化学药品(原药)	吨	11 866	18 982.12	20 265.48
中成药	吨	5 532	7 157.90	7 957.83
矿山设备	吨	9 875	13 959	14 472.3
工业锅炉	台	2 433	1 592	1 732
	蒸发量吨	5 581	3 771	4 104.8
内燃机生产量	万千瓦	91.91	49.64	61.92
交流电动机	万千瓦	141.49	157.49	172.15
变压器	万千伏安	610.05	967.75	961.11
泵	万台	26.44	22.22	19.56
金属切削机床	台	2 117	1 699	2 549
汽车	辆	8 283	8 494	16 795
改装汽车	辆	5 178	7 221	13 791
摩托车	辆	37 993	26 810	31 041
滚动轴承	万套	1 241.98	2 308.47	2 260.23
小拖拉机	台	64 951	128 498	149 893
手推胶轮车	万辆	85.08	30.03	33.1
电话机	万部	3.07	0.26	0.39
电子管	万只	27.54	76.23	75.77
水泥	万吨	942.72	1 310.13	1 596.97
平板玻璃	万重量箱	779.50	1 078.95	1 188.04
卫生陶瓷	万件	298.80	577.41	580.59
砖	亿块	283.08	328	339.57
瓦	万片	65 420	60 240.71	45 662.94

重点工业企业产品质量指标

项　　目	单　位	1985年	1990年	1991年
一、煤炭工业				
商品煤灰分	%	19.64	19.25	19.36
商品煤含矸率	%	0.40	0.05	0.04
洗精煤灰分	%	10.81	10.37	10.23
原煤灰分	%	24.23	29.36	23.56
二、石油工业				
油田外运原油含水率	%	0.27	0.12	0.19
三、冶金工业				
高炉生铁合格率	%	99.77	99.82	99.84
电炉钢锭合格率	%	98.62	99.32	99.28
侧吹转炉钢锭合格率	%	99.05	99.40	99.45
顶吹转炉钢锭合格率	%	98.93	98.87	98.95
钢材合格率	%	98.50	97.84	98.2
焦炭结焦率	%	78.42	78.02	77.95
冶金焦率	%	94.45	94.24	92.72
冶金焦灰分	%	14.03	13.80	13.61
冶金焦硫分	%	0.73	0.73	0.74
铁精粉品位(铁精矿品位)	%	64.90	64.90	64.55
四、化学工业				
硫酸合格率	%	100	100	100
普通过磷酸钙平均有效磷含量	%	12.50	13.09	13.38
尿素合格率	%	100	100	100
电石平均发气量	升/公斤	299	294	299
电石合格量	%	99.60	99.96	100
聚氯乙稀合格率	%	98.80	99.43	98.58
轮胎合格率	%	98.80	99.38	99.15
黄磷合格率	%	100	100	100
烧碱合格率	%	100	100	100
烧碱损失率	%	4.30	4.21	3.65
五、建筑材料工业				
熟料平均标号	兆帕	—	62.30	134.45
出厂水泥合格率	%	100	100	100
平板玻璃一级品率(耀华)	%	—	72.89	63.81
六、纺织工业				
粘胶纤维正品率(混合)	%	99.31	98.95	99.60
合成纤维正品率(混合)	%	98.66	97.47	98.08
纯棉纱一等一级以上品率	%	99.34	97.96	98.73
纯棉布入库一等品率	%	95.23	95.55	96.64
印染布入库一等品率	%	83.36	85.88	87.19
精纺毛织品入库一等品率	%	87.91	88.95	88.44
毛线入库一等品率	%	94.56	92.77	92.77
桑蚕丝正品率	%	94.58	99.85	99.85
丝织品入库一等品率	%	80.23	82.72	86.86
七、轻工业				
纸袋纸成品率	%	95.89	—	95.44
凸版纸成品率	%	90.31	92.80	92.07
卷烟合格率	%	98.70	97.50	97.20
出口陶瓷一次烧成合格率	%	70.59	83.80	83.83
重革合格率	%	99.53	99.70	99.39
轻革合格率	%	90.45	96.10	92.38

重点工业企业单位产品物耗指标

项　　目	单　位	1985年	1990年	1991年
一、煤炭工业				
企业耗坑木	立方米/万吨	61.05	43.83	35.93
原煤生产耗炸药	公斤/万吨	2 367	1 438	1 657
原煤生产耗钢材	吨/万吨	10.81	12.38	11.96
原煤耗电	千瓦小时/吨	32.40	39.83	38.41
洗精煤回收率	%	60.09	59.02	58.85
二、石油工业				
油田企业原耗自用率	%	1.29	4.59	5.05
油田原油损耗率	%	1.90	2.16	2.21
原油(气)生产耗电	千瓦小时/吨	15.40	89.47	116
原油(气)生产综合用电	千瓦小时/吨	37.90	115.19	147
三、电力工业				
发电耗标准煤	克/千瓦小时	376	377	376
供电耗标准煤	克/千瓦小时	407	408	407
发电厂用电率	%	7.61	7.68	7.66
线路损失率	%	5.82	6.81	6.85
四、冶金工业				
生铁耗铁矿石	公斤/吨	1 770	1 721	1 754
生铁耗燃料(综合焦比)	公斤/吨	645	612	602
生铁耗焦炭(入炉焦化)	公斤/吨	593	590	583
电炉钢耗钢铁料	公斤/吨	1 070	1 053	1 049
生铁	公斤/吨	31	44	56
侧吹转炉钢耗钢铁料	公斤/吨	1 220	1 143	1 141
生铁	公斤/吨	1 129	1 060	1 058
顶吹转炉钢耗钢铁料	公斤/吨	1 147	1 139	1 134
生铁	公斤/吨	1 027	1 023	1 050
全焦耗湿煤	公斤/吨	1 409	1 405	1 407
电炉钢冶炼耗电	千瓦小时/吨	634	602	582
硅铁耗电	千瓦小时/吨	8 626	8 678	8 762
电解铝耗直流电	千瓦小时/吨	17 245	15 908	15 279
电解铝耗氧化铝	公斤/吨	1 975	1 970	1 944
铜选矿实际回收率	%	76.90	68.20	73.01
五、化学工业				
合成氨耗白煤	公斤/吨	1 163	1 164	1 126
合成氨耗电	千瓦小时/吨	1 285	1 483	1 445
合成氨耗烟煤	公斤/吨	489	406	358
合成氨综合耗电	千瓦小时/吨	1 701	1 449	2 134
电石耗焦炭(84%)	公斤/吨	557	567	595
电石耗电炉电	千瓦小时/吨	3 527	3 633	3 663
烧碱耗直流电(标准)	千瓦小时/吨	2 552	2 433	2 512
电石综合能耗(折标准煤)	吨/吨	2.28	2.28	2.33

重点工业企业单位产品物耗指标(续)

项　　目	单　位	1985 年	1990 年	1991 年
硫酸耗硫铁矿	公斤/吨	1 080	1 087	1 066
硫酸耗电	千瓦小时/吨	146	134	127
聚氯乙稀耗电石(标准)	公斤/吨	1 696	1 567	1 535
手推车外胎耗生胶	公斤/条	1.14	1.10	1.07
吸引胶管耗钢丝	公斤/米	0.30	0.22	0.21
烧碱综合能耗(折标准煤)	吨/吨	2.34	1.85	1.83
聚氯乙稀耗电	千瓦小时/吨	566	487	473
烧碱耗原盐	公斤/吨	1 793	1 693	1 537
黄磷耗磷矿石(30%)	公斤/吨	8 505	8 043	8 383
黄磷耗焦炭(84%)	公斤/吨	1 510	1 351	1 381
黄磷耗磷炉电	千瓦小时/吨	15 600	14 402	14 407
六、建筑材料工业				
熟料烧成耗标准煤	公斤/吨		143.01	144.47
水泥综合耗电	千瓦小时/吨		124.76	123.18
平板玻璃耗标准煤	公斤/重量箱		30.84	28.83
平板玻璃耗纯碱	公斤/重量箱		9.84	9.79
平板玻璃耗电	千瓦小时/重量箱		3.98	3.73
玻璃纤维纱耗电	千瓦小时/吨		3 938	4 001
七、纺织工业				
粘胶纤维(长丝)耗标准煤	公斤/吨	9 517	7 350	6 999
粘胶纤维(长丝)耗电	千瓦小时/吨	10 063	10 114	9 415
粘胶纤维(长丝)耗硫酸	公斤/吨	1 277	1 303	1 293
粘胶纤维(长丝)耗烧碱	公斤/吨	728	757	738
纱通扯净用棉量(包括化纤)	公斤/吨	1 064	1 066	1 078
纱耗电量(混合数)	千瓦小时/吨	2 132	2 111	2 090
布用纱量(包括化纤)	公斤/百米	15.71	16.38	17.35
布耗电(混合)	千瓦小时/百米	23.12	24.72	25.85
印染布耗碱(折 100%)	公斤/百米	1.69	1.85	1.75
印染布耗标准煤	公斤/百米	58.33	54.03	53.99
八、轻工业				
本色化学木浆耗木材	立方米/吨	4.09	4.99	4.80
本色化学木浆耗碱	公斤/吨	445	472	481
28″载重自行车耗钢材	公斤/辆	30.67	31.10	29.63
15—40 瓦普通灯泡耗钨丝	万米/万只	1.30	1.50	1.42
日用陶瓷耗标准煤	吨/吨	1.62	1.61	1.799
重革耗牛皮	吨/吨	1	—	—
重革耗猪皮	吨/吨	1.71	1.87	1.74
重革耗栲胶	公斤/吨	0.92	0.83	0.77
每万件火柴耗原木(旧标准)	立方米	161	153	106
每口铝锅耗铝材	公斤	1.20	0.94	0.67

重点工业企业实物劳动生产率

项目	单位	1985年	1990年	1991年
一、煤炭工业				
原煤全员效率	吨/工	0.93	1.07	1.09
回采工效率	吨/工	5.21	6.84	7.26
掘进工效率	吨/工	0.13	0.13	0.14
二、石油工业				
采油工人	吨/人.年	1 431	834	834
三、电力工业				
发电工人(南网)	万千瓦小时/人.年	163	194	203
四、冶金工业				
露天采矿全员效率	吨/人.年	1 913	2 694	3 259
露天采矿工人	吨/人.年	2 740	3 579	4 489
坑下采矿全员效率	吨/人.年	208	309	274
坑下采矿工人	吨/人.年	336	421	364
高炉炼铁工人	吨/人.年	626	714	866
高炉炼钢工人	吨/人.年	141	220	226
侧吹转炉炼钢工人	吨/人.年	256	368	361
顶吹转炉炼钢工人	吨/人.年	407	411	381
五、建筑材料工业				
水泥全员效率	吨/人.年	396.35	351	350
六、纺织工业				
纺部工人	工/吨	27.07	26.28	26.26
织部工人	工/万米	79.84	76.73	77.47
七、轻工业				
机制纸及纸板工人	吨/人.年	18.45	17.83	16.99
自行车工人	辆/人.年	135	82	112
手表工人	只/人.年	408	551	337
甜菜糖工人	吨/人.年	7.91	3.60	6.03
卷烟工人	箱/人.年	205.6	221.8	144.5
合成洗衣粉工人	吨/人.年	36.36	37.86	39.33
火柴工人	件/人.年	613	768	811
白酒工人	吨/人.年	9.73	12.51	15.46
普通灯泡工人	千只/人.年	17.06	18.48	36.34

重点工业企业设备利用及其他指标

项　　目	单　位	1985年	1990年	1991年
一、煤炭工业				
剥采比	立方米/吨	3.870	7.89	17.65
回采工作面平均月产量	吨/个	12 899	17 168	18 061
掘进工作面平均月进度	米/个	104.07	114.96	122.78
生产掘进率	米/万吨	184.5	149.71	155.25
开拓掘进率	米/万吨	19.09	18.01	19.93
二、石油工业				
油井综合利用率	%	94.66	88.49	87.74
三、电力工业				
发电设备平均利用小时	小时	6 394	6 801	6 836
火电	小时	6 376	7 005	7 052
水电	小时	1 490	1 328	1 023
四、冶金工业				
烧结机利用系数	吨/平方米.台时	1.18	1.44	1.37
烧结机日历作业率	%	76.56	79.07	80.79
高炉利用系数	吨/立方米.昼夜	1.791	1.843	1.850
电炉利用系数	吨/百万伏安.昼夜	18.48	18.06	18.72
电炉平均每炉冶炼时间	时:分	3:42	3:58	3:50
电炉日历作业率	%	82.67	86.54	87.83
侧吹转炉利用系数	吨/公称吨.昼夜	30.19	41.60	41.26
侧吹转炉炉衬寿命	炉	203	362	367
侧吹转炉平均每炉冶炼时间	分钟	43	37	38
侧吹转炉日历作业率	%	59.39	59.24	61.03
顶吹转炉利用系数	吨/公称吨.昼夜	27.53	30.54	32.40
顶吹转炉炉衬寿命	炉	348	483	548
顶吹转炉平均每炉冶炼时间	分钟	41	38	37
顶吹转炉日历作业率	%	67.04	58.01	61.52
五、纺织工业				
每千锭时平均产纱量(混合数)	公斤	21.72	20.64	20.91
棉纺锭设备利用率	%	98.30	87.19	82.67
棉布织机每台时产量(混合数)	米	3.47	3.50	3.44
棉布织机设备利用率	%	97.09	88.75	88.73
棉布织机设备运转率	%	95.00	95.33	94.71
毛线精纺锭千锭时产量	公斤	47.07	38.79	54.63
精梳毛织机每台时产量	米	1.92	2.26	2.23
提花毛毯织机每台时产量	米	1.05	0.91	0.93
纯麻袋织机每台时产量	米	22.98	19.71	20.26
丝织机每台时产量	米	2.40	1.99	1.93

全部独立核算工业企业主要财务指标

（1991年）　　　　　　　　　　　　单位：万元

类　别	企　业 单位数 （个）	年末固定资产		定额流动 资金年平 均余额	提取的 折　旧 基　金
		原　值	净　值		
总　　　计	**19 204**	**8 295 714**	**6 031 052**	**2 876 589**	**392 663**
按轻重工业分					
轻工业	9 526	2 137 200	1 618 596	1 266 868	1 026 050
重工业	9 678	6 158 514	4 412 456	1 609 721	290 058
按工业行业分					
煤炭采选业	320	881 880	608 664	75 894	45 051
石油和天然气开采业	2	814 810	543 784	64 345	39 434
黑色金属矿采选业	284	91 168	62 822	29 320	47 950
有色金属矿采选业	105	43 763	29 422	11 529	1 412
建筑材料及其他非金属矿采选业	382	21 554	16 617	5 542	1 090
采盐业	40	51 460	39 233	10 474	2 401
木材及竹材采运业	2	70	64	15	—
自来水生产和供应业	40	60 501	50 773	1 098	1 897
食品制造业	1 876	196 245	151 793	110 550	9 116
饮料制造业	259	126 613	103 498	73 140	5 427
烟草加工业	3	49 101	43 293	70 207	2 237
饲料工业	247	18 076	15 241	13 907	914
纺织业	1 474	714 514	552 623	404 895	31 668
缝纫业	653	60 580	40 804	58 546	3 585
皮革、毛皮及其制品业	342	34 163	23 221	47 256	1 656
木材加工及竹、藤、棕、草制品业	176	14 166	10 923	7 643	643
家具制造业	373	19 423	12 990	17 934	1 068
造纸及纸制品业	603	154 745	118 615	68 541	8 221
印刷业	445	58 716	42 537	23 655	3 079
文教体育用品制造业	111	5 361	3 880	5 352	318
工艺美术品制造业	643	35 658	27 514	41 606	1 969
电力、蒸气、热水生产和供应业	184	1 207 373	887 407	31 225	64 030
石油加工业	78	124 698	102 290	22 630	5 196
炼焦、煤气及煤制品业	70	62 362	51 099	7 850	2 738
化学工业	1 129	601 480	430 717	225 886	26 727
医药工业	144	142 916	107 841	58 478	7 024
化学纤维工业	17	65 620	38 466	18 407	4 024
橡胶制品业	247	48 113	34 083	34 696	2 386
塑料制品业	617	82 877	61 684	45 777	4 550
建筑材料及其他非金属矿物制品业	2 824	544 318	390 788	189 686	27 162
黑色金属冶炼及压延加工业	260	733 855	573 812	239 776	28 233
有色金属冶炼及压延加工业	64	69 278	53 670	26 536	3 062
金属制品业	1 382	116 724	78 251	102 717	6 737
机械工业	2 245	600 196	387 678	437 663	26 090
交通运输设备制造业	513	209 320	155 229	122 823	8 905
电气机械及器材制造业	589	105 326	75 070	90 936	5 464
电子及通信设备制造业	127	95 627	82 347	49 925	2 499
仪器仪表及其他计量器具制造业	114	21 200	13 883	19 004	1 122
其他工业	220	11 864	8 424	11 122	734

注：盈亏相抵的利润总额中未把教育费附加和资源税包括进去。

全部独立核算工业企业主要财务指标(续)

(1991年) 单位:万元

类别	盈亏相抵后的利润总额	利税总额	企业提留利润留成基金
总计	**132 088**	**699 822**	**119 545**
按轻重工业分			
轻工业	87 640	319 731	39 630
重工业	44 448	380 091	79 915
按工业行业分			
煤炭采选业	−61 864	−50 530	2 241
石油和天然气开采业	−98 174	−85 577	4 101
黑色金属矿采选业	10 113	13 637	4 105
有色金属矿采选业	4 058	4 456	2 831
建筑材料及其他非金属矿采选业	1 881	2 836	551
采盐业	3 502	4 092	1 225
木材及竹材采运业	8	12	8
自来水生产和供应业	−221	206	441
食品制造业	6 587	13 232	4 578
饮料制造业	3 600	29 454	1 762
烟草加工业	−4 101	86 075	−2 770
饲料工业	3 450	3 777	1 419
纺织业	923	37 226	9 575
缝纫业	5 931	10 535	3 928
皮革、毛皮及其制品业	−404	1 781	833
木材加工及竹、藤、棕、草制品业	198	813	171
家具制造业	796	2 063	395
造纸及纸制品业	7 420	18 137	2 615
印刷业	6 562	9 486	1 806
文教体育用品制造业	582	931	182
工艺美术品制造业	1 977	5 476	760
电力、蒸气、热水生产和供应业	48 626	130 648	12 210
石油加工业	10 964	28 571	4 767
炼焦、煤气及煤制品业	2 058	4 933	1 133
化学工业	13 861	58 291	7 729
医药工业	19 733	30 691	2 943
化学纤维工业	8 048	12 396	1 080
橡胶制品业	5 739	14 370	2 263
塑料制品业	4 907	9 328	1 901
建筑材料及其他非金属矿物制品业	42 728	86 884	12 364
黑色金属冶炼及压延加工业	6 394	77 392	1 648
有色金属冶炼及压延加工业	1 032	4 108	1 359
金属制品业	8 903	18 386	3 480
机械工业	28 204	54 400	11 783
交通运输设备制造业	15 902	24 424	6 192
电气机械及器材制造业	16 021	27 109	6 016
电子及通信设备制造业	2 360	3 652	653
仪器仪表及其他计量器具制造业	2 118	3 332	624
其他工业	1 669	2 786	642

全民所有制独立核算工业企业主要财务指标

（1991 年）　　　　单位：万元

类别	企业单位数（个）	年末固定资产原值	年末固定资产净值	定额流动资金年平均余额	提取的折旧基金
总计	**3 728**	**6 826 216**	**4 926 431**	**1 983 290**	**291 407**
按轻重工业分					
轻工业	1 787	1 461 487	1 111 441	768 435	61 465
重工业	1 941	5 364 729	3 814 990	1 214 855	229 942
按工业行业分					
煤炭采选业	94	866 972	597 445	70 828	44 071
石油和天然气开采业	2	814 810	543 784	64 345	39 434
黑色金属矿采选业	29	60 711	39 259	16 536	2 665
有色金属矿采选业	34	42 148	28 150	11 278	1 308
建筑材料及其他非金属矿采选业	36	16 037	12 466	3 935	722
采盐业	6	48 135	36 995	9 780	2 266
木材及竹材采运业	2	70	64	15	—
自来水生产和供应业	38	60 482	50 754	1 098	1 897
食品制造业	596	142 801	109 883	75 116	5 995
饮料制造业	108	93 375	76 543	56 650	3 311
烟草加工业	3	49 101	43 293	70 207	2 237
饲料工业	156	13 217	11 166	8 849	612
纺织业	275	478 445	365 255	256 275	18 747
缝纫业	22	21 106	13 882	16 905	841
皮革、毛皮及其制品业	27	14 742	9 953	22 797	612
木材加工及竹、藤、棕、草制品业	22	5 247	4 118	2 346	150
家具制造业	22	3 612	2 379	3 260	131
造纸及纸制品业	88	104 363	80 987	42 198	4 915
印刷业	78	39 700	30 026	12 058	1 782
文教体育用品制造业	7	1 263	991	1 028	51
工艺美术品制造业	53	11 196	9 244	12 090	408
电力、蒸气、热水生产和供应业	157	1 011 940	711 545	28 890	44 765
石油加工业	14	121 571	99 928	20 788	4 762
炼焦、煤气及煤制品业	21	56 093	46 101	4 986	2 330
化学工业	330	521 991	372 115	174 794	21 588
医药工业	82	126 540	95 361	48 521	5 916
化学纤维工业	5	64 426	37 498	17 281	3 964
橡胶制品业	24	28 125	20 631	20 086	1 009
塑料制品业	38	23 524	18 616	10 784	820
建筑材料及其他非金属矿物制品业	463	376 346	272 519	110 726	15 560
黑色金属冶炼及压延加工业	60	687 418	539 101	200 601	24 434
有色金属冶炼及压延加工业	15	53 021	41 039	19 984	2 157
金属制品业	81	35 725	24 083	27 278	1 391
机械工业	474	485 694	314 701	336 180	18 558
交通运输设备制造业	96	180 365	134 377	101 216	6 718
电气机械及器材制造业	83	65 667	47 232	46 804	2 808
电子及通信设备制造业	39	81 563	72 325	41 560	1 513
仪器仪表及其他计量器具制造业	36	15 736	10 538	12 547	830
其他工业	12	2 936	2 086	2 670	128

注：盈亏相抵的利润总额中未把教育费附加和资源税包括进去。

全民所有制独立核算工业企业主要财务指标(续)

(1991 年)　　　　单位:万元

类　　别	盈亏相抵后的利润总额	利税总额	亏损企业亏损总额	企业留利
总　　计	**11 594**	**471 097**	**279 116**	**78 752**
按轻重工业分				
轻工业	42 534	221 703	55 103	22 678
重工业	—30 940	249 394	224 013	56 074
按工业行业分				
煤炭采选业	—64 879	—54 650	72 061	1 536
石油和天然气开采业	—98 174	—85 577	100 063	4 101
黑色金属矿采选业	3 004	4 466	19	1 804
有色金属矿采选业	3 806	4 144	1 333	2 666
建筑材料及其他非金属矿采选业	812	1 319	492	267
采盐业	3 386	3 452	—	1 145
木材及竹材采运业	8	12	—	8
自来水生产和供应业	—222	206	1 128	441
食品制造业	1 400	5 182	7 829	2 678
饮料制造业	2 544	22 916	1 404	962
烟草加工业	—4 101	86 075	4 570	—2 770
饲料工业	2 092	2 178	155	1 157
纺织业	—198	24 062	23 869	6 444
缝纫业	4 300	4 936	186	3 104
皮革、毛皮及其制品业	—1 888	—1 038	2 561	332
木材加工及竹、藤、棕、草制品业	3	292	241	34
家具制造业	—507	—359	569	13
造纸及纸制品业	3 447	10 251	3 055	1 438
印刷业	4 243	5 757	128	1 167
文教体育用品制造业	—102	—56	148	18
工艺美术品制造业	—616	—22	941	50
电力、蒸气、热水生产和供应业	46 253	124 949	790	11 908
石油加工业	10 310	27 670	518	4 455
炼焦、煤气及煤制品业	1 384	3 680	2 378	1 019
化学工业	5 935	38 349	15 889	4 259
医药工业	16 966	26 348	1 038	2 518
化学纤维工业	7 932	12 215	41	1 062
橡胶制品业	2 890	7 928	855	1 278
塑料制品业	679	1 545	278	253
建筑材料及其他非金属矿物制品业	23 312	52 366	4 110	6 864
黑色金属冶炼及压延加工业	1 827	66 810	9 841	38
有色金属冶炼及压延加工业	989	3 584	1 533	864
金属制品业	—1 576	552	3 550	536
机械工业	13 661	32 015	13 366	7 328
交通运输设备制造业	12 648	19 260	1 464	5 173
电气机械及器材制造业	8 817	15 490	455	3 571
电子及通信设备制造业	1 667	2 417	1 610	453
仪器仪表及其他计量器具制造业	1 381	2 097	377	488
其他工业	—54	277	270	91

集体所有制独立核算工业企业主要财务指标

(1991 年)　　单位:万元

类　别	企业单位数(个)	年末固定资产 原值	年末固定资产 净值	定额流动资金年平均余额	提取的折旧基金
总　计	**15 327**	**1 150 778**	**826 214**	**1 346 067**	**74 187**
按轻重工业分					
轻工业	7 642	594 046	437 415	749 692	36 519
重工业	7 685	556 732	388 799	596 375	37 668
按工业行业分					
煤炭采选业	226	14 908	11 219	12 640	980
黑色金属矿采选业	255	30 457	23 563	20 267	2 130
有色金属矿采选业	71	1 615	1 272	442	104
建筑材料及其他非金属矿采选业	345	4 908	3 640	3 260	324
采盐业	34	3 325	2 238	1 213	135
自来水生产和供应业	2	18	18	1	—
食品制造业	1 276	53 070	41 622	54 308	3 092
饮料制造业	144	27 986	23 038	29 051	1 777
饲料工业	88	1 997	1 468	2 148	135
纺织业	1 176	187 666	144 884	221 685	10 386
缝纫业	620	37 582	25 390	65 759	2 596
皮革、毛皮及其制品业	307	17 409	11 721	32 488	899
木材加工及竹、藤、棕、草制品业	153	8 645	6 531	7 797	493
家具制造业	351	15 811	10 611	19 490	937
造纸及纸制品业	514	50 187	37 493	45 106	3 268
印刷业	367	19 017	12 511	17 509	1 297
文教体育用品制造业	101	4 011	2 829	6 263	260
工艺美术品制造业	589	24 410	18 225	43 345	1 558
电力、蒸气、热水生产和供应业	25	2 769	2 387	276	85
石油加工业	64	3 127	2 362	2 650	433
炼焦、煤气及煤制品业	49	6 269	4 998	4 517	408
化学工业	789	74 005	54 196	81 714	4 857
医药工业	57	12 318	9 026	15 586	687
化学纤维工业	12	1 193	968	1 532	59
橡胶制品业	222	19 605	13 094	30 907	1 362
塑料制品业	567	52 489	37 080	53 890	3 401
建筑材料及其他非金属矿物制品业	2 342	157 544	110 174	117 854	11 060
黑色金属冶炼及压延加工业	194	37 866	28 340	59 422	3 000
有色金属冶炼及压延加工业	47	5 750	4 410	4 425	285
金属制品业	1 300	80 854	54 024	117 148	5 346
机械工业	1 763	111 446	70 871	144 708	7 317
交通运输设备制造业	414	23 295	15 605	30 986	1 547
电气机械及器材制造业	501	36 710	25 214	66 312	2 439
电子及通信设备制造业	81	9 771	6 896	10 326	728
仪器仪表及其他计量器具制造业	76	4 611	2 522	8 293	263
其他工业	205	8 131	5 771	12 747	540

注:盈亏相抵的利润总额中未把教育费附加和资源税包括进去。

集体所有制独立核算工业企业主要财务指标(续)

(1991年) 单位:万元

类别	盈亏相抵后的利润总额	利税总额	亏损企业亏损总额	企业提留利润留成基金
总计	**120 135**	**219 874**	**21 674**	**38 512**
按轻重工业分				
轻工业	45 923	95 110	14 554	16 211
重工业	74 212	124 764	7 120	22 301
按工业行业分				
煤炭采选业	3 015	4 120	472	705
黑色金属矿采选业	7 109	9 171	23	2 301
有色金属矿采选业	252	311	135	164
建筑材料及其他非金属矿采选业	1 055	1 502	77	276
采盐业	116	640	37	80
自来水生产和供应业	—	—	—	—
食品制造业	5 118	7 946	909	1 873
饮料制造业	568	4 974	949	426
饲料工业	643	715	2	262
纺织业	7 076	16 627	5 725	3 102
缝纫业	1 196	5 048	2 433	815
皮革、毛皮及其制品业	1 189	2 312	567	457
木材加工及竹、藤、棕、草制品业	195	521	225	138
家具制造业	1 304	2 422	314	382
造纸及纸制品业	3 507	7 212	762	1 090
印刷业	2 319	3 730	95	639
文教体育用品制造业	688	991	72	164
工艺美术品制造业	2 593	5 493	634	710
电力、蒸气、热水生产和供应业	54	74	—	26
石油加工业	654	900	21	312
炼焦、煤气及煤制品业	674	1 253	4	114
化学工业	8 217	19 770	1 399	3 447
医药工业	1 912	3 084	3	401
化学纤维工业	116	181	—	19
橡胶制品业	2 875	6 462	241	986
塑料制品业	5 025	8 404	813	1 552
建筑材料及其他非金属矿物制品业	18 693	33 298	1 902	5 317
黑色金属冶炼及压延加工业	3 835	9 350	1 011	740
有色金属冶炼及压延加工业	722	1 019	130	495
金属制品业	10 479	17 833	804	2 944
机械工业	14 424	22 133	1 217	4 354
交通运输设备制造业	4 682	6 560	211	905
电气机械及器材制造业	7 203	11 602	233	2 442
电子及通信设备制造业	647	1 074	53	196
仪器仪表及其他计量器具制造业	35	1 000	46	128
其他工业	1 444	2 139	155	546

全部独立核算工业企业全员劳动生产率

项　　目	全员劳动生产率(元/人.年)		1991年为1990年%
	1991年	1990年	
总　　计	**24 967**	**22 866**	**109.2**
按轻重工业分			
轻工业	28 083	26 007	107.98
以农产品为原料	28 380	26 818	105.8
以非农产品为原料	27 292	23 798	114.7
重工业	22 975	20 851	110.2
采掘工业	11 384	11 484	99.1
原料工业	37 893	35 170	107.7
加工工业	21 613	18 914	114.3
按企业规模分			
大型企业	32 623	30 164	108.2
中型企业	30 079	30 045	100.1
小型企业	19 844	18 011	110.2
按行业分			
#煤炭采选业	7 659	7 925	96.6
石油和天然气开采业	35 666	37 317	95.6
黑色金属矿采选业	16 861	16 354	103.1
有色金属矿采选业	13 254	12 660	104.7
建筑材料及其他非金属矿采选业	10 148	9 191	110.4
采盐业	19 698	16 143	122.0
木材及竹材采运业	11 081	5 882	188.4
自来水生产和供应业	23 517	24 226	97.1
食品制造业	36 296	34 766	104.4
#粮食加工业	58 491	52 206	112.0
饮料制造业	32 679	29 311	111.5
烟草加工业	189 694	182 486	103.9
饲料工业	78 590	57 586	136.5
纺织业	28 415	28 076	101.2
#棉纺织业	28 601	27 966	102.3
缝纫业	19 112	17 104	111.7
皮革、毛皮及其制品业	21 633	19 571	110.5

注:本表按1 990年不变价格计算(下同)。

全部独立核算工业企业全员劳动生产率(续)

项　目	全员劳动生产率(元/人.年)		1991年为1990年%
	1991年	1990年	
木材加工及竹、藤、棕、草制品业	14 142	12 469	113.4
家具制造业	13 383	13 030	102.7
造纸及纸制品业	24 622	22 393	110.0
印刷业	19 064	16 553	115.2
文教体育用品制造业	14 450	11 680	123.7
工艺美术品制造业	13 689	12 324	111.1
电力、蒸气、热水生产和供应业	52 611	49 289	106.7
石油加工业	94 966	94 961	100.0
炼焦、煤气及煤制品业	33 861	32 534	104.1
化学工业	36 264	32 548	111.4
医药工业	53 762	44 842	119.9
化学纤维工业	48 660	44 301	109.8
橡胶制品业	37 258	33 329	111.8
塑料制品业	29 237	24 228	120.7
建筑材料及其他非金属矿物制品业	16 275	14 463	112.5
#水泥制造业	21 623	19 870	108.8
黑色金属冶炼及压延加工业	36 010	33 339	108.0
有色金属冶炼及压延加工业	54 688	53 415	102.4
金属制品业	19 610	17 848	109.9
机械工业	19 067	16 871	113.0
交通运输设备制造业	25 184	20 168	124.9
电气机械及器材制造业	30 222	27 120	111.4
电子及通信设备制造业	36 772	28 308	129.9
仪器仪表及其他计量器具制造业	14 049	12 805	109.7

全民所有制独立核算工业企业全员劳动生产率

项　　目	全员劳动生产率(元/人.年)		1991年为1990年%
	1991年	1990年	
总　　计	**27 734**	**25 802**	**107.5**
按隶属关系分			
中央企业	26 694	25 635	104.1
地方企业	28 118	25 865	108.7
按轻重工业分			
轻工业	34 126	32 301	105.6
以农产品为原料	34 985	33 365	104.9
以非农产品为原料	31 621	29 021	108.96
重工业	24 820	22 847	108.6
采掘工业	11 354	11 565	98.2
原料工业	40 702	37 987	107.1
加工工业	24 601	21 645	113.7
按企业规模分			
大型企业	32 224	29 878	107.9
中型企业	29 982	30 264	99.1
小型企业	20 441	19 082	107.1
按工业行业分			
#煤炭采选业	7 702	7 953	96.8
石油和天然气开采业	35 666	37 317	95.6
黑色金属矿采选业	15 282	14 966	102.1
有色金属矿采选业	14 579	14 260	102.2
建筑材料及其他非金属矿采选业	12 655	11 570	109.4
采盐业	20 966	15 962	131.3
木材及竹材采运业	11 081	5 882	188.4
自来水生产和供应业	23 533	24 246	97.6
食品制造业	41 580	40 797	101.9
#粮食加工业	73 962	68 147	108.5
饮料制造业	34 159	30 879	110.6
烟草加工业	189 694	182 486	103.9
饲料工业	80 022	61 227	130.7
纺织业	29 194	28 935	100.9
#棉纺织业	31 551	31 254	101.0

全民所有制独立核算工业企业全员劳动生产率(续)

项　　目	全员劳动生产率(元/人.年)		1991年为1990年%
	1991年	1990年	
缝纫业	49 426	43 387	113.9
皮革、毛皮及其制品业	32 132	30 782	104.4
木材加工及竹、藤、棕、草制品业	16 851	16 440	102.5
家具制造业	10 340	10 633	97.2
造纸及纸制品业	29 295	26 043	112.5
印刷业	25 983	22 529	115.3
文教体育用品制造业	11 713	10 628	110.2
工艺美术品制造业	17 518	15 928	109.98
电力、蒸气、热水生产和供应业	51 560	49 458	104.3
石油加工业	109 679	106 179	103.3
炼焦、煤气及煤制品业	36 851	35 259	104.5
化学工业	36 223	32 625	111.0
医药工业	50 546	47 850	105.6
化学纤维工业	48 429	43 936	110.2
橡胶制品业	51 216	46 543	110.0
塑料制品业	32 658	29 577	110.4
建筑材料及其他非金属矿物制品业	19 531	17 892	109.2
＃水泥制造业	24 724	22 865	108.1
黑色金属冶炼及压延加工业	36 149	33 594	107.6
有色金属冶炼及压延加工业	59 650	59 997	99.4
金属制品业	21 912	20 481	106.99
机械工业	20 246	17 865	113.3
交通运输设备制造业	27 361	21 883	125.0
电气机械及器材制造业	35 861	34 174	104.9
电子及通信设备制造业	44 421	34 399	129.1
仪器仪表及其他计量器具制造业	18 992	14 181	133.9

集体所有制独立核算工业企业全员劳动生产率

项　　目	全员劳动生产率(元/人.年)		1991年为1990年%
	1991年	1990年	
总　　计	**19 765**	**17 649**	**112.0**
按轻重工业分			
轻工业	21 393	19 381	110.4
以农产品为原料	20 731	19 419	106.8
以非农产品为原料	23 045	19 287	119.5
重工业	18 072	15 799	114.4
采掘工业	11 551	11 018	104.8
原料工业	26 484	23 451	112.9
加工工业	17 194	14 939	115.1
按企业规模分			
大型企业	53 832	50 437	106.7
中型企业	29 410	27 296	107.7
小型企业	19 027	17 090	111.3
按工业行业分			
#煤炭采选业	7 201	7 621	94.50
石油和天然气开采业	—	—	—
黑色金属矿采选业	18 533	17 961	103.2
有色金属矿采选业	7 458	6 591	113.2
建筑材料及其他非金属矿采选业	8 398	7 564	111.0
采盐业	7 313	18 406	39.7
木材及竹材采运业			
自来水生产和供应业	2 667	2 571	103.7
食品制造业	27 694	25 037	110.6
#粮食加工业	26 116	21 774	119.9
饮料制造业	26 560	23 365	113.7
烟草加工业	—	—	—
饲料工业	44 586	28 204	158.1
纺织业	26 328	26 345	99.9
#棉纺织业	17 920	16 929	105.9
缝纫业	14 488	13 386	108.2
皮革、毛皮及其制品业	17 365	15 048	115.4

集体所有制独立核算工业企业全员劳动生产率(续)

项　　目	全员劳动生产率(元/人.年)		1991年为1990年%
	1991年	1990年	
木材加工及竹、藤、棕、草制品业	13 254	11 422	116.0
家具制造业	13 867	13 428	103.3
造纸及纸制品业	19 756	18 534	106.6
印刷业	13 650	11 772	116.0
文教体育用品制造业	14 836	11 801	125.7
工艺美术品制造业	13 016	11 716	111.1
电力、蒸气、热水生产和供应业	7 337	26 926	27.2
石油加工业	26 278	29 555	88.9
炼焦、煤气及煤制品业	25 600	24 614	104.0
化学工业	36 600	32 295	113.3
医药工业	56 501	31 510	179.3
化学纤维工业	52 539	51 729	101.6
橡胶制品业	26 847	23 629	113.6
塑料制品业	27 769	22 955	121.0
建筑材料及其他非金属矿物制品业	13 158	11 101	118.5
#水泥制造业	15 928	13 455	118.4
黑色金属冶炼及压延加工业	36 480	31 437	116.0
有色金属冶炼及压延加工业	37 953	35 682	106.4
金属制品业	19 063	17 197	110.9
机械工业	16 544	14 573	113.5
交通运输设备制造业	19 298	15 534	124.2
电气机械及器材制造业	24 630	21 272	115.8
电子及通信设备制造业	15 959	14 399	110.8
仪器仪表及其他计量器具制造业	8 820	10 889	81.0

全部独立核算工业企业主要经济效益指标

（1991 年）　　　　单位：元

	企业亏损面（%）	每百元销售收入实现		每百元固定资产原值实现		
		利润	利润和税金	总产值（现价）	利润	利润和税金
总　　计	**12.01**	**1.61**	**8.54**	**107.57**	**1.59**	**8.44**
按轻重工业分						
轻工业	13.81	2.68	9.78	174.56	4.10	14.96
重工业	10.23	0.90	7.72	84.33	0.72	6.17
按工业行业分						
煤炭采选业	16.56	−17.88	−14.60	33.59	−7.01	−5.73
石油和天然气开采业	100.00	−72.38	−63.09	22.90	−12.05	−10.50
黑色金属矿采选业	2.11	10.39	14.01	117.42	11.09	14.96
有色金属矿采选业	14.29	13.57	14.90	73.60	9.27	10.18
建筑材料及其他非金属矿采选业	7.33	9.70	14.62	101.07	8.73	13.16
采盐业	20.00	16.57	19.37	57.21	6.80	7.95
木材及竹材采运业	—	15.47	23.58	82.98	11.73	17.88
自来水生产和供应业	12.50	−1.56	1.46	25.18	−0.37	0.34
食品制造业	13.86	1.80	3.62	209.07	3.36	6.74
饮料制造业	16.22	2.32	18.94	125.95	2.84	23.26
烟草加工业	66.67	−2.56	53.64	307.93	−8.35	175.30
饲料工业	6.07	6.74	7.38	286.03	19.08	20.90
纺织业	17.98	0.09	3.49	182.31	0.13	5.21
缝纫业	21.13	3.64	6.47	306.61	9.79	17.39
皮革、毛皮及其制品业	12.87	−0.62	2.74	211.34	−1.18	5.21
木材加工及竹、藤、棕、草制品业	13.64	1.43	5.89	107.76	1.40	5.74
家具制造业	15.01	2.74	7.09	178.44	4.10	10.62
造纸及纸制品业	13.27	3.88	9.47	133.24	4.79	11.72
印刷业	7.42	9.31	13.46	155.23	11.18	16.16
文教体育用品制造业	11.71	6.02	9.65	238.13	10.85	17.37
工艺美术品制造业	10.11	3.06	8.48	236.18	5.54	15.36
电力、蒸气、热水生产和供应业	3.80	7.90	21.21	43.68	4.03	10.82
石油加工业	6.41	5.69	14.84	161.39	8.79	22.91
炼焦、煤气及煤制品业	14.29	4.09	9.80	81.87	3.30	7.91
化学工业	17.27	2.12	8.92	118.83	2.30	9.69
医药工业	9.03	9.43	14.67	155.04	13.81	21.48
化学纤维工业	5.88	12.48	19.22	102.77	12.26	18.89
橡胶制品业	9.72	5.12	12.82	255.26	11.93	29.87
塑料制品业	12.48	3.91	7.43	172.61	5.92	11.26
建筑材料及其他非金属矿物制品业	8.75	7.30	14.84	114.62	7.85	15.96
黑色金属冶炼及压延加工业	17.69	0.74	8.98	132.55	0.87	10.55
有色金属冶炼及压延加工业	21.88	1.86	7.40	110.26	1.49	5.93
金属制品业	9.26	4.04	8.35	217.23	7.63	15.75
机械工业	10.91	3.75	7.24	133.91	4.70	9.06
交通运输设备制造业	8.58	5.49	8.44	138.73	7.60	11.67
电气机械及器材制造业	7.30	7.82	13.24	224.24	15.21	25.74
电子及通信设备制造业	14.17	2.93	4.53	99.47	2.47	3.82
仪器仪表及其他计量器具制造业	14.04	7.97	12.54	135.30	9.99	15.72
其他工业	8.64	6.28	10.48	233.88	14.06	23.48

全部独立核算工业企业主要经济效益指标(续一)

(1991 年)　　　　单位:元

	固定资产折旧率(%)	定额流动资金		每百元全部资金实现			工业净产值率(%)
		周转次数(次/年)	周转天数(天/次)	总产值(现价)	利润	利润和税金	
总计	**4.73**	**2.85**	**126.36**	**100.18**	**1.48**	**7.86**	**25.05**
按轻重工业分							
轻工业	4.80	2.58	139.51	129.29	3.04	11.08	23.89
重工业	4.71	3.06	117.63	86.23	0.74	6.31	25.88
按工业行业分							
煤炭采选业	5.11	4.56	78.96	43.27	−9.04	−7.38	26.64
石油和天然气开采业	4.84	2.11	170.77	30.69	−16.14	−14.07	12.00
黑色金属矿采选业	5.26	3.32	108.42	116.18	10.98	14.80	28.31
有色金属矿采选业	3.23	2.59	138.78	78.66	9.91	10.88	34.08
建筑材料及其他非金属矿采选业	5.05	3.50	102.86	98.31	8.49	12.80	37.99
采盐业	4.66	2.02	178.48	59.23	7.04	8.23	62.93
木材及竹材采运业	—	3.49	103.25	73.05	10.33	15.74	46.55
自来水生产和供应业	3.14	12.89	27.92	29.37	−0.43	0.40	23.34
食品制造业	4.65	3.31	108.91	156.39	2.51	5.04	16.29
饮料制造业	4.29	2.13	169.35	90.28	2.04	16.67	34.02
烟草加工业	4.56	2.29	157.52	133.22	−3.61	75.84	56.30
饲料工业	5.05	3.68	97.76	177.38	11.83	12.96	16.22
纺织业	4.43	2.63	136.81	136.05	0.10	3.89	17.56
缝纫业	5.92	2.78	129.39	186.96	5.97	10.60	23.13
皮革、毛皮及其制品业	4.85	1.38	261.57	102.45	−0.57	2.53	24.01
木材加工及竹、藤、棕、草制品业	4.54	1.81	199.23	82.22	1.07	4.38	25.10
家具制造业	5.50	1.62	221.78	112.08	2.58	6.67	27.08
造纸及纸制品业	5.31	2.79	128.90	110.16	3.96	9.69	24.02
印刷业	5.24	2.98	120.85	137.69	9.91	14.33	26.43
文教体育用品制造业	5.92	1.80	199.56	138.28	6.30	10.09	26.98
工艺美术品制造业	5.52	1.55	232.00	121.84	2.86	7.92	29.14
电力、蒸气、热水生产和供应业	5.30	19.72	18.25	57.41	5.29	14.22	36.15
石油加工业	4.17	8.51	42.31	161.11	8.78	22.87	18.19
炼焦、煤气及煤制品业	4.39	6.41	56.14	86.61	3.49	8.37	18.18
化学工业	4.44	2.89	124.44	108.86	2.11	8.88	22.99
医药工业	4.92	3.58	100.65	133.22	11.86	18.45	27.63
化学纤维工业	6.13	3.50	102.73	118.57	14.15	21.80	35.94
橡胶制品业	4.96	3.23	111.47	178.56	8.34	20.89	25.42
塑料制品业	5.49	2.74	131.23	133.12	4.57	8.68	22.28
建筑材料及其他非金属矿物制品业	4.99	3.09	116.63	107.48	7.36	14.97	34.65
黑色金属冶炼及压延加工业	3.85	3.60	100.12	119.56	0.79	9.51	20.27
有色金属冶炼及压延加工业	4.42	2.09	171.99	95.24	1.29	5.12	17.70
金属制品业	5.77	2.14	167.91	140.11	4.92	10.16	25.85
机械工业	4.35	1.72	209.57	97.38	3.42	6.59	27.03
交通运输设备制造业	4.25	2.36	152.72	104.44	5.72	8.78	25.57
电气机械及器材制造业	5.19	2.25	159.87	142.28	9.65	16.33	30.23
电子及通信设备制造业	2.61	1.62	222.87	71.92	1.78	2.76	22.81
仪器仪表及其他计量器具制造业	5.29	1.40	257.42	87.22	6.44	10.13	35.03
其他工业	6.19	2.39	150.66	141.96	8.54	14.25	26.11

全部独立核算工业企业主要经济效益指标(续二)

(1991年)　　　　单位:元

	每百元工业总产值(现价)				平均每一职工	
	实现利润	实现利润和税金	占用定额流动资金	占用全部资金	实现利润和税金	上交利润和税金
总计	**1.48**	**7.84**	**32.23**	**99.82**	**1 957**	**2 040**
按轻重工业分						
轻工业	2.35	8.57	33.96	77.34	2 293	2 092
重工业	0.86	7.32	31.00	115.96	1 742	2 006
按工业行业分						
煤炭采选业	—20.88	—17.06	25.62	231.09	—1 253	424
石油和天然气开采业	—52.61	—45.86	34.48	325.86	—18 154	3 073
黑色金属矿采选业	9.45	12.74	27.39	86.08	2 223	1 126
有色金属矿采选业	12.60	13.83	35.79	127.13	1 813	826
建筑材料及其他非金属矿采选业	8.64	13.02	25.44	101.72	1 133	686
采盐业	11.89	13.90	35.58	168.84	2 492	1 438
木材及竹材采运业	14.14	21.55	26.21	136.90	1 689	581
自来水生产和供应业	—1.45	1.35	7.21	340.46	261	987
食品制造业	1.61	3.23	26.94	63.94	1 134	893
饮料制造业	2.26	18.47	45.86	110.76	5 943	5 541
烟草加工业	—2.71	56.93	46.43	75.07	106 332	111 977
饲料工业	6.67	7.31	26.90	56.38	4 243	1 165
纺织业	0.07	2.86	31.08	73.51	805	1 155
缝纫业	3.19	5.67	31.52	53.49	1 064	737
皮革、毛皮及其制品业	—0.56	2.47	65.45	97.61	473	733
木材加工及竹、藤、棕、草制品业	1.30	5.33	50.07	121.63	668	614
家具制造业	2.30	5.95	51.74	89.22	800	652
造纸及纸制品业	3.60	8.80	33.24	90.78	2 031	1 683
印刷业	7.20	10.41	25.95	72.62	1 982	1 077
文教体育用品制造业	4.56	7.29	41.92	72.32	1 030	562
工艺美术品制造业	2.35	6.50	49.40	82.07	811	623
电力、蒸气、热水生产和供应业	9.22	24.77	5.92	174.20	15 437	11 908
石油加工业	5.45	14.20	11.24	62.07	18 550	12 268
炼焦、煤气及煤制品业	4.03	9.66	15.38	115.46	3 739	3 103
化学工业	1.94	8.16	31.60	91.86	2 709	2 503
医药工业	8.91	13.85	26.39	75.06	6 687	4 980
化学纤维工业	11.93	18.38	27.30	84.34	8 752	4 698
橡胶制品业	4.67	11.70	28.25	56.00	3 565	2 662
塑料制品业	3.43	6.52	32.00	75.12	1 801	1 169
建筑材料及其他非金属矿物制品业	6.85	13.93	30.40	93.04	2 113	1 514
黑色金属冶炼及压延加工业	0.66	7.96	24.65	83.64	3 419	3 748
有色金属冶炼及压延加工业	1.35	5.38	34.74	105.00	2 708	2 502
金属制品业	3.51	7.25	40.51	71.37	1 369	968
机械工业	3.51	6.77	54.45	102.69	1 256	914
交通运输设备制造业	5.48	8.41	42.30	95.75	2 257	1 321
电气机械及器材制造业	6.78	11.48	38.50	70.29	3 344	2 030
电子及通信设备制造业	2.48	3.84	52.48	139.05	1 202	652
仪器仪表及其他计量器具制造业	7.38	11.62	66.25	114.65	1 606	913
其他工业	6.01	10.04	40.08	70.44	1 817	1 076

全民所有制独立核算工业企业主要经济效益指标

(1991 年)　　　　单位:元

	企业亏损面(%)	每百元销售收入实现		每百元固定资产原值实现		
		利润	利润和税金	总产值(现价)	利润	利润和税金
总　　计	**22.26**	**0.20**	**7.97**	**89.81**	**0.17**	**6.90**
按轻重工业分						
轻工业	24.23	2.06	10.74	151.26	2.91	15.17
重工业	20.45	−0.80	6.48	73.07	−0.58	4.65
按工业行业分						
煤炭采选业	30.85	−20.28	−17.08	31.02	−7.48	−6.30
石油和天然气开采业	100.00	−72.38	−63.09	22.90	−12.05	−10.50
黑色金属矿采选业	3.45	6.50	9.66	83.58	4.95	7.36
有色金属矿采选业	20.59	13.93	15.17	68.79	9.03	9.83
建筑材料及其他非金属矿采选业	11.11	8.19	13.30	65.58	5.06	8.22
采盐业		17.09	17.42	58.46	7.03	7.17
木材及竹材采运业		15.47	23.58	82.98	11.73	17.88
自来水生产和供应业	13.16	−1.56	1.45	25.19	−0.37	0.34
食品制造业	25.50	0.54	1.98	201.21	0.98	3.63
饮料制造业	16.67	2.11	19.02	127.91	2.72	24.54
烟草加工业	66.67	−2.56	53.64	307.93	−8.35	175.30
饲料工业	8.33	5.83	6.07	282.59	15.83	16.48
纺织业	39.64	−0.28	3.36	163.44	−0.41	5.03
缝纫业	27.27	7.33	8.42	289.29	20.37	23.39
皮革、毛皮及其制品业	59.26	−7.31	−4.02	169.08	−12.81	−7.04
木材加工及竹、藤、棕、草制品业	31.82	0.06	6.89	85.91	0.05	5.57
家具制造业	36.36	−14.27	−10.09	95.91	−14.04	−9.93
造纸及纸制品业	28.41	3.24	9.63	107.89	3.30	9.82
印刷业	12.82	11.07	15.02	134.65	10.69	14.50
文教体育用品制造业	28.57	−7.43	−4.11	122.48	−8.05	−4.45
工艺美术品制造业	15.09	−5.05	−0.18	136.37	−5.51	−0.19
电力、蒸气、热水生产和供应业	3.82	7.79	21.05	46.48	4.57	12.35
石油加工业	7.14	5.54	14.87	159.69	8.48	22.76
炼焦、煤气及煤制品业	38.10	3.33	8.87	74.02	2.47	6.56
化学工业	30.30	1.18	7.61	103.72	1.14	7.35
医药工业	12.20	10.14	15.75	137.84	13.41	20.82
化学纤维工业	20.00	12.75	19.63	98.63	12.31	18.96
橡胶制品业	29.17	4.55	12.48	244.58	10.28	28.19
塑料制品业	21.05	2.54	5.78	120.86	2.89	6.57
建筑材料及其他非金属矿物制品业	16.20	6.73	15.11	96.31	6.19	13.91
黑色金属冶炼及压延加工业	26.67	0.25	9.17	117.15	0.27	9.72
有色金属冶炼及压延加工业	33.33	2.40	8.69	102.62	1.87	6.76
金属制品业	25.93	−3.20	1.12	148.60	−4.41	1.55
机械工业	22.15	2.48	5.81	117.68	2.81	6.59
交通运输设备制造业	13.54	5.56	8.47	125.98	7.01	10.68
电气机械及器材制造业	13.25	7.64	13.41	192.80	13.43	23.59
电子及通信设备制造业	20.51	2.47	3.58	98.07	2.04	2.96
仪器仪表及其他计量器具制造业	25.00	7.72	11.72	120.92	8.78	13.33
其他工业	16.67	−1.10	5.62	167.06	−1.85	9.44

全民所有制独立核算工业企业主要经济效益指标(续一)

(1991年)　　　　单位:元

	固定资产折旧率(%)	定额流动资金 周转次数(次/年)	定额流动资金 周转天数(天/次)	每百元全部资金实现 总产值(现价)	每百元全部资金实现 利润	每百元全部资金实现 利润和税金	工业净产值率(%)
总计	**4.27**	**2.98**	**120.73**	**88.73**	**0.17**	**6.82**	**25.38**
按轻重工业分							
轻工业	4.21	2.69	134.00	117.60	2.26	11.79	25.19
重工业	4.29	3.17	113.61	77.93	−0.62	4.96	25.49
按工业行业分							
煤炭采选业	5.08	4.52	79.69	40.25	−9.71	−8.18	24.59
石油和天然气开采业	4.84	2.11	170.77	30.69	−16.14	−14.07	12.00
黑色金属矿采选业	4.39	2.79	128.81	90.95	5.38	8.00	25.88
有色金属矿采选业	3.10	2.42	148.57	73.53	9.65	10.51	33.18
建筑材料及其他非金属矿采选业	4.50	2.52	142.89	64.13	4.95	8.04	38.38
采盐业	4.71	2.03	177.69	60.16	7.24	7.38	63.66
木材及竹材采运业	—	3.49	103.25	73.05	10.33	15.74	46.55
自来水生产和供应业	3.14	12.90	27.91	29.38	−0.43	0.40	23.33
食品制造业	4.20	3.48	103.38	155.32	0.76	2.80	14.24
饮料制造业	3.55	2.13	169.23	89.67	1.91	17.21	34.59
烟草加工业	4.56	2.29	157.52	133.22	−3.61	75.84	56.30
饲料工业	4.63	4.06	88.77	186.61	10.45	10.88	14.56
纺织业	3.92	2.80	128.68	125.81	−0.32	3.87	19.41
缝纫业	3.99	3.47	103.75	198.33	13.97	16.03	20.32
皮革、毛皮及其制品业	4.15	1.13	317.93	76.10	−5.77	−3.17	19.62
木材加工及竹、藤、棕、草制品业	2.85	1.81	199.17	69.74	0.04	4.52	25.99
家具制造业	3.64	1.09	330.15	61.43	−8.99	−6.36	26.44
造纸及纸制品业	4.71	2.52	142.77	91.40	2.80	8.32	23.89
印刷业	4.49	3.18	113.29	127.03	10.08	13.68	24.26
文教体育用品制造业	4.06	1.33	270.62	76.60	−5.03	−2.78	22.54
工艺美术品制造业	3.65	1.01	356.18	71.57	−2.89	−0.10	34.41
电力、蒸气、热水生产和供应业	4.42	20.55	17.52	63.53	6.25	16.88	36.87
石油加工业	3.92	8.95	40.22	160.83	8.54	22.92	17.94
炼焦、煤气及煤制品业	4.15	8.32	43.25	81.28	2.71	7.20	17.84
化学工业	4.14	2.88	124.82	99.00	1.09	7.01	22.00
医药工业	4.68	3.45	104.44	121.23	11.79	18.31	29.73
化学纤维工业	6.15	3.60	99.99	116.00	14.48	22.30	37.19
橡胶制品业	3.59	3.16	113.84	168.94	7.10	19.47	23.99
塑料制品业	3.49	2.48	145.22	96.70	2.31	5.25	19.86
建筑材料及其他非金属矿物制品业	4.13	3.13	115.03	94.58	6.08	13.66	34.96
黑色金属冶炼及压延加工业	3.55	3.63	99.15	108.87	0.25	9.03	21.44
有色金属冶炼及压延加工业	4.07	2.07	174.33	89.16	1.62	5.87	17.72
金属制品业	3.89	1.81	199.41	103.36	−3.07	1.07	25.60
机械工业	3.82	1.64	219.55	87.82	2.10	4.92	26.45
交通运输设备制造业	3.72	2.25	160.19	96.45	5.37	8.18	25.68
电气机械及器材制造业	4.28	2.47	145.92	134.64	9.38	16.47	32.09
电子及通信设备制造业	1.86	1.63	221.53	70.24	1.46	2.12	21.39
仪器仪表及其他计量器具制造业	5.27	1.43	252.49	82.43	5.98	9.08	34.15
其他工业	4.38	1.85	194.93	103.13	−1.14	5.83	23.79

全民所有制独立核算工业企业主要经济效益指标(续二)

(1991年)　　　　单位:元

	可比产品成本降低率(%)	每百元工业总产值(现价)				平均每一职工	
		实现利润	实现利润和税金	占用定额流动资金	占用全部资金	实现利润和税金	上交利润和税金
总　　计	**-4.89**	**0.19**	**7.68**	**32.35**	**112.71**	**2 129**	**2 635**
按轻重工业分							
轻工业	-1.95	1.92	10.03	34.76	85.03	3 199	3 229
重工业	-6.19	-0.79	6.36	30.99	128.31	1 641	2 364
按工业行业分							
煤炭采选业	-10.57	-24.12	-20.32	26.33	248.46	-1 481	394
石油和天然气开采业	-23.48	-52.61	-45.86	34.48	325.86	-18 154	3 073
黑色金属矿采选业	-18.40	5.92	8.80	32.59	109.96	1 415	766
有色金属矿采选业	-4.71	13.13	14.29	38.90	136.00	2 072	938
建筑材料及其非金属矿采选业	-7.06	7.72	12.54	37.42	155.94	1 311	969
采盐业	12.11	12.03	12.27	34.76	166.22	2 317	1 213
木材及竹材采运业	2.06	14.14	21.55	26.21	136.90	1 689	581
自来水生产和供应业	-10.20	-1.45	1.35	7.20	340.37	260	988
食品制造业	-2.05	0.49	1.80	26.14	64.38	715	881
饮料制造业	7.26	2.13	19.19	47.43	111.52	6 521	6 159
烟草加工业	-8.73	-2.71	56.93	46.43	75.07	106 332	111 977
饲料工业	9.40	5.60	5.83	23.69	53.59	3 244	1 064
纺织业	-7.60	-0.25	3.08	32.77	79.48	858	1 391
缝纫业	-4.07	7.04	8.08	27.69	50.42	4 081	2 006
皮革、毛皮及其制品业	3.60	-7.58	-4.17	91.47	131.40	-1 091	1 190
木材加工及竹、藤棕草制品业	0.79	0.06	6.48	52.03	143.39	955	1 118
家具制造业	-3.51	-14.64	-10.36	94.11	162.79	-1 012	511
造纸及纸制品业	-1.14	3.06	9.10	37.48	109.41	2 473	2 501
印刷业	1.86	7.94	10.77	22.56	78.72	2 740	1 534
文教体育用品制造业	-2.65	-6.57	-3.63	66.47	130.54	-449	623
工艺美术品制造业	0.45	-4.04	-0.14	79.18	139.73	-22	656
电力、蒸气热水生产和供应业	-11.16	9.83	26.56	6.14	157.41	15 074	11 685
石油加工业	-19.50	5.31	14.25	10.71	62.18	21 813	14 596
炼焦、煤气及煤制品业	-13.92	3.33	8.86	12.01	123.04	3 799	3 354
化学工业	0.79	1.10	7.08	32.28	101.01	2 344	2 439
医药工业	2.91	9.73	15.11	27.82	82.49	6 969	5 474
化学纤维工业	3.37	12.48	19.22	27.20	86.21	9 139	4 918
橡胶制品业	20.19	4.20	11.53	29.20	59.19	4 611	3 517
塑料制品业	-7.13	2.39	5.43	37.93	103.41	1 679	1 155
建材及其非金属矿物制品业	0.68	6.43	14.45	30.55	105.73	2 642	2 139
黑色金属冶炼及压延加工业	-6.99	0.23	8.30	24.91	91.85	3 527	4 083
有色金属冶炼及压延加工业	-4.48	1.82	6.59	36.73	112.15	3 710	3 215
金属制品业	-3.51	-2.97	1.04	51.38	96.75	211	1 033
机械工业	0.90	2.39	5.60	58.82	113.87	1 103	943
交通运输设备制造业	-3.24	5.57	8.48	44.54	103.68	2 473	1 360
电气机械及器材制造业	1.85	6.96	12.23	36.97	74.27	4 227	2 762
电子及通信设备制造业	18.27	2.08	3.02	51.95	142.37	1 166	625
仪器仪表及其计量器具制造业	0.50	7.26	11.02	65.94	121.32	2 103	1 170
其他工业	4.10	-1.10	5.65	54.44	96.97	1 148	1 800

集体所有制独立核算工业企业主要经济效益指标

(1991年)　　单位:元

	企业亏损面(%)	每百元销售收入实现		每百元固定资产原值实现		
		利润	利润和税金	总产值(现价)	利润	利润和税金
总计	**9.26**	**5.67**	**10.38**	**223.52**	**10.44**	**19.11**
按轻重工业分						
轻工业	**11.02**	**4.16**	**8.61**	**236.58**	**7.73**	**16.01**
重工业	**7.52**	**7.32**	**12.31**	**209.58**	**13.33**	**22.41**
按工业行业分						
煤炭采选业	10.62	11.58	15.82	182.85	20.23	27.64
黑色金属矿采选业	1.96	13.90	17.93	184.86	23.34	30.11
有色金属矿采选业	11.27	9.77	12.08	199.27	15.60	19.28
建筑材料及其他非金属矿采选业	6.96	11.38	16.20	225.15	21.49	30.59
采盐业	23.53	8.84	48.81	39.11	3.49	19.26
自来水生产和供应业	—	17.65	29.41	9.19	1.62	2.70
食品制造业	8.31	4.97	7.72	229.93	9.64	14.97
饮料制造业	15.28	2.07	18.10	109.85	2.03	17.77
饲料工业	2.27	10.67	11.86	344.46	32.20	35.79
纺织业	11.65	2.30	5.41	251.24	3.77	8.86
缝纫业	20.97	1.20	5.08	310.42	3.18	13.43
皮革、毛皮及其制品业	8.79	3.49	6.79	238.64	6.83	13.28
木材加工及竹、藤、棕、草制品业	11.11	2.04	5.45	123.69	2.26	6.02
家具制造业	13.68	5.10	9.48	197.30	8.25	15.32
造纸及纸制品业	10.70	4.34	8.92	178.51	6.99	14.37
印刷业	6.27	7.21	11.60	198.17	12.19	19.61
文教体育用品制造业	9.90	8.44	12.15	276.13	17.16	24.70
工艺美术品制造业	9.68	4.97	10.52	281.74	10.62	22.50
电力、蒸气、热水生产和供应业	4.00	8.61	11.85	20.78	1.95	2.68
石油加工业	6.25	10.15	13.97	227.43	20.92	28.79
炼焦、煤气及煤制品业	4.08	7.63	14.18	152.07	10.75	19.99
化学工业	11.79	5.66	13.62	226.69	11.10	26.71
医药工业	5.26	5.99	9.66	292.17	15.53	25.04
化学纤维工业	—	5.08	7.93	326.10	9.74	15.18
橡胶制品业	7.21	5.93	13.32	275.37	14.66	32.96
塑料制品业	10.76	5.43	9.08	205.64	9.57	16.01
建筑材料及其他非金属矿物制品业	7.17	8.24	14.67	158.74	11.87	21.14
黑色金属冶炼及压延加工业	14.95	3.20	7.80	390.91	10.13	24.69
有色金属冶炼及压延加工业	17.02	9.14	12.91	251.70	12.55	17.72
金属制品业	8.23	6.13	10.43	247.93	12.96	22.06
机械工业	7.66	7.32	11.23	205.04	12.94	19.86
交通运输设备制造业	7.25	7.95	11.14	260.20	20.10	28.16
电气机械及器材制造业	5.79	8.32	13.40	284.54	19.62	31.60
电子及通信设备制造业	8.64	6.80	11.28	117.12	6.63	10.99
仪器仪表及其他计量器具制造业	9.21	6.68	12.48	191.81	11.61	21.70
其他工业	8.29	7.27	10.77	258.36	17.76	26.31

集体所有制独立核算工业企业主要经济效益指标(续一)

(1991年)　　　　单位:元

	固定资产折旧率(%)	定额流动资金		每百元全部资金实现			工业净产值率(%)
		周转次数(次/年)	周转天数(天/次)	总产值(现价)	利润	利润和税金	
总计	**6.45**	**2.50**	**144.01**	**153.70**	**7.18**	**13.14**	**24.40**
按轻重工业分							
轻工业	6.15	2.35	153.41	154.79	5.06	10.48	22.03
重工业	6.77	2.69	133.76	152.41	9.69	16.30	27.24
按工业行业分							
煤炭采选业	6.57	5.14	70.01	167.38	18.52	25.30	46.91
黑色金属矿采选业	6.99	4.00	89.99	154.91	19.56	25.23	30.49
有色金属矿采选业	6.47	10.28	35.02	211.43	16.55	20.45	42.21
建筑材料及其他非金属矿采选业	6.60	5.93	60.68	212.44	20.27	28.87	38.05
采盐业	4.06	1.89	190.44	44.35	3.96	21.84	47.06
自来水生产和供应业	0.54	2.43	148.24	9.04	1.60	2.66	58.82
食品制造业	5.83	2.92	123.46	158.62	6.65	10.33	21.06
饮料制造业	6.35	2.17	166.11	86.06	1.59	13.92	31.79
饲料工业	6.74	4.04	89.06	232.47	21.73	24.16	21.02
纺织业	5.53	2.21	163.26	165.86	2.49	5.85	15.17
缝纫业	6.91	2.46	146.12	177.61	1.82	7.68	23.42
皮革、毛皮及其制品业	5.16	1.45	248.86	117.86	3.37	6.56	25.28
木材加工及竹、藤、棕、草制品业	5.71	1.80	199.65	90.40	1.65	4.40	24.74
家具制造业	5.92	1.74	206.70	123.37	5.16	9.58	27.15
造纸及纸制品业	6.51	3.13	115.17	141.37	5.53	11.38	23.73
印刷业	6.82	2.77	129.85	156.32	9.62	15.47	29.52
文教体育用品制造业	6.49	1.91	188.59	155.98	9.69	13.95	27.79
工艺美术品制造业	6.38	1.78	202.50	144.48	5.45	11.54	27.96
电力、蒸气、热水生产和供应业	3.07	4.11	87.63	22.65	2.13	2.93	30.31
石油加工业	13.86	3.50	102.88	169.16	15.56	21.42	24.95
炼焦、煤气及煤制品业	6.50	3.09	116.69	121.25	8.57	15.94	19.62
化学工业	6.56	2.98	120.98	162.92	7.98	19.20	26.08
医药工业	5.58	3.59	100.24	200.85	10.67	17.21	21.11
化学纤维工业	4.97	2.03	177.31	185.91	5.55	8.66	15.56
橡胶制品业	6.95	3.32	108.41	194.90	10.38	23.33	27.28
塑料制品业	6.48	2.88	125.15	155.82	7.25	12.13	23.41
建筑材料及其他非金属矿物制品业	7.02	3.05	118.09	135.47	10.13	18.04	34.03
黑色金属冶炼及压延加工业	7.92	3.47	103.68	235.47	6.10	14.87	14.25
有色金属冶炼及压延加工业	4.95	3.08	116.70	207.68	10.36	14.62	17.60
金属制品业	6.61	2.27	158.84	154.84	8.09	13.77	25.91
机械工业	6.57	1.96	183.53	133.35	8.42	12.92	28.31
交通运输设备制造业	6.64	2.74	131.45	163.30	12.62	17.67	26.85
电气机械及器材制造业	6.64	2.02	177.84	153.61	10.59	17.06	28.41
电子及通信设备制造业	7.45	1.37	263.09	82.62	4.67	7.75	30.56
仪器仪表及其他计量器具制造业	5.71	1.38	260.92	106.19	6.43	12.01	36.14
其他工业	6.64	2.43	148.15	150.68	10.36	15.34	26.34

集体所有制独立核算工业企业主要经济效益指标(续二)

(1991年)　　　　单位:元

	每百元工业总产值(现价)				平均每一职工	
	实现利润	实现利润和税金	占用定额流动资金	占用全部资金	实现利润和税金	上交利润和税金
总计	**4.67**	**8.55**	**32.94**	**65.06**	**1 668**	**1 036**
按轻重工业分						
轻工业	3.27	6.77	33.48	64.60	1 415	954
重工业	6.36	10.69	32.29	65.61	1 931	1 122
按工业行业分						
煤炭采选业	11.06	15.12	18.58	59.74	1 196	740
黑色金属矿采选业	12.63	16.29	22.70	64.55	3 077	1 506
有色金属矿采选业	7.83	9.67	7.79	47.30	681	337
建筑材料及其他非金属矿采选业	9.54	13.59	14.13	47.07	1 013	500
采盐业	8.92	49.24	53.37	225.49	4 199	3 634
自来水生产和供应业	17.65	29.41	41.18	1 105.88	833	333
食品制造业	4.19	6.51	28.93	63.05	1 814	902
饮料制造业	1.85	16.18	41.26	116.20	3 972	3 749
饲料工业	9.35	10.39	21.67	43.02	3 720	794
纺织业	1.50	3.53	29.56	60.29	966	797
缝纫业	1.03	4.33	34.54	56.30	602	567
皮革、毛皮及其制品业	2.86	5.57	56.63	84.85	883	524
木材加工及竹、藤、棕、草制品业	1.83	4.87	49.54	110.62	575	447
家具制造业	4.18	7.76	47.04	81.05	1 088	674
造纸及纸制品业	3.91	8.05	28.88	70.74	1 511	933
印刷业	6.15	9.90	30.77	63.97	1 389	719
文教体育用品制造业	6.22	8.95	38.57	64.11	1 285	556
工艺美术品制造业	3.77	7.99	42.71	69.21	961	618
电力、蒸气、热水生产和供应业	9.39	12.92	26.53	441.42	1 317	686
石油加工业	9.20	12.66	25.90	59.12	3 314	1 401
炼焦、煤气及煤制品业	7.07	13.14	30.04	82.47	3 574	2 409
化学工业	4.90	11.78	29.07	61.38	3 987	2 716
医药工业	5.31	8.57	24.71	49.79	4 160	2 370
化学纤维工业	2.99	4.66	28.93	53.79	2 271	1 010
橡胶制品业	5.33	11.97	27.05	51.31	2 797	2 025
塑料制品业	4.66	7.79	29.82	64.17	2 040	1 166
建筑材料及其他非金属矿物制品业	7.47	13.31	29.76	73.82	1 635	948
黑色金属冶炼及压延加工业	2.59	6.32	23.32	42.47	2 979	2 119
有色金属冶炼及压延加工业	4.99	7.04	17.68	48.15	2 635	1 302
金属制品业	5.23	8.90	37.63	64.58	1 650	953
机械工业	6.31	9.69	43.97	74.99	1 561	851
交通运输设备制造业	7.73	10.82	35.49	61.24	2 210	1 229
电气机械及器材制造业	6.90	11.11	40.96	65.10	2 655	1 446
电子及通信设备制造业	5.66	9.38	60.78	121.04	1 439	745
仪器仪表及其他计量器具制造业	6.05	11.31	65.66	94.17	938	602
其他工业	6.87	10.18	38.89	66.37	1 684	879

其他经济类型独立核算工业企业主要经济效益指标

(1991年)　　单位:元

	企业亏损面(%)	百元销售实现利税	百元资产原值实现		百元资金实现利税	工业净产值率(%)	百元产值(现价)利税
			总产值(现价)	利润和税金			
总　　计	**37.58**	**5.41**	**69.33**	**2.78**	**2.73**	**23.27**	**4.01**
全民与集体合营	10.34	14.12	135.20	14.32	12.16	31.04	10.59
全民与大陆私人合营	—	7.46	1 576.45	124.38	52.53	15.44	7.89
全民与华侨或港澳台工商业者合营	59.57	−3.53	119.86	−3.76	−3.31	17.42	−3.14
集体与大陆私人合营	—	6.88	83.35	8.83	7.36	53.86	10.59
集体与华侨或港澳台工商业者合营	36.36	14.22	187.10	20.51	17.30	23.30	10.96
中外合营	40.62	13.97	36.23	2.71	2.88	27.09	7.48
华侨或港澳台工商业者合营	—	9.20	214.84	20.67	12.46	15.76	9.62
其他行业	—	14.00	152.90	16.94	8.22	26.78	11.08
按轻重工业分							
轻工业	42.27	2.90	140.24	3.57	2.99	21.46	2.55
重工业	28.85	9.44	44.90	2.50	2.62	25.22	5.57
按行业分							
建筑材料及其他非金属矿采选业	—	7.44	35.36	2.63	2.88	15.81	7.44
食品制造业	50.00	11.83	247.87	28.03	25.21	25.83	11.31
饮料制造业	28.57	20.91	177.07	29.78	20.25	34.15	16.82
饲料工业	—	9.52	261.11	30.92	14.34	20.06	11.84
纺织业	82.61	−8.43	101.65	−7.15	−6.70	11.08	−7.04
缝纫业	18.18	11.11	424.20	29.11	19.13	40.25	6.86
皮革、毛皮及其制品业	12.50	9.78	284.84	25.21	20.47	33.92	8.85
木材加工及竹、藤、棕、草制品业	—	2.17	23.48	0.15	0.15	23.48	0.62
造纸及纸制品业	—	16.34	2 052.42	346.61	112.23	34.03	16.89
文教体育用品制造业	33.33	−2.47	165.56	−3.76	−2.92	12.26	−2.27
工艺美术品制造业	—	3.72	344.60	8.84	2.39	32.67	2.57
电力、蒸气、热水生产和供应业	—	25.89	29.26	2.92	3.20	30.22	9.98
化学工业	20.00	4.07	101.63	3.14	2.56	25.67	3.09
医药工业	—	12.61	275.06	31.03	27.86	15.96	11.28
橡胶制品业	100.00	−65.84	10.44	−5.54	−5.85	−29.25	−53.00
塑料制品业	66.67	−9.92	97.33	−9.04	−7.06	14.13	−9.29
建筑材料及其他非金属矿物制品业	21.05	10.11	108.92	11.70	9.67	38.51	10.74
黑色金属冶炼及压延加工业	16.67	8.86	225.86	14.37	11.17	17.82	6.36
有色金属冶炼及压延加工业	50.00	−7.76	71.42	−4.71	−4.05	17.74	−6.60
金属制品业	—	4.90	10.52	0.35	0.35	47.37	3.29
机械工业	62.50	7.25	119.26	8.26	8.13	37.35	6.92
交通运输设备制造业	33.33	−44.43	45.05	−24.67	−26.14	−15.60	−54.78
电气机械及器材制造业	60.00	0.64	173.77	0.58	0.43	21.51	0.33
电子及通信设备制造业	42.86	4.50	85.91	3.76	3.56	29.47	4.37
仪器仪表及其他计量器具制造业	—	34.83	95.10	27.57	15.97	43.37	28.99
其他工业	—	20.66	230.34	46.41	43.60	29.74	20.15

全省独立核算大中型工业企业主要指标

（1991年）

	企业数（个）	全部职工年末人数（人）	全年工资总额（万元）	现价工业总产值（万元）	现价工业净产值（万元）
总计	**691**	**1 580 952**	**421 810**	**4 942 145**	**1 264 282**
占全省工业比重(%)	3.60	43.26	62.79	55.38	56.57
按轻重工业分					
轻工业	286	478 505	113 166	1 695 636	457 589
重工业	405	1 102 447	308 644	3 246 509	806 693
按工业行业分					
煤炭采选业	11	290 478	95 325	220 554	47 214
石油和天然气开采业	2	48 273	15 142	186 622	22 388
黑色金属矿采选业	2	21 707	6 030	31 992	6 888
有色金属矿采选业	5	12 492	3 013	14 614	4 295
建筑材料及其他非金属矿采选业	5	3 295	754	2 797	1 213
采盐业	3	14 843	4 423	26 424	17 107
其他矿采选业					
木材及竹材采运业					
自来水生产和供应业	8	5 949	1 422	12 238	2 418
食品制造业	22	14 759	3 041	69 328	9 874
饮料制造业	27	21 777	5 089	87 228	29 990
烟草加工业	3	8 202	1 883	151 200	85 125
饲料工业	1	74	31	3 980	970
纺织业	91	223 566	54 302	662 791	132 446
缝纫业	4	9 958	2 309	59 803	12 536
皮革、毛皮及其制品业	4	4 942	1 029	18 301	3 743
木材加工及竹、藤、棕、草制品业	1	603	99	630	164
家具制造业	1	722	145	664	158
造纸及纸制品业	27	29 116	5 615	94 416	22 241
印刷业	12	8 895	2 324	34 548	7 548
文教体育用品制造业	1	605	113	320	112
工艺美术品制造业	3	4 155	534	4 418	1 687
电力、蒸气、热水生产和供应业	51	64 922	19 430	475 528	168 979
石油加工业	3	8 954	2 335	166 452	29 326
炼焦、煤气及煤制品业	8	8 356	2 163	37 099	6 798
化学工业	66	82 269	20 900	374 443	89 553
医药工业	16	25 945	7 352	140 023	39 989
化学纤维工业	4	13 206	4 114	63 434	23 611
橡胶制品业	10	18 768	4 190	76 862	18 904
塑料制品业	13	10 331	2 137	44 775	8 562
建筑材料及其他非金属矿物制品业	69	113 759	25 200	240 032	82 056
黑色金属冶炼及压延加工业	15	170 340	51 234	714 374	158 664
有色金属冶炼及压延加工业	8	10 379	2 724	59 828	10 394
金属制品业	11	11 369	2 369	25 946	6 949
机械工业	123	206 046	47 256	460 628	113 833
交通运输设备制造业	23	64 953	17 074	190 059	46 654
电气机械及器材制造业	19	23 240	5 694	100 288	31 672
电子及通信设备制造业	15	17 636	3 581	73 681	15 585
仪器仪表及其他计量器具制造业	2	4 300	1 139	11 326	3 770
其他工业	2	1 768	295	4 499	866

全省独立核算大中型工业企业主要指标(续)

(1991年)

	产品销售收入(万元)	利税总额(万元)	定额流动资金年末占用(万元)	年末固定资产原值(万元)
总计	**4 734 946**	**407 831**	**1 456 829**	**6 055 126**
占全省工业比重(%)	57.77	58.27	49.10	72.99
按轻重工业分				
轻工业	1 609 405	206 707	530 113	1 176 866
重工业	3 125 541	201 124	926 716	4 878 260
按工业行业分				
煤炭采选业	272 265	－47 387	55 982	767 950
石油和天然气开采业	135 646	－85 576	70 837	814 810
黑色金属矿采选业	29 451	1 634	8 882	43 196
有色金属矿采选业	12 692	1 506	7 538	24 785
建筑材料及其他非金属矿采选业	2 877	152	1 188	7 174
采盐业	18 414	3 058	6 182	44 484
其他矿采选业				
木材及竹材采运业				
自来水生产和供应业	11 222	－281	802	53 102
食品制造业	65 639	1 755	20 240	46 700
饮料制造业	88 786	18 502	42 728	74 541
烟草加工业	160 457	86 075	53 902	49 101
饲料工业	5 830	560	1 640	1 864
纺织业	611 502	21 306	182 870	414 953
缝纫业	58 221	4 961	14 194	20 857
皮革、毛皮及其制品业	19 751	557	15 295	10 379
木材加工及竹、藤、棕、草制品业	531	44	601	897
家具制造业	754	－365	398	1 056
造纸及纸制品业	91 434	10 046	31 390	84 017
印刷业	22 245	4 152	7 004	27 730
文教体育用品制造业	283	61	205	826
工艺美术品制造业	4 430	－486	3 480	6 217
电力、蒸气、热水生产和供应业	512 371	118 686	23 718	1 086 449
石油加工业	158 072	23 805	15 487	106 257
炼焦、煤气及煤制品业	37 027	2 864	3 792	52 195
化学工业	352 752	39 890	89 561	363 116
医药工业	138 910	22 522	34 674	109 349
化学纤维工业	62 043	12 246	16 915	64 109
橡胶制品业	70 253	8 170	21 251	29 665
塑料制品业	41 339	2 575	14 328	34 832
建筑材料及其他非金属矿物制品业	232 385	37 254	65 820	269 440
黑色金属冶炼及压延加工业	641 616	60 228	173 810	653 316
有色金属冶炼及压延加工业	46 078	3 243	20 392	60 387
金属制品业	23 329	701	13 446	18 705
机械工业	448 098	22 699	270 979	402 357
交通运输设备制造业	190 850	16 244	89 691	159 714
电气机械及器材制造业	90 038	11 486	36 496	56 289
电子及通信设备制造业	61 210	2 802	31 749	82 176
仪器仪表及其他计量器具制造业	11 491	1 616	7 005	9 712
其他工业	4 654	526	2 357	2 419

工业净产值最高的 100 家企业

(1991 年)　　单位:万元

企业名称	工业净产值	企业名称	工业净产值
张家口卷烟厂	54 686	石家庄市第一制药厂	4 230
邯郸钢铁总厂	51 616	国营石家庄第六棉纺织厂	4 202
唐山钢铁公司	51 390	石家庄市长征胶鞋总厂	4 175
石家庄华北制药厂	27 226	河北长征汽车制造厂	3 913
开滦矿务局	24 385	铁道部石家庄车辆工厂	3 864
石家庄卷烟厂	19 008	北京双合盛五星啤酒厂玉田联营厂	3 840
石家庄炼油厂	17 254	邯郸市第四棉纺织厂	3 760
保定化学纤维联合厂	14 365	石家庄市油漆厂	3 729
张家口宣化钢铁公司	12 522	沧州市化工厂	3 728
承德钢铁厂	12 262	石家庄焦化厂	3 670
秦皇岛市耀华玻璃厂	12 121	邯郸市汉光机械厂	3 657
华北石油管理局	11 680	承德输送机总厂	3 656
邢台矿务局	11 524	河北邢台电缆厂	3 627
保定卷烟厂	11 431	唐山市华新纺织厂	3 609
河北省冀东水泥厂	11 108	辛集化工厂	3 600
冀东石油勘探开发公司	10 708	邯郸市滏阳化工厂	3 586
保定第一胶片厂	10 675	河北大清河盐厂	3 399
河北省南堡盐场	10 599	张家口地区长城酿酒公司	3 384
国营石家庄市第三棉纺织厂	10 487	张家口市橡胶总厂	3 327
沧州炼油厂	10 238	石家庄水泵厂	3 309
国营石家庄第四棉纺织厂	10 077	邯郸市第二棉纺织厂	3 158
邢台钢铁厂	9 490	黄骅盐场	3 109
国营保定第四八二厂	9 108	河北金厂峪金矿	3 046
国营石家庄第二棉纺织厂	8 682	石家庄拖拉机厂	3 017
保定第一棉纺织厂	7 795	唐山碱厂	3 015
河北省张家口煤矿机械厂	7 562	秦皇岛山海关造船厂	2 947
邯郸市第三棉纺织厂	7 200	新城县华北车身总厂	2 905
石家庄化工化纤厂	6 951	国营河北胜利客车厂	2 893
石家庄钢铁厂	6 865	保定毛纺织厂	2 864
邢台冶金机械轧棍厂	6 759	石家庄纺织经编厂	2 686
邯郸水泥厂	6 745	衡水地区制酒厂	2 645
涿州华北铝加工厂	6 452	唐山市棉纺织厂	2 628
邯邢冶金矿山管理局	6 381	唐山齿轮厂	2 595
秦皇岛山海关桥梁厂	6 209	张家口市合成洗涤剂厂	2 592
唐山市胜利陶瓷集团分公司	6 149	峰峰矿务局	2 584
国营石家庄第一棉纺织厂	6 107	石家庄市井陉矿务局	2 579
邯郸市二六七二工厂	6 099	秦皇岛市山海关啤酒厂	2 576
石家庄第三五零二工厂	6 044	华北制药厂栾城溶剂分厂	2 549
石家庄显像管总厂	5 912	沧州市第一塑料厂	2 531
沧州化肥厂	5 869	唐山市启新水泥厂	2 505
保定六零四厂	5 514	石家庄市第二制药厂	2 493
石家庄化肥厂	5 212	唐山市焦化厂	2 492
邯郸市第一棉纺织厂	5 052	张家口市宣化啤酒厂	2 488
国营石家庄第五棉纺织厂	5 037	中国人民解放军第三五四四工厂	2 455
石家庄汽车制造厂	5 019	邢台市轮胎厂	2 448
张家口市宣化工程机械厂	4 995	承德市罐头食品厂	2 439
中国人民解放军第三五四零工厂	4 552	中国人民解放军第九七一五工厂	2 410
铁道部唐山机车车辆工厂	4 385	石家庄市黄磷厂	2 388
河北省保定变压器厂	4 294	邯郸市电磁线厂	2 386
石家庄内燃机配件总厂	4 240	石家庄市热力煤气公司	2 307

产品销售收入最高的 100 家企业

(1991 年)　　　　单位:万元

企业名称	产品销售收入	企业名称	产品销售收入
唐山钢铁公司	220 529	石家庄市第一制药厂	17 547
华北石油管理局	127 436	中国人民解放军第三五四零工厂	16 563
邯郸钢铁总厂	127 020	张家口市宣化工程机械厂	16 126
开滦矿务局	118 785	国营邢台棉纺织厂	16 123
石家庄炼油厂	109 777	国营保定第四八二厂	15 881
张家口卷烟厂	102 491	涿州华北铝加工厂	15 474
张家口宣化钢铁厂	83 333	石家庄市第二制药厂	15 005
峰峰矿务局	75 173	国营石家庄第五棉纺织厂	14 932
石家庄华北制药厂	67 117	唐山市胜利陶瓷集团分公司	14 497
承德钢铁厂	54 038	唐山市华新纺织厂	14 438
石家庄拖拉机厂	44 375	石家庄市第二印染厂	14 406
沧州炼油厂	41 416	国营石家庄第六棉纺织厂	14 135
邯郸市二六七二工厂	38 474	邯郸市第一棉纺织厂	14 010
秦皇岛市耀华玻璃厂	37 183	石家庄化工化纤厂	13 985
石家庄钢铁厂	36 712	石家庄市长征胶鞋总厂	13 542
邢台钢铁厂	36 314	保定汽车制造厂	13 453
保定化学纤维联合厂	36 008	张家口市橡胶总厂	13 412
石家庄卷烟厂	35 521	国营邢台织染厂	13 262
石家庄第三五零二工厂	35 059	沧州市化工厂	13 199
唐山碱厂	30 874	邯郸市印染厂	12 714
张家口煤矿机械厂	30 165	国营河北胜利客车厂	12 570
邢台矿务局	29 672	石家庄旅游用布印染厂	12 416
国营石家庄第二棉纺织厂	29 486	河北长征汽车制造厂	12 279
邯郸冶金矿山管理局	28 404	铁道部石家庄车辆工厂	11 898
国营石家庄第四棉纺织厂	28 247	石家庄市井陉矿务局	11 883
保定第一胶片厂	28 026	邯郸市滏阳化工厂	11 754
铁道部唐山机车车辆工厂	27 668	河北省迁安化肥厂	11 726
国营石家庄市第三棉纺织厂	26 055	唐山市棉纺织厂	11 256
保定第一棉纺织厂	24 551	石家庄内燃机配件总厂	11 236
邯郸市第三棉纺织厂	24 378	张家口地区长城酿酒公司	11 157
沧州化肥厂	24 123	石家庄水泵厂	11 042
邯郸市第四棉纺织厂	24 043	河北省南堡盐场	10 996
国营石家庄第一印染厂	23 906	石家庄市油漆厂	10 667
秦皇岛山海关桥梁厂	23 768	邯郸市自行车总厂	10 599
邯郸市第二棉纺织厂	23 459	邯郸市马头铝厂	10 478
河北省冀东水泥厂	22 934	邯郸市汉光机械厂	10 010
邢台冶金机械轧棍厂	22 852	唐山市印染厂	9 949
保定六零四厂	22 719	石家庄市第四印染厂	9 923
保定卷烟厂	22 444	承德地区钢铁水泥总厂	9 807
石家庄化肥厂	22 320	中国人民解放军第三五四四工厂	9 743
邯郸矿务局	21 916	邯郸市电磁线厂	9 668
石家庄电视机厂	21 420	邯郸市纺织机械厂	9 550
中国人民解放军第三五三二工厂	20 893	河北省张家口市宣化啤酒厂	9 302
石家庄汽车制造厂	20 671	新城县华北车身总厂	9 280
保定变压器厂	20 058	石家庄纺织经编厂	9 070
石家庄焦化厂	19 718	邯郸内燃机配件厂	8 879
国营石家庄第一棉纺织厂	18 824	秦皇岛市山海关食品厂	8 854
邯郸水泥厂	18 645	唐山市焦化厂	8 677
石家庄显像管总厂	18 089	辛集化工厂	8 603
邢台拖拉机厂	17 565	国营石家庄第七棉纺织厂	8 529

利润税金总额最高的 100 家企业

（1991 年）　　　　单位:万元

企 业 名 称	利润税金总额	企 业 名 称	利润税金总额
张家口卷烟厂	57 972	唐山齿轮厂	1 768
唐山钢铁公司	28 925	邯郸市第三棉纺织厂	1 722
石家庄华北制药厂	18 293	张家口市宣化工程机械厂	1 720
石家庄炼油厂	17 925	石家庄内燃机配件总厂	1 669
邯郸钢铁总厂	17 250	石家庄水泵厂	1 650
石家庄卷烟厂	16 865	石家庄印钞厂	1 645
保定卷烟厂	11 238	秦皇岛山海关造船厂	1 577
河北省冀东水泥厂	10 953	石家庄汽车制造厂	1 562
保定化学纤维联合厂	7 787	秦皇岛市山海关啤酒厂	1 554
承德钢铁厂	6 353	邢台电缆厂	1 548
保定六零四厂	5 831	保定变压器厂	1 533
保定第一胶片厂	5 729	石家庄焦化厂	1 527
邯郸水泥厂	5 404	铁道部石家庄车辆工厂	1 517
国营保定第四八二厂	5 250	邯郸市汉光机械厂	1 473
沧州炼油厂	4 871	石家庄市长征胶鞋总厂	1 405
国营石家庄第四棉纺织厂	4 300	新城县华北车身总厂	1 366
秦皇岛市耀华玻璃厂	4 147	邢台市轮胎厂	1 356
邯郸市二六七二工厂	4 008	石家庄市第一橡胶厂	1 338
国营石家庄第二棉纺织厂	3 621	中国人民解放军第九七一五工厂	1 296
石家庄化工化纤厂	3 598	铁道部唐山机车车辆工厂	1 294
国营石家庄市第三棉纺织厂	3 336	国营石家庄第六棉纺织厂	1 267
沧州化肥厂	3 225	石家庄市化工二厂	1 266
秦皇岛山海关桥梁厂	3 063	石家庄华北制药厂栾城溶剂分厂	1 261
张家口煤矿机械厂	3 062	张家口市合成洗涤剂厂	1 257
北京双合盛五星啤酒厂玉田联营厂	3 043	邯邢冶金矿山管理局	1 210
保定第一棉纺织厂	3 023	衡水地区制酒厂	1 187
唐山市胜利陶瓷集团分公司	2 958	石家庄市第一制药厂	1 185
邢台冶金机械轧棍厂	2 921	邯郸市酒厂	1 170
石家庄化肥厂	2 886	沧县农药化工厂	1 116
涿州华北铝加工厂	2 646	石家庄市黄磷厂	1 109
沧州市化工厂	2 626	沧州市制酒厂	1 089
石家庄钢铁厂	2 610	赵县棉纺织厂	1 077
石家庄第三五零二工厂	2 453	中国人民解放军第三五四四工厂	1 072
邢台矿务局	2 363	邯郸市电磁线厂	1 064
邢台钢铁厂	2 314	泊头市火柴厂	1 034
邯郸市滏阳化工厂	2 208	保定地区焦化厂	1 010
张家口地区长城酿酒公司	2 170	天津汉沽石油化学厂	1 009
国营石家庄第一棉纺织厂	2 166	承德输送机总厂	1 002
邯郸市纺织机械厂	2 150	国营邢台织染厂	979
石家庄市油漆厂	2 142	张家口金矿	959
石家庄显像管总厂	2 116	红星旅行车制造厂	956
唐山市焦化厂	2 108	石家庄市第二印染厂	940
河北金厂峪金矿	2 103	秦皇岛市钢化玻璃厂	933
河北省南堡盐场	2 043	秦皇岛华燕邦迪制管有限公司	927
张家口市橡胶总厂	1 988	唐山市宏源毛纺织厂	904
中国人民解放军第三五四零工厂	1 932	中国人民解放军第三五三二工厂	901
辛集化工厂	1 931	国营高阳染厂	860
国营石家庄第五棉纺织厂	1 886	承德市黄麻化纤纺织总厂	851
张家口市宣化啤酒厂	1 839	国营邢台棉纺织厂	844
国营河北胜利客车厂	1 792	沧州地区建筑材料厂	844

出口工业产值最高的 100 家企业

(1991 年)　　　　单位:万元

企业名称	出口工业产值	企业名称	出口工业产值
国营石家庄第二棉纺织厂	28 087	河北省邢台市轮胎厂	2 453
国营石家庄第四棉纺织厂	27 026	中国人民解放军石家庄第三五零二工厂	2 425
国营石家庄市第三棉纺织厂	27 000	秦皇岛中国人民解放军第四零零三工厂	2 391
国营石家庄第一印染厂	20 573	石家庄市新华服装厂	2 357
邯郸市第三棉纺织厂	17 120	邯郸市第二瓷厂	2 350
保定第一棉纺织厂	14 423	保定罐头厂	2 330
石家庄市第二印染厂	13 371	唐山市针织总厂	2 299
邯郸市第二棉纺织厂	12 563	宁晋县织染厂	2 280
国营石家庄第五棉纺织厂	10 660	国营石家庄第七棉纺织厂	2 260
邯郸市第四棉纺织厂	10 365	唐山市渤海陶瓷有限公司	2 260
国营石家庄第六棉纺织厂	9 518	石家庄石润纺织印染有限公司	2 175
石家庄市第一制药厂	9 431	邯郸市第六瓷厂	2 134
国营石家庄第一棉纺织厂	9 069	唐山市陶瓷工业公司第一瓷厂	2 086
保定化学纤维联合厂	8 928	迁安县地毯总厂	1 966
唐山市印染厂	8 926	衡水地区棉纺织厂	1 965
秦皇岛市山海关食品厂	8 023	保定市化工二厂	1 930
石家庄华北制药厂	7 756	石家庄石德棉纺针织有限公司	1 910
国营邢台织染厂	7 382	唐山碱厂	1 898
唐山市华新纺织厂	7 296	国营石家庄服装衬布总厂	1 874
邢台市制革厂	7 200	化学工业部保定第一胶片厂	1 848
唐山钢铁公司	7 075	石家庄市轴承厂	1 702
石家庄电视机厂	6 976	河北省廊坊市钨钼材料厂	1 702
石家庄市第四印染厂	5 941	石家庄市针织厂	1 670
中国人民解放军第三五四零工厂	5 883	河北省保定邮电器材机械厂	1 647
开滦矿务局	5 832	邯郸市第一瓷厂	1 612
保定市电影机械厂	5 509	中国人民解放军第三五四四工厂	1 602
唐山市棉纺织厂	5 123	河北省冀东水泥厂	1 582
邯郸市印染厂	5 102	赵县织染厂	1 570
石家庄旅游用布印染厂	4 928	邯郸市春雷瓷厂	1 563
邯郸市第一棉纺织厂	4 861	秦皇岛市色织厂	1 495
河北省张家口市棉纺织厂	4 823	中国人民解放军第三五三二工厂	1 486
邯郸钢铁总厂	4 807	中国石油化工总公司石家庄炼油厂	1 435
承德钢铁厂	4 560	唐山市陶瓷工业公司第九瓷厂	1 393
河北长城陶瓷有限公司	3 874	赵县棉纺织厂	1 368
国营高阳染厂	3 830	邢台市色织厂	1 355
河北省张家口市第一制皮厂	3 616	秦皇岛市毛巾厂	1 340
石家庄北方覆铜板有限公司	3 556	保定毛织地毯厂	1 324
唐山市罐头厂	3 542	河北电机厂	1 320
秦皇岛市耀华玻璃厂	3 426	河北省承德市制药厂	1 306
河北省承德市化工总厂	3 370	邢台拖拉机厂	1 301
承德地区千斤顶厂	3 313	石家庄京南机械总厂	1 218
河北省张家口市橡胶总厂	3 147	唐山市玉田县色织厂	1 178
秦皇岛山海关造船厂	3 014	秦皇岛市棉纺厂	1 146
保定外贸纬编厂	2 935	唐山市食品公司肉类联合加工厂	1 144
河北省张家口市宣化工程机械厂	2 750	秦皇岛渤海铝业有限公司	1 131
国营邢台棉纺织厂	2 710	邯郸市丝绸厂	1 065
辛集化工厂	2 638	邯郸市第二印染厂	1 030
邢台矿务局	2 546	河北省邢台冶金机械轧棍厂	1 023
石家庄显像管总厂	2 520	沧州市第一塑料厂	918
石家庄市电机厂	2 499	沧州市化工厂	917

固定资产原值最高的 100 家企业

(1991 年)　　　　单位:万元

企　业　名　称	固定资产原值	企　业　名　称	固定资产原值
华北石油管理局	662 457	唐山水泥机械厂	11 593
开滦矿务局	418 501	石家庄纺织经编厂	11 587
唐山钢铁公司	222 440	国营石家庄第一棉纺织厂	11 434
冀东石油勘探开发公司	152 353	石家庄铝厂	11 217
峰峰矿务局	143 498	国营石家庄第四棉纺织厂	11 156
邯郸钢铁总厂	122 884	石家庄国营华北柴油机厂	11 017
河北省张家口宣化钢铁公司	118 547	河北省张家口市制药总厂	10 982
邢台矿务局	93 879	国营石家庄第六棉纺织厂	10 916
唐山碱厂	78 360	沧州市化工厂	10 890
中国石油化工总公司石家庄炼油厂	76 787	石家庄内燃机配件总厂	10 862
承德钢铁厂	65 613	轻工业部长芦盐务管理局黄骅盐场	10 858
石家庄华北制药厂	59 541	国营石家庄市第三棉纺织厂	10 689
邯郸矿务局	55 858	河北省唐山市启新水泥厂	10 655
邯邢冶金矿山管理局	41 418	邯郸市印染厂	10 550
石家庄显像管总厂	40 818	邯郸市第二棉纺织厂	10 449
邯郸市二六七二工厂	40 073	秦皇岛渤海铝业有限公司	10 439
沧州化肥厂	38 729	河北省迁安化肥厂	10 304
河北省冀东水泥厂	38 697	国营石家庄第一印染厂	10 275
秦皇岛市耀华玻璃厂	37 892	石家庄拖拉机厂	10 188
保定化学纤维联合厂	37 717	石家庄市自来水公司	10 036
保定六0四厂	35 458	秦皇岛市燕山玻璃制品总厂	9 557
化学工业部保定第一胶片厂	35 060	河北省张家口市宣化工程机械厂	9 500
铁道部唐山机车车辆工厂	33 388	唐山市华新纺织厂	9 431
河北省张家口卷烟厂	28 168	河北长征汽车制造厂	9 338
石家庄焦化厂	27 898	秦皇岛市山海关啤酒厂	9 138
邢台钢铁厂	26 821	河北省张家口市棉纺织厂	9 061
沧州炼油厂	26 626	邯郸市第四棉纺织厂	8 995
涿州华北铝加工厂	25 713	邯郸市第一棉纺织厂	8 960
河北省南堡盐场	25 617	寿王坟铜矿	8 891
石家庄市井陉矿务局	24 227	石家庄市第四印染厂	8 787
河北省邢台冶金机械轧棍厂	23 930	中国人民解放军石家庄第三五零二工厂	8 771
石家庄化肥厂	22 270	石家庄市第一制药厂	8 540
河北冶金企业集团公司石家庄钢铁厂	22 258	邯郸市汉光机械厂	8 505
秦皇岛山海关桥梁厂	18 924	秦皇岛市柳江建材综合总厂	8 470
邯郸市第三棉纺织厂	18 704	航空航天工业部保定螺旋浆制造厂	8 426
秦皇岛山海关造船厂	18 515	石家庄华北制药厂栾城溶剂分厂	8 390
石家庄市热力煤气公司	18 435	中国人民解放军石家庄第六四一零工厂	8 246
邯郸水泥厂	17 710	河北省张家口地区宣化水泥厂	8 166
河北省张家口煤矿机械厂	16 758	地质矿产部河北省张家口探矿机械厂	8 137
石家庄化工化纤厂	16 419	国营石家庄第七棉纺织厂	8 106
国营石家庄第二棉纺织厂	16 152	河北大清河盐厂	8 009
唐山市胜利陶瓷集团分公司	15 599	邯郸市自来水公司	7 969
唐山市热力公司	13 380	保定卷烟厂	7 926
河北省保定变压器厂	13 076	河北省张家口地区蔚县煤矿	7 847
石家庄卷烟厂	13 008	涞源钢铁厂	7 801
保定第一棉纺织厂	12 884	石家庄煤矿机械厂	7 723
秦皇岛市自来水公司	12 740	承德地区钢铁水泥总厂	7 704
衡水地区棉纺织厂	12 352	唐山冶金矿山机械厂	7 650
石家庄旅游用布印染厂	11 851	河北省张家口市宣化啤酒厂	7 518
铁道部石家庄车辆工厂	11 631	邯郸市纺织机械厂	7 504

大中型工业企业主要指标

（1991 年）

单位：千元

企业名称	现价工业总产值	现价工业净产值	全部职工年末人数（人）	全年工资总额	产品销售收入	利润税金总额	定额流动资金年末占用额数	年末固定资产原值
石家庄热电厂	97 450	－29 350	2 008	6 280	123 300	30 056	9 450	155 880
石家庄飞机制造厂	63 130	15 311	3 819	7 776	62 124	1 645	41 954	53 729
石家庄市井陉矿务局	122 900	25 790	15 386	47 265	118 826	－59 152	36 174	242 269
石家庄微水发电厂	55 190	14 380	805	3 007	63 722	15 534	2 913	62 969
石家庄水力发电总厂	6 580	1 510	322	940	7 716	1 882	646	44 970
石家庄拖拉机厂	469 536	30 166	4 640	12 534	443 750	5 111	129 710	101 883
石家庄华北制药厂	647 816	272 264	10 609	39 253	671 172	182 931	116 114	595 413
中国人民解放军石家庄第六四一零工厂	49 650	13 785	3 811	7 250	58 320	428	54 949	82 455
铁道部石家庄车辆工厂	119 887	38 637	6 095	17 610	118 979	15 172	32 674	116 310
中国人民解放军石家庄第三五一四工厂	53 364	12 540	2 261	5 356	83 501	5 678	42 314	51 421
石家庄国营华北柴油机厂	46 883	6 072	2 605	4 729	34 928	1 268	52 466	110 167
石家庄汽车制造厂	206 520	50 187	2 665	8 345	206 710	15 616	56 114	41 871
中国人民解放军石家庄第三五零二工厂	328 841	60 441	4 815	12 936	350 592	24 528	72 328	87 707
石家庄水泵厂	96 850	33 090	3 095	8 853	110 420	16 503	54 985	71 371
石家庄华能上安电厂	524 259	148 902	1 071	3 210	177 761	43 333	15 478	1 876 338
石家庄煤矿机械厂	69 010	20 890	3 425	10 132	61 190	3 970	36 482	77 230
环宇联合公司石家庄兴华包装注塑厂	10 450	689	481	765	10 361	530	5 297	25 648
石家庄卷烟厂	329 330	190 075	2 167	4 820	355 211	168 651	97 404	130 079
石家庄河北新华印刷二厂	33 280	4 133	641	1 442	9 655	1 866	2 070	18 690
石家庄河北新华印刷三厂	26 100	3 003	597	1 440	8 640	1 465	1 820	20 040
石家庄市制酒厂	51 130	13 122	933	1 911	47 039	5 634	20 273	16 841
石家庄市啤酒厂	40 040	13 234	1 432	3 129	36 697	7 096	15 306	46 342
石家庄市油脂化工厂	60 700	14 330	973	3 134	54 038	6 012	27 472	17 190
石家庄市搪瓷厂	32 190	6 022	1 332	2 618	28 652	230	17 449	15 566
石家庄市灯泡厂	18 430	5 856	1 302	2 519	15 764	1 762	4 722	13 568
石家庄市手表厂	9 745	1 897	1 569	2 766	16 136	－1 906	24 915	42 957
石家庄市第二造纸厂	20 470	4 410	627	1 080	16 031	1 501	4 266	10 127
石家庄市玻璃厂	10 280	3 090	862	1 590	12 688	－218	11 891	10 027
石家庄市汽水厂	3 090	－109	327	496	2 329	－1 539	5 698	23 443
石家庄石润纺织印染有限公司	34 530	3 096	417	1 201	33 489	－2 613	11 187	16 462
石家庄石德棉纺针织有限公司	19 750	2 510	203	1 038	17 236	－1 174	13 068	15 805
石家庄市新华服装厂	29 950	9 698	1 221	2 314	27 416	1 024	6 604	12 069
石家庄市第二纺织经编厂	37 250	6 395	1 052	2 056	33 221	1 228	16 928	32 584
石家庄市化纤织物厂	26 927	13 139	2 044	3 525	12 991	－2 579	6 841	45 375
石家庄市第一毛纺织厂	15 573	3 592	1 066	1 997	12 252	－374	8 806	13 187
石家庄市丝绸厂	40 480	8 410	2 413	4 850	30 595	－795	15 726	22 720
石家庄市羊毛衫厂	7 130	3 167	516	1 037	6 176	230	6 221	9 271
石家庄市纺织器材二厂	12 179	3 518	941	1 993	11 011	－295	2 502	9 869
石家庄市纺织器材一厂	10 141	2 677	1 173	2 052	9 123	－724	11 128	16 397
石家庄市第二纺织机械厂	5 740	2 639	661	1 364	5 276	－60	3 531	8 584
石家庄市纺织机械厂	9 236	3 792	986	1 916	9 205	76	7 490	12 352
石家庄河北印染机械厂	3 911	2 478	821	1 306	2 976	173	18 474	13 614
石家庄化工化纤厂	150 451	69 510	2 652	10 362	139 848	35 977	53 894	164 189
石家庄市涤纶厂	69 210	8 798	1 253	2 168	75 008	3 563	22 265	53 675
石家庄市针织厂	53 810	12 919	1 785	4 577	34 534	－532	19 336	35 503
石家庄纺织经编厂	105 746	26 857	2 635	7 140	90 702	7 717	25 853	115 870

大中型工业企业主要指标(续一)

(1991年) 单位:千元

企业名称	现价工业总产值	现价工业净产值	全部职工年末人数(人)	全年工资总额	产品销售收入	利润税金总额	定额流动资金年末占用额数	年末固定资产原值
石家庄旅游用布印染厂	123 940	6 643	2 624	5 386	124 162	2 755	42 074	118 510
石家庄市第四印染厂	103 963	5 547	1 466	3 316	99 230	－1 513	41 750	87 870
国营石家庄服装衬布总厂	84 810	452	1 505	3 210	77 026	－6 452	21 118	63 039
石家庄市第二印染厂	181 600	20 134	1 950	6 480	144 060	9 405	22 314	59 452
国营石家庄第一印染厂	260 700	10 380	3 226	9 702	239 056	3 658	58 215	102 749
国营石家庄第七棉纺织厂	103 979	18 234	5 309	11 344	85 290	－4 311	21 655	81 058
国营石家庄第六棉纺织厂	151 740	42 020	5 810	15 800	141 350	12 670	45 650	109 160
国营石家庄第五棉纺织厂	171 233	50 372	5 530	19 310	149 325	18 859	29 934	53 951
国营石家庄第四棉纺织厂	306 242	100 770	8 975	32 272	282 468	42 998	55 740	111 564
国营石家庄市第三棉纺织厂	290 131	104 870	8 242	29 895	260 551	33 356	50 353	106 889
国营石家庄第二棉纺织厂	304 631	86 815	8 842	32 117	294 857	36 208	61 381	161 519
国营石家庄第一棉纺织厂	192 600	61 072	6 390	20 880	188 244	21 658	45 120	114 344
石家庄市人造板厂	6 300	1 640	603	991	5 307	435	6 006	8 973
石家庄市纸箱厂	11 300	2 920	505	1 120	11 040	910	3 216	8 060
工贸合营石家庄纸制品包装厂	20 720	2 250	650	1 097	20 700	595	4 852	12 977
石家庄市软包装彩印厂	26 870	5 633	470	1 152	25 368	2 536	6 450	18 885
石家庄市朝阳工贸公司	3 200	1 120	605	1 133	2 829	613	2 046	8 257
石家庄市聚丙烯厂	26 430	10 500	399	860	24 396	5 346	3 616	20 718
石家庄市第一塑料厂	84 310	11 060	746	2 044	49 190	5 034	14 789	29 930
石家庄市东风塑料厂	51 060	10 240	1 425	3 140	53 678	3 570	27 726	33 703
石家庄市汽车改装厂	48 340	7 299	621	1 661	47 693	5 378	9 391	12 772
石家庄市热力煤气公司	84 572	23 069	1 980	3 848	78 697	4 302	10 444	184 350
中国人民解放军石家庄第三三零二工厂	38 030	13 587	2 451	5 977	45 170	5 980	21 442	54 510
石家庄市铸锅厂	23 140	3 770	942	1 680	19 980	880	5 740	10 710
石家庄市无线电一厂	3 920	－261	1 191	2 172	4 463	－4 957	25 475	13 951
石家庄市无线电二厂	9 150	4 550	1 142	2 210	7 890	1 010	8 980	23 360
石家庄市无线电三厂	17 960	5 830	608	1 332	16 893	2 085	3 743	37 721
石家庄市无线电九厂	9 990	3 090	562	1 170	7 080	169	5 640	15 690
石家庄市广播录音机厂	11 150	5 076	1 005	2 054	12 025	1 169	9 573	21 200
石家庄市国营第八五零厂	14 800	6 920	1 271	2 523	12 078	870	5 790	46 767
石家庄河北省电话设备厂	13 010	5 570	687	2 098	13 393	1 939	6 488	8 588
石家庄国营第四五一一厂	6 020	2 587	747	1 385	4 073	379	6 458	22 876
石家庄市粮食机械厂	14 160	5 460	547	1 439	12 579	2 787	13 623	11 115
中国环宇电子集团公司石家庄空调器厂	40 789	19 550	452	639	12 064	7	29 701	61 840
中国环宇电子集团公司石家庄电路板厂	15 540	4 710	576	1 165	16 911	811	11 815	14 103
石家庄建筑机械厂	19 290	5 360	1 289	2 980	16 550	1 354	19 090	23 670
石家庄京南机械总厂	33 558	387	1 759	4 518	49 613	－7 134	35 179	61 225
石家庄国营太行机械厂	27 420	7 798	2 619	5 318	19 853	－4 914	23 619	37 785
石家庄市第二毛纺织厂	19 645	3 157	1 571	2 465	17 319	－3 498	16 605	49 383
石家庄河北省电力工业局	—	—	—	—	—	—	—	—
石家庄供电局	160 464	105 531	4 684	12 760	195 709	47 709	5 153	609 349
中国人民解放军石家庄第五七二一工厂	26 418	8 538	1 961	4 104	23 706	850	22 217	47 309
石家庄印钞厂	49 587	21 453	968	3 622	49 587	16 449	6 396	58 413
石家庄内然机配件总厂	119 750	42 400	4 497	13 511	112 357	16 694	46 397	108 621
中国人民解放军石家庄第六四一一工厂	16 000	4 508	1 279	2 565	17 025	1 310	16 603	24 148
石家庄焦化厂	210 530	36 695	3 169	9 716	197 178	15 266	14 950	278 975

大中型工业企业主要指标(续二)

(1991年)　　　　单位:千元

企业名称	现价工业总产值	现价工业净产值	全部职工年末人数(人)	全年工资总额	产品销售收入	利润税金总额	定额流动资金年末占用额数	年末固定资产原值
石家庄市自来水公司	22 054	－5 103	1 370	3 579	19 133	－8 876	2 741	100 365
石家庄国营华北交通机械厂	21 016	5 975	1 189	2 664	21 022	1 623	11 118	17 578
石家庄市液化气公司	11 043	－9 884	785	1 712	10 465	－12 075	1 566	63 849
河北冶金企业集团公司石家庄钢铁厂	438 640	68 648	6 848	22 433	367 116	26 095	59 280	222 584
石家庄市长康针纺织有限公司	14 747	3 507	345	1 556	12 168	－3 183	3 580	29 848
石家庄市冷冻厂	46 706	4 451	678	1 402	44 225	260	2 552	19 599
石家庄化肥厂	239 910	52 125	4 254	17 830	223 200	28 860	39 699	222 700
中国石油化工总公司石家庄炼油厂	1 109 620	172 540	4 595	12 400	1 097 770	179 250	101 880	767 870
石家庄显像管总厂	268 050	59 120	4 607	9 180	180 890	21 160	79 980	408 184
石家庄北方覆铜板有限公司	35 590	7 960	278	540	18 070	－1	12 630	21 190
石家庄电视机厂	215 780	20 510	2 110	4 141	214 200	1 010	91 367	57 944
石家庄市水泥制品厂	31 220	230	1 755	3 360	32 471	865	16 840	22 872
石家庄市水泥厂	28 122	10 778	1 670	3 020	36 054	8 349	5 894	62 914
石家庄市建筑材料一厂	10 840	3 120	1 693	2 580	10 338	－403	3 523	10 439
石家庄市建筑材料二厂	6 520	1 958	639	1 165	5 359	446	1 534	12 010
石家庄市建筑材料四厂	7 130	1 308	866	1 180	7 290	－1 295	5 140	10 010
石家庄市长征胶鞋总厂	153 650	41 751	4 390	10 691	135 423	14 047	25 888	40 064
石家庄市第三橡胶厂	25 440	7 090	859	1 590	21 407	266	9 238	14 466
石家庄市油漆厂	110 900	37 290	1 179	2 789	106 673	21 421	16 589	23 100
石家庄石墨电极厂	25 090	6 834	1 310	3 349	18 019	22	17 892	65 298
石家庄有色金属加工厂	46 096	4 258	652	1 595	7 323	1 766	868	4 343
石家庄市联碱厂	32 820	8 954	949	1 919	26 507	1 999	3 639	51 505
石家庄市化工机械厂	31 800	6 770	895	2 070	33 150	1 786	14 474	16 390
石家庄市第一橡胶厂	62 230	20 517	1 745	4 631	59 584	13 381	15 613	29 713
石家庄市化工二厂	58 600	15 812	1 023	3 078	59 590	12 655	9 858	21 323
石家庄市黄磷厂	79 850	23 879	1 454	3 857	70 757	11 086	14 344	47 950
石家庄市电化厂	36 330	7 979	1 354	2 787	32 365	963	16 190	43 904
石家庄市动力机械厂	29 791	10 610	2 192	4 455	28 893	－92	21 831	29 308
石家庄市电机厂	63 590	11 860	2 247	4 430	45 657	－1 997	33 809	49 713
石家庄市轴承专用设备厂	44 260	17 360	2 514	5 689	40 430	5 295	39 953	46 515
石家庄市轴承厂	30 864	15 838	1 801	4 871	22 820	5 037	10 537	27 817
石家庄市阀门一厂	23 070	10 730	1 276	3 267	23 070	3 246	15 759	24 526
石家庄市阀门二厂	12 990	5 390	937	2 352	13 076	1 815	8 438	11 040
石家庄市锅炉厂	16 970	2 300	1 074	2 300	14 130	1 150	18 470	15 170
石家庄市农业机械厂	30 880	6 340	1 100	2 532	24 352	812	15 273	15 474
石家庄市柴油机厂	21 760	4 017	1 335	2 571	11 075	－1 747	13 014	15 933
石家庄市汽车发动机厂	2 210	－834	747	1 152	1 533	－1 991	11 515	10 275
石家庄河北客车厂	62 446	9 200	1 162	3 680	59 001	－1 161	39 284	28 989
石家庄市第一制药厂	181 880	42 295	2 788	8 147	175 469	11 851	37 207	85 401
石家庄市第二制药厂	152 480	24 930	1 369	3 866	150 046	6 885	30 416	37 198
石家庄市乐仁堂药厂	15 250	5 056	395	1 091	13 703	2 029	10 945	10 085
石家庄市第四制药厂	37 880	10 786	859	1 892	31 644	2 912	8 896	17 004
石家庄市潜水电泵厂	49 780	10 395	412	1 103	37 535	8 398	17 404	18 538
石家庄市风机厂	16 710	4 513	441	1 157	14 578	3 077	10 525	12 494
石家庄市光明实业总公司	22 880	4 300	482	1 130	24 300	2 170	8 671	11 940
石家庄市乳业公司	45 240	7 670	1 024	2 086	49 270	3 370	5 060	16 990

大中型工业企业主要指标(续三)

(1991年)　　　　单位:千元

企业名称	现价工业总产值	现价工业净产值	全部职工年末人数(人)	全年工资总额	产品销售收入	利润税金总额	定额流动资金年末占用额数	年末固定资产原值
石家庄市电缆厂	21 780	8 504	573	981	19 385	934	12 358	27 774
石家庄市耀华生产服务总公司	6 550	3 380	552	861	5 656	912	2 352	11 710
石家庄市矿区洪洲水泥厂	17 158	2 283	826	1 032	10 839	398	8 850	14 075
石家庄市井陉第三陶瓷厂	10 112	3 587	1 453	1 718	8 129	257	6 241	15 082
石家庄市获鹿县第二水泥厂	21 116	5 900	717	1 300	23 981	3 753	5 420	21 155
石家庄获鹿新生水泥厂	26 069	3 802	902	1 926	27 888	725	6 698	23 740
河北康华制药厂	11 500	3 569	300	380	9 363	523	2 634	22 046
石家庄华北制药厂栾城溶剂分厂	76 670	25 492	761	1 810	68 168	12 608	21 880	83 899
石家庄国营河北正定纬编厂	19 020	2 068	900	1 488	13 400	−1 035	10 650	32 513
石家庄铝厂	63 611	−12 952	1 513	3 280	55 354	875	34 753	112 166
石家庄市油泵油嘴厂	11 200	4 426	1 196	1 908	11 655	1 115	14 504	13 841
国营石家庄正定电子元件厂	40 920	11 880	1 214	2 356	42 770	3 370	24 770	45 420
开滦矿务局	813 760	243 850	126 129	428 721	1 187 850	−192 460	188 820	4 185 010
唐山市自来水公司	27 940	10 700	1 039	2 310	22 860	2 580	1 060	70 230
唐山市食品公司肉类联合加工厂	36 220	5 350	669	1 880	34 870	−3 810	7 600	15 220
唐山市外贸第二冷冻厂	10 580	−380	341	660	10 160	−700	6 960	9 980
唐山市罐头厂	45 110	4 410	1 055	2 060	47 280	−3 820	10 630	19 920
唐山市第二面粉厂	17 780	2 830	164	320	14 370	2 820	2 130	17 730
唐山市啤酒厂	17 910	7 890	833	1 590	17 530	1 950	14 160	46 950
唐山市华新纺织厂	153 320	36 090	5 418	14 880	144 380	6 960	40 870	94 310
唐山市棉纺织厂	122 570	26 280	5 090	12 730	112 560	3 220	21 060	74 520
唐山市色织厂	15 260	2 360	1 345	3 370	8 160	−1 520	12 110	18 930
唐山市印染厂	103 080	5 570	1 659	4 510	99 490	−8 300	26 020	74 410
唐山市针织总厂	64 940	9 360	3 489	7 410	62 000	−9 960	28 200	45 770
唐山市陶瓷工业公司花纸厂	11 600	4 440	580	1 390	11 470	2 230	3 480	13 690
中国华北电力联合公司唐山发电总厂	1 121 810	345 820	5 506	20 440	1 089 000	265 470	42 400	1 541 360
唐山市新区热电厂	123 030	55 220	1 214	4 570	118 860	47 020	8 400	151 960
唐山市热力公司	34 730	6 930	1 699	4 050	41 970	1 040	5 670	133 800
唐山市焦化厂	78 210	24 920	913	2 910	86 770	21 080	2 870	21 750
唐山市煤气公司	9 000	3 390	892	2 010	21 700	1 740	2 100	52 030
唐山市开平化工厂	51 090	15 740	991	2 970	41 330	6 330	2 160	27 260
唐山市东矿化工厂	22 470	5 850	958	2 620	22 250	2 650	3 620	9 420
唐山市第一化肥厂	25 530	6 240	1 112	2 560	20 690	1 080	4 620	18 560
唐山市合成化学厂	18 220	3 220	877	1 840	17 450	940	5 980	32 380
唐山市妇幼药厂	19 000	4 690	435	980	16 160	2 730	4 000	19 320
唐山市橡胶厂	71 760	17 490	1 877	3 950	66 520	2 800	18 440	37 670
唐山市塑料总厂	25 170	1 580	676	1 200	26 840	−660	7 370	14 440
河北省冀东水泥厂	244 600	111 080	2 574	8 730	229 340	109 530	55 880	386 970
唐山市启新水泥厂	85 130	25 050	3 939	10 220	79 710	6 750	18 180	106 550
唐山市陶瓷工业公司第六瓷厂	20 370	9 260	1 866	3 970	18 470	1 850	3 290	19 160
唐山市高压电瓷厂	14 620	5 460	965	2 360	16 350	1 590	7 930	11 630
唐山市陶瓷工业公司第十瓷厂	10 390	5 280	827	1 590	11 860	1 440	5 910	11 010
唐山市陶瓷工业公司第一瓷厂	40 070	11 850	3 221	6 030	39 350	2 310	14 660	19 390
河北长城陶瓷有限公司	35 570	14 140	2 695	6 130	37 310	6 040	7 790	26 750
唐山市渤海陶瓷有限公司	24 080	8 550	2 548	4 730	27 880	980	15 600	23 790
唐山市陶瓷工业公司第九瓷厂	22 610	8 150	2 009	4 310	22 970	2 340	4 370	16 660

大中型工业企业主要指标(续四)

(1991年)　　　　单位:千元

企业名称	现价工业总产值	现价工业净产值	全部职工年末人数(人)	全年工资总额	产品销售收入	利润税金总额	定额流动资金年末占用额数	年末固定资产原值
唐山市陶瓷工业公司白玉瓷厂	11 180	4 170	932	1 750	10 730	1 030	3 690	9 330
唐山市马家沟耐火材料厂	44 470	12 750	3 238	7 110	35 420	－5 180	28 060	62 930
唐山市釉面砖厂	22 920	6 420	1 077	2 570	21 530	2 270	760	17 040
唐山市胜利陶瓷集团分公司	143 240	61 490	7 384	20 710	144 970	29 580	32 220	155 990
唐山钢铁公司	2 247 660	513 900	50 331	156 820	2 205 290	289 250	484 170	2 224 400
唐山市锅炉厂	30 950	5 130	1 060	2 190	35 450	2 510	13 440	34 780
唐山市第一机床厂	22 060	9 520	812	1 910	16 540	3 030	12 170	8 740
唐山冶金矿山机械厂	77 580	14 250	4 026	9 340	80 480	260	69 100	76 500
中国轻机总公司唐山轻工业机械厂	37 970	8 450	1 951	4 530	43 170	－1 180	24 580	52 540
唐山水泥机械厂	83 460	11 930	3 899	8 040	72 100	－12 870	59 500	115 930
唐山市电工机械厂	8 270	860	723	1 420	10 100	－1 580	4 160	7 640
唐山市自行车总厂	56 570	－250	2 542	5 120	56 120	－5 200	14 710	37 050
铁道部唐山机车车辆工厂	253 690	43 850	10 875	30 200	276 680	12 940	74 300	333 880
唐山汽车制造厂	27 880	3 990	1 494	3 370	29 050	－1 060	20 820	21 580
唐山齿轮厂	72 980	25 950	2 378	7 050	82 780	17 680	23 690	65 610
唐山市变压器厂	17 150	5 160	597	1 690	18 420	2 260	8 570	11 480
能源部华北电力联合公司唐山供电公司	221 110	191 550	2 987	9 700	222 480	54 240	7 340	448 170
唐山市玻璃厂	19 430	7 840	698	1 870	19 950	3 660	5 700	12 140
唐山市毛巾厂	9 720	1 080	1 032	1 700	10 510	－100	5 750	10 700
唐山市陶瓷工业公司第八瓷厂	13 550	4 710	1 382	3 160	15 970	1 650	5 940	11 750
唐山市东矿区自来水公司	7 640	4 250	250	580	5 530	1 240	140	15 860
河北越河陶瓷厂	13 080	5 270	810	1 780	12 930	2 720	4 040	12 090
唐山市拖拉机厂	30 350	2 430	856	1 460	28 330	320	10 990	10 080
唐山碱厂	283 760	30 150	4 578	14 100	308 740	7 040	47 500	783 600
河北省南堡盐场	168 850	105 990	7 533	24 880	109 960	20 430	27 960	256 170
滦县石矿	5 940	4 360	664	2 210	6 640	1 700	960	31 230
唐山市食品公司第三肉类联合加工厂	13 370	740	281	530	17 670	－1 120	11 890	20 490
滦南县国营造纸厂	22 340	9 690	631	2 030	22 200	6 690	3 530	31 150
滦南县三丰饲料有限公司	39 800	9 700	74	310	58 300	5 600	16 400	18 640
河北大清河盐厂	53 010	33 990	4 080	13 040	48 780	4 930	12 490	80 090
迁安县第一造纸厂	34 710	8 780	978	1 760	31 860	3 730	10 190	13 680
唐山市渤海床单厂	15 030	4 780	1 235	1 400	14 990	2 430	4 270	32 730
唐山市宏源毛纺织厂	37 200	15 370	1 140	1 670	36 310	9 040	8 800	22 500
迁安县地毯总厂	16 350	5 260	1 975	2 100	17 830	1 420	6 740	11 410
河北省迁安化肥厂	124 140	19 800	2 789	8 020	117 260	7 780	32 450	103 040
迁安县华丰造纸厂	44 280	13 290	763	2 960	47 050	6 310	7 170	22 250
唐山油井水泥厂	18 810	6 830	977	1 450	14 910	1 320	3 900	51 290
迁安县电力局	7 420	4 910	245	780	34 080	3 690	2 520	24 580
河北金厂峪金矿	52 440	30 460	2 110	6 050	51 680	21 030	6 580	47 530
北京双合盛五星啤酒厂玉田联营厂	84 270	38 400	863	2 700	82 710	30 430	38 760	51 710
唐山市玉田县色织厂	14 610	4 330	890	1 350	16 160	960	3 740	11 970
冀东石油勘探开发公司	209 440	107 080	4 614	14 060	82 100	－45 170	56 050	1 523 530
唐海啤酒厂	5 000	720	561	1 100	4 700	－770	4 490	15 590
唐海垦丰造纸厂	21 120	8 080	1 742	2 500	21 850	3 340	4 970	13 050
唐海兴海造纸厂	26 020	4 460	1 013	1 460	12 070	110	15 330	15 530
秦皇岛市工程机械厂	11 630	3 842	861	1 698	11 725	936	8 686	12 030

大中型工业企业主要指标(续五)

(1991年)　　单位:千元

企业名称	现价工业总产值	现价工业净产值	全部职工年末人数(人)	全年工资总额	产品销售收入	利润税金总额	定额流动资金年末占用额数	年末固定资产原值
秦皇岛造船厂	19 190	-172	1 228	3 030	17 909	-6 254	7 959	53 544
秦皇岛渤海铝业有限公司	71 977	13 141	1 718	3 994	63 306	-5 042	38 742	104 391
秦皇岛烟草工业机械厂	40 529	14 186	1 392	3 454	38 164	5 258	27 555	37 319
秦皇岛中国人民解放军第四零零三工厂	67 324	6 523	1 245	2 827	65 195	2 496	16 260	36 671
秦皇岛市秦华制药厂	13 231	2 852	274	595	17 501	289	2 369	24 273
秦皇岛华美光伏电子有限公司	1 670	560	179	267	768	128	2 497	22 900
秦皇岛市柳江建材综合总厂	53 210	19 886	5 709	13 376	55 659	4 435	12 534	84 700
秦皇岛市建筑材料总厂	51 750	12 032	2 716	6 186	57 514	5 762	11 487	52 768
秦皇岛市冶金机械阀门总厂	23 217	9 218	1 423	3 256	25 295	1 810	21 572	28 462
秦皇岛市耀华玻璃厂	391 785	121 207	10 869	29 586	371 826	41 468	73 881	378 917
秦皇岛山海关造船厂	75 480	29 470	2 752	10 739	51 174	15 767	69 444	185 151
秦皇岛市棉纺厂	91 240	10 200	2 182	4 736	77 548	807	15 301	67 721
秦皇岛市玻璃纤维厂	44 815	18 738	4 102	9 064	45 656	5 781	8 566	39 407
秦皇岛市耐火材料厂	38 800	11 158	2 219	4 692	37 642	1 996	16 334	49 197
秦皇岛市毛巾厂	15 340	2 090	1 244	1 999	12 607	3	10 327	21 202
秦皇岛市造纸厂	47 400	9 760	1 290	3 132	48 448	1 878	22 888	31 367
秦皇岛市塑料厂	38 590	6 550	570	1 446	38 809	2 782	4 310	17 390
秦皇岛山海关桥梁厂	233 285	62 091	7 242	20 781	237 675	30 627	110 372	189 236
秦皇岛市钢化玻璃厂	33 159	10 765	567	2 087	33 497	9 333	5 313	31 302
秦皇岛市浮法玻璃厂	52 097	17 583	1 168	2 440	44 266	5 162	13 878	32 268
秦皇岛市自来水公司	15 877	2 588	948	2 521	15 877	-196	928	127 395
秦皇岛电力公司	67 160	42 021	1 923	6 852	67 687	16 501	3 391	185 131
秦皇岛市建材机械厂	11 445	4 520	1 232	2 373	13 483	681	9 651	13 620
秦皇岛市山海关啤酒厂	57 270	25 761	1 386	3 345	57 729	15 544	15 360	91 382
秦皇岛华燕邦迪制管有限公司	35 123	11 464	191	2 834	36 017	9 268	15 843	17 458
秦皇岛市针织内衣厂	24 230	5 000	1 293	2 260	22 616	-2 919	19 905	14 284
秦皇岛市色织厂	41 730	9 380	1 361	2 719	41 796	1 572	15 998	11 659
秦皇岛市山海关化纤厂	49 810	14 144	1 391	3 206	45 498	5 048	20 765	46 061
秦皇岛市燕山玻璃制品总厂	45 480	8 859	1 645	3 326	35 939	1 352	15 404	95 568
秦皇岛市山海关食品厂	92 300	-300	2 090	4 828	88 545	-3 008	39 355	61 530
抚宁县淀粉葡萄糖厂	22 414	5 554	388	918	21 320	2 038	1 746	14 899
抚宁工贸合营造纸厂	42 448	13 107	1 315	3 235	42 398	5 317	12 786	28 272
秦皇岛市昌黎县糖厂	6 090	70	465	667	8 799	-670	5 327	10 582
秦皇岛市昌黎县酿酒总厂	26 272	4 401	666	1 428	18 941	3 440	18 791	17 706
卢龙武山石矿	15 944	6 423	840	2 471	14 780	3 735	4 422	14 069
卢龙武山水泥厂	23 550	9 327	709	1 761	23 482	3 285	4 892	20 060
邯郸矿务局	206 830	-8 530	32 849	98 548	219 165	-110 360	78 156	558 583
峰峰矿务局	615 860	25 840	79 537	265 130	751 726	-150 118	172 782	1 434 977
邯邢冶金矿山管理局	308 160	63 810	20 216	58 119	284 038	12 103	79 966	414 179
邯郸市自来水公司	19 736	4 143	638	1 530	19 736	1 833	1 334	79 688
邯郸市肉食联合加工厂	15 915	744	568	1 484	15 923	-965	3 032	17 171
邯郸市酒厂	35 790	6 021	1 203	2 939	47 203	11 695	27 646	22 053
邯郸市啤酒厂	11 650	3 620	797	1 635	9 256	1 953	14 581	8 887
邯郸市第一棉纺织厂	175 980	50 520	6 027	18 079	140 103	7 515	50 734	89 600
邯郸市第二棉纺织厂	249 430	31 580	6 595	16 348	234 591	-13 843	39 964	104 488
邯郸市第三棉纺织厂	264 926	72 000	8 098	25 072	243 784	17 223	41 235	187 041

大中型工业企业主要指标(续六)

(1991年)　　单位:千元

企业名称	现价工业总产值	现价工业净产值	全部职工年末人数(人)	全年工资总额	产品销售收入	利润税金总额	定额流动资金年末占用额数	年末固定资产原值
邯郸市第四棉纺织厂	257 350	37 600	7 676	20 299	240 433	2 095	59 395	89 948
邯郸市织染厂	40 854	8 411	1 757	4 221	41 314	1 522	8 426	16 235
邯郸市色织总厂	9 270	—110	1 694	3 178	9 067	—6 666	7 224	21 455
邯郸市印染厂	120 633	2 733	2 054	4 529	127 136	—9 309	40 130	105 495
邯郸市丝绸厂	24 200	6 444	1 850	3 663	17 418	—2 106	10 238	25 863
邯郸市针织厂	14 379	2 428	1 088	2 115	13 936	—4 568	7 818	19 624
邯郸市纬编厂	13 620	—340	741	1 258	13 524	—2 372	6 213	20 598
邯郸市经编厂	11 050	2 531	570	1 163	8 767	—530	4 007	17 260
邯郸市织袜厂	4 990	—127	792	1 779	4 924	—2 686	3 221	11 790
邯郸市第二印染厂	51 390	—483	1 104	2 379	43 116	—6 882	14 649	32 083
邯郸市造纸厂	28 500	8 400	1 262	2 255	16 678	1 586	4 386	9 168
邯郸市花纸装潢厂	15 179	6 744	646	1 562	14 090	3 269	5 223	14 077
邯郸市峰峰发电厂	4 898	—4 407	766	1 782	6 575	1 603	1 351	30 435
邯郸一五零电厂	86 920	10 610	1 245	4 885	118 765	28 951	9 152	119 171
邯郸市马头发电厂	367 024	106 393	2 793	9 349	506 127	123 380	21 526	479 740
邯郸热电厂	82 480	—12 400	1 721	5 731	101 441	24 728	6 163	210 849
邯郸电业局	159 747	126 926	2 397	7 193	187 339	45 668	3 779	325 262
邯郸市磷肥厂	31 180	4 597	975	2 106	31 894	446	1 913	14 849
邯郸市滏阳化工厂	127 200	35 860	1 837	6 024	117 535	22 077	21 753	57 000
邯郸市油漆厂	46 790	4 092	679	1 340	48 108	2 681	6 841	12 783
邯郸市树脂厂	39 300	1 460	1 425	2 709	32 519	—806	10 875	36 315
邯郸市制药厂	27 723	13 596	625	1 455	25 047	5 532	8 835	12 746
邯郸市橡胶厂	23 390	3 310	1 304	2 335	23 471	—2 536	15 425	19 821
邯郸市第九塑料厂	10 810	2 750	674	1 010	10 430	—350	11 180	13 560
邯郸市十塑料厂	25 460	2 580	372	798	25 900	508	15 109	24 596
邯郸水泥厂	189 505	67 447	2 856	10 540	186 447	54 037	18 725	177 104
邯郸市水泥厂	19 703	9 240	892	2 250	19 843	2 815	1 274	15 408
邯郸市建筑陶瓷厂	21 711	9 246	1 437	3 059	18 425	4 041	10 270	25 711
邯郸市春雷瓷厂	13 716	7 582	1 185	3 040	16 432	3 725	7 613	11 699
邯郸市第一瓷厂	21 748	8 898	2 079	4 116	21 423	2 943	8 309	15 456
邯郸市第二瓷厂	25 397	10 929	2 331	4 697	31 228	4 279	7 381	19 602
邯郸市第四瓷厂	27 787	11 944	2 630	4 611	29 662	4 977	3 738	17 711
邯郸市第六瓷厂	20 554	9 028	2 954	5 130	26 511	3 037	10 480	15 864
邯郸市彭城耐火材料厂	22 640	8 440	1 492	3 155	20 233	2 049	10 951	26 946
邯郸市二六七二工厂	356 183	60 992	8 870	29 688	384 735	40 075	67 739	400 732
邯郸钢铁总厂	1 603 699	516 163	28 229	88 047	1 270 201	172 500	294 811	1 228 844
邯郸市炼铁厂	55 360	2 090	2 282	5 643	60 887	—6 003	14 708	30 745
邯郸市马头铝厂	86 970	11 351	1 553	4 972	104 784	86	43 117	51 902
邯郸市储油设备厂	41 880	13 990	2 724	5 750	38 800	2 190	30 650	34 080
邯郸市制锹厂	16 880	3 540	1 001	1 982	18 000	718	8 443	11 197
邯郸市锅炉厂	12 430	4 832	528	1 140	12 315	2 030	11 612	6 207
邯郸冶金机械厂	17 320	4 676	1 386	2 959	17 478	—776	10 932	21 567
邯郸市制氧机厂	22 080	8 965	2 197	5 259	28 454	3 565	28 627	33 440
邯郸市轴承厂	31 002	8 331	1 884	4 107	26 101	1 460	22 097	22 548
邯郸市标准件厂	18 230	4 298	988	1 953	18 811	1 008	7 917	15 596
邯郸市峰峰金属支架厂	65 600	21 574	2 091	6 181	54 558	7 730	41 122	61 884

大中型工业企业主要指标(续七)

(1991年)　　　　单位:千元

企业名称	现价工业总产值	现价工业净产值	全部职工年末人数(人)	全年工资总额	产品销售收入	利润税金总额	定额流动资金年末占用额数	年末固定资产原值
邯郸市纺织机械厂	84 260	22 850	3 171	9 156	95 504	21 502	59 812	75 039
邯郸市第二纺织机械厂	9 520	2 420	931	2 300	8 982	−1 839	18 202	28 979
邯郸市石油化工机械厂	23 010	11 650	1 935	4 488	27 601	2 333	38 281	37 571
邯郸市棉机厂	29 220	12 410	1 564	3 855	34 777	2 357	19 079	23 826
邯郸市自行车总厂	84 160	696	2 500	6 020	105 993	−8 137	37 225	43 519
铁三局邯郸机械厂	7 937	3 284	694	1 744	5 249	305	8 915	15 583
邯郸市电机厂	22 540	9 120	937	2 212	20 002	1 748	13 564	12 056
邯郸市电磁线厂	102 580	23 858	671	2 102	96 676	10 637	13 122	20 363
邯郸电力修造厂	16 284	3 867	1 051	3 189	19 900	920	8 324	21 789
邯郸市汉光机械厂	101 660	36 567	3 324	9 726	100 095	14 731	57 629	85 054
邯郸市峰峰矿区帆布厂	22 350	6 261	1 128	2 054	19 901	2 789	9 940	15 086
邯郸市峰峰矿区水泥袋厂	30 900	5 456	860	1 434	28 061	1 565	7 453	8 567
武安市造纸厂	39 300	8 540	1 201	2 129	29 112	−4 105	8 489	30 091
武安市电力公司	8 012	5 645	400	1 264	38 694	4 026	389	13 534
武安市化肥厂	17 030	1 669	622	1 040	17 387	−1 632	6 682	13 749
武安磷肥厂	22 730	4 895	438	891	23 100	1 880	5 640	11 480
邢台钢铁厂	490 447	94 903	11 112	34 058	363 135	23 136	116 590	268 210
河北省邢台冶金机械轧棍厂	258 292	67 594	7 705	24 148	228 516	29 208	102 366	239 304
邢台市有色金属冶炼厂	46 190	3 569	830	1 895	22 123	−1 564	13 798	11 033
河北省红星旅行车制造厂	78 260	19 540	2 045	5 670	78 192	9 564	52 354	41 100
河北省第三农业机械厂	1 911	149	435	604	1 272	−830	2 465	11 875
国营河北第四机械厂	6 160	1 565	620	967	6 100	−546	2 397	10 886
河北省邢都机械总厂	5 219	−920	465	983	5 008	−3 544	2 315	13 685
邢台发电厂	460 850	91 090	3 360	10 229	540 677	131 801	13 900	746 424
邢台供电局	72 169	47 394	1 832	5 834	84 474	20 593	2 082	321 588
邢台矿务局	278 556	115 235	17 260	67 931	296 718	23 629	32 990	938 794
河北长征汽车制造厂	125 722	39 128	5 848	15 716	122 787	3 721	141 282	93 379
邢台市制革厂	82 900	13 960	800	1 680	78 020	2 753	51 710	26 260
邢台市造纸厂	46 464	6 847	1 900	3 287	56 910	−619	15 820	35 860
邢台市酿酒厂	16 870	7 949	747	2 145	24 416	6 088	8 581	18 895
邢台市化纤地毯厂	11 950	3 010	642	883	10 652	−158	11 942	34 580
邢台市医用塑料器械厂	16 410	4 280	578	743	7 473	400	14 469	28 738
河北省邢台市轮胎厂	88 711	24 475	1 974	4 355	85 095	13 560	28 871	47 383
邢台市化工一厂	15 400	5 000	769	1 428	15 920	−4 582	4 042	13 430
邢台市农药厂	36 127	5 453	527	953	37 904	1 855	15 470	19 167
邢台拖拉机厂	186 691	19 089	3 323	8 034	175 650	3 803	30 722	47 864
河北省邢台车辆厂	23 220	4 242	1 293	2 743	23 883	172	8 337	15 876
邢台市砂轮厂	18 506	5 881	891	2 428	16 315	2 241	6 643	12 238
河北防爆电机厂	16 884	7 684	1 027	2 583	14 321	1 953	5 438	10 758
河北邢台电缆厂	99 030	36 273	1 105	3 015	77 468	15 479	32 957	29 005
国营邢台织染厂	132 260	23 010	4 020	10 331	132 618	9 789	45 020	51 436
邢台市丝绸厂	6 880	314	1 272	2 033	5 749	−3 272	6 118	7 085
国营邢台棉纺织厂	150 010	21 856	4 639	8 061	161 229	8 438	6 860	40 190
邢台市棉织厂	25 775	7 866	2 610	3 642	18 137	−7 524	12 223	16 195
邢台市色织厂	19 830	281	1 383	2 559	19 465	−5 804	10 162	13 431
邢台市印染厂	26 590	1 250	555	906	29 933	−4 073	9 365	17 535

大中型工业企业主要指标(续八)

(1991年)　　　　单位:千元

企业名称	现价工业总产值	现价工业净产值	全部职工年末人数(人)	全年工资总额	产品销售收入	利润税金总额	定额流动资金年末占用额数	年末固定资产原值
邢台市织袜厂	9 985	2 271	877	1 363	11 608	－1 151	10 109	11 220
邢台市床单厂	8 970	1 080	1 273	1 785	7 292	－1 552	4 579	11 164
邢台市玻璃厂	33 320	8 343	1 797	3 257	32 082	1 559	9 632	37 646
邢台市水泥厂	18 961	6 796	780	1 841	18 820	4 132	2 867	13 306
邢台市钢窗厂	22 933	5 036	367	832	21 905	1 430	4 897	12 901
邢台县大河菱镁矿	23 820	11 100	1 881	3 990	17 726	3 098	11 190	28 610
国营邢台中碳石墨矿	1 589	421	239	400	1 576	－84	1 259	3 591
邢台县供电局	6 726	3 028	406	955	16 126	1 373	568	21 796
河北省614厂	44 390	5 567	770	1 880	39 383	－2 318	12 517	21 042
河北省眺山化工厂	23 260	9 449	783	1 921	20 059	159	10 192	24 448
保定六0四厂	194 880	55 137	3 306	7 480	227 191	58 312	85 835	354 584
保定热电厂	142 030	－7 441	1 944	6 076	163 517	39 861	7 710	223 245
铁道部电气化工程局保定制品厂	7 500	1 900	430	1 197	7 924	189	3 359	9 189
保定市电业局	105 360	78 810	1 965	5 721	102 886	25 081	3 162	261 209
化学工业部保定第一胶片厂	319 290	106 750	4 898	14 497	280 259	57 289	138 413	350 604
国营保定第四八二厂	179 600	91 080	2 566	8 832	158 810	52 500	28 540	61 748
保定电力修造厂	17 270	6 851	1 488	4 351	15 372	1 706	18 884	35 581
航空航天工业部保定螺旋浆制造厂	32 080	13 818	4 338	8 843	33 518	1 994	46 275	84 265
保定卷烟厂	190 270	114 313	1 585	3 629	224 443	112 385	67 307	79 258
航空航天工业部保定向阳精密机械厂	20 120	10 601	1 565	3 462	15 074	896	17 333	40 661
地质矿产部保定五四三厂	48 540	8 145	1 153	3 099	22 447	2 131	8 581	42 021
河北省外贸包装印刷厂	19 380	3 850	553	1 441	19 382	2 152	3 721	16 728
保定华北终端设备公司	31 470	5 150	820	1 330	19 500	650	26 780	26 130
保定邮电器材机械厂	45 010	20 100	926	2 742	36 631	2 250	13 106	13 380
保定汽车制造厂	135 360	23 030	1 890	4 960	134 534	6 500	31 969	41 687
河北新华印刷一厂	72 070	7 380	1 435	3 852	23 385	5 726	8 095	34 246
河北省第一监狱	34 230	12 264	1 136	2 607	31 788	－3 996	26 106	34 275
河北省保定地区外贸冷冻厂	2 990	－39	364	607	2 171	－999	1 758	8 976
保定外贸纬编厂	35 200	3 426	423	878	35 948	2 015	10 386	20 845
河北省保定市制药厂	51 410	13 836	994	2 356	45 907	6 721	7 460	24 555
保定市啤酒厂	11 220	4 850	390	552	13 247	2 023	4 875	15 327
保定毛织地毯厂	15 880	8 600	1 538	2 352	15 822	－6 127	16 115	16 184
保定赛片厂	10 230	3 550	571	1 097	8 922	185	4 007	10 597
保定塑料总厂	36 380	7 280	1 442	3 204	28 017	1 307	8 991	62 840
保定变压器厂	177 090	42 938	3 677	10 559	200 584	15 328	95 510	130 760
保定铸造机械厂	16 540	6 470	2 109	3 879	15 895	－2 129	13 074	26 346
保定机床厂	9 020	1 614	1 667	2 812	8 460	－4 158	22 332	18 999
保定第二机床厂	10 050	428	1 121	2 427	11 525	－1 977	11 196	14 911
保定轧钢厂	106 750	7 855	1 261	3 703	44 467	－982	14 905	29 001
保定市电影机械厂	27 120	6 720	944	2 170	27 407	1 907	10 993	12 170
保定农业机械厂	19 230	6 458	805	1 979	18 397	2 459	11 498	13 559
保定市液压件厂	15 320	4 763	1 039	1 631	14 931	1 094	7 781	11 150
保定水泵厂	13 630	4 060	565	1 245	13 083	872	4 229	10 000
保定锅炉厂	8 830	2 360	590	1 094	10 883	427	5 842	10 173
保定铝厂	23 000	3 310	698	1 361	21 791	286	19 131	14 278
保定无线电材料厂	23 270	1 889	824	1 453	17 048	－3 957	4 822	59 033

大中型工业企业主要指标(续九)

(1991 年)　　　　单位：千元

企业名称	现价工业总产值	现价工业净产值	全部职工年末人数（人）	全年工资总额	产品销售收入	利润税金总额	定额流动资金年末占用额数	年末固定资产原值
保定罐头厂	46 320	9 362	1 117	2 818	42 071	2 101	16 215	35 878
保定市面粉厂	20 950	2 165	194	316	20 058	1 397	3 648	14 677
河北省保定市第一造纸厂	22 140	1 630	1 048	1 712	24 190	－2 930	4 091	17 360
工贸合营保定纸箱厂	26 600	4 411	459	986	26 881	542	4 720	8 047
保定市化工二厂	33 100	8 720	1 066	1 789	34 096	2 120	6 279	15 874
保定市岩棉厂	1 590	－698	370	581	1 062	－1 771	1 178	36 257
保定市液化石油气公司	3 410	－564	408	781	3 848	－3 517	1 886	14 720
保定市自来水公司	14 850	4 841	762	1 719	14 849	473	734	69 569
保定木横担厂	6 640	1 583	722	1 446	7 539	－3 660	3 977	10 560
保定化学纤维联合厂	364 870	143 654	7 910	25 405	360 076	77 873	72 222	377 167
保定第一棉纺织厂	259 950	77 950	8 609	24 820	245 510	30 230	55 380	128 840
保定毛纺织厂	60 050	28 640	2 844	6 804	46 520	3 719	41 194	50 459
保定纺织机械厂	14 680	5 220	1 199	2 214	15 367	883	11 742	18 810
保定市针织厂	24 180	7 020	1 083	2 213	22 395	1 468	7 740	14 686
保定市第一橡胶厂	17 350	2 210	897	1 518	20 937	2 134	10 804	13 887
保定市电化厂	58 490	18 386	1 671	3 944	60 931	7 086	7 703	39 010
保定市食品公司肉类联合加工厂	7 780	1 336	345	667	10 698	57	5 200	8 520
河北省保定冷冻厂	5 760	2 176	275	679	4 661	607	1 963	13 404
北京双合盛五星啤酒厂保定联营厂	29 470	12 776	702	1 913	25 810	7 947	9 848	22 237
张家口市宣化采掘机械厂	42 780	20 930	2 711	7 050	38 107	6 237	31 809	48 588
张家口市工业锅炉厂	27 462	6 681	1 164	3 140	33 646	1 752	15 697	18 032
张家口市石油机械厂	36 414	13 613	1 472	3 559	32 908	3 923	22 379	22 563
张家口市通用机械厂	15 760	4 113	1 043	1 978	16 816	792	11 309	13 683
张家口市煤矿机械一厂	13 410	4 911	1 096	2 434	15 352	782	7 462	10 725
张家口市锅炉厂	13 846	4 727	645	1 254	16 942	433	12 617	6 333
张家口市电机厂	5 700	2·097	802	1 373	6 578	543	12 606	6 325
张家口市汽车配件厂	4 613	2 669	643	1 433	6 128	439	4 822	10 040
张家口市标准件厂	9 483	1 344	932	1 419	8 853	33	7 749	12 106
张家口市水泥厂	5 902	1 052	500	717	6 748	62	3 729	14 004
张家口市棉纺织厂	77 850	1 019	3 758	8 498	84 036	－8 224	18 842	90 610
张家口市毛纺织厂	48 820	12 580	2 452	4 400	34 382	－4 000	28 012	48 114
张家口市第三毛纺厂	25 980	6 276	1 616	3 564	17 512	－1 842	12 153	34 554
张家口市第四毛纺厂	16 290	1 427	1 269	2 187	12 499	－4 493	15 357	42 782
张家口市第五毛纺厂	24 730	－3 560	2 178	3 959	23 080	－5 490	31 230	61 720
张家口拖车总厂	69 710	14 340	2 400	6 363	70 235	3 054	26 387	30 151
地质矿产部河北省张家口探矿机械厂	64 550	21 050	4 159	9 551	72 473	4 909	48 322	81 373
张家口国营燕北机械厂	36 710	15 151	3 920	8 357	42 132	1 176	38 163	69 583
张家口市制药总厂	70 120	－24 090	1 522	3 153	71 103	1 005	39 886	109 822
张家口宣化钢铁公司	924 068	125 217	31 448	87 893	833 329	－34 690	291 941	1 185 467
张家口市自来水公司	8 832	2 750	532	1 094	8 790	1 266	669	33 800
张家口宣化冶金环保设备制造厂	36 170	6 620	1 478	4 083	34 498	1 951	22 896	31 098
张家口供电公司	90 710	46 450	3 712	10 736	91 317	22 260	4 402	583 514
张家口市平板玻璃厂	4 730	1 494	618	871	6 235	－31	4 232	10 119
张家口市纸箱厂	12 800	1 975	522	830	11 750	486	5 658	11 852
张家口金矿	31 074	16 758	1 498	4 184	31 387	9 590	3 862	48 646
张家口冶金制氧机备件厂	10 300	4 110	858	2 410	14 360	1 352	4 988	11 948

大中型工业企业主要指标(续十)

(1991年)　　　　单位:千元

企业名称	现价工业总产值	现价工业净产值	全部职工年末人数(人)	全年工资总额	产品销售收入	利润税金总额	定额流动资金年末占用额数	年末固定资产原值
张家口发电总厂	253 196	95 349	3 945	10 854	245 836	59 928	25 181	1 058 405
张家口煤矿机械厂	315 430	75 620	7 081	23 577	301 654	30 618	176 597	167 578
张家口市宣化工程机械厂	164 230	49 950	3 987	11 834	161 256	17 197	98 628	95 003
张家口市塑料厂	17 530	3 935	537	1 018	17 208	592	3 378	13 829
张家口市铝制品厂	17 860	6 600	542	1 244	13 707	734	8 411	11 447
张家口市第一制皮厂	6 690	1 131	897	1 439	7 554	−5 554	18 046	12 435
张家口市树脂厂	39 560	10 780	1 284	3 321	45 508	8 094	11 259	30 373
张家口市橡胶总厂	145 660	33 267	2 380	6 513	134 118	19 879	26 669	29 566
张家口市下花园电石厂	60 720	1 171	1 471	3 701	62 075	−4 379	14 411	61 726
张家口市油漆厂	73 900	20 280	1 283	3 108	67 187	6 751	11 631	15 426
张家口市宣化化工厂	23 730	8 410	992	2 509	23 630	3 290	3 294	12 080
张家口市化工原料厂	28 210	8 170	918	2 583	30 067	4 570	12 968	21 119
张家口市利华玻璃厂	2 880	780	616	995	1 380	−1 770	2 480	13 050
张家口市宣化二瓷厂	18 380	6 720	2 018	3 780	18 090	1 330	6 500	13 600
张家口市宣化一瓷厂	13 070	3 800	2 370	3 849	14 582	911	6 444	13 753
张家口市玻璃厂	13 867	2 585	1 238	1 844	10 036	−2 538	4 772	11 210
张家口市宣化造纸厂	72 920	16 391	2 689	5 570	68 080	668	29 006	72 533
张家口市宣化啤酒厂	61 081	24 875	1 333	4 010	93 017	18 390	41 203	75 179
张家口市电池厂	34 670	8 139	1 534	3 016	31 485	2 315	7 144	13 239
张家口市合成洗涤剂厂	100 980	25 920	883	2 613	78 735	12 570	13 973	32 333
张家口市宣化区利民造纸厂	15 470	3 520	869	1 747	10 487	1 193	5 823	11 678
张家口市宣化区装璜印刷厂	24 561	6 815	864	2 372	24 742	2 535	17 510	16 261
张家口市宣化煤气公司	1 296	−989	283	609	1 296	−1 761	215	17 551
张家口卷烟厂	992 400	546 861	4 450	10 381	1 024 911	579 718	374 306	281 676
寿王坟铜矿	40 160	4 719	4 962	11 699	28 703	−4 300	33 628	88 909
小寺沟铜矿	15 380	−2 371	1 911	3 990	14 387	−7 515	19 575	57 844
承德市罐头食品厂	82 020	24 390	1 733	2 875	66 944	8 125	36 628	59 416
承德市啤酒厂	16 670	4 460	729	1 634	15 240	2 177	13 654	26 353
中国人民解放军第三五三二工厂	190 954	22 541	3 157	6 170	208 934	9 011	54 463	68 123
河北省承德市黄麻化纤纺织总厂	55 010	18 786	3 116	6 459	67 740	8 511	29 845	48 546
承德市丝绸厂	32 110	9 714	2 468	3 987	28 327	4 343	16 569	23 064
承德市针织一厂	19 470	6 623	745	1 267	18 059	3 263	10 616	19 362
中国人民解放军第三五四零工厂	193 008	45 524	2 676	4 844	165 628	19 316	40 384	64 635
中国人民解放军第三五二四工厂	46 230	9 700	1 246	2 993	38 576	4 745	22 623	44 154
滦河发电厂	82 620	27 393	1 258	4 558	80 039	19 511	4 283	111 028
承德供电公司	47 570	23 030	2 381	7 094	47 809	11 654	1 433	212 138
承德市化工总厂	41 917	4 994	1 055	3 109	37 793	4 334	22 607	50 609
承德市制药厂	55 577	10 395	1 414	2 760	44 289	1 094	20 796	46 423
承德市中药厂	37 170	10 739	807	1 847	36 270	3 551	13 167	16 667
中国人民解放军第6 444工厂	9 924	2 632	634	1 301	10 654	1 048	9 630	18 030
中国人民解放军第三五四四工厂	117 596	24 550	2 980	5 258	97 430	10 724	38 344	32 078
承德胶鞋总厂	62 830	14 375	362	1 059	58 542	7 448	23 220	32 002
承德市第三塑料厂	13 394	−388	821	1 243	15 677	−1 325	7 349	13 325
承德华富玻璃器皿有限公司	10 286	4 943	988	2 188	8 605	−664	4 422	14 235
承德钢铁厂	543 520	122 620	18 724	55 905	540 382	63 532	267 346	656 129
承德市工具厂	13 412	5 453	870	1 574	13 008	2 044	6 275	11 283

大中型工业企业主要指标(续十一)

(1991年)　　　　　　　　　　　　单位:千元

企业名称	现价工业总产值	现价工业净产值	全部职工年末人数(人)	全年工资总额	产品销售收入	利润税金总额	定额流动资金年末占用额数	年末固定资产原值
承德输送机总厂	87 190	36 556	3 384	8 412	85 058	10 024	72 488	66 634
承德石油机械厂	15 669	5 352	1 080	2 264	15 931	1 569	11 088	21 952
承德市曲轴连杆厂	19 520	6 041	1 089	2 097	16 524	1 447	15 346	23 270
承德市汽车挂车制造厂	74 740	11 061	1 182	2 521	74 929	3 557	39 220	19 596
河北省承德市自动化计量仪器厂	11 600	1 133	976	1 661	14 816	1 430	12 425	12 063
承德县造纸厂	26 327	5 416	767	1 516	26 884	2 601	4 248	11 170
沧州市自来水公司	5 447	14	410	883	5 447	—1 137	412	34 110
沧州市制酒厂	46 483	12 959	560	1 597	52 248	10 889	3 760	19 700
沧州市棉纺织厂	40 490	1 492	2 630	3 737	41 437	—4 940	14 413	25 348
沧州市针织一厂	12 304	1 766	701	1 018	9 789	—1 539	4 644	11 872
沧州市造纸厂	37 342	6 170	1 390	2 497	30 776	967	4 699	19 351
沧州发电厂	46 360	9 669	681	2 020	46 360	5 612	5 129	72 356
沧州炼油厂	484 020	102 382	3 276	7 193	414 156	48 712	36 072	266 255
沧州市液化石油气公司	6 510	—1 099	385	745	6 510	—2 188	30	24 428
沧州市化工厂	147 581	37 279	2 217	4 835	131 990	26 258	10 131	108 896
沧州化肥厂	255 297	58 691	3 046	11 637	241 233	32 250	38 768	387 287
沧州市第一塑料厂	68 530	25 309	1 302	2 620	61 855	7 008	13 048	50 336
沧州市第三塑料厂	11 370	2 840	321	555	10 586	726	2 632	13 221
沧州市东风塑料厂	54 700	11 190	964	2 322	64 843	6 032	22 098	35 500
沧州619厂	24 897	7 308	565	1 326	23 046	670	18 196	19 808
沧州市化工机械厂	19 506	4 611	1 572	2 820	24 168	—1 947	14 349	19 019
沧州市通用机械厂	39 530	8 022	1 224	2 765	37 730	2 722	9 600	13 583
沧州市无线电二厂	30 660	5 866	490	781	26 466	1 120	8 475	21 489
沧州电业局	54 510	35 720	1 574	4 789	63 745	15 540	2 360	217 001
沧县电力局	6 603	2 738	309	648	22 691	1 581	1 075	13 078
沧县农药化工厂	48 924	15 380	823	2 005	45 649	11 155	6 009	17 705
青县农电管理局	4 003	1 904	416	764	11 502	1 018	760	14 961
廊坊市等级面粉厂	31 425	3 954	171	484	31 122	2 414	796	15 521
廊坊市苇编厂	43 150	6 654	850	2 019	44 793	2 355	14 639	18 696
中国华北电力联合公司廊坊供电公司	45 297	31 501	1 215	3 481	122 230	40 743	870	108 063
天津汉沽石油化学厂	70 877	18 338	1 083	3 757	68 791	10 089	16 917	28 448
廊坊市化工总厂	23 154	7 539	643	1 044	24 160	2 621	13 575	33 556
廊坊市盘山水泥厂	21 900	8 089	1 014	1 751	22 605	2 669	5 473	11 888
廊坊市锻压机床厂	23 395	8 683	949	2 317	27 955	3 679	11 684	15 402
廊坊市杨村煤矿机械厂	23 773	7 087	731	1 623	12 194	1 091	5 016	11 310
廊坊制动空压机厂	24 731	7 178	1 588	3 391	25 501	3 040	13 881	19 129
廊坊市钨钼材料厂	22 109	4 363	1 286	1 815	22 237	3 086	14 894	12 247
廊坊市酿酒厂	12 980	8 675	606	887	13 820	4 045	15 289	13 412
廊坊市纺织厂	61 148	8 236	2 269	3 552	50 485	2 667	9 484	14 551
廊坊市淀粉厂	38 544	9 504	610	1 190	34 189	5 005	8 235	25 209
第一二零六工厂	9 860	2 179	324	812	5 295	947	3 340	11 051
三河燕郊酒厂	16 220	7 770	490	841	18 810	5 253	6 720	12 350
三河供电局	3 670	2 088	287	766	10 643	992	424	10 526
河北省固安县新型建材总厂	12 152	3 379	396	1 499	11 011	1 385	3 127	12 755
固安县植物油厂	15 844	1 863	187	298	16 654	610	12 331	12 064
永清综合化工厂	15 210	5 890	368	810	15 323	3 339	2 576	17 230

大中型工业企业主要指标(续十二)

(1991年)　　单位:千元

企业名称	现价工业总产值	现价工业净产值	全部职工年末人数(人)	全年工资总额	产品销售收入	利润税金总额	定额流动资金年末占用额数	年末固定资产原值
香河县外贸包装公司	24 050	4 426	776	711	17 326	2 448	9 575	23 119
文安县供电局	6 264	2 759	469	963	14 996	1 552	47	21 090
大厂县电机厂	49 690	7 232	790	1 692	51 091	3 606	12 201	22 317
霸州市供电局	5 179	2 711	298	622	14 876	1 488	—	18 179
广平县机械厂	31 700	6 740	725	1 481	25 092	2 181	3 379	13 672
临漳县煤矿	9 886	3 885	1 400	3 488	6 685	277	5 769	25 162
临漳县化工总厂	19 331	4 356	764	1 061	18 430	47	9 120	19 140
涉县化工总厂	6 722	2 404	459	638	6 748	1 114	5 663	15 883
邯郸地区化肥厂	12 329	—1 013	770	1 324	11 398	—3 120	4 978	29 168
邯郸地区电化厂	12 549	4 353	810	1 562	12 570	1 971	4 370	19 403
河北东风制药厂	20 508	1 099	1 139	1 968	20 510	—1 539	11 422	23 276
涉县冶金矿山公司	93 712	16 172	3 150	6 229	48 111	6 358	21 737	51 834
邯郸轧钢备件厂	19 860	7 573	1 074	2 661	24 774	2 764	10 823	14 973
邯郸内燃机配件厂	91 270	11 860	1 955	4 033	88 788	720	20 374	22 580
国营河北第五机械厂	5 532	—1 950	1 643	2 648	4 356	—4 074	12 678	41 273
中国人民解放军第四七二三厂	22 020	7 871	1 300	3 666	20 774	2 735	20 871	25 990
河北冀南制药厂	48 758	5 241	1 781	2 479	50 261	—2 342	22 958	31 228
河北省邯郸地区齿轮厂	9 620	2 793	978	1 477	10 274	442	12 084	16 226
永年县焦窑煤矿	24 690	11 221	1 775	4 608	20 140	4 301	6 850	48 103
永年县电力局	7 730	5 258	726	1 617	27 239	2 473	251	14 464
河北省永年县化肥厂	31 156	3 954	1 419	2 183	27 871	—2 420	13 507	29 090
永年县玻璃厂	18 410	3 769	1 115	957	9 678	533	3 794	17 507
国营曲周县棉访织厂	36 450	4 620	1 752	2 341	32 302	553	17 582	32 384
威县电力局	1 900	1 431	234	517	8 986	881	743	7 162
南宫市电力局	3 092	2 564	220	530	14 387	1 252	244	9 939
沙河市冶金矿山工业公司	11 763	5 073	1 491	2 180	10 474	4 232	8 849	17 784
沙河市供电局	6 300	3 960	287	482	25 621	2 474	912	14 440
清河县供电局	5 978	1 651	202	240	5 978	693	77	10 255
邢台地区磨窝煤矿	16 102	8 042	1 721	6 095	13 140	1 312	7 107	52 038
宁晋县供电局	3 247	1 528	281	644	10 689	895	323	7 237
宁晋县织染厂	57 141	20 168	1 881	3 799	51 758	7 069	13 444	21 107
宁晋县柴油机厂	15 656	2 432	1 168	1 550	16 814	—1 661	10 284	12 502
柏乡县哈柏造纸厂	9 850	1 632	386	360	7 194	102	8 536	10 404
隆尧县供电局	2 678	1 467	211	434	10 824	1 169	277	11 296
临城县供电局	4 170	1 520	138	254	9 440	1 010	720	9 590
辛集纺织厂	28 500	6 175	2 761	3 174	28 312	—4 277	16 706	37 508
辛集皮毛制革厂	40 055	9 795	984	1 814	28 437	2 692	40 882	13 669
辛集化工厂	106 629	36 005	2 048	6 284	86 026	19 313	9 703	54 085
辛集汽缸盖厂	21 212	9 964	1 259	3 458	19 284	2 335	8 843	14 574
辛集第一棉油厂	17 565	7 084	693	1 419	9 112	1 628	9 974	11 474
辛集防水建材总厂	19 913	7 730	430	938	21 643	3 956	13 090	15 649
晋县纺织厂	42 950	4 815	1 843	2 695	49 439	3 244	13 024	29 555
晋县化肥厂	27 132	4 841	762	1 528	27 882	842	5 220	18 104
石家庄地区第二化工厂	59 804	10 351	911	1 607	53 040	6 863	13 183	26 044
河北轴承厂	44 925	22 053	2 149	3 897	29 493	6 640	15 473	20 132
无极化肥厂	24 498	4 337	915	1 365	24 496	1 252	13 954	20 594

大中型工业企业主要指标(续十三)

(1991 年)　　　　单位:千元

企业名称	现价工业总产值	现价工业净产值	全部职工年末人数(人)	全年工资总额	产品销售收入	利润税金总额	定额流动资金年末占用额数	年末固定资产原值
河北省藁城联合棉浆厂	41410	10089	817	1354	41667	6188	18453	17107
藁城市化肥厂	34844	6560	1190	2589	34639	1336	8635	43401
藁城市磷肥厂	14700	1031	641	984	11047	360	2920	36746
河北藁城市收割机厂	34842	11600	1170	2474	33812	3771	16307	15600
藁城市聚丙烯厂	22631	9072	283	559	22013	7953	4766	14281
赵县葡萄糖厂	22602	6362	795	810	10195	1339	3084	12553
赵县棉纺织厂	73970	13795	2398	3681	63254	10771	7878	29334
赵县织染厂	40355	5985	1123	2972	45378	7523	9116	22628
赵县造纸厂	5785	1732	708	761	2361	137	4610	5490
赵县磷肥厂	17916	3650	585	924	13803	1380	3478	11006
新乐县化肥厂	25933	4806	866	1527	22653	2671	8789	23343
高邑县玻璃制品厂	11147	3253	278	716	10797	431	3763	12883
元氏县化肥厂	25563	4875	925	1546	25067	655	8501	16758
赞皇县机械厂	35347	9725	1279	2182	30994	4093	4977	13608
行唐立德粉厂	37022	7423	904	1466	24464	1934	9170	14582
石家庄地区滹沱河化肥厂	26500	5730	996	2214	25533	1467	4362	22170
河北装璜印刷机械厂	9390	5051	848	1949	11070	1231	6698	11681
河北电机厂	44412	11354	1203	3045	40773	3091	14035	17200
河北第一机械厂	3588	－263	1777	3382	1693	－3079	12972	42822
河北第二机械厂	36928	10030	2697	6010	39226	1945	13307	55028
保定地区焦化厂	50995	15510	1521	3151	42501	10099	14304	48645
河北省保定地区齿轮厂	20426	6421	1390	2415	19505	1032	13807	19541
定州市供电局	4264	1704	509	1085	25021	1495	502	12949
涿州市电力局	12620	4048	344	798	25550	2095	918	12116
中国人民解放军第九七一五工厂	96180	24104	1530	3028	80536	12961	21291	46769
涿州华北铝加工厂	229380	64518	1917	6012	154743	26460	49692	257133
涿州华北新型建材机械厂	8600	3850	1100	1837	10727	1581	8375	26281
铁道部工程指挥部紫荆关金属结构厂	6088	1826	902	2080	9292	－1607	6410	14382
保定地区内燃机厂	33936	5735	1070	1613	32880	2967	6819	18015
徐水县制酒厂	20890	11191	540	1276	23305	8059	10835	15305
徐水县电力局	4999	2441	263	503	15208	1083	168	11400
涞源石棉矿	2399	159	1241	1986	4317	－3886	1717	18293
涞源钢铁厂	80024	12386	2763	7820	78866	1490	28088	78010
河北省涞源铜矿	14340	－959	1628	4397	14419	2747	4403	24961
保定地区柴油机厂	16600	3337	1199	2028	20546	341	24629	11706
保定地区白合水泥厂	21489	5787	758	1826	17669	4572	2862	13744
保定地区 726 厂	9464	3030	804	1023	7695	975	2486	8231
国营高阳染厂	83980	8278	1277	2585	67912	8596	21803	30041
河北省高阳县毛巾厂	11761	2043	1150	1552	9206	－55	5590	9184
北京玻璃仪器雄县分厂	6100	2030	254	500	2490	120	9150	10500
新城县电力局	16181	2175	239	625	16181	1133	198	9098
新城县华北车身总厂	97150	29052	1225	3911	92795	13655	20928	55925
保定地区灵山煤矿	22785	9037	4803	7046	22206	－618	6276	31394
蠡县电力局	4291	2014	271	566	20495	1189	173	10592
保定地区汽车改装公司	12320	1495	1108	1452	12417	－1758	16334	10207
国营东方机械厂	1309	－525	1025	1535	1755	－2181	7635	18120

大中型工业企业主要指标(续十四)

(1991 年)　　　　单位:千元

企业名称	现价工业总产值	现价工业净产值	全部职工年末人数(人)	全年工资总额	产品销售收入	利润税金总额	定额流动资金年末占用额数	年末固定资产原值
国营凌云机械厂	14 983	4 706	2 331	3 758	14 772	−733	15 250	61 447
国营河北胜利客车厂	117 438	28 929	3 332	5 720	125 697	17 925	29 748	70 880
国营前进机械厂	3 950	752	984	1 512	3 153	−1 485	9 586	10 415
国营河北长城啤酒厂	4 472	884	749	1 189	4 464	−1 786	4 284	28 639
国营先锋机械厂	17 577	3 002	2 531	3 910	18 834	−6 540	23 259	58 777
国营卫星化工厂	9 520	5 249	862	1 731	7 347	1 234	3 697	16 162
国营华丰机械厂	8 060	2 129	2 193	4 021	7 051	−819	10 663	40 365
国营新华机械厂	1 050	−435	911	1 167	1 639	−2 541	8 432	16 511
河北省康保县毛纺织厂	12 270	4 294	620	978	9 068	303	9 945	8 929
河北省康保县酒厂	18 472	3 947	315	761	17 798	2 459	4 740	11 277
河北省张家口地区蔚县煤矿	40 956	17 887	3 909	11 040	30 530	4 878	12 362	78 471
河北省阳原县瓷厂	14 095	6 560	1 289	2 524	14 865	2 960	2 843	11 400
河北省张家口地区长城化工厂	50 839	11 325	1 724	3 763	52 567	3 783	32 777	50 837
中国长城葡萄酒有限公司	43 814	13 549	540	1 396	39 128	7 400	28 071	19 160
张家口地区长城酿酒公司	118 395	33 840	1 754	5 652	111 571	21 698	56 411	47 236
河北省涿鹿县化肥厂	31 970	7 606	1 052	2 444	33 860	3 406	5 728	27 777
河北省赤城县高碳石墨厂	902	385	174	126	742	−943	2 078	2 675
河北省赤城县石墨矿	2 095	762	311	468	1 453	57	3 525	4 557
河北省崇礼县针织厂	4 426	270	568	601	3 831	−791	2 853	11 118
河北省张家口地区宁远钢厂	70 270	11 866	1 390	3 959	63 643	3 833	22 494	49 802
河北省张家口地区宣化化肥厂	69 999	17 322	2 594	7 174	75 193	4 357	13 368	73 705
河北省张家口地区化工厂	12 723	−3 737	972	1 700	29 312	−11 889	24 410	16 455
河北省张家口地区宣化水泥厂	39 941	10 724	1 805	3 890	35 370	3 859	8 698	81 665
承德酿酒公司	40 776	7 200	684	1 577	30 849	4 216	8 638	12 673
兴隆县食品厂	6 899	937	528	768	7 859	−1 319	12 821	12 635
兴隆县造纸厂	18 609	3 891	642	1 146	15 142	941	3 303	7 328
承德地区钢铁水泥总厂	75 349	17 328	3 374	6 473	98 071	6 990	33 547	77 044
围场县毛纺厂	17 836	5 149	1 127	1 148	16 988	1 121	13 544	16 067
承德地区印刷厂	8 450	1 709	664	1 053	8 391	210	3 358	13 200
承德地区千斤顶厂	30 702	9 590	1 148	2 106	28 735	628	20 207	12 248
泊头市火柴厂	45 661	21 316	1 957	6 340	45 653	10 337	6 315	20 398
华北石油管理局	1 656 781	116 803	43 659	137 362	1 274 363	−810 597	652 320	6 624 566
任丘市丝绒厂	14 104	4 240	1 028	1 573	11 693	352	11 234	9 313
长芦盐务管理局黄骅盐场	42 382	31 087	3 230	6 312	25 398	5 217	21 368	108 577
华北制药厂黄骅氯碱分厂	26 083	4 834	631	1 246	22 278	3 736	4 587	42 835
河北省沧州地区建筑材料厂	38 980	13 309	1 190	2 238	39 634	8 437	3 253	34 217
沧州啤酒厂	18 103	4 524	775	1 286	16 423	175	9 724	18 096
河北省沧州地区机床厂	19 300	4 062	795	1 453	16 356	1 180	10 089	12 239
衡水地区制酒厂	57 038	26 454	1 334	3 131	55 723	11 874	12 763	36 029
衡水地区棉纺织厂	95 353	15 990	4 410	6 895	83 066	380	18 436	123 523
衡水供电公司	27 920	18 580	915	2 658	32 746	7 912	1 330	101 004
衡水市电池厂	41 532	9 479	1 852	3 355	36 422	2 968	7 912	17 662
冀县电力局	3 940	1 992	264	597	15 693	1 389	793	10 495
冀县中意玻璃钢厂	10 087	3 471	130	181	10 116	754	5 850	12 431
河北省第三监狱	22 398	7 984	676	1 665	17 247	−913	14 163	24 425
河北钢丝绳厂	55 500	13 920	1 350	2 787	46 551	5 603	16 410	20 467

能源生产、消费总量和构成

单位:万吨标准煤

项　目	1985年	1990年	1991年	1991年比1990年增　长　%
能源生产总量	**5 292.72**	**5 313.08**	**5 199.85**	**—2.13**
原煤	3 785.00	4 432.51	4 369.39	—1.42
原油	1 473.90	815.04	768.20	—5.75
天燃气	27.00	39.10	38.57	—1.36
水电	6.82	26.43	23.69	—10.37
能源生产量构成 %	**100**	**100**	**100**	
原煤	71.51	83.43	84.03	
原油	27.85	15.34	14.77	
天燃气	0.51	0.74	0.74	
水电	0.13	0.49	0.46	
能源消费总量	**4 548.85**	**6 124.22**	**6 471.93**	**5.68**
煤炭	2 596.19	3 388.93	3 509.41	3.56
焦炭	331.15	543.47	585.50	7.73
原油	40.24	79.21	89.72	13.27
成品油	339.63	405.62	406.22	0.15
天燃气	72.00	80.73	86.33	6.94
电力	936.19	1 331.71	1 445.88	8.57
其他能源品种	233.45	294.55	348.87	18.44
能源消费量构成 %	**100**	**100**	**100**	
煤炭	57.07	55.34	54.23	
焦炭	7.28	8.87	9.05	
原油	0.89	1.29	1.39	
成品油	7.47	6.62	6.28	
天燃气	1.58	1.32	1.33	
电力	20.58	21.74	22.34	
其他能源品种	5.13	4.82	5.38	

分行业能源消费总量和构成

行业	1991年		1990年	
	消费量（万吨标准煤）	构成%	消费量（万吨标准煤）	构成%
消费总量	**6 471.93**	**100**	**6 124.22**	**100**
一.物质生产部门	**5 111.91**	**78.99**	**4 824.78**	**78.78**
(一)农、林、牧、渔、水利业	348.00	5.38	330.94	5.40
(二)工业	4 406.24	68.08	4 170.54	68.10
1.按轻重工业分：				
轻工业	761.12	11.76	727.91	11.89
重工业	3 645.12	56.32	3 442.62	56.21
2.按行业分：				
采掘业：	742.29	11.47	701.25	11.45
(1)矿业	729.71	11.27	690.30	11.27
#煤炭采选业	545.78	8.43	520.01	8.49
石油和天然气开采业	112.61	1.24	100.96	1.65
黑色金属矿采选业	35.73	0.55	34.51	0.56
有色金属矿采选业	16.41	0.25	14.12	0.23
建筑材料及非金属矿采选业	13.73	0.21	14.70	0.24
(2)木材及竹材采选业	0.16		0.15	
(3)自来水生产和供应业	12.43	0.19	10.73	0.18
制造业：	3 619.62	55.92	3 430.10	56.01
(1)食品、饮料和烟草制造业	121.64	1.88	117.12	1.91
(2)饲料工业	2.22	0.03	2.20	0.04
(3)纺织业	178.41	2.76	185.36	3.03
(4)缝纫业	9.06	0.14	8.17	0.13
(5)皮革、毛皮及其制品业	7.67	0.12	9.05	0.15
(6)木材加工竹、藤、棕草制品业	7.79	0.12	7.23	0.12
(7)家具制造业	4.97	0.08	6.27	0.10
(8)造纸及纸制品业	121.21	1.87	114.50	1.87
(9)印刷业	7.00	0.11	7.61	0.12
(10)文教体育用品制造业	1.07	0.02	1.22	0.02
(11)工艺美术品制造业	8.40	0.13	8.19	0.13
(12)电力、蒸气、热水生产供应业	230.64	3.56	218.92	3.57
(13)石油加工业	41.16	0.64	44.89	0.73
(14)炼焦、煤气及煤制品业	34.39	0.53	58.99	0.96
(15)化学工业	674.13	10.42	648.94	10.60
(16)医药工业	57.76	0.89	47.32	0.77
(17)化学纤维制造业	30.21	0.47	22.13	0.36
(18)橡胶制造业	23.72	0.37	23.68	0.39
(19)塑料制品业	20.33	0.31	19.37	0.32
(20)建筑及非金属矿物制品	845.36	13.06	805.04	13.15
(21)黑金属冶炼及压延加工业	828.85	12.81	733.45	11.98
(22)有色金属冶炼及压延加工业	27.52	0.43	28.53	0.47
(23)金属制品业	66.74	1.03	64.36	1.05
(24)机械、电气、电子设备制造业	224.93	3.48	208.68	3.41
(25)其他工业	44.44	0.69	38.84	0.63
(三)建筑业	104.73	1.62	88.14	1.44
(四)交通运输和邮电通讯业	188.13	2.91	173.99	2.84
(五)商业、饮食、物资供销和仓储业	64.81	1.00	61.17	1.00
二.非物质生产部门	**87.94**	**1.36**	**83.49**	**1.36**
三.生活消费	**1 272.08**	**19.65**	**1 215.95**	**19.85**

注：工业能源消费量包括其他石油制品和其他焦化产品，分行业消费量中不包括。

平均每万元工业总产值能源消费量

行　　业	能源总量（折标煤燃料）（吨/万元）		煤　炭（吨/万元）		焦　炭（吨/万元）		电　力（万千瓦小时/万元）	
	1991年	1990年	1991年	1990年	1991年	1990年	1991年	1990年
工　　业	**4.05**	**4.53**	**5.92**	**6.44**	**0.55**	**0.61**	**0.27**	**0.29**
一.按轻重工业分								
轻工业	1.56	1.76	1.25	1.42	0.03	0.04	0.11	0.12
重工业	6.07	6.82	9.72	10.57	0.98	1.08	0.39	0.44
二.按行业分								
采掘业：	8.96	9.00	12.49	12.32	0.27	0.30	0.58	0.59
1.矿业	9.05	9.05	12.81	12.62	0.27	0.30	0.56	0.56
#煤炭采选业	15.75	14.99	28.71	26.65	0.39	0.41	0.83	0.80
石油和天然气开采业	6.70	6.01	0.69	0.57	0.00	0.00	0.37	0.31
黑色金属矿采选业	2.33	2.67	0.54	0.47	0.52	0.65	0.35	0.41
有色金属矿采选业	4.28	4.53	1.97	2.13	0.20	0.30	0.67	0.46
建筑材料及非金属矿采选业	2.21	2.66	1.26	1.59	0.01	0.01	0.31	0.36
2.木材及竹材采选业	0.56	2.49	0.46	0.33	0.00	0.00	0.04	0.50
3.自来水生产和供应业	6.49	5.92	0.42	0.29	0.00	0.00	1.64	1.51
制造业：	3.60	4.08	5.38	5.90	0.58	0.64	0.24	0.27
1.食品、饮料和烟草制造业	1.30	1.52	1.24	1.51	0.00	0.01	0.08	0.09
2.饲料工业	0.26	0.41	0.17	0.22	0.00	0.00	0.03	0.06
3.纺织业	1.23	1.41	0.80	0.95	0.01	0.01	0.11	0.11
4.缝纫业	0.37	0.39	0.31	0.31	0.00	0.00	0.03	0.03
5.皮革、毛皮及其制品业	0.70	0.96	0.69	1.05	0.00	0.00	0.04	0.04
6.木材加工竹、藤、棕制品业	2.62	3.03	2.72	3.37	0.00	0.00	0.14	0.14
7.家具制造业	1.01	1.45	0.77	1.26	0.03	0.06	0.09	0.10
8.造纸及纸制品业	3.97	4.51	3.72	4.14	0.03	0.03	0.25	0.32
9.印刷业	0.61	0.86	0.51	0.66	0.00	0.00	0.05	0.09
10.文教体育用品制造业	0.53	0.87	0.34	0.66	0.01	0.04	0.04	0.06
11.工艺美术品制造业	0.67	0.72	0.69	0.73	0.01	0.01	0.03	0.04
12.电力、蒸气、热水生产业	5.10	5.47	51.68	53.79	0.00	0.00	1.28	1.30
13.石油加工业	2.67	3.30	0.38	0.32	0.00	0.00	0.12	0.15
14.炼焦、煤气及煤制品业	6.25	13.23	26.65	32.77	0.01	0.00	0.27	0.21
15.化学工业	7.57	8.82	5.95	6.78	0.86	0.97	0.49	0.57
16.医药工业	2.29	2.36	0.92	1.26	0.00	0.00	0.24	0.19
17.化学纤维制造业	4.09	3.60	1.06	0.39	0.13	0.20	0.44	0.36
18.橡胶制造业	1.37	1.56	1.32	1.46	0.00	0.00	0.08	0.10
19.塑料制品业	0.81	1.04	0.45	0.57	0.04	0.05	0.09	0.12
20.建筑及非金属矿物制品	8.29	9.61	9.51	11.04	0.09	0.08	0.27	0.31
21.黑金属冶炼及压延加工业	9.28	9.55	8.10	7.11	4.99	5.37	0.37	0.40
22.有色金属冶炼及压延加工业	2.66	2.97	0.80	1.01	0.13	0.08	0.49	0.55
23.金属制品业	1.83	2.08	0.98	1.32	0.42	0.43	0.16	0.15
24.机械、电气、电子设备制造	1.29	1.51	0.96	1.13	0.14	0.17	0.09	0.11
25.其他工业	3.07	3.21	2.26	1.95	0.24	0.19	0.13	0.22

注：能源总量轻重工业中包括其他石油制品和其他焦化产品，分行业中则未包括。工业总产值按1990年不变价格计算。

能源生产弹性系数

指标	1985年	1990年	1991年
能源生产比上年增长%	−4.0	−0.77	−2.13
电力生产比上年增长%	8.6	0.93	11.19
国民收入比上年增长%	13.3	4.0	8.28
能源生产弹性系数	−0.30	−0.19	−0.26
电力生产弹性系数	0.65	0.23	1.35

注：1.国民收入增长速度按可比价格计算

2.能源(电力)生产弹性系数$=\frac{\text{能源(电力)生产量年平均增长速度}}{\text{国民收入年平均增长速度}}$

能源消费弹性系数

指标	1985年	1990年	1991年
能源消费比上年增长%	1.7	−0.73	5.68
电力消费比上年增长%	−0.3	0.69	8.90
国民消费比上年增长%	13.3	4.0	8.28
能源消费弹性系数	0.13	−0.18	0.69
电力消费弹性系数	−0.02	0.17	1.07

注：1.国民收入增长速度按可比价格计算

2.能源(电力)消费弹性系数$=\frac{\text{能源(电力)消费量年平均增长速度}}{\text{国民收入年平均增长速度}}$

能源加工转换效率

单位：%

指标	1985年	1990年	1991年
总效率	68.87	69.64	67.50
发电及供热	35.96	36.86	37.44
洗　煤	85.32	86.66	83.35
炼　焦	94.79	92.46	89.24
炼　油	98.46	95.68	96.48

注：能源加工转换效率$=\frac{\text{加工转换产出量(标准煤)}}{\text{加工转换投入量(标准煤)}}\times 100\%$

全省平均每天各种能源消费量

能源品种	单位	1985年	1990年	1991年
合计	**万吨标准煤**	**12.64**	**16.78**	**17.73**
煤炭	万吨	21.43	26.12	27.15
焦炭	吨	9 469	15 328	16 513
原油	吨	5 772	8 575	9 182
燃料油	吨	1 112	1 265	1 313
汽油	吨	2 455	2 645	2 655
煤油	吨	166	101	122
柴油	吨	2 738	3 744	3 990
天然气	万立方米	151.20	166.30	177.81
电力	万千瓦小时	6 420	9 703	10 567

注：分品种实物量包括转换投入量。

分品种生活能源年消费量

能源品种	单位	1985年	1990年	1991年
合计	**万吨标准煤**	**822.71**	**1 213.53**	**1 272.08**
煤炭	万吨	1 238	1 530.53	1 558.98
煤油	万吨	2.10	1.81	1.83
液化气	万吨	5.70	9.17	8.85
天燃气	万立方米	—	7 300	5 200
煤气	万立方米	1 014	11900	12 900
热力	万百万千焦	—	957.45	1 233.65
电力	万千瓦小时	94 792	194 000	260 400

能源利用效益

指标	单位	1985年	1990年	1991年
每万元社会总产值消费能源	吨	6.05	2.67	2.47
每万元工农业总产值消费能源	吨	7.54	2.88	2.74
每万元国民收入消费能源	吨	13.34	8.30	8.10
每吨能源消费生产的国民收入	元	749.35	1 204.82	1 234.57
能源消费总量	万吨	3 120.50	6 124.22	6 471.93

注：1990和1991年采用1990年不变价格计算。

工业企业耗能大户能源消耗主要指标

（1991 年）

企业名称	能源费用占成本比重 %		综合能耗（吨标煤）		万元产值综合能耗（吨标煤）		吨能耗实现利税（元）	
	本年	比上年增减（+、-%）	本年	比上年增减（+、-%）	本年	比上年增减（+、-%）	本年	比上年增减（+、-%）
井陉矿务局	54.90	-0.03	292 525	33.30	27.55	6.10	-194.86	70.26
井陉赵村铺煤矿	64.47	30.63	17 978	130.96	8.99	1.29	57.29	-207.36
开滦矿务局	33.50	6.35	2 140 946	16.28	23.37	3.97	-113.44	27.52
柳江煤矿	19.22	1.44	34 273	-5.54	7.04	-0.56	142.57	35.68
邯郸矿务局	17.92	-1.67	340 366	7.31	15.57	1.17	-323.52	-18.85
峰峰矿务局	29.72	-3.76	1 200 986	-10.50	16.44	-1.23	-127.54	-38.94
邢台矿务局	30.26	2.87	224 317	-32.42	8.04	-4.02	87.73	68.24
显德旺煤矿	6.62	-2.23	24 170	8.09	3.41	0.08	-453.87	-371.59
章村煤矿	10.55	2.61	17 885	12.37	5.56	0.50	-1 566.68	-331.45
下花园煤矿	21.04	3.43	33 437	4.00	11.23	-0.32	-395.37	111.60
兴隆矿务局	21.01	1.19	59 736	-1.11	16.55	0.83	-668.14	-78.98
灵山煤矿	37.61	13.95	47 698	69.78	36.72	12.79	-8.62	-6.84
平安堡煤矿	11.47	-1.01	4 143	1.12	5.23	-1.59	48.27	99.53
邯邢矿山局	21.93	-1.71	201 055	11.01	7.26	0.63	59.35	72.77
金厂峪金矿	15.06	-1.29	14 724	1.90	2.81	-0.12	1 439.15	-110.06
邢台大河菱镁矿	22.92	-8.03	19 428	8.87	7.55	-0.01	160.08	44.08
寿王坟铜矿	25.63	-1.09	26 953	0.48	6.58	0.41	-145.25	-3.06
石家庄市碑酒厂	11.25	-2.88	9 427	15.27	2.39	0.12	747.85	31.29
石家庄酒厂	10.60	2.30	11 174	-26.59	2.27	-0.52	494.90	-70.77
玉田碑酒厂	6.77	-0.01	14 423	42.51	1.58	0.06	2 083.07	-203.27
山海关啤酒厂	11.40	-0.69	16 500	19.10	2.64	0.01	1 039.39	48.34
昌黎葡萄酒厂	7.80	1.62	10 676	31.74	3.49	0.40	318.47	20.51
邯郸酒厂	4.93	1.46	7 669	-11.19	2.02	-0.47	1 496.94	337.70
张家口宣化啤酒厂	6.64	0.93	11 526	3.81	1.51	-0.01	1 577.31	-51.99
沧州酒厂	5.32	1.26	8 343	-5.14	2.56	-0.32	335.01	-15.76
长城酿酒公司	4.64	2.08	23 775	-6.97	2.35	-0.40	898.88	163.70
涿鹿酒厂	3.47	-2.62	6 052	-10.25	3.02	-0.93	438.95	83.75
平泉酒厂	10.27	3.34	13 979	6.11	3.02	-0.10	301.88	-195.31
衡水地区酒厂	7.19	-2.90	10 817	16.24	2.48	-0.34	1 078.86	-83.83
石家庄卷烟厂	2.89	0.24	16 021	-8.60	0.48	-0.03	10 487.62	1 276.64
保定卷烟厂	2.96	0.68	8 851	4.92	0.41	0.01	14 009.72	3 201.28
张家口卷烟厂	1.10	-0.06	26 663	3.19	0.27	-0.03	21 849.75	2 145.81
石家庄市第一印染厂	2.76	0.66	35 782	-0.64	1.10	持平	100.33	-350.08
石家庄市第二印染厂	4.97	0.36	17 768	12.57	0.83	-0.08	526.79	-263.88
石家庄市服装衬布总厂	4.91	1.19	13 050	-16.49	1.28	-0.09	-503.45	-772.86
石家庄市第一棉纺厂	5.77	-0.34	25 995	0.62	1.29	0.08	969.80	-333.86
石家庄市第二棉纺厂	4.92	0.33	34 579	10.86	1.06	0.01	1 039.07	-711.43
石家庄市第三棉纺厂	4.83	0.29	30 068	6.56	0.99	-0.04	1 103.17	-517.90
石家庄市第四棉纺厂	5.04	-0.19	35 603	0.90	1.08	-0.04	1 202.15	-60.39
石家庄市第五棉纺厂	4.55	0.06	16 055	0.65	0.86	-0.05	1 372.78	-306.74
石家庄市第六棉纺厂	5.92	-0.42	22 683	-2.62	1.38	0.08	555.04	-407.87

工业企业耗能大户能源消耗主要指标（续一）

（1991年）

企业名称	能源费用占成本比重% 本年	能源费用占成本比重% 比上年增减（+、-%）	综合能耗（吨标煤）本年	综合能耗（吨标煤）比上年增减（+、-%）	万元产值综合能耗（吨标煤）本年	万元产值综合能耗（吨标煤）比上年增减（+、-%）	吨能耗实现利税（元）本年	吨能耗实现利税（元）比上年增减（+、-%）
石家庄市第七棉纺厂	6.13	-0.89	22 606	12.41	1.99	-0.23	-177.29	-261.83
石家庄市第四印染厂	3.65	0.29	14 690	10.63	1.15	-0.05	4.08	-382.27
唐山市华新纺织厂	4.74	0.64	19 205	-13.91	1.29	0.15	356.68	-754.13
唐山棉纺厂	5.87	0.94	25 751	-13.89	2.22	0.17	125.04	-238.43
唐山印染厂	4.45	0.12	13 616	-1.85	1.02	-0.08	613.25	490.71
唐山针织厂	3.86	-0.59	14 058	-8.88	3.20	0.37	177.12	-86.05
秦皇岛市棉织厂	5.28	2.16	12 521	53.12	1.61	0.56	63.09	-529.35
邯郸市棉纺一厂	5.19	0.02	23 634	3.82	1.42	-1.21	310.15	-576.78
邯郸市棉纺二厂	3.63	-0.30	19 343	-5.20	0.85	-0.01	-722.74	-1 074.65
邯郸市棉纺三厂	4.19	-0.67	28 174	-5.73	1.11	0.01	604.10	-393.06
邯郸市棉纺四厂	4.11	-0.41	24 965	-9.17	0.99	-0.03	82.92	-952.88
邯郸市印染厂	2.47	-0.03	18 474	-7.50	1.32	-0.38	-506.66	-516.67
邯郸市第二印染厂	3.95	1.05	12 301	-12.25	1.76	-0.05	-562.14	-733.36
邢台市织染厂	4.01	-0.88	26 684	-3.91	1.99	0.02	370.26	45.08
保定市棉织厂	5.28	1.59	33 265	4.16	1.16	-0.03	902.15	-487.86
张家口棉织厂	6.17	-1.56	17 079	-3.46	2.31	-1.57	-481.88	-174.94
保定地区高阳染厂	3.65	-0.64	12 394	-4.82	1.22	-0.27	23.78	-177.68
衡水地区棉织厂	5.33	0.78	13 874	5.23	1.55	0.24	27.39	-734.08
唐山华丰造纸厂	15.56	-0.84	19 090	1.56	3.94	-0.64	317.18	105.97
秦皇岛市造纸厂	10.95	0.92	18 333	0.59	3.76	0.24	102.39	-8.28
抚宁县造纸厂	15.81	-4.44	22 423	5.14	5.13	-0.57	237.26	48.26
邯郸峰峰纸厂	12.81	0.20	13 788	-5.56	4.53	0.25	113.87	-77.91
邯郸武安纸厂	17.59	-0.58	23 171	17.71	5.47	-1.31	-239.52	-104.38
邢台市造纸厂	20.97	-0.27	40 825	-4.25	7.81	0.16	-15.19	-19.41
保定市造纸厂	7.71	-5.29	65 890	12.77	3.32	-0.12	938.99	562.13
张家口市宣化造纸厂	9.75	-1.35	32 525	-16.91	4.55	1.25	19.98	52.68
张家口市利民纸厂	16.88	-1.38	10 284	0.11	6.89	-1.14	115.71	-20.57
承德县造纸厂	15.01	-2.81	16 407	17.55	5.78	-0.65	158.53	41.97
沧州市造纸厂	17.57	-0.75	22 732	-1.84	5.38	0.19	48.39	-172.71
石家庄炼油厂	82.13	5.39	213 865	5.53	2.80	-0.14	834.50	52.30
秦皇岛石油化工厂	62.46	3.64	9 132	-13.49	11.92	-1.79	288.18	34.32
保定石油化工厂	82.08	1.98	44 378	-8.43	3.51	-0.25	666.10	-15.42
沧州炼油厂	85.13	5.22	117 767	1.68	3.06	-0.18	425.50	81.52
廊坊市汉沽石化厂	55.03	1.10	35 111	5.00	6.15	-0.40	285.95	22.78
石家庄焦化厂	68.64	-5.85	134 128	1.01	8.16	-0.72	112.65	-38.20
唐山焦化厂	83.03	0.76	49 511	2.78	7.86	0.53	425.76	56.26
保定地区焦化厂	69.82	0.73	29 635	-10.27	8.90	-1.34	239.99	157.24
石家庄市化肥厂	49.51	-7.62	410 048	0.95	17.32	-0.57	70.89	6.07
正定县化肥厂	48.75	-0.84	38 680	-4.23	13.53	-2.22	-49.90	-172.57
石家庄市联碱厂	38.09	-2.32	51 916	16.93	14.43	-0.43	37.75	6.89
井陉县化肥厂	12.15	16.37	37 807	10.57	20.80	1.79	-48.14	24.68
丰润一化肥厂	52.88	0.88	29 914	-2.48	16.25	-0.55	66.52	30.01

工业企业耗能大户能源消耗主要指标(续二)

(1991年)

企业名称	能源费用占成本比重 %		综合能耗(吨标煤)		万元产值综合能耗(吨标煤)		吨能耗实现利税(元)	
	本年	比上年增减(+、-%)	本年	比上年增减(+、-%)	本年	比上年增减(+、-%)	本年	比上年增减(+、-%)
滦南化肥厂	68.63	-3.56	35 815	7.90	14.92	-1.41	44.39	2.31
迁安化肥厂	66.40	-0.92	314 704	4.33	29.72	-3.25	24.35	7.26
遵化黎河化肥厂	80.27	16.49	29 857	-5.46	11.36	-5.50	5.69	-26.61
唐山第一化肥厂	68.78	6.02	33 854	-32.22	13.86	-2.42	32.73	-26.73
迁安沪援化肥厂	61.25	-4.99	39 011	0.83	18.49	0.22	0.26	15.14
卢龙县化肥厂	59.49	-20.27	34 262	3.37	22.06	1.43	-86.99	-56.83
滏阳化工厂	20.62	1.87	67 969	8.45	4.96	0.08	326.33	2.40
邯郸市树脂厂	28.40	1.04	39 081	0.78	9.21	1.31	-21.75	-48.57
武安化肥厂	32.79	-8.29	27 552	14.91	14.49	-3.27	-59.52	-9.47
邢台县化肥厂	52.73	-0.56	32 437	6.15	22.08	-2.54	-55.18	-18.20
保定市电化厂	38.31	-0.74	53 284	10.43	8.31	-0.08	130.28	-9.55
下花园电石厂	67.03	-1.30	122 827	-3.71	16.39	1.35	-36.72	-157.85
张家口市化工原料厂	24.59	-0.26	30 629	-8.68	10.22	-0.02	150.51	-94.56
宣化县化肥厂	52.47	-2.17	43 513	3.71	22.10	2.23	-89.40	-92.02
承德县化肥厂	62.50	4.22	44 429	8.68	17.43	1.32	15.73	-34.07
沧州化肥厂	56.92	-2.39	443 546	-5.51	14.21	0.43	75.55	-94.26
沧州市化工厂	21.89	5.88	74 655	16.40	4.63	0.10	351.75	-87.46
青县化肥厂	60.67	3.10	31 452	-2.17	16.25	0.96	-9.16	9.57
廊坊市化工总厂	27.23	-21.33	6 475	-83.79	1.67	-15.43	403.09	382.31
霸州综合化工厂	57.70	5.88	32 059	-3.47	15.22	0.56	53.65	13.48
魏县化肥厂	65.00	5.00	37 991	6.69	16.66	-1.20	0.68	-12.74
永年县化肥厂	47.77	-2.39	70 547	78.20	18.75	-3.18	-34.30	242.22
辛集市化工厂	26.45	1.05	97 663	11.60	9.74	-0.18	193.63	-39.83
晋县化肥厂	58.50	-7.18	55 118	7.08	14.40	-0.74	15.42	-8.48
无极县化肥厂	46.04	1.29	41 015	-4.89	15.74	0.32	30.48	3.35
藁城市化肥厂	49.07	6.93	63 570	0.90	15.55	0.11	20.92	-18.60
新乐县化肥厂	60.03	-0.22	43 085	-1.39	15.27	0.39	61.97	13.68
元氏县化肥厂	64.55	5.87	48 986	24.21	19.30	2.43	13.47	101.96
平山县化肥厂	62.92	10.41	40 850	12.68	19.27	1.44	30.11	-9.34
河北栗德粉厂	11.21	-4.23	18 457	-46.58	4.88	-2.42	93.73	-83.69
滹沱河化肥厂	60.02	1.69	54 549	5.14	17.39	-0.13	28.60	2.77
宣化化肥厂	63.59	12.23	166 569	1.84	20.78	2.74	27.59	-20.86
张家口长城化工厂	16.52	-1.94	29 402	-5.03	5.30	-0.62	126.28	11.26
怀安化肥厂	59.85	0.20	51 503	17.19	17.99	0.09	-22.87	-42.80
涿鹿化肥厂	55.21	0.60	58 208	-5.18	15.56	-1.08	58.51	7.03
河间县化肥厂	56.21	-7.94	43 458	5.80	15.94	-0.22	40.96	-2.01
东光县化肥厂	47.05	-19.91	23 498	-21.80	12.30	-3.67	1.79	-0.07
衡水地区化肥厂	44.28	0.28	37 555	5.60	12.82	0.93	14.06	-2.50
景县化肥厂	62.68	-1.95	30 670	-5.73	18.23	-1.60	17.09	-14.26
保定胶片厂	4.29	-0.44	48 962	-0.65	1.40	-0.13	1 187.04	99.42
张家口市树脂厂	38.17	1.31	41 180	-4.77	9.64	0.31	196.45	67.65
华北制药厂	14.25	1.43	213 366	-0.58	2.99	-0.18	857.35	-13.61

工业企业耗能大户能源消耗主要指标(续三)

(1991年)

企业名称	能源费用占成本比重 %		综合能耗(吨标煤)		万元产值综合能耗(吨标煤)		吨能耗实现利税(元)	
	本年	比上年增减(+、-%)	本年	比上年增减(+、-%)	本年	比上年增减(+、-%)	本年	比上年增减(+、-%)
石家庄市第一制药厂	4.36	-0.62	33 627	3.35	1.84	持平	349.18	269.48
承德市制药厂	13.68	1.00	17 046	27.60	2.88	0.61	63.15	545.38
河北东风制药厂	16.33	0.91	10 686	-7.46	3.78	0.83	-144.77	-189.11
石家庄市涤纶厂	3.92	-0.14	10 690	-9.13	1.34	-0.10	352.01	221.70
石家庄化工化纤厂	19.80	-5.09	86 639	-3.65	5.84	-2.53	420.25	94.06
保定化纤厂	15.80	-3.34	144 306	0.88	3.86	-0.39	547.41	68.84
石家庄水泥厂	33.79	-5.03	40 551	-1.13	10.96	-1.58	204.93	97.16
启新水泥厂	33.81	0.79	134 407	7.39	17.35	0.60	50.25	-35.86
冀东水泥厂	38.87	-5.79	214 355	-7.13	9.55	0.43	510.96	94.00
马家沟耐火材料厂	17.09	3.74	40 109	9.58	8.98	-1.82	-119.42	46.96
耀华玻璃厂	23.69	0.12	281 072	4.05	5.78	-0.49	146.84	-0.23
秦市燕山玻璃制品总厂	36.10	-0.87	64 687	46.70	14.17	0.27	20.95	52.15
邯郸水泥厂	43.22	-3.47	202 915	-2.72	11.00	-0.66	264.73	70.22
邢台市玻璃厂	17.73	0.26	38 468	-26.60	9.29	-1.12	38.73	-62.59
石家庄钢铁厂	33.69	-9.61	362 980	8.95	10.59	-0.96	70.17	0.93
唐山钢铁公司	23.97	5.22	1 686 003	3.09	8.45	-0.20	184.50	67.45
松汀铁厂	49.67	-6.11	58 946	-29.29	22.58	1.03	23.07	-29.23
遵化钢铁厂	44.82	-0.70	74 940	12.65	12.38	-0.47	77.32	99.23
二六七二工厂	29.90	-2.46	386 546	1.35	14.27	-1.85	102.52	-4.90
邯郸钢铁厂	26.73	1.14	1 526 803	2.61	11.29	-0.70	141.88	0.76
邯郸市铁厂	40.99	0.13	96 236	6.22	20.95	0.19	-61.31	-77.09
邢台钢铁厂	33.70	2.55	553 432	20.04	12.87	1.00	45.75	-26.91
宣化钢铁公司	32.03	-1.89	1 462 318	4.95	18.59	-1.05	-19.72	12.86
承德钢铁厂	35.37	-5.48	542 440	11.58	11.98	-0.85	127.31	-4.60
涞源钢铁厂	57.01	-5.33	123 868	-5.81	19.04	-1.20	21.51	-17.35
沙城沙华钢铁有限公司	40.83	-23.84	67 526	3.25	17.92	1.38	-74.30	-74.23
石家庄内燃机配件厂	9.19	-1.06	30 204	-2.28	2.66	-0.43	549.05	112.92
邢台冶金机械轧辊厂	11.78	-0.16	82 705	-1.54	3.37	-0.07	353.18	-172.68
张家口煤矿机械厂	2.55	-0.04	44 044	-0.24	1.43	0.06	690.22	181.50
张家口探矿机械厂	9.56	1.19	20 837	2.85	3.20	-0.14	232.28	113.82
石家庄车辆厂	5.95	2.38	20 793	4.20	1.97	-0.01	725.67	173.08
唐山机车车辆厂	4.09	1.11	60 796	-5.69	2.81	0.10	212.76	-48.21
山海关桥梁厂	5.03	-0.29	37 781	-1.08	1.88	-0.04	810.72	468.54
保定蓄电池厂	4.38	-0.26	19 152	-1.74	1.07	-0.14	2 727.65	335.78
保定变压器厂	2.31	0.41	15 565	-1.95	0.87	0.06	979.12	-463.08
马头铝厂	30.03	3.59	70 275	-20.06	7.69	-0.87	1.28	-98.93
保定铝厂	26.48	0.69	17 298	-11.37	6.17	-1.25	16.53	-79.49
华北铝厂	2.43	-2.30	27 518	8.90	1.04	-0.10	510.57	-59.67
石家庄搪瓷厂	9.95	0.47	11 630	-1.86	3.58	-0.50	17.20	-93.45
石家庄铸锅厂	22.93	-3.31	19 043	-6.84	8.59	-0.43	46.21	18.32
唐山南堡盐厂	11.23	-1.88	22 945	-32.00	1.22	-1.46	890.39	278.67

主要年份运输线路长度

年份	公路通车里程（公里）	内河通航里程（公里）	地方铁路里程（公里）	中央铁路营业里程（公里）
1949	5 310	2 368	32.0	
1952	7 628	2 368	34.0	
1957	12 650	2 487	34.0	
1962	23 968	2 185	319.2	
1965	26 445	1 874	484.6	
1970	31 844	1 675	466.1	
1975	35 593	726	584.3	1 968.5
1978	40 260	177	562.7	2 012.5
1980	39 883	29	572.8	2 087.7
1985	40 698		721.6	2 481.1
1990	43 640	75	691.5	2 815.3
1991	47 464	75	774.0	2 825.2

全省交通运输工具拥有量

指标	单位	1991年			1990年		
		合计	#私人	占合计%	合计	#私人	占合计%
一.民用汽车	**辆**	**398 152**	**89 588**	**22.5**	**355 487**	**76 726**	**21.6**
普通载货汽车	辆	271 364	58 251	21.5	243 989	50 485	20.7
专用载货汽车	辆	11 442	47	0.4	10 626	47	0.4
载客汽车	辆	105 629	31 225	29.6	91 557	26 129	28.5
特种汽车	辆	7 373	46	0.6	6 988	45	0.6
二.运输用拖拉机	**辆**	**128 252**	**110 700**	**86.4**	**153 448**	**127 467**	**83.1**
三.其他机动车	**辆**	**410**	**222**	**54.1**	**1 859**	**86**	**4.6**
四.汽车挂车	**辆**	**75 000**	**26 671**	**35.6**	**69 427**	**22 720**	**32.7**
五.运输船舶							
(1)货船	艘	122	86	70.5	160	136	
净载货量	吨	178 392	815	0.5	166 085	1 517	
(2)拖船	艘	40	1	2.5	17		
功率	千瓦	7 719	12	0.2	5 704		
(3)货运驳船	艘	38			37		
净载重量	吨	24 695			24 615		
六.地方铁路							
机车	台	46			44		
货车	辆	388			370		

历年客运量

年份	地方客运量（万人）	公路运输	水上运输	地方铁路	中央铁路客运量（万人）
1949	64	52		12	
1952	358	302	38	18	
1953	475	402	48	25	
1954	655	581	50	24	
1955	775	706	48	21	
1956	903	833	50	20	
1957	1 043	969	47	27	
1958	1 250	1 177	37	36	
1959	1 626	1 543	49	34	
1960	1 525	1 430	47	48	
1961	1 210	1 013	72	125	
1962	1 498	1 250	80	168	
1963	1 279	1 132	41	106	
1964	1 260	1 100	43	117	
1965	1 706	1 547	25	134	
1966	1 980	1 788	31	161	
1967	1 951	1 756	26	169	
1968	1 841	1 685	10	146	
1969	2 306	2 127	18	161	
1970	2 538	2 332		185	
1971	2 789	2 589	25	175	
1972	3 372	3 154	11	207	
1973	3 526	3 332	9	185	
1974	3 939	3 744	13	182	
1975	4 125	3 968	2	155	3 156
1976	4 275	4 130	5	140	3 227
1977	5 011	4 843	7	161	3 723
1978	5 868	5 713	8	147	3 695
1979	6 519	6 394	4	121	3 902
1980	7 170	7 055		115	4 054
1981	7 674	7 558		116	4 252
1982	8 306	8 187		119	4 448
1983	9 361	9 235		126	4 821
1984	10 690	10 552		138	5 319
1985	11 179	11 036		143	5 311
1986	11 860	11 724		136	5 305
1987	12 625	12 510		114	5 665
1988	21 319	21 209		110	6 250
1989	22 678	22 599		79	5 857
1990	20 573	20 525	183	45	4 987
1991	21 927	21 721	172	34	4 815

注：客运量中未包括民航数

历年旅客周转量

年份	地方客运周转量（万人公里）	公路运输	水上运输	地方铁路	中央铁路客运周转量（亿人公里）
1949	2984	2799		185	
1952	17745	15170	2311	264	
1953	22566	18818	3369	379	
1954	28412	25135	2924	353	
1955	31698	28560	2830	308	
1956	33374	29898	3178	298	
1957	39 196	35541	3241	414	
1958	54789	52128	2108	553	
1959	65538	61833	3164	541	
1960	66951	63273	2909	769	
1961	57399	51008	3412	2979	
1962	70041	63053	3474	3514	
1963	55039	50973	1892	2174	
1964	52204	47333	2406	2465	
1965	67408	62964	1274	3170	
1966	82084	76531	1403	4150	
1967	77833	72518	977	4338	
1968	77886	73518	332	4036	
1969	95349	90381	745	4223	
1970	107300	101628	894	4868	
1971	122595	117305	555	4735	
1972	140999	135155	241	5603	
1973	150423	145111	418	4894	
1974	170340	165127	422	4792	
1975	182112	178068	94	3950	87.5
1976	195 376	191483	200	3693	87.3
1977	226544	222030	310	4204	97.0
1978	257119	252370	342	3907	101.4
1979	278080	274952	147	2981	108.3
1980	303343	300503		2840	120.8
1981	326222	323354		2868	129.7
1982	353053	350140		2913	141.5
1983	402890	399797		3093	162.2
1984	478411	474981		3429	189.1
1985	518896	515512		3384	
1986	562765	559492		3273	246.0
1987	621456	618903		2553	274.2
1988	1079972	1077538		2434	312.8
1989	1109572	1107566		2006	283.0
1990	1085634	1084443		1191	249.0
1991	1179148	1176798	1383	967	268.3

注：旅客周转量中未包括民航数

历年货运量

年　份	地方货运量（万吨）				中央铁路货运量（万吨）
		公路运输	水上运输	地方铁路	
1949	391	206	163	22	
1952	1 819	1 586	229	4	
1953	2 639	2 389	233	17	
1954	3 452	3 180	249	23	
1955	3 265	2 994	255	16	
1956	4 010	3 729	259	22	
1957	4 069	3 796	245	28	
1958	5 882	5 579	259	44	
1959	9 441	8 918	451	72	
1960	11 344	10 749	478	117	
1961	4 780	4 341	303	136	
1962	3 617	3 263	247	107	
1963	3 506	3 086	303	117	
1964	4 706	4 260	272	174	
1965	4 586	4 145	278	163	
1966	4 211	3 741	249	221	
1967	3 896	3 490	196	210	
1968	3 806	3 392	206	208	
1969	4 679	4 202	227	250	
1970	4 658	4 983	265	410	
1971	6 985	6 219	245	521	
1972	8 610	7 838	226	546	
1973	8 525	7 687	253	585	
1974	10 341	9 407	282	652	
1975	11 510	10 761	289	460	9 426
1976	11 986	11 295	222	469	8 297
1977	14 291	13 383	282	626	8 850
1978	15 825	14 832	300	693	11 136
1979	15 408	14 711	250	447	11 112
1980	12 987	12 273	291	423	10 477
1981	9 846	9 250	259	337	9 544
1982	10 564	9 943	242	379	9 776
1983	11 432	10 776	269	387	9 903
1984	9 688	8 940	324	424	9 817
1985	32 617	31 822	275	520	10 117
1986	48 375	47 507	309	559	11 029
1987	53 195	59 243	323	629	11 688
1988	49 611	48 601	320	690	11 758
1989	49 504	48 404	348	752	11 336
1990	45 218	44 258	363	597	10 904
1991	45 870	44 900	344	626	10 834

注:货运量中未包括民航管道数

历年货物周转量

年　份	地方客运周转量（万吨公里）				中央铁路货运周转量（亿吨公里）
		公路运输	水上运输	地方铁路	
1949	11 848	2 717	8 785	346	
1952	31 943	17 460	14 426	57	
1953	39 636	24 248	15 173	215	
1954	51 117	34 098	16 720	299	
1955	54 721	36 139	18 366	216	
1956	58 280	40 433	17 525	322	
1957	61 489	44 586	16 523	380	
1958	82 305	65 320	16 307	678	
1959	128 142	104 861	21 705	1 576	
1960	132 937	105 861	24 646	2 430	
1961	74 129	54 160	16 082	3 887	
1962	58 492	42 530	12 486	3 476	
1963	59 549	42 802	12 865	3 882	
1964	83 261	59 931	17 655	5 685	
1965	79 863	62 478	13 214	4 171	
1966	83 040	64 673	11 492	6 875	
1967	69 805	57 204	6 887	5 147	
1968	71 631	59 930	5 547	6 154	
1969	89 947	73 190	9 391	7 366	
1970	135 469	88 689	34 064	12 716	
1971	188 547	105 521	66 775	16 251	
1972	205 075	129 043	59 500	16 532	
1973	234 386	136 092	80 074	18 120	
1974	271 645	158 483	92 067	21 095	
1975	310 043	198 454	95 982	15 607	462
1976	311 798	220 569	74 955	16 274	420
1977	382 822	277 493	84 410	20 919	500
1978	427 021	314 847	89 263	22 911	578
1979	415 262	309 370	94 612	11 281	617
1980	374 948	254 421	110 349	10 177	645
1981	326 277	219 413	98 486	8 378	684
1982	396 448	275 643	111 347	9 458	729
1983	507 527	332 626	164 566	10 335	798
1984	613 063	345 358	255 040	12 675	855
1985	1 978 907	1 680 294	283 529	15 084	965
1986	1 928 222	1 558 746	352 693	16 783	1 067
1987	2 280 396	1 886 579	375 429	18 388	1 165
1988	2 800 762	2 344 370	435 640	20 752	1 176
1989	3 005 309	2 523 357	456 929	25 023	1 223
1990	2 658 454	2 154 228	485 315	18 911	1 255
1991	3 033 678	2 487 139	526 135	20 404	1 289

注：货物周转量中未包括民航管道数

全社会客货运输(吞吐)量

(1991 年)

项　　目	货运量（万吨）	货物周转量（万吨公里）	客运量（万人）	旅客周转量（万人公里）	换算周转量（万吨公里）	货物吞吐量（万吨）
全省合计	**58 734.5**	**16 190 034.3**	**26 744.7**	**3 862 257**	**18 992 251.1**	**7 236.3**
交通系统合计	**18 138**	**13 899 825**	**18 472.9**	**3 449 015**	**16 660 394.9**	**7 236.3**
铁路	11 460	12 914 253	4 849	2 684 076	15 598 329	
公路	4 329	275 989	13 621	764 939	352 482.9	
水运	319	447 076			447 076	
民航			2.9			
管道	2 030	262 507			262 507	
港口						7 236.3
非交通系统合计	**40 596.5**	**2 290 209.3**	**8 271.8**	**413 242**	**2 331 856.2**	
公路小计	40 571	2 211 150	8 099.8	411 859	2 252 335.9	
载货汽车抽样资料	29 166	1 656 519			1 656 519	
独立核算运输单位			5.8	696	69.6	
个体及联户	11 405	554 631	8 094	11 163	595 747.3	
水运小计	25.5	79 059.3	172	1 383	79 520.3	
独立核算运输单位	17.5	79 019.3			79 019.3	
个体及联户	8	40	172	1 383	501	

注:管道为输油量(万立方米)输油周转量(万立方米公里)

秦皇岛港货物吞吐量

(1991 年)

单位:万吨

货物分类	进出口总量	外贸	内贸	出口	外贸	内贸	进口	外贸	内贸
总　　计	**7 236.3**	**1 994.4**	**5 241.9**	**7 054.8**	**1 819**	**5 235.8**	**181.5**	**175.3**	**6.2**
1. 煤炭	5 429.4	1 311.1	4 118.3	5 429.4	1 311.1	4 118.3			
＃焦炭	0.8		0.8	0.8		0.8			
2. 石油	1 254.9	242.6	1 012.3	1 250.1	242.6	1 007.5	4.7		4.7
＃原油	1 226.6	232.6	994	1 226.6	232.6	994			
3. 金属矿石	42.3	42.3					42.3	42.3	
＃铁矿石	27.7	27.7					27.7	27.7	
4. 钢铁	14.2	9.5	4.7	14.2	9.5	4.7			
＃钢材	8.2	4	4.2	8.2	4	4.2			
生铁	4.1	4.1		4.1	4.1				
5. 矿建材料	1.2	0.5	0.7	1.1	0.4	0.7			
6. 水泥	45.1	45.1		45.1	45.1				
7. 木材	7.7	6.5	1.2	1.2		1.2	6.5	6.5	
＃原木	5.7	5.4	0.3	0.2		0.2	5.4	5.4	
8. 非金属矿石	5.3	5.3		5.3	5.3				
9. 化肥及农药	38.6	38.3	0.3				38.5	38.2	0.3
10. 粮食	279.7	207.1	72.6	207.1	134.5	72.6	72.6	72.6	
＃小麦	70.8	70.8					70.8	70.8	
玉米	164.2	95.7	68.5	164.2	95.7	68.5			
大豆	23.6	21.9	1.7	23.6	21.9	1.7			
11. 其他	94.7	65.2	29.5	89.2	59.8	29.4	5.4	5.3	

秦皇岛港码头泊位数

(1991年)

码头名称	码头长度(米)	泊位个数(个)	# 万吨级泊位
总计	**6 275.6**	**36**	**22**
(一)生产用码头	5 516.5	24	22
煤码头	2 621.8	11	10
油码头	879.5	3	3
散杂码头	1 379.1	7	7
其他	636.1	3	2
(二)港作船码头	635.5	11	
(三)外单位借用码头	123.6	1	

邮电业务情况

项目	单位	1978年	1985年	1990年	1991年
邮电业务量	万元	5 904.1	12 618	55 643.4	72 837
#计费	万元	5 718.3	12 013	53 472.9	
函件	万件	15 417.3	21 693	23 715.9	22 570
机要文件	万件	59.7	102	78.2	
包件	万件	426.9	510	797.9	816
汇票	万张	476.7	580	595.4	607.8
订销报纸期发数	万份	266.8	632	472.7	567.3
订销报纸累计数	亿份	7.4	11		8.3
订销杂志期发数	万份	178.8	721	326.3	412.1
报刊流转额	万元	2 634.2	7 951	14 803.7	15 584.4
电报去报	万份	608.8	860	1 207.4	1 219.4
长途电话去话	万份	1 305.4	2 042	4 304.5	6 885.8
长途会议电话去话	份	21 896	33 131	17 132	
市话年末到达户数	户	59 630	99 340	198 242	252 755
农话年末到达户数	户	20 773	23 682	37 691	43 604
农话通话张数	万张	2 110.8	2 472	3 367.7	4 571.8
出租代维业务	万元		57	565.1	587

部分交通运输企业主要经济指标

（1991 年）

企业名称	职工人数（人）	货车数（辆）	客车数（辆）	货物周转量（千吨公里）	旅客周转量（千人公里）	营业总收入（千元）	利润总额（千元）	固定资产原值（千元）
国际集装箱公司	462	49		34 335		8 635	900	18 798
石家庄市汽车运输三场	281	58		12 820		4 209	291	7 431
石家庄市汽车运输一场	326	65		15 443		4 137	5	6 340
石家庄市汽车运输二场	528	74		14 009		9 204	296	10 587
石家庄市汽车运输四场	346	66		8 681		2 682	1	6 086
石家庄市汽车运输五场	358	66		17 550		5 362	53	5 959
石家庄市汽车运输六场	371	75		16 508		5 354	201	5 381
石家庄市汽车运输七场	363	70		13 154		6 562	150	6 467
石家庄市汽车运输八场	387	53		11 286		6 453	−730	6 453
石家庄市汽车运输九场	393	54		12 241		4 822	16	7 149
石家庄市大件起重二场	461	64		10 122		6 707	702	10 493
秦皇岛市第二运输公司	497	121		15 720		6 173	5 204	8 267
秦皇岛市搬运公司	598	112		17 106		10 322	550	17 964
秦皇岛市一运公司	524	146		15 106		6 211	510	7 869
秦皇岛市客运公司	619		95		189 751	8 111	512	7 422
唐山市第一运输公司	7 071	847	396	208 519	816 721	122 378	10 765	113 201
唐山市第二运输公司	7 066	857	23	185 077	22 676	104 282	4 497	80 950
丰润县运输装卸公司	582	88		17 518		5 487	52	5 412
邯郸市汽运三公司	403	50		5 480		3 243	−382	3 438
邯郸市第一运输公司	390	57		9 199		3 206	−1 079	3 883
邯郸市第二运输公司	691	106	6	25 013	1 004	11 234	−291	8 133
邯郸市第四运输公司	262	63		12 581		3 205	−799	3 183
邯郸市第五运输公司	372	47		9 398		2 779	−618	2 619
邯郸市起重运输公司	835	83		14 852		3 156	−1 460	4 160
邢台市运输一公司	415	98		15 816		4 390	−1 231	8 133
邢台市运输二公司	545	101		16 891		5 604	−175	5 509
邢台市运输三公司	336	82		11 174		3 284	−678	3 693
邢台市运输四公司	512	89		12 133		3 267	−1 112	5 228
邢台市运输起重公司	586	109		6 889		2 438	−1 231	6 763
保定市第一运输公司	361	82		28 157		7 271	710	8 373
保定市第二运输公司	404	150		52 101		13 311	1 350	11 334
保定市第三运输公司	433	106		32 536	46 144	10 267	601	9 694
保定市第四运输公司	398	104		16 950		4 519	−304	5 737
保定市第五运输公司	279	42		12 601		2 589	6	3 344
保定市第七运输公司	247	50		10 502		3 129	201	5 799
张家口市运输公司	1 608	320		82 967		22 981	−295	23 115
张家口市运输五场	287	67		12 664		3 031	−521	3 316
承德市汽车一队	210	49		5 795		2 199	205	2 266
承德市汽车二队	292	53		7 083		2 213	43	3 369

部分交通运输企业主要经济指标(续)

(1991 年)

企业名称	职工人数(人)	货车数(辆)	客车数(辆)	货物周转量(千吨公里)	旅客周转量(千人公里)	营业总收入(千元)	利润总额(千元)	固定资产原值(千元)
承德市汽车三队	251	64		6 848		2 621	17	2 540
沧州市汽车一队	172	44		8 582		2 167	14	2 101
沧州市汽车二队	194	46		10 394		2 592	40	3 287
沧州市汽车三队	327	57		11 811		2 959	−152	3 820
沧州市汽车四队	459	60		14 892		6 513	21	3 273
沧州市汽车五队	490	67		15 467		4 096	22	4 064
沧州市汽车七队	309	52		9 923		3 138	3	3 015
邯郸地区运输公司	5 302	497	395	116 329	852 160	72 259	2 420	73 302
邢台地区运输公司	4 203	306	336	71 622	709 366	58 967	2 100	53 897
石家庄地区运输公司	4 060	472	397	89 820	719 772	67 322	2 606	67 780
保定地区运输公司	5 335	321	680	40 134	1 417 172	65 277	3 054	77 672
张家口地区运输公司	4 626	484	319	99 573	737 410	72 489	−2 910	70 129
承德地区运输公司	3 853	287	321	36 746	483 644	45 167	202	43 474
廊坊地区运输公司	2 576	251	253	36 279	362 769	24 626	−1 474	45 128
沧州地区运输公司	3 362	300	306	41 095	608 407	38 328	22	50 395
衡水地区运输公司	2 054	240	229	40 461	429 355	30 623	576	38 813
井陉县搬运公司	202	56		7 864		3 267	34	3 301
获鹿县运输公司	245	54		16 180		4 232	30	3 861
丰润县运输装卸公司	582	88		17 518		5 487	52	5 412
迁安县汽车一队	173	48		9 349		2 831	241	2 561
山海关区运输公司	408	63		8 233		2 944	−295	3 806
峰峰矿区运输公司	291	51		12 954		3 588	170	3 400
峰峰矿区运输二公司	281	50		12 700		3 070	52	3 214
峰峰矿区运输三公司	333	52		13 208		2 488	−252	2 275
峰峰矿区运输四公司	253	44		11 176		2 301		1 953
武安市汽车队	152	37		3 497		976	−650	2 400
宣化区运输一场	626	65		20 090		8 219	221	8 128
宣化区运输二场	174	51		13 432		4 035	56	2 588
宣化区运输三场	157	47		12 568		2 828	55	2 895
下花园区运输公司	195	65		8 159		2 411	−225	3 168
宣化县运输公司	341	37		12 615		3 613	34	4 575
大成县汽车运输公司	254	59	2	7 423	4 800	1 983	90	3 120
霸州市交通局运输公司	232	65	6	7 229	6 827	2 043	135	4 640
博野县汽车一队	124	54		6 430		1 900	−54	2 700
安国县汽车队	103	40		5 000		1 500	−50	1 520
吴桥县运输公司	372	55		10 984		4 000	13	3 090
黄骅市运输公司	376	39	14	12 120	35 438	7 787	623	6 000
衡水市搬运公司	1 878	122		24 204		16 122	306	12 319

固定资产投资和建筑业

全社会固定资产投资及房屋建筑面积

指　　标	1985 年	1990 年	1991 年
一.投资总额(亿元)	**110.66**	**177.21**	**240.45**
1.按所有制分			
全民所有制单位	62.64	110.98	127.97
基本建设	34.57	62.08	72.91
更新改造	17.20	41.85	46.60
其他固定资产投资	10.85	3.17	2.99
商品房屋		3.88	5.47
集体所有制单位	17.71	21.18	33.13
城 镇	4.00	5.80	8.03
农 村	13.71	15.38	25.10
城乡个人	30.31	45.05	79.35
城 镇	0.51	2.12	2.66
农 村	29.80	42.93	76.69
2.按资金来源分			
国家预算内投资	15.84	13.47	12.68
国内贷款	18.55	34.96	50.70
利用外资	0.81	7.88	4.85
自筹投资	75.46	94.51	146.35
其他投资		26.39	25.87
3.按构成分			
建筑安装工程	69.39	99.76	143.66
设备工器具购置	34.34	62.05	74.34
其他费用	6.93	15.40	22.45
4.按用途分			
生产性建设	67.49	120.08	141.84
非生产性建设	43.17	57.13	98.61
#住 宅	27.61	42.40	73.60
二.房屋建筑面积(万平方米)			
施工面积	7 052.20	4 662.40	7 485.59
竣工面积	6 108.81	3 924.42	6 497.01
#住 宅	4 914.13	3 045.15	5 470.95

注:1990 年、1991 年投资总额中不包括 2—5 万元零星固定资产投资。

全社会固定资产投资及构成

(1991年)

指标	总计	全民所有制单位	基本建设	更新改造	其他固定资产投资	商品房屋	集体所有制单位	#农村	城乡个人	#农村
一、绝对数										
1.投资总额(亿元)	240.45	127.97	72.91	46.60	2.99	5.47	33.13	25.10	79.35	76.69
①按构成分										
建筑安装工程	143.66	69.05	44.67	16.92	2.94	4.52	13.69	9.98	60.92	58.26
设备、工器具购置	74.34	45.53	19.20	26.28	0.04	0.01	15.68	11.89	13.13	13.13
其他费用	22.45	13.39	9.04	3.40	0.01	0.94	3.75	3.23	5.31	5.31
②按用途分										
生产性投资	141.84	97.52	51.43	43.08	2.99	0.02	25.36	18.31	18.96	18.43
非生产性投资	98.61	30.45	21.48	3.52		5.45	7.77	6.79	60.39	58.26
#住宅	73.60	15.20	8.87	1.62		4.71	1.20	0.66	57.20	55.07
2.房屋建筑面积(万平方米)										
施工面积	7 485.59	1 671.37	1 055.10	328.23	8.68	279.36	490.51	368.00	5 323.71	5 206
竣工面积	6 497.01	792.03	490.19	190.13	5.24	106.47	381.27	315.00	5 323.71	5 206
#住宅	5 470.95	360.87	217.12	44.40		99.35	13.55	0.00	5 096.53	4 996
二、构成(%)										
①按构成分										
建筑安装工程	59.70	54.00	61.30	36.30	98.30	82.60	41.30	39.80	76.80	76.00
设备、工器具购置	30.90	35.60	26.30	56.40	1.30	0.20	47.30	47.40	16.50	17.10
其他费用	9.40	10.40	12.40	7.30	0.40	17.20	11.40	12.80	6.70	6.90
②按用途分										
生产性建设	59.00	76.20	70.50	92.40	100.00	0.40	76.50	72.90	23.90	24.00
非生产性建设	41.00	23.80	29.50	7.60		99.60	23.50	27.10	76.10	76.00
#住宅	30.60	11.90	12.20	3.50		86.10	3.60	2.60	72.10	71.80

按三次产业分的全社会固定资产投资及构成

(1991年)

项目	全社会固定资产投资额(亿元)				投资额构成			
	总额	第一产业	第二产业	第三产业	总额	第一产业	第二产业	第三产业
全省总计	**240.45**	**18.05**	**108.87**	**113.53**	**100**	**7.5**	**45.3**	**47.2**
(一)全民所有制单位	127.97	2.25	89.62	36.10	100	1.8	70.0	28.2
基本建设	72.91	2.08	47.44	23.39	100	2.9	65.1	32.0
更新改造	46.60	0.17	41.88	4.55	100	0.4	89.8	9.8
其他固定资产投资	2.99		0.30	2.69	100		10.0	90.0
商品房屋	5.47			5.47	100			100.0
(二)集体所有制单位	33.13	3.71	18.86	10.56	100	11.2	56.9	31.9
城镇	8.03	0.04	6.48	1.51	100	0.5	80.7	18.8
农村	25.10	3.67	12.38	9.05	100	14.6	49.3	36.1
(三)个人投资	79.35	12.09	0.39	66.87	100	15.2	0.5	84.3
城镇	2.66			2.66	100			100.0
农村	76.69	12.09	0.39	64.21	100	15.8	0.5	83.7

全民及城镇集体所有制单位按行业分的固定资产投资

(1991 年)　　　　单位:万元

行业	投资额	按用途分			按建设性质分		
		生产性建设	非生产性建设	# 住宅	# 新建	# 扩建	# 改建
总　计	**1 360 011**	**1 045 660**	**314 351**	**157 367**	**380 431**	**531 491**	**305 644**
一、农、林、牧、渔、水利业	**22 893**	**19 968**	**2 925**	**839**	**13 598**	**4 509**	**3 284**
#(一)农业	1 417	1 170	247	144	524	586	70
1. 种植业	1 362	1 118	244	141	490	578	57
(二)林业	3 096	2 457	639	55	1 108	1 813	85
(三)畜牧业	1 827	1 558	269	165	1 409	184	71
(五)水利业	13 006	12 169	837	188	9 034	1 010	2 160
二、工业	**901 388**	**819 535**	**81 853**	**42 451**	**253 034**	**386 781**	**233 594**
(一)煤炭采选业	101 101	78 753	22 348	9 908	7 691	46 801	46 262
#煤炭开采业	99 224	77 247	21 977	9 672	7 674	45 084	46 119
(二)石油和天然气开采业	32 869	27 677	5 192	1 872	32 869		
(三)黑色金属矿采选业	8 016	7 394	622	439	241	4 229	3 546
(四)有色金属矿采选业	7 405	6 473	932	447	4 481	1 799	1 020
(五)建材及其他非金属矿采选业	7 669	6 666	1 003	154	6 099	1 023	547
(六)采盐业	8 723	7 109	1 614	740	1 778	5 915	1 030
(七)其他矿采选业	—	—	—	—	—	—	
(九)自来水生产和供应业	2 599	2 239	360	145	454	2 006	113
(十)食品制造业	17 675	16 683	992	499	6 908	5 735	4 252
(十一)饮料制造业	17 541	16 801	740	626	3 356	7 227	6 422
(十二)烟草加工业	6 540	6 384	156	107	29	1 378	5 133
(十三)饲料工业	994	934	60	45	400	170	177
(十四)纺织业	67 330	62 967	4 363	3 347	2 994	41 716	19 688
(十五)缝纫业	5 975	5 901	74	63	1 167	2 749	1 454
(十六)皮革毛皮及其制品业	2 074	2 069	5	5		686	1 383
(十七)木材加工及竹藤棕草制品业	1 321	1 220	101	28	560	151	584
(十八)家具制造业	1 165	1 152	13	4	533	362	253
(十九)造纸及纸制品业	13 234	12 768	466	242	719	6 327	5 817
(二十)印刷业	3 062	2 590	472	303	342	1 318	868
(二十一)文教体育用品制造业	946	946			15	260	671
(二十二)工艺美术品制造业	2 151	1 977	174	88	409	999	382
(二十三)电力蒸汽热水生产和供应业	181 579	172 152	9 427	5 717	96 389	67 569	15 442
(二十四)石油加工业	18 995	17 221	1 774	1 008	9 862	7 152	1 786
(二十五)炼焦煤气及煤制品业	23 620	21 825	1 795	614	11 998	9 685	1 937

全民及城镇集体所有制单位按行业分的固定资产投资(续)

(1991年) 单位:万元

行业	投资额	按用途分			按建设性质分		
		生产性建设	非生产性建设	#住宅	#新建	#扩建	#改建
(二十六)化学工业	69 449	65 864	3 585	2 475	12 165	34 704	19 904
(二十七)医药工业	28 035	27 539	496	205	5 506	12 316	9 441
(二十八)化学纤维工业	32 766	27 950	4 816	977	31 543	1 160	63
(二十九)橡胶制品业	4 746	4 386	360	355	—	1 823	1 454
(三十)塑料制品业	8 303	7 945	358	298	216	4 372	1 966
(三十一)建材及其他非金属矿物制品业	40 466	38 652	1 814	1 010	6 530	14 016	18 997
(三十二)黑色金属冶炼及压延加工业	51 590	47 260	4 330	1 976	1 898	32 486	16 886
(三十三)有色金属冶炼及压延加工业	21 272	19 736	1 536	1 125	142	19 739	1 208
(三十四)金属制品业	21 287	19 124	2 163	830	635	14 845	4 886
(三十五)机械工业	50 161	44 268	5 893	4 165	3 819	21 435	18 470
(三十六)交通运输设备制造业	11 522	9 760	1 762	1 144	645	3 934	5 060
(三十七)电气机械及器材制造业	14 557	13 691	866	640	204	6 711	7 192
(三十八)电子及通信设备制造业	11 454	10 894	560	329	237	2 816	8 130
(三十九)仪器仪表及其他计量器具制造业	636	427	209	204	20	473	138
(四十)其他工业	2 560	2 138	422	317	180	694	1 032
三.地质普查和勘探业	**47 751**	**40 413**	**7 338**	**3 385**	**796**	**46 355**	**112**
四.建筑业	**11 832**	**3 580**	**8 252**	**5 863**	**3 370**	**3 246**	**2 273**
#(一)土木工程建筑业	9 917	3 109	6 808	5 170	3 001	2 378	2 130
五.交通运输邮电通讯业	**128 646**	**119 958**	**8 688**	**3 442**	**36 334**	**34 929**	**45 105**
六.商业、公共饮食业、物资供销和仓储业	**41 467**	**26 512**	**14 955**	**6 419**	**12 689**	**11 915**	**8 102**
#(一)商业	32 568	22 426	10 142	5 149	8 828	9 950	6 943
(二)物资供销业	5 666	1 247	4 419	1 076	3 074	640	300
七.房地产、公用事业、居民和资询服务业	**32 747**	**2 521**	**30 226**	**14 238**	**22 074**	**2 479**	**1 306**
#(一)房地产管理业	13 611	17	13 594	12 376	9 435	195	191
(二)公用事业	7 757	1 762	5 995	1 186	5 936	1 034	401
八.卫生体育和社会福利事业	**13 381**	**128**	**13 253**	**1 793**	**5 467**	**4 075**	**1 855**
#(一)卫生事业	10 408	118	10 290	1 576	3 713	3 755	1 128
(二)体育事业	2 625	10	2 615	35	1 617	236	727
九.教育、文化艺术和广播电视事业	**44 679**	**2 138**	**42 541**	**10 961**	**13 456**	**18 191**	**3 138**
#(二)文化艺术事业	4 696	1 606	3 090	967	1 053	2 132	778
十.科学研究和综合技术服务事业	**4 130**	**979**	**3 151**	**850**	**1 066**	**2 680**	**99**
十一.金融、保险业	**10 112**	**746**	**9 366**	**2 862**	**3 143**	**2 917**	**1 246**
十二.国家政党机关和社会团体	**38 576**	**4 183**	**34 393**	**15 543**	**10 069**	**12 860**	**4 311**
十三.其他行业	**62 409**	**4 999**	**57 410**	**48 721**	**5 335**	**554**	**1 219**

历年全民所有制单位固定资产投资

年　份	投资总额（亿元）	基本建设投资	#国家预算内投资	更新改造投资	其他固定资产投资	商品房	更新改造及其他投资占总计%
1953	2.24	2.21	1.78	0.03			1.3
1954	3.14	3.03	2.44	0.11			3.5
1955	3.44	3.28	2.64	0.16			4.7
1956	5.41	5.22	4.20	0.19			3.5
1957	5.78	5.48	4.41	0.30			5.2
1958	15.09	14.55	10.86	0.54			3.6
1959	15.83	15.05	11.23	0.78			4.9
1960	17.52	16.34	13.77	1.18			6.7
1961	5.41	4.41	3.47	1.00			18.5
1962	3.25	2.65	2.48	0.60			18.5
1963	4.75	4.00	3.77	0.75			15.8
1964	5.90	5.13	4.71	0.77			13.1
1965	6.00	4.97	3.15	1.03			17.2
1966	7.07	5.81	4.79	1.26			17.8
1967	6.25	4.67	3.85	1.58			25.3
1968	6.03	4.50	3.71	1.53			25.4
1969	7.25	5.90	4.87	1.35			18.6
1970	9.79	8.31	6.86	1.48			15.1
1971	13.71	11.20	8.34	2.51			18.3
1972	14.50	11.52	8.41	2.98			20.6
1973	15.10	11.65	9.39	3.45			22.8
1974	18.21	13.67	10.92	4.54			24.9
1975	26.60	19.98	15.59	6.62			24.9
1976	27.50	19.76	16.11	7.74			28.1
1977	31.77	22.16	19.17	9.61			30.2
1978	36.69	27.48	23.69	9.21			25.1
1979	37.53	28.09	23.49	9.44			25.2
1980	36.17	26.91	18.57	9.26			25.6
1981	29.67	19.57	14.02	10.10			34.0
1982	39.26	25.49	11.71	13.77			35.1
1983	42.33	26.83	16.24	10.85	4.65		36.6
1984	48.33	27.38	16.06	12.58	8.37		43.3
1985	62.64	34.57	15.10	17.22	10.85		44.8
1986	76.28	39.22	18.02	24.87	12.19		48.6
1987	86.36	51.61	18.43	30.47	4.28		40.2
1988	111.35	63.55	17.10	42.62	5.18		42.9
1989	101.25	58.68	14.89	39.06	3.51		42.0
1990	110.98	62.08	12.24	41.85	3.17	3.88	40.6
1991	127.97	72.91	11.81	46.60	2.99	5.47	38.8

全民基本建设建筑安装工程和设备、工具、器具购置投资

时期(年份)	建筑安装工程投　资(亿元)	设备、工具、器具购置投资(亿元)	建筑安装工程占总投资　%	设备、工具、器具购置占总投资%
"一五"时期	11.34	6.46	59.0	33.6
"二五"时期	29.39	20.44	55.5	38.6
1963—1965	9.69	3.49	68.7	24.7
"三五"时期	19.20	8.06	65.8	27.6
"四五"时期	41.11	22.94	60.4	33.7
"五五"时期	79.84	34.69	64.2	27.9
"六五"时期	91.58	26.63	68.4	19.9
"七五"时期	164.87	78.47	59.9	28.5
#1990	36.27	19.30	58.4	31.1
"八五"时期				
#1991	44.67	19.20	61.3	26.3

全民基本建设生产性和非生产性投资

时期(年份)	生产性建设投资(亿元)	非生产性建设投资(亿元)	#住　宅	生产性建设占投资总额%	非生产性建设占投资总额%	#住　宅
"一五"时期	15.08	4.13	1.74	7.8	21.5	9.1
"二五"时期	48.09	4.91	2.02	90.7	9.3	3.8
1963—1965	12.42	1.68	0.70	88.1	11.9	5.0
"三五"时期	27.32	1.87	0.82	93.6	6.4	2.8
"四五"时期	58.11	9.91	3.85	85.4	14.6	5.7
"五五"时期	93.73	30.67	16.91	75.3	24.7	13.6
"六五"时期	75.36	58.49	30.38	56.3	43.7	22.7
"七五"时期	198.50	76.64	28.70	72.1	27.9	10.4
#1990	48.01	14.07	5.78	77.3	22.7	9.3
"八五"时期						
#1991	51.43	21.48	8.87	70.5	29.5	12.2

全民基本建设新建和改、扩建项目投资

时期(年份)	新建项目投资(亿元)	改扩建项目投资(亿元)	新建项目占投资总额%	改扩建项目占投资总额%
"一五"时期	8.99	9.08	46.8	47.3
"二五"时期	28.51	23.17	53.8	43.7
1963—1965	6.57	7.07	46.6	44.5
"三五"时期	13.60	12.99	46.6	44.5
"四五"时期	36.27	29.60	53.3	42.2
"五五"时期	64.17	39.19	51.6	31.5
"六五"时期	40.74	65.77	30.4	49.1
"七五"时期	117.48	128.78	42.7	46.8
#1990	33.18	23.86	53.4	38.4
"八五"时期				
#1991	35.47	30.94	48.6	42.4

全民基本建设大中型和小型项目投资

时　期(年份)	大中型项目投资(亿元)	小型项目投资(亿元)	大中型占全部项目%	小型占全部项目%
"五五"时期	67.59	56.81	54.3	45.7
"六五"时期	62.71	71.13	46.9	53.1
"七五"时期	137.86	137.28	50.1	49.9
＃1990	32.18	29.59	51.8	47.7
"八五"时期				
＃1991	31.06	41.48	42.6	56.9

全民基本建设农业、轻工业、重工业投资

时　期(年份)	农业投资(亿元)	轻工业投资(亿元)	重工业投资(亿元)	农业占投资总额%	轻工业占投资总额%	重工业占投资总额%
"一五"时期	2.32	3.31	8.59	12.1	17.2	44.6
"二五"时期	11.70	3.92	31.28	22.1	7.4	59.0
1963－1965	4.54	0.68	6.10	32.2	4.8	43.2
"三五"时期	9.20	1.37	15.10	31.5	4.7	51.7
"四五"时期	11.69	2.91	37.19	17.2	4.3	54.8
"五五"时期	16.33	4.77	67.82	13.1	3.8	54.5
"六五"时期	9.13	5.64	57.71	6.8	4.2	43.1
"七五"时期	6.20	23.34	140.56	2.3	8.5	51.1
＃1990	2.79	5.58	34.05	4.5	9.0	54.9
"八五"时期						
＃1991	2.08	6.61	35.29	2.9	9.1	48.4

全民基本建设能源工业、交通运输和科学教育投资

时　期(年份)	能源工业投　资(亿元)	运输邮电投　资(亿元)	科学教育投　资(亿元)	能源工业占投资总额　%	运输邮电占投资总额　%	科学教育占投资总额　%
恢复时期	0.27	0.10	0.20	13.4	5.0	9.9
"一五"时期	5.41	1.38	0.96	28.2	7.2	5.0
"二五"时期	13.73	1.97	0.76	25.9	3.7	1.4
1963－1965	3.59	0.95	0.33	25.5	6.7	2.3
"三五"时期	4.04	1.31	0.21	13.8	4.5	0.7
"四五"时期	12.62	7.24	0.86	18.6	10.6	1.3
"五五"时期	41.36	10.84	2.96	33.2	8.7	2.4
"六五"时期	39.28	14.02	8.79	29.3	10.5	6.6
"七五"时期	92.28	27.04	15.95	33.5	9.8	5.8
＃1990	24.69	5.71	2.88	39.8	9.2	4.6
"八五"时期						
＃1991	26.86	6.67	4.01	36.9	9.2	5.5

全民基本建设新增固定资产

单位:亿元

时期(年份)	投资额	新增固定资产	固定资产交付使用率(%)
恢复时期	2.02	1.50	74.2
"一五"时期	19.21	16.37	85.2
"二五"时期	53.01	35.94	67.8
"三五"时期	29.19	14.89	51.0
"四五"时期	68.02	38.47	56.6
1963—1965	14.10	11.70	83.0
"五五"时期	124.40	84.96	68.3
"六五"时期	133.84	114.30	85.4
"七五"时期	275.14	210.45	76.5
#1990	62.08	53.35	85.9
"八五"时期			
#1991	72.91	62.11	85.2

全民基本建设新增主要产品生产能力(或效益)

(1991年)

能力(效益)名称	单位	数量	能力(效益)名称	单位	数量
铁矿开采	万吨/年	12.5	新(扩)建港口码头	长度:米	
炼铁	万吨/年			年吞吐量:万吨	
铝加工	吨/年	8 000		泊位:个	
煤炭开采	万吨/年	177	新建公路	公里	182.98
洗煤	万吨/年	171	新建微波电路	公里	60
天然石油开采	万吨/年	13.6	市内电话自动交换机	门	23 580
纯碱(折含98%以上)	吨/年		水库容量(总库容)	亿立方米	0.11
发电机组容量	万千瓦	56.2	有效灌溉面积	万亩	77.18
输电线路(11万伏及以上)	公里	536	粮食仓库	平方米	36 248
变电设备(11万伏及以上)	万千伏安	52.95		万公斤	21 157
棉纺锭	万锭	3.63	商业饮食服务网点	处	60
棉布织机	台	1 116		平方米	89 655
印染布	万米/年	2 600	大专院校学生席位	个	2 190
肉类加工	吨/年	1 300	中等学校学生席位	个	42 741
原盐	万吨/年	4	小学学生席位	个	37 679
机制纸及纸板	吨/年		医院病床床位	张	3 876
服装	万件/年	245	自来水管道铺设长度	公里	4.48
新建铁路主线正线交付运营	公里	2.49	城市供热能力:蒸汽	吨/小时	35

全民基本建设施工、竣工房屋建筑面积

单位:万平方米

时期(年份)	施工面积	#住　宅	竣工面积	#住　宅	竣工率(%)	#住　宅
1957			252	111		
"二五"时期	1 788		1 300	406	72.7	
1962	84		55	33	65.5	
1963—1965	593		447	171	75.4	
"三五"时期	920		613	182	66.6	
"四五"时期	3 003		1 615	546	53.8	
"五五"时期	5 802		3 029	1 495	52.2	
"六五"时期	6 680	3 757.9	3 407.1	2 075	51.0	55.2
"七五"时期	5 368.1	2 051.2	2 673.31	1 130.22	49.8	55.1
#1990	865.83	339.85	453.26	183.16	52.3	53.9
"八五"时期						
1991	1 055.10	461.54	490.19	217.12	46.5	47.0

全民基本建设房屋竣工面积造价

单位:元/平方米

时期(年份)	全省平均	厂房	仓库	商业用房	服务业用房	办公室	住宅	教育用房	医疗用房	其他
1962	59.0	111.4	54.8			60.0	41.5	65.0	48.0	82.3
1965	74.6	126.1	64.0			64.9	59.1	49.1	73.5	68.3
1975	78.6	110.7	63.9			68.8	66.1	53.7	89.6	78.9
1978	97.1	134.3	81.2	101.6		89.9	82.1	79.0	105.7	100.4
1980	115.1	144.0	177.9	124.9		106.5	113.8	82.8	119.6	127.3
1985	168.9	235.9	175.9	166.7	253.3	168.8	145.6	167.4	236.4	217.4
1990	396.7	578.0	386.0	421.0	627.0	365.0	306.9	346.3	359.0	448.0
1991	409.1	578.8	363.5	450.9	736.1	374.8	319.2	368.2	434.5	511.8

全民基本建设大中型项目主要经济指标

（1991 年）　　　　单位：万元

建设项目名称	建设地址	计划总投资	自开始建设至本年底累计			本年完成投资	# 建筑工程	本年新增固定资产
			完成投资	新增固定资产	未完工程投资			
合　　计		2 367 638	1811 951	1211 608	486 792	310 590	122 109	287 462
黑龙港治理	沧州衡水	56 229	42 219	42 219	0	619	619	619
秦皇岛桃林口水库	青龙县	86 100	900		900	900	610	
秦皇岛引青济秦西线工程	卢龙县	6 637	6 871	6 788		3 345	2 492	6 743
邯郸矿务局	邯郸市	27 693	21 799	2 020	19 535	6 149	4 034	487
峰峰矿务局	邯郸市	112 405	64 752	49 437	14 193	15 943	6 437	45 554
邢台矿务局	邢台市	25 079	21 747	18 077	2 948	4 198	2 229	6 665
开滦矿务局	唐山市	392 027	362 138	269 570	83 806	23 346	13 575	11 610
冀东石油勘探开发公司	唐海县	152 409	152 244	90 870	4 533	31 875	23 361	22 811
宣化钢铁公司近北庄铁矿	赤城县	9 414	2 795		2 795	2 505	611	
邯邢冶金矿山局北铭河铁矿	武安市	55 407	20		20	20		
河北省矾山磷矿	涿鹿县	21 954	16 943	4 772	11 712	5 500	3 916	1 982
邢台电厂五期扩建工程	邢台市	47 426	34 490	26 054	7 910	18 390	4 403	26 054
西柏坡电厂一期工程	平山县	93 231	17 995		17 453	14 000	8 875	
石家庄热电厂五期扩建	石家庄市	32 120	15 149	1 834	13 315	7 000	2 810	
华能上安电厂	井陉县	135 291	135 291	135 291		2 485	370	2 485
张家口发电总厂沙岭子电厂	张家口市	121 631	122 953	70 248	36 918	30 000	6 463	67 096
承德滦河电厂三期扩建	承德市	17 321	2 000	28	1 873	2 000	210	28
秦皇岛市热电厂一期工程	秦皇岛市	64 865	36 000	1 277	34 723	25 008	11 364	939
河北送变电工程	河北	52 313	41 102	25 651	14 263	20 308	7 956	13 984
潘家口抽水蓄能电站	迁西县	49 900	58 838	460	57 971	12 722	1 940	
石家庄炼油厂	藁城市	54 368	52 513	38 235	13 671	7 900	1 394	2 998
唐山碱厂	丰南县	87 945	84 428	77 890	2 990	1 870	1 002	5 465
中阿化肥公司磷铵厂	秦皇岛市	19 080	21 008	18 924		4 757	1 515	18 822
秦皇岛市晴纶厂	秦皇岛市	68 797	38 200	8 823	27 765	29 501	3 520	7 483
唐山机车车辆工厂	丰润县	35 475	34 154	30 720	2 229	1 000	368	2 783
石家庄显像管厂玻壳生产线	石家庄市	36 000	35 675	33 173	101	301	127	21 875
京山压煤改线	唐山七道桥	62 549	55 487	17 404	34 953	4 400	3 933	3 042
沙蔚地方铁路	蔚县	28 288	2 219		2 219	739	400	
秦皇岛港指挥部	秦皇岛市	205 844	238 512	204 619	27 468	8 729	2 604	3 373
河北省广播电视厅彩电中心	石家庄市	6 910	925		917	925	25	
机电部第十三研究所	石家庄市	4 550	4 539	4 539		565	59	1 915
长芦黄骅盐场扩建	黄骅市	8 015	7 987	7 645		1 939	1 135	1 783
唐山丰润新区热电厂 4 号机	丰润县	3 869	3 750	3 683		686	80	686
四零四山海关综合厂	秦皇岛市	12 000	8 910	876	5 965	3 443	1 649	214
渤海铝业有限公司	秦皇岛市	148 527	52 222	11 210	38 301	13 669	828	2 759
河北省万全柠檬酸厂	万全县	4 677	4 677		4 677	1 580	245	
张家口市宣化碑酒厂四期	宣化区	3 995	3 995	3 480		395	45	1 416
曲周人造板厂	曲周县	7 047	396	17	379	370	20	17
威县造纸厂筹建处	威县	2 650	508	174	289	508	333	174
河燕美特种建材工艺总公司	三河县	7 600	5 600	5 600		1 000	552	5 600

全民更新改造及其他固定资产投资

时期(年份)	投资总额(亿元)	#国家财政拨款	#国内贷款	#自筹和其他投资
"一五"时期	0.79			
"二五"时期	4.09			
1963－1965	2.56			
"三五"时期	7.21			
"四五"时期	20.09			
"五五"时期	45.26			
"六五"时期	88.37	4.00	18.88	65.20
"七五"时期	200.04	3.00	71.92	125.12
#1990	45.04	0.67	14.92	29.45
"八五"时期				
1991	49.59	0.30	20.43	28.86

全民更新改造投资及房屋建筑面积

指　标	绝对数		投资构成%	
	1991年	1990年	1991年	1990年
一.投资总额(亿元)	**46.60**	**41.85**	**100.0**	**100.0**
1.按构成分				
#建筑安装工程	16.92	15.06	36.3	36.1
设备工器具购置	26.28	23.66	56.4	56.5
2.按建设性质分				
#新建	1.22	1.08	2.6	2.6
扩建	21.93	20.54	47.1	47.9
改建	22.23	19.36	47.7	41.4
3.按用途分				
(1)生产性建设	43.08	39.04	92.4	93.3
#增产	21.15	17.16	45.4	41.0
节约能源	2.31	2.03	5.0	4.8
其他节约	0.14	0.09	0.3	0.3
增加品种	10.07	8.92	21.6	21.3
提高产品质量	1.89	2.62	4.1	6.3
三废治理	0.58	0.62	1.2	1.5
(2)非生产性建设	3.52	2.81	7.6	6.7
#住宅	1.62	1.44	3.5	3.4
二.新增固定资产(亿元)	**42.01**	**34.99**		
三.房屋建筑面积(万平方米)				
施工面积	328.23	398.82		
#住宅	79.52	95.89		
竣工面积	190.13	212.29		
#住宅	44.40	48.57		

按国民经济行业分全民更新改造新增固定资产

（1991年）

行业	新增固定资产（万元）	固定资产交付使用率（%）	行业	新增固定资产（万元）	固定资产交付使用率（%）
总计	**420 123**	**90.2**	（二十七）医药工业	18 321	87.0
一.农、林、牧、渔、水利业		**50.0**	（二十八）化学纤维工业	2 440	220.2
#（一）农业	461	100.0	（二十九）橡胶制品业	1 168	55.5
种植业	461	100.0	（三十）塑料制品业	1 615	62.1
（二）林业	0	0.0	（三十一）建材及非金属矿物制品业	35 252	121
（三）畜牧业	70	7.8	（三十二）黑色金属冶炼及压延业	34 333	71.2
二.工业	373 797	89.9	（三十三）有色金属冶炼及压延业	1 315	50.5
（一）煤炭采选业	31 337	71.7	（三十四）金属制品业	3 787	30.2
煤炭开采业	30 725	70.5	（三十五）机械工业	31 480	104.4
（二）石油和天然气开采业	0	0.0	（三十六）交通运输设备制造业	7 807	123.5
（三）黑色金属矿采选业	2 708	65.9	（三十七）电气机械及器材制造业	8 040	68.3
（四）有色金属矿采选业	1 132	94.7	（三十八）电子及通信设备制造业	8 309	96.9
（五）建材及其他非金属矿采选业	253	33.6	（三十九）仪器仪表及计量制造业	230	70.1
（六）采盐业	1 054	36.9	（四十）其他工业	1 195	119.0
（七）其他矿采选业	0	0.0	**三.地质普查和勘探业**	**201**	**100.0**
（九）自来水生产和供应业	85	100.0	**四.建筑业**	2 801	98.7
（十）食品制造业	5 402	52.9	（一）土木工程建筑业	2 491	95.5
（十一）饮料制造业	14 663	99.1	**五.交通运输邮电通讯业**	**33 137**	**92.4**
（十二）烟草加工业	5 876	102.6	六.商业、饮食、物资供销和仓储业	**2 693**	**69.1**
（十三）饲料工业	171	40.1	（一）商业	2 220	77.9
（十四）纺织业	68 815	128.2	（二）物资供销业	154	44.3
（十五）缝纫业	398	111.48	**七.房地产、公用、居民和咨询服务业**	55	100.0
（十六）皮革毛皮及其制品业	1 206	109.0	（一）房地产管理业	—	—
（十七）木材加工及竹藤棕草制品业	340	92.4	（二）公用事业	—	—
（十八）家具制造业	76	100.0	**八.卫生体育和社会福利事业**	**241**	**87.3**
（十九）造纸及纸制品业	12 656	143.8	（一）卫生事业	241	87.3
（二十）印刷业	901	92.2	**九.教育、文化艺术和广播电视事业**	**814**	**86.8**
（二十一）文教体育用品制造业	592	74.4	（二）文化艺术事业	158	100.0
（二十二）工艺美术品制造业	165	126.0	**十.科学研究和综合技术服务事业**	**7**	**8.4**
（二十三）电力蒸汽热水生产供应业	**24 069**	**109.5**	**十一.金融、保险业**	**390**	**135.9**
（二十四）石油加工业	8 197	92.2	**十二.国家政党机关和社会团体**	3 459	89.2
（二十五）炼焦煤气及煤制品业	3 355	30.0	**十三.其他行业**	1 664	773.9
（二十六）化学工业	35 054	76.9			

全民更新改造新增主要产品生产能力(或效益)

(1991 年)

能力(效益)名称	单 位	数 量	能力(效益)名称	单 位	数 量
铁矿烧结	万吨/年	170	水泥	万吨/年	94.71
炼焦	万吨/年	4	棉纺锭	万锭	7.70
炼铁	万吨/年	10.73	印染布	万米/年	5965
耐火材料	万吨/年	2.30	毛纺锭	锭	240
硫酸(折合 100%)	万吨/年	1.22		日处理原料:吨	90
烧碱(折合 100%)	万吨/年	1	植物油	日精炼油:吨	16.50
合成氨	万吨/年	7.32	酒	万吨/年	5.69
化肥	折合量:万吨	7.43	#啤酒	万吨/年	3.81
#磷肥(折合量			机制纸及纸板	万吨/年	5.62
含 $P_2O_5$100%)	万吨	4.01	市内电话自动交换	万门	12.50
输电线路(11 万伏及以上)	公里	160.61	商业饮食服务网点	处	13
变电设备(11 万伏及以上)	万千伏安	38.18		平方米	18919
铸铁件能力	吨/年	12850	污水处理能力	万吨/日	42.60

全民更新改造限额以上项目主要经济指标

(1991 年)　　　　单位:万元

建设项目名称	建设地址	计划总投资	自开始建设至本年底累计			本年完成投资		本年新增固定资产
			完成投资	新增固定资产	未完工程投资		#建筑工程	
总　　计		**269013**	**220546**	**102418**	**110466**	**91116**	**20268**	**79966**
保定装饰布公司炼焦煤气及焦炉大修	保定市	5589	5410	5302		644	143	2279
石家庄焦化厂焦炉大修	石家庄市	15900	26710	1982	23697	7687	2427	1658
宣化化肥厂改产尿素工程	宣化县	13454	12887	369	12518	7799	497	50
邯郸钢铁总厂整体改造	邯郸市	86057	50442	16605	33837	24819	7084	16605
邯郸水泥厂 3#窑技改	邯郸市	9983	1825	0	1825	1696	921	
唐山启新水泥厂技改	唐山市	17010	2873	381	2492	2586	2230	197
华北制药厂"七五"重大技改	石家庄市	14075	11958	1877	10081	3565	695	247
张家口市第三毛纺厂中高档毛毯	张家口市	3636	3636	3636		922	220	3566
邢台市第二棉纺厂引进设备	邢台市	5740	5476	3578	1548	1746	770	1078
河间县棉纺厂扩建	河间县	4299	5052	4289		530	79	438
衡水地区棉纺厂	衡水市	9360	9360	8422		5526	191	8422
乐亭县纺织厂扩建	乐亭县	3800	7255	7117		3951	354	7117
沧州电厂油改煤工程	沧州市	4500	7124	6189		276	0	6189
下花园电石厂节能电石炉	张家口市	5532	5527	5429		645	100	645
张家口市制药厂红霉素车间	张家口市	3301	3301	2801		2272	39	280
唐山冀东制药厂无水柠檬酸生产线	唐山市	3971	737		737	712	131	
石家庄市化工化纤厂	石家庄市	4937	6302	6134		1088	644	2421
唐山市陶瓷厂卫生瓷改造	唐山市	4950	5900	5900		1700	285	5900
唐山陶瓷工业公司一瓷厂	唐山市	3996	4245	4245		799	49	4225
石家庄市铝厂引进铝铂生产线	石家庄市	5034	6074	1266	4808	451	365	546
华北油柴油机厂技术改造	石家庄市	4598	788	788		538	327	788
邢台市化工电机厂引进烤箱生产线	邢台市	2900	3944		3404	404	141	
河北冀乐阿塞依国际集装箱有限公司	沧州市	9810	8661	1245	7416	8661	1625	1245
邢台市长征汽车制造厂	邢台市	3500	3380	2941	439	337	85	1939
石家庄市电机厂黑字还流贷款	石家庄市	4930	3606	3356		3044	112	3044
石家庄显像管厂玻壳生产线	石家庄市	5392	5372	3321	1919	2102	89	3321
石家庄显像管厂销钉阳极帽生产线	石家庄市	4371	4328		4326	3669	326	
石家庄显像管厂电子枪生产线	石家庄市	3880	3865	3011	436	48	34	3011
石家庄电信局	石家庄市	4508	4508	2234		2899	305	2234

全社会建筑施工企业个数和人数

年　　份	总　　计	全民所有制建筑施工企业	城镇集体所有制建筑施工企业	农村建筑队	城镇个体建筑队
施工企业个数(个)					
1985	5 417	200	241	4 976	
1990	49 212	237	290	46 900	1 785
1991	48 263	244	310	43 639	4 070
施工企业人数(万人)					
1985	78.8	29.8	11.7	37.3	
1990	159.7	42.9	16.4	98.3	2.1
1991	166.4	41.1	18.6	95.8	10.9

全社会建筑业产值、利润和税金

(1991 年)　　　　单位:万元

	总产值	利润总额	上缴税金
全省总计	**1 570 186**	**79 017**	**54 603**
(一)全民建筑企业	625 946	11 327	23 257
1.中央	364 485	7 918	10 332
2.地方	261 461	3 409	12 925
(二)集体建筑施工企业	647 973	41 273	23 388
1.城镇集体	214 608	4 724	8 044
2.农村集体	433 365	36 549	15 344
乡办	185 300	14 085	5 970
村办	70 377	6 122	3 570
联办	177 688	16 342	5 804
(三)个体建筑队	296 267	26 417	7 958
1.农村个体	217 616	20 599	6 120
2.城镇个体	78 651	5 818	1 838

地方全民所有制建筑施工企业技术装备

指　　标	计算单位	1985 年	1990 年	1991 年
年底自有机械设备总量	台	39 036	49 788	50 398
年底自有机械设备原值	万元	37 716	57 591	65 671
年底自有机械设备净值	万元	27 429	36 805	41 143
全部职工技术装备率	元/人	1 695	2 130	2 325
#工人	元/人	2 166	2 759	3 059
全部职工动力装备率	千瓦/人	2.84	3.91	4.61
#工人	千瓦/人	3.62	5.07	6.07

地方全民所有制建筑施工企业主要经济指标

	计算单位	1991年	1990年	1991年为 1990年%
总　产　值	亿元	26.15	23.43	111.6
# 施工产值	亿元	25.33	22.44	112.9
按总产值计算的全员劳动生产率	元/人	13 581	10 852	125.1
按施工产值计算的全员劳动生产率	元/人	13 160	10 394	126.6
全部职工平均人数	万人	19.25	21.59	89.2
# 扣除其他人员后的	万人	18.16	17.40	104.4
房屋建筑施工面积	万平方米	822.74	736.55	111.7
房屋建筑竣工面积	万平方米	395.25	386.76	102.2
# 住 宅	万平方米	183.70	156.04	117.7
房屋建筑面积竣工率	%	48.00	52.51	91.4
工程质量优良品率	%	31.80	30.88	103.0
年底自有机械设备净值	亿元	4.11	3.68	111.7
技术装备率	元/人	2 325	2 130	109.2
动力装备率	千瓦/人	4.61	3.91	117.9
净 产 值	亿元	7.09	5.92	119.8
工程成本降低额	亿元	－0.19	－0.16	118.8
工程成本降低率	%	－0.80	－0.82	97.6
利润总额	亿元	0.34	0.35	97.1
产值利润率	%	1.30	1.49	87.2
定额流动资金平均占用额	亿元	8.60	8.20	104.9
每百元产值占用定额流动资金	元	32.90	34.98	94.1
年底拥有固定资产原值	亿元	11.26	10.07	111.8
年底拥有固定资产净值	亿元	8.02	7.22	111.1
资金利润率	%	2.10	2.27	92.5

地方全民所有制建筑施工企业固定资产和流动资金

	计算单位	1985年	1990年	1991年
年底拥有固定资产原值	万元	60 507	100 731	112 602
年底拥有固定资产净值	万元	45 373	72 166	80 181
定额流动资金平均占用额	万元	36 071	81 954	85 958
每百元产值占用定额流动资金	元	27	35	33
资金利润率	%	10.4	2.3	2.1

地方全民建筑业总产值

	计算单位	1985年	1990年	1991年
建筑业总产值	**万元**	**131 836**	**234 286**	**261 461**
# 施工产值	万元	126 663	224 412	253 324
# 建筑安装产值	万元	125 076	219 427	246 921
# 房屋构筑物修理产值	万元	1.152	2 140	1 904
# 非标准设备制造产值	万元	435	2 845	4 499
# 建安附属生产外销购件产值	万元	4 227	6 991	8 097
# 建安附属勘察设计产值	万元	660	7	503

地方全民所有制建筑施工企业全员劳动生产率

	计算单位	1985 年	1990 年	1991 年
按总产值计算的劳动生产率				
全部职工	元/人.年	7 494	10 852	13 582
扣除其他人员	元/人.年	7 912	13 467	14 398
按施工总值计算的劳动生产率				
全部职工	元/人.年	7 108	10 394	13 160
扣除其他人员	元/人.年	7 598	12 900	13 950

地方全民大中型建筑安装企业主要经济指标

(1991 年)

	年末全部职工实有人数(人)	总产值(万元)	净产值(万元)	增加值(万元)	年末固定资产(万元)	定额流动资金年末数(万元)	利润总额(万元)	上交税金(万元)	全员劳动生产率(元/人.年)
总　　计	**108 126**	**161 336**	**44 153**	**44 247**	**66 547**	**59 489**	**1 334**	**4 210**	**13 827**
河北省第四建筑工程公司	8 193	11 493	3 060	3 051	4 810	3 315	187	430	15 091
河北省安装工程公司	2 666	7 282	2 271	2 155	2 563	2 700	301	348	28 568
河北省水利厅工程局	3 911	4 955	1 258	1 544	6 690	2 652	—300	78	12 304
河北省交通厅公路工程局	2 517	12 553	2 086	2 604	5 231	300	366		21 797
河北国防工业建筑公司	2 536	3 235	770	734	1 133	1 106	13	119	13 231
河北省第二建筑工程公司	4 367	4 813	1 679	1 598	1 893	1 711	31	178	11 881
石家庄市第一建筑工程公司	3 944	3 988	862	1 015	1 736	1 017	—318	138	9 430
石家庄市第二建筑工程公司	4 801	6 037	2 075	1 945	2 032	2 940	198	253	12 427
石家庄市住宅建设公司	2 035	1 739	429	437	369	886	20	47	9 492
石家庄市市政工程公司	1 717	2 728	1 285	1 146	1 716	471	127		12 007
唐山钢铁公司建筑安装公司	4 139	6 070	2 007	1 884	1 818	3 705	123	193	12 733
唐山市第四建筑工程公司	2 278	2 673	787	685	611	565	115	77	11 147
唐山市第一建筑工程公司	7 478	10 907	2 691	2 740	3 171	4 298	127	411	13 314
河北第三建筑工程公司	2 608	3 747	1 011	893	2 304	800	—133		11 731
秦皇岛市第一建筑工程公司	3 117	3 663	1 103	1 090	1 578	1 791	57	130	12 141
邯郸市建筑工程总公司	13 060	21 990	5 735	5 852	10 398	12 561	117	13	14 024
河北省冶金建设公司	4 261	6 333	1 655	1 771	2 416	1 700	86	179	16 540
河北省第一建筑工程公司	6 545	9 601	3 025	2 860	3 160	2 132	91	366	12 886
保定市第一建筑公司	2 959	3 732	897	904	1 768	1 549	21	135	12 570
张家口市第一建筑公司	3 792	6 275	1 959	1 861	2 095	1 844	184	221	15 838
张家口市第二建筑工程公司	3 476	4 812	1 223	1 053	1 438	2 437	7	147	13 468
承德市建筑安装工程公司	5 240	6 519	2 040	2 014	2 496	3 454	41	236	11 997
沧州市建筑安装工程公司	2 704	3 589	913	936	1 415	855	—96	128	13 293
廊坊市城市建筑工程二公司	2 000	3 008	727	643	885	1 896	14	52	14 189
河北省永年县建筑公司	2 283	3 040	842	881	842	1 300	105	121	13 392
保定地区建筑安装工程公司	2 463	1 938	676	904	947	647	—119	66	8 129
沧州地区建筑安装工程公司	3 036	4 616	1 087	1 047	1 032	857	—31	144	14 881

1000人以上城镇集体所有制建筑安装企业主要经济指标

（1991年）

	年末全部职工实有人数（人）	总产值（万元）	净产值（万元）	增加值（万元）	年末固定资产（万元）	定额流动资金平均（万元）	利润总额（万元）	上交税金（万元）	全员劳动生产率（元/人.年）
总计	**86 743**	**90 736**	**23 785**	**24 661**	**26 487**	**14 296**	**1 950**	**3 554**	**11 613**
石家庄市第三建筑工程公司	3 617	4 534	1 145	1 116	1 139	1 363	32	148	12 395
石家庄市正定县建筑公司	2 512	2 980	709	712	956	850	26	108	14 224
正定县第二建筑工程公司	1 450	2 384	555	566	141	89	0	71	18 625
唐山市开平区建安公司	1 500	2 501	738	742	227	139	188	190	17 189
唐山市丰润县建筑工程公司	1 241	1 702	410	429	637	255	75	93	14 891
滦南县第二建筑工程公司	1 020	1 366	392	409	1 843	20	67	70	12 590
迁安县第二建筑工程公司	1 684	1 203	242	251	414	8	19	44	10 553
唐山迁安县建筑工程公司	1 136	1 274	396	410	184	66	70	71	15 945
唐山迁安县建筑工程公司	1 142	538	269	279	160	354	5	20	6 163
河北省唐山遵化县建安公司	2 464	2 309	788	742	889	316	120	125	15 404
秦皇岛市第二建筑公司	3 301	5 780	1 362	1 393	938	1 279	104	214	18 791
秦市山海关建筑安装公司	1 089	1 175	315	336	357	25	29	52	16 434
保定市第二建筑公司	1 805	2 446	514	458	908	1 908	9	84	14 049
保定市第五建筑公司	1 701	1 842	460	456	797	0	31	63	14 169
满城建筑安装工程公司	3 020	2 735	517	793	813	205	68	85	8 528
河北省清苑县建筑公司	3 500	3 069	791	790	871	0	15	83	9 926
张家口市第三建筑公司	1 637	2 555	735	656	802	90	6	78	15 608
张家口市第四建筑公司	1 531	1 602	480	447	918	646	－58	57	9 715
沧州市第二建筑工程公司	1 008	1 018	257	250	170	10	31	31	9 188
沧县建筑安装工程公司	1 500	2 930	663	674	195	68	40	124	12 208
沧州市沧县二建公司	1 100	1 217	259	259	130	0	20	35	11 064
沧州市青县建筑工程公司	1 471	820	188	192	185	1	29	27	9 142
香河县建筑工程二公司	1 929	1 032	380	399	195	45	2	45	5 320
河北省大城县建筑工程公司	1 763	1 298	256	276	145	48	1	31	18 464
河北省霸州市建筑公司	1 000	782	160	169	167	26	10	23	12 572
河北省广平县建筑安装公司	1 200	550	199	190	200	120	3	16	4 783
河北省成安县第二建筑公司	1 013	1 065	285	286	123	1 040	26	39	13 116
河北省临漳县建筑公司	2 245	1 796	516	529	298	150	80	72	8 353
河北省任县建筑公司	1 050	985	245	255	154	3	13	38	9 890
河北省巨鹿县第一建筑公司	1 050	651	129	123	215	30	10	19	6 510
河北省辛集市建筑公司	1 500	1 114	376	349	155	94	9	39	7 412
河北省藁城市建筑公司	1 348	1 252	446	496	345	212	80	64	15 012
河北省灵寿县第一建筑公司	1 100	343	75	75	99	20	0	5	3 769
河北省行唐县建筑公司	1 854	1 902	269	285	161	97	35	25	13 108
定州市第一建筑工程公司	1 843	1 552	425	481	823	0	46	36	8 212
河北省定州市建筑工程公司	2 081	1 900	446	444	1 161	373	7	69	9 448
定州市第四建筑工程公司	1 850	1 990	545	703	916	0	99	79	10 757
河北省定州市城建一公司	2 093	1 900	531	621	801	170	78	240	9 091
定州市第三建筑工程公司	2 098	1 544	429	417	700	0	35	100	7 324
河北省定州市建筑工程公司	2 675	2 298	658	906	976	0	55	105	10 106
河北省徐水县建筑工程公司	2 550	3 262	922	909	645	630	41	129	12 668
河北省唐县第二建筑公司	1 972	2 354	723	736	814	196	53	83	11 534
河北省望都县建筑工程公司	1 135	769	228	240	198	1 540	20	9	13 304
河北省涞水县建筑工程公司	2 328	2 738	696	721	746	522	59	48	10 861
河北省容城县建设局	1 100	872	189	193	800	100	31	43	7 927
新城县建筑安装工程公司	2 702	3 257	994	1 036	983	62	99	104	14 825
新城县冀新建筑工程公司	2 300	2 062	498	539	399	210	58	64	10 254
河北省曲阳县第一建筑公司	1 285	784	172	173	68	201	12	9	11 011
黄骅市第一建筑工程公司	1 250	2 704	808	750	526	715	62	147	23 391

商业、物价和物资

社会商业、饮食业、服务业机构和人员数

项　　目	1985年	1990年	1991年
一、机　构(万个)	**63.27**	**64.16**	**66.92**
(一)商业	45.64	49.26	51.24
1.企业管理机构	0.54	0.60	0.56
#兼营业务的	0.33	0.34	0.33
2.企业经营机构	45.04	48.58	50.60
(1)农副产品采购机构	0.69	0.67	0.65
(2)工业品批发机构	0.26	0.41	0.44
(3)零售机构	43.71	46.95	49.17
(4)其它机构	0.38	0.55	0.34
3.仓储运输机构	0.06	0.08	0.08
(二)饮食业	10.16	7.90	8.28
(三)服务业	7.47	7.00	7.40
二、人　员(万人)	**187.29**	**187.89**	**196.19**
(一)商业	140.52	149.44	155.89
1.企业管理机构	10.87	11.71	11.30
#兼营业务的	5.64	6.11	5.50
2.企业经营机构	128.02	135.66	142.34
(1)农副产品采购机构	7.30	9.23	9.51
(2)工业品批发机构	4.81	7.12	8.04
(3)零售机构	112.25	114.57	119.85
(4)其它机构	3.66	4.74	4.94
3.仓储运输机构	1.63	2.07	2.25
(二)饮食业	28.68	22.62	24.03
(三)服务业	18.09	15.83	16.27

注:本表商业企业管理机构包括饮食业、服务业管理机构数。

社会零售商业、饮食业、服务业分经济类型机构和人员数

项　　目	1985年	1990年	1991年
一、机构(万个)	**61.35**	**61.85**	**64.61**
1.商业	43.72	46.95	48.93
(1)全民所有制	0.84	0.88	0.92
(2)集体所有制	5.40	4.02	3.95
(3)合营	0.01	0.00	0.00
(4)个体	37.47	42.05	44.06
2.饮食业	10.17	7.90	8.28
(1)全民所有制	0.15	0.18	0.18
(2)集体所有制	0.55	0.42	0.41
(3)合营	0.00	0.00	0.00
(4)个体	9.47	7.30	7.69
3.服务业	7.46	7.00	7.40
(1)全民所有制	0.14	0.15	0.15
(2)集体所有制	0.50	0.43	0.40
(3)合营	0.00	0.00	0.00
(4)个体	6.82	6.42	6.85
二、人员(万人)	**158.91**	**153.02**	**159.90**
1.零售商业	112.25	114.57	119.60
(1)全民所有制	12.05	14.96	16.06
(2)集体所有制	33.70	28.58	27.89
(3)合营	0.07	0.12	0.12
(4)个体	66.43	70.91	75.53
2.饮食业	28.67	22.62	24.03
(1)全民所有制	2.29	2.33	2.45
(2)集体所有制	4.93	3.43	3.43
(3)合营	0.00	0.00	0.00
(4)个体	21.15	16.85	18.10
3.服务业	17.99	15.83	16.27
(1)全民所有制	2.03	2.00	2.07
(2)集体所有制	3.96	4.03	3.35
(3)合营	0.00	0.03	0.04
(4)个体	11.95	9.78	10.79

注:供销合作社包括在集体所有制中,合营包括各种不同经济类型的合营。

社会商品购买力来源和分配

单位:亿元

项　　目	1985年	1990年	1991年
一、货币收入总额	**267.27**	**629.07**	**702.38**
1.全民职工工资	45.30	106.40	116.38
2.城镇集体职工工资	16.75	22.18	24.66
3.各种合营单位职工工资	0.06	0.74	1.19
4.城镇个体劳动者净货币收入	1.92	7.50	8.06
5.其他职业者收入	3.78	6.88	7.70
6.农民出售农副产品的收入		30.69	38.31
7.农民从集体统一经营中得到的收入		12.41	9.25
8.农民从经济联合体得到的收入	87.43	150.57	168.29
9.农民从事工业和手工业的净货币收入	20.97	21.79	13.53
10.农民劳务净收入	33.05	77.55	91.89
11.居民从国家财政得到的收入	4.16	12.24	13.52
12.银行和信用社农贷净增加额	1.29	19.56	12.92
13.居民其他货币收入	36.08	115.94	132.17
14.外地汇(带)入货币差额		13.41	26.00
15.外宾购买消费品货币	0.02	0.09	0.16
16.社会集团购买化作消费品货币	16.46	28.21	35.03
17.村(队)购买农业生产资料的货币		2.91	3.32
二、非商品性支出总额	**32.83**	**98.55**	**114.98**
1.居民文化生活服务支出	8.43	29.27	36.91
2.居民向国家缴纳的各种税金	5.99	16.09	17.47
3.银行和信用社农贷净减少额			
4.居民其他货币支出	11.56	53.19	60.60
5.汇(带)往外地货币差额	6.81		
#在外地实现的购买力差额	3.26		
6.农产品预购定金净减少额	0.04		
三、当年购买力总额	**234.44**	**530.52**	**587.40**
(一)已实现的购买力	204.45	380.83	434.36
1.居民消费品购买力	152.97	279.74	316.16
2.外宾消费品购买力	0.02	0.09	0.16
3.社会集团公用消费品购买力	16.70	28.21	35.03
4.农民农业生产资料购买力	34.76	72.79	83.01
(二)当年结余货币	29.99	149.69	153.04
1.居民年末储蓄存款比年初增加额	20.47	140.09	136.54
2.居民年末手存现金比年初增加额	9.52	9.60	16.50
四、年末结余货币总额	**163.58**	**636.69**	**789.73**
1.居民储蓄存款	111.01	504.59	641.13
2.居民手存现金	52.57	132.10	148.60

社会农副产品收购总额

单位:亿元

	1978年	1985年	1990年	1991年
合　　计	21.11	87.60	152.02	169.93
商业部门	20.56	74.41	110.30	123.36
工业及其它部门		3.19	15.44	13.61
非农业居民向农业居民购买	0.55	10.10	26.28	32.96

社会农副产品收购量

产品名称	单位	1978年	1985年	1990年	1991年
粮　食	万吨	229.1	562.5	609.9	871.5
食用植物油	万吨	3.72	22.99	22.1	30.2
肥　猪	万头	345	468	567	645
菜　牛	万头	4	9	31	33
菜　羊	万头	37	125	183	202
家　禽	万只	559	1 582	1 078	1 482
鲜　蛋	万吨	2.54	5.28	5.90	7.20
水产品	万吨	5.01	4.07	5.75	7.30
茶　叶	吨		279	1 142	1 648
苹　果	万吨	9.84	12.98	10.37	12.30
蜂　蜜	万吨	0.04	0.54	0.86	0.51
棉　花	万吨	10.43	74.55	49.97	56.52
棉短绒	万吨	1.60	3.47	2.21	2.23
黄红麻	万吨	0.63	0.49	1.14	1.02
甜　菜	万吨	6.61	10.32	6.79	13.43
烤　烟	万吨	0.60	0.38	0.81	1.21
桑蚕茧	万吨	0.08	0.02	0.04	0.04
苇　席	万领	636	1 152	499	540
绵羊毛	万吨	0.41	0.81	0.86	1.02
山羊毛	吨	300	530	150	398
羊　绒	吨	185		95	88
牛　皮	万张	9	18	30	17
绵羊皮	万张	57	189	126	344
山羊皮	万张	215	410	246	259
猪　鬃	万箱		2.77	1.01	0.93
猪肠衣	万根		575	334	328

历年社会商品零售总额

（按用途和对象、城乡分）　　单位：亿元

年份	社会商品零售总额	社会商品零售额	按用途和对象分				按城乡分	
			消费品	售给居民	售给社会集团	农业生产资料	城市	乡村
1952	16.92	15.89	15.79	14.53	1.26	1.13	5.73	11.19
1953	20.41	19.43	18.81	17.25	1.56	1.60	6.82	13.59
1954	22.22	21.29	20.24	18.42	1.82	1.98	7.63	14.59
1955	23.93	22.91	21.84	19.74	2.10	2.09	7.97	15.96
1956	28.26	27.27	25.38	22.59	2.79	2.88	9.43	18.83
1957	26.82	25.81	24.59	22.01	2.58	2.23	9.54	17.28
1958	31.63	31.31	25.04	22.76	2.28	6.59	10.36	21.27
1959	35.26	34.76	29.47	26.70	2.77	5.79	11.60	23.66
1960	37.83	37.17	29.47	26.47	3.00	8.36	12.73	25.10
1961	32.65	31.39	26.27	23.95	2.32	6.38	10.51	22.14
1962	31.04	29.67	26.25	24.57	1.68	4.79	9.40	21.55
1963	30.71	29.79	26.28	24.56	1.72	4.43	9.07	21.64
1964	34.04	33.51	29.14	27.28	1.88	4.90	9.24	24.80
1965	32.04	31.63	26.63	24.77	1.86	5.41	8.75	23.29
1966	33.85	33.44	27.59	35.52	2.07	6.26	9.32	24.53
1967	32.88	32.52	27.15	24.86	2.29	5.73	9.40	23.48
1968	31.88	31.56	26.52	24.26	2.26	5.36	9.22	22.66
1969	37.24	36.91	29.89	27.39	2.50	7.35	9.91	27.33
1970	42.26	41.93	32.36	29.66	2.70	9.90	11.44	30.82
1971	45.13	44.82	33.71	30.81	2.90	11.42	11.80	33.33
1972	51.22	50.91	37.71	34.56	3.15	13.51	13.77	37.45
1973	54.17	53.90	39.98	35.15	4.83	14.19	14.60	39.57
1974	58.99	58.75	43.19	38.17	5.02	15.80	16.09	42.90
1975	66.83	66.57	47.56	41.67	5.89	19.27	17.58	49.25
1976	71.98	71.62	52.48	46.19	6.29	19.50	19.37	52.61
1977	78.56	78.09	57.55	50.67	6.88	20.01	20.88	57.68
1978	83.68	83.14	60.34	53.67	6.67	23.34	21.60	62.08
1979	93.44	92.46	69.15	61.46	7.69	24.29	24.43	69.01
1980	103.93	102.40	81.21	73.07	8.14	22.72	26.71	77.22
1981	111.82	109.66	90.20	81.80	8.40	21.62	30.16	81.66
1982	121.11	117.69	96.49	87.64	8.85	24.62	35.05	86.06
1983	138.05	134.19	108.41	98.61	9.80	29.64	42.45	95.60
1984	173.96	168.20	139.11	125.60	13.51	34.85	53.63	120.33
1985	204.45	194.45	169.69	152.99	16.70	34.76	65.40	139.05
1986	230.55	216.64	192.28	174.07	18.21	38.27	71.52	159.03
1987	271.32	255.85	223.44	202.68	20.76	47.88	96.75	174.57
1988	355.12	332.92	290.56	265.21	25.35	64.56	128.54	226.58
1989	374.48	350.47	304.60	278.04	26.56	69.88	137.44	237.04
1990	380.83	354.55	308.04	279.83	28.21	72.79	144.21	236.62
1991	434.35	401.40	351.35	316.32	35.03	83.00	173.16	261.19

社会商品零售总额

（按经济类型分）　　单位：亿元

产品名称	1978年	1985年	1990年	1991年
全民所有制	44.22	84.30	162.40	187.52
集体所有制	38.83	76.39	118.96	128.61
合　营		0.11	0.61	1.09
个　体	0.08	33.65	72.58	84.18
农民对非农业居民零售	0.55	10.00	26.28	32.96

主要年份社会消费品零售额

年份	社会消费品零售额	# 食品类	# 衣着类	# 日用品类	# 文化娱乐用品类	# 书报杂志类	# 药和医疗用品类	# 燃料类
绝对数(亿元)								
1952	15.79	9.57	3.53	1.04	0.23	0.15	0.16	1.11
1957	24.59	13.65	5.84	2.40	0.31	0.24	0.54	1.61
1962	26.25	11.76	3.45	7.03	0.73	0.19	1.24	1.85
1978	60.34	27.88	13.70	9.78	0.72	0.59	3.02	3.44
1979	69.15	31.60	15.90	11.36	0.97	0.81	3.04	3.73
1980	81.21	36.70	19.00	13.39	1.38	0.90	3.17	4.14
1981	91.20	40.59	19.21	16.03	3.07	0.95	3.29	3.79
1982	96.49	45.54	19.34	16.44	3.09	1.03	3.60	3.57
1983	108.41	51.71	22.12	18.04	2.82	1.17	4.06	3.58
1984	139.11	66.36	27.13	22.88	5.56	1.35	4.37	5.15
1985	169.69	81.79	28.68	26.22	11.20	1.95	5.10	6.28
1986	192.28	93.26	28.84	29.71	12.50	2.21	5.77	7.11
1987	223.44	109.49	34.19	32.62	14.30	2.68	6.70	7.82
1988	290.56	138.31	44.75	45.91	18.01	2.62	7.84	9.88
1989	304.60	152.60	44.35	42.15	18.89	3.35	9.44	12.18
1990	308.04	155.56	47.44	41.28	17.52	3.79	10.91	13.30
1991	351.35	179.19	59.38	46.73	20.03	2.46	11.24	10.54

社会消费品零售量

商品名称	单位	1978年	1985年	1990年	1991年
粮食	万吨	236.1	489.7	314.1	320.4
食用植物油	万吨	3.0	17.1	18.9	19.2
猪和猪肉	万头	330.5	363.2	393.4	415.6
牛和牛肉	万头	4.6	4.9	10.0	9.8
羊和羊肉	万只	39.0	82.7	87.1	87.2
鲜蛋	万吨	1.4	2.9	4.6	5.5
水产品	万吨	4.0	3.8	8.6	8.7
食盐	万吨	40.1	38.8	37.2	36.9
食糖	万吨	10.9	27.0	14.9	15.0
卷烟	万箱	54.1	114.9	102.5	103.6
酒	万吨	7.4	23.1	29.6	26.6
茶叶	万吨	0.3	0.3	0.4	0.4
棉布	亿米	3.8	3.8	1.7	1.1
棉花化纤混纺布	亿米		1.0	0.7	0.5
# 涤棉混纺布	亿米		0.8	0.4	0.3
化纤布	亿米		0.4	0.4	0.4
呢绒	万米		1 179.2	764.0	745.3
绸缎	万米		2 756.7	1 583.9	1 389.7
针织内衣裤	万件		5 729.4	4 004.2	3 398.7
各种服装	万件		2 712.7	3 555.8	3 555.1
毛线	万公斤		201.4	143.7	162.0
皮鞋	万双		588.6	505.6	452.4
胶鞋	万双	902.5	1 429.1	1 719.2	1 723.5
火柴	万件	95.6	170.2	111.7	139.1
肥皂	万箱	127.3	202.7	363.4	245.8
洗衣粉	万吨		3.8	4.4	3.4
保温瓶	万个		576.4	526.4	326.5
缝纫机	万架	28.0	51.9	30.3	23.4
手表	万只	48.6	212.6	162.1	125.4
自行车	万辆	57.5	120.9	132.6	125.1
半导体收音机	万台	112.6	88.1	58.1	49.6
电视机	万台		57.6	82.2	74.6
# 彩色电视机	万台			32.2	33.5
录音机	万台		25.4	37.4	36.4
电风扇	万台		58.9	139.0	140.9
洗衣机	万台		39.1	34.9	30.6
电冰箱	万台		3.2	16.0	16.4
煤油	万吨	4.0	3.9	3.6	3.7
市场用煤	万吨	811.0	1 711.0	1 355.9	1 430.4

工业部门对集体、个体商业商品销售和零售

项目	单位	1985年	1990年	1991年
总额	**万元**	**362 195**	**713 916**	**818 078**
售给集体商业	万元	85 982	219 703	263 596
售给个体商业	万元	21 177	65 880	78 916
零售	万元	255 036	428 333	475 566
主要商品：				
盐	吨	1 864	3 813	797
食糖	吨	2 556	1 514	3 904
糖果	吨	4 614	3 972	5 904
糕点	吨	34 594	42 119	40 506
卷烟	箱	45 530	9 083	8 950
酒	吨	35 526	127 192	150 749
茶叶	吨	9	2	3
棉布	万米	10 872	6 491	4 493
棉花化纤混纺布	万米	4 880	3 244	2 185
#涤棉混纺	万米	4 186	3 214	1 590
化纤布	万米	1 360	1 414	1 241
呢绒	万米	192	182	680
绸缎	万米	614	874	129
锦纶袜	万双	1 568	1 591	3 115
汗衫背心	万件	753	656	421
棉毛衫裤	万件	739	357	387
卫生衫裤	万件	224	125	78
各种服装	万件	851	821	574
毛线	吨	30	38	84
皮鞋	万双	190	350	281
胶鞋	万双	23	153	261
火柴	万件	47	11	3
肥皂	万箱	31	19	19
洗衣粉	吨	100	608	150
保温瓶	百个	801	11 209	15 493
缝纫机	架	2 455	359	53
手表	百只	98	410	702
自行车	辆	6 823	2 774	2 084
半导体收音机	台	4 464	6 772	91
电视机	台	33 602	11 696	12 076
#彩电	台		24	2 049
录音机	台	6 236	577	222
电风扇	台	3 669	25 316	13 893
洗衣机	台	31 748	179	48
电冰箱	台	401	153	451
煤油	吨	21		86
柴油	吨	1 218	1 295	2 186
市场用煤	吨	7 102 700	5 831 815	6 472 607
化学肥料	吨	1 571 036	1 866 380	2 020 591
化学农药	吨	2 681	33 622	2 505
农用塑料薄膜	吨	3 437	7 641	8 977
农用动力机械	台	7 848	10 479	28 120
拖拉机	台	16		
手扶拖拉机	台		1 218	804
小四轮拖拉机	台	18 431	15 655	18 479

社会商业商品购、销、存数量

（1991 年）

商品名称	单位	国内纯购进		接收进口和进口	国内纯销售		对国内商业批发销售	供应出口和出口	年末库存	
		合计	#外贸部门购进		合计	零售			合计	#外贸部门库存
粮食	万吨	803.23	63.79	6.05	471.44	246.02	16.55	49.73	449.78	
食用植物油	万吨	26.41		0.11	23.68	11.35	3.71	0.54	22.44	
猪和猪肉	万头	457.84			442.26	415.23	265.37	1.99	47.63	
鲜蛋	万吨	8.67	5.33		2.71	2.55	1.44	0.05	0.31	
水产品	万吨	3.37	1.03		3.79	3.64	2.63	0.04	1.76	0.43
盐	万吨	47.57			35.83	16.94	71.63		13.60	
食糖	万吨	15.72			21.80	9.76	32.65		4.75	
卷烟	万箱	144.41			120.30	103.65	408.12		42.49	
酒	万吨	41.94	0.01		26.41	25.30	33.92		7.32	
棉布	亿米	3.49	2.21		1.43	1.06	1.16		1.91	1.06
棉花化纤混纺布	亿米	3.66	3.06		0.61	0.44	0.49		1.44	1.09
#涤棉混纺布	亿米	2.38	1.94		0.41	0.26	0.36		1.35	1.08
化纤布	亿米	0.38	0.15		0.39	0.36	0.14		0.37	0.23
呢绒	亿米	0.06			0.08	0.07	0.05		0.05	
绸缎	亿米	0.14	0.02		0.15	0.13	0.10		0.13	0.02
汗衫背心	万件	1 464	77.99		1 781	1 658	1 194		2 189	415
棉毛衫裤	万件	1 308	7.72		1 426	1 284	1 005		1 311	127
卫生衫裤	万件	188			365	341	96		267	
各种服装	万件	3 183	774.48		3 612	3 386	523		1 048	51
火柴	万件	162.94			160.64	138.91	141.15		53.08	
肥皂	万箱	130.35			264.86	237.44	72.24		93.58	
洗衣粉	万吨	2.93			3.92	3.43	3.58		1.15	
缝纫机	万架	25.85			28.66	23.37	30.78		12.39	
手表	万只	93.43			140.86	125.20	96.64		112.12	
自行车	万辆	101.78	0.30		139.59	124.84	119.75	0.62	37.15	
半导体收音机	万台	39.80	0.50		52.15	49.54	41.60		29.19	
电视机	万台	75.29	4.38		83.59	74.21	63.48		40.44	
#彩色电视机	万台	36.24	4.10		38.10	33.29	25.21		15.95	
录音机	万台	33.83			38.89	36.36	21.97		26.07	
录相机	万台	3.71	2.10		2.40	2.31	1.54		0.76	
照相机	万架	3.93			5.06	4.30	1.28		2.97	
电风扇	万台	228.88	1.34		156.60	139.77	156.15		82.59	
洗衣机	万台	38.13	0.30		34.57	30.61	27.26		12.71	
电冰箱	万台	16.67			17.46	16.32	8.09		5.67	
煤炭	万吨	1 349	98.15		1 176	891	281		352	3.16

主要年份国合商业商品购、销、存总值

单位：亿元

年份	国内纯购进总值				国内纯销售总值	年末库存总值
	合计	农副产品购进总值	工业品购进总值	废品购进总值		
1952	8.78	7.17	1.56	0.05	10.31	5.16
1957	18.73	11.27	7.21	0.25	29.19	14.69
1965	27.19	14.49	12.37	0.33	37.06	21.21
1978	70.02	20.56	48.58	0.88	96.94	55.99
1980	86.50	34.32	51.31	0.87	111.86	67.06
1985	134.86	64.26	69.14	1.46	170.68	76.30
1990	282.45	105.70	171.86	4.90	349.93	147.03
1991	335.64	119.52	210.02	6.10	392.02	162.15

注：1989年、1990年的数据均为社会商业口径。

主要年份全民所有制商业和供销合作社农业生产资料销售量

年份	化学肥料（万吨）（标准量）	化学农药（万吨）	大中型拖拉机（万千瓦）	小四轮拖拉机（万千瓦）	手扶拖拉机（万千瓦）	农用动力机械（万千瓦）
1952	2.85	0.17				
1957	15.00	2.78				
1962	14.94	1.63				
1965	27.13	4.35				123.88
1970	97.50	8.79				
1975	136.07	13.76	8.19	6.32	4.19	133.00
1978	250.48	11.99	17.71	1.84	23.78	91.18
1980	293.12	8.21	17.67	4.50	5.08	59.64
1985	290.58	2.74	5.22	38.28	2.86	107.76
1990	468.20	2.78	5.69	120.36	11.13	80.65
1991	532.61	2.91	6.64	140.55	11.20	98.47

城乡集市贸易情况

项　　目	1985年	1990年	1991年
一、集市数(个)	**2 470**	**3 042**	**3 288**
1. 城市	253	425	495
2. 乡村	2 257	2 617	2 793
二、集市贸易成交额(亿元)	**33.80**	**100.16**	**128.49**
1. 城市	6.80	37.89	52.47
2. 乡村	27.00	62.27	76.02
# 粮油	2.40	5.32	6.81
肉禽蛋类	4.50	15.75	18.98
水产品类	1.00	4.39	5.77
蔬菜类	2.46	10.20	14.00
干鲜果类	1.46	8.03	10.15
大牲畜类	2.77	2.35	2.50

注：1985年商品分类数字为乡村集市数。

重点商店主要经济指标

(1991年)

商店名称	商品销售总额(万元)	销售百元商品实现的毛利(元)	销售百元商品开支的费用(元)	销售百元商品实现的利润(元)	平均每人销货额(元)	全部流动资金周转一次所需天数(天)	实现利润总额(万元)	上缴利润和所得税(万元)
总　　计	**82 739**	**13.95**	**7.46**	**4.50**	**91 763**	**58**	**3 506**	**999**
一、百货商店合计	**72 145**	**14.17**	**6.82**	**4.86**	**105 230**	**52**	**3 255**	**910**
石家庄市人民商场	20 577	14.80	6.75	5.34	144 610	31	1 000	381
唐山市百货大楼	20 234	14.83	6.55	5.19	116 826	31	886	90
邢台市邢台商场	1 695	13.29	8.90	1.59	50 755	80	67	5
保定市保定商场	13 315	13.86	5.50	5.43	168 116	36	730	295
张家口市中华百货商场	2 640	13.45	6.97	3.18	98 505	21	100	
承德市百货大楼	2 851	16.90	8.68	5.40	85 623	120	97	51
秦皇岛市百货大楼	2 541	12.94	4.19	5.03	89 470	28	110	88
沧州市渤海大厦	8 292	13.03	6.98	3.47	87 935	69	265	
二、副食商店合计	**7 350**	**14.18**	**8.69**	**2.68**	**90 456**	**40**	**235**	**78**
石家庄市红星综合商场	3 068	13.50	8.30	2.85	170 485	24	98	52
唐山市新华道菜市场	1 593	12.52	5.93	3.11	93 159	24	50	12
保定市大西门副食商场	579	12.99	7.84	2.65	66 543	73	8	3
张家口市先锋商场	1 605	16.95	13.13	0.63	83 572	26	50	
承德市庆丰商场	505	16.03	8.21	5.01	38 519	51	29	11
三、基层供销社合计	**3 244**	**8.63**	**6.88**	**0.59**	**79 603**	**81**	**16**	**11**
定州市留早供销社	575	7.06	3.87	2.87	147 405	70	2	6
宣化县沙岭子供销社	572	12.70	9.77	0.47	39 198	88	5	2
承德市大石庙供销社	758	9.09	6.29	1.37	95 958	67	6	3
卢龙县陈官屯供销社	751	7.53	6.12	0.80	64 734	64		
霸州市信安供销社	588	6.78	8.36	−0.54	50 718	115	3	

国合商业经济效益主要指标

（1991年）　　　　单位:万元

项　　目	合　计	商业厅	供销社	粮食局	医药局	其他
商品销售总额	6 312 558	1 581 871	2 602 125	942 896	241 763	943 903
商品销售毛利	492 693	154 579	201 524	28 847	33 879	73 864
销售百元商品实现的毛利(元)	7.80	9.77	7.74	3.06	14.01	7.08
商品流通费	453 119	117 711	164 952	110 395	20 092	39 969
销售百元商品开支的费用(元)	7.18	7.44	6.34	11.71	8.31	3.83
销售税金	55 932	24 296	14 750	3 668	3 689	9 529
商品经营利润	—17 311	12 143	21 589	—85 278	10 030	24 205
销售百元商品实现的利润(元)	—0.27	0.77	0.83	—9.04	4.15	2.32
商业企业财产损失	10 134	4 034	5 164	184	726	26
全部企业利润总额(补贴前)	—23 489	5 357	22 064	—82 557	8 277	23 370
#商业企业利润净额	—21 663	10 098	15 838	—77 461	8 054	21 808
全部企业利润总额(补贴后)	80 499	13 654	22 911	12 284	8 277	23 373
全部亏损企业的亏损额	43 695	19 453	6 285	17 238	586	133
已缴所得税、调节税、利润	23 259	8 610	12 068	—11 957	2 908	11 630
全部企业留利	27 573	8 760	1 686	3 169	4 305	9 653
全部企业缴纳税金总额	67 940	29 874	17 602	5 449	3 689	11 326
全部企业全部流动资金平均占用额	2 627 784	503 918	1 192 106	685 495	93 050	153 215
#商业企业	2 430 345	488 419	1 054 640	646 643	90 364	150 279
全部企业年末固定资产原值	714 569	194 880	256 871	179 140	23 477	60 201
全部企业年末固定资产净值	532 191	148 302	185 967	132 297	18 459	47 166
全部企业年末自有流动资金	476 651	35 968	327 103	78 940	8 082	26 558
全部企业年末银行借款	1 913 552	360 985	888 583	534 073	60 892	69 019
商业企业职工平均人数(人)	536 064	149 669	234 169	100 046	19 588	32 592
商业企业独立核算单位数(个)	10 830	2 233	4 463	3 132	463	539

历年各种物价总指数

(以上年价格为100)

年份	全省零售物价总指数	职工生活费用价格总指数	农副产品收购价格总指数	农村工业品零售价格总指数	工农业商品综合比价指数	
					以农副产品收购价格总指数为100	以农村工业品零售价格总指数为100
1952	102.8	101.2	102.6	102.8	100.2	99.8
1953	102.4	100.0	108.1	102.4	94.7	105.6
1954	103.7	103.6	103.1	103.7	100.6	99.4
1955	100.8	100.7	96.0	101.2	105.4	94.9
1956	99.7	100.0	99.4	98.1	98.7	101.3
1957	101.3	101.2	102.1	100.6	98.6	101.4
1958	99.0	98.8	101.5	99.1	97.7	102.4
1959	99.6	100.2	100.9	99.1	98.3	101.8
1960	104.4	104.5	102.2	103.8	101.6	98.5
1961	104.8	105.7	141.4	103.7	73.3	136.4
1962	100.4	100.1	92.2	101.8	110.4	90.6
1963	92.6	88.8	97.0	98.7	101.8	98.3
1964	96.1	94.1	98.5	97.3	98.8	101.2
1965	97.1	96.5	98.2	99.7	101.5	98.5
1966	100.1	100.1	103.0	99.3	96.4	103.7
1967	99.9	100.3	100.0	98.5	98.5	101.5
1968	99.9	100.1	100.0	99.7	99.7	100.3
1969	99.6	99.9	100.0	99.4	99.4	100.6
1970	99.6	99.7	99.7	99.4	99.7	100.3
1971	99.3	100.3	100.7	98.4	97.7	102.3
1972	99.4	100.1	101.3	98.4	97.1	102.9
1973	99.6	100.2	100.1	99.3	99.2	100.8
1974	99.9	100.0	100.0	99.9	99.7	100.1
1975	100.0	100.0	100.6	100.0	99.4	100.6
1976	100.2	100.2	100.1	100.1	100.0	100.0
1977	100.1	100.5	100.0	100.1	100.1	99.9
1978	99.8	100.2	106.1	99.7	94.0	106.4
1979	101.4	101.7	123.0	99.9	81.2	123.1
1980	105.3	107.2	114.2	100.9	88.4	113.2
1981	102.1	103.2	99.4	100.7	101.3	98.7
1982	101.5	100.9	101.2	101.2	100.0	100.0
1983	101.4	102.0	107.9	101.1	93.1	108.5
1984	103.4	103.1	105.3	103.6	98.4	101.6
1985	106.8	108.9	112.2	103.1	91.9	108.8
1986	105.2	106.0	105.1	104.0	99.0	101.1
1987	108.3	108.2	107.5	105.5	98.1	101.9
1988	118.1	118.3	113.9	116.1	101.9	98.1
1989	118.4	115.9	119.0	120.9	101.6	98.4
1990	99.9	101.2	102.8	100.5	97.8	102.3
1991	102.8	106.6	96.4	102.4	106.2	94.1

主要年份各种物价总指数

（以1952年价格为100）

年份	全省零售物价总指数	职工生活费用价格总指数	农副产品收购价格总指数	农村工业品零售价格总指数	工农业商品综合比价指数	
					以农副产品收购价格总指数为100	以农村工业品零售价格总指数为100
1952	100	100	100	100		
1957	106.3	105.5	108.4	106.0	97.8	102.3
1962	116.8	117.9	126.6	114.2	90.1	110.9
1965	101.0	95.1	118.8	109.4	92.1	108.6
1970	100.1	95.2	122.0	105.5	86.5	115.6
1975	98.3	95.8	125.4	101.3	80.8	123.8
1976	98.5	96.0	125.5	101.4	80.8	123.8
1977	98.6	96.5	125.5	101.5	80.9	123.6
1978	98.4	96.7	133.2	101.2	76.0	131.6
1979	99.8	98.3	163.8	101.1	61.7	162.6
1980	105.1	105.4	187.1	102.0	54.5	183.4
1981	107.3	108.8	186.0	102.7	55.2	181.1
1982	108.9	109.8	188.2	103.9	55.2	181.1
1983	110.4	112.0	203.1	105.0	51.7	193.4
1984	114.2	115.5	213.9	108.8	50.9	196.6
1985	122.0	125.8	240.0	112.2	46.8	213.9
1986	128.3	133.3	252.2	116.7	46.3	216.1
1987	139.0	144.2	271.1	123.1	45.4	220.2
1988	164.2	170.6	308.8	142.9	46.3	216.1
1989	194.4	197.7	367.5	172.8	47.0	212.7
1990	195.2	200.1	377.8	173.7	46.0	217.5
1991	200.7	213.3	364.2	177.9	48.9	204.7

各种物价总指数

（1991年）

基期	全省零售物价总指数	职工生活费用价格总指数	农副产品收购价格总指数	农村工业品零售价格总指数	工农业商品综合比价指数	
					以农副产品收购价格总指数为100	以农村工业品零售价格总指数为100
以1950年价格为100	230.8	242.7	444.7	204.8	46.1	217.1
以1952年价格为100	200.7	213.3	364.2	177.9	48.8	204.7
以1957年价格为100	187.1	198.9	395.3	169.0	42.8	233.9
以1962年价格为100	170.5	176.8	287.6	155.6	54.2	184.7
以1965年价格为100	197.5	224.1	306.6	162.5	53.0	188.7
以1970年价格为100	199.3	223.6	298.3	168.9	56.6	176.6
以1975年价格为100	202.6	210.1	290.5	175.3	60.3	165.6
以1978年价格为100	202.4	220.6	273.6	175.6	64.2	155.8
以1980年价格为100	189.8	202.3	194.4	174.3	89.7	111.5
以1985年价格为100	163.7	169.7	151.8	158.5	104.4	95.8
以1990年价格为100	102.8	106.6	96.4	102.4	106.2	94.1

国营商业零售物价分类指数

(以1952年价格为100)

项　目	1978年	1985年	1990年	1991年
总　指　数	**101.8**	**125.7**	**197.4**	**202.1**
一、消费品价格指数	**106.6**	**132.9**	**207.5**	**212.9**
1.食品类	110.8	158.2	248.1	255.5
粮食	95.3	113.7	152.1	144.5
副食品	124.3	191.6	346.0	368.5
#鲜菜	137.3	350.9	659.9	725.9
烟酒茶	128.7	158.1	193.8	196.5
2.衣着类	100.8	96.2	150.3	158.3
3.日用品类	109.4	117.6	171.1	174.2
4.文化娱乐用品类	86.6	89.8	115.8	110.9
5.医药类	45.5	56.5	90.9	92.7
6.燃料类	101.4	111.2	232.8	250.5
二、农业生产资料价格指数	**76.4**	**90.1**	**147.3**	**149.7**

国营商业零售物价分类指数

(1991年)

项　目	以1952年价格为100	以1957年价格为100	以1965年价格为100	以1978年价格为100	以1980年价格为100	以1985年价格为100	以1990年价格为100
总　指　数	**202.1**	**189.6**	**193.5**	**198.6**	**185.3**	**160.9**	**102.4**
一、消费品价格指数	**212.9**	**194.0**	**200.3**	**199.2**	**182.7**	**160.1**	**102.6**
1.食品类	255.5	226.7	242.1	230.5	200.5	161.6	103.0
粮食	144.5	139.8	165.4	151.6	141.4	126.9	95.0
副食品	368.5	302.6	306.0	296.3	242.3	192.2	106.5
#鲜菜	725.9	535.2	688.3	528.7	421.2	206.8	110.0
烟酒茶	196.5	182.2	150.7	152.6	149.7	124.2	101.4
其他食品				269.8	233.9	184.0	106.4
2.衣着类	158.3	158.2	157.5	157.1	158.9	164.4	105.3
3.日用品类	174.2	168.1	156.5	159.2	154.2	148.1	101.8
4.文化娱乐用品类	110.9	125.5	121.0	139.3	126.2	123.6	95.8
5.医药类	92.7	111.9	133.8	204.0	200.6	164.1	102.0
6.燃料类	250.5	249.5	238.1	247.4	246.1	225.3	107.6
二、农业生产资料价格指数	**149.7**	**146.0**	**163.8**	**195.9**	**194.5**	**166.1**	**101.6**

集市贸易价格分类指数

(1991年)

	以1990年价格为100			以本期国营商业价格为100		
	全省	城市	农村	全省	城市	农村
总指数	**100.5**	**99.2**	**101.1**	**108.2**	**114.4**	**102.1**
一、消费品	**99.2**	**99.2**	**99.3**	**108.2**	**114.4**	**102.1**
1.粮食类	83.1	83.5	83.0	152.7	185.5	143.9
2.食用植物油类	95.4	99.0	94.3	140.1	145.7	138.4
3.鲜菜类	96.6	95.7	97.1	96.0	116.7	86.4
4.干菜类	96.0	99.1	95.2	101.9	104.0	101.3
5.肉禽蛋类	107.2	105.7	108.1	113.0	122.2	108.3
6.水产品类	102.6	102.0	102.9	117.3	105.1	124.6
7.鲜果类	97.5	98.7	96.6	99.5	101.0	98.4
8.干果类	92.9	95.7	91.1	91.2	104.9	83.8
9.日用杂品类	100.3	104.4	98.6	109.4	127.5	102.9
10.柴草类	100.0		100.0			
11.其他类	98.8	95.1	101.1	93.5	93.5	
二、农业生产资料	**108.2**		**108.2**			
1.饲料类	81.1		81.1			
2.小农具类	101.6		101.6			
3.幼禽家畜类	136.9		136.9			
4.大牲畜类	100.7		100.7			
5.竹木材类	98.6		98.6			

集市贸易价格分类指数

(以上年价格为100)

项目	1985年	1990年	1991年
总指数	**110.9**	**93.2**	**100.5**
一、消费品	**113.8**	**93.1**	**99.2**
粮食	98.1	81.9	83.7
食用植物油	104.7	94.6	95.4
鲜菜	113.3	95.8	96.6
干菜	105.1	104.0	96.0
肉禽蛋	117.9	91.8	107.2
水产品	113.8	91.4	102.6
鲜果	132.3	92.9	97.5
干果	106.5	95.0	92.9
日用杂品	121.7	102.2	100.3
二、农业生产资料	**110.6**	**95.0**	**108.2**
饲料	98.3	93.3	81.1
小农具	104.1	103.0	101.6
幼禽家畜	148.9	89.4	136.9
大牲畜	99.8	97.3	100.7
竹木材	104.9	96.6	98.6

农副产品收购价格分类指数

(以1965年价格为100)

项　目	1978年	1985年	1990年	1991年
总　指　数	**112.0**	**202.0**	**318.0**	**306.6**
(一)粮　食　类	113.8	273.3	424.3	381.9
(二)经济作物类	113.2	203.4	349.3	337.1
1.食用植物油及油料	124.1	251.2	404.1	391.6
2.棉 花	114.9	212.4	372.6	359.2
3.麻 类	102.9	144.6		
4.烟 叶	100.0	156.6	243.9	243.7
5.糖 料	120.0	239.9	385.5	359.7
(三)工业用油漆业	114.6	150.9	360.1	198.1
(四)禽畜产品类	103.2	185.9	259.6	281.7
1.肉 畜	100.9	194.6	288.0	313.3
2.禽 蛋	114.7	203.0	390.3	369.2
3.皮 张	100.9	163.6	114.0	134.9
4.鬃 毛	105.9	137.1	177.7	166.7
(五)蚕茧蚕丝类	100.0	120.0	410.9	436.0
(六)干鲜果类	114.3	245.5	430.4	501.4
(七)干鲜菜及调味品	126.4	216.0	392.7	395.4
#鲜 菜	125.9	254.4	415.3	405.7
(八)药材类	103.8	104.9	127.4	161.9
(九)土副产品类	137.3	162.5	361.6	305.9
(十)水产品类	105.2	323.9	760.4	619.0

农副产品收购价格分类指数

(1991年)

项　目	以1965年价格为100	以1978年价格为100	以1980年价格为100	以1985年价格为100	以1990年价格为100
总　指　数	**306.6**	**273.3**	**194.6**	**151.8**	**96.4**
(一)粮 食 类	381.9	336.0	240.9	139.8	90.0
(二)经济作物类	337.1	297.7	177.4	165.7	96.5
1.食用植物油及油料	391.6	315.5	181.9	155.9	96.9
2.棉 花	359.2	346.5	178.0	169.1	96.4
3.麻 类					
4.烟 叶	243.7	243.7	211.3	155.5	99.9
5.糖 料	359.7	299.8	239.8	149.8	93.3
(三)工业用油漆业	198.1	172.6	138.2	131.3	55.0
(四)禽畜产品类	281.7	272.9	215.0	151.5	108.5
1.肉 畜	313.3	310.5	242.8	161.0	108.8
2.禽 蛋	369.2	322.1	242.5	182.0	94.6
3.皮 张	134.9	133.6	120.4	82.5	118.3
4.鬃 毛	166.7	157.6	154.3	121.6	93.8
(五)蚕茧蚕丝类	436.0	436.1	363.3	363.3	106.1
(六)干鲜果类	501.4	438.9	342.6	204.3	116.5
1.瓜 果	421.5	441.8	335.0	213.7	124.9
2.干 果	903.6	523.1	395.5	209.7	106.6
(七)干鲜菜及调味品	395.4	312.8	242.2	183.2	100.7
#鲜 菜	405.7	328.7	242.9	162.7	97.7
(八)药 材 类	161.9	156.0	138.3	154.3	127.1
(九)土副产品类	305.9	223.1	207.4	188.2	84.6
(十)水 产 品 类	619.0	588.0	489.2	191.1	81.4

主要农产品与工业品的交换比价

农产品（百公斤）	工　业　品	1978年	1985年	1990年	1991年
小麦	食盐(公斤)	105.9	165.3	128.18	114.92
	白糖(公斤)	17.4	28.8	22.89	18.28
	白布(米)	28.9	38.9	28.74	24.80
	火柴(包)	143.0	165.3	125.67	112.75
	煤油(公斤)	42.0	67.1	79.12	70.31
稻谷	食盐(公斤)	100.5	171.1	124.00	122.25
	白糖(公斤)	16.6	29.8	22.14	19.44
	白布(米)	27.4	40.3	27.80	26.38
	火柴(包)	135.8	171.1	121.57	119.94
	煤油(公斤)	40.0	69.4	76.54	74.79
玉米	食盐(公斤)	75.7	108.9	104.18	85.04
	白糖(公斤)	12.5	18.9	18.60	13.52
	白布(米)	20.6	25.6	23.36	18.35
	火柴(包)	102.0	108.9	102.14	83.43
	煤油(公斤)	30.0	44.2	64.31	52.02
大豆	食盐(公斤)	148.2	234.0	239.70	216.73
	白糖(公斤)	24.4	40.7	42.80	34.46
	白布(米)	40.4	55.1	53.74	46.76
	火柴(包)	200.0	234.0	235.00	212.64
	煤油(公斤)	58.8	95.0	147.96	132.59
皮棉	食盐(公斤)	851.9	1 088.4	1 242.90	1 152.04
	白糖(公斤)	140.2	189.3	221.95	183.20
	白布(米)	232.3	256.1	278.68	248.57
	火柴(包)	1 150.0	1 088.4	1 218.53	1 130.30
	煤油(公斤)	338.2	441.7	767.22	704.78
花生果	食盐(公斤)	177.8	315.1	275.34	264.79
	白糖(公斤)	29.3	54.8	49.17	42.11
	白布(米)	48.5	74.2	61.74	57.13
	火柴(包)	240.0	315.1	269.94	259.79
	煤油(公斤)	70.6	127.9	169.96	161.99

主要农产品与工业品的交换比价(续)

农产品(百公斤)	工业品	1978年	1985年	1990年	1991年
芝麻	食盐(公斤)	370.4	520.4	1 005.82	792.29
	白糖(公斤)	60.9	90.5	179.61	125.99
	白布(米)	101.0	122.4	225.52	170.95
	火柴(包)	500.0	520.4	986.10	777.34
	煤油(公斤)	147.0	211.2	620.88	484.69
肥猪	食盐(公斤)	385.2	665.5	566.62	600.85
	白糖(公斤)	63.4	115.7	101.18	95.55
	白布(米)	105.1	156.6	127.04	129.64
	火柴(包)	520.0	665.5	555.51	589.51
	煤油(公斤)	153.0	270.0	349.77	367.58
鸡蛋	食盐(公斤)	535.6	846.6	867.78	801.50
	白糖(公斤)	88.2	147.2	154.96	127.46
	白布(米)	146.1	199.2	194.57	172.94
	火柴(包)	723.0	846.6	850.76	706.38
	煤油(公斤)	212.4	343.6	535.67	490.33
绵羊毛	食盐(公斤)	1 037.0	1 647.3	1 328.60	1 154.56
	白糖(公斤)	170.7	286.5	237.25	183.60
	白布(米)	282.8	387.6	297.89	249.12
	火柴(包)	1 400.0	1 647.3	1 302.55	1 132.77
	煤油(公斤)	411.8	668.5	820.12	706.32
桑蚕茧	食盐(公斤)	1 029.6	1 200.0	1 911.46	1 949.71
	白糖(公斤)	169.5	208.7	341.33	310.05
	白布(米)	280.8	282.4	428.58	420.68
	火柴(包)	1 390.0	1 200.0	1 873.98	1 912.92
	煤油(公斤)	408.8	487.0	1 179.91	1 192.76

国民经济各行业物资消费量

（1991年）

行业	煤炭（万吨）	焦炭（万吨）	原油（万吨）	汽油（万吨）	煤油（万吨）	柴油（万吨）
消费总量	**4 871.63**	**526.58**	**319.80**	**42.37**	**0.97**	**51.04**
一、生产用	**4 808.80**	**526.43**	**312.06**	**36.50**	**0.96**	**39.89**
（一）农、林、牧、副、渔、水利业	5.32	0.01	8.45	0.37		1.94
（二）工业	4 718.76	526.15	291.70	19.06	0.93	18.41
轻工业	455.31	6.28		5.46	0.09	2.39
重工业	4 263.45	519.87	291.70	13.60	0.84	16.02
1. 采掘业	297.52	22.10	36.70	4.24	0.50	4.76
#煤炭采选业	268.58	13.35		1.69	0.47	1.05
石油和天然气开采业	11.42	0.08	36.70	1.49	0.02	2.69
黑色金属矿采选业	4.85	7.89		0.33		0.46
建材及其他非金属矿采选业	1.85	0.04		0.17		0.16
2. 制造业	4 421.24	504.05	255.00	14.82	0.43	13.65
#食品、饮料和烟草制造业	83.13	0.05		1.07	0.01	0.44
饲料工业	0.76			0.04		0.03
纺织业	104.23	0.92		1.19	0.02	0.70
缝纫业	5.10			0.15		0.03
造纸及纸制品业	63.12	0.01		0.45		0.09
印刷业	4.47			0.16	0.01	0.02
电力、蒸气、热水生产和供应业	2 365.38	0.01		0.77		5.12
化学工业	466.56	74.53	0.11	1.96	0.04	1.98
医药工业	21.26	0.02		0.43		0.03
化学纤维工业	7.51	0.89		0.04		0.01
塑料制品工业	6.25	0.93		0.21		0.08
建材及其他非金属矿物制造业	406.37	2.94		1.65	0.04	1.21
黑色金属冶炼及延压工业	507.32	404.82		1.37	0.02	1.86
金属制品业	17.29	5.63		0.43	0.01	0.16
机械、电子、电子设备制造业	131.93	12.01		3.75	0.25	1.41
（三）交通运输、邮电通讯业	62.31	0.06	11.91	14.57	0.02	19.18
1. 交通运输业	61.22	0.06	11.91	14.30	0.02	19.14
2. 邮电通讯业	1.09			0.27		0.04
（四）商业、饮食业、物资供销和仓储业	4.55	0.17		0.82		0.24
（五）房地产、公用、居民服务和咨询业	7.75			1.51	0.01	0.10
（六）卫生、体育和社会福利事业	3.08			0.03		
（七）教育、文化艺术和广播电视事业	2.27	0.04		0.05		
（八）科学研究和综合技术服务业	4.17			0.04		0.01
（九）其他行业	0.59			0.05		0.01
二、基本建设用	**62.83**	**0.15**	**7.74**	**5.87**	**0.01**	**11.15**

注：本表统计范围为县及县以下单位（下同）。

国民经济各行业物资消费量(续)

(1991年)

行业	天然气 (亿立方米)	电力 (亿千瓦小时)	钢材 (万吨)	原木直接消费 (万立方米)	锯材 (万立方米)
消费总量	**5.58**	**228.95**	**219.82**	**70.59**	**27.97**
一、生产用	**5.32**	**223.54**	**153.33**	**52.83**	**18.72**
(一)农、林、牧、副、渔、水利业	—	0.94	1.22	0.18	0.07
(二)工业	5.30	214.35	147.71	51.01	17.26
轻工业	—	38.99	18.79	14.10	6.09
重工业	5.30	175.36	128.92	36.91	11.17
1.采掘业	1.02	40.96	15.89	31.21	1.27
#煤炭采选业	—	27.49	11.21	29.02	0.44
石油和天然气开采业	1.02	6.15	2.43	0.65	0.31
黑色金属矿采选业	—	3.04	1.16	0.60	0.08
建材及其他非金属矿采选业	—	0.52	0.24	0.08	...
2.制造业	4.28	173.39	131.82	19.80	15.99
#食品、饮料和烟草制造业	0.01	4.70	1.27	0.17	0.08
饲料工业	—	0.13	0.01	0.02	...
纺织业	—	13.56	1.02	0.42	0.23
缝纫业	—	0.35	0.04	...	...
造纸及纸制品业	—	4.97	0.61	5.47	1.02
印刷业	—	0.39	0.10	0.02	0.01
电力、蒸气、热水生产和供应业	—	30.23	1.63	0.22	0.08
化学工业	3.88	40.67	3.54	2.58	0.13
医药工业	—	5.93	0.29	0.17	0.01
化学纤维工业	—	2.01	0.11	0.06	...
塑料制品工业	—	1.36	0.32	0.07	0.30
建材及其他非金属矿物制品业	0.02	17.66	5.44	0.65	4.56
黑色金属冶炼及延压工业	—	28.47	10.16	1.05	0.38
金属制品业	—	1.64	19.55	0.11	0.28
机械、电气、电子设备制造业	0.38	12.01	82.65	2.64	4.11
(三)交通运输、邮电通讯业	0.02	6.61	3.18	1.13	1.16
1.交通运输业	0.02	6.19	3.11	1.08	1.15
2.邮电通讯业	—	0.42	0.07	0.05	0.01
(四)商业、饮食业、物资供销和仓储业	—	0.38	0.20	0.08	0.07
(五)房地产、公用、居民服务和咨询业	—	0.54	0.38	0.06	0.04
(六)卫生、体育和社会福利事业	—	0.08	0.04	...	...
(七)教育、文化艺术和广播电视事业	—	0.45	0.17	0.05	0.05
(八)科学研究和综合技术服务业	—	0.18	0.16	0.03	0.04
(九)其他行业	—	0.01	0.27	0.29	0.02
二、基本建设用	**0.26**	**5.41**	**66.49**	**17.76**	**9.25**

对外经济贸易和旅游

进出口贸易总额

(1975—1991年)　　　　单位:万美元

年　　份	进出口总额	出口总额	进口总额	差额(+—)
1975	7 832	7 832		7 832
1976	14 202	14 093	109	13 984
1977	23 348	22 694	1 154	21 540
1978	29 852	27 636	2 216	25 420
1979	43 567	41 628	1 939	39 689
1980	62 962	60 880	2 032	58 798
1981	80 483	76 663	3 820	72 843
1982	86 071	80 988	5 083	75 905
1983	86 880	81 693	5 187	76 506
1984	83 730	76 047	7 683	68 364
1985	141 609	129 854	11 755	118 099
1986	113 134	105 312	7 822	97 490
1987	159 574	148 475	11 099	137 376
1988	177 832	154 626	23 206	131 420
1989	186 733	163 743	22 990	140 753
1990	195 198	173 708	21 490	152 218
1991	201 355	173 881	27 474	146 407

外贸商品收购总值

单位:万元

年　　份	收购总值	农副产品		轻纺产品		其他工矿产品	
		金额	构成%	金额	构成%	金额	构成%
1978	73 168	21 470	29.34	41 551	56.79	10 147	13.87
1980	131 904	25 567	19.38	82 681	62.69	23 656	17.93
1985	225 339	45 771	20.31	157 493	68.89	22 075	9.80
1986	33 142	75 497	22.67	216 857	65.09	40 788	12.24
1987	389 722	99 893	25.63	239 582	61.48	5 024	12.89
1988	468 515	112 768	24.07	286 171	61.08	69 574	14.85
1989	505 734	106 613	21.09	299 671	59.25	99 450	19.66
1990	595 977	135 537	22.74	330 688	55.49	129 752	21.77
1991	641 566	157 820	24.60	333 202	51.94	150 544	23.46

按经营单位分的进口、出口商品金额

单位:万美元

	进口商品金额		出口商品金额	
	1991年	1990年	1991年	1990年
总　　计	**27 474**	**21 490**	**173 881**	**173 708**
河北粮油食品进出口公司	846	405	26 691	24 715
秦皇岛市山海关食品厂	—	—	—	—
河北纺织品进出口公司	3 879	4 076	38 504	36 212
石家庄市旅游装饰外贸公司	45		369	203
河北服装进出口公司	1 419	329	10 592	11 300
石家庄市服装进出口公司	—	—	—	—
石家庄市新华服装厂	—	—	401	216
河北土产进出口公司	—	—	2 315	2 535
河北畜产进出口公司	482	2	5 776	6 506
河北轻工进出口公司	1 113	747	4 488	4 408
河北环宇电子联合公司	455	792	437	295
中国耀华玻璃公司	33	36	505	370
河北工艺品进出口公司	470	300	4 800	4 306
沧州工艺品出口公司	—	—	—	—
唐山陶瓷工业公司	—	—	606	608
涿州东方企业集团公司	—	—	361	180
河北五金矿产进出口公司	2 360	1 193	5 459	5 307
河北化工进出口公司	3 107	3 940	6 030	54 481
河北机械进出口公司	807	1 616	3 257	3 545
河北医药进出口公司	757	691	2 000	2 321
华北制药厂	72	60	1 101	1 006
迈海实业有限公司	—	—	—	—
河北农机进出口公司	—	—	204	171
河北机械设备进出口公司	639	411	2 901	2 429
河北丝绸进出口公司	—	—	890	806
河北煤炭进出口公司	—	—	4 456	4 985
河北有色金属进出口公司	32	11	568	259
河北电子进出口公司	312	141	323	359
河北冶金进出口公司	1 787	605	974	444
河北进出口贸易公司	5 169	5 279	909	837
秦皇岛开发区进出口公司	60	25	171	63
秦皇岛市进出口贸易公司	4	—	351	90
河北三资企业	2 008	283	6 087	4 491
河北基地建设公司	805	525	453	153
河北包装进出口公司	397		314	107
石家庄市旅游用布厂	—	—	—	

出口主要商品数量和金额

金额单位:万美元

品名	单位	1991年		1990年	
		数量	金额	数量	金额
出口总值			**173 885**		**173 708**
#粮油食品类			27 741		24 715
#杂豆	吨	42 445	1 442	67 927	2 327
花生仁	吨	27 832	3 075	31 528	2 286
玉米	吨	407 753	4 534	252 534	3 001
鲜蛋	吨	587	52	922	74
活牛	头	20 841	880	23 926	961
罐头	吨	21 499	3 498	13 655	2 294
纺织品类		—	38 373	—	36 212
#棉花	吨	44 591	7 699	45 843	7 773
棉纱	件	167 675	6 730	138 864	4 964
棉布	万米	15 529	10 675	14 883	9 744
棉涤纶布	万米	15 214	8 123	14 583	7 608
棉涤纶纱	件	32 974	1 375	21 448	855
服装类		—	10 993	—	11 516
#棉针织品		—	2 853	—	3 383
服装	万件	—	7 164	—	6 559
土产品类		—	2 315	—	2 535
#麻袋	万条	—	—	—	—
苦杏仁	吨	1 685	178	1 104	119
辣椒干	吨	1 815	189	3 102	328
蜂蜜	吨	2 853	242	1 229	98
畜产品类		—	5 776	—	6 506
#猪鬃	箱	2164	46	3 093	129
猪肠衣	桶	5 225	399	2 631	179
地毯	万平方米	—	3 684	55	3 767
山羊板皮	万张	34	161	69	366
猪革皮	万张	—	—	71	203
水貂皮	万张	0.46	15	56	390
皮褥子	万条	34	236	31	145
轻工业品类		—	5 430	—	4 408
#纸张纸浆	吨	17 144	418	5 691	453
平板玻璃	万标箱	66	724	61	717
工艺品类		—	5 767	—	5 094
#陶瓷	万件	10 115	2 868	10 274	2 808
抽纱		—	—	—	891

出口主要商品数量和金额(续)

金额单位:万美元

品　　名	单　位	1991年 数　量	1991年 金　额	1990年 数　量	1990年 金　额
草制品		—	395	—	393
柳制品		—	211	—	199
五金矿产类		—	5 459	—	5 307
# 钢材	吨	23 586	725	20 799	656
钉丝	吨	10 455	688	11 469	558
硃石	吨	18 170	109	53 268	376
化工品类		—	6 036	—	6 407
# 原油	万吨	289	40 536	292	48 074
成品油	吨	—	—	—	—
糠醛	吨	4 724	442	7 259	581
医药保健品类		—	3 101	—	3 327
# 中药材		—	1 512	—	1 189
# 黄芪	吨	211	104	331	122
甘草	吨	437	192	150	68
枸杞	吨	126	44	396	88
黄芩	吨	528	161	261	49
槐米	吨	513	107	434	98
# 医药原料		—	1 576	—	2 149
# 10亿青霉素钾盐	瓶	—	—	400	2
工业青霉素钾盐	瓶	195 859	291	74 960	103
口服链霉素	瓶	—	—	1 500	3
10亿林可霉素(洁霉素)	瓶	16 950	253	35 223	417
土霉素碱	公斤	142 475	166	108 525	105
抗坏血酸(维生素C)	公斤	108 700	105	318 000	278
机械类		—	3 256	—	3 545
# 工具		—	818	—	723
农具		—	727	—	425
机械设备类		—	4 287	—	2 429
# 电焊机	台	50	88	—	—
蓄电池	千伏安	24 880	124	116 568	482
千斤顶	台	472 904	308	30 996	185
农机类		—	296	—	171
丝绸类		—	890	—	806
# 桑蚕丝	吨	—	—	40	199
煤炭类	万吨	105	4 459	109	4 985
有色金属类		—	976	—	259

全省利用外资概况

(1984—1991年)　　项目单位:个　金额单位:万美元

年份	总计		对外借款		外商直接投资		外商其它投资	
	项目	金额	项目	金额	项目	金额	项目	金额
签订利用外资协议(合同)额								
1984	22	904	—	—	7	174	15	730
1985	53	4 804	1	175	39	4 093	13	536
1986	31	1 751	—	—	17	1 011	14	740
1987	25	4 539	—	—	25	4 233		306
1988	91	19 962	—	—	91	18 689		1 273
1989	73	9 486	—	—	73	6 310		3 176
1990	110	8 877	—	—	110	8 593		284
1991	289	19 272	—	—	289	19 082		190
实际使用外资额								
1984		546		51		160		335
1985		1 423		597		393		433
1986		1 127	—	—		685		442
1987		1 032	—	—		744		288
1988		1 910	—	—		1 673		237
1989		4 373	—	—		2 685		1 688
1990		4 447	—	—		3 935		512
1991		16 789	—	11133		4 437		1 219

注:(1)1987年对外借款和外商其它投资不再统计项目数。(2)对外借款统计不全。

对外签订利用外资协议(合同)额

金额单位:万美元

	1991年		1990年	
	项目(个)	金额	项目(个)	金额
总计	**289**	**19 272**	**110**	**8 877**
(一)对外借款		…		…
政府贷款		…		…
国际金融机构贷款		…		…
其他	—	—	—	—
(二)外商直接投资	289	19 082	110	8 593
合资经营	260	17 008	102	7 228
合作经营	7	678	1	215
合作开发	—	—	—	—
独资经营	22	1 396	7	1 150
(三)外商其他投资		190		284
补偿贸易		190		106
加工装配				178
国际租赁	—	—	—	—

实际利用外资额

（1991年按国别、地区分）　　　　单位：万美元

国别(地区)	总　计	外商直接投资	外商其它投资
合　　计	**5 519**	**4 606**	**913**
香港	2 823	2 009	814
台湾	616	616	—
日本	936	837	99
美国	607	607	—
澳大利亚	51	51	—
德国	22	22	—
新加坡	187	187	—
我国在境外机构投资	277	277	—

全省对外承包工程和劳务合作

（1984—1991年）

年　　份	签定合同的国家、地区数（个）	合同份数（份）	合同金额（万美元）	完成营业额（万美元）
总　　计		**83**	**5 501**	**3 672**
承包工程小计		28	3 272	3 406
1984年	—	—	—	—
1985年	4	4	321	466
1986年	1	2	9	326
1987年	1	6	672	301
1988年	2	9	1 468	679
1989年	3	3	422	902
1990年	2	2	327	584
1991年	2	2	53	148
劳务合作小计		55	2 229	266
1984年	1	1	7	—
1985年	1	1	11	7
1986年	1	1	15	—
1987年		2	8	2
1988年	2	9	1 188	21
1989年	7	19	314	79
1990年	8	12	523	50
1991年	9	10	163	107

旅游事业发展情况

指标	1985年	1990年	1991年
一、旅游人数总计(人)	**30 049**	**47 569**	**68 907**
外国人	18 841	32 695	44 474
华侨	323	193	1 293
港澳和台湾同胞	9 050	14 681	23 140
二、旅游外汇收入总额(外汇券万元)	**235**	**2 657**	**4 420**

接待外国旅游人数

单位:人

国别	1991年		1990年		1991年比1990年±%
	人数	比重%	人数	比重%	
总计	**44 474**	**100.0**	**32 695**	**100.0**	**36.0**
亚洲小计	22 999	51.7	16 394	50.0	40.2
＃日本	10 702	24.1	8 608	26.3	24.3
菲律宾	564	1.3	554	1.7	1.8
新加坡	1 749	3.9	1 069	3.2	63.6
泰国	987	2.2	662	2.0	49.0
印尼	968	2.1	850	2.6	13.8
美洲小计	4 764	10.7	3 928	12.0	21.2
＃美国	3 473	7.8	3 248	9.9	6.9
加拿大	813	1.8	516	1.5	57.5
欧洲小计	14 754	33.2	10 189	31.1	44.8
＃英国	4 803	10.7	2 998	9.2	60.2
德国	2 139	4.8	1 894	5.8	12.9
法国	2 491	5.6	1 493	4.6	66.8
意大利	847	1.8	815	2.4	3.9
瑞士	417	1.0	346	1.0	20.5
瑞典	442	1.0	161	0.4	1.7倍
荷兰	439	1.0	312	1.0	40.7
比利时	150	0.3	150	0.4	平
西班牙	86	0.2	62	0.2	38.7
苏联	1 221	2.7	978	3.0	24.8
大洋洲小计	1 409	3.2	1 359	4.1	3.6
＃澳大利亚	1 156	2.6	1 003	3.0	15.2
新西兰	148	0.3	125	0.4	18.4
其他国家	548	1.2	825	2.5	−33.5

主要旅游城市接待旅游人数

单位:人

	1991年		1990年		1991年比1990年±%	
	总计	外国人	总计	外国人	总计	外国人
总计	**47 842**	**29 834**	**31 920**	**21 998**	**49.8**	**35.6**
石家庄	8 828	4 723	7 286	4 144	21.2	13.9
承德	22 508	14 537	11 384	8 714	97.7	66.8
秦皇岛	13 282	8 524	9 735	6 916	36.4	23.2
唐山	1 440	747	1 638	923	−12.0	−19.0
邯郸	624	490	677	517	−7.8	−5.1
保定	1 160	813	1 200	784	−3.3	3.6

财政、金融和保险

历年地方财政收支总额及指数

年　　份	总收入（万元）	总支出（万元）	指数（以上年为100）	
			总收入	总支出
1952	44 402	18 778	121.36	168.69
1953	52 494	29 527	118.22	157.15
1954	61 921	32 102	117.96	108.72
1955	64 547	32 519	104.24	101.30
1956	65 672	62 847	101.55	193.26
1957	69 937	50 749	101.93	80.75
1958	148 367	122 067	221.65	240.53
1959	210 168	132 482	141.65	108.53
1960	221 485	217 291	105.38	164.02
1961	151 637	110 367	68.46	50.79
1962	107 595	58 761	70.96	53.24
1963	81 777	90 479	76.00	153.98
1964	108 269	119 982	132.40	132.61
1965	123 758	96 502	114.31	80.43
1966	133 094	99 725	107.54	103.34
1967	107 576	83 024	80.83	83.25
1968	120 553	73 828	112.06	88.92
1969	149 283	97 534	123.83	132.11
1970	205 451	121 319	137.63	124.39
1971	231 359	143 430	112.61	118.23
1972	243 928	165 250	105.43	115.21
1973	258 253	176 207	105.87	106.63
1974	265 718	197 583	102.89	112.13
1975	303 682	209 174	114.29	105.87
1976	283 374	273 605	93.31	130.80
1977	326 918	315 246	115.37	115.22
1978	451 034	324 358	137.97	102.89
1979	428 715	342 169	95.05	105.49
1980	350 210	283 627	81.69	82.89
1981	341 028	232 941	97.38	82.13
1982	317 810	259 396	93.19	111.36
1983	363 942	282 692	114.52	108.98
1984	391 052	358 612	107.45	126.86
1985	451 481	416 591	115.45	116.17
1986	511 692	538 198	113.34	129.19
1987	576 156	533 279	112.60	99.09
1988	467 824	675 173	112.44	126.61
1989	761 212	772 998	117.50	114.49
1990	811 520	872 853	106.61	112.92
1991	906 552	911 384	111.71	104.41
恢复时期	108 070	37 623	—	—
“一五”时期	311 571	207 744	288.30	552.17
“二五”时期	839 252	640 968	269.36	308.54
1963—1965	313 804	306 963	37.39	47.89
“三五”时期	715 957	475 430	228.15	154.88
“四五”时期	1 302 940	891 644	181.99	187.54
“五五”时期	1 840 251	1 539 005	141.24	172.60
“六五”时期	1 865 313	1 550 232	101.36	100.73
“七五”时期	3 304 361	3 392 465	177.15	218.84

分项目财政收支

(1991年)

项目	绝对数(亿元)	比重%	项目	绝对数(亿元)	比重%
一、财政总收入	**90.66**	**100**	**二、财政总支出**	**91.14**	**100**
1.工商税收类	75.68	83.48	#1.基本建设支出	4.08	4.48
#产品税	15.39	16.98	2.企业挖潜改造资金	1.78	1.95
营业税	21.71	23.95	3.简易建筑费类	0.25	0.27
盐税	0.89	0.98	4.科技三项费用	0.69	0.76
2.农牧业税和耕地占用税	4.08	4.50	5.支援农村生产支出	4.69	5.15
3.国营企业所得税	8.25	9.10	6.农林水利气象部门事业费	3.25	3.57
4.国营企业调节税	0.38	0.42	7.工业交通等部门事业费	2.04	1.14
5.国营企业上交利润	1.24	1.37	8.商业部门事业费	0.20	0.21
6.国营企业计划亏损补贴	-8.96	-9.88	9.城市维护费	3.76	4.13
7.国家能源交通重点建设基金收入	1.56	1.72	10.城镇青年就业经费	0.03	0.03
8.专款收入	3.93	4.33	11.文教卫生事业费	26.11	31.19
9.其他收入类	2.70	2.98	12.价格补贴	13.80	21.10
10.国营企业承包收入退库类	-0.27	-0.30	13.抚恤和社会福利救济费	3.38	3.71

主要年份银行各项存贷款总额

单位：亿元

	1952年	1957年	1962年	1965年	1970年	1975年
银行存款合计	**2.52**	**5.66**	**11.81**	**13.26**	**38.52**	**47.99**
#企业存款	1.07	1.07	3.78	4.02	9.76	11.72
财政性存款	1.15	1.92	5.56	5.07	21.97	23.00
城镇储蓄存款	0.29	0.83	0.87	1.63	2.15	4.74
农村存款	…	1.84	1.60	2.53	4.63	8.53
其他存款	—	—	—	—	—	—
银行贷款合计	**1.95**	**14.42**	**35.80**	**32.68**	**53.69**	**68.21**
#工业贷款	0.23	0.94	4.58	3.19	10.91	19.09
商业贷款	1.36	10.91	25.02	21.49	34.97	43.70
农业贷款	0.32	2.51	5.41	6.84	7.36	4.91
乡镇企业贷款	—	—	—	—	—	—
固定资产贷款	—	—	—	—	—	—

	1978年	1980年	1985年	1990年	1991年
银行存款合计	**77.23**	**100.91**	**195.64**	**554.15**	**699.81**
#企业存款	16.35	23.65	69.99	135.20	160.72
财政性存款	43.59	46.23	24.09	32.89	39.50
城镇储蓄存款	6.69	12.46	52.08	305.81	391.74
农村存款	10.60	18.32	41.21	63.88	88.64
其他存款	—	—	8.28	14.31	18.42
银行贷款合计	**91.51**	**114.13**	**219.36**	**631.31**	**741.70**
#工业贷款	27.04	30.24	50.26	209.40	239.35
商业贷款	56.90	72.58	129.91	266.30	306.10
农业贷款	6.90	9.09	14.64	27.39	33.86
乡镇企业贷款	—	—	6.46	24.27	26.43
固定资产贷款	—	—	11.05	76.59	103.18

历年全省城乡居民储蓄存款年末余额

单位：亿元

年　　份	总　　计	城镇储蓄	农户储蓄
1952	0.29	0.29	...
1953	0.31	0.30	0.01
1954	0.70	0.60	0.10
1955	0.78	0.50	0.28
1956	1.27	0.60	0.67
1957	1.72	0.83	0.89
1958	3.76	1.36	2.40
1959	3.84	2.18	1.66
1960	3.35	1.99	1.36
1961	2.40	1.19	1.21
1962	1.57	0.87	0.70
1963	1.82	1.06	0.76
1964	2.29	1.41	0.88
1965	2.62	1.63	0.99
1966	2.47	1.65	0.82
1967	2.72	1.81	0.91
1968	2.87	1.94	0.93
1969	2.76	1.96	0.80
1970	3.13	2.15	0.98
1971	3.67	2.58	1.09
1972	4.38	3.13	1.25
1973	5.12	3.53	1.59
1974	6.35	4.16	2.19
1975	7.59	4.74	2.85
1976	8.25	5.15	3.10
1977	10.06	5.90	4.16
1978	11.17	6.69	4.48
1979	14.35	8.81	5.54
1980	21.06	12.46	8.60
1981	29.09	15.87	13.22
1982	40.17	20.90	19.26
1983	57.48	28.15	29.33
1984	79.78	38.92	40.86
1985	102.86	52.08	50.78
1986	145.98	76.21	69.77
1987	207.21	113.32	93.89
1988	262.03	151.78	110.25
1989	364.50	222.51	141.99
1990	504.59	316.10	188.49
1991	641.13	406.94	234.19

保险业务经济技术指标

项　　目	单　位	1991年	1990年	1991年比 1990年±%
国内外业务总计				
（一）业务收入	万元	124 697	82 439	51.26
（二）业务支出	万元	56 789	36 886	53.96
一、国内业务				
（一）承保额	亿元	1 687	1 391	21.28
1.财产险	亿元	1 376	1 180	16.61
2.人身险	亿元	311	211	47.39
（二）保险业务收入	万元	117 111	76 031	54.03
1.财产险保费	万元	59 398	49 152	20.85
2.财产险储金	万元	16 212	2 458	559.56
3.人身险保费	万元	8 154	5 821	40.08
4.人身险储金	万元	33 347	18 600	79.28
# 统筹	万元	3 780	1 790	111.17
（三）赔案数	件	901 743	389 762	131.36
1.财产险已决赔案件数	件	150 869	121 413	24.26
2.财产险未决赔案件数	件	8 536	8 443	1.10
3.人身险已决给付人数	人	742 338	259 906	185.62
（四）保险业务支出	万元	54 887	35 063	56.54
1.财产险赔款	万元	35 650	25 741	38.49
2.财产险储金给付	万元	1 947	438	344.52
3.人身及总外险给	万元	2 476	1 894	30.73
4.人身险储金给付	万元	10 323	4 110	151.17
# 统 筹	万元	3 288	1 713	91.94
5.退保金	万元	4 491	2 880	55.94
（五）财产险未决估损金额	万元	3 428	2 772	23.67
二、涉外业务				
（一）承保额	亿美元	37	31	19.35
1.运输险	亿美元	19	16	18.75
#（1）出口	亿美元	17	14	21.43
（2）进口	亿美元	2	2	
2.各种非水险	亿美元	17	15	13.33
（二）保费	亿美元	1 396	1 227	13.77
1.运输业	亿美元	911	854	6.67
#（1）出口	亿美元	7 93	7 42	6.87
（2）进口	亿美元	118	112	5.36
2.船舶险	亿美元	22	14	57.14
3.各种非水险	亿美元	459	357	28.57
4.飞机险	亿美元	3	1	200.00
5.航空人身意外保险	亿美元	1	1	
（三）赔案件数	件	1 411	1 118	26.21
1.已决	件	1 393	1 105	26.06
2.未决	件	18	13	38.46
（四）当年已决赔案	万美元	350	349	0.29

保险业务经济技术指标(续)

项目	单位	1991年	1990年	1991年比1990年±%
1.运输险	万美元	224	173	29.48
#(1)出口	万美元	192	149	28.86
(2)进口	万美元	32	24	33.33
2.船舶险	万美元	3	3	
3.各种非水险	万美元	123	173	-28.90
(五)未决估损金额	万美元	29	18	61.11
三、保险业务收入完成计划	%	**141.30**	**121.03**	**20.27**
(一)国内业务	%	142.44	121.79	20.65
(二)涉外业务	%	120.87	101.83	19.04
四、损失率				
(一)国内业务财产险	%	0.11	0.10	0.01
(二)国内家庭财产险	%	2.17	1.40	0.77
(三)种植业险	%	1.32	0.46	0.86
(四)涉外业运输险	%	0.13	0.11	0.02
五、当年结案率				
(一)国内业务	%	94.65	93.50	1.15
(二)涉外业务	%	98.72	98.84	-0.12
六、赔付率(给付率)	%	**45.54**	**44.74**	**0.80**
(一)财产险	%	60.02	52.37	7.65
(二)团体人身及意外伤害险	%	30.37	32.54	-2.17
(三)返还性人身险	%	3.45	2.40	1.05
(四)涉外业务	%	25.07	28.44	-3.37
七、年内平均职工人数	**人**	**4789**	**4374**	**9.49**
八、年末职工人数	**人**	**5006**	**4589**	**9.09**
九、年内费用支出	**万元**	**11 868.13**	**8 210.66**	**44.55**
十、人均保险业务收入	**万人/元**	**26**	**19**	**36.84**
十一、人均费用	**元/人**	**24782**	**18772**	**32.02**
十二、增加值	**万元**	**20850**	**21269**	**-1.97**
#1.工资	万元	760	689	10.30
2.固定资产折旧	万元	551	462	19.26
3.税金	万元	4131	3407	21.25
4.利润	万元	15408	16711	-7.80
十三、人均盈利	**万元/人**	**3**	**4**	**-25.00**
十四、机构数	**个**	**190**	**185**	**2.70**
(一)省级分公司	个	1	1	
(二)地市级公司	个	11	11	
(三)县支分公司	个	178	173	2.89
# 市区办事处	个	39	34	14.71
十五、其他				
代办网点	个	1408	6151	-77.11
1.专职	个	249	198	26.00
2.兼职	个	1159	5953	-81.00

人　民　生　活

人民物质文化生活提高情况

项　目	单 位	1978年	1990年	1991年
一、城乡居民收入				
农民人均工资(抽样调查)	元	114.06	621.7	657.4
职工平均工资	元	592	2 019	2 156
城镇居民家庭平均每人每年可用于生活费收入(抽样调查,按家庭人口计算)	元	276.24	1 397.4	1 489.3
二、每人每年生活消费				
全省居民消费水平	元	160	664	717
粮　　食(贸易粮)	公斤	214.3	237	231
食用植物油	公斤	1.2	5.4	5.3
猪　　肉	公斤	4.1	11.7	12.9
鲜　　蛋	公斤	—	5.6	6.9
水 产 品	公斤	0.8	1.4	1.4
棉　　布	米	5.2	6.0	6.1
日用消费品零售额(包括社会集团)	元	19.5	67.5	75.3
三、平均每人居住面积(抽样调查)				
城　　镇	平方米	5.61	9.2	9.5
农　　村	平方米	8.82	17.3	17.3
四、交　　通				
每百户拥有自行车城镇	辆	164.0	259	246
农村	辆	65.6	174	174
城市每万人拥有公共车辆(省辖市市区)	辆	1.61	2.37	2.45
五、储　　蓄				
年底城乡居民储蓄存款余额	亿元	11.18	504.59	641.13
平均每人储蓄存款余额	元	22.2	824.87	1 035.8
六、文　　化				
每百户拥有电视机城镇	台	8	122	121
农村	台	—	60	78
每百户拥有收音机城镇	台	85	59	50
农村	台	37	82	48
七、教　　育				
学龄儿童入学率	%	96.7	99.0	98.3
每万人口拥有当年大学毕业生数	人	1.4	3.8	3.8
八、卫　　生				
每万人口拥有病床	张	17.6	23.9	23.8
每万人口拥有医生	人	10.8	14.5	14.0
九、就　　业(抽样调查)				
城镇每一就业者负担人数(包括就业者本人)	人	2.19	1.65	1.68
十、零售商业、饮食业、服务业				
平均每万人口有网点数(包括个体)	个	—	102.7	101.5
平均每万人口有人员数(包括个体)	人	—	254.2	233.0

注:粮、油、肉、布的消费量,除包括居民直接消费外,还包括饮食业、食品工业、服装业等加工工业用量,布还包括公用布。

历年居民年平均消费水平

年份	居民消费水平(元) 全省居民	农民	非农业居民	农业、非农业居民消费水平对比(以农民为1)
1952	77	71	1 155	2.18
1953	86	80	157	1.96
1954	88	81	165	2.04
1955	90	82	170	2.07
1956	93	83	199	2.40
1957	98	87	200	2.30
1958	107	93	220	2.37
1959	108	92	225	2.45
1960	110	91	236	2.59
1961	108	91	238	2.62
1962	104	90	236	2.62
1963	104	91	237	2.60
1964	106	93	239	2.57
1965	111	97	249	2.57
1966	114	100	262	2.62
1967	115	100	268	2.68
1968	114	99	269	2.72
1969	119	104	278	2.67
1970	124	110	280	2.55
1971	129	114	290	2.54
1972	122	105	296	2.82
1973	132	113	310	2.74
1974	136	116	325	2.80
1975	140	118	340	2.88
1976	141	118	337	2.94
1977	144	119	355	2.98
1978	160	133	390	2.93
1979	176	147	407	2.77
1980	192	158	444	2.81
1981	214	179	480	2.68
1982	224	188	467	2.48
1983	250	215	498	2.32
1984	289	251	547	2.18
1985	354	308	650	2.11
1986	397	342	744	2.18
1987	474	406	878	2.16
1988	583	489	1 142	2.34
1989	635	518	1 331	2.57
1990	664	539	1 411	2.62
1991	715	564	1 585	2.81

历年居民年平均消费水平指数

年份	以上年为100			以1952年为100		
	全省居民	农民	非农业居民	全省居民	农民	非农业居民
1952	—	—	—	100	100	100
1953	111.34	112.68	101.26	111.34	112.68	101.29
1954	98.64	97.73	101.44	109.83	110.12	102.75
1955	100.20	99.35	102.31	110.05	109.40	105.13
1956	104.59	101.93	117.06	115.10	111.52	123.06
	103.91	104.09	99.31	119.60	116.08	122.21
1958	110.07	107.65	111.34	131.64	124.96	136.07
1959	102.04	99.62	102.07	134.33	124.49	138.88
1960	97.50	95.57	100.37	130.97	118.97	139.39
1961	96.98	99.42	95.41	127.01	118.28	133.00
1962	94.95	96.96	990.06	120.60	114.68	131.75
1963	102.83	102.03	103.10	124.01	117.02	149.00
1964	104.16	103.12	107.16	129.17	120.67	159.67
1965	106.99	106.43	107.96	138.20	128.43	172.38
1966	103.35	102.99	105.11	142.84	132.27	181.21
1967	100.01	99.60	101.98	142.84	131.74	184.80
1968	99.17	99.10	100.27	141.66	130.56	185.30
1969	104.83	105.79	103.46	148.51	138.12	191.71
1970	105.04	106.40	101.02	155.99	146.96	193.66
1971	104.06	103.95	103.26	162.32	152.77	199.98
1972	95.17	92.20	101.96	154.49	140.86	203.89
1973	107.98	107.72	104.52	168.81	151.74	213.13
1974	103.52	102.65	104.83	172.69	155.76	223.44
1975	102.76	101.72	104.62	177.46	158.45	233.75
1976	100.03	99.90	98.91	177.50	158.29	231.22
1977	102.23	100.74	104.81	181.47	159.47	242.36
1978	111.74	111.54	109.64	202.76	177.88	265.72
1979	108.00	108.79	102.61	218.98	193.52	272.67
1980	103.35	102.85	101.77	226.31	199.03	277.49
1981	109.89	111.29	104.75	248.69	221.50	290.67
1982	101.48	102.87	96.42	252.38	227.85	280.27
1983	111.80	113.91	104.55	282.17	259.55	293.01
1984	112.79	114.33	106.54	318.27	296.75	312.19
1985	114.81	116.09	109.11	365.41	344.51	340.63
1986	106.38	105.36	107.99	388.73	362.96	367.84
1987	110.75	110.53	109.07	430.51	401.17	401.20
1988	104.34	102.25	109.95	449.19	410.18	441.10
1989	96.61	92.83	104.49	433.92	380.65	460.95
1990	100.88	100.35	102.32	437.82	381.79	471.64
1991	107.68	104.64	112.33	457.08	393.24	496.54

各时期居民消费水平平均增长速度

时期	全省居民	农业居民	非农业居民	时期	全省居民	农业居民	非农业居民
"一五"时期	3.64	3.03	4.09	"五五"时期	4.98	4.67	3.49
"二五"时期	0.17	－0.24	1.51	"六五"时期	10.06	11.60	4.18
1963－1965	4.65	3.85	9.37	"七五"时期	3.68	2.09	6.72
"三五"时期	2.45	2.73	2.36	1979－1991	6.47	6.29	4.93
"四五"时期	2.61	1.52	3.83	1953－1991	3.97	3.57	4.19

注：本表及上表均按可比价格计算。

消费品平均每人生活消费量

项目	单位	1985年	1990年	1991年
粮食(贸易粮)				
全省	公斤	234.4	237.4	231.1
城镇	公斤	214.6	223.9	225.3
乡村	公斤	237.6	239.7	232.2
食用植物油				
全省	公斤	4.8	5.4	5.3
城镇	公斤	10.2	14.5	13.8
乡村	公斤	3.9	3.8	3.8
猪肉				
全省	公斤	8.6	11.7	12.9
城镇	公斤	21.5	24.7	24.4
乡村	公斤	6.5	9.5	10.9
鲜蛋				
全省	公斤	3.9	5.6	6.9
城镇	公斤	9.0	14.3	14.4
乡村	公斤	3.0	4.1	5.6
食糖				
全省	公斤	4.6	4.1	4.2
城镇	公斤	11.0	12.0	12.0
乡村	公斤	3.5	2.7	2.9
盐				
全省	公斤		6.3	7.6
城镇	公斤		5.0	5.9
乡村	公斤		6.5	7.9
棉花				
全省	公斤	1.2	1.2	1.2
城镇	公斤	1.5	1.3	1.8
乡村	公斤	1.2	1.1	1.1
棉布				
全省	米	6.2	6.1	6.1
城镇	米	9.7	9.4	9.5
乡村	米	5.6	5.5	5.6
棉花化纤布				
全省	米	3.1	4.3	4.2
城镇	米	7.0	7.7	7.6
乡村	米	2.5	3.7	3.7
化纤布				
全省	米	0.8	1.0	1.0
城镇	米	1.6	1.5	1.4
乡村	米	1.7	0.9	0.9

城镇居民家庭基本情况

项目	单位	1985年		1990年		1991年	
		全省	#城市	全省	#城市	全省	#城市
一、调查户数	**户**	**1 490**	**900**	**1640**	**1290**	**1640**	**1290**
二、平均每户家庭人口数	**人**	**3.61**	**3.60**	**3.37**	**3.36**	**3.30**	**3.30**
三、平均每户就业人口数	**人**	**2.08**	**2.12**	**2.04**	**2.05**	**2.16**	**1.98**
四、平均每户就业面	%	**58.00**	**59.00**	**60.53**	**61.01**	**59.70**	**60.00**
五、平均每一就业者负担人数	**人**	**1.74**	**1.69**	**1.65**	**1.64**	**1.68**	**1.67**
（包括就业者本人）							
六、平均每人全年全部收入	**元**	**685.56**	**735.00**	**1 527.84**	**1 581.84**	**1 644.24**	**1 716.84**
#生活费收入	元	630.72	676.44	1 397.35	1 452.61	1 489.32	1 563.84
按每人每月生活费收入分							
组户数占总户数的比重	%	100	100	100	100	100	100
50元以下	%	46.18	36.86	1.04	0.56	0.73	0.47
50——60元	%	23.49	24.34	1.52	1.24	1.52	1.16
60——70元	%	16.17	38.80	3.04	1.94	2.74	1.47
70——80元	%	14.16	38.80	6.30	5.10	5.30	3.57
80——90元	%	14.16	38.80	9.60	8.50	6.40	4.26
90——110元	%	14.16	38.80	23.80	22.30	20.00	18.29
110——130元	%	14.16	38.80	21.50	22.60	21.10	21.86
130——150元	%	14.16	38.80	15.40	16.86	17.07	18.91
150元以上	%	14.16	38.80	17.80	20.90	25.14	30.01
七、平均每人生活费收入	**元**	**605.64**	**645.00**	**1 278.02**	**1 323.96**	**1 336.08**	**1 392.84**
八、平均每人生活费支出	**平方米**	**7.90**	**7.32**	**9.18**	**8.72**	**9.49**	**8.90**

城镇居民家庭平均每人全年生活费支出

单位:元

项目	1985年		1990年		1991年	
	全省	#城市	全省	#城市	全省	#城市
生活费支出	**605.64**	**645.00**	**1 278.02**	**1 323.96**	**1 336.08**	**1 392.84**
一、购买商品支出	562.44	598.20	1151.76	1188.84	1174.66	1218.60
#1.食品	302.52	334.44	653.88	693.24	685.92	732.36
(1)粮食	66.60	69.72	93.24	96.48	113.16	108.84
(2)副食	143.88	162.84	338.16	363.96	359.52	388.56
(3)烟、酒、茶	35.16	37.08	81.48	82.08	90.00	91.56
(4)其它食品	56.88	64.80	141.00	150.72	123.24	143.40
2.衣着商品	93.84	101.75	181.20	188.76	213.60	222.12
3.日用品	70.44	75.84	150.12	159.96	136.56	140.76
4.文娱用品	47.40	48.84	83.76	83.04	64.56	66.96
5.书报杂志	5.04	5.76	9.12	9.72	7.20	8.28
6.药及医疗用品	5.16	4.32	16.80	12.84	13.32	9.12
7.燃料	14.28	12.84	22.80	18.60	26.64	22.44
二、非商品支出	43.20	46.80	126.26	135.12	161.42	174.24
#1.房租	8.40	9.72	28.82	35.40	30.04	37.68
2.水电费	4.44	4.92	16.68	17.88	20.76	21.60
3.学杂费	5.28	5.40	23.64	24.24	28.56	28.56
4.保育费	3.72	3.36	4.80	3.96	7.20	5.52
5.交通费	5.40	6.36	11.40	12.12	12.00	13.44
6.邮电费	0.60	0.72	1.68	1.92	2.28	2.52
7.文化娱乐费	1.68	1.92	3.96	4.44	8.04	9.24

城镇居民家庭平均每人全年购买的主要商品数量

品　　名	单　位	1985年		1990年		1991年	
		全省	#城市	全省	#城市	全省	#城市
粮食	公斤	135.95	135.12	136.07	137.11	131.97	133.13
鲜菜	公斤	139.87	138.96	145.18	151.66	128.13	133.79
食用植物油	公斤	5.43	5.64	6.12	6.23	6.83	7.12
猪肉	公斤	11.80	12.72	14.68	15.55	14.57	15.36
牛羊肉	公斤	2.20	2.40	3.62	3.83	3.26	3.49
家禽	公斤	1.20	1.44	1.40	1.59	2.02	2.30
鲜蛋	公斤	7.57	9.96	11.01	12.19	11.10	12.19
鱼虾	公斤	3.41	4.32	5.26	5.71	4.75	5.16
食糖	公斤	1.38	1.32	1.02	0.92	0.69	0.63
卷烟	盒	42.10	44.04	43.19	42.97	39.35	40.06
酒	公斤	6.49	7.20	9.72	9.73	10.13	10.31
棉布	米	3.50	3.10	1.77	1.71	1.22	1.15
化纤布	米	1.98	2.05	2.40	2.55	2.10	2.25
呢绒	米	0.30	0.34	0.34	0.34	0.43	0.39
绸缎	米	0.46	0.52	0.49	0.54	0.39	0.42
布制服装	件	0.39	0.42	0.34	0.34	0.27	0.28
化纤服装	件	1.29	1.42	1.32	1.31	1.92	1.94
呢绒服装	件	0.20	0.20	0.16	0.16	0.26	0.25
绸缎服装	件	0.04	0.03	0.09	0.09	0.10	0.10
针织衣裤	件	1.37	1.58	1.60	1.64	1.21	1.27
皮鞋	双	0.47	0.55	0.67	0.70	0.68	0.72
肥皂	块	6.10	7.48	6.16	6.67	3.21	3.54
香、药皂	块	1.36	1.73	1.35	1.44	0.97	1.05
煤炭	公斤	406.08	376.42	256.61	221.26	269.30	232.76

城镇居民家庭平均每百户年底耐用消费品拥有量

品名	单位	1985年		1990年		1991年	
		全省	#城市	全省	#城市	全省	#城市
自行车	辆	216	223	259	267	246	251
缝纫机	架	77	77	79	81	76	78
手表	只	260	269	315	320	270	279
电风扇	台	63	62	122	128	128	135
洗衣机	台	55	62	90	91	90	92
电冰箱	台	3	4	49	56	57	65
大衣柜	个	109	112	104	107	98	99
沙发	个	146	151	164	163	175	173
写字台	个	83	87	95	95	92	91
收音机	台	83	82	59	60	50	51
黑白电视机	台	72	81	54	58	42	44
彩色电视机	台	15	13	68	69	79	81
录音机	台	37	43	78	81	77	81
照相机	架	7	9	22	26	24	28

城镇居民家庭生活基本情况

(1991年)

项目	单位	全省	城市	县城
调查户数	户	1640	1290	350
平均每户家庭人口数	人	3.30	3.30	3.33
平均每户就业人口数	人	2.16	1.98	1.95
平均每户就业面	%	59.70	60.00	58.56
每一就业者负担人数(包括就业者本人)	人	1.68.	1.67	1.71
平均每人全部收入	元	1 644.24	1 716.84	1 379.04
平均每人生活费收入	元	1 489.32	1 563.84	1 217.16
平均每人生活费支出	元	1 336.08	1 392.84	1 129.20

城镇居民家庭生活基本情况

（1991年按收入等级分）

项　　目	单位	总平均	最低收入户	其中：困难户	低收入户	中等偏下户	中等收入户	中等偏上户	高收入户	最高收入户
全省城镇居民家庭										
调查户数	户	1 640	164	82	164	328	328	328	164	164
比重	%	100.00	10.00	5.00	10.00	20.00	20.00	20.00	10.00	10.00
平均每户家庭人口数	人	3.30	3.38	3.31	3.37	3.37	3.33	3.21	3.17	3.18
平均每户就业人口数	人	1.97	2.00	2.01	1.93	2.02	2.00	1.98	2.03	1.84
平均每户就业面	%	59.70	59.17	60.73	57.27	59.94	60.06	61.68	62.08	57.86
每一就业者负担人数(包括就业者本人)	人	1.68	1.69	1.65	1.75	1.67	1.67	1.62	1.61	1.73
平均每人全部收入	元	1 644.24	1 424.16	1 422.96	1 464.72	1 571.16	1 649.40	1 761.24	1 754.64	1 862.04
平均每人生活费收入	元	1 489.32	1 285.92	1 294.32	1 310.64	1 422.72	1 495.68	1 598.40	1 595.64	1 692.60
平均每人生活费支出	元	1 336.08	1 157.28	1 160.76	1 168.20	1 278.36	1 334.04	1 425.96	1 455.00	1 526.52
城市居民家庭										
调查户数	户	1 290	129	65	129	258	258	258	129	129
比重	%	100.00	10.00	5.04	10.04	20.00	20.00	20.00	10.00	10.00
平均每户家庭人口数	人	3.30	3.37	3.41	3.39	3.35	3.35	3.20	3.22	3.17
平均每户就业人口数	人	1.98	1.95	2.08	2.07	2.00	2.01	1.99	1.95	1.84
平均每户就业面	%	60.00	57.86	61.00	61.06	59.70	60.00	62.19	60.56	58.04
每一就业者负担人数(包括就业者本人)	人	1.67	1.73	1.64	1.64	1.68	1.67	1.61	1.65	1.72
平均每人全部收入	元	1 716.84	1 460.04	1 461.00	1 551.84	1 676.28	1 733.40	1 828.20	1 802.64	1 905.60
平均每人生活费收入	元	1 563.84	1 325.18	1 336.06	1 407.00	1 526.76	1 579.80	1 656.12	1 656.00	1 729.80
平均每人生活费支出	元	1 392.84	1 185.72	1 181.88	1 241.88	1 354.44	1 410.24	1 470.72	1 487.52	1 562.76

城镇居民家庭生活基本情况

（1991年按平均每人年生活费收入水平分）

项　　目	单　位	600元以及以下	其中420元以下	600——720元	720——840元	840——960元
调查户数	户	12	2	25	45	87
比重	%	0.73	0.12	1.52	2.74	5.30
平均每户家庭人口数	人	3.75	3.00	4.20	3.87	3.74
平均每户就业人口数	人	1.50	1.50	1.43	1.93	1.87
平均每户就业面	%	40.00	50.00	34.05	49.87	50.00
平均每一就业者负担人数(包括就业者本人)	人	2.50	2.00	2.94	2.01	2.00
平均每人全部收入	元	735.00	806.64	812.16	913.32	1 052.76
平均每人生活费收入	元	536.40	380.40	663.84	789.60	911.28
平均每人生活费支出	元	688.32	987.00	726.36	791.16	903.60

项　　目	单　位	960——1 080元	1 080——1 320元	1 320——1 560元	1 560——1 800元	1 800元以上
调查户数	户	105	328	346	280	412
比重	%	6.40	20.00	21.10	17.07	25.14
平均每户家庭人口数	人	3.65	3.44	3.25	3.18	3.00
平均每户就业人口数	人	1.91	1.94	1.99	2.06	2.03
平均每户就业面	%	52.33	56.40	61.23	64.78	67.67
平均每一就业者负担人数(包括就业者本人)	人	1.91	1.77	1.63	1.54	1.48
平均每人全部收入	元	1 168.32	1 332.12	1 589.04	1 836.72	2 349.94
平均每人生活费收入	元	1 026.84	1 209.12	1 438.20	1 667.04	2 161.57
平均每人生活费支出	元	972.00	1 103.88	1 327.32	1 491.84	1 822.32

农民家庭基本情况

项目	单位	1978年	1985年	1990年	1991年
调查户数	户	630	4 200	4 200	4 200
调查户常住人口数	人	3 425	20 656	18 998	18 773
平均每户常住人口数	人	5.44	4.92	4.52	4.47
平均每户整、半劳动力数	人	2.33	2.97	2.87	2.73
平均每户劳动力负担人口数	人	2.33	1.66	1.57	1.64
平均每户年内新建房屋间数	间	0.20	0.37	0.16	0.26
平均每户年底使用房屋间数	间	4.43	5.84	6.34	5.92
平均每户年底使用房屋面积	平方米	10.51	15.39	19.00	19.27
# 居住面积	平方米	8.82	14.01	17.34	17.49

农民家庭平均每人纯收入

单位:元

指标	1985年	1990年	1991年
平均每人纯收入	**385.23**	**621.67**	**657.38**
按收入来源分			
1.从集体统一经营中得到的收入	34.87	55.49	69.46
2.从经济联合体得到的收入	9.31	11.65	8.06
3.家庭经营纯收入	304.77	506.86	523.53
农业收入	193.99	303.48	294.78
林业收入	1.57	2.54	3.72
牧业收入	28.64	52.62	68.91
渔业收入	0.72	1.84	1.03
手工业收入	12.29	13.32	9.10
工业收入	1.12	9.75	8.05
采集捕猎收入	2.20	2.05	2.48
建筑业收入	8.50	10.34	8.81
运输业收入	5.77	4.37	8.73
生产性劳务收入	36.28	83.97	92.00
商业收入	5.74	9.17	9.84
饮食业收入	0.88	2.16	3.17
服务业收入	3.20	5.83	6.91
其他家庭经营收入	3.87	5.42	6.00
4.其他非借贷性收入	36.28	47.67	56.33
按性质分			
1.生产性纯收入	337.67	555.12	572.37
农业生产收入	239.41	375.85	380.02
非农业生产收入	98.26	179.27	192.35
2.非生产性收入	47.56	66.55	85.01

农民家庭平均每人纯收入水平分组的户数构成

单位：%

分　组	1985 年	1990 年	1991 年
500 元以上的户	20.72	59.39	63.91
400 —— 500 元的户	17.36	14.98	12.71
300 —— 400 元的户	23.55	13.24	12.02
200 —— 300 元的户	25.59	8.38	7.55
150 —— 200 元的户	7.88	2.29	1.91
100 —— 150 元的户	3.78	1.17	1.02
100 元以下的户	1.12	0.55	0.88

农民家庭平均每人生活消费支出及构成

项　目	1978 年	1985 年	1990 年	1991 年
一、平均每人生活消费支出（元）				
合　计	**95.02**	**297.72**	**485.70**	**558.23**
1.生活消费品支出	92.95	290.17	456.84	515.93
(1) 食　品	62.97	148.95	248.64	267.64
(2) 衣　着	13.95	32.25	46.59	58.39
(3) 燃　料	7.30	16.49	27.77	28.61
(4) 住　房	2.77	49.62	69.18	78.99
(5) 用品及其他	5.96	42.86	64.66	82.30
2.文化生活服务支出	2.07	7.55	28.86	42.30
二、构成（%）				
合　计	**100**	**100**	**100**	**100**
1.生活消费品支出	97.82	97.46	93.80	92.42
(1) 食　品	66.27	50.03	49.05	47.94
(2) 衣　着	14.68	10.83	10.01	10.46
(3) 燃　料	7.68	5.54	5.97	5.13
(4) 住　房	2.92	16.67	14.87	14.15
(5) 用品及其他	6.27	14.39	13.90	14.79
2.文化生活服务支出	2.18	2.54	6.20	7.58

注：1 990 年度构成数字是按可比口径计算的。

农民家庭平均每百户耐用消费品年底拥有量

品　名	单位	1978 年	1985 年	1990 年	1991 年
自行车	辆	65.71	141.12	174	174
缝纫机	架	26.35	71.10	81	80
收音机	台	36.67	87.40	82	48
钟表	只	50.48	208.19	259	232
＃手表	只	13.02	137.14	179	164
电视机	台		17.52	60	78

农民家庭平均每人商品性和自给性生活消费品支出及构成

年份		合计	食品	衣着	住房	燃料	用品及其他
一、生活消费品支出(元)							
1978	合计	92.95	62.97	13.95	2.77	7.30	5.96
1985	合计	290.17	148.95	32.25	49.62	16.49	42.86
	商品性	190.94	62.04	30.41	49.12	6.57	42.80
	自给性	99.23	86.91	1.84	0.50	9.92	0.06
1990	合计	456.84	248.64	46.59	69.18	27.77	64.66
	商品性	300.93	111.42	42.88	68.92	13.09	64.62
	自给性	155.91	137.22	3.71	0.26	14.68	0.04
1991	合计	515.93	267.64	58.39	78.99	28.61	82.30
	商品性	359.08	130.33	55.14	78.21	13.15	82.25
	自给性	156.85	137.31	3.25	0.78	15.46	0.05
二、构成(%)							
1985	商品性	65.80	41.65	94.29	98.99	39.84	99.86
	自给性	34.20	58.35	5.71	1.01	60.16	0.14
1990	商品性	68.95	48.81	92.04	99.62	47.12	99.94
	自给性	31.05	51.19	7.96	0.38	52.88	0.06
1991	商品性	69.60	48.70	94.43	99.01	45.96	99.94
	自给性	30.40	51.30	5.57	0.99	54.04	0.06

注：1990年度构成数字是按可比口径计算的。

农民家庭平均每人主要消费品消费量

品名	单位	1978年	1985年	1990年	1991年
粮食(原粮)	公斤	228.14	214.51	231.05	223.77
#细粮	公斤	65.12		160.86	156.65
蔬菜	公斤	145.12	123.92	148.67	124.72
食油	公斤	1.06	3.46	4.19	4.79
肉类	公斤	3.30	5.87	6.37	6.06
家禽	公斤	0.02	0.17	0.23	0.19
蛋类	公斤	0.55	1.71	2.23	2.51
鱼虾	公斤	0.22	0.34	0.66	0.66
食糖	公斤	0.44	0.78	0.83	0.77
酒	公斤	0.56	1.78	2.89	3.78
棉布	米	5.27	3.09	1.40	1.52
棉花	公斤	0.57	0.94	0.88	0.75
化纤布	米	0.40	2.80	1.68	1.90
呢绒	米	0.03	0.19	0.06	0.08
绸缎	米	0.01	0.10	0.05	0.07
毛线及毛线织品	公斤	0.02	0.03	0.05	0.07
胶鞋、球鞋、皮鞋	双	0.21	0.30	0.47	0.54

城乡新建住宅面积和居民居住情况

单位：万平方米

	城市新建职工住宅面积		农村新建房屋面积（集体、个人）	人均居住面积（平方米）	
	全民单位基建和更改	全民更新改造和城镇集体		城镇	农村
1952－1991	6 953			—	—
#1978	222			5.61	8.82
1980	559	32		5.71	9.86
1985	401	68	4 368	7.90	14.01
1986－1991	1 660	414	24 817	—	—
#1990	230	64	26	9.18	17.34
1991	262	58	4 996	9.50	17.50

城镇居民家庭居住情况

指标	1985年	1990年	1991年
一、居住情况（平方米）			
（一）平均每户			
1．居住面积	27.89	30.95	31.35
2．辅助面积	11.60	12.07	12.72
3．居住间数（间）	2.13	2.31	2.33
（二）平均每人	—	—	—
1．居住面积	7.90	9.18	9.49
2．辅助面积	3.22	3.58	3.85
二、按人均居住面积分组的各类家庭比重（%）			
1．无房户	2.42	0.43	0.55
2．拥挤户	6.71	3.78	2.74
3．不方便户	5.97	8.35	3.66
4．4——6平方米	20.81	13.35	14.45
5．6——8平方米	26.98	22.43	22.99
6．8平方米以上	37.11	51.66	55.61

农村居民家庭居住情况

指标	单位	1978年	1985年	1990年	1991年
平均每户年末使用房屋间数	间	4.43	5.84	6.34	5.92
# 年内新建间数	间	0.20	0.37	0.16	0.26
占使用房屋比重	%	4.51	6.34	2.52	4.39
人均年末使用房屋面积	平方米	10.51	15.39	19.00	19.27
# 年内新建房屋面积	平方米	0.47	1.09	0.54	0.97
人均住房面积	平方米	8.82	14.01	17.34	17.49
每间房屋价值	元	—	437.20	626.60	1 039.73
# 年内新建房屋价值	元	228.48	639.12	1 648.17	1 980.26

教育、科技、专利、文化和体育

各级各类教育事业发展情况

项　　目	单位	1985年	1990年	1991年
一、高等学校情况				
学校数	所	46	50	50
毕业生数	人	12 033	22 762	23 406
招生数	人	21 724	23 803	23 701
在校生数	人	58 244	76 018	74 349
在校研究生数	人	527	698	653
教职工数	人	30 184	35 290	34 644
#专任教师	人	11 987	13 585	13 226
二、中等专业学校情况				
学校数	所	292	306	216
毕业生数	人	28 213	31 312	36 590
招生数	人	33 495	35 535	39 256
在校生数	人	73 077	107 602	109 718
教职工数	人	21 392	24 554	24 176
#专任教师	人	9 701	12 159	11 957
#中等师范学校				
学校数	所	175	175	83
毕业生数	人	16 027	13 974	13 177
招生数	人	11 516	13 530	13 551
在校生数	人	28 155	36 842	36 966
教职工数	人	6 666	6 889	6 419
#专任教师	人	3 684	3 786	3 462
三、普通中学情况				
学校数	所	6 175	5 403	5 321
毕业生数	万人	60.52	65.70	58.75
初中	万人	52.73	55.16	48.97
高中	万人	7.79	10.54	9.78
招生数	万人	80.72	75.78	83.28
初中	万人	69.66	64.97	72.67
高中	万人	11.06	10.81	10.61
在校生数	万人	245.39	207.61	222.21
初中	万人	212.37	176.37	190.39
高中	万人	33.02	31.24	31.82
教职工数	万人	18.92	19.86	20.14
#专任教师	万人	15.13	15.59	15.81

各级各类教育事业发展情况(续)

项　　目	单位	1985年	1990年	1991年
初中	万人	12.87	13.04	13.19
高中	万人	2.26	2.55	2.62
四、农业、职业中学情况				
独立设置的学校数	所	382	362	313
毕业生数	人	16 873	39 780	38 691
初中	人	8 911	8 276	6 996
高中	人	7 962	31 504	31 695
招生数	人	60 751	51 512	60 654
初中	人	16 881	9 911	13 131
高中	人	43 870	41 601	47 523
在校生数	人	136 092	126 727	141 144
初中	人	44 179	28 730	34 745
高中	人	91 913	97 997	106 399
教职工数	人	12 308	16 564	17 523
# 专任教师	人	8 838	11 312	11 940
初中	人	2 543	2 177	2 346
高中	人	6 295	9 135	9 594
六、技工学校情况				
学校数	所	144	241	255
毕业生数	人	5 599	19 354	21 131
招生数	人	10 807	23 999	23 187
在校生数	人	22 040	63 413	60 451
教职工数	人	4 548	13 941	13 237
# 专任教师	人	2 071	6 664	7 334
# 文化技术理论课教师	人	1 885	5 349	5 833
生产实习课指导教师	人	186	1 315	1 501
六、小学情况				
学校数	所	49 346	48 568	48 414
教学点数	个	6 874	2 429	3 486
毕业生数	万人	101.79	82.56	90.66
在校生数	万人	601.30	705.48	724.35
招生数	万人	113.45	125.33	125.32
教职工数	万人	26.23	29.04	29.42
# 专任教师	万人	24.70	26.99	27.25

各类高等学校和中等专业学校基本情况

（1991年）　　　　单位：人

	学校数（所）	毕业生数	招生数	在校学生数	教职工数	#专任教师	每一专业教师负担学生数
一、普通高等学校总计	**50**	**23 406**	**23 701**	**74 349**	**34 644**	**13 226**	**5.70**
#综合大学	1	1 628	1 316	4 395	1 988	771	5.70
理工院校	15	7 686	8 010	26 443	13 825	5 012	5.30
农业院校	2	1 338	1 559	5 363	2 965	1 077	5.00
林业院校	1	270	281	877	484	170	5.20
医药院校	6	2 022	2 236	9 316	5 584	1 770	5.30
师范院校	13	8 177	8 341	22 027	7 574	3 353	6.60
财经院校	3	1 172	1 223	3 451	1 125	491	7.10
体育院校	1	142	151	534	203	95	5.70
二、中等专业学校总计	**216**	**36 590**	**39 256**	**109 718**	**24 176**	**11 957**	**9.18**
中等技术学校	133	23 413	25 705	72 752	17 757	8 495	8.57
工业学校	32	7 709	8 332	25 117	6 456	2 800	8.97
农业学校	22	3 381	4 419	11 708	2 771	1 400	8.37
林业学校	1	—	182	526	135	78	6.75
医药学校	21	3 042	3 582	10 041	2 260	1 145	8.77
财经学校	29	6 722	6 064	16 902	3 692	1 708	9.90
政法学校	8	813	987	2 368	776	337	7.03
体育学校	6	334	461	1 368	437	232	5.90
艺术学校	6	232	301	970	612	425	2.29
其他学校	8	1 180	1 377	3 752	618	370	10.14
中等师范学校	83	13 177	13 551	36 966	6 419	3 462	10.68
#幼儿师范	4	652	501	1 604	302	187	8.58

高等学校分科在校学生数

单位：人

项目	1985年	1990年	1991年
合计	**58 244**	**76 618**	**74 349**
工科	19 262	28 080	26 585
农科	5 079	5 606	6 027
林科	551	840	829
医药	6 458	9 165	9 316
师范	16 050	20 999	20 815
语文	3 561	1 881	1 584
理科	1 960	2 035	1 892
财经	4 564	6 504	6 412
政法	469	248	239
体育	258	529	534
艺术	32	131	116

高等学校分科招生数

单位：人

项目	1985年	1990年	1991年
合计	**21 724**	**23 803**	**23 701**
工科	6 471	7 915	7 915
农科	1 471	1 763	1 829
林科	261	273	261
医药	1 906	2 257	2 236
师范	6 745	8 053	7 937
文科	1 777	573	449
理科	608	582	547
财经	2 155	2 145	2 263
政法	164	55	65
体育	134	151	151
艺术	32	36	48

高等学校分科毕业生数

单位：人

项目	1985年	1990年	1991年
合计	**12 033**	**22 762**	**23 406**
工科	3 156	7 226	7 939
农科	1 196	1 529	1 405
林科	124	323	270
医药	1 327	2 191	2 022
师范	4 751	7 955	8 011
文科	583	636	718
理科	471	523	687
财经	344	2 246	2 110
政法	42	70	74
体育	39	63	142
艺术	—	—	28

高等学校分科专任教师数

（1991年） 单位：人

项目	合计	教授	副教授	讲师	助教	教员
合计	**13 226**	**313**	**2 533**	**5 903**	**727**	**3 750**
工科	3 807	89	751	1 841	199	927
农科	844	37	168	369	59	211
林科	97	4	19	43	1	30
医药	1 375	87	289	560	97	342
师范	234	7	34	71	17	105
文科	2 626	25	469	1 081	157	894
理科	2 556	54	551	1 212	107	632
财经	629	5	79	231	35	279
政法	48	1	12	20	3	12
体育	744	3	122	346	44	229
艺术	266	1	39	129	98	89

中等专业学校分科在校学生数

单位：人

项目	1985年	1990年	1991年
合计	**73 077**	**107 602**	**109 718**
中等技术学校	44 922	70 760	71 258
工科	15 751	21 038	20 184
农科	6 370	8 676	9 579
林科	—	633	679
医药	7 729	9 729	10 095
财经	9 692	23 671	24 566
政法	2 127	2 200	2 368
体育	851	1 308	1 368
艺术	929	1 585	1 565
其他	1 473	1 920	854
中等师范学校	28 155	36 842	38 460

中等专业学校分科招生数

单位：人

项目	1985年	1990年	1991年
合计	**33 495**	**35 535**	**39 256**
中等技术学校	21 979	22 005	25 003
工科	6 981	6 370	6 712
农科	3 671	2 649	3 465
林科	—	283	240
医药	3 081	3 029	3 582
财经	5 132	7 346	8 653
政法	1 089	885	987
体育	384	402	461
艺术	285	423	505
其他	1 356	618	398
中等师范学校	11 516	13 530	14 253

中等专业学校分科毕业生数

单位：人

项目	1985 年	1990 年	1991 年
合计	**28 213**	**31 312**	**36 590**
中等技术学校	12 186	17 338	22 703
工科	4 666	4 276	6 230
农科	1 555	1 930	2 644
林科	—	97	100
医药	1 837	3 011	3 139
财经	3 344	5 761	8 801
政法	578	901	813
体育	54	316	334
艺术	112	259	485
其他	40	787	157
中等师范学校	16 027	13 974	13 887

中等专业学校分类别专任教师数

单位：人

项目	1985 年	1990 年	1991 年
合计	**9 701**	**12 159**	**11 957**
中等技术学校	6 017	8 373	8 495
工业学校	2 185	2 770	2 800
农业学校	1 034	1 383	1 400
林业学校	—	51	78
医药学校	823	1 151	1 145
财经学校	1 144	1 671	1 708
政法学校	203	350	337
体育学校	153	206	232
艺术学校	318	420	425
其他学校	157	371	370
中等师范学校	3 684	3 786	3 462

初中毕业生和小学毕业生升学率

年份	初中毕业生升学率			小学毕业生升学率		
	初中毕业生数（万人）	高级中等学校招生数（万人）	升学率（%）	小学毕业生数（万人）	初级中等学校招生数（万人）	升学率（%）
1952	0.64	0.68	105.2	11.55	4.69	40.6
1957	6.26	2.16	34.5	32.76	21.58	65.9
1962	11.43	2.49	21.8	34.56	11.31	32.7
1965	8.59	4.41	51.3	38.72	29.17	75.3
1970	38.69	17.82	46.1	94.02	72.88	77.5
1975	74.03	42.71	57.5	119.37	108.79	91.1
1978	106.46	61.17	57.5	125.46	116.71	93.0
1980	50.29	20.79	41.3	108.80	89.50	82.3
1985	53.62	17.74	33.1	101.79	71.35	70.1
1990	55.99	19.76	35.3	82.56	65.96	79.9
1991	49.67	20.61	41.5	90.66	73.98	81.6

小学学龄儿童入学率

年份	全省学龄儿童数（万人）	已入学学龄儿童数（万人）	入学率（%）
1975	605.1	591.3	97.7
1978	588.3	568.9	96.7
1980	594.2	576.3	97.0
1985	457.3	446.9	97.7
1990	570.0	564.5	99.0
1991	687.1	675.1	98.3

平均每万人口在校学生数和大中小学学生构成

年份	1985年	1990年	1991年
各级学校在校学生占全省人口%	15.8	15.8	16.0
平均每万人口中			
大学生（人）	10	12	12
中学生（人）	484	394	407
小学生（人）	1 084	1 171	1 165
大中小学学生各占学生总数%			
大学生	0.7	0.8	0.7
中学生	30.7	25.0	25.5
小学生	68.6	74.2	73.8

注：1. 本表仅为普通学校在校学生数，不含各级各类成人学校在校学生。

2. 中学生中包括中等专业学校、技工学校、普通中学和农、职业中学。

各级学校教师负担学生数

年份	1985年	1990年	1991年
高等学校			
教师数（万人）	1.2	1.4	1.3
平均每个教师负担学生数(人)	4.9	5.6	5.7
中等学校			
教师数（万人）	17.2	18.6	18.9
平均每个教师负担学生数(人)	15.6	12.8	13.4
小学			
教师数（万人）	24.7	27.0	27.2
平均每个教师负担学生数(人)	24.3	26.1	26.6

注：1. 教师数是指专任教师。

2. 中等学校包括中等专业学校、技工学校、普通中学和农、职业中学。

各级学校女学生和女教师数

单位：万人

项　　目	1985年	1990年	1991年
一、女学生数	**398.39**	**448.45**	**468.90**
高等学校	2.18	3.26	3.18
中等专业学校	3.34	5.71	5.87
普通中学	109.56	96.22	105.17
农业、职业中学	6.24	6.31	7.10
小学	277.07	336.95	347.58
二、女学生占学生总数%	**45.50**	**47.18**	**47.89**
高等学校	37.50	42.94	42.80
中等专业学校	45.69	53.05	53.51
普通中学	44.60	46.35	47.33
农业、职业中学	45.80	49.86	50.32
小学	46.10	47.76	47.99
三、女教师数	**17.47**	**21.50**	**22.17**
高等学校	0.35	0.43	0.43
中等专业学校	0.32	0.51	0.52
普通中学	4.98	6.05	6.39
农业、职业中学	0.25	0.43	0.46
小学	11.57	14.08	14.37
四、女教师占教师总数%	**40.74**	**45.78**	**48.28**
高等学校	29.20	32.01	32.58
中等专业学校	32.90	41.89	43.33
普通中学	32.90	38.77	40.42
农业、职业中学	28.40	38.37	38.66
小学	46.80	52.17	52.73

各级各类成人学校在校学生数

单位：万人

各类学校	1985年	1990年	1991年
成人高等学校	**7.9**	**6.1**	**5.4**
广播电视大学	4.6	2.1	1.8
职工大学、农民大学	0.7	0.6	0.6
函授大学、夜大学	1.5	1.8	1.6
管理干部学院	0.2	0.3	0.3
教育学院	0.9	1.3	1.1
成人中等学校	**16.4**	**172.0**	**437.7**
中等专业学校	5.5	9.2	7.6
中学	10.9	5.9	5.7
技术培训学校	—	156.9	424.4
成人初等学校	**9.9**	**262.1**	**38.1**
职工初等学校	0.2	5.1	1.9
农民初等学校	9.7	257.0	36.2
技术班	—	224.9	—
小学班	5.7	3.2	19.2
扫盲班	4.0	28.9	17.0

全省普通高等学校基本情况

（1991 年）　　　　　　　　　　　　　　　　单位：人

学校名称	毕业生数	招生数	在校生数	教职工数	#专任教师	教授	副教授	讲师	助教	教员
总　　计	**21 767**	**22 417**	**70 332**	**32 807**	**12 339**	**308**	**2 409**	**5 613**	**3 351**	**658**
一、综合大学	**1 628**	**1 316**	**4 395**	**1 988**	**771**	**26**	**175**	**338**	**174**	**58**
河北大学	1 628	1 316	4 395	1 988	771	26	175	338	174	58
二、理工院校	**7 640**	**7 975**	**26 329**	**13 811**	**5 001**	**87**	**927**	**2 474**	**1 295**	**218**
河北煤建工程学院	587	660	2 220	1 070	380	1	44	160	163	12
河北地质学院	518	505	1 557	1 168	420	13	72	204	130	1
华北电力学院	865	785	2 862	1 731	680	24	135	360	125	36
河北工学院	1 123	1 016	3 762	2 176	810	23	222	369	171	25
唐山工程技术学院	851	796	2 772	1 224	477	8	90	260	65	54
河北轻化工学院	706	820	2 679	1 113	413	5	67	242	99	
河北机电学院	481	600	2 393	1 170	405	6	77	249	57	16
河北建筑工程学院	425	409	1 449	540	224	2	24	99	87	12
河北水利专科学校	318	360	971	418	150	2	18	74	52	4
石家庄铁道学院	604	753	2 182	1 233	353	3	66	185	93	6
地震技术专科学校	55	28	138	174	84		4	39	24	17
石家庄邮电专科学校	174	191	531	338	129		17	52	39	21
华北航天工业学院	366	465	1 156	600	198		39	92	53	14
承德石油专科学校	567	527	1 597	663	216		33	64	119	
三、农业院校	**1 108**	**1 264**	**4 463**	**2 498**	**883**	**44**	**205**	**355**	**210**	**69**
河北农业大学	793	890	3 380	2 048	697	40	181	279	158	39
张家口农业专科学校	315	374	1 083	450	186	4	24	76	52	30
四、林业院校	**270**	**281**	**877**	**484**	**170**	**4**	**29**	**78**	**57**	**2**
河北林学院	270	281	877	482	170	4	29	78	57	2
五、医药院校	**1 862**	**2 046**	**8 777**	**5 269**	**1 652**	**87**	**335**	**679**	**425**	**126**
河北医学院	561	650	2 789	1 380	525	56	120	202	105	42
华北煤炭医学院	317	320	1 643	1 725	333	9	57	171	87	9
河北中医学院	228	230	991	431	178	11	35	79	42	11
张家口医学院	322	339	1 340	557	233	3	37	71	96	26
承德医学院	220	320	1 354	603	236	5	62	101	40	28
石家庄医学专科学校	214	187	660	573	147	3	24	55	55	18
六、师范院校	**7 945**	**8 161**	**21 506**	**7 429**	**3 276**	**58**	**656**	**1 434**	**963**	**165**
河北师范大学	1 459	1 504	5 073	1 948	841	34	233	392	130	52
河北师范学校	1 171	934	3 292	1 161	489	20	126	214	129	
保定师范专科学校	824	830	1 662	473	221		39	103	68	11
张家口师范专科学校	242	380	1 075	324	136		23	63	40	10
承德师范专科学校	425	431	1 152	365	147		23	65	59	
唐山师范专科学校	659	671	1 354	508	251		47	102	96	6
廊坊师范专科学校	347	440	1 320	445	188		21	86	70	11
衡水师范专科学校	425	410	817	302	134		28	56	36	14
石家庄师范专科学校	489	500	1 001	329	136		77	50	51	18
邯郸师范专科学校	434	500	1 006	271	151		21	71	59	
邢台师范专科学校	603	551	1 116	362	156		24	56	60	16
沧州师范专科学校	554	550	1 163	372	175		23	77	64	11
河北农业技术师范学院	313	460	1 475	569	251	4	31	99	101	16
七、财经院校	**1 172**	**1 223**	**3 451**	**1 125**	**491**	**2**	**63**	**211**	**198**	**17**
河北财经学院	639	531	1 803	589	255	1	39	120	89	6
河北商业专科学校	215	355	679	272	114	1	7	44	51	11
保定金融专科学校	318	337	969	264	122		17	47	58	
八、体育院校	**142**	**151**	**534**	**203**	**95**		**19**	**44**	**29**	**3**
河北体育学院	142	151	534	203	95		19	44	29	3

注：本表不含职业大学等，仅指大学和专门学院。

独立科研机构人员和经费情况

（1991年）

	机构数（个）	职工总数（人）	#科学家工程师	#其他科技人员	经费收入总额（千元）	#政府拨款	经费支出总额（千元）	#资产购建支出
合　　计	**137**	**17 402**	**7 743**	**2 867**	**249 842**	**105 629**	**243 953**	**47 718**
一、按机构隶属关系分布								
省属	48	6 103	2 940	950	82 792	39 292	87 007	25 052
地、市属	71	4 746	1 434	930	67 464	12 864	59 879	4 216
国务院部门属	17	6 369	3 213	971	97 417	51 390	93 671	17 696
中国科学院属	1	184	156	16	2 169	2 083	3 396	754
二、按国民经济行业分布								
农、林、牧、渔水利业小计	50	4 556	1 844	750	37 271	28 446	36 189	7 278
工业小计	54	7 545	2 870	1 262	150 767	41 705	148 312	32 654
地质普查及勘探业小计	8	3 360	1 806	494	38 165	24 555	36 671	4 143
建筑业小计	1	63	44	14	1 444	393	1 587	568
交通运输邮电通讯业小计	2	213	108	36	2 511	559	2 332	311
卫生、体育和社会福利事业	11	660	398	188	5 400	4 877	4 748	1 081
教育、文艺和广播电视事业	1	29	7	3	717	100	820	128
科学研究、综合技术服务业	10	976	666	120	13 567	4 994	13 294	1 555
三、按机构的科学领域分布								
自然科学	10	2 248	1 258	339	30 186	18 220	31 112	3 857
工程科学技术	68	10 108	4 335	1 625	178 920	55 659	173 798	36 178
医学科学	11	693	423	201	5 780	5 141	5 647	1 496
农业科学	48	4 353	1 727	702	34 956	26 609	33 396	6 187
四、按机构的主管部门类型分布								
政府职能部门	92	8 231	3 712	1 614	79 426	39 545	74 828	12 559
行政性企业	17	3 225	915	577	78 007	25 285	79 268	23 937
工业企业	1	251	75	38	8 625	65	8 295	
非工业企业	2	393	205	44	4 321	2 222	4 304	678
中国科学院	1	184	156	16	2 169	2 083	3 396	754
各类研究院	24	5 118	2 680	578	77 294	36 429	73 862	9 790

独立科研机构课题概况

(1991年)

	合计	省属	地、市属	国务院部门属	中国科学院属
一、课题数(个)	**2 062**	**970**	**559**	**505**	**28**
当年内开题数	1 145	524	359	251	11
当年内完成数	744	292	251	194	7
按课题类型分					
基础研究	31	2		25	4
应用研究	155	78	3	60	14
试验发展	367	245	52	63	7
研究与发展成果应用	1 172	567	321	281	3
科技服务	288	77	138	73	
生产性活动	49	1	45	3	
二、推广应用课题数(个)	**416**	**149**	**172**	**95**	
三、课题经费内部支出(千元)	**51 289**	**14 567**	**9 808**	**25 836**	**1 078**
四、课题组折合全时人数(人年)	**5 716**	**2 090**	**1 238**	**2 305**	**83**
基础研究	90	3		81	6
应用研究	604	165	9	380	50
试验发展	921	506	140	262	13
研究与发展成果应用	3 459	1 273	756	1 416	14
科技服务	539	142	251	146	
生产性活动	103	1	82	20	
1.折合全时科学家工程师	4 558	1 711	874	1 898	75
基础研究	80	3		71	6
应用研究	504	123	7	324	50
试验发展	760	406	112	229	13
研究与发展成果应用	2 734	1 059	528	1 141	6
科技服务	410	119	168	123	
生产性活动	70	1	59	10	
2.折合全时其他科技人员	974	305	320	341	8

独立科研机构从事科技活动人员情况

(1991年) 单位:人

	从事科技活动人员(人)	科学家工程师	其他科技人员	科技管理人员	科学家工程师	其他科技人员	课题活动人员	科学家工程师	其他科技人员	科技服务人员	科学家工程师	其他科技人员
合　计	**13 111**	**7 303**	**2 435**	**1 634**	**925**	**521**	**6 521**	**5 058**	**1 162**	**4 956**	**1 320**	**752**
省属	5 116	2 872	857	659	399	192	2 455	1 972	378	2 002	501	287
地、市属	3 161	1 368	806	483	222	192	1 475	990	411	1 203	156	203
国务院部门属	4 691	2 940	758	473	290	133	2 508	2 021	365	1 710	629	260
中国科学院属	143	123	14	19	14	4	83	75	8	41	34	2

独立科研机构横向技术合同的成交额

（1991 年，按受让方类型分类）　　单位：千元

	横向技术合同的成交额合计	全民所有制大中型企业	全民所有制小型企业	集体所有制企业	乡镇企业	个体	其它
合　计	**48 661**	**32 310**	**8 100**	**4 624**	**2 172**	**134**	**3 493**
省属	10 242	3 111	4 209	2 545	676	62	315
地、市属	8 830	3 239	1 569	1 446	906	72	2 504
国务院部门属	29 039	25 570	2 222	573	560		674
中国科学院属	550	390	100	60	30		

独立科研机构获奖成果

（1991 年）　　单位：项

	获奖成果合计	国家级奖励	部级奖励	省级奖励	地(市)级奖励
合　计	**289**	**15**	**74**	**75**	**125**
省属	158	10	9	54	85
地、市属	58	4	3	19	32
国务院部门属	69	1	59	2	7
中国科学院属	4		3		1

独立科研机构科学论文和著作

（1991 年）

	科技论文合计（篇）	国外及港澳台发表	科技著作合计（万字）	译成外文	大专院校教科书	科普著作
合　计	**1 854**	**90**	**1 255**	**1**	**203**	**448**
省属	1 231	67	847		155	417
地、市属	142		31			31
国务院部门属	441	22	377	1	48	
中国科学院属	40	1				

全省全民所有制单位自然科学技术人员数

项目	单	1978年	1985年	1990年	1991年
一、科技人员总数	**人**	**200 490**	**356 479**	**470 342**	**462 335**
工程技术人员	人	67 493	148 781	207 974	203 989
农业技术人员	人	15 595	24 001	25 311	24 714
卫生技术人员	人	51 617	101 418	118 246	116 528
科学研究人员	人	9 189	8 385	8 415	6 964
教学人员	人	56 596	73 894	110 396	110 140
二、各类科学技术人员占总计的比重	%				
工程技术人员	%	33.66	41.74	44.22	44.12
农业技术人员	%	7.78	6.73	5.38	5.35
卫生技术人员	%	25.74	28.45	25.14	25.20
科学研究人员	%	4.58	2.35	1.79	1.51
教学人员	%	28.23	20.73	23.47	23.82
三、平均每万名职工中拥有科技人员	**人**	**542.1**	**820.2**	**946.0**	**901.94**
工程技术人员	人	182.5	350.7	418.3	397.95
农业技术人员	人	42.2	56.6	50.9	48.21
卫生技术人员	人	139.6	239.0	237.8	227.33
科学研究人员	人	24.8	19.8	16.9	13.59
教学人员	人	153.0	174.1	222.0	214.87

注：① 1978年数字系1978年6月20日科技人员普查数，1991年系省组织部提供数。

② 本表除1978年和1991年外，均系国家统计局提供的资料。

③ 本表包括铁道部系统的数字(1991年不包括)。

全民所有制单位分行业自然科学技术人员数

（1991年） 单位：人

项目	合计	工程技术人员	农业技术人员	卫生技术人员	科学研究人员	教学人员
全省总计	**462 335**	**203 989**	**24 714**	**116 528**	**6 964**	**110 140**
#地方单位合计						
在地方单位中按行业分：						
农、林、牧、渔、水利业	355 482	125 773	24 463	97 977	3 719	103 550
工业	28 547	10 142	15 833	841	117	1 614
地质普查和勘探业	79 993	64 236	146	8 606	5	7 000
建筑业	396	393		3		
交通运输、邮电通讯业	10 767	9 659	10	823	1	374
商业、公共饮食、物资供销和仓储业	4 516	3 962	15	436	1	102
房地产、公共事业、居民服务和咨询业	6 297	4 283	355	1 418	3	238
卫生、体育和社会福利事业	5 114	4 389	83	496	2	144
教育、文化艺术和广播电视业	79 922	374	18	78 940	22	568
科学研究和综合技术服务业	390 358	4 761	192	1 962	837	382 606
金融和保险业	9 390	5 087	332	386	3 513	72
国家机关、政党机关和社会团体	33 618	18 749	7 462	3 811	118	3 878
其他行业	1 459	138	17	255	41	1 008

注：地方单位数系省组织、人事部门提供。

地方事业、企业各类专业技术人员学历分布情况

（1991年） 单位：人

项　目	总数	高等院校			中等专业学校		高中	初中以下
		本科以上毕业者	专科毕业者	肄业者	毕业者	肄业者		
全省总计	**765 059**	**101 708**	**157 369**	**648**	**332 004**	**547**	**69 178**	**103 605**
1.工程技术人员	107 424	35 297	24 645	124	35 662	48	4 634	7 014
2.农业技术人员	17 001	3 457	3 983	5	8 418	4	399	735
3.科学研究人员	4 542	2 631	940	9	739	6	132	85
4.卫生技术人员	94 166	10 741	14 505	20	45 615	28	6 783	16 474
5.教学人员	793 626	41 132	86 685	286	196 567	331	32 753	35 872
6.民航飞行技术人员								
7.船舶技术人员	190	29	42		94		5	20
8.经济人员	74 002	3 911	12 767	101	18 150	62	12 406	26 605
9.会计人员	42 001	826	6 107	47	17 285	34	6 945	10 757
10.统计人员	10 178	310	1 672	12	3 635	10	2 097	2 442
11.翻译人员	630	282	296	1	37	1	6	7
12.图书档案、文博人员	8 441	948	2 262	11	2 639	7	1 385	1 189
13.新闻、出版人员	4 971	1 449	1 926	18	781	5	447	345
14.律师、公证人员	834	140	363	3	152		95	81
15.播音人员	241	6	67	1	58		77	32
16.工艺美术人员	1 005	57	145	2	493	1	134	173
17.体育人员	943	213	284	2	212		111	121
18.艺术人员	2 414	121	187	4	1 054	3	248	798
19.政工人员	2 450	159	493	2	413	7	521	855

注：地方单位不包括行政机关人数。

全省科技成果及发明数

单位：项

项　目	1985年	1990年	1991年
当年全省科技总成果	1 384	1 397	1 262
当年获国家科技进步奖	25	9	6
当年获国家发明奖	1	4	2
当年获省级科技进步奖	285	292	258
当年获国家星火奖			17
当年获省星火奖			24

省内三种专利申请受理量及批准量

单位:件

项　　目	1985年	1990年	1991年
受理专利合计	**243**	**1 477**	**2 010**
发　　明	81	240	326
实用新型	160	1 147	1 555
外观设计	2	90	129
批准专利合计	—	**713**	**918**
发　　明	—	40	49
实用新型	—	617	792
外观设计	—	56	77

已受理的省内三种专利申请分布情况

单位:件

项　　目	1985年	1990年	1991年
受理专利合计	**243**	**1 477**	**2 010**
个人发明	157	1 054	1 510
单位发明	86	423	500
(1)大专院校	10	42	34
(2)科研单位	31	95	89
(3)工矿企业	37	201	269
(4)机关团体	8	85	108

已批准的省内三种专利分布情况

单位:件

项　　目	1991年	1990年
批准专利合计	**918**	**713**
个人发明	601	484
单位发明	317	229
(1)大专院校	21	17
(2)科研单位	82	64
(3)工矿企业	150	101
(4)机关团体	64	47

注:1991年专利申请量居全国中第9位,累计专利申请量居全国中第10位。

大中型工业企业技术开发机构与人员

（1991 年）

项目	有技术开发机构的企业		技术开发机构数（个）	企业从事技术开发人员总计（人）	技术开发机构中的人数（人）	
	绝对数（个）	占全部企业的比重（%）				#科学家和工程师
全省总计	**437**	**63.24**	**483**	**25 205**	**14 263**	**10 375**
石家庄市	108	72.00	122	5 350	3 244	2 701
唐山市	49	62.03	55	2 241	1 309	1 065
秦皇岛市	26	70.27	27	2 310	948	691
邯郸市	48	66.67	51	2 657	1 148	1 173
邢台市	28	73.68	31	1 861	619	520
保定市	27	47.37	29	2 700	1 122	1 183
张家口市	34	66.67	35	1 763	1 196	606
承德市	19	67.86	22	2 027	1 580	403
廊坊市	9	39.19	9	201	103	105
沧州市	14	66.67	16	300	221	154
邯郸地区	9	47.37	9	86	79	38
邢台地区	1	8.33	1	36	21	20
石家庄地区	24	77.42	24	317	223	147
保定地区	21	61.76	23	461	230	184
张家口地区	8	53.33	8	172	133	76
承德地区	3	42.86	13	65	30	25
沧州地区	7	87.50	16	2 612	2 016	1 268
衡水地区	2	22.22	2	46	41	16
按隶属关系分						
中央工业	51	0.51	75	7 833	4 382	3 963
地方工业	386	65.31	408	17 372	9 881	6 412
按轻重工业分						
轻工业	195	66.55	208	6 430	3 799	2 245
重工业	242	60.80	275	18 775	10 464	8 130
按国民经济行业分						
#煤炭采选业	4	36.36	4	678	117	401
石油和天然气开采业	2	100.00	11	2 819	2 073	1 340
食品制造业	11	50.00	11	81	45	38
烟草加工业	2	66.67	2	45	16	21
纺织工业	63	69.23	64	2 085	921	601
造纸及纸制品业	10	37.04	10	179	87	83
电力、蒸气生产供应业	6	11.76	6	363	137	194
石油加工业	3	100.00	5	146	110	94
化学工业	52	78.79	55	1 525	1 201	662
医药工业	14	87.50	16	736	628	361
建材及非金属矿物制品业	46	66.67	50	2 011	1 376	435
黑色金属冶炼及压延加工业	6	40.00	10	2 011	1 608	541
机械工业	100	81.30	108	7 089	3 053	2 957
交通运输设备制造业	13	59.09	18	1 277	626	792
电气机械及器材制造业	11	61.11	11	725	434	384
电子及通信设备制造业	13	81.25	17	1 085	609	571

大中型工业企业技术开发经费收支情况

（1991 年）　　　　单位：千元

地　　区	筹集总额	#上级拨款	#企业自筹	支出总额	#开发新产品用款	技术开发经费支出占产品销售收入的比重(%)
全省总计	**551 324**	**38 205**	**357 948**	**475 841**	**248 527**	**1.01**
石家庄市	146 195	6 783	89 068	117 322	65 229	1.06
唐山市	39 809	3 986	31 528	32 731	17 140	0.39
秦皇岛市	35 042	3 399	24 948	33 547	23 441	1.63
邯郸市	51 130	4 127	28 852	50 869	24 608	0.75
邢台市	45 584	831	26 280	37 439	3 525	1.61
保定市	63 172	6 980	47 676	53 168	45 269	1.71
张家口市	60 402	6 747	28 232	57 267	23 739	1.39
承德市	23 740	784	16 741	18 800	10 184	1.00
廊坊市	6 662	45	2 467	4 121	4 111	0.61
沧州市	13 245	757	10 438	9 127	2 454	0.62
邯郸地区	4 576	320	1 886	3 595	3 150	0.79
邢台地区	1 481		881	1 481	1 481	0.80
石家庄地区	10 837	75	5 272	9 603	9 538	1.08
保定地区	11 596	1 430	9 437	11 895	8 419	1.18
张家口地区	3 906	100	3 806	3 544	1 119	0.68
承德地区	1 091	100	423	584	169	0.28
沧州地区	31 234	1 261	29 871	30 557	4 881	2.10
衡水地区	622	480	142	191	70	0.06
按隶属关系分						
中央工业	138 270	18 944	98 960	118 797	55 486	0.74
地方工业	413 054	19 261	258 988	357 044	193 041	1.15
按轻重工业分						
轻工业	203 899	13 714	116 190	167 743	86 023	1.03
重工业	347 425	24 491	241 758	308 098	162 504	1.00
按国民经济行业分						
#煤炭采选业	6 341	2 120	4 221	6 273	510	0.23
石油和天然气开采业	34 340	1 703	32 551	33 940	3 683	2.50
食品制造业	6 722	10	1 672	5 561	5 341	0.85
烟草加工业	305		305	263	23	0.02
纺织工业	72 813	5 681	37 825	65 390	14 172	1.07
造纸及纸制品业	6 413	374	4 030	5 362	823	0.57
电力、蒸气生产供应业	9 667	6 120	1 997	6 980	653	0.15
石油加工业	6 955	585	1 920	6 975	331	0.44
化学工业	73 821	4 417	38 663	53 912	33 570	1.53
医药工业	21 467	1 470	12 878	22 701	13 658	1.63
建材及非金属矿物制品业	31 082	2 114	20 852	28 066	13 070	1.21
黑色金属冶炼及压延加工业	22 939	305	18 327	19 068	6 084	0.30
机械工业	113 980	4 252	73 731	106 271	62 365	2.34
交通运输设备制造业	32 618	3 182	26 043	28 987	21 555	1.54
电气机械及器材制造业	26 672	150	24 335	26 476	24 330	3.00
电子及通信设备制造业	10 908	1 641	8 667	10 030	9 025	1.59

大中型工业企业技术开发项目情况

（1991 年）　　　　单位：项

项　　目	项目数合计	上级计划	市场需要	其他单位委托	项目当年投资（万元）	已完成项目	已投入生产（使用）项目
全省总计	**2 308**	**853**	**1 346**	**109**	**456 659**	**1 081**	**1 227**
石家庄市	491	241	222	28	109 717	247	244
唐山市	279	85	190	4	30 435	142	137
秦皇岛市	160	83	65	12	33 005	49	111
邯郸市	248	118	105	25	48 961	122	126
邢台市	80	25	54	1	37 002	38	42
保定市	231	89	128	14	52 807	139	92
张家口市	157	50	99	8	56 602	65	92
承德市	101	48	48	5	15 437	58	43
廊坊市	31	11	20		3 932	18	13
沧州市	48	13	32	3	9 119	28	20
邯郸地区	19	1	18		2 481	8	11
邢台地区	1	1		1	1 481	1	
石家庄地区	43	13	28	13	9 457	23	20
保定地区	40	10	26	10	11 700	23	17
张家口地区	22	7	13	7	3 457	6	16
承德地区	8	1	7	1	548	6	2
沧州地区	343	53	289	53	30 363	105	238
衡水地区	6	4	2	4	154	3	3
按隶属关系分							
中央工业	900	311	561	28	116 584	356	544
地方工业	1 408	542	785	81	340 075	725	683
按轻重工业分							
轻工业	581	253	311	17	156 202	313	268
重工业	1 727	600	1 035	92	300 457	768	959
按国民经济行业分							
#煤炭采选业	97	31	60	6	6 106	70	27
石油和天然气开采业	400	49	351		33 477	141	289
食品制造业	19	9	10		5 276	12	7
烟草加工业	2		2		203	1	1
纺织工业	184	87	88	9	62 570	115	69
造纸及纸制品业	31	10	21		5 319	16	15
电力、蒸气生产供应业	64	54	7	3	6 816	22	42
石油加工业	26	9	17		6 797	14	12
化学工业	145	57	88		53 767	56	89
医药工业	65	17	48		17 836	16	49
建材及非金属矿物制品业	141	64	71	6	25 472	71	70
黑色金属冶炼压延加工业	87	22	61	4	17 795	33	54
机械工业	561	238	267	56	102 495	238	323
交通运输设备制造业	85	46	36	3	28 745	39	46
电气机械及器材制造业	87	20	60	7	26 265	68	19
电子及通信设备制造业	74	46	24	4	10 009	39	35

注：本表所列项目均为累计投资万元以上项目。

文化艺术、文物事业机构和人员数

(1991年)　　　　单位:机构:个　人数:人

机构类别	总计		文化部门				其他部门	
			全民所有制		集体所有制			
	机构数	人数	机构数	人数	机构数	人数	机构数	人数
全省总计	**4 032**	**25 925**	**678**	**14 104**	**134**	**6 778**	**3 220**	**5 043**
艺术事业	248	10 045	114	3 267	134	6 778		
图书馆事业	124	1 462	124	1 462				
群众文化事业	3 410	8 397	190	3 354			3 220	5 043
教育事业	8	516	8	516				
文物事业	178	3 397	178	3 397				
其他文化事业	64	2 108	64	2 108				

艺术事业机构和人员数

(1991年)　　　　单位:机构:个　人数:人

机构类别	总计		# 文化部门			
			全民所有制		集体所有制	
	机构数	人数	机构数	人数	机构数	人数
全省总计	**309**	**12 069**	**175**	**5 291**	**134**	**6 778**
(一)艺术表演团体	146	8 214	12	1 436	134	6 778
1.话剧、儿童剧、滑稽剧团	3	236	2	192	1	44
2.歌舞团、轻音乐团	8	626	1	256	7	370
3.乐团、合唱团						
4.文工团、文宣队、乌兰牧骑	6	160			6	160
5.戏曲剧团	117	6 684	7	856	110	5 828
6.曲、杂、木、皮团	12	508	2	132	10	376
(二)艺术表演场所	102	1 831	102	1 831		
#剧场	102	1 831	102	1 831		
(三)艺术创作机构	12	90	12	90		
(四)艺术研究机构	11	162	11	162		
(五)艺术展览机构	2	58	2	58		
(六)演出公司	12	59	12	59		
(七)其他	24	1 655	24	1 655		

电影事业机构和人员数

(1991年)

单位：机构：个 人数：人

机构类别	总计		文化及广播电视部门		工矿及其他部门		集体及个体经营	
	机构数	人数	机构数	人数	机构数	人数	机构数	人数
全省总计	**9 180**	**24 583**	**502**	**6 835**	**714**	**3 487**	**7 964**	**14 261**
电影制片厂	1	143	1	143				
洗印厂								
电影发行放映机构	305	2 901	267	2 825			38	76
电影院	233	3 017	159	2 540	5	86	69	391
影剧院	64	1 419	54	1 227	3	64	7	128
开放礼堂、俱乐部	126	1 875	1	10	125	1 865		
放映队	8 295	14 610	20	90	432	863	7 843	13 657
对内礼堂俱乐部	156	618			149	609	7	9

出版、发行、文物、图书馆、群众文化事业机构和人员数

(1991年)

项目	机构数(个)	人数(个)
出版发行事业	**188**	**5 564**
(一)出版社	6	438
(二)书刊印刷厂	3	2 664
(三)书店	177	2 392
(四)其他	2	70
文物事业	**178**	**3 397**
(一)博物馆	26	674
(二)文物机构	149	2 660
(三)文物商店	3	63
图书馆事业	**124**	**1 462**
群众文化事业	**3 410**	**8 397**
(一)群众艺术馆	19	679
(二)文化馆	169	2 671
(三)文化站	3 222	5 047
#乡镇文化店	3 112	4 722

注：书店个数指省、地、市县四级书店，不包括区、乡和各国营代销点及门市部，但国营代销点和书店门市部的人员包括在内。其他是指省书店属物资供销公司和研究所两个单位，书刊印刷厂是指出版发行事业的直属厂，不包括承印厂。

全省图书出版种类和数量

(1991年)

门　类	本版图书种类（种）	租型种类（种）	总印数（万册）	总印张（千印张）
图　书　总　计	**1 746**	**438**	**26 824.90**	**956 599.69**
(一)使用《中国标准书号》部分合计	1 607	438	26 158.29	937 971.91
A 马克思主义、列宁主义、毛泽东思想	3	5	161.77	19 493.92
B 哲学	10		9.13	803.64
C 社会科学总论	7		1.78	167.41
D 政治、法律	31	8	90.43	8 705.20
E 军事	2		1.09	104.01
F 经济	36		21.50	2 274.05
G 文化、科学、教育、体育	792	424	24 765.03	823 350.68
H 语言、文字	8		9.44	987.21
I 文学	356	1	623.72	52 874.14
J 艺术	104		263.10	9 689.59
K 历史、地理	108		49.43	5 414.45
N 自然科学总论	2		0.59	79.89
O 数学科学、化学	1		0.10	5.50
P 天文学、地理科学	1		42.50	637.50
Q 生物科学	1		0.05	21.88
R 医药、卫生	55		44.76	5 830.28
S 农业科学	33		15.84	1 198.74
T 工业技术	35		39.14	3 965.59
U 交通运输	2		1.20	286.53
V 航空、航天				
X 环境科学				
Z 综合性图书	20		17.70	2 081.70
(二)不使用《中国标准书号》部分－图片合计	139		666.61	18 627.78
# 年画	68		465.12	5 229.76
附录不使用《中国标准书号》合计				526.48
在图书总计中：1.课本合计	1	344	12 166.30	419 649.94
(1)中专课本	1		1.11	188.70
(2)中学课本		138	4 101.13	210 973.72
(3)小学课本		141	7 881.44	198 924.03
(4)教学用书		65	182.62	9 563.49
2.少年儿童读物	119		659.30	12 283.65

注：1.附录（不使用《中国标准书号》）合计数，指活页文选、活页歌篇、小件印刷品。

2.我省图书出版均为地方数。

全省报纸杂志出版情况

(1991年)

项　目	种类（种）	总印数（万册）	总印张（千印张）
报　纸　总　计	**45**	**64 782.00**	**424 431.00**
1.省级	19	31 101.00	219 658.00
2.地(市)级	25	33 479.00	203 759.00
3.县级	1	202.00	1 014.00
杂　志　总　计	**126**	**3 396.96**	**94 709.23**
1.综合类	3	143.50	4 335.00
2.哲学、社会科学类	30	1 628.24	47 976.25
3.自然科学、技术类	70	499.88	13 847.77
4.文化、教育类	8	263.54	7 669.21
5.文学、艺术类	14	705.80	17 761.00
6.少年儿童读物	1	156.00	3 120.00
7.画刊类			

艺术表演团体演出情况

(1991 年)

种　　类	演出场次(万场)	#到农村演出	观众人数(万人次)
全省总计	**3.30**	**2.86**	**3 909**
1.国营剧团	0.18	0.07	258
2.集体经营剧团	3.12	2.79	3 651
按剧种分:			
1.话剧、儿童剧、稽滑剧	0.01		6
2.歌舞团、轻音乐团	0.11	0.03	119
3.文工团、宣传队、乌兰牧骑	0.05	0.02	51
4.戏曲剧团	2.93	0.74	3 563
#京剧	0.06	0.02	73
5.曲、杂、木、皮团	0.20	0.07	170

艺术表演团体收支情况

(1991 年)

种　　类	补贴团数(个)	业务及其他收入(万元)	#演出收入	总支出(万元)	经费自给率(%)	人均收入元
全省总计	**138**	**1 636**	**1 202**	**2 821**	**58.0**	**1 991**
1.国营剧团	12	356	191	845	42.1	2 480
2.集体经营剧团	126	1 280	1 011	1 976	64.8	1 888
按剧种分:						
1.话剧、儿童剧、滑稽剧	3	40	3	160	25.0	1 674
2.歌舞团、轻音乐团	7	117	69	283	41.3	1 861
3.文工团、宣传队、乌兰牧骑	6	31	26	50	62.0	1 931
4.戏曲剧团	111	1 197	960	2 055	58.2	1 791
#京剧	6	93	35	230	40.4	1 493
5.曲、杂、木、皮团	11	252	144	273	92.3	4 959

群众艺术馆、文化馆(站)业务活动及经费收支

(1991年)

项目	单位	总计	群众艺术馆	文化馆	文化站
单位数	个	190	19	169	2
举办展览	个	1 417	135	1 269	13
组织文艺演出、故事会	次	4 585	740	3 825	20
举办培训班					
班次	次	1 537	425	1 100	12
结业人次	万人次	4.8	1.8	3.0	
群众艺术馆、文化馆负责指导单位	个	3 220		3 220	
农村集镇文化中心	个	444		444	
文化户	户	32 683	5	32 678	
民间职业剧团	个	491		491	
群众业余演出团(队)	个	3 667	5	3 662	
总支出	万元	1 523	495	1 026	2
#预算内	万元	1 253	322	930	1
#业务费	万元	189	61	128	
#修缮费	万元	70	22	48	

公共图书馆业务活动及经费收支

(1991年)

项目	单位	总计	省级级图书馆	地(市)级图书馆	县(市)级图书馆
藏书数	万册	726	72	346	308
书架总长度	万米	18	3	8	7
图书流动情况					
人数	万人次	521	55	129	337
册数	万册次	408	28	138	242
#社会科学	万册次	274	20	90	164
自然科学	万册次	70	6	28	36
发放借书证数	万个	23	3	10	10
为读者服务举办各种活动					
次数	次	1 330	52	275	1 003
参加人数	万人次	60 618	539	9 777	50 302
总支出	万元	882	190	308	384
#预算内	万元	812	176	275	361
购书费	万元	168	78	57	33
本年新购图书	万册	20	1	10	9
公用房屋建筑面积	万平方米	14	3	5	6
#书库	万平方米	4	1	2	1
阅览室座席	万个	1.19	0.17	0.32	0.70

博物馆、文物机构业务活动及经费情况

(1991年)

项　　目	单　位	博物馆	文物机构	文物保护机构	其他文物机构
藏　品	件	256 856	357 518	116 138	241 380
＃一级品	件	727	310	151	159
业务活动					
陈列室	个	76			
展览室	个	78			
参观人次	万人次	301	987	987	
经费支出	万元	435	2 501	1 843	658
＃预算内	万元	236	577	270	307
业务费	万元	46	495	380	115
考古发掘费	万元		25	5	20
维修费	万元	22	516	327	189
第三产业增加值	万元	222	742	571	171

电影放映情况

项　　目	单　　位	1985年	1990年	1991年
放映单位	个	11 597	9 045	8 874
放映场次	万场	199.0	153.2	136.0
观众人数	万人次	196 000	124 421	99 331
放映收入	万元	5 870	7 696	7 951
发行收入	万元	3 070	4 002	4 046

广播、电视事业发展情况

项　　目	单　　位	1985年	1990年	1991年
职工人数	人	13 382	16 799	17 231
广播电台	座	33	84	104
发射台及转播台	座	14	27	28
发射机功率	架/千瓦	20/284	33/353.55	34/353.5
广播覆盖率	%	93.3(＊)	73.1	73.5
县、市有线广播站(台)	座	165	148	150
电视台	座	8	39	45
电视发射台及转播台	座	325	619	675
发射机功率	架/千瓦	328/124	708/168	772/173
电视覆盖率	%	81.0(＊)	83.1	85.5

(＊)：1985年广播、电视覆盖率与1990年、1991年因计算方法不同，故不可比.

广播、电视宣传基本情况

（1991年）

项　　目	节目套数（套）	平均每日播出时间（小时）	自办节目时间（小时）	#新闻节目	#教育节目	#文艺节目
无线广播合计	105	675	379	64	13	177
1.省人民广播电台	2	25	17	1	2	9
2.地、市广播电台	15	139	108	13	3	61
3.县级广播电台	88	511	254	50	8	107
电视播映合计	45	180	54	7	1	23
1.省电视台	1	5	4	1		2
2.地（市）电视台	12	38	29	2		21
3.县（市）电视台	32	137	11	4		

全省收音机、电视机、电视村数

年　份	收音机（万台）	电视机（万台）		彩色电视机		黑白电视机		电视村（个）	电视乡、镇（个）
		城市	农村	城　市	农　村	城　市	农　村		
1985	1 282.0	122.9	156.4	9.9	12.5	120.7	136.2	1 606	
1990	1 409.5	188.4	554.0	88.5	102.5	99.9	451.5	7 592	373
1991	1 476.3	254.2	644.5	127.1	127.5	127.0	516.5	10 680	593

各级体委系统职工人数

（1991年）

单位：人

项　　目	总　计	各级体委机关	体育运动学校	重点业余体校	普通业余体校	优秀运动队	公共体育场馆
全省总计	5 636	1 425	393	602	793	1 432	442
1.运动员	904					904	
2.专职教练员	1 390	108	91	322	655	198	4
3.专职文化教师	418	7	146	95	30	21	
4.科研人员	56						
5.医务人员	55	1	12	6		28	
6.管理人员	1 772	1 085	77	85	51	148	151
7.其他人员	1 041	224	67	94	57	133	287

等级运动员、裁判员分项人数

（1991 年）　　单位：人

运动项目	等级运动员合计	一级运动员	二级运动员	三级运动员	少年级	等级裁判员	#女性	#一级
全省总计	**5 708**	**93**	**645**	**2 774**	**2 196**	**2 506**	**419**	**199**
#田　径	3 857	9	287	1 885	1 676	831	180	22
游　泳	470	9	79	217	165	170	30	14
举　重	95	1	8	47	39	31	9	5
体　操	153	2	22	129	0	16	7	7
射　击	54	1	13	34	6	26	5	9
摔　跤	55	13	17	22	3	10	0	3
柔　道	87	21	8	40	18	28	7	8
篮　球	371	4	78	177	112	621	69	40
排　球	144	7	41	82	14	105	20	8
乒乓球	215	4	14	79	118	157	35	20
足　球	57	1	46	10	0	92	5	15
武　术	78	10	13	24	31	102	16	18

体育运动学校运动班在校学生获名次情况

（1991 年）　　单位：人

	亚洲前六名						全国前六名					
	一	二	三	四	五	六	一	二	三	四	五	六
总　　计							**8**	**6**	**10**	**4**	**5**	**5**
田　　径							4	1	3	1	1	3
举　　重								1	4			1
中国式摔跤									1	1	1	
柔　　道							2	2				
足　　球									1			
篮　　球									1			1
乒　乓　球							2	2		2	3	

群众体育活动情况

项　目	单　位	1991 年	1990 年	项　目	单　位	1991 年	1990 年
1. 锻炼达标人数	万人	472.6	464.0	#省级	次	38	56
优秀级	万人	85.1	79.8	地(市)级	次	1 111	590
良好级	万人	167.6	171.9	3. 参加运动会运动员	万人	96.7	79.2
及格级	万人	219.9	212.3	#省级	万人	0.7	1.3
2. 县及县以上举办运动会	次	3 988	3 826	地(市)级	次	29.7	15.4

注：1. 达标是指达到《国家体育锻炼标准》。

2. 运动员系指参加县及县以上举办的运动会。

社会团体、卫生、民政、司法和其它

历届全省人民代表大会的代表人数

单位:人

项目	一届 1954年	二届 1958年	三届 1964年	四届 1968年	五届 1977年	六届 1984年	七届 1988年
代表总数	**581**	**692**	**689**	—	**1 351**	**1 176**	**910**
在代表总数中							
女代表	114	119	127	—	320	259	185
占代表总数%	19.6	17.2	18.4	—	23.7	22.0	20.3
在代表总数中							
少数民族代表	15	41	38	—	84	88	72
占代表总数%	2.6	5.9	5.5	—	6.2	7.5	7.9

注:省第四届人民代表大会的代表人数,即省革命委员会成立时的代表人数。

历届全省政治协商会议的委员人数

单位:人

项目	一届 1955年	二届 1960年	三届 1964年	四届 1977年	五届 1983年	六届 1988年
委员总数	**152**	**531**	**507**	**593**	**664**	**697**
在委员总数中						
中国共产党代表	48	191	189	269	252	280
占总数%	31.6	36.0	37.3	45.4	38.0	40.2
在委员总数中						
少数民族代表	9	32	38	35	43	51
占总数%	5.9	6.0	7.5	5.9	6.5	7.3

全省基层工会组织、职工、会员情况

(1991年)

项　　目	基层工会委员会(个)	职工人数(人)	拥有会员(人)
总　　计	**30 741**	**5 105 301**	**4 729 627**
一、按经济类型分			
1. 全民所有制	22 859	4 162 596	3 901 638
2. 集体所有制	7 799	920 872	809 008
#乡镇企业	571	69 680	54 818
3. 私营经济	29	685	458
4. 中外合资	53	21 084	18 459
5. 外商独资	1	64	64
二、按国民经济部门分			
1. 农林牧渔水利业	1 276	160 718	134 196
2. 工业	6 318	2 532 336	2 350 423
3. 地质普查及勘探业	69	77 617	74 324
4. 建筑业	540	295 720	249 104
5. 交通运输、邮电通讯业	1 222	309 308	290 793
6. 商业、公共饮食业、物资供销和仓储业	7 715	651 441	617 249
7. 房地产管理、公用事业、居民服务业和咨询服务业	438	67 283	60 382
8. 卫生、体育和社会福利事业	1 444	133 486	126 230
9. 教育、文化艺术和广播电视事业	6 408	472 420	443 469
10. 科学研究和综合技术服务业	231	29 735	29 009
11. 金融保险业	805	91 410	86 438
12. 国家机关、政党机关和社会团体	3 900	243 854	232 549
13. 其他	375	39 973	35 461

全省妇联组织、干部状况

(1991年)

项　目	组织状况(个)	干部数(人)	其中				
			正副主任	参加同级			少数民族干部
				党委	人大	政协	
总　　计	**3 855**	**5 379**	**4 135**	**204**	**194**	**159**	**309**
省　　级	1	116	5	1	1	2	5
地、市级	18	293	56	4	6	6	8
县(区)级	175	1 117	420	34	85	110	59
乡镇、街道	3 661	3 853	3 654	165	102	41	237

卫生机构、床位、人员数

(1991年)

机构名称	机构数(个)	床位数(张)	全部职工(人)	卫生技术人员	其他技术人员	管理人员	工勤人员
全省总计	**10 647**	**148 107**	**224 468**	**183 493**	**5 163**	**13 826**	**21 986**
(一)医院合计	3 630	129 340	160 557	131 091	2 533	9 907	17 026
1.县及县以上医院	727	93 499	127 396	100 467	2 533	8 414	15 982
综合医院	525	68 832	94 925	75 296	1 663	6 065	11 901
中医医院	114	8 209	10 803	8 945	231	727	900
医学院附属医院	10	5 135	8 655	6 524	271	572	1 288
传染病院	9	1 535	2 039	1 409	52	185	393
精神病院	15	3 029	1 905	1 319	34	221	331
结核病院	5	1 192	1 542	1 047	151	107	237
妇幼保健医院	25	2 147	3 785	3 031	53	305	396
儿童医院	2	400	722	569	16	32	105
麻风病院	1	300	66	52	—	3	11
肿瘤医院	3	310	324	246	5	24	49
康复医院	2	350	331	252	—	26	53
口腔医院	3	50	228	188	5	23	12
耳鼻喉医院	3	510	638	509	35	18	76
骨科医院	1	350	482	326	—	51	105
中西医结合医院	2	601	604	498	—	12	94
其他专科医院	7	549	347	256	17	43	31
2.区、乡、镇医院	2 894	35 427	32 800	30 298	—	1 467	1 035
3.其他医院	9	414	361	326	—	26	9
(二)疗养院所	72	16 602	3 957	1 756	104	715	1 382
(三)门诊部所	6 299	1 623	25 259	23 978	—	659	622
(四)专科防治所	21	—	871	659	31	67	114
#结核病防治所、站	4	—	105	82	1	15	7
职业病防治所、站	8	—	456	342	17	36	61
地方病防治所、站	7	—	183	130	9	9	35
(五)卫生防疫站	211	—	9 630	7 845	361	676	748
#县卫生防疫站	126	—	5 061	4 188	168	409	296
(六)妇幼保健所、站	175	542	3 810	3 411	—	270	129
#县妇幼保健所、站	117	447	2 756	2 504	—	174	78
(七)药品检验站	42	—	593	443	31	54	65
#县药品检验站	24	—	117	103	3	7	4
(八)其他卫生事业机构	165	—	3 142	1 710	474	446	512
#县卫生进修学校	120	—	1 356	903	78	235	140
(九)医学科学研究机构	9	—	700	557	30	51	62
(十)高等医药学院	6	—	4 368	1 882	880	691	915
(十一)中等医药学院	17	—	1 979	559	719	290	411
(十二)个体开业人员	—	—	9 602	9 602	—	—	—

卫生机构各类人员数

单位：人

人员分类	1991年	1990年
全省总计	**224 468**	**219 376**
1.卫生技术人员	183 493	180 549
2.其他技术人员	5 163	5 118
3.管理人员	13 826	13 182
4.工勤人员	21 986	20 527
一、卫生技术人员	**183 493**	**180 549**
中医师	12 370	12 104
西医师	53 952	53 868
中西医结合高级医师	510	458
护师	17 729	16 983
中药师	1 946	1 930
西药师	4 557	4 382
检验师	3 671	3 447
其他技师	307	3 070
中医士	3 760	4 059
西医士	15 502	15 560
护士	21 852	21 891
助产士	1 539	1 627
中药剂士	2 634	2 771
西药剂士	5 047	4 981
检验士	3 485	3 545
其他技士	3 170	3 306
其他中医	706	1 270
护理员	7 436	6 616
中药剂员	787	763
西药剂员	2 190	1 973
检验员	1 098	914
其他初级技术人员	16 345	15 031
二、平均每千人口有卫生技术人员	**3.0**	**2.9**
#医生	1.4	1.4

医院诊疗人次及入院人数

(1991 年)

医院类别	诊疗人次(万人)	# 门、急诊	入院人数(万人)	每百诊次的入院人数(人)	# 门、急诊	出院人数(万人)	# 治愈
全省总计	**12 256.3**	**11 429.6**	**231.3**	**1.89**	**2.02**	**231.4**	**156.7**
(一)县及县以上医院	6 470.8	5 938.5	156.6	2.42	2.64	156.7	98.1
(1)卫生部门	3 891.3	3 740.9	124.2	3.19	3.32	124.0	93.7
(2)工业及其他部门	2 427.6	2 047.2	30.9	1.27	1.51	31.2	23.4
(3)集体所有制	151.9	150.4	1.5	0.99	1.00	1.5	1.1
(二)农村乡镇卫生院	5 765.7	5 471.3	74.4	1.29	1.36	74.4	58.4
(三)其他医院	19.8	19.8	0.3	1.52	1.52	0.3	0.2

县及县以上医院病床使用情况

年份	医院类别	病床周转次数(次)	病床工作日数(日)	病床使用率 %	出院者平均住院日数(日)
1985 年	**合计**	**18.9**	**299.9**	**82.2**	**15.0**
	卫生部门	20.9	315.6	86.5	14.2
	工业及其他部门	14.2	265.1	72.6	17.6
	集体所有制	12.8	214.7	58.8	16.7
1990 年	**合计**	**19.2**	**293.4**	**80.8**	**15.1**
	卫生部门	21.0	306.5	84.3	14.6
	工业及其他部门	14.9	263.6	72.6	16.8
	集体所有制	15.6	258.8	71.3	15.8
1991 年	**合计**	**19.1**	**291.6**	**80.2**	**15.0**
	卫生部门	21.1	304.7	83.8	14.3
	工业及其他部门	14.3	261.7	72.1	17.8
	集体所有制	11.1	209.7	57.8	17.9

卫生部门城市医院疾病死亡原因及构成

(1991年)

死亡原因	死亡人数(人)	占死亡总人数的比重(%)	死亡人数较多的前十种疾病原因及构成	死亡人数(人)	占死亡总人数的比重(%)
全省总计	**5 924**	**100.00**			
1.传染病和寄生虫病计	230	3.88			
2.肿瘤病计	1 111	18.76	**十种死因疾病合计**	**4 281**	**72.27**
3.内分泌营养和代谢疾病计	132	2.23	1.恶性肿瘤	1 030	17.39
4.血液和造血器官疾病计	58	0.98	2.心脏病	948	16.00
5.精神病计	3	0.05	3.脑血管病	893	15.08
6.神经系统和感觉器官疾病计	168	2.84	4.损伤	546	9.22
7.循环系统疾病计	1 974	33.32	5.肺炎	252	4.25
8.呼吸系统疾病计	531	8.96	6.传染病	227	3.83
9.消化系统疾病计	380	6.42	7.慢性肝病和肝硬变	109	1.84
10.泌尿生殖系统疾病计	135	2.28	8.新生儿硬肿症	106	1.79
11.妊娠、分娩及产期并发症计	29	0.49	9.肾类及肾病变	87	1.47
12.皮肤和皮下组织疾病	10	0.17	10.中毒	83	1.40
13.肌肉、骨髓系统疾病计	17	0.29			
14.先天异常疾病计	62	1.05			
15.起源于围产期疾病(即新生儿病)计	377	6.36			
16.体征、症状和不明确情况病计	78	1.31			
17.损伤和中毒病计	629	10.61			

注:1.本表为城市医院的典型调查资料,死亡原因分类是按全国疾病划分的。2.十种死因疾病,除参照国家要求外,并结合我省死亡较多的病种选择的。

卫生部门县医院疾病死亡原因及构成

(1991年)

死亡原因	死亡人数(人)	占死亡总人数的比重(%)	死亡人数较多的前十种疾病原因及构成	死亡人数(人)	占死亡总人数的比重(%)
全省总计	**4 449**	**100.00**			
1.传染病和寄生虫病计	222	4.99			
2.肿瘤病计	583	13.10	**十种死因疾病合计**	**3 378**	**75.93**
3.内分泌营养和代谢疾病计	67	1.51	1.恶性肿瘤	812	18.25
4.血液和造血器官疾病计	25	0.56	2.心脏病	700	15.73
5.精神病计	2	0.05	3.脑血管病	561	12.61
6.神经系统和感觉器官疾病计	54	1.21	4.损伤	450	10.12
7.循环系统疾病计	1 615	36.30	5.肺炎	239	5.37
8.呼吸系统疾病计	478	10.74	6.传染病	221	4.97
9.消化系统疾病计	355	7.98	7.慢性肝病和肝硬变	140	3.15
10.泌尿生殖系统疾病计	39	0.88	8.新生儿硬肿症	105	2.36
11.妊娠、分娩及产期并发症计	26	0.59	9.肾类及肾病变	77	1.73
12.皮肤和皮下组织疾病	3	0.07	10.中毒	73	1.64
13.肌肉、骨髓系统疾病计	2	0.04			
14.先天异常疾病计	44	0.99			
15.起源于围产期疾病(即新生儿病)计	295	6.63			
16.体征、症状和不明确情况病计	47	1.06			
17.损伤和中毒病计	592	13.30			

注:1.本表为县医院的典型调查资料,死亡原因分类是按全国疾病划分的。2.十种死因疾病,除按照国家要求外,并结合我省死亡较多的病种选择的。

社会福利事业、企业单位和工作人员数

项目	机构数(个)			工作人员数(人)		
	1991年	1990年	1991年为1990年%	1991年	1990年	1991年为1990年%
全省总计	**5 055**	**4 701**	**107.53**	**62 918**	**57 668**	**109.10**
(一)社会福利事业单位	3 413	3 261	104.66	11 615	11 349	102.34
民政部门办	211	210	100.47	3 637	3 569	101.91
社会办	3 202	3 051	104.98	7 978	7 780	102.55
(二)社会福利企业单位	1 373	1 121	122.48	48 334	43 092	112.17
民政部门办	394	313	125.88	20 078	18 856	106.48
#假肢工厂	2	2	100.00	234	254	92.13
安置农场	2	2	100.00	63	91	69.23
社会办	979	808	121.16	28 256	24 236	116.59
(三)盲人按摩诊所	1	51	1.96	51	362	14.09
(四)烈士纪念建筑物管理单位	87	87	100.00	759	747	101.61
(五)收容遣送站	14	13	107.69	272	271	100.37
(六)殡葬事业单位	167	168	99.41	1 887	1 847	102.17

社会福利事业单位基本情况

(1991年)

项目	院数(个)	工作人员(人)	床位(张)	年末收养人数(人)
全省收养性事业单位总计	**3 413**	**11 615**	**57 508**	**40 276**
(一)优抚休疗养院、光荣院	186	2 745	8 772	6 259
民政部门办	179	2 722	8 595	6 146
社会办	7	23	177	113
(二)社会福利院	3 227	8 870	48 736	34 017
民政部门办	32	915	2 447	1 722
集体办敬老院	3 195	7 955	46 289	32 295

社会福利救济主要费用情况

单位：万元

项　　目	1991 年	1990 年
全省总计	**48 346.2**	**48 716.8**
国家支出	30 784.5	32 161.6
集体供给	17 561.7	16 555.2
(一)抚恤事业费	26 863.8	26 711.3
国家支出	15 556.8	15 849.5
集体供给	11 307.0	10 861.8
(二)社会救济福利事业费	9 909.9	9 325.8
国家支出	3 655.2	3 632.4
集体供给	6 254.7	5 693.4
(三)离退休退职费	4 666.4	4 428.2
(四)自然灾害救济费	5 108.2	6 689.1
#1.生活救济	3 376.0	4 334.7
2.生产和扶贫	1 732.2	2 321.4
(五)其他民政事业费	1 797.9	1 562.4

享受救济、补助人员情况

项　　目	单　位	1991 年	1990 年
农村贫困户得到救济的人数	万人次	91.85	118.77
#得到国家定期定量救济人数	万人次	0.67	1.01
农村散居五保户人数	万人	10.00	13.53
#得到国家定期定量救济人数	万人	0.36	0.46
得到集体给予补助的人数	万人	5.51	5.44
城镇困难户得到救济和补助人数	万人次	16.92	18.02
#得到国家定期定量救济人数	万人	0.30	0.37
城镇散居孤老残幼人数	万人	2.80	3.82
#得到国家定期定量救济人数	万人	0.22	0.16
得到集体给予补助人数	万人	1.60	1.46
精减退职老弱残职工得到救济人数	万人	2.37	2.31
享受原工资 40%救济人数	万人	1.83	1.81
享受定期定量救济人数	万人	0.54	0.50
本年扶贫户数	万户	60.94	66.22
#本年脱贫户数	万户	30.04	35.34

婚姻登记情况

项　　目	1991年	1990年
一、准予登记结婚数（对）	**446 801**	**447 300**
1.初婚数（人）	858 537	854 367
2.再婚数（人）	35 065	40 233
(1)男性	17 498	20 366
(2)女性	17 567	19 867
3.恢复结婚数（人）	1 948	1 685
二、申请结婚未予登记数（对）	**33 749**	**26 915**
三、申请离婚数（对）	**19 151**	**20 145**
# 准予登记离婚数	10 037	10 010
四、涉外婚姻（对）	**47**	**34**
准予登记结婚	47	34
# 国内公民（人）	47	34

律师、公证、调解工作基本情况

项　　目	单　位	1991年	1990年
一、律师工作			
法律顾问处	个	227	227
律师工作者	人	1 625	1 827
# 律 师	人	1 449	1 679
专职律师	人	1 114	1 399
兼职律师	人	335	280
聘请担任常年法律顾问的单位	处	7 728	6 502
民事代表	件	9 344	16 203
刑事辩护	件	8 426	9 098
非诉讼事件	件	14 954	4 304
涉外法律事务	件	18	23
解答法律咨询	件	189 357	224 272
代写法律事务文书	件	36 195	41 643
二、公证工作			
公 证 处	个	181	179
公 证 人	人	871	865
# 公证员	人	623	624
助理公证员	人	100	105
办理公证文书	件	453 426	430 747
# 国外经济合同公证	件	4 390	3 104
三、人民调解工作			
专职司法助理员	人	3 585	3 668
人民调解委员会	个	59 484	59 748
调解人员	人	229 186	304 681
调解民间纠纷	件	291 469	296 811

国内公证文书分类

项　　目	办理公证(件)		各类公证所占比重%	
	1991年	1990年	1991年	1990年
一、经济合同公证合计	**291252**	**304880**	**100**	**100**
工业产品购销	3125	2868	1.1	0.9
建筑工程承包	574	676	0.2	0.2
联营	289	503	0.1	0.2
拍卖	11	53	…	…
财产租赁	278	382	0.1	0.1
贷款	27079	29495	9.3	9.7
担保	466	971	0.2	0.3
科技协作	111	227	…	…
招标、投标	117	160	…	…
农业生产承包	186703	146741	64.1	48.1
乡镇企业承包	566	698	0.2	0.2
供用电	197	8	0.1	…
企业租赁	195	420	0.1	0.1
资产经营责任制	177	189	0.1	…
工商服务业承包	805	6194	0.3	2.0
劳务合同	30405	30545	10.4	10.0
其他经济合同	9134	5875	3.1	1.9
法人(代表人)资格	657	961	0.2	0.3
法人委托书	618	964	0.2	0.3
执行许可证明	27	69	…	…
其他	29718	76881	10.2	25.7
二、民事公证合计	**157377**	**122370**	**100**	**100**
收养	1264	1759	0.8	1.4
解除收养	62	56	…	…
继承权	928	951	0.6	0.8
遗嘱	629	527	0.4	0.4
产权	2534	2824	1.6	2.3
亲属关系	149	140	0.1	0.1
房屋买卖	2186	2754	1.4	2.3
房屋租赁	752	1340	0.5	1.1
留学协议	202	182	0.1	0.1
遗赠抚养协议	823	2062	0.5	1.7
其它民事协议	11111	3561	7.1	2.9
委托书	525	556	0.3	0.5
赠与书	855	840	0.5	0.7
声明书	1526	926	1.0	0.8
现场监督	657	1317	0.4	1.1
执行许可证明	15	26	…	…
副本等与原本相符	413	96	0.3	…
宅基地使用权	290	437	0.3	0.4
证据保全	53	57	…	…
其他	132403	101935	84.1	83.4

涉外公证文书分类

项目	办理公证(件)		各类公证所占比重%	
	1991年	1990年	1991年	1990年
合计	**4 384**	**3 074**	**100**	**100**
出生	609	458	13.9	14.9
学历	773	333	17.6	10.8
经历	217	178	4.9	5.8
生存居住	12	4	0.3	0.1
死亡	7	24	0.2	0.8
国籍	5	5	0.1	0.2
收养子女	4	1	0.1	...
亲属关系	494	475	11.2	15.5
婚姻状况	396	348	9.0	11.3
继承权	3	2	0.1	...
遗嘱	...	...	...	...
受、未受刑事处分	490	297	11.2	9.7
委托书	34	16	0.8	0.5
职称	83	45	1.9	1.5
声明书	39	29	0.9	0.9
副本等与原本相符	767	481	17.5	15.6
其他	451	378	10.3	12.4

调解民间纠纷分类

项目	调解纠纷(件)		各类纠纷所占比重%	
	1991年	1990年	1991年	1990年
合计	**291 469**	**296 811**	**100**	**100**
婚姻家庭	56 552	54 136	19.4	18.2
继承	16 762	13 732	5.8	4.6
赡、托、抚、养	24 312	22 657	8.3	7.6
其他	31 610	44 559	10.8	15.0
房屋、宅基地	48 951	52 152	16.8	17.6
债务	17 332	16 014	5.9	5.4
生产经营	19 936	20 367	6.8	6.9
邻里	38 472	33 352	13.2	11.2
损害赔偿	15 608	14 423	5.4	4.9
其他	21 934	25 419	7.6	8.6

全省环保机构和人员数

项　　目	1985年	1990年	1991年
全省机构数(个)	**173**	**251**	**257**
独立机构数(个)	45	65	—
全省环境保护人员数(个)	**1 744**	**2 676**	**2 893**
1. 科技业务人员数	1 028	1 645	1 541
#科研人员	6	59	—
工程技术人员	814	1 250	—
农业技术人员	12	13	—
卫生技术人员	21	5	—
2. 行政干部数	383	418	569
3. 工人	333	613	783

全省环境保护情况

项　　目	单　位	1985年	1990年	1991年
一、废水排放总量	**万吨**	**118 989**	**130 767**	**116 164**
#工业废水	万吨	99 378	99 181	90 117
#经过处理和	万吨	31 369	31 012	—
二、废气排放量	**亿立方米**	**3 309.9**	**5 670.2**	**6 190.6**
#燃料燃烧废气	亿立方米	2 166.3	4 066.8	4 044.3
#经过处理的	亿立方米	1 422.4	3 243.1	—
#生产工艺过程中废气	亿立方米	1 143.6	1 603.3	—
三、工业粉尘排放量	**万吨**	**89**	**41**	**42**
四、工业固体废物产生量	**万吨**	**3 795**	**5 162**	**5 327**
#工业固体废物量	万吨	1 878	264	—
工业固体废物处置量	万吨	—	3 301	1 037
工业固体废物排放量	万吨	—	150	56
历年工业固体废物堆存量	万吨	38 341	—	550 045
五、锅炉数量	**台/蒸吨**	**12 497/43 957**	**17 507/71 769**	—
#已改造的	台/蒸吨	8 199/29 552	11 751/58 083	—
六、工业炉窑数量	**座**	**2 998**	**3 895**	**3 450**
#已改造的	座	715	1 588	—
七、自然资源保护情况				
自然保护区数量	个	—	5	10
自然保护区占地面积	千公顷	—	4.2	5.2

职工(含非在职)保险福利费用总额

	1978年	1985年	1990年	1991年
全省总计(万元)	**31 203**	**124 694**	**404 283**	**488 143**
全民所有制单位	28 181	106 173	343 466	416 657
单位支付	26 580	104 377	339 038	411 809
民政部门支付	1 601	1 796	4 428	4 848
城镇集体所有制单位	3 022	18 447	59 021	68 572
其他所有制单位	—	74	1 796	2 914
保险福利费用总额相当于工资总额%	12.2	21.5	31.3	34.3

非在职职工保险福利费用总额

	1978年	1985年	1990年	1991年
全省总计(万元)	**7 141**	**48 926**	**179 922**	**218 222**
全民所有制单位	6 329	39 810	149 370	181 389
单位支付	4 728	38 014	144 942	176 541
民政部门支付	1 601	1 796	4 428	4 848
城镇集体所有制单位	812	9 110	29 930	35 992
其他所有制单位	—	6	622	841
平均每人(元)	688	1 033	2 230	2 373
全民所有制单位	738	1 041	2 349	2 495
城镇集体所有制单位	451	841	1 778	1 901
其他所有制单位	—	600	2 251	2 493

注：非在职职工指离休、退休、退职和退养职工。

城　　市　　基

1991年全省25个城市

指　标　名　称	单　位	全省合计	石家庄市	唐山市	秦皇岛市
一、人口、社会劳动者、土地面积					
年末总人口	万人	1 593.65	133.65	152.50	51.41
# 非农业人口	万人	620.87	108.16	106.04	37.63
年平均人口	万人	1 579.65	132.79	151.46	50.74
年末社会劳动者人数	万人	881.47	89.22	92.47	33.29
1.农、林、牧、渔、水利业	万人	308.69	3.77	13.11	3.76
2.工业	万人	285.39	43.78	47.71	11.25
3.地质普查和勘探业	万人	7.36	0.19	0.04	0.20
4.建筑业	万人	64.94	8.46	9.86	3.05
5.交通运输、邮电通讯业	万人	40.87	5.48	4.56	4.75
6.商业、饮食业、物资供销业	万人	66.85	9.76	7.47	3.76
7.房地产、公用事业、居民服务业	万人	15.18	3.09	2.23	1.33
8.卫生、体育和社会福利业	万人	10.98	1.88	1.02	0.79
9.教育、文化和广播电视业	万人	25.43	4.69	2.26	1.11
10.科学研究和综合技术服务业	万人	4.16	1.73	0.24	0.30
11.金融、保险业	万人	5.32	0.96	0.55	0.35
12.国家机关、政党机关和社会团体	万人	22.08	3.94	2.26	1.18
13.其它	万人	24.22	1.49	1.16	1.46
城镇个体劳动者年末人数	人	96 147	16 209	17 756	6 921
城镇待业人员年末人数	人	50 305	1 411	11 961	3 212
土地面积	平方公里	20 027	307	1 090	363
# 建成区土地面积	平方公里	784	85	113	60
二、农　业					
农业总产值（当年价格）	万元	856 855	24 915	41 632	20 285
1.种植业产值	万元	557 668	15 972	26 075	9 987
2.林业产值	万元	9 839	104	384	66
3.牧业产值	万元	195 702	8 755	12 973	6 689
4.副业产值	万元	64 601	45	1 740	189
5.渔业产值	万元	29 045	39	460	3 354
农业总产值（1990年不变价）	万元	843 658	26 161	42 395	18 992
乡村劳动力	万人	455.06	14.09	23.01	7.31
年末实有耕地面积	万亩	1 524	16	66	16
粮食产量	万吨	426.02	5.19	19.66	4.81
油料产量	吨	137 594	734	8 317	724
棉花产量	吨	110 677	—	839	—
蔬菜产量	万吨	359.93	37.89	32.13	16.16
水果产量	吨	473 504	10 937	11 164	12 535
猪肉产量	吨	189 912	5 746	9 447	3 612

本情况

国民经济主要指标 (1-1)

邯郸市	邢台市	保定市	张家口市	承德市	廊坊市	沧州市
113.41	41.07	63.34	72.30	37.48	60.00	35.45
84.88	30.94	48.85	55.30	25.05	15.34	24.83
112.30	40.57	62.86	69.89	36.58	59.42	35.05
72.18	27.49	34.55	42.78	22.47	32.11	18.26
5.58	2.39	3.21	4.60	3.18	16.05	2.45
39.18	14.48	16.51	21.80	10.18	5.10	5.81
0.89	0.28	0.37	0.25	0.15	0.16	0.05
8.04	1.32	2.97	2.46	1.45	1.99	1.80
3.89	1.73	1.78	3.01	1.40	2.05	2.12
6.09	2.92	3.73	4.15	1.93	2.28	2.27
2.19	0.67	0.98	1.07	0.77	0.43	0.52
0.85	0.53	0.87	0.76	0.41	0.38	0.36
1.74	0.86	1.90	1.49	0.91	1.13	0.70
0.21	0.09	0.18	0.11	0.06	0.18	0.10
0.38	0.23	0.33	0.33	0.23	0.23	0.19
1.79	0.98	1.15	1.48	1.03	0.93	0.97
1.35	1.01	0.57	1.27	0.77	1.20	0.92
7 667	5 462	5 376	6 879	5 635	5 924	5 127
7 135	3 926	4 324	3 946	7 920	1 374	1 130
457	132	126	819	705	1 006	203
71	23	52	70	21	20	33
12 441	5 552	11 364	14 950	7 749	33 943	6 142
9 051	4 275	7 916	10 070	4 059	22 470	4 771
268	47	60	237	328	958	28
2 896	1 082	2 877	4 510	2 635	9 737	1 067
174	117	442	94	654	720	269
52	31	69	39	73	58	7
12 482	6 076	10 876	14 561	7 723	31 411	5 943
11.98	4.74	6.12	8.72	6.09	21.44	4.86
22	7	8	28	9	81	13
4.73	1.50	3.03	2.99	1.93	19.40	3.38
285	283	17	736	58	7 875	220
319	70	4	—	3	5 156	77
16.14	10.28	17.52	5.14	9.25	6.84	6.30
6 260	4 488	3 117	1 870	1 399	10 523	2 251
1 455	849	1 885	3 348	4 017	7 611	728

1991年全省25个城市

指标名称	单位	南宫市	辛集市	定州市	涿州市	任丘市
一、人口、社会劳动者、土地面积						
年末总人口	万人	43.83	59.44	104.26	52.29	70.09
# 非农业人口	万人	2.73	5.98	7.42	9.18	12.00
年平均人口	万人	43.58	59.15	103.84	51.95	69.53
年末社会劳动者人数	万人	19.27	33.45	52.63	27.48	38.14
1.农、林、牧、渔、水利业	万人	10.23	20.40	36.10	17.00	18.39
2.工业	万人	4.21	6.51	4.72	4.10	8.19
3.地质普查和勘探业	万人	—	—	—	0.33	4.40
4.建筑业	万人	0.70	1.26	4.50	2.01	2.61
5.交通运输、邮电通讯业	万人	0.62	0.65	0.76	0.57	0.33
6.商业、饮食业、物资供销业	万人	1.42	1.71	3.73	1.07	1.35
7.房地产、公用事业、居民服务业	万人	0.05	0.19	0.14	0.14	0.09
8.卫生、体育和社会福利业	万人	0.37	0.22	0.25	0.19	0.38
9.教育、文化和广播电视业	万人	0.48	0.59	0.96	0.59	0.94
10.科学研究和综合技术服务业	万人	0.08	0.09	0.02	0.29	0.14
11.金融、保险业	万人	0.09	0.10	0.11	0.08	0.13
12.国家、政党机关和社会团体	万人	0.38	0.38	0.53	0.38	0.41
13.其它	万人	0.64	1.35	0.81	0.73	0.78
城镇个体劳动者年末人数	人	3 074	96	770	979	300
城镇待业人员年末人数	人	23	257	927	32	207
土地面积	平方公里	854	951	1 274	742	1 023
# 建成区土地面积	平方公里	7	13	13	17	24
二、农业						
农业总产值(当年价格)	万元	29 853	86 462	93 102	38 730	43 948
1.种植业产值	万元	24 586	66 324	58 497	21 487	26 915
2.林业产值	万元	241	331	1 161	857	206
3.牧业产值	万元	4 718	18 492	17 566	10 711	7 170
4.副业产值	万元	300	1 183	15 862	5 490	8 723
5.渔业产值	万元	8	132	16	185	934
农业总产值(1990年不变价)	万元	30 624	78 834	96 374	35 917	44 355
乡村劳动力	万人	15.00	25.90	49.70	21.70	24.70
年末实有耕地面积	万亩	98	106	126	72	93
粮食产量	万吨	13.41	36.07	56.91	20.67	25.89
油料产量	吨	4 809	16 765	38 647	5 786	5 566
棉花产量	吨	19 545	17 400	8 415	945	8 075
蔬菜产量	万吨	3.99	34.44	37.90	8.12	6.13
水果产量	吨	4 978	81 186	43 000	11 110	14 069
猪肉产量	吨	4 989	13 234	27 318	16 819	7 948

国民经济主要指标(1—2)

泊头市	衡水市	沙河市	武安市	藁城市	黄骅市	霸州市	河间市	安国市	晋州市
50.42	33.70	42.33	64.12	69.40	36.14	49.38	72.74	36.63	48.27
7.38	10.86	6.72	3.91	3.00	2.51	4.00	3.36	2.59	2.21
50.12	33.30	42.08	63.59	68.90	35.96	49.10	72.29	36.48	48.12
21.99	17.72	18.75	30.91	40.10	15.95	23.40	33.56	16.24	27.06
13.27	7.02	9.12	17.47	25.40	9.09	11.20	26.42	11.68	17.80
2.70	4.23	4.16	6.25	5.30	3.72	6.76	3.08	1.21	4.51
—	0.05	—	—	—	—	—	—	—	—
0.17	0.71	3.21	0.93	2.40	0.69	1.20	1.12	1.19	0.84
0.20	1.34	0.72	1.51	1.30	0.58	0.50	0.30	0.19	0.53
1.19	1.76	0.64	1.52	2.70	0.69	1.70	0.98	0.97	1.06
0.13	0.22	0.02	0.05	0.40	0.04	0.20	0.09	0.05	0.09
0.14	0.24	0.09	0.27	0.20	0.11	0.20	0.14	0.14	0.19
0.38	0.68	0.37	0.81	0.60	0.37	0.40	0.59	0.45	0.43
—	0.21	0.05	0.02	…	0.01	—	0.01	0.01	0.03
0.08	0.18	0.08	0.14	0.10	0.10	0.10	0.08	0.08	0.09
0.38	0.88	0.29	0.47	0.60	0.29	0.50	0.34	0.23	0.31
3.35	0.20	—	1.47	1.10	0.26	0.70	0.41	0.04	1.18
3 532	1 939	844	270	16	484	350	151	500	88
1 220	157	—	342	175	89	278	106	40	113
977	590	999	1 806	836	1 545	784	1 333	486	619
15	17	8	9	7	16	37	17	6	30
31 791	18 445	26 500	25 118	81 827	41 482	34 393	43 962	35 689	46 580
26 281	13 971	12 769	17 438	50 055	15 396	26 503	26 585	23 746	32 469
203	101	1 222	1 427	406	109	537	221	207	130
4 838	3 505	10 725	5 242	27 058	1 980	5 166	5 294	9 097	10 919
419	680	1 700	978	4 195	1 756	1 387	11 815	2 630	3 039
50	188	84	33	113	22 241	800	47	9	23
28 722	19 079	28 098	22 658	83 200	42 245	31 460	42 564	33 780	49 128
16.50	10.50	12.50	29.10	36.70	13.80	20.50	31.20	14.50	24.40
95	55	45	91	83	76	65	141	50	62
17.71	11.00	12.56	14.65	51.04	15.44	17.83	21.95	19.42	24.85
2 704	2 737	3 273	1 220	7 837	7 200	10 687	5 456	1 140	4 518
3 839	5 539	2 983	5 057	4 496	2 825	3 474	11 151	2 965	7 500
2.32	8.00	4.84	6.87	40.75	4.50	20.75	5.00	8.96	9.62
75 000	2 897	8 368	4 242	30 529	6 948	6 968	13 010	6 655	100 000
5 338	3 316	4 685	3 324	29 197	582	4 028	5 114	13 059	12 263

1991年全省25个城市

指标名称	单位	全省合计	石家庄市	唐山市	秦皇岛市
牛羊肉产量	吨	19 012	724	1 348	53
禽蛋产量	吨	143 349	9 277	9 335	6 044
水产品产量	吨	83 360	96	2 424	13 907
三、工　业					
企业单位数（乡及乡以上）	个	7 264	653	1 159	333
1.全民所有制工业	个	1 797	231	255	109
2.集体所有制工业	个	5 361	401	881	196
3.其它经济类型工业	个	106	21	23	28
#“三资企业”	个	72	1	22	22
全部工业总产值（1990年不变价）	亿元	761.18	154	103.72	31.75
# 村及村以下办工业	亿元	128.66	15.82	10.00	1.07
全部工业总产值（当年价格）	亿元	759.23	155.17	108.38	30.17
#城镇合营和城镇个体工业	亿元	4.74	—	0.11	0.04
乡办工业	亿元	30.72	1.70	4.54	1.49
村及村以下办工业	亿元	124.05	15.82	10.50	1.08
“三资企业”	亿元	12.33	5.24	1.54	1.95
乡及乡以上工业总产值（当年价格）	亿元	630.44	139.35	97.77	29.05
按轻重工业分：1.轻工业	亿元	243.56	71.24	21.21	11.17
2.重工业	亿元	386.88	68.11	76.56	17.88
按经济类型分：1.全民所有制工业	亿元	496.01	107.95	79.18	22.10
2.集体所有制工业	亿元	116.46	21.82	17.02	4.62
3.其它经济类型工业	亿元	17.97	9.58	1.57	2.33
主要工业行业产值（当年价格）					
1.煤炭采选业	万元	247 228	15 103	89 436	5 321
2.黑色金属矿采选业	万元	54 699	—	—	—
3.有色金属矿采选业	万元	5 817	—	—	—
4.自来水生产和供应业	万元	15 051	2 205	3 747	1 588
5.食品制造业	万元	205 214	28 616	30 557	24 612
6.饮料制造业	万元	65 628	9 790	3 419	11 104
7.纺织业	万元	866 906	297 280	66 999	21 248
8.造纸及纸制品业	万元	119 093	12 395	6 828	5 698
9.印刷业	万元	68 801	22 070	6 180	2 109
10.文教体育用品制造业	万元	6 977	1 038	83	134
11.电力、蒸、汽热水生产和供应业	万元	487 331	93 092	153 437	10 375
12.石油加工业	万元	197 169	111 398	—	1 098
13.化学工业	万元	398 021	81 511	22 160	4 865
14.医药工业	万元	185 697	122 344	9 957	3 330
15.塑料制品业	万元	97 382	20 793	10 489	8 332
16.建材及其他非金属矿物制品业	万元	370 149	25 440	118 716	79 878

国民经济主要指标(2-1)

邯郸市	邢台市	保定市	张家口市	承德市	廊坊市	沧州市
5 003	36	39	654	166	821	125
4 626	1 269	2 502	3 436	736	5 720	1 577
154	60	178	93	121	139	28
563	248	572	499	238	206	236
191	92	125	124	79	73	76
362	156	441	372	154	133	157
10	—	6	3	5	—	3
8	—	5	3	4	—	3
92.33	38.41	50.72	56.77	24.67	15.11	21.32
6.04	0.88	3.47	1.48	0.50	5.63	0.75
91.33	37.92	50.01	55.41	24.59	14.44	21.51
0.04	0.12	0.11	0.11	0.04	0.05	0.56
1.89	0.24	1.02	0.44	0.38	0.82	0.23
5.75	0.73	3.18	1.26	0.49	5.02	0.76
2.03	—	0.53	0.24	0.11	—	0.24
85.54	37.07	46.72	54.04	24.06	9.37	20.19
25.59	8.35	24.80	24.57	11.42	4.48	5.53
59.94	28.72	21.92	29.47	12.64	4.89	14.66
72.91	33.23	39.64	45.40	21.86	7.78	14.19
10.47	3.84	6.16	8.40	1.98	1.59	5.76
2.16	—	0.92	0.24	0.22	—	0.24
86 732	35 470	—	3 748	5 388	—	—
30 660	—	—	961	652	—	—
—	—	—	124	5 687	—	—
2 503	502	1 485	1 344	379	341	545
15 132	8 519	15 161	9 917	12 213	11 759	3 463
6 030	2 636	2 128	6 300	2 376	2 048	6 154
148 219	41 490	59 433	32 320	36 863	17 762	14 697
13 164	6 368	31 326	12 773	1 218	442	6 373
6 275	890	16 433	3 564	689	1 782	1 301
—	144	1 490	138	12	50	—
70 411	53 302	28 689	37 476	14 142	5 038	10 088
560	—	20 649	—	—	7 088	47 954
31 991	6 932	49 877	40 592	4 810	6 708	43 129
3 803	1 690	7 640	10 560	10 326	—	2 763
9 224	1 674	4 500	4 533	2 057	663	21 898
63 917	10 130	3 564	11 427	4 902	6 489	2 957

1991年全省25个城市

指标名称	单位	南宫市	辛集市	定州市	涿州市	任丘市
牛羊肉产量	吨	775	1 471	1 073	693	1 237
禽蛋产量	吨	4 761	16 957	8 497	3 561	3 743
水产品产量	吨	19	179	78	790	1 993
三、工业						
企业单位数(乡及乡以上)	个	187	261	205	154	168
1.全民所有制工业	个	39	33	37	25	19
2.集体所有制工业	个	146	228	167	127	148
3.其它经济类型工业	个	2	—	1	2	1
#"三资企业"	个	—	—	1	2	—
全部工业总产值(1990年不变价)	亿元	8.54	17.73	7.02	11.13	26.10
#村及村以下办工业	亿元	4.18	9.33	2.83	3.95	6.60
全部工业总产值(当年价格)	亿元	8.52	17.50	6.96	10.97	26.70
#城镇合营和城镇个体工业	亿元	—	1.75	0.22	0.53	0.42
乡办工业	亿元	0.85	3.10	0.55	0.84	0.65
村及村以下办工业	亿元	4.10	7.56	2.80	3.63	6.55
"三资企业"	亿元	—	—	0.29	0.16	—
乡及乡以上工业总产值(当年价格)	亿元	4.42	8.19	3.94	6.81	19.73
按轻重工业分:1.轻工业	亿元	3.54	3.89	2.04	1.79	2.00
2.重工业	亿元	0.88	4.30	1.90	5.02	17.73
按经济类型分:1.全民所有制工业	亿元	2.07	3.75	2.08	4.27	17.45
2.集体所有制工业	亿元	2.22	4.44	1.57	2.38	2.16
3.其它类型工业	亿元	0.13	—	0.29	0.16	0.12
主要工业行业产值(当年价格)						
1.煤炭采选业	万元	—	—	—	—	—
2.黑色金属矿采选业	万元	—	—	—	—	—
3.有色金属矿采选业	万元	—	—	—	—	—
4.自来水生产和供应业	万元	—	—	—	—	—
5.食品制造业	万元	2 918	5 376	3 634	1 051	633
6.饮料制造业	万元	18	460	54	528	—
7.纺织业	万元	18 006	14 561	9 296	4 122	14 072
8.造纸及纸制品业	万元	95	771	852	1 445	539
9.印刷业	万元	580	618	320	124	260
10.文教体育用品制造业	万元	—	9	626	33	63
11.电力、蒸汽、热水生产和供应业	万元	309	—	426	1 262	425
12.石油加工业	万元	381	4 648	444	—	646
13.化学工业	万元	3 554	19 472	1 470	12 403	1 618
14.医药工业	万元	5 042	746	1 399	—	—
15.塑料制品业	万元	598	2 213	260	1 836	640
16.建材及其他非金属矿物制品业	万元	1 901	5 821	2 269	1 396	3 298

国民经济主要指标(2-2)

泊头市	衡水市	沙河市	武安市	藁城市	黄骅市	霸州市	河间市	安国市	晋州市
517	676	919	1 126	2 528	1 182	508	769	219	850
3 200	2 392	16 590	4 040	16 253	1 375	4 054	2 250	4 491	6 663
140	488	143	70	151	60 027	1 830	176	21	55
227	199	136	183	188	174	126	124	83	142
39	61	43	37	24	17	25	15	12	16
188	138	93	146	163	157	101	109	71	126
—	—	—	—	1	—	—	—	—	—
—	—	—	—	1	—	—	—	—	—
8.56	12.06	5.98	14.45	13.00	8.05	17.59	7.81	2.80	11.59
3.29	2.49	2.83	8.62	8.18	4.41	13.97	44.32	1.58	6.43
8.07	11.52	6.06	14.93	12.88	7.52	16.74	7.80	2.87	11.27
0.04	0.24	—	0.03	—	—	—	0.21	0.12	—
0.98	1.28	0.47	1.68	1.50	1.52	1.13	1.67	0.20	1.54
3.23	2.24	2.84	8.73	8.16	4.14	13.13	4.31	1.64	6.42
—	—	—	—	—	—	—	—	—	—
4.80	9.04	3.22	6.17	4.72	3.38	3.61	3.28	1.11	4.85
2.75	5.61	0.88	1.57	2.53	1.63	1.97	1.51	0.91	2.55
2.05	3.43	2.34	4.60	2.19	1.75	1.64	1.77	0.20	2.30
2.14	6.32	2.19	2.66	2.30	1.50	1.16	0.96	0.72	2.20
2.66	2.72	1.03	3.51	2.41	1.88	2.45	2.32	0.39	2.65
—	—	—	—	0.01	—	—	—	—	—
—	—	2 464	3 566	—	—	—	—	—	—
—	—	3 357	19 069	—	—	—	—	—	—
—	—	6	—	—	—	—	—	—	—
—	231	12	52	—	—	—	37	—	—
2 309	5 842	1 726	1 211	8 679	3 019	3 074	1 741	654	3 398
1 592	6 169	105	2 156	531	59	—	—	1 922	49
8 383	14 636	4 704	6 103	1 642	2 297	6 427	9 812	4 400	12 134
1 785	2 193	202	4 171	7 258	695	62	—	410	2 030
1 029	2 136	—	93	1 379	230	296	223	139	81
901	470	42	—	—	—	1 744	—	—	—
256	2 922	630	2 047	1 526	367	518	387	206	—
—	342	—	—	92	729	82	957	—	101
6 672	17 054	2 723	4 281	9 736	6 500	2 557	3 374	283	13 749
—	2 921	—	226	1 004	463	169	—	1 314	—
398	2 303	35	—	1 317	1 010	2 261	97	96	155
3 343	4 826	2 506	5 095	3 811	2 741	2 286	1 833	477	1 126

指 标 名 称	单 位	全省合计	石家庄市	唐山市	秦皇岛市
17.黑色金属冶炼及压延加工业	万元	788 097	47 065	262 057	8 808
18.有色金属冶炼及压延加工业	万元	63 759	4 610	1 440	7 198
19.金属制品业	万元	127 998	16 651	17 913	6 701
20.机械工业	万元	601 539	157 717	54 955	16 871
21.交通运输设备制造业	万元	224 839	56 334	42 965	38 500
22.电气机械及器材制造业	万元	175 590	27 933	17 156	3 919
23.电子及通信设备制造业	万元	85 521	59 021	866	2 334
全民所有制独立核算工业财务指标					
产品销售收入	万元	4 678 988	1 012 822	776 444	205 092
#产品销售税金	万元	394 363	70 211	71 548	10 542
资 源 税	万元	3 251	—	676	41
盈利企业利润总额	万元	223 253	61 777	33 502	10 703
亏损企业亏损总额	万元	239 452	20 030	32 845	2 862
已交利、税、费	万元	107 965	26 471	17 193	4 367
固定资产原值年末数	亿元	553.64	85.64	115.21	23.10
固定资产净值年末数	亿元	391.11	62.10	83.56	18.01
定额流动资金占用年末数	亿元	144.42	29.60	16.43	7.51
#成品资金	亿元	39.34	8.98	3.77	2.21
可比产品总成本	亿元	311.39	56.52	57.27	11.67
可比产品按上年实际单位成本计算的总成本	亿元	301.23	54.85	53.53	11.50
工业总产值(1990 年不变价)	亿元	483.98	107.36	71.90	22.32
工业总产值(当年价格)	亿元	484.18	106.72	75.36	21.37
工业净产值(当年价格)	万元	1 224 610	254 113	213 120	56 947
全部职工年平均人数	万人	160.72	26.17	30.57	7.66
四、交通、邮电、电力					
铁路客运量(发送量)	万人	3 857	847	481	379
铁路货运量(发送量)	万吨	7 688	500	2 257	665
公路客运量	万人	9 990	755	1 907	454
公路货运量	万吨	12 284	572	4 844	384
年末邮电局(所)数	处	635	42	40	24
计费邮电业务量(1990 年不变价)	万元	44 506	13 411	3 904	3 846
年末电话机数	部	405 032	92 605	51 415	38 546
全年用电量	万千瓦小时	2 151 235	315 722	491 865	95 404
#工业用电	万千瓦小时	1 757 778	249 465	446 025	46 443
城乡居民生活用电	万千瓦小时	103 022	10 515	8 995	4 519

国民经济主要指标(3-1)

邯郸市	邢台市	保定市	张家口市	承德市	廊坊市	沧州市
215 215	58 346	10 740	102 095	55 265	4 918	4 732
8 822	10 201	3 193	4 128	235	—	125
17 821	6 449	9 938	9 833	3 179	2 597	6 618
70 120	58 350	26 937	100 724	20 214	13 712	14 125
902	24 243	36 811	2 408	8 029	661	1 664
20 601	15 292	51 836	6 144	1 686	2 340	1 946
731	1 102	12 625	3 204	973	8	3 564
701 602	322 130	376 641	433 468	208 742	73 173	128 907
48 065	21 493	37 821	75 703	13 028	4 107	12 307
484	504	—	—	38	—	—
27 902	13 229	25 457	12 952	9 529	6 299	3 678
38 874	10 081	9 205	16 772	6 766	262	2 332
15 627	4 849	10 090	3 562	2 461	823	1 016
74.85	36.76	35.21	49.63	21.44	4.76	13.45
49.49	27.35	23.67	38.48	15.47	3.26	9.18
18.84	8.71	12.77	17.48	9.40	2.55	2.17
5.05	2.43	3.31	3.71	1.94	0.99	0.80
51.40	22.21	23.24	20.57	14.24	4.85	9.44
48	20.85	21.91	29.08	13.14	4.62	8.68
71.49	33.45	40.23	45.43	21.10	6.86	13.36
71.06	33.07	39.35	44.87	21.71	6.96	13.83
164 868	78 402	117 707	130 612	49 554	18 817	30 909
30.13	10.81	10.89	13.65	8.23	2.46	2.52
316	119	291	481	179	115	190
1 749	138	127	799	81	23	366
727	1 011	1 006	421	322	65	252
551	293	393	1 003	176	487	109
43	12	15	17	22	23	47
2 870	1 839	3 360	2 013	1 936	1 869	1 806
40 923	17 965	28 966	25 077	18 363	13 229	13 625
403 292	98 539	99 452	201 053	68 559	26 333	47 738
389 641	82 515	77 593	154 616	61 434	13 718	38 435
12 566	9 712	3 437	4 520	2 409	2 456	1 585

1991 年全省 25 个城市

指 标 名 称	单 位	南宫市	辛集市	定州市	涿州市	任丘市
17. 黑色金属冶炼及压延加工业	万元	—	—	—	—	547
18. 有色金属冶炼及压延加工业	万元	—	—	—	23 093	142
19. 金属制品业	万元	574	3 668	1 245	2 101	1 633
20. 机械工业	万元	3 060	7 041	8 408	9 456	2 654
21. 交通运输设备制造业	万元	150	373	392	202	1 093
22. 电气机械及器材制造业	万元	1 509	972	510	1 166	798
23. 电子及通信设备制造业	万元	—	162	8	143	135
全民所有制独立核算工业财务指标						
产品销售收入	万元	14 030	30 432	19 970	34 023	135 731
#产品销售税金	万元	619	2 783	879	2 184	13 190
资 源 税	万元	—	—	—	—	1 501
盈利企业利润总额	万元	945	2 115	1 254	2 791	140
亏损企业亏损总额	万元	25	1 183	197	99	95 390
已交利、税、费	万元	160	981	577	312	15 323
固定资产原值年末数	亿元	1.25	1.97	1.53	4.15	67.09
固定资产净值年末数	亿元	1.07	1.41	1.02	3.13	40.39
定额流动资金占用年末数	亿元	0.74	1.38	1.12	1.27	6.89
#成品资金	亿元	0.30	0.42	0.38	0.36	1.44
可比产品总成本	亿元	0.90	1.79	1.50	3.20	19.73
可比产品按上年实际单位成本计算的总成本	亿元	0.74	1.77	1.52	3.07	15.85
工业总产值（1990 年不变价）	亿元	1.85	3.60	1.93	4.60	16.68
工业总产值（当年价格）	亿元	1.83	3.50	1.93	4.24	17.29
工业净产值（当年价格）	万元	4 358	10 111	4 870	12 180	13 615
全部职工年平均人数	万人	0.73	1.35	0.97	1.02	4.74
四、交通、邮电、电力						
铁路客运量（发送量）	万人	—	34	95	66	—
铁路货运量（发送量）	万吨	—	35	43	12	—
公路客运量	万人	138	230	382	37	189
公路货运量	万吨	58	72	81	609	399
年末邮电局（所）数	处	23	21	21	24	47
计费邮电业务量（1990 年不变价）	万元	309	471	402	695	589
年末电话机数	部	2 551	3 769	3 470	7 428	14 126
全年用电量	万千瓦小时	10 164	21 928	15 577	13 922	80 464
# 工业用电	万千瓦小时	3 245	13 466	4 235	8 460	64 988
城乡居民生活用电	万千瓦小时	1 852	1 856	3 770	2 337	8 389

国民经济主要指标(3—2)

泊头市	衡水市	沙河市	武安市	藁城市	黄骅市	霸州市	河间市	安国市	晋州市
—	4 777	550	9 434	295	1	2 280	—	—	972
—	100	140	—	332	—	—	—	—	—
3 024	2 084	5 223	1 080	432	3 314	2 108	953	128	2 731
11 706	2 528	1 853	1 353	4 870	3 123	4 687	841	385	5 849
1 384	186	3 747	146	35	2 288	1 429	171	130	596
938	7 912	—	329	54	341	1 530	8 858	—	1 820
—	143	—	—	3	155	184	82	78	—
23 145	59 190	15 598	25 830	21 030	14 838	10 838	9 392	6 074	19 846
1 772	3 386	492	993	1 304	639	377	321	5	954
—	—	4	3	—	—	—	—	—	—
1 581	1 916	1 171	1 551	1 166	1 154	538	392	231	1 280
346	237	111	1 309	119	203	24	20	129	31
602	630	526	741	191	678	187	69	14	515
1.27	4.87	1.91	2.25	2.19	2.16	0.78	0.64	0.35	1.18
0.90	3.90	1.29	1.67	1.86	1.76	0.54	0.50	0.25	0.88
0.66	1.78	0.76	0.82	0.77	0.77	0.70	0.41	0.19	0.71
0.20	0.71	0.31	0.39	0.31	0.56	0.21	0.15	0.06	0.37
1.39	3.67	0.48	1.75	1.25	1.00	0.69	0.80	0.41	1.43
1.31	3.66	0.49	1.66	1.02	0.77	0.72	0.68	0.38	1.44
2.35	6.30	1.74	2.48	2.33	1.64	1.01	0.95	0.60	2.43
2.14	6.14	1.69	2.58	2.22	1.48	1.01	0.96	0.67	2.20
6 845	16 840	4 885	6 802	5 905	5 692	8 446	1 978	1 553	5 481
0.96	2.35	1.11	1.11	0.70	0.58	0.50	0.40	0.34	0.77
64	96	24	40	11	—	—	—	—	29
21	31	19	500	148	96	—	—	—	78
278	697	80	110	72	211	79	301	192	74
231	428	178	505	198	179	79	68	347	40
26	18	9	30	22	31	21	37	7	13
495	1 371	339	450	290	422	772	526	252	269
2 287	8 000	2 606	4 069	2 589	3 824	6 873	972	767	1 609
11 103	32 070	16 221	24 257	22 956	9 425	15 739	9 088	5 468	14 896
5 346	26 805	11 075	14 411	11 426	7 456	8 524	3 538	1 688	13 330
1 762	4 716	2 013	3 050	1 249	1 844	3 729	2 623	1 552	1 566

1991 年全省 25 个城市

指　标　名　称	单　位	全省合计	石家庄市	唐山市	秦皇岛市
五、固定资产投资					
全民基本建设投资	万元	512 423	76 373	90 274	114 147
# 非生产性建设	万元	164 235	36 551	34 248	17 215
# 住宅建设	万元	71 222	13 658	14 876	4 502
全民更新改造措施投资	万元	370 817	75 986	50 271	19 951
# 非生产性建设	万元	33 469	6 172	8 763	3 017
# 住宅建设	万元	15 165	3 863	4 161	1 207
城镇集体固定资产投资	万元	41 731	9 272	3 999	1 604
# 非生产性建设	万元	5 869	1 857	379	409
# 住宅建设	万元	3 751	1 466	39	17
新增固定资产					
1. 全民基本建设	万元	454 962	58 958	59 552	59 437
2. 全民更新改造措施	万元	341 422	67 704	48 264	14 252
3. 城镇集体固定资产投资	万元	31 006	6 313	2 780	1 755
施工住宅建筑面积	万平方米	543.32	105.95	93.66	29.63
竣工住宅建筑面积	万平方米	259.48	34.57	45.52	17.67
六、市政公用事业					
年末实有住宅使用面积	万平方米	6 621.84	1 116.30	1 139.17	407.50
年末实有住宅居住面积	万平方米	4 721.04	725.60	737.54	307.90
城市居住人口	万人	636.66	100.90	99.03	38.30
平均每人居住面积	平方米	7.42	7.19	7.45	8.04
水厂综合生产能力(包括自备水源)	万吨/日	728.22	159.90	82.90	37.60
年末供水管道总长度	公里	4 506	851	841	356
全年供水总量	万吨	161 415	32 655	22 270	7 926
# 生活用量	万吨	42 032	8 089	6 243	3 342
年末实有公共汽车营运车辆	辆	1 915	418	294	148
全年公共汽车客运总数	万人次	42 544	14 752	8 140	3 096
年末实有出租汽车数	辆	3 437	674	427	1 096
家庭用煤气用气户数	万户	24.89	4.66	13.71	—
家庭用液化石油气用气户数	万户	78.48	22.43	8.23	3.24
年末实有铺装道路面积	万平方米	3 736	555	507	505
城市下水道总长度	公里	3 098	421	712	406
园林绿地面积	公顷	11 369	984	2 053	2 876
建成区绿化覆盖面积	公顷	11 001	2 042	2 027	1 351
城市清洁卫生人员数	人	14 949	2 535	2 732	1 234
七、商业、外贸与外经					
社会商品零售总额	亿元	211.28	34.93	30.13	11.03
# 对居民的消费品零售额	亿元	165.40	28.31	24.93	9.42

国民经济主要指标(4—1)

邯郸市	邢台市	保定市	张家口市	承德市	廊坊市	沧州市
42 445	27 063	28 912	41 831	15 241	8 507	9 203
14 365	4 601	12 976	5 404	5 090	6 455	4 546
6 932	2 353	5 322	2 927	2 315	3 615	2 768
71 962	17 923	24 923	23 536	16 970	13 824	19 752
5 457	1 799	173	1 243	1 998	1 928	1 132
2 593	999	110	753	835	169	145
4 258	1 919	2 007	4 231	2 437	611	2 811
442	176	295	453	207	231	193
319	122	145	334	207	161	167
68 440	35 726	22 638	75 711	9 276	5 262	6 742
52 988	20 595	26 761	29 456	16 771	11 231	17 951
4 023	1 131	1 083	2 556	1 632	110	2 021
84.94	41.56	21.50	19.12	28.83	33.98	12.49
31.91	22.21	7.13	9.91	12.10	17.42	7.86
680.20	287.70	502.64	521.00	217.40	151.10	224.10
527.10	223.50	367.46	406.30	155.30	87.80	135.90
84.88	30.90	48.80	55.30	25.05	12.51	23.80
6.21	7.23	7.53	7.35	6.20	7.02	5.71
125.20	48.30	124.40	38.90	18.60	5.70	18.30
364	121	503	298	179	53	132
33 895	9 766	13 895	13 070	6 044	1 968	1 886
6 912	3 227	3 809	2 620	1 539	1 161	866
452	91	126	194	48	6	63
5 396	2 005	2 968	3 561	1 822	10	505
257	63	174	103	143	95	17
2.95	0.95	—	2.62	—	—	—
3.23	2.14	10.93	4	2.29	2.11	5.95
334	124	263	202	107	98	119
355	92	215	248	81	53	60
877	1 575	462	853	662	228	174
1 410	626	735	1 044	635	15	84
927	796	1 213	1 187	810	773	471
19.23	8.71	15.81	18.81	6.47	5.97	7.14
15.02	6.97	12.18	16.16	5.38	4.44	6.12

1991年全省25个城市

指标名称	单位	南宫市	辛集市	定州市	涿州市	任丘市
五、固定资产投资						
全民基本建设投资	万元	228	389	2 805	4 558	32 778
# 非生产性建设	万元	78	324	1 161	3 329	8 883
# 住宅建设	万元	—	132	636	1 211	6 075
全民更新改造措施投资	万元	1 331	4 791	1 735	1 833	6 102
# 非生产性建设	万元	—	163	298	291	789
# 住宅建设	万元	—	70	100	95	—
城镇集体固定资产投资	万元	282	505	514	281	770
# 非生产性建设	万元	—	—	252	140	19
# 住宅建设	万元	—	—	156	38	—
新增固定资产		—	—		—	—
1. 全民基本建设	万元	228	504	2 956	1 686	27 669
2. 全民更新改造措施	万元	1 331	2 765	4 011	610	5 782
3. 城镇集体固定资产投资	万元	282	1 224	330	117	269
施工住宅建筑面积	万平方米	5.47	1.24	4.23	7.49	27.42
竣工住宅建筑面积	万平方米	4.30	0.67	3.53	6.12	21.71
六、市政公用事业						
年末实有住宅使用面积	万平方米	62.20	91.56	62.50	127.71	250.51
年末实有住宅居住面积	万平方米	45.00	76.45	41.00	99.86	220.45
城市居住人口	万人	8.01	9.18	6.80	13.00	22.15
平均每人居住面积	平方米	5.62	8.33	6.03	7.68	9.95
水厂综合生产能力（包括自备水源）	万吨/日	0.60	5.84	2.10	12.50	9.40
年末供水管道总长度	公里	46	35	72	26	147
全年供水总量	万吨	190	1 460	653	1 900	3 244
# 生活用量	万吨	102	372	133	115	1 873
年末实有公共汽车营运车辆	辆	—	—	9	—	47
全年公共汽车客运总数	万人次	—	—	5	—	137
年末实有出租汽车数	辆	—	—	27	44	30
家庭用煤气用气户数	万户	—	—	—	—	—
家庭用液化石油气用气户数	万户	0.22	0.60	0.76	0.59	3.93
年末实有铺装道路面积	万平方米	43	81	64	322	74
城市下水道总长度	公里	38	32	16	67	34
园林绿地面积	公顷	33	25	67	43	120
建成区绿化覆盖面积	公顷	8	119	48	6	100
城市清洁卫生人员数	人	82	145	293	110	423
七、商业、外贸与外经						
社会商品零售总额	亿元	2.12	4.61	5.65	3.87	3.98
# 对居民的消费品零售额	亿元	1.43	2.15	4.38	3.16	2.86

国民经济主要指标(4—2)

泊头市	衡水市	沙河市	武安市	藁城市	黄骅市	霸州市	河间市	安国市	晋州市
1 603	3 755	872	1 673	2 841	4 292	9 994	507	559	573
697	2 497	438	188	1 229	2 435	714	81	181	549
351	1 658	50	50	510	691	280	2	59	249
1 441	8 324	1 750	613	1 365	2 933	235	1 008	1 066	1 192
—	198	10	—	—	30	—	—	—	8
—	57	—	—	—	—	—	—	—	8
2 459	234	104	116	591	521	1 173	150	95	787
325	62	10	—	146	125	30	—	22	96
175	62	—	—	116	110	30	—	15	72
1 764	3 172	1 479	4 514	4 181	2 685	932	537	572	341
1 707	10 932	1 545	1 083	1 494	1 060	157	1 212	856	904
1 344	246	198	58	600	506	1 392	284	12	740
2.37	9.67	2.60	0.60	1.50	3.78	0.60	2.30	0.45	1.94
1.72	5.47	1.80	0.20	1.20	2.18	0.40	2.30	0.29	1.29
178.00	136.62	52.00	130.20	40.50	21.93	53.00	103.90	28.10	36.00
115.60	103.50	45.00	104.00	29.70	19.08	36.00	62.30	19.70	29.00
9.40	13.80	5.05	8.00	3.00	1.80	4.40	6.90	2.90	2.80
12.30	7.50	8.91	13	9.90	10.60	8.18	9.03	6.79	10.36
2.20	7.80	11.70	1.10	10.30	1.00	2.00	0.40	0.80	0.68
43	42	12	73	13	18	138	67	22	54
604	2 289	677	402	3 742	400	275	91	187	1 926
136	593	204	81	55	140	168	29	60	163
10	8	1	—	—	—	—	—	—	—
95	52	…	—	—	—	—	—	—	—
12	—	—	22	34	68	50	18	16	67
—	—	—	—	—	—	—	—	—	—
1.04	0.48	0.45	—	0.50	0.80	0.80	0.80	1.21	1.76
50	53	22	26	24	18	48	45	10	42
28	62	28	28	33	10	18	6	10	45
140	54	26	10	10	7	71	7	5	7
224	189	110	120	43	15	10	6	23	11
149	383	75	104	136	13	103	30	116	109
2.54	6.81	2.10	4.36	3.08	2.72	3.38	3.57	1.85	2.38
1.93	4.90	1.50	3.31	1.76	2.11	2.26	2.26	1.16	1.29

1991年全省25个城市

指　标　名　称	单　位	全省合计	石家庄市	唐山市	秦皇岛市
城乡集市贸易成交额	亿元	609 297	173 793	89 847	17 891
国合商业企业经济效益：					
1.商品纯销售额	亿元	276.37	38.21	33.86	20.15
2.商品流通费	万元	189 798	28 024	23 361	15 473
3.商品经营利润	万元	－15 250	－3 324	－3 969	273
4.流动资金年平均占用额	亿元	84.23	9.19	8.44	9.10
零售商业、饮食业、服务业机构	万个	19.55	2.04	2.32	1.22
零售商业、饮食业、服务业人员	万人	61.71	9.40	6.91	3.32
外贸收购总额（实际价格）	亿元	47.96	16.05	5.90	1.56
利用外资新签协议合同数	个	225	37	34	24
# 外商直接投资	个	210	37	29	24
协议合同外资金额	万美元	16 612	1 559	3 276	1 833
# 外商直接投资	万美元	13 184	1 559	1 789	1 833
实际利用外资金额	万美元	4 693	344	1 216	630
# 外商直接投资	万美元	2 798	344	394	630
八、财政、金融、保险					
地方财政预算内收入	万元	537 389	102 718	76 660	35 008
# 工商税收	万元	461 407	91 919	70 659	27 627
地方财政预算内支出	万元	288 338	41 359	39 398	21 721
# 文教卫生事业费支出	万元	78 485	9 134	11 648	4 598
# 教育事业费支出	万元	43 129	5 184	6 045	2 305
地方财政应上解支出	万元	292 017	74 685	47 778	18 352
城乡居民储蓄年末余额	亿元	290.73	49.33	31.01	19.06
年末银行各项贷款余额	亿元	409.64	69.12	55.22	37.14
银行现金收入	亿元	524.16	108.20	56.86	30.74
银行现金支出	亿元	487.77	88.06	56.76	31.82
# 工资性支出	亿元	116.92	16.54	16.13	9.95
承保额	亿元	959.85	233.08	81.83	43.01
保费	万元	51 690	10 485	4 294	3 094
已决赔款	万元	21 815	4 553	1 812	1 416
九、劳动工资、人民生活					
全民单位全部职工年末人数	万人	328.04	58.92	54.34	19.82
平均人数	万人	322.58	57.33	53.38	19.87
工资总额	万元	820 477	148 155	150 174	53 382
# 奖金	万元	180 259	34 568	39 691	13 227
城镇集体全部职工年末人数	万人	86.13	13.78	14.51	4.82
平均人数	万人	85.10	13.63	14.14	4.70
工资总额	万元	148 054	25 895	25 981	10 114
# 奖金	万元	18 232	4 193	4 598	1 117

国民经济主要指标 (5－1)

邯郸市	邢台市	保定市	张家口市	承德市	廊坊市	沧州市
38 903	6 149	41 678	34 206	9 371	11 627	30 695
35.97	12.45	16.32	27.36	9.94	15.81	6.63
17 959	7 929	9 753	19 115	8 132	7 902	3 605
−2 204	−2 310	−409	−2 364	−419	553	−1 213
9.26	3.02	4.38	7.39	3.86	2.46	2.31
1.45	0.33	0.58	0.93	0.67	0.85	0.59
6.61	1.88	2.25	4.44	1.81	2.43	2.15
5.70	1.94	3.81	1.62	3.20	0.62	1.04
24	7	17	6	12	6	25
18	5	16	6	12	6	25
2 012	1 023	1 326	422	2 030	190	1 014
844	315	1 276	422	2 030	190	1 014
788	264	154	78	200	—	237
172	6	104	78	200	—	237
53 293	16 487	52 624	73 056	14 670	10 634	16 985
49 105	14 476	38 997	63 798	13 150	8 469	15 146
21 901	9 421	23 370	30 110	10 411	13 455	12 426
5 852	2 682	4 761	6 438	2 964	4 288	2 644
2 752	1 379	2 206	3 146	1 331	1 734	1 196
41 430	4 914	14 694	46 776	6 765	−1 502	6 511
24.44	9.87	22.59	11.14	7.64	9.31	7.97
38.77	21.35	28.75	41.84	17.05	10.66	12.23
43.68	18.75	35.38	28.81	14.47	13.50	18.95
44.67	16.29	31.35	28.51	14.92	12.41	16.76
17.62	7.11	9.21	11.53	5.46	3.20	4.23
87.81	37.86	173.27	40.49	46.15	15.83	35.39
7 839	2 178	3 589	2 101	1 553	1 416	2 348
2 754	799	1 252	1 165	542	487	1 025
49.77	18.22	21.40	25.28	13.57	8.87	9.73
49.43	17.69	21.04	24.92	13.46	8.73	9.47
134 781	45 284	48 947	59 748	31 447	18 969	21 313
26 562	9 170	10 765	11 898	6 324	3 378	4 506
9.28	3.91	6.10	9.35	2.67	1.19	3.73
9.49	3.86	6.03	9.06	2.70	1.19	3.71
15 434	6 124	9 303	16 974	4 314	1 821	5 942
1 700	696	1 108	1 984	267	140	358

1991年全省25个城市

指标名称	单位	南宫市	辛集市	定州市	涿州市	任丘市
城乡集市贸易成交额	亿元	3 086	10 163	24 690	6 437	12 505
国合商业企业经济效益						
1.商品纯销售额	亿元	3.83	6.45	6.07	5.68	4.46
2.商品流通费	万元	2 554	5 490	4 912	2 960	2 815
3.商品经营利润	万元	－101	532	－215	－5	－133
4.流动资金年平均占用额	亿元	2.39	3.53	2.74	1.53	1.60
零售商业、饮食业、服务业机构	万个	0.27	0.56	1.41	0.58	0.67
零售商业、饮食业、服务业人员	万人	0.71	1.39	3.35	1.22	1.99
外贸收购总额（实际价格）	亿元	0.50	1.01	0.10	0.98	0.40
利用外资新签协议合同数	个	—	—	—	8	—
# 外商直接投资	个	—	—	—	8	—
协议合同外资金额	万美元	—	—	—	748	—
# 外商直接投资	万美元	—	—	—	748	—
实际利用外资金额	万美元	—	—	—	—	—
# 外商直接投资	万美元	—	—	—	—	—
八、财政、金融、保险						
地方财政预算内收入	万元	2 715	7 731	5 028	5 832	7 578
# 工商税收	万元	2 101	5 857	3 907	5 085	4 462
地方财政预算内支出	万元	2 806	5 134	5 738	4 771	5 967
# 文教卫生事业费支出	万元	1 234	1 678	2 449	1 711	1 683
# 教育事业费支出	万元	870	958	1 729	1 135	913
地方财政应上解支出	万元	608	3 403	550	1 737	2 383
城乡居民储蓄年末余额	亿元	4.05	10.23	9.71	4.56	9.52
年末银行各项贷款余额	亿元	4.48	6.85	5.54	6.97	5.85
银行现金收入	亿元	4.73	13.80	9.60	6.41	9.93
银行现金支出	亿元	6.22	14.28	9.19	6.64	9.99
# 工资性支出	亿元	0.54	0.63	1.36	1.52	2.40
承保额	亿元	11.18	13.60	17.00	20.40	8.67
保费	万元	456	1 252	630	1 480	1 352
已决赔款	万元	149	763	253	317	607
九、劳动工资、人民生活						
全民单位全部职工年末人数	万人	1.86	2.69	2.99	2.82	12.74
平均人数	万人	1.89	2.65	2.96	2.85	12.48
工资总额	万元	2 930	5 131	5 266	5 782	39 788
# 奖金	万元	368	1 032	684	871	9 255
城镇集体全部职工年末人数	万人	0.85	1.43	2.49	1.29	0.71
平均人数	万人	0.79	1.37	2.68	1.34	0.66
工资总额	万元	1 093	2 038	3 739	2 042	1 093
# 奖金	万元	106	274	210	105	171

国民经济主要指标（5—2）

泊头市	衡水市	沙河市	武安市	藁城市	黄骅市	霸州市	河间市	安国市	晋州市
15 341	2 074	11 720	4 882	15 143	10 026	13 573	5 861	11 815	7 821
—	4.58	2.34	3.90	4.23	2.16	5.67	4.18	1.94	4.17
—	3 165	2 228	7 423	3 082	2 250	3 607	3 221	1 847	2 991
—	−253	−407	201	378	263	−44	−164	−180	264
—	1.62	1.37	1.17	1.85	0.73	1.51	1.52	0.96	2.30
0.50	0.41	0.32	0.57	0.76	0.52	0.79	0.58	0.29	0.36
1.07	1.10	0.67	1.15	1.50	1.04	2.11	1.38	0.77	1.06
0.43	0.27	0.16	0.15	0.42	0.22	1.01	0.40	0.01	0.47
—	5	1	1	2	8	4	1	2	1
—	4	1	1	2	8	4	1	2	1
—	295	80	40	19	367	78	10	90	200
—	280	80	40	19	367	78	10	90	200
—	305	80	104	19	106	78	10	—	80
—	280	60	—	19	106	78	10	—	80
6 005	7 264	3 565	7 657	5 008	10 088	6 463	4 551	2 007	3 762
4 203	6 446	2 524	5 967	3 828	9 618	5 668	3 982	1 667	2 746
4 848	4 699	3 202	4 943	4 443	4 899	4 139	3 733	2 396	3 048
1 668	1 558	1 143	1 872	1 426	1 267	1 508	1 929	1 112	1 238
1 108	1 540	696	1 191	1 047	719	938	1 408	805	794
1 966	3 517	759	3 265	743	6 898	3 225	1 287	69	1 204
3.61	6.91	4.31	8.86	6.72	6.96	5.74	4.80	5.24	7.14
4.09	9.76	3.51	4.07	4.81	6.81	6.23	3.22	1.33	3.99
6.00	12.70	5.83	7.31	11.16	10.09	36.70	5.67	4.81	10.07
7.23	8.95	6.58	8.27	10.87	10.63	24.02	7.55	5.92	9.87
1.09	1.13	0.53	2.29	0.28	1.56	0.72	1.18	0.35	0.36
3.90	15.43	6.19	9.63	19.36	3.85	14.52	8.53	3.00	9.87
378	523	690	1 294	1 513	646	826	845	281	627
199	250	282	366	682	580	505	449	95	513
2.51	6.23	3.97	2.43	1.90	1.73	1.70	1.55	1.21	1.79
2.43	6.08	3.88	2.42	1.90	1.57	1.70	1.50	1.20	1.75
4 567	12 334	9 608	4 807	3 445	3 261	3 357	2 796	1 996	3 209
551	2 422	1 452	620	536	552	582	440	316	489
1.75	1.32	1.09	1.24	0.60	0.71	1.20	0.82	0.41	0.88
1.71	1.26	1.08	1.20	0.60	0.68	1.20	0.79	0.41	0.82
2 306	2 279	2 482	1 964	978	1 273	1 818	1 494	498	1 055
70	222	296	139	67	81	106	140	31	53

指 标 名 称	单 位	全省合计	石家庄市	唐山市	秦皇岛市
其它经济类型全部职工年末人数	万人	4.00	1.25	0.78	0.55
平均人数	万人	3.90	1.26	0.76	0.49
工资总额	万元	9 277	3 083	1 694	1 513
# 奖金	万元	1 995	741	407	348
城市居民人均生活费收入	元	1 407	1 668	1 717	1 732
城市居民人均生活费支出	元	1 266	1 500	1 615	1 471
#食品支出	元	632	813	791	857
衣着商品支出	元	201	253	200	250
日用品支出	元	164	154	159	145
每百户拥有黑白电视机	台	38	35	58	47
每百户拥有彩色电视机	台	76	93	74	93
每百户拥有电冰箱	台	51	80	78	70
职工生活费用价格指数	%	105.90	107.51	108.20	107.50
消费品零售物价指数	%	105.50	107.80	107.90	107.30
#食品价格指数	%	108.10	108.50	111.10	109.70
十、教育、科技、文化、卫生					
高等学校个数	个	59	18	4	4
中等专业学校个数	个	153	44	12	12
普通中学个数	个	1 195	80	95	36
技工学校数	个	154	31	30	5
小学学校数	个	7 376	196	383	107
高等学校在校学生数	人	76 861	28 270	6 567	2 288
中等专业学校在校学生数	人	7 245	21 317	5 365	5 275
普通中学在校学生数	万人	63.72	6.31	6.50	2.20
技工学校在校学生数	人	49 341	8 185	11 710	2 425
小学在校学生数	万人	172.56	11.59	16.02	4.53
成人高校在校学生数	人	40 114	6 586	3 031	2 595
自然科学方面的人员	人	253 895	24 322	43 315	15 099
# 中级技术职称以上的	人	75 491	8 327	11 513	5 410
电影放映单位数	个	1 729	179	73	48
# 影院和影剧院	个	223	34	38	16
公共图书馆个数	个	32	4	4	1
公共图书馆藏书	千册	5 079	1 432	635	250
杂志出版印数	万册	3 313	3 227	1	—
报纸出版印数	万张	47 435	27 357	3 169	1 331
医院数	个	927	71	77	23
医院床位数	张	66 814	9 821	9 439	2 705
医生	人	46 857	8 561	5 388	2 397

国民经济主要指标(6—1)

邯郸市	邢台市	保定市	张家口市	承德市	廊坊市	沧州市
0.39	—	0.29	0.12	0.13	—	0.04
0.39	—	0.28	0.12	0.13	—	0.03
1 017	—	654	213	278	—	61
277	—	158	15	7	—	—
1 525	1 468	1 681	1 474	1 494	1 471	1 631
1 379	1 294	1 466	1 399	1 297	1 285	1 363
762	654	758	760	693	722	726
235	243	216	238	195	220	213
135	176	149	132	285	77	136
46	38	37	55	48	12	50
86	85	85	76	80	82	75
71	62	74	39	60	70	58
108.70	107.30	107.90	108.00	107.30	107.60	106.90
108.10	107.40	108.20	107.00	107.00	108.10	106.50
110.20	108.60	112.60	110.90	109.00	111.40	110.60
5	2	7	5	4	2	2
10	7	8	9	6	6	7
106	43	38	57	31	37	20
27	2	22	15	2	1	7
215	97	148	188	111	393	107
5 946	2 048	14 402	5 059	4 268	2 479	2 134
4 804	5 501	4 097	4 517	3 085	3 466	5 215
4.84	2.36	3.27	3.02	1.57	2.10	1.35
5 562	1 127	4 202	3 858	505	476	1 720
11.22	3.87	5.28	6.45	3.72	5.91	3.30
2 221	2 041	8 405	841	3 816	2 071	2 643
34 944	4 908	22 412	15 500	7 571	2 765	4 348
11 954	2 015	5 982	5 400	1 434	967	1 601
155	63	29	46	61	41	29
36	15	16	7	3	5	9
1	1	1	2	2	1	1
282	130	662	502	451	18	124
28	8	10	—	—	37	2
2 539	842	3 280	2 173	2 376	915	665
109	32	41	43	35	14	20
10 541	4 087	6 045	4 966	2 992	1 250	2 208
5 819	2 728	3 489	2 957	2 094	1 411	1 762

1991年全省25个城市

指标名称	单位	南宫市	辛集市	定州市	涿州市	任丘市
其它经济类型全部职工年末人数	万人	0.19	—	0.08	0.16	—
平均人数	万人	0.18	—	0.08	0.16	—
工资总额	万元	201	—	181	334	—
# 奖金	万元	—	—	2	40	—
城市居民人均生活费收入	元	1 112	1 407	1 171	973	1 489
城市居民人均生活费支出	元	884	1 297	991	976	1 495
#食品支出	元	453	464	414	618	637
衣着商品支出	元	154	201	174	117	200
日用品支出	元	67	194	119	69	542
每百户拥有黑白电视机	台	48	36	44	52	16
每百户拥有彩色电视机	台	44	72	60	52	92
每百户拥有电冰箱	台	14	48	28	50	62
职工生活费用价格指数	%	106.40	103.90	105.90	104.40	103.10
消费品零售物价指数	%	106.20	104.00	106.30	103.70	100.40
#食品价格指数	%	103.30	107.10	109.20	104.30	108.80
十、教育、科技、文化、卫生						
高等学校个数	个	—	—	—	1	3
中等专业学校个数	个	1	1	4	3	3
普通中学个数	个	48	42	65	36	79
技工学校数	个	1	1	1	1	1
小学学校数	个	434	333	492	377	425
高等学校在校学生数	人	—	—	—	131	1 021
中等专业学校在校学生数	人	94	200	2 091	1 705	3 149
普通中学在校学生数	万人	1.81	2.26	4.30	1.74	3.68
技工学校在校学生数	人	300	746	338	410	5 136
小学在校学生数	万人	4.25	6.41	13.97	6.36	12.77
成人高校在校学生数	人	—	—	634	364	716
自然科学方面的人员	人	5 493	3 315	3 469	9 952	28 376
# 中级技术职称以上的	人	1 490	1 623	1 322	2 359	7 125
电影放映单位数	个	40	86	104	31	61
# 影院和影剧院	个	2	5	4	1	3
公共图书馆个数	个	1	1	1	1	1
公共图书馆藏书	千册	105	51	54	20	15
杂志出版印数	万册	—	—	—	—	—
报纸出版印数	万张	—	70	—	1 353	—
医院数	个	34	26	55	28	41
医院床位数	张	529	931	1 000	946	1 884
医生	人	522	548	1 107	543	1 535

国民经济主要指标（6—2）

泊头市	衡水市	沙河市	武安市	藁城市	黄骅市	霸州市	河间市	安国市	晋州市
—	—	—	—	—	—	—	—	—	0.02
—	—	—	—	—	—	—	—	—	0.02
—	—	—	—	12	—	—	—	—	36
—	—	—	—	—	—	—	—	—	—
1 036	1 274	—	1 353	1 424	1 391	—	1 283	—	1 172
1 056	1 072	—	1 247	1 227	1 402	—	1 193	—	942
567	586	—	537	585	600	—	513	—	387
148	163	—	211	191	229	—	219	—	158
92	137	—	123	229	257	—	147	—	84
36	65	—	32	23	20	—	24	—	23
74	45	—	82	77	94	—	78	—	77
32	35	—	20	40	70	—	28	—	27
103.00	105.90	—	106.50	103.90	103.10	—	100.90	—	105.40
101.40	106	—	105.50	104.10	102.40	—	100.70	—	105.50
102.60	109.90	—	109.50	104.70	107.30	—	103.00	—	106.80
—	2	—	—	—	—	—	—	—	—
3	6	2	2	2	1	—	2	1	1
61	30	28	58	43	25	24	60	26	27
1	2	2	—	—	—	—	—	1	1
540	299	281	452	236	293	297	578	176	218
—	2 248	—	—	—	—	—	—	—	—
1 743	2 883	135	1 268	1 016	198	—	648	173	300
2.10	1.47	1.03	1.66	2.20	1.26	1.40	2.30	1.34	1.65
286	1 050	655	—	—	—	—	—	170	480
6.04	3.98	4.90	6.22	7.20	4.19	5.40	8.90	4.92	5.16
590	910	437	—	—	83	450	550	917	213
2 520	6 421	4 801	2 053	3 821	1 051	1 582	760	3 126	1 971
1 757	1 330	1 144	367	287	218	250	378	940	438
40	34	113	187	103	15	25	39	45	82
4	4	2	8	3	2	3	1	1	1
1	—	1	1	1	1	1	1	1	1
44	—	15	100	45	13	40	60	15	16
—	—	—	—	—	—	—	—	—	—
—	1 347	18	—	—	—	—	—	—	—
32	22	30	47	28	24	22	30	21	22
780	1 289	862	750	650	773	853	519	600	394
811	1 275	418	748	318	372	628	380	350	696

1991 年市、地、县国

市、地、县国民

指　标　名　称	单　位	石家庄市	井陉县	获鹿县	正定县	栾城县
一、人口、劳动力和土地面积						
年末总人口	万人	286.5	31.1	33.9	54.5	33.4
# 非农业人口	万人	118.8	2.3	2.6	4.1	1.6
年末乡村劳动力	万人	83.3	11.2	14.9	27.1	16.5
# 男劳动力	万人	43.5	6.5	8.1	14.1	8.5
地表总面积	平方公里	3 315	1 381	614	601	397
二、国民生产总值	**亿元**	**84.4**	**3.0**	**6.8**	**8.2**	**4.8**
三、社会总产值	**亿元**	**240.5**	**7.5**	**20.9**	**21.6**	**11.2**
# 工农业总产值	亿元	208.4	6.2	18.1	16.9	9.6
四、国民收入	**亿元**	**69.0**	**2.5**	**6.3**	**7.3**	**4.3**
五、农村社会总产值	万元	**734 668**	**53 203**	**179 240**	**157 206**	**81 468**
农业总产值	万元	160 084	15 318	30 089	58 819	30 943
种植业产值	万元	92 996	7 788	16 328	32 661	20 247
林业产值	万元	3 297	1 176	686	1 194	137
牧业产值	万元	52 742	4 782	9 775	19 097	10 333
副业产值	万元	10 344	1 413	2 893	5 793	200
渔业产值	万元	705	159	407	74	26
农村工业产值	万元	437 549	27 020	126 935	68 498	39 600
农村建筑业产值	万元	52 547	3 149	6 049	13 517	8 105
农村运输业产值	万元	37 049	4 642	10 056	8 754	1 540
农村商业、饮食业产值	万元	47 439	3 074	6 111	7 618	1 280
六、农业						
农业机械总动力	千瓦	1 381 169	216 888	275 395	498 764	190 372
大中型农用拖拉机	混合台	1 816	48	554	506	393
小型拖拉机	台	31 346	7 681	6 889	7 058	7 253
农用排灌动力机械	千瓦	480 712	43 471	56 947	272 648	70 625
年末实有耕地面积	万亩	195.2	36.6	43.0	52.6	47.0
机耕面积	万亩	158.9	14.4	38.0	48.6	44.0
农村用电量	万千瓦小时	53 608	3 764	14 651	7 986	5 675
化肥施用量（折纯）	吨	52 060	6 860	8 194	19 864	13 815
农药施用量	吨	732	57	97	378	77
有效灌溉面积	万亩	169.5	19.2	35.4	52.6	47.0
农作物总播种面积	万亩	321.8	53.0	65.5	96.8	77.2
粮食播种面积	万亩	266.1	46.5	55.6	79.6	69.9
粮食总产量	万吨	91.0	10.7	18.5	30.1	26.4
# 小麦	万吨	43.8	5.2	8.4	14.4	13.3
棉花播种面积	万亩	11.3	0.3	3.0	5.0	3.0
棉花总产量	吨	5 298	73	1 280	2 618	1 327
油料播种面积	万亩	11.6	1.8	1.5	6.7	1.0

注：地级市数据含市辖县，县级市资料见城市基本情况。

民经济主要指标

经济主要指标(1－1)

唐山市	丰润县	丰南县	滦 县	滦南县	乐亭县	迁安县
662.8	68.4	50.3	51.7	54.0	48.8	62.2
146.7	5.4	5.7	4.1	2.8	3.5	6.1
243.9	29.0	21.4	23.8	24.6	23.5	24.4
137.0	15.9	12.1	13.3	14.0	12.8	14.8
13 385	1 216	1 297	999	1 270	1 308	1 208
141.9	**10.0**	**12.1**	**6.5**	**7.2**	**7.3**	**9.5**
318.5	**22.4**	**32.7**	**13.1**	**15.6**	**13.9**	**20.1**
264.4	18.5	28.1	10.5	13.7	11.2	17.1
114.9	**8.4**	**11.0**	**5.6**	**6.0**	**6.2**	**7.9**
149 533	**173 515**	**236 099**	**98 662**	**117 689**	**87 545**	**136 822**
625 369	81 576	78 767	42 813	67 734	60 493	49 969
321 074	40 480	40 543	22 688	31 563	3 659	24 455
18 443	758	1 065	997	631	394	2 642
147 235	22 217	15 207	12 322	13 184	9 584	16 680
79 098	17 733	11 220	6 686	3 653	2 644	6 089
59 519	388	10 732	120	18 703	11 302	100
650 591	71 619	131 596	40 847	32 667	15 877	66 144
82 520	8 412	12 409	3 772	8 624	4 257	7 051
69 005	6 739	5 180	7 334	4 380	3 402	7 262
67 845	5 169	8 147	3 896	4 284	3 516	6 399
2 531 226	337 860	281 374	127 821	218 037	223 010	194 576
4 061	610	297	234	316	151	372
71 451	9 624	5 390	3 744	8 987	6 870	7 049
842 917	112 933	134 069	29 908	71 669	92 041	29 324
876.1	111.3	745.8	84.3	110.7	95.0	75.3
677.3	110.3	65.7	50.2	90.8	56.0	42.2
133 220	11 362	36 852	5 429	5 240	5 142	8 398
176 251	24 878	17 837	6 003	22 511	20 218	11 734
3 205	265	176	211	278	470	280
535.6	78.0	43.3	28.6	66.0	74.7	22.4
1 149.8	154.1	122.0	101.3	134.2	133.0	91.4
898.2	123.0	95.6	68.1	100.6	110.7	58.5
282.3	38.1	29.6	20.0	34.2	34.6	16.5
70.9	13.3	9.1	4.5	6.1	11.7	3.1
33.8	2.8	11.1	0.1	2.5	11.0	0.1
17 437	1 102	7 095	28	1 314	5 315	42
106.9	10.6	5.6	27.0	18.6	2.6	21.4

指标名称	单位	迁西县	遵化县	玉田县	唐海县	秦皇岛市
一、人口、劳动力和土地面积						
年末总人口	万人	34.7	64.8	62.3	13.1	249.2
# 非农业人口	万人	2.7	4.4	3.8	2.2	49.7
年末乡村劳动力	万人	14.5	25.7	28.4	5.6	91.2
# 男劳动力	万人	9.0	15.0	15.4	3.3	53.4
地表总面积	平方公里	1 439	1 509	1 165	884	7 750
二、国民生产总值	**亿元**	**5.3**	**12.3**	**10.2**	**4.6**	**56.4**
三、社会总产值	**亿元**	**11.7**	**21.1**	**18.1**	**11.0**	**99.6**
# 工农业总产值	亿元	9.9	17.7	15.6	9.7	66.1
四、国民收入	**亿元**	**4.5**	**8.2**	**8.3**	**3.8**	**44.3**
五、农村社会总产值	**万元**	**69 982**	**154 207**	**139 339**	**36 945**	**396 306**
农业总产值	万元	26 155	71 908	71 772	32 553	198 667
种植业产值	万元	8 942	34 198	42 110	13 451	110 237
林业产值	万元	6 238	4 323	894	117	4 768
牧业产值	万元	8 051	23 148	12 069	1 800	55 433
副业产值	万元	2 624	9 858	16 307	544	20 206
渔业产值	万元	300	381	392	16 641	8 023
农村工业产值	万元	31 453	58 033	51 361	452	119 680
农村建筑业产值	万元	6 032	7 888	8 255	2 152	30 760
农村运输业产值	万元	3 574	8 056	4 258	654	27 062
农村商业、饮食业产值	万元	2 768	8 322	3 693	1 134	20 137
六、农业						
农业机械总动力	千瓦	112 900	322 032	343 658	78 955	96 963
大中型农用拖拉机	混合台	52	470	692	162	892
小型拖拉机	台	3 949	10 132	6 764	3 583	23 657
农用排灌动力机械	千瓦	14 567	75 450	169 904	35 295	289 078
年末实有耕地面积	万亩	28.8	87.0	109.9	32.0	303.5
机耕面积	万亩	9.6	80.4	90.3	32.0	137.0
农村用电量	万千瓦小时	5 583	14 021	9 521	6 800	24 582
化肥施用量（折纯）	吨	5 596	20 946	29 338	5 578	62 948
农药施用量	吨	94	459	228	176	2 010
有效灌溉面积	万亩	10.0	59.4	82.4	28.3	162.8
农作物总播种面积	万亩	34.8	113.3	157.2	32.8	341.4
粮食播种面积	万亩	28.7	91.8	130.5	32.3	287.7
粮食总产量	万吨	9.1	29.9	35.4	15.3	93.7
# 小麦	万吨	1.4	6.9	11.3	0.1	10.8
棉花播种面积	万亩	0.1	0.7	3.6	0.1	1.2
棉花总产量	吨	55	305	1 325	17	469
油料播种面积	万亩	1.4	9.7	3.7	0.1	23.8

经济主要指标(1—2)

青龙满族自治县	昌黎县	抚宁县	卢龙县	邯郸市	邯郸县	邢台市
52.5	52.6	52.7	40.1	212.8	35.3	84.7
2.2	4.9	2.8	2.1	89.6	0.8	32.3
19.1	22.5	22.7	19.6	54.5	13.5	24.8
12.7	12.7	13.1	11.1	29.4	7.5	13.3
3 510	1 184	1 721	945	2 776	536	2 102
3.9	**5.8**	**6.3**	**5.4**	**57.2**	**4.4**	**20.0**
6.1	**11.9**	**13.6**	**9.4**	**140.9**	**9.8**	**52.3**
5.0	10.0	11.2	7.6	115.6	7.4	45.4
3.5	**5.0**	**5.7**	**4.5**	**39.0**	**3.8**	**15.2**
50 041	**90 816**	**105 833**	**73 514**	**354 707**	**87 413**	**64 344**
36 248	48 904	46 439	46 791	57 825	20 266	30 022
15 208	31 545	30 130	23 367	39 442	12 953	19 323
2 502	577	890	733	1 771	76	2 607
12 931	10 942	11 450	13 421	15 016	6 878	5 923
5 567	3 474	1 835	9 141	1 452	300	2 082
40	2 366	2 134	129	144	59	87
6 224	29 764	43 841	14 129	227 230	43 177	26 320
3 387	2 767	4 526	6 408	15 285	8 144	1 659
1 756	5 194	7 655	4 351	36 492	11 432	4 171
2 426	4 187	3 372	1 835	17 875	4 394	2 172
72 283	289 530	266 063	240 808	741 211	241 814	266 130
14	394	248	96	638	210	158
2 254	6 278	7 799	4 990	21 802	7 346	12 372
11 048	157 469	82 988	21 222	134 018	52 766	74 104
52.9	94.5	76.6	63.9	167.9	54.1	64.9
10.3	49.9	40.3	28.3	115.7	46.0	43.1
1 929	8 166	6 577	4 944	29 195	5 492	11 161
7 979	22 421	16 453	12 979	23 202	7 261	13 005
398	385	808	267	514	148	291
10.5	65.3	36.2	43.4	88.1	33.4	42.0
53.2	118.0	81.2	73.8	229.5	73.1	93.8
48.5	98.8	62.8	67.7	182.4	59.1	73.2
11.4	27.5	25.4	24.6	29.7	10.3	16.2
0.1	6.6	0.9	3.1	14.4	5.5	7.1
—	0.2	0.6	0.4	30.0	9.0	8.3
7	114	164	184	8 305	2 929	4 208
1.0	10.3	8.2	3.8	6.1	2.7	5.4

市、地、县国民

指标名称	单位	邢台县	保定市	满城县	清苑县	张家口市
一、人口、劳动力和土地面积						
年末总人口	万人	43.6	169	40.7	65.0	101.2
# 非农业人口	万人	1.3	53.5	1.9	2.7	56.7
年末乡村劳动力	万人	20.1	56.8	19.5	31.1	21.1
# 男劳动力	万人	11.0	30.8	10.6	17.2	12.3
地表总面积	平方公里	2 033	1 797	718	954	2 926
二、国民生产总值	**亿元**	**4.0**	**38.2**	**4.1**	**6.0**	**30.4**
三、社会总产值	**亿元**	**8.0**	**83.5**	**8.5**	**11.3**	**77.4**
# 工农业总产值	亿元	6.9	67.9	7.3	9.4	63.0
四、国民收入	**亿元**	**3.3**	**30.0**	**3.9**	**5.2**	**25.9**
五、农村社会总产值	**万元**	**45 871**	**243 051**	**67 948**	**102 501**	**97 002**
农业总产值	万元	24 470	97 941	31 467	55 110	32 899
种植业产值	万元	15 048	61 314	17 228	36 170	18 639
林业产值	万元	2 560	977	554	363	930
牧业产值	万元	4 841	19 856	7 584	9 395	11 771
副业产值	万元	1 965	15 638	6 050	9 146	1 477
渔业产值	万元	56	156	51	36	82
农村工业产值	万元	16 593	100 048	26 663	31 065	47 722
农村建筑业产值	万元	1 216	14 852	3 847	7 622	4 355
农村运输业产值	万元	2 314	13 360	3 671	3 956	6 043
农村商业、饮食业产值	万元	1 278	16 850	2 300	4 748	5 983
六、农业						
农业机械总动力	千瓦	197 068	591 129	162 593	350 920	196 713
大中型农用拖拉机	混合台	99	702	117	388	339
小型拖拉机	台	8 900	14 591	4 669	8 857	5 491
农用排灌动力机械	千瓦	62 633	262 251	58 915	186 454	43 920
年末实有耕地面积	万亩	57.7	153.4	49.1	96.1	108.6
机耕面积	万亩	37.7	119.9	26.6	88.0	24.6
农村用电量	万千瓦小时	8 414	20 216	7 847	7 383	5 534
化肥施用量（折纯）	吨	11 426	36 548	10 636	23 068	7 564
农药施用量	吨	228	433	151	242	324
有效灌溉面积	万亩	35.9	140.7	41.7	90.8	46.8
农作物总播种面积	万亩	82.7	246.3	75.1	155.9	111.9
粮食播种面积	万亩	66.4	203.1	63.3	130.8	87.3
粮食总产量	万吨	14.7	60.2	17.0	40.2	13.5
# 小麦	万吨	6.4	27.7	7.6	18.8	—
棉花播种面积	万亩	8.1	13.1	5.2	7.9	—
棉花总产量	吨	4 138	6 205	2 182	4 019	—
油料播种面积	万亩	5.0	10.7	2.1	8.6	10.2

经济主要指标(1—3)

宣化县	承德市	承德县	廊坊市	三河县	大厂回族自治县	香河县
28.9	84.7	47.2	343.3	39.1	10.5	29.8
1.4	28.1	3.1	37.0	5.1	1.2	2.2
13.1	26.4	20.3	141.2	15.0	4.5	12.6
7.8	14.8	11.6	75.8	7.8	2.4	6.6
2 346	4 693	4 049	6 429	643	170	437
3.8	**16.4**	**4.9**	**64.4**	**9.8**	**2.8**	**5.7**
8.6	**39.9**	**8.9**	**134.9**	**21.5**	**6.2**	**13.3**
6.1	31.9	6.5	113.9	17.2	5.0	11.0
3.1	**13.8**	**4.3**	**54.0**	**8.5**	**2.4**	**5.0**
55 724	**89 315**	**60 178**	**1 098 412**	**195 834**	**43 417**	**99 455**
17 949	39 530	31 781	265 738	50 184	9 033	23 034
8 569	18 914	14 855	167 185	25 464	5 699	12 220
693	3 737	3 409	6 591	971	179	357
7 261	14 679	12 044	65 370	19 134	2 359	7 439
1 383	2 081	1 427	23 926	4 041	592	2 789
43	119	46	2 666	574	204	229
31 908	30 670	16 351	654 663	104 090	26 157	63 213
1 627	6 449	4 233	51 494	11 797	3 125	3 018
2 135	7 179	4 566	59 772	16 990	3 196	3 801
2 105	5 487	3 247	66 745	12 773	1 906	6 389
87 073	178 151	109 227	2 006 870	289 126	75 059	130 869
185	57	33	3 765	512	170	325
2 633	4 860	3 220	36 985	4 524	1 259	3 093
22 841	30 495	23 114	808 229	85 634	21 213	50 206
80.5	63.8	54.3	560.5	58.2	17.7	42.8
16.9	31.6	28.3	441.7	33.7	17.3	23.0
2 944	2 944	1 417	50 283	6 062	2 920	3 594
5 330	9 165	7 362	89 329	15 520	3 607	10 897
225	101	68	1 166	250	26	53
33.7	19.3	15.0	389.8	49.2	15.1	35.7
80.6	65.4	56.0	810.2	87.8	25.5	68.8
67.5	58.7	51.7	657.4	76.7	21.8	62.4
10.5	17.5	15.6	152.1	22.9	7.1	16.1
—	—	—	63.7	7.9	2.5	6.7
—	—	—	49.6	2.5	1.0	1.7
—	—	—	23 065	1 028	236	558
7.7	0.8	0.7	58.7	1.5	1.2	2.1

指标名称	单位	永清县	固安县	文安县	大城县	沧州市
一、人口、劳动力和土地面积						
年末总人口	万人	34.8	37.2	41.6	40.9	133.3
# 非农业人口	万人	1.8	2.5	2.4	2.4	29.7
年末乡村劳动力	万人	15.5	16.4	19.1	16.2	46.8
# 男劳动力	万人	8.3	8.7	10.7	8.7	26.1
地表总面积	平方公里	764	714	1 026	890	2 708
二、国民生产总值	**亿元**	**5.1**	**5.6**	**8.0**	**6.3**	**20.2**
三、社会总产值	**亿元**	**10.2**	**9.5**	**18.8**	**12.0**	**52.7**
# 工农业总产值	亿元	9.1	8.0	15.5	10.2	40.9
四、国民收入	**亿元**	**4.5**	**4.6**	**7.2**	**5.6**	**17.5**
五、农村社会总产值	**万元**	**90 951**	**76 229**	**170 316**	**102 858**	**211 359**
农业总产值	万元	30 997	43 551	20 235	20 368	71 045
种植业产值	万元	19 834	27 442	13 271	14 282	55 738
林业产值	万元	1 991	833	238	527	1 292
牧业产值	万元	6 944	9 246	2 898	2 447	11 334
副业产值	万元	2 183	5 997	3 254	2 963	2 568
渔业产值	万元	45	33	574	149	113
农村工业产值	万元	46 788	23 101	121 235	70 081	104 451
农村建筑业产值	万元	1 980	2 263	7 675	6 472	12 726
农村运输业产值	万元	4 600	4 666	9 492	2 048	9 389
农村商业、饮食业产值	万元	6 586	2 648	11 679	3 889	13 748
六、农业						
农业机械总动力	千瓦	142 107	261 753	314 632	295 023	649 508
大中型农用拖拉机	混合台	322	352	728	237	356
小型拖拉机	台	3 253	6 502	5 638	4 223	12 259
农用排灌动力机械	千瓦	51 037	138 101	103 663	187 283	359 488
年末实有耕地面积	万亩	61.6	65.4	86.6	81.9	233.7
机耕面积	万亩	48.9	65.1	63.3	70.1	105.0
农村用电量	万千瓦小时	5 423	4 014	8 892	4 890	15 325
化肥施用量（折纯）	吨	10 614	11 770	8 697	8 568	29 142
农药施用量	吨	114	206	92	88	872
有效灌溉面积	万亩	47.0	61.0	41.6	43.9	103.9
农作物总播种面积	万亩	87.6	97.6	124.4	104.7	338.5
粮食播种面积	万亩	66.5	75.5	101.3	86.9	300.5
粮食总产量	万吨	16.2	24.7	13.4	14.5	47.5
# 小麦	万吨	6.7	9.3	8.5	7.1	21.9
棉花播种面积	万亩	7.1	9.5	6.1	5.0	15.0
棉花总产量	吨	3 336	5 363	1 659	2 255	6 824
油料播种面积	万亩	9.4	6.2	10.8	9.0	13.8

经 济 主 要 指 标 (1—4)

沧县	青县	邯郸地区	大名县	魏县	曲周县	丘县
62.4	35.5	551.3	68.3	72.3	36.1	18.6
1.6	3.3	25.5	3.0	2.4	1.5	0.8
28.3	13.6	230.3	26.0	29.2	14.4	7.8
15.5	8.0	125.6	14.1	15.3	8.3	4.1
1 644	986	9 271	1 056	851	677	448
5.3	**4.4**	**53.8**	**5.4**	**6.1**	**4.2**	**2.2**
10.3	**11.8**	**112.7**	**9.4**	**11.4**	**10.5**	**4.9**
8.9	9.9	89.8	7.4	8.8	9.0	4.2
4.5	**4.1**	**43.6**	**3.8**	**5.0**	**3.7**	**1.9**
83 640	**105 378**	**852 321**	**74 021**	**104 387**	**83 140**	**32 851**
38 240	26 663	389 092	39 698	48 061	40 350	20 974
30 788	20 179	281 194	33 158	30 434	27 574	18 815
114	1 150	8 718	672	1 597	628	190
5 761	4 506	73 717	5 114	9 408	10 705	1 680
1 545	754	22 968	660	6 592	1 150	267
32	74	2 495	94	30	293	22
32 147	60 826	266 835	17 376	26 693	28 918	6 380
6 150	5 121	71 736	5 797	11 011	3 819	2 000
3 123	4 974	60 764	4 582	6 929	3 893	1 347
3 980	7 794	63 894	6 568	11 693	6 160	2 150
311 244	253 004	2 225 963	338 662	183 459	179 147	129 003
118	158	2 040	277	53	69	58
6 731	3 035	39 058	3 683	2 482	3 874	2 658
181 914	146 496	1 399 374	271 686	122 206	108 254	86 501
135.3	85.2	848.5	110.2	97.2	73.9	49.9
54.4	42.9	678.4	88.1	62.0	62.5	38.4
5 640	6 971	45 026	1 673	3 139	2 281	830
15 775	12 255	225 197	29 723	19 426	12 051	11 004
591	220	6 101	1 098	1 176	513	400
50.3	43.9	645.6	85.6	69.0	47.4	32.0
200.0	118.9	1 289	180.4	152.7	111.4	70.2
183.4	99.9	951.9	132.3	123.9	77	40.8
29.7	14.4	212.0	28.0	21.3	17	9.3
13.5	6.7	124.8	16.4	13.1	10.8	5.6
6.8	8.1	252.6	27.7	23.1	26.5	26.6
3 219	3 528	128 977	16 810	11 248	13 268	13 752
6.1	7.4	28.0	11.3	1.4	2.6	1.3

指标名称	单位	鸡泽县	肥乡县	广平县	成安县	临漳县
一、人口、劳动力和土地面积						
年末总人口	万人	22.6	28.2	22.5	34.2	52.8
# 非农业人口	万人	0.7	1.2	1.1	1.3	2.0
年末乡村劳动力	万人	9.9	12.2	9.1	15.7	20.3
# 男劳动力	万人	5.9	6.7	5.0	8.1	10.6
地表总面积	平方公里	337	496	320	485	744
二、国民生产总值	**亿元**	**2.0**	**3.5**	**2.1**	**3.4**	**4.3**
三、社会总产值	**亿元**	**4.2**	**1.8**	**4.4**	**7.7**	**8.7**
# 工农业总产值	亿元	3.4	6.4	3.6	5.7	6.5
四、国民收入	**亿元**	**1.7**	**3.1**	**1.9**	**2.8**	**3.5**
五、农村社会总产值	**万元**	**33 507**	**62 042**	**33 106**	**56 598**	**68 532**
农业总产值	万元	15 910	32 828	17 098	22 471	33 110
种植业产值	万元	12 637	24 670	12 769	17 758	26 105
林业产值	万元	146	539	398	124	472
牧业产值	万元	2 611	5 480	3 419	4 469	4 891
副业产值	万元	507	2 122	498	115	1 640
渔业产值	万元	9	17	14	5	2
农村工业产值	万元	9 923	17 260	8 642	17 913	17 209
农村建筑业产值	万元	2 687	5 203	2 005	5 292	9 902
农村运输业产值	万元	1 894	3 669	2 637	6 507	3 723
农村商业、饮食业产值	万元	3 093	3 082	2 724	4 415	4 588
六、农业						
农业机械总动力	千瓦	122 782	147 743	78 334	127 902	218 100
大中型农用拖拉机	混合台	62	309	156	180	400
小型拖拉机	台	2 308	1 906	1 230	2 547	4 238
农用排灌动力机械	千瓦	91 575	112 040	49 516	62 830	123 143
年末实有耕地面积	万亩	38.8	60.5	37.4	57.1	75.3
机耕面积	万亩	28.1	54.5	26.7	51.5	72.0
农村用电量	万千瓦小时	1 600	2 024	2 317	4 023	3 951
化肥施用量（折纯）	吨	8 263	23 755	8 106	17 493	17 915
农药施用量	吨	359	565	321	437	200
有效灌溉面积	万亩	33.5	50.5	27.1	55.1	70.7
农作物总播种面积	万亩	53.7	85.5	53.0	86.7	126.5
粮食播种面积	万亩	39.3	54.4	37.9	56.2	100.3
粮食总产量	万吨	9.1	13.7	8.2	15.9	24.7
# 小麦	万吨	6.4	8.0	5.1	9.9	14.0
棉花播种面积	万亩	11.8	28.6	11.9	27.0	21.0
棉花总产量	吨	6 350	15 590	5 453	12 165	10 212
油料播种面积	万亩	0.2	0.7	0.8	1.3	1.8

经 济 主 要 指 标 (1—5)

磁 县	涉 县	永年县	馆陶县	邢台地区	临城县	内丘县
58.1	36.2	74.8	26.6	523.1	18.0	24.0
3.7	2.6	3.9	1.3	30.3	1.2	1.4
23.9	16.3	33.6	11.9	200.9	7.4	10.5
13.2	8.8	19.3	6.2	108.5	4.2	5.6
1 014	1 489	898	456	10 384	797	775
6.4	**2.7**	**8.9**	**2.6**	**54.5**	**1.7**	**1.8**
12.1	**7.2**	**16.7**	**5.7**	**111.2**	**4.0**	**4.0**
9.1	5.6	13.6	4.5	95.6	3.5	3.5
5.0	**2.2**	**6.8**	**2.2**	**47.1**	**1.6**	**1.7**
95 976	**43 356**	**124 306**	**40 499**	**872 638**	**29 563**	**30 462**
27 841	11 282	55 183	24 286	373 568	12 170	13 774
17 209	5 643	37 361	17 061	256 120	7 481	8 064
778	2 233	654	287	6 872	379	1 273
4 717	2 260	12 468	6 495	68 774	2 847	3 536
3 985	908	4 082	442	41 387	1 404	881
1 152	238	618	1	415	59	20
41 487	19 244	47 797	7 993	360 178	14 026	10 776
8 980	3 934	6 686	4 420	58 694	314	2 157
11 350	5 144	6 683	2 406	34 980	2 047	2 037
6 318	3 752	7 957	1 394	45 218	1 006	1 718
192 867	103 037	279 534	125 393	2 519 426	74 127	85 885
226	15	127	108	1 580	7	59
5 385	4 052	2 669	2 026	59 970	3 323	3 091
79 205	18 460	181 259	92 699	1 449 105	28 780	40 832
70.1	33.2	96.2	48.7	958.1	32.4	41.6
69.0	16.8	72.2	36.6	583.6	18.6	23.0
7 546	2 160	10 041	3 441	48 688	1 783	3 082
34 560	4 420	27 766	10 715	161 932	2 682	5 593
226	84	579	143	10 829	68	132
37.7	10.5	82.8	43.7	617.7	11.3	22.6
103.0	51.5	144.1	70.3	1 341.6	46.1	59.0
83.5	47.7	110.6	48.0	958.9	34.7	46.6
16.1	5.9	29.8	13.0	189.8	5.8	8.2
8.9	2.6	16.1	7.9	100.9	2.6	3.8
12.0	0.4	16.0	20.0	273.1	7.5	7.5
5 047	88	8 500	10 494	126 854	2 497	3 259
2.5	0.4	3.0	0.7	53.2	3.2	3.8

指 标 名 称	单 位	柏乡县	隆尧县	任 县	南河县	宁晋县
一、人口、劳动力和土地面积						
年末总人口	万人	16.8	44.6	28.6	28.9	66.1
# 非农业人口	万人	0.9	2.2	1.1	1.0	3.0
年末乡村劳动力	万人	6.9	15.1	10.0	10.8	27.3
# 男劳动力	万人	3.7	8.4	5.6	6.1	15.0
地表总面积	平方公里	268	749	431	413	1 107
二、国民生产总值	**亿元**	**2.2**	**6.2**	**2.7**	**2.6**	**6.7**
三、社会总产值	**亿元**	**4.2**	**10.8**	**5.8**	**5.5**	**11.9**
# 工农业总产值	亿元	3.8	8.8	5.0	4.6	9.9
四、国民收入	**亿元**	**1.9**	**4.5**	**2.5**	**2.3**	**6.2**
五、农村社会总产值	**万元**	**31 288**	**80 096**	**45 293**	**54 821**	**91 789**
农业总产值	万元	20 058	40 767	21 382	20 232	38 980
种植业产值	万元	14 947	25 187	14 756	12 086	27 982
林业产值	万元	276	963	87	116	696
牧业产值	万元	4 499	5 913	4 240	4 172	6 574
副业产值	万元	334	8 701	2 291	3 856	3 718
渔业产值	万元	2	3	8	2	10
农村工业产值	万元	6 429	31 884	20 165	23 971	37 991
农村建筑业产值	万元	1 552	1 023	1 812	3 757	4 254
农村运输业产值	万元	1 268	3 463	308	2 365	4 389
农村商业、饮食业产值	万元	1 981	2 959	1 626	4 496	6 175
六、农业						
农业机械总动力	千瓦	127 094	193 448	127 945	163 347	445 649
大中型农用拖拉机	混合台	100	101	175	80	419
小型拖拉机	台	4 592	3 652	3 986	3 965	12 303
农用排灌动力机械	千瓦	70 580	108 277	65 474	95 758	282 576
年末实有耕地面积	万亩	31.7	81.2	47.3	44.0	123.4
机耕面积	万亩	25.0	53.0	40.5	35.0	94.0
农村用电量	万千瓦小时	1 580	4 909	2 396	3 250	4 160
化肥施用量（折纯）	吨	9 502	14 284	10 440	8 954	24 403
农药施用量	吨	3 409	385	624	1 269	707
有效灌溉面积	万亩	30.1	64.6	39.4	40.7	107.1
农作物总播种面积	万亩	46.2	115.3	68.6	65.7	180.0
粮食播种面积	万亩	36.6	83.0	55.4	52.9	145.1
粮食总产量	万吨	12.8	16.4	11.9	11.2	27.6
# 小麦	万吨	5.6	9.4	6.0	6.2	15.6
棉花播种面积	万亩	6.2	20.8	9.4	8.8	24.1
棉花总产量	吨	3 217	10 869	4 961	3 918	8 034
油料播种面积	万亩	1.8	3.3	1.0	2.4	4.9

经 济 主 要 指 标 (1—6)

巨鹿县	新河县	广宗县	平乡县	威　县	清河县	临西县
32.5	15.4	24.9	25.3	50.5	32.5	28.9
1.5	0.9	1.1	0.9	2.4	1.6	1.7
14.8	5.7	10.5	10.1	21.2	12.4	10.6
7.5	3.0	5.5	5.5	11.1	6.7	5.8
631	366	513	406	994	501	550
3.6	**1.7**	**1.6**	**2.2**	**5.0**	**3.6**	**2.6**
6.3	**4.0**	**3.5**	**5.0**	**9.9**	**8.0**	**6.3**
5.6	3.7	3.0	3.8	7.6	6.6	5.5
2.4	**1.5**	**1.4**	**2.0**	**4.3**	**3.4**	**2.5**
47 541	**26 321**	**31 904**	**38 393**	**71 337**	**62 283**	**43 711**
19 394	12 740	17 095	14 565	40 487	20 407	25 164
12 943	9 283	12 482	8 963	34 004	11 186	19 401
279	104	113	194	456	162	311
4 236	2 395	2 951	2 393	4 905	1 982	2 688
1 920	900	1 542	3 002	1 100	7 020	2 718
16	58	7	13	22	57	46
22 550	11 268	6 981	18 140	23 235	35 558	13 965
3 177	500	750	3 277	1 975	3 115	1 715
720	939	143	1 128	2 652	1 245	880
1 700	874	6 935	1 283	2 988	1 958	1 987
77 998	57 482	67 163	100 357	244 269	115 099	161 279
24	22	10	83	24	70	145
1 662	1 478	1 453	2 433	3 279	1 642	2 409
43 786	32 588	30 085	56 283	172 439	76 558	104 502
69.2	37.8	51.0	43.0	103.7	51.2	57.3
31.6	21.2	27.1	21.8	39.9	41.0	37.0
2 556	968	1 624	3 460	3 560	3 014	1 040
5 764	3 694	7 425	5 665	20 056	9 782	8 939
383	300	554	262	1 013	266	389
21.8	19.4	13.4	26.2	68.6	36.5	41.8
82.1	49.9	64.3	62.6	146.5	74.6	78.6
55.8	35.0	37.7	49.4	85.8	52.5	53.6
10.2	6.1	6.8	8.5	17.2	9.3	11.9
5.8	3.5	3.1	4.4	9.4	5.4	7.8
17.0	12.0	19.8	8.1	46.0	17.2	23.5
6 278	6 000	7 255	3 026	24 840	6 493	13 679
5.7	2.0	4.4	2.0	5.8	1.6	0.8

指标名称	单位	石家庄地区	深泽县	无极县	赵县	新乐县
一、人口、劳动力和土地面积						
年末总人口	万人	522.1	23.8	45.7	50.8	40.5
# 非农业人口	万人	28.7	2.1	2.0	2.1	2.1
年末乡村劳动力	万人	244.9	11.0	23.4	24.3	20.0
# 男劳动力	万人	131.5	6.1	12.2	13.3	10.5
地表总面积	平方公里	10 762	301	500	675	525
二、国民生产总值	**亿元**	**81.5**	**2.6**	**6.2**	**8.3**	**6.5**
三、社会总产值	**亿元**	**176.7**	**5.5**	**14.5**	**16.0**	**17.2**
# 工农业总产值	亿元	152.6	4.8	12.7	13.3	14.6
四、国民收入	**亿元**	**73.3**	**2.3**	**5.5**	**7.8**	**6.4**
五、农村社会总产值	**万元**	**1 347 606**	**44 960**	**112 468**	**112 423**	**123 898**
农业总产值	万元	546 141	21 811	51 510	59 291	47 691
种植业产值	万元	334 788	14 196	29 002	44 593	24 951
林业产值	万元	12 220	231	435	262	623
牧业产值	万元	157 408	4 578	16 003	9 702	17 672
副业产值	万元	40 037	2 754	6 053	4 728	4 436
渔业产值	万元	1 688	52	17	6	9
农村工业产值	万元	663 804	19 912	47 849	45 044	65 941
农村建筑业产值	万元	4 077	1 219	4 208	2 770	5 074
农村运输业产值	万元	5 315	1 030	4 551	2 669	3 896
农村商业、饮食业产值	万元	43 738	988	4 350	2 649	1 296
六、农业						
农业机械总动力	千瓦	3 655 774	170 035	382 118	443 366	255 283
大中型农用拖拉机	混合台	3 473	239	177	465	146
小型拖拉机	台	60 210	3 066	4 142	8 223	2 416
农用排灌动力机械	千瓦	2 293 937	95 658	304 234	274 016	206 998
年末实有耕地面积	万亩	701.6	30.6	53.2	77.5	42.1
机耕面积	万亩	590.4	29.0	51.0	77.6	42.1
农村用电量	万千瓦小时	50 070	3 260	2 892	3 413	1 865
化肥施用量（折纯）	吨	203 563	8 701	19 087	20 050	13 473
农药施用量	吨	4 900	104	143	910	216
有效灌溉面积	万亩	616.8	30.6	53.2	77.5	42.1
农作物总播种面积	万亩	1 109.3	47.6	91.4	125.9	74.0
粮食播种面积	万亩	877.7	37.7	75.3	106.7	59.3
粮食总产量	万吨	295.8	12.7	28.3	37.4	25.6
# 小麦	万吨	137.0	5.6	11.9	18.7	10.6
棉花播种面积	万亩	111.2	7.1	8.0	11.6	2.0
棉花总产量	吨	47 059	2 999	2 500	5 181	1 075
油料播种面积	万亩	57.0	1.2	3.0	3.5	9.2

经 济 主 要 指 标(1—7)

高邑县	元氏县	赞皇县	平山县	灵寿县	行唐县	保定地区
16.8	35.1	21.1	43.2	29.5	38.6	812.3
1.1	1.8	1.1	2.0	1.5	1.7	56.3
7.2	14.0	9.7	18.5	11.9	17.9	370.9
3.9	7.0	5.6	10.5	6.5	9.7	201.5
222	681	832	2 613	1 069	961	20 315
2.2	**4.2**	**2.2**	**3.4**	**2.0**	**4.0**	**78.9**
4.8	**14.2**	**4.9**	**10.1**	**9.1**	**9.0**	**160.0**
4.5	12.0	4.3	8.8	7.7	7.3	133.9
1.9	**4.0**	**2.1**	**3.1**	**1.7**	**3.6**	**66.2**
37 514	**102 014**	**33 109**	**72 711**	**52 750**	**66 311**	**1 225 646**
18 381	32 880	16 314	30 332	22 596	30 466	568 529
10 768	18 845	5 792	11 484	9 091	17 218	329 657
182	1 196	2 049	3 793	1 123	1 459	16 446
3 851	10 458	6 375	12 544	9 927	9 829	131 699
3 575	2 334	2 060	1 706	2 176	1 798	84 247
5	47	38	805	279	162	6 480
17 183	63 918	13 225	35 006	24 982	30 321	442 811
800	1 135	530	1 506	1 022	1 943	87 845
650	2 617	2 169	2 792	2 135	2 340	44 398
500	1 464	871	3 075	2 015	1 241	82 063
133 464	284 106	100 640	168 371	145 180	201 970	3 695 949
168	206	44	19	40	71	3 257
3 461	6 774	2 829	3 810	3 531	2 050	100 332
76 158	114 369	35 650	80 003	74 987	165 971	2 103 432
25.3	53.9	28.2	45.9	38.5	56.1	1 069.1
24.2	41.0	12.2	22.6	22.9	25.7	841.7
1 842	3 019	3 591	2 940	2 432	3 026	56 170
7 306	17 762	3 503	11 461	7 629	9 515	193 128
127	235	22	60	40	124	2 586
24.4	38.3	13.7	23.4	24.2	41.2	840.7
42.4	80.2	39.7	68.5	57.2	83.1	1 605
34.2	65.6	30.4	57.5	44.4	61.1	1 337.8
11.2	19.2	7.8	14.9	9.9	16.8	323.7
5.5	9.0	3.1	7.0	4.5	7.8	134.9
4.8	6.7	1.1	3.5	3.4	6.5	104.8
1 925	1 860	216	685	507	715	44 453
2.0	4.4	6.3	3.1	3.0	6.1	83.0

指　标　名　称	单　位	易　县	徐水县	涞源县	定兴县	完　县
一、人口、劳动力和土地面积						
年末总人口	万人	52.1	54.5	25.0	51.1	28.2
# 非农业人口	万人	2.8	3.4	2.4	2.7	1.6
年末乡村劳动力	万人	22.4	25.8	11.0	23.2	12.9
# 男劳动力	万人	12.8	13.8	6.5	12.5	7.3
地表总面积	平方公里	2 534	748	2 448	707	708
二、国民生产总值	**亿元**	**3.7**	**5.9**	**1.5**	**4.3**	**2.3**
三、社会总产值	**亿元**	**6.8**	**11.7**	**3.3**	**7.6**	**4.5**
# 工农业总产值	亿元	5.1	9.9	2.7	6.1	3.7
四、国民收入	**亿元**	**2.9**	**5.0**	**1.1**	**3.7**	**2.0**
五、农村社会总产值	**万元**	**52 722**	**84 660**	**15 869**	**59 804**	**33 264**
农业总产值	万元	25 037	35 452	7 031	39 630	21 331
种植业产值	万元	10 531	20 758	3 241	24 390	13 544
林业产值	万元	1 607	260	1 133	1 275	606
牧业产值	万元	8 841	9 706	2 158	10 121	3 869
副业产值	万元	3 065	4 668	469	3 811	3 279
渔业产值	万元	993	60	30	33	33
农村工业产值	万元	12 635	34 521	4 956	9 351	9 677
农村建筑业产值	万元	8 458	6 317	1 478	6 125	593
农村运输业产值	万元	3 302	4 808	1 298	1 932	797
农村商业、饮食业产值	万元	3 290	3 562	1 106	2 766	866
六、农业						
农业机械总动力	千瓦	125 854	325 159	31 798	156 918	137 536
大中型农用拖拉机	混合台	63	236	10	159	102
小型拖拉机	台	3 772	7 224	2 060	3 923	3 729
农用排灌动力机械	千瓦	55 520	232 091	3 082	100 180	88 593
年末实有耕地面积	万亩	64.0	72.9	35.5	74.0	39.9
机耕面积	万亩	31.0	62.0	7.8	72.9	21.8
农村用电量	万千瓦小时	3 117	3 115	570	3 081	1 213
化肥施用量（折纯）	吨	9 214	16 806	2 118	9 466	5 855
农药施用量	吨	126	128	13	207	130
有效灌溉面积	万亩	35.9	67.8	5.7	70.3	26.5
农作物总播种面积	万亩	91.2	113.1	35.7	115.4	57.2
粮食播种面积	万亩	79.6	101.4	34.5	88.8	48.0
粮食总产量	万吨	13.2	24.8	5.2	24.3	9.5
# 小麦	万吨	4.7	10.0	0.1	10.6	3.9
棉花播种面积	万亩	3.1	4.2	—	15.7	4.3
棉花总产量	吨	989	1 362	—	8 420	1 833
油料播种面积	万亩	5.2	3.3	0.3	5.5	2.0

经 济 主 要 指 标(1—8)

唐县	望都县	涞水县	高阳县	安新县	雄县	容城县
48.8	24.6	32.2	28.7	37.8	30.5	22.2
2.5	1.7	2.1	2.2	1.4	1.7	1.2
21.6	10.5	14.1	13.9	18.9	15.3	10.8
12.2	5.5	8.1	7.4	9.9	8.1	5.7
1 402	374	1 664	487	726	524	316
3.1	**3.0**	**2.4**	**2.9**	**3.5**	**3.7**	**2.4**
4.6	**5.4**	**4.5**	**6.9**	**6.2**	**7.8**	**6.1**
3.7	4.5	3.7	6.1	4.9	6.9	5.2
2.3	**2.6**	**2.1**	**2.5**	**3.0**	**3.2**	**2.2**
35 484	**36 954**	**40 187**	**47 889**	**53 333**	**69 800**	**51 759**
22 467	23 018	19 976	20 184	23 965	20 787	21 150
9 945	14 792	8 540	12 808	9 462	12 152	11 841
2 745	190	1 804	92	130	227	346
6 541	6 910	8 119	3 224	2 741	3 456	3 396
2 764	1 116	1 459	3 921	7 922	4 850	5 443
472	10	54	139	3 710	102	124
5 120	7 972	15 404	21 848	21 785	43 582	25 549
3 702	1 744	2 789	2 147	3 159	1 696	3 092
2 001	2 136	812	952	922	1 333	842
2 194	2 084	1 206	2 758	3 502	2 402	1 126
153 546	214 558	92 849	102 299	217 225	103 235	123 019
130	376	95	114	165	142	87
4 404	8 447	2 501	2 175	6 386	3 857	2 363
79 646	93 508	36 630	62 468	89 499	48 322	89 754
44.8	34.1	36.1	50.4	44.6	55.4	34.4
19.7	31.1	28.5	33.5	36.8	50.0	31.9
3 259	2 305	1 828	4 300	2 914	2 080	1 992
11 398	13 449	4 462	6 504	6 561	4 410	6 409
53	93	102	115	112	79	47
28.6	34.1	24.2	33.1	33.7	31.6	31.8
67.7	55.9	54.0	71.0	60.5	80.6	55.1
60.4	42.8	47.8	57.3	58.3	69.0	48.1
12.0	16.6	8.9	9.6	11.1	12.8	14.4
4.8	7.1	3.2	5.3	5.7	6.4	5.4
2.3	4.8	2.4	6.8	0.6	2.5	3.4
828	2 065	723	3 056	199	1 025	1 117
2.0	1.2	2.4	4.7	0.8	7.1	1.8

指标名称	单位	新城县	曲阳县	阜平县	博野县	蠡县
一、人口、劳动力和土地面积						
年末总人口	万人	46.8	48.7	20.1	23.7	44.1
# 非农业人口	万人	4.4	2.4	1.2	1.2	2.2
年末乡村劳动力	万人	23.3	22.1	8.1	11.2	19.9
# 男劳动力	万人	12.2	12.6	4.8	5.9	10.5
地表总面积	平方公里	672	1 068	2 471	340	644
二、国民生产总值	**亿元**	**5.1**	**3.5**	**1.2**	**2.1**	**5.7**
三、社会总产值	**亿元**	**10.4**	**6.3**	**1.9**	**4.5**	**14.5**
# 工农业总产值	亿元	8.8	5.0	1.5	3.4	12.1
四、国民收入	**亿元**	**4.4**	**3.2**	**1.0**	**1.9**	**5.0**
五、农村社会总产值	**万元**	**69 828**	**49 816**	**14 240**	**34 452**	**132 583**
农业总产值	万元	33 222	26 608	11 027	20 156	29 967
种植业产值	万元	19 947	15 340	4 355	12 561	21 720
林业产值	万元	241	723	2 154	396	292
牧业产值	万元	6 426	6 746	2 684	3 893	5 494
副业产值	万元	6 582	3 484	1 676	3 306	2 450
渔业产值	万元	26	315	158	—	11
农村工业产值	万元	25 136	13 391	602	8 988	85 701
农村建筑业产值	万元	4 598	3 502	781	865	5 452
农村运输业产值	万元	3 324	3 710	503	2 118	1 549
农村商业、饮食业产值	万元	3 548	2 605	1 327	2 325	9 914
六、农业						
农业机械总动力	千瓦	198 566	207 973	60 718	173 016	287 789
大中型农用拖拉机	混合台	150	49	—	80	515
小型拖拉机	台	5 785	5 652	936	2 621	3 960
农用排灌动力机械	千瓦	127 465	103 938	26 024	113 011	181 094
年末实有耕地面积	万亩	71.3	46.6	14.0	32.9	70.0
机耕面积	万亩	51.0	21.1	2.1	30.7	68.4
农村用电量	万千瓦小时	3 371	1 989	541	1 819	6 341
化肥施用量（折纯）	吨	8 321	8 566	2 771	6 495	10 377
农药施用量	吨	125	146	77	143	214
有效灌溉面积	万亩	51.9	27.4	7.6	32.0	61.9
农作物总播种面积	万亩	106.0	66.9	22.2	50.6	104.0
粮食播种面积	万亩	89.0	59.9	20.5	36.1	79.0
粮食总产量	万吨	19.8	12.7	2.7	11.0	18.1
# 小麦	万吨	8.7	3.7	1.0	5.2	9.4
棉花播种面积	万亩	4.7	0.1	—	10.0	16.6
棉花总产量	吨	1 426	34	—	2 054	6 997
油料播种面积	万亩	8.2	2.7	0.6	2.3	4.0

经 济 主 要 指 标(1—9)

张家口地区	张北县	康保县	沽源县	尚义县	蔚　县	阳原县
323.5	37.0	27.8	22.3	18.4	43.8	25.8
26.9	3.0	1.6	2.0	1.3	3.6	1.7
131.5	17.4	12.5	9.3	9.2	15.5	10.5
80.8	10.5	7.4	5.6	5.1	10.1	6.1
34 039	4 185	3 336	3 646	2 649	3 185	1 839
27.6	**1.9**	**1.7**	**1.4**	**1.2**	**3.5**	**1.9**
55.2	**4.2**	**3.1**	**2.3**	**2.0**	**6.6**	**3.8**
42.5	3.3	2.4	1.4	1.5	4.8	2.8
23.9	**1.6**	**1.2**	**1.2**	**0.9**	**2.8**	**1.5**
315 961	**25 946**	**20 376**	**13 790**	**12 301**	**41 404**	**31 029**
162 368	15 613	11 462	10 139	7 425	17 601	10 017
82 981	6 398	4 225	5 878	3 280	9 633	4 908
10 303	735	831	510	516	1 034	408
58 731	8 190	6 046	3 562	3 542	6 223	4 404
9 370	178	353	122	71	628	259
983	112	7	67	16	83	38
83 042	6 172	3 045	1 113	1 551	15 381	11 120
21 348	2 074	1 636	417	1 078	2 951	3 894
28 474	1 278	1 847	1 150	951	3 390	3 864
20 729	809	2 386	971	1 296	2 081	2 134
688 829	56 636	52 058	46 990	20 855	61 236	64 071
1 207	100	130	157	50	133	78
19 588	2 023	2 631	2 385	1 095	799	1 133
158 695	5 533	5 044	2 843	1 428	28 682	24 798
1 242.7	214.2	176.9	166.4	116.2	142.1	90.0
564.5	135.5	127.1	116.3	33.0	37.0	18.9
16 029	1 171	784	564	467	1 507	990
42 046	2 444	1 588	1 414	957	7 403	4 707
1 241	81	42	47	19	171	79
242.7	14.0	6.2	11.8	9.7	38.9	30.9
1 236.8	210.2	173.2	163.9	110.0	140.8	88.7
907.0	154.0	122.6	106.2	77.0	105.6	64.4
69.1	7	4	6.3	4	7.8	4.6
—	—	—	—	—	—	—
—	—	—	—	—	—	—
—	—	—	—	—	—	—
230.7	37.1	38.8	39.3	26.6	23.9	15.1

指标名称	单位	怀安县	万全县	怀来县	涿鹿县	赤城县
一、人口、劳动力和土地面积						
年末总人口	万人	24.5	20.4	31.3	32.3	27.9
# 非农业人口	万人	2.1	1.5	4.4	3.2	1.7
年末乡村劳动力	万人	9.0	8.2	12.9	12.0	9.9
# 男劳动力	万人	5.6	5.0	7.7	8.1	6.5
地表总面积	平方公里	1 757	1 164	1 799	2 802	5 330
二、国民生产总值	**亿元**	**1.7**	**1.8**	**3.8**	**4.2**	**2.0**
三、社会总产值	**亿元**	**3.6**	**3.8**	**8.8**	**7.9**	**3.4**
# 工农业总产值	亿元	2.6	2.8	6.7	6.6	2.5
四、国民收入	**亿元**	**1.3**	**1.5**	**3.3**	**3.7**	**1.6**
五、农村社会总产值	**万元**	**23 910**	**28 528**	**35 369**	**48 430**	**23 396**
农业总产值	万元	9 523	10 102	15 546	35 950	13 578
种植业产值	万元	4 378	6 158	10 762	21 300	3 506
林业产值	万元	627	610	279	2 286	1 858
牧业产值	万元	3 893	2 833	2 849	9 148	6 318
副业产值	万元	592	466	1 162	3 168	1 848
渔业产值	万元	33	35	494	48	48
农村工业产值	万元	8 046	10 919	9 304	7 742	4 973
农村建筑业产值	万元	1 613	2 303	2 047	1 483	1 169
农村运输业产值	万元	2 673	3 396	4 440	1 984	2 203
农村商业、饮食业产值	万元	2 055	1 808	4 032	1 271	1 473
六、农业						
农业机械总动力	千瓦	44 634	56 268	118 344	92 231	44 400
大中型农用拖拉机	混合台	149	131	65	127	51
小型拖拉机	台	678	1 263	3 760	1 668	1 341
农用排灌动力机械	千瓦	12 123	12 838	27 076	30 479	3 282
年末实有耕地面积	万亩	64.0	44.4	50.0	64.6	76.8
机耕面积	万亩	13.9	20.5	19.9	15.1	20.1
农村用电量	万千瓦小时	1 486	1 617	2 825	3 570	689
化肥施用量（折纯）	吨	4 323	3 280	5 260	7 834	2 292
农药施用量	吨	73	28	245	320	103
有效灌溉面积	万亩	27.0	28.8	26.7	30.3	13.5
农作物总播种面积	万亩	63.6	44.5	53.4	74.2	76.9
粮食播种面积	万亩	47.1	33.7	41.9	59.9	63.8
粮食总产量	万吨	4.5	5.7	5.5	13.1	3.6
# 小麦	万吨	—	—	—	—	—
棉花播种面积	万亩	—	—	—	—	—
棉花总产量	吨	—	—	—	—	—
油料播种面积	万亩	13.1	5.8	7.6	9.0	9.4

经 济 主 要 指 标 (1—10)

崇礼县	承德地区	宽城满族自治县	兴隆县	平泉县	滦平县	丰宁满族自治县
12.0	254.2	22.6	30.6	43.5	31.7	36.1
0.8	19.7	1.6	2.5	4.1	1.9	2.8
5.1	98.8	7.9	12.7	18.5	12.4	14.6
3.1	57.4	5.1	7.5	10.1	7.5	8.2
2 347	34 908	1 909	3 123	3 275	3 213	8 765
1.0	**24.2**	**2.2**	**4.7**	**3.8**	**3.0**	**3.5**
2.2	**43.6**	**3.7**	**9.7**	**7.2**	**5.2**	**5.7**
1.6	34.9	3.1	7.4	6.2	4.1	4.0
0.9	**20.0**	**1.9**	**4.1**	**3.4**	**2.6**	**2.8**
11 482	**327 954**	**27 213**	**66 634**	**59 069**	**43 012**	**40 131**
5 412	168 105	14 720	26 309	28 892	24 800	23 839
2 555	72 810	6 358	9 870	17 428	9 985	10 236
609	20 853	2 233	4 907	2 327	1 796	2 649
1 723	58 980	3 844	8 917	8 582	9 293	8 710
523	14 956	2 062	2 509	515	3 686	2 214
2	506	223	106	40	40	30
3 676	87 024	8 492	24 938	15 806	8 373	7 348
683	18 204	937	4 500	3 820	3 128	2 591
1 298	29 768	1 486	7 288	4 835	3 945	3 662
413	24 853	1 578	3 599	5 716	2 766	2 691
31 106	582 349	42 409	146 879	87 096	72 028	65 244
36	377	12	15	101	71	49
812	16 263	1 412	3 477	3 180	2 215	1 812
4 569	80 204	7 098	14 008	13 083	11 537	4 132
37.1	450.7	20.6	23.9	71.3	38.7	108.3
7.2	161.5	6.3	7.3	36.5	17.3	43.7
359	9 686	2 819	2 385	974	891	715
544	39 732	4 876	5 346	9 826	5 151	3 737
33	694	45	187	78	31	52
4.9	97.8	4.2	9.3	14.5	12.7	17.8
37.4	451.1	20.5	28.1	70.7	39.8	105.5
30.8	401.4	19.1	26.6	67.6	37.0	83.8
3.0	82.9	5.3	9.1	21.6	10.2	12.3
—	—	—	—	—	—	—
—	—	—	—	—	—	—
—	—	—	—	—	—	—
5.0	26.5	0.1	0.1	0.2	0.2	16.6

指标名称	单位	隆化县	围场满族自治县	沧州地区	肃宁县	献县
一、人口、劳动力和土地面积						
年末总人口	万人	39.7	50.0	480.9	31.0	51.0
# 非农业人口	万人	2.8	4.0	41.5	1.9	2.3
年末乡村劳动力	万人	16.4	16.3	189	15.1	20.7
# 男劳动力	万人	9.8	9.2	101.7	7.7	11.2
地表总面积	平方公里	5 492	9 131	11 348	525	1 174
二、国民生产总值	**亿元**	**3.2**	**3.1**	**51.8**	**2.6**	**3.5**
三、社会总产值	**亿元**	**5.0**	**6.1**	**110.5**	**5.7**	**6.4**
# 工农业总产值	亿元	4.2	5.3	92.9	4.7	5.4
四、国民收入	**亿元**	**2.5**	**2.4**	**44.1**	**2.2**	**3.0**
五、农村社会总产值	**万元**	**38 873**	**53 022**	**812 000**	**50 696**	**48 388**
农业总产值	万元	24 586	24 959	325 223	21 634	23 507
种植业产值	万元	11 252	7 681	222 915	16 112	19 372
林业产值	万元	2 869	4 072	1 460	98	64
牧业产值	万元	6 959	12 675	40 126	3 650	3 035
副业产值	万元	3 467	503	35 005	1 762	1 006
渔业产值	万元	39	28	25 717	12	30
农村工业产值	万元	7 382	14 685	365 376	17 410	20 884
农村建筑业产值	万元	962	2 266	42 761	2 081	1 725
农村运输业产值	万元	3 189	5 363	26 323	2 976	458
农村商业、饮食业产值	万元	2 754	5 749	52 317	6 595	1 814
六、农业						
农业机械总动力	千瓦	71 643	97 050	2 993 777	173 402	333 243
大中型农用拖拉机	混合台	45	84	1 665	89	79
小型拖拉机	台	1 761	2 406	42 593	3 851	4 913
农用排灌动力机械	千瓦	12 010	18 336	1 946 943	118 656	259 604
年末实有耕地面积	万亩	67.0	120.9	948.0	56.6	107.3
机耕面积	万亩	19.4	31.0	704.6	56.0	93.8
农村用电量	万千瓦小时	595	1 307	48 047	2 829	2 545
化肥施用量(折纯)	吨	5 341	5 455	138 915	7 567	12 641
农药施用量	吨	48	253	5 033	346	575
有效灌溉面积	万亩	21.0	18.3	488.9	43.7	41.0
农作物总播种面积	万亩	65.6	120.9	1 331.0	81.3	150.8
粮食播种面积	万亩	62.7	104.6	967.3	55.1	106.4
粮食总产量	万吨	14.2	10.2	176.6	12.4	18.2
# 小麦	万吨	—	—	90.8	6.7	10.5
棉花播种面积	万亩	—	—	262.8	20.0	35.0
棉花总产量	吨	—	—	100 241	8 455	9 797
油料播种面积	万亩	0.4	8.9	60.7	3.9	6.4

经济主要指标(1—11)

吴桥县	东光县	南皮县	盐山县	孟村回族自治县	海兴县	中捷农场
26.7	31.9	32.2	37.1	16.5	18.8	3.4
2.1	2.0	1.8	1.5	1.1	1.2	1.3
11.5	13.9	11.6	14.7	7.5	7.5	0.3
6.0	7.8	6.6	8.1	4.1	4.0	0.2
579	710	836	796	384	866	—
2.9	**3.5**	**2.9**	**2.6**	**1.6**	**1.6**	**0.8**
6.8	**7.9**	**5.8**	**5.2**	**3.5**	**3.4**	**1.9**
6.0	6.9	5.3	4.1	2.8	2.8	1.7
2.5	**2.8**	**2.4**	**2.1**	**1.3**	**1.3**	**0.8**
53 465	**58 366**	**39 882**	**38 033**	**25 332**	**24 034**	**3 603**
27 364	24 101	23 171	18 485	8 253	9 030	3 465
20 650	20 877	17 771	15 542	6 799	5 962	1 886
70	36	53	62	80	136	46
3 606	1 315	3 701	2 244	1 078	997	640
3 008	1 807	1 575	602	266	915	508
30	66	71	35	30	1 020	385
16 077	28 245	14 276	15 258	12 252	10 478	102
2 263	1 854	610	2 384	1 503	1 253	—
864	1 004	425	460	1 319	1 558	34
6 897	3 162	1 400	1 446	2 005	1 715	2
209 958	304 546	248 212	193 089	69 255	81 327	33 980
118	61	102	201	63	101	147
2 048	2 642	2 520	2 551	1 430	1 903	475
170 709	227 114	207 165	137 877	33 112	33 317	11 598
58.9	73.8	70.7	72.8	31.2	43.8	14.3
45.0	53.6	65.0	60.0	18.5	24.9	10.2
2 636	2 965	2 799	4 718	2 679	793	315
11 396	14 992	13 304	12 524	4 541	4 866	1 016
621	707	466	439	180	51	35
50.7	52.9	45.5	29.4	16.4	9.7	0.7
78.8	94.6	97.6	104.3	48.5	60.0	14.3
41.0	55.3	62.1	72.3	38.1	50.4	10.9
10.9	12.0	14	12.2	5.6	5.8	1.5
6.1	6.4	6.3	7.1	3.0	2.8	0.7
33.4	36.2	29.4	26.8	6.0	4.6	0.1
18 991	16 817	8 913	8 718	1 829	765	34
0.7	1.3	2.3	3.1	3.6	2.8	2.5

指标名称	单位	南大港农场	衡水地区	冀县	枣强县	武邑县
一、人口、劳动力和土地面积						
年末总人口	万人	3.8	388.4	35.7	35.9	29.9
# 非农业人口	万人	1.1	33.0	2.4	2.4	1.7
年末乡村劳动力	万人	—	160.9	16.4	14.0	12.9
# 男劳动力	万人	—	84.0	8.4	7.1	6.6
地表总面积	平方公里	—	8 815	918	894	822
二、国民生产总值	**亿元**	**0.6**	**50.9**	**5.8**	**5.2**	**3.3**
三、社会总产值	**亿元**	**1.7**	**110.8**	**13.4**	**12.6**	**6.9**
# 工农业总产值	亿元	1.5	96.4	12.3	11.8	6.2
四、国民收入	**亿元**	**0.5**	**43.4**	**5.2**	**4.6**	**2.8**
五、农村社会总产值	**万元**	**5 030**	**821 899**	**103 290**	**104 774**	**47 770**
农业总产值	万元	5 030	302 661	36 592	26 930	24 033
种植业产值	万元	2 767	218 846	28 211	20 349	16 055
林业产值	万元	76	2 501	249	187	260
牧业产值	万元	578	57 160	5 115	4 116	5 874
副业产值	万元	843	23 053	2 360	2 251	1 821
渔业产值	万元	766	1 101	657	27	23
农村工业产值	万元	—	421 859	59 496	71 737	19 426
农村建筑业产值	万元	—	33 381	1 437	2 695	1 810
农村运输业产值	万元	—	21 192	1 891	1 151	896
农村商业、饮食业产值	万元	—	42 806	3 874	2 261	1 605
六、农业						
农业机械总动力	千瓦	32 947	2 621 419	202 939	169 312	159 301
大中型农用拖拉机	混合台	109	1 354	155	102	64
小型拖拉机	台	803	58 688	5 991	3 158	3 965
农用排灌动力机械	千瓦	4 953	1 800 520	107 546	114 192	102 217
年末实有耕地面积	万亩	13.5	878.3	93.0	94.2	80.3
机耕面积	万亩	13.0	656.7	72.1	65.0	48.0
农村用电量	万千瓦小时	767	34 944	4 429	4 907	3 158
化肥施用量（折纯）	吨	1 005	103 482	9 612	6 903	8 470
农药施用量	吨	38	5 789	879	547	524
有效灌溉面积	万亩	0.3	510.5	55.6	41.6	33.7
农作物总播种面积	万亩	18.0	1 149.8	112.1	117.2	105.7
粮食播种面积	万亩	16.0	780.4	70.6	71.0	67.4
粮食总产量	万吨	3.0	175.6	14.8	15.0	13.5
# 小麦	万吨	0.6	95.7	8.0	8.2	7.2
棉花播种面积	万亩	0.1	266.0	35.3	35.0	23.0
棉花总产量	吨	32	114 910	19 035	11 739	9 250
油料播种面积	万亩	1.6	51.5	3.1	3.9	5.0

经 济 主 要 指 标（1－12）

深 县	武强县	饶阳县	安平县	故城县	景 县	阜城县
54.9	19.9	26.9	29.7	43.1	47.5	31.2
3.1	1.3	1.8	1.8	3.0	2.7	1.9
24.7	8.5	11.8	13.7	17.2	19.2	12.0
12.8	4.4	6.4	7.3	8.9	10.3	6.4
1 244	451	573	493	942	1 183	697
6.3	**2.8**	**2.7**	**2.9**	**5.0**	**4.8**	**3.4**
13.9	**5.9**	**5.9**	**6.4**	**10.1**	**9.9**	**7.8**
11.8	5.0	5.3	5.8	8.7	8.7	7.0
5.4	**2.5**	**2.3**	**2.5**	**4.3**	**4.3**	**3.0**
119 116	**49 112**	**43 269**	**48 745**	**83 938**	**86 815**	**69 351**
46 634	12 617	21 897	21 794	36 259	33 176	24 284
31 910	8 953	16 621	15 127	24 615	24 928	18 106
113	191	137	148	434	341	340
11 139	2 046	3 676	4 957	5 442	7 141	4 149
3 447	1 417	1 454	1 528	5 671	753	1 671
25	10	9	34	97	13	18
57 447	29 176	16 652	23 242	30 899	41 461	36 751
6 229	2 496	1 493	1 013	5 815	5 002	1 731
2 752	2 221	1 428	780	3 393	1 800	1 605
6 054	2 602	1 799	1 916	7 572	5 376	4 980
480 095	168 827	196 033	193 461	375 927	314 864	197 553
277	100	101	100	132	78	49
12 104	4 134	4 074	4 400	4 835	7 091	2 190
303 330	120 241	136 151	133 844	312 652	228 923	161 724
130.2	45.4	58.0	49.9	83.9	119.3	68.8
102.7	26.3	46.2	47.3	76.9	74.6	48.6
3 225	1 471	2 950	2 883	2 652	2 697	2 927
24 244	3 721	4 722	7 466	12 163	12 868	6 680
1 010	140	227	247	725	794	449
93.4	22.5	32.0	45.5	52.8	60.9	41.7
164.3	58.0	76.8	72.8	120.4	157.4	92.5
113.3	41.9	48.9	53.9	85.7	111.6	62.4
25.7	7.8	12.0	14.9	21.7	23.2	16.0
15.5	4.1	5.5	7.9	11.4	12.8	8.6
36.0	11.2	17.6	12.3	28.4	31.0	24.0
15 971	4 639	10 014	6 456	12 803	9 864	9 600
10.1	2.6	7.5	3.3	2.8	8.1	1.8

指标名称	单位	石家庄市	井陉县	获鹿县	正定县	栾城县
油料总产量	吨	20 401	952	2 001	14 732	1 982
# 花生	吨	19 683	539	1 876	14 715	1 922
糖料播种面积	万亩	—	—	—	—	—
糖料总产量	吨	—	—	—	—	—
干鲜果总产量	万吨	4.1	0.2	0.7	1.5	0.6
# 水果	万吨	4.0	0.2	0.6	1.5	0.6
当年造林面积	百亩	951	866	52	26	—
出栏肉猪头数	万头	83.6	6.8	16.3	36.1	16.9
猪牛羊肉产量	万吨	6.3	0.6	1.3	2.4	1.3
奶类产量	吨	26 532	65	2 515	6 898	3 113
绵羊毛产量	吨	116	12	40	54	7
禽蛋产量	万吨	3.8	0.3	0.6	1.2	0.8
年末大牲畜头数	万头	7.7	3.0	1.4	1.5	1.1
年末猪存栏头数	万头	74.4	6.2	14.9	30.1	16.5
年末羊存栏只数	万只	12.1	5.1	2.6	1.6	1.6
水产品总产量	吨	1 476	378	760	180	62
# 淡水产品产量	吨	1 476	378	760	180	62
七、工业						
工业总产值	亿元	192.4	4.7	15.0	11.0	6.5
# 全民所有制工业	亿元	117.4	1.6	2.0	3.4	2.4
集体所有制工业	亿元	28.0	0.8	2.2	2.1	1.0
乡及乡以上工业产值	亿元	155.1	2.5	4.3	5.5	3.4
轻工业产值	亿元	77.3	1.0	1.6	2.0	1.5
重工业产值	亿元	77.7	1.5	2.6	3.6	1.9
全民独立核算工业企业主要财务指标						
年末固定资产原值	亿元	92.8	1.2	1.0	3.0	2.1
定额流动资金年平均余额	亿元	34.2	0.6	0.6	1.7	1.0
利税总额	万元	117 598	782	1 893	660	2 305
全员劳动生产率	元	39 543	16 390	33 789	30 186	35 917
百元固定资产原值实现的产值	元	124.2	140.4	190.5	90.5	115.4
百元固定资产原值实现的利税	元	12.7	6.7	18.7	2.2	11.1
百元资金实现的利税	元	11.5	5.5	14.2	1.6	8.3
百元工业总产值实现的利税	元	10.2	4.8	9.8	2.5	9.6
百元销售收入实现的利税	元	10.8	5.9	11.8	2.6	10.5
集体独立核算工业企业主要财务指标						
年末固定资产原值	亿元	14.3	0.4	1.2	0.9	0.6

经济主要指标(2-1)

唐山市	丰润县	丰南县	滦　县	滦南县	乐亭县	迁安县
165 525	18 909	8 628	42 081	25 131	6 413	32 975
164 908	18 862	8 582	42 059	25 122	6 382	32 853
—	—	—	—	—	—	—
607	—	—	—	—	607	—
19.4	1.6	0.4	0.9	1.0	4.2	2.1
17.4	1.6	0.4	0.9	1.0	4.2	1.9
2 899	170	334	321	222	102	340
229.9	35.6	19.1	23.1	19.5	10.3	33.3
20.0	3.1	1.6	2.5	1.7	0.9	2.8
46 073	5 271	2 157	977	3 245	1 562	348
316	87	3	—	2	21	51
7.2	1.1	1.1	0.3	0.8	0.8	0.2
49.7	6.6	5	6.2	5.7	4.6	4.7
217.3	32.4	16.6	23.3	19.6	9.1	34.7
40.3	6.3	3.3	5.0	2.2	2.1	5.4
106 094	1 551	22 668	482	37 981	20 402	400
23 384	1 551	5 618	482	2 020	1 432	400
201.8	10.4	20.3	6.0	6.9	5.1	12.1
110.7	2.0	5.7	1.1	2.3	2.6	3.7
49.7	3.6	9.3	1.8	2.3	1.7	4.4
162.9	5.7	15.1	2.9	5.0	4.3	8.1
48.8	1.3	5.3	1.3	3.2	3.5	2.8
114.1	4.4	9.8	1.6	1.8	0.8	5.3
158.2	1.4	12.1	1.3	1.4	1.8	3.2
24.5	0.8	1.5	0.3	0.4	0.5	1.1
89 610	1 482	3 169	992	1 852	1 510	3 163
24 884	25 357	39 372	21 312	43 476	22 522	28 018
65.2	146.7	47.1	89.7	145.5	118.8	114.9
5.7	10.9	2.6	7.9	13.0	8.4	9.9
6.2	8.4	2.6	7.5	11.7	8.4	9.3
8.7	7.4	5.6	8.8	9.0	7.1	8.6
8.6	6.6	5.8	8.6	9.3	8.5	8.3
21.6	1.2	3.1	0.8	1.1	0.9	3.0

指标名称	单位	迁西县	遵化县	玉田县	唐海县	秦皇岛市
油料总产量	吨	1 836	16 599	4 435	201	30 672
# 花生	吨	1 628	16 522	4 389	201	30 229
糖料播种面积	万亩	—	—	—	—	2.1
糖料总产量	吨	—	—	—	—	29 478
干鲜果总产量	万吨	1.8	5.1	0.9	0.3	17.3
# 水果	万吨	0.7	4.5	0.8	0.3	16.9
当年造林面积	百亩	616	385	355	10	1 736
出栏肉猪头数	万头	15	41.9	17.5	1.9	76.8
猪牛羊肉产量	万吨	1.3	3.3	1.6	0.1	6.9
奶类产量	吨	2 063	3 719	27	—	12 543
绵羊毛产量	吨	3	109	37	—	260
禽蛋产量	万吨	0.2	0.9	0.7	0.2	1.9
年末大牲畜头数	万头	2.3	4.7	6.1	0.2	20.4
年末猪存栏头数	万头	16.0	35.8	14.7	2.0	83.7
年末羊存栏只数	万只	4.1	5.9	3.4	0.2	23.0
水产品总产量	吨	1 200	1 525	1 429	16 032	22 883
# 淡水产品产量	吨	1 200	1 525	1 337	5 925	1 232
七、工业						
工业总产值	亿元	7.3	10.5	8.4	6.4	46.2
# 全民所有制工业	亿元	3.1	2.7	2.2	6.1	27.2
集体所有制工业	亿元	2.6	4.2	2.8	3.6	9.8
乡及乡以上工业产值	亿元	5.7	6.9	5.0	6.4	39.4
轻工业产值	亿元	1.0	2.5	3.1	3.6	16.3
重工业产值	亿元	4.7	4.4	1.9	2.8	23.1
全民独立核算工业企业主要财务指标						
年末固定资产原值	亿元	1.7	2.0	1.9	16.2	27.3
定额流动资金年平均余额	亿元	0.8	0.7	0.6	1.1	9.5
利税总额	万元	3 948	1 241	423	−4 375	21 792
全员劳动生产率	元	31 512	25 906	33 543	21 866	26 977
百元固定资产原值实现的产值	元	168.9	130.5	111.1	20.8	96.0
百元固定资产原值实现的利税	元	22.6	6.3	22.8	−2.7	8.0
百元资金实现的利税	元	18.8	5.5	20.1	−2.7	7.1
百元工业总产值实现的利税	元	13.4	4.8	20.5	−10.9	8.3
百元销售收入实现的利税	元	13.7	5.0	18.7	−22.2	8.6
集体独立核算工业企业主要财务指标						
年末固定资产原值	亿元	1.7	2.0	1.2	—	5.6

经 济 主 要 指 标 (2—2)

青龙满族自治县	昌黎县	抚宁县	卢龙县	邯郸市	邯郸县	邢台市
591	14 193	8 704	6 460	2 996	1 491	4 029
374	14 144	8 601	6 386	1 955	1 365	3 501
—	2.1	—	—	—	—	—
—	29 199	279	—	—	—	—
5.7	2.1	6.9	1.3	2.0	0.9	1.7
5.4	2.1	6.8	1.3	1.9	0.9	1.5
835	250	277	344	428	4	1 165
20.9	15.9	16.5	18.7	13.3	7.5	6.5
1.9	1.4	1.5	1.7	1.3	0.6	0.6
39	3 470	877	5 227	7 489	2 332	1023
25	114	52	65	113	34	24
0.3	0.3	0.4	0.3	1.5	0.7	0.4
3.7	6.2	3.7	6.2	7.1	1.4	4.8
24.3	15.9	18.5	21.3	17.0	9.7	8.8
10.0	4.2	3.7	4.9	17.6	5.1	4.6
134	5 767	2 730	345	344	120	172
134	304	328	345	344	120	172
1.4	5.1	6.6	2.9	109.8	5.3	42.3
0.6	1.5	1.7	1.3	74.4	0.5	34.8
0.3	1.5	2.7	0.7	15.1	1.2	5.6
1.0	3.0	4.4	2.0	91.6	1.7	40.4
0.4	1.9	2.1	0.7	27.5	0.7	9.5
0.6	1.1	2.3	1.3	64.1	1.0	30.9
0.7	1.1	1.4	1.0	76.8	0.3	38.3
0.3	0.7	0.5	0.4	19.9	0.2	10.3
111	660	1 224	1 414	38 214	354	26 305
12 598	20 577	23 706	20 506	23 681	16 244	29 781
74.5	127.8	119.1	121.2	94.6	176.9	90.5
1.6	5.8	8.9	13.6	5.0	13.7	6.9
1.3	4.3	7.7	12.9	5.4	9.7	6.8
2.2	4.5	7.5	11.2	5.3	7.8	7.6
2.1	4.9	7.4	11.1	5.3	10.3	7.8
0.2	0.6	1.2	0.5	6.8	0.4	2.8

指标名称	单位	邢台县	保定市	满城县	清苑县	张家口市
油料总产量	吨	3 746	17 560	3 141	14 402	5 565
# 花生	吨	3 252	17 015	3 047	13 951	23
糖料播种面积	万亩	—	—	—	—	1.8
糖料总产量	吨	—	—	—	—	54494
干鲜果总产量	万吨	1.3	2.4	1.8	0.3	0.5
# 水果	万吨	1.1	2.4	1.8	0.3	0.5
当年造林面积	百亩	1 163	256	255	1	408
出栏肉猪头数	万头	5.4	29.1	13.4	13.2	11.9
猪牛羊肉产量	万吨	0.5	2.5	1.1	1.2	1.1
奶类产量	吨	533	5 815	95	528	8 223
绵羊毛产量	吨	21	80	27	46	172
禽蛋产量	万吨	0.3	1.3	0.4	0.6	0.8
年末大牲畜头数	万头	4.7	6.8	1.9	4.5	4.4
年末猪存栏头数	万头	7.4	29.4	14.7	12.9	9.4
年末羊存栏只数	万只	4.3	8.7	4.9	3.5	15.8
水产品总产量	吨	112	414	146	90	199
# 淡水产品产量	吨	112	414	146	90	199
七、工业						
工业总产值	亿元	4.4	58.1	4.2	3.9	59.7
# 全民所有制工业	亿元	1.6	41.3	1.3	0.4	45.9
集体所有制工业	亿元	1.8	15.5	2.5	3.5	13.5
乡及乡以上工业产值	亿元	3.3	49.9	2.2	1.0	56.0
轻工业产值	亿元	1.1	26.8	1.3	0.7	25.1
重工业产值	亿元	2.2	23.1	0.9	0.3	30.9
全民独立核算工业企业主要财务指标						
年末固定资产原值	亿元	1.5	36.5	0.9	0.4	50.1
定额流动资金年平均余额	亿元	0.8	14.1	0.5	0.1	34.4
利税总额	万元	765	53 478	−61	−534	71 674
全员劳动生产率	元	16 581	35 700	24 112	12 474	32 917
百元固定资产原值实现的产值	元	103.5	112.4	147.4	89.9	102.4
百元固定资产原值实现的利税	元	5.2	14.6	−0.7	−13.4	16.2
百元资金实现的利税	元	5.3	13.8	−0.5	−13.1	10.5
百元工业总产值实现的利税	元	5.0	13.0	−0.5	−14.9	15.8
百元销售收入实现的利税	元	4.9	13.5	−0.4	−11.0	16.4
集体独立核算工业企业主要财务指标						
年末固定资产原值	亿元	0.8	3.6	0.4	0.2	4.8

经 济 主 要 指 标(2-3)

宣化县	承德市	承德县	廊坊市	三河县	大厂回族自治县	香河县
4 629	1 093	1 032	46 641	905	980	2 267
22	844	794	34 804	480	836	2 171
1.2	—	—	—	—	—	—
37 731	—	—	—	—	—	—
0.3	2.5	2.4	7.0	0.7	0.1	0.3
0.3	2.5	2.4	7.0	0.7	0.1	0.3
297	1 831	1 677	767	34	1	43
7.8	24.9	20.0	83.5	24.8	2.8	6.5
0.7	2.0	1.6	7.7	2.6	0.4	0.6
1 736	1 047	10	4 889	135	60	38
110	10	8	319	23	7	6
0.5	0.8	0.7	3.4	0.7	0.1	0.6
3.0	4.3	3.9	25.4	5.0	2.1	3.3
6.3	30.0	25.2	84.1	24.2	3.2	6.9
12.0	7.3	5.8	68.8	20.6	3.0	4.9
106	232	111	6 549	1 325	521	537
106	232	111	4 337	1 325	521	537
4.3	28.0	3.3	87.4	12.1	4.2	8.7
0.5	22.9	1.1	14.4	0.7	0.9	0.6
3.8	4.9	2.2	16.8	3.6	1.2	3.0
1.9	26.7	2.6	31.5	4.4	2.3	3.6
0.5	13.1	1.6	16.0	2.1	0.8	2.4
1.4	13.6	1.0	15.5	2.3	1.5	1.2
0.4	22.1	0.7	9.5	0.6	0.5	0.4
0.2	9.2	0.2	5.1	0.3	0.3	0.2
−229	16 779	987	17 866	1 484	666	682.0
15 824	26 054	28 645	25 928	21 681	39 080	28 958
97.2	103.1	153.9	135.6	125.6	165.7	130.3
−4.7	7.6	15.0	18.8	24.8	12.0	15.2
−3.8	6.7	14.7	15.1	22.4	9.5	12.0
−4.8	7.4	9.7	13.8	19.7	7.3	11.7
−5.0	7.7	10.6	13.5	19.1	7.6	14.1
0.8	1.7	0.6	5.2	1.5	0.4	0.8

指 标 名 称	单 位	永清县	固安县	文安县	大城县	沧州市
油料总产量	吨	8 016	6 892	2 953	6 066	10 042
# 花生	吨	6 210	6 438	931	4 088	5 400
糖料播种面积	万亩	—	—	—	—	—
糖料总产量	吨	—	—	—	—	—
干鲜果总产量	万吨	1.5	1.4	0.5	0.7	2.9
# 水果	万吨	1.5	1.4	0.5	0.7	2.9
当年造林面积	百亩	215	21	46	114	—
出栏肉猪头数	万头	8.8	15.0	2.3	4.5	8.8
猪牛羊肉产量	万吨	0.8	1.3	0.3	0.4	1.0
奶类产量	吨	251	2 915	—	—	136
绵羊毛产量	吨	63	73	47	15	40
禽蛋产量	万吨	0.4	0.2	0.2	0.2	0.8
年末大牲畜头数	万头	2.1	2.1	1.9	4.1	14.9
年末猪存栏头数	万头	8.7	15.9	1.6	6.1	11.3
年末羊存栏只数	万只	7.6	5.3	6.1	7.9	25.2
水产品总产量	吨	107	80	1652	358	545
# 淡水产品产量	吨	107	80	670	358	545
七、工业						
工业总产值	亿元	6.0	3.6	13.5	8.2	33.8
# 全民所有制工业	亿元	0.9	0.8	0.8	0.7	15.7
集体所有制工业	亿元	1.1	1.1	1.8	0.9	9.5
乡及乡以上工业产值	亿元	2.0	1.9	2.5	1.8	25.6
轻工业产值	亿元	1.1	1.0	1.2	0.9	8.2
重工业产值	亿元	0.9	0.9	1.3	0.9	17.5
全民独立核算工业企业主要财务指标						
年末固定资产原值	亿元	0.8	0.7	0.4	0.4	14.5
定额流动资金年平均余额	亿元	0.5	0.5	0.2	0.2	2.7
利税总额	万元	1 529	620	657	1 195	15 515
全员劳动生产率	元	22 227	20 321	23 902	22 610	46 693
百元固定资产原值实现的产值	元	105.0	98.4	109.5	160.3	105.0
百元固定资产原值实现的利税	元	18.1	8.3	15.9	30.4	10.7
百元资金实现的利税	元	13.3	5.8	13.5	25.0	12.2
百元工业总产值实现的利税	元	17.3	8.5	14.5	19.0	10.2
百元销售收入实现的利税	元	16.1	9.0	14.5	20.3	10.6
集体独立核算工业企业主要财务指标						
年末固定资产原值	亿元	0.4	0.5	0.6	0.3	4.6

经济主要指标(2—4)

沧县	青县	邯郸地区	大名县	魏县	曲周县	丘县
4 580	5 242	28 816	15 231	909	2 093	1 474
2 820	2 434	26 633	15 138	613	1 560	1 380
—	—	—	—	—	—	—
—	—	—	—	—	—	—
2.2	0.5	14.4	2.0	5.3	0.4	0.3
2.2	0.5	14.0	2.0	5.3	0.4	0.3
—	—	1848	201	134	136	5
5.8	2.3	71.8	11.8	11.9	4.2	1.1
0.6	0.3	6.6	0.9	1.2	0.4	0.2
17	8	1 926	6	20	23	—
24	14	957	118	106	82	12
0.3	0.3	7.9	0.2	0.6	1.7	0.1
9.0	5.2	33.5	5.1	2.8	3.4	1.5
7.0	3.3	91.4	15.9	14.2	5.7	2.0
10.5	13.4	102.2	10.7	10.6	9.9	1.6
150	367	4 684	235	50	710	56
150	367	4 684	235	50	710	56
5.0	7.2	50.9	3.4	4.0	5.0	2.1
0.8	0.7	12.1	0.4	0.5	0.8	0.7
2.0	1.7	15.4	1.6	1.5	1.7	0.9
2.9	2.6	28.7	2.0	2.0	2.6	1.5
1.0	1.6	16.2	1.5	1.5	1.8	1.1
1.9	0.9	12.6	0.5	0.5	0.7	0.4
0.6	0.5	10.0	0.3	0.5	0.7	0.4
0.2	0.3	8.7	0.2	0.4	0.5	0.3
1 356	506	6 714	443	92	450	373
24 255	19 924	18 538	14 871	17 013	19 627	26 807
137.0	131.0	116.1	137.1	86.9	125.7	148.6
23.2	10.4	6.7	15.3	1.8	6.9	8.8
19.6	8.3	5.6	12.6	1.5	5.5	8.2
16.9	7.9	5.8	11.1	2.1	5.5	5.9
13.8	7.0	6.0	10.2	1.8	6.3	6.3
0.8	0.7	4.5	0.4	0.4	0.3	0.3

指标名称	单位	鸡泽县	肥乡县	广平县	成安县	临漳县
油料总产量	吨	137	560	652	1 592	1 119
# 花生	吨	126	372	571	1 557	1 056
糖料播种面积	万亩	—	—	—	—	—
糖料总产量	吨	—	—	—	—	—
干鲜果总产量	万吨	—	0.9	0.5	0.6	1.1
# 水果	万吨	—	0.9	0.5	0.6	1.1
当年造林面积	百亩	6	164	102	4	96
出栏肉猪头数	万头	1.4	4.0	3.7	3.9	5.2
猪牛羊肉产量	万吨	0.1	0.4	0.3	0.4	0.6
奶类产量	吨	7	12	4	487	37
绵羊毛产量	吨	50	110	67	121	84
禽蛋产量	万吨	0.4	0.5	0.3	0.6	0.4
年末大牲畜头数	万头	1.2	3.6	0.9	1.8	2.3
年末猪存栏头数	万头	2.2	7.6	4.6	4.2	6.3
年末羊存栏只数	万只	3.0	6.6	5.0	11.7	10.4
水产品总产量	吨	22	29	23	17	5
# 淡水产品产量	吨	22	29	23	17	5
七、工业						
工业总产值	亿元	1.8	3.1	1.9	3.5	3.2
# 全民所有制工业	亿元	0.3	0.5	0.7	0.7	0.7
集体所有制工业	亿元	0.6	1.2	0.4	1.2	1.1
乡及乡以上工业产值	亿元	0.9	1.7	1.1	1.9	1.8
轻工业产值	亿元	0.7	1.2	0.5	1.5	1.2
重工业产值	亿元	0.2	0.6	0.7	0.4	0.6
全民独立核算工业企业主要财务指标						
年末固定资产原值	亿元	0.2	0.4	0.5	0.6	0.6
定额流动资金年平均余额	亿元	0.3	0.6	0.4	0.6	0.4
利税总额	万元	210	344	464	310	434
全员劳动生产率	元	21 506	17 232	26 805	15 236	15 810
百元固定资产原值实现的产值	元	124.7	128.4	140.6	112.1	105.9
百元固定资产原值实现的利税	元	9.0	9.0	9.2	5.6	6.8
百元资金实现的利税	元	6.6	5.5	7.5	4.6	6.1
百元工业总产值实现的利税	元	7.2	6.9	6.9	4.8	4.8
百元销售收入实现的利税	元	6.8	7.5	7.6	5.0	7.1
集体独立核算工业企业主要财务指标						
年末固定资产原值	亿元	0.1	0.4	0.1	0.3	0.2

经济主要指标(2—5)

磁县	涉县	永年县	馆陶县	邢台地区	临城县	内丘县
930	313	2 837	969	46 306	2 669	2 641
618	49	2 649	944	40 747	2 468	2 418
—	—	—	—	—	—	—
—	—	—	—	—	—	—
0.6	0.9	1.6	0.2	10.7	0.2	0.6
0.6	0.5	1.6	0.2	10.7	0.2	0.6
184	772	40	4	2 075	459	651
4.7	2.1	12.2	5.6	82.5	3.8	6.6
0.5	0.2	0.9	0.5	6.8	0.3	0.5
501	35	788	6	7 090		36
61	3	67	76	433	14	26
0.6	0.2	1.5	0.8	5.9	0.1	0.2
2.8	2.7	2.3	3.1	49.2	2.0	2.9
7.2	3.3	10.8	7.4	82.6	4.3	7.3
8.0	5.4	13.2	6.1	55.6	3.1	2.5
1 844	410	1 213	70	922	93	50
1 844	410	1 213	70	922	93	50
6.3	4.4	8.1	2.1	58.3	2.3	2.1
1.3	1.0	2.2	0.4	12.7	0.5	0.7
1.5	1.1	1.5	1.0	15.5	0.8	0.6
2.8	3.2	3.7	1.4	28.3	1.3	1.3
1.0	0.6	2.0	1.2	17.9	0.3	0.6
1.8	2.6	1.7	0.2	10.4	0.9	0.7
1.0	1.3	2.1	0.2	9.5	0.4	1.0
1.1	0.8	1.7	0.2	8.9	0.5	0.6
1 967	4	688	546	10 107	1 067	769
11 404	21 569	18 877	22 883	18 331	14 797	15 032
125.9	72.7	103.8	203.5	184.9	161.3	105.9
18.8	…	3.3	28.0	15.5	20.7	9.0
16.0	…	2.7	20.8	12.1	17.5	8.3
15.0	…	3.2	13.8	8.4	12.8	8.5
16.1	…	3.2	17.2	11.5	16.5	11.7
0.6	0.6	0.6	0.2	4.7	0.4	0.3

指标名称	单位	柏乡县	隆尧县	任县	南河县	宁晋县
油料总产量	吨	2 799	3 407	943	1 708	3 946
# 花生	吨	2 792	3 152	607	1 263	3 797
糖料播种面积	万亩	—	—	—	—	—
糖料总产量	吨	—	—	—	—	—
干鲜果总产量	万吨	2.1	0.3	0.3	0.4	1.8
# 水果	万吨	2.1	0.3	0.3	0.4	1.8
当年造林面积	百亩	—	19	1	22	2
出栏肉猪头数	万头	4.7	7.7	5.1	4.7	9.2
猪牛羊肉产量	万吨	0.4	0.6	0.4	0.4	0.7
奶类产量	吨	10	2	10	120	6 205
绵羊毛产量	吨	4	21	20	12	7
禽蛋产量	万吨	0.5	0.4	0.2	0.3	0.3
年末大牲畜头数	万头	1.3	1.6	1.0	1.9	3.8
年末猪存栏头数	万头	4.8	8.5	4.6	4.2	9.3
年末羊存栏只数	万只	1.8	3.4	2.3	2.0	1.8
水产品总产量	吨	5	14	14	4	20
# 淡水产品产量	吨	5	14	14	4	20
七、工业						
工业总产值	亿元	1.8	4.8	2.8	2.6	6.0
# 全民所有制工业	亿元	0.6	0.9	0.5	0.3	1.5
集体所有制工业	亿元	0.7	1.2	0.7	0.4	1.2
乡及乡以上工业产值	亿元	1.3	2.1	1.2	0.7	2.8
轻工业产值	亿元	0.9	1.3	0.8	0.5	1.8
重工业产值	亿元	0.4	0.9	0.4	0.2	0.9
全民独立核算工业企业主要财务指标						
年末固定资产原值	亿元	0.5	0.7	0.3	0.2	0.8
定额流动资金年平均余额	亿元	0.6	0.9	0.2	0.2	1.0
利税总额	万元	99	910	467	98	1 225
全员劳动生产率	元	18 220	20 272	14 856	16 734	16 732
百元固定资产原值实现的产值	元	193.5	193.4	184.8	184.8	207.1
百元固定资产原值实现的利税	元	8.0	15.5	19.8	9.3	15.8
百元资金实现的利税	元	5.2	10.5	16.0	7.0	12.2
百元工业总产值实现的利税	元	4.1	8.0	10.7	5.0	7.6
百元销售收入实现的利税	元	4.7	12.0	11.9	7.6	9.4
集体独立核算工业企业主要财务指标						
年末固定资产原值	亿元	0.2	0.3	0.2	0.2	0.5

经 济 主 要 指 标 (2—6)

巨鹿县	新河县	广宗县	平乡县	威　县	清河县	临西县
3 741	1 850	3 992	1 194	7 521	1 079	734
2 960	1 758	3 617	514	6 907	937	659
—	—	—	—	—	—	—
—	—	—	—	—	—	—
0.7	0.5	0.8	0.1	1.1	0.2	0.3
0.7	0.5	0.8	0.1	1.1	0.2	0.3
53	4	6	65	254	—	1
5.4	3.4	4.8	2.4	6.1	2.1	2.5
0.4	0.3	0.4	0.2	0.6	0.2	0.2
15	5	—	135	42	35	161
59	15	30	14	71	17	61
0.3	0.2	0.3	0.2	0.3	0.2	0.2
4.2	2.2	3.8	2.2	6.2	3.2	3.6
6.1	3.4	4.2	2.4	6.8	2.1	2.7
3.5	2.0	2.6	2.2	7.7	2.4	5.2
40	140	18	50	72	138	76
40	140	18	50	72	138	76
3.6	2.5	1.3	2.3	3.6	4.6	3.0
0.6	0.6	0.2	0.3	0.3	0.4	0.7
1.1	1.0	0.4	0.4	1.2	1.2	1.2
1.7	1.6	0.6	0.7	1.5	1.5	1.9
1.2	1.1	0.4	0.5	1.3	1.0	1.5
0.5	0.5	0.2	0.2	0.2	0.5	0.4
0.3	0.3	0.1	0.2	0.3	0.2	0.6
0.6	0.5	0.1	0.2	0.4	0.2	0.4
383	373	180	313	177	227	684
15 289	22 642	21 977	18 838	22 838	26 502	28 489
268.6	239.7	236.7	264.4	194.6	308.5	221.5
17.5	12.0	33.5	28.0	13.0	31.2	18.5
9.5	7.5	23.1	20.6	9.8	30.4	16.0
6.5	5.0	14.2	10.6	6.7	10.1	8.3
10.0	8.2	19.2	14.5	10.7	16.5	10.4
0.2	0.3	0.1	0.1	0.3	0.3	0.3

指标名称	单位	石家庄地区	深泽县	无极县	赵县	新乐县
油料总产量	吨	92 397	2 044	5 315	6 798	22 521
# 花生	吨	90 782	1 942	5 296	6 693	22 521
糖料播种面积	万亩	—	—	—	—	—
糖料总产量	吨	—	—	—	—	—
干鲜果总产量	万吨	40.4	0.6	1.5	9.8	1.4
# 水果	万吨	39.5	0.6	1.5	9.8	1.4
当年造林面积	百亩	3 979	—	50	—	158
出栏肉猪头数	万头	241.6	7.1	30.0	14.7	28.1
猪牛羊肉产量	万吨	19.7	0.5	2.8	1.1	2.2
奶类产量	吨	15 759	2	326	40	3 200
绵羊毛产量	吨	1 333	39	112	31	121
禽蛋产量	万吨	8.8	0.2	0.7	0.7	0.7
年末大牲畜头数	万头	51.1	0.8	6.6	2.9	3.9
年末猪存栏头数	万头	227.3	6.7	24.5	16.5	23.1
年末羊存栏只数	万只	77.7	1.6	5.9	2.3	6.5
水产品总产量	吨	3 863	87	26	14	20
# 淡水产品产量	吨	3 863	87	26	14	20
七、工业						
工业总产值	亿元	98.0	2.6	7.0	7.4	9.8
# 全民所有制工业	亿元	22.2	0.3	1.2	2.2	1.8
集体所有制工业	亿元	21.4	1.0	1.2	1.6	1.9
乡及乡以上工业产值	亿元	43.6	1.2	2.4	3.8	3.7
轻工业产值	亿元	22.8	0.8	1.4	2.9	2.5
重工业产值	亿元	20.8	0.4	1.0	1.0	1.2
全民独立核算工业企业主要财务指标						
年末固定资产原值	亿元	14.4	0.2	0.6	1.2	0.9
定额流动资金年平均余额	亿元	8.2	0.2	0.5	0.7	0.6
利税总额	万元	18 986	—278	1 519	2 413	898
全员劳动生产率	元	26 597	12 287	27 575	27 818	40 582
百元固定资产原值实现的产值	元	150.4	101.0	209.8	174.6	178.4
百元固定资产原值实现的利税	元	13.1	—15.3	24.1	20.1	10.0
百元资金实现的利税	元	9.8	—8.4	15.1	14.5	6.9
百元工业总产值实现的利税	元	8.7	—15.2	11.5	11.5	5.6
百元销售收入实现的利税	元	10.5	—18.2	14.4	13.1	7.2
集体独立核算工业企业主要财务指标						
年末固定资产原值	亿元	8.5	0.4	0.4	0.8	0.5

经济主要指标(2-7)

高邑县	元氏县	赞皇县	平山县	灵寿县	行唐县	保定地区
4 008	4 567	6 680	1 470	1 808	8 066	105 136
3 939	4 402	6 528	1 340	1 742	7 942	101 396
—	—	—	—	—	—	—
—	—	—	—	—	—	—
0.4	0.6	1.6	1.5	0.5	1.3	21.7
0.4	0.5	1.3	1.1	0.4	1.3	21.4
4	299	913	1 440	679	400	5 466
6.0	16.1	10.0	20.1	15.7	17.8	224,3
0.5	1.3	0.9	1.7	1.3	1.4	20.0
100	223	790	405	746	5 242	1 897
30	118	95	94	107	23	413
0.3	0.6	0.3	0.6	0.4	0.3	5.6
0.2	2.9	4.0	6.0	4.3	3.4	48.3
5.9	18.7	9.5	18.1	14.6	18.6	248.1
1.7	5.6	6.9	10.0	8.6	5.0	110.2
6	150	112	2 300	560	203	15 273
6	150	112	2 300	560	203	13 816
2.6	8.7	2.7	5.8	3.5	4.3	77.0
0.5	1.7	1.0	1.8	0.6	0.9	22.2
0.7	1.6	0.8	1.2	0.9	0.9	12.9
1.2	3.3	1.8	3.0	1.5	1.8	35.7
0.9	1.8	0.6	1.0	0.5	1.2	14.5
0.4	1.5	1.3	2.0	1.1	0.7	21.2
0.5	0.9	0.9	1.1	0.3	0.5	19.4
0.4	0.5	0.3	0.6	0.3	0.4	8.2
260	1 873	1 067	1 249	187	503	15 964
16 960	28 714	18 906	23 147	28 033	30 345	18 947
105.2	167.4	114.7	148.3	187.3	180.0	103.1
4.9	20.0	12.5	11.5	5.4	10.0	8.2
2.9	14.6	10.2	8.7	3.5	6.1	7.1
4.6	12.0	10.9	7.8	2.9	5.6	8.0
6.5	14.3	13.6	10.3	3.9	7.6	8.3
0.3	0.6	0.2	0.7	0.4	0.3	4.7

指标名称	单位	易县	徐水县	涞源县	定兴县	完县
油料总产量	吨	4 688	4 703	173	10 001	1 981
# 花生	吨	4 520	4 634	91	9 857	1 876
糖料播种面积	万亩	—	—	—	—	—
糖料总产量	吨	—	—	—	—	—
干鲜果总产量	万吨	1.1	1.4	0.6	0.5	1.9
# 水果	万吨	1.1	1.4	0.5	0.5	1.9
当年造林面积	百亩	830	53	1 074	13	20
出栏肉猪头数	万头	18.5	18.5	4.3	18.0	8.5
猪牛羊肉产量	万吨	1.5	1.8	0.4	1.4	0.6
奶类产量	吨	135	220	1	104	65
绵羊毛产量	吨	23	18	4	36	1
禽蛋产量	万吨	0.3	0.3	0.1	0.4	0.1
年末大牲畜头数	万头	6.1	3.5	3.2	2.5	1.8
年末猪存栏头数	万头	26.0	18.2	5.4	20.5	8.2
年末羊存栏只数	万只	14.5	3.4	5.0	7.8	2.8
水产品总产量	吨	1 919	146	51	83	63
# 淡水产品产量	吨	1 919	146	51	83	63
七、工业						
工业总产值	亿元	2.6	6.4	2.0	2.1	1.6
# 全民所有制工业	亿元	0.8	2.6	1.4	0.3	0.3
集体所有制工业	亿元	0.6	0.6	0.1	1.1	0.5
乡及乡以上工业产值	亿元	1.4	3.2	1.5	1.4	0.7
轻工业产值	亿元	0.5	0.7	0.1	0.8	0.6
重工业产值	亿元	0.9	2.5	1.4	0.6	0.1
全民独立核算工业企业主要财务指标						
年末固定资产原值	亿元	0.8	0.5	1.8	0.3	0.3
定额流动资金年平均余额	亿元	0.3	0.3	0.5	0.2	0.2
利税总额	万元	317	1 365	588	340	119
全员劳动生产率	元	15 180	23 954	13 757	13 088	15 338
百元固定资产原值实现的产值	元	103.0	156.0	76.9	95.0	83.3
百元固定资产原值实现的利税	元	4.1	25.9	3.3	10.3	3.6
百元资金实现的利税	元	3.7	19.7	3.4	7.8	2.6
百元工业总产值实现的利税	元	4.0	16.6	4.2	10.8	4.3
百元销售收入实现的利税	元	3.7	14.8	4.1	10.4	4.8
集体独立核算工业企业主要财务指标						
年末固定资产原值	亿元	0.2	0.2	0.1	0.4	0.1

经 济 主 要 指 标(2—8)

唐 县	望都县	涞水县	高阳县	安新县	雄 县	容城县
1 603	1 861	2 936	3 852	522	4 812	2 700
1 332	1 680	2 844	3 740	441	3 717	2 618
—	—	—	—	—	—	—
—	—	—	—	—	—	—
0.3	0.5	1.1	0.3	0.2	0.4	0.2
0.3	0.5	1.0	0.3	0.2	0.4	0.2
380	1	911	—	3	181	—
11.3	13.4	10.8	3.9	2.0	3.7	4.8
1.0	1.0	1.1	0.4	0.2	0.5	0.5
21	23	82	6	—	—	5
9	19	18	28	17	31	17
0.3	0.4	0.3	0.2	0.2	0.2	0.1
3.2	0.5	2.1	1.3	0.9	0.9	1.0
13.7	12.0	11.7	5.5	2.7	4.4	5.8
9.9	2.5	18.0	1.7	1.1	2.9	0.7
1 110	20	105	278	8 300	462	440
1 110	20	105	278	6 900	405	440
1.4	2.3	1.7	4.0	2.5	4.8	3.1
0.7	0.8	0.7	1.4	0.3	0.2	0.3
0.3	0.8	0.5	0.5	0.1	0.7	0.2
1.0	1.6	1.2	1.9	0.4	0.9	0.7
0.3	0.9	0.6	1.6	0.3	0.6	0.5
0.7	0.7	0.6	0.3	0.1	0.3	0.2
0.8	0.5	0.7	0.7	0.2	0.3	0.2
0.4	0.2	0.2	0.5	0.1	0.2	0.1
783	683	455	963	244	147	277
14 152	21 485	12 367	29 564	22 285	13 186	14 724
89.2	171.6	103.5	202.6	153.2	76.1	142.9
9.7	14.6	6.9	14.4	11.7	4.5	17.9
8.0	13.0	7.2	10.0	10.8	3.4	12.6
10.9	8.5	6.7	7.1	7.6	5.9	12.5
10.5	8.0	7.8	8.4	6.4	5.8	10.8
0.1	0.2	0.2	0.1	0.1	0.2	0.1

指标名称	单位	新城县	曲阳县	阜平县	博野县	蠡县
油料总产量	吨	8 455	2 350	299	4 543	4 084
# 花生	吨	8 218	2 180	267	4 484	3 905
糖料播种面积	万亩	—	—	—	—	—
糖料总产量	吨	—	—	—	—	—
干鲜果总产量	万吨	1.1	2.6	1.5	1.5	0.4
# 水果	万吨	1.1	2.6	1.4	1.5	0.4
当年造林面积	百亩	41	151	1 348	—	3
出栏肉猪头数	万头	8.9	10.5	4.1	6.4	7.9
猪牛羊肉产量	万吨	0.9	1.1	0.3	0.7	0.7
奶类产量	吨	—	37	55	—	8
绵羊毛产量	吨	30	8	3	22	20
禽蛋产量	万吨	0.2	0.2	0.1	0.3	0.3
年末大牲畜头数	万头	2.0	5.9	2.2	1.1	1.6
年末猪存栏头数	万头	11.5	11.4	4.9	8.2	7.8
年末羊存栏只数	万只	5.7	8.2	7.7	1.4	1.3
水产品总产量	吨	62	669	638	18	20
# 淡水产品产量	吨	62	669	638	18	20
七、工业						
工业总产值	亿元	5.5	2.3	0.5	1.4	9.1
# 全民所有制工业	亿元	1.7	0.8	0.3	0.2	0.3
集体所有制工业	亿元	1.3	0.2	0.2	0.5	0.4
乡及乡以上工业产值	亿元	3.0	1.0	0.4	0.6	0.7
轻工业产值	亿元	0.6	0.3	0.2	0.4	0.6
重工业产值	亿元	2.4	0.7	0.2	0.2	0.1
全民独立核算工业企业主要财务指标						
年末固定资产原值	亿元	1.1	0.9	0.5	0.2	0.2
定额流动资金年平均余额	亿元	0.4	0.3	0.1	0.1	0.2
利税总额	万元	1 539	527	14	152	173
全员劳动生产率	元	32 622	7 796	7 748	15 147	13 093
百元固定资产原值实现的产值	元	157.9	89.3	55.2	106.0	99.2
百元固定资产原值实现的利税	元	14.3	6.0	0.3	9.3	7.4
百元资金实现的利税	元	12.8	5.6	0.3	6.4	5.0
百元工业总产值实现的利税	元	9.0	6.7	0.5	8.8	7.4
百元销售收入实现的利税	元	9.5	6.0	0.6	10.7	5.0
集体独立核算工业企业主要财务指标						
年末固定资产原值	亿元	0.4	0.1	0.1	0.2	0.2

经 济 主 要 指 标(2—9)

张家口地区	张北县	康保县	沽源县	尚义县	蔚 县	阳原县
60 308	6 265	7 416	7 535	4 930	8 749	4 316
1 369	—	—	—	—	20	46
10.3	3.8	0.9	0.4	0.7	0.1	0.4
105 645	18 044	2 877	2 068	2 884	1 198	5 296
14.5	—	—	—	0.1	1.1	0.5
14.3	—	—	—	0.1	1.1	0.5
7 299	604	516	560	544	554	254
67.6	9.4	6.5	3.4	4.5	7.2	4.0
7.8	1.2	0.8	0.5	0.5	0.8	0.4
11 541	3 574	187	1 654	564	656	108
4 336	1 268	905	797	400	163	128
2.8	0.3	0.3	0.1	0.1	0.4	0.3
52.7	8.5	4.9	5.6	4.6	5.5	3.2
77.3	12.2	7.8	6.2	6.1	5.9	3.6
182.2	25.8	22.4	22.2	12.7	20.1	13.6
2 262	200	16	196	38	189	63
2 262	200	16	196	38	189	63
26.3	1.7	1.3	0.4	0.8	3.1	1.8
13.9	0.8	0.9	0.2	0.5	1.1	0.6
4.9	0.6	0.2	0.1	0.2	0.7	0.5
19.9	1.4	1.1	0.3	0.7	1.8	1.1
9.7	1.2	1.0	0.2	0.5	1.0	0.6
10.2	0.2	0.1	0.1	0.2	0.8	0.5
11.6	0.5	0.4	0.1	0.6	1.4	0.6
6.1	0.3	0.6	0.1	0.3	0.7	0.3
6 975	21	570	83	373	988	595
21 253	23 650	30 622	31 645	11 560	11 772	16 520
115.0	168.0	225.0	221.5	117.0	738.0	84.9
6.0	0.5	14.3	9.4	6.1	17.0	10.0
4.8	0.3	6.1	6.3	4.5	6.9	8.2
5.2	0.3	6.3	4.2	5.2	9.6	11.8
3.8	0.3	8.7	5.1	6.8	10.2	12.2
2.7	0.3	0.1	0.1	0.1	0.4	0.3

指　标　名　称	单　位	怀安县	万全县	怀来县	涿鹿县	赤城县
油料总产量	吨	5 032	2 505	3 118	7 183	1 895
# 花生	吨	—	16	223	1 064	—
糖料播种面积	万亩	0.6	3.2	0.1	—	—
糖料总产量	吨	9 845	59 203	3 485	—	9
干鲜果总产量	万吨	0.4	0.2	5.7	6.1	0.2
# 水果	万吨	0.4	0.2	5.7	6.1	0.1
当年造林面积	百亩	393	454	115	1 671	1 043
出栏肉猪头数	万头	4.6	3.4	4.0	11.2	7.1
猪牛羊肉产量	万吨	0.4	0.4	0.4	1.1	1.0
奶类产量	吨	157	191	1 307	2 872	43
绵羊毛产量	吨	64	109	25	127	126
禽蛋产量	万吨	0.3	0.2	0.1	0.5	0.1
年末大牲畜头数	万头	2.4	1.6	2.4	3.4	7.9
年末猪存栏头数	万头	6.5	3.8	4.5	8.8	9.1
年末羊存栏只数	万只	9.2	7.7	5.7	13.5	20.4
水产品总产量	吨	83	75	1 203	81	115
# 淡水产品产量	吨	83	75	1 203	81	115
七、工业						
工业总产值	亿元	1.6	1.8	5.1	3.0	1.2
# 全民所有制工业	亿元	0.6	0.6	2.6	1.7	0.5
集体所有制工业	亿元	0.4	0.3	0.7	0.6	0.3
乡及乡以上工业产值	亿元	1.0	0.9	4.3	2.3	0.8
轻工业产值	亿元	0.5	0.4	2.4	0.9	0.2
重工业产值	亿元	0.5	0.5	1.9	1.4	0.6
全民独立核算工业企业主要财务指标						
年末固定资产原值	亿元	0.4	0.4	1.9	1.3	0.6
定额流动资金年平均余额	亿元	0.2	0.3	1.2	0.7	0.3
利税总额	万元	156	184	2 077	1 323	—3
全员劳动生产率	元	30 666	26 633	27 904	18 977	17 036
百元固定资产原值实现的产值	元	129.0	134.0	132.6	132.5	84.1
百元固定资产原值实现的利税	元	3.7	4.5	11.1	10.6	—0.05
百元资金实现的利税	元	2.5	5.8	8.8	8.5	...
百元工业总产值实现的利税	元	2.8	3.3	8.4	8.0	—0.1
百元销售收入实现的利税	元	3.1	3.1	8.1	8.4	—0.1
集体独立核算工业企业主要财务指标						
年末固定资产原值	亿元	0.2	0.2	0.4	0.2	0.2

经 济 主 要 指 标 (2—10)

崇礼县	承德地区	宽城满族自治县	兴隆县	平泉县	滦平县	丰宁满族自治县
1 364	8 949	27	135	235	127	4 509
—	474	17	116	171	82	52
0.1	4.9	—	—	—	—	1.0
736	39 596	—	—	25	368	5 757
0.2	11.3	1.9	4.6	1.1	1.0	0.9
0.1	10.1	1.7	3.9	1.1	1.0	0.7
591	10 355	773	864	900	941	2 458
2.3	97.2	7.1	14.9	12.3	17.4	14.4
0.3	9.4	0.6	1.2	1.2	1.5	1.7
228	6 889	—	40	135	19	2 369
224	2 250	1	4	366	5	470
0.1	1.3	0.1	0.3	0.3	0.2	0.1
2.7	49.2	0.9	1.1	5.2	3.0	15.2
2.8	110.4	9.8	17.3	16.6	18.0	15.2
8.9	115.0	8.2	6.6	16.0	10.9	30.8
3	1 039	454	211	91	85	61
3	1 039	454	211	91	85	61
1.1	18.1	1.6	4.8	3.4	1.6	1.6
0.6	8.2	0.8	2.1	1.4	0.7	0.8
0.3	4.4	0.4	1.1	1.0	0.5	0.3
0.9	12.6	1.1	3.2	2.3	1.1	1.1
0.4	5.6	0.2	1.5	1.1	0.4	0.7
0.5	7.0	0.9	1.8	1.3	0.8	0.4
0.7	6.6	0.8	1.7	1.0	0.7	0.3
0.2	3.5	0.3	0.8	0.6	0.3	0.5
571	5 430	1 406	1 548	950	51	346
20 867	19 286	16 764	21 358	20 364	16 904	20 140
85.3	116.3	100.2	119.8	131.2	91.3	165.3
7.7	8.3	18.4	8.9	9.4	0.7	10.2
4.7	6.5	17.6	7.4	7.3	0.6	6.7
9.0	7.1	18.4	7.4	7.2	0.8	6.2
9.7	7.0	19.0	6.9	7.4	0.8	7.6
0.1	2.5	0.2	1.7	0.6	0.2	0.1

指标名称	单位	隆化县	围场满族蒙古族自治县	沧州地区	肃宁县	献县
油料总产量	吨	241	3 675	40 643	4 050	4 272
# 花生	吨	36	—	25 443	3 829	3 723
糖料播种面积	万亩	0.2	3.7	—	—	—
糖料总产量	吨	2 078	31 368	—	—	—
干鲜果总产量	万吨	1.0	0.8	20.1	1.0	1.4
# 水果	万吨	0.9	0.8	20.1	1.0	1.4
当年造林面积	百亩	1 362	3 057	60	2	13
出栏肉猪头数	万头	15.3	15.8	46.0	4.9	5.4
猪牛羊肉产量	万吨	1.5	1.7	4.4	0.4	0.5
奶类产量	吨	11	4 315	3 823	—	—
绵羊毛产量	吨	199	1 205	248	26	28
禽蛋产量	万吨	0.2	0.1	2.5	0.3	0.2
年末大牲畜头数	万头	10.2	13.6	51.7	2.1	6.3
年末猪存栏头数	万头	16.4	17.1	62.3	6.5	8.9
年末羊存栏只数	万只	17.9	24.6	67.5	2.5	5.4
水产品总产量	吨	68	69	66 287	29	145
# 淡水产品产量	吨	68	69	3 843	29	145
七、工业						
工业总产值	亿元	1.7	2.8	60.4	2.5	3.0
# 全民所有制工业	亿元	0.8	1.0	13.3	0.2	0.3
集体所有制工业	亿元	0.3	0.8	18.6	1.0	1.1
乡及乡以上工业产值	亿元	1.1	1.8	32.1	1.2	1.4
轻工业产值	亿元	0.6	0.9	18.7	1.0	0.9
重工业产值	亿元	0.5	0.9	13.4	0.1	0.4
全民独立核算工业企业主要财务指标						
年末固定资产原值	亿元	0.5	0.7	8.5	0.2	0.3
定额流动资金年平均余额	亿元	0.3	0.6	4.2	0.1	0.1
利税总额	万元	338	588	11 192	133	181
全员劳动生产率	元	23 276	18 850	23 592	10 453	17 063
百元固定资产原值实现的产值	元	144.5	121.2	120.0	94.5	105.7
百元固定资产原值实现的利税	元	6.6	9.0	13.2	7.9	6.9
百元资金实现的利税	元	4.8	5.7	10.4	5.1	5.5
百元工业总产值实现的利税	元	4.6	7.4	11.0	8.3	6.5
百元销售收入实现的利税	元	4.8	6.8	10.8	6.9	6.5
集体独立核算工业企业主要财务指标						
年末固定资产原值	亿元	0.2	0.7	7.5	0.5	0.4

经 济 主 要 指 标 (2—11)

吴桥县	东光县	南皮县	盐山县	孟村回族自治县	海兴县	中捷农场
887	1 405	1 260	1 423	2 877	1 497	1 302
824	1 299	965	931	2 184	296	25
—	—	—	—	—	—	—
—	—	—	—	—	—	—
0.8	0.5	3.0	1.1	1.1	0.2	0.1
0.8	0.5	3.0	1.1	1.1	0.2	0.1
—	—	—	1	—	3	7
3.2	1.6	2.9	2.4	0.4	0.5	—
0.3	0.2	0.3	0.2	0.1	0.1	—
—	—	—	3	—	—	3 610
33	19	15	5	4	10	4
0.3	0.1	0.2	0.2	0.1	—	—
3.7	2.9	5.1	4.5	2.7	2.4	0.3
3.8	2.2	3.4	4.1	0.8	0.6	0.1
4.7	4.6	5.6	6.4	4.8	3.0	0.7
72	165	170	85	74	2 533	343
72	165	170	85	74	106	188
3.3	4.5	3.0	2.3	2.0	1.9	1.4
0.7	0.7	0.5	0.4	0.5	0.4	1.4
1.8	1.9	1.4	1.0	0.5	0.8	—
2.4	2.7	1.8	1.4	1.0	1.2	1.4
2.0	1.7	1.1	1.0	0.4	0.9	0.8
0.4	1.0	0.7	0.4	0.6	0.3	0.7
0.5	0.5	0.4	0.3	0.3	0.2	—
0.3	0.3	0.3	0.3	0.1	0.1	—
300	683	446	359	668	329	—
21 209	28 394	17 775	24 986	23 976	31 278	—
134.1	121.8	110.6	131.5	185.5	84.1	—
6.1	13.5	10.8	11.9	23.0	15.6	—
4.2	9.8	8.2	7.2	19.5	14.3	—
4.6	11.1	9.8	9.1	12.4	18.6	—
4.5	10.7	9.1	11.2	13.0	16.7	—
0.9	0.8	0.8	0.3	0.1	0.5	—

指　标　名　称	单　位	南大港农场	衡水地区	冀　县	枣强县	武邑县
油料总产量	吨	744	41 656	2 930	2 360	2 650
# 花生	吨	29	36 603	2 371	1 929	2 337
糖料播种面积	万亩	—	—	—	—	—
糖料总产量	吨	—	—	—	—	—
干鲜果总产量	万吨	—	10.0	1.5	0.6	0.8
# 水果	万吨	—	10.0	1.5	0.6	0.8
当年造林面积	百亩	2	310	5	24	—
出栏肉猪头数	万头	—	81.6	6.3	6.7	7.2
猪牛羊肉产量	万吨	—	7.0	0.5	0.6	0.8
奶类产量	吨	—	694	4	45	15
绵羊毛产量	吨	2	521	27	53	74
禽蛋产量	万吨	0.1	3.9	0.5	0.2	0.3
年末大牲畜头数	万头	0.3	47.7	4.7	3.4	6.0
年末猪存栏头数	万头	—	91.0	6.3	7.9	7.6
年末羊存栏只数	万只	0.2	61.6	3.2	5.3	11.7
水产品总产量	吨	335	3 647	2 420	68	72
# 淡水产品产量	吨	70	3 647	2 420	68	72
七、工业						
工业总产值	亿元	1.0	66.2	8.7	9.1	3.8
# 全民所有制工业	亿元	1.0	12.2	0.8	0.6	0.5
集体所有制工业	亿元	—	26.8	4.6	5.7	2.1
乡及乡以上工业产值	亿元	1.0	39.0	5.5	6.3	2.6
轻工业产值	亿元	0.3	24.7	4.0	3.6	1.9
重工业产值	亿元	1.2	14.3	1.5	2.7	0.7
全民独立核算工业企业主要财务指标						
年末固定资产原值	亿元	—	10.2	1.3	0.6	0.3
定额流动资金年平均余额	亿元	—	4.7	0.4	0.4	0.2
利税总额	万元	—	8 944	471	611	490
全员劳动生产率	元	—	24 109	21 074	22 237	23 813
百元固定资产原值实现的产值	元	—	117.0	59.0	105.0	175.0
百元固定资产原值实现的利税	元	—	8.8	3.6	10.2	18.9
百元资金实现的利税	元	—	7.0	3.0	6.9	11.1
百元工业总产值实现的利税	元	—	7.5	6.1	9.7	10.8
百元销售收入实现的利税	元	—	7.6	6.1	9.3	11.2
集体独立核算工业企业主要财务指标						
年末固定资产原值	亿元	—	7.8	1.3	1.4	0.7

经 济 主 要 指 标(2—12)

深　县	武强县	饶阳县	安平县	故城县	景　县	阜城县
7 111	1 249	8 224	2 796	4 352	5 791	1 456
6 851	840	7 377	2 689	3 938	4 811	1 068
—	—	—	—	—	—	—
—	—	—	—	—	—	—
2.3	0.2	0.3	0.4	0.7	0.6	2.3
2.3	0.2	0.3	0.4	0.7	0.6	2.3
2	174	—	—	—	89	15
15.2	3.3	6.6	8.3	8.2	9.3	6.1
1.3	0.3	0.5	0.6	0.7	0.8	0.5
80	—	13	—	100	15	3
114	25	35	36	43	42	33
1.0	0.1	0.3	0.3	0.3	0.4	0.3
7.7	2.0	2.2	1.2	4.9	8.6	4.3
15.8	4.3	7.3	9.4	8.5	11.7	7.3
9.1	2.7	2.9	2.3	5.7	8.0	5.6
78	32	34	83	243	39	90
78	32	34	83	243	39	90
7.2	3.8	3.1	3.6	5.1	5.4	4.6
0.8	0.4	0.8	0.3	0.5	0.4	0.4
2.5	1.3	1.2	1.2	2.1	1.7	1.4
3.3	1.7	2.0	1.5	2.6	2.1	1.8
1.9	1.4	1.7	0.7	1.5	1.0	1.4
1.4	0.3	0.3	0.8	1.1	1.1	0.4
0.8	0.2	0.6	0.3	0.3	0.3	0.2
0.4	0.1	0.4	0.2	0.2	0.2	0.3
234	645	189	86	327	244	255
23 354	27 289	19 026	19 936	25 355	23 875	22 265
106.0	245.0	118.0	104.0	150.0	128.0	163.0
3.0	40.0	3.0	2.8	9.7	9.0	10.8
2.3	26.4	2.1	2.1	6.8	6.9	5.7
2.8	16.4	2.5	2.7	6.5	7.0	6.6
2.9	13.5	2.7	2.4	6.3	6.4	6.8
0.8	0.3	0.3	0.3		0.5	0.3

指标名称	单位	石家庄市	井陉县	获鹿县	正定县	栾城县
定额流动资金年平均余额	亿元	9.3	0.1	0.6	0.8	0.4
利税总额	万元	20 241	472	2 148	1 918	609
全员劳动生产率	元	23 618	7 301	25 111	24 461	18 659
百元固定资产原值实现的产值	元	184.6	161.7	171.0	218.3	167.8
百元固定资产原值实现的利税	元	14.1	11.3	17.3	20.6	10.1
百元资金实现的利税	元	10.6	9.6	13.5	13.1	7.6
百元工业总产值实现的利税	元	7.6	7.0	9.9	9.5	6.0
百元销售收入实现的利税	元	8.3	8.7	11.9	11.6	6.9
八、固定资产投资						
全民固定资产投资	万元	180 322	1 982	2 327	5 342	111
集体固定资产投资	万元	9 882	—	113	497	—
九、运输业						
公路货物运输量（系统内）	万吨	622.0	19.7	25.8	4.3	0.5
公路旅客运输量（系统内）	万人	828.0	—	—	—	—
十、商业						
社会商业机构数	个	35 201	2 894	3 507	4 671	3 007
社会商业人员数	万人	14.9	0.7	0.7	1.1	0.7
社会商品零售总额	万元	432 797	17 040	24 441	30 439	11 570
# 消费品零售额	万元	338 103	13 287	17 313	19 389	4 973
十一、财政						
地方财政收入	万元	120 451	5 254	6 029	4 187	2 263
# 工商税收	万元	106 894	4 540	5 323	3 271	1 841
地方财政支出	万元	55 986	4 229	4 209	3 810	2 379
十二、劳动工资						
全部职工人数	万人	84.5	2.9	2.4	3.4	1.9
# 全民所有制单位	万人	66.8	2.3	1.7	2.8	1.6
职工工资总额	万元	195 520	4 863	4 188	6 166	3 170
# 计件超额工资及奖金	万元	49 139	715	683	1 190	478
十三、教育						
中等专业学校在校学生数	人	22 827	187	100	1 223	—
中等专业学校专任教师数	人	2 930	28	13	112	—
普通中学在校学生数	万人	12.8	1.5	1.5	2.1	1.4
普通中学专任教师数	人	9 848	1 085	1 113	1 270	999
小学在校学生数	万人	29.0	3.3	4.1	5.9	4.0
小学专任教师数	人	11 780	1 520	1 491	1 976	1 266
十四、卫生						
医院病床数	张	13 328	542	859	982	601
专业卫生技术人员	人	21 154	770	1 130	1 248	1 255
# 医生	人	11 141	448	671	678	783

经 济 主 要 指 标 (3—1)

唐山市	丰润县	丰南县	滦　县	滦南县	乐亭县	迁安县
14.3	1.1	2.1	0.3	0.8	0.6	1.1
44 825	3 140	7 295	1 757	1 294	904	5 024
19 999	25 357	18 403	16 479	22 696	28 945	19 615
221.9	297.6	189.8	216.8	201.1	293.4	142.4
20.8	26.3	10.1	21.8	11.9	23.3	16.6
14.7	15.9	7.2	19.1	7.8	16.2	13.6
9.4	8.8	5.3	10.0	5.9	7.9	11.7
10.9	9.5	7.2	11.9	6.9	10.5	12.8
219 748	5 455	5 980	2 495	6 291	7 308	3 543
12 145	609	882	261	1 550	100	1 338
901.0	23.0	13.0	23.0	24.0	12.0	31.0
1 625.0	—	—	—	—	—	—
88 848	9 311	6 670	6 602	8 732	5 950	6 810
18.3	1.5	1.2	1.0	1.2	1.0	1.5
667 419	49 318	41 675	42 417	35 943	31 685	32 624
558 838	35 458	33 617	35 067	25 231	18 930	26 358
129 825	6 446	10926	3 945	4 192	4 316	5 843
112 415	4 941	9960	2 778	2 962	3 113	4 682
82 617	4 676	5168	3 880	4 369	4 167	5 251
105.7	4.2	3.7	2.5	2.4	2.7	3.8
79.4	3.1	2.3	1.5	1.7	1.7	2.0
246 491	8 493	8045	4 616	4 482	4 752	6 987
56 517	1 884	1793	885	983	737	1 138
10 517	1 228	119	2 431	—	—	—
1 204	159	17	222	—	—	—
28.2	2.8	2.2	2.3	2.4	2.4	2.4
19 784	1 673	1569	1 588	1 645	1 496	1 621
72.9	7.5	5.8	5.5	5.9	5.2	6.8
27 829	2 151	2117	2 170	2 184	1 741	2 197
18 175	1 134	1347	743	853	746	603
24 445	1 702	1319	978	919	1 035	1 072
10 206	679	469	530	390	525	495

指标名称	单位	迁西县	遵化县	玉田县	唐海县	秦皇岛市
定额流动资金年平均余额	亿元	1.0	1.6	0.9	—	3.0
利税总额	万元	1 798	4 811	2 342	—	11 830
全员劳动生产率	元	22 810	20 980	19 834	—	17 212
百元固定资产原值实现的产值	元	146.1	203.4	220.7	—	164.4
百元固定资产原值实现的利税	元	10.7	23.9	19.6	—	21.1
百元资金实现的利税	元	8.1	15.3	13.4	—	16.6
百元工业总产值实现的利税	元	7.3	11.8	8.9	—	12.8
百元销售收入实现的利税	元	8.3	13.1	10.6	—	13.8
八、固定资产投资						
全民固定资产投资	万元	1 412	2 280	7 177	34 425	140 638
集体固定资产投资	万元	1 012	2 113	2 113	281	2 272
九、运输业						
公路货物运输量（系统内）	万吨	12.0	17.0	8.0	7.0	492.0
公路旅客运输量（系统内）	万人	—	—	—	—	554.0
十、商业						
社会商业机构数	个	4 470	8 568	6 886	1 695	28 696
社会商业人员数	万人	0.8	1.6	1.3	0.3	6.7
社会商品零售总额	万元	22 144	63 233	32 760	14 324	218 000
# 消费品零售额	万元	19 031	46 321	21 695	10 299	188 988
十一、财政						
地方财政收入	万元	3 998	6 117	5 583	1 799	51 448
# 工商税收	万元	2 839	4 802	4 308	1 371	38 352
地方财政支出	万元	3 913	5 294	4 825	1 676	37 292
十二、劳动工资						
全部职工人数	万人	3.1	4.3	2.8	6.6	34.7
# 全民所有制单位	万人	2.0	2.5	1.8	6.5	27.0
职工工资总额	万元	6 037	7 731	5 077	12 421	82 652.5
# 计件超额工资及奖金	万元	1 125	1 271	1 095	910	21 089.4
十三、教育						
中等专业学校在校学生数	人	181	195	998	—	7 303
中等专业学校专任教师数	人	18	46	71	—	892
普通中学在校学生数	万人	1.5	2.5	2.6	0.6	10.4
普通中学专任教师数	人	1 074	1 836	1 664	494	7 358
小学在校学生数	万人	4.1	6.7	8.1	1.3	26.1
小学专任教师数	人	1 829	2 937	2 515	638	9 947
十四、卫生						
医院病床数	张	746	972	905	483	5 796
专业卫生技术人员	人	903	1 190	1 125	754	9 870
# 医生	人	389	445	586	310	4 301

经 济 主 要 指 标 (3-2)

青龙满族自治县	昌黎县	抚宁县	卢龙县	邯郸市	邯郸县	邢台市
0.1	0.4	0.5	0.2	4.8	0.3	1.6
75	1 135	4 104	582	8 878	1040	1 685
10 355	15 513	21 335	12 771	18 863	20 121	15 771
139.7	239.2	200.0	150.9	196.3	278.5	174.4
3.5	19.0	33.4	12.8	13.0	24.5	6.0
2.5	13.7	30.0	9.6	9.6	17.6	4.7
2.5	7.9	16.7	8.5	6.6	8.8	3.4
3.0	9.6	17.5	9.8	7.4	11.2	4.2
1 278	1 188	730	2 064	117 851	1 158	51 113
36	170	284	178	4 484	110	2 185
2.0	22.0	57.0	30.0	199.0	1.0	74.7
93.0	—	—	—	31.0	—	4.0
3 777	6 130	6 492	4 721	16 511	1 701	5 373
0.9	1.2	1.2	0.9	7.9	0.4	3.0
13 621	41 037	29 823	23 203	246 212	10 274	106 660
11 292	32 316	22 753	16 309	220 482	7 722	92 147
2 338	4 929	6 207	2 967	63 779	2 828	19 264
1 280	3 304	4 418	1 723	57 560	2 488	16 556
3 678	4 108	4 746	3 039	29 408	2 573	12 538
1.9	3.1	2.5	2.0	64.7	1.6	25.0
1.6	2.3	1.8	1.5	53.3	1.1	20.3
3 437	5 618	4 724	3 864	160 829	2 827	56 747
466	967	865	781	36 746	373	12 485
405	1 080	543	—	6 140	68	5 501
49	123	46	—	659	14	473
2.0	2.4	2.2	1.6	7.5	1.0	3.8
1 484	1 449	1 604	971	5 947	509	2 481
5.7	6.0	5.7	4.2	22.0	4.6	9.7
2 213	1 853	2 283	1 567	8 827	1 561	3 883
685	1 310	608	570	11 573	282	4 608
742	1 449	1 053	750	15 343	328	6 793
344	518	532	250	6 770	203	3 185

指标名称	单位	邢台县	保定市	满城县	清苑县	张家口市
定额流动资金年平均余额	亿元	0.5	2.7	0.1	0.2	4.8
利税总额	万元	957	4 959	307	365	5 257
全员劳动生产率	元	20 709	16 549	12 871	16 662	16 534
百元固定资产原值实现的产值	元	211.1	199.0	114.7	245.4	192.3
百元固定资产原值实现的利税	元	11.6	13.9	7.2	16.8	11.1
百元资金实现的利税	元	9.0	9.3	6.3	11.5	6.6
百元工业总产值实现的利税	元	5.5	7.0	6.3	6.8	5.8
百元销售收入实现的利税	元	6.1	7.8	9.1	10.0	6.4
八、固定资产投资						
全民固定资产投资	万元	820	57 505	3 055	615	70 173
集体固定资产投资	万元	266	2 232	41	184	4 568
九、运输业						
公路货物运输量（系统内）	万吨	5.3	235.4	—	—	1 334.0
公路旅客运输量（系统内）	万人	—	49.9	—	—	148.0
十、商业						
社会商业机构数	个	2 964	9 647	1 926	3 448	9 394
社会商业人员数	万人	1.1	4.5	0.7	1.0	5.0
社会商品零售总额	万元	19 520	196 758	22 488	16 148	199 887
# 消费品零售额	万元	14 127	172 685	17 386	10 793	193 915
十一、财政						
地方财政收入	万元	2 777	57 625	2 387	2 615	68 234
# 工商税收	万元	2 080	42 389	1 798	1 594	65 875
地方财政支出	万元	3 117	29 514	2 894	3 250	26 826
十二、劳动工资						
全部职工人数	万人	2.9	32.1	2.3	2.0	37.0
# 全民所有制单位	万人	2.1	24.1	1.5	1.2	26.5
职工工资总额	万元	5 339	65 869	3 700	3 265	81 503
# 计件超额工资及奖金	万元	850	13 781	451	356	16 510
十三、教育						
中等专业学校在校学生数	人	—	8 299	—	—	4 827
中等专业学校专任教师数	人	—	1 000	—	—	461
普通中学在校学生数	万人	1.4	6.6	1.2	2.1	4.4
普通中学专任教师数	人	915	4 668	938	1 275	3 712
小学在校学生数	万人	5.8	19.9	5.9	8.7	9.6
小学专任教师数	人	2 245	8 509	2 184	3 641	4 848
十四、卫生						
医院病床数	张	521	7 383	816	372	5 526
专业卫生技术人员	人	899	9 164	635	768	8 248
# 医生	人	457	4 135	288	358	3 335

经 济 主 要 指 标（3—3）

宣化县	承德市	承德县	廊坊市	三河县	大厂回族自治县	香河县
0.4	1.4	0.4	5.2	1.4	0.3	0.7
1 129	2 528	1 245	19 057	5 886	1 770	3 504
19 017	11 559.1	12 722.3	18 726	21 275	20 188	29 116
152.5	204.1	247.1	242.3	229.3	264.5	364.9
13.3	15.1	21	30.1	39.2	40.8	41.7
10.6	9.7	15	19.8	24.2	27.5	26.3
8.7	7.4	8.5	12.4	17.1	15.4	11.4
11.7	8.3	10.0	12.6	17.6	16.2	19.0
1 108	36 047	3 836	38 529	3 466	1 398	671
337	3 752	1 315	9 408	930	398	5 078
331.0	296.0	165.0	99.6	18.0	25.4	5.3
148.0	333.0	102.0	613.9	—	15.0	—
2 459	7 452	3 139	40 178	4 735	2 090	630
0.7	2.6	0.8	10.8	1.2	0.5	1.2
11 762	87 088	22 433	223 965	22 128	10 169	2 0940
10 390	81 874	19 760	169 614	16 908	7 700	16 857
2 549	18 133	3 463	40 948	5 602	1 975	3 413
2 077	16 052	2 902	34 330	5 000	1 712	3 030
2 925	13 492	3 081	36 802	3 989	2 145	2 632
2.3	20.3	3.9	26.2	3.1	1.1	2.0
1.5	16.3	2.7	19.5	2.1	0.7	1.0
4 568	43 216	7 177	49 955	6 201	2 118	3 687
783	1 320	61	7 609	869	267	431
310	3 364	279	3 466	—	—	—
32	423	35	428	—	—	—
1.4	3.4	1.8	10.6	1.2	0.3	0.9
1 024	2 473	1 186	7 448	880	253	651
3.1	9.3	5.6	36.6	3.9	1.0	3.0
1 733	3 978	2 242	12 377	1 141	430	768
560	3 904	758	5 156	514	191	361
870	5 261	633	8 506	1 064	299	593
378	2 437	343	4 215	484	167	328

指标名称	单位	永清县	固安县	文安县	大城县	沧州市
定额流动资金年平均余额	亿元	0.2	0.3	0.3	0.4	3.4
利税总额	万元	1 212	889	1 893	1 021	6 664
全员劳动生产率	元	17 670	14 849	16 005	12 663	21 634
百元固定资产原值实现的产值	元	279.4	178.3	139.0	254.3	205.0
百元固定资产原值实现的利税	元	30.9	19.1	17.4	31.7	14.5
百元资金实现的利税	元	23.7	13.9	23.4	16.2	10.6
百元工业总产值实现的利税	元	11.1	10.7	12.5	12.5	7.1
百元销售收入实现的利税	元	18.0	13.0	12.0	14.3	8.3
八、固定资产投资						
全民固定资产投资	万元	522	3 005	1 392	508	32 883
集体固定资产投资	万元	77	176	678	291	3 076
九、运输业						
公路货物运输量（系统内）	万吨	4.4	17.4	1.3	17.5	181.0
公路旅客运输量（系统内）	万人	—	2.4	—	84.0	—
十、商业						
社会商业机构数	个	2 922	3 539	3 983	3 825	10 842
社会商业人员数	万人	0.8	1.0	1.0	1.0	3.3
社会商品零售总额	万元	15 668	21 995	20 747	18 822	110 489
# 消费品零售额	万元	10 381	14 679	15 127	13 114	86 452
十一、财政						
地方财政收入	万元	2 623	2 537	4 395	3 306	25 432
# 工商税收	万元	2 017	1 675	3 813	2 946	21 312
地方财政支出	万元	2 503	2 556	2 869	2 641	19 285
十二、劳动工资						
全部职工人数	万人	1.6	1.8	1.8	1.7	18.0
# 全民所有制单位	万人	1.2	1.3	1.4	1.2	12.5
职工工资总额	万元	2 815	3 250	3 114	2 806	34 387
# 计件超额工资及奖金	万元	329	397	453	339	6792
十三、教育						
中等专业学校在校学生数	人	—	—	—	—	5 335
中等专业学校专任教师数	人	—	—	—	—	480
普通中学在校学生数	万人	1.1	1.4	1.0	1.2	4.8
普通中学专任教师数	人	821	926	772	818	3 228
小学在校学生数	万人	4.0	4.5	4.0	4.7	14.3
小学专任教师数	人	1 337	1 596	1 400	1 331	5 599
十四、卫生						
医院病床数	张	388	514	594	358	3 578
专业卫生技术人员	人	556	702	648	686	5 161
# 医生	人	312	373	341	273	2 591

经 济 主 要 指 标 (3—4)

沧 县	青 县	邯郸地区	大名县	魏 县	曲周县	丘 县
0.9	0.6	5.0	0.6	0.4	0.6	0.6
1 934	1 491	8 990	473	1 415	1 159	458
18 147	18 223	21 118	15 275	20 677	25 904	33 051
234.0	222.0	277.8	242.6	285.7	427.4	340.2
22.6	19.8	19.8	11.2	34.2	39.1	17.6
13.3	14.2	14.7	7.4	22.8	27.1	16.1
9.7	8.9	7.1	4.6	12.0	9.2	5.2
11.1	12.0	10.0	6.1	15.5	14.3	4.5
1 278	1 448	23 011	502	514	942	793
148	117	2 591	458	584	611	169
22.0	50.0	134.8	1.1	—	2.2	1.3
—	—	2 840.9	—	—	—	—
4 699	2 408	38 963	3 658	5 349	2 972	1616
0.9	0.7	12.5	1.1	2.0	0.8	0.6
21 764	17 298	222 446	19 355	19 736	20 536	13 083
15 452	9 813	153 785	14 036	14 170	13 551	8 800
5 170	3 277	28 835	1 836	1 855	1 716	1 111
3 556	2 610	19 287	1 261	1 004	1 170	806
4 599	2 260	26 331	1 661	1 634	1 572	1 005
2.3	2.1	27.3	1.9	1.9	1.7	1.1
1.4	1.3	20.0	1.3	1.4	1.1	0.8
3 991	3 079	44 726	3 113	2 919	2 639	1 823
693	374	4 526	298	235	267	173
74	46	5 783	—	—	—	—
10	7	555	—	—	—	—
2.3	1.1	14.3	1.5	1.7	0.9	0.5
1 234	802	9 793	1 193	1 382	553	287
7.5	3.5	72.4	8.9	10.1	4.3	2.6
2 440	1 679	20 785	2 232	3 169	1 190	534
651	445	8 161	822	615	435	310
814	557	7 402	651	672	516	230
436	293	3 350	279	335	226	84

指标名称	单位	鸡泽县	肥乡县	广平县	成安县	临漳县
定额流动资金年平均余额	亿元	0.3	0.2	0.1	0.5	0.2
利税总额	万元	316	543	173	526	248
全员劳动生产率	元	36 269	18 031	12 688	28 556	33 606
百元固定资产原值实现的产值	元	598.5	184.2	228.2	416.0	529.1
百元固定资产原值实现的利税	元	33.6	13.6	21.9	19.2	12.6
百元资金实现的利税	元	14.3	11.4	12.4	9.3	9.5
百元工业总产值实现的利税	元	5.6	7.4	9.6	4.6	2.4
百元销售收入实现的利税	元	4.7	10.9	11.5	5.4	12.4
八、固定资产投资						
全民固定资产投资	万元	650	634	510	424	673
集体固定资产投资	万元	—	543	105	45	27
九、运输业						
公路货物运输量(系统内)	万吨	1.3	—	1.0	3.4	3.5
公路旅客运输量(系统内)	万人	—	—	—	—	—
十、商业						
社会商业机构数	个	1 442	2 325	2 547	1 387	2 809
社会商业人员数	万人	0.5	0.6	0.8	0.4	1.3
社会商品零售总额	万元	2 928	13 824	7 944	11 614	15 436
# 消费品零售额	万元	3 852	8 623	4 070	7 894	8 870
十一、财政						
地方财政收入	万元	1 002	1 296	1 110	1 592	1 681
# 工商税收	万元	602	830	660	982	991
地方财政支出	万元	870	1 214	999	1 434	1 550
十二、劳动工资						
全部职工人数	万人	0.9	1.2	1.2	1.6	1.8
# 全民所有制单位	万人	0.6	0.9	0.8	1.1	1.4
职工工资总额	万元	1 307	1 961	1 594	2 678	2 988
# 计件超额工资及奖金	万元	117	181	165	259	292
十三、教育						
中等专业学校在校学生数	人	—	—	—	—	—
中等专业学校专任教师数	人	—	—	—	—	—
普通中学在校学生数	万人	0.4	0.7	0.4	1.4	1.5
普通中学专任教师数	人	300	609	321	782	963
小学在校学生数	万人	3.4	3.6	2.7	3.6	6.9
小学专任教师数	人	1 043	1 011	769	1 209	2 015
十四、卫生						
医院病床数	张	279	382	216	424	631
专业卫生技术人员	人	237	227	214	366	598
# 医生	人	110	121	109	182	219

经 济 主 要 指 标 (3—5)

磁 县	涉 县	永年县	馆陶县	邢台地区	临城县	内丘县
0.5	0.4	0.4	0.2	4.4	0.3	0.2
1 523	784	921	381	11 961	569	377
12 385	13 654	27 495	35 788	18 654	13 211	18 863
181.1	169.4	215.3	528.4	303.8	190.0	237.3
24.6	12.8	14.5	21.4	25.3	14.1	14.8
20.1	11.4	12.9	16.7	19.8	12.6	11.8
13.6	7.6	6.7	4.0	8.3	7.4	6.3
14.9	10.4	13.1	10.7	13.8	12.1	10.1
2 375	3 261	1 984	719	24 166	1 834	1 617
—	49	—	—	2 410	—	—
3.5	1.7	2.2	1.4	918.0	63.0	34.0
—	—	31.3	—	1 831.0	15.0	18.0
3 845	2 801	5 442	2 515	33 300	454	659
0.8	0.8	2.1	0.7	10.1	0.2	0.3
21 376	24 298	36 454	10 862	200 766	11 363	7 155
16 815	19 719	26 540	6 845	132 897	8 819	4 814
3 893	5 115	3 570	1 300	25 986	1 068	1 207
2 800	4 471	2 305	1 000	18 340	833	820
3 448	4 662	3 196	1 164	37 303	1 547	1 809
2.8	2.6	3.6	1.3	27.6	1.4	1.4
2.1	1.5	2.8	0.7	20.0	1.0	1.1
4 944	4 159	5 495	1 894	46 989	2 348	2 460
420	287	607	148	6 642	326	373
—	—	—	—	6 684	—	—
—	—	—	—	616	—	—
1.7	0.9	1.9	0.8	17.9	0.8	0.8
1 019	644	1 258	482	11 868	513	472
9.2	3.5	10.5	3.1	70.4	2.3	3.7
2 425	1 808	2 527	855	24 868	793	1 251
470	1 338	1 019	364	8 081	393	319
474	1 020	925	288	11 974	356	457
275	397	448	139	5 682	173	283

指　标　名　称	单　位	柏乡县	隆尧县	任　县	南河县	宁晋县
定额流动资金年平均余额	亿元	0.2	0.2	0.2	0.2	0.2
利税总额	万元	620	657	672	294	841
全员劳动生产率	元	18 326	28 900	12 146	18 763	14 986
百元固定资产原值实现的产值	元	402.9	440.1	211.2	233.0	251.8
百元固定资产原值实现的利税	元	36.8	24.4	27.0	16.7	18.0
百元资金实现的利税	元	26.7	20.9	18.5	11.4	18.6
百元工业总产值实现的利税	元	9.1	5.5	12.8	7.2	7.1
百元销售收入实现的利税	元	11.3	13.7	13.1	13.8	11.6
八、固定资产投资						
全民固定资产投资	万元	2 014	715	729	566	2 756
集体固定资产投资	万元	302	—	135	—	162
九、运输业						
公路货物运输量(系统内)	万吨	16.0	158.0	21.0	29.0	94.0
公路旅客运输量(系统内)	万人	18.0	84.0	34.0	4.0	85.0
十、商业						
社会商业机构数	个	1 316	2 288	1 336	2 596	5 845
社会商业人员数	万人	0.4	0.6	0.4	0.7	1.6
社会商品零售总额	万元	6 693	23 545	9 661	6 186	21 550
# 消费品零售额	万元	3 735	18 176	6 809	3 486	11 271
十一、财政						
地方财政收入	万元	859	1 794	938	837	3 153
# 工商税收	万元	566	1 147	610	531	2 227
地方财政支出	万元	1 092	2 184	1 527	1 394	3 238
十二、劳动工资						
全部职工人数	万人	1.1	2.1	1.2	0.9	2.7
# 全民所有制单位	万人	0.7	1.6	0.8	0.7	2.1
职工工资总额	万元	1 731	3 164	1 826	1 406	4 228
# 计件超额工资及奖金	万元	173	366	197	135	427
十三、教育						
中等专业学校在校学生数	人	—	97	—	—	179
中等专业学校专任教师数	人	—	19	—	—	32
普通中学在校学生数	万人	0.7	1.7	1.1	0.9	2.6
普通中学专任教师数	人	445	936	579	486	1 657
小学在校学生数	万人	2.5	6.5	4.1	4.0	7.6
小学专任教师数	人	920	1 976	1 205	1 386	2 728
十四、卫生						
医院病床数	张	175	349	345	239	934
专业卫生技术人员	人	267	609	383	263	2 211
# 医生	人	155	327	210	188	764

经济主要指标(3—6)

巨鹿县	新河县	广宗县	平乡县	威 县	清河县	临西县
0.3	0.3	0.3	0.1	0.5	0.3	0.3
491	423	756	334	686	1 300	929
13 198	27 552	24 114	17 597	26 697	30 703	31 022
460.6	272.0	321.1	330.6	317.6	462.4	382.6
30.6	12.9	56.0	42.6	19.8	51.1	29.6
15.8	9.4	34.8	30.5	15.1	46.8	22.5
6.7	4.7	17.4	12.9	6.2	11.1	7.7
11.0	9.5	27.3	19.2	15.2	20.2	9.3
576	647	325	312	891	951	1 780
678	34	130	64	75	323	—
42.0	22.0	23.0	23.0	45.0	29.0	23.0
59.0	9.0	11.0	19.0	28.0	30.0	40.0
2 058	1 257	1 234	1 119	2 280	2 591	3 260
0.6	0.4	0.5	0.3	0.8	0.7	0.9
9 067	7 262	5 266	12 120	13 700	11 716	13 292
3 841	4 303	3 087	9 233	7 361	8 725	7 583
1 627	1 095	680	741	1 809	1 360	1 429
1 215	794	426	525	1 154	1 118	1 046
2 134	1 302	1 485	1 278	2 357	1 537	1 586
1.6	1.2	1.0	0.9	1.7	1.4	1.4
1.0	0.9	0.7	0.7	1.1	0.9	0.9
2 747	1 671	1 332	1 444	2 373	2 186	2 234
168	164	149	155	273	206	338
128	—	—	—	34	—	82
20	—	—	—	15	—	14
1.1	0.7	0.7	0.8	1.6	0.8	0.7
736	585	347	415	1 067	647	533
5.1	1.9	3.9	3.7	7.0	4.3	4.4
1 392	802	1 318	1 238	2 357	1 411	1 640
360	323	255	398	517	442	396
521	429	332	363	1 250	466	377
310	297	106	204	520	274	252

指标名称	单位	石家庄地区	深泽县	无极县	赵县	新乐县
定额流动资金年平均余额	亿元	6.4	0.4	0.3	0.5	0.5
利税总额	万元	18 872	594	1 055	1 216	1 588
全员劳动生产率	元	23 589	19 743	32 417	20 779	36 186
百元固定资产原值实现的产值	元	248.0	230.7	318.5	208.1	3 504.0
百元固定资产原值实现的利税	元	22.3	14.9	27.0	16.0	32.2
百元资金实现的利税	元	14.7	8.7	15.9	10.4	18.3
百元工业总产值实现的利税	元	9.0	6.5	8.5	7.7	9.2
百元销售收入实现的利税	元	12.0	8.0	12.3	8.9	11.8
八、固定资产投资						
全民固定资产投资	万元	48 347	145	2 284	2 849	2 251
集体固定资产投资	万元	7 475	18	559	1 054	2 075
九、运输业						
公路货物运输量（系统内）	万吨	214.2	1.5	5.6	16.0	5.6
公路旅客运输量（系统内）	万人	829.9	—	—	—	—
十、商业						
社会商业机构数	个	42 155	2 006	3 842	3 717	5 977
社会商业人员数	万人	12.5	0.6	1.1	1.2	1.7
社会商品零售总额	万元	278 490	11 118	21 097	33 131	28 280
# 消费品零售额	万元	180 510	7 280	15 216	18 932	18 468
十一、财政						
地方财政收入	万元	37 431	1 379	2 044	3 345	2 015
# 工商税收	万元	26 151	1 138	1 527	1 655	1 463
地方财政支出	万元	42 909	1 675	2 268	3 106	2 439
十二、劳动工资						
全部职工人数	万人	28.1	1.1	2.0	2.4	2.1
# 全民所有制单位	万人	20.0	0.8	1.6	1.8	1.3
职工工资总额	万元	44 626	1 535	2 906	3 788	3 185
#计件超额工资及奖金	万元	4 925	142	243	297	329
十三、教育						
中等专业学校在校学生数	人	6 088	—	559	—	—
中等专业学校专任教师数	人	559	—	36	—	—
普通中学在校学生数	万人	19.6	0.7	1.9	2	1.6
普通中学专任教师数	人	13 668	446	1 270	1 476	1 000
小学在校学生数	万人	64.6	2.6	5.6	6.7	6.3
小学专任教师数	人	9 016	307	960	1 173	935
十四、卫生						
医院病床数	张	7 293	314	442	400	771
专业卫生技术人员	人	8 148	300	455	572	690
# 医生	人	4 097	143	239	353	197

经 济 主 要 指 标 (3—7)

高邑县	元氏县	赞皇县	平山县	灵寿县	行唐县	保定地区
0.3	0.4	0.2	0.2	0.3	0.2	3.8
628	1 823	616	961	1 029	763	8 614
19 804	23 588	21 812	17 903	19 880	22 536	17 081
255.0	286.4	356.6	147.4	247.6	345.3	246.8
20.6	32.9	27.1	12.8	27.0	27.9	18.4
12.9	21.9	17.0	11.7	17.7	18.0	11.9
8.1	11.5	7.6	8.7	10.9	8.1	7.4
11.1	13.0	10.4	12.5	19.2	11.8	10.0
831	3 761	952	2 207	1 012	736	91 737
312	327	46	83	748	261	2 078
26.0	0.9	1.4	9.8	4.6	6.1	146.3
—	—	—	5.1	—	—	2 082.6
865	3 339	1 862	2 980	1 981	2 509	61 797
0.3	1.0	0.6	0.9	0.5	0.6	16.3
7 570	20 342	12 143	17 884	12 292	13 894	387 217
4 084	13 565	9 751	14 551	8 442	9 906	277 467
1 132	2 001	1 344	2 268	1 422	1 984	47 375
786	1 363	853	1 800	1 105	6 492	37 174
1 350	2 330	1 732	3 409	2 075	2 291	61 376
1.3	1.9	1.5	2.8	1.7	1.6	44.7
0.8	1.4	1.2	2.1	1.0	1.2	32.1
1 820	2 764	2 194	4 638	2 399	2 591	82 633
168	329	238	426	189	249	10 275
—	1 115	—	—	520	—	14 411
—	86	—	—	22	—	1 081
0.5	1.6	0.7	1.7	1.2	1.4	25.9
468	1 030	335	1 179	887	1 157	17 653
2.0	4.6	3.2	6.0	3.6	5.3	106.2
490	638	350	450	628	586	38 739
120	454	344	1 240	406	295	10 604
280	497	394	1 019	565	433	13 362
136	319	205	604	345	197	6 550

指 标 名 称	单 位	易 县	徐水县	涞源县	定兴县	完 县
定额流动资金年平均余额	亿 元	0.2	0.1	0.1	0.3	0.2
利税总额	万 元	385	501	146	670	316
全员劳动生产率	元	9 957	24 007	7 353	14 820	19 327
百元固定资产原值实现的产值	元	212.6	379.0	181.6	204.7	336.0
百元固定资产原值实现的利税	元	16.4	32.3	25.1	17.2	23.0
百元资金实现的利税	元	10.3	20.5	14.8	10.7	11.0
百元工业总产值实现的利税	元	7.7	8.5	13.8	8.4	6.8
百元销售收入实现的利税	元	8.7	10.8	16.4	10.7	8.8
八、固定资产投资						
全民固定资产投资	万 元	699	46 998	901	185	242
集体固定资产投资	万 元	—	112	88	305	117
九、运输业						
公路货物运输量（系统内）	万 吨	1.9	3.0	1.8	5.4	1.4
公路旅客运输量（系统内）	万 人	—	—	—	—	—
十、商业						
社会商业机构数	个	3 721	3 897	2 650	3 187	1 308
社会商业人员数	万 人	1.0	0.9	0.5	0.8	0.3
社会商品零售总额	万 元	17 759	20 684	9 281	21 700	10 087
# 消费品零售额	万 元	14 472	15 202	7 968	17 495	6 722
十一、财政						
地方财政收入	万 元	2 325	3 545	1 550	2 228	1 107
# 工商税收	万 元	1 824	3 011	1 274	1 672	783
地方财政支出	万 元	3 321	3 420	2 270	2 791	1 901
十二、劳动工资						
全部职工人数	万 人	2.6	4.4	1.8	1.7	1.3
# 全民所有制单位	万 人	1.8	3.8	1.6	1.2	0.8
职工工资总额	万 元	3 924	13 743	3 557	3 109	2 708
# 计件超额工资及奖金	万 元	3 984	28 920	4 506	4 757	2 411
十三、教育						
中等专业学校在校学生数	人	734	359	137	1 003	110
中等专业学校专任教师数	人	57	15	12	82	10
普通中学在校学生数	万 人	1.6	1.8	0.7	1.4	1.0
普通中学专任教师数	人	1 157	1 078	563	921	633
小学在校学生数	万 人	6.5	7.3	2.9	6.0	3.8
小学专任教师数	人	2 896	1 889	1 672	2 361	1 180
十四、卫生						
医院病床数	张	592	835	672	430	394
专业卫生技术人员	人	504	1 023	570	404	499
# 医生	人	228	350	266	161	220

经 济 主 要 指 标 (3—8)

唐 县	望都县	涞水县	高阳县	安新县	雄 县	容城县
0.1	0.1	0.4	0.1	...	0.1	
164	409	181	222	99	727	119
7 143	14 107	16 272	12 546	10 780	22 913	23 333
194.2	266.8	185.7	228.2	188.8	284.0	239.3
13.1	19.9	8.1	14.8	18.2	35.8	13.2
9.0	14.1	3.4	10.0	22.3	24.1	12.6
6.8	7.5	4.4	6.5	9.6	12.6	5.5
8.0	11.2	6.5	7.2	12.2	14.3	8.1
518	4 237	1 278	609	1 434	525	855
15	214	—	51	95	—	89
2.1	2.2	1.2	6.4	4.1	3.8	1.6
—	—	—	—	—	—	—
2 846	2 303	2 075	2 771	2 796	2 692	1 348
0.7	0.7	0.4	0.6	0.7	0.8	0.4
12 774	14 799	14 498	19 370	18 534	20 114	11 342
9 235	8 335	12 839	15 239	15 158	16 089	6 452
1 465	1 631	1 625	2 143	1 646	2 019	1 585
1 000	1 131	1 343	1 769	1 295	1 623	1 428
2 777	1 966	2 462	2 217	2 500	2 426	2 036
2.2	1.9	1.8	1.6	1.1	1.1	1.1
1.5	1.0	1.3	1.2	0.8	0.8	0.7
3 616	2 900	3 119	2 766	1 792	1 909	1 919
4 008	2 958	2 794	3 299	2 292	2 090	3 450
751	245	328	774	263	147	185
59	14	10	63	26	14	9
2	0.9	0.8	1.0	1.0	0.7	0.5
1 048	579	601	798	699	523	318
7.3	3.1	4.0	3.9	4.6	4.0	2.7
2 053	1 017	1 648	1 740	2 026	1 902	804
519	517	474	335	352	374	262
537	298	270	356	377	385	244
309	127	207	145	149	154	116

指标名称	单位	新城县	曲阳县	阜平县	博野县	蠡县
定额流动资金年平均余额	亿元	0.2	0.1	0.1	0.1	0.1
利税总额	万元	1 082	276	40	242	275
全员劳动生产率	元	22 922	8 072	11 225	30 386	20 921
百元固定资产原值实现的产值	元	350.1	167.6	194.3	195.9	245.9
百元固定资产原值实现的利税	元	29.8	22.5	4.8	11.5	16.2
百元资金实现的利税	元	22.0	17.0	2.9	8.8	12.1
百元工业总产值实现的利税	元	8.5	13.5	2.5	5.9	6.6
百元销售收入实现的利税	元	11.0	14.9	2.7	8.5	11.1
八、固定资产投资						
全民固定资产投资	万元	3 419	3 743	342	424	975
集体固定资产投资	万元	61	—	—	12	128
九、运输业						
公路货物运输量（系统内）	万吨	38.9	4.7	4.0	9.8	2.9
公路旅客运输量（系统内）	万人	—	—	—	—	—
十、商业						
社会商业机构数	个	4 846	2 872	1 475	1 573	2 559
社会商业人员数	万人	1.3	0.6	0.4	0.4	0.9
社会商品零售总额	万元	26 651	15 667	9 994	12 199	18 004
# 消费品零售额	万元	19 855	11 287	7 292	4 900	13 411
十一、财政						
地方财政收入	万元	3 430	1 900	730	890	28 807
# 工商税收	万元	2 681	1 430	528	631	2 554
地方财政支出	万元	3 418	2 629	1 711	1 543	3 168
十二、劳动工资						
全部职工人数	万人	2.7	2.3	1.2	0.9	1.4
# 全民所有制单位	万人	1.7	1.8	1.0	0.6	1.0
职工工资总额	万元	4 923	3 587	1 720	1 466	2 368
# 计件超额工资及奖金	万元	3 994	3 231	1 677	1 459	2 580
十三、教育						
中等专业学校在校学生数	人	457	274	696	178	688
中等专业学校专任教师数	人	26	16	50	8	8
普通中学在校学生数	万人	1.0	0.7	1.3	0.8	1.5
普通中学专任教师数	人	873	552	448	459	891
小学在校学生数	万人	5.9	7.5	2.8	2.9	5.8
小学专任教师数	人	2 198	1 835	1 067	1 047	2 517
十四、卫生						
医院病床数	张	498	538	420	307	320
专业卫生技术人员	人	655	486	324	302	257
# 医生	人	305	236	133	134	196

经 济 主 要 指 标 (3—9)

张家口地区	张北县	康保县	沽源县	尚义县	蔚　县	阳原县
2.1	0.3	0.1	…	…	0.5	0.2
3 087	—97	118	88	11	285	621
10 453	13 222	8 228.1	7 809	556	11 655	7 479
175.0	193.0	200.0	124.5	109.6	168.8	196.7
11.3	—3.7	11.8	16.4	8.4	6.7	22.2
7.6	—1.2	7.9	21.8	6.5	4.6	14.5
6.5	—1.9	5.9	13.1	7.6	3.9	11.3
7.3	—2.2	9.3	15.5	7.8	4.3	13.6
37 562	848	608	839	614	3 168	1 232
1 354	163	15	38	112	113	—
157.4	6.2	7.0	17.7	0.3	21.0	7.6
1 737.8	70.3	73.0	51.1	29.0	78.0	61.3
24 855	2 026	1 959	1 208	1 124	3 897	1 409
6.6	0.6	0.4	0.3	0.3	0.9	0.5
170 891	13 956	11 155	15 275	713	21 024	11 277
147 198	11 973	9 906	13 444	621	17 804	9 627
20 857	1 365	902	899	771	2 814	1 357
15 635	1 002	724	590	601	2 230	1 098
33 828	2 488	2 095	2 031	1 355	3 671	1 798
24.7	2.2	1.4	1.3	1.0	2.9	1.8
16.1	1.7	1.1	1.1	0.7	2.2	1.2
45 774	3 501	2 394	2 179	2 185	5 724	2 854
4 609	330	265	202	330	929	359
6 215	720	—	—	—	722	—
576	68	—	—	—	96	—
9.9	0.9	0.8	0.7	0.5	1.3	0.9
7 774	648	679	553	413	1 073	704
30.6	3.5	2.7	2.0	1.7	3.7	2.3
15 263	1 731	1 087	1 207	1 099	2 013	1 294
6 346	615	333	283	364	925	375
6 158	474	401	353	386	1 012	483
2 634	194	129	132	165	485	275

指 标 名 称	单位	怀安县	万全县	怀来县	涿鹿县	赤城县
定额流动资金年平均余额	亿元	0.2	0.2	0.2	0.2	0.1
利税总额	万元	272	295	482	423	315
全员劳动生产率	元	10 562	10 224	17 452	22 113	7 777
百元固定资产原值实现的产值	元	198.9	226.7	138.2	208.4	124.4
百元固定资产原值实现的利税	元	14.3	18.1	13.0	17.5	16.4
百元资金实现的利税	元	7.0	15.3	10.3	11.9	13.5
百元工业总产值实现的利税	元	7.2	8.1	9.4	8.4	13.2
百元销售收入实现的利税	元	8.4	8.3	7.7	9.3	13.5
八、固定资产投资						
全民固定资产投资	万元	788	2 356	624	8 302	1 137
集体固定资产投资	万元	355	48	276	57	70
九、运输业						
公路货物运输量（系统内）	万吨	18.6	9.3	3.9	2.7	—
公路旅客运输量（系统内）	万人	43.4	22.1	43.0	73.2	69.7
十、商业						
社会商业机构数	个	1 295	1 128	3 007	4 917	1 703
社会商业人员数	万人	0.3	0.4	1.1	1.1	0.5
社会商品零售总额	万元	12 770	13 648	25 035	17 785	11 780
# 消费品零售额	万元	11 306	11 695	21 425	14 612	10 568
十一、财政						
地方财政收入	万元	1 321	1 378	2 881	2 335	1 107
# 工商税收	万元	1 044	1 040	2 565	1 704	788
地方财政支出	万元	2 265	1 682	3 228	2 560	2 318
十二、劳动工资						
全部职工人数	万人	1.5	1.2	3.0	2.5	1.4
# 全民所有制单位	万人	1.0	0.9	2.1	2.0	1.2
职工工资总额	万元	2 744	2 167	6 118	4 582	2 542
# 计件超额工资及奖金	万元	416	95	1 047	716	323
十三、教育						
中等专业学校在校学生数	人	—	194	222	—	—
中等专业学校专任教师数	人	—	14	14	—	—
普通中学在校学生数	万人	1.0	0.7	0.9	1.1	0.9
普通中学专任教师数	人	727	554	714	832	714
小学在校学生数	万人	2.5	1.9	3.1	3.3	2.7
小学专任教师数	人	1 227	893	1 260	1 493	1 454
十四、卫生						
医院病床数	张	353	332	901	409	1 113
专业卫生技术人员	人	407	297	869	722	470
# 医生	人	154	174	545	365	204

经 济 主 要 指 标(3—10)

崇礼县	承德地区	宽城满族自治县	兴隆县	平泉县	滦平县	丰宁满族自治县
…	1.7	0.1	0.3	0.5	0.1	0.1
—38	3 674	371	1 154	675	62	148
11 833	12 447	10 242	16 186	10 561	11 742	10 152
81.0	167.6	179.9	211.0	178.7	174.0	178.4
—2.3	14.5	18.0	22.2	11.5	2.5	10.7
—1.5	10.6	14.9	17.0	7.5	1.9	6.8
—2.9	8.6	10.0	10.5	6.5	1.4	6.0
—3.6	9.9	12.3	12.7	8.1	2.2	7.3
2 133	17 733	1 520	6 852	1 240	850	3 566
199	1 465	157	244	265	133	—
11.5	41.6	1.3	4.3	7.5	0.4	5.1
29.7	867.5	—	139.0	171.3	1.9	126.8
878	23 085	1 895	3 789	3 375	3 151	3 310
0.2	6.8	0.5	0.9	1.1	0.8	10.0
5 316	140 022	12 401	21 407	22 000	16 455	20 326
4 734	119 696	10 806	18 317	18 902	14 084	17 087
1 001	16 345	1 671	3 206	3 095	1 707	1 771
491	12 215	1 301	2 471	2 508	1 333	1 399
1 722	27 263	2 441	3 309	3 634	2 925	3 530
0.9	15.3	1.4	2.7	2.7	1.6	2.0
0.7	12.0	1.2	2.2	2.0	1.3	1.6
1 749	26 906	2 623	5 252	4 628	2 784	3 468
319	3 577	406	680	689	411	376
—	4 912	—	—	1 142	—	777
—	524	—	—	115	—	65
0.3	9.4	0.7	1.2	1.5	1.0	1.5
242	6 998	518	987	1 375	785	986
1.2	26.4	3.0	2.8	4.5	3.3	3.1
490	11 984	962	1 478	2 121	1 531	1 781
255	4 248	335	561	555	420	488
120	5 186	391	741	882	601	942
98	2 874	167	406	532	342	453

指标名称	单位	隆化县	围场满族蒙古族自治县	沧州地区	肃宁县	献县
定额流动资金年平均余额	亿元	0.1	0.4	6.1	0.4	0.3
利税总额	万元	383	589	14 588	653	1 206
全员劳动生产率	元	10 861	12 413	19 960	18 442	18 272
百元固定资产原值实现的产值	元	188.3	124.8	227.5	200.2	249.1
百元固定资产原值实现的利税	元	21.1	9.0	19.4	14.3	33.6
百元资金实现的利税	元	14.5	7.1	12.6	8.5	19.5
百元工业总产值实现的利税	元	11.2	7.2	8.5	7.2	13.5
百元销售收入实现的利税	元	12.7	6.8	10.9	6.7	14.6
八、固定资产投资						
全民固定资产投资	万元	952	1 870	32 504	279	736
集体固定资产投资	万元	483	183	6 123	303	149
九、运输业						
公路货物运输量（系统内）	万吨	1.9	10.3	302.8	3.6	2.8
公路旅客运输量（系统内）	万人	22.4	96.1	905.5	—	—
十、商业						
社会商业机构数	个	3 362	4 203	38 235	2 064	2 957
社会商业人员数	万人	0.8	1.7	10.5	0.5	0.7
社会商品零售总额	万元	18 104	29 329	237 411	10 680	15 085
# 消费品零售额	万元	15 830	24 670	174 646	7 095	10 369
十一、财政						
地方财政收入	万元	1 902	2 206	43 758	1 370	2 237
# 工商税收	万元	1 366	1 788	36 631	1 016	1 761
地方财政支出	万元	3 197	3 649	43 272	1 880	2 940
十二、劳动工资						
全部职工人数	万人	2.0	2.9	26.1	1.4	1.5
# 全民所有制单位	万人	1.5	2.2	18.5	1.0	1.1
职工工资总额	万元	3 498	4 651	42 851	2 145	2 557
# 计件超额工资及奖金	万元	505	509	6 090	238	344
十三、教育						
中等专业学校在校学生数	人	319	—	1 675	—	—
中等专业学校专任教师数	人	27	—	140	—	—
普通中学在校学生数	万人	1.6	1.7	18.2	1.1	1.7
普通中学专任教师数	人	1 163	1 096	13 410	737	1 035
小学在校学生数	万人	4.3	5.3	57.9	3.8	6.6
小学专任教师数	人	1 925	2 186	23 250	1 259	2 091
十四、卫生						
医院病床数	张	750	1 139	6 104	509	660
专业卫生技术人员	人	742	825	7 976	458	664
# 医生	人	417	531	4 140	265	346

经济主要指标(3—11)

吴桥县	东光县	南皮县	盐山县	孟村回族自治县	海兴县	中捷农场
0.4	0.5	0.6	0.4	0.1	0.3	—
1 582	947	484	866	289	1 162	—
28 930	15 045	19 717	26 424	25 239	15 763	—
204.4	222.3	428.3	305.3	395.1	154.7	—
18.3	12.0	5.9	27.3	26.8	25.2	—
14.3	8.3	3.8	14.7	14.4	16.4	—
8.9	5.4	3.6	8.9	6.8	16.3	—
12.0	9.2	4.5	15.7	8.9	16.1	—
1 216	865	428	950	790	1 547	140
501	258	128	109	204	333	—
41.0	55.8	15.1	11.4	2.9	6.8	—
—	—	6.4	—	93.0	—	—
2 291	2 144	3 616	2 733	1 510	1 377	181
0.6	0.8	0.9	0.5	0.4	0.3	—
14 071	17 820	10 821	18 639	8 809	7 595	3 373
9 280	12 200	6 579	12 943	6 914	5 500	2 771
1 747	2 170	1 854	1 822	1 322	1 700	—
1 418	1 828	1 585	1 445	1 009	1 532	—
2 229	2 229	1 949	2 009	1 794	2 576	—
1.6	1.6	1.6	1.2	0.9	1.2	1.2
1.0	1.0	0.9	0.7	0.7	0.8	1.2
2 565	2 663	2 577	2 044	1 390	1 772	1 998
382	341	254	268	209	170	389
—	—	—	—	—	—	—
—	—	—	—	—	—	—
1.1	1.3	1.1	1.1	0.6	0.6	0.1
684	930	909	871	377	498	115
3.1	3.6	3.5	4.1	2	2.1	0.3
1 507	1 590	1 950	1 741	654	963	149
448	407	407	464	165	234	—
703	576	472	625	310	231	—
390	305	279	311	164	142	—

指标名称	单位	南大港农场	衡水地区	冀县	枣强县	武邑县
定额流动资金年平均余额	亿元	—	－8.9	1.9	1.9	0.6
利税总额	万元	—	24 218	2 687	7 279	2 213
全员劳动生产率	元	—	30 322	31 207	42 786	29 278
百元固定资产原值实现的产值	元	—	335	333	415	379
百元固定资产原值实现的利税	元	—	27.3	21	52.7	38.9
百元资金实现的利税	元	—	16.4	9.5	24.4	21.4
百元工业总产值实现的利税	元	—	9.3	6.3	12.7	10.3
百元销售收入实现的利税	元	—	11.6	6.7	15.5	16.5
八、固定资产投资						
全民固定资产投资	万元	1 099	20 819	1 626	731	429
集体固定资产投资	万元	—	3 029	281	40	364
九、运输业						
公路货物运输量（系统内）	万吨	—	193.4	2.7	0.7	1.1
公路旅客运输量（系统内）	万人	—	684.4	—	—	—
十、商业						
社会商业机构数	个	141	23 100	1 925	1 770	1 404
社会商业人员数	万人	0.1	7.6	0.6	0.7	0.4
社会商品零售总额	万元	2 412	221 820	16 762	13 398	12 931
# 消费品零售额	万元	2 412	147 692	11 154	8 365	8 607
十一、财政						
地方财政收入	万元	—	27 812	2 713	2 702	1 427
# 工商税收	万元	—	22 186	2 285	2 348	1 090
地方财政支出	万元	—	35 043	2 489	3 008	2 088
十二、劳动工资						
全部职工人数	万人	1.9	24.0	2.0	1.7	1.5
# 全民所有制单位	万人	1.9	16.9	1.1	1.0	0.9
职工工资总额	万元	2 823	40 387	2 854	2 443	2 374
# 计件超额工资及奖金	万元	418	5 954	2 885	258	321
十三、教育						
中等专业学校在校学生数	人	—	3 652	760	—	—
中等专业学校专任教师数	人	—	486	87	—	—
普通中学在校学生数	万人	0.1	14.7	1.3	1.6	1.2
普通中学专任教师数	人	110	10 914	1 153	1 134	750
小学在校学生数	万人	0.4	46.6	3.7	5.2	3.8
小学专任教师数	人	235	18 626	1 747	1 834	1 581
十四、卫生						
医院病床数	张	—	2 815	215	110	136
专业卫生技术人员	人	—	3 273	221	165	167
# 医生	人	—	1 454	107	75	81

经 济 主 要 指 标 (3—12)

深　县	武强县	饶阳县	安平县	故城县	景　县	阜城县
0.9	0.3	0.2	0.3	0.9	0.6	0.4
2 324	1 350	449	735	1 641	1 586	1 244
31 779	29 307	25 252	28 464	19 645	24 139	27 510
299.0	386.0	360.0	319.0	200.0	343.0	419.0
28.2	41.5	13.7	21.5	15.5	31.9	35.9
15.3	23.4	9.5	14.5	9.1	16.7	19.2
9.4	10.8	3.8	6.7	7.7	9.3	8.6
13.7	12.4	8.3	13.7	9.3	10.1	10.1
3 783	199	222	205	388	360	289
138	146	151	134	1 203	211	127.0
6.6	2.6	3.1	1.5	6.8	16.9	0.3
—	4.3	—	—	—	—	—
2 983	1 034	1 370	2 350	3 072	2 996	1 114
0.9	0.3	0.4	0.7	1.2	0.7	0.4
21 264	8 240	10 956	14 490	21 967	21 128	12 546
12 775	5 166	6 616	8 529	13 699	13 150	8 130
2 744	1 451	1 079	1 202	2 075	1 489	1 522
2 106	1 231	699	904	1 541	1 749	1 119
3 055	1 850	2 005	1 736	2 353	3 052	2 394
2.1	1.0	1.4	1.3	2.1	1.7	1.3
1.5	0.7	1.0	0.9	1.1	1.2	0.9
3 436	1 661	2 199	2 039	3 227	2 803	1 883
373	147	221	203	536	352	187
—	—	—	—	—	—	—
—	—	—	—	—	—	—
1.8	0.8	1.0	0.8	1.7	2.0	1.1
1 245	551	724	780	1 119	1 335	817
6.2	2.2	2.7	2.9	5.9	6.3	3.8
2 200	768	969	1 210	2 447	2 230	1 704
200	150	150	156	260	155	150
282	143	209	203	275	170	165
107	55	88	96	119	79	72

主要统计指标解释

综合

社会总产值 也称社会总产品，是反映一个国家(或地区)在一定时期内物质生产总成果的重要指标。它是以货币表现的农业、工业、建筑业、运输业、商业(包括饮食业和物资供销业)五个物质生产部门的总产值之和。在社会生产活动中，农业、工业、建筑业直接生产物质产品，运输业和商业担负着产品生产过程继续的职能，也创造和追加一部分价值。

社会总产值，在实物形态上可分为生产资料和消费资料两大部类。在价值形态上可分为：(1)生产过程中消耗掉的生产资料转移的价值；(2)劳动者新创造的价值，其中包括相当于劳动报酬的那部分必要产品的价值和为社会创造的剩余产品的价值。

国民收入 反映经济发展水平、经济效益和分配关系的重要指标。它是从事物质资料生产的劳动者在一定时期内新创造的价值，也就是从社会总产值中扣除生产过程中消耗掉的生产资料价值后的净产值，农业、工业、建筑业、运输业和商业净产值之和就是国民收入。我国计算国民收入的方法有二：①生产法，用各物质生产部门的总产值减去生产中的物质消耗价值(如用于生产的原材料、种籽、肥料、燃料、动力等的消耗，生产用固定资产折旧等)后的净产值相加。②分配法，从国民收入初次分配的角度出发，等于生产部门中劳动者的劳动报酬加利润、税金、利息等的总和。

物质消耗 物质生产部门在生产过程中消耗掉的生产资料价值，各部门的物质消耗大体包括三个部分：第一，产品生产过程中实际消耗的原料、材料、燃料、电力、种籽、饲料等；第二，生产过程中支付的外雇运输费、邮电费，以及委托其他生产企业进行的半成品加工费和修理费等；第三，生产性固定资产折旧。物质消耗的价值占总产值的比重称为物耗率。物耗率是反映效益的一个重要指标。

国民生产总值 是国(地区)内生产总值和国(地区)外净要素收入之和。国内生产总值是指一个国家(地区)领土范围内，本国居民和外国居民在一定时期内所生产和提供最终使用的产品和劳务的价值。国外净要素收入是指本国居民对国外从事投资和提供劳务所取得并汇(带)回国内的要素收入与外国居民对本国从事投资和提供劳务所取得并汇(带)往国外的要素收入的差额。

国民生产总值同社会总产值、国民收入的区别，从核算范围看，社会总产值和国民收入都是只计算物质生产部门的劳动成果，而国民生产总值除计算五大物质生产部门的劳动成果之外，还计算各种服务业、公用事业、文化教育卫生、科学研究以及金融保险等非物质生产部门的劳动成果。从这三个产值指标的价值构成来看，社会总产值计算了社会产品的全部价值，而国民生产总值则只计算在生产产品和提供劳务过程中增加的价值即增加值，不计算消耗的原材料、燃料、动力等中间产品和支付其他部门的劳务费用等所谓中间投入的价值。国民收入除了不计算原材料、燃料、动力等中间产品之外，还要扣除固定资产折旧费，即只计算净产值。

国民收入使用额 国民收入生产额经过在全社会范围内进行分配和再分配，形成各物质生产部门，非物质生产部门和居民个人的最终收入。最终收入一部分用于居民个人生活和社会公共需要，形成消费，即消费总额；另一部分用于扩大再生产、增加非生产部门的固定资产和各种储备，形成积累，即积累总额。消费总额和积累总额之和就是国民收入使用额。国民收入使用与国民收入生产的差别，主要是进出口差额(地区为流入、流出差额)影响。进口大于出口，国民收入使用额大于国民收入生产额，反之，国民收入使用额小于国民收入生产额。此外，还受统计计算误差的影响。

消费 用于居民个人的生活消费和社会公共消费的那部分国民收入。其物质形态为一定时期内用于个人和社会消费的消费品总量以及非生产性固定资产(包括住宅)的磨损。

居民消费包括居民个人日常生活中消费的食品、衣着、鞋袜、家庭耐用消费品、日用杂品、文教卫生用品、水、电、燃料以及住房磨损等物质消费，还包括直接为居民服务的文化生活性企业(如影剧院、理发馆、浴池、公共汽车公司)的物质消费。

社会消费包括国家行政机关、国防单位、文教卫生科学研究事业单位，经济建设部门的事业单位，人民团体等非生产性机构使用的燃料、电力、办公用品、图书和一般设备购置等物质消费和这些单位的房屋磨损。

积累 用于社会扩大再生产和非生产性建设以及增加社会生产性储备和非生产性储备的那部分国民收入。其物质形态为一定时期内物质生产部门和非物质生产部门新增加的固定资产(扣除固定资产磨损)和流动资产。积累按用途可分为生产性积累和非生产性积累，按性能可分为固定资产积累和流动资产积累。

生产性积累包括物质生产部门新增加的生产用固定资产(扣除固定资产磨损)以及各生产企业的原材料、燃料、半成品和属于生产资料的产成品库存、商业库存、物资储备库存等流动资产的增加额。

非生产性积累包括新增加的各种非生产用固定资产和居民住宅(扣除磨损)以及生产消费品工业企业的产成品库存和商业部门消费品商品库存的增加额。

积累和消费在国民收入使用额中所占比重分别叫做积累率和消费率。

当年价格 指报告期的实际价格,如工厂的出厂价格,农产品的收购价格,商业的零售价格等。按当年价格计算,是指一些以货币表现的物量指标,如社会总产值、工农业总产值、国民收入、国民生产总值等,按照当年的实际价格来计算总量。使用当年价格计算的数字,是为了使国民经济各项指标互相衔接,便于考察当年社会经济效益,便于对生产和流通、生产和分配、生产和消费进行经济核算和综合平衡。

按当年价格计算的价值指标,在不同年份之间进行对比时,因为包含有各年间价格变动的因素,不能确切地反映实物量的增减变动。必须消除价格变动因素后,才能真实反映经济发展动态。因此,在计算增长速度时都使用按可比价格计算的数字。

可比价格 指在不同时期的价值指标对比时,扣除了价格变动的因素,以确切表示物量的变化。按可比价格计算有两种方法:一种是直接按产品产量乘其不变价格计算;一种是用物价指数换算。

不变价格 用某一时期的同类产品的平均价格作为固定价格,来计算各个时期的产品价值。新中国成立后,随着工农业产品价格水平的变化,国家统计局先后五次制定了全国统一的工业产品不变价格和农业产品不变价格,从1949年到1957年使用1952年工(农)业产品不变价格,从1957年到1971年使用1957年不变价格,从1971年到1981年使用1970年不变价格,从1981年到1990年使用1980年不变价格,从1991年开始使用1990年不变价格。

平均每年增长速度 在我国计算平均增长速度有两种方法,一种是习惯上经常使用的"水平法",又称几何平均法,是以间隔期最后一年的水平同基期水平对比来计算平均每年增长(或下降)速度。另一种是"累计法",又称代数平均法或方程法,是以间隔期内各年水平的总和同基期水平对比来计算平均每年增长(或下降)速度。(具体计算方法,可参阅中国财政经济出版社出版的《平均增长速度查对表》。)

在一般正常情况下,两种方法计算的平均每年增长速度比较接近,但在经济发展不平衡,出现大起大落时,两种方法计算的结果差别较大。

各个计划时期 表内所用各个"时期"代表的年份如下:恢复时期为1950年到1952年;第一个五年计划时期(简称一五时期)为1953年到1957年;第二个五年计划时期(简称二五时期)为1958年到1962年;第三个五年计划时期(简称三五时期)为1966年到1970年;第四个五年计划时期(简称四五时期)为1971年到1975年;第五个五年计划时期(简称五五时期)为1976年到1980年;第六个五年计划时期(简称六五时期)为1981年到1985年;第七个五年计划时期(简称七五时期)为1986年到1990年;从1991年始为第八个五年计划时期。

森林覆盖率 指森林面积占国土面积的比例。

林木蓄积量 包括有林地上的幼龄林、中龄林、成熟林、过熟林、枯立木等全部蓄积量。

草原面积 包括天然草原和人工种植、改良的草场总面积,但不包括农区草山、草坡。

矿产保有储量 指探明的矿产储量(包括工业储量和远景储量)扣除已开采部分和地下损失量后的年实有储量。

人口、劳动力和工资

人口数 指在一定时点、一定地域范围的所有的有生命的人口的总和。年度统计的年末人口数是指每年12月31日24时的人口数。

市镇总人口和乡村总人口 系按居住区域分组的人口统计指标。

市镇总人口 指市、镇辖区的全部人口。

乡村总人口 指县(不含镇)的全部人口。

市 是指经国务院批准设市的市区和郊区,不包括市辖县。

镇 是指经省、直辖市、自治区批准设置的镇。1963年以前为常住人口在2000人以上,非农业人口占50%以上的。1964年起改为常住人口在3000人以上,非农业人口占70%以上,或常住人口在2500人以上,不满3000人,非农业人口占85%以上的。1984年后又调整为,凡县级地方国家机关所在地;或总人口在20000人以下的乡,乡政府驻地非农业人口超2000人的;或总人口在20000人以上的乡,乡政府驻地非农业人口占全乡人口10%以上;或少数民族地区、人口稀少的边远地区、山区和小型工矿区、小港口、风景旅游、边境口岸等地,非农业人口虽不足2000人,确有必要,都可建镇。

人口密度 指一定时点一定地区的人口数与该地区的面积数之比,即一定时点的单位土地面积上的人口数,通常以每平方公里的居民人数来表示:

$$人口密度=\frac{该地区的人口数}{该地区的土地面积}$$

出生率(又称粗出生率) 指在一定时期内(通常为一年内)平均每千人所出生的人数的比率,一般用千分率表示。计算公式:

$$出生率=\frac{年出生人数}{年平均人数}\times 1000‰$$

出生人数是指活产婴儿，即胎儿脱离母体时（不管怀孕月数），有过呼吸或其他生命现象。

年平均人数是年初、年末人口数的平均数，也可用年中人口数代替。

死亡率（又称总死亡率、粗死亡率） 是一定时期（通常为一年）的死亡人数与同期平均人口数（或以期中人口数代替）的千分比。计算公式：

$$死亡率=\frac{年死亡人数}{年平均人数}\times 1000‰$$

人口自然增长率 指一定时期内（通常为一年内）人口自然增加数（出生人数减死亡人数）与平均人数（或期中人数）之比，一般用千分率表示。计算公式：

$$人口自然增长率=\frac{本年出生人口数-本年死亡人口数}{年平均人数}\times 1000‰$$

人口自然增长率＝人口出生率－人口死亡率

劳动力资源总数 指具有劳动能力，在正常情况下，可能或实际参加社会劳动的人口数。劳动力资源的范围包括：

（1）劳动年龄以内，有劳动能力，实际参加社会劳动和未参加社会劳动的人员。

（2）劳动年龄以外（不足和超过劳动年龄），实际经常参加社会劳动并取得劳动报酬或经营收入的人员。

劳动力资源不包括下列人员：

（1）现役军人；

（2）在押犯人；

（3）劳动年龄内丧失劳动能力的人员；

（4）劳动年龄以外不参加社会劳动的人员。

社会劳动者 指从事一定社会劳动并取得劳动报酬或经营收入的全部人员。社会劳动者的范围包括：

（1）全部职工（全民所有制、城镇集体所有制和其他各种所有制单位的全部职工）；

（2）城镇私营企业从业人员；

（3）城镇个体劳动者；

（4）农村社会劳动者；

（5）其他社会劳动者。

社会劳动者不包括下列人员：

（1）城镇待业人员；

（2）16岁以上在校学生；

（3）待学人员；

（4）家务劳动者。

职工 指在全民所有制、城镇集体所有制、全民与集体合营、全民与私人合营、城镇集体与私人合营、中外合资、中外合作、华侨或港澳台工商业者经营和外资经营单位及其附属机构工作，并由其支付工资的各类人员。

全民所有制单位职工 指在各级全民所有制单位工作，并由其支付工资的各类人员。具体包括：

固定职工 指经国家劳动部门或人事部门正式分配、安排和批准招收的没有使用期限的人员。

合同制职工 指在国家劳动计划内，通过签订劳动合同，考试录用的人员。包括：

（1）根据国务院国发（1986）77号文件规定，用工期限在五年以上的长期工；用工期限为一至五年（含五年）的短期工和定期轮换工。

（2）矿山、交通铁路部门使用的农民轮换工和建筑业使用的农民合同制工人。

不包括各单位根据国务院国发（1986）77号文件规定招用的签订劳动合同一年以内的临时工、季节工以及未按有关规定招用的合同工。

临时职工 指按照1989年国务院令第41号《全民所有制企业临时工管理暂行规定》招用的，使用期限不超过一年的临时性、季节性用工。

计划外用工 指全民所有制单位在国家劳动计划外，通过各种形式吸收到本单位，由本单位直接组织生产或安排工作，并支付工资的人员。这部分人员，不论其工资的经费来源和支付形式，不论是否享受保险福利待遇，不论是否吃商品粮，都应进行统计。包括，“计划外用工中的农村劳动力”和“计划外用工中的城镇劳动力”两部分。

城镇集体所有制单位职工 指在城镇集体所有制单位及其管理部门工作，并由其支付工资的各类人员。包括县（区）级及其以上主管部门直属的集体所有制单位；全民所有制单位办的集体所有制单位；城镇、街道办的集体所有制单位和其他城镇集体所有制单位中的固定职工、合同制职工、临时职工等。不包括参加城镇集体所有制单位生产和劳动的军工和学生，以及聘用的离、退休人员。

各种合营、华侨或港澳台工商业者经营和外资经营单位职工（简称其他各种所有制单位职工） 指在全民与集体合营、全民与私人合营、城镇集体与私人合营、中外合资、中外合作、华侨或港澳台工商业者经营、外资经营单位工作，并由其支付工资的人员。全民与集体合营单位包括与乡（镇）集体所有制单位合营，在统计职工人数时，应包括参加劳动的乡（镇）劳动力。在统计全民与私人合营、城镇集体、私人合营、中外合资、中外合作、华侨或港澳台工商业者经营和外资经营单位职工人数时，不包括外籍职工和港澳台职工。

职工工资总额 指各单位在一定时期内直接支付给本单位全体职工的劳动报酬总额。

工资总额包括计时工资，计件工资，奖金，津贴和补贴，加班和加点工资及特殊情况下支付的工资。

工资总额的计算原则应以直接支付给职工的全部劳动报酬为根据。各单位支付给职工的劳动报酬以及其他根据有关规定支付的工资。不论是计入成本的还是不计入成本的，不论是按国家规定列入计征奖金税项目的还是未列入计征奖金税项目的，不论是以货币形式支付的还是以实物形式支付的，均应列入工资总额的计算范围。

计时工资 指按计时工资标准（包括地区生活费补贴）和工作时间支付给个人的劳动报酬。包括：

（1）对已做工作按计时工资标准支付的工资；

（2）实行结构工资制的单位支付给职工的基础工资和职务（岗位）工资；

（3）新参加工作职工的见习工资（学徒的生活费）；

（4）运动员体育津贴；

（5）根据国家法律、法规和政策规定，因病、工伤、产假、计划生育假、婚丧假、事假、探亲假、定期休假、停工学习、执行国家或社会义务等原因按计时工资标准或计时工资标准的一定比例支付的工资；

（6）合同制职工按规定缴纳的不超过本人标准工资3%的退休养老基金、职工受处分期间的工资等。

计件工资 指对已做工作按计件单价支付的劳动报酬。包括：

（1）实行超额累进计件、直接无限计件、限额计件、超定额计件等工资制，按劳动部门或主管部门批准的定额和计件单价支付给个人的工资；

（2）按工作任务包干方法支付给个人的工资；

（3）按营业额提成或利润提成办法支付给个人的工资。

计件超额工资 是计件工资的一部分，指计件工人超额完成定额任务后所得的工资。即计件工人实得的全部计件工资减去应得的计件标准工资后的数额。某些企业的工人由于从事生产的工作物等级高于本人工资等级，因而其计件标准工资高于本人标准工资，其计件超额工资也应是全部工资减去应得的计件标准工资后的数额。

奖金 指支付给职工的超额劳动报酬和增收节支的劳动报酬。包括：（1）生产（业务）奖；（2）节约奖；（3）劳动竞赛奖；（4）机关、事业单位的奖励工资；（5）其他奖金。

津贴和补贴 指为了补偿职工特殊或额外的劳动消耗和因其他特殊原因支付给职工的津贴，以及为了保证职工工资水平不受物价影响支付给职工的物价补贴。

1. **津贴** 包括：（1）补偿职工特殊或额外劳动消耗的津贴；（2）保健性津贴；（3）技术性津贴；（4）年功性津贴；（5）其他津贴。

2. **补贴** 包括：为保证职工工资水平不受物价上涨或变动影响而支付的各种补贴，如副食品价格补贴（含肉类等价格补贴）、粮价补贴、煤价补贴、房贴、水电贴以及提高煤炭价格后，部分地区实行的民用燃料和照明电价格补贴等，也叫物价补贴。

加班加点工资 指对法定节假日和公休假日工作的职工，以及在正常工作日以外延长工作时间的职工按规定支付的加班工资和加点工资。

其他工资 指其他根据国家规定支付的工资。如附加工资、保留工资以及调整工资补发的上年工资等。

农村经济

农村社会总产值 指在一定时期内，农村各物质生产部门生产的以货币表现的全部产品价值总量。根据我国目前的农村经济现状，农村社会总产值包括的范围是：乡（社）村（队）及村以下各级合作经济组织和住户从事农业、工业、建筑业、运输业、商业、饮食业活动所生产的产值和国营农、林、牧、渔场的农业总产值两部分的价值。凡是在农村的国营工业、建筑业、运输业、商业、饮食业所生产的产值均不包括在内。国营农场及县镇的工业、建筑业、运输业、商业和饮食业的产值，也不包括在内。集体和国营联营的企业产值，凡场址在农村，又以乡镇合作经济组织的劳力、资金、土地或生产用房为主的企业，其产值应计入农村社会总产值中。农民在城里办企业，从事工业、建筑业、运输业、商业、饮食业活动所生产的产值，暂不计算在农村社会总产值中，另作附记指标进行统计。

农业总产值 以货币表现的农林牧副渔五业全部产品的总量，它反映一定时期内农业生产的总规模和总成果。

农、林、牧、副、渔五业的统计范围是：

（1）农作物种植业，包括粮、棉、油料、糖料、麻类、蚕桑、茶叶、烟叶、蔬菜、药材、瓜类和其他农作物栽培的生产活动。

（2）林业，包括林木的栽培（不包括茶园、桑园和果园的栽培、管理和收获等活动）、林产品的采集和村及村以下（即原生产大队、生产队和社员）的竹木采伐。

（3）牧业，包括除渔业养殖以外的一切动物饲养和放牧。

（4）副业，包括采集野生植物，捕猎野兽、野禽及农民家庭兼营的工业。

（5）渔业，包括水生动物和海藻类植物的养殖和捕捞。

从所有制看，包括全民所有制的各种专业农（林、牧、渔）场和农业试验场、所；集体所有制的农村各种经济组织经营的农林牧副渔业；农民自营的农作物栽培、动物饲养及农民家庭兼营工业等。

农业总产值的计算方法通常是以农林牧副渔业产品及其副产品的产量乘以该项产品的单位价格而得该项产品的产值，少数生产周期较长，当年没有产品或产品产量不易统计的则采用间接方法匡算产值。五业产品产值之和即为农业总产值。

农村工业总产值 以货币表现的乡办工业（即原社

办工业)、村办工业(即原大队办工业)和村以下办工业(即原生产队办工业、农民联办工业和个体办工业)企业生产的产品总量。包括成品价值和对外承做的工业性作业价值两部分。出售的半成品的价值也计入总产值。

农村工业总产值按“工厂法”计算,即按每个企业工业生产活动的最终成果计算,在企业内部不允许重复,即不能将企业内部各个车间生产的成果相加。计算工业总产值的工业产品必须符合国务院和各省、自治区、直辖市主管部门规定的质量标准或订货合同规定的技术条件。凡不符合产品质量标准的不合格品,一律不准计算产量、产值。工业性作业只恢复或提高原来产品使用价值或只完成成品生产中的个别工序,应按加工费计算总产值,不包括原材料的价值。

农村现价工业总产值按现行出厂价和加工费计算。

农村建筑业总产值 以货币表现的农村各种合作经济组织的建筑队(组)和个体的专业人员从事建筑生产活动的总成果。建筑生产活动包括各种建筑物的建筑工程,各种机械设备的安装工程(不包括被安装的机械设备本身的价值)、建筑物和房屋修理产值以及与工程项目有关的勘察设计和地质勘探活动。

农村建筑业总产值主要包括兴建房屋、农田水利建设(包括安装工程和地质勘探的产值)及开垦荒地的产值。其产值按兴工动料的全部投资额(但不包括被安装设备本身的价值)计算。只有劳动力投入,没有工程设施的农田基本建设,暂不计算。

农村运输业总产值 指农村各级合作经济组织和住户从事货物运输活动的产值,包括水运(装卸驳运和堆存活动)、汽车运输、拖拉机运输、兽力车运输、人力车运输和装卸搬运等货物运输活动。其产值按这些农村运输单位的全部货运收入计算。

农村邮电业总产值,数量很少,暂时没有计算。

农村商业总产值 指农村供销合作社及其他各种合作经济组织和住户从事商业活动的产值。其产值按这些农村商业单位的商品附加费(已销售产品购销差价减托运费和装卸搬运费)计算。在搜集资料比较困难的情况下,也可根据这些农村商业单位的零售额乘以毛利率(购销差价率)再减去托运费和装卸搬运费来估算。

农村饮食业总产值 指农村各种合作经济组织和农户从事饮食业活动的产值。其产值按饮食业的营业额计算。

农业净产值 指在一定时期内农业劳动者从事农业(包括农作物种植业、林业、牧业、副业、渔业)生产劳动中新创造的价值。

农业净产值是采用生产法计算的,即先根据各种物质消耗的数量,分别乘以各种物质消耗平均价格,加总计算出农业物质消耗,再从农业总产值中扣除农业物质消耗后求得农业净产值。

农业物质消耗的计算范围包括三大部分:

(1)生产过程中实际消耗的劳动对象(种籽、饲料、肥料、燃料、农药、用电量、畜禽育种与防疫费、小农具购置费、副业生产原材料消耗等)。

(2)生产过程中使用固定资产的磨损(各种农机具、设备、役畜和生产用房屋、仓库、畜圈等生产性固定资产,受到磨损而提取的折旧费)。

(3)生产过程中劳务费用支出(在农业生产过程中,修理农机具和设备的修理费、生产管理费和外雇运输费、邮电费及其它生产性劳动服务支出)。

粮食产量 指全社会的产量。包括国营农场等全民所有制经营的、集体统一经营的和农民家庭经营的粮食产量,还包括工矿企业家属办的农场和其他生产单位的产量。粮食除包括稻谷、小麦、玉米、高粱、谷子及其他杂粮外,还包括薯类和大豆。其产量计算方法,豆类按去豆荚后的干豆计算;薯类(包括甘薯和马铃薯,不包括芋头和木薯)1963 年以前按每 4 公斤鲜薯折 1 公斤粮食计算,从 1964 年以后按 5 公斤鲜薯折 1 公斤粮食计算。其他粮食一律按脱粒后的原粮计算。

水产品产量 指人工养殖的水产品和天然生长的水产品的捕捞量。包括海水的鱼类、虾蟹类、贝类和藻类以及淡水鱼类、虾蟹类和贝类,不包括淡水水生植物。

猪、牛、羊肉产量 指当年出栏并已屠宰的猪、牛、羊的肉产量。即屠宰后除去头蹄下水后带骨肉(即胴体重)的重量。

灌溉面积 指有效灌溉面积,即具有一定的水源,地块比较平整,灌溉工程或设备已经配套,在一般年景下当年能够进行正常灌溉的耕地面积。

农业机械总动力 指主要用于农、林、牧、副、渔业的各种动力机械的动力总和。包括耕作机械、排灌机械、收获机械、农产品加工机械、运输机械、植物保护机械、牧业机械、林业机械、渔业机械和其他农业机械(内燃机按引擎马力折成瓦(特)计算,电动机按功率折成瓦(特)计算)。不包括专门用于乡办工业、基本建设、非农业运输、科学试验和教学等非农业生产方面用的动力机械与作业机械。

乡镇企业 即原来农村人民公社和生产大队两级集体经济举办的社队企业。在农村政社组织管理体制分设以后,除了乡、村合作经济组织办企业外,又出现了部分社员联营或其他形式的合作企业和个体企业。1984 年 3 月确定将这类企业统称“乡镇企业”。

乡镇企业单位一般应拥有固定的组织、生产场所、生产设备和人员;有核算制度,承担经济责任和纳税义务;是一个比较稳定的的经济实体。

工业、能源、运输和邮电

工业 工业包括以下四个方面的生产活动:①对自然资源的开采,如采矿、晒盐、森林采伐等,但不包括禽兽捕猎和水产捕捞。②对农副产品的加工、再加工，如粮油加工、食品加工、轧花、缫丝、纺织、制革等；③对采掘品的加工、再加工，如冶金加工、化学加工、机械加工、石油加工、木材加工等，以及电力、自来水、煤气的生产和供应等；④对工业品的修理、翻新，如机器设备的修理、交通运输工具(包括小卧车)的修理等。

独立核算工业企业和非独立核算工业生产单位 从核算形式的角度，按其行政和财务核算是否独立，工业分为独立核算工业企业和非独立核算工业生产单位。

独立核算工业企业，应同时具备下列三个条件：①行政上有独立的组织形式；②经济上独立核算，自负盈亏，编制独立的资金平衡表(或资产负债表)；③有权与其他单位签订合同，并在银行设有独立户头。独立核算工业企业不论是单一性生产或联合性生产，均以整个企业作为一个基本填报单位。

非独立核算工业生产单位，是指不具备独立核算工业企业三个条件，附设于其他企业、事业、机关、团体、学校、科研机构、部队等单位的工业生产单位。非独立核算工业生产单位必须同时具备下列三个条件：①有固定的生产场所和生产设备；②有固定的生产工人和学徒在10人以上；③一般单位常年生产，季节性生产的单位全年开工时间在三个月以上。

全民所有制工业(即国营工业) 指生产资料和产品或收入归全民所有的工业企业(单位)。包括中央和地方各级国家机关、部队、科研机构、学校、人民团体等举办的全民所有制的工业。

集体所有制工业 指生产资料和产品或收入归集体所有的工业企业(单位)。包括城市、县、镇(建制镇)以及城(镇)街道举办的集体所有制工业和农村乡镇办工业、村办工业等。

其他经济类型工业 指除全民所有制工业、集体所有制工业和个体工业以外的其他经济类型工业企业(单位)。包括全民与集体合营、全民与私人合营、集体与私人合营、中外合营、华侨或港澳工商业者经营、外资经营等工业。

个体经营 指个人参加生产劳动，生产资料和产品或收入归个人所有的一种经济形式。包括城镇个体经营工业和农村个体经营工业。

村及村以下工业 包括农村村办工业、农村合作经营工业、农村个体工业。

轻工业 一般指提供生活消费品和制作手工工具的工业。按其所使用的原料不同，可分为两大类：①以农产品为原料的轻工业，是指直接或间接以农产品为基本原料的轻工业。如食品制造、饮料制造，烟草加工、纺织、缝纫、皮革和毛皮制作、造纸以及印刷等；②以非农产品为原料的轻工业，是指以工业品为原料的轻工业。如文教体育用品、化学药品制造、合成纤维制造、日用化学制品、日用玻璃制品、日用金属制品、手工工具制造、医疗器械制造、文化和办公用机械制造等。

重工业 指生产生产资料，为国民经济各部门提供物质基础的工业。按其生产和产品用途，可分为下列三类：①采掘(伐)工业，是指对自然资源的开采，包括石油开采、煤炭开采、金属矿开采、非金属矿开采和木材采伐等工业；②原材料工业，是指提供国民经济各部门使用的原料、动力和燃料的工业。包括金属冶炼及加工、炼焦及焦炭化学、化工原料、水泥、人造板以及电力、石油和煤炭加工等工业；③加工工业，是指对原材料进行加工制造的工业。包括装备国民经济各部门的机械设备制造工业、金属结构、水泥制品等，以及为农业提供的生产资料和化肥、农药等工业。

根据上述划分原则，修理业中修理作业对象是重工业的划分为重工业，否则划为轻工业。

大、中、小型企业 大、中、小型企业的划分标准有下列两类：

(1)按企业产品的年生产能力划分。凡产品比较单一的行业，如电力、原煤、石油、钢铁、有色金属、硫酸、烧碱、纯碱、合成氨、汽车、拖拉机、水泥、平板玻璃、纺织、造纸、制糖、手表、缝纫机、自行车等均以产品生产能力作为划分大、中、小型的标准(生产多种产品的企业，以其主要产品的生产能力来划分)。

(2)按企业拥有的生产用固定资产原值划分。凡产品种类繁多，难以按生产能力划分的，则以企业的生产用固定资产原值作为划分大、中、小型的标准。

工业总产值 是以货币表现的工业企业在一定时期内的生产工业产品总量，它反映工业生产的总规模和总水平。它包括：在本企业内不再进行加工，经检验、包装入库的成品价值和工业性作业价值、自制半成品、在制品期末期初差额价值(生产周期较长的企业计算)。工业总产值采用“工厂法”计算，即以工业企业作为一个整体，按企业工业生产活动的最终成果来计算，企业内部不允许重复计算，不能把企业内部各个车间(分厂)生产的成果相加。

轻重工业总产值的划分也是按“工厂法”计算的，即一个工业企业在正常情况下生产的主要产品的性质属于轻工业，则该企业的全部总产值作为轻工业总产值；一个工业企业生产的主要产品的性质属于重工业，则该企业的全部工业总产值作为重工业总产值。

工业企业主要财务指标

(1)固定资产原值，是指工业企业购买和建筑各种固定资产时所实际支付的金额，以及以后改建或扩建所追加投资金额的合计。固定资产的来源包括解放后接收的原有固定资产和通过基本建设完成交付使用的固定资产以及通过更新改造措施而增加的固定资产等等。

(2)固定资产净值，是指固定资产原值减去历年已提折旧额后的净额。

(3)定额流动资金，是指工业企业的储备资金、生产资金、成品资金以及超储积压物资和待处理流动资产损失、应扣税金六项之和。由于对这几项资金实行定额管理，所以称为定额流动资金。

(4)资金总额，是固定资产净值平均余额加定额流动资金平均余额之和。

(5)可比产品成本降低率，可比产品指上年正式生产过、本年继续生产的产品。产品的可比性是按产品的牌号、规格和性能决定的。某些产品经过改革，虽然工艺操作、技术条件比过去有所改变，但其牌号、规格和性能相同，则仍算为可比产品。可比产品总成本就是企业为生产可比产品所支出的成本总额，它是企业产品总成本的一个组成部分。计算可比产品成本降低率，一般是将本年可比产品总成本和本年可比产品产量按上年实际单位成本计算的总成本相比求得。即：

$$可比产品成本降低率(\%)=(1-\frac{本年可比产品总成本}{本年可比产品按上年实际平均单位成本计算的总成本})\times 100\%$$

如果所得结果为正数，表示可比产品成本降低，如结果为负数，则表示可比产品成本升高。

全员劳动生产率 指根据产品的价值量指标计算的平均每一个职工在单位时间内生产的产品总量。目前全省的全员劳动生产率是将工业企业的工业总产值除以同一时期全部职工的平均人数来计算的。其公式为

$$全员劳动生产率=\frac{工业总产值}{全部职工平均人数}$$

实物劳动生产率 指根据某种产品实物量计算的平均每个职工(或工人)在单位时间内生产的产品数量。这是通过产品实物来反映劳动者在生产中的劳动效率指标，全省目前有全员实物劳动生产率(通常简称全员效率)和工人实物劳动生产率两个指标。其计算公式分别如下：

$$全员实物劳动生产率(全员效率)=\frac{产品产量}{全部职工平均人数}$$

$$工人实物劳动生产率=\frac{产品产量}{生产工人(包括学徒)平均人数}$$

计算实物劳动生产率的产品产量，是指报告期生产的，并经检验符合质量标准或合同规定的技术要求的合格产品产量。不包括不合格品和废品的数量。

能源生产总量 指一定时期内全省(地区)一次能源生产量总和。一次能源生产量包括原煤、原油、天然气、水电及其它动力能发电量(如风能、地热能等)，不包括生物质能、太阳能等的利用和由一次能源加工转换而成的二次能源产量。能源生产总量是观察全省(地区)能源生产水平、规模、构成和发展速度的总量指标。

能源消费总量 指一定时期内全省(地区)用于生产和生活的各种能源消费量的总和。能源消费总量包括原煤和原油及其制品、天然气、电力。不包括生物质能和太阳能等的利用。能源消费总量分为三部分，即终端能源消费量、能源加工转换损失量和损失量。它是观察能源消费水平、构成和增长速度的总量指标。

(1)终端能源消费量 指一定时期内全省(地区)物质生产部门、非物质生产部门和生活消费的各种能源数量。不包括用于加工转换的中间能源消费量、加工转换损失量和损失量。

(2)能源加工转换损失量 指一定时期内全省(地区)投入加工转换的各种能源数量之和与产出各种能源产品及其它石油制品和其它焦化产品之和的差额。它是观察能源在加工转换过程中损失量变化的指标。

(3)能源损失量 指一定时期内能源在生产、输送、储存过程中发生的经营管理损失和由于客观原因造成的各种损失量。不包括各种气体能源放空、放散量。

能源生产弹性系数 是研究能源生产量的增长与国民经济增长之间关系的指标。其计算公式为：

$$能源生产弹性系数=\frac{能源生产总量年平均增长速度}{国民经济年平均增长速度}$$

国民经济年平均增长速度，可根据不同的目的或需要，用工农业总产值、国民收入等指标来计算，本资料是采用国民收入指标计算的。

电力生产弹性系数 是研究电力生产量的增长与国民经济增长之间关系的指标。一般来说，电力的发展应当快于国民经济的发展，也就是说电力应超前发展。其计算公式为：

$$电力生产弹性系数=\frac{电力生产量年平均增长速度}{国民经济年平均增长速度}$$

能源消费弹性系数 是反映能源消费增长速度与国民经济增长速度之间比例关系的指标。其计算公式为：

$$能源消费弹性系数=\frac{能源消费量年平均增长速度}{国民经济年平均增长速度}$$

电力消费弹性系数 是反映电力消费增长速度与国民经济增长速度之间比例关系的指标。其计算公式为：

$$电力消费弹性系数=\frac{电力消费量年平均增长速度}{国民经济年平均增长速度}$$

能源加工转换效率 指一定时期内能源经过加工转换后，产出的各种能源产品及其它石油制品和其它焦化产品的数量与同期内投入加工转换的数量的比率。它是观察能源加工转换装置和生产工艺先进与落后、管理水平高低等的重要指标。

铁路营业里程 指办理客货运输业务的铁路(正式营业和临时营业)正线总长度。凡是全线或部分建成双线及以上的线路，以第一线的实际长度计算；站线、段管线、岔线和特别用途线以及不计算运费的联络线都不计算营业里程。铁路营业里程是反映铁路运输业基础设施

发展水平的重要指标，也是计算客货周转量、运输密度和机车车辆运用效率等指标的基础资料。

公路里程 也称“公路通车里程”，是指实际达到交通部制定的公路工程技术标准规定的等级的公路长度。它包括大中城市的郊区公路以及公路线路通过小城镇街道的公路里程，也包括桥梁、渡口的长度，但不包括城市的街道以及厂矿、林区和农业生产用道的里程。两条或多条公路共同经由同一路段，只计算一次，不得重复计算里程长度。公路里程是反映公路建设发展规模的重要指标，也是计算运输网密度等指标的基础资料。

内河航道里程 也称“内河通航里程”，是指在枯水季节水深在0.3米及以上，能通航运输船舶及排筏的天然河流、湖泊水库、运河及通航渠道两个通航点之间的距离。包括全年季节性通航累计三个月以上的航道，但不包括仅供零散流放竹、木排的河道。两条交叉航线共同经由同一区段，只计算一次，不得重复计算里程长度。内河航道里程是反映内河水运网规模、水平和发展情况的主要指标。

民用航空航线里程 指民航运输定期班机飞行的航线长度的总和。航线长度按机场之间的距离计算，两条或两条以上航线经过同一区段里程，只计算一次航线长度。需有保证运输飞机飞行和起落所需的机场及地面设施，并经过上级批准方能做为航线统计。航空航线里程能确切反映民航运输网的规模，表明民航事业为国民经济服务和方便人民程度的主要指标。

货(客)运量 指运输业在一定时期实际运送的货物(旅客)数量。货运按吨计算，客运按人计算。货物不论运输距离长短，货物类别，均按实际重量统计；旅客不论行程远近或票价多少，均按一人一次作为客运量统计。半价票、小孩票也按一人统计。货(客)运量反映运输业为国民经济和人民生活服务的数量指标，也是制定和检查运输生产计划，研究运输发展规模和速度的重要指标。

货物(旅客)周转量 指运输业运送的货物(旅客)数量与其相应运输距离的乘积之总和，通常以吨公里和人公里为计算单位。计算货物周转量通常按发出站与到达站之间的最短距离，也就是计费距离计算，它是反映运输业生产总成果的重要指标，也是编制和检查运输生产计划、计算运输效率、劳动生产率以及核算运输单位成本的主要基础资料。

沿海主要港口货物吞吐量 指由水运进出沿海主要港口港区范围，并经过装卸的货物数量。吞吐量可以分为进口、出口，又可以分为国内贸易和对外贸易。货物吞吐量的货种分类及其主要流向流量，反映了港口在国内外物资交流和对外贸易运输中的地位和作用。

邮电业务总量 指以货币表现的邮电部门为用户传递信息和提供其他邮电服务的总量。它用各种邮电分类业务量，如函件件数、电报份数、长话张数、市内电话和农村电话的年均户数、订销报刊累计份数等，分别乘以相应的平均单价(不变价)加总后再加上出租电路和设备的收入、代用户维护电话交换机和线路等设备的收入、其他业务收入求得。邮电业务总量综合反映了一定时期邮电工作的总成果，是研究邮电业务量构成和发展趋势的重要指标。

固定资产投资和建筑业

全社会固定资产投资 固定资产投资是社会固定资产再生产的主要手段。通过建造和购置固定资产的活动，国民经济不断采用先进技术装备，建立新兴部门，进一步调整经济结构和生产力的地区分布，增强经济实力，为改善人民物质文化生活创造物质条件，这对实现我国社会主义现代化建设具有重要意义。

固定资产投资额是以货币表现的建造和购置固定资产活动的工作量，它是反映固定资产投资规模、速度、比例关系和使用方向的综合性指标。全社会固定资产投资包括全民所有制单位投资、城乡集体所有制单位投资和城乡居民个人投资。按照我国计划管理体制，全民所有制单位固定资产投资总额分为基本建设、更新改造和其他固定资产投资三个部分；城乡集体所有制单位投资包括城镇集体所有制单位投资和农村集体所有制单位投资；城乡居民个人投资包括城市、县城、镇、工矿区所辖范围内的个人建房和农村个人建房及购买生产性固定资产(使用年限在二年以上，单位价值在30元以上的生产资料)的投资。

基本建设投资 基本建设是指国民经济各部门以扩大生产能力或工程效益为主要目的的新建、扩建工程及有关工作。包括工厂、矿山、铁路、桥梁、港口、农田水利、商店、住宅、学校、医院等工程的建造和机器设备、车辆、船舶、飞机等的购置。

基本建设投资额是以货币表现的基本建设完成的工作量，是反映一定时期内基本建设规模和建设进度的综合性指标。它是根据工程的实际进度按预算价格(预算价格是编制施工图预算时所用的价格)计算的工作量。没有形成工程实体的建筑材料和没有开始安装的设备，都不计算投资完成额。

基本建设投资完成额与基本建设财务拨款贷款额和财务支出是含义完全不同的指标，“基本建设投资完成额”是按预算价格计算的工作量；财务拨款贷款额是银行根据国家计划拨给或贷给建设单位用于基本建设的资金；财务支出额是建设单位实际支出的金额。使用时应加以区别。

更新改造投资 更新改造是指全民所有制企业、事业单位对原有设施进行固定资产更新和技术改造，以及相应配套的工程和有关工作(不包括大修理和维护工程)。更新改造投资是以货币表现的更新改造完成的工作量。根据我国现行统计制度，基本建设和更新改造的划分是：(1)列入基本建设计划的项目作为基本建设投资，列入更新改造计划的项目作为更新改造投资；(2)更新改造计划与基本建设计划结合安排的项目和未列入计划的项目，根据工程性质分别作为基本建设投资或更新改造投资。属于对企业、事业单位原有设施进行技术改造或更新的项目和增建主要生产车间、分厂等，其新增生产能力或效益尚未达到大中型标准的项目，以及由于城市环境保护和安全生产的需要而进行的迁建工程，作为更新改造投资。

其它固定资产投资　其他固定资产投资是指按照国家规定不纳入基本建设和更新改造计划管理的全民所有制单位的其它固定资产投资，具体包括：用油田维护费和石油开发基金进行的油田维护和开发工程；矿山、森工等采掘采伐工业用维简费进行的开拓延伸工程；交通部门用公路养路费对原有公路、桥梁进行改建的工程；商、贸、粮、供销部门用简易建筑费建造的仓库；企业、事业、行政单位计划总投资在二万到五万元的零星固定资产建造和购置。

固定资产投资的资金来源　根据固定资产投资的资金来源不同，分为国家预算内投资、国内贷款、利用外资、自筹和其他投资四种：

①**国家预算内投资**　指列入国家固定资产投资计划并由国家财政预算拨款(包括拨改贷)完成的投资。基本建设国家预算内投资包括国家预算内拨款(中央财政中的基本建设拨款和地方财政中由国家统筹安排的基本建设拨款)和由拨款改为银行贷款形式完成的投资，中央财政中的其它专项建设拨款。更新改造国家预算内投资包括中央财政和地方财政预算内更新改造拨款完成的投资。

②**国内贷款**　指利用建设银行、工商银行及其他国内贷款进行的建设工程实际完成的投资。

③**利用外资**　指利用国外资金(包括设备、材料、技术在内)在本国进行的固定资产投资。包括由国家财政统借统还的国外贷款完成的投资，利用中国银行、中国国际信托投资公司筹集的外国资金在国内进行的投资，但不包括用我省自有外汇购置的国外设备、材料，也不包括由东欧国家记帐进口的国外设备。

④**自筹和其他投资**　指由省直各部门及地(市)、县和企(事)业及行政单位自己筹集的资金(包括各级地方财政贷款)和上述各项以外的资金完成的投资。

固定资产投资按国民经济行业分　建设项目归哪个行业按它建成投产后的主要产品种类或主要用途及社会经济活动种类来确定。基本建设按建设项目划分国民经济行业，更新改造、全民所有制单位其他固定资产投资及城镇集体投资根据整个企业、事业单位所属的行业来划分。一般情况下，一个建设项目或一个企业、事业单位只能属于一种国民经济行业。为了更准确地反映国民经济各行业之间的比例关系，联合企业(总厂)所属分厂属于不同行业的，原则上按分厂划分行业。

固定资产投资按建设性质分　建设项目的性质一般分为新建、扩建、改建、迁建、恢复。基本建设按建设项目划分建设性质，更新改造、全民所有制单位其他固定资产投资及城镇集体投资按整个企业、事业单位的建设情况确定建设性质。目前基本建设和更新改造是根据我国现行的计划管理体制区分的，所以基本建设和更新改造都可以分别按新建、扩建和改建等划分。

①**新建**　一般是指从无到有，"平地起家"新开始建设的单位。有的单位原有的基础很小，经过建设后其新增加的固定资产价值超过企业、事业和行政单位原有固定资产价值(原值)三倍以上的也算新建。

②**扩建**　一般是指为扩大原有产品的生产能力，在厂内或其他地点增建主要生产车间(或主要工程)独立的生产线或总厂之下的分厂企业；事业单位和行政单位在原单位增建业务用房(如学校增建教学用房、医院增建门诊部或病床用房、行政机关增建办公楼等)也作为扩建。

③**改建**　一般是指现有企业、事业单位为了技术进步，提高产品质量，增加花色品种，促进产品升级换代，降低消耗和成本，加强资源综合利用和三废治理，以及劳保安全等，采用新技术、新工艺、新设备、新材料等对现有设施、工艺条件进行技术改造或更新(包括相应配套的辅助性生产、生活福利设施)。有的企业为充分发挥现有生产能力，进行填平补齐而增建不增加本单位主要产品能力的车间等，也属于改建。

固定资产投资按用途分　固定资产投资按不同用途分为生产性建设和非生产性建设。是研究不同用途的固定资产投资之间比例关系的重要指标。基本建设投资、全民所有制单位其他固定资产投资及城镇集体投资的用途按单项工程确定，现有企业、事业单位更新改造投资的用途按更新改造项目确定。

1. **生产性建设**　指直接用于物质生产或直接为物质生产服务的建设。包括农、林、牧、渔、水利业建设，工业建设，地质普查和勘探业建设，建筑业建设，交通运输、邮电通讯业建设，商业、公共饮食业、物资供销和仓储业建设和综合技术服务事业建设等。企业、事业单位更新改造的生产性建设投资，根据更新改造项目的特点，有以下分组。

(1)增产：指工业为增加工业产品生产能力以及农、牧、渔业为增产农副产品等为目的而采取的措施。

(2)节约能源：指为降低煤、电、油等燃料动力消耗而进行的建设，如烧油锅炉改烧煤工程，低效锅炉改造、余热利用工程，以及为了压缩用电而进行的电加热设备改为红外线技术等。

(3)其他节约：指节约钢材、木材、棉花、化工原料等各种原材料的措施和其他节约措施。

(4)增加品种：指为增加产品花色品种的措施。

(5)提高产品质量：指为提高产品质量促进产品升级换代而进行的建设。

(6)"三废"治理：指各生产企业减少和消除环境污染、回收物资等而治理废水、废气、废渣的建设。

(7)其他生产性建设：指除上述各项用途之外的生产性建设。

2. **非生产性建设** 指用于满足人民物质和文化生活需要的建设以及其他物质生产的建设，包括住宅建设，公用事业、居民服务和咨询服务业建设，卫生、体育和社会福利事业建设，教育、文化、艺术和广播电影电视事业建设，科学研究建设，金融、保险业建设，国家机关、政党机关和社会团体建设及其他建设。在非生产性建设中的住宅建设是指专供居住使用的房屋，包括职工家属宿舍、职工单身宿舍、学生宿舍等。

固定资产投资按构成分 固定资产投资活动按其工作内容和实现方式分为建筑安装工程，设备、工具、器具购置，其他费用三个部分。

(一)建筑安装工程(建安工作量) 包括建筑工程和安装工程，这两部分投资必须兴工动料，通过施工活动实现。

(1)**建筑工程(建筑工作量)** 包括

①各种房屋建造工程如厂房、仓库、办公室、住宅、商店、学校、医院、俱乐部、食堂、车库、招待所的建设，包括列入房屋工程预算内的暖气、卫生、通风、照明、煤气等设备的价值及其装设油饰工程，列入建筑工程预算内的各种管道（如蒸气、压缩空气、石油、给排水等管道）、电力、电讯电缆导线的敷设等工程。

②设备基础，支柱、操作平台、梯子、烟囱、凉水塔、水池、灰塔等建筑工程，炼焦炉、裂解炉、蒸汽炉等各种窑炉的砌筑工程及金属结构工程。

③为施工而进行的建筑场地的布置，工程地质勘探，原有建筑物和障碍物的拆除，平整土地，施工临时用水、电、汽、道路工程，以及完工后建筑场地的清理、环境绿化美化工作等。

④矿井的开凿，井巷掘进延伸，露天矿的剥离，石油、天然气钻井工程和铁路、公路、港口、桥梁等工程。

⑤水利工程，如水库、堤坝、灌渠以及河道整治等工程。

⑥防空、地下建筑等特殊工程。

(2)**安装工程(安装工程量)** 指各种设备、装置的安装工程。

①生产、动力、起重、运输、传动和医疗、实验等各种需要安装设备的装配，与设备相连的工作台、梯子、栏杆等装设工程，附属于被安装设备的管线敷设工程，被安装设备的绝缘、防腐、保温、油漆等工作。

②为测定安装工作质量，对单个设备、系统设备进行单机试运、系统联动无负荷试运工作(投料试运工作不包括在内)。

在安装工程中，不包括被安装设备本身价值。

(二)设备、工具、器具购置 指购置或自制达到固定资产标准的设备、工具、器具的价值。固定资产的标准按财务部门规定。新建单位、扩建单位的新建车间、按照设计和计划要求购置或自制的全部设备、工具、器具，不论是否达到固定资产标准均计入"设备、工具、器具购置"中。

(三)其他费用 指除建筑安装工程和设备、工具、器具购置以外的投资完成额。它包括两种性质的费用，一种是属于增加固定资产的费用，主要有：建设单位管理费、土地、青苗等补偿费和安置补助费、勘察设计费、研究试验费、农林单位牲畜购置费、各种经济林木的营造费、办公和生活家具、器具购置费、引进技术和进口设备项目的其他费用、联合试运费等；一种是属于不增加固定资产的费用，主要有：施工机构转移费、生产职工培训费、农业开荒费用及报废工程损失费等。

基本建设项目按大中小型划分 基本建设划分大中小型项目原则上应按照上级批准的设计任务书或初步设计所确定的总规模或总投资划分，没有正式批准设计任务书或初步设计的，按国家或省、自治区、直辖市年度基本建设投资计划中所列的总规模或总投资划分。上述两条均不具备的，按本年计划施工工程的建设总规模或总投资划分。生产单一产品的工业项目，按产品的设计能力划分；生产多种产品的工业项目，按其主要产品的设计能力划分；品种繁多，难以按生产能力划分的，按全部计划投资额划分。划分标准以国家颁发的《大中小型建设项目划分标准》为依据。国家曾在 1958 年、1962 年、1972 年、1977 年和 1979 年先后五次修订《大中小型建设项目划分标准》。因此各历史时期的大中型项目数不完全可比。

施工项目 指报告期内曾进行建筑或安装施工活动的建设项目。包括报告期内新开工项目，报告期以前开工跨入报告期继续施工的项目，报告期施过工并在报告期内全部建成投产或停缓建的项目。

全部建成投产项目 工业项目是指设计文件规定形成生产能力的主体工程及其相应配套的辅助设施全部建成，经负荷试运转，证明具备生产设计规定合格产品的条件，并经过验收鉴定合格或达到竣工验收标准，与生产性工程配套的生活福利设施可以满足近期正常生产的需要，正式移交生产的建设项目；非工业项目是指设计文件规定的主体工程和相应的配套工程全部建成，能够发挥设计规定的全部效益，经验收鉴定合格或达到竣工验收标准，正式移交使用的建设项目。

新增生产能力 指通过固定资产投资活动而增加的设计能力或工程效益，它是用实物形态表示的固定资产投资的成果。新增生产能力的计算，是以能独立发挥生产能力或效益的单项工程(或项目)为对象。当单项工程(或项目)建成,经有关部门鉴定合格,正式移交投入生产,即可计算新增生产能力。

新增生产能力或工程效益有以下几种表现形式:

(1)以建设项目或单项工程建成后的年产能力表示。如煤炭开采、石油开采等。

(2)以建设项目或单项工程建成后处理原料的能力表示。如选矿工程的年处理矿石能力,洗煤厂年洗原煤能力等。

(3)以新增的主要设备数量或容量表示。如发电机组容量、棉纺锭枚数等。

(4)以建筑物容积、容量、面积或长度表示。如铁路公路里程、水库容量等。

新增生产能力的数量一般按设计能力计算。设计能力是指设计文件中规定的在正常情况下能够达到的生产能力,而不论投产后的实际产量如何。以设备数量、建筑物容积、面积、长度等表示的新增生产能力(或效益),则按建成的实际数量计算。

施工和竣工房屋建筑面积 房屋建筑面积是从屋的外墙线算起,包括房屋结构(如柱、墙占用的面积和地下室面积。多层建筑按各自然层面积总和计算,包括房屋内的楼隔层,突出墙面的眺望间、门斗、有柱雨罩的面积。不包括突出墙面结构的构件、艺术装饰等所占的面积,如台阶等。凹阳台、挑阳台按其水平投影面积一半计算建筑面积。

施工面积 指报告期内施工的全部房屋建筑面积。包括本期新开工的面积和上期开工跨入本期继续施工的房屋面积,以及上期已停建在本期继续施工的房屋建筑面积。

竣工面积 指在报告期内房屋建筑按照设计要求已全部完工,达到住人和使用条件,经验收鉴定合格,正式移交使用单位的建筑面积。

新增固定资产 指已经建成投入生产或交付使用的工程价值和达到固定资产标准的设备、工具。器具的投资及有关应摊入的费用。它是以价值形式表示的固定资产投资成果的综合性指标,可以综合反映不同时期、不同部门、不同地区的固定资产投资成果。

建筑施工企业 指从事房屋、构筑物和设备安装生产活动的独立施工单位,分为建筑安装企业和自营施工单位两种组织形式,建筑安装企业是指行政上有独立组织,经济上实行独立核算的企业。一般称为建筑公司、安装公司、工程公司、工程局(处)等。自营施工单位是指附属于现有生产企业、事业内部或行政单位的,为建造和修理本单位固定资产而自行组织的,并同时具备下述条件:(1)对内独立核算;(2)有固定组织和施工队伍;(3)全年施工期在半年以上。

农村建筑队 指有组织的并有固定人员从事房屋、构筑物修建及设备安装的专业队、组。应具备的条件:有固定组织;有核算制度;全年施工期在3个月以上并持有当地工商行政管理部门颁发的营业执照。

建筑业总产值 指建筑安装企业在一定时期内所完成的以货币表现的建筑生产总量。是反映全部生产规模、水平和成果的综合指标。其中包括施工产值、建筑安装附属构件厂的外销构件产值、建筑安装附属勘察设计单位向外提供勘察设计工作的产值。

(1) **施工产值** 指建筑施工企业自行完成的按工程进度计算的建筑安装生产总值。它包括建筑工程产值,设备安装工程产值,房屋、构筑物修理产值,非标准设备制造产值。

(2)**建筑安装附属生产外销构件产值** 指内部核算的结构件厂、车间为对外销售而生产的那部分预制构件价值。主要包括:围绕建筑施工需要而生产的木、钢门窗、金属构件、混凝土构件、商品混凝土等建筑制品和半成品。

(3) **建筑安装附属勘察设计产值** 指企业内非独立核算的勘察设计机构对外承包完成的科研、勘察、设计等工作而取得的劳务收入。

建筑业净产值 指建筑施工企业在生产活动中新创造的价值。即从建筑业总产值中扣除原材料、燃料、结构件、固定资产折旧等物质消耗以后的价值,现行净产值是用分配法计算的。即将属于国民收入初次分配的利润、税金、工资、职工福利基金、利息和其他费用等相加,即为建筑业净产值。

年末自有机械设备价值 指年末本单位自有施工机械、生产设备、运输设备的全部机械价值,分别按原值和净值计算,不包括非生产用的机械设备价值。

利润总额 指建筑施工企业在一定时期内所实现的利润。它包括工程结算利润、产品销售利润、作业销售利润、材料销售利润、其他销售利润及营业外收支差额。

定额流动资金 指在财务计划中按照计划任务和实际需要确定其正常占用的那部分流动资金,包括建筑材料、结构件、机械配件、其它材料、低值易耗品、未完施工及其应收工程款等。当前,国家对建筑施工企业的流动资金实行定额控制,计划管理,在核定定额部分实行低利率,作为计划内流动资金进行管理,此部分即为"定额流动资金"。

资金利润率 指在一定时期内利润总额和资金占用的比率。它的计算方法是:利润总额除以固定资产期末净值和定额流动资金平均占用额之和。

产值利润率 指在报告期内每百元产值所实现的利润。它的计算方法是:利润总额除以总产值。

商业、物价和物资

社会商业机构 指专门从事工农业产品买卖的各种经济类型的商业企业管理机构、经营机构和仓储运输机构。不包括各级商业行政管理部门和商业部门所属的加工厂、学校等。

社会饮食业机构　指从事食品的烹饪、调制并直接售给居民饮食的各种经济类型的饮食业机构，包括中西餐馆、饭馆、食堂、各种小吃店、冷饮店、酒馆、茶室等。不包括铁路餐车、轮船餐厅和旅店、招待所附设不对外营业的旅客食堂和机关、团体、企事业单位的食堂。

社会服务业机构　指提供劳务为居民生活服务的机构，包括旅店、理发、浴池、摄影、洗染、日用品修理、租赁和誊写等各种经济类型的服务行业，不包括旅游业、咨询服务业。

社会商业、饮食业、服务业机构，不论大小，不论独立核算还是非独立核算，均按自然网点计算。

社会商业、饮食业、服务业人员是指在社会商业、饮食业、服务业机构中工作的人员。

社会商品购买力　指零售商品购买力，即在一定时期内城乡居民和机关、团体、部队、企业、事业单位在零售市场购买商品的货币支付能力。它包括居民消费品购买力、社会集团消费品购买力、农民的农业生产资料购买力三部分。社会商品购买力分为已实现的社会商品购买力和未实现的购买力（又称结余购买力）。已实现的社会商品购买力是指一定时期居民和社会集团在零售市场实际购买消费品和农业生产资料的货币支出，即社会商品零售总额，未实现的购买力表现为城乡居民期末储蓄存款和手存现金比期初的增加额。

社会商品零售总额　指各种经济类型的商业、饮食业、工业和其他行业直接售给城乡居民和社会集团的消费品，售给农民的农业生产资料，以及农民直接售给非农业居民的消费品总额。不包括农民之间的商品销售。至于售给国民经济各部门企业、事业单位（包括全民所有制农场）生产经营用的各种原材料、燃料、建筑材料、设备、工具等不包括在社会商品零售总额中。

社会消费品零售量　指某一种消费品由各行业售给居民生活和社会集团公共消费数量，以及农民售给非农业居民数量的总和。不包括农民之间的消费品销售量。它反映一定时期零售市场上某一种消费品的供应鬃芰浚-:簿褪浅窍缇用窈蜕缁峒　团商品性消费总量。

社会消费品零售量，除了包括某种消费品的直接零售量外，还包括零售其加工品所耗用的该种消费品数量。例如棉布零售量中包括直接零售的棉布数量和零售的布制服装、鞋、帽、其他布制消费品中所耗用的棉布数量。不包括售作工业生产用量和服务行业用量。

社会商业商品购、销、存　指以各种经济类型的商业（包括全民、集体、合营、个体商业）为总体的商品购、销、存。

社会商业国内纯购进　指各种经济类型的商业从商业部门以外的单位和个人以各种价格购进作为转卖或加工后转卖的商品。

社会商业国内纯销售　指各种经济类型的商业企业以各种价格对商业部门以外的单位和个人出售的商品。

社会商业期末库存　指期末各种经济类型商业企业已取得所有权的全部商品。

城乡集市贸易成交额　指在农村集市和城市集市上买卖双方（包括农民、非农业居民、机关、团体、工商企业、个体商贩）成交的全部商品金额。不包括城市工业品市场的成交额。

社会农副产品收购　包括商业、饮食业、工业和其他部门以及非农业居民直接从农民、国营农场、劳改农场、机关和部队农场等农业生产者收购的农、林、牧、渔业产品，以及从农业生产者收购的这些产品的加工品，如土糖、土纸、草席等。

各种物价总指数　包括零售物价总指数、职工生活费用价格总指数、农副产品收购价格总指数和农村工业品零售价格总指数等。

商品价格有多种，除全民所有制商业部门的各种价格外，还有集市贸易价格。故除计算全民所有制商业各项指数外，还要计算包括全民所有制商业和集市贸易价格的零售物价总指数和职工生活费用价格总指数。

零售物价指数　是反映市场零售物价变动趋势和程度的相对数。它包括消费品和农业生产资料两大类。1991 年全省零售物价指数是根据 20 个市县资料加权汇总的。城市指数所选商品有 352 种，县城所选商品有 404 种，商品价格采用代表规格品的平均价格，指数公式采用加权算术平均公式，权数根据住户调查资料和商业部门有关资料加工整理求得。

居民生活费用价格指数　是反映居民所购买的生活消费品价格和服务项目价格变动趋势和程度的相对数。计算指数所选商品和服务项目 382 种。采用加权算术平均公式计算，权数据居民生活调查资料和其它有关资料加工整理而得。

农副产品收购价格指数　采用加权倒数平均公式（即按报告期实际收购金额加权综合法）计算的。目前计算指数所选的商品有 11 个大类，23 个小类，包括 250 多种农副土特产品。

主要农产品与工业品的交换比价　根据农产品收购价格和农村工业品零售价格计算。

消费量　指报告期内实际消费的全部原料、材料、燃料数量，包括用于产品生产、经营维修、更新改造措施、科学试验等。

消费量按照谁消费谁统计的原则填报。即物资在那个企业消费，就由哪个企业统计。凡属本企业实际消费的物资，不论物资属于计划分配或计划外调拨，也不论属于自有物资或外借物资，只要是本单位消费的都要统计消费量。

对外经济贸易和旅游

进出口总额 进出口总额是指实际进出我国国境的货物总金额。包括对外贸易实际进出口货物,来料加工装配进出口货物,中外合资企业、合作企业和外商独资企业进出口货物和公用物品,以及国家间、联合国及国际组织无偿援助的物资和赠送品,华侨、港澳台同胞、外籍华人的捐赠品的金额。

进口按到岸价计算,出口按离岸价计算。

利用外资 是指我省各级政府、部门、企业、中国银行和其他单位通过对外借款、吸收客商直接投资和外商其他投资方式,从国外和港澳台地区筹措的资金。

对外借款 是我省利用外资的主要部分,包括我省通过外国政府贷款、国际金融组织贷款、外国银行商业贷款、出口信贷以及对外发行证券等方式,从国外和港澳台地区借用的资金。

外商直接投资 是指外国企业和经济组织或个人(包括华侨、港澳台同胞以及我省在境外注册的企业)按我国有关政策、法规,在我国境内开办外商独资企业、与我国境内的企业或经济组织共同举办中外合资企业、合作经营企业或合作开发资源的投资以及外商从企业得到收益的再投资。

对外承包工程 指我省对外承包公司承包国外建设工程项目、我省援外成套项目、我省驻外机构的工程项目和以服务成果向业主收费的技术服务项目以及由各对外承包公司提供的成套设备、工程物资等。对外承包工程的营业额是以货币表现的本期内完成的对外承包工程的工作量。

对外劳务合作 指我省对外承包公司派出工程技术人员、工人、管理人员等以收取工资及其他费用的形式向雇主提供的劳务。劳务合作营业额是本期实际从雇主收取的工资及其他费用收入。

旅游人数 指来我省参观、访问、旅行、探亲、访友、休养、考察、参加会议和从事经济、科技、文化、教育、体育、宗教等活动的外国人、华侨、港澳和台湾同胞的人数。不包括外国在我国的常驻机构,如使领馆、通讯社、企业办事处的工作人员和来我国常住的外国专家、留学生等。

旅游外汇收入 指省内各部门为来我省旅游的外国人、华侨、港澳和台湾同胞提供商品和劳务而得到的外汇收入。包括供应商品、饮食和提供住宿、交通、邮电、文化娱乐、导游等各项服务所得的全部外汇收入。

财政、金融和保险

财政收入 指企业、事业上交国家的利润、事业费和各项税金,具体包括:

①企业收入,包括各部门所属全民所有制企业、事业单位上交国家的利润和事业收入。

②各项税收,包括产品税、增值税、营业税、企业所得税、盐税、关税、农牧业税、屠宰税、牲畜交易税、集市交易税以及有关罚款补税收入等。

财政支出 指由财政直接支付(拨款)的项目,具体包括:

①基本建设拨款,是指国家预算内的基本建设拨款,不包括国家预算外自筹的各种基本建设资金。为加强基本建设投资规模的控制,提高资金使用效益,国家从 1985 年起,对预算内基本建设拨款实行拨款改贷款的新的管理办法。即由原来直接无偿的拨给建设单位,改为拨给建设银行视同信贷基金管理,建设银行根据国家预算安排的基建项目,给予有偿贷款,用投产后新增利润还本付息。因改革之中情况不一,目前仍有一些基建项目未实行拨改贷办法。

②增拨企业流动资金,是指国家预算增拨各部门所属全民所有制企业的流动资金和增拨银行的信贷资金。

③文教科学卫生事业费,包括科学、文化、教育、卫生、公费医疗、体育、通讯和广播、地震、海洋、文物、计划生育等方面的事业费。

存款 企业、机关、团体或居民根据可以收回的原则,把货币资金存入银行或其他信用机构保管并取得一定利息的一种信用活动形式。根据存款对象的不同可划分:企业存款、财政存款、机关团体存款、对外贸易存款、城镇居民储蓄存款、农村存款等科目。

贷款 银行或其他信用机构根据必须归还的原则,按一定利率,为企业、个人等提供资金的一种信用活动形式。我国银行贷款,分流动资金贷款、农业贷款、固定资产贷款等科目。

承保额 又叫保险金额。它是保险人对被保险人负担损失补偿或约定给付的金额。它是保险合同上的最高责任额,也是计算保费的依据。

可保财产额 社会总财产额(包括固定资产和流动资产),剔除按保险公司财产保险条款规定不在保险范围内的财产额(如土地、货币等)和有自保能力不向保险公司投保单位的财产额,所余财产额。

保费 被保险人按其得到保险利益的保障程度(保险金额)的一定比率向保险人缴付的费用。

赔款 保险人对财产保险的保险事故给予的经济补偿或对人身保险的保险事故给付的保险金。分为已决赔款和未决赔款。

人民生活

城镇居民家庭就业人口 指从事社会劳动并取得劳动报酬或经营收入的人口。我国的就业方针是:“在国家统筹规划和指导下,实行劳动部门介绍就业,自愿组织起来就业和自谋职业相结合"的方针。因此通过这三种方式就业的，不论在全民所有制、集体所有制单位工作或从事个体劳动，不论有固定性职业或临时性职业都是就业人口。就业人口包括全民所有制职工、集体所有制职工、个体雇主与自营者、个体被雇人员、被聘用和留用的离退休人员、其他就业者六项。

城镇居民家庭实际收入 指调查户全部实际的现金收入，包括经常或固定得到的收入和一次性收入。不包括周转性的收入，如提取银行存款、向亲友借入款、收回借出款以及其它各种暂收款。

城镇居民家庭生活费收入 指调查户家庭实际收入中能用于安排日常生活的收入。即用实际收入减掉"赡养支出"和"赠送支出"，减掉调查户非家庭人口中的经常用饭人口所交的"搭伙费"和调查户记帐所得的"记帐补贴"。

城镇居民家庭生活费支出 指调查户用于日常生活的全部支出，包括购买各种商品支出和文化生活、服务等非商品支出。

城镇居民家庭购买商品支出 指调查户购买商品的全部支出，包括从商店、工厂、饮食业、工作单位食堂、集市以及直接从农民购买各种商品的开支。共分九类：食品、衣着商品、日用品、文化娱乐用品、书报杂志、药及医疗用品、房屋及建筑材料、燃料、其它商品。不论自用的或赠送亲友的都包括在内。

农民纯收入 指农民全年总收入扣除费用性支出后可以直接用于进行生产和非生产性建设投资、改善生活的那部分收入，是反映农民实际收入水平和经济效益的主要指标。全年纯收入的计算公式是：

全年纯收入＝全年总收入－家庭经营费用支出－缴纳税款－生产性固定资产折旧－上交集体承包任务－调查补贴

城乡居民储蓄年末余额 城乡居民储蓄包括城镇居民储蓄存款和农民个人储蓄存款两部分。不包括居民的手存现金和工矿企业、部队、机关团体等集团存款。

储蓄年末余额，是指城乡居民存入银行及农村信用社储蓄的年末数（存入数扣除取出数的余额）。

教育、科技专利、文化和体育

普通高等学校 指按照国家规定的标准和审批程序批准举办，通过全国统一招生考试，招收高级中等学校毕业生和具有同等学历者，实施高等教育，培养高等专门人才的学校。包括大学、专门学院、专科学校和短期职业大学。

成人高等学校 指按照国家规定的审批程序批准举办，招收在职高中毕业或同等学历者，利用多种形式对成人实施高等教育，培养相当普通高等学校专科或本科毕业水平的专门人才的学校。包括广播电视大学、职工高等学校、农民高等学校、干部管理学院、教育学院、独立函授学院以及普通高等学校举办的函授、夜大学等。

小学学龄儿童入学率 指调查范围内已入小学学习的学龄儿童占校内外学龄儿童总数（包括弱智儿童在内，但不包括盲聋哑儿童）的比重。计算公式是：

$$\text{小学学龄儿童入学率}=\frac{\text{已入学的小学学龄儿童数}}{\text{校内外小学学龄儿童总数}}\times 100\%$$

自然科学技术人员 指已取得科学技术职称，或大学，大专的理、工、农、医科系毕业，以及国民经济各部门从工作实践中提拔，从事理、工、农、医等自然科学技术的研究、教学、生产（事业）技术方面工作的专业人员和在机关、企业、事业中从事科学技术业务管理工作专业人员。

工程技术人员 指在国民经济各行业从事工程技术工作的自然科学技术的专业人员，包括：高级工程师、工程师、助理工程师、技术员和未评定职称的技术人员。

农业技术人员 指在国民经济各行业从事农业技术工作的自然科学技术的专业人员，包括：高级农艺师、农艺师、助理农艺师、技术员和未评定职称的技术人员。

卫生技术人员 指在国民经济各行业从事卫生医务工作的自然科学技术的专业人员，包括，正副主任医师、主治医师、医师、医（护）士和未评定职称的技术人员。

科学研究人员 指在国民经济各行业从事科学技术活动的自然技术的专业人员，包括：正副研究员、助理研究员、研究实习员、技术员和未评定职称的技术人员。

教学人员 指在国民经济各行业从事自然科学技术方面的教学活动的专业人员，包括：正副教授、讲师、助教、教师和在中学从事自然科学技术方面的教学活动的人员。

发明 专利法所称的发明是指对产品、方法或者其改进所提出的新的技术方案。

实用新型 专利法所称的实用新型是指对产品的形状、构造或者其结合所提出的适于实用的新的技术方案。

外观设计 专利法所称的外观设计是指对产品的形状、图案、色彩或者其结合所作出的富有美感并适于工业上应用的新设计。

文化事业机构 指从事专业文化工作和为专业文化工作服务的单独核算、独立建制的单位。不包括文化主管部门直属单位举办的其他行业和各部门的业余文化组织。

艺术表演团体 指从事戏曲、音乐、舞蹈、杂技等专业表演，有独立帐户，实行单独核算的团体。不包括半工半艺、半农半艺和业余剧团。

电影放映单位 指具有放映机器设备、固定或不固定的放映场所与专职或兼职的放映技术人员，经文化行政部门登记批准，经常为一定的观众对象映出电影的机构。包括经批准对外开放进行营业，并与电影发行放映管理机构分帐的专用放映单位或军委系统租片单位在内。

电影观众人数 指各类型放映单位及军委系统租片单位映出的观众人数。一个观众连续看了一部长片和短片专场规定的短片，为二人次。

艺术表演观众人数 指售票、包场演出或民族地区免费演出的艺术表演观众人次数。不包括彩排审查和内部观摩演出的观看人次数。

等级运动员人数 指经考核正式批准授予等级运动员称号的人数。运动员等级分为国际级运动健将、运动健将、一级运动员、二级运动员、三级运动员、少年级运动员。

等级裁判员人数 指经考核正式批准授予等级裁判员的人数。裁判员等级分为国际裁判、国家级裁判、一级裁判、二级裁判、三级裁判职称。

社会团体、卫生、民政司法和其它

医院 指名称为医院，设有固定床位能收容病人住院并能为病人提供医疗、护理服务的医疗机构。包括县及县以上医院、农村乡卫生院、其他医院三部分。按所属性质分为卫生部门、工业及其他部门、集体所有制三类。其中县及县以上医院按业务性质分为综合医院和专科医院。

卫生技术人员 指卫生事业机构中现任职务为卫生技术工作的人员。包括中医师、西医师、中西医结合高级医师、护师、中药师、西药师、检验师、其他技师、中医士、西医士、护士、助产士、中药剂士、西药剂士、检验士、其他技士、其他中医、护理员、中药剂员、西药剂员、检验员、其他初级卫生技术人员。按所属经济类型可分为国家人员（全民所有制）、集体人员（集体所有制）和经当地、地市（区）县卫生行政部门批准的私立医院和个体开业卫生技术人员。

医生 指经卫生部门审查合格，从事医疗预防工作的专业人员。分为中医医生和西医医生。包括卫生技术人员中的中医师、西医师、中西医结合高级医师、中医士、西医士和其他中医。

社会福利事业单位 指集中收养社会孤老、残、幼的机构。包括由民政部门管理的社会福利院、儿童福利院、精神病人福利院和城镇集体办的福利院，以及农村集体举办的敬老院。

社会福利事业单位收养人数 包括民政部门管理的和城镇及农村集体举办的社会福利事业单位中收养的老人、少年儿童、缺乏生活自理能力的残疾人员和精神病人。

社会福利企业单位 指以安置城镇有一定劳动能力的盲、聋、哑和肢体残疾人员就业为目的，享受国家减免税待遇的全民或集体所有制企业。包括福利工厂、福利商业服务业、假肢厂和安置农场等单位。

农村五保户 指农村中既无劳动能力，又无经济来源的孤老、幼、残家庭户。由集体供养，做到保吃、保穿、保住、保医、保葬（孤儿保教）。

律师工作者 指受聘参加法律顾问处工作，担任法律顾问、刑（民）事代理人、刑事辩护人，办理非诉讼事件、解答法律询问、代写法律事务文书等主要律师业务的专职法律工作者和兼职律师。

公证人员 指在国家公证机关依法办理公证事务的司法人员。包括公证员、助理公证员和在公证处工作的其他人员。

办理公证 指公证处年内办结的公证文书件数。公证文书系按司法部规定或批准格式制作。包括国内公证和涉外公证两部分。其中国内公证分为经济合同公证和民事法律关系公证两大类。

调解人员 在人民调解委员会担负调解民间一般民事纠纷和轻微违法行为所引起纠纷的工作人员。包括调解委员会委员和调解小组调解员。

调解民事纠纷 指调解委员会依照法律规定，根据自愿原则，用说服教育的方法调解民间发生的有关民事权利和义务的争执，促成当事双方达成协议和谅解，解决纠纷。包括婚姻家庭纠纷，财产权益纠纷等 。不包括法院受理调解的民事案件数。

保险福利费用总额 指各单位在工资以外实际支付给职工个人和用于集体的劳动保险和福利的费用，不包括用于职工的劳动保护费用。从企业来讲，保险福利费不仅包括由职工福利基金支出的部分，而且还包括由企业营业外支出、企业基金或利润留成、工会文教费、企业管理费支出的部分。预算单位包括由职工福利费、公务费、差额补助费等支出的部分。具体包括退休离休退职费、职工死亡丧葬及抚恤费、医疗卫生费、职工生活困难补助、文娱体育宣传费、集体福利事业的补贴费、集体福利设施费、其它。

城市基本情况

建成区土地面积 指城市建筑基本连片、公用设施达到的地区，区域内的水域面积（包括河流、湖泊）均计算在内。

全年用电量 指本年内电力企业售给本市用户的电量和自备电厂自发自用电量（包括余热发电）、自备电厂卖给附近用户的电量以及趸售电量（按最后用户的电量分类）。按用电性质分为：农村用电、工业用电、交通运输用电和市政公用事业用电、城乡居民生活用电四大类。

水厂综合生产能力 指年末城建部门管理的自来

水厂和社会单位自备水源的取水、净化、送水、出厂输水干管等环节的综合实际生产能力。

年末供水管道长度 指从送水泵至用户水表之间所有管道的长度。

全年供水总量 指公用自来水厂和社会单位自备水源全年供出厂外的全部水量，包括有效供水量及损失水量。

生活用水量 指居民日常生活与公共福利设施的用水量。包括饮食店、旅馆、医院、理发店、浴池、洗衣店、游泳池、商店、学校、机关、部队等单位的用水量。

生活用水人口 指实际使用城市建设部门和各单位自备水厂(源)所供自来水的人口(含公共水站用水人口)。包括农业人口和非农业人口。

煤气供气总量 指城市煤气公司售给各类用户的全部煤气量。包括工业用量、家庭用量和其它用量。

年末实有公共汽(电)车营运车辆 城市公共交通企业年末可参加营运的全部车辆数，是指经上级主管机关核准用于营运业务的全部车辆数，包括技术完好的、在修的、待修的、长期停驶的以及拟报废但尚未经上级主管机关批准的车辆。

年末实有铺装道路面积 城区和郊区范围内，除土路外路面经过铺装的，宽度 3.5 米以上的道路面积，包括铺装路面的面积和平石的面积，不包括街心花坛、侧石、人行道和路肩的面积。道路包括高级、次高级道路和普通道路。

注：本《年鉴》统计资料表中的符号使用说明：(一)“…”，表示数据不足本项最小单位数；(二)“空格”，表示该项统计指标数据不详；(三)“——”，表示无该项统计指标数据；(四)“#”，表示其中的主要项；(五)“ * 或 ① ”，表示本表下有注解。

Ⅸ 大 事 记

1991年河北省经济社会发展大事记

1 月

1日报载 （指《河北日报》刊载，下同） 河北省人民政府在河北宾馆举行外国专家新年招待会，来自8个国家和地区的50多位在冀工作的专家应邀参加。省领导郭志、程维高、吕传赞、叶连松、宋叔华、张润身、郭洪岐、李峰等出席了招待会。

2日报载 沧州市凯英微电热元件厂研制生产的"DZR新型电子电热材料"被美国、欧共体等授予专利权，并获1989年"火炬奖"、1990年第二届国际专利金奖。

3日报载 1990年度全国棉花生产和基地建设总结表彰大会于1990年12月29日至30日在石家庄召开。河北省成安、肥乡等12个先进棉花生产县市受表彰。

△ （指同日消息，下同） 省委宣传部、省司法厅、省税务局、省总工会、团省委和省妇联联合召开电话会，部署全省税法宣传教育工作。副省长郭洪岐讲了话。

△ 省治理"三乱"领导小组召开电话会，对全省前一段治理"三乱"工作情况进行了总结，并就下一步治理"三乱"工作做了部署。省人大副主任王幼辉、副省长郭洪岐出席讲话。

5日报载 中央卫生部部长陈敏章致函我省卫生厅，表彰在亚运会期间我省卫生防疫起到屏障作用，同时肯定了邯郸地区加强卫生院建设的经验。

△ 河北省政府发出通知，要求各级政府重视和发挥供销社作用，采取灵活措施，办好供销社。各级供销社要牢固树立以农业为基础，与农民共荣兴的思想，积极发展和完善农业生产服务体系，搞好信息、技术、资金、购销、加工、储藏、运输、保险等多种形式、多功能综合服务，全力支持农业生产。

6日报载 河北参加徽班进京200周年纪念活动演出的剧目——唐山市京剧团的《锁麟囊》和省京剧一团的《八仙过海》，以优美的唱腔、精湛的表演、高难度的武打动作轰动京华。中宣部副部长、文化部代部长贺敬之、文化部副部长徐文伯为省京剧一团和唐山市京剧团颁发了奖牌和奖品。

△ 从1988年开始的文物复查截止目前，已查清，河北省不可移动文物增至近1200处，先后37处陆续被国务院确定为全国重点文物保护单位。

7日报载 文化部在天津召开的全国公共图书馆工作经验交流会上，河北省图书馆、秦皇岛市图书馆、邯郸市图书馆等单位受到表彰。

9日报载 8日——12日，全省计划会议在石家庄市召开，代省长程维高作了关于《调整结构、提高效益、打好"八五"计划第一仗》的重要报告。副省长叶连松讲了话。

△ 河北省人大常委会第18次会议8日至12日在石家庄召开。会议听取了副省长张润身《关于当前农业形势和任务的汇报》和省计经委主任张瑞关于贯彻执行《河北省计划生育条例》情况的汇报。还听取了省邮电管理局局长魏恩鸿作的关于《河北省邮电通讯管理条例（草案）》的说明及省建委主任龚焕文作的关于《河北省城市规划条例》的说明。

△ 大厂回族自治县特种工艺厂的蒙镶牛角刀获国家旅游局、轻工部、商业部举办的1990年中国旅游购物节天马金奖。

11日报载 全省对外宣传工作会议8——10日在石家庄召开。会议提出各级党委要加强对外宣传工作的领导，做好对外宣传工作，向世界宣传河北，让世界了解河北。

△ 河北省政府发出通知，要求各地、市、县及有关部门，进一步加强城市蔬菜市场工作，以尽快实现"稳定生产、均衡上市、价格合理、保证供应"的要求。

12日报载 河北省游泳运动员钱红在澳大利亚佩斯进行的第6届世界游泳锦标赛上，夺取女子50米、100米蝶泳两项金牌。

17日报载 河北省医学院生物化学教研室主任李恩教授，被国务院学位委员会批准为中西医结合基础（基础理论）博士导师，具有博士学位授予权，目前是河北省各类高校中唯一博士导师。

18 日报载　中共河北省委召开的农村社会化服务体系建设研讨会于 1 月 13 日至 16 日在玉田县举行。中央政策研究室主任王维澄、副主任回良玉和省委书记邢崇智到会讲了话，省委副书记李炳良主持这次会议并作总结发言。这次研讨会着重对 90 年代搞好农村双层经营为基础的社会服务体系建设，以党支部为核心的基层组织建设，以社会主义思想教育为重点的精神文明建设进行研究讨论。提出系统配套地做好农村工作。

19 日报载　河北省在新加坡举办的“中国河北出口商品展销会”1 月 16 日结束。成交 5474.35 万美元，超额 9.49%完成预计任务，扩大了河北在新加坡乃至整个东南亚地区的影响。

20 日报载　河北省名优特新高产品评选展销会有 18 个地、市，2411 家企业，5442 项产品参加评选展销。按照大会制定的“振兴河北经济奖”评选办法，经地、市推荐，行业评审，“振兴河北经济奖”总评委员会评定，省政府核准，对 956 家企业 1128 项产品授予“振兴河北经济奖”。省政府予以公告。

22 日报载　1 月 18 日、20 日、21 日，省委、省政府连续举行座谈会，邀请部分退下来的省级老干部、省各民主党派和无党派人士、部分专家，广泛征求对《中共河北省委关于十年规划和“八五”计划要点的建议》的意见。

△　保定市前进实用技术研究所与保定市满城新型材料厂研制成功复合落水管，通过专家鉴定，于 1990 年 5 月在全国建材展销会上获金奖。

△　19 日本东京雾岛电视台制作部部长坂田直树带领摄制组到河北师大体育系拍摄体育专题片《中国体育为什么这样强》的体育师资培养部分。

26 日报载　河北省华北乙烯工程被列为“八五”期间我国即将建设的 14 套大型石油化工项目之一，已正式纳入国家“八五”计划。

27 日报载　中共河北省委作出《关于进一步加强人大工作的决定》，决定指出各级党委要加强对人大工作的政治领导、思想领导、组织领导，把人大工作纳入党委的重要议事日程。坚持和完善人民代表大会制度，推动政治经济和社会稳定发展。

△　应巴黎“明日”与“未来”世界马戏杂技节组委会主席伊萨伯·莫克莱尔邀请，省政协主席、中国吴桥国际杂技艺术节组委会主席李文珊率团离石赴法国参加第十四届“明日”与“未来”世界马戏杂技节。

31 日报载　由中央唐山市委、玉田县委编写、人民日报出版社出版的《真正的共产党员——傅显忠》一书，首发式在北京人民大会堂举行。在中组部、中宣部、中央政策研究室举行的学习傅显忠同志座谈会暨首发式上，中组部副部长刘泽澎宣读了江泽民总书记的题词：“学习傅显忠同志为党尽职尽责的工作态度和不怕艰难困苦的革命精神。”

2　月

1 日报载　省纪委召开表彰会，授予唐山钢铁公司等 35 个单位“全省先进纪检组织”称号，授予张岩志等 106 名同志“全省优秀纪检干部”称号，省领导向获得荣誉称号的单位和个人颁奖。

4 日报载　省政府颁布《河北省利用外商直接投资改造现有企业的暂行规定》，自发布之日起施行。同日并颁布了《河北省外商投资企业管理的若干补充规定》，自发布之日起施行。

6 日报载　民政部副部长范宝俊到雄县，代表民政部授予雄县树春光荣院名誉院长王树春铜匾一块，上书“德高义重”。这家光荣院是全国第一家由个人捐资兴建的。

7 日报载　省“双学双比”办公室在石家庄召开。在 1990 年度农村妇女“双学双比”竞赛活动表彰大会上，有 48 个先进、优胜协调组织受到表彰，203 名农村妇女获得女能手称号。

8 日报载　7 日省政府召开全省森林防火工作电话会议，要求各地进一步贯彻落实“预防为主，积极消灭”的防火方针。

12 日报载　河北省石油化学工业在“八五”期间，将围绕着“强化管理，突出科技，调整结构，促进贸易”的方针发展，重点发展石油化工、支农化工、盐化工、煤化工和无机盐化工五大行业。

14 日报载　1 月 29 日，永清县后刘武营雕刻厂女工段金华，应邀赴日本进行雕刻工艺表演。

17 日报载　2 月 13 日晚深夜 11 时到 11 时 40 分，北戴河海滨东南海面上，出现景色壮观的海市蜃楼。

20 日报载　“八五”期间化工部和河北省重点开发推广项目之一的“五水偏硅酸钠”，由赞皇县无机化工厂研制成功，填补了河北省一项空白。

24 日报载　23 日，省政府召开“质量、品种、效益年”广播电视大会，动员全省人民立即行动起来，迅速投入“质量、品种、效益年”活动。代省长程维高主持会议并宣布了为推动活动的开展，省政府常务会议决定采取的六项奖惩措施。副省长宋叔华讲了话。

△　省委召开省直机关思想作风教育整顿动员大会。这次教育整顿着眼提高党员干部的政治思想素质，解决存在的问题，为实现十年规划和“八五”计划打好第一仗。

25 日报载　省委召开地市委统战部长会议，研究如何围绕着实施十年规划和“八五”计划开展今后的统战工作。

26 日报载　25 日，全省监察工作会议在石家庄召开。会议指出全省监察机关要抓好监督检查，保证政令畅通，为经济的持续、稳定、协调发展清道护航。

△　省国防教育领导小组会议召开。会议审议批准了《1991 年河北省全民国防教育规划》。

27 日报载　省七届人大常委会 19 次会议在石家庄召开。会议听取了《河北省邮电通信管理条例（草案）》、《河北省人民代表大会议事规则（草案）》、《河北省散居少数民族权利保障条例（草案）》三个法规草案的说明和《关于全省贯彻实行第一个五年普法规划基本情况和第二个五年普法规划安排意见的汇报》、《关于农村医疗卫生情况的汇报》。

3　月

1 日报载　2 月 27 日，省政府召开全省大中型和重点建设项目会议。叶连松副省长在会上讲话强调，要继续抓好项目的前期工作，对在建的大中型基建、技改项目，要在确保工程质量的前提下，努力加快施工进度，形成新的生产能力，尽快发挥效益。

3 日报载　省七届人大常委会第十九次会议于 3 月 2 日在石家庄结束。会议表决通过两个决定、一个条例和一个决议，任命顾二熊为副省长。

△　2 日下午，省委书记邢崇智会见应邀前来河北访问的奥地利驻华大使迪特里斯·布科夫斯基一行。

4 日报载　3 日下午省委副书记吕传赞接见了从北京载誉归来的全国旅游系统劳动模范、河北省的先进集体和先进个人代表。

5 日报载　经国务院批准，第二届全国城运会将在河北省唐山市举行，国家体委在北京举行了新闻发布会。

6 日报载　省文物商店收集到国家一级文物“宋代钧窑大盘”和国家二级文物明代正统年间景德镇民窑产品“青花莲纹将军大缸。”

7 日报载　省会妇女隆重庆祝“三八”，省妇联授予百户省级“五好”家庭称号。

8 日报载　7 日，省人大副主任、省党派团体经济技术开发领导小组组长王幼辉在河北宾馆会见日本客人西村清则一行 3 人。

9 日报载　由沧州市化工机械厂与南朝鲜 ACE 产业株式会社、乐喜金星商事株式会社合资兴建的冀乐阿塞依国际集装箱有限公司生产工程，于 3 月 5 日在沧州市化工机械厂举行奠基典礼。化工部原副部长王珉、副省长叶连松、郭洪岐、省人大常委会副主任邹仁鋆、省政协副主席杜竟一参加典礼仪式。

△　河北省昌黎县黄金海岸经国务院批准，被定为国家级自然保护区。

10 日报载　全国政协法制委员会副主任浦通修一行 4 人，3 月 1 日至 7 日来河北石家庄地市、行唐县、藁城市等地考察廉政建设工作。

△　由河北省农林科学院承担的中方与加拿大合作《河北旱地项目》2 月 26 日在京正式签字。该项目的基本目标，是开发和转让生态良好的旱地技术，提高河北低平原水的利用效率和作物产量。

11 日报载　7 日至 10 日，河北省高级人民法院召开全省中级法院院长会议、民事审判工作会议和全省法院系统庆功表彰会议。三会提出，各级法院必须树立为改革开放和发展社会主义有计划商品经济服务的指导思想，1991 年围绕着经济建设开展审判工作，搞好综合治理。

△　由 25 家企业、科研单位、高等院校组成的华北制药集团 10 日在石家庄成立。

14 日报载　13 日，省政协主席李文珊会见了以法国参议员、法中友好小组主席、法国参议院经济和计划委员会副主席勒库尔内为团长的法国参议院法中友好小组代表团。

15 日报载　邢台县无线电元件厂与航天部一院十四所联合生产的“GHAI‘56’型银翅牌全频道天线”，在广州第二届国际专利新技术新产品展览会上获国际铜牌奖。

△　石家庄汽车制造厂试制开发的 SQ6470 型、SQ6470Y 型征天吉普和 SQ6450 型、SQ6450Y 型轻型客车底盘，被国家计委、物资部等列为国家级重点试产项目。

16 日报载　3 月 14 日化学工业部部长顾秀莲到石家庄市农药厂、市第一橡胶厂等单位检查指导工作。

17 日报载　11 日至 15 日，省委省政府召开全省社会治安综合治理工作会议。会议提出各地要紧紧围绕经济建设这个中心，强化总体领导，继续推行责任制，以加强基层为重点，以重点治理为突破口，促进社会治安综合治理各项措施的落实。

18 日报载　14 日至 16 日，省委省政府召开全省计划生育工作会议。这次会议确定的今后十年和“八五”期间我省计划生育工作的奋斗目标是：到本世纪末，把全省总人口控制在 6900 万人左右；在“八五”期末，把全省总人口控制在 6590 万人以内；1991 年把全省人口自然增长率控制在 14.30‰，年末总人口控制在 6247 万人。

△　17 日至 19 日，省委、省政府召开全省财政工作会议，研究确定了“八五”期间全省财政工作的指导思想，明确了财政工作奋斗目标，制定了逐步改善我省财政状况的措施。财政部党组副书记、常务副部长迟海滨

受国务委员兼财政部长王丙乾的委托专程到石家庄参加会议并作重要讲话。

△　世界银行驻华代办处代表宋默之先生一行4人，由林业部部长高德占陪同3月15日到河北考察林业发展情况。

19日报载　全国华联饭店集团在石家庄成立，由23家国营饭店、酒家、宾馆组成。总部设在河北饭店。

△　《河北省高速公路管理办法(试行)》已经1991年2月21日省政府第89次常务会议通过，河北省人民政府发布施行。

20日报载　国务委员、国家计划委员会主任邹家华、国家计委副主任叶青、交通部部长黄镇东到沧州地区黄骅港址考察。邢崇智、叶连松陪同并介绍汇报了围绕着建设神木煤出海港口所进行的基础研究和前期起步工作情况。

△　丰润县水泵厂生产的三种型号长轴深井泵，在中央电台、中央电视台、中国农机协会等七个单位联合主办的全国排灌机械最佳产品用户评选活动中获“九龙杯”奖。

△　李东辉事迹报告会在石家庄市第一工人文化宫举行，2000多名干部参加了报告会，邢崇智讲了话，吕传赞宣读了河北省委《关于向李东辉学习的通知》。

23日报载　22日，京深线石家庄至定州段高速公路建成通车。这是我省首条通车的高速公路。程维高、叶连松、宋叔华，国务院、中央军委交通战备办公室左建昌少将为通车剪彩。

△　辛集市画家刘永增应邀赴日本松山市参加画展。

24日报载　23日，副省长叶连松、宋叔华会见法国亚义赛公司董事长、欧洲共同体经济专家、河北对外经济顾问、法籍华人钱法仁先生。

27日报载　26日，山西省大同地区发生地震波及河北阳原县、蔚县，6000多间房屋发生裂缝。省委、省政府发电报部署救灾，慰问群众。

△　26日，宋叔华副省长会见由芬兰国家水与环境和克米拉公司组成的水污染综合治理考察团一行6人。考察团16日在保定白洋淀进行了10天考察。

28日报载　美籍华人耿旭博士受聘担任省农业经济顾问。授聘仪式上叶连松代表省政府向耿旭颁发了聘书。

△　联合国粮农组织经社司官员夏洛伊和计算机专家贝克先生，来到河北对国家统计局在威县搞的农业普察试点进行实地考察。

△　日本长野县果树实验场栽培部竹前四郎部长和中野市果树指导部永泽畅良部长到涉县考察。

△　以丸田良平为团长的日本长野市第10次中学生访华团一行13人到石家庄青少年宫参观访问。

4　月

1日报载　由国务院五部委行(农业部、林业部、国家教委、国家科委、中国农业银行)组成的农科教统筹试点选点考察组，于3月19日至23日到承德地区对农科教统筹工作进行了考察。考察组认为，承德地区作为全国农科教统筹试点是有基础的，确定承德地区为全国第一个农科教统筹工作试点地区。

3日报载　美籍华人、香港利华有限公司董事长、哲学博士王德纯先生，自1989年以来，先后为任丘市、南漕口村家乡捐献人民币42万元，用于修路、办学。

4日报载　由《女子文学》月刊社主办的首届中国女子诗歌大奖赛3月19日评选揭晓。河北的胡玥、冯锐、王久侠获本届大赛“十佳女诗人”称号。

5日报载　全国首届企业报展览评比近日揭晓。400余家企业报参展，我省华北制药厂的《华药周报》、峰峰矿务局的《峰峰矿工报》获一等奖。

8日报载　由省地方投资兴建的第一条大容量数字微波通信干线工程，石家庄——唐山区段数字微波电路，3月上旬建成并投入试运行。

△　遵化县生猪生产连续12年稳定增长，在全国养猪工作会议上，被命名为全国商品瘦肉型猪基地建设先进县，受到农业部、财政部的表彰和奖励。

9日报载　玉田县虹桥镇大湾柳树村新华建材厂生产的华春牌琉璃型轻质瓦，在泰国首都曼谷举办的中国实用新技术及成果展览会上获银牌奖。它是展览会上唯一的一家村办企业的产品，深受外商青睐。

10日报载　4月9日晚，省领导邢崇智、白石、郭洪岐等亲切会见了来河北访问的奥地利州官员团一行12人。全国对外友协秘书长许群也参加了会见。

12日报载　全省对台工作会议近日结束。几年来，全省认真贯彻“和平统一，一国两制”的方针，对台工作不断拓展和深入，取得了很好的影响。会议要求各地继续努力，加强合作，扎实工作，积极发展海峡两岸的交往，促进祖国和平统一。

△　4月7日，石家庄市与南通市正式签订缔结友好城市协议，两市代表团就经济技术协作等方面进行了广泛的洽谈。

13日报载　4月12日下午，中共河北省委邀集我省各民主党派、人民团体负责人和无党派代表人士，就省政协委员增补人选问题进行民主协商，听取各方面的意见。

△　国家体委副主任徐寅生一行，4月12日来河北考察正定乒乓球训练基地。他希望这个基地向承办国际性的训练和培训班方向发展。

14日报载　全省农村教育改革实验区工作会议于4月12日结束。国家教委副主任何东昌、王明达、专职委员郭福昌，以及省领导邢崇智、杨泽江、刘英、顾二熊、王祖武出席了会议。会上提出了今后工作任务，并向80个实施“燎原计划”先进单位、100个扫盲先进集体和100名扫盲先进工作者颁发了锦旗和荣誉证书。

15日报载　省政府颁布《河北省鼓励台湾同胞投资的若干规定》，自发布之日起施行。

△　在4月13日晚召开的全省人口普查总结表彰电话会上，副省长叶连松宣布：省人口普查领导小组被国家授予“工作优秀”光荣称号，并获得人口普查宣传工作组织金奖，还有909名同志被评为全国人口普查先进工作者。同时宣布：省授予18个地区和省辖市人口普查领导小组“工作成绩显著”奖，授予史爱臣等11945名同志人口普查“省级先进个人”称号。

16日报载　省委、省政府、省军区召开的全省拥军优属、拥政爱民工作会议于4月15日在石家庄闭幕。会上形成了《河北省双拥工作会议纪要》和《创建双拥模范县、市、地区活动规范化的实施意见》两个文件，并就军地双方互相支持的内容进行了协商。

17日报载　4月13日至15日，我省召开了全省职业技术教育工作会议，确定了全省职业技术教育发展的总目标。国家教委副主任王明达、省领导程维高、杨泽江、王幼辉、顾二熊、王祖武出席了会议。大会并向11个荣获“全国职业技术教育先进单位”称号、15名荣获“全国职业技术教育先进工作者”称号和77个荣获“全省职业技术教育先进单位”称号，83名荣获“全省职业技术教育工作者”称号的代表颁发了奖品和荣誉证书。

△　4月15日至16日，全省合理化建议暨技术状元选拔赛活动表彰大会在石家庄召开。会上向参加这两项活动的先进个人和先进集体代表颁发了证书、锦旗。

18日报载　全省经济体制改革工作会议于4月17日在石家庄市结束。与会同志认真学习了全国体改工作会议精神，讨论修改了河北省今年《经济体制改革工作安排意见》和《关于深化改革进一步增强大中型企业活力的意见》。

19日报载　4月18日省政协六届四次会议在省会隆重开幕。省政协副主席王祖武代表省政协常务委员会在会上作工作报告。

△　石家庄纺织集团总公司4月13日宣布成立。该集团总公司是寓生产、经营、科研、开发、外贸、教育、商业为一体的多层次、多功能的经济实体。公司共有47个成员企业，职工总数近10万人。总规模居全国同行业第4位。

21日报载　4月20日，省七届人大四次会议在石家庄市工人文化宫礼堂隆重开幕。出席大会的826名人大代表听取了代省长程维高代表省政府作了《关于河北省国民经济和社会发展十年规划和第八个五年计划纲要的报告》。

22日报载　代省长程维高、副省长宋叔华和省人大常委会主任郭志、副主任岳宗泰、白石于4月19日和21日分别会见了出席省政协六届四次会议的港胞委员，并进行亲切交谈。

26日报载　4月25日下午，省政协六届四次会议闭幕。大会以无记名投票方式增选了7名省政协常务委员。会议通过了政协河北省第六届四次会议政治决议、工作报告和提案审查情况报告。省政协主席李文珊在闭幕会上讲了话。

△　4月25日，中共河北省委邀请我省各民主党派、人民团体负责人，以及无党派代表人士，就补选省七届人大常委会副主任、委员和省人民政府省长、副省长人选问题，进行协商。

27日报载　4月26日，代省长程维高亲切会见了日本旭化成公司国际株式会社会长堀正作先生一行4人。

28日报载　4月26日，加拿大北方电讯公司与河北省邮电管理局在石家庄举行DMS－100数字程控交换机和数字微波干线开通仪式。常务副省长叶连松和加拿大驻华大使雷德·比尔德，加拿大北方电讯公司(亚洲)副总裁白剑鹏、彼得斯及国家计委、经贸部、邮电部的代表参加了开通仪式。

29日报载　省全国“五一劳动奖章”、“五一劳动奖状”授奖大会于4月28日在石家庄隆重举行。省委副书记李炳良代表省委、省政府，向获奖的先进个人和先进集体表示祝贺。

30日报载　河北省七届人大四次会议4月29日下午闭幕。会议一致通过了省人民政府提出的《河北省国民经济和社会发展十年规划和第八个五年计划纲要》及《纲要》报告决议。大会补选董耐芳为省七届人大常委会副主任，王吉祥等7人为常委会委员；补选程维高为河北省人民政府省长，王幼辉、陈立友为副省长。

5　月

2日报载　省科技计划项目技术经济论证组织委员会4月30日在石家庄成立。该委员会将围绕省委、省政府“科技兴冀”的战略部署，组织省科技计划贷款项目的论证工作。

3日报载　最近，在团中央、林业部、全国绿化委员会举行的全国青少年绿化祖国表彰动员会上，邢台县浆水镇大寨村团支部书记王永亮获“全国青少年绿化祖国突击手”称号。

5日报载　河北省新华书店隆重庆祝建店50周

年，省会各界代表200余人参加了庆祝活动。中宣部副部长李彦到会祝贺，国家新闻出版署发来贺信，省委书记邢崇智、省委常委宣传部长韩立成到会讲了话。由省新闻出版局举办的河北省第三届书展及第五届书市同时在省博物馆开幕。

7日报载　应美国衣阿华州河北省友好委员会的邀请，以河北省委副书记、河北省人民对外友好协会名誉会长吕传赞为团长的河北省教育代表团一行5人，将于5月8日至19日期间对美国衣阿华州进行友好访问。

△　民盟河北省委员会和民盟石家庄市委员会在石家庄市联合召开大会，庆祝中国民主同盟成立50周年。全国人大常委会副委员长、民盟中央主席费孝通，以及中共河北省委、省顾委、省政府、省政协，省各民主党派、群众团体的负责同志，到会祝贺。

10日报载　5月9日，河北省政府与福建省政府在福州市举行建立长期稳定经济技术合作关系协议书签字仪式。河北省省长程维高、福建省省长贾庆林分别代表两省政府在协议书上签字。

△　5月9日讯，民政部、解放军总政部决定，授予保定市"双拥模范城"荣誉称号。

13日报载　5月7日至10日，全国人大常委会副委员长、民盟中央主席费孝通对我省的扶贫开发工作进行了考察。

△　省人大公布《河北省人民代表大会议事规则》。

14日报载　来自日本、美国、澳大利亚和国内的百余名专家、学者、企业界人士日前在秦皇岛举行周学熙实业集团与中国近代化国际学术讨论会。

15日报载　4月29日至5月3日，省供销社系统组团参加了深圳全国供销系统名优新特产品展销会。会上共签订合同30份，成交236.44万美元，人民币5001万元，在参展的28个省市自治区供销社中，名列第4位。

19日报载　利用丹麦政府赠款修建的邯郸市东污水处理厂建成投产，5月17日举行了竣工典礼。

△　为期一周的耿村国际学术讨论会5月17日在石家庄落下帷幕。讨论会共收到学术论文68篇，有31位中外学者在会上宣读了论文。

21日报载　第三届河北省少数民族传统体育运动会，18个地市参赛的运动员，经过5天较量，在隆化县降下帷幕。

23日报载　柏乡县最近被评为1990年全省第一个全国保险先进县。

24日报载　5月23日，河北师范学院附属西藏学校近500名藏族师生欢庆家乡和平解放40周年。省、市领导李文珊、陈玉杰、都本洁、顾二熊等和藏族师生一起参加了活动。

25日报载　河北象棋女队21日在无锡再次夺得全国象棋锦标赛女子团体冠军。

26日报载　在全省繁荣文艺创作大会上，省委、省政府表彰了1989年10月以来本省获国际、国家级奖励的作家、艺术家及作品。铁凝根据本人同名小说执笔编剧的《哦，香雪》获第四十一届柏林国际电影节儿童和青年电影中心奖，电视剧《少年毛泽东》（省影视剧制作中心摄制）获第十一届"飞天奖"儿童连续剧一等奖，牛淑贤（省政府命名的豫剧优秀表演艺术家）获第七届《中国戏剧》梅花奖，胡小风（省政府命名的豫剧优秀表演艺术家）获第八届《中国戏剧》梅花奖，刘小梅演唱的《饮酒歌》获1990年全国曲艺大赛演出一等奖，杂技《集体武术》获第2届中国吴桥国际杂技艺术节"金狮奖"。

27日报载　最近，在蠡县留史镇大王村潴龙河河套发现一处东汉时期古墓群，出土陶屋、陶灶等20件文物。

28日报载　5月27日，省精神文明建设委员会、省委宣传部、省办公厅在石家庄召开隆重大会，表彰近几年来涌现出的为保护国家利益和人民生命财产的安全，同违法犯罪分子作斗争的8个英雄群体、59名积极分子，向他们颁发了奖状和奖金。

29日报载　5月28日中午，省长程维高和常务副省长叶连松会见了比利时驻华大使德法尔克和夫人。同日晚上，会见了科威特驻华大使阿卜杜勒·哈密德·北江。

△　省对外经济贸易委员会教授级裘服高级工程师、国家级有突出贡献的中年技术专家、全国劳动模范张葆祥，最近在美国匹兹堡闭幕的第七届世界新发明、新产品展评会上，一人独得金牌和银牌双奖。

30日报载　为弘扬中华文化，以石为友，广泛开展海外联谊，河北省雅石协会今天上午在省博物馆宣布成立，同时举办首届河北省雅石艺术展。

6　月

1日报载　5月29日至30日，朱垅基副总理受李鹏总理委托，到河北省山区看望河北先锋机械厂职工，勉励职工在军工企业调整过程中，要转变观念，适应市场需求，努力开发民用产品，保证产品质量。

2日报载　唐山碱厂石矿实现一次试车成功，开始进入试生产阶段。这是国家"七五"重点建设项目，唐山碱厂的配套工程。

3日报载　我国最大石碑——"礼记碑"在大名县修复。此碑高12.34米，宽3.04米，厚1.08米，重140.3吨。是我国跨越两朝的"唐宋碑"。

6日报载　在全省第七次企业技术进步工作会

议上获悉，有4家企业获国家级技术进步奖，67家企业获省技术开发先进称号，37家企业获省技术改造、技术引进先进称号，138人获技术改造、技术引进先进工作者称号。

7日报载 5月25日至27日，全省在衡水召开了首次县级市人大工作研究会。就如何加强同人民代表的联系和怎样提高代表参政议政的水平等进行了广泛研究和探讨。

△ 省消费者协会主办的“全省消费者投诉不合格产品、劣质产品展览”6月5日在石家庄市展出。

9日报载 5月22日至25日，在日本东京举行的第三届国际酒饮博览会上，河北栾城县酒厂生产的羊羔美酒、冀峰酒分别获得金牌奖和银牌奖。馆陶酒厂生产的虫草灵酒、龙世酒和陶山陈酒分别获得金牌、银牌和铜牌。

10日报载 6月7日至8日，河北省高级人民法院与河北省毗邻的北京、天津、辽宁、山西、山东、河南、内蒙古等7省、市自治区的高级法院的院长在北戴河召开司法协作会议，研究讨论经济案件审判与执行工作的问题，并签订了司法协作协议。

11日报载 经各地市和省直有关部门评选推荐，评审委员会评定，省委宣传部、省企业工委、省计经委、省总工会决定，对在1990年度两个文明建设中取得突出成绩的40个企业和50名企业思想政治工作者，分别授予“思想政治工作优秀企业”、“优秀企业思想政治工作者”荣誉称号，予以表彰。

12日报载 6月11日，省委副书记吕传赞会见了以董振泽副部长为团长的朝鲜社会安全部代表团。这一代表团是应公安部邀请来我国进行友好访问的，今抵河北参观。

17日报载 6月16日，省委召开部分老党员、老干部、有名望的党员专家纪念“七一”座谈会，回顾光辉历程，共谋治省良策。

19日报载 1991年河北国际科教卫生暨广播器材展览会在省科技大厦开幕。展品主要来自日本、美国、德国、意大利、英国、丹麦、瑞士、法国、瑞典、奥地利、香港等国家和地区的35家商社，国内部分公司、厂家也推出新产品参加交流。

21日报载 省纪念中国共产党成立70周年学术讨论会6月18日至20日在石家庄召开。共收到论文179篇，有40篇论文获优秀论文一、二、三等奖，其中有9篇论文入选全国纪念建党70周年学术讨论会。

△ 6月20日，省党的建设研究会在石家庄成立。邢崇智任名誉会长，吕传赞任会长。

22日报载 6月21日，程维高省长和王幼辉副省长会见了由世界银行派遣的中国农村卫生人力开发项目技术援助团。援助团在河北期间先后考察了衡水和邢台等地的乡村医疗设施和卫生保健现状。

23日报载 应日本国际贸易促进协会和澳大利亚贸易委员会邀请，以常务副省长叶连松为团长的河北省经济技术合作代表团一行6人，6月22日离石赴京前往日本、澳大利亚进行考察访问。

△ 在全省老干部“双先”表彰会上，省委省政府表彰了20个老干部先进集体和106名先进个人。

24日报载 在第二届北京国际博览会上，河北省轻工系统有34家企业的56个品种产品获奖40项，其中承德市罐头食品厂金亭牌250克杏仁露、唐山市一瓷红玫瑰高档骨灰瓷等14种产品获金奖。

25日报载 应日本鸟取县知事西尾邑次的邀请，省人大常委会主任郭志率代表团一行5人近日启程赴日访问。

△ 京沪铁路沿线中小城市经济技术协作区在山东德州市成立。河北省沧州、廊坊、泊头三市的代表参加了会议。会议提出了“南北联合、优势互补、扬长避短、共同发展”的协作精神。

26日报载 “引青济秦”工程全线峻工。这项工程是1989年上马的。它包括东西两段工程，全长80公里，开凿隧洞7.95公里，修筑暗涵7.95公里，铺设管道42.75公里，兴建一座5万吨水厂，修建取水闸、加泵站、闸阀井等100座建筑物，总工程量252万立方米，投资2.4亿元。

△ 省委、省政府颁布《关于进一步增强大中型企业活力的若干政策规定(试行)》，自公布之日起执行。

28日报载 省政府于6月20日召开会议，专题研究本省高新技术发展工作。会议确定，采取切实措施加速发展高新技术及其产业的步伐，在抓好石家庄市高新技术产业开发区建设的同时，要在保定、廊坊、秦皇岛、唐山、邯郸等主要工业城市，沿京广、京山铁路两线建立发展高新技术的“火炬带”。

29日报载 全省先进基层党组织、优秀共产党员和优秀党务工作者表彰大会在石家庄隆重召开，有100个先进基层党组织、202名优秀共产党员和103名优秀党务工作者受到表彰。

△ 6月6日至11日，滦平县境内连降暴雨，降雨量达到350多毫米，造成山洪暴发河水猛涨，成为百年未遇的特大洪水灾害，造成直接经济损失9495万元。

30日报载 省委办公厅和省统计局对全省各县市“七五”期间经济发展速度、效益、人均水平和对国家贡献四个方面9项指标进行测定，排出全省综合经济发展“十强”：丰南、辛集、获鹿、三河、迁安、任丘、涿州、藁城、黄骅、正定。

7　月

1日报载 6月30日，省防汛指挥部召开第一次会议。省长程维高在会上提出：各级领导干部要克服麻痹思想，紧急动员起来，充分做好防汛的组织、联络、工具、措施等方面的准备，迎战可能出现的更大洪水。

2日报载 中共河北省委办公厅发出关于认真学习贯彻江泽民同志《在庆祝中国共产党成立七十周年大会上的讲话》的通知。

3日报载 秦皇岛“引青济秦”工程汇报展览在北京中国人民军事博物馆开展。全国人大常委会委员长万里、国务院副总理邹家华、省委书记邢崇智出席开幕式并剪彩。

4日报载 在北京召开的“八五”国家星火计划部分重点项目落实会上，河北省太行山综合技术开发继“六五”、“七五”列为国家科委重点合同项目和星火计划后，又被列为“八五”国家级星火计划重点项目。

5日报载 省长程维高签署河北省人民政府令，发布《河北省儿童计划免疫条例实施细则》。

△ 4日副省长宋叔华会见前来河北访问的美国麻省理工学院教授、世界银行高级顾问凯琳·普兰斯基一行。

6日报载 石家庄市草场街小学六年级一班学生易珂，夺得全国第三届“华罗庚金杯”少年数学邀请赛金牌。

7日报载 美国土木工程师学会评选河北省赵州桥为国际土木工程历史古迹。

8日报载 国家“七五”重点科技攻关项目——BFD15——20/9.2变速恒频风力发电机组及其柴油发电机并联运行，在省机械科学研究院、中科院电工研究所和张家口地区铣床厂通力合作下，通过部级签定。

9日报载 《经济日报》公布1990年中国500家最大工业企业名单，其中有河北省23家。

10日报载 全国最大的长城博物馆——山海关长城博物馆正式开馆。

13日报载 河北7名运动员启程参加在英国谢菲尔德举行的第16届世界大学生运动会。

14日报载 近日来，保定地区蠡县、博野、曲阳等县遭受风雹洪水灾害袭击。

△ 省政府召集省直有关部门负责人并邀请省人大常委会、省政协领导同志参加，专门研究如何加快河北高新技术发展问题。

16日报载 省政府拨款100万元支援苏皖豫灾区。

18日报载 省长程维高签署河北省人民政府令，发布《河北省国营企业职工离退休养老保险金社会统筹规定(试行)》。

20日报载 灵寿县团泊口乡丑泥口村农民李占仁潜心钻研花卉栽培技术，终于使我国绝种多年的花王——郁金香重回祖国安家落户。

21日报载 20日，副省长郭洪岐、王幼辉会见新加坡酒楼餐馆业公会会长周颖南、副会长张兼嘉、刘大会一行5人。

22日报载 近日召开的省政府常务会议确定下半年经济工作重点：大力支援受灾地区；防汛抗旱两手抓；农业要立足抗灾夺丰收；搞活大中型企业；继续抓好“质量、品种、效益年”活动；扩大流通活化市场；下决心清理“三角债”；帮助企业扭亏增盈；加快基建技改进度；努力扩大对外开放；促进乡镇企业发展；做好计划生育工作。

△ 大厂回族自治县文化局长、县评剧团团长、一级编剧赵德平获全国自学成才优秀人物称号。

25日报载 第二届全国城市运动会确定38家企业的63种产品为首批指定产品，21家企业的36种产品为首批标志产品。其中有外省市10家企业的10种产品。

△ 省政府决定，将7月28日定为河北省抗震防灾活动日，7月份最后一周为河北省抗震防灾宣传周。今后每年都要集中进行抗震防灾教育活动。

△ 唐山市委、市政府隆重集会纪念抗震15周年。1990年11月13日，唐山市被联合国授予“为人类住区发展做出杰出贡献”荣誉奖。

30日报载 省委宣传部、省民政厅宣布，从7月17日至27日下午6时，全省集体和个人累计捐款1600万元，粮票55万公斤，捐赠物资价值643万元。除各地定向支援已发往灾区外，全省共收到捐赠款物2300万元。

△ 河北梆子剧院演出的古希腊悲剧《美狄亚》，7月14日晚在希腊佩特雷第6届国际艺术节获得成功。

△ 日本长野县第七次青年友好之船访华团413人开始访问河北，并同河北各界青年进行形式多样的交流活动。省长程维高、副省长王幼辉会见了日本客人。

31日报载 1991年全省少年甲组男篮锦标赛结束，邯郸市队获冠军，唐山市队获亚军，石家庄市队获第三名。

8 月

2日报载 国家“八五”计划重点建设项目——辛集化工厂投资2700万元扩建的1万吨粒钡工程最近开始筹建。届时，辛集化工厂钡盐生产能力将达10万吨以上，成为世界最大的钡盐生产基地。

6日报载 我省弱智运动员吕桂芬，在第八届国际特殊奥运会决赛中，与上海弱智运动员洛占配合，获乒乓球女子双打金牌。

7日报载 石家庄无线电四厂日前接到国务院总理李鹏签署的荣誉证书，表彰他们为国家重大科技项目北京正负电子对撞机作出的贡献。

9日报载 8月1日，全国妇联、国家税务局联合表彰100名全国税务系统“三八”红旗手，河北省的程翠珍、屈九玲、史英群、张秀荣、曲慧娟榜上有名。

10日报载 全国国内旅游未来与发展研讨会8月6日在石家庄市召开。

11日报载 10日，省七届人大常委会第22次会议结束，会议通过《河北省技术市场管理条例》及有关事项。

△ 9日，司法部在秦皇岛市召开全国劳教系统贯彻“教育、感化、挽救”方针座谈会暨表彰大会。表彰了62个先进集体和100名先进个人。河北受表彰的有4个单位和3名个人。

△ 秦皇岛建成亚洲最大的散装粮食筒仓。

12日报载 11日至13日，河北发展高新技术座谈会在石家庄举行。邢崇智、程维高讲话，国家科委副主任朱丽兰就国际高新技术发展趋势及我国高新技术走向作报告。

14日报载 西安——太原——秦皇岛航空线正式开通。

15日报载 13日至17日，由河北省人大常委会主办的部分省、市、自治区人大农村工作座谈会在秦皇岛举行。

16日报载 迁西县被国家技术监督局授予“农业标准化先进县”称号。

18日报载 国内最大的兽用抗菌素生产基地，在石家庄地区兽药厂建成投产。这个项目是“七五”重点建设项目，年产兽用青霉素121吨，可满足全国总需量的60%。

20日报载 19日，中顾委常委陈丕显到张家口视察工作。

21日报载 新乐县被省爱卫会命名为卫生县城，成为河北省第一个省级卫生县城。

22日报载 21日，省商品物资交易大会举行新闻发布会，大会领导小组组长、副省长郭洪岐宣布了交易大会期间鼓励购销的11条优惠政策。

23日报载 21日在廊坊市召开的全省治理整顿公路“三乱”工作会议强调，各级政府、各有关部门要充分认识治理公路“三乱”的重要性和紧迫性，动员起来，坚持下去，一抓到底。

24日报载 中宣部副部长、文化部代部长贺敬之最近到承德、秦皇岛就文化、文物工作进行调查研究并对弘扬民族优秀文化、用社会主义思想占领阵地问题发表了意见。

26日报载 经省有关部门考核，丰南县有19项综合经济指标居全省140个县之首。

△ 蠡县留史镇最近被商业部正式批准建立全国皮毛批发市场。市场建成后每年春、秋两季将各举办一次大型皮毛交易会。

△ 国家海洋局批准确定河北海洋局实施海洋监察管理权，成为全国第一个实施海洋监察管理试点省。

27日报载 国家农业综合开发领导小组批准了1991年永年县、武安市棉花基地建设项目和曲周县中长绒棉花基地项目。

28日报载 24日至27日，全省1991年商品物资交易大会在石家庄举行。参加本届交易大会的32个代表团，商品物资成交总额突破70亿元，其中现货成交32.1亿元，超过了历次商品物资交易的规模和成交数额。

29日报载 省委办公厅、省政府办公厅转发《关于加强高校青年教师工作的意见》。

△ 28日唐山港首次通航。

31日报载 国家主席杨尚昆为城运会题词：“发展体育，振兴中华”。

9 月

1日报载 省长程维高，常务副省长叶连松，分别会见专程前来参加我省对外经济技术合作项目洽谈会的意大利驻华大使奥利维耶罗·罗西。

△ 省委、政府，省军区作出决定，授予深泽县留王庄村妇女王灵芬“爱国拥军模范”荣誉称号。

2日报载 1日，省长程维高、副省长叶连松、陈立友分别会见参加我省对外经济技术合作项目洽谈会的日本伊藤忠商事株式会社中国副总代表饭博已先生、日本旭硝子株式会社部长杉山泰彦先生和香港华润集团有限公司副总经理关清太先生一行5人。

5日报载 省重点建设项目、保定地区灵山煤矿电厂一号机组8月26日正式投运发电。

△ 首届中国泊头鸭梨节1日至3日举行，鸭梨节期间举办了工业品土特产品展览、项目发布、经贸洽谈、物资交流等活动。

6日报载 按照省“八五”科技发展规划和省科技兴农发展战略精神，省科委在河北平原布设了11个不同类型的农业综合试验区，将有23所大专院校和研究单位523名科技人员直接从事研究工作。

8日报载 军事教育博物馆教师节前夕在石家庄市落成并正式开馆。

9日报载 6日至8日，国务院副总理朱垅基率中央有关部委同志到唐山市现场办公，重点研究帮助开滦矿务局走出困境。

10 日报载　9日，省会隆重举行庆祝教师节暨表彰大会，28名全国教育系统劳动模范、177名全国优秀教师、30名全国优秀教育工作者、5576名省优秀教师、教育工作者受表彰。

△　9日，保定市游泳健儿魏星以2分03秒95的成绩，打破男子200米仰泳的全国纪录。

11 日报载　1日至10日举行的河北省1991年对外经济技术合作项目洽谈会，共签订利用外资、引进先进技术和关键设备，劳务输出等方面的合同406项，签约总成交金额7.6亿多美元，创历届洽谈会最好水平。

12 日报载　河北省老区建设促进会成立。

13 日报载　11日至12日，比利时东佛兰德省省长赫曼·巴萨查一行来河北省访问。程维高、叶连松会见了比利时客人。叶连松代表省政府与巴萨查一行举行会谈，双方就两省正式缔结友好关系事宜进行磋商并取得了一致意见。

△　全国人大常委会新闻局，组织首都等8家新闻单位于8日至12日对河北各级人民代表评议"一府两院"工作进行实地采访。

△　联合国开发计划署谷子考察组到巨鹿县前堤村考察谷子繁种情况。

15 日报载　12日至14日，全省清理"三角债"工作会议在石家庄召开，会议要求各地市树立全局观念，严格执行政策，不失时机地做好清理"三角债"和压货挂钩工作，抓住机遇调整产品结构和产业结构。

△　省委领导代中组部向河北省8名优秀领导干部颁发荣誉证书。

16 日报载　国内规模最大、生产能力最强的非晶镀企业——深县非晶镀厂日前投产。非晶镀技术可广泛用于工农业生产、军事、交通等行业，被列为"八五"重点技术推广项目。

17 日报载　国务院清理"三角债"领导小组巡视检查组一行6人、15日来河北省帮助、督促、检查清理"三角债"工作。

18 日报载　16日至17日，省社会科学联合会召开第二次代表大会，选举产生新一届领导机构，通过第二届委员会工作纲要。

19 日报载　省政府办公厅发出通知，要求各地认真贯彻落实《关于治理京开、沧石公路"三乱"的实施方案》。

△　省政府转发《关于我省公路沿线设置检查站卡文件清理情况和几点意见》。

△　15日至17日，辛集市举办第二届辛集鸭梨节。以梨为媒，广交朋友，开展经济贸易活动，总成交额2990万元。

20 日报载　国家副主席王震为全国第二届城市运动会写来贺词，中顾委副主任宋任穷为城运会题词："今日城运创佳绩，明天奥运展英姿。"

21 日报载　20日下午，第二届全国城市运动会在唐山市隆重开幕。中央政治局委员、国务委员李铁映致开幕词。

22 日报载　21日，省政协、省委统战部举行茶话会，邀请省会各界人士喜迎国庆、中秋节。

23 日报载　16日至22日，中共中央总书记、中央军委主席江泽民到承德、保定、邯郸、邢台、石家庄等地考察。

24 日报载　23日，省委宣传部召开省会各界纪念鲁迅诞辰110周年座谈会，省委常委、宣传部长韩立成作了题为《学习鲁迅的硬骨头精神，坚定地走我们自己的路》的讲话。

△　23日，副省长叶连松会见了瑞典驻华大使史凯乐和商务参赞萨尔姆及来访的瑞典经济界人士。

25 日报载　唐山姑娘马玉琴在400米跑决赛中以52秒04的成绩打破全国纪录。

29 日报载　28日，应比利时东佛兰德省政府和意大利威尼托大区政府邀请，以程维高省长为团长的河北省代表团离京赴比利时和意大利进行友好访问。

△　24日至27日召开了全国计划生育宣传工作先进单位、先进个人表彰会，河北省有11个单位和18名个人受到表彰。

30 日报载　17日至19日的第四届中国宣化葡萄节取得令人满意的成果。

△　日本易友会访华团一行70人抵达易县旅游观光。

10　　月

2 日报载　9月27日至29日，由中国国际工程咨询公司主持的石家庄聚酯纤维厂项目评估调研会结束，评估认为基本具备国家审批项目建设书条件。

3 日报载　省政府发出关于贯彻落实《中华人民共和国城镇集体所有制企业条例》的通知。

5 日报载　4日，河北省省长程维高与比利时东佛兰德省省长赫曼·巴萨查正式签署了《中华人民共和国河北省与比利时王国东佛兰德省缔结友好关系协议书》。

6 日报载　5日，全省第三届节能新技术新产品展销会在石家庄召开。

△　第二届"中国十大杰出青年"评选揭晓，内丘县

农民、农艺师杨建秋榜上有名。

9 日报载　5 日至 8 日，省六届技术交易会暨第四届发明展览会在石家庄举行。共有 1587 个项目参展，有 1200 多项与客户进行了洽谈。通过专家评审，评出金奖 48 项，银奖 111 项，铜奖和优秀项目 201 项，特别 9 项。

△　5 日至 6 日，省委宣传部、省科协、省社科联举办“科学技术是第一生产力”理论与实践研讨会。

11 日报载　10 日，省会隆重集会纪念辛亥革命 80 周年。

12 日报载　11 日，邮电部副部长朱高峰在常务副省长叶连松陪同下，检查了石家庄电信局工作。

13 日报载　8 日至 12 日，省七届人大常委会第 23 次会议闭幕，通过了《河北省社会治安综合治理条例》和《河北省保障律师执行职务条例》。

△　12 日，省会各届隆重集会，热烈庆祝“国际老人节”暨省“九九”老人节。

△　13 日，保定市和日本米子市缔结友好城市，人大常委会主任郭志出席签字仪式。

△　省长程维高签署河北省人民政府令，发布《河北省实施〈中华人民共和国民族区域自治法〉若干规定》。

16 日报载　15 日，第三届中国吴桥国际杂技艺术节开幕，姬鹏飞、洪学智、马文瑞等出席开幕式。

△　13 日至 15 日，省科协第四次代表大会在石家庄举行。在四届一次会议上，邹仁鋆被选为省科协主席。

17 日报载　16 日，省委隆重举行大会，欢送省直第一批参加农村社会主义思想教育的 1974 名干部。

△　16 日，“郭守敬星”命名证书颁发仪式在邢台举行。

18 日报载　15 日，省高级人民法院召开命名表彰大会，宣布最高人民法院授予潘火中同志全国法院模范称号的决定。

19 日报载　18 日，省政府召开新闻发布会，宣布《河北经济报》1992 年将由周六刊改为日刊，并更名为《河北经济日报》。

20 日报载　15 日至 19 日，第三届中国吴桥国际杂技艺术节经济技术协作洽谈会在石家庄举行。

△　5 日至 19 日，全国政协调查组对石家庄市农村社会主义思想教育和廉政工作进行专题调查。

23 日报载　21 日召开的全国模范军队转业干部表彰大会，河北有 16 名受到表彰。

△　11 日至 16 日，藁城市举行首届宫面节，成交总额 1.2 亿元。

△　22 日，副省长顾二熊会见日本农业专家高主精一和宫泽聪先生。

24 日报载　16 日至 19 日，纪念郭守敬诞辰 760 周年全国性学术讨论会在邢台市举行。

△　安国市 1991 年春秋两次中药材交易会成交额达 7 亿元。

△　省长程维高签署河北省人民政府令，发布《河北省粉煤灰综合利用暂行规定》。

25 日报载　20 日，京深高速公路望都至清苑段建成通车。

26 日报载　25 日，首届“河北·永年国际太极拳联谊会”在永年县广府镇揭开序幕。

28 日报载　27 日，纪念河北省与日本鸟取县缔结友好关系 5 周年活动在石家庄举行。

31 日报载　30 日，省委副书记吕传赞会见了秘鲁共产党(红色祖国)国际书记路易斯·阿达尼亚。

△　30 日，全国文化工作先进地区、先进集体和文化系统先进工作者表彰大会在北京开幕。河北辛集市、宽城满族自治县和 7 个单位、12 人受表彰。

11　　月

1 日报载　10 月 29 日至 31 日，政协河北省第六届委员会常务委员会第 16 次会议在石家庄召开。省政协主席李文珊传达了中共河北省委常委(扩大)会议精神，会议审议通过了《政协河北省委员会提案工作条例》和《政协河北省委员会地区工作委员会工作试行条例》。

△　10 月 30 日至 31 日，河北省举行第二届残疾人运动会。

3 日报载　2 日，1991 年秋季全国糖酒交易会在石家庄结束。会议成交额 58 亿多元，创历史最高水平。

4 日报载　3 日，应丹麦农业部和荷兰农业部的邀请，副省长张润身率河北省农业代表团离石前往丹麦、荷兰进行工作访问。

6 日报载　10 月 31 日，倪志福、李德生、陈锡联、洪学智、马文瑞等应邀到全国农业综合开发展览会河北展区看了展出，并询问了农业开发有关情况。

△　6 日凌晨，参加全国第四届少数民族传统体育运动会的河北省少数民族体育代表团离石赴南宁。

△　省长程维高签署河北省人民政府令，发布《河北省农业四税征收管理暂行规定》。

8 日报载　世界银行顾问和世界卫生组织官员考察我省利用世界银行贷款实施的结核病控制项目试点县。

11 日报载　10 日，全省军民共建先进集体、先进工作者命名表彰大会在保定召开，表彰先进集体 101 个，其中部队 50 个，地方 51 个；表彰先进工作者 142 名，其中部队 91 名，地方 51 名。

12 日报载　10 月 28 日至 11 月 7 日，河北在京参加全国农业综合开发成果展览，荣获设计、组织两个一等奖和综合奖。

△ 在"七五"全国星火计划成果博览会上，河北省参展项目获金牌75枚、银牌52枚、优秀奖136个，位居全国45个参展单位前列。

△ 11日，国家民委和国家体委在南宁召开表彰大会，表彰为推动少数民族体育事业发展做出贡献的85个先进集体和个人，河北省隆化县和尚义县五台蒙古营村民委员会受到表彰。

13日报载 河北海河流域平原"七五"后3年农业综合开发，通过国家农业综合开发领导小组验收。

16日报载 15日，应省政府邀请，比利时考普玛公司总经理马尔索先生一行3人抵石参观访问，程维高省长当晚会见了比利时客人。

17日报载 16日，省政府咨询组成立，省长程维高向25名咨询组成员发了聘书。

△ 15日，河北省召开全省普通中小学优秀校长经验交流暨表彰大会，102名优秀校长受到表彰。

△ 16日，河北省代表团在全国民运会木球决赛中获冠军，省政府发出贺电。

18日报载 16日，全省基层党校建设经验交流暨表彰会结束，10个基层党校建设先进县，100所先进基层党校和78名优秀党员教育工作者受表彰。

19日报载 开滦矿与美国能源公司合作，共同开发开平煤田、唐山矿南部王家河一带煤层气。

20日报载 在1991年第70届广交会上，河北省出口成交2.352亿美元。

21日报载 国家民政部授予丰南县"民政工作先进县"称号，这是全国民政系统第一个被授予荣誉称号的县级单位。

△ 承德市最近与新疆石河子市结为友好城市。

22日报载 最近在西安市举行的第六届全国发明展览会上，河北省有34个项目参展，共获奖牌19块，其中银奖7项，铜奖12项。

△ 沽源县教师进修学校李世龙一家三代7口人扎根贫困山区从事教育工作，近日被国家教委授予全国优秀教育世家称号。

25日报载 我国宣化县、雄县、承德县、元氏县和平泉县、武邑县、南皮县、卢龙县日前被国家批准列入全国或地方安排的农村能源综合建设县。

28日报载 沧州化肥厂被正式命名为国家一级企业。

12 月

2日报载 河北三北防护林建设进展迅速。据统计，"七五"期间全省共完成造林种草任务1189.2万亩，占规划任务的174.3%。当年造林成活率达到75%以上。

4日报载 经国家开发办核准通过，曲周县被确定为全国中长绒棉开发项目区。将建设10万亩中长绒棉开发基地，总投资为1414万元。

6日报载 省长程维高签署河北省人民政府令，公布《河北省农民股份合作企业试行办法》。

8日报载 6日，省政府表彰在职工教育工作中作出突出贡献的先进单位，有100个企事业单位被省政府授予"全省职工教育工作先进单位"称号。

△ 省长程维高签署河北省人民政府令，发布《河北省关于加强外商投资企业和外国企业税收管理的暂行规定》。

9日报载 在全国电影制片厂第二届优秀电视剧评选中，河北电影制片厂摄制的《少年毛泽东》和《李小娥分家》分获儿童剧和单本剧一等奖。

10日报载 河北省地方人大建设研究会在石家庄成立，它是从事地方人大建设理论研究的群众性学术团体。

11日报载 由联合国世界粮食计划署提供无偿援助的涉县山区综合开发项目正式开工。

14日报载 10日至13日，中共河北省委四届三次全会在石家庄市举行。全会号召全省各级党组织、广大共产党员和全省人民，团结在以江泽民同志为核心的党中央周围，认真落实党的十三届八中全会精神，紧紧扭住经济建设这个中心，坚持四项基本原则，大力推进改革开放。"实干兴省"，开创全省农业和农村工作新局面，以优异成绩，迎接明年党的十四大的召开。

15日报载 14日，省委召开党外人士情况通报会。省委书记邢崇智、省委副书记李炳良向各民主党派、有关人民团体负责人和无党派人士代表传达了中共十三届八中全会精神，通报了省委四届三次全会情况。

△ 14日，省顾委二届三次全会在石家庄市举行，会议要求结合实际深入学习中共十三届八中全会文件。

△ 9日至14日，省七届人大常委会第24次会议在石家庄举行。会议决定省七届人大五次会议于1992年3月3日在石召开，会议通过了省人大常委会关于进一步贯彻实施《中华人民共和国全民所有制工业企业法》的决议等。

△ 14日上午，省长程维高在河北宾馆会见了法国亚义赛公司董事长、欧洲共同体经济专家、河北省对外经济顾问、法籍华人钱法仁先生一行3人。

16日报载 14日至15日，全省专员、市长会议在石家庄举行。会议研究部署了明年全省的经济工作。总的指导思想是：全面贯彻执行党的基本路线，以经济建设为中心，紧紧围绕调整结构，提高效益，继续实施科技兴冀战略，大力推进科技进步；继续深化经济体制改革，扩大对外开放；努力提高农业综合生产能力，夺取农业全面丰收；集中力量搞好国营大中型企业，积极发展城乡集体企业；大力开拓流通渠道，努力发展第三产业，进一步促进国民经济持续、稳定、协调发展。

△ 15日，河北省双“十佳”表彰大会在石家庄隆重召开。省领导向20名分获“最佳主人”，“最佳公仆”称号的同志颁发证书和奖杯。

17日报载 14日至16日，全省伊斯兰教第三次代表会议在石家庄市召开。

19日报载 最近在第一届日本扎幌国际版画双年展中，中国美术家协会员、秦皇岛市群艺馆青年画家张敏杰的版画作品《石头寨》获三等奖。

21日报载 20日，省会举行全省第四届文艺振兴奖暨“党魂”系列文艺作品征文颁奖大会，对获振兴奖的56件作品和获“党魂”系列作品征文奖的96件作品进行奖励。

△ 20日，河北省召开第四次各界人士为两个文明建设服务经验交流暨表彰大会，大会对208名先进个人一个先进集体进行表彰。

26日报载 在省委、省政府批准的我省享受政府特殊津贴人员座谈会上，省领导向我省享受政府特殊津贴的98人颁发了证书。

△ 25日，京张公路新改建的65.5公里二级汽车专用线正式通车。此路是首都通往西北的国道主干线，为晋煤外运重要通道。

28日报载 深县公安局交通警察大队事故处理股股长张志连，1991年6月2日为抢救触电工人英勇牺牲。省政府追认他为革命烈士，公安部授予他全国公安战线二级英雄模范光荣称号。

30日报载 河北省确定1992年为友好观光年。

（胡晓祥 1—3月
张广兴 4—6月
张通生 7—12月）

X 附录

一、1991年河北省获国家级星火奖项目

二等2项

编号 91—2—003
项目名称 JLW型聚酯螺旋网
主要完成单位 枣强县聚酯干网厂
主要完成者 宋祥顺 藏新芷 孙建华 王来法
藏升岗 阎国红

编号 91—2—004
项目名称 冷堆助剂高效助练剂ZH—11
高效稳定剂W—80
主要完成单位 石家庄市东华化工厂
省石油化工研究所
主要完成者 谷英瑞 高树桐 宋成来 阎文忠
曹金柱 秦风歧 邢风芝 杜德华
李庆革

三等11项

编号 91—3—004
项目名称 抗玉米矮花叶病自交系及杂交种冀单17号的选育与推广。
主要完成单位 唐山市农业科学研究所
平山县种子公司
饶阳县种子公司
河北省种子公司
石家庄地区种子公司
主要完成者 何广达 许兴正 张锦芬 芦美录
佟文悦 王祖云 韩庆明

编号 91—3—005
项目名称 S195型柴油机节能改造技术与推广
主要完成单位 省农机修造服务总站
廊坊市农业局农机管理站
唐山市农业局农机服务站
石家庄地区机械工业公司
衡水地区农机管理站
主要完成者 郭树鹏 蔡建祥 付荣才 李新平
王福金 张俊乾 骈锡忠

编号 91—3—006
项目名称 机井效率测试及节能措施推广
主要完成单位 省水利厅农水处
省农业厅农机处
主要完成者 苏相亭 王金廷 甄 平 张万鑫
王久云 宋 伟 王剑永

编号 91—3—007
项目名称 φ920～φ1020mm大口径焊接弯头的研制及工艺
主要完成单位 盐山县韩集冲压厂(盐山电力管件厂)
主要完成者 席炳文 李福泉 刘文敬
王跃清 赵彦荣 祝桂琴
王鸿彦

编号 91—3—008
项目名称 高铝隔热低铁砖
主要完成单位 清河县第一耐火材料厂
冶金部洛阳耐火材料研究所
主要完成者 胡宝玉 朱雪峰 王中苏 林汉中
任申堂 林文忠 刘廷顺

编号 91—3—009
项目名称 伪装色猎装服
主要完成单位 河北省青县春光服装厂
主要完成者 姚增新 谭春琴 陈金岭 宋果成
王树岐 王汉宝 刘有旺

编号 91—3—010
项目名称 提高鸭梨品质新技术开发与推广
主要完成单位 河北省泊头市林业局
河北省泊头市科委
主要完成者 牟瑞源 徐海燕 常桂星 郭学堂
付树森 赵文清 徐清俊

编号 91—3—011
项目名称 海河低平原节水型农业研究与综合开发
主要完成单位 省农科院粮油作物研究所

省农科院棉花研究所 南宫市科委
南宫市农业局 南宫市南杜办事处
主要完成者　李晋生 朱德垓 张恒水 田　伟
么俊卿 韩　俊 贾志歧

编号 91—3—012
项目名称　控制检疫对象——木僚种子小蜂蔓延为害技术推广
主要完成单位　省农科院植保所 涉县林业局
邯郸市林业局 武安县林业局
涉县科委
主要完成者　靳杏蕊 赵淑娥 刘文旭 白书太
邵如桐 霍玉华 俞凤祥

编号 91—3—013
项目名称 油牛面革工作鞋
主要完成单位 青县合利富华制鞋有限公司
主要完成者　赵德新 张洪禄 宗树国 张振宇
郭金桥 张文平 李俊德

编号 91—3—014
项目名称 紫穗槐造纸技术研究——抄造高强瓦楞原纸
主要完成单位 青县津青联营造纸厂 省轻工业研究所
主要完成者　刘恩源 孟宪峰 齐则振 东忠明
李焕尊 蒋　明 吴鸿兰

四等 4 项

编号 91—4—002
项目名称“乌龙戏珠”枣茶
主要完成单位 青县锦斋枣制品厂
主要完成者　张仁才 刘海通 张仁义 张登玉
宋果成

编号 91—4—003
项目名称　蒸压沟槽灰砂砖蒸压抗震加气混凝土屋面砖
主要完成单位 固安县新型建材总厂
主要完成者　庞国增 唐彩丰 刘尚明 刘进江
陈玉强

编号 91—4—004
项目名称 耐冲击抗拉伸电镀新工艺及产品开发
主要完成单位 河北省盐山贾金青光电镀厂
主要完成者　贾启瑞 贾明奎 贾世锋 贾秀英
贾明华

编号 91—4—005
项目名称 控制小麦吸浆虫危害新技术的推广应用
主要完成单位　河北省农林科学院植物保护研究所
河北省植保总站
河北省石家庄地区植物保护检疫站
邯郸地区行政公署农业局植保植检站
邢台地区植物保护检疫站
主要完成者 赵文臣 屈振刚 刘纪书 郭云书
杨世明

二、1991 年河北省获国家级发明奖项目

四等 2 项

编号　114
项目名称　一种成型铣刀的制造方法及设备
主要完成单位　国营太行机械厂
发明者　吕锡华 刘彦平 阎国华

编号　172
项目名称　玻璃钢辊及其制造方法
主要完成单位　枣强县流常玻璃钢制管厂
发明者　杨振玉 杨可富 丁林广

三、1991 年河北省获国家级科技进步奖项目

三等 6 项

编号　91 机—3—004
项目名称　T150 履带推土机
主要完成单位　宣化工程机械厂
主要完成者　段茂 刘守鸾 李家骧 刘寿全
刘新荣

编号　91 轻—3—010
项目名称　ZDF—自动豆腐机
主要完成单位　涿州市电子仪器厂
主要完成者　董玉泉 刘全新 孙锦俊 刘志强
刘有清

编号　91 农—3—017
项目名称　早熟高产稳产优质抗逆棉花新品种冀棉 12 号及推广应用
主要完成单位　邯郸地区农业科学研究所
河北省种子公司
主要完成者　王福长 成海平 马铁良 关瑞昌 李明思
编号　91 农—3—024
项目名称　5TF—45 脱粒机及技术推广应用
主要完成单位　省农业机械化研究所
无极县机电修造厂
栾城第一机械厂
主要完成者　马大敏 周建忠 董怀子 刘振山 王基武
编号　91 农—3—025
项目名称　高产抗病优质花生新品种冀油四号
主要完成单位　邢台地区农科所
主要完成者　张彬 刘雪海 苏文勇 田俊芹 孙兵须
编号　91 农—3—033
项目名称　冬小麦新品种冀麦 26 号选育与推广
主要完成单位　石家庄地区农业科学研究所
省种子公司
主要完成者　郭进考 杨金良 付大平 康泽海 吕国朝

四、1991 年河北省星火奖项目

经河北省星火奖评审委员会评定，省科学技术委员会核准了 1991 年度星火奖获奖项目 24 项，二等 4 项，三等 10 项，四等 10 项，现予公布。

项目编号：X——XXX，杠前为授奖等级，杠后为序号。

2—01　板栗良种嫁接技术研究及推广
完成单位　迁西县林业局
完成者　张万同 韩凌 高俊丰 赵维岐 李柱 刘新生 张恩胜

2—02　多元醇脂肪酸酯——PVC 加工用无毒内润滑剂 CQ——16
完成单位　沧州市长虹塑料助剂厂
完成者　胡万坤 张正军 李树利 邢素梅 王淑玲 王文利 邢志敏

2—03　条花煤矸石砖
完成单位　沧县风化店乡第二砖厂
完成者　苗仓东 韩邦祯 苗华端 龚万昌 王凤海

2—04　百特花边
完成单位　泊头市外贸局工贸联营绣品厂
完成者　赵明岩 穆树青 江铁军 丁淑琴 穆文通 胡文博 冯艳才

3—01　冀西北大粒巨峰葡萄速生丰产栽培技术
完成单位　张家口市桥西区林业工作站
完成者　赵生云

3—02　酸性红 B
完成单位　石家庄地区染化厂
完成者　秦中和 贾英杰 李冬起 张根来 马青菊

3—03 低温磷锆釉釉面砖
完成单位　唐山市开平墙地砖厂
唐山市建筑材料工业局
中国科学院地质研究所
完成者　赵瑞强 徐彩臣 代长禄

3—04　进口汽车曲轴国产化系列产品
完成单位　晋县汽车曲轴厂
完成者　张志中 张福旺 王东入 宋成秋 聂瑞和

3—05　青竹牌 54°、38°古遂醉酒新产品开发
完成单位　徐水县古遂醉酒厂
完成者　贾荣泉 贾荣昌 张志国 周祥超 赵建明

3—06　裘革工艺手套山羊皮革面珍珠羔及衬里日用皮革手套
完成单位　枣强县裘革制品厂
完成者　姜智长 张宪茫 张长贵 张立华 裴会生

3—07　优选棉浆配比胶印书刊纸
完成单位　藁城市第二造纸厂
完成者　申润华 张兰瑞 高华峰 王永进 高坠子

3—08　棉杆半化学机械浆配抄高强瓦楞原纸
完成单位　晋县造纸厂 河北省轻工业研究所
完成者　孟宪峰 刘恩远 黑文

3—09　糖水雪梨罐头褐变防治新工艺
完成单位　藁城市罐头厂
主要完成者　刘俊山 葛建须 刘喜梅 李旭光 刘帮银 孙月峰 李东方

3—10　向农村传递科技情报的探讨与实践
主要完成单位　省科学技术情报研究所
主要完成者　吕献 李庆忠 耿瑞衡 赵明忠

刘礼彦 李增福 崔友梅

4—01 冀东南枣粮间作区枣粮双高产配套技术开发研究

主要完成单位 泊头市科委 泊头市林业局 泊头市农业局 盐山县林业局

主要完成者 张宪云 王树敏 郭永良 吴建发 宋俊岭 赵文清 张炳龙 李如刚

4—02 大蒜综合丰产栽培技术推广

主要完成单位 藁城市农业技术推广中心

主要完成者 孙思兴 李领山 赵景杰 王晓栓 李兰功 程立宗 李正来 张宽心 孙金生

4—03 花叶早熟西葫芦优种引进及配套栽培技术研究

主要完成单位 饶阳县城关镇农业技术站

主要完成者 董崇欣 许文菊 王兴春 何素君 段全计

4—04 锦纶————6 彩色综丝

完成单位 河间市锦纶渔网丝厂

主要完成者 齐炳山 付良玉 霍效周 齐玉涛 齐增良 赵子平

4—05 A—羧基淀粉

主要完成单位 河北化工学校 晋县胜利淀粉厂

主要完成者 寇同杰 梁向田 尚永进 王勇 曹彦军

4—06 实施“星火计划”促进企业发展

主要完成单位 河北散热器厂

主要完成者 曹彦群 任世远 王世民 王会霄 李春季 刘子珍 彭钧 刘栓印 刘东春 李国兴

4—07 县级农业课题“强化、激励”管理法

主要完成单位 故城县科委

主要完成者 任炳义 秘留柱 周德全 郭元奎 刁殿瑞

4—08 吸附法回收溶剂

主要完成单位 衡水市石棉橡胶板厂

主要完成者 胡立怀 杨立果 渠庆庄 胡金榜 苏新標

4—09 超细碳酸钙

完成单位 武安市胜利化工厂

完成人 张锦生 李如维 申刘顺 程立昌 许向增

4—10 工业用呢————锦毛混纺针刺造纸毛毯

完成单位 张家口市第六毛纺厂

完成人 张少华 杜宏礼 李福生 李友兰 李树军

五、1991 年河北省科学技术进步奖项目

1991 年河北省科学技术进步奖，经省科学技术进步奖评审委员会评定，省科学技术委员会核准 260 项：一等 7 项，二等 33 项，三等 158 项，四等 62 项，现予公布。

项目编号：X——XXX，杠前为授奖等级，杠后为序号。

1—001 稻象甲一号在河北省发生特点及防治技术

完成单位 省植保总站 省农林科学院植物保护研究所

协作单位 唐山市植保站 唐山市农业科学研究所 唐海县植保站 滦南县植保站

主要完成人 张国宝 田士波 付荫英 张玉江 郝建民 冯顺富 杨庆昌 孙仲祥 孙洗 戴东权

1—002 区组设计的大集问题

完成单位 河北师范学院

主要完成人 康庆德 常彦勋

1—003 实用印刷汉字识别系统

完成单位 河北大学

主要完成人 郭宝兰 张彩录 马颖丽 张宇桐 韩勇

1—004 西石门铁矿难采矿体采矿方法

完成单位 北京科技大学矿业研究所 邯邢冶金矿山管理局、西石门铁矿

主要完成人 方祖烈 刘乔 李绪荣 丁钦贡 李江 巴特尔 孙长寿 张永庆

1—005 三阶张量多项式破坏曲面的封闭性

完成单位 石家庄铁道学院

主要完成人 姜稚清 阿·西·台尼森

1—006 电器可靠性设计理论及测试技术

完成单位 河北工学院 机械电子工业部第四十研究所

主要完成人 陆俭国 李志刚 王景芹 张云峰 金福群

1—007 乡镇科技达标的研究与实践

完成单位 衡水地区科学技术委员会

主要完成人 刘锡锋 吕国强 刘玉杰 姚新年 崔文双 李世儒 王福增

2—001 带有对合的流形

完成单位 河北师范大学

主要完成人　吴振德

2－002　MTC——Ⅱ磁带清洁机

完成单位　北京海淀区北方电脑公司新城县分公司

主要完成人　庞继恕 陈新运 杜峻宏 庞小荣
司秀强

2－003　电光源用复铜导线

完成单位　邢台市电光源材料厂

协作单位　中国人民解放军装甲兵工程学院

主要完成人　张绍先 吴林建 戎志平 韩荣生
陈国仁 沈丙德 张玉霞

2－004　SFP－500KV 360MVA 超高压
电力变压器(研制及技术研究)

完成单位　保定变压器厂

主要完成人　张元录 胡启凡 谢敏城 陈乃忠
李洪秀 赵民杰 赵银汉

2－005　3MZ1410SA 全自动球轴承外圈沟
双头磨床

完成单位　石家庄轴承专用设备总厂

主要完成人　裴丛文 赵振科 孙庭志 梁占朝
陈 杰

2－006　HCO_4——1 厚浆醇酸漆

完成单位　石家庄市油漆厂

主要完成人　李 训 陈爱兰 贾瑞兴 李建智
赵 纾 张新书 田志平

2－007　太行山低山丘陵立体林业工程研究

完成单位　中国科学院石家庄农业现代化研究所
中国科学院北京植物研究所
中国科学院武汉植物研究所 元氏县林业局

主要完成人　云正明 高福存 李继军 王振东
陈灵芝 武显维 张万军

2－008　杨树速生丰产技术推广

完成单位　省林业技术推广总站

协作单位　保定、石家庄、邢台、邯郸、衡水、承德、
沧州地区林业局、唐山市、廊坊市林业局

主要完成人　孟春波 张华嵩 王 德 魏英占
王确改 高文正 张振江 田朝虹
陈连涛 盖英才 魏俊乔 黄井贞
郭治良 刘秀辰 王泽明

2－009　冀中南麦套夏棉两熟栽培技术推广

完成单位　省农业技术推广总站
邢台地区农业技术推广站

协作单位　省气象研究所
河北省农林科学院棉花研究所 邯郸、
邢台、衡水、沧州、石家庄农业局技术站

主要完成人　田俊兰 陈宏利 檀彦军 路文广
高尚军 冯二合 柳金荣 高振宏
金宏顺 马文灿 李 杰 要俊花
李艳萍 靳海允 张立棉

2－010　玉米抗冷生理特性及抗冷栽培措施

完成单位　省农林科学院农业物理生理生化研究所

协作单位　承德地区农业科学研究所

主要完成人　李俊明 信占国 方 华 张敬贤
包书丰 崔四平 贾银锁

2－011　小麦和玉米抗旱的细胞生理反应及化调增产
措施

完成单位　省农林科学院农业物理生理生化研究所

协作单位　河北农业大学

主要完成人　张敬贤 贾银锁 佟代言 崔四平
李广敏 李俊明 商振清

2－012　滨海盐渍土区牧草的耐盐鉴定及应用

完成单位　沧州地区畜牧水产局 沧州地区农科所

协作单位　山东省无棣县畜牧局 辽宁省朝阳市畜牧所

主要完成人　武之新 刘肇清 刘凤泉 纪剑勇
刘振锋 张传高 郜玉田

2－013　河北省张北旱地实验区农牧结合综合发展技
术体系

完成单位　张家口农业专科学校
张家口地区坝上农业科学研究所
张北县科学技术委员会

协作单位　张家口地区草原畜牧研究所
张家口地区林业科学研究所
中国农业科学院草原研究所

主要完成人　徐长金 韩宗舜 杨立廷 任振河
吕兴业 王秉儒 文振海 郭宝艾
庞万福 孟庆臣

2－014　谷子原生质体培养和植株再生体系

完成单位　省农林科学院谷子研究所

主要完成人　赵连元 纪 芸 段胜军 严丽兰

2－015　小麦种质资源研究

完成单位　河北农业大学

主要完成人　卢少源 李宗智 孙馥亭 单保山
张荣芝 卢建祥 杨学举

2－016　多功能血泵安全控制器

完成单位　承德医学院附属医院

协作单位　北京安贞医院

主要完成人　周国明 龚庆成

2－017　12 种染色体异常核型的发现

完成单位　河北省医院

主要完成人　朱俊真 李洪云 余小萍 郝玉宾

2－018　自体 LAK 细胞回输疗法在慢性乙型肝炎的
临床应用研究

完成单位　秦皇岛市肝病研究中心

协作单位　石家庄市肝病研究治疗中心
南京军区上海肝病临床研究中心
中国医学科学院基础医学研究所
北京佑安医院 北京地坛医院

北京医科大学第一医院传染科
青岛市传染病医院
淮阴市传染病医院
洛阳医专附属医院传染科
南京市传染病医院 沈阳市传染病医院

主要完成人 苏盛 顾乾芳 马万林 姚宁
朱立平 李璋 张金海

2—019 玻璃钢辊及其制造方法
完成单位 枣强县流常玻璃钢制管厂
主要完成人 杨振玉 杨可富 丁林广 李凌国
孙红娥 许五星 藏玉平

2—020 常温常压大容量卷染机的研制及工艺
完成单位 国营邯郸第二纺织机械厂
邯郸市第二印染厂
主要完成人 陈世忠 裴家杰 于方 陈铭义
郑亚平 宋哲夫 李瑞霞

2—021 10t/h 树脂砂生产成套设备
完成单位 保定铸造机械厂
协作单位 机电部济南铸锻机械研究所
主要完成人 肖连民 毕大庆 邓殷生 王振铎
储留荣 柏树林 庄家玉

2—022 新型结构铲齿成形铣刀工艺及设备
完成单位 国营太行机械厂
协作单位 河北省邮电研究所
主要完成人 吕锡华 刘彦平 阎国华

2—023 DDQ——10/40、8/60 型低压水电解制氢装置
完成单位 中国船舶工业总公司第七研究院第七一八研究所
主要完成人 许俊明 王安德 陈玉清 穆万修
刘俊岩 李萌明 陈宏顺

2—024 高速线材导卫装置
完成单位 孟村回族自治县冶金铸造厂
协作单位 清华大学
主要完成人 尹忠乔 柳葆铠 董连华 梁吉
郑之月

2—025 切分—最少蝶式孔型轧制角钢新工艺
完成单位 丰润县冶金工业公司 唐山工程技术学院
主要完成人 马义德 李增德 宋义 葛敏
刘战英 王家军 户希功

2—026 膨胀珍珠岩圆孔隔墙板
完成单位 易县建筑安装工程公司膨胀珍珠岩制品厂
主要完成人 尹伯元 李祥珍 任增田 高权泽
贾志高

2—027 饶阳凹陷油气富集规律及1989年勘探部署方案
完成单位 华北石油管理局勘探开发研究院
主要完成人 杨宗起 刘祥琳 谭铤 焦贵浩
宁志军

2—028 关于不动点集的对合的流形和理想 ImJ_A^{k+1} 的研究
完成单位 河北师范学院
主要完成人 蒋国瑞

2—029 黑龙港地区深层地下水开发利用及对社会环境影响的研究
完成单位 河北省水利科学研究所河北省水资源综合管理办公室
主要完成人 赵秀兰 齐卫芳 张冬玲 陈宁生
刘春光 藏逸中 宋运良

2—030 胆固醇酯酶和胆固醇试剂盒的研究
完成单位 省科学院微生物研究所
协作单位 卫生部北京老年医学研究所
中国科学院微生物研究所
主要完成人 范孝用 王洁 胡常英 王士英
翟彤宇 胡文杰 王彦彬

2—031 叶面宝施用技术的推广应用
完成单位 河北农业大学,省扶贫办公室
主要完成人 郑维民 姬文乐 韩庚成 苏福林
邵如桐 张文 吴振英 李汉瑞
孙振宪 王洪智 朱久学 苗龙兴
李俊洲 赵宝昌 孙尚润

2—032 低产鱼塘改造及高产技术推广
完成单位 省水产技术推广站 省畜牧水产局养殖处
协作单位 唐山市水产技术推广站 廊坊市水产工作站
沧州地区畜牧水产局
主要完成人 杨志恒 刘德臣 曹杰英 胡淑云
凌振山 苏庭双 王长友 周恩培
姚尚志 解惠彬

2—033 轮窑综合节能新技术推广
完成单位 元氏县第三砖厂 黄骅市七一砖厂
临西县砖厂 高阳县砖厂
主要完成人 宋景成 刘崇阁 王振兴 赵胜利
张树珩 刘振起 王从福 范光汉
张志轩 张吉卯

3—001 定置管理理论、方法与应用
完成单位 河北省机械电子工业厅
协作单位 唐山冶金矿山机械厂
石家庄内燃机配件总厂
邯郸棉花机械厂
主要完成人 李金琦 解维天 苏化堂 安其贵、
李子龙 毛紫玉

3—002 高肥力条件下夏玉米大豆间混作互补与竞争效应研究
完成单位 河北农业大学
主要完成人 李伯航 张训忠 肖崇彬 张金波
申兴洲

3—003　太行山前平原农业高产高效综合配套技术
完成单位　省农林科学院粮油作物研究所
石家庄地区科委
无极县科委
协作单位　省农机化所 省科学院地理研究所
无极县农业局畜牧局林业局水利局农机局等
主要完成人　靳玉环 贺志瓯 胡克信 兰纯芝
张耀泉

3—004　河间县农村能源综合建设试点和配套技术
完成单位　中国科学院石家庄农业现代化研究所
河间县人民政府
省科学院能源研究所
中国科学院地质研究所
省农林科学院蔬菜研究所
中国科学院力学研究所等
协作单位　河间县地热开发试验总厂
东方村水泥制品厂 九吉砖瓦厂
河西节能设备厂 河间县化肥厂
胜利皮毛厂
主要完成人　罗振涛 梁耀贤 王 钧 娄炳刚
贺孟煜

3—005　邱氏诱鼠剂的研制及其应用
完成单位　无极县鼠药厂，石家庄地区科委、
卫生局、卫生防疫站
爱国卫生运动委员会办公室
协作单位　省鼠疫防治所
主要完成人　邱满囤 杨建申 高文林 许荣明
杜赞英

3—006　贸易市场皮毛鼠疫菌的研究
完成单位　省鼠疫防治所
主要完成人　段家伟 刘焕文 李玉贵 宋东霞
刘秀莲

3—007　河北省蚤类的组成、分布、区划及其防治
完成单位　省鼠疫防治所
主要完成人　常风皤　李振海 武 润 赵启福
张国琦

3—008　医药工业企业系统节能技术研究与实践
完成单位　省医药总公司，华北制药厂
主要完成人　邢富斋 候风英 是福欣

3—009　高可靠七专(G)3DG130、
(G)3DK2、(G)3DK4、
(G)3DK3、(G)3DK7 三极管
完成单位　石家庄市无线电二厂
主要完成人　段庆禄 邸银锁 李 定 任继利
吉崇恕

3—011　液态曲种制固态成曲新工艺
完成单位　石家庄市副食二厂
主要完成人　魏文军 杨 明 杨学明 刘文鹏
郭胜吉

3—012　应用生物酯化技术提高白酒质量的研究
完成单位　邯郸市酒厂
主要完成人　韩兴钦 宋书玉 马志栋 王建坤
杨书有

3—013　织机机械定位开关车装置
完成单位　国营石家庄第二棉纺织厂
主要完成人　宁继民 杨宝连 唐干华 杨景元
吴领军

3—014　新型稀土捕收剂 H205 合成工艺的应用
完成单位　冶金工业部包头稀土研究院
张家口市选矿药剂厂
主要完成人　黄林旋 张新民 胡登礼 张有启
聂有谦

3—015　灯具标准、灯具补充条件
完成单位　安平县地方国营灯具总厂
主要完成人　王占杰 安 宁 许五星 阎兰柱
赵德才

3—016　氯喹治疗原发性皮肤髓外浆细胞瘤临床及实验室研究
完成单位　河北医学院邯郸分院
主要完成人　姚贵申 郑金盈 张合恩 赵保艾
吴 平

3—017　土工织物在水井工程上的应用与推广
完成单位　成安县水利局
主要完成人　连琏 刘金祥 杨树荣 周文明
安耀岭

3—018　对我国现行旱作物需水量试验测坑的改进研究
完成单位　河北农业大学
协作单位　望都灌溉试验站
主要完成人　张增圻 徐振辞 范逢源 王文元
张汉君

3—019　黑龙港地区节水及调水工程经济、社会和环境效益研究
完成单位　省水利水电勘测设计院
主要完成人　王流泉 吕满堂 孙景亮 赵淑丽
吕希银

3—020　滦河沿岸改造沙地节水技术推广
完成单位　乐亭县水利局喷灌服务公司
主要完成人　赵永奎 邸 亮 张卫群 王瑞安
李作安

3—021　滨海洼地高效综合技术开发
完成单位　沧州地区水利局、黄骅市水利局
协作单位　岭庄乡政府
主要完成人　刘春瑞 曲双桥 任秀荣 贺庆森

腾传义
3—022　水稻在节水条件下的需水量和需水规律及节水高产灌溉制度
完成单位　省灌溉中心试验站唐山市水利局
乐亭县水利局灌溉试验站
协作单位　乐亭县水利局
主要完成人　武兰春 张树立 王瑞安 高玉平
刘幼成
3—023　河北省冬小麦、夏玉米节水灌溉制度
完成单位　省灌溉中心试验站
邢台地区临西灌溉试验站
保定地区望都灌溉试验站
主要完成人　苑文昌 王震坤 李会民 朱子斌
岳桂华
3—024　太行山刺槐林分生物量及资源开发利用研究
完成单位　省林业科学研究所
主要完成人　黄则舟 毕 君 张福民
3—025　太行山枣树丰产综合技术
完成单位　河北农业大学
协作单位　保定地区农业专科学校
主要完成人　王永蕙 周吉柱 张德远 刘孟军
田荣凯
3—026　应用 LANDSAT—5TM 数据磁带进行太行山森林立地分类的研究
完成单位　省林业勘察设计院 核工业航测遥感中心
主要完成人　董新猷 魏孝勇 翟建文 高林波
葛俊色
3—027　太行山花岗片麻岩低山丘陵区综合造林技术
完成单位　省林业科学研究所
协作单位　平山县防护林工程指挥部
主要完成人　韩敦义 张金香 张建国 郝铁山
冯书庆
3—028　水稻优化栽培和调控技术
完成单位　省农业技术推广总站 省农垦研究所
协作单位　唐山市农业局 遵化县农林局
秦皇岛市农业局 抚宁县农林局
主要完成人　苏衍章 王文成 段玲玲 韩民利
郑素花
3—029　玉米地膜增产技术推广
完成单位　省农业技术推广总站
主要完成人　马占元 张保起 李伯航 史万智
郑卓琳
3—030　河北省花生中低产技术开发
完成单位　省农业技术推广总站
协作单位　河北农业大学农学系
主要完成人　董玉昌 张寿平 韩少勇 吴玲麒
刘友国
3—031　旱地夏谷丰产栽培配套技术
完成单位　武安市种子公司 省农林科学院谷子研究所
主要完成人　相德臻 梁双波 何随如 常文锦
智慧
3—032　披碱草选育与驯化
完成单位　张家口地区草原畜牧研究所
协作单位　沽源县饲草饲料工作站 张北县草原工作站
康保县草原工作站
主要完成人　孟庆臣 张志明 李茂林 高志亮
李 芳
3—033　提高河北北部地区山羊产绒性能的试验研究
完成单位　省畜牧兽医站
协作单位　隆化县畜牧站 赤城县畜牧局
涞水县畜牧局 青龙县畜牧站 承德、
张家口、保定地区、秦皇岛市畜牧局
主要完成人　于风惠 安英杰 王庆田 李占山
殷砚春
3—034　小麦机械半精量播种技术应用推广
完成单位　衡水地区农机化服务管理总站
主要完成人　魏树涛 杨志军 李志杰 李全行
梁保卫
3—035　PKT201
型铸铁太阳灶的研制及推广
PDT201
完成单位　泊头市新能源办公室
沧州地区新能源办公室
协作单位　泊头市新能源服务公司
主要完成人　马国通 白树连 杨士敏 李厚强
蔡建华 孟庆云 尹洪波 陈金城
安 欣 白忠敏
3—036　北沙参锈病病原、白术根腐病病原发病规律及综合防治研究
完成单位　保定农业专科学校
安国县农业技术推广中心
河北省植保总站
主要完成人　赵来顺 刘英慧 王玉玲 赵志民
陈振峰
3—037　稻曲病病源及对水稻产量的影响
完成单位　省农垦科学研究所
协作单位　抚宁县农业局 滦南县植保站
主要完成人　潘 勋 张淑平 高俊全 康学利
李正忠
3—038　辣椒防病高产技术
完成单位　望都县植物病虫害防治院
协作单位　望都县植保植检站
主要完成人　王志学 丁玉英 胡会敏 陈彩哲
刘彦玲
3—039　核桃举肢蛾生物学特性的新发现及防治新技术

完成单位　省农林科学院植物保护研究所
协作单位　平山县农业局 平山县林业局
　　灵寿县林业局 涉县林业局
　　阜平县农业局
主要完成人　赵文臣 石庆宁 李建成 孙 洗
　　高占林
3－040　芝麻黑斑病发生规律及防治技术
完成单位　青县农业局农技推广中心
协作单位　青县小牛庄镇农业技术综合服务站
主要完成人　宋安坤 张汉富 张玉洁 张恒星
　　杨玉和
3－041　花生病毒病综合防治技术
完成单位　唐山市农业科学研究所 河北农业大学
协作单位　省植保总站 滦县农业局 滦县科委
主要完成人　娄树中 王幼敏 张维生 田文会
　　秦永正
3－042　大白菜高产配套栽培技术
完成单位　省农业技术推广总站
协作单位　邢台 石家庄 保定 唐山 承德 张家口
　　沧州 秦皇岛等 15 个地市
主要完成人　赵志忠 杨大俐 申宝荣 杜建平
　　张桂芝
3－043　河北省坝上地区生态经济规划研究
完成单位　省科学院地理研究所
协作单位　张家口地区计委区划办
　　河北省科学院应用数学研究所
主要完成人　李 玉 宋树恩 袁文英 吴金祥
　　白富成
3－044　谷子“综合动态基因库”育种法
完成单位　张家口地区坝下农科所
主要完成人　孔玉珍 崔文生 赵治海 杜 贵
　　王天宇
3－045　优质夏谷新品种冀特 2 号(金谷米)
完成单位　省农林科学院谷子研究所
主要完成人　李香月 李荫梅 田瑞珍 王天宇
　　戎景春
3－046　抗病优质丰产棉花新品种冀棉 14 号选育
完成单位　河北农业大学 石家庄地区农科所
　　邯郸地区农科所
主要完成人　曲建木 王忠义 陈振声 马峙英
　　赵敬霞
3－047　中绿一号绿豆引进及推广
完成单位　省农林科学院粮油作物研究所
主要完成人　王修臣 田 静 李 辉 刘乃芳
　　王彩英
3－048　马铃薯中早熟新品种“坝薯 9 号”
完成单位　张家口地区坝上农业科学研究所
主要完成人　邓启贤 王风鸣 高占旺 李振树
　　王登社
3－049　玉米改良自交系黄早四——15
完成单位　省农林科学院粮油作物所
主要完成人　崔绍平 刘风昌 郑积德 朱春更
　　汤 洁
3－050　玉米杂交种丹玉 13 号的引进鉴定及推广
完成单位　省农林科学院植物保护研究所
　　省种子公司
主要完成人　高义昌 赵 毅 石振峰 刘成山
　　荆茂俊 杨玉森 徐铁虎 肖洛羊
　　梁元红 张俊江 白文君 王和平
3－051　用过氧化物酶同工酶进行谷子育种亲本遗传分类和抗线虫病鉴定技术
完成单位　省农林科学院谷子研究所
主要完成人　李荫梅 温 奎 张世遵 雍海晖
　　凌 莉
3－052　提高鳖种成活率技术研究
完成单位　省畜牧水产局养殖处
主要完成人　曹杰英 张全成 刘希泰 邱书力
　　刘志军
3－053　输水渠道拦网养鱼技术推广
完成单位　曲周县畜牧水产局
协作单位　曲周县塔寺桥乡人民政府
主要完成人　杨荣国 袁梅青 于国兴 张继堂
　　胡风兰 宋玉芳 刘俊峰 赵文海
　　鲁勤秀 马东林
3－054　省级天气预报实时资料处理系统
完成单位　省气象台
协作单位　省气象科学研究所
主要完成人　杨家治 刘增基 艾维申 刘福盈
　　林 红
3－055　河北省四种主要作物气候年景展望产量气象预报及应用研究
完成单位　省气象科学研究所
协作单位　省气象台 省气候资料室
主要完成人　王清礼 池俊成 田竹节 孔 敏
　　李维平
3－056　烧伤生肌膏临床研究
完成单位　正定县烧伤研究所
主要完成人　何梦旗 钱国震 曹瑞英 王春兰
　　付志勇
3－057　补肾五要除痹丸治疗类风湿性关节炎的临床研究
完成单位　衡水地区医院
协作单位　衡水市第一医院 赵家圈镇医院
主要完成人　刘兴远 于玉秀 黄恒栋 高秀清
　　刘志华
3－058　中医药治疗血栓闭塞性脉管炎临床研究

完成单位　滦县脉管炎医院
主要完成人　李治田 王绍田 刘希民 杨秀艳
　　张春秋
3－059　多功能皮科检测器的应用研究
完成单位　唐山钢铁公司医院
协作单位　唐山妇幼保健院 开滦医院
主要完成人　王兴龙 翁树凡 王绍英 冯国茹
3－060　结核灵液插管冲洗为主治疗骨结核窦道的研究
完成单位　新乐县骨髓炎医院
主要完成人　谢景龙 秦国进 谢正平 权 力
　　李占良
3－061　阿尔采默氏病和多梗塞痴呆脑脊液中乙酰胆碱脂酶活性测定及动态研究
完成单位　河北医学院邯郸分院
协作单位　首都医学院宣武医院
主要完成人　柴锡庆 周双俊 丁铭臣 庞式琪
　　沈正萱
3－062　LKM20 型裂缝天线馈能微波干燥灭菌设备
完成单位　涿州市电控设备厂
　　机械电子工业部第六研究所
协作单位　华北新型建材机械厂
主要完成人　黄庆发 代贵庆
3－063　宫内节育器引起子宫异常出血机理的研究
完成单位　省计划生育科学研究所
主要完成人　张鹏程 樊瑞琴 高羽 陈晓梅
3－064　间歇性外斜视手术治疗临床研究
完成单位　张家口市第四医院
主要完成人　于 钢 高美琴 王文田
3－065　结晶法氨苯青霉素钠
完成单位　张家口市制药总厂
主要完成人　王承效 杨庆华 王 奇
3－066　下丘脑钠泵抑制因子及其在原发性高血压发病机理中的作用
完成单位　省医科院
主要完成人　符云峰 李素琴 张世联 王 薇
3－067　经关节镜治疗髌骨软化症
完成单位　河北医学院第三附属医院
主要完成人　陈百成 石奉文 张惠民 张 标
　　郭兰翠
3－068　河北省山区人骨矿物质含量调查报告
完成单位　省骨科研究所
主要完成人　林振福 王际孝 刘忠厚 杨守礼
3－069　计算量子化学方法应用研究
完成单位　河北师范学院
主要完成人　郑世钧 蔡新华 孟昭兴
3－070　核子结构函数及其核效应
完成单位　河北师范大学 山东大学
　　石家庄地区教育学院
主要完成人　何祯民 侯云智 高永华
3－071　农业技术普及运行机制研究与推广
完成单位　新乐县农业局 新乐县人民政府
　　中国共产党新乐县委员会宣传部
　　新乐县科学技术委员会
主要完成人　信一民 陈新位 张 鹏 高书辰
　　张景战
3－072　藁城市实施科技兴农的研究与实践
完成单位　藁城市科学技术委员会
主要完成人　彭继和 孙天星 刘东军 杜瑞生
　　甄进才
3－073　乡级半脱产农业技术人员实行劳动保险及职称补贴制的推广
完成单位　南皮县科学技术委员会 南皮县农业局
协作单位　南皮县乡镇企业局
　　南皮县刘八里农业技术推广站
主要完成人　于书生 叶胜华 杨子华 刘金璞
　　孙炳瑞
3－074　石家庄市社会与经济发展规划模型及决策系统
完成单位　石家庄市计划委员会
　　石家庄市能源管理办公室
协作单位　石家庄市教育委员会
　　石家庄市人事局
　　省教育委员会人才规划办公室
主要完成人　薛广驹 于国善 恒启文 尹湘华
　　牛振华
3－075　秦皇岛市旅游发展规划
完成单位　省科学院
　　河北省计划经济委员会地理研究所
协作单位　秦皇岛市旅游局
主要完成人　郭 康 贾 毅 郭造强 穆仲义
　　张 聪
3－076　关于地方科技外事干部培训工作的探讨
完成单位　省科学技术委员会
协作单位　河南省科学技术委员会
　　陕西省科学技术委员会
主要完成人　祁焕敏 毕永承 黄中祺
3－077　为科技决策服务的情报研究
完成单位　河北省科技情报研究所
主要完成人　赵素霞 梁振鸾 周兰恩 李增福
　　史新辉
3－078　唐山市科学技术志编纂方法的研究
完成单位　唐山市科学技术委员会
主要完成人　孔繁志 刘惠民 齐晓宇 李晓军
　　石良臣
3－079　河北省科技志－－新技术篇

完成单位　河北省科学院
主要完成人　刘志明 兰礼江 刘鸿滨 赵秀琴
　　刘淑玲
3—080　沧州地区科学技术志
完成单位　沧州地区科学技术委员会
主要完成人　吴荣勋 邵桐山 赵维春 曹延龙
　　江铁海
3—081　MJ——门极装置体
完成单位　景县华北整流器件厂
主要完成人　宋希振 宋晓龙 范广英 林文彬
　　焦玉杰
3—082　多变量控制系统的特征配置问题
完成单位　省科学院自动化研究所
主要完成人　王大海
3—083　TXH——I型多功能矿井提升信号系统
完成单位　唐山市利民电器厂
主要完成人　果春枝 许开成 果进步
3—084　多模长波长光导纤维技术开发研究
完成单位　永年光导纤维厂
主要完成人　李庆民 李彦周 李庆红 李社平
　　李后崇
3—085　内装式光纤传输压电加速度计
完成单位　东北重型机械学院秦皇岛分校
主要完成人　史锦珊 王玉田 王 珏 李志全
　　王树山
3—086　玻璃熔炉料道控制系统
完成单位　省电子技术研究所 张家口市玻璃厂
主要完成人　李志民 燕育民 闫利平 翁 军
　　刘增顺
3—087　3B2型计算机多用户管理信息系统
完成单位　保定石油化工厂计算中心
主要完成人　王宏福 闫晓强 许向阳 李晓天
　　车红军
3—088　企业内部银行计算机处理系统
完成单位　张家口五金交电采购供应站
主要完成人　侯憬敏 周自海 陈国祥 陈 章
　　董志远
3—089　电脑CPZ制版新工艺
完成单位　魏县振兴印刷厂
协作单位　长沙前进计算机研究所
主要完成人　焦 铭 李付军 茜日升 苏汉静
　　谢克忠
3—090　蒸汽机车涡轮发电机转子总成专用动平衡机
完成单位　邯郸市邯山福利电器厂
主要完成人　赵水昌 王大安 魏桂华 夏传福
　　宋桂芳
3—091　多功能组合式蓄电池
完成单位　武邑县创新电子厂
主要完成人　刘长生 杨福才 刘金波 李纪柱
　　刘丙刚
3—092　数据库工具软件DBWORK——1
完成单位　省科学院应用数学研究所
主要完成人　吕竹青 周德俊 乔书方
3—093　ST40PLUS可编程序控制器
完成单位　石家庄市电子技术开发中心
主要完成人　刘芳温 姚玉星 唐晓景 马志民
　　邹 华
3—094　高密激光加密软盘加工机
完成单位　省科学院激光研究所
主要完成人　刘国松 卜大中 林永良 刘玉华
　　姜云明
3—095　5511石英挠性伺服加速度计
完成单位　任丘市鄚州仪器厂
协作单位　航空航天部702所
　　河北省任丘市科技与人才服务中心
主要完成人　邹毓玲 刘文彪 刘福来 李四代
　　李春林
3—096　工商银行计划综合统计微机管理网络
完成单位　中国工商银行保定中心支行科技科
主要完成人　李铁民 杨会来 葛清瑞 董书奇
　　刘大柱
3—097　地面喷花类烟花——报春花
完成单位　海兴县新星烟花厂
主要完成人　梁玉泉 郭瑞强 魏福兰 姚令花
　　郭瑞田
3—098　聚乙烯无滴除草膜
完成单位　保定塑料总厂 北京化工学院
主要完成人　吴天祥 周 山 王进伍 邸利晨
　　霍云芳
3—099　人工手编克林垫
完成单位　孟村回族自治县工艺美术厂
主要完成人　马文贵 赵玉栋 李桂生 吴秀广
　　胡景华
3—100　花生蛋白变性规律的研究
完成单位　河北轻化工学院 石家庄市植物蛋白粉厂
主要完成人　于 廉 张 桂 郭 苍 李春林
　　陈和平
3—101　全植物性四合一洗发香波
完成单位　（赵县）北京市兴州日化厂
主要完成人　王广进 刘京彬 赵玉良 李华菊
　　孟文霞
3—102　聚丙烯塑料编织基布
完成单位　邢台市化纤地毯厂
主要完成人　魏耀成 宋小涿 车大光 左福义
　　段书田 董淑云
3—103　YH——32型钢筋气压焊接机及推广应用

完成单位　石家庄市焊割炬厂 石家庄地区建筑公司
主要完成人　蔡见明 毕义之 吴 平 曹润通
邓中强

3－104　小麦提胚制粉技术
完成单位　新乐县面粉厂 石家庄地区粮食局
协作单位　石家庄地区科技情报所
主要完成人　李晨璞 商喜年 张占山 刘生基
刘晓成

3－105　服装托板纸板
完成单位　省工贸合营抚宁造纸厂
主要完成人　文世明 安淑英 李文太 杨玉琢
孙洪常

3－106　米豆冰淇淋
完成单位　省农林科学院谷子研究所
主要完成人　李风翔 张剑波 解喜明 张梅申
齐玉志

3－107　GN22 型高速三线包缝机
完成单位　青县工业缝纫机厂
主要完成人　范有田 王景西 王仁谦 刘建章
华雨阳

3－108　SF 指针式全塑石英钟薄机芯
完成单位　霸州市巨华石英钟厂
主要完成人　杨丙生 王士林 杨书泉 刘广发
杨丙贺

3－109　冷光新闻灯 舞台光束灯
完成单位　安平县地方国营灯具总厂
主要完成人　安 宁 阎兰柱 王占杰 苏占甲
阎双波

3－110　聚乙烯挤出发泡片
完成单位　隆化县塑料厂
主要完成人　祁春学 赵淑英 霍仲伦 张书金
张建群

3－111　H 系列高速汽车灯泡
完成单位　容城县灯泡厂
主要完成人　王宝田 胡洁孔 梁晓辉 张 占
王忠良

3－112　再生聚丙烯生产矿用塑料网带
完成单位　藁城市新华矿用塑料制品厂
主要完成人　刘建中 张小山 马清国 刘建方
刘英桂

3－113　折径 5 米增强大棚膜
完成单位　邢台地区塑料厂
协作单位　省塑料工业公司技术科
主要完成人　葛同江 赵须辰 金 亮 张凤国
姚振兴

3－114　机织薄型粘合衬
完成单位　国营石家庄服装衬布总厂
主要完成人　袁一贤 尹玉珍 崔莉华

3－115　ST 粘合衬
完成单位　省纺织科学研究所 石家庄市试剂厂
主要完成人　周国梁 侯彦平 王春义 范敏科

3－116　防虫蛀毛毯及毛线
完成单位　唐山市宏源毛纺织厂
主要完成人　石振华 杨素英 李卫国 陈德合
张艳芹

3－117　低比例羊毛与化纤混纺薄花呢的研制
完成单位　保定毛纺织厂
主要完成人　连 江 陈丽娜 夏淑兰 李冬平
梁林君

3－118　205 轴承套圈磨加工自动生产短线
完成单位　石家庄市常山机器厂
协作单位　上海中国轴承厂
主要完成人　韦清章 张晓庆 陆新忠 曹俊城
尤其恒

3－119　液压机结构优化设计
完成单位　东北重型机械学院秦皇岛分校 太原重型机器厂
主要完成人　聂绍民 孙惠学 赵希禄 张 庆
姚保森

3－120　FA 421 型粗纱机
完成单位　国营太行机械厂
主要完成人　迟宝昌 王立敬 崔文华 张复臣
肖应选

3－121　VF－3/7－S 型空压机
完成单位　吴桥空压机厂
协作单位　合肥通用机械研究所
主要完成人　姜恩良 郭洪凯 李峰志 姜春民
黄志东

3－122　花园网机及焊网
完成单位　黄骅工贸合营电焊网厂
主要完成人　贾兆强 张国胜 张付义 李希伟
刘金明

3－123　Z^x7 型高效节能可控硅逆变弧焊机产品开发
完成单位　河北充电设备厂
主要完成人　乔惠芳 王新玲 陈春雷 乔鸿森
肖建英

3－124　LDZ－32 型竖向钢筋电渣焊机
完成单位　新城县利民焊接设备厂
协作单位　北京市住宅建设总公司
主要完成人　李铁臣 邹传炳 李殿臣 李虎臣
杨 理

3－125　PC 机在机械制造和机械加工中的应用
完成单位　石家庄市轴承厂
主要完成人　梁俊友 孔文付 曹桂然 尹 存
孙 煜 孙志强 王鸿彬

3－126　2FC 20R－0.4 型自动冲洗阀门
完成单位　赵县津新拔丝厂
协作单位　省机械科学研究院
主要完成人　候东现 吉明珠 刘京彬 周建章
　　王东喜
3－127　DMB－2.5 电动隔膜变量泵
完成单位　河北华丰机械厂
主要完成人　李文民 王志忠 李全乐 李化良
3－128　超低头板坯连铸机液压系统成套设备
完成单位　保定市液压件厂
主要完成人　张之地 宋长青 张建国 张庆安
　　赵亚荣
3－129　LZS－1 系列射流真空泵
完成单位　枣强县工程工具厂
主要完成人　宋 义 葛孟彬 史叔根 张纯宁
　　王玉春
3－130　HNB－5 中温变换催化剂
完成单位　河北轻化工学院 永年县化肥厂
主要完成人　董献登 张玉香 杨子玲 刘洪杰
　　李建生
3－131　75%滴滴涕可湿性粉剂
完成单位　邢台市农药厂
主要完成人　石增明 田垠方 李玉良 刘金山
　　郎英民
3－132　水质 BH－Ⅱ 型汽车腻子
完成单位　河北轻化工学院 定兴县兰星粘合剂厂
主要完成人　张炳烛 汪煜卿 赵振山 赵丽君
3－133　药用(升华)水杨酸
完成单位　平山县化工厂
主要完成人　宋恩朋 李赶坡 任过山 聂书更
　　焦国林
3－134　羟轻丙基季铵盐
完成单位　西北轻工业学院 永年县精细化工厂
主要完成人　于树明 杨建洲 吴成恩 段勤山
　　吴 刚
3－136　合成草酸二乙酯新技术
完成单位　故城县甘陵化工厂
主要完成人　崔双营 霍秀杰 顿运良 马万红
　　孙希昌
3－137　橡胶硫化促进剂 CZ(结晶型)
完成单位　赵县橡胶助剂厂
主要完成人　郑中林 郑海振 郑海燕 刘同彬
　　郑梅林
3－138　硫氰酸铵
完成单位　石家庄市井陉县第四化工厂
主要完成人　王昭宇 康春明 于新川 王林考
　　孙珍锁
3－139　无促进剂结合树脂绝热板
完成单位　文安县津冀联营耐火材料厂
主要完成人　虞东喜 王子文 孙景成 陶金岭
　　季德仲
3－140　大孔距对角起爆参数伏化研究
完成单位　涞源钢铁厂 鞍山钢铁学院
主要完成人　李耀林 张国建 刘大彬 邓义广
　　高殿英
3－141　热镀锌锅防腐内外涂层新技术
完成单位　张家口地区贾家营钢管厂
主要完成人　孙 胜 乔树军 王连珍 李润仓
　　贺建发
3－142　水电效应法无损检验桩基的应用研究
完成单位　省城乡勘察院
主要完成人　牛绍卿 梁金国
4－143　邢台市抗震防灾规划
完成单位　邢台市抗震办公室
主要完成人　孟祥凯 张龙起 黄秀云
3－144　石家庄市大气监测优化布点研究
完成单位　石家庄市环境保护监测站
主要完成人　岳存义 王艳芳 王秋琴 全会军
　　侯凤仙
3－145　玻璃钢波纹(平)板的引进消化、吸收和改进
完成单位　秦皇岛 耀华玻璃总厂
主要完成人　李竹梅 陆瑞华 卢延生 徐春福
3－146　盐业专用烧结异型砖
完成单位　黄骅市周青庄乡第二砖瓦厂
主要完成人　崔树洪 赵玉起 韩寿年 霍文昌
　　崔宝恒
3－147　利用当地生 D 石原料生产卫生瓷
完成单位　唐山市开平区栗园乡兴华瓷厂
主要完成人　张久增 李桂香 穆秀兰
3－148　8901 节水型坐便器
完成单位　卢龙县陶瓷厂
主要完成人　张呈祥 史徐海 刘风起 黄玉国
　　史连成
3－149　QCFL—T(G)—4 型防蜡降粘磁化器
完成单位　华北石油技工学校
主要完成人　赵童君 黄绍业 陈宏乐 魏彦华
　　吕卜衡
3－150　GBY－1 型抽油井双憋曲线诊断仪
完成单位　华北石油管理局第四采油厂
　　中国石油天然气总公司石油勘探开发科学研究院廊坊分院
主要完成人　史鹏飞 周裕京 杨 玲 王会军
　　刘仁杰
3－151　射流泵管道真空水力除氧装置研究
完成单位　华北石油管理局第四采油厂
主要完成人　张学文 戴瑞希 马桂成 刘福成

王太和
3—152　企业标准《白云母粉》
完成单位　河北工贸联营云母厂 灵寿县经委
主要完成人　康海江 彭进功 郄国才 陈龙玉
苏瑞平
3—153　鸭梨综合标准
完成单位　沧州地区林业工作站、沧州地区标准计量局
主要完成人　周正群 贡增秋 谷香根 高 茹
王增才
3—154　冀Q/玻纤01—89、
冀Q/玻纤02—89吸声玻璃棉毡、
保温玻璃棉毡
完成单位　固安县玻璃纤维制品厂
主要完成人　王仲仁 冯德恒 陈泽军 刘福民
3—155　冀Q/辛提J01—90色织大提花家俱布
完成单位　辛集市第三纺织厂
主要完成人　秦振生 李建业 琚锦程 马保国
3—156　农业技术集团承包的研究与实践
完成单位　邯郸地区科学技术委员会
磁县科学技术委员会
肥乡县科学技术委员会
主要完成人　张 华 王梦周 张云贞 张子丰
刘新社
3—157　保定地区小麦低产变高产技术
完成单位　河北农业大学、保定地区行政公署、
保定地区农业局、保定地区农业
科学研究所、保定地区农业专科学校
协作单位　:安国、徐水、雄县、完县、新城县农业局
主要完成人　毕桓武 何兰亭 张立言 刘润新
张跃宗 刘树欣 秦武发 吴怀纯
张金波 张林泽
3—158　瑞香狼毒治疗恶性肿瘤的实验研究及临床
观察
完成单位　石家庄市第一人民医院
协作单位　河北师大化学系 河北省肿瘤研究所
主要完成人　杨宝印 贾宝山 单颖 高国栋
3—159　全员效率管理法
完成单位　衡水市曙光油漆厂
主要完成人　李进栓 贡宝印 曹福谦 冯淑贞
李大华
3—160　黑龙港地区浅层地下水合理开发利用
的研究
完成单位　河北省水利科学研究所
主要完成人　齐卫芳 夏云程 刘春光 宋运良
朱国发
4—001　微流水养鱼技术
完成单位　涉县畜牧水产局
主要完成人　刘梦山 杨和平 王秋怀 王水保
张玉平
4—002　海洋木质渔船选型定标
完成单位　唐山市畜牧水产局船检站
协作单位　乐亭县渔监站 滦南县渔监站
丰南县渔监站
主要完成人　王风举 段祥云 高秋杰 李景秀
高继德
4—003　北水泉集流梯田试验
完成单位　张家口地区水利水保局
蔚县水土保持局
主要完成人　郑宝丰 王恒芬 李守用 麻青山
李文华
4—004　板栗商品基地点技术开发
完成单位　遵化县农业局
主要完成人　徐福山 陈述庭 李海立 韩晓明
4—005　沙地成龄苹果、
梨树丰产优质管理技术指标的研究
完成单位　新乐县果树技术站
主要完成人　范国宣 张吉造 牛彦欣 张 燕
相进周
4—006　山楂选种、引种与品种比较试验
完成单位　兴隆县林业局果桑站
主要完成人　刘国栋 李长双 赵玉亮 刘金章
王宝才
4—007　杨树防护林带半带嫁接更新技术应用
完成单位　张家口地区林业局 沽源县林业局
主要完成人　李宝金 蔡国柱 李宝忠 张德富
王国山
4—008　金丝小枣密植速生丰产技术
完成单位　沧州地区林业科学研究所
协作单位　南皮县常庄乡 青县林业局
主要完成人　张秀梅 纪清巨 林树合 赵志善
于宝森
4—009　坝上旱地油纤兼用型亚麻栽培技术
完成单位　河北省张家口地区坝上农业科学研究所
协作单位　张北县农业局 尚义县农业局
沽源县农业局 康保县农业局
主要完成人　钱合顺 谢世君 李延帮 米 君
曹永国
4—010　猪瘟免疫程序改革及其综合配套技术
完成单位　唐山市兽医工作站
协作单位　遵化县兽医站 玉田县兽医站 滦县兽医站
主要完成人　王银生 张桂芬 付明运 赵学良
苗印忠
4—011　家庭适度规模养猪与模式化饲养技术
完成单位　唐山市畜牧水产局畜牧科
协作单位　丰南县畜牧局 遵化县畜牧局
玉田县畜牧局

主要完成人　贾贵 赵国增 姚广焕 李少田
田瑞成
4－012　黑龙港地区人工种草发展草食畜禽综合配套技术
完成单位　河北省畜牧水产局 衡水地区畜牧水产局 武邑县畜牧局
主要完成人　刘树常 王世昌 戈德方 王者善
李振起
4－013　榆叶蜂的研究—生物学特性及其综合防治技术
完成单位　永清县森林病虫害防治检疫站
主要完成人　王恭伟 王振清 彭进友 林淑荣
刘全胜
4－014　韭菜迟眼蕈蚊发生规律及防治技术
完成单位　张家口市蔬菜科学研究所
协作单位　张家口市下花园区农业局
张家口市宣化区春先乡
主要完成人　张桂芳 苏武臣 冀玉清 李莲花
姚秀川
4－015　北方冷冻区春玉米极早熟早熟杂交种子生产技术
完成单位　河北省围场满族蒙古族自治县种子公司
主要完成人　曹丕元 张桂祥 李平 庄占永
梁国军
4－016　生态农业评价指标体系及评价方法研究
完成单位　河北省农业环境保护监测站
协作单位　河北省科委计划财务处
主要完成人　王凤仙 王元仲 李斌 史凯
徐文仲
4－017　冀中南高产区冬小麦N、P肥经济施肥模式和技术
完成单位　省农林科学院农业物理生理理生化研究所
协作单位　赵县农业技术推广中心
主要完成人　马民强 任印成 张永强 王松梅
刘素杰
4－018　提高水貂繁殖成活率技术
完成单位　黄骅市畜牧局
协作单位　东北林业大学 吉林农业大学
主要完成人　阮振广 宋国福 杨义松 滕巨升
冯裕华
4－019　优良牧草品种的引进、筛选和繁育配套技术
完成单位　青县农业局
主要完成人　宋安坤 牛宝芬 张桂芬 张恒星
史占洲
4－020　麦田沟金针虫发生规律与防治新技术
完成单位　唐山市农业科学研究所
协作单位　唐山市农业局植保站 玉田县农业局植保站
主要完成人　朱世宏 赵素云 刘国栋 郑秀华
徐国栋 孙逊
4－021　酒精保存引产婴儿硬脑膜在神经外科的应用—动物实验与临床研究
完成单位　省职工医学院附属医院
主要完成人　马从 崔增学 李宗五 郭玉印
王洪
4－022　WY—01多功能外固定延长器
完成单位　青县东方医用器材厂
主要完成人　孙性泉 孙志宏 刘树清 王孝伟
4－023　高危孕产妇ABC管理法
完成单位　迁安县卫生局
协作单位　迁安县妇幼保健站 唐山市妇幼保健院
主要完成人　郭炳三 马连英 王浦林 孙孝先
白桂芹
4－024　殆颈洞型的力学研究与临床应用
完成单位　河北大学
协作单位　河北医学院二院口腔科
主要完成人　于增祥 郭继新 费勤梅 李文铮
4－025　106株耐甲氧西林金黄色葡萄球菌的生物学特性及噬菌体分型
完成单位　河北医学院二院
协作单位　石家庄市新华区医院
主要完成人　李仲兴 边占水 唐振兰
4－026　荧光比色法测定人血白蛋白注射液中利凡诺的残留量
完成单位　省血液中心
主要完成人　姚统香 陈淑政
4－027　胸腰椎过伸外固定器的研制及临床应用
完成单位　晋县中医院 晋县医疗机房设备厂
主要完成人　邵亚平 刘巨超 陈玉国 张彦来
张燕君
4－028　心得安增量试验对心电图ST－T异常改变的鉴别
完成单位　藁城市医院
主要完成人　李瑞珍 候德 王庚祥 王秀文
赵威
4－029　氩激光凝固治疗视网膜分支静脉阻塞所致新生血管的疗效观察
完成单位　河北医学院第二附属医院
主要完成人　王长龄 廖菊生
4—030　猪牛腹膜覆盖烧伤创面的研究和临床应用
完成单位　邯郸钢铁总厂职工医院
主要完成人　刘炳森 周佳如 王根法 李志刚
刘文田
4—031　椎间孔周围注射结合推拿治疗颈椎病
完成单位　石家庄市第三医院
主要完成人　刘清彬 李忠权 赵士强 崔东印
4—032　电算化会计系统

完成单位　邯郸地区化肥厂
主要完成人　周梅中 陈 方 李海明 刁会峰 栗 杰

4—033　微机轧钢孔型辅助设计系统 (XK—CAD)
完成单位　邯郸钢铁总厂 河北机电学院
主要完成人　费道存 高重九 高登芳 林建辉 尹崇政

4—034　参数设计在醪塔技术改造中的应用
完成单位　省科学院应用数学研究所
协办单位　华北制药厂107车间
主要完成人　单盈真 牛治国 陈庆华 阚瑞林 王元利

4—035　粮食测温用铜——康铜热电偶
完成单位　大城县津惠测温设备厂
主要完成人　边绍英 张占敖 宋炳君 杨金生 刘沛昆

4—036　爆炸物安全处置箱
完成单位　冀枣公共安全器材厂
中国人民公安大学侦察技术研究所
枣强防爆防盗工程处
主要完成人　王 晶 王凤艺 王银生 徐士顺 冯国清

4—037　注塑旋开式瓶盖生产国产化
完成单位　保定市华光瓶盖加工厂
协作单位　保定罐头厂食品联合开发公司
主要完成人　于江臣 赵建成 牛 烨 唐毓鎏 谢纪刚

4—038　纯棉双轴提花色织布
完成单位　保定色织厂
主要完成人　房树基 于大芬 郝淑花 苑晓秋 李立水

4—039　人丝绉
完成单位　邯郸市丝绸厂
主要完成人　焦秀梅 米红印 马兆林 王同云 王成聚

4—040　U41S—16煤气柱塞阀门新产品
完成单位　石家庄地区阀门厂
主要完成人　何占民 代永昌 刘喜来 张云霞

4—041　3SW压缩机提高打气量技术
完成单位　张家口地区宣化化肥厂 西安交大
完成人　陈永江 张西秦 段普元 崔家亮 邹明贵

4—042　透明白炭黑
完成单位　黄骅市化工二厂
主要完成人　韩华龄 孔令昌 贾国光 常振国 高国敏

4—043　硝酸镁法制浓硝酸
完成单位　无极县化肥厂
主要完成人　张银拴 赫更民 苗秋来 姚建泽 赫同敏

4—044　红岩系列液态气体汽车槽车
完成单位　石家庄市化工机械厂
主要完成人　陈士光 毕玉臣 栗冰郑 简 明 田雨生

4—045　利用废催化剂制农用硫酸铜
完成单位　辛集市化工三厂
完成人　郑耀杰 赵秋合 许希涛 赵兴卯 马官运

4—046　70℃阻燃护套级PVC电缆料
完成单位　南皮县第二化工厂
主要完成人　丁永法 叶祖荫 李忠起 张才武 赵汝平

4—047　预应力圆孔板挤压成型工艺成套应用技术的研究
完成单位　省建筑科学研究所
协作单位　东光县第一机械厂
栾城县水泥厂预制件分厂
主要完成人　王长廷 康炳温 阎高明 王振西 安彦中

4—048　TH系列恒压变量全自动供水设备
完成单位　唐海县自来水公司 省农垦科学研究所
主要完成人　李俊林 韩景林 刘静渠 王志强 丁文斌

4—049　区域优质钢化玻璃研制
完成单位　保定市三元钢化玻璃厂
国家建材局秦皇岛玻璃工业设计研究院
主要完成人　张赞喜 王洪全 安惠娴 焦广贺 陈宪成

4—050　利用辉绿岩脱铁生产岩棉新工艺
完成单位　平山县岩棉制品厂 省科学院地理研究所
主要完成人　施德荣 贾瑞臣 孙继斌 王治平 徐少平

4—051　ZH—I型玻璃纤维增强塑料(FRP)汽车车身及部件
完成单位　枣强县玻璃钢汽车部件厂
主要完成人　张玉皋 张国顺 张世忠 姚中文 武世俊

4—052　钻井液用共聚型聚丙烯酸钾盐FRK
完成单位　华北石油三兴企业公司泥浆材料厂
主要完成人　席栋鑫 张新生 王永年 吴金成 王海良

4—053　深县束鹿凹陷油气富集规律及1989年勘探部署方案
完成单位　华北石油管理局勘探开发研究院
主要完成人　谢怀兴 崔跃斌 雷怀玉 方杰

4—054　唐山市地震局1988年7、8月份无震预报
完成单位　唐山市地震局
主要完成人　张建华 潘文杰 赵仁甲 吕瑞生
　　李秀英
4—055　0.08超细锦纶单丝
完成单位　新河县锦纶纤维厂
主要完成人　郑成顺 赵国顺 王洪量 贾冠星
　　郑聪民
4—056　GMS高速埋刮板输送机
完成单位　承德市京承科工联合机械总厂
主要完成人　李宝志 汤林平 陈风文 黄淑婷
　　唐玉荣
4—057　换向器用银铜合金材料
完成单位　安平电工合金厂
　　机电部北京电工综合技术经济研究所
主要完成人　陈妙农 杜满垠 郭丽平 任藏君
　　张鹏飞
4—058　西瓜枯萎病防治技术
完成单位　省农林科学院植物保护研究所
主要完成人　张树琴 孙 茜 张老章 凌佩兰
　　陈 辉
4—059　雪花梨优质丰产氮磷钾配方施肥技术
完成单位　省农林科学院土壤肥料研究所
协作单位　赵县林业局果林站 赵县林业局园艺场
主要完成人　高德顺 王国安 侯心田 曹风贵
　　王文斌
4—060　玉米制种高产技术
完成单位　省种子公司 平泉县种子公司
协作单位　承德地区种子公司 承德县种子公司
　　隆化县种子公司 丰宁县种子公司
　　滦平县种子公司 围场县种子公司
　　宽城县种子公司
主要完成人　刘风昌 陈思民 高玉怀 焦增喜
　　孙树健
4—061　食醋酿造新技术
完成单位　省调味品检测研究所
协作单位　石家庄市副食一厂
主要完成人　周秉辰 王 扬 张秀梅 高荣芳
　　何荣金
4—062　用复印胶片对现场痕迹物证进行反转检验的方法
完成单位　邯郸市公安局丛台区分局
主要完成人　袁一丁 张燕熙

六、1991年河北省获国家级产品奖名单

国家金质奖(5项)

"太行山"牌525号R普通硅酸盐水泥	邯郸水泥厂
碧桃牌(新花牌)13/13涤富印花细纺布	石家庄第一印染厂
"GF"牌绵羊正面服装革	邢台市制革厂
"承石"牌GJT—3型抽油机节能拖动装置	承德石油机械厂
"积雪"牌NZL8M³—50M³室内装配式冷库	承德商业机械公司

国家银质奖(11项)

"耀目"牌JG型舞台系列灯具	邯郸市灯具总厂
大丽花牌(新花牌)19.5/19.5 19.5/16、17/17纯棉印花平布	石家庄第一印染厂
"蓝鸟"牌MSHA—85—101型全包沙发	邢台市木器厂
"石化"牌吲哚美辛	石家庄市第一制药厂
"滹沱河"牌工业氨基乙酸	石家庄市东华化工厂
"乐凯"牌BR100彩色胶卷	化工部第一胶片厂
"乐凯"牌YZ—21型彩色相纸	化工部第一胶片厂
"玉环"牌离心通风机	石家庄市风机厂
"平原"牌铸铁散热器	衡水地区枣强县水暖厂
"布谷"牌播种机	石家庄市农业机械厂
"环宇"牌54C—3型遥控彩色电视机	石家庄电视机厂

七、1991年河北省优质产品名单

(626项)

(一)纺织产品

001	金如意 1/77.8 tex×1/127.8tex涤长丝华丽缎	邯郸市丝绸厂
002	花王牌纯棉印花绒布	国营邯郸印染厂
003	花王牌纯棉 27.8/27.8 小花吡叽	国营邯郸印染厂
004	锦航牌 14.2/28×224/669 纯棉六条染色灯芯绒	邯郸市织染厂
005	春笋牌 JT/C13/13 涤棉细布	国营邯郸第三棉纺织厂
006	春笋牌 JT/C14.7/14.7 精梳涤棉细布	国营邯郸第三棉纺织厂
007	云衫牌 JT/C13/13 精梳涤棉府绸	国营邯郸第一棉纺织厂
008	红马牌纯棉普梳 D18.2tex 售筒纱	国营邯郸第一棉纺织厂
009	襄城牌 18 tex 棉毛衫裤	河北省邢台县针织厂
010	凯歌牌 48/48 纯棉什色粗条绒	国营邢台织染厂
011	凯歌牌 36/28 印花灯芯绒	国营邢台织染厂
012	灵音牌 48/36 宽条什色灯芯绒	河北省宁晋纺织印染厂
013	灵音牌 36/29 细条什色灯芯绒	河北省宁晋纺织印染厂
014	14×2/28 青色中条灯芯绒	临西县纺织印染厂
015	太行山牌全棉 18 特棉毛罗口裤	河北省太行山针棉织厂
016	新花牌大丽花28/28纯棉印花平布(系列)	国营石家庄第一印染厂
017	新花牌 28/58 纯棉印花提花布	国营石家庄第一印染厂
018	雨竹牌 T/C19.5/19.5 涤棉印花细布	石家庄市旅游用布印染厂
019	山鹿牌 J13/13 涤棉府绸	国营石家庄第七棉纺织厂
020	含笑牌 JT/C13/13 宽涤棉细布	国营石家庄第一棉纺织厂
021	含笑牌 JT/C13/13 窄涤棉细布	国营石家庄第一棉纺织厂
022	马蹄莲牌 T/C25.5/25.5 涤棉领衬布	国营石家庄第五棉纺织厂
023	马蹄莲牌 JT/C13/13 220/169 领衬布	国营石家庄第五棉纺织厂
024	马蹄莲牌 JT/C13/13 精梳领衬布	国营石家庄第五棉纺织厂
025	乐天牌 T/C29.4/29.4 涤棉本色布	国营石家庄第六棉纺织厂
026	仙燕牌 1/111d tex 涤纶丝X1/127.8d tex 涤长丝涤美绸	河北省赞皇县丝绸厂
027	金牵银牌 25.4 tex 纯棉纱	河北省赵县棉纺织厂
028	奔驰牌 27.8 tex 纯棉普梳售纱	元氏县纺织厂
029	莲池牌宽涤美绸	保定丝绸厂
030	推进牌 14×2/28 青灯芯绒	国营保定染厂
031	龙舌兰牌 14.6 tex 纯棉普梳售纱	国营保定第一棉纺织厂
032	双凤牌 138.9 tex×4 毛腈混纺中粗绒线	张家口市毛纺织厂
033	雪驼牌 D18.2 tex 纯棉普梳售纱	张家口市棉纺织厂
034	多丽牌锦纶丝吊线男花袜	秦皇岛市针织一厂
035	锦葵牌 142.86 tex 纯毛中粗绒线	唐山市宏源毛纺织厂
036	宏源牌 133.33 tex 纯毛中粗绒线	唐山市宏源毛纺织厂
037	石凤牌 100×200cm 彩格印花床单	唐山市渤海床单厂
038	14×2+14×2/28 棉色经平绒	滦南县棉织厂

039	三燕牌 JT/C13/13×433/299 涤棉细布	唐山市华新纺织厂
040	黄河牌 D13.9 tex 纯棉普梳售纱	唐山市棉纺织厂
041	垣城牌提花纱发巾	河北省肃宁县提花织品厂
042	渤花牌 37.04 tex/2 腈纶针织绒线	河北省黄骅市渤星毛纺厂
043	海韵牌腈纶棉毛衫裤	河北省沧州渤海针织厂
044	锦葵牌 29/58 棉提绒漂白布	河北省饶阳县印染厂

复评

045	海洋牌 D18.2 tex 纯棉普梳售纱	国营邯郸第二棉纺织厂
046	红菱牌 27.8/27.8×425/228 纯棉纱卡	国营邯郸第三棉纺织厂
047	灵音牌 13.9×2/27.8 中条什色灯芯绒	河北省宁晋县纺织印染厂
048	腊梅牌 JT/C13/13×433/299 涤棉细布	国营石家庄第二棉纺织厂
049	腊梅牌 JT/C13/13×433/299×119.5 涤棉细布	国营石家庄第二棉纺织厂
050	长鸣牌纯棉普梳 D18.2 tex 售纱	国营邯郸第三棉纺织厂
051	雁鸣牌 19.5/19.5×354/275.5 纯棉哔叽	石家庄第三棉纺织厂
052	新花 猎人牌 14.5/14.5 纯棉印花横贡缎	国营石家庄第一印染厂
053	新花 大丽花牌 19.5/19.5、19.5/1617.5/17.7 纯棉漂白细布(系列)	国营石家庄第一印染厂
054	白檀牌 T/C13×13 364×252 220×169 涤棉领衬(脂)	国营石家庄服装衬布总厂
055	麒麟牌弹力男花袜	石家庄市袜厂
056	R535A 型纺丝机电锭三大件	石家庄市第二纺织机械厂
057	龙舌兰牌纯棉普梳 D27.8 tex 售纱	国营保定第一棉纺织厂
058	双凤牌 138.4 tex 纯毛中粗绒线	张家口市毛纺织厂
059	双凤牌 250 tex×3 混纺棒针绒线	张家口市毛纺织厂
060	丽竹牌 5133 腈纶童套宝宝装	张家口市羊毛衫厂
061	镁牌锦纶丝中人花袜	秦皇岛市针织一厂
062	三燕牌 19.4/16.2×283/271.5×96.5 细布	唐山市华新纺织厂
063	三燕牌 41.7/41.7×250/200.5×122 纱卡	唐山市华新纺织厂
064	燕虹牌 13/13 涤棉漂白细纺	唐山市印染厂
065	燕虹牌 13/13 涤富什色细纺	唐山市印染厂
066	水晶牌弹力包棉纱运动袜	河北省阜城县袜厂

(二)轻工产品

067	红兰牌折径 50—90mm 长度 50～250mm 低密度聚乙烯剂出发泡网	邯郸市第七塑料厂
068	双峰牌铝锅、铝盆	邯郸市铝制品厂
069	石英粉	邯郸市陶瓷石粉厂
070	长城牌机制钢锨	磁县制锨厂
071	国富牌绵羊皮茄克	河北省邢台市制革厂
072	华采牌地毯用聚烯丙编织布(B型)	邢台市化纤地毯厂
073	回春牌一次性使用无菌注射器	邢台市医用塑料器械厂
074	航太牌 QT—190 型手摇切脱机	邢台县化工机械厂
075	清风楼牌开槽沉头木螺钉	邢台市螺钉厂
076	华采牌簇绒地毯(Ⅰ型、Ⅱ型)	邢台市化纤地毯厂
077	扬眉牌薄木装饰刨花板	河北省肥乡县装饰板厂
078	鲸鱼牌锦纶—6 综丝	新河县锦纶纤维厂
079	华龙牌聚乙烯薄壁管	河北省巨鹿县塑料厂
080	冀虎牌扭剪型高强度螺栓连接副 M16、20、22、24mm	河北省任县汽车配件厂
081	铃虎牌男式胶粘围花舌鞋	石家庄市皮鞋厂
082	胶洁牌工业硬脂酸	石家庄市化工九厂
083	思达牌二合一香波	石家庄市日用化学厂
084	丰乐牌中高档高背系列椅	石家庄市人造板厂
085	石光牌荧光高压汞灯泡 GGY125、250	石家庄市灯泡厂

086	胜利牌高压干式乙炔回头防止器	石家庄市焊割炬厂
087	吉尔康防感冒牙膏	石家庄市太行日用化工厂
088	石光牌普通照明灯泡系列 PZ220— 15、25、40、60、100	石家庄市灯泡厂
089	方宝牌鸡尾锯、圆头锤、梅花板手、开桶扳手	石家庄市方宝工具厂
090	倍丽牌贴纸铝箔	河北省晋县铝箔厂
091	集花牌铬鞣猪正软鞋面革	辛集市皮毛制革厂
092	眼镜镜片	辛集市眼镜厂
093	鹿城牌 φ110mmHDPE 薄壁管材	河北省辛集市塑料化工厂
094	保定牌干法中速兰线晒图纸	保定市晒图厂
095	海豚牌硬聚氯乙烯薄壁管	保定塑料总厂
096	晶雀牌 AGT—6 型案秤	保定市衡器厂
097	百灵牌 3.2L 保温瓶胆	张家口市玻璃厂
098	长城牌胶版树脂油墨	张家口市日用化工厂
099	GYQ 型滚轮式液压千斤顶	张家口市千斤顶厂
100	冀张牌一般用途电镀锌钢丝	张家口市拔丝制钉厂
101	雅光牌方圆两用电镀折桌	张家口市木器厂
102	日星牌低密度聚乙烯蒲型地膜	张家口市塑料厂
103	云泉牌洗洁精	张家口市合成洗涤厂
104	海驼牌复塑纤维板	河北省赤城县人造板厂
105	世友牌(系列)民用水暖炉	河北省张北县东风机械厂
106	长虹牌聚丙烯胶粘带	承德县胶粘带厂
107	山庄牌聚乙烯发泡片	隆化县塑料厂
108	R 兰宇牌 GKT—240A 公用 Y 燃气烤箱	河北省丰宁满族自治县燃气设备厂
109	海岳牌 28 型自行车前叉	秦皇岛市自行车制件厂
110	凌岛牌 42L 吸收扩散式冷藏箱	秦皇岛市家用电器厂
111	日用细瓷器西餐具	河北长城陶瓷有限公司
112	三友牌玻璃器皿专用贴花纸	唐山市陶瓷工业公司花纸厂
113	日用陶瓷用 砂石粉 长石粉	唐山市陶瓷工业公司石粉厂
114	山鹰牌油漆刷	唐山市制刷厂
115	机制钢锹	唐山市吉田工具厂
116	飞船牌、战鹰牌 R20 型锌锰干电池	遵化县北空电池厂
117	建新牌封闭Ⅱ型钢插销	唐山市五金医疗器械厂
118	沧州牌 52g/m2 凸版印刷纸	沧州市造纸厂
119	达美时牌 DXT15sFx / 3 洗衣机新水流发条式定时器	沧州市钟表厂
120	庆发牌食品包装用硬质聚氯乙烯薄膜	沧州市东风塑料厂
121	惠海牌 pu 聚胺脂鞋底男围花舌式老板鞋	河北省黄市国营服装皮鞋厂
122	美航牌吐珠类烟花“红龙”	海兴县新星烟花厂
123	鹤煌牌 ZBY 系列造纸铜网	河北省安平县造纸网厂
124	太空牌指针式石英钟	冀县钟表厂
125	龙港牌 ZB－A 型玻璃钢辊	河北省枣强县流常玻璃钢制管厂
126	衡工牌 HSF 汽车用制动器衬片(刹车片)	衡水市制动材料厂
127	月圆牌调温型电热毯	河北省枣强县化纤针刺毡厂
128	金龙牌中式仿古大漆家具	冀县木器厂
129	塔牌 JZY2－Ⅱ型家用红外线台式灶	景县厨房设备厂
130	天然型地毯清洗剂	石家庄地区化学厂
131	双鲸牌工业氯化镁	河北省长芦大清河盐场
132	海湾牌工业溴	河北省南堡盐场
133	渤海牌工业溴	河北省长芦黄骅盐场
134	兰珊牌喷发胶	河北省冀县日用化学厂
135	伊莉莎白牌 80 型香皂	邯郸市日用化工
136	710mm 脚蹬	唐山市自行车脚蹬厂

复评

137	机制钢锨（2 号尖锨、F 型方锨、1 号煤锨）	邯郸市制锨厂
138	滏桥牌一号邮封纸	邯郸市造纸厂
139	GF 牌绵羊正面服装革	河北省邢台市制革厂
140	飞燕牌 HS 型手拉葫芦	邢台市起重运输设备厂
141	邢台牌照明材料三丝	邢台市电光源材料厂
142	熊猫牌 1.6L 多用大口保温瓶	南宫市保温瓶厂
143	星火牌 M10×1 自行车前后轴	南宫市自行车零件厂
144	791 型锻钢多用台虎钳	河北省沙河市通用机械厂
145	星光牌 AGT－10 型案秤	石家庄市案秤厂
146	青春牌 79112－R0－1 软椅	石家庄市钢家具厂
147	翠绿牌聚乙烯吹塑地面复盖薄膜	石家庄市东风塑料厂
148	月季花牌聚氯乙烯塑料“抽纱”台布	石家庄市塑料制品厂
149	牡丹牌聚氯乙烯针织布基发泡人造革	石家庄市第一塑料厂
150	33 牌砌铲、压子	石家庄市工农机械厂
151	冀光牌荧光灯镇流器 SZF20W－40W	石家庄市灯具厂
152	太行山牌干磨砂纸	石家庄市砂布厂
153	赵州桥牌 SP－S20 塑料破碎机	石家庄市塑料机械厂
154	飞燕牌聚氯乙烯全塑童凉鞋	石家庄市东风塑料厂
155	糠醛	保定市化工二厂
156	益生牌木糖醇	保定市化工二厂
157	长城牌铝合金羽毛球拍	保定市体育用品厂
158	彩虹牌图画纸	国营六〇四厂
159	古针牌绵羊皮	张家口市第一制皮厂
160	“皆乐”牌浓缩洗衣粉	张家口市合成洗涤剂厂
161	晨光牌 TGT－500 型台秤	张家口市衡器厂
162	山峰牌铝镁稀土合金锅、盆	张家口市铝制品厂
163	飞驰牌 R6C 纸板电池	张家口市电池厂
164	高峰牌 1 号瓦楞原纸	河北省工贸合营抚宁造纸厂
165	白玉牌玉玲型 20 头西餐具	唐山市陶瓷工业公司白玉瓷厂
166	马牌烤漆折桌	遵化县钢木家具厂
167	E27/27 螺口式灯头	河北省霸州市灯头厂
168	雄鸡牌 DXT5－1 洗衣机脱水定时器	沧州市钟表厂
169	金奖牌 7611HB 铅笔	河北省献县铅笔厂
170	斧头	河北省吴桥县工具厂
171	飞宇牌北京四型家用沼气灶	河北省深县沼气用具实验厂
172	塔牌手动理发转椅	河北省景县厨房设备厂
173	0.15 天然牌∅0.23mmlCr18Nia 0.30 不锈钢丝	河北省安平县拔丝厂

（三）医药产品

174	五福牌月见草油胶囊	石家庄地区制药厂
175	五福牌小儿化痰止咳冲剂	石家庄地区制药厂
176	河北牌西米替丁	河北太行制药厂
177	益鸟牌利福平胶囊	石家庄市第五制药厂
178	红星牌医用羊肠线	石家庄市肠衣厂
179	石门牌 5％葡萄糖注射液	石家庄市第四制药厂
180	青龙牌利咽解毒冲剂	石家庄地区第一制药厂
181	保药牌牙周康胶囊	河北省保定制药厂
182	安药牌泌感灵冲剂	河北省安国制药厂
183	创新牌金莲花片	张家口市长城制药厂
184	君安牌香砂养胃丸	河北省张家口地区中药厂
185	锥子山牌舒肝健胃丸	围场满族蒙古族自治县制药厂
186	喜峰牌麻杏止咳片	河北省宽城满族自治县制药厂
187	秦皇岛牌地塞米松磷酸钠注射液	河北省秦皇岛制药厂

188 长城牌成人胃管 秦皇岛市山海关医用橡胶制品厂
189 秦字牌息伤乐酊· 秦皇岛中药厂
190 山宝牌双龙参 秦皇岛梅河口参茸制品联营厂
191 海龙牌双氯灭痛片 唐山市渤海制药厂
192 参花牌感冒通片 唐山市第一制药厂
193 吉祥牌5%葡萄糖注射液 唐山市妇幼药厂
194 沧药牌强利痰灵片 河北省沧州制药厂

复评

195 石门牌10%葡萄糖注射液 石家庄市第四制药厂
196 石门牌癣净软膏 石家庄市第四制药厂
197 石化牌维脑路通片 石家庄市第一制药厂
198 苍岩山牌龙胆泻肝片 石家庄乐仁堂药厂
199 益鸟牌消炎痛胶囊 石家庄第市五制药厂
200 吉祥牌10%葡萄糖注射液 唐山市妇幼药厂
201 渤海牌疥灵霜 河北省唐山市红星制药厂
202 沧狮牌抗栓保荣胶囊 河北省沧州地区中药厂

(四)化工产品

203 青杨山牌农用碳酸氢铵 魏县化肥厂
204 玉马牌农用碳酸氢铵 肥乡县化肥厂
205 鲸鱼牌4.50—12—8轻卡轮胎 河北轮胎厂
206 燕牌三聚氰胺 河北省新河县化工厂
207 三山牌农用碳酸氢铵 隆尧县化肥厂
208 酞菁铜 南宫市第三化工厂
209 金翅牌注塑轻便鞋 石家庄市长征胶鞋总厂
210 三球牌8907羽毛球运动鞋 石家庄市长征胶鞋总厂
211 三球牌乒乓球运动鞋 石家庄市长征胶鞋总厂
212 双联牌农用氯化铵 石家庄市联碱厂
213 灵灵牌过磷酸钙 河北省正定县磷肥厂
214 磊字牌车用汽油(90#) 中国石油化工总公司石家庄炼油厂
215 磊字牌70#汽油 中国石油化工总公司石家庄炼油厂
216 金鱼牌HCO4—1铁道货车用厚浆醇酸漆 石家庄市油漆厂
217 金鱼牌QO4—2硝基外用磁漆(红色) 石家庄市油漆厂
218 工业碳酸钠 石家庄市联碱厂
219 云光牌粘合剂TAT106 石家庄市化工五厂
220 苍岩山牌工业用三氯化磷 石家庄市电化厂
221 磊字牌聚丙烯 中国石油化工总公司石家庄炼油厂
222 邻苯二甲酸二辛酯 石家庄市化工二厂
223 太行牌40%氧化乐果乳油 河北省石家庄地区第二化工厂
224 鲜虞牌甲醇 河北省新乐县化肥厂
225 向心牌过磷酸钙 辛集市磷肥厂
226 赵威牌过磷酸钙 赵县磷肥厂
227 飞星牌精制棉 石家庄地区化工厂
228 廉佳牌聚丙烯 河北省藁城市聚丙烯厂
229 虹牌维棉普通输送带 保定第二橡胶厂
230 力光牌HYA型铜芯聚烯烃绝缘铝塑综合护层市内通信电缆 保定市电缆电线厂
231 乐凯牌5244型彩色电影正片 化工部第一胶片厂
232 乐凯牌KJ—310型氩离子激光绘图片 化工部第一胶片厂
233 乐凯牌KX122型高温医用X射线胶片 化工部第一胶片厂
234 WD(望都)牌农用碳酸氢铵 河北省望都化肥厂
235 2#岩石粉状铵梯油炸药 张家口市宣化化工厂
236 五环牌高尔夫球鞋(二型半) 张家口市橡胶总厂
237 五环牌逍遥鞋(二型半) 张家口市橡胶总厂

238	凌波牌医用级聚氯乙烯软粒料	张家口市树脂厂
239	旭光牌溶解乙炔	张家口市下花园电石厂
240	磷铁	张家口市磷铁提炼厂
241	避暑山庄牌农用碳酸氢铵	承德县化肥厂
242	解放胶鞋	中国人民解放军第三五四四工厂
243	驰鹿牌 4.00－12 农用轮胎	承德地区轮胎厂
244	玉兔牌高强度皮带运输机胶辊	唐山市第二橡胶厂
245	海韵牌 6KV 矿用靴	唐山市第三橡胶厂
246	海韵牌佳丽靴	唐山市第三橡胶厂
247	桥牌电石	唐山东矿化工厂
248	旭升牌Ⅱ型沉淀碳酸钙(轻质)	河北省遵化县化工厂
249	快利牌溶解乙炔	河北唐山市开平化工厂
250	三友牌工业碳酸钠	河北唐山碱厂
251	光环牌水处理剂硫酸铝	唐山市前进化工厂
252	津脂牌中小型电机轴承润滑脂	天津汉沽石油化学厂
253	燕美牌环氧/聚脂粉末涂料	廊坊市化工总厂燕美化工有限公司
254	冠球牌亚磷酸三甲脂	河北沧县农药化工厂
255	普通过磷酸钙	青县磷肥厂
256	沧化牌对氨基苯乙醚	沧州市染料化工厂
257	铁狮牌铝箔、铝板冷轧制用润滑基础油	中国石化总公司沧州炼油厂
258	淀花牌－20＃轻柴油	华北石油管理局化学药剂厂
259	任化牌 41 L 溶解乙炔	任丘市化肥厂

复评

260	三象牌邻苯二甲酸二辛酯	邯郸市化工厂
261	新丰牌三氯化磷	邯郸市滏阳化工厂
262	马牌醇酸磁漆	邯郸市油漆厂
263	邻苯二甲酸二丁酯	邯郸市化工厂
264	广府牌 A110－2 氨合成催化剂	永年县化肥厂
265	太行牌电石	涉县化工总厂
266	三联牌 BC－Ⅰ型拉削油	南宫市石油化工厂
267	太行山牌多孔粒状硝酸铵	石家庄化肥厂
268	太行牌抗菌素橡胶瓶塞	石家庄市第一橡胶厂
269	太行牌微孔橡胶隔板	石家庄市第一橡胶厂
270	晶晶牌工业磷酸	石家庄市黄磷厂
271	石药牌 50％甲磷胺乳剂	石家庄市黄磷厂
272	太行牌普通运输带	石家庄市第一橡胶厂
273	五洲牌工业硫磺	河北辛集化工厂
274	红灯牌食品添加剂碳酸氢钠	辛集市化工二厂
275	金梅牌 M－10＃乳化油	辛集市石油化工厂
276	双人牌轮胎气门嘴系列	河北气门嘴厂
277	乐凯牌 5143 型黑白电影正片	化工部第一胶片厂
278	晨光牌电石	张家口市下花园电石厂
279	高腰解放胶鞋	中国人民解放军三五四四工厂
280	伟光牌丙烯磺酸钠	承德地区围场县化工厂
281	三兰牌Ⅰ、Ⅱ型轻质沉淀碳酸钙	唐山市东矿化工厂
282	双狮牌Ⅰ、Ⅱ型轻质沉淀碳酸钙	唐山市建华化工厂
283	XR－1000 上悬式离心机	唐山市化工机械厂
284	津脂牌通用锂基润滑脂	天津汉沽石油化学厂
285	津脂牌钙基润滑脂	天津汉沽石油化学厂
286	沧化牌邻氨基苯甲醚	沧州市染料化工厂
287	888 牌靛兰粉	武强县化工总厂

(五)机械产品

288	菱环牌 7611E 滚动轴承	邯郸市轴承厂
289	菱环牌 672832 672836 672838 滚动轴承	邯郸市轴承厂
290	RY 50－32－200 125－100－250 热油泵	武安市水泵厂
291	赵都牌 Y315 S－6 三相异步电动机	邯郸市电机厂

292	邯开牌 JYN_2－10 移开式交流金属封闭开关设备	邯郸市开关厂
293	邯威牌 HD－12 拖拉机齿轮	河北省邯郸地区齿轮厂
294	邢牛牌 HCG5150 YYA 原油罐车	邢台市长征汽车改装总厂四分厂
295	腾达牌 LJ、LGJ 铝绞线及钢芯铝绞线	河北省邢台电缆厂
296	S_7－30～500/10 电力变压器	邢台市变压器厂
297	SZ_7－3150/35 有载调压电力变压器	邢台市变压器厂
298	双马牌钢窗用电焊异型钢管	河北邢台汽车车架厂
299	3MZ136 全自动球轴承内圈沟磨床	石家庄轴承专用设备总厂
300	金马牌 TMY441(600 马力)内燃机车	石家庄市动力机械厂
301	太行牌 6S－HGP7 渣浆泵	石家庄水泵厂
302	宝利牌弹簧载荷式安全阀 A48Y－1.6C A47H－1.6C	石家庄市锅炉阀门厂
303	石瓷牌 XWP_2－70 高压悬式绝缘子	石家庄市电瓷厂
304	昌盛牌 Y80－Y160 电动机	石家庄市电机二厂
305	安乐牌 PGL－1/2 型低压配电屏	石家庄市低压电器厂
306	布谷牌 BGF－24A2 施明播种机	石家庄市农业机械厂
307	布谷牌 2BXC－－12 半精量谷物播种机	石家庄市农业机械厂
308	华北牌 5TF－45 型脱粒机	栾城第一机械厂
309	SNP 牌 D433A 型铝活塞	石家庄内燃机配件总厂
310	晶晶牌 19/32″.29/64″滚动轴承钢球	保定市钢球厂
311	五洲牌轻型 MD3213 台式砂轮机 干湿台式 MDS3215 式砂轮机	保定市电影机械厂
312	DW15 － $\frac{1600}{1000}$ 低压万能式空气断路器	保定开关厂
313	BDK 牌 CJ20 － $\frac{40}{63}$ 交流接触器	保定市电器开关厂
314	恒春牌 Y 系列 H80 － H160 三相异步电动机	保定市电机厂
315	双升牌 DZ12 － 60 塑料外壳式断路器	保定电器厂
316	三方牌 SFPSZ7 － 31500～180000/220 电力变压器	河北省保定变压器厂
317	Y160L－ 4(IP44)三相异步电动机	河北省定兴县电机厂
318	新亚牌 XBZ 型多管旋风除尘器	张家口市锅炉辅机厂
319	巨力牌石油钻机传动滚子链	张家口市石油机械厂
320	顺采牌防腐管式抽油泵	张家口市石油机械厂
321	DN40 － 600 球形补偿器	张家口市第二机床厂
322	沙舟牌 Y132 － 160 电动机	张家口市电机厂
323	张拖牌 ZTQGO7 型 5 吨 12A 型 8 吨 货运全挂车	河北省张家口拖车总厂
324	万矿牌 PEX 150×500 150×750 细碎鳄式破碎机	河北省万全县矿山机械厂
325	CZ－22 冲击式钻机	河北省怀来县钻机厂
326	银星牌泥浆泵双金属缸套	张家口市石油机械厂
327	NP 牌 NXQ 型囊式蓄能器	涿鹿高压气瓶厂
328	太极牌 CDG9500 ACDG9380 PCDG9370J 挂车	河北省承德市汽车挂车制造厂
329	承光牌 SJ 系列电阻应变式负荷传感器	河北省承德市自动化计量仪器厂
330	Y 系列三相异步电动机(Y80－160)	河北省承德市电机厂
331	水洗砂、擦洗砂	承德造型材料公司
332	猛虎牌立式液压千斤顶 QY20t、16t、QY12.5 t、8t	河北省承德千斤顶总厂
333	PGL 低压配电屏	秦皇岛市开关厂
334	三色球牌 DY－1000 带式压榨过滤机	唐山市第一机床厂
335	唐电牌 ZSW－110/4 高压支柱瓷绝缘子	唐山市高压电瓷厂
336	YL90S－2－1.5KW 双值电容单相异步电动机	河北省丰润县电机厂

337	BP 系列频敏变阻器	唐山市起重电器厂
338	NBG－200KCO₂ 气体保护电焊机	唐山市电子设备厂
339	迎春－120 拖拉机	唐山市拖拉机厂
340	霸淮牌 BJ－130 拉杆接头总成	霸州市车辆配件厂
341	钢窗用电焊异型焊管	大厂县电机厂
342	铁牛 55 型车用空压机	廊坊制动空压厂
343	光速牌 YDFJ－250－4/6－15/7.5 纺织高效节能电动机	大厂回族自治县电机厂
344	ZZLZBZLB 纸色绕组线	文安县电线电缆厂
345	胜芳牌 N130 汽车制动泵离合泵总成	河北省霸州市油泵油嘴厂
346	驰星牌 太脱拉 T815 离合器 CA141 离合器 从动盘总成	沧州市汽车配件厂
347	铁狮牌 JA21－40A 开式固定台式压力机 J23－25A 开式可倾压力机	沧州市锻压机械厂
348	飞马牌自行车前后轴	河北省东光县第二机械厂
349	煤制气设备	泊头市煤气化设备制造厂
350	JN4.3－80 型焦炉护炉装置	泊头市焦化设备成套总厂
351	HY 牌 WSM－400 型钨极脉冲氩弧焊机 HY 牌 ZX6－400 型可控硅整流弧焊机	机械电子部成焊研究所盐山焊接设备总厂
352	渤海牌 LFX－Ⅱ－25 分流旋翼式蒸汽流量计	泊头市仪表厂
353	CTB718 永磁筒式磁造机	沧州地区机床厂
354	美力牌 W27－Y245 中频加热弯管机	河北省弯管设备厂
355	景塔牌 SB1075 型手动泵	河北省景县机械厂
356	HGZ 牌 7204E 园锥滚子轴承	河北滚动轴承厂

复评

357	长城牌 S_3S_t－200 砂轮机	邯郸市砂轮机厂
358	宝环牌 HSC－C_4－50 系列液化石油气贮罐	邯郸石油化工机械厂
359	古城牌 M_P35/2Ⅲ型馒头机	邯郸地区炊事机械厂(齿轮厂)
360	丛台牌 672730 K－Z 672732K－Z 672736K－Z 轧辊轴承座	邯郸轧钢备件厂
361	爱华牌 492Q 配气机构	河北省邯郸内燃机配件厂
362	9SJ－500B 型饲料加工机组	邢台县机械工厂
363	卧牛牌 Z512－2 型台式钻床	河北省任县机床厂
364	临泉牌 QY25－17－22 潜水电泵	河北省临城县水泵厂
365	SNP4115TA 型进排气门	石家庄内燃机配件总厂
366	SNP 牌 4115TA 型气缸套	石家庄内燃机配件总厂
367	方方牌 12×300D 河北 120 拖拉机前后轮 16×5.50F 河北 120 拖拉机后轮	石家庄市钢圈厂
368	珠峰牌 30GF3－1 型风冷柴油发电机组	河北省石家庄建筑机械厂
369	旭日牌 J3GB－SS－400G 型材切割机	石家庄市电动工具厂
370	宝利牌 Z44H－1.6C 快速排污阀	石家庄市锅炉阀门厂
371	云山牌 S195 X195 柴油机气缸盖	河北辛集气缸盖厂
372	赵州桥 X195 铝活塞	河北省赵县机械厂
373	三方牌 S_7－30－1600/10 电力变压器	河北省保定变压器厂
374	保高牌 SN10－10/630－16 户内高压少油断路器	保定高压开关厂
375	三方牌 $SFSZL_7$－6300－63000/110 系列电力变压器	河北保定变压器厂
376	九龙河牌 S195 主轴瓦	河北省望都轴瓦厂
377	三北牌 SZL23－0.69/95/70－AⅡ SZL4－1.27－AⅡ 双纵锅筒链条炉排锅炉	张家口市工业锅炉厂

378	NP 牌 ZP－15 型钢质无缝气瓶 XP－15 型钢质无缝气瓶	涿鹿高压气瓶厂
379	猛虎牌手动立式液压千斤顶 JD2 tJD4 t	河北省承德千斤顶总厂
380	唐山牌 KZWQ－0.78－A2 快装往复炉排蒸汽锅炉	唐山市锅炉厂
381	解放 141/东风 140 型车用空压机	廊坊制动空压机厂
382	银星牌 C0405 柴油滤清器	沧州市动力机械配件厂
383	金菱牌 BX —300/—500 交流弧焊机	河北省电焊机厂
384	兰宝牌风镐铲风镐钎	河北省枣强县工具厂
385	三原牌 V—0.67/T 空气压缩机	石市制冷机械厂

(六) 汽车

386	红星牌 HX6481A 轻型旅行车	河北省红星旅行车制造厂
387	风火轮牌 6JJ×15 车轮	唐山汽车钢圈厂
388	征天牌 SQ6450 系列底盘	石家庄汽车制造厂
389	田野牌 BQ1030 轻型客货汽车	保定汽车制造厂
390	燕山牌 BJ130 型汽车液压双管路制动总泵	唐山市汽车制动件厂
391	向阳牌 SCG5031 厢式专用车	石家庄汽车改装厂

(七) 电子

392	宝石牌 k44J1 型黑白显像管玻壳	石家庄显像管总厂
393	宝石牌 K35J1 型黑白显像管玻壳	石家庄显像管总厂
394	W—1 电视摄像广角镜	石家庄广播录音机厂
395	环宇牌 54C—2RA 型彩色电视接收机	中国环宇电子集团公司石家庄电视机厂
396	环宇牌 54C—3RA 型彩色电视接收机	中国环宇电子集团公司石家庄电视机厂
397	301 牌 KGCA 20A/40A 高效充电机	河北充电设备厂
398	华智牌 SJF 县级电力调度远动系统	保定智能电脑应用厂
399	燕赵牌 HH 系列活性焊锡丝	保定市铝锡材料厂
400	天宇牌 HDL/HDF 计算机机房用活动地板	国营徐水电子机房设备厂
401	秦电元牌 RJ— 14/15 金属膜电阻瓷基体	秦皇岛市电子元件厂
402	北戴河牌 YBD—1A 型动态电阻应变仪	秦皇岛市北戴河无线电厂
403	有(无)金属化孔双(单)面印制板	沧州环宇电路板有限公司
404	凯航牌有无金属化孔单双面印制板	黄骅市渤海制板厂

复评

405	宇航牌 3DK102(3DK103)型开关用双极型晶体管	石家庄市无线电二厂
406	宇航牌 3DK104 型开关用双极型晶体管	石家庄市无线电二厂
407	正定牌 BSH13 型黑白电视接收机用一体化回扫变压器	正定电子元件总厂
408	前江牌 CL11 型金属箔式聚酯膜电容器	张家口市无线电五厂

(八) 冶金

409	巡月牌 L_1—L_6/LF_{21} 铝及铝合金带材	河北省马头铝厂
410	Zn—1 锌锭	河北省邯郸市西大屯冶炼厂
411	XT 牌热连轧精轧后段高镍铬离心复合铸铁轧辊	邢台冶金机械轧辊厂
412	平炉用镁铝砖 ML—80 A	河北省邢台菱镁矿
413	XT 四辊中板轧机高合金复合铸铁工作辊	邢台冶金机械轧辊厂
414	长河牌连续挤压铝管	河北冶金企业集团公司石家庄铝厂
415	华楼牌挤压用铝及铝合金园铸锭	保定铝厂
416	秦轧牌 2.5#—4# 热轧等边角钢	秦皇岛市轧钢厂
417	RN—40 热风炉用粘土砖	秦皇岛耐火材料厂

418	滕飞牌 25×25×3.30×30×3 40×40×4.50×50×5 热轧等边角钢	唐山钢铁公司半壁店联营钢铁厂
419	GF—94 耐火材料用碳化硅粉	唐山碳化硅厂
420	SG5 高铝质耐火可塑料	唐山市开平区双桥耐火材料厂
421	230×114×65T_2—3 粘土砖	唐山新生耐火材料厂
422	晶日牌人造金刚石单晶 RYD (HBD) SMD	冶金工业部第一勘查局 金刚石工业公司
423	晶日牌人造金刚石钻头 (YB DB)	冶金工业部第一勘查局 金刚石工业公司
424	晶日牌人造金刚石烧结体 (LRS-S LRS-Z)	冶金工业部第一勘查局 金刚石工业公司
425	冶拉优质碳素结构园钢	沧州市冷拉钢材厂
426	冀都牌 TKL—铝电解用普通阴极碳块	河北省冀县碳块厂

复评

427	环光牌 δ8—20mm 碳结中板	邯郸钢铁总厂
428	4—10＃热轧等边角钢	邯郸钢铁总厂
429	鹏程牌粘土 T3 砖	彭城耐火材料厂
430	鹏程牌镁砖 M_1—29	彭城耐火材料厂
431	重熔用铝锭	马头铝厂
432	∅40 高铝质耐火球	河北省磁县耐火材料厂
433	石鹿牌 40×40×4 角钢	获鹿县轧钢厂
434	银花牌通讯电缆用超长铝带	华北铝加工厂
435	银花牌全裱烟箔	华北铝加工厂
436	银花牌印刷用铝板带	华北铝加工厂
437	高铝砖 LZ—48	唐山马家沟耐火材料厂
438	12.5＃～16＃热轧等边角钢	唐山钢铁公司中型厂
439	热轧 140×90×10—12 不等边角钢	唐山钢铁公司中型厂
440	热轧普碳园钢 12—25mm	唐山钢铁公司第一轧钢厂

(九)煤炭

441	∅500mm×10m 抗静电阻燃矿用导风筒	邯郸矿务局钢铁厂
442	八级冶炼精煤	邢台矿务局东庞煤矿
443	QTKK 型可控气弹簧 QTZC 型支撑气弹簧	邢台矿务局机修总厂
444	SM 牌 YED 系列液压切顶支柱	石家庄煤矿机械厂
445	250ZJ 渣浆泵	井陉矿务局机械总厂
446	煤矿用正压风筒	开滦矿务局唐山矿
447	天长牌 425＃矿渣硅酸盐水泥	井陉矿务局水泥厂
448	十四级冶炼精煤	井陉矿务局三矿
449	十三级冶炼精煤	开滦马家沟矿洗煤厂
450	远达牌弹条工型扣件	峰峰矿务局制品厂

(十)邮电

451	河北牌HJD—80 (HJD—13 HJD—06) 型程控用户交换机	河北省电话设备厂
452	苍鹰牌 ZLG 型载波机列头柜	河北省邮电继电器厂
453	加字牌 S19H—16 型园盘式疏水阀	河北省邮电压铸件厂

(十一)建材

454	三水牌 425＃矿渣硅酸盐水泥	武安市水泥厂
455	钢牌 425＃矿渣硅酸盐水泥	中国人民解放军 2672 工厂
456	清风牌 10m 环形予应力砼电杆	邢台市水泥制品厂
457	仙翁牌 425＃矿渣硅酸盐水泥	邢台县水泥厂
458	银河牌 G1—3 造纸涂料级精制绢云母瓷土	沙河市造纸瓷土厂
459	邢州牌 425＃矿渣硅酸盐水泥	邢台市水泥厂
460	冀新牌 200＃石油沥青纸胎油毡	新河县油毡厂
461	企鹅牌∅150～∅800 承插式自应力钢筋砼输水管	石家庄市水泥制品厂
462	极地牌 425＃、525＃快硬硫铝酸盐水泥	石家庄市建筑材料一厂

463	苍石牌 425#白色硅酸盐水泥	获鹿县水泥厂
464	定型(305×305)非定型大理石板材	灵寿县大理石工艺加工厂
465	天塔牌 425#火山灰质硅酸盐水泥	辛集市水泥厂
466	滹沱河牌 425#矿渣硅酸盐水泥	藁城市水泥厂
467	赵州牌 425#矿渣硅酸盐水泥	石家庄地区建筑材料二厂
468	西陵牌 425#矿渣硅酸盐水泥	易县京易联营水泥厂
469	铁柏牌 425#矿渣硅酸盐水泥	望都县水泥厂
470	雪豹牌 425#白色硅酸盐水泥	保定地区白水泥厂
471	霓霞牌岩棉管、岩棉板	张家口市宣化岩棉制品厂
472	沙城牌 425#矿渣硅酸盐水泥	怀来县水泥厂
473	海陀山牌 425#矿渣硅酸盐水泥	赤城县水泥厂
474	400×400×25mm 水磨石制品	承德县建筑材料厂
475	柳江牌 425#R 型普通硅酸盐水泥	秦皇岛市柳江水泥厂
476	武山牌 525#R 型普通硅酸盐水泥	秦皇岛市武山水泥厂
477	碣石牌 525#R 型普通硅酸盐水泥	河北省昌黎县水泥厂
478	泰吉特牌釉面内墙砖	唐山建筑陶瓷厂
479	蒸压加气混凝土砌块	唐山启新水泥厂
480	燕山牌 425#矿渣硅酸盐水泥	丰润县水泥厂
481	富强牌 425#矿渣硅酸盐水泥	廊坊市水泥厂
482	景塔牌 1000×500×50(mm)软木砖	景县商业局软木总厂
483	深州牌 425#矿渣硅酸盐水泥	深县水泥厂

复评

484	古桥牌 XB350 石棉橡胶板	石家庄市石棉制品厂
485	古桥牌 6mm 石棉水泥小波瓦	石家庄市石棉制品厂
486	立石牌膨润土	宣化县化工厂
487	JZ350 挤砖机	承德市京承科工联合机械总厂

(十二)建委

488	卧牛牌 PYF2.0—Ⅱ太阳能热水器	邢台市新能源开发公司
489	永清牌 TPR—841 型太阳能热水器	廊坊市太阳能热水器厂
490	新升牌 PGG2.0—Ⅱ太阳能热水器	唐山市丰南新能源设备厂
491	光源牌 MHG0.8—Ⅲ型太阳能热水器	邢台地区新能源技术开发服务处实验厂
492	夏乐牌 XGT—Ⅲ型太阳能热水器	廊坊市能源技术研究所
493	天龙牌钢门窗橡塑密封条	沧县刘家庙橡塑制品厂
494	MBF—300 MCF—300 铸铁盖板	邯郸市前百家铸造厂
495	XZ 牌 ZKQ450L 型地下连续墙钻机	河北省新河钻机厂
496	太行牌 TJFQ 型 TJYQ 气浮水处理设备	保定市太行净化设备厂
497	旭环牌 LSS5090XLJ 型自装卸压缩垃圾车	中国人民解放军6444 工厂
498	U 型装配式轻钢龙骨	威县纱窗厂

复评

499	曦光牌京 J66 型空腹钢窗	邯郸市钢窗厂
500	丘宝牌实腹钢窗	河北省邱县钢窗厂
501	宣春牌高压方翼铸铁散热器	张家口市宣化暖气片厂
502	奋进牌 QF—A、XDH—A、GYB—A 重金属废水处理成套设备	石家庄市环境保护设备厂
503	冀中牌 FC10 翻斗车	石家庄建筑机械厂
504	石工牌 FC10A 型一吨机动翻斗车	石家庄市工程机械厂

(十三)国防

505	汉光—优美 1800Z 显影剂	国营汉光机械厂
506	汉光—优美 1800Z 色调剂	国营汉光机械厂
507	(G)CG392 型硅微波低噪声晶体管	机械电子工业部第十三研究所
508	犇牌八七式军官腰带	中国人民解放军第三五一四工厂
509	T140—1 变速箱	中国人民解放军第六四一一工厂

510	鸿翼牌 LF—80 型冷却塔风机	航空航天工业部保定螺旋桨制造厂
511	航工牌中型系列组合夹具	航空航天工业部向阳精密机械厂

(十四)农机

512	河无牌 EQ—140 前后制动钻	石家庄地区汽车配件厂
513	ITY—2412 型推土铲总成	河北省丰南县第一农机修理制造厂

复评

514	河无牌 CA—15 前后制动轱	石家庄地区汽车配件厂
515	云台山牌 QM—20B 气动气门研磨机	河北省献县农机修理制造厂
516	彗星牌 TMZ—21/31 系列断式煤气调压器	河北彗星调压器总厂
517	北京牌 BJ212 轻型越野汽车车身总成	唐海县机械厂

(十五)农垦

518	芦征牌 40Cm—66Cm 自行车轮辋	河北省芦台农场东方红电镀厂
519	自行车电镀支架	天津自行车厂汉沽农场衣架厂
520	芦征牌 Ⅰ-1/Ⅱ-2 自行车抱闸	河北省芦台农场东方红电镀厂
521	狮关牌火柴封包纸	汉沽农场造纸厂
522	志翔牌 ZGZD 型管板粘接式蒸发器	唐山市电冰箱蒸发器厂
523	海马牌对虾饲料	唐海联合水产发展有限公司
524	美华牌(BX1—300J 弧焊变压器	河北省国营冀东电焊机厂
525	夜莺牌(额定电压 450/750V 及以下)潜水电机用橡套软电缆 JHS	河北省国营黄甫电缆厂
526	孤岛牌 ZX_2—2 系列电阻器	河北省国营中捷电器厂
527	海奋牌 ZX2—2 电阻器	河北国营海兴农场低压开关厂

复评

528	渤海牌 LG—1000 冷藏箱	河北渤海冰箱厂
529	垦丰牌一号黄板纸	唐海县垦丰造纸厂
530	渤海牌 2 F4. 8 制冷压缩机组	河北渤海冰箱厂

(十六) 乡镇

531	飘帆牌男女毛料裤	邯郸市东昇服装厂
532	赛德牌 WMJ—Ⅱ摩托车检测线	河北省武安市交通安全设备厂
533	更乐牌 425#矿渣硅酸盐水泥	河北省涉县第三水泥厂
534	灵霄牌工业硅	邢台县冶炼厂
535	紫仲牌黄狼皮女式裘皮大衣	南宫市第二工业局子仲皮毛厂
536	高铝隔热低铁砖	河北省清河县第一耐火材料厂
537	连铸中间包用 DZ 型硅质绝热板	河北省清河县耐火材料厂
538	融融牌 S-19H-16/DN15-50 园盘式疏水阀	河北省平乡县大东门阀门厂
539	高贝牌双色注塑鞋模具	石家庄市高柱模具厂
540	隆兴牌冷堆助剂	石家庄市东华化工厂
541	华龙牌 100QJ2/100QJ3.2/100QJ5 小型井用潜水电泵	石家庄市通用水泵厂
542	安厦牌花岗石建筑板材	石家庄市古城石材厂
543	潜飞牌 425#矿渣硅酸盐水泥	石家庄市井陉县上安水泥厂
544	太行牌 L95A 型螺旋榨油机	石家庄市太行榨油机厂
545	华行牌 DJS 一 ⅢA 型胆结石治疗仪	石家庄市华行医疗器械厂
546	华行牌 XL—200 型血液辐射治疗仪	石家庄市华行医疗器械厂
547	双吉牌 45%晶体石硫合剂	辛集市化工三厂
548	锐锋 YQE—03 型乙炔减压器	石家庄地区仪表厂
549	PGLi 型交流低压配电屏	保定市电力自动化设备厂
550	古莲池牌氨基乙酸	保定市中原酒精厂
551	冀雄牌氟化钡	中化河北集团雄县化工总厂
552	美玉牌竹节型自然景玻璃水具	河北省平泉县玻璃厂

553	宫美牌 JD1030 S 轻载货汽车	秦皇岛市抚宁县京岛汽车改装厂
554	环立牌 Z— 0.095/8 型通用空压机	遵化县压缩机厂
555	茅牌 425#矿渣硅酸盐水泥	滦南县第二水泥厂
556	奥梦牌女茄克衫	唐山市兴华蜡扎染服装公司
557	峰鹏牌 HPG—$\frac{115}{125}$型聚酰胺热熔胶	唐山市韩城河西热熔胶厂
558	飞龙牌机制煤锹	唐山市制锹厂
559	华春牌硫璃型轻质瓦	河北省玉田县新华建材厂
560	大全牌 dYD2—$\frac{40}{30}$隔爆型防爆荧光灯	河北省文安县光华灯具总厂
561	长城牌冷拔机链条	冶金工业部配件供应中心三河长城链条厂
562	中立牌 BJ130BAJ120 制动分泵	河北省文安县苏桥汽车制动泵厂
563	喜贺牌 PVC 彩色地板砖	沧州市跃进塑料装饰制品厂
564	丛仙牌蛋鸡浓缩饲料	河北省青县津青联合饲料加工厂
565	华益牌有(无)金属化孔单、双面印制板	沧县运东新开路电子器材厂
566	金虎牌 BD 系列电源变压器	河北省青县渤海电器厂
567	凌云牌有(无)金属化孔单、双面印刷板	河北省沧县凌云制板厂
568	海潮牌 1#350g 油毡原纸	河北省黄骅市渤海造纸厂
569	信乐牌 40%乙烯利水剂	河北省黄骅市京骅化工厂
570	巨龙牌 XM800 一 UA 双向交叉洗涤厢式压滤机	泊头市板框压滤机厂
571	多域牌钢丝软管拉索总成	河北省孟村回族自治县马闸口重型汽车配件厂
572	乾通牌 VV22VLV 全塑电力电缆	河间市新华通讯电缆厂
573	泊龙牌 VV. VV22 电力电缆	任丘市第一电缆厂
574	伟畅牌 MQ422 型台式木工多用机床	河北省黄骅市木工机床厂
575	丁兴牌岩棉管壳	河北省任丘市京联岩棉厂
576	洁美牌不锈钢铜质蛇形软管	河北省东光县兴隆机械厂
577	金圣牌裘革工艺手套	河北省枣强县裘革制品厂
578	晨光牌 20mm — 150mm 油漆刷	衡水市制刷总厂
579	威远牌间氨基苯酚	河北省武强县染料厂
580	巨龙牌 $4\frac{3}{4}$W—10 蒸汽套旋塞阀	河北省阜城县阀门厂
581	衡野牌 IAIR SS/C 金钢石园锯片	河北省衡水地区金钢石制品厂
582	锦春牌高效节能厢式隔膜滤板	河北省武强县压滤机板框厂
583	兴冀牌环氧一聚酯粉末涂料	河北省冀县津冀静电喷涂塑粉厂
584	武豪牌 GG — 1A(F)高压开发柜	河北省武强县成套电器设备厂
585	武洁牌卫生洁具铜活配件	河北省武强县卫生洁具厂
586	银星牌电子打印机胶辊	河北省冀县胶辊厂
587	燕光牌管形荧光灯镇流器	廊坊市燕光电器厂

烟花

588	吉星牌闪光鞭、彩色闪光雷	辛集市王口镇王口烟花老厂
589	喜团园牌 7 发玉兰	河北省辛集市王口第三烟花厂
590	马馏山牌吐珠 10 发绿龙	河北省海兴县出口烟花老厂
591	马馏山牌喷花绣球	河北省海兴县出口烟花老厂
592	富饶牌 49×7mm 大地红鞭炮	河北省饶阳县鞭炮总厂
593	体坛牌 8 发闪光雷	辛集市郭西乡烟花炮竹厂
594	桂冠牌∅17. 5×375mm 踧头雷	石家庄市栾城县古洨礼花厂

复评

595	玉瑛石牌 CA141(15)凸轮轴正时齿轮	河北省新河汽车齿轮厂
596	新安牌 S×100 65—1. 0 地下消火栓	河北省栾城县消防器材厂

597	犀牛牌小型手摇轧面机	河北民用机械总厂
598	征天牌 HYV 铜芯聚乙烯绝缘聚氯乙烯护套市内电话电缆	河北省枣强县通讯电缆厂

（十七）司法

599	50 石新牌 BM60/800 板框压 80 滤机	石家庄新生机械厂
600	眺山牌碳酸钾	河北省眺山化工厂
601	建设牌解放鞋	河北省承德新生橡胶厂
602	微型木工多用机床	河北省沧州六一九厂

（十八）粮食、饲料

603	青山牌 FMLy. 50B 液压、磨光拉丝机	张家口地区粮食机械厂
604	万泉牌蛋鸡浓缩饲料	辛集市粮食局饲料公司
605	金岸牌对虾配合饲料	乐亭县粮食局综合饲料厂
606	勃兴牌肉用仔鸡配合饲料	滦平县粮食局饲料公司

（十九）供销

607	华牛牌 200A—3 型螺旋榨油机	保定地区棉油机械厂

复评

608	龙泉牌 SY50 型提压式售油器	辛集市第二棉油厂

（二十）公安

609	内锁扣结构式金属防火门	华北新型建材机械厂
610	MFT35 推车式干粉灭火器	保定市保安消防器材厂

复评

611	YEF6 型氟蛋白泡沫灭火剂	石家庄市第二消防器材厂

（二十一）劳动

612	50Kg/M12 号高锰钢单开直线辙叉	唐山锰钢产品制造厂
613	燕杰牌 DFN—1. 2KVA 防雷变压器	唐山市变压器厂一分厂

（二十二）包装

614	飞龙牌 WJ60—1600 型瓦楞纸板生产线	邯郸市包装机械厂
615	邢友牌聚丙烯饮料杯	邢台市塑料厂
616	棉浆挂面单面白板纸	柏乡县板纸厂
617	全开口钢桶	石家庄市金属制品厂
618	500mL 玻璃输液瓶	河北省高邑玻璃制品厂
619	200L 开口钢桶	张家口市桥东区宁远机械厂
620	500×290×305 网络十字瓦楞纸板箱	唐山市开平区缸窑纸盒印刷厂
621	医用瓦楞纸箱	河北省孟村回族自治县光明纸箱厂

复评

622	华北牌 7mL 管制抗生素玻璃瓶	华北制药厂
623	环宇牌 205 型棉纺用塑料经纱管	石家庄市纺织器材一厂
624	永恒牌 100—165 升 PE 塑料中空大桶	河北省沧州市第一塑料厂

（二十三）教育

625	新星牌 95%乙醇（分析纯）	石家庄市有机化工厂
626	正园牌 195 型气缸套	河北省遵化县缸套厂

八、1991 年河北省服装万紫千红奖

（13 项）

石桥牌机绱女布鞋	宁晋县制鞋厂
百利达牌茄克衫 68/122 70/132	石家庄新华服装厂
玉朵牌女茄克衫	辛集市服装公司
京唐牌男茄克衫	河北高档制衣厂
黄金台牌男茄克衫	河北省易县服装厂
久久牌缝绱布鞋 15#—20#	河北省定州市恒昌制鞋厂

塞宝牌机绱灯芯绒花里棉鞋	张北县鞋厂	育萌牌茄克衫 150/80—185/108	廊坊市燕新服装厂
迁时牌男茄克衫	迁安县服装厂	燕野牌 165/74 毛料男女裤	大厂回族自治县服装厂
凤凰山牌女风衣 165/92 114×116	唐山市第一服装厂	京怀牌机绱布鞋	怀来县沙城制鞋厂
津京牌女灯芯绒胎底棉鞋	丰南县皮革制鞋厂		

九、1991 年河北省工艺美术品百花奖

（12 项）

万里牌四轮儿童推车	泊头市童车厂 复评	瓷片镶嵌壁画	唐山市工艺美术厂 复评
透明兰摆件	新城县花丝厂 复评	陈设艺术瓷大花瓶	唐山市长城陶瓷有限公司 复评
印绣系列产品	献县京献印绣制品厂	如意牌艺术接缝台布	晋县工艺美术厂
麦草工艺圣诞礼品	河间市九吉工艺美术厂	风船牌 150 道东方地毯	张家口市地毯厂
风船牌 200 道东方地毯	张家口市地毯厂	得月牌机绣被单套	河间市工艺绣品厂
孔雀牌机绣被罩	河间市刺绣厂	3.5 支纱地毯纱	高邑县毛纺厂

十、1991 年河北省质量管理奖企业名单

（14 个）

承德市工具厂	平泉县酒厂	石家庄地区药厂	邢台织染厂
邯郸市第二瓷厂	冀东水泥厂	石铁分局石家庄车站	石家庄钢铁厂
河北轴承厂	华北石油管理局第一机械厂	邯郸市公共汽车公司	张家口合成洗涤剂厂
石家庄电力机务段	怀安化肥厂		

到期复评企业，有效期顺延一年

（3 个）

石家庄第一棉纺织厂	化工部第一胶片厂	秦皇岛耀华玻璃厂

十一、1991 年荣获全国优秀质量管理小组名单

北京铁路局石家庄客运段	客二车间秦三 QC 小组	邯郸市公共汽车公司	三队 2 路线 QC 小组
		唐山市釉面砖厂	综合挖潜 QC 小组
石家庄拖拉机厂	齿轮热处理 QC 小组	国营邯郸第四棉纺织厂	工程师室 QC 小组
机械电子工业部第十三研究所	504QC 小组	北京铁路局石家庄站	客运车间 QC 小组
		张家口地区宣化化肥厂	机动科 QC 小组

保定运输总公司第五运输公司	乘务队 QC 小组
河北省冶金企业集团公司石家庄钢厂转炉炼钢分厂	08 油桶板钢攻关 QC 小组
化学工业部第一胶片厂	解决涂布表观质量 QC 小组
廊坊市邮电局	长话科 QC 小组
石家庄无线电二厂	外延 QC 小组
唐山钢铁公司炼钢厂	小方坯连铸机晋等 QC 小组
秦皇岛港务局	大秦线煤炭运输管理联合 QC 小组
北京铁路局邢台工务段	科技攻关 QC 小组
物探局研究院	PE 软件维护 QC 小组
化工部第一胶片厂	BR—400 彩卷 QC 小组
河北长城陶瓷有限公司	企业管理 QC 小组
张家口探矿机械厂	二加工车间等离子弧焊接 QC 小组
石家庄市土产公司东方家俱村	木器组 QC 小组
邯郸水泥厂	化验室提高熟料质量 QC 小组
石家庄市五金交电公司车辆器材分公司	零件经营部 QC 小组
唐山市陶瓷工业公司第九瓷厂	开发 QC 小组
河北省石家庄市土产公司大众商场	家电部青年 QC 小组
大港石油管理局石油机械厂、华北石油管理局采油二厂	联合推广使用整筒泵 QC 小组
中建总公司第六工程局工业设备安装公司	热载体加热系统研制 QC 小组

十二、1991 年度河北省优秀质量管理小组名单

邯郸市公共汽车公司	三队 2 路线 QC 小组
国营邯郸第四棉纺织厂	工程师室 QC 小组
邯郸水泥厂	运销处装运 QC 小组
邯郸市滏阳化工厂	学吉化 QC 小组
峰峰矿务局马头洗选厂	降低浮选油耗 QC 小组
邯郸市钢铁总厂	炼铁分厂 7＃炉 QC 小组
邯郸市公共汽车公司	三队企业升级联合攻关型 QC 小组
石家庄铁路分局邯郸站	技术室 QC 小组
峰峰矿务局万年煤矿	1304 综采队 QC 小组
邯郸钢铁总厂职工医院全质办	住院病种 QC 小组
邯郸市轴承厂	“FC”轴承试制 QC 小组
国营邯郸第四棉纺织厂	公安处 QC 小组
国营汉光机械厂	职工医院病房医生 QC 小组
邯郸制药厂	粉碎机 QC 小组
邯郸市包装机械厂	包装分厂金工车间 QC 小组
国营邯郸纺织机械厂	HS402 泵板平面研磨 QC 小组
河北省广平县机械厂	目标成本管理 QC 小组
河北省邯郸运输总公司	邯郸汽车站售票 QC 小组
河北省临漳县农机修造厂	铸造 QC 小组
河北省邯郸内燃机配件厂	912 摇臂铣油槽 QC 小组
河北省永年县焦窑煤矿	开拓队提高单进 QC 小组
河北东风制药厂(永年)	提高收率 QC 小组
邯郸地区水泥厂	企管办 QC 小组
曲周县橡胶厂	“三合一”技改 QC 小组
邢台市邮电局	长话科 QC 小组
河北省邢台市无线电二厂	技术科 QC 小组
石家庄铁路分局邢台车务段	官庄站“四建”QC 小组
石家庄铁路分局邢台站	客运车间服务 QC 小组
邢台钢铁厂	轧钢分厂工艺 QC 小组
国营邢台棉纺织厂	工程师室 QC 小组
邢台市标准件厂	高强度紧固件技术攻关 QC 小组
国营邢台织染厂	割绒车间 QC 小组
邢台冶金机械轧辊厂	铸铁分厂一车间综合质量 QC 小组
河北红星旅行车制造厂	总装一车间双管路制动 QC 小组
邢台发电厂	水白班 QC 小组
河北省邢台医疗器械厂	金工车间 QC 小组

河北省宁晋县化肥厂	造汽蒸汽自给QC小组
河北省内丘县水泥厂	节能降耗QC小组
河北省新河县机械厂	脱粒机质量改进QC小组
内丘县邮电局	话务班QC小组
临城县水泵厂	淬火QC小组
河北省宁晋县纺织印染厂	印染车间QC小组
河北省邢台地区制药厂	前处理车间QC小组
河北省巨鹿县橡胶厂	技术攻关QC小组
石家庄铁路分局石家庄客运段	客二车间石秦第三青年包乘组QC小组
华北制药厂	加强硫酸链霉素中间体质量控制QC小组
石家庄市五金交电公司	车辆器材分公司零件经营部QC小组
石家庄国际大厦	宴会厅QC小组
石家庄第二棉纺织厂	并粗车间QC小组
石家庄市第一制药厂	八车间发酵菌种室QC小组
石家庄第四棉纺织厂	细纱车间气流纺QC小组
石家庄铁路分局石家庄职工生活段	第一幼儿园中心QC小组
石家庄市人民百货商场	服装商品部QC小组
石家庄第一棉纺织厂	整理车间中心QC小组
石家庄纺织经编厂	经编车间QC小组
石家庄铁路分局石家庄站	售票车间QC小组
石家庄市无线电二厂	外延QC二组
石家庄第三棉纺织厂	技术处纱试QC小组
石家庄市旅游用布印染厂	新产品开发QC小组
石家庄市土产公司大众商场	家电部QC小组
石家庄炼油厂	HF泵维护保养QC小组
石家庄长途汽车站	站务六班QC小组
河北电机厂	提高定子压装质量QC小组
河北轴承厂	提高辗压轮寿命QC小组
河北省藁城市化肥厂	供应科QC小组
辛集市防水建材总厂	油毡分厂QC小组
河北太行石英制品厂	石英管创省优QC小组
河北辛集化工厂	企业升级QC小组
石家庄铁路分局石家庄客运段	客五车间QC小组
河北省赞皇县机械厂	节材降耗QC小组
保定开关厂	档案升级QC小组
国营六〇四厂	松香胶制备班QC小组
化学工业部第一胶片厂	解决涂布表观质量QC小组
国营第四八二厂	技术处、军代表室联合攻关QC小组
化学工业部第一胶片厂	研究所BR—100改进QC小组
化学工业部第一胶片厂	醋纤车间醋化工段QC小组
国营保定化学纤维联合厂	纺丝一分厂新产品开发QC小组
国营六〇四厂	二分厂三车间抄纸工段QC小组
国营第四八二厂	动力处电控QC小组
航空航天工业部向阳精密机械厂	工序一次投入产出合格率试点QC小组
保定罐头厂	空罐QC小组
国营保定第一棉纺织厂	细纱丁班T/C26 W"三合一"小组
化学工业部第一胶片厂	乳剂车间QC小组
国营保定第一棉纺织厂	棉布实物质量QC小组
国营保定第一棉纺织厂	安技处安全管理QC小组
国营高阳纺织印染总厂	漂练车间绳洗QC小组
河北省保定运输总公司第五运输公司	乘务队QC小组
石油地球物理勘探局研究院	银河处理中心七组QC小组
河北省保定运输总公司第五运输公司	汽车电工QC小组
石油物探局第一地质调查处	Ge_0Ques t解释系统QC小组
石家庄铁路分局保定车务段	教委会QC小组
保定地区焦化厂	炼焦车间运焦QC小组
石油地球物理勘探局地球物理仪器公司	节约零件QC小组
涿州市邮电局	报务QC小组
河北省定州市拖拉机厂	轴类攻关小组
石油地球物理勘探局物探特种车辆制造厂	震源车间修旧利废QC小组
涿州市新型建筑材料厂	加气砼车间QC小组
张家口煤矿机械厂	技术处工艺技术攻关QC小组
河北省宣化工程机械厂	铸钢分厂轴端法兰QC小组

张家口市化工原料厂	磷酸盐车间 QC 小组
张家口市合成洗涤剂厂	三氧化硫车间解决尾气排放不正常 QC 小组
张家口探矿机械厂	等离子弧焊接 QC 小组
宣化冶金环保设备制造厂	轧制车间极板一组 QC 小组
张家口市四方台铁合金厂	一车间维修 QC 小组
张家口市邮电局	营业科 QC 小组
河北省张家口拖车总厂	铸工车间轮古生产 QC 小组
张家口市东风制药厂	炎痛喜康 QC 小组
张家口市供销合作社副食品公司塞北商场	水产组 QC 小组
宣化钢铁公司炭黑厂	3 号炉 QC 小组
宣化化肥厂	机动科 QC 小组
张家口运输总公司	车机处 QC 小组
宣化化肥厂	职工医院 QC 小组
张家口地区液压件厂	质管办 QC 小组
河北省张家口地区宁远钢厂	高强度焊管分厂飞锯攻关 QC 小组
宣化化肥厂	碳化车间管理组 QC 小组
张家口地区长城酿酒公司	供销科销售 QC 小组
河北省怀安县化肥厂	生产管理 QC 小组
承德石油机械厂	铸铜 QC 小组
承德市罐头食品厂	实罐分厂 QC 小组
河北省承德市中药厂	片剂车间 QC 小组
承德市工具厂	一车间模具 QC 小组
中国人民解放军第三五三二工厂	三车间 QC 小组
承德石油机械厂	降低备用金占用 QC 小组
承德市黄麻化纤纺织总厂	乳胶供应选点 QC 小组
河北省承德县化肥厂	碳化车间 QC 小组
中国人民解放军第三五四0工厂	粘合 QC 小组
平泉县水泥厂	化验室 QC 小组
平泉县化肥厂	变换 QC 小组
承德商业机械公司	隔热板车间 QC 小组
承德酿酒公司	企管办 QC 小组
河北省承德地区钢铁水泥总厂	高碱度烧结矿 QC 小组
丰宁满族自治县酒厂	锅炉节能改造 QC 小组
河北省承德地区运德公司承德汽车站	站务班 QC 小组
平泉县玻璃厂	吹制车间 QC 小组
唐山市陶瓷工业公司第九瓷厂	开发 QC 小组
铁道部唐山机车车辆工厂	新造 YW22B 硬卧客车创省、部优 QC 小组
唐山钢铁公司	行政福利处北戴河休养所 QC 小组
唐山市釉面砖厂	综合挖潜 QC 小组
开滦马家沟矿洗煤厂	浮选节油 QC 小组
河北长城陶瓷有限公司	企业管理 QC 小组
唐山冶金矿山机械厂	硬齿面减速器综合 QC 小组
唐山市印染厂	技术科产品开发 QC 小组
中国建筑第二工程局第三建筑工程公司	十一队水球馆主体施工 QC 小组
唐山水泥机械厂	小型轧辊压机设计开发 QC 小组
开滦煤矿唐山矿	选煤技术检查 QC 小组
唐山市第二运输公司	汽车五队调动积极性开发新业务 QC 小组
唐山市高压电瓷厂	成型 QC 小组
唐山陶瓷厂	原料车间降低卫生瓷料脏残损 QC 小组
遵化县印刷厂	书刊印刷 QC 小组
唐山市百货公司	针织部 QC 小组
铁道部山海关桥梁工厂	动力车间制氧 QC 小组
交通部秦皇岛港务局第二装卸公司	机电维修队“PC－584”攻关 QC 小组
秦皇岛市玻璃纤维总厂	第一拉丝车间 QC 小组
秦皇岛市塑料厂	塑编袋引进设备备件国产化开发 QC 小组
秦皇岛市玻璃厂	行政处联合 QC 小组
铁道部山海关桥梁工厂	技术一处钢结构 QC 小组
秦皇岛市玻璃厂	包装改进 QC 小组
交通部秦皇岛港务局第三装卸公司	电工一班 QC 小组
秦皇岛市色织总厂	提高关键工序一次投入产出合格率 QC 小组
锦州铁路分局山海关车辆段	综合办 QC 小组
锦州铁路分局山海关车站	集装箱运输 QC 小组
交通部秦皇岛港务局第四装卸公司	工艺科、装卸一队联合 QC 小组
天津汉沽石油化学厂	一车间一工段 QC 小组
廊坊市邮电局	长话科 QC 小组

廊坊市邮电局	发行投递科 QC 小组
廊坊市工具厂	摩擦焊接 QC 小组
管道局电力通信工程公司轮胎厂	再生胶研制 QC 小组
廊坊市饲料厂	输送机 QC 小组
廊坊市制线厂	热定型 QC 小组
管道局运输公司汽车修配厂	技术室 QC 小组
中国石油天然气总公司管道局机械制造厂	推制线圈革新 QC 小组
河北省沧州化肥厂	机修车间炉区检修 QC 小组
沧州市化工机械厂	新产品开发 QC 小组
沧州市化工厂	糊树脂车间 QC 小组
河北省沧县农药化工厂	中和工艺改造、降低降解率提高产品质量 QC 小组
沧州市通用机械厂	货箱总成 QC 小组
沧州市第一塑料厂	提高电视机壳合格率 QC 小组
沧州炼油厂	Ⅱ催化车间吸收稳定 QC 小组
中国化学工程总公司第十三建设公司	一处钢筋气压焊 QC 小组
沧州市邮电局	邮政调度室 QC 小组
河北省沧州医药采购供应站	企管 QC 小组
河北省沧州地区建筑材料厂	质量管理 QC 小组
河间市机械厂	方架攻关 QC 小组
河间市化肥厂	销售科 QC 小组
河北省孟村回族自治县炊事机械厂	技术攻关 QC 小组
河北省沧州地区运输总公司沧州汽车站	行李房 QC 小组
北京军区黄骅盐场	一工区 QC 小组
河北省长芦黄骅盐场	三工区塑苫 QC 小组
河北省武邑县保险柜厂	技术科 QC 小组
河北省景县机械厂	技术革新 QC 小组
武邑县锁厂	质检科 QC 小组
衡水供电局调度所	总机班 QC 小组
衡水市电机厂	铸造车间 QC 小组
石家庄铁路分局衡水工务段	目标管理 QC 小组
衡水地区邮电局	长话科管理 QC 小组
衡水市化工厂	技术 QC 小组
石家庄铁路分局	信息中心 QC 小组
石家庄铁路分局石家庄站	客运车间 QC 小组
天津铁路分局沧州工务段	工厂熔接 QC 小组
石家庄铁路分局邯郸车务段	561/4 次“三八”包乘组合 QC 小组
石家庄铁路分局石家庄车辆段	红外线维修 QC 小组
锦州铁路分局山海关车站	全程联网 QC 小组
石家庄铁路分局保定电务段	信号联网 QC 小组
邢台市邮电局	电报科 QC 小组
石家庄市邮政局	押运科石长押运班 QC 小组
保定邮电局	邮政营业科 QC 小组
河北省邮电器材机械厂	三车间热镀锌 QC 小
石家庄焦化厂	水质稳定试验 QC 小组
唐山钢铁公司一炼钢厂	小方坯连铸机晋等 QC 小组
石家庄钢铁厂	转炉炼钢分厂 08 钢攻关 QC 小组
邯郸钢铁总厂动力分厂	制氧车间第一 QC 小组
承德钢铁厂炼钢试验厂	降低冶炼电耗 QC 小组
秦皇岛耀华玻璃三厂	浮法车间 QC 小组
唐山水泥机械厂	双金属复合齿板 QC 小组
唐山启新水泥厂	安全管理 QC 小组
唐山建筑陶瓷厂	卫生瓷车间 QC 小组
华北制药厂	一0九车间提高青霉素纳盐一次合格率 QC 小组
石家庄市第一制药厂	五车间制粒 QC 小组
石家庄市第四制药厂	三车间办公室 QC 小组
张家口市长城制药厂	藿香正气水 QC 小组
石家庄医药采购供应站	玻璃仪器 QC 小组
石家庄第一棉纺织厂	织造车间中心 QC 小组
保定第一棉纺织厂	二准备车间织轴质量 QC 小组
石家庄第一印染厂	染色车间乙班质量达标 QC 小组
唐山市棉纺织厂	细纱摇架 QC 小组
邯郸第一棉纺织厂	东织车间棉布实物质量 QC 小组
河北省石家庄拖拉机厂	齿轮热处理 QC 小组
石家庄市阀门一厂	技术一科 QC 小组
石家庄市农业机械厂	职工符级岗培训考核 QC 小组

邯郸市电磁线厂	成品 QC 小组
邢台拖拉机厂	制动凸轮工艺改进 QC 小组
石家庄市无线电二厂	外延 QC 小组
机械电子工业部第十三研究所	504QC 小组
石家庄市无线电九厂	二车间封口班 QC 小组
石家庄电视机厂	工艺科 QC 小组
秦皇岛市电子元件厂	瓷球 QC 小组
石家庄市化工二厂	茶酐车间氧化 QC 小组
河北辛集化工厂	20t 锅炉 QC 小组
汉沽石油化学厂	节能计量科 QC 小组
石家庄市黄磷厂	三车间食品，试剂磷酸 QC 小组
河北省石家庄化肥厂	尿素车间 QC 小组
河北长城陶瓷有限公司	新产品开发 QC 小组
石家庄市石英玻璃厂	收获率 QC 小组
邯郸市啤酒厂	麦芽质量 QC 小组
唐山市陶瓷工业公司白玉瓷厂	企业管理 QC 小组
张家口市电池厂	三车间 QC 小组
峰峰矿务局制品厂	钢丝绳车间绳用钢丝 QC 小组
邢台矿务局邢台煤矿	矿山液压件厂 QC 小组
开滦矿务局基本建设公司	机电安装处一队 QC 小组
井陉矿务局	化验室 QC 小组
石家庄煤矿机械厂	技术处液压 QC 小组
国营汉光机械厂	复印机研究所总体 QC 小组
国营先锋机械厂	摇架弹簧 QC 小组
国营第四八二厂	一分厂办公室 QC 小组
航空航天工业部石家庄飞机制造厂	MX50 摩托车改进设计 QC 小组
航空航天工业部向阳精密机械厂	卫生所 QC 小组
河北省石家庄长途汽车站	售票九班 QC 小组
河北省国际集装箱运输公司	石家庄中转站安全室 QC 小组
唐山市第二运输公司汽车七队	目标成本管理 QC 小组
河北省交通厅公路工程局第一工程处	京深公路定北段 QC 小组
河北省石家庄新生机械厂	锻压车间离心机 QC 小组
河北省石家庄新生机械厂	压板 QC 小组

河北省六一四工厂帆布厂	浸胶布新产品开发 QC 小组
河北省安装工程公司	四处综合管理 QC 小组
河北省第四建筑工程公司	第六分公司加工厂 QC 小组
唐山市津芦油毡厂	设备维修班 QC 小组
唐海县化肥厂	技改 QC 小组
石家庄市副食一厂	味精车间发酵工序 QC 小组
唐山市百货大楼	家电部电炊具 QC 小组
唐山齿轮厂	变二车间提质降损 QC 小组
河北省赵县耐水电线厂	耐水电线生产控制条件研究 QC 小组
河北省献县农机修造厂	硬质合金气门座铰刀攻关 QC 小组
国营河北省丘县冶金备件厂	微机应用 QC 小组
衡水市石棉橡胶板厂	工艺、设备管理 QC 小组
石家庄市土产公司日杂家俱商场	木器组 QC 小组
石家庄市生产资料公司	化肥科 QC 小组
华北石油管理局第一机械厂	引进办喷砂 QC 小组
石家庄第六棉纺织厂	技术处布场攻关 QC 小组
吴桥县供销社供销大楼	副食一组 QC 小组
唐山市药材公司	团委 QC 小组
石家庄铁路分局石家庄客运段	上海车队 QC 小组
河北省铁道学会	学会秘书处 QC 小组
石家庄第四棉纺织厂	南织车间 QC 小组
马头发电厂	热工自动 QC 小组
河北省电力建设公司	一公司质量科 QC 小组
邯郸市第二瓷厂	企业管理 QC 小组
沙河市棉纺织厂	技术科 QC 小组
中国人民解放军第三三〇二工厂	地炮中心 QC 小组
河北省灵寿县大理石工艺加工厂	花岗岩板材生产线 QC 小组
辛集市塑料化工厂	节材降耗 QC 小组
国营六〇四厂	三、二车间 QC 小组
石家庄市铁路分局保定工务段	线路室 QC 小组
张家口市橡胶总厂	裁断车间计划 QC 小组
涿鹿县化肥厂	联合车间 QC 小组
平泉县邮电局	市机 QC 小组

河北省围场满族蒙古族自治县制药厂	节能 QC 小组
渤海陶瓷有限公司	技术开发部 QC 小组
唐山市橡胶厂	技术科 QC 小组
交通部第一航运工程局第五工程公司	四处混凝土二班 QC 小组
秦皇岛市武山水泥厂	联合攻关 QC 小组
永清县综合化工厂	仪修车间挖潜改造 QC 小组
廊坊市调料厂	食醋车间 QC 小组
沧州市无线电二厂	五车间 QC 小组
河北省南皮齿轮厂	齿轮达标 QC 小组
石家庄铁路分局石家庄机务段	党委思研 QC 小组
天津铁路分局丰润机务段	电制动 QC 小组
河北省长途电信传输局石家庄线务站	技术室明线维护 QC 小组
获鹿县轧钢厂	实现角钢系列产品负差轧制 QC 小组
石家庄市水泥制品厂	自应力水泥 QC 小组
邯郸第四棉纺织厂	生产技术处棉布创优 QC 小组
石家庄市轴承专用设备总厂	减速机车间摆线齿轮 QC 小组
石油物探局地球物理仪器公司	提高主放大器指标精度 QC 小组
石家庄市无线电二厂	3DK105QC 小组
秦皇岛市第三塑料厂	改性硬质聚氨醋泡沫塑料 QC 小组
石家庄煤矿设计院	计算机绘制鸟瞰图 QC 小组
兴隆矿务局营子煤矿	运销科煤质管理 QC 小组
河北胜利客车厂	热处理 QC 小组
遵化县潜水泵厂	组装车间 QC 小组
河间市城关供销社	供销大楼服装组 QC 小组
石家庄第三棉纺织厂	前纺车间清甲“三合一”QC 小组
石家庄铁路分局石家庄站	南货场货运安全 QC 小组
石家庄第二棉纺织厂	新布场车间 QC 小组

十三、1991 年河北省全面质量管理达标企业名单

（352 个）

临西县纺织厂	石家庄市纺织器材一厂	石家庄市纺织器材二厂	石家庄市化工化纤厂
元氏县纺织厂	保定市针织厂	涿州市纺织机械厂	张家口市棉纺织厂
张家口市第三毛纺厂	张北县鞋厂	怀来县服装厂	怀来县长城衬衫厂
怀来县沙城制鞋厂	康保县制鞋厂	唐山市帆布厂	唐山市提花织物厂
唐山市第二丝绸厂	唐山市渤海床单厂	乐亭县色织厂	廊坊市纺织厂
廊坊市第一棉纺织厂	沧州市印染厂	青县永兴服装厂	冀县服装厂
邯郸市商标印刷厂	邯郸市酿造厂	邯郸市第六陶瓷厂	馆陶县酿酒厂
大名县酒厂	邢台市酿酒厂	清河县印刷厂	石家庄地区葡萄糖厂
晋县工艺美术厂	保定塑料总厂	保定市化工二厂	徐水县刘伶醉酒厂
定州市地毯总厂	容城县拉链厂	安平县纤维板厂	北京玻璃仪器厂雄县工厂
张家口市第一电镀厂	张家口市宣化第二瓷厂	阳原县地毯厂	张北县糖厂
康保县陶瓷厂	康保县酒厂	阳原县裘皮服装厂	张家口地区七一四八厂
承德县玛钢厂	玉田县啤酒厂	唐山市自行车鞍座厂	唐山市第三塑料厂
秦皇岛市制酒厂	秦皇岛市第三塑料厂	秦皇岛市卢龙县印刷厂	唐山市灯泡厂
山海关灯泡厂	秦皇岛市燕山玻璃制品总厂	廊坊市淀粉厂	香河县纸制品包装厂
霸州市锦华联营木器加工厂	廊坊市钨钼材料厂	冀县日化厂	衡水地区制酒厂

冀县木器厂	邯郸市医药公司	石家庄市医药药材公司	石家庄市第四制药厂
保定医药站	张家口医药采购供应站	张家口药材采购供应站	迁安县医药药材公司
迁西县医药药材公司	遵化县医药药材公司	玉田县医药药材公司	秦皇岛市抚宁淀粉葡萄糖厂
秦皇岛市秦华制药厂	三河县医药药材公司	青县医药药材公司	任邱县医药药材公司
黄骅市医药药材公司	邯郸县铸管厂	邢台市无线二厂	南宫市电缆厂
隆尧县阀门厂	河北防爆电机厂	临城县水泵厂	宁晋县阀门厂
石家庄市风机厂	石家庄市电机二厂	石家庄市无线电十四厂	河北拖拉机厂
高邑县第二机械厂	保定市电机厂	保定市电器开关厂	保定市深井泵厂
保定地区内燃机厂	华北车身总厂	慧星调压器厂	涿州市起重机械厂
怀来县钻机厂	蔚县深井泵厂	承德市实验机厂	承德市造型材料公司
遵化县农业通用机械厂	唐山市高压电瓷厂	玉田县印刷机械厂	秦皇岛市开关厂
秦皇岛市北戴河无线电厂	秦皇岛市轴承厂	秦皇岛市电子原件厂	文安县电线电缆厂
河间市沙桥电线厂	武邑县水泵厂	涉县符山二号铁矿	保定市铝厂
兴隆县长城铁矿	涿鹿县吉庆堡铁矿	赤城县苹果园铁矿	唐山马兰庄铁矿
迁西县烧结矿	迁西县东荒峪金矿	三河县金刚石材料工业公司	冀县碳块厂
崇礼县东坪金矿	宽城峪尔崖金矿	邯郸矿务局阳邑煤矿	峰峰矿务局三矿
峰峰矿务局薛村矿	中国统配煤矿总公司第七十二公程处	中国统配煤矿总公司第七十三公程处	中国统配煤矿总公司第六十七公程处
中国统配煤矿总公司第六十八工程处	中国统配煤矿总公司第九十二公程处	中国统配煤矿总公司建安公司机械厂	峰峰矿务局电修厂
永年县焦窑煤矿	磁县申家庄煤矿	邢台矿务局工程处	任县煤矿
井陉矿务局三矿	井陉矿务局水泥厂	张家口地区涿鹿煤矿	张家口地区尚义煤矿
康保县煤矿	蔚县孟家堡煤矿	开滦矿务局马家沟矿	开滦矿务局赵各庄矿
开滦矿务局矾土矿	邯郸矿务局陶二煤矿	邢台县化工厂	邢台县磷肥厂
新河县化工厂	南宫市第三化工厂	石家庄市化工五厂	石家庄市化工四厂
石家庄市联碱厂	石家庄市东华化工厂	藁城聚丙烯厂	石家庄地区第二化工厂
望都化肥厂	承德地区轮胎厂	唐山碱厂	唐山市开平化工厂
秦皇岛市石油化工厂	廊坊市燕美化工有限公司	青县磷肥厂	唐山市路北区化工厂
邢台地区运输总公司	河北省公路工程局一处	国际集装箱公司	保定市第一运输公司
承德运输总公司	迁安县交通局	秦皇岛市铁路管理处	秦皇岛市出租汽车公司
河北远洋公司	沧州地区地方铁路局	石家庄市邮政局	石家庄市电信局
保定市邮电局	平泉县邮电局	张家口市邮电局	唐山市邮电局
秦皇岛市邮电局	廊坊市邮电局	邯郸市水泥厂	涉县第一水泥厂
石家庄市水泥制品厂	石家庄市建材二厂	石家庄地区建材二厂	石家庄市井陉水泥厂
石家庄市获鹿县第二水泥厂	藁城市水泥厂	保定市铸石厂	华北新型建材机械厂
承德县水泥厂	望都县水泥厂	怀来县水泥厂	万全县水泥厂
赤城县水泥厂	怀安县水泥厂	宣化水泥厂	涿鹿县水泥厂
唐山燕南水泥厂	迁西县水泥厂	唐山马家沟耐火材料厂	迁安县水泥厂
秦皇岛市昌黎县水泥厂	秦皇岛柳江水泥厂	秦皇岛市精制石英砂厂	秦皇岛市水泥电杆厂
三河县第二砖瓦厂	衡水市石棉橡胶板厂	枣强县化工设备防腐总厂	邢台市自来水公司
保定市自来水公司	秦皇岛市自来水公司	邯郸市第三建筑公司	邯郸市第四建筑公司

河北省第四建筑公司	张家口市第三建筑公司	河北省大塘湾新生铸造厂	河北省满城眺山化工厂
河北省六一四帆布厂	中国人民解放军二六七二工厂	机电部第十三研究所	国营一九七厂
保定螺旋桨制造厂	国营先锋机械厂	国营三一四厂	邯郸市东升服装厂
武安啤酒厂	南宫市毛纺厂	获鹿县兴华白水泥厂	辛集市玛钢厂
保定市太行建筑设备厂	徐水县古遂醉酒厂	徐水县青竹酒厂	张北县皮毛皮革工业公司
张北县八一皮毛厂	万全县煤矿机械配件厂	平泉镇玻璃厂	唐山市起重电器厂
唐山市开关厂	唐山钢铁公司半壁店联营钢铁厂	唐山市第四轧钢厂	唐山市第二瓷厂分厂
唐山市遵光化机械厂	玉田县燕山塑料厂	遵化县第二水泥厂	丰润县第三水泥厂
开平瓷砖厂	唐山市兴华蜡扎染厂	丰南县第三水泥厂	丰南县黄各庄乡陶瓷厂
唐山市滦柏机械厂	秦皇岛市第一关啤酒厂	黄骅渤海工业公司自行车零件厂	泊头市板框压滤机厂
深县大提管件容器厂	冀县胶辊厂	国营汉沽农场造纸厂	国营中捷友谊农场盐场
国营芦台农场复合肥厂	芦台农场东方红电镀厂	唐山市电冰箱蒸发器厂	唐海县机械厂
唐海县第二服装厂	大城农机修造厂	遵化县农机修造厂	邯郸地区供销社棉麻公司
城安县油棉加工厂	馆陶县南陶油棉厂	丘县香城固棉花加工厂	丘县油棉加工厂
南宫市联社棉油一厂	柏乡县第一棉油厂	隆尧县油棉厂	石家庄市供销社工业品公司日化批发站
石家庄市副食品二厂	石家庄地区啤酒厂	辛集市第一棉油厂	辛集市第二棉油厂
宁晋县生产资料公司	保定地区棉麻公司	承德市新华饭店	承德市狮子沟供销社
张家口市副食公司塞北商场	沧州市生产资料公司	沧州市供销社棉麻畜产公司	吴桥县供销社张庄油棉厂
东光县生产资料公司	河间市供销社油棉厂	河间市城关供销社	任邱市城关供销社
东光县燕台供销社	冀县城关供销社	枣强县大营油棉厂	安平县角邱棉油厂
邯郸地区粮食局油脂公司	邯郸地区粮食局汽车队	南宫市粮食加工厂	石家庄市第一配合饲料厂
正定县第一食品厂	藁城市饲料公司	保定市面粉厂	承德市饲料公司
张家口地区粮食局直属库	遵化县饲料公司	丰润县粮油加工厂	乐亭县粮食局综合饲料厂
玉田县粮食局直属库	秦皇岛市面粉厂	固安县植物油厂	丰南县涧河盐场
滦南县国营第一盐场	邯郸热电厂	邯郸电业局	永年县电力局
邢台供电局	邢台县供电局	南宫市供电局	巨鹿县供电局
清河县供电局	石家庄供电局	易县电力局	涞源电厂
新城县电力局	涞水县电力局	承德供电公司	张家口供电公司
遵化县电力局	迁安县电力局	廊坊供电公司	文安县供电局
大厂回族自治县供电局	青县农电局	衡水地区供电局	冀县电力局
石家庄铁路分局邯郸给水电力段	石家庄铁路分局邯郸铁路医院	石家庄铁路分局磁山工务段	石家庄铁路分局磁山机务段
石家庄铁路分局邢台铁路铁厂	石家庄铁路分局石家庄建筑段	天津铁路分局丰润机务段	天津铁路分局古冶车辆段
京岛汽车改装厂	唐山汽车钢圈厂	秦皇岛烟草工业机械厂	沧州地区物资贸易中心

十四、河北省部分企业与名优产品简介

石家庄显像管总厂简介

石家庄显像管总厂，是“七五”期间我国电子工业中新近崛起的骨干企业，是生产电视机显像管及其元器件的大型企业。该厂拥有从美国康宁公司引进技术和关键设备的黑白玻壳生产线，能够生产符合国际标准的对角线为15～66厘米的黑白显像管玻壳，年生产能力为325万只(其中44cm玻壳130万只，35cm玻壳145万只，35cm防眩玻壳50万只)；拥有从日本引进技术和设备的电子枪生产线，能生产高分辨率和通用型显示管用电子枪，年生产能力为160万支；拥有从意大利引进技术和设备的玻管生产线，能生产黑白及彩色玻管，年生产能力为2800吨；拥有从美国BTU公司引进技术和设备的销钉、阳极帽生产线，年生产销钉4400万只、阳极帽2300万只。该厂现有固定资产近5亿元，职工4600人，年工业总产值近3亿元。产品销往全国各配套厂家，用户反映良好。

厂长：董庆祥

厂址：石家庄市长安东路49号

电话：553087

电挂：1513

邮政编码：050031

河北省新河钻机厂
KQ系列工程钻机简介

河北省新河钻机厂系国家桩工机械专业定点生产企业，从事该专业生产已有20多年的历史。现有职工1100余人，其中各类专业工程技术人员100人，工厂占地面积5.8万平方米，具有年产2000吨的综合生产能力，是我国桩工机械行业骨干企业之一。

河北省新河钻机厂研制成功的KQ系列工程钻机，填补了我国桩工机械的空白，它既吸取了国外同类产品的优点，又体现了我国国情的需要。该机不论在结构上还是在技术性能方面均有可靠性和不少独到之处，且效率高、能耗低、噪声小，适应范围广，并能一机多用。可实现多种工法，也可多机组合用于地下连续墙等工程，满足了公路、铁路、桥梁、市政、土木、建筑安装工程施工单位各种桩基础处理的需要。

目前开发生产的KQ系列工程钻机已发展到6个系列20多个规格，该厂生产的2000多台钻机为全国26个省、市、自治区及6个国家的建筑工程提供了优良的服务。在全国首次桩工机械质量评议中我厂产品获得用户的好评。

厂长：赵继英

厂址：河北省新河县城内

电话：0319－225909

电挂：9449

邮政编码：051730

河北省泊头市焦化设备成套总厂
JN4.3－80型焦炉护炉设备简介

河北省泊头市焦化设备成套总厂是机电部焦化设备定点专业厂，现有职工666人，占地40629m²，固定资产500万元。20余年来为全国钢铁公司、焦化厂和城市煤气公司提供各种规格、型号的炼焦制气护炉装置和化产回收装置。其中JN4.3－80型焦炉护炉设备于1991年获省级优质产品，是我国目前最先进的炉型。该产品具有密封严紧、炉门启闭灵活、操作维修简便等特点，对于延长炉体寿命、保证炼焦制气工艺过程的顺利进行起着重要作用，深得用户青睐。

该炉型主要技术参数：

1. 炭化室高	4.3m
2. 密封面配合间隙	＜0.03mm
3. 密封形式	气封敲打

该厂设备精良、技术先进、规格齐全、成套供应。该厂遵循“质量第一、用户至上”的原则，热忱为新老用户服务，敬请惠顾。

厂长：苏子源

厂址：河北省泊头市胜利东路

电话：3641 3441 2715 2630

电挂：3619

邮政编码：062150

河北省怀来县钻机厂
CZ－22钢绳冲击钻机简介

CZ－22型钻机是利用钢绳悬吊钻具冲击钻进的方法钻进大口井的。适用于松散岩石、软岩石、卵石等地层;用以矿区深层排水、自流井供水、露天爆破及修建桥墩、水闸等方面的技术钻井。

主要技术性能:

1.钻具质量:	1300kg
2.冲程:	350—1000mm
3.冲次:	40,45,50c/min
4.钻孔最大直径:	550mm
5.钻孔最大深度:	300m
6.钻具卷筒提升能力:	20KN
7.泥浆卷筒提升能力:	13KN
8.辅助卷筒提升能力:	15KN
9.桅杆承载能力:	120 KN
10.桅杆工作高度:	12.3m
11.配套动力:	22KW
12.钻机外形尺寸:	运输状态 8.6×2.3×2.8m 工作状态 5.8×2.3×12.7m
13.钻机质量(不包括钻具):	7500Kg

厂长:周万春
厂址:河北省怀来县沙城铁道南工业路1号
电话:3415
电挂:9449
邮政编码:075400

辛集市——河北省"十强"县(市)

▲ 座落在辛集市区中心的"河北一集市场",是楼群结构的大型综合集贸市场。可容纳行商 1000 户、座商 350 户,日人流量 3 万人次。自 1986 年开始一直是国家级文明市场。

▼ 辛集市市长 李树程

任丘市——河北省"十强"县(市)

▲ 任丘市棉纺厂一角

▼ 白洋淀任丘旅游区一角

▲ 任丘市区鸟瞰

▼ 任丘油田采油区一角

获鹿县

——河北省

·中共获鹿县委书记　刘俊亭·

获鹿县城西，山势嵯峨，抱犊寨下，山体向北伸展约2公里余，其貌酷似一千丈美人甜睡，头南身北，双目微闭，嘴角含笑，乳房凸出，身形匀称，比例恰当，俗称卧佛。实为大自然造就之绝妙胜景。▼

“十强”县(市)

获鹿县秦庄乡莲花池公园，碧波万顷，荷塘连天映日，每逢盛夏、金秋到此赏荷、观花者络绎不绝。

图为莲荷池公园荷塘一角。▶

·获鹿县县长　关保松·

迁安县

——河北省

迁安县建材资源丰富，仅石灰石的储量就达12亿吨。全县开发建材七大类100多个品种。仅水泥、熟料厂就有9家，能够生产各种型号水泥248172吨。左图为唐山油井水泥厂一角。

「铁迁安」的地方矿业发展较快，到一九九一年底，全县已建成铁选厂四十七座。产量、产值位于全国县办铁矿业之首。目前正向采、选、炼、轧系列化生产发展。图为机械化采矿。

迁安县已建成较完备的轻工体系，纺织、造纸、服装、食品、皮革等门类较为齐全。图为唐山市宏源毛纺织厂纺纱车间一角。

“十强”县(市)

迁安县以治山改沙为主要内容的“绿色工厂”建设成绩显著。不仅带来了可观的经济效益，而且也带来了较好的生态环境和社会效益。右图为果品喜获丰收一景。

迁安县交通运输条件良好。三条铁路横贯东西，四条干线公路环绕四周，构成了铁路、公路运输网。图为京秦铁路迁安火车站。

迁安县为促进农业生产发展，积极建设农产品加工项目。建成了淀粉厂、面粉厂、饲料厂、粉条加工等一批农产品加工企业。图为植物油厂一角。

三河县——河北省"十强"县(市)

▼ 燕美特种建筑材料总公司

▼ 三河商城股份有限公司

该公司生产的乐器出口欧美、澳、日本、香港等十多个国家和地区。

三河京东料器厂

该厂主要生产料花、料器，产品远销美、英、日、香港等20多个国家和地区。

中共三河县委书记　肖启泰

三河县县长　刘学库

精工细制的三河县硬木家俱

丰南县——河北省

丰南县服装厂

丰南县服装厂，是河北省定点生产军需产品的厂家。使用日本、西德先进进口设备，年产衬衣70万件，“卡秋莎”衬衣连续3年省行业评比第一。

厂长：任惠敏
厂址：河北省丰南县城胥各庄

丰南县玛钢厂

丰南县玛钢厂是唐山市一级企业和出口创汇先进企业。所产134种玛钢管件产品，质量优良，远销南朝鲜、香港、台湾、印尼及欧美、中东等十几个国家和地区，深受国外客商青睐。

厂长：孟祥印
厂址：河北省丰南县大新庄镇

丰南县铸钢分厂

丰南县铸钢分厂是河北省乡镇企业系统先进企业和唐山市一级企业。所产40铬钼、中合金钢、低合金钢等50多种产品，质量过硬，供不应求。

厂长：苏铁恩
厂址：河北省丰南县黄各庄镇黄二村

丰南县物资总公司

丰南县物资总公司,坚持深化改革,改善经营管理,1991 年完成销售收入和宏观利润分别列全省140 个县(市)物资企业的第五位和第一位。

总经理:郑树成
地址:河北省丰南县城胥各庄镇

丰南县盐场

丰南县盐场是河北省先进企业。年产原盐能力 8 万吨,产品全部为优级品。

场长:尹玉阁
地址:河北省丰南县黑沿子镇涧河村

唐山市开关厂

唐山市开关厂是机电部、能源部定点生产高低压开关设备的专业厂,省级先进企业。所产 GG—1A(F)高压开关柜和 PGL $\frac{1}{2}$ 型低压配电屏分别为河北省优质产品和机电部优质产品。

厂长:郗步春
厂址:丰南县稻地镇

河北省汽车工业集团公司

地址：河北省石家庄市陵园街9号
电话：754900　　传真：746430
电挂：2210　　邮编：050051

征天牌

石家庄汽车制造厂

红星牌

红星汽车制造厂

田野牌

保定汽车制造厂

向阳牌

石家庄汽车改装厂

邢台牌

邢台汽车厂

BAODING BANKNOTE PAPER MILL

保　定　钞　票　纸　厂

CAIHONG 彩虹

雁翔

保定钞票纸厂建于 1956 年，是一个生产多品种高级纸的工厂。主要设备，有长网多缸、园网多缸纸机共十台。目前有专业技术人员 352 名，其中工程师以上职称的 159 人，技术力量雄厚、生产经验丰富。该厂生产的特号晒图原纸，1981 年、1986 年两次荣获国家质量银奖。其它产品：制图纸、海图纸、图画纸、水彩画纸、地图纸等都多次荣获河北省和轻工业部优质产品称号。

此外，可以按用户要求生产带有各种花纹的水印纸，并能承担加工制做纸机用的修面辊和专用的螺纹水印辊。

厂长：李洪河　　厂址：河北省保定市纸厂路 1 号

电话：436981　　电挂：2222　　邮政编码：071071